《十王经》信仰

经本成变、图画像雕与东亚葬俗

上册

张总 著

十[illegible]
經信仰
經卷
變文
圖畫
像雕
與東西
藝術

癸卯 敦煌 [illegible]

国家出版基金资助项目

陕西师范大学人文科学高等研究院资助项目

张总　陕西师范大学人文科学高等研究院研究员，中国社会科学院世界宗教研究所资深研究员，德国海德堡大学东亚艺术史、文化中心客座教授，美国芝加哥大学东亚艺术中心、艺术史系访问学者，国际著名的宗教艺术史与佛教史专家。先后毕业于西安美术学院工艺系、陕西师范大学政教系、中央美术学院美术史系。

本书是在作者多部学术论著的基础上再加新探而撰成，无论是对《十王经》多种经本之间的流变，还是十王形象从摩崖石窟到绢纸绘画的艺术图像作品，作者多有亲自调查与深入研考，其成果在国际学术界亦可称领先。

序

在佛教思想的影响下，中古时期产生的《十王经》在中国乃至东亚世界有着广泛的影响，不仅衍生出更加繁复的文本，还以雕像、绘画、版画等形式传播，这从汉字文化圈的中国敦煌和韩国、日本发现的《十王经》文本和图卷可以得到印证，而非汉字文化圈的西州回鹘遗址、西夏王国遗址，以及西藏地区发现的回鹘文、西夏文、藏文《十王经》写本和刻本，也更加说明这种中土冥界故事传播之广远。

有关《十王经》的研究有着十分丰厚的学术积累。日本学者从疑伪经的角度很早就关注到《十王经》，并努力发掘和整理日本及敦煌所藏的文本。1989 年兰州大学杜斗城教授出版《敦煌本〈佛说十王经〉校录研究》，汇集了当时可以找到的所有《十王经》文本，并做了文本分析和研究。在此基础上，结合西方炼狱（Purgatory）观念，太史文（Stephen F. Teiser）教授于 1994 年出版《〈十王经〉与中国中世纪佛教冥界的形成》（夏威夷大学出版社；有张煜译、张总校的汉译本，上海古籍出版社，2016 年），对《十王经》信仰做了详细的阐述，特别是以敦煌写本为依据，对各种《十王经》文本的制作进行了详细的解说。此外，拥有大量吐鲁番出土回鹘语文献的德国学者，早在 1971 年就专论过吐鲁番回鹘文绘本反映的中亚地藏信仰和炼狱思想，此即葛玛丽（Annemarie von Gabain）的英文和德文论文（The Purgatory of the Buddhist Uighurs, Book Illustrations from Turfan, W.Watson（eds.）*Mahayanist Art after A. D. 900. Percival David Foundation of Chinese Art*, London 1972, 25—35；Kṣitigarbha-Kult in Zentralasien, Buchillustrationen aus den Turfan-Funden, H. Härtel, et al.（eds.）, *Indologen-Tagung 1971, Verhandlungen der Indologischen Arbeitstagung im Museum für Indische Kunst (Berlin) 7—9 Oktober 1971*, Wiesbaden 1973, 47—71）。此后茨默（Peter Zieme）教授续有贡献，近年来又和拉施曼（S.-C. Raschmann）合作整理了圣彼得堡东方文献研究所所藏古代突厥语《十王经》残片（The Old Turkish Fragments of *The Scripture on the Ten Kings* in the Collection of the Institute of Oriental Manuscripts in St. Petersburg, RAS，波波

娃、刘屹主编《敦煌学：第二个百年的研究视角与问题》，St. Petersburg, Slavia，2012年，209—216页）。《十王经》的图像也很早受到学者的注意：松本荣一出版有《敦煌画研究》（东京东方文化学院，1937年；最近有林保尧、赵声良、李梅的汉文译本出版，浙江大学出版社，2019年）；以后雷德侯（Lothar Ledderose）等续有发明；而王惠民、张小刚、郭俊叶利用敦煌材料，更加详细地推进了地藏菩萨图像的美术史研究。

在纷繁复杂的十王信仰研究史中，本书作者张总先生有着独特的贡献。他从北京大学图书馆善本部的艺风堂藏拓中，找到唐贞观十三年（639）齐士员献陵造像碑上阎罗王图像，并且在献陵东北一公里处找到造像碑原物，撰写了《初唐阎罗图像及刻经——以〈齐士员献陵造像碑〉拓本为中心》。我忘记在什么场合听他说起这个发现，立即向他约稿，随后发表在我主编的《唐研究》第6卷（2000年）。此文置于卷首，因为这个发现不仅把十王信仰的关键内涵较前人认知的时间大大提前，而且是关于唐朝长安周边——唐帝国核心区域的材料，意义非同一般。我知道他在研究《十王经》，所以特别把我1997年访问美国弗利尔美术馆时见到的一件原庐山开先寺所藏《阎罗王授记经》藏川本提示给他，没想到他很快获得这件写本的彩色图版，并考订清楚文本的流传过程，阐发其价值。我也把他包含此卷的有关研究论文《〈阎罗王授记经〉缀补研考》，收入《敦煌吐鲁番研究》第5卷（2001年），并刊出两件彩色图版。这个庐山文本证明该经在敦煌之外也有流传，特别是在南方的传承。这两个例子，说明张总先生视野广阔，除了石窟造像和写卷文本之外，留意到石刻拓本、考古遗物、佛塔遗物等许多方面，大大扩充了《十王经》研究的范围。

2003年，张总先生出版《地藏信仰研究》（北京宗教文化出版社），但有关《十王经》的研究仍在持续进行，不断扩展。最近他终于完成大著《〈十王经〉信仰——经本成变、图画像雕与东亚葬俗》，汇总了迄今所见文本和图像材料，并把地域范围延展到整个东亚和中亚地区，利用新见陕西耀州神德寺塔出土品、浙江台州灵石寺塔本、西夏文本和藏文本，构建了《十王经》的传播谱系，深入阐述了与《十王经》信仰相关的丧葬礼仪、风俗信仰、社会生活、中外文化交流等诸多方面。

张总先生知道我一直关注他的《十王经》研究，也每每在各种见面的场合和我讲述他的最新发现。今年九月在敦煌见面，他说文稿已经杀青，有待付梓，希望我写一篇序。虽然论辈分我没资格给他的书写序，但又欣喜他说了多年的大著终于脱稿，故此勉力为之，谨略述《十王经》研究之大略及张总先生之贡献，是以为序。

荣新江

中国敦煌吐鲁番学会会长

2021年12月18日三升斋

导论

十王信仰不仅是一种宗教信仰，也是一种从中古时代就已形成，并逐渐发展成为流行于东亚地区的丧仪习俗。或者说它主要是一种丧仪规范，遵此亦可为自己身后先修功德。它以佛经名义出现，实际上是跨越多种文明的宗教，为社会各阶层所广泛接受。

十王信仰之基础是大乘佛教的功德转让观念与中土传统的儒家守孝思想之结合。轮回转世是佛教的时空世界观的基础，业报更是佛教核心观念。中土传统生死观有魂魄不灭、善恶有报、孝亲为大等内容。轮回地狱等说较中土生死观更明确，于儒家理论不言处多有补充，因而佛教诸说传入后得以流行。至于具体丧仪，七七斋为亲人追福，通过为父母等亡人作功德，可以免除其入三恶道，非常符合国人的心理需要。但中国传统丧葬礼制基干是三年守孝，所以，七七斋结合百日、周年与三年期，共有十日次，即依照佛教中基本的轮回说，有情众生去世以后经中阴而转世，中阴阶段为七七日——逝后四十九天内，隔七日一次，共七次可转世；加上中土传统丧制后期的百日、一年至三年，从而形成了十个特定的时日。

在这十个时日，逝者神识要经过十次审判。法庭由冥界王者主持，因而有十位冥王。其中阎罗王来自印度[1]，转轮王亦如此，而泰山王则是中土冥主，此三王构成了十王的核心。其余秦广王、初江王、宋帝王、五官王、变成王、都市王也应产生于中土。其中来自印度的阎罗王与转轮王，是轮回转世的主要实现者，而泰山以及其余诸王，则是中土原有或新增，使守孝三年之老规矩得以完成。事实上，汉代已流行魂归泰山与百日卒哭至三年孝期，承纳了随后涌入的转世与善恶及功德思想，经南北朝时融合天竺轮回报应与中土神识受报，至隋唐时期汇通成熟，成为社会习俗。佛教七七斋加上中土三日，十个斋日实已多有运用，故有产生十王之需要，十王之出现才有必然性。十王庭审的重要之处在于它构成了斋会的完整性。亡者的亲人在十个斋日举办斋会，写经造像，供养僧人佛像，其功德可以回向转给逝者。功德转让并非小事，死者可借此在轮回中

---

[1] 平等王本是阎罗王的异名，但在十王系统另增为一王，也作平正王。另有异名者如楚江（初江）王、卞城（变成）王等。

上升，避免下至地狱、饿鬼、畜生三恶道。不仅如此，生者还可预先为自己修积功德——哪怕只在月十五与三十，请佛延僧施财斋会甚或仅烧点纸钱，逝后即可用上，免入三恶道而转为上道。

从思想背景而言，在十斋日通过斋供十王追福，既不全是因为佛教诸经之中阴转世、地狱惩恶和《灌顶经》逆修功德说，也不全是因为中土守孝三年之尽孝说，而是两者的结合。此经以佛为阎罗授记之名义而开首，后推出十王体系；其为亲人亡者，特别是为父母回向转给功德属亡人斋；其为活人生者自己预修功德，则为预修斋，或称“逆修斋”。所以，《十王经》实含三项内容：十王名号次序体系、预逆修斋法与亡人斋法。在此须明，此经系中预修与逆修完全同义。预修斋与亡人斋都是供奉十王的，但时段与方式不同。最为明显的差别就是时日，亡人斋是七七加上百日、周年、三年，而预修斋法则不太固定。虽然经中给出了月十五与三十两天，但此两天是每月都做，还是需要时才做，经中未明说，少量史料证明有各种时日。实际上，此经虽有预（逆）修生七之名，但真正在实践中长久广泛流行的还是亡人斋。

学界对《十王经》的研讨不少，且有些说法较有道理，如王见川新说[1]。但对于基本要点多有不明之处。关于十王体系诸王名称来源，始终没有彻底解决。笔者则先指明其中阎罗王、五道转轮王与泰山王是核心且最先构成。本书将以北魏造像碑阎罗与五道图像的最先刊布为契机，并以众多文献所示而证之。

关于预修，我们必须先知其在此经此俗之中与逆修同义，《敦煌学大辞典》对此已有明确解释。但其来源是《大灌顶经》，原典中含义外延边界有所不同，伍小劼有文阐明。逆修原是已具功德之人才能做得的。预修生七是由逆修三七而来，很多学者均有注重，包括哈佛大学罗柏松教授等。经中对此词的模糊运用并非无意义，抹杀界限才能使其在社会中广泛流行。预修的实行的确有不稳定性。此经不同版本中对预修的不同方法有多种说明，如简易法的纸钱两盘、豪贵法的请僧四十九人等，而预修的未见多行，并非由于此观念不受欢迎，而是由于《寿（受）生经》的出现。其说直接关乎每个人，且有精确的数量化。使俗众预存纸钱实金于长生库为已积累功德，也对寺院经济大为有利。

亡人斋才是此经广泛流行的真正基础。十王画像与赞词，恐非小用。侯冲认为其图赞本是仪轨，很有见地，但其说预逆修的区别不太成立。《十王经》流行，是因其亡人斋注重报恩父母（诸经中只有一件别本提及“兄弟、姊妹、奴婢”人等），很符合中国传统。

我们从对不同经本的详查深探中发现，此经以《阎罗王经》为基本，向预修方面侧重者为《阎罗授记经》，向亡斋方面发展者为《佛说十王经》或《预修十王经》。经本演变细节复杂，至少有六项可考索：经名的内外与首尾题和署名地望，诸王名称次序，菩萨数量名号，预修与亡斋功德的分合关系及简易（或豪贵）等法，重要字词变更，回鹘文、西夏文、藏文等语言文字。敦煌本已体现出相当规律性但未致全解；而陕西耀州与浙江台州，即神德寺塔与灵石寺塔所出者，尤其前者，联系敦煌本复其面目，竟缀合、整理出了非常重要的过渡本等。再结合日本抄绘本和传世明代刊刻本，可知其经本既有简洁直接的变化，也有增删的内容。文偈、图赞形态及名称序

〔1〕王见川《近代中国地府研究之一：十王的流传、演变与定型》，《历史、艺术与台湾人文论丛（十二）》，博扬文化出版公司，2017年。其抓住十王名称次序变化之关键，很有眼光。唯未能以此全面整理诸经实例，因而结论有些局限。

次、重点字词微妙的变化，体现出了演变的倾向，并表明其状态并非由简至繁、由少至多，而是不同经本具有侧重预逆修或亡人斋的倾向。虽然不同经本表述中也有六项中某几项混同的复杂情况，但多少能就不同尾题为经本的分类命名。

《阎罗王经》具备了十王体系、预逆修与亡人斋，但两斋分布简洁。《阎罗王授记经》虽然名称中增“授记”，即佛为阎罗授记，但实际内容中却是增加预修与新死亡人斋，特别是预修斋，还讲说其功德所获，预修者为己作功德，自身可得七分之七，为亡人作自身可得七分之六。功德转让本是此经操作层面之基础，乃大乘佛教基本观念。而为预逆修之说，则先见于《大灌顶经》十一《随愿往生经》。但原卷之中，预逆修者是具功德者才能为己身作，不具功德者不能预逆修[1]。至此经系，此限定门槛不复出现，无论有无功德，常人皆可作，这样便使此仪此式适合于社会众生，因而普遍流行。

十王信仰自中古以来十分流行，普及于社会，无论皇家贵族、士大夫官员，还是平民百姓，莫不遵从。此经之发展流布说明其沟通僧俗两界之用。《授记经》有极低的预修成本，施主只要每月十五、三十烧点纸钱就积累了功德；经中还以普广菩萨阐说，善神会为此下视、礼敬凡人。但也有别本释逆修法为请四十九僧，并施所爱财物，请佛延僧作法事，可谓豪贵。《十王经》还被译为回鹘文、西夏文、藏文。此外，还有日本的再创伪经。回鹘文本约近图赞本，西夏文本则将敦煌文偈与图赞本合一，将《授记经》预修段纳入《十王经》中，还增入佛经中阎罗王宫与五天使的内容，这些变化均同于收藏于布拉格的藏文本，只是藏文本再增了阐释与真言。而西夏本则文体多加修饰，赞全部为十一言赞句。西夏本中的藏文术语名称使人推定其底本源于西藏。但西夏本有高僧署名，且与皇帝豪奢斋会相配，藏文本却与边缘化底层民众密切相关。夏、藏本重视经中阎罗且增佛典，夏、藏本的回归“真经”虽使此经增添了合法性，实也模糊了其中阴环节。而日本的再创伪经《地藏十王经》，去除了预修内容而升格地藏菩萨地位分量，实循中土方向而拓展，其间形成了较为鲜明而有趣的对比。

十王信仰终又为道教体系、城隍与民间等吸收。佛教传至中土，地藏统领又被置于东岳之下。十王中本有泰山王，其上层又叠加东岳泰山，实即双重泰山或双重东岳了。此时十王信仰实已普及于社会并吸收儒道官职体系，近现代的十王系统文本更常见于《玉历宝钞》。而佛寺道观与城隍中普现的十王殿堂与其中的塑像画作，使国人与东亚民众自幼饱受其道德熏陶，得领善恶报应的伦理说教。

总之，如果遵从《十王经》，依此信仰，主要是在三年中十个时日为亡者请僧作斋会，可以写抄经、造画像，使亲人不堕恶道；也可以为自己预修功德（避免身后不堕恶道）。因而，《十王经》大约可定义为，以佛经名义（含有特别图赞形式）出现的一种丧仪规范，兼有活人为己预修功德的方式规制。实际上十王体系在道教与民间信仰中亦非常流行。道教的斋醮仪式，师公、法事、斋会没有十王者几无。其实已成为多种宗教及信仰（制度化宗教与民间信仰）应用的、全社会普遍接受的某种规范或者方式了。

从经济角度来说，僧人为社会俗众做丧事，

[1]《大灌顶经》富含延寿益算等中土观念思想，总体上属于中土撰述，近年以来的研究已指其体现文化汇流的现象，特别是其卷十二。方广锠《再谈佛教发展中的文化汇流》，《敦煌研究》2011年第3期。关于逆修者所必须备具的标准，见伍小劼《何谓“逆修”——从其在佛经中的最早出处看》，《华东师范大学学报（哲学社会科学版）》2016年第1期。

亦成其重要收入来源。预修当使此方面利益扩大，但历史证据并不明显（恐为由预修发展而来的受生寄库所替代）。十王信仰流行以来，道教斋醮、民间宗教等莫不采用。绵延日久，环境迁转，三年十斋时日未必遵守，但十位王者的画像，却每每出现。具有较为特别的“游农”生活方式的瑶族，所使用的宗教画幅实际起到了庙宇作用[1]，其中即有十王像。也就是说，《十王经》的发展中出现了图像，其后十王图像从经本中脱升而出，成为此种信仰的代表，而且从中阴境界中扩出，成为中土冥界观念的某种代表。换个角度讲，十王中的阎罗王最早源自于地狱系统，而后形成中阴境域的十王系统，而后《十王经》由文偈拓展到图赞，其图像产生后，又渐为中土冥界纳入，反成为冥界中一个主要部分。虽然具图《十王经》与某些具图变文相似，也有近似的讲唱功能，但其中变化与一般所谓佛经变相是完全不同的。

十王信仰的产生和传播，是佛教思想与儒家观念相结合，兼及道教和民间信仰的过程。本书把它们以具体实在的历史证据阐说出来，方法包括文献学的详细整理、艺术史的踏查梳理、宗教史的研究阐述，并举证民俗学、人类学、社会学的现象事实。现代学术之分科，有利于钻研透彻各种不同性质的历史材料，如文献与图像、文物古迹、艺术形象与古制民俗等，但常陷于局部而不能究竟，使许多常识性的基本情况与深度观思支离分别。本书在清楚的目标之下，完全以实际材料说话，打破学界分科，还事物以本来面目；将原本明白却似迷雾般难知的情形，显明于现今的学界及大众认知界域，体现学术致知，明源流而供世用，以期为今天文化汇流与发展起到重要作用。

最后，还有一些情况需要向读者交代。笔者行文偏于简练，在不产生歧义的前提下，部分用词如“发展变化”“梳理归纳”“观察思考”概括略写为“展变”“梳纳”“观思”。其次，书中涉及的部分专有名词和佛典名，因其不同出处，文字有所不同，如“太山”与“泰山”、“变成王”与“卞城王”等，又如“《十王经》”为一泛称之经名，在本书中据不同经本原有题目，亦称为“《阎罗王经》”“《佛说阎罗王授记经》”“《预修十王生七经》”等，本书为呈现文献原貌，不作统一。不同经本的经文录入，依各自经本情况等，分段亦或有不同，本书也不作统一。上述情况，相信诸位读者自可理解。

[1] 一般而言有“游牧民族”与“农耕民族”。但瑶族却不同，实采用农耕生活方式而迁徙，尤以其“过山瑶”为代表。在一山区耕种数年后就迁徙至另一山。现知约从宋代到清代，由中国湖南梅山一带渐移到广西、贵州等地，乃至南亚诸国。特定生活方式使其没有庙宇宫观，由宗教画布置成宗教仪式场所。

目录

Contents

第一章

幽冥审判源说

第一节　诸宗教说

第二节　中土原说

世界各国诸民族都有丧葬方面的文化观念与风俗习惯。这些观念颇有不同之处，但也有不少相通或共同的地方。应将世界文化中各种不同的幽冥审断之说作一简要梳理。

第一节 诸宗教说

宗教的本质在于终极关怀[1]，其基础离不开生死问题。如何认识与面对死亡，是人类有意识以来不得不面对的最根本问题。而人类如何应对死亡这个人生的必然结局，则先要考察人类的死亡观念，即对死后状况、幽冥世界的认识。这些观念在人类的历史上、宗教上产生与发展，逐渐形成几种主流。这些观念中，死后审判或者说末日审判占有重要的地位，在很多宗教中都有，其形成与发展有联系也有区别，具体形态与说法又有不同。以下即论述一些主要观念及其源流。

一、埃及宗教的死后审判

埃及与美索不达米亚的宗教都是具备确切文字证据的古宗教。美索不达米亚即两河流域，是人类文明最早的发源地，公元前30世纪已形成。与原初宗教密不可分的神话故事中，已有人类不能永生、命中注定不可再生的说法，有种种关于死后的地下世界、冥土暗府，甚至入冥故事的流传。如《吉勒伽美什史诗》《吉勒伽美什与恩基都及地下世界》《冥王与冥后》《伊施塔入冥府》等。其中“女神伊南娜-伊施塔入冥故事”最为著名，且有影响，其诗文有苏美尔语（前2000年初）与阿卡德语（前1000年初）两个版本，讲述神力丰厚的女神入冥府历死亡、求助、得救而还阳之事[2]。这些故事里地府有统治之王者、冥后及其丈夫，有悲惨死亡者覆羽食尘泥之存在方式，有机构与官员吏从，如主管、书记、法官、使者、牛神、灵怪鬼异等。其中部分因素或已有一些对应性，如七重门禁的冥王宫殿、判官组等，特别是书写者，持拿着宣判罪魂、记录亡灵的泥板簿册。

埃及宗教起源甚早，早至公元前29世纪，

〔1〕“宗教，就该词最宽泛、最基本的意义而论，就是终极关切”。［德］蒂利希（Paul Tillich）《文化神学》（*Theology of Culture*），Oxford University Press，1959，第7页。转引自张志刚《宗教学是什么》，北京大学出版社，2002年，第240—246页。

〔2〕见张文安《古代两河流域宗教中的生死信仰》，《古代文明》2009年第1期，第97—102页；贾妍《“逾界”与“求诉”——从〈伊施塔入冥府〉神话的两大主题看古代两河流域伊施塔崇拜的一些特质》，《丝绸之路研究》第1辑，生活·读书·新知三联书店，2017年。

延续到了公元4世纪。埃及人相信灵魂不死，认为人死后，经过神的审判，而后会复活至另一世界。埃及宗教末日审判观念的产生和发展主要经历三个阶段：中王国时期（前2106—前1786）在墓葬文书中出现，新王国时期（前1550—前1069）通过《亡灵书》而广泛流传，希腊化时期（前334—前110）道德成分大幅提升[1]，不仅平民可追随众神，为商不仁者还会入地狱，贫贱者或升天堂。

埃及人特别重视死后身体的防腐，将死者尸体加香料处理做成木乃伊，以备其灵魂升华复活永生。掌管死人命运的冥界大神——奥西里斯得到特别崇拜，他通过审判来执掌死者的命运。考古资料有大量画面表达这一场景：正在审判之时，用天平来称量，两端置死者心脏与正义神玛特之羽毛，以知其善恶孰轻孰重。狼首人身的阿努比斯执掌天平，透特记下结果，鹰首人身的荷露斯在侧辅助。大神据此给予死者灵魂不同的命运。如果心脏较羽毛轻就会下地狱。如若与羽毛平衡，死者可入天堂，与诸神永生。如果较羽毛重，死者心脏就会被吃掉，意味着其二次死亡，不能得到永生了。新王国时，此审判从神话中脱出，所有的死者都要经过审判厅殿，经众神审断后才能走向归途。

图 1.1-1

埃及纸草画《亨尼弗的纸草》死亡称量场景（采自华理士·布奇著，罗尘译《埃及亡灵书》）

埃及宗教中“玛特”观念具有核心的地位。玛特象征着“正义、真理、秩序”等，是社会中宗教与伦理的桥梁。若从义理角度看或可与佛教的“业”，乃至中土之“理”形成某种程度的对应。入冥审判的所在就是“真理大厅”或称“玛特神殿”。具体而言，玛特又是一两位女神[2]，在死后审判中起作用，其表征之羽毛与死者心脏置于天平两端，以测其善恶。由此则又可与我们所讨论的阎罗王府官吏具有某种相似之处。

埃及宗教的文字证据留存在很多纸草书即“亡灵书”里[3]。《埃及亡灵书》就是死者赴阴间冥界时所携的咒语祈祷文，是通行证书，在某种意义上恰与我们所说的《十王经》有些相似之处[4]，其中留下了不少灵魂审判的场景。这些“亡灵书”的内容与金字塔陵墓中铭刻的“金字塔经文”有一致性，皆用于丧葬仪式，且都具有文字与插图，图文并茂。此先刻在石棺上，后因纸草的普及运用而传播。可知其原先用于王族显

[1] 参见颜海英《希腊化埃及的“末日审判”观念》，《丝绸之路研究》第1辑，三联书店，2017年，第17—25页。文中阐明了埃及冥界观的产生与发展，指出希腊化以后的埃及末日审判观念成为对基督教世界影响最大的古代思想，阐明其来世、善恶等说比犹太教中的基本观念更近于基督教。

[2] 有说“玛特（Maat）女神”是伊西斯与涅弗提斯。图像中可见生翅的“玛特女神”。周全波《古埃及的宗教经典——〈亡灵书〉》，《世界宗教文化》2004年第2期，第59页。

[3]《埃及亡灵书》篇幅长而丰富，内涵基本一样而又多变化，无统一版本，年代跨度也极大。参见［美］华理士·布奇（Budge. E.A.W.）著，罗尘译《埃及亡灵书》，京华出版社，2001年；［美］法克伦·雷蒙德（Raymond. D.F.）著，罗尘译《埃及生死之书》，京华出版社，2001年。

[4] 藏传佛教有一种《中阴度亡经》，即《西藏度亡经》。内容也有某种程度的对应。

贵，渐至富商及平民。也就是说，末日冥断原先为国王（神在人间的化身）所用，在希腊化时期变成了平民直接追随众神，生前死后都须依赖“玛特”的道德正义原则。

最有名的一件“亡灵书”《阿尼的纸草》（前1300）就有对审判殿堂的描述与审判图。图中有阿尼与妻子，天平位于殿堂中央，两边放着阿尼的心脏与象征正义的羽毛，狼头的阿努比斯神正在称量，旁边还有侍卫与女神及象征阿尼亡灵的人头鸟，殿梁上坐一无首猴，再上方还有十二个拿权杖的神灵。接续的画面有因众神的敕令被带去见奥西里斯的阿尼。奥西里斯手执权杖金钩，身着皇袍，宝座侧为墓门，象征其为冥府之王。阿尼跪于苇席上，口出誓言。

《亨尼弗的纸草》上画称量心脏与审判场景（图1.1-1），其天平旁有可怖的怪兽，它鳄首狮身河马尾，专门吞食邪恶的亡灵。也有些审判图很简单，只有一位玛特女神在称量、审判，天平若失衡，亡灵就会被怪兽吞掉。

虽然埃及的称心审判图像很明确，但是亡灵赴冥界却有或七或十道隘门，进入审判殿堂时亡灵要颂四十二神之名，并作四十二条无罪之辩解，祈求再生时又要颂六十六神灵之名（后半为冥王所居城之名）。冥界图阿特又有十二境域说，每处均有守护神。奥西里斯在第三或第六境域。埃及宗教的亡灵再生又与太阳神渡越冥界交织在一起。太阳神拉每天晚上来到冥界图阿特，变形变名，通过十二境域。很多亡灵与之同行，克服很多困难，可得再生。早晨，太阳再以圆盘形状升起。纸草亡灵书不少段落的祷文赞词、标题都加有“与日同行”。古埃及似乎主张善灵能再生，恶灵在天平称量处就会被吞掉。再如过图阿特第二境域时就体现了“善有善报，恶有恶报”，恶灵要受罚，随后遭斫尸，灵魂就此消灭了。又有二重死亡说：奥西里斯代表的是“过渡死亡”，死神舍克才代表“终极死亡”。但其终极死亡处似无“终极审判”，其过渡说不知可否与基督教炼狱或佛教中阴阶段说对应。“亡灵书”中有些内容，稍略近于佛教轮回业报说[1]。且埃及宗教的死后世界，或在地下，或在尼罗河之西，其来世观实为两世说。对于这些异别，我们也应有清楚的认识。

埃及宗教一直发展演变到希腊罗马统治时期，其主要变化具有多神教或轮流主神的倾向。因为其教没有统一的经典，却有很多神殿庙宇，各地庙宇的祭司会立出自己的主神，演说自己的宇宙形成论。至公元4世纪，基督教成为罗马帝国的国教，埃及宗教失去了地位，但是其中一些重要观念与核心影响还存在着，如西方盛行的天堂、地狱之构想，临终祈祷与忏悔，或都来自埃及。而死后之审判中更可见其影子。尤为有趣的是其天平，与我们将要讨论的《十王经》中的业秤十分相似。

二、一神教的末日审判

一神教系宗教是指犹太教、基督教、伊斯兰教。此系宗教也有亚伯拉罕系宗教之称，因其以亚伯拉罕为一神教观念之祖先，而后摩西创立犹太教，耶稣创立基督教，穆罕默德传播伊斯兰教，其时间点约当公元前16世纪、公元前后与公元7世纪。

---

[1] 一个亡灵可能因为审判而变成任何自己都无法预料的身形：它们可能是“这一世”中的任何生灵，不管它们现在是否受苦。因此，当我们看到别人受苦时，就应当想到那是前世审判的力量；当我们自己受苦时，就应想到这是自己前世审判的结果。此据前注《埃及生死之书》，第320—321页。

（一）犹太教

犹太教具有悠久的历史，是最先成立的一神教，有特定的民族载体与律法、文化内涵及演进变化。世界三大宗教中的基督教和伊斯兰教都与犹太教有关联，所以犹太教也可称为一神教之母。一神教信所奉之神——上帝，上帝为独一无二，创造了世界和人类，以其智慧、权能主宰世界人类，不仅超越世界之上，而且又内在世界之中，是无所不在、无所不知、无所不能的精神实体。不过，一神教也是发展形成的。早期犹太教徒尊奉的唯一神是雅赫维（上帝），相信他为万神之神，但尚未视其为独一真神，《旧约·出埃及记》中就是如此。古犹太教年代跨度很长，最初发轫于公元前2000年美索不达米亚，传至公元70年罗马军攻占其圣城耶路撒冷圣殿之时。公元前13世纪末，从幼发拉底河迁至西亚迦南地（今巴勒斯坦）的希伯来族已信仰一神，相信上帝与其族订了契约。此后百余年形成的十二部落共奉雅赫维，至公元前993年大卫王统一各部落建立以色列国。

随后圣经《塔纳赫》与《塔木德》渐次成型：前者是神圣经典含历史律法文献（定型于公元前6世纪）、先知书和圣录，后者为基督教吸收成为《旧约》。公元前2世纪至公元5世纪形成的《塔木德》仅次于《塔纳赫》而受尊奉。

至公元前6至前4世纪，犹太人得波斯居鲁士大帝支持，从巴比伦返回故乡建立第二圣殿之后，巴比伦犹太文士、祭司以斯拉于公元前397年到耶路撒冷宣讲《托拉》并确立第一部犹太教成文法典时，吸收了波斯国教——琐罗亚斯德教中关于来世、复活、善恶二元论与末日审判论、天堂地狱说等神学观念。所以，在一神教系统中，最后审判等观念很可能与波斯古教有一些关联。

犹太教之教义主要是一神观、契约论、先知与弥赛亚观，以及末世观、来世与复活观。

犹太教的一神论认为，上帝至公至圣，根据每个人的行为来审判他们，表彰公义，惩罚恶行。需要注意的是，这种惩恶扬善并不只是在人死后执行，而是在人们的生活之中就体现。《塔纳赫·以西结书》有明确的宣示：

> 我——至高的上主指着自己的永生发誓，我不愿看见罪人死亡，我宁愿看到他改过而存活。[1]

当然，公义的实行不止于人们生前，在死后，也在来世，涵盖具有不同善恶行为的民族。犹太教相信死者复活，相信来世。12世纪时，摩西·迈蒙尼德再次确立的犹太教十三信条，最后一条就是“人死后将复活”。死者复活就是灵魂回到将其给予人的上帝处。在这个特殊的来世，所有的人将在弥赛亚领导下和谐地生活。以色列先知以赛亚曾作过一个来世之梦，梦境显示出的来世呈现着与人间不同的极度和谐景象，狼与羔羊住在一起，狮子躺在孩子身旁……圣山上的大地充满着上帝的知识。这个来世观又与末世观联系在一起，即来世是终极的末世。在上帝的安排下，末日到来之际，终将出现一个完美的世界。

犹太教的末世观强调的是犹太民族与世界的命运，而非个人境况，其说源于《塔纳赫》，以上帝与其子民（上帝的选民犹太人）之间的特殊约定为核心。上帝之日将是最后的审判日，惩恶人，扬善人，并惩罚所有不信上帝者。在新世界中，以上帝为主，所有的民族都行事敬奉，也就

---

〔1〕转引自黄陵渝《犹太教学》，当代世界出版社，2000年，第56页。

是说犹太教的末世接受信上帝、行正义的其他民族，各民族不再纷争，人类获得和平，公平正义获得胜利。犹太教的上帝审判、来世观、末世观影响是很大的，基本内核为后来的基督教与伊斯兰教所吸纳发扬[1]。

唐宋时我国就有犹太人来华经商，有不少文物可证。曾有一支犹太人在河南开封生活，从宋代至清朝，被称为"挑筋教"（因其不吃牛羊筋）、"蓝帽回回"等[2]。明代时，其会堂犹存，历经水灾等，有过数次修复（图 1.1-2、2B），现在以色列有其模型。清代时，其族基本被同化了。因其不受歧视，可参与科举，获得功名，与世界各地绝大多数情况不同。希伯来文的学习传授、神职人员拉比的传承难度很大，没有背景，没有资讯的支撑，无法依母系的血脉嗣法传承等，都是其被同化的原因。该支留下的一些样式简单的文物，有石碑、水盆等，后主要为明清时期来华传教士所劫，藏于加拿大皇家安大略博物馆。现在我们对其葬俗不太了解。

图 1.1-2

开封犹太会堂内观（康熙年间传教士孟正气绘，下同）

图 1.1-2B

开封犹太会堂布局

（二）基督教

基督教因为是从犹太教发展出来的，所以两者之间必然有很多联系。基督教的《圣经》分为两个部分，其中《旧约》就是从犹太教全盘继承而来的。如果说《旧约》是上帝与犹太民族订立的契约，那么《新约》是上帝经由耶稣而与人再订立的新约，订约对象不局限于某民族或某人种等。基督教认为耶稣是上帝之子，尊耶稣为救世主基督，而犹太教传统却认为耶稣是先知之一。

---

〔1〕黄陵渝《犹太教学》，当代世界出版社，2000 年，第 56、61—75 页。

〔2〕犹太教在华旧称"天竺教"，后改称"一赐乐业教"（以色列的谐音），俗称"挑筋教"。因《旧约》谓犹太王子雅各与天神角力，伤筋而死，后人悼之，每食牛羊肉辄挑去其筋不食，因有"挑筋教"之名。服装上以蓝色帽与白色帽的回族区别。

基督教虽全盘接受《塔纳赫》为其《圣经》的前半部分，但不认定唯犹太人是上帝的选民，而肯定凡信仰上帝者都为选民，由信仰基督的牺牲而蒙得救。这就是《新约》的内涵。

由此，我们很容易看出基督教在核心信仰的一神观、上帝与人订立契约等方面与犹太教是一脉相承的，其末世说、复活说与来世说当然也基本一致，唯一有重大差别的是在来世说方面：基督教是排他的，依靠耶稣拯救是唯一的；犹太教则认为，世界上所有有公义的民族，在来世也有其一份位置，这与基督教截然不同。但犹太教认为只有犹太人才是上帝的选民，基督教则认为凡信仰上帝者都是选民。所以，两者各有信向之范畴。

上文已述及基督教在公元 4 世纪成为罗马帝国的国教，但是此前有长期的发展。现在全世界通行的所谓公历（或称“西历”），就是以耶稣降生为起点的。基督教成为国教前的三百余年，经历了地下非法传教的艰苦阶段，创教的耶稣被罗马帝国的行省总督彼拉多宣判在十字架上处死。从犹太教文献与基督教早期文献来看，耶稣是真实的历史人物，犹太教只认为其为众多的先知之一，伊斯兰教也是如此，基督教则不同。一神教系统讲述过很多在上帝与人之间的先知，先知圣贤传递了上帝的意旨。摩西就是犹太教最尊奉的先知，带领犹太人走出埃及，颁布十诫。穆罕默德也是先知，传播了伊斯兰教。不过基督教相信耶稣是神，是上帝下凡成人子，由此展拓出圣灵、圣父、圣子三位一体的教义。上帝的审判当由耶稣基督进行。

世上很多画家都曾绘制过关于最后的审判的图景，其中最有名者是意大利文艺复兴时期米开朗琪罗为教皇在梵蒂冈的西斯廷教堂所绘的壁画《最后的审判》(图 1.1-3)。这幅巨作气势宏伟，场面壮观，高达 17 米，耗时七年，于 1541 年才完成。其画面中央为基督，左为玛利亚，右为使徒，还有各负刑具、向着基督诉冤的殉教者。右上方画有拥着十字架飞天的天使，又有七个天使吹着喇叭，催促墓中的死者们陆续醒来。墓中人皆复活，前去受审，接受最后的审判。善者得永远的幸福，恶者入万劫不复的地狱。基督亦非衣冠楚楚的法官模样，而是裸身的，眼睛注视下方，扬起右手，以行判决。作者虽然更专于雕刻，但此壁画被评为文艺复兴最伟大的画作之一。从西方宗教史甚至人类社会史的视角观之，此画也是极有价值的，可以真切反映基督教的来世、末世与审判观念。

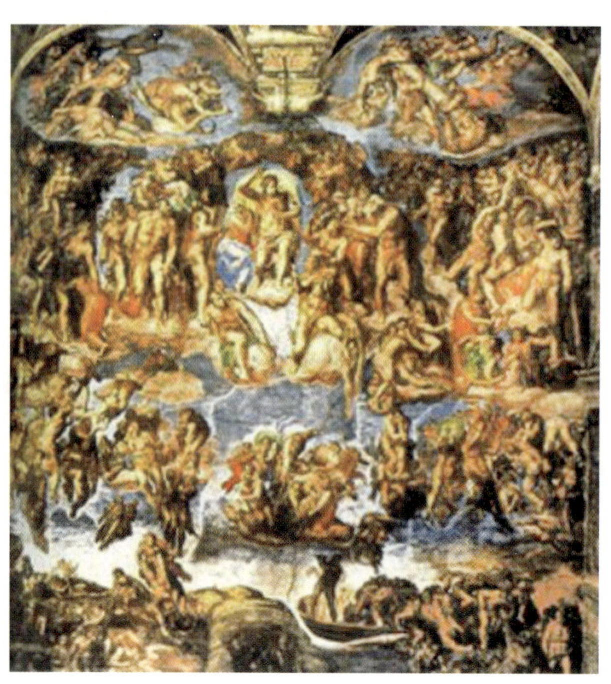

图 1.1-3
16 世纪意大利米开朗琪罗绘《最后的审判》(采自张艺、易宇丹主编《中外美术简史》，水利水电出版社，2013 年。)

意大利画家丁托雷托、比利时画家鲁本斯、尼德兰佛兰德斯画派的汉斯·梅姆林，以及《圣经》插图画家都画过此题材作品，画面各有不同但都依据《圣经》。汉斯·梅姆林画作中有大天使提着秤，与埃及图像中的天平、中国图像中的业秤相似。而使徒约翰所记《新约·启示录》讲到最后审判时，要依据记录死者行为的生命册，这个细节在上述几幅图中似无表现，却与中土十王信仰图像中的善恶簿相似。

终极论也就是基督教的末世说，即相信人类世界的最终结局。内涵为基督再临、死者复活、最后审判、千禧年与天堂地狱说，因而末世也有“千禧年”之称。关于千禧年新天地的具体来临，宗教史上有很多不同的看法，而最后的末日、审判、天堂与地狱仍为终极论中的基本环节。但需注意，基督教三大派别中的天主教与新教认为，在天堂与地狱之间还有炼狱，是人死后灵魂戴罪暂时受罚之地，以洗尽罪孽后再升入天堂。炼狱说虽有形成过程，但另一派东正教认为没有炼狱。西方学者研考中国冥界地府十王时，就曾以炼狱来表达中阴阶段。美国学者太史文的文章与专著就是如此，最新的中译本将“炼狱”一词回译时改为“冥界”[1]。

（三）伊斯兰教

伊斯兰教的年代较基督教晚五百年左右，约公元622年前后由穆罕默德传播于阿拉伯半岛的麦加与麦地那城。其奉真主为独一神，称为安拉。伊斯兰教继承了创世、复活、撒旦、地狱、魔鬼的词汇与观念。犹太教、基督教、伊斯兰教的圣地都在巴勒斯坦中部的耶路撒冷。这里曾是以色列的国都，锡安山上曾有圣殿，后留“哭墙”以资纪念。伯利恒为耶稣的出生地与受难地，有墓地、大教堂。其旧城区一块伊斯兰教圣地中有阿克萨清真寺与萨赫莱清真寺，以及由巨石垒成的飞马墙等圣迹。

伊斯兰教圣典《古兰经》信仰两世说，相信来生与后世，也就是“信死后复活”“信末日审判”。天堂与火狱是伊斯兰教所信仰的后世极乐之地与受苦受难之地。天堂也作“乐园”，是有树木河泉的美丽花园，居住其中，即是归信者得安拉之赏赐，可享鲜衣华食，伴以美男少女，无忧平安。火狱也称“多灾海”。下火狱者是安拉对作恶者的惩罚，身负枷链，食饮苦果与滚水，在遍燃的火海中受尽折磨。今生现世的人类都会达到全部毁灭的一天，即世界末日。接受安拉的审判，所有的人都将复活，经过安拉的清算与裁决，分别进入乐园与火狱。安拉的末日审判，是伊斯兰教的重要观念。

伊斯兰教自唐代传入中土后传承至今，与其他宗教较少交融，一直保持自身传统，在穆斯林回族形成方面起重大作用。我国现有回族与维吾尔族等十个民族信奉伊斯兰教。

三、拜火教与摩尼教说

拜火教与摩尼教都是创发于古波斯地区的宗教，教义内核都讲光明与黑暗之二元。前者可谓神学方面一神论，哲学上二元论，创于公元前6世纪。后者则是二宗三际论，即明（善）与暗（恶）在三个时间段中的斗争状况，产生于公元3世纪。后者当从前者演变而来，其流行范围也较前者主要为古波斯与中亚更大，从公元3世纪到15世纪在亚非欧很多地区流行，几成世界性宗教。古波斯之拜火教与摩尼教都曾传入中国，中古时期与景教合称“三夷教”。

（一）拜火—袄教

拜火教当是意译之名，中国唐代称为“袄教”。现代学界据该教先知琐罗亚斯德

---

[1]［美］太史文（Stephen F.Teiser）著，张煜译，张总校《〈十王经〉与中国中世纪佛教冥界的形成》，上海古籍出版社，2016年。

（Zarathushtra，又译查拉图斯特拉），将此称为“琐罗亚斯德教”。其教仪式拜火，执行于殿堂，以火代表光明、正义或天则，即善、生命、创造，也是天则秩序和真理，善神为阿胡拉·马兹达；对立的恶神为安格拉·曼纽，代表黑暗、死亡、破坏、谎言等。善恶主神各管属下僚神：善神率大天使与小天使，恶神领法曹、恶魔埃斯玛等，可散布疾病与死亡。经过长期反复斗争，终至善胜恶，光明代替黑暗。在此过程中，阿胡拉·马兹达渐成宇宙主宰、光明与黑暗王国的统治者，成为最高唯一存在，在艺术上形成了独特的象征图案。

拜火教相信灵魂转世、末日审判。主张善恶报应，认为一个人死后，灵魂会在躯体上盘旋三天，以回忆检查其善恶思想行为。而后进入钦瓦特桥，由法曹米特拉、助手斯罗斯和罗什纽进行审判，法曹权衡灵魂生前的思行功过，判其上天堂或下地狱。报应的裁判权最终也归于主神阿胡拉·马兹达。其上天者，因由生前的善思、善语、善行，分别进入星界、月亮、太阳之天堂；而下地狱者，则据生前不同罪恶，从桥上分别堕入四种不同的地狱。

很重要的一点是，据琐罗亚斯德教之说，所有的死者、所有的灵魂，不论进入上天还是下坠地狱，在终极的末世之劫到来时，还要经受最后的审判，末日的审判者仍是阿胡拉·马兹达。经过最后的审判后，恶的灵魂涤除罪恶，也可以和善的灵魂一起复活，进入光明王国。所以说，琐罗亚斯德教之教义申明的是双重的审判，既有死后的审断，也有末日的最后审判。这种双重审判，似乎综合了上述的死后审判与末日审判。琐罗亚德斯教起源可能很早，波斯古教甚至曾对犹太教有过一些影响，也曾对基督教有影响。波斯古教也有游历天堂、地狱与还阳等故事，甚至有以秤称量善恶等内容〔1〕。拜火—祆教随粟特商队等自南北朝时期来到中土，为中古时期三夷教之一。唐武宗“会昌灭法”后三夷教也遭受打击，随后湮灭。但拜火—祆教仍有墓葬文物显示其与华夏文明的交融，有些细节或与十王信仰图像反映的情况有关。

近十余年以来，祆教文物与遗址在我国多有发现与出土。新疆就有多种新见年代极早的拜火—祆教教徒墓地。内地的祆教葬具中体现出珍贵绮丽之图像，特别是世纪之交时在太原与西安等地问世的一批文物，如 1999 年太原发现的隋代虞弘墓、2000 年西安发现的北周安伽墓、2003 年西安发现的北周史君墓及康业墓等〔2〕，都是引起国际学界注重的不凡考古发现。

新疆帕米尔高原在 2013 年发现的曲曼遗址，为二千五百年前拜火教徒之墓地，是欧亚大陆现知迄今最早的拜火教遗址。塔什库尔干塔吉克自治县提孜那甫乡曲曼村外的台地墓葬群上置有放射状黑白条石。该墓葬出土器物数百件，木制、陶制火坛最为重要，十二个墓葬中出土火坛（图 1.1-4），其十一个墓主为当地人。埋葬方式中，

〔1〕《阿尔达·维拉夫（Arda Viraf）之书》有其进入冥府前渡河，沉醉中游历目睹地狱痛苦和天堂极乐来证明真理的故事。其说中也有相当于炼狱的“Hamistagan”。用秤来称量善恶，在祆教文献出现前已经在波斯有很长的历史。Ermakov，M. E.，Mir kitajskogo buddizma. Pomaterialam korotkikh rasskazov IV.–VI. vv（*The World of Chinese Buddhism. Following the Materials of Short Stories of IV.–VI. centuries*《中土佛教的世界：第 4 至第 6 世纪的短篇小说》). St. Petersburg：Adreev i synov' ja. 1994, p. 82。

〔2〕山西省考古研究所、太原市考古研究所、太原市晋源区文物旅游局《太原隋代虞弘墓清理简报》，《文物》2001 年第 1 期，第 27—52 页。陕西省考古研究所《西安北郊北周安伽墓发掘简报》，《考古与文物》2000 年第 6 期，第 28—35 页。《西安发现的北周安伽墓》，《文物》2001 年第 1 期，第 4—26 页。西安市文物保护考古所《西安市北周史君石椁墓》，《考古》2004 年第 7 期，第 40—51 页。西安市文物保护考古所《西安北周凉州萨保史君墓发掘简报》，《文物》2005 年第 3 期，第 5—34 页。西安市文物保护考古所《西安北周康业墓发掘简报》，《文物》2008 年第 6 期，第 10—37 页。

图 1.1-4
新疆维吾尔自治区塔什库尔干塔吉克自治县曲曼遗址内火坛等

图 1.1-5
虞弘墓石葬具天国场景（采自山西省考古研究所、太原市文物考古研究所、太原市晋源区文物旅游局编著《太原隋虞弘墓》）

图 1.1-6
安伽墓门上方骆驼火坛与人面鸟身祭司（采自陕西省考古研究所编著《西安北周安伽墓》）

一次葬习俗的墓葬几乎所有入葬人体都是裸身下葬；但更主要的是人骨摆放散乱的二次下葬。两种葬俗符合拜火教教义，墓葬年代明显为拜火教发展初期，证明了帕米尔高原是历史发展长河中欧亚文明的“十字路口”，在东西方文明交流中起着重要作用〔1〕。

这些珍稀文物多是葬具，其丧葬形式已与中土传统相结合，甚至其宗教形态也演化为民族文化标识而多有变化。在改变了原有葬式——最古老者有以狗食尸、余骨收纳入瓮等外，中土的土葬墓室内的石棺椁上仍保留了原初形象和种种图景——从火坛到祭司、从钦瓦特桥到天国。1999年山西太原发掘的隋代虞弘墓，其石椁上的火坛图像已显示有人面鸟身祭司（图 1.1-5）〔2〕。

西安 2000 年出土的北周安伽墓文物有着完整的围屏石榻式葬具，取代了棺床。其墓门上方半圆内就雕有骆驼背驮火坛（图 1.1-6），亦有人面鸟身祭司侍奉〔3〕。

西安 2003 年出土北周史君墓的石椁，不但雕造非常丰满盈丽，其宗教场景与形象也异常珍贵，亦出现人面鸟身祭司及庇护神等。尤为令

〔1〕2013 年，中国社会科学院考古研究所巫新华带领考古队发现，8 月 14 日《光明日报》以《帕米尔高原惊现拜火教遗址：黑白石墓葬群考古发掘收获颇丰》为题报道。祖拜代·力瓦依丁《论新疆拜火教考古遗存的发现与研究》，《人间》2016 年第 10 期。

〔2〕山西省考古研究所、太原市文物考古研究所、太原市晋源区文物旅游局编著《太原隋虞弘墓》，文物出版社，2005 年。

〔3〕陕西省考古研究所编著《西安北周安伽墓》，文物出版社，2003 年。

图 1.1-7
史君墓石椁（采自西安市文物保护考古所《西安北周凉州萨保史君墓发掘简报》，下同）

图 1.1-7B
石椁侧面钦瓦特桥图像

人吃惊的是，即使在中亚粟特民族区域，也没有留下如此富含宗教性内容的图像。尤其值得注目的是在钦瓦特桥“渡河过桥”（图 1.1-7、7B），中土的《十王经》中也具有类似场面，并有专名——“奈河”或“初江”，年代要晚很多，其中或有联系。当然，中土汉代已有此类的生死河桥，有些出现于汉代画像石，但其形象差别较多。此类渡河情景在一神教系统也有出现，如但丁《神曲》插图等，当然其年代更晚。但其中的相似与区别之处十分有趣，值得推敲。

（二）摩尼—明教

摩尼教得名于创始者摩尼，形成有一套独特的戒律与寺院制度。教义承自琐罗亚斯德教，并向世界范围传播扩展。宣传二宗三际说，即以光明与黑暗、善与恶为二宗；以前际、中际、后际，也就是过去、现在、未来为三际。光明与黑暗经过非常复杂的斗争、交融、变化（其中包含了对物质世界形成的看法），最后各自复归。摩尼教教义中也有世界劫灭，历经一千四百六十八年的大火持续地燃烧，新乐园才最后归并到光明王国。但摩尼教的二宗三际说在演进上完全自成体系，与其他宗教的说法都有不同。

摩尼教曾为中古时期三夷教之一，也有汉文经典保存于敦煌文书中。吐鲁番即高昌地区曾有摩尼教石窟与寺院，出土过大量文物。其壁画中有珍贵的教主摩尼与众信徒内容（图 1.1-8），更有特色的是其具有插图及装饰纹样的经本，所画题材较多样，沿及刺绣等形式。从摩尼教《下部赞》等经籍文词来看，其教说中也有轮回等，甚至出现“平等王”与“地藏明使”之词汇，但此中含义仍应纳入其自身体系之内，与佛教所说

图 1.1-8
吐鲁番壁画摩尼与信众（采自勒柯克著，赵崇明译，吉宝航审校《高昌——吐鲁番古代艺术珍品》，新疆人民出版社，1998 年）

颇有不同[1]。有一些学者如日本松本荣一、矢吹庆辉曾说摩尼教与十王图有关联，由吐鲁番即高昌地区的相关材料而言，“地藏明使”等图像或类似十王图之使者[2]。中央美术学院罗世平赞同，并认为摩尼教与佛教在十王地狱有相关或交融[3]。但上海社会科学院历史研究院芮传明辩驳，据其教义及摩尼教《下部赞》之文词内容，平等王实指同于“夷数”（耶稣），而其轮回以人间为地狱，其向往实为至冥界[4]。所以，望文生义而不究其性质差别，可能会失之毫厘而谬以千里。虽然吐鲁番的壁画之中也有与地狱相似的画面，但是我们对其要有清醒的认识。

四、佛教

佛教是世界三大宗教之一，公元前 6 世纪创立于古印度。佛教的死后转世轮回说与上述诸教都不同而自成体系，但与印度古婆罗门教有渊源。佛教的观念是生死流转、六道轮回，即含识、有情都在六种界限里生死流转、循环不息。很明显，循环论的轮回观与上述一神教的终极论也即末世说全然不同，与波斯系拜火—摩尼教等也不尽相同。现知古波斯宗教、埃及宗教与一神教都为两世论，有末日审判。其源起与两河文明有一定关系，但与东方印度的轮回循环形成了一种特定的对比。

佛教轮回观认为，一切有情含识众生，经过生死转换，都在六道里流转。天、人、阿修罗、畜生、饿鬼、地狱为六道，亦称“六趣”。但其也有发展过程。在小乘佛教时没有阿修罗道之说，所以是五道轮回，亦称“五趣”；至大乘佛教，发展为六道轮回，但有些名词一直保留，如掌管轮回关口的大神，是五道大神，而不是六道大神。六道中，其畜生、饿鬼、地狱称为“三恶道”，天、人、阿修罗或称为“三善道”，或说阿修罗道为中间性质，天道与人道才是上乘之道。

轮回在时间上可以是无限的，没有开始，也没有终结，一直流转下去。一个生命，一个人，可以此生在人道里，死后或入人道再为人，或上升至天道，或下至地狱，或变为畜生，或降为饿鬼。而后再由生死关口流转变换。周而复始，循环往回。那么，一个生命转生向天道，或下至恶道的根据是什么呢？是业（梵文为羯磨 Kārma）、业力，就是此生的善思善行或恶思恶行决定了后世的苦乐福报。业力报应是佛教特有的重要观念，上文已提到，《埃及亡灵书》关于死后灵魂审判也有类似说法。另一问题是，业力报应是否有一个

〔1〕芮传明《摩尼教“平等王”与“轮回”考》，《史林》2003 年第 6 期，第 33—44 页。
〔2〕见［日］矢吹庆辉《マニ教と東洋の諸宗教：比較宗教学論選》，佼成出版社，1988 年；［日］松本荣一《燉煌畫の研究・図像篇》第三章第八节“十王经图卷”，东方文化学院东京研究所，1937 年。
〔3〕罗世平《地藏十王图像的遗存及其信仰》，《唐研究》第 4 卷，北京大学出版社，1998 年，第 398—399 页。
〔4〕［美］太史文（Stephen F.Teiser）著，张煜译，张总校《〈十王经〉与中国中世纪佛教冥界的形成》，上海古籍出版社，2016 年。

恒定的受体呢？如某一个人在六道轮回里流转，他的肉体可能有各种变化，他的意识是恒定不变的一个主体吗？就印度佛教的本意，并无一个神识主体，因为一切都是因缘而生，刹那幻化。但是，中国人比较习惯有一个固定的神识主体，所以将其作为一个人的灵魂来理解。更重要的是，佛教轮回中有无终极呢？原始佛教所说的涅槃，就是跳出轮回，达到寂灭。“灰身灭智”，不再流转，应是终极永恒状态了。但大乘佛教将涅槃释为“常、乐、我、净”，内涵已变，但仍须以佛教基本“因缘和合”观念来理解之。

六道中的阿修罗原是古印度神话中的战神。阿修罗道中众生为好嫉妒与争斗者，其道非天，称为半天。而天道之上还有道吗？在六道图像中，有以将飞天表示天道的，也有以小佛像表示的。依佛教理论，天就有多重天，天外有天，更高的范畴，或从三界而言之，即欲界、色界和无色界。此三界六道的复杂构成，从图表才能看清楚。现简列一表（表 1.1-1）。

表 1.1-1　三界六道图示

无色界（四处）天道	非想非非想处天 无所有处天 识无边处天 空无边处天
色界（十七处）天道	四禅（八天）：无云天、福生天、广果天、无烦天、无热天、善现天、善见天、色究竟天 三禅（三天）：少净天、无量净天、遍净天 二禅（三天）：少光天、无量光天、光音天 初禅（三天）：梵众天、梵辅天、大梵天
欲界（二十处）六道众生都有，欲界的天道中含阿修罗道	天（六处）：四天王天、忉利天、夜摩天、兜率天、乐变化天、他化自在天 人（四处）：东胜神洲、南赡部洲、西牛贺洲、北俱卢洲 畜生道（一处） 饿鬼道（一处） 地狱道（八处）：等活地狱、黑绳地狱、众合地狱、号叫地狱、大号叫地狱、炎热地狱、大热地狱、无间地狱

图 1.1-9

法藏 P.2824 号敦煌《三界九地》之图，据唐玄奘译《阿毗达摩俱舍论》而绘（采自 IDP 国际敦煌学项目）

在欲界、色界和无色界中，欲界有无间地狱、四大部州地界与六欲天，为具淫、食二欲之有情所居，六道轮回即在其中；色界者有十八天，乃远离淫、食二欲有情所居；无色界则为无物质的心识居禅定所，有四空天。三界六道之表可以说基本上反映出了佛教的“世界观”，但其仍然只是层次性的。所以佛教之中还有一种从空间来表达的三界六道图，上有无色界、色界，下须弥山为中轴，布列欲界六天、四大部洲、地金水风轮等，显然侧重于欲界，与古人实际世界观念有关，所以十分流行，而且与艺术图像关系密切。在敦煌文书之中，也可以见到依据玄奘所译《阿毗达摩俱舍论》而画出的《三界九地》之图（图 1.1-9）。

尽管有如此详密的界道与空间之阐说与解释，但佛教本身之圣者——佛菩萨的地位或位置还是不太清楚。佛菩萨为觉悟者所处之位，诸经论皆无论说，《楞严经》卷九中有“七趣”之说，仅加了神仙道。因而，中国高僧创出十法

图 1.1-10
俄藏黑水城出土 Инв.No.2538 号西夏文《十法界心图注》(刘景云供图)

界〔1〕，在天道上加声闻、缘觉、菩萨、佛四道，但不称“十道”，而称“十法界”。古今有各种十法界图，黑水城（今内蒙古自治区额济纳旗）所出一件版画尤为珍贵（图 1.1-10）〔2〕。

佛教中鬼的观念也不仅限于饿鬼，饿鬼原是指古印度得不到儿孙祭祀的父祖之灵。此外，还有更多树上的鬼、夜叉鬼，无财、有财鬼，食精气、血肉的鬼等。与鬼相对的有各种神灵，如天神意指帝释与梵天等天众，地祇有坚牢地神等。三恶道中又以地狱最苦，狱制复杂，八大地狱各有十六小地狱，千奇百怪，惨烈酷毒，骇人心目。但最终为中国人接受的，是十八层地狱的笼统说法。从佛教艺术图像来说，又是以被汤镬煮为象征的。地狱的狱主、冥王是阎罗王。阎罗王掌管地狱，地狱种类又多，依罪恶种类或轻重，以判亡灵、罪魂入某个地狱是其职责。但从印度早期的地狱经典来看，审判这一环节的确有，但阎罗王所问并不是罪过如何，也不依赖善恶簿，而仅仅是提出五问或三问，亡灵、罪魂是否见过生、老、病、死之征象，见过为何不悔改，而后投入地狱。阎罗王也不管中阴六道转生。事实上，有些佛经中有管转生轮回者为五道大神之说。地狱审断与判转六道两个环节，起初也未联系在一起。阎罗王与五道大神结合了中国传统的泰山，形成冥幽地府的多王制，此后，都归于地藏菩萨的治下。

六道轮回内有情众生自出生时就为无明蒙蔽，由贪、嗔、痴三毒导致的业力，像轮转一般使有情众生不能出离生死苦海，所以有三界苦轮说、三界迷界说、苦海无边说。

〔1〕天台大师智者所创。《摩诃止观》卷五曰，法界者三义：十数是能依，法界是所依，能、所合称，故言“十法界”。又此十法，各各因，各各果，不相混滥，故言“十法界”。又此十法一一当体，皆是法界，故言“十法界”。

〔2〕俄罗斯艾尔米塔日博物馆藏 Инв. No.2538 号西夏文《十法界心图注》版画。参刘景云《西夏文〈十界心图注〉考》，《西夏学》第 8 辑，2011 年。

第二节 中土原说

一、道教阴曹地府观

道教是中国传统土生土长的宗教。道教信“道”，认为宇宙、阴阳、万象皆由此化生。这一点与其他宗教中的最高信仰是相通的。但是道教追求长生不死，相信人经过一定修炼，就可能达到长生不死，并成为神仙。这与多数宗教讲生死必然、求彼岸世界大有不同。不过道教也有阴曹地府信仰，且与其承负、济度、善恶报应相联系。

道教的阴曹地府信仰包含了泰山府君信仰、酆都山地府与阎罗地狱信仰。正如道教理论与仪制来源多而庞杂一样，道教的阴曹地府信仰也来自民间、佛教等，所以似有多个系统并存。

泰山府君信仰源于中国古代民间信仰。在道教产生之前，我国就有死者魂归泰山、泰山府君治鬼之说。道教继承了这种信仰，在对泰山的山岳崇拜中包含阴曹地府，《灵宝五符序》中称泰山为三官管理的地狱，《紫阳真人内传》说泰山是存放死者录籍的地方，《女青鬼律》说泰山有鬼神车匿掌管死者的录籍，此鬼在泰山西北角。另外，道教还创出不少治鬼之神，如《枕中书》所言，鲍靓为地下主者，还分五方治之：蔡郁垒为东方鬼帝，张衡、杨云为北方鬼帝，杜子仁为南方鬼帝，赵文和、王真人为西方鬼帝，周乞、嵇康为中央鬼帝。陶弘景《真灵位业图》将北方鬼帝张衡与杨云变成酆都北阴大帝，列于第七级神仙中位。酆都罗酆山也叫“罗酆都”“北都”等，后人附会为今重庆市丰都县。道教故事还说，汉代王方平、阴长生在此成仙，成了阴府之王。

道教还从佛教吸纳了阎罗地狱信仰。佛教中十王信仰已经中土化，道教吸纳时，又有改造增益，使每一冥王与某位过世的名人联系，认为此人在世有非凡事业，至阴府后成为某王。如明代万历刻本《搜神记》中说有秦广王萧（蒋）、楚江王曹（厉）、宋帝王廉（余）、五官王黄（吕）、阎罗王韩（包）、变成王石（毕）、泰山王毕（董）、平等王于（陆）、都市王薛（黄）、转轮王薛（薛）[1]。

---

〔1〕《搜神记》卷三《十地阎君》，《绘图三教源流搜神大全》，上海古籍出版社，1990年，第394页。

此十王冥府纳入道教，常在东岳大帝名下，也即移出了地藏菩萨的管辖范围。以佛教地狱说的传入与道教济度思想的发展为背景，冥王殿堂出现，济度死者亡魂，以祈冥福。

二、中土民间信仰

中国民间信仰原来有死入黄泉、泰山、酆都之说，这都是与阳间相对的阴间、幽冥之地。中国远古以来就行土葬，死者埋入地下，不见阳光，自然就形成了地下阴间为鬼魂所居的观念。黄泉代表地下阴间，因古代认为天地玄黄，而泉在地下，所以称为“黄泉”。如《乐府诗集》卷七十三《杂曲歌辞十三·古辞·焦仲卿妻》有句：“结发同枕席，黄泉共为友。”黄垆也是同一意义。《淮南子》曰：“放乎九天之上，蟠乎黄垆之下。”幽冥之地有类似阳间的官府——阴曹地府，府中有统治者阴主冥王，如泰山府君治鬼等。佛教的传入与道教的发展，都使中国民间信仰的鬼神世界大大地拓展了。佛经中关于大小地狱的描绘详尽丰富。地狱的狱主为阎罗王，狱中有狱卒阿傍等。这些内容通过讲唱（变文）、壁画（变相）和通俗小说的传播，深入人心，成为常识。道教也吸收佛教之说并有发展。佛教、道教诸说与中土原有的传说糅合在一起，发展演变着，成为中国民众普遍相信的生活知识。如阎王与判官、善恶童子、牛头马面执掌生死、管辖地狱。又有说百鬼之主是东岳大帝，幽冥之王是酆都大帝，幽冥教主是地藏菩萨。佛教的石窟寺、庙宇及地藏殿堂，道教的东岳庙及阎罗殿堂，还有重庆丰都县的酆都鬼城，都是掌管生死大限之地，也是人们祭祀先祖、祈福先人之地。

本章只是从世界范围内简要溯源有关幽冥审判的一些情况，基本上是从几个大的宗教系统来说，如古埃及宗教，亚伯拉罕系一神教即犹太教、基督教与伊斯兰教，古波斯系瑣罗亚斯德教与摩尼教（前者传到中国成拜火教，后者也有演化成明教之说）。这些世界级大宗教多有天堂地狱之说，不乏幽冥审判的说法及其图像资料。佛教的相关内容、理论体系丰富宏杂，而中国民间与道教在此也有原初的观念。了解这些情况，无疑对我们进一步展开讨论有很大的好处。

第二章

天竺中土观念融合

佛教传入后，中国民间传统观念——泰山主死观念大受影响而改变，六道轮回与各种不同数量的冥王和不同惩罚类型的地狱体系，逐渐成为国人幽冥观念的主流形态。地狱执掌本为阎罗王，又发展成为阎罗王与五道大神及太山府君之组合，再演变成由十殿冥王执掌死后的中阴审判。地藏菩萨从天竺来到阎罗身旁入十王系统，从监辅阎王到执掌幽冥，中国社会中地藏十王信仰的主流形态逐渐形成。

第一节 中国传统幽冥观念

一、黄泉与后土

“上穷碧落下黄泉，两处茫茫皆不见”，这是白居易《长恨歌》中写唐玄宗请道士上天入地寻找杨贵妃而不得的情景。这说明，很久以来古人以地下“黄泉”为死人的居所。中国的幽冥观念自远古就有了，距今约两万年前的北京山顶洞人墓葬中，有穿孔石珠等随葬品，撒赤铁矿粉作装饰，原始宗教与幽冥观或已产生。距今约七千至五千年前的河南仰韶文化中使用的二次葬（即收集骨殖再葬），还有葬具瓮陶棺的留有小孔，说明灵魂、鬼神观的发展。距今约五千年前辽宁红山文化的祭坛与神像，说明已有祭神观念与仪式。浙江良渚文化与四川广汉三星堆的祭坛与玉器、青铜文物也是天人合一崇拜的典型。其中，余杭瑶山的红土祭坛，是用以“祭天祀地”；三星堆的青铜神树，据考也是用以悬祭山神的。

上述情况说明，中国原始宗教或民间信仰很早就有了人死后具有灵魂的观念，天地神巫也有了神格并受到崇拜。那么，灵魂所处的幽冥之观念也应产生、流传。商周时代已有追随先人上天或入地的传说。从“黄泉”之说，可以看出人在死后居于地下幽冥的观念也很早产生，春秋时期就已流传、延续。黄泉只是一个地下的界域，只要挖开地面，居于地上的人们都能接触。挖地到一定程度就会有地下水涌出，所以黄泉本来应是古人对墓葬的认识。何以尊崇没有神格的地下呢？而土地神与山神何以成为具有神格的崇敬对象呢？泰山，就是国人心目中地下世界主宰处，以后还有罗酆山即酆都，但泰山原仅受山岳崇拜，至汉代才增此功能，此前的幽冥主宰原为土地神——后土。战国屈原《楚辞·招魂》就有云：

> 魂兮归来，君无下此幽都些。土伯九约，其角觺觺些。

东汉王逸对此作注说：

> 幽都，地下后土所治地。地下幽冥，故称“幽都”。土伯，后土之侯伯也。

由此可知，远古以来中国幽冥之主为后土，就是土地大神。这与黄泉之说是一致的。黄泉为地下，地下有幽都，治者为后土。后土的属下土伯，行守卫、索命之事。这样阴间与阳间对应，广袤的地下有了幽冥都城，后土是主宰。幽冥界就有了神格，可受崇拜。当然，这种情况随后发生改变。汉初有“地下主”“主藏君”，随侍僚属有“地下丞”“主藏郎中”[1]。东汉时，幽都界具体所指为泰山，泰山神为主宰，继而称“泰山府君”，南北朝时再融于阎罗王治下，晚唐以来又继为地藏菩萨所辖。而后土在隋代以后成为女神娘娘，不过在民间仍为守墓神。有趣的是，地藏菩萨本来在印度的出处也有地神之意，中土原来崇拜本土的土地神，后又拜外来的土地神。不过，地藏菩萨的宗教内涵很是深厚，至冥府而有破狱之誓愿功能，与十王、阎罗的职能实有抵牾。

二、泰山主死与治鬼

山岳信仰在世界各国都有。中国五岳信仰应起源于原始社会，泰山最早为东夷人所尊奉，因地域所在，是为“大山”，古称“岱”，春秋时始称“泰”。《史记·封禅书》所载古代十二帝王封禅泰山，虽非信史，但可以说明泰山信仰的传统久远。战国时期，齐地形成了封禅学说。秦始皇统一六国，实行了封泰山、禅梁父之礼，影响极为深远。

“泰山主死”之前，先有“泰山主生”的观念。阴阳家邹衍，战国末期齐国人。他综合五行相生相克说，发展出“五德终始论”，其说包括五岳信仰。由于泰山在东方，属五行中之“木”德，因而就有了代表春季、青色，以及万物之始、一岁之首之意，由此引申出王朝更迭之始、家族嗣兴之始、人生之始之意，故衍成“泰山主生”之俗。这种观念为封禅的源头之一[2]。

秦始皇二十八年（前219），皇帝亲自登临泰山，举行了封泰山、禅梁父大典。立石颂德，建郡设官。汉武帝时也封泰、禅梁，还正式立五岳，以泰山为五岳之首。秦皇、汉武之举，以及后来汉宣帝、王莽的推波助澜，进一步提高了泰山的政治地位，山岳崇拜因国家尊奉而至极端。

约于两汉之交、佛教入华之际，对泰山的山岳崇拜进一步扩展，泰山成为了民间尊奉的阴间主都。这种扩展如何发生，恐非一事一时而成，单从纬书、史传等文献中已可见“中国人死者魂神归岱山”的说法。再从当时流行的两类墓葬文字——镇墓文与买地券文，可看出“古人以为人死归赤山或是泰山，皆由对山川的崇拜而引起”[3]。中国台湾学者刘增贵进一步阐释，认为中国古人的山葬之俗，是导致泰山成为地府总管的最终原因。因泰山为五岳之首，为地与山之长，所以对山岳之归崇渐集于泰山[4]。由此可知东汉时“泰山主生”说已扩展为“泰山主死”说，而且后说渐次代替了前说。

（一）镇墓文与买地券

现知最早的镇墓文为陕西咸阳教育学院内东汉二号墓所出，朱笔书于镇墓陶瓶，时在东汉明帝永平三年（60）。而买地券则为武孟子买

[1] 余英时《中国思想传统的现代诠释》，江苏人民出版社，1995年。另参见韦凤娟《从“地府”到“地狱”——论魏晋南北朝鬼话中冥界观念的演变》，《文学遗产》2007年第1期。

[2] 曲进贤主编《泰山通鉴》，齐鲁书社，2005年，第3—5页。

[3] 吴荣曾《镇墓文中所见到的东汉道巫关系》，《文物》1981年第3期。

[4] 刘增贵《天堂与地狱：汉代的泰山信仰》，《大陆杂志》1997年第5期，第193—200页。

地券，时在汉章帝建初六年（81），两者仅差二十一年，为同代之物。此类文物多有残损，文最全的是西安和平门外四号汉墓所出，其中王氏陶瓶的朱文书于献帝初平四年（193）。罗振玉对这类古物早有研考，后也有很多学者研究此专题。原来多将镇墓文与买地券文字分别解析，但据最新研考，两者实为一体，不过用途稍有差异：一为解除动土冒犯，一为向鬼神买地〔1〕。两者均源于民间巫术，由巫师依方术法则而作。以下即举几例。

洛阳所出东汉灵帝光和二年（179）王当墓买地券：

> 光和二年十月辛未朔三日癸酉……券书明白。故……死人归蒿里，地下〔2〕。

罗振玉《贞松堂集古遗文》卷十五所辑录之《刘伯平镇墓券》（其时在东汉末延熹年间，地应在洛阳旁）文有：

> ……大山君召［下缺，上缺］相念苦，勿相思。生属长安，死属大山；死生异处，不得相防。须河水清，大山［下缺，上缺］□六丁……〔3〕

罗振玉考证其中“生属长安，死属大山”句，说他旧藏延熹（东汉桓帝刘志的年号之一）陶瓿有“生人属西长安，死人属东太山”句，又别藏一断简也有此语，但脱“‘死人属东’之‘东’字”。

这里的典型词句为“生人属西长安，死人属东太山”，或简为“生属长安，死属太山”，或更简为“死属太山”。长安是阳世的都城，管辖活人；相对而言，太山必应为阴界的都城，管辖死人。

（二）纬书史说

晋张华《博物志》引《孝经·援神契》载：

> 泰山，一曰天孙，言为天帝孙也，主召人魂魄，东方万物始成，知人生命之长短。

《后汉书·乌桓鲜卑列传》说：

> （乌桓）死者神灵归赤山，赤山在辽东西北数千里，如中国人死者魂神归岱山也。

魏晋时期较早的一部志怪小说《列异传》有“蔡支”条，说临淄有县吏蔡支，在岱宗山下见一城郭，入城见到仪卫如太守的一官，此官请他致书外孙，蔡支因而问“外孙为谁”，官答：“吾太山神也，外孙天帝也。”蔡支这才知道此非人间。这里的太山成了天帝的长辈，与上例中泰山为天帝之孙恰好相反了。又东晋干宝所著《搜神记》“胡母班”条，提到泰山人胡母班走在泰山下，忽被泰山府君召去办事；“蒋济”条中说领军将军蒋济妻得亡儿托梦，其亡子在泰山作“伍伯”，憔悴困苦，因知太庙西讴士孙阿现升为“泰山令”，“愿母为白侯，属阿”，后其亡儿果然转为“录事”了。

〔1〕鲁西奇《汉代买地券的实质、渊源与意义》，《中国史研究》2006年第1期。

〔2〕洛阳博物馆《洛阳东汉光和二年王当墓发掘简报》，《文物》1980年第6期。

〔3〕罗振玉《贞松堂集古遗文》卷十五，北京图书馆出版社，2003年。

（三）泰山之神

那么，上文洛阳东汉光和二年王当墓买地券所言“蒿里地下”为何意呢？墓葬文字具体指为死归“蒿里”。泰山因其高大有通天之意，死者所归并非山上，而是其界地下。“蒿里”是泰山范围内的小山，类似“梁父”等名，其地下是所有死者魂归之地。北京大学吴荣曾提出，此时泰山已成为冥府中最高枢纽机构所在，是鬼魂聚居处，与之相连的“高里山”是死人聚居之地，“蒿里”是从山名演化而来。因此，“高里”也是“蒿里”[1]。从西安和平门外四号汉墓的陶瓶朱文就说有“蒿里君”而言，泰山、蒿里不仅确为幽冥之都，而且也有冥官阴吏管辖治理。

从《列异传》与《搜神记》等志怪小说可知，其地为“泰山府君”辖治，还有“泰山令”“录事”“伍伯”等。总之，这里应该是官吏齐全的，最高官职应为太守一级的府君。府君本是汉晋时太守之尊称，为地方最高行政长官，泰山神在魏晋时就称为“府君”了。汉代死者归泰山，约魏晋时泰山府君等冥官确立，泰山之“主死”与“治鬼”机制形成。

随着秦汉大一统封建王朝的建立，原来多为齐鲁一隅尊崇的泰山，受到秦始皇、汉武帝的封祭，国家级的祭祀更提高了泰山地位。由对山川的崇拜，遂有古人以为人死归泰山或归岱宗之说。幽都冥府所在，具体化为泰山与蒿里。泰山府君成为人格化的幽王冥主，其下还有属吏。

泰山“主死”“治鬼”之说流行开来以后，并未出现地狱惩恶之制，人们出入幽冥也较随意，处处可至地下[2]。但由于佛教传入，其地狱说繁密丰富，因而泰岳阴府职掌渐被阎罗王所替代。不过，泰山神格与阎罗王信仰是渐次结合而熔铸于佛教的幽冥系统中的。

需要注意的是，较泰山幽冥都府说稍晚，四川蜀地出现了一个酆都鬼国。据东晋葛洪《神仙传》“张道陵”条，蜀中五斗米道张天师“以鬼道教民”，并成人鬼分治之局面。至南朝齐梁时，陶弘景进一步将其系统化，构造成酆都鬼狱，最后形成了重庆市丰都县罗酆山的鬼城。

---

〔1〕吴荣曾《镇墓文中所见到的东汉道巫关系》，《文物》1981年第3期。再刊于氏著《先秦两汉史研究》，中华书局，1995年。

〔2〕韦凤娟《从“地府”到“地狱”——论魏晋南北朝鬼话中冥界观念的演变》，《文学遗产》2007年第1期。

第二节 阎罗地狱说传入

佛教在两汉之际传入，其地狱观不同于泰山治鬼说，地下监狱的严酷惩罚、繁复体系，冲击、影响着中土原有的思想体系。佛教的地狱说，前提是六道轮回观。地狱不只是与阳世对立的阴世，还是轮回体系的六分之一。六道轮回也以三世因果、业力报应思想为前提，因为善恶业力，造成轮回中过去、现在、未来三世的福报与祸遇。由过去的思想行为，造成现世有情众生所处六道中某一道趣与道趣中的境况；由现世的观念行事，又造成未来世所处道趣与道趣中的福乐苦难境况。这些观念是随着大量佛经的翻译成汉文，通过对佛经的念诵与传播而得以传扬开来、被世人了解的。

一、佛典里的太山地狱

从汉晋至隋唐、两宋，是佛经翻译的时期，《大藏经》在宋代已有刊刻、流传。汉晋至南北朝时，大、小乘佛教对地狱的描述，其体系繁杂，诸如十八泥犁、八大地狱、八寒八热等多已译出了。但名目繁多的地狱，有的经从罪福报应讲，也有从佛教世界观角度讲，并不都讲狱主阎王与审判，有些讲阎王的经中地狱内容也不多。在此主要讨论关于“太山”的内容。

佛教传入后，其地狱观念与原有传统观念相结合，首先体现为当时译经时采取的格义法，这是借用汉地观念语词中的词汇，来对应外来的名相术语。如般若学说的很多术语，以及三世因果、地狱等说都是如此。因原来中土没有的事物或观念，译出后不好理解，所以要用近似的词汇比附译出。就“地狱”的翻译来说，开始有译音的，也有译义的，但当时译经的高僧，不论是汉末的安世高，三国的康僧会、支谦、竺律炎，还是西晋的竺法护，后秦的竺佛念，东晋的竺昙无兰，以及南朝宋的宝云等，都将梵文或中亚诸国胡语佛典中的地狱——“捺落迦”和“泥犁”，对应汉语——“太山”或“大山”。

在安世高以及康僧会、竺律炎、支谦所译佛典中，均有“太山地狱”一词，是将两个词汇连用，似乎地狱位于太山之下。如此，更便于中国人理解。特别是安世高，率先使用格义法，合并中印不同的传统观念与名相于一体，使汉末开始流行的泰山之下为地府——人死后魂魄所归之处的观念更加流行开来。

安世高译《佛说分别善恶所起经》中使用了十八处“太山地狱”。其起首处以“泥犁太山地狱”阐释地狱，分明将梵文音译、意译与中土“太山”并置捆绑，构成特殊词法，以强调太山与地狱的一致性。竺律炎译《佛说三摩竭经》亦用“太山地狱”。而康僧会所译的《六度集经》、支谦所译的《佛说八吉祥神咒经》《佛说孙多耶致经》《五母子经》《佛说未生冤经》，以及《佛说四愿经》，均明显地在受此影响的基础上有了发展，经文中均多处使用“太山地狱”，而后则略为“太山”，径指地狱。

如康僧会《六度集经》中由“命终魂灵入于太山地狱”至“远福受祸入太山狱者也”，再至“或死入太山其苦无数”“展转五道，太山烧煮”〔1〕。支谦《佛说八吉祥神咒经》《佛说四愿经》与《五母子经》中的“太（泰）山地狱”〔2〕，以及《佛说未生冤经》与《佛说孙多耶致经》内的“死入太山”〔3〕。竺律炎《佛说三摩竭经》中称：“愚痴人喜教他为外道。是人命尽皆当堕太山地狱中甚懃苦，悔无所复及。”〔4〕竺法护译《佛五百弟子自说本起经》有云：“有捕杀鱼者，我尔时生心。从是所犯罪，堕太山地狱。烧炙在黑绳，勤苦甚毒痛。”〔5〕

此一词汇的格义演变相当具有戏剧性。从安世高至康僧会等人的译经中，我们可以看到，存在着“泥犁太山地狱”——“太山地狱”——“太山狱”——“太山”这一变化过程。如果一开始就贸然地使用“太山（泰山）”来代替“地狱”或“泥犁”，这肯定是不行的。原因是太（泰）山之地府与地狱的对应实际上仍有不同，地府与地狱毕竟是有差别的。即使从中国传统观念上来说，泰山蒿里之下为魂魄所归，也是汉末形成的。再者，佛经中也常将“太（泰）山”一词用来确指其山峰，如“五体投地如太山崩”等，所以若不采取捆绑连用之手法，很容易引起歧义。不过，这种特别的格义方法看起来很成功，不久之后，泰（太）山的观念—名相，就为汉地广大僧俗民众所理解。虽然佛经里经常用“泰（太）”指山本身，但作为“地狱”内涵来使用时，只要根据其上下文理解，就不会有歧义了。在三国、两晋、南北朝时期，佛经中使用“太山”表示、确指“地狱”已很明晰，并见于多种译经中。

众所周知，汉地译经之初取格义法，实际上是名相与概念的问题，而非仅仅是生僻词汇的问题。“地狱”一词即如此。“太山地狱”实际上是以天竺的地狱对应中土的地府。地狱是佛教世界观中六道轮回之一道，是地狱、饿鬼、畜生这三恶道之首，也是三道的代表。其所对应的泰山，实际上正是汉末形成的、人逝后归至太山之下的地府。更准确地说，泰山范围内蒿里山的地下，是逝去魂魄所归去的地府〔6〕。两者相同之处，最主要还是皆为地下魂魄所聚之处吧。

---

〔1〕《大正藏》第3册，第15、24页。

〔2〕《大正藏》第14册，第72页；第17册，第536页；第14册，第906页。《五母子经》中为“泰山地狱”。

〔3〕《大正藏》第14册，第774、996页。

〔4〕《大正藏》第2册，第845页。

〔5〕《大正藏》第3册，第19页。

〔6〕近年有些汉代地狱图像等的论考，如姜生《汉代老子化胡及地狱图考》，《文史哲》2018年第2期，第114—126页。此虽为新说，但作者不少论文所言多臆测不实，缺乏证据。此文已有人驳斥，如《老子公案其二——老子化胡的历史背景》，指明佛教徒先造老子化胡说实不可能。见网络《人文文史哲》2018年5月15日。

二、狱主阎罗王

有趣的一点是，泰山神的人格化过程中，在魏晋时出现了“泰山府君”之称。三国吴康僧会译《六度集经》里已经出现了“太山王”，而南朝宋时的宝云所译《佛本行经》中也有“太山君”，更多的文献则表述为“泰山府君”。这都明显地表达了其人格化的趋势，泰（太）山不只是指地狱了。中土太山既是山名，又是地府名，也是神名，而佛经里地狱主是阎罗王。阎罗王在印度也久有来历。古代印度婆罗门教圣典奥义书乃至印度现存最古老的诗集《梨俱吠陀》皆有之，原型是引导亡者去福乐天界的夜摩神。《梨俱吠陀》中维活索德之子阎摩（Yama）还可与拜火教经典《阿维斯塔》中维温伏德之子伊摩（Yima）对应。至《梵书》中他才变成了对人的审判者与惩罚者[1]。

佛教部派小乘系《长阿含经》有《阎罗王三天使者经》、《中阿含经》有《阎罗王五天使者经》等，这些经中均有阎罗王审讯罪魂的内容。地狱狱主为阎罗，表面上看，阎罗审断似与泰山治鬼相似，或者与埃及冥王称量、审判死者相似，但实际上颇不相同。阎罗王以三天使名义问，是问亡者见过老、病、死三种天使化现情景否，若见过却不受启发而改过，就会被投入五种地狱中去。而阎罗王所问五天使者经，是阎罗问罪魂见过生、老、病、死、罪者受刑以及五种天使化现情形否，如果见过又不受启迪而改正，当被斥责而投入五种地狱去。事实上，佛经里的这种审断，根本在于劝善戒恶。《埃及亡灵书》中叙说进入审判大殿前，要作很多的祈祷，要求殿中众神无人陷害他、不漏量他的善行、心不被窃等。小乘佛典全无这些，或是因为佛教里轮回的内因是业力，业报起最重要作用。基督教《圣经》里最后的审判情况就更不相似了。

更令人吃惊的是，早期佛典中说阎罗王在宫中每天都会受刑三次且铜汁灌口，其余时间则受福乐。受刑的原因是其宿世恶业，又因为他发愿入佛门而得福报。但六朝时的中土撰述《净度三昧经》与《问地狱经》则说，阎罗王原先是一位国王即毗沙王，因打仗失败忿恨而投生地狱为王。至唐代《法苑珠林》里也作此种解释，并说其率十八臣下后来成了十八层地狱的狱主。唐代慧琳《一切经音义》解释阎罗王为“平等王”梵音；梵音“剡魔”“焰魔”，译为平等王，所以平等王与阎罗同义。但后来在十王组合中成了两个冥王。宋代《翻译名义集》与《佛祖统纪》则解释说，阎罗或琰魔的本义是“双王”，兄与妹皆为地狱主，分治男女之事。或说“双王”谓其在阎罗宫中“既受苦又受乐的”苦乐之故。

然而早期佛典还说，阎罗王发大愿，愿出家，剃发披袈裟，其善报也皆由此。这与地藏菩萨的现出家相、发绝大誓愿何其相似。

三、佛教诸经

佛教诸经有很多不同名目的地狱说，尽管纷繁复杂，但可粗分为两类：其一即八大地狱附十六小地狱，或称以寒热地狱为八主狱附小狱之说，其二即十八地狱、十地狱、八地狱等说[2]。类别区分及其特点，简述如下。

---

〔1〕［印］拉达克里希南著，王墉译《吠陀哲学的萌芽——神学》，《东方哲学研究》1987年第2期。

〔2〕参见张总《地藏信仰研究》，宗教文化出版社，2003年，第92—95页。

（一）类书略理

对于繁复无比的地狱之说，中国僧人早有整理。南朝梁的宝唱等编《经律异相》属佛教类书，将经律二藏诸说分门别类排列，其中设地狱部，总结梳理诸说：先有阎罗王数则，续说地狱之十八狱主、三十狱主，再插五官、八王斋日、始受中阴阶段，最后又说寒热地狱、金刚山间八大地狱、六十四地狱等。又有出自阿含经系的《阎罗王经》，主讲阎罗状况兼及地狱。《经律异相》后部的金刚山间八大地狱附十六小地狱等似与原始佛典关系更为密切，而前部的十八地狱、三十地狱则引自《问地狱经》与《净度三昧经》，为发展变化之说。其中列狱主之名的特点，确为冥府十王体系的起点，是十王说的先导。而且，这个序列已经呈现较强的系统性，其中另一些陈述如阎罗王、五官与八王斋日等亦可视为十王信仰的前期准备阶段。

《净度三昧经》中的阎罗所统，计有八大王三十小王、天地水铁仙五官部都督、司命司录，主治百三十四狱；还有八王斋日记善恶，增寿、减算说。其体系完备，但道教色彩颇多。其中，说一大苦处泥犁中有八大王三十小王，然细叙狱主、狱名情况时仅列三十王。《经律异相》摘出其名：

> 一曰平潮王，典主阿鼻大泥犁。二曰晋平王，典治黑绳重狱。三曰荼都王，典治鐵臼狱。四曰辅天王，典治合会狱。五曰圣都王，典治大山狱。六曰玄都王，典治火城狱。七曰广武王，主治剑树狱。八曰武阳王，典主嚾吼狱。九曰平阳王，主治八路狱。十曰都阳王，典治刺树狱。十一消阳王，主治沸灰狱。十二挺慰王，典治大嗷狱小嗷狱。十三广进王，主大阿鼻狱。十四高都王，主治铁车狱。十五公阳王，主治铁火狱。十六平解王，主治沸屎狱。十七柱阳王，主治烧地狱。十八平丘王，典治弥离狱。十九磓石王，主治山石狱。二十琅耶王，主治多洹狱。二十一都官王，主治泥犁狱。二十二玄锡王，主治飞虫狱。二十三太一王，主治阳阿狱。二十四合石王，主治大磨狱。二十五凉无王，主治寒雪狱。二十六无原王，主治铁杵狱。二十七政治王，主治铁柱狱。二十八高远王，主治脓血狱。二十九都进王，主治烧石狱。三十原都王，主治铁轮狱。是为三十大苦剧泥犁。[1]

又《净度三昧经》中三次列出五道大王，或与五道大神有些关系。但是，该处并未联系轮回生死，而是排在天地水铁仙五官诸王的监察善恶系统内，处于向上汇报的路径中。其文中还列出了承天大将军、伏夜大将军等。

《问地狱经》说十八狱主名与所治地狱名，其原经已佚，赖《经律异相》以存：

> 十八小王者。一迦延典泥犁。二屈遵典刀山。三沸进寿典沸沙。四沸典典沸屎。五迦世典黑耳。六嗑傞典火车。七汤谓典镬汤。八铁迦然典铁床。九恶生典嗑山。十寒冰（经阙王名）。十一

[1]《净度三昧经》原题东晋帛尸梨蜜多罗译，现代亦确认为中土撰述，应为南朝宋慧简撰集。有不同卷次流传，因智升《开元释教录》判伪而未入藏。幸得敦煌本、日本古本与七寺藏古本，使此经得存全本。参见方广锠《关于〈净度三昧经〉的目录学考察》，［日］落合俊典编《七寺古逸经典研究丛书》第2卷《中国撰述经典》其之二，大东出版社，1996年，第904—926页。

> 毗迦典剥皮。十二迳头典畜。十三提薄典刀兵。十四夷大典铁磨。十五悦头典寒冰地狱。十六铁笳（经阙王名）。十七名身典蛆虫。十八观身典鉡铜。[1]

唐代道世《法苑珠林》在对地狱的归纳中，对《经律异相》所引之经多有沿用。至南宋志磐作《佛祖统纪》时，以附图来阐释八大地狱，四门共附十六狱之状况。

又，《地藏菩萨本愿功德经》中专门设“地狱名号品”，其中列有多种地狱之名号，也涉及各种刑惩内容。但在其所列地狱名号之中，并无各狱之狱主。同时，其狱名与《马头罗刹经》里诸地狱名号有密切的关系。《马头罗刹经》的产生与流行，应略晚于《净度三昧经》和《问地狱经》，内容多少受到后两者的影响，但其内容以宝达菩萨与马头罗刹游历地狱为主，所以狱主并不重要。再至唐代《地藏菩萨本愿功德经》时，地狱之救度统摄者，已成为地藏菩萨，所以狱主亦不重要。

（二）五官之府

上述《净度三昧经》与《问地狱经》中皆有地狱主，皆为各个具体的地狱统治与管理者之名。不过这些狱主都是小王，可见其上还有大王。《净度三昧经》中三十小王之上似有八大王，这些王者原都隶属于阎罗王，而阎罗王原是毗沙国王，实即国王统领属官。但经中又专有阎罗王白佛言，说“是十习行，事属五官，五官属阎罗，阎罗属佛”，显示出隶属体系，其中并无地藏菩萨。这一体系又是呈报性的监察体系，其中五官具有重要作用。五官即指仙、水、铁、土、天官。经中有阎罗王与佛陀的对话，佛说：

> 天上五官主赏善，地狱中亦有五官，与主五道，大鬼神王收捕罪人。六事罪属五官……何谓五官？一者仙官主禁杀。二者水官主禁盗。三者铁官主禁淫。四者土官主禁两舌。五者天官主禁饮酒。

不难看出，这已是将五官所辖基本对应于佛教五戒。而《佛说提谓经》中也有五官之说，在其分治煞、盗、淫之外，还配以东北西南中的方向与每年的数个月之时间。“五官”在《大灌顶经》中已有出现。该书原题东晋帛尸梨蜜多罗译，实为南朝宋慧简撰述。《大灌顶经》卷十二《灌顶拔除过罪生死得度经》中有救脱菩萨对阿难的阐说，阎罗王主领世间名籍，但其实行统治的关键僚属即为五官：

> 地下鬼神及伺候者，奏上五官，五官料简，除死定生，或注录精神，未判是非，若已定者，奏上阎罗，阎罗监察，随罪轻重，考而治之。[2]

道教早有天官、地官、水官的三官之说。三官变成五官，应是佛教对道教成说的吸纳、增益与改造。据上述佛典，五官乃三官加上铁官、仙官，又改地官为土官，配以佛教最基本的五戒之说，赋予监察管理之能，具备僚属功能，构建起类似阳间官府的呈报审断之体系。

---

〔1〕此处狱名用字参考了丁福保《佛学大辞典》，上海书店出版社，1991 年，第 201—202 页。

〔2〕《大正藏》第 21 册，第 535 页。此即《佛说大灌顶神咒经》卷十二。该经每卷皆独立成经。

道教三官成为佛教冥府五官之所以被接受，是因其土生土长，在民间基础深厚。那么，其他宗教又如何呢？晚于佛教入华又基本是特定民族所信奉的摩尼教，也有一些相关内容。因为在中古三夷教之中，摩尼教与佛教关系最为密切，多采佛教名相词汇，编造汉文典籍，流传播布，所以有摩尼教异端化——佛化之说。摩尼教曾在高昌回鹘盛行一时，如现存敦煌所出汉文摩尼教典籍《下部赞》中，就有"平等王""地藏"，更有"十天王"。而被罗振玉称为"波斯教残经"的敦煌汉文残卷内也出现"十天大王"与"地藏明使"。

其轮回地狱之说，初看起来也与佛教相似，如"又三界五趣门""一切地狱之门户，一切轮回之道路"说，还有死后赴平等王所，再至卢舍那境界等说。但是细察，其"十天大王"主要指天界，其中"十二光王"亦是如此。虽然日本学者参考高昌地狱十王画，提出摩尼教可能有十王信仰，但证据尚不充足。实际上，摩尼教的许多词汇借自佛典，却有特定内涵，不同于佛教，不可混同〔1〕。吐鲁番即高昌地区的回鹘文残画及经本，反映其与汉文《十王经》图像关系更为密切。又有学者如中山大学林悟殊从敦煌《十王经图》画有地狱停尸台，举法藏敦煌本P.2003号与英藏SP.80号为例，后者停尸台四周围墙和有火狗的细节，指其近于琐罗亚斯德教传至中亚粟特的古葬俗〔2〕。这些不同宗教之间的交流，仍可留意。

《经律异相》地狱部引《问地藏经》六十四狱中还有五王之说，其名一为随王，二为劫王，三曰丑王，四曰自然王，五为众生王。这五位王者均在一个地狱中，此狱名为"无择"，义为"生终"，这是一组六十四狱系统的最后一狱。经过前面诸狱受到惩罚的罪魂，来到此狱，要接受这五位王者的审判，断定前世罪行多少。之后，舍地狱形，受中阴身（如三岁小儿）〔3〕，依随其行业——业力状况，从父母形受生。这里似将五道大神的职责担当了起来。虽然五道大神应在中阴结束处，此五王却开启众生中阴身，但终归是将众生送人道受生。而这五位王者又有特点，皆是发了大乘的信心、发了大誓愿，来度地狱众生的：

> 皆发信心，大乘誓愿，度地狱众生。

这个度地狱众生的大誓愿，距地藏菩萨"度尽地狱众生"之大誓愿，只有一步之遥了。然而五位王者所处位置，是有情含识转生投胎之前处，这与五道大神或转轮王的职务很相似。其所行的责任，也包括阎罗审断。总之，笼统地看，虽说这五位王者有地藏菩萨般的誓愿，但与五道大神或转轮王职责更相似。与其他说法不同的是，他们也掌中阴，但处在受尽地狱罪后的投胎之前。从佛教轮回理论上说，人死后冥府受审转生，若入地狱受罚尽后要再转生，此时所处何在？其他经论似无涉及，漏掉此一环节，而《问地狱经》所述实可补此。这一段五王几同于地藏菩萨所发誓愿之说，也出自《问地狱经》。《问地狱经》应译于南朝梁，但未入藏经，敦煌文书只有中国国家图书馆藏8692（阳8）号，残，赖《经律异相》等佛教类书得以存留。其中，讲十八狱各有狱

〔1〕芮传明《摩尼教"平等王"与"轮回"考》(《史林》2003年第6期）认为其中平等王并非佛教中阎罗，而是夷数，实即耶稣。但在摩尼教《下部赞》等文中，平等王与夷数多同时出现，似非一神。

〔2〕林悟殊《中古琐罗亚斯德教葬俗及在中亚的遗痕》，载《林悟殊敦煌文书与夷教研究》，上海古籍出版社，2011年，第395—406页。

〔3〕《大正藏》第52册，第268页。《经律异相》卷五十，地狱部下六十四地狱举因示苦相。

主，又有六十四狱，最后由五王审断随业投胎。该体系多少近于冥府十王说，应为其源头之一。

（三）中阴及《梵网经》

佛教的义理层级与信仰体系都是相当繁复的，远非某些论说可比。佛教传入后逐渐中土化，其观念说法很多都容易混同。譬如，幽冥世界与中阴阶段并非在一层面上；有情众生六道轮回，但是转生可能有长有短，或即直生净土、上达天界、直入恶道，或要经过一个时段，才能进入轮回。从娑婆世界人间来说，极善极恶都是极少的，大彻大悟更是稀见。绝大部分都是善与恶业兼有，要经过中阴阶段才得转生。佛典中也有专门标题的中阴经典，或在《瑜伽论》中加以阐说。宋代道诚在《释氏要览》中列"累七斋"之条目，就引经据典而阐说之：

> 人亡每至七日，必营斋追荐，谓之"累七"，又云"斋七"。《瑜伽论》云，人死中有身（冥间化起一相似身传识，谓之"中有"），若未得生缘，极七日住（《中阴经》云，中有极寿七日）。若有生缘即不定。若极七日，必死而复生。如是展转生死，乃至七七日住。自此已后，决定得生……极善恶无中有。既受中有身，即中下品善恶业也。故《论》云：余业可转也。如世七日七日斋福，是中有身，死生之际，以善追助，令中有种子，不转生恶趣故。由是此日之福，不可阙怠也。

道诚这段议论就是据中阴或称"中有"的"原理"来说的。中阴身是一特殊形物阶段，冥间化起的一相，似同身承神识，谓之"中有身"。一个阶段是七日，有机缘就转生，未得，再过七日，共有七个七日，决定转生。不同业力，转生不同轮回之中。极善恶者当即就转生了，一般人多属善恶都有的中下品，所以受中有身，在中阴阶段待转或转生于四十九天的七次期。在此死生之际的重要时段，以善业追助，可使中有身不堕于恶趣。故劝众生做善业，不可懈怠缺少。做善业方法不一，写经造像、请佛延僧、法会作斋、布施财物，其功德可回向亡者中有之身。

现《大藏经》中存十六国后秦竺佛念译《中阴经》二卷[1]，《高僧传》言其自译《菩萨璎珞本业经》等数经，未尽意而卒，可知尚是初稿。此经讲释迦双林寂灭后入于中阴，转名妙觉如来，教导一切中阴众生以大乘之法，凡有十二品。开首就有中阴境界众生与余处不同之说，如中阴众生饮吸于风、中阴众生寿命七日、中阴众生面状如化自在天等。但此经主旨仍宣说大乘妙法。

初唐玄奘所译《瑜伽师地论》，从原理方面讲述中有。此论分十七地，在第二意地中，详析死生种种状况。其讲"中有"即含于讲"生"之中：

> 云何生？由我爱无间已生故……从自种子即于是处中有、异熟无间得生。死生同时，如秤两头，低昂时等。而此中有必具诸根。造恶业者所得中有，如黑羺光或阴暗夜；作善业者所得中有，如白衣光或晴明夜……又造恶业者，眼视下净，伏面而行。往天趣者上，往人趣者傍。又此中有。若未得生缘，极七日住；有得生缘，即不决定。若极七日未得生缘，死而复生，极七日住；如是展转，

---

〔1〕《大正藏》第12册，第1056—1070页。

> 未得生缘乃至七七日住。自此已后，决得生缘。

此段还涉及飞天（梵名“健达婆”Gāndharva）等。唐代遁伦辑集《瑜伽师地论记》注解此论，集多位高僧琐细阐释，如中有仅在色界与欲界，无色界则无。但确其“七日一死，寿势颓败。乃至极经七七日住必得生处”[1]。

南朝梁宝唱编《经律异相》地狱部有多项条目，如上举五王之处，“生天堕地狱”条谓人将死时会看到将转去的境界——中阴相。宝唱已言明此说出于《六十华严》[2]。

> 譬如有人当命终时，见中阴相。所谓：行恶业者，见于地狱、畜生、饿鬼，受诸楚毒；或见阎罗王持诸兵仗，囚执将去；或见刀山；或见剑树；或见利叶割截众生；或见镬汤鬻治众生；或闻种种悲苦音声。若修善者，当命终时，悉见一切诸天宫殿；或见天女，种种庄严，游戏快乐。见如是等诸妙胜事而不自觉。

这又是将中阴阶段的最后轮回境界，显示于人临终之时了，是对中阴相——五道结合中阴阶段的另一种解释。此处或应说及藏文的《度亡经》。此经以《西藏度亡经》或《中阴度亡经》(原题实为《中阴得度》）之名而著称，在现代影响很大，流行于世界各地[3]。

《西藏度亡经》的主旨是教导亡者如何度过中阴阶段的。内有许多方法与阐说，而且有给亡者介绍死后进入中阴所见的景象，特别是二七即前十四天的图景。此经与本书所论《十王经》形成某种对比，都是关乎中阴阶段，却又如此不同，两者可主要从主观与旁观之视角来区分。《十王经》属于中土撰述的疑伪经之列，而西藏虽无疑伪经之观念，但有“伏藏”之概念，这是由高僧埋藏起来的一些经典（或有系列)，但不在《大藏经》等的目录中。此经据传与莲花生或大灯有关。钱光胜曾关注过汉语《十王经》与《西藏度亡经》之关系，在博士论文中设有专节，并发表过一些文章[4]。至于晚近受汉语此经影响的藏语《十王经》，增入不少早期佛典内容，则又有不同，详见后文讨论。

再者，宋代道诚以及另一些佛教类书或辞书的解释，只是说明中阴观念的原理来自佛典，而对具体斋会法事与请僧追福等事却很少解说，现知仅有大乘戒律《梵网经》内有短小解释。这是因为佛教凡举办实事性质的斋会法事，所依据的仪轨与科仪等文献，不属于三藏经律论的范围，也不能入藏。佛教本来与俗世的联系，就在于斋事。世俗社会供养僧团及个人饭食，就是斋；僧侣们的回报，就是为供养施主念经诵愿等。而更高端的布施还有凿造石窟、建精舍筑庙宇、布施不动产以支持寺院经济等，这些措施往往与权贵富豪、皇亲国戚、贵族官员等群体有关。

佛教如果没有自主的经济基础，就必须依赖俗世之供养。即使有一定经济基础，僧侣们与俗世之间也有日常的联结点，即日常请供的法事

[1]《大正藏》第42册，第322页。

[2]《六十华严》卷六十，《大正藏》第9册，第782页。《净度三昧经》也有引叙，见《藏外佛教文献》第7辑，宗教文化出版社，2000年。

[3]《西藏度亡经》在1927年就已被译为英文出版发行。参见徐进夫译《西藏度亡经》，宗教文化出版社，1995年。

[4]钱光胜《唐五代宋初冥界观念及其信仰研究》，兰州大学博士论文，2013年。又，钱光胜《试论〈西藏度亡经〉与敦煌写本〈阎罗王授记（十王）经〉的关系》，《西藏大学学报（社会科学版）》2013年第1期。

斋会。所以，这些法事斋会，无论规模大小，都有很多人为之。其程序事务也成为常识，一般不需要文本记录。所以，有些中土经本甚至仪轨文本等对此的阐说，存世不多，也很简单，能入论典者就更少了，但我们应以日常的斋会法事为基础来理解之。不过，从信仰佛教的生存经济之层面而言，一般是希望或要求斋事与布施愈多愈好。现知大乘戒律《梵网经》内中有涉此之说[1]：

> 若父母兄弟死亡之日，应请法师讲菩萨戒经，福资亡者，得见诸佛，生人天上。
>
> 父母兄弟和上阿阇梨亡灭之日，及三七日乃至七七日，亦应读诵、讲说大乘经律，斋会求福行来治生。

《梵网经》之菩萨戒有十重戒四十八轻戒，此两条都在轻垢，即轻戒条款之内：一是亲人亡故之日，要请法师讲此“菩萨戒经”(即《梵网经》)，可以福资亡者生天见佛；二是亲人与僧人在亡者亡日及三七至七七日，应读诵讲说大乘经律，举办斋会求福，可救亡者于生途[2]。此处强调了三七日。其实佛籍中常出现以七为计之天数，但并非都在中阴节点之意，也常是七之实数，若二七指十四天，三七即二十一天等。若下述《大灌顶经》之逆修三七，实为修二十一天之说，但今人常有混淆。

〔1〕[日]道端良秀(《中国人の死の観念と仏教》,《印度学佛教学研究》第13卷第2号，1965年，第452—457页)最先指出《梵网经》此两条。

〔2〕鸠摩罗什译《梵网经》卷下,《大正藏》第52册，第1006、1008页。新罗僧人义寂且著《菩萨戒本疏》(《大正藏》，第40册，第676、680页)阐释此中诸条目。

(四)《大灌顶经》

此经凡十二卷，梵名为Mahābhiṣeka-mantra。译题全称《佛说大灌顶神咒经》，题东晋帛尸梨蜜多罗译，且收录诸藏[3]。一般认为，从《灌顶七万二千神王护比丘咒经》至《灌顶拔除过罪生死得度经》等十二部小经，皆由南朝宋沙门慧简所编撰，但后三卷先成而前九卷后成，约在南朝宋大明元年(457)合汇为十二卷。因各卷皆具“佛说灌顶”，故也称《大灌顶经》。一般认为其中第十二卷《灌顶拔除过罪生死得度经》与隋代达摩笈多所译《佛说药师如来本愿经》、玄奘所译《药师琉璃光如来本愿功德经》等为同本异译，即此经先具药师信仰之形态。

关于此经及其与《十王经》的关系的研究很多，从美国著名学者司马虚的英文著述到上海师范大学伍小劼的博士论文[4]，相关成果不胜枚举，所以在此不拟详介。

1.《随愿往生十方净土经》

《大灌顶经》与《十王经》关系极为密切，而最密切者是此中第十一卷，即《灌顶随愿往生十方净土经》，而非第十二卷《灌顶拔除过罪生死得度经》。因《随愿往生十方净土经》与包括《阎罗王授记经》在内的《十王经》系关系相

〔3〕经名见于《佛名经》卷一,《出三藏记集》卷五《疑经伪撰杂录》,《大唐内典录》卷三,《开元释教录》卷三、卷十九，收录《大正藏》第21册。

〔4〕[美]司马虚(Michel Strickmann)，“The Consecration Sūtra: A Buddhist Book of Spells”(《大灌顶经：一部佛教咒书》)，载巴斯维尔《中国佛教疑伪经》，Robert E. Buswell，*Chinese Buddhist Apocrypha: The Mārga And Its Transformations In Buddhist Thought*。伍小劼《〈大灌顶经〉研究》，上海师范大学博士论文，2010年。伍小劼《但取人情：〈大灌顶经〉的出世及其对批评者的回应》，方广锠主编《佛教文献研究》第1辑，广西师范大学出版社，2016年，第259—274页。[美]篠原亨一著，陈志远译《〈灌顶经〉再考——兼论密教类佛教伪经》，方广锠主编《佛教文献研究》第1辑，广西师范大学出版社，2016年，第97—112页。

当直接，为学界公认。换句话说，《十王经》系中的逆（预）修观念与部分仪行，均是来自此经，并无其他来源。所以，在此就其联系而略加论述。

众所周知，《十王经》重要特色即从观念到方法具有双重功德转让——既为亲人又为自己。这个为自己预先修备功德之观念，就是直接来自此《随愿往生十方净土经》。该经称为“逆修”，而到《十王经》系则渐转为“预修”。为亲人特别是父母先祖等回向功德，则是大乘佛教的基本观念，多有见说。而此《随愿往生十方净土经》则说：

> 普广菩萨语四辈言：若人临终、未终之日，当为烧香，然灯续明。于塔寺中表刹之上，悬命过幡、转读尊经竟三七日。所以然者，命终之人，在中阴中身如小儿。罪福未定，应为修福。愿亡者神识[1]，生十方无量刹土。承此功德，必得往生。亡者在世，若有罪业应堕八难，幡灯功德必得解脱。

此经续说：

> 普广菩萨复白佛言：若四辈男女，善解法戒，知身如幻，精勤修习，行菩提道。未终之时，逆修三七，然灯续明，悬缯幡盖。请召众僧，转读尊经，修诸福业，得福多不？佛言普广，其福无量，不可度量。随心所愿，获其果实。

我们可以看到，上述经文具有为亡者修福（追福）、为自己先行逆修功德这两项内容。其方式，请僧读经为基本，或可联系上文所说《梵网经》。但也有燃灯续明、悬缯幡盖，实为药师法的内容。其时段则都是三七日，但其意谓持续二十一天，即三个七日合为二十一天，非《十王经》的第三七之斋日。其上段更明确是尊读佛经三七日，所以其某七之谓与七七斋不同。七七斋为四十九天的时段内，有七个时间节点、隔七天一次共七次而成。虽然此处也提到中阴阶段身如小儿、罪福未定，但此经“竟三七日”肯定为持续二十一天而非第三七日。而逆修功德亦是。若预先逆修时依七七斋法，如何知自己死日而定第三七日？所以，此处的逆修三七成为一个固定词语，意谓为己修福（可请僧念经）持续二十一天。有趣的是，“逆修三七”以后演变为《十王经》中的“预修生七”，个中奥秘下文再析。

其实此经还强调七日七夜持续修行。诸项法会当属习见，但《大灌顶经》的特点又在于灌顶神咒。灌顶神咒据考来自《金光明经·功德品》，但其咒颂偈句，亦见于《佛说陀罗尼集经》等，也可称为“功德天咒”或者“善天女咒”[2]即：

> 波利富楼那，遮利三慢陀……
>
> 毘鼓三慢陀，达尼佉罗陀。
>
> 佛语普广菩萨摩诃萨：是为灌顶无上章句，必定不二。解除亡者无量罪厄。令过命者得生天上。随心所愿往生十方……若在世时，应当受持如是章句，斋戒一心。为过命者，七日七夜受持八禁，长斋菜食，礼敬十方诸佛世尊。

〔1〕神使，疑为神识。

〔2〕《陀罗尼集经》中“善天女咒”已入今早晚功课十小咒中。

此咒之后所附阐释有不同。虽然《金光明经》与《随愿往生十方净土经》的基本修持方式都有七日七夜修持八戒（修三七即应持二十一日），并需念经礼佛颂咒。但《灌顶随愿往生十方净土经》又讲此可解除亡者无量罪恶，令过命者得生天上，随愿往生十方净土。劝在生者受持、为亡者一七修持。上海师范大学伍小劼指出，《随愿往生十方净土经》已将其颂咒句式等改造为一种度亡仪式了[1]。

此经最后还讲了那舍长者父母悭贪入饿鬼地狱，由布施财物供僧而解脱此难，得生天上。说明财物布施与受持修法同样，甚至更受重视。

2.《拔除过罪生死得度经》

此为《大灌顶经》第十二卷，其实第十一卷中已有念咒拔罪可度之内容了。而此经为药师信仰的最早形态，燃灯续明、悬缯幡盖的内容在上卷中也有提及。此经最大特色为五官、阎罗料简罪福与苏生内容，均富于中原本土及道教色彩：

> 阎罗王者主领世间名籍之记。若人为恶作诸非法，无孝顺心造作五逆，破灭三宝无君臣法。又有众生不持五戒不信正法。设有受者多所毁犯。于是地下鬼神及伺候者奏上五官。五官料简除死定生。或注录精神未判是非，若已定者奏上阎罗。阎罗监察随罪轻重考而治之。

此处五官审判料简生死，由阎罗监察。此系统应据道教三官发展而来，且此经灌顶或早于《净度三昧经》（上文已述及五官更为完备）。阎罗根据罪福却未指派轮回（或未辅五道神），而是定其生死，且其生死状态竟返至于“苏生”——入冥又返回——的特殊状态。

> 世间痿黄之病困笃不死、一绝一生，由其罪福未得料简。录其精神在彼王所，或七日二三七日乃至七七日名籍定者，放其精神还其身中。如从梦中见其善恶。其人若明了者信验罪福[2]。

此处的七日乃至七七日，均指病人危重，是精神去了地府阎罗王处，因罪福未定而延宕，持续至四十九天而已。此与经卷中药师法燃四十九灯、悬四十九幡、写四十遍经相互呼应，却未必关联中阴阶段七七转生之斋日。由此，将阎罗王的统辖，扩至病人之域，符合药师经典之范围。所以，佛经有不少说法，初看相似，实则不同，必须小心为之。

《药师经》至少有三译，继《大灌顶经》后有隋代达摩笈多《佛说药师如来本愿经》、唐代玄奘《药师琉璃光如来本愿功德经》与义净《药师琉璃光七佛本愿功德经》。吉尔吉特发现此经梵本，形态也具多种，有些与汉译关系密切。但此中具有浓厚的中土观念——早期道巫思想，乃知是早期经本流出后化为梵文再传来之故。可见，此经应为中外文化汇流的重要表现之一，值得重视[3]。但其与《十王经》的传承演变关系，学界虽已有多项探析，但还需再梳理清晰一些。

---

〔1〕伍小劼《〈大灌顶经〉的宗教理想》，《史学月刊》2012年第3期，第42—43页。

〔2〕《大正藏》第21册，第535页。

〔3〕方广锠《疑伪经研究与“文化汇流”》，广西师范大学出版社，2018年。还有伍小劼关于《大灌顶经》的博士论文等。

3. **预逆修斋**

此处讨论逆修与预修。上文已述及的逆修观念与实行，均不见于印度佛教诸典，而是首见于《大灌顶经》的第十一卷，继而大行于后世，特别是经《十王经》的推波助澜，使其成为信仰层面的重要观念，再经《受生经》(又作《寿生经》)之发扬，达到最大作用。但是，逆修斋变成预修斋、逆修三七变成了预修生七，其间有何奥妙，如何演化呢?

南宋志磐《佛祖统纪》中，释“预修斋”：

> 预修斋
>
> 普广菩萨白佛言：若善男女未终之时。逆修生七然灯悬幡，请僧(即僧次请供也)转经(略举此四为例)，得福多否?佛言：其福无量。又言：父母亲族命终受苦，为其修福，得福多否?佛言：七分获一，缘前生不信道德故，若以亡者严身之具屋宅园林，以施三宝，可拔地狱之苦(《随愿往生经》)。

志磐《佛祖统纪》是一部佛教史书，且侧重天台宗史，但也有辞书之用。其设阐“预修斋”，注明是出自《灌顶随愿往生十方净土经》，即《大灌顶经》卷十一，而且颇重最后的那舍施财故事，即那舍长者为父母罪报入狱，舍其家产财物，获有大福报。但是，《灌顶随愿往生十方净土经》中并无预修之名，而我们所见到逆修与预修，则几乎同时出现，几乎同义并用，证其本源，就是《阎罗王经》《阎罗王授记经》和《预修十王生七经》(即《阎罗授记十王经》)。实际上，预修就是出现在《阎罗王经》《阎罗王授记经》与《佛说十王经》中，且就在经的标题之中，并存在很多混用现象，即经题中既有逆修又有预修，经文中也有逆修与预修两种说法。尽管有些学者就此进行一些区分，但实际上很难成立。如中央美术学院罗世平《地藏十王图像的遗存及其信仰》，将预修与逆修分别定义，但确实不能成立[1]。上海师范大学哲学与法政学院侯冲也曾将逆修与预修对应于文偈本与图赞本，认为由初唐藏川署名之《佛说十王经》图赞本是实用仪轨，从文偈本发展而来[2]。笔者还探析过相对于逆修的顺修之概念[3]，而美国哈佛大学罗柏松之探讨背景渊源可能最为深广[4]。

确实，此经标题很多，详略有变，经中自称及尾题简称亦是如此。但正式标题仍是以阎罗王授记四众出发，中心即预修生七或逆修生七，亦有几本写劝修，接往生净土或功德往生净土经。经中标题还插有新死亡人斋等。种种迹象表明，此经的预修与逆修是完全同义的，可以相互置换，《敦煌学大辞典》[5]早就设有辞条，阐明此两专词为同义。但实际上，两词间仍有微妙的差别。至少从开始看，先有“逆修”，而且经本中凡与《大灌顶经》关系较直接处，皆用“逆修”，而余处则多为“预修”。最后之发展，当然是由预修代替了逆修。后世的印本、传播海东者都是预修。

实际上，无论逆修或预修，在此经之中，都是与生七连用的，即“逆修生七”或“预修生

---

[1] 罗世平《地藏十王图像的遗存及其信仰》,《唐研究》第4卷，北京大学出版社，1998年，第373—414页。

[2] 侯冲《中国佛教仪式研究——以斋供仪式为中心》第六章“预修斋供”，上海古籍出版社，2018年，第380—395页。

[3] 张总《敦煌丧葬文献十王斋初探》，黄正建主编《中国社会科学院敦煌学研究回顾与前瞻学术研讨会论文集》，上海古籍出版社，2012年。

[4] James Robson(罗柏松),“Searching For a Better Return: Premortem Death Rituals(nixiu 逆修，yuxiu 预修)in Medieval Chinese Buddhism and Society”，康豹、刘淑芬主编《信仰、实践与文化调适——第四届国际汉学会议论文集》上册，台北“中央研究院”，2013年，第71—106页。

[5] 季羡林主编《敦煌学大辞典》，上海辞书出版社，1998年，第444页。

七”。而上文已有阐明，《大灌顶经》中是逆修三七。不少人都说过，预修生七来自逆修三七。两者区别何在呢？其实上文已说明，三七是指二十一天，持续修行三七共二十一天。而生七则是七七斋加百日、一年、三年，是十王斋的十天。生七斋仅十日，却跨度三年。修三七则为连续的二十一天。

但其中仍有些不同。逆修之事，也可以修行七个日夜，八关戒斋，延僧念经且布施请佛，连续修行三七则更好。但是，生人为己逆修，生命持续期间，应如何修持？彼《大灌顶经》未明，而《十王经》系就很清楚。《阎罗王经》只说每月二时，《阎罗王授记经》则明言为每月的十五日与三十日，即月中与月末，《佛说十王经》则依前者。方法也繁简各异，法会或为基本，也有别本说要请四十九僧，可比四十九灯或四十九天。后文详论。

不过，此处仍非关键。实际上，逆修三七并非人人均可，须达门槛，即有功德之人才可修之。而逆修生七与预修生七，则是人人均可。门槛降低了，参与者广泛了。笔者就此曾有考虑，上海师范大学伍小劼有文说此[1]。其文将往生十方净土的人归纳为四种：

第一种即四辈弟子。普广菩萨复白佛言：若四辈弟子善解法戒，知身如幻，精勤修习，行菩提道。未终之时逆修三七，燃灯续明，悬缯幡盖，请召众僧，转读尊经，修诸福业，得福多不？佛言普广：其福无量，不可度量。随心所愿，获其果实。

第二种即不信佛无戒、或时诽时信者。普广菩萨复白佛言：又有众生不信三宝，不行法戒，或时生信，或时诽谤，或是父母兄弟亲族卒得病苦，缘此命终。或堕在三途八难之中受诸苦恼，无有休息，父母兄弟及诸亲族，为其修福，为得福不？佛言普广：为此人修福，七分之中，为获一也。何故尔乎？缘其前世不信道德，故使福德七分获一。

第三种即不信佛教之人。普广菩萨又白佛言：若人在世不归三宝，不行法戒。若其命终应堕三途，受诸苦痛。其人临终方欲精诚归命三宝，受行法戒，悔过罪衅，发露忏谢，改更修善。临寿终时闻说经法，善师化导，得闻法音。欲终之日生是善心，得解脱不？佛言普广菩萨摩诃萨：若有男子善女人等临终之时得生此心，无不解脱众苦者也，所以者何？如人负债，依附王者，债主便畏，不从求财。此譬亦然。天帝放赦，阎罗除遣，及诸五官伺候之神反更恭敬，不生恶心。缘此福故，不堕恶道，解脱厄难，随心所愿，皆得往生。

第四种即罪福不定之人。佛告普广菩萨摩诃萨：若四辈男女临终之日，愿生十方佛刹土者，当洗除身体，着鲜洁之衣，烧众名香，悬缯幡盖，歌咏三宝，读诵尊经，广为病者说因缘譬喻，言辞微妙，经义“苦空非身，四大假合，形如芭蕉，中无有实，又如电光不得久停”。故云“色不久鲜，当归败坏。精诚行道，可得度苦。随心所愿，无不获果”。……普广菩萨语四辈言：若人临终、未终之日，当为烧香燃灯续明，于塔寺中表刹之上；悬命过幡，转读尊经竟三七日。

《灌顶随愿往生十方净土经》说，有功德者，才可逆修。而且经中还说，亡者之所以七分功德唯获一分，就是因其生前不作功德之故。《十王经》就没有限制了，任何人都可以做，而七分功德唯获一分也没有阐说理由。其在亡人斋语中，说及法有宽纵，一切人或罪人等，皆可为父母作功德。从佛事仪式来说，就大大地对佛教有利

〔1〕伍小劼《何谓“逆修”——从其在佛经中的最早出处看》，《华东师范大学学报（哲学社会科学版）》2016年第1期。

了。道教的《天尊说随愿往生罪福报对次说预修科文妙经》及《九幽》也采此说，或有其利[1]。

所以，虽然在《十王经》系中，两词可谓同义，但是，从实际长久状况而言，经隋唐五代入宋之变，“逆修”一词，在《十王经》系中仅仅是起了一个过渡的作用，即将原先有功德者才可持续修行的含义，置换成普通人甚至于有罪过之人皆可为己、为六亲特别是亡故的父母作功德了。

四、五趣六道与七七斋

上文所述为佛教地狱说。地狱属六道之一，处轮回之中，流转不息。有趣众生，皆汇归入于此中，甚至于木石无情之物。亦有高僧或个别经中说及，跳出六道，才至四圣，合为十道。同时，还有三界之说，即欲界、色界、无色界，上文已述及。但佛教之中的六道说，其实曾有五趣与六道两阶段，但两名词时有混用。即部派小乘佛教用五趣之说：天道、人道、地狱、饿鬼、畜生道；大乘佛教则用六道说：天道、人道、阿修罗道、地狱、饿鬼、畜生道。两者之间只差阿修罗道。简言之，大乘佛教增加了“阿修罗道”。此轮回之道，在经典之中多有所据，经本亦不同。佛教艺术图像中也极为多见，但风格样式颇有不同，且特色鲜明[2]。总之，实际作品之中，是先五趣而后六道，大约唐代作品中还有不少五趣轮回，再后即成六道。当然，这并不能与部派小乘和大乘佛教直接对应，主要仍是因为大乘佛教之流变。佛典“五趣”乃至我们所论《十王经》中，五道大神、五道将军再至五道转轮王，其长期沿用或也是其图像延续的原因之一。

（一）五趣

五趣最有意思的一点，即五趣之说长期沿用。五趣说是指天人道与三恶道，掌管者即五道大神（起源于犍陀罗地区）。其后变为五道将军、五道转轮王。长期示人以武将形貌，至宋代才终变为文官形象[3]。地藏菩萨救助五趣六道之发展，也是如此，最初可见的一些形象，在北朝至唐代初中期的艺术图像中，多是救助五趣，没有阿修罗的五趣，而后才演变为包括阿修罗道的六道。仅有天、人、畜生、饿鬼、地狱的五趣，原是小乘佛教所说。但菩萨观念是大乘佛教的主要内涵，也是大乘佛教入世利他观念最突出的表现。在大乘菩萨之中也属较晚的地藏菩萨，何以循照小乘轮回之说呢？原来，北朝造像碑中已有五道大神及轮回图像，其造型要素隋代也有继承，又因玄奘法师新译《大乘大集地藏十轮经》等也采“五趣”之说，影响所及，应在图像中有所反映。所以，在初盛唐时期已出现的一些地藏救助图，是为五趣。此后的中晚唐时期，阿修罗道加入，成为六道，但起初时的形象亦非典型，而五道大神、五道将军之称长期存在，五道转轮王亦由此沿用，出现的时间更为久远。地藏菩萨两侧对称出现的典型六道在十王冥府观即将形成时，才普遍流行。

---

〔1〕部同麟《〈天尊说随愿往生罪福报对次说预修科文妙经〉初探》，《敦煌研究》2017年第6期。文中言此经与《太上慈悲九幽拔罪忏》部分内容相近。

〔2〕美国学者史密德（David Neil Schmid）就五趣六道也有专文。“Revisioning the Buddhist Cosmos：Shifting Paths of Rebirth in Medieval Chinese Buddhism”，*Cahiers d'Extrême-Asie.17*，2008. pp.293—325.［美］太史文（Stephen F. Teiser）《地方式和经典式：甘肃和四川生死轮回图》（胡素馨主编《佛教物质文化：寺院财富与世俗供养国际学术研讨会论文集》，上海书画出版社，2003年）则侧重于五趣生死图，另有英文专著亦是从此角度展开。

〔3〕孙健《〈十王经〉版本流传中转轮王形象转换的历史语境》（《三峡大学学报（人文社会科学版）》2017年第2期，第87—95页），意谓五道转轮王由武将演为文官形象才是十王体系的完善，此论或太武断。而且其文对于原始资料与学术进展相当不了解，错谬之处不少。

地藏菩萨救助五趣六道的作品，在唐永徽二年（651）玄奘译出《大乘大集地藏十轮经》后发展很快，造像多见，证实着地藏菩萨救助六道的悲愿力量。河南洛阳龙门石窟、善业泥模像、崔善德造像碑、耀州摩崖窟像、浙江杭州资延寺龛像均有这类作品。

洛阳龙门石窟宾阳北洞上方有初唐沙门形地藏菩萨和二胁侍的浮雕之像。菩萨露顶立身，扬右手出五道云气，中刻飞天（天）、立人（人）、奔马（畜生）、曲身者（饿鬼）等五道形（图2.2-1），虽然少地狱一趣，但确为无阿修罗的五趣轮回。五趣本是小乘佛教之说，地藏菩萨救助六道却刻作五趣形，原因何在？我们已知北魏樊奴子造像碑的五道大神前即为相近的五趣，艺术图像之沿用或有惯性，而玄奘新译《大乘大集地藏十轮经》使用"五趣"一词或也是原因。

唐咸亨三年（672）崔善德造像碑碑阴的地藏六道图刻造出对称的云朵（图2.2-2），云上形象较特别。其地藏两手持珠，左右下云朵为独角与曲身者，应属饿鬼等；中云朵右者头顶为龙、左者为戴尖顶冠，应为天龙与人道；左右上云朵各有三像，左三像似人，右三像为裸身、持棍与面目不清者，可能有表示修罗道之意，或也表示五趣。其中间又有一佛像。对称的六道以此像为先，但其小像图式的不典型，也说明了此形式产生时并不成熟。

图 2.2-1

洛阳龙门石窟宾阳北洞上方初唐地藏五趣图（采自常青绘图《龙门石窟地藏菩萨》）

图 2.2-2

崔善德造像碑碑阴（采自金申《中国历代纪年佛像图典》）

（二）六道

善业泥是古代高僧以骨灰掺土烧陶而成的一种佛教造像，西安寺庙多有出土。其像式一般是用模制，可脱印出很多同样作品。北京故宫博物院1957年购藏一批善业泥，内有地藏像，属于西安西郊土门村一带，这里应是唐代善业尼寺遗址；还有礼泉寺遗址也有造像出土[1]，均是同一

[1] 何汉南《西安西郊清理出一批唐代造像》，《文物参考资料》1957年第6期。王长启《礼泉寺遗址出土佛教造像》，《考古与文物》2000年第2期。

图 2.2-3

西安出土善业泥像地藏像（采自赵青《西安土门村出土善业泥像考略》）

图 2.2-3B

西安出土善业泥像地藏像（采自李凯《唐代沙门形地藏菩萨善业泥像清赏》）

样式的地藏六道图。但土门村存者有着远较故宫藏品更为精细的造像，且为数众多，达150件，与故宫所藏的塑型较平而模糊者定非同一模具压制[1]。其像上地藏侧身而坐，身前手中宝珠升出云气，分有六道（图2.2-3）。其近项光处为莲花云头，最高处像有项光略似拜形，应为天道；另有坐像，虽稍模糊但可见多臂，有合掌有分手，依稀能见日月，是为阿修罗道；正面立身合掌、着袍服者应属人道，但头面不清。其下一欹侧姿者形体不清，故宫存像此处极像一兽，再下曲身向边者应为饿鬼。这里的地藏拯六道却又近于五趣之表达，并且具有阿修罗。白庙村南出土的两件[2]，格局同上像，但塑造不同，且较模糊，考古报告言地藏身前有六道云气，最上有莲花状，下有天人、阿修罗、畜生、饿鬼形。而大唐西市博物馆所出者则为对称式（图2.2-3B），地藏露顶居中而坐，云头上轮回象征分开，处于两侧，主尊右上为跪拜者、奔兽，下为双角兽面坐像执器，腿脚间有若扶几者，应是表牛头镬汤地狱；主尊左上为坐姿阿修罗，举日月，中云头大约是人，下方曲扭身段不太清晰或为饿鬼。此像表征应为六道图像无疑。

以上像组的对比仍显意趣，此土门村善业泥像中若畜生处与大唐西市博物馆所藏者比较，牛头的展立身变化有可能象征地狱[3]。诸象征之间仍有相通或近似之处，但亦存不同，最主要的是说明了地藏菩萨救度仍然是从近似于五趣而向明确的六道变化，体现出了大趋势里的细变化，虽然其五趣六道中仍有些不太标准之处。

---

〔1〕赵青《西安土门村出土善业泥像考略》，《文博》2017年第4期。图片相当清晰，远胜他刊发表。

〔2〕冉万里、沈晓文、贾麦明《陕西西安西白庙村南出土一批唐代善业泥像》，《考古与文物》2009年第1期。

〔3〕李凯《唐代沙门形地藏菩萨善业泥像清赏》，《西安晚报》2012年2月5日。

敦煌藏经洞绢纸壁画中，地藏与六道就出现得更多。在石窟壁画中亦非少数。如甘肃瓜州榆林窟中唐时第15窟，前室东壁南侧上方，画有一身沙门形地藏（图2.2-4），光头着袈裟，右手上执宝珠，身前后共出六道云气。前方云朵上方有人站立，中有阿修罗举日月，下为饿鬼曲身站像；其身后图像因发表不全而有缺，只见上云头处似有一坐像，中云形象缺，下云有一形象与对面的饿鬼相似，都是裸身仅着一绿色短裤，姿态有所不同。似乎仍然不是典型配置的六道有情轮回之形象。

陕西铜川市耀州区药王山唐代摩崖也有一龛地藏六道图（见图2.2-5），为六云头对称构图。地藏右上为拜祷者，中为武人身形手举日月者

图 2.2-4
甘肃瓜州榆林窟第15窟地藏六道壁画（采自《中国美术全集·绘画编》）

图 2.2-5
陕西铜川耀州区药王山六道地藏菩萨像（采自《陕西石窟内容总录·铜川卷》）

是阿修罗，下有童子手合十。地藏像左上方之四足兽必为畜生，中裸身者或为狱卒，下似曲体而坐形体不清有大口者为饿鬼。此龛为轮回诸道象征，如果与西安寺庙出土的善业泥像来比，确有几分相似之处。虽然有些细节仍似有不太标准之处，如饿鬼形貌就较奇怪，但可以明确这是地藏救赎六道之像。

四川巴中南龛第25号龛为地藏六道像，以八云朵对称构图，但稍有残损（图2.2-6）。地藏像左下奔跑者或系饿鬼，其上残缺云头，却似地狱。中为阿修罗三头六臂举日月，最上云上是双坐佛，为天道，右边亦同。右与阿修罗对称为一持盾短剑武士。再下两云朵残，但上可见一妇人立像，下亦有人，应为人道。

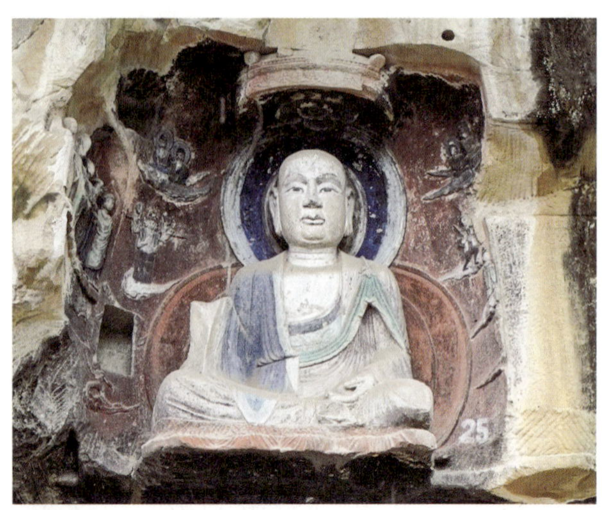

图 2.2-6
四川巴中南龛第 25 号龛地藏六道像（采自《中国美术全集·石窟编》）

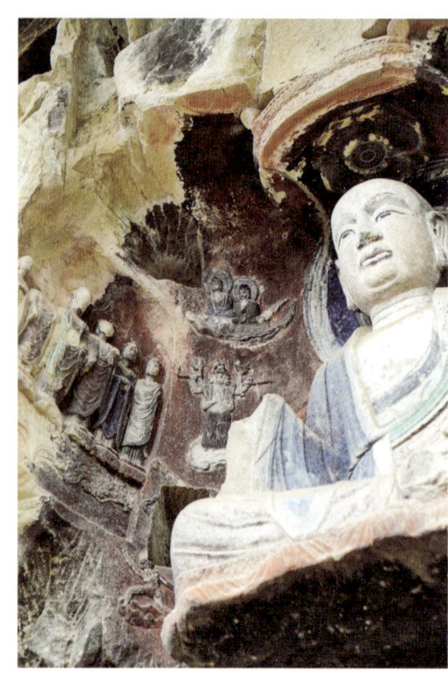

图 2.2-6B
一侧修罗等
（笔者摄）

五代杭州慈云岭资延寺地藏像龛。地藏坐像上有一朵云头横飘，其上六道形象皆备（图 2.2-7）。前有男女像着华装前行，为天道；接着有男女像着俗装，为人道；阿修罗六臂展开；牛头狱卒搅镬汤为地狱；两饿鬼曲身前行；最后一马为畜生。由上述三例可以明证，唐代后期，地藏菩萨之雕刻已由助五趣转化为救六道。

新疆库车库木吐喇石窟第 75 号窟，小型纵券顶方形，正壁绘地藏菩萨与六道图像。菩萨沙门形趺坐姿，腹前双手持摩尼宝珠，引出墨线构成左右各三组云气。左侧上四供养菩萨表天道。左侧中牛头鬼卒执三叉戟向汤镬，镬中四人头，表地狱道。左侧下绘马与骆驼，表畜生道。右侧上须弥山当是阿修罗道。右侧中四位世俗男女，皆回鹘式交领窄袖长袍，为人道。右侧下火中两瘦骨嶙峋男子，是为饿鬼道。部分榜题可见汉僧“道秀”与回鹘“骨禄氏”题名，可知为回鹘骨禄氏家族出资开凿，画为汉风之窟。

另在地藏掌六道与管十王之间，还有一些过渡性的形象。如地藏菩萨手中升起祥云，上面有

图 2.2-7
杭州慈云岭资延寺地藏像龛六道轮回图（采自常青《杭州慈云岭资贤寺摩崖龛像》）

图 2.2-8
四川广元千佛崖多宝窟侧地藏小龛像（笔者摄）

七个小佛像，或者是十个小佛像。地藏与观音共坐，莲花瓶中升起七朵祥云小佛像，或十朵祥云小佛像。如四川广元（图 2.2-8）等地一些唐代作品。这样的题材有些定为十王，尚不够准确。依其形态或为业道像等。

敦煌莫高窟有观音救助六道图像。如初盛唐之交的第 217 号窟，其窟门所在东壁绘《法华经·普门品》即《观音经》内容，表现了观音救八难。此窟这部分内容相当丰富，还有六道场景。现存细节已较模糊。但在早年法国汉学家伯希和拍摄的图片中，在救堕落金刚山与雷电的下方，可以看到一些珍贵细节〔1〕。

数道成色带形状之云气上方，一身飞天飘带下逸，是为天道；其下有四身着袍服冠带或发髻男女向上走去，是为人道。其下色带中有奔马与骆驼三身，为畜生道。再下有六臂阿修罗挺立，旁有两身为饿鬼。这几组形象之侧也有乘云来的菩萨来救助。而云气色带下方又有一菩萨乘云来，画出城池般的地狱城，狱城上方近于阿修罗处则似有很多火焰火苗燃起。狱城外一牛头狱卒扬手而立，其后一更高大的王者冠袍而立，身后随一侍者，此或为阎罗王。这几组形象之下原具榜题，可惜已不清楚。

再至重庆大足宝顶大佛湾北岩中部第 17 号龛的南宋时大方便佛报恩经变，主佛头部两侧有雕造六道的象征图像。

（三）七七斋

七七斋，也称为“七七忌”或“累七斋”。即七个七日共四十九天，属中阴转世之时段，作斋追福称为“累七”或“七七斋”。此中阴也叫“中有”，此斋法在宋代道诚的《释氏要览》有专条解释，志磐《佛祖统纪》卷三十三引录之。其七七斋即：

> 人死中有身，若未得生缘，极七日住，死而复生。如是展转生死至七七日，决定得生。若有生缘即不定。今寻经旨，极善恶无中有（《瑜伽论》：中有，亦名“中阴”。极善即生净土，其次生人天，极恶即入地狱或生三恶道，即日死亡不经中阴）。今人亡每七日必营斋追福，谓之“斋七”者，令中有种子不转生恶趣也。

原本在多种佛经如《经律异相》卷四十九的归纳中就有释说，即其“始受地狱生”条。其说曰：

> 人命终时神生中阴，中阴者已舍死阴未及生阴。其罪人者乘中阴身，入泥犁城。泥犁城者（梁言寄系城，又云闭城也）是诸罪人。未受罪之间共聚是处。巧风所吹随业轻重受大小身。臭风

〔1〕在伯希和编号之中，此窟为 70 号。图见于伯希和编《敦煌石窟》，1920 年。

所吹成就罪人粗丑之形，香风所吹成就福人微细之体。

此论说也出自《问地狱经》。这些说法之中，根本没有冥王在其间，更遑论十王了。西方学者研究此冥府时，也将其比作基督教所说的炼狱，而非地狱。总之，中阴阶段是有情众生死去之后，投胎转生之前的阶段。其间七天就有一次转生投胎的机会，共有七次。然而中阴是否必须呢？未必全是。上文已见志磐所释就有极善极恶之人并不进入中阴或中有阶段，而是直接去人天福地，或者是三恶道了。

《十王经》本身有一说，"不住中阴四十九日"。由于预修功德到位，即可直接转生了。佛教净土宗之修净土法门者，实际上都念佛求往生，也就是请求佛陀、菩萨的他力之助，使念佛者可直接转生，往西方净土莲花化生了。也就是要在逝去时就往生到西方净土、直接化生于莲花之中，而非力求避开三途恶道。

由此可知，虽然此经的经名之中就有"往生净土"，而其图赞本也阐明是以净土五会的念佛之法来讽诵此经，追求往生净土的。但是，此经的根本是使处于六道的有情含识之众生，在死去之后投生之前的阶段中，经过十王审断，最后由五道转轮王发配，指令投胎转入上善或下恶之道，所以肯定只是相当于佛教理论所说的中阴阶段。依照中阴转世说，亡者死后即入中阴，以七日为一阶段投胎转世，一七不成再历七日，共可历七七四十九日。而《十王经》本身也有"不住中阴四十九日"之说，还有迟演一年之说。此中"不住中阴四十九日"，就是自身为己预修的功德足够，所以可以不住中阴，直接往生。而推迟一年，则是没有及时或按时作斋，缺少一位冥王之审断。但是，如果大家都预修足够功德，直接往生，则此经就派不上用场了，不用停中阴四十九天，何况三年。而缺失一王停止一年的说法，似乎也不太贴切。因为十王斋日须共历三年，第九王与第十王之间本来就需两年。所以，有些经本中改为"停演一劫"。虽然都是不太合乎自身之说，有趣的是其中有些经本改动了，有些经本则没有改动，未改动者反而流传更直接而广泛。这可以使我们思考其传播状况，包括传播的路线、地域可能全然有别的实际情况。

七七斋处于中阴或者中有这个阶段，那么接续的百日、一年与三年呢？原则上仍然是处在这个阶段。因为只有到了最后的五道转轮王处，亡者才得转生，所以才有上述的一年与一劫的这种改动。而且还在百日、一年与三年的冥王之赞词处，对其不相合处加以弥补。如"后三所历是关津""不善尚忧千日内"，等等。很明显，七七斋的性质为十王斋所沿用，虽然不太符合佛教中阴说的原理与规则，但是在中土这个环境之下，三年守孝的制度具有非常强大的力量。《十王经》遂融合中外的观念，并在实践层面上得到了广泛运用而不受阻碍。《十王经》针对最广大普通的民众，不只是净土念佛者（虽然其经名中有"往生净土经"）。如果直接往生净土，则既不存在七七时段，三年更不必要。总之，这一点还是应该重点注意的。因为很多的研究者在论述《十王经》及其相关艺术图像时，总是将十王与地狱变相联系或等同，而不顾只有"十王"阶段结束以后才能发配到地狱等三恶道。

造成这种情况的原因，或许是到南宋以后，也确有将地狱与十王视为一体的情况，十位王者均分开画出，各自成幅，其大大增长的画面也需要补充富有冲击力的画面效果。于是乎，数种地狱画景分别与十王者联系了起来。明州的十王画就是其中的代表，外销日本使其影响更大。

第三节 中土丧葬制度风俗

一、传统丧葬制度

（一）礼仪文化

世界四大文明是指古巴比伦、古埃及、古印度、华夏文明，其中唯有华夏文明持续未断，延续至今。虽然早期世系与文字没有两河流域巴比伦与埃及那么早，但其核心文化一直传承下来，是世界史中仅有的现象。华夏文明较之其他，具有鲜明的自身特点，如果总结的话，其中之一可谓礼仪文化。礼仪文化是上古整套文明元素所构成并延续的传承者，其成形之时约在西周或以后，即形成所谓周礼〔1〕。孔子说："郁郁乎文哉！吾从周。"(《论语·八佾》) 周礼的成书时间也有很多争论，典籍等成形或晚至战国〔2〕。

周礼通过儒家经典而传承。有"三礼"，即《周礼》《仪礼》《礼记》。其中，《周礼》载职官制度，《仪礼》为冠昏丧祭及乡射朝聘等制度，《礼记》为儒生之注释，以发挥礼制含义。在《仪礼》十七篇中，《丧服》《士丧礼》《既夕礼》《士虞礼》都是讲述丧葬制度的。《丧服》即以人伦亲疏为亲属治丧之服装与时段定下的种种区别。《士丧礼》与《既夕礼》则述一般贵族从死到葬仪礼的礼仪细节，《士虞礼》记录为一般贵族葬其父母后归家所行的安魂礼。

《礼记》中，《檀弓》《丧服小记》《丧大记》《奔丧》《问丧》《服问》《间传》《三年问》和《丧服四制》都是释讲丧葬制度的。《丧服四制》专就此制的恩（亲情）、理（义理）、节（节制）、权（权变）四大原则，配以仁、义、礼、智而加以发挥。

中国古代，礼制不仅是社会的一般制度与上层风习，而且入法成令律，学界多有明确认识。远自魏晋近迄清末，礼制都有介入法制者。各个王朝的法典，都以儒学为指导思想和立法根据。其中，最重要的一点就是根据《仪礼》中很特别的《丧服》篇而入于法治。据《丧服》篇规定的"五服制度"，实行"准五服以制罪"的法则（《晋书·刑法志》）。可以说，《丧服》篇是极

〔1〕邹昌林《中国礼文化》，社会科学文献出版社，2000年。

〔2〕记录周礼的"三礼"之一《周礼》的成书时间自古以来有很多争论。古时主要有周公与刘歆造说，现代学者有春秋、战国、周秦与汉人造说，以战国说最有影响。

为特殊的历史文献，其干预社会生活的直接与广泛、深刻与持久，确实可称无与伦比。

由此我们可知，丧葬制度事牵非小，是关乎全社会之大事。冠婚丧祭的礼仪影响非常深远。即使封建社会旧时代已经过去，现代社会与全球化时代已经到来，但生死事大，其制度中所包含的观念内容如孝行等，并未完全脱离现实，仍然是社会人生中非常重要的一方面。理解古代礼制如何运作、承袭和变动，对于当今社会人生也还是有意义的。

在此还应明了，在古代社会制度下，礼与俗、公与私之间的关系，是相辅相成的，并非只有儒学影响下之礼制的一面，虽然其间有着主次上下之区分。首先，礼制的重点在于皇帝、贵族、官员，而不下于“庶人平民”。所以，平民百姓及最下层官吏，基本层面是受礼制的影响与指导，但其形成的风俗习惯，对礼制也有反馈影响，或者冲击。其次，从皇帝及其家族到上层贵族与高官，其礼制诸如生死大事，于社会与个人生活也有公私两个层面。礼制在社会发展变化之中所呈现的种种渐变，体现为由帝王向皇家、由贵族向官员、由品位官向职事吏倾斜趋低的平民世俗化倾向。特别在与宗教的关系方面，表现为以儒家为主干，对其他文化或宗教的包容、吸纳。

一般而言，“刑不上大夫，礼不下庶人”，是古代社会分而治之的一种等级制度。但是，礼制之中的“丧服”是入法的，无论官员与平民，违反者都要用法律手段加以惩处。这就在很高的程度上保证了此项制度的运行。从另一个侧面来观察，佛教的十王信仰也加入了这个体系，但它是侧重于风俗习惯的，似偏重于平民百姓，但也同样影响到官员、贵族与帝室。因为在儒家观念为主干的丧葬体系之中，丧葬仪式、制度与整套礼节程序密切相关，其中的葬事制度规定得比较具体，特别是关于皇帝之葬，如陵墓就有很多等级。而丧仪则要务虚一些，当然规格等级也很琐细。就一般社会情况而言，在佛教观念传入并被普遍接受的情况下，即在轮回观与地狱说盛行的情况下，儒家的丧仪性祭礼似乎有所不足。“未知生，焉知死”与“子不语怪力乱神”[1]，其观念似不能满足民众对实施孝行的需求。即使批评佛教的中古士大夫也多认可其心性之论。因此，引入佛教的丧仪，为亡人特别是为父母追荐，就应和了民众的强烈需求了。实际上，北朝时就有不少事例说明其间正在发生观念的融合，而且多有出自帝后之旨意者。在隋唐则进一步发展，晚唐时十王斋已将佛教七七斋与儒家的三个祭日与三年期结合。或者说唐代时七七斋与儒家三年守丧已经结合而流行，《十王经》的出现使其合法化、固定化。

总之，在中土古代社会，丧葬制度与风俗是全社会的大事。以儒家观念为主干的制度，其中丧仪祭礼部分，既有国家强制以礼入法之丧服制，也有从民间自动或自发引入的佛教十王斋日，其时间节点已配合一致，通过斋会、布施等多种形式使佛教丧仪风俗与社会互动，长期延续普及于全社会，并传播至朝鲜半岛与海东日本，成为半个亚洲的丧仪风习。

（二）丧葬制度

中国传统丧葬制度是相当完善的。当前已有很多研究，既有论文、专著的全面深入的探讨，又有通俗的介绍，因过于广泛，兹不详列。但恰有一组硕士论文，即王翠《南北朝丧葬典礼考》（浙江大学，2009）、张超《秦汉时期的丧葬研究》（山东师范大学，2010）、张焰红《汉代

[1]《论语·先进》《论语·述而》。

丧葬礼俗探析》(青海师范大学，2010)、乐卓莹《唐代丧葬典礼考述》(浙江大学，2010)、韩悦《宋代丧葬典礼考述》(浙江大学，2012)、池雪丰《明代丧葬典礼考述》(浙江大学，2013)、佟雪《清代丧葬典礼考述》(浙江大学，2015)，由远及近地进行了考述。从朝代上看，虽缺元代，但已由秦至清基本涉全，且以浙江大学吴土法副教授的指导最为多而全，明显出于连续专一的思想、考虑。这些论文多说到佛教浸润，虽然大体不错，但是具体环节却较粗浅，或有不明就里处。在此则主要利用诸文所列一些典礼环节。

秦汉的丧葬分为葬前、葬中、葬后，列出十五项：葬礼前：招魂、沐浴、饭含、小敛、大殓。葬礼：发引、柩车出殡、送丧、路祭。葬礼后：初虞、再虞、三虞以安魂。小祥祭(父母逝周年)、大祥(父母逝两周年)、禫(除丧服)。

南北朝丧葬典礼所展列的具体环节有二十七项：复魂、发丧、奔丧、置灵座、吊丧、襚、铭旌、沐浴、饭含、凶门柏历、小敛、大敛、停柩待葬、朝夕奠、选择墓址、整治柩车、建造墓室、卜葬日、祖奠、赗赙赠、至圹、赠官、给谥、下葬、归乡葬、营建墓表、丧祭。

唐代丧葬典礼包括从初终至虞祭之礼。所列典礼环节为二十六项：一初终、二招魂、三发丧、四护丧、五奔丧、六置灵座、七治棺椁、八沐浴、九袭尸、十饭含、十一明旌、十二小敛、十三大敛、十四成服、十五吊丧、十六赙赗、十七停柩待葬、十八朝夕奠朔望奠、十九卜宅兆、二十卜葬日、二十一启殡朝祖、二十二将葬陈车位陈器用、二十三发引送葬、二十四陈明器、二十五下葬、二十六虞祭。

宋代丧葬典礼大致有三十四个环节：初终，宣遗制，招魂，立丧主、护丧等，易服，讣告，辍朝，奔丧，沐浴，饭含，袭，置灵座、立魂帛、设铭旌，治棺椁，吊丧，赙赗，小敛，大敛成服，朝夕奠、朔望奠、荐新奠，卜宅兆、葬日，治墓，掩攒宫，启殡朝祖，祖奠、遣奠，发引送葬，陈明器，下葬，题虞主，反哭，虞祭，卒哭，祔庙，小祥，大祥，禫。

由前朝后代典礼环节的比照对勘，可见大同小异之处。中国的丧葬礼仪、制度自西周至战国基本定型，是为古礼。经南北朝、隋唐五代、宋代一直延续，并有不少发展变化[1]，有些环节似越来越多。

西汉自文帝起，丧礼以天数计为定制，恪守了服大功十五日、小功十四日、缌七日共为三十六日之短丧制。后世唐宋皇帝丧制实际执行“权变”，以日代月之期均以此为依据(多有二十七日)，双轨制一直存在。东汉时，行三年丧服者还多为上层官员，后来则逐渐推广。南北朝丧祭受佛教影响而停牲牢即不用血食，还有为死者设僧斋、度人出家，以及在墓旁立塔寺。如北魏王慧龙去世后，他的部将在他墓旁盖了一座佛寺。而冯太后方山永固陵就设佛堂成为思远灵图。可见修墓建寺非皇亲勋戚专属，但至南朝齐永明间下令禁止。唐代丧葬制度中，我们注意到了以礼入法、号墓为陵以及厚葬之风的不同表现。宋代之制度中或有新的变化，且重视选墓卜葬地，也可见对庶民典礼的记载。而帝王宣法也有书仪、家礼约束。总之，官愈高而礼愈繁，顶层皇帝及其家族最为极致，而底层必有种种较为松动活泛的习俗现象。

上列所论之外，关于唐代丧葬制度等的论文、著作格外多，如吴丽娱之著《终极之典——中古丧葬制度研究》与考古学家齐东方之文《唐

[1] 上列张超论文内容较广，其后论文多集于典礼环节。但张焰红文止于入葬，似有不足。

代的丧葬观念习俗与礼仪制度》[1]。

吴著上册讲皇帝、下册讲官员，以唐为主而及五代宋。由此书可知，底层官员实与平民同制，或平民与下层官员同制。因宁波天一阁明抄本宋天圣令及墓志文献等发现，学界作了很多研究，此著集中于唐宋丧葬礼制及其配套法令和格式敕等研究，获得很多深入的认识。中古社会阶层至少有皇帝、贵族官员、平民百姓之区分，而丧葬礼制、法令是以官品等级为核心的。在《大唐开元礼》之中，官员至少分三层：三品以上为贵，皇亲勋戚等入此级；五品以上为通贵；九品以上为基准。九品以下与平民基本被忽略，或视为附入。但法令对阶层的划分更为详密，可以将九品以上官员待遇划为十五等。可从考古发现获知多层情况。考古学家宿白分析过长安唐墓类型，齐东方加以阶层配入：双室砖室墓主为太子、公主，以及有特殊功勋或势力的高官；单室砖墓主为三品以上官；单室方形土洞墓主为四五品官；单室方或长方形土洞墓主为六至九品官；单室长方土洞墓主为有地位庶人；单室刀形土洞墓主为普通人。从唐墓形制的类型看，可与三品大官、五品中官、九品小官、庶人对应[2]。但此种情况，由唐入宋也有变化，一些礼制法令渐涉平民，有些官方待遇也因经济原因形同虚设。

总之，中国古人的丧葬行为，从仪式到实践都可上升到制度层面的高度。但制度也屡有变化，且其葬事较实、祭仪稍虚，各自变迁。而平民与底层官员的制度性并非那么强，所谓风俗习惯也在此层级发生，佛教仪事也从兹融入，甚至反馈补充而顺势跃上。

齐东方此文是一篇视野特别开阔的论文。作者虽为资深考古学者，立论却不局限于考古学方法或角度，或者说不仅以考古学方法论为出发点，着眼点也不止于墓葬形制及其内物品，而且能够从制度与风俗角度来阐释唐代墓葬的重大转折情形，得出令人信服的结论。论文主要解释唐代“安史之乱”以后，墓葬内物品明显减少，形制降低的现象。原先考古著作多从国势衰减、财政匮乏等因来解说，亦不能说完全无道理。但此文由观念转折出发，考定唐后期的墓葬情况，认为墓上地面之礼仪活动代替随葬物品，其靡费财用并未减弱变少，甚或有所增加。这是以旧有或固定眼光观察而难以得出的正确结论。

这个观点对此一时期十王信仰的出现与流行提供了支持。晚唐出现的十王信仰至五代宋流行而盛，重点亦非随葬物品，而是精神层面的祭典仪礼，是功德转让观念融合孝道而在中土广泛流行。此祭典仪礼在时间节点上与中土制度融汇，中阴说与守孝制合一，从而使十王信仰形成且流传下来。从这种角度说，十王信仰也有很强的儒家色彩，将佛教观念化入传统孝道之丧期之中，这也是其获得广泛的社会基础得以流行的原因。

（三）披麻戴孝

上文已述及丧服制度，具体而言即五服制。五服制是五种丧服等级，即：第一斩衰为断边的粗生麻布；第二齐衰为缉边的粗麻布；第三大功为细麻布；第四小功细熟麻布；第五缌麻为最细熟麻布，还配以冠帽杖具等而成。五服之重要性还不在于麻布之粗细生熟及断边，而在于相应配合的亲属关系与服丧服期。五服对应着以己身为

〔1〕吴丽娱《终极之典——中古丧葬制度研究》，中华书局，2012年。齐东方《唐代的丧葬观念习俗与礼仪制度》，《考古学报》2006年第1期，第59—82页。

〔2〕宿白《西安地区的唐墓形制》，《文物》1995年第12期，第41—49页。齐东方《唐代的丧葬观念习俗与礼仪制度》，《考古学报》2006年第1期，第59—82页。另参见孙秉根《西安隋唐墓葬的形制》，《中国考古学研究》编委会《中国考古学研究——夏鼐先生考古五十年纪念论文集（二集）》，科学出版社，1986年。

准的上下各五代人，旁侧的父或男系、母或女系各五支人。总合起来就是九族，上下旁支都达九族。这样就形成了相当全面严整的网络式亲族关系，而不同亲疏对应的丧期长短亦不等。

斩衰：子与未嫁女、承重孙（父与本人皆嫡而父先亡）皆为父母，妻为夫，服三年。

齐衰：为祖父母服一年，为曾祖父母服五个月，为高祖父母，服三个月。

大功：为伯叔父母、堂兄弟、未嫁堂姐妹，服九个月。

小功：为从祖父母、堂伯祖父母、未嫁祖姑堂姑、已嫁堂姐妹、外祖父母、母舅姨，服五个月。

缌麻：为从曾祖父母、族伯叔父母、族兄弟姐妹、表兄弟、岳父母，服三个月。

五服尽管全以亲属关系而定，但政治制度中也用，即臣为君守斩衰，居丧礼。秦始皇统一六国后，强制人民实行居丧制度。先秦儒家提倡臣为君服斩衰三年，民为君服齐衰三月。而秦律规定臣与百姓都要为天子服丧三年。汉初高祖曾率天下为天子修服三年，但文帝意识到此制不可行，要求从简，臣民三十六天服丧完毕，是为权制，以便于不误国家大事。以后经唐入宋，一直执行双轨的权制与常制，宋代将三年期的祭礼亦纳入制度，可见双轨制向常制的转变。丧制核心还在于“丁忧”与“守制”，即官员逢丧要退职守孝，子女与长房长孙自闻丧起不得任官、应考、嫁娶，守孝二十七个月（不计闰月），相当于三年丧期。总之，三年丧期作为中土孝道的主要形式，传统非常悠久难变。除丧以脱除丧服作为标志。

佛教虽有自身一套制度，如火化、起塔等，但在中土环境下已有种种适应。对送终、五服等也有一定接纳或认同。宋代道诚《释氏要览》就列诸释氏之丧服等条目：

> 释氏之丧服。读《涅槃经》并诸律，并无其制。今准增辉记[1]引礼云，服有三：一正服、二义服、三降服。《白虎通》曰：弟子于师，有君臣、父子、朋友之道故。生则尊敬而亲之，死则哀痛之。恩深义重，故为降服。释氏丧仪云：若受业和尚，同于父母。训育恩深，例皆三年服。若依止师，资飡法训，次于和尚，随丧服。五杉云：师服者，皆同法服。但用布稍粗，纯染黄褐。增辉云：但染苍皴之色，稍异于常尔。有人呼墨黪衣为衰服，盖昧之也。言衰（衰音崔或作缞）者，俗礼丧服传云：衣上之物则有祛、袂、衰、燕尾、衣带下尺、负版等，同名衰服者。其衰之制，用布长六寸。象六腑，薄四寸，象四时，缀于衣左襟，广袤当心。言衰者，摧也。象孝子心，思亲摧伤也。故称斩衰、齐衰（齐音咨）焉。衣本不名衰，盖从此布以名也。此衰布，至小祥先除之。

可见，在中土的环境下，传统丧葬制度是一个基础。佛教内部丧葬之事，也参用传统之法而普遍使用。但十王信仰实为联结佛教与俗世者，是对丧葬仪俗的一种补充和结合。我们要略分丧仪与葬事、制度与习俗的区别。因为葬事较具体，官民繁豪简朴有别。而治丧中多有祭礼或丧仪，即精神性的追悼，所谓慎终追远等。十王信仰可属祭礼或丧仪一类，但非儒家之礼或家国制度，

[1] 指唐末希觉《四分律行事钞增辉记》。

是否可归属于风俗习惯呢？如称其为具有宗教信仰之民俗，但民俗多无成文之规。而从佛教出发而生成《十王经》系列，由经典之称即可见其具有某种制度性。换一种角度讲，十王信仰也可视为制度，因经典的流传而获得广泛的社会基础，影响社会各层面且传播海外。而且，此经所具有的图绘亦为其提供了仪轨法事的实用操作指导，包括道教中一些相似的经典仪范，共同辅补儒家礼制主干，从而促进了社会礼俗的演变和流动。

二、唐前融汇

丧葬制度与佛教追福在北朝时已经开始融合。在上述硕士论文及不少论著中，对北朝中事例多有引述，而注意力都放在千僧斋的人数或者度僧的人数之上了。其实这都只是说明了法会的规格之高。而诸文没有发现的是，这些事例相当清楚地表明了斋日与丧制之间的融合。其融合过程，即七七斋如何渐次加上了百日、一年等，最终成了共三年的十王斋。

（一）王玄威与胡国珍

南朝宋大明六年（462），孝武帝所宠殷淑仪薨，“三七设会悉请（昙）宗”[1]。僧昙宗至会应是依例讲经，但发挥出色，感动孝武。淑仪死后封贵妃，葬于四月。而在四月八日浴佛节时，僚佐为此儭（布施）者，多至一万，少不减五千。有人儭少还引起帝不满[2]。《南朝寺考》言孝武帝为贵妃逝而施造寺，因其子刘子鸾封新安王而名新安寺[3]。

北魏时，王玄威为帝设斋供僧，举办于百日与一周年，有结合两者之功。而胡国珍千僧斋的实质，是具备了七七斋与百日斋。此外，还有北齐孙灵晖为南阳王高绰的请僧设斋。此三事例给我们极大启发。

《魏书·王玄威传》记献文帝死后：

> （王玄威）立草庐于州城门外，衰裳蔬粥，哭踊无时……及至百日，乃自竭家财，设四百人斋会。忌日，又设百僧供[4]。

王玄威仅为布衣，并非官宦，他为献文帝设百日、一年忌日的僧供仪式，时在皇兴五年（471），较胡国珍事还早数十年。他这样做只是念先帝恩泽，却突破了国家儒制与佛教的界限。在百日与周年皇帝忌日，一介平民竟竭家财，为帝王设了四百人斋、百僧斋。其百日斋尤可注目，四百人或为僧俗皆有参与。此事由州官奏上，至大除日（即三年脱除丧服之日），皇室送给他白衣裤为其换衣。虽然记载中未提七七斋，但他在为帝服丧过程中，先住草棚孝服吃素，百日与一年忌日请僧作斋，三年时得皇室赐服以换，确实在丧事中结合了儒礼与佛仪，被载入史册。

《魏书·胡国珍传》记载胡国珍死后：

> 又诏自始薨至七七，皆为设千僧斋，令七人出家；百日设万人斋，二七人出家。[5]

《北史》卷八十有同样的记载。胡国珍何许

[1]《高僧传》卷十《昙宗传》，《大正藏》第50册，第416页。

[2] 独新安王属下张融仅施钱一百，皇帝不悦，将其出为封溪令。见《南史·张融传》。

[3] 据刘世珩《南朝寺考》，新安寺主持释道猷、昙斌、法瑶等皆一时名僧。见《大藏经补编》第14册，第627页。

[4]《魏书》卷八十七《节义·王玄威传》。

[5]《魏书》卷八十三《外戚·胡国珍传》。

人也？他是灵太后胡充华的父亲。胡太后是宣武帝贵嫔、孝明帝元诩之母，北魏第一个没有被杀的太子生母[1]，曾两度临朝听政，是历史上佞佛有名的太后。熙平元年（516），她在洛阳施造了建筑奇观——永宁寺塔，还派慧立与宋云西行求法取经。而其父胡国珍屡任高官，入主宫禁，年高时笃信佛教，时事斋洁，礼拜不辍。神龟元年（518）四月七日步行四五里，从家去阊阖门看所建佛像。八日复至（佛诞日观行像仪式），站立观像。当晚劳热致疾，灵太后虽亲侍药膳，其父仍于四天后去世。此父女如此信佛，由其子孙孝明帝下诏设斋也就不足奇怪了。这里的七七斋，就是为胡国珍荐福追念之举。每个斋日都要延请一千位僧人吃饭、作法事，并剃度七个人出家，足见皇家气派。

《十王经》中说七七等斋要延僧请佛，敦煌本英藏 S.5855 号《设斋疏》等也说到七七斋时请僧行事。由此事可知北魏时早已有之。更重要的是，此时已有百日斋，此斋融合了佛事与儒礼，且在这一天请一万名僧人吃饭作法事，还度了十四人出家，其仪式之隆重令人惊叹！虽未见一年与三年斋，但可确知胡国珍之葬仪所用已是七七加百日的八个斋日。百日斋来自儒家卒哭礼，这里葬仪已结合儒佛，十王斋之融混儒佛或即从此时开始。以胡国珍外戚加高官之身份和家庭崇佛背景，归葬老家安定临泾（今甘肃镇原）“葬以殊礼”而观，这种结合也很自然，而且并非孤例。类似还有大小不等之事例，如北魏宦官孟栾逝时，“七日，灵太后为设二百僧斋”[2]。至北齐时，这个斋日融汇仍得以保持。

《北齐书·孙灵晖传》载，北齐武平五年（574），“从绰死后，每至七日及百日终，灵晖恒为绰请僧设斋，转经行道”[3]。孙灵晖原被征为国子博士，为高绰讲授儒家经典。高绰不爱文学，上表任孙灵晖为谘议参军。孙灵晖却以佛事仪式为其治丧。王玄威与文献帝、孙灵晖与南阳王高绰，他们之间都不是血缘亲族关系，而是平民与帝王、属臣与上司或为师生等关系，可见这种佛儒结合葬仪风气之弥漫，功德转让不止于亲人兄弟，更有了民为君、下僚为上官举办七七斋的事例。追荐冥福，融忠孝儒礼于佛说行仪。这种从君民、王臣各阶层皆具的状况，昭明了十王斋的发展进程，北朝时已结合了儒礼佛仪，由基本七七斋加上百日，即延伸为八个斋日且沿袭下来。

其实佛家还讲过三日斋。宋代道诚《释氏要览》讲累七之前，列有“三目（日）斋”，引唐五代笔记《冥报拾遗》中北齐梁氏事，由其妻在亡后三日作斋而获益，但并未流行开来[4]。

此处百日斋值得关注。百日斋与佛教观念无涉，非佛教仪式。但上述北朝数事影响深远，以至后来有人认为其为佛教仪式。如清代大儒徐乾学《读礼通考》有“佛事”条，详列历代佛教丧仪议论，以北朝胡国珍与孙灵晖事居首，案云：

> 七七、百日之说，本出于释氏，不知何王之时，竟用以为治丧之节，其见于史传，则惟此为始。将尔时初用其说邪？抑其前已有之邪？然不可考矣。[5]

徐乾学所举为首两事确实非常重要，是正史记录丧仪佛儒融合之铁证。但其误百日出自释氏，把

---

〔1〕依北魏原制，凡立太子的母亲要被杀。唯胡充华未遵此制，但北魏确也亡于斯人斯事。

〔2〕《北史》卷九十二《恩幸·孟栾传》。

〔3〕《北齐书》卷四十四《儒林·孙灵晖传》。

〔4〕《大正藏》第 54 册，第 305 页。此条且说“北人崇之”。

〔5〕《读礼通考》卷一百十六，文渊阁《四库全书》本。

事情性质搞混，且确有影响于后。我们从上列南北朝诸事中可见融合趋势，如南朝宋大明六年（462），北魏皇兴五年（471）、神龟元年（518），北齐武平五年（574）诸事，有三七、七七、百日等[1]，还有建庙等措施。又以胡国珍与孙灵晖事最为关键，说明七七斋与传统礼节或习俗之融合，开十王斋日之启端。《十王经》中本有“后三”之说，即在七七以后三个日子（百日、一年、三年）作斋，有此三斋日而十王斋终成。所以下文还将述及。

（二）姚崇顺俗

唐代名相姚崇（651—721）之丧仪中，也呈现出非常有趣的信仰心理。他曾在武周、睿宗、玄宗三朝任宰相，皆兼兵部尚书。生前有反佛之举，与玄宗所约十事中有不增建寺庙与宫殿之说，为相后即沙汰僧尼，似明其不信佛法，也禁家人从释教。但他又在景龙三年（709）立下遗嘱，虽颇斥营斋修福之法，却又从俗，允许子孙为自己设“七僧斋”、布施衣物。其间矛盾心态，显跃纸上：

> 且佛者觉也，在乎方寸……但平等慈悲，行善不行恶，则佛道备矣。何必溺于小说，惑于凡僧，仍将喻品，用为实录。抄经写像，破业倾家，乃至施身亦无所吝，可谓大惑也。亦有缘亡人造像，名为追福……递相欺诳，浸成风俗，损耗生人，无益亡者……且死者是常，古来不免，所造经像，何所施为？
>
> 夫释迦之本法，为苍生之大弊，汝等各宜警策……吾亡后必不得为此弊法。若未能全依正道，须顺俗情，从初七至终七，任设七僧斋。若随斋须布施，宜以吾缘身衣物充，不得辄用余财，为无益之枉事，亦不得妄出私物，徇追福之虚谈。[2]

姚崇遗命在七七日每日设七僧斋，即供养七位僧人斋饭，还要随斋布施，将其生前衣物充供养。这是已通佛家事而言者，但力戒以财物施寺僧。以反佛声名在外的宰相，竟以七七斋供七僧为己身后事，说明了佛教追福思想在当时仍有相当的地位和市场。

河南洛阳龙门石窟极南洞窟口有碑记，述说“长沙县公姚意之妻”刘氏造弥勒像诸事。缘于姚意在龙朔年间（661—663）经营了河南别业，刘氏夫人常来洛阳，路经此地。其子官至尚书、同鸾台凤阁三品。据考，这位三品大官正是姚崇本人。前代著作已有此说[3]，现今学者也有一些考辨文章[4]。大略可知此窟由姚崇母亲即刘氏夫人主持，集家中财力而营造，族中亦多有参与。由此可见，高官有识之人对营斋修福持批判态度，但于其父母，于其自身，都不能免俗，仍

[1] 陈志远《李翱与佛教的交涉——中唐新儒学兴起的一个侧面》（《中国佛学》2013年第1期）于此分析甚深，唯谈百日与七七斋有稍欠处。

[2]《旧唐书》卷九十六《姚崇传》。

[3]《金石萃编》与《八琼室金石补正》皆有此考证，但细节有不同。

[4] 温玉成《龙门所见两〈唐书〉中人物造像概说》，《中原文物》1993年第4期，第21页。张乃翥《龙门所见两〈唐书〉人物造像补正》，《洛阳师范学院学报》2007年第1期，第17页。其文亦言此窟为唐名宦姚元之为其父姚懿（又名善意）所造。实则姚元之即姚崇，因避玄宗“开元”年号讳而改名。姚学谋、杨超杰《龙门石窟极南洞新考》（《石窟寺研究》第1辑，2010年，第74—81页）对此窟题铭重加整理，考其窟功德主为姚崇生母刘夫人，并认为姚氏家族为营窟像而竭尽财力，伤其元气。姚崇于此深有体会，因而提出反佛之说。但其文亦未说及姚崇遗嘱顺俗情之事。从其家族营窟像而伤财及其母为虔诚教徒而言，亦可合理解释姚崇遗嘱中矛盾之处。

遵七七，并允其后人为其修七七斋。姚崇亦揣测即使自己不同意，其子孙也会为他营斋修福，因此说俗情须顺。极南洞雕造规模亦可观，所存力士像体态极为写实。极南洞此碑约题铭于神龙元年（705），而刘氏夫人卒于景龙二年（708）元月。由此可知造窟像应不是追福，仍是修福或为其祈病之举。此或即不信佛教之人会加以驳斥的事。其实，姚崇从当时的社会角度来观察和思考这个问题，他所持的反佛态度是与其以政治家身份而推行的治理措施相适应的。但其母亲与家族本身崇佛，他顺从俗情也在情理之中。他所说的布施自己衣物入寺，不得用余财，确实合于佛家制度。

从姚崇遗书来看，似乎七七每斋延请七僧，但未详说是否再延至百日或更多。不过从北魏至唐的情况来看，七七斋越来越普及已很明确。姚崇若此，一般民间信仰也就可想而知了。由此类事已见唐代风气。但七七斋的入礼，也遭到某些人批评。

唐代著名文学家李翱（772—841）《去佛斋论》：

> 故温县令杨垂为京兆府参军时，奉叔父司徒命，撰集《丧仪》，其一篇云："七七斋，以其日送卒者衣服于佛寺，以申追福。"翱以杨氏《丧仪》，其他皆有所出，多可行者，独此一事伤礼，故论而去之，将存其余云。[1]

李翱为中唐时人，杨垂的生年应略早于李氏，其生平无考。唯宋代聂崇义《新定三礼图》记载云：

> 唐大历年中，有杨垂撰《丧服图》说庐形制及垩室幕次，序列次第。[2]

杨撰此仪的目的，或承叔父之命，"以礼法迁坏，衣冠士大夫与庶人委巷无别"而作，但在此"据于古而拂于俗"（李翱语）的礼仪著作中，仍收集一篇"七七斋"，讲七七斋送卒者衣服于佛寺，以申追福，可见其时七七斋不仅是民间丧葬习俗，而且竟入于"礼"。所以，李翱批评此事伤礼。

说来也难怪杨垂，因自唐太宗就行此事，捐衣入寺作功德。实则从太宗到姚崇，施衣都是为遵佛家之礼。李世民久经沙场战阵，与父兄建立唐朝后通过"玄武门之变"而获权柄。但他对杀戮伤命有罪恶感，一面申明其为军国大事，"以战制战"；一面作斋会以追福战场之孤魂野鬼。他继位后下诏，为被己所杀者设斋行道，捐施衣物，"今宜为自征讨以来，手所诛翦，前后之数，将近一千，皆为建斋行道，竭诚礼忏。朕之所服衣物，并充檀舍。冀三途之难，因斯解脱；万劫之苦，藉此宏济。灭怨障之心，趣菩提之道"[3]。他还在各大战场如平薛仁杲、刘武周、窦建德、王世充处建寺，荐拔亡魂，以奉追福。

唐太宗在通过僧侣"建斋行道"以"竭诚礼忏"时，亦用布施所服衣物之方法。可知姚崇之捐施，前有太宗之例，后有杨垂所宣。此方法源出佛门，凡亡僧离世首捐即是衣物，因以成例。在七七斋，捐赠亡者衣物，已在当时社会流行，甚至写入了礼仪。

---

〔1〕郝润华校点《李翱集》，甘肃人民出版社，1992年，第24页。

〔2〕聂崇义《新定三礼图·丧服图上》卷十五"倚庐"条，《四部丛刊三编》本。

〔3〕吴云、冀宇校注《唐太宗全集校注》，天津古籍出版社，2004年，第279页。

按佛教戒律，亡僧衣钵要捐赠寺院僧团。但具体操作，有唱衣之法——即拍卖制度。由出价高者得用，而得钱归僧团公用。实行中，此法也有些弊端。但可知捐衣来自佛门：

> 《大毗婆沙论》问：命过比丘衣钵等，云何得分？答：彼于昔时，亦曾分他如是财物，今时命过，他还分之。《增辉记》云：佛制分衣，本意为令在者见其亡物分与众僧，作是思念：彼既如斯，我还若此。因其对治，令息贪求故。今不能省察此事，翻于唱卖之时，争价上下，喧呼取笑，以为快乐，误之甚也！仁者宜忌之。[1]

至南宋俞文豹《吹剑录外集》说：

> 温公曰：世俗信浮屠，以初死七日至七七日、百日、小祥、大祥，必作道场功德，则灭罪生天，否则入地狱，受剉烧舂磨之苦。

温公即司马光。从其议论可知，北宋时十王斋会已经非常流行。于“十斋日”必作道场，以功德灭罪，否则下地狱受种种苦之观念，已深入人心，斋事普遍流行。而斋事流行的基础是什么呢？必是《十王经》之出现。此经之出现，使在十斋日为十王作道场得以合法化，至少在佛教层面有经典可依。其实，此经出现也因十个斋日已经在社会民间实行。即使十位冥王尚未出现，此经的出现也使作斋事的流行成为势所必然了，唐代中期肯定已实行十斋日，至中晚唐《十王经》应需出现，佛教丧仪配合儒家丧葬祭礼，十斋日通行于社会。

因此，虽然唐代已有对七七斋施衣等事的批评之声，但反可证明其事之流行。唐宋变革后，这种实含儒礼的中土丧仪渐成定制，无论上下贵贱、皇家官民各阶层都习用之。在敦煌遗书中，相关的白话诗文、书仪制度、释门文范、写经题记之中都有“某七斋”“追七吊”“百日吊”“大小祥斋”“十王斋”“先修十王会”等表述。其实，在唐代帝后的丧事中早已渗入宗教仪式，如开元四年（716）唐睿宗死后一七斋，度万安公主为道士，为睿宗追福。而最突出者应是皇帝忌日的“行香”，全国寺院及道观都须施行。敦煌遗书就有事关国忌行香的文本。

宋代时，七七斋与行香等佛道丧仪已经进入皇帝丧仪，成为制度。行佛道斋事的七七斋、百日、一年及三年与皇帝儒礼的卒哭、一年忌、三年除丧服对应而融合。皇室多用佛道之礼举办斋会，还有行香布施等举措。皇帝的丧仪有国事与私事两层内涵，佛道宗教仪式在其私家丧仪中起着极为重要作用。汉代以来，皇帝于国事丧葬即行以日代月的权制，朝廷君臣依之；于私下则行三年“心丧”。两套制度过去并行，但在唐宋之际渐有融合，宋代皇帝将部分三年丧制纳入礼制。实则唐代帝室等已浸润佛道仪式，唐睿宗丧仪中就有斋七，皇亲国戚行此从高宗、武后时期就有迹可寻。而国忌行香更是主要形式，在全国寺观实行，结合皇家国事，唐后期已很盛行，还颇结合绣像画作之使用。据载，在宋代，真宗、仁宗、神宗、哲宗葬后都有四十九天内七七日设斋行香或朝临等活动，是将七七斋超度等融合于国家丧仪儒礼之中。地方大员也有类似以名僧追荐之举。唐宋皇室于祥禫之礼也多有行香及斋事等举措。

明代宫廷更是如此。据《明会典·大丧礼》，

---

〔1〕《释氏要览》,《大正藏》第54册，第309页。

皇太后丧“一周年祭如百日”，皇妃丧“七七百日、周年、二周年，每次祭祀坛数与初丧同”。亲王丧“七七百日，迁柩”，公主丧“七七百日……除服御祭”。另可注意的是，皇室举办此类法事，看重的是《十王经》的时间节点，并非祈设十王冥供如何。这可能因为《十王经》中呈现的基层法庭模式，善恶报应、降罪福于人等须经审讯，不太适合皇室的缘故吧。

三、后三关津

十王信仰中最关键的是七七斋与百日、一年、三年祭礼丧仪的结合，这在敦煌藏经洞所出图赞本《十王经》本身赞词中就有。一般常见经本最后第十位、三年五道转轮王处的赞词：“后三所历是关津，好恶唯凭福业因。不善尚忧千日内，胎生产死拔亡人。”但是，在我们新比定缀合整理的陕西耀州神德寺唐五代塔本中，则是在百日斋或第八王、平等王（或平正王）处展开这一偈赞的。从内容来看，“后三所历”肯定是指最后三王：平等、都市与转轮王。“关津”是指其重要性，如若不如此言，那么，由七七决定转生而看，后三王的作用就不好说了。其“好恶唯凭福业因”即仍须福业定善恶道趣。“不善尚忧千日内，胎生产死拔亡人”，明确说此阶段还有三年（以千日对之）。因而，从逻辑上讲，此段赞颂处在第八王即百日斋处更为合理。此后，全经增加了一些赞词，将此赞偈位置推后了两位王者。无论如何，这个赞词显然是为衔接七七斋与后三斋的。如果不将此最后经历的三个斋日、原出自中土传统的节点与前面七七联结好，以七七日至最后第四十九天时，中阴身神识就要转生而言，此经就该结束了。所以，赞词一再解释在十王系统中，无论轮回入哪一道，须要延续至三年才能决定。

后三斋之百日、一年、三年时间节点，与儒家礼仪之规不是严格对应的，有错位之处。因儒家礼仪有些时日是相对的，也有变动。而佛教只是顺应在本土深入人心的三年丧制，用其名而将轮回拉至三年。同时，要在民间广泛流行，宜用简明之法，而非运用于官员以上阶层的繁琐之制，因而会产生一些差别。但其形成习惯以后，也会反过来影响、补充礼制。总之，从儒家繁复细致的礼仪所见，似无所谓百日、一年与三年之说，而是具体的某礼某节。那么，后三斋是从佛教中来？非也。七七斋之时期与葬前丧仪及葬事大约有重合，亦无对等。但后三斋日所对应者即葬后丧仪或曰丧纪，依《大唐开元礼》官员服制，其有卒哭、小祥祭、大祥祭、禫祭、祔庙五项较大祭礼。但此制主要服务于皇帝贵族、高官显宦，具体针对三品以上官员。葬后祭时日为九十日卒哭、十三月小祥、二十五月大祥、二十七月禫、祔庙。这些祭礼时日长短间隔自古以来有诸多变动，其儒礼含义则固定。卒哭在虞与祔庙之间（祔庙原曾在小祥之前），本为九十日祭，即三个月之内悲来即哭，祭礼之后仅朝夕哭，而且此后仪式转吉。所以卒哭实为停哭之义，且长期以来与百日相混。《大唐开元礼》中已承认，敦煌本法藏P.3691号《新集书仪》亦是。百日还被误为佛教之日，若清代大儒徐乾学，由北朝历史故实而误百日为佛教之日，现代学者也有信从或受其影响的[1]。但北朝恰是将

---

〔1〕吴丽娱也说百日与七七一样来自佛教，还言有儒家的卒哭与佛教的卒哭，应是误解。其文又引S.1725号《唐前期书仪》“九十日内，日夜不脱经带，悲来则哭”，九十日结束即变成“朝夕哭”，说九十日内为卒哭。其实此处“卒哭”为“止哭”之义。见吴丽娱《终极之典——中古丧葬制度研究》，中华书局，2012年，第67、211页。此著对儒礼与宗教仪制的关系研究深入，但有些问题或因视角不同，或未看透，就此请教。

七七斋与古礼结合，形成十斋日之基础的时期。小祥时去庐，敦煌本法藏 P.3637 号杜友晋《新定书仪镜》中计为“凡三年服，十二月小祥”，即同于周年者为证。汉代也有以周年为小祥年者。大祥时毁垩室，禫祭脱去丧服（皇帝逐步去服，权制至二十七日）。祔庙是将牌位神主入于祖庙祠堂，是丧仪的最后环节。礼制作用就是要区分高下等级层次，下层与平民绝不会使用祔庙，也没有垩室与庐屋（偶然有）之设，这些儒家丧仪对下层而言，只有除丧服有些意义吧。所以，在民间，保持三年丧制，具有百日、一年与三年的象征环节足矣。从佛教的角度，无论何时日，都可以请僧作法事，只要在斋会上所念疏文中言明斋会时日及目的。所以，敦煌藏经洞经本中的诸多释门文范，有某七之斋，有百日与大小祥斋文，大祥斋文常具脱（丧）服之词。十斋日之后三日，反映的是民间丧仪之需求和实践。

但是，在佛事仪程形成以后，也会反馈到国家系统之中。皇室、官员从私人层面，也多用其祈福、超度等种种功能，补充儒家礼式之所缺。这种回补、上渗于官府、皇室的过程，吴丽娱有分析研究，认为是“儒学为体，佛道为用”，相互配合，形成了丰富的丧葬仪制[1]。

---

〔1〕吴丽娱《终极之典——中古丧葬制度研究》，中华书局，2012 年，第 223—225 页。

第四节 阎罗五道与太山

印度佛教地狱观传入中土后影响渐大，为人们所接受。地狱和六道轮回与转世说衔接，加上功德修福与义理诸说，其体系越来越周密。地狱名目繁多，惩罚十分多样。其管理体系也不单纯，而且在中土有形成、发展之过程，有渐成的繁复之关系，如轮回之间的中阴阶段或境界等。阎罗王是冥界主宰，转世轮回则由五道大神掌管。阎罗与五道分担两大职事，并吸纳太（泰）山进入幽冥系统。于是，在南北朝时就形成了阎罗、五道与太山的结合。这种结合非常重要，显示了中土本有传统与印度外来观念之契合，组合中还常附有“随从吏员”，形成一种体系。经隋至唐，在此三位核心神祇之基础上，才造成了中国化的佛教经典，列出了冥府十王体系〔1〕。其中地藏菩萨地位的抬升，使此体系更趋完善。

一、阎罗王与五道大神

佛教关于阎罗王的由来有歧说，阎罗具有古老之渊源。在阿含经系中，阎罗王以三天使或五天使名义责问罪魂：我已化现生、老、病、死的象征，用来警示、告诫你，你为何不改！从而投罪魂于地狱。这种审讯更像劝诫，而不是为了分清罪行之轻重，据以作出不同惩罚的审判。由于佛教之观念并非阴阳两分，而是六道轮回，所以，对死后转世的分判应是冥府（其实是在中阴阶段）的重要职责，并由五道大神执此事务。五道大神与阎罗王的配合，在印度佛典中隐而不显，而中土译典却表明了五道大神的身份。

据考，公元 3 世纪中期江南地区的译经中已有“五道大神”。三国孙吴支谦译《太子瑞应本起经》，其中说到悉达多太子在出家过程中，于树下观耕后乘马前行：

> 忽然见主五道大神，名曰贲识，最独刚强，左执弓，右持箭，腰带利剑，所居三道之衢，一曰天道，二曰人道，三曰三

〔1〕有些论文引述发挥拙作的观点，或未注明出处，或未全面理解笔者的论文。如姜霄《地狱“三王”体系演变考》，《史志学刊》2017 年第 4 期。拙作《〈阎罗王授记经〉缀补研考》，《敦煌吐鲁番研究》第 5 卷，2001 年；《十王地藏信仰图像源流演变》三王先导部分，《信仰、实践与文化调适——第四届国际汉学会议论文集》，台北“中央研究院”，2013 年，第 195—198 页。

恶道。此所谓死者魂神所当过见者也。[1]

竺法护于西晋永嘉二年（308）所译《普曜经》有相同之说：

于是菩萨稍进前行，睹五道神名曰“奔识”，住五道头，带剑执持弓箭……

这两种经都是佛传——释迦本行事迹经典[2]。东晋瞿昙僧伽提婆译《增一阿含经》中的五道大神稍有不同。毗舍离长者因他的劝助而证果因缘。长者原不信佛而事五道大神，由大神之劝才施佛汤浴以疗病，所以后世得到福报[3]。

由这些经典可知五道大神之名叫作“贲识”或“奔识”，能执弓佩剑，必为武将之形象，也能现大鬼神样，掌握着生死轮回的五道关口。其本来并不是佛教的神，从形象至观念原出犍陀罗而非印土，梵文中并无此名称与形貌[4]（参见图3.1-2，犍陀罗佛传雕刻悉达太子与五道大神奔识），从其助毗舍离长者事亦可证明。但其名实在中土佛教译典及碑刻图像等中都有出现。

现知五道大神与阎罗王等，早就进入了中土冥界系统。吐鲁番地区墓葬出土文书中分别写有，且与佛教、道教及民间宗教融合。其墓葬中最早出现“阎罗”与“平等”之名，且在冥状之中，形式奇特。吐鲁番洋海墓地一号台地四号墓中，曾出土一件北凉缘禾二年（433）《赵货母子冥讼文书》，写本文若告状，反映出早期冥界观的奇诡之处。

此状是告其叔赵琳，认为此人致其冤死。当然作者不会是此母子二人，但必为他们的亲属。文中略列其冤，“即就后世，衔恨入土”后，申呼“皇天后土，当明照察！盐（阎）罗大王、平等之主，愿加威神！”即请公平神明的阎罗大王加以审断[5]。已有数人就此冥讼文书进行了分析，如首都师范大学历史学院游自勇、中国社会科学院哲学研究所姜守诚等[6]，且就六朝的“冢讼”观念等进行探讨。其时间较阎罗与五道神共出的关中图像还早约百年，所称名号即“盐（阎）罗大王、平等之主”也颇刷新人们的认知，吐鲁番洋海墓葬本来佛教因素较少，道巫色彩较浓。须注意的是，一般冥判在佛教都是冥界主宰对亡魂之审断，而此冢讼却是请神明审判活人，为死者申冤。所以，此冥讼文书虽称“阎罗”“平等”，却仍如“格义”佛教般将其加上民间道教色彩。而

〔1〕《大正藏》第3册，第475页。小田义久有《五道大神考》，《东方宗教》第48期，1976年。又《吐鲁番出土の随葬衣物疏に见える五道大神について》，《东洋史苑》第48、49期合并号，1997年。

〔2〕《大正藏》第3册，第507页。N.186号《普曜经·告车匿被马品》。《普曜经》又称《方广本起经》，相对于部派系《修行本起经》与《中本起经》，其应为大乘的佛传经典。其中确讲菩萨道，太子教导五道大神使之悟解。

〔3〕《大正藏》第2册，第700页。N.125号东晋瞿昙僧伽提婆译《增一阿含经·邪聚品》。《增一阿含经》译出虽较《太子瑞应本起经》与《普曜经》为晚，但阿含系小乘经原典应更早成立。

〔4〕笔者多年前请教过郭良鋆教授，知梵文中并无“贲识”或“奔识”的对音。释迦生活传教的恒河与朱木那河流域并无五道神之名称与实像。孙英刚先生对犍陀罗雕刻艺术五道大神有介绍（见其书评《从各种羁绊中打捞历史碎片》），笔者用图即获其赠。又王德路《洛阳与关中地区初盛唐时期地藏菩萨像分析》中亦介绍了五道大神之犍陀罗雕刻，不过未详明其间联系区别。又其论文所述介内容基本已见笔者发表于《信仰、实践与文化调适——第四届国际汉学会议论文集》之《十王地藏信仰图像源流演变》（台北“中央研究院”，2013年）。而且其文中将观音菩萨应化像碑误为地藏菩萨，可参拙作《观世音〈高王经〉并应化像碑——美国哥伦比亚大学藏沙可乐捐观音经像碑》，《世界宗教文化》2010年第3期。因其文仅以毕业论文推介（2020清华大学美术学院硕士）形式在网络上部分公布，故仅于此简说。

〔5〕下接“召琳夫妻及男女子孙检校。冀蒙列理，辞具”。其意为受曲冤死将转后世，请皇天后土明察，请平等之主、阎罗大王加威审断，讯以赵琳全家。此文书是受冤者赵货母子诉其公公及自己父亲的，所以冥状冤诉应出自他们之手或由其授意。文献见荣新江、李肖、孟宪实主编《新获吐鲁番出土文献》，中华书局，2008年，第170—171页。

〔6〕游自勇《吐鲁番新出〈冥讼文书〉与中古前期的冥界观念》，《中华文史论丛》2007年第4期。第43页。姜守诚《出土文献与早期道教》，中国社会科学出版社，2016年，第385—388页。

图 2.4-1
陕西省富平县北魏樊奴子造像碑碑阳（马骥提供拓本图，参见图 3.1-1D 北魏樊奴子造像碑碑阴下层阎罗王与五道大神拓本）

"盐罗"之称或许还与非汉语佛典有些关联。慧琳以《一切经音义》解释佛教词语虽在唐代〔1〕，时间稍后，但阎罗具平等之义是梵（胡）语辞源所具，能够以此释义，但恐非民间的口语所能解释。

而供奉五道大神之随葬衣物疏在新疆与山东都有出土。如吐鲁番阿斯塔那墓群出土的高昌章和十三年（543）《孝姿随衣物疏》，内容为佛弟子孝姿下葬衣物要告知五道大神。而山东临朐北齐武平四年（573）墓中，高侨为妻王江妃写《敕汝地下女青诏书五道大神》，也是对五道大神所发，融合道教色彩。唐大历五年（770），黎思庄专门"奉为五道大神敬写《观音经》一卷"〔2〕。

在北朝造像碑图像之中，率先出现了阎罗王与五道大神。中阴界的官僚体系，或从这一点生发开来的。北魏太昌元年（532）陕西省富平县的北魏樊奴子造像碑（图 2.4-1），是樊奴子为亡父及七世先祖祈福所造。碑厚重而四面开龛铭像，辅以浅刻浮雕。以此手法镌刻出的阎罗王与五道大神，并坐于此碑阴面的下层。

在此镌刻图像中，阎罗王坐于小帐屋殿之内，旁有一吏呈报，前方有羊等小畜，或坐或跪，如控诉状。一人被绑于柱，格架上悬挂一人正遭刀割，榜题"此是屠仁（人）今常（偿）羊命"。此即杀猪宰羊之屠夫正遭审讯。又榜题"此是五道大神审［罪］人"，五道大神则坐胡床，执长戈。其前轮回场景弯曲展现，上有一飞天表示天道，其下立一人，又有驼马，应示畜生道，饿鬼及地狱应近于底边，形象已模糊不清。但五道大神身下还有裸身戴枷锁者。金石专著言有"此是盗者"之榜题。总之，此碑可证阎罗王与五道大神合作，分工执掌幽冥，中阴冥判实已具备，虽然尚未见经典或文献之介说〔3〕。

---

〔1〕慧琳（737—820），唐西明寺僧。著有《一切经音义》，习称为《慧琳音义》，释阎罗有平等之义。

〔2〕此经收藏于日本书道博物馆。题记可见［日］池田温《中国古代写本识语集录》，大藏出版株式会社，1990 年，第 310 页。

〔3〕笔者根据查访所得于右任赠西安碑林博物馆的拓片图片所绘，杜德桥先生（Glen Dudbridge）早就有文亦考五道，"*The General of the Five Paths in Tang and pre-Tang China*（《中国唐代及唐以前的五道将军》），Cahiers d'Extrême-Asie 9，法国远东学院京都支部，法宝义林研究所，1996—1997，第 85—94 页。郑阿财写过此方面文章，但仍未及此像。郑阿财《从敦煌吐鲁番文书论五道将军信仰》，《郑阿财敦煌佛教文献与文学研究》，上海古籍出版社，2011 年，第 26—61 页。

二、三王汇聚

佛教地狱轮回观念传入中土后渐为国人接受，但地狱是仅由阎罗王管吗？显然不是。地狱轮回的管理实有体系，而这个体系怎样形成？又有什么内涵呢？地狱观的输入与本土的太山观念密不可分。进一步之融合，就体现在阎罗、太山与五道之管理体系的形成。阎罗、五道与太山的融合，首见于中土忏悔行法，之后，在多种典籍中出现，或有图像出现。多种元素的聚集熔炼，形成中土幽冥世界的内在结构。此体系或者系统掌管中阴轮回及地狱恶道，又进一步演进发展成为十王，且归向了地藏菩萨。

（一）忏仪中初现

阎罗、五道与太山组合最先出现在中土撰成的佛教忏悔行仪——《慈悲道场忏法》中。此忏法也称为“梁皇忏”或“梁皇宝忏”，依托于有名的历史故事：梁武帝皇后郗氏性妒，死后化蟒，托梦求解脱。武帝萧衍因集众僧行忏，郗氏得救，化为天人。但此故事是渐渐形成的。《南史》记录郗氏性妒，死后化为龙形。史书又记录梁武帝作过《摩诃般若忏文》与《金刚般若忏文》，也命宝唱等集《众经忏悔灭罪法》八部，但两者未必原为一事。为郗氏制忏之事是由后世僧人叠加而成。宋代念常《佛祖历代通载》增梁武帝为郗氏祭于井上之事，元代觉岸《释氏稽古略》则称梁武帝为郗氏制忏解救〔1〕。虽然现行《梁皇忏》修订于元代，其源出仍在南朝。清代俞樾《茶香室丛钞》说此忏是梁武帝集众僧删改南朝齐萧子良《净住子净行法门》而成，金陵刻经印本将此众僧具署为宝志、宝唱等。元代智松柏庭叙其源流说，南朝齐永明年间（483—493）竟陵文宣王萧子良撰《净住子净行法门》二十卷，分“沙门净行法”二十门，未及流通而逝。至南朝梁天监年间（502—519）梁武帝主持高僧删减《净住子净行法门》，改成十卷悔文，俗称“梁皇忏”。唐代道宣说，南朝齐司徒竟陵王制布萨法净行仪，其类备详〔2〕。这些论说已大略言明“梁皇忏”之源流。现代学者如周叔迦、盐入良道、印顺、徐立强等继以论考，但以圣凯法师所论最为完备。比较《净住子净行法门》、“梁皇忏”与宝唱《经律异相》存文，同时挖掘史料发现，唐代道宣指出，“梁皇忏”由南朝陈高僧真观（548—611）增广而成〔3〕。由此可知，“梁皇忏”是由南朝陈高僧真观依萧子良《净住子净行法门》增广而成〔4〕，其源起至成立竟达百年，跨度颇大。

“梁皇忏”内容据智松柏庭说，前为六根三业，皈依断疑，忏悔解冤；后及六道四恩，礼佛报德，回向发愿。即先为所犯罪业，悔过除罪；再为报恩发愿，称名佛赞。忏悔是佛教一大法门，主要在佛前忏悔过错，灭罪消业，如此就应称名颂佛。《慈悲道场忏法》卷七有两处“阎罗泰山与五道”，处“六道礼佛”内容之前后，分在“自庆”“总发大愿”中：

> 国王帝主土境，人民父母师长……阎罗王、泰山府君、五道大神，十八狱主并诸官属。
>
> 今日道场同业大众，以今忏悔发心功德晋。愿十方尽虚空界，一切天主一

〔1〕参见印顺《华雨集》第4册，中华书局，2011年。

〔2〕道宣《广弘明集·悔罪篇序》，《大正藏》第52册，第330页。

〔3〕道宣《续高僧传》卷二十九，《大正藏》第50册，第699页。

〔4〕圣凯《〈梁皇忏〉及其作者辨析》，《中国佛教忏法研究》，宗教文化出版社，2004年，第29—77页。

切诸天，各及眷属……又愿阎罗王、泰山府君、五道大神、十八狱王，一切神王一切神将，各及眷属。[1]

这两段上下文语境，一从人间至于仙界，一从虚空天界至于三恶道，都映射出其时佛教冥界观。当时六道中冥府之主，是阎罗王、泰山府君、五道大神与十八狱主。从《慈悲道场忏法》形成过程大略可知《净住子净行法门》有“自庆”与“发愿”，现存本被唐代道宣删为一卷，但不易推断此组合是否原出《净住子净行法门》。从《净住子净行法门》有地狱描述，但十八地狱名首现于《经律异相》，我们现将此阎罗、泰山与五道之组合，定为南朝陈高僧真观所创。释真观卒于大业七年（611）[2]，善属文，并与智者大师交好。其增广“六根大忏”则应于南北朝末期约公元6世纪后期。

至迟在公元6世纪后期，幽冥地界之三位主宰组合出现，基本成为中土冥界系统发展的起点。阎罗、泰山与五道加上狱主已成相对完整的体系，其中阎罗与五道来自印度，泰山是中国的神祇，加上十八地狱说，中土忏法之幽冥界主确已初成体系。从传入时就在融合的幽冥系统，自汉至魏晋时已成太山地狱、太山王、泰山府君说。至公元5—6世纪，北方可见阎罗王、五道大神也分涉于道教葬仪，如新疆吐鲁番、山东临朐墓中的随葬衣物疏，说明佛教、道教、民俗对五道大神也有吸收。到南北朝公元6世纪前期，阎罗王、五道轮回体系已现；后期则由阎罗王、泰山府君与五道大神及十八狱主构成。由于南北朝的对立，以及佛教本身发展之差异如南朝建忏仪、北方重福业的背景等因素，中土幽冥的这个观念体系尚未普及，而是在进一步发展。甚至在隋代的卢舍那法界造像中，仍有与樊奴子造像碑中阎罗、五道对应的图像。以下列出南北朝至唐代文献与文物实存的阎罗、泰山与五道的部分组合。

表2.4-1　文献与文物实存的阎罗、泰山与五道的部分组合

经籍文献	碑龛葬物
北凉《赵货母子冥讼文书》 阎罗大王、平等之主	
南朝梁、陈之际《慈悲道场忏法》 阎罗王、泰山府君、五道大神	北魏太昌元年（532）樊奴子造像碑 阎罗王、五道大神与五道轮回
梁失译《阿吒婆拘鬼神大将上佛陀罗尼经》 追阎罗王、五道大将军、牛头兵众印 神符有阎罗王、地藏菩萨[3]	高昌章和十三年（543）随葬衣物疏五道大神 北齐武平四年（573）山东临朐随葬衣物疏五道大神
唐永徽二年（651）《冥报记》 阎罗王、太山府君、五道神	唐贞观十三年（639）齐士员献陵造像碑 阎罗王与长史等图像
善无畏译《阿吒薄俱元帅大将上佛陀罗尼经修行仪轨》 阎罗大王、五道大神、太山府君（卷中） 结阎罗、五道大将军、牛头兵众印[4]（卷下）	唐垂拱二年（686）龙门敬善寺窟口 杜法力为太山府君、阎罗大王、五道将军及夫人、天曹地府等造像
唐《摩诃吠室啰末那野提婆喝啰阇陀罗尼仪轨》[5]、《陀罗尼仪轨·结界品》 阎罗法王、五道将军、太山府君	洛阳龙门宾阳北洞 地藏五道轮回
唐《焰罗王供行法次第》[6] 焰罗天、太山府君、五道将军王	西安土门村、礼泉寺等处出土善业泥地藏六道
唐《供养十二大威德天报恩品》 焰魔天与诸五道冥官太山府君	唐咸亨元年（670）崔善德造像碑碑阴 地藏六道
驱傩文《儿郎伟》敦煌本英藏S.2055号背面 五道将军亲至，虎领十万熊罴。又领铜头铁额，魂身总着豹皮。	陕西耀州药王山窟龛 地藏菩萨六道轮回
《地藏菩萨十斋日》 太山府君、阎罗、五道大神、地藏菩萨	每月十斋记碑 五道将军、阎罗王、太山府君等地藏菩萨、阿弥陀佛

〔1〕《慈悲道场忏法》，《大正藏》第45册，第951、952页。
〔2〕释真观《梦赋》，载道宣《广弘明集》，《大正藏》第52册，第341页。其生平见于《续高僧传》，文见《广弘明集》。
〔3〕《大正藏》第21册，第183页。
〔4〕《大正藏》第21册，第200页。
〔5〕《大正藏》第21册，第219页。
〔6〕《大正藏》第21册，第374页。

这个轮回地狱管理系统的形成与演变，大略从以上文献与实物中可见。北魏图像之中已有了阎罗王与五道大神同执掌轮回，“梁皇忏”中构成了三王组合，类似图像要素至隋代卢舍那法界图像又有表现。其间还有种种分散聚合的蛛丝马迹。

北魏杨衒之《洛阳伽蓝记》卷二《崇真寺》已载比丘惠凝等五人死后经阎罗王审判情景，但未提及五道大神。其中讲到胡太后详询五比丘状况，所以可知其时应在北魏熙平元年（516）前后，略早于阎罗、五道一同出现的樊奴子造像碑。

（二）雕镌与浅刻

约唐永徽二年（651）成书的《冥报记》中，作者唐临在“睦仁蒨传”条目之后，以阎罗、太山府君、五道神之组合的冥府体系，类比于官府官吏之体系。其幽冥地府的官僚结构为世人所认同。

> 天帝总统六道，是为天曹。阎罗王者，如人间天子。太山府君，如尚书令。录五道神，如诸尚书……

而更早的贞观十三年（639）有唐高祖献陵的守陵官员齐士员造阿弥陀佛殿像碑（图2.4-2），其底座一侧以线刻刻画阎罗王与长史审讯之图，多有禽兽奔来之场景[1]，参见图3.1-4B齐士员献陵造像碑底座侧阎罗王图拓本线图（笔者绘）。

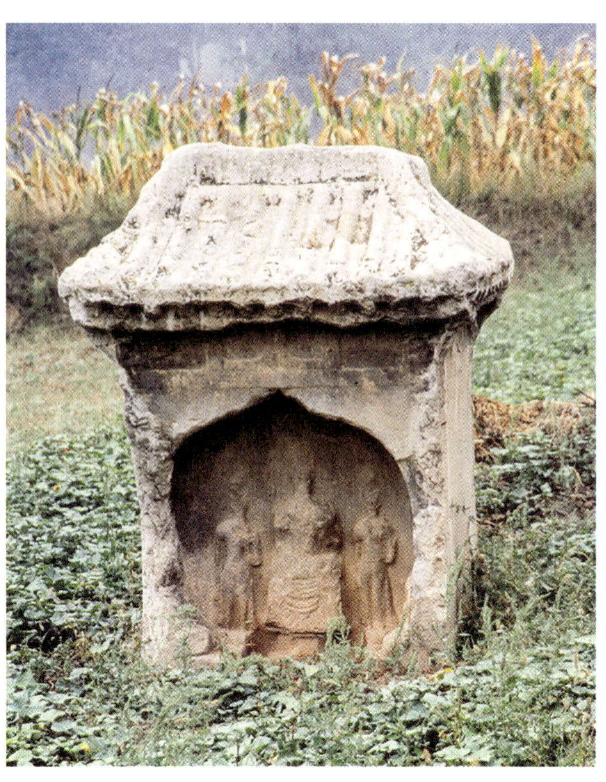

图 2.4-2

陕西三原齐士员献陵造像碑（笔者摄）。参见图3.1-4B齐士员献陵造像碑底座侧阎罗王图拓本线图

阎罗、泰山并五道组合在唐代继续发展。从多种文图标识所载，如受斋戒文、写经题记、驱傩文等都可见之，足以说明此组合为其时幽冥管理之主流。但有一个转折点似可注意，即五道大神也被称为“五道将军”。这个转变似先见于一些密宗传译经典之中。阎罗、五道并行审判之事——审断与判行六道，在经典中似未明述。上述图像中两者同时出现之例不知是否来自将其排在一处的密典咒印中。这个密典涉及阿吒婆拘鬼神大将，也称为“阿吒薄俱元帅”或“大元帅明王”。此经两译。南朝梁失译者名译《阿吒婆拘鬼神大将上佛陀罗尼经》（亦称《阿吒婆拘咒经》）、善无畏译《阿吒薄俱元帅大将上佛陀罗尼经修行仪轨》（简称《修行仪轨》）。其中阎罗、五道、牛头并列，“大神”变成了“大将军”。而在善无畏内道场秘译之本《修行仪轨》内两种组合均有体现，其卷中为“天曹天府、五道大神，太山府君、阎罗大王”，卷下有“结阎罗、五道

〔1〕张总《初唐阎罗图像及刻经——以〈齐士员献陵造像碑〉拓本为中心》，《唐研究》第6卷，北京大学出版社，2000年，第7页。

大将军、牛头兵众印”。由这种对应，五道大神转称“五道将军”或“大将军”，应事出有据。

敬善寺原为洛阳龙门八大寺之一，由唐太宗纪国太妃韦氏即纪王李慎之母出资，凿造于唐高宗麟德二年（665）之前（图 2.4-3）。门前两侧两力士造型威猛，两菩萨则躯体修长。李孝伦撰《敬善寺石像铭并序》题窟外。窟分两室，后室供高约 2 米主尊阿弥陀佛与二弟子、二菩萨，门后有二天王。周壁同一根数十茎之莲花坐三尊思维状菩萨，是为“一佛五十菩萨”“西方净土变”之早期形态。前室高 3.5 米，宽 3.7 米。门外两侧，两力士造型威猛，两菩萨则躯体修长。

而此窟之券门两边侧壁皆镌重要之像，时约在武则天垂拱年间（685—688）。

窟门北侧壁刻六排小座像，每排八身，最下还有两身，均施禅定印，双手隐于袖内。下部铭题记为：“垂拱二年五月十 / 五日，夏侯 / 为合家大小，造 / 业道像五十 / 区，愿一切含生 / 离苦解脱。/ 祁举儿郭 / 娘子成。”[1]（图 2.4-3B）

在窟门之南侧，刻凿出了有五层佛像，现依顶层、上层、中层、下层、底层而列之。

顶层为一身结跏趺坐佛，施说法印，不露足。束腰须弥座。其下部铭文曰：“杜法力 / 为太山 / 府君造 / 像一区。”中层为一身结跏趺坐佛，露右足，右手扶右膝，左手平放于腹前，掌心向上。方腰须弥座。铭文曰：“杜法力 / 为阎罗 / 大王造 / 像一区 / 及七代先 / 亡并倍业 / 造。”（图 2.4-3C）

中层龛内雕三身结跏趺坐佛，下座均为圆形束腰须弥座。中间一身双手扶膝，两侧二身，双

图 2.4-3
河南洛阳龙门石窟敬善寺窟门内北侧边与前力士像部分（笔者摄，下同）

图 2.4-3B
敬善寺窟门，垂拱二年（686）夏侯氏造五十业道像

〔1〕录文中“/”为换行符，全书同此。

图 2.4-3C
敬善寺窟口杜法力为太山府君与阎罗大王造像

图 2.4-3D
敬善寺窟口杜法力为五道将军及夫人等造像

图 2.4-3E
敬善寺窟口杜法力为天曹地府、阿修罗造像

手捧钵于腹前。下部铭曰："杜法力 / 为五道 / 将军及 / 夫人、太 / 山府君 / 录事敬 / 造一区。"（图 2.4-2D）下层龛存有五身并排的小坐佛，两端还各有一身的残迹，均施禅定印，手被翻出的衣袖所遮盖，下为仰莲座。下部铭曰："杜法 / 力为 / 天曹地府 / 各造 / 五区 / 牛头 / 狱卒 / 各一区。"（图 2.4-2E）底层龛存有七身并排的小坐佛，在西端还有一身残迹，估计原为八身，形制与上排小佛像相似。下部铭曰："杜法力 / 为阿修 / 罗王及乾 / 闼婆王 / 南斗北 / 辰各二 / 区。"[1]

夏侯氏与杜法力所造之像补凿于窟门口侧，时间略晚于敬善寺。在窟口北，夏侯氏造像有明确的纪年题记，即唐垂拱二年（686），其时武则天已执政而未改国号为"周"。首先须明确杜法力所造之像并非题名者之像。所造仍为佛像，应是为灭罪祈福。像铭中已明确说：是为阎罗大王造像、为太山府君造像、为五道将军造像，续有"天曹地府、牛头狱卒"及阿修罗、乾闼婆王及星辰。其冥府系统较完备还及于南北星斗，有密教或道教色彩。有趣的是，五道将军处还提及夫人。其造像性质至关重要，如优填王、阿育王像等均为造像佛[2]，但不是阎罗王、曼荼罗之类。

---

〔1〕阎文儒、常青《龙门石窟研究》，书目文献出版社，1995 年，第 60 页。

〔2〕在佛教造像中，所谓"优填王像"或"优填王造像"是印度古优填王所造之释迦佛，依此样式称为"优填王像"。

夏侯氏所造业道像也值得注意，龙门仍有此类小像，应属为业报得福而造，可证北朝隋唐冥界信仰等情况。但另一方面，为什么在此凿此题材？不知与纪王李慎受李贞等人反武则天事牵连而下狱是否有关系[1]？从确切纪年而言，夏侯氏所施凿之年还早于此事。而杜法力为阎罗大王所造，明确是为七代先亡，可视为直接原因。

杜法力造像铭说明在善无畏译出《修行仪轨》前，已有五道将军代大神称的“三主神”之说。

确实《阿吒婆拘咒经》早在善无畏译本前出现，《开元释教录》(简称《开元录》)将其附于梁录。但现存《大正藏》中此经列有两个号：第1237号《阿吒婆拘鬼神大将上佛陀罗尼神咒经》仅有咒语，并无阎罗、五道大将军印；第1238号中不但有此印，还有一种神符，阎罗王与地藏菩萨同列符中，道教色教很浓。阎罗、五道、地藏在此经都出现了，但却不是一个组合，而是分散出现的。这个部分实际上应该就是后来增补的，其时虽未及南朝萧梁，但或早于善无畏译本[2]。现在这看来很可能是由密典中称呼影响所致，唐代初年就已有将五道大神改称为将军之说，而且确实体现出包括“三主神”的较完备冥府构成。

志怪传奇《通幽记》载，开元年间（713—741）暴亡的华州参军皇甫恂，因见“五道将军”属吏，才悟自己身死[3]，约可印证开元年间善无畏译出《修行仪轨》，五道将军替换了大神说。但杜法力造像可证在更早的垂拱年间，五道将军之名已经出现[4]。

有一新面世的小石碑，双龙碑首，碑之阳中心铭有“每月十斋记”，周围线刻出十斋日下界巡查的神祇，其中恰有太山府君、五道将军、阎罗王。还有童子、司命司录、天大将军等十神祇组成了十位临察，巡查善恶之业。有趣的是其中还有阎罗王，居然乘一朵云头来临下界。阎罗本在冥界地府，一般认为应在阴间地下，此处却从天上下来了。实际上阎罗十王处于中阴，是另一个时空或更确切说是空间，即我们今天想象的四维空间。十斋日之神系，即十斋日佛菩萨，三组配合，可助人免去灾劫。十神祇则是下界巡查者。这种传统中可益寿算的神祇，来自西方，却又回传，成为俱生神，他们随形计善恶，下界巡查。石碑碑阴刻铭《般若波罗蜜多心经》，且遵从唐代写经习惯，行十七字写成。此碑图像重要，下文还有详论。

阎罗王（平等大王）、太（泰）山府君、五道大神之称仍多有沿用，并见之于授八关斋戒文、写经题记、驱傩词等多种文献之中。从现存资料可见，多种受斋戒文请诸神到场，必请此“三者”来到；写经题记多以“平等”称“阎罗”，实因梵文“阎罗”本有此义。傩文词中“五道大神”与“五道将军”之称都有出现。至晚唐终于形成的中阴冥府十王系统中，五道才成为五道转轮王，太山与阎罗亦称王，统一在十王之中。甚至在十王系统的《阎罗王授记经》中，也仍然沿用着此三王架构的体系，而且一再重申。这不啻无言地说明着十王系统是以此三王为骨架、为核心才发展出来的。

---

〔1〕李慎受李贞等反武则天事牵连下狱事约在垂拱四年（688），可能略晚于此窟门造像。

〔2〕萧登福《道佛十王地狱说》(台北新文丰出版股份有限公司，1996年，第45页）径指其中有地藏菩萨名，此经译出及增补时间另可参考吕建福《中国密教史》(中国社会科学出版社，1995年)。

〔3〕志怪应验类小说《金刚经灵验记》有唐代高邮县丞李丘一事，言其万岁通天年间暴亡，见大槐树下有马槽，询问得为五道大神巡察休息处，方知已身死。与皇甫恂事如出一辙，然仍用“五道大神”说。

〔4〕日本长部和雄《唐代密教中阎罗王与太山府君》一文中也罗列不少有关材料。吉冈义丰编修《道教研究》第4册，边境社，1952年。

表 2.4-2　三名称对照表

受斋戒文	写经题记
P.4522 号《受八关斋戒文》[1] ……阎罗天子、五道大神、太山府军、察命伺录、天曹地府、善恶部官、左膊右肩、罪福童子、护斋护戒护法善神……	S.2981 号《金光明经》第四，约公元 9 世纪前期 写经功德 平等大王、五道大神、太山府君等
S.4438 号《佛经戒律与十恩德》 ……阎罗天子、五道大神、太山府君、察命司录、天曹地府、善恶部官、左膊右肩、罪福童子、护斋护戒护法善神……	P.3135 号《四分戒》 弟子索清儿为己身忽染热疾 太山府君、平等大王、五道大神等
S.5541 号《密教杂咒集》 金刚密迹、阎罗天子、五道大神、太山府军、察命司录、天曹地府、善恶部官、左博右肩、罪福童子、护斋护戒护法善神、日宫月宫……	《妙法莲华经》卷六[2] 皇太子为男弘忽染痢疾 太山府君、平等大王、五道大神等
《阎罗王授记》《佛说十王经》 普集大众诸菩萨……阎罗天子、太山府君、司命司录、五道大神、地狱官典悉来聚集 尔时佛告阿难、一切龙神、八部大神、阎罗天子、太山府君、司命司录、五道大神、地狱冥官等行道天王	P.2058V 号敦煌文书驱傩词 五道大神执按，驱见太山府君 已前都为一队，领过阎罗王边

总之，掌轮回的五道神，经历了“大神”变成“将军”再成“转轮王”的身份变化；而太山，也从太山地狱至太山府君再至太（泰）山王。甚至阎罗王本身，也有被称为“平等”之时。但是到晚唐的庶民佛教信仰发达的环境中，原来以阎罗王统辖太山、五道两属吏的三角形格局，变成了十个差不多平等的中阴界阴府冥王。每个冥王都有属吏，如司命、司录（或判官吏员）、善恶童子（或称“罪福童子”），或是四个具名判官随侍在侧。但是，十个冥王之上，又来了地藏菩萨，执掌幽冥世界。

本章的内容主要以天竺佛教与中土传统的思想观念之碰撞与融合为主线。佛教关于轮回、地狱、阎罗狱主等思想观念，通过佛经翻译而步步渗入中土。中国固有的传统冥界观念与思想延绵久长，其间，与外来者有冲突也有融合。更关键的是，这些情况都远不止于思想史层面，而是与古礼之制度、社会生活，以及风俗习惯息息相关，也有重要的零星艺术留存。从具体的佛教相关诸经典之内涵、中土礼制与风俗来探求，可以知晓其中包含着重要的发展线索，三年守孝与轮回狱主、阎罗、五道及泰山早已交融，为后世的流通广行奠定基础。

[1] 在敦煌文书中《受八关斋戒文》还有很多写本，如 P.2689 号、P.3092 号、P.3697 号及 S.4610V 号等。S.4438 号在黄永武主编《敦煌宝藏》中标题不确。英藏本 S.5541 号在《敦煌宝藏·密教杂咒集》中也有此内容。信佛俗众须遵守八关戒斋，受戒时要请诸神佛菩萨鬼神等到场作证，阎罗、五道、太山即在其中。

[2] 写经题记参见［日］池田温《中国古代写本识语集录》，大藏出版株式会社，1990 年。表中《金光明经》题记见 380 页。《四分戒》题记见第 437 页。《妙法莲华经》经本藏日本龙谷大学，题记见第 455 页。

第三章

《十王经》图文成变

第一节　雏形期雕绘

第二节　新现经本成立演进

第三节　图文经本类型成变

第四节　经本构成演变

《十王经》形成之前诸王信仰及其图像发展，即阎罗、五道与太山之情况及五趣六道图像，上文章节中已论。此章集中论述《十王经》形成之状况。一般而言，文献整理多与图像分开，但本章则采取部分图像与文献合一展述的方式。因为此经典非理论性而为实用性，所以其初段早期的形成就有见诸图像者，其经本之本身插入图像之多也为佛教经典中少见，甚至在疑伪经中也有此特殊性。笔者对相关遗存实物踪迹也多有踏查，深知图文合一论述之重要性。所以，本章采取了这一特殊的论述方式。

十王信仰的出现，经历了一个过程。我们可以从观念、文献与图像中寻求其演变历程。上文已涉天竺的六道轮回观，三恶道特别是地狱观传播入华；又论述了与中土的丧制事仪渐次浸渗结合后，七七斋已开始与传统的百日或卒哭、周年及三年丧期结合，十个斋日逐渐形成。有了十个斋日以后，就会产生对十王系统之需要。十王信仰之初并非以十位冥界王者出现且以经典形式告知大众，随之依此进行实践操作的。实际应是十个斋日已在实事中践行，已经在民间甚或上层实行，因而必须出现十王形象之体系，用以肯定、固化这一观念与实事结合的社会行为。所以，十王体系是将丧事祭仪加以儒释结合的合法化结果，同时亦宣扬修功德之益。上文已列阎罗、太山与五道之结合，构成了十王系统之核心。此三王中心之形成应在十斋日之前。从图像角度而察，这个基本模式体现得更为明晰。在此列举一些碑像实品，其状况或直接或间接地映现着从南北朝至隋唐，《十王经》形成之前的冥界审断与轮回升降之情形。

第一节 雏形期雕绘

一、碑像窟绘

（一）樊奴子造像碑

十王信仰中最基本的模式——善恶审断与轮回发配之构成，在公元6世纪前期北魏孝武帝太昌元年（532）樊奴子造像碑的图像之中，呈现了雏形。

樊奴子造像碑在陕西省富平县，是一个著名的造像碑，很值得研究者重视，其拓本也多有流传（图3.1-1）。其碑身高约128厘米，宽45—59厘米，厚37厘米。四面上部凿龛造像，下部为浅刻浮雕画像以及题记。发愿文镌在侧面，共十行，每行十八字，书法遒劲（图3.1-1B）。其文为：

> 大魏太昌元年岁次壬子六月癸亥朔七日庚午，樊奴子体解四非，玄识幽旨，心洪慈善，自竭家珍，敬崇石像一区。上为帝主延境，遐方启化，偃甲收兵，人民宁怗。又愿奴子父母，七世师徒，历劫兄侄妻息，六亲中表，身安行吉。神和调畅，营舍清美，万善庆集，吉祥敢应。福于来生，七世先亡，上生兜率，面奉慈尊，飡听大乘，悮无生忍，及三界众生，三会初兴，愿登先闻，果报成佛。

此碑侧题记之后还铭有樊家先祖世系，以及其家地望、造像题材等。

此碑颇值得注意的原因之一，即其道教色彩。施主追随道士，又自称为“道民”如何如何。学者因论为道教之造像碑，如日本学者神塚淑子等人之论说[1]。但碑中主龛像实为弥勒佛，施主亦随僧人，而碑阴下层的五道大神与阎罗王像等，更是此碑最为珍稀之处。樊奴子家族为当地官员，亦有兵马众人形像镌于此碑阴的上中层，其碑式之碑阴共有三层图像。所以，此碑确可称为以佛教为主的佛道造像碑，而且此类佛道碑即是关中渭北一带——雍州北地郡非常多见的形态，有多件碑像就收存于距此不远的耀县碑林，临潼县博物馆中也有一些佛道碑藏品。

---

〔1〕日本学者神塚淑子有文涉此造像碑道民等问题，见《六朝道教思想の研究》，创文社，1999年。

图 3.1-1
陕西省富平县北魏樊奴子造像碑碑阴拓本（西安碑林博物馆藏原于右任拓本，马骥提供拓本图片，下同）

图 3.1-1B
富平樊奴子造像碑碑侧题记

表 3.1-1　樊奴子造像碑题记之下及龛下铭文及位置

<table>
<tr><td colspan="2">碑侧题记之下铭
八世祖樊坦，生琣、生夺、生世，世生雷，雷生倭，倭生宝。
北雍州北地郡高望乡东向北鲁川佛弟子樊奴子为□□□□□一区。</td></tr>
<tr><td>碑侧龛之下铭
比丘僧龟一心 / 比丘僧庆一心 /
佛弟子樊奴子供养 / 祖樊倭供养</td><td>碑阳龛下一层题铭
息□□供养 / 亡兄樊客生供养 / 亡兄樊虿供养
道民樊奴子供养</td></tr>
<tr><td>碑阳佛龛之左右铭
亡父宝供养时 / 道师张道洛</td><td></td></tr>
</table>

此碑拓本并非少见，无论私家还是公立，很多图书馆都有收藏，但是包括其下层的碑阴拓本却很少见。笔者曾多方查访，如中国国家图书馆、北京大学图书馆、美国芝加哥富地自然历史博物馆等处的收藏，都没有含此下层的碑阴拓本。但此件珍拓确也有少数私人收藏，据悉中国

图 3.1-1C

樊奴子造像碑碑阴阎罗王与五道大神线图（作者绘）

图 3.1-1D

樊奴子造像碑碑阴下层阎罗王与五道大神拓本

台湾地区就有私人藏品。而且传说此造像碑原件流失至法国，其实非是。笔者专程到陕西省富平县核查，得到该县文物保管所井增利先生帮助，得以查明此造像碑原件在富平县回埋〔1〕。笔者又得到西安碑林博物馆马骥先生之助，终获于右任先生捐赠西安碑林博物馆的此碑完整拓本的照片。笔者据以绘出线图（图 3.1-1C），撰文刊布。这是这幅现存最早的阎罗王与五道大神图像首次在国内发表，得到广泛引用〔2〕。

上图阎罗王、五道大神，在当时或更早已入中土冥界观念之中。吐鲁番洋海墓地一号台地四号墓出土的北凉缘禾二年（433）的《赵货母子冥讼文书》中有列有“盐（阎）罗大王、平等之主”之名〔3〕；吐鲁番阿斯塔那古墓群所出高昌章和十三年（543）《孝姿随葬衣物疏》内题写“五道大神”，其中佛教道教与民间信仰融合的色彩更为浓烈。

〔1〕井增利先生确认此碑原件为该馆老一代工作人员所回埋，但老人已经过世，且未留下埋藏地信息。所以要见此碑，只能待其再“出土”了。

〔2〕张总《〈阎罗王授记经〉缀补研考》，《敦煌吐鲁番研究》第5卷，2001年。此图发表后得到广泛引用。但多不说明来源、不注出处，有些连原文都不注，仅配以金石著录。但此为本人所画线图，非拓本。再如姜霄《地狱“三王”体系演变考》（《史志学刊》2017年第4期，第59—68页），观点也是有所据而加以发挥，但未见拙作《十王地藏信仰图像源流演变》，收于康豹、刘淑芬主编《信仰、实践与文化调适——第四届国际汉学会议论文集》。

〔3〕吐鲁番洋海墓地一号台地四号墓出土。荣新江、李尚、孟宪实主编《新获吐鲁番出土文献》，中华书局，2008年，第170—171页。

此碑中各部分铭文及其图景榜题，金石文献早有说明，清代学者毛凤枝《关中石刻文字新编》中已详引明述[1]。中国台湾学者刘淑芬对金石文献中此一图景亦早有论述，且引述近旁类似碑像。钱光胜博士论文《唐五代宋初冥界观念及其信仰研究》对此碑像也有详述解析，论为冥判图像[2]。

此碑浅刻的图像（图 3.1-1D）：阎罗王身坐四空的无墙的小殿堂中，据金石文献记录其旁应有“此是阎罗治狱”的榜题，现已不清。王身侧与后旁随附两吏（或为僧人）。其前方有或跪或坐的两羊似作控诉状，一人被悬挂于格架似遭到刀割，又有一人被绑于柱，其交角处有榜题“此是屠仁（人），今常（偿）羊命”。很明显，这是日常杀猪宰羊的屠夫遭受审讯被用刑之景。此组旁有榜题“此是五道大神审罪人”。五道大神为武将形象，头扎巾带，坐于胡床上，手执一柄长戈。下方有多列形象，应是轮回景象弯曲展现。五道大神面前上方即一飞天形象，表示天道；再前即有前后相错的两人，似为男女之像，表示人道。云气前下方较为模糊，似应为饿鬼或畜生道位置，有模糊驼马形状表示畜生道，饿鬼地狱或近于底边，形亦模糊。但五道大神胡床之下云气道边，有两三个裸身而项戴枷者，边有榜题牌。据金石文献言，题为“此是盗者”。再转过来已回到了阎罗王之前，似有较大的汤镬，应表示惩罚之意。

现存图式之中，除了饿鬼道不太清楚且与戴枷盗者关系不太明确外，此图基本模式为阎罗王坐亭殿审断（或曰“冥判”）。其前方有上诉之兽类与被审受刑者，题记明确说屠人、盗者已受或将受业报，且明确五道大神审决发配轮回等。飞天示天道亦见于早期五道图。总之，阎罗王冥判、五道大神掌管五道轮回，有榜题证明、图像表达，且有比丘、道士和当地官员家族施主参与。可见其所流行之阶层和地域。雍州北地郡有许多佛道造像碑，多数藏于陕西省耀县博物馆（在今铜川市耀州区），形成著名的耀县碑林，有学者认为其中个别造像与樊奴子造像碑碑纹类似，如吴洪标或雷氏造像碑之图纹，包含类似地狱惩戒的蛛丝马迹，经考证后知其非是[3]。

总之，在樊奴子造像碑阴底下层这幅小小画面上，两位最早的具中土形貌的中阴之主神合作完成了审与判，后世幽冥之事的重要功能在此体现。而五道大神之形貌名称，最早皆来自犍陀罗地区，而非印度恒河流域等地，现有雕刻作品存焉，且多为佛传中太子逾城图，五道神持兵器立于太子之前，可以识证（图 3.1-2）。

图 3.1-2

犍陀罗佛传雕刻悉达太子与五道大神奔识，印度加尔各答博物馆藏，公元 2 世纪，罗里延唐盖出土（孙英刚供图）

[1]《关中石刻文字新编》，《石刻史料新编》第 1 辑第 22 册，新文丰出版公司，1977 年，第 16873—16875 页。

[2] 钱光胜《唐五代宋初冥界观念及其信仰研究》，兰州大学博士论文，2013 年。

[3] 李凇《依据图像还是文字——以北魏雷氏造像碑的断代为例》（《民族艺术》2008 年第 2 期）考定耀县碑林雷氏造像碑的年代在北魏末到北周，并认为其图像中拷打等行为的施受者为族人关系，而非郑文与张方《地狱观念的本土化与早期的地狱经变图》（《新疆艺术学院学报》2008 年第 1 期）似是而非地论证雷氏造像碑为地狱图像。

图 3.1-3

甘肃天水麦积山石窟第 127 窟壁画诸地狱场景线图（采自张宝玺主编《甘肃石窟艺术・壁画编》）

图 3.1-3B

麦积山石窟第 127 窟生天或堕地狱场景线图

图 3.1-3C

麦积山石窟第 127 窟生天或堕地狱壁画

（二）麦积山石窟壁画

甘肃陇东的麦积山石窟是著名的天然雕塑馆，以其精美无匹的泥塑著称。但是，其壁画也有非常重要的价值与特色，如其中数幅北朝壁画，是有经变画要素的作品，具最早的经变画形式。

麦积山石窟北魏至西魏时段的第 127 窟，两前壁所绘或称为《十善十恶图》，或称为"地狱变相"。其左方以斜方格分隔成约十五个场面，若散点式构成，绘出地狱中受苦场景（图 3.1-3）。其榜题只有八方字迹，如"此人生时好□□□□□刀山地狱""此人生时好□□□□□令入截臂地狱""此人生时□□□□□令入黑暗（无间）地狱时"等隐约可辨。均先列其人的罪孽，继而指出令入某种地狱之名。这种地狱变相的构图很是少见，据张宝玺考证是出自《经律异相》之中的"天堕地狱"或"十善十恶"内容[1]。

此窟前壁右侧之图景，前方似城池，高墙叠筑，内有阎罗王在堂，王者坐殿中，旁有文臣、武士，前有吏臣或鬼卒持押人物禀报，还有侍从环列。其后则若有三层，分别画楼阁状，其顶列人。最上层中有人躺卧，顶有天人、飞天来迎，榜题有"此人行十善得参道时""诸天罗汉迎去时"。中层层顶亦有人迎立屋顶。下层院外则有戎装武者、红衣者乘骑，或有解捉等动态图景（图 3.1-3B、3C）。查《经律异相》有对应内容，其引《净度三昧经》"应生天堕地狱临终有迎见善恶处"条，云：

> 生天堕地狱，各有迎人。人病欲死时，眼自见来迎。应生天上者，天人持天衣伎乐来迎。应生他方者，眼见尊人

[1] 张宝玺主编《甘肃石窟艺术・壁画编》，甘肃人民美术出版社，1997 年。其中《甘肃石窟壁画艺术》一文相关部分与插图十五、十六，第 172 页彩图的画面内容，张宝玺均作出了解释与考证，认为出自《经律异相》"天堕地狱"。此处"天堕地狱"为"生天"或"堕地狱"之误读，其诸狱榜对应三十卷《佛名经》一段述说。见张总《麦积山第 127 窟地狱壁画典据再考》，《石窟艺术研究》待刊。《中国石窟：天水麦积山》中张宝玺《麦积山石窟壁画叙要》（文物出版社，1998 年，第 197 页）一文所作的阐释，则侧重于《十善十恶图》或据《十善十恶经》而为之。

> 为说妙言。应堕地狱者，眼见兵士持刀、楯、矛、戟、索，围绕之。

宝唱法师加注说[1]，此意原出于华严。《华严经》六十卷云：

> 人欲终时见中阴相。行恶业者见三恶受苦。或见阎罗持诸兵仗囚执将去，或闻苦声。若行善者见诸天官殿伎女庄严，游戏快乐如是等胜事。

宝唱所指无误，诸经引《净度三昧经》“应生天堕地狱临终有迎见善恶处”，原出于《六十华严》善财童子五十三参最后参拜中[2]。而此临终见善恶相迎的画面前有阎罗王宫城，又有多地狱配合，确与《经律异相》，或者说更与《净度三昧经》符合。《净度三昧经》为流行一时的中土疑伪经，研究者推测由昙曜集团编撰[3]。甘肃天水麦积山石窟现存早期塑像大受山西大同云冈之影响。而《净度三昧经》中有非常繁细的地狱描写，列二十三种，且有诸大地狱。因而，麦积山此处壁画与其关系很值得探讨。其年代约在西魏即公元6世纪中期，较上述碑像并不久远。从构成上而言，至少其临终见善恶相迎与阎罗王审断，亦多少有近同于上述碑像雕刻处，再加之画中种种地狱变相，此北朝壁画的独一无二性值得关注。

〔1〕《大正藏》第53册，第259页。宝唱为南朝梁名僧，编成佛教类书《经律异相》。《诸经要集》中也有类似条目，注明出自《净度三昧经》，《大正藏》第54册，第177页。由此可知所谓“天堕地狱”是对“生天”或“堕地狱”的误解或错断。因为善恶业报不同，临终时生天有善迎，堕地狱有恶迎。恶迎为武将兵士，此与五道大神或将军的间接联系，颇为有趣。

〔2〕《大正藏》第9册，第782页。善财童子来到南方海岸国大庄严园毗卢遮那庄严藏楼阁的弥勒菩萨处，闻入三世一切境界不忘念智庄严藏解脱法门。

〔3〕［日］大内文雄、［日］齐藤隆信《〈净度三昧经〉题解》，《藏外佛教文献》第7辑，宗教文化出版社，2000年，第226页。

（三）齐士员造像碑座

陕西省三原县唐高祖献陵，有守陵官员齐士员于贞观十三年（639）所造的阿弥陀佛殿像碑，其顶状如庑殿，因可称“阿弥陀佛殿碑”。正面大龛内有雕像，殿身周围刻有《金刚经》与《观世音经》，据题记还有一切经目录，但已无痕迹可追寻。此殿式碑像底座内容丰富，周镌题记、线图等（图3.1-4）。其座正面刻有香炉图案、童子；两边铭题记，叙齐士员的身世官职，包括其家族世系、任官职位，述其追随高祖李渊从山西太原举兵征战立有军功，至李渊死后得任看守陵墓之官员的经历。此为太武皇帝李渊与太穆皇后窦氏供养石像之碑，表达生死相报追求功德之意。

此殿像底座很别致，颇为不同凡响之处在于它刻有题记，镌出图画，文字已收录于唐朝和五代的文章总集《全唐文》。阎罗王图因系初唐实物，重要性不容低估。其拓本曾收藏于金石名家，后归北京大学图书馆。笔者主要依据北京大学图书馆所藏齐士员献陵造像碑拓本，又赴三原县唐献陵原址，对此碑像进行了调查研究，不仅纠正了前人著录的个别不确处，而且全面考察了珍贵的阎罗王图等实物，并撰文就初唐佛教信仰，特别是就阎罗王图像源流与冥府十王形成等之意义给予说明[4]。

此殿像底座之侧面镌出了阎罗王图。阎罗王端坐于案后，顶有华盖，旁有两属吏，即一撑直柄华盖、一曲身持宗卷似呈报者。王之前方有

〔4〕张总《初唐阎罗图像及刻经——以〈齐士员献陵造像碑〉拓本为中心》，《唐研究》第6卷，北京大学出版社，2000年。

图 3.1-4

齐士员献陵造像碑底座侧面，陕西三原献陵拓本（北京大学图书馆藏）

图 3.1-4B

齐士员献陵造像碑底座侧阎罗王图拓本线图（笔者据北京大学图书馆藏拓本绘）

戴长枷与短枷者，三位狱卒人物处其间并手押枷具，似正执行审讯罪罚。侧后方还有几位僧人形象（图 3.1-4B）。画面中还有多种野兽或奔或走趋前而来，这些飞禽走兽占据着大部分的画面。细看其中却有奥秘。原来其中的肉食动物，无论飞还是走，均戴着木枷，类同于我们习见的囚徒罪犯。而草食动物则无论飞还是走，均无此羁绊。大约在四位僧人边上，还配合铭有四条冥律，其意述及何人何因须下地狱等，应与阎罗王的画面有关。而且，其碑座正面题记之中亦强调说明，后世若有人破坏佛像与经字当堕地狱，亦与此阎罗王画面有关。尽管两者都未说及禽兽，画面中却有很多小动物。

此碑拓清楚地记述了下层官吏及民众信仰佛教的真实状况。又，以前有论著认为唐初《十王经》已存在。这种年代确切的阎罗王图像虽然早于武周，为太宗贞观年间之作，但可从侧面真实反映当时阎罗王尚未被纳入信仰体系组合之中，至少从图像方面确定如此。结合造像碑与摩崖石刻等，可证从北朝至隋唐以来阎罗王体系的发展过程，十王的形成必在此像设造所处的初唐阶段之后。

从齐士员献陵造像碑座的现状来看，虽然距

清代拓出拓片的时间相对并不太久，但是风化磨损已相当严重。清代拓本的线条还相当清晰，而笔者考查之时已显得较为模糊，所幸近年该石像被运归文物部门加以保管了。

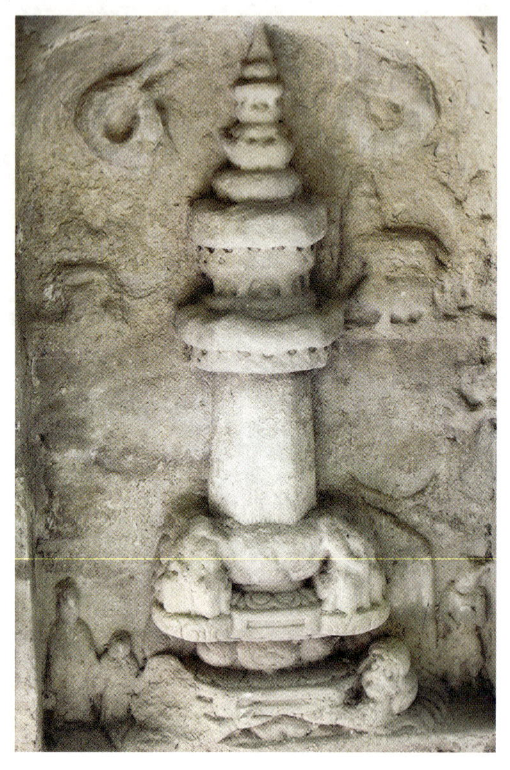

图 3.1-5
四川省广元市皇泽寺石窟龛写《心经》洞区第 7 号龛浮雕经幢（宋伊哲供图，下同）

图 3.1-5B
广元皇泽寺石窟写《心经》洞区第 6 号龛浮雕经幢

（四）经幢配雕

四川广元皇泽寺石窟，造像分为上下数区。下方“写《心经》洞区”的七龛之中，仅一例为坐佛，其余皆是浮雕于壁面的幢龛。有些龛内雕出陀罗尼经幢并配以六道轮回图景，比较特殊。虽然以经幢雕入石窟者并不少见，但以六道轮回作为辅助图像，浮雕于其龛后壁两侧，实为罕见。《佛顶尊胜陀罗尼经》颇得尊崇，因其中称法力能破地狱，声言凡铭此咒文的经幢，风吹尘影所到处，均能破地狱、免灾疴。将六道图像明确镌刻于浮雕幢近旁，似要将此功能发挥臻极。皇泽寺此区之第 7 号龛镌长方形双重浅龛沿，内雕陀罗尼经幢一座，左右分六栏浮雕出地藏与六道形象（图 3.1-5），显然与 7 世纪以降地狱轮回观念的流行关系密切〔1〕。

其第 6 号龛中镌造更为精细，幢基束腰仰覆莲，上承六角形幢身，通高 98 厘米。上刻的经文已漫漶；幢顶由仰莲座相轮、宝珠组成，也已风化（图 3.1-5B）。幢顶两侧二飞天，幢身两侧各分三栏雕六道：左侧上层雕一大树，树下有野兽（畜生道）；中层雕二像（天道）；下层雕半敞开的大门，一鬼持棒而立（地狱道）。右侧上层雕三像（阿修罗道）；中层雕一人驾二牛犁地，一人送饭（人道）；下层一僧人持锡杖立于祥云上（地藏），左侧一像跪于地上，拱手作乞求状，面前放一篮（饿鬼道），或有关目连故事。

二、法界救度与斋神

（一）法界趣道

从南北朝以降及于隋唐宋辽，中国佛教图像

〔1〕四川省文物管理局、成都文物考古研究所、北京大学中国考古学研究中心、广元市文物管理所编《广元石窟内容总录·皇泽寺卷》，巴蜀书社，2008 年。

中流行一种特殊的“卢舍那法界”图像，其形式多是在雕刻及铸铜的佛像上再施彩绘或浅雕。图像形形色色，内容多样繁富，但有不少包括六道或五道轮回，还有佛菩萨说法、修行弟子、护法天王、立马、飞天、佛塔等（壁画中也有不少实例），以示《华严经》中法界观念——佛教的宇宙观。具体而言，又有一些可按区域划分的类型，如新疆地区，河西敦煌，中原的河南、河北、山东等类〔1〕，笔者就此分别探考。中原地区一些石雕与金铜像身上六道及地狱表现鲜明而突出，河西敦煌莫高窟壁画中须弥山之世界明显，而新疆地区于阗木板画与克孜尔石窟壁画则以几何形与千佛表达，形态较简。新疆库车县阿艾唐代石窟所绘与敦煌莫高窟壁画近同，最具代表性者体现了以须弥山为中心的佛教世界，上有天宫或有佛像，中为须弥山及交龙日月等，下有五趣六道轮回等，典型地表达了佛教的宇宙图式，或者说表达了华严宗学之法界观念。这类图像题材亦属专题，国内外也有很多学者投入研究，涉及的范围很大。在此仅介绍有关部分。

图 3.1-6
美国华盛顿弗利尔美术馆藏隋卢舍那法界像（笔者摄，下同）

图 3.1-6B
弗利尔美术馆藏隋卢舍那法界像（局部）的审断及五趣

1. **雕像刻图**

河南滑县高寒寺北齐像仅存拓本，佛身正面有丰富的龙王、七宝等图像，袈裟的下端刻画有镬汤、饿鬼与戟刀及禽鸟动物，汤镬下燃火，其中有人被煮，可知是表达地狱，加之有饿鬼等，应是表达三恶道的场景。

美国华盛顿弗利尔美术馆藏隋代卢舍那法界像，可以说是此类卢舍那法界像中翘楚之作。其像身材高大，虽失头部仍近两米。全身遍布精美的浅浮雕，内容十分丰富（图 3.1-6）。其衣袍正面下摆部分，正是我们所谓的冥界审判部分，而且组合与图式等与上述樊奴子造像碑之阎罗、五道有高度的对应性，两主角一似阎罗，一似五道，虽然其方向恰为相反（图 3.1-6B）。若王者，居坐于小屋中，前方有军将捕押拘人之组像。而若大神者，顶有华盖，手指前方。其前方近边侧有数斜道，上方有具头髻及若常人者等，或为天道人道，又有向上与向下两组若奔跑者应属饿鬼道，此两者间夹有跑马畜类动物是畜生道，再转延到正面最下一薄层，为刑罚狱景，中有铁床火烙，旁有牛头刺戟，等等。以上画面总体应是表达五趣。

〔1〕张总《序：特色独具的临朐造像》，《临朐佛教造像艺术》，科学出版社，2010 年。可惜发表时删去了许多重要段落，包括对卢舍那法界像的分区与分析。

图 3.1-7
法国巴黎吉美博物馆藏金铜卢舍那法界像（笔者摄，下同）

图 3.1-7B
吉美博物馆藏金铜卢舍那法界像袈裟中下部

图 3.1-7C
吉美博物馆藏金铜卢舍那法界像背部细节

唐宋时期仍有金铜石雕等卢舍那法界像，此式佛像常含有地狱或六道图像。美国纳尔逊美术馆藏初唐金铜像仅在背后有镬汤之刑，而北京故宫博物院藏初盛唐像，袈裟下摆铸出三足鼎，两侧分别有牛头狱卒与饿鬼。

法国巴黎吉美博物馆所藏一件金代卢舍那法界铜佛像，高约 20 厘米，因其小更显珍贵（图 3.1-7）。其面容雍容大度，肩有日月，胸前起天宫交龙须弥山，其下接宫殿式，最下衣摆边缘处，有汤镬与牛头阿傍等，可知表示地狱道（图 3.1-7B），背后则以线图画出天、人、阿修罗、饿鬼，合为六道俱全〔1〕。其云气线条皆出于像之背后。图中有一位戴官帽坐者，身后有侍者。但必须注意其手中执有一矛，所以他是五道大神或将军，而非阎罗王（图 3.1-7C）。

〔1〕此图像为笔者在法国吉美博物馆所摄，余可参见李静杰《卢舍那法界图像研究简论》，《故宫博物院院刊》2000 年第 3 期，第 57 页。笔者亦有专文《以青州造像为主谈法界图式》待刊。

2. **雕像图绘**

山东古青州地区近年有多件新出土之雕像，而且多是雕像之上再施以彩绘。明确刻铭比丘道朏敬造“卢舍那法界人中像”的北齐天保十年（559）造像座，发现于山东济宁的普照寺。诸城、博兴等地出土北齐石雕富含此式作品，多有在佛像全身袈裟分出长方界格，画出种种体现法界之图像，在小小的方寸间将些微的佛陀、菩萨、飞天、胡人、恶道等以流利顺畅的线条勒出。青州龙兴寺窖藏中就有五件此式佛像：有一像背后彩绘残留形态踉跄坐地者，似为地狱中饿鬼；一像为浅浮雕，但其上线刻未完成，因之细节不够清晰，还有数像惜未发表完整资料。诸城所出多件此式法界像别具一格，主要用花朵装饰而非具象的人物场面。台湾震旦基金会所藏一件青州石雕作品，背后的彩绘中也有饿鬼与地狱道的表现。

距青州不远的临朐县博物馆也藏有一件此式佛像，虽不大但保存相当完好。其袈裟正面自上而下有飞天、天宫、龙身、立马、鼓乐，最下为牛头狱卒、缚于柱上之人、兽头人身跪者，确为此式图景[1]。博兴县博物馆所藏一像，袈裟上原绘有丰富图像，虽然残损不少，但其下部地狱场景比较多样，很有价值。衣袍最下有汤镬，下有伏地者，旁有狱卒押人前行。在上一格中，有双角兽头人形与被缚绑坐地者。

3. **绘作线刻**

敦煌莫高窟北周第428窟中卢舍那法界像，其佛身所画，也是突出的实例。画中须弥山下有四条格，内中有不少生活场景局部。腰中部每格都有小屋宇等，还有牛耕劳作，中间两格之中都有不少动物，如牛、马、鹿等。甚至还有个别如牛畜等交配的情景，是为表达欲界而绘。其大衣之下摆又画出有人形在刀山地狱之中受苦的情景。

新疆库车县的阿艾石窟为唐代汉风洞窟，自1999年发现以来引起广泛关注，在龟兹地区以克孜尔石窟为代表的异域风貌中注入了清新风气。其汉风的卢舍那法界像已多有发表，是有卢舍那佛题记的重要法界像。还有一个细节值得注意，隔着一尊几乎全毁损之像，有一手掌大小的壁画残块，画着有个汤镬的地狱场景。

美国华盛顿弗利尔美术馆藏北周交脚弥勒坐像，背光后面线刻立佛身展现法界图景，其袈裟下部有狮、塔、供养菩萨，最下端地狱图景更为多样。两个牛头阿傍持叉搅动汤镬，内有被煮人头露出。两牛头间似立一饿鬼。其侧上一为铁床上躺一人被烤，牛头持叉上亦燃火，另一人被缚火柱上，鬼卒拿叉押后。地狱图景两侧上升云气，有蛇形、莲苞、鸭鹅类禽鸟渐渐上升至袈裟两袖，再上有飞天莲花等。此构图的中心盘龙周围也有小鸭禽类游动，旁出莲花，水面的表现感很强。联系到盘龙上面的天宫、菩萨、两侧飞天等，全图以空间中六道体现佛教世界观之法界的感觉很强。

总体来看，卢舍那法界像之观念当出自“法身观”，是无所不在、无处不在的抽象佛，其法身又是由种种色界现象来体现的。具体表现主要为佛教世界观——空间关系之中的世界，核心的确是以须弥山或龙王为中心的六道世界，即与六道轮回重合的世界。六道轮回是时空皆具的观念，从轮回流转来说自然是以时序先后轮转的，但其善道在上，须弥山、龙上之天宫天道，地狱、饿鬼、畜生自是在下方。有些图像丰富多样，有立马、塔珠、七宝、乐奏等，有些极为简洁，表示五趣六道，或仅有须弥山，但都是佛教法界观念之体现。

（二）救度诸神

1. **观音救度**

观音菩萨救助六道的图像在敦煌莫高窟确实存在，且是在初盛唐时代的重要的第217窟。此窟南壁主画面为“法华经变”，构图为向心式[2]，其窟门所在东壁绘有《法华经・普门品》——也就是单独流行的《观世音经》内容，表现了观音菩萨救八难。观音菩萨大慈大悲救苦救难，其救八难在佛教艺术中成为一种相对固定的题材，含有救水、火、刀、刑、兽、堕落等。每一个苦难场景之中，都有菩萨乘着云头飞飘来救，场景十分感人。不平常的是，此窟这一部分内容相当丰

〔1〕宫德杰《临朐县博物馆收藏的一批北朝造像》，《文物》2002年第9期，第89页。

〔2〕参见贺世哲主编《敦煌石窟全集・法华经画卷》，上海人民出版社，2000年，第57—62页。但也有不同看法。如［日］下野玲子《敦煌莫高窟第217窟南壁经变的新看法》，《美术史》第157号。

图 3.1-8
敦煌莫高窟第 217 窟东壁观音救度六道（采自伯希和《敦煌石窟图录》）

图 3.1-8B
敦煌莫高窟第 217 窟东壁旧影

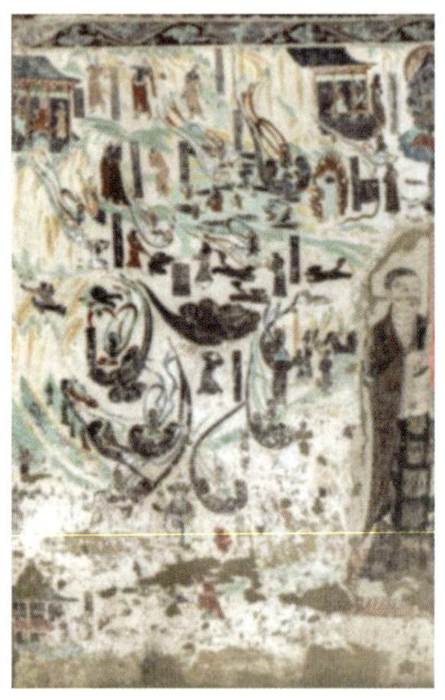

图 3.1-8C
敦煌莫高窟第 217 窟东壁彩图（采自“数字敦煌”）

富，还有六道场景。现存这一部分细节已较模糊，不过在早年法国汉学家伯希和在敦煌考察时其摄影师努埃特拍摄的图片中（图 3.1-8），在金刚山、雷电之下方，可以看到一些珍贵的细节[1]。

数道成色带形状之云气上方，一身飞天飘带下逸，是为天道；其下有四身袍服冠带或梳发髻男女向上走去，是为人道；其下色带中有奔马与骆驼三身，为畜生道；再下有六臂阿修罗挺立，旁有两身形扭曲人物定为饿鬼。这几组形象之侧也有乘云而来的菩萨前来救助。而云气色带下方又有一菩萨乘云而来，画出城池般的地狱城，内中似竖一幢，有一大蛇围绕，狱城上方近于修罗处则似有很多火焰燃起。狱城外一牛头狱卒扬手而立，其后一更高大的王者着冠袍而立，身后随一侍者，此或为阎罗王。这几组形象之下原具榜题，可惜已不清楚，无法辨识（图 3.1-8B、8C）了。这组图像下方还有一些画面，有房舍、山坡、野地，有站立的妇人及坐地者等，未详何意。其上方有跪地祈请者向着骑马的军队，等着菩萨来救，应为救王难的另外内容。现在的整体画面细节已经稍稍模糊了一些。

当然，轮回图像还有不少，汉地轮回图像主要是云气形态，而且以地藏菩萨掌执图像为多，后来又加入十王，成为相当主流的地藏六道十王图像。而藏传佛教的轮回图像则几乎全为五趣生死轮。此外，敦煌藏经洞绢纸作品不少，新疆仅偶见，甘肃瓜州榆林窟有一壁画，而重庆大足宝

〔1〕在伯希和编号之中，此窟为第 40 号。图见于伯希和《敦煌石窟图录》，1920 年。

顶山大佛湾所雕造的时代已至南宋了。因这些不是主线，在此不再展开。

2. **十斋诸神**

上文述及，十斋日有两三种，即生者所遵每月十斋日、预修每月两次及三年亡人斋。八关斋戒所遵守每月十斋日，是每个月的十个日子遵守八关斋戒，含七条戒律并过午不食。每个日子有天神下界，念佛菩萨名号，可以获益不堕某某地狱并获福多少劫。虽然敦煌藏经洞经本有很多文献，法国汉学家苏远鸣也进行过研究，但还有石刻内容，即重庆大足宝顶山大佛湾第 20 号巨龛，笔者曾加以比定〔1〕。现有幸获知北京木木美术馆获藏一件唐代每月十斋记心经碑（图 3.1-9），仅高 61.5 厘米，宽 35.5 厘米，碑阳中间铭刻“每月十斋记”（图 3.1-9B），周围碑面刻出十位天神，即下界巡查之神。其中有阎罗王、五道将军等。

此八关斋戒之十斋日的形成，涉及面很多，与道教也有很密切的关系，讨论起来会形成很广泛的话题，产生较多篇幅。日本学者小南一郎论十王之形成与民众信仰的文章〔2〕，也列举出不少此类八关斋戒之十斋日的例子。苏远鸣收集敦煌藏经洞经本中有关十斋日包括地藏菩萨十斋日等也指明过其与道教的关系〔3〕，四川大学尹富也曾有文谈及十斋日与佛道相关〔4〕。但是，这个小小的碑中展现了非常新的材料，其每月十斋记的内容，当然与敦煌诸本一致，但形制更为简洁，恐是较早的文本类型。更可贵的是，其画面竟然出现了十位下界的天神，其中还包括了冥界主神阎罗王。而且，上一章所列的三王核心，太山府君、阎罗王、五道将军皆现于此中，并有司命、大将军等搭配。从其下界巡查之形态，十位之数，至《十王经》中文偈本中此诸王是“下”而图赞本中才改为“过”，不难看出其与《十王经》类似。此十斋日肯定也是《十王经》经本之所形成的来源之一（参图 3.1-9、9B）。

每月十斋记

卯时斋者得八万亿功德，
辰时斋者得六万亿功德，
巳时斋者得五万亿功德，
午时斋者得五百日余粮，
午时以后斋者了无功德，
凡一日如法持斋者六万日
余粮。若吃斋若不持
斋者，当来堕饿鬼道。
凡持斋有十种利益：
一者鬼神敬仰，二者人息谤心。
三者诸佛冥加，四者时时获利。
五者恶名自灭，六者庶事断疑。
七者美响沾身，八者同欣供养。
九者魔宫震动，十者后报资粮。
常念阿弥陀佛得福无量。

碑中心题记周围图像内分附题记铭刻：

每月一日童子下，念定光佛一百遍，除罪三十劫，不堕刀山地狱。（图 3.1-9C）

每月八日太子下，念药师琉璃光佛一百遍，除罪三十劫，不堕镬汤地狱。

十四日司命下，念贤劫千佛二百

〔1〕张总《地藏菩萨十斋日》，《藏外佛教文献》第 7 辑，宗教文化出版社，2000 年，第 348—371 页。

〔2〕［日］小南一郎《〈十王經〉の形成と隋唐の民衆信仰》，《东方学报》第 74 册，2002 年，第 183—256 页。

〔3〕［法］苏远鸣（Michel Soymié）《敦煌写本中的地藏十斋日》，耿昇译《法国学者敦煌学论文选萃》，中华书局，1993 年，第 391—429 页。

〔4〕笔者也有专文《十斋日再说》等待刊。尹富虽有《十斋日补说》(《世界宗教研究》2007 年第 1 期)，却未及斋之断食意义。

图 3.1-9
北京木木美术馆藏每月十斋记碑（曹元琪供图，下同）

图 3.1-9B
木木美术馆藏碑每月十斋记题铭

图 3.1-9C
木木美术馆藏碑第 1 童子下

图 3.1-9D
木木美术馆藏碑第 3 司命下

图 3.1-9E
木木美术馆藏碑第 5 阎罗王下

图 3.1-9F
木木美术馆藏碑第 7 察命下

遍，除罪一百廿劫，当来不堕磨磨地狱。（图 3.1-9D）

十五日五道将军下，念阿弥陀佛二百遍，除罪千八百劫，当来不堕粪屎地狱。

十八日阎罗王下，念地藏菩萨一百遍，除罪一千劫。当来不堕黑暗地狱。（图 3.1-9E）

廿三日天大将军下，念大势至菩萨五十遍，除罪二千劫，不堕拔舌地狱。

廿四日察命下，念观世音菩萨三百遍，除罪九千劫，当来不堕灰河地狱。（图 3.1-9F）

廿八日太山府君下，念卢舍那佛一百遍，除罪一万劫。当来不堕锯解地狱。

卅日梵天王下，念释迦牟尼佛一百遍，除罪一万劫……

当然，这个碑中心的斋记应该与每幅画像下的题记结合起来看，如此就很接近敦煌藏经洞经本中为数不少的《地藏菩萨十斋日》。

此《每月十斋记》中的内容，与《地藏菩萨十斋日》尚有小小不同。与其说每月十斋，倒不如说每日十斋，似乎越早功德越大，而且有节约粮食的意味在内。碑侧还有家族持龛的情况，由碑侧边所存一字，可见其家族或姓李，排序则有凤、道遵、尽忠、过庭，祖孙共四代。据碑阴《心经》最右侧有一变形“李”字姓氏，推测可能是李氏家族所为[1]。其碑后有“心经”即《般若波罗蜜多心经》的书写，而且遵从唐代通行的格式，行十七字，因此不惜将碑阴之面侧过来用了。如此丰富的内涵与图像，可以使我们对《十王经》的形成有了更丰富的认知。

---

〔1〕参见张总、曹元琪《新见十斋记碑与宝顶十斋日像》，《大足学刊》第 5 辑，重庆出版社，2021 年，第 1—41 页。

第二节 新现经本成立演进

陕西铜川耀州神德寺塔与浙江台州黄岩灵石寺塔都有关于《十王经》的重大发现，所发现的《十王经》均为敦煌藏经洞经本之外的汉文本，图文形态有重大价值，对了解《十王经》的形成、演变有着重要意义。特别是耀州神德寺塔本，此前未得较好整理，经笔者缀合整理，发现它是具有过渡性与新创性意义之存世本，而与台州灵石寺塔本与敦煌藏经洞经本有极大的对校价值。此外，新疆吐鲁番亦出两件大谷收集品之汉文《十王经》残片，均已面世[1]。由此，我们可将《十王经》的演进轨迹以全新框架与面貌展现。

在本节讨论《十王经》研究状况之前，笔者先介绍这些经本情况，特别是神德寺塔本缀合整理的情况。

一、耀州神德寺塔本

陕西省铜川市耀州区（原耀县）存有一座宋代建成的神德寺塔（图 3.2-1），又名“耀县塔”“宋塔”，位于耀州城北步寿塬南缘的半坡上，因其唐时建于神德寺内，故名。此塔为仿木楼

图 3.2-1
陕西省铜川市耀州区神德寺塔（石铜钢摄、王赵民供图，下同）

〔1〕分藏于旅顺博物馆与日本龙谷大学。见王振芬、孟宪实、荣新江主编《旅顺博物馆藏新疆出土汉文文献》，中华书局，2020 年；旅顺博物馆、龙谷大学《旅顺博物馆藏新疆出土汉文佛经选粹》，法藏馆，1990 年。

图 3.2-1B
神德寺塔层券洞

阁式砖构，通高 35 米，底围 25.04 米，内径 2.9 米，八面八棱九级，斗拱挑角，密檐环围，券窗周列，镌刻精美，风格庄严雄浑（图 3.2-1B）。

2004 年 9 月 24 日塔身维修时，南面第四层的拱券窗洞发现了一批佛经，有抄写本、印刷本和绢本粉彩佛画等，达三十余种。由于原置券洞中虽避雨却不遮风，基本属于露天存放，条件不良，大部腐烂粘结，残泐严重。经陕西省有关部门派员查阅[1]，知其多为纸本佛经写卷，典型者有《金光明经》等，也有印本佛典及绢纸画等，推测抄写绘者有僧人与民间艺人。其经本中有北宋“开宝九年（976）”和“雍熙二年（985）”纪年，再结合诸经避讳字等因素，可知其最早者至唐代，是珍贵的唐宋佛籍文献及艺术品等资料。文博部门收藏后，安排至陕西师范大学文博修复系科进行了维护与修复工作。

这批经卷由南京师范大学黄征与西北大学王雪梅加以整理并刊布，先发表目录《陕西神德寺塔出土文献简目》，继而出版四图册《陕西神德寺塔出土文献》[2]，刊布这批佛经（共 306 个编号，其中有“242 个入藏号”），裨益学界。其中披露《十王经》相关经本有 14 个经号，四种经名，刊布者都是残片。其中 11 个经号的定名主要依据日本《卍续藏经》所刊《佛说预修十王生七经》（Y0014-2、Y0024、Y0147-1、Y0155、Y0179、Y0194、Y0195、Y0199-3、Y0211、Y0226-2、Y0227-2 号）。其他三种所据为经本本身，分别定为《佛说阎罗王经》（Y0076 号）、《阎罗王经》（Y0077 号）[3]与《阎罗王授记四众逆修十斋经》（Y0228 号）。其中前两者为尾题，而“十斋经”者（Y0228 号）实为经内标题非首尾之题。

虽然刊布的贡献不小，但也毋庸讳言，其整理水平不高，问题不少，特别是就此十王类（含“阎罗王”“阎罗王授记”）疑伪经本而言，经名之确定与内容校录都有问题。两作者整理此经系，基本不用敦煌本《十王经》已有校录成果，也未提及浙江台州灵石寺塔北宋图赞本《预修十王生七经》[4]，反而依赖年代较晚的日本印本（朝鲜刻本）。当然，此经本有电子版可以利用（日本印本电子版方便利用），但不能以其为主而只略微地说一点敦煌本情况，也不提及浙江黄岩的相关考古发现。台州灵石寺塔本实为经本演变的重要环节，是海东诸本的根源，实为《卍续藏

---

〔1〕陕西省文物局、西安市文物保护中心派专家和技术人员检查发现多是卷轴。保存最好者为手抄纸本《金光明经》，惜无落款署名。另几种写经残卷保存较差。印刷经卷已无法打开，仅能从残片辨认。纸绢本佛画都残损严重。这批写本幸得鸟粪积其上，起到部分保护作用，否则较难留存。2006 年 5 月 25 日神德寺塔被公布为第六批全国重点文物保护单位。

〔2〕黄征主编《陕西神德寺塔出土文献》，凤凰出版社，2012 年。黄征、王雪梅《陕西神德寺塔出土文献编号简目》，《敦煌研究》2012 年第 1 期。

〔3〕此件尾题残失“王经”字，但据相似本可比定，详后。

〔4〕原整理者对此并无意识。实际可参考的成果有杜斗城《敦煌本〈佛说十王经〉校录研究》，甘肃教育出版社，1989 年。还有一些相关论文，如拙文《〈阎罗王授记经〉缀补研考》（《敦煌吐鲁番研究》第 5 卷，2000）；党燕妮《〈俄藏敦煌文献〉中〈阎罗王授记经〉缀合研究》（《敦煌研究》2007 年第 2 期）；金祖明、台州地区文管会、黄岩市博物馆《浙江台州黄岩灵石寺塔文物清理报告》，《东南文化》1991 年第 5 期，第 243—283 页。有说这批资料可比拟敦煌本，但整理时特别是整理此疑伪经类时，基本不用敦煌本等，甚是奇怪。

经》本的原型或祖本。《卍续藏经》直接采朝鲜刻本。朝鲜刻本源自于高丽海印寺刻经，海印寺刻经源头可溯至台州灵石寺塔本。敦煌诸本之中仅图赞本与此相类同，而无图本则从经名、内容到形态都与此有差别。就经名而言，在台州灵石寺塔本出土之前，经名中“预修生七”至明代印本才出现〔1〕，之前此称只见于海东经本（敦煌本均无），若比定经名时应不能据其定名。幸赖灵石寺塔本，才可比定出此名。因而，《卍续藏经》本虽流传久且定型，若对其源头认识不清仍难依赖。以敦煌本的丰富多样而言，耀州本必应与之相较，才能看出其价值和地位。

众所周知，敦煌此类经本可分为无图与有图两类，稍细致地说，即纯文字（长行与偈文）与含插图（含长行偈文并绘图与赞文）。所谓“成都府大圣慈寺藏川述”署名，仅与图赞本有关。所以，耀州经本（虽然都是碎片），与敦煌不同类别经本关系如何呢？此应成为我们首要考虑的问题。笔者也曾探考，屡经努力后才有收获〔2〕。另外还有与同批发现的绢画的关系，耀州神德寺塔所出经本与《卍续藏经》所刊本都是无图的，但神德寺塔同出的这批文物中有些绢画残片细节略似王者，是否与此经本有关仍应考虑，具体详后。最主要是已刊布的、共编为14号之经本，全是残片，在此基础上如何进一步整理？上文所及原整理时所参据的经本（《卍续藏经》的《预修十王生七经》）未必可依，那直接对比敦煌本是否可行、如何进行？耀州本残件中除一件稍完整外（Y0014-2），其余都是很小的残片，存字极少，如何整理，是否可缀、如何缀接？实际上《神德寺塔出土文献》所刊布的Y0155号非常明显可以缀接Y0076-1号，文字内容严密相合，边缘也基本对应。整理者为什么未作缀接呢？或因原编号颇为分开，两片处在不同卷帙中。不过耀州本文献多由券洞散出再收，原卷残片分纳另卷非无可能。又由于诸片甚残，其边缘未必那么严丝合缝〔3〕。但此Y0076-1号（缀加Y0155号更完善）的内容句式，即“某七日某王下，以偈颂曰（七言赞句）”十分特殊，恰为敦煌与更全经本之文偈本与图赞本之间的形式。因文偈皆为“某七某王下”且无赞句，而图赞本则皆为“某七斋过某王”且具七言赞句。

耀州神德寺塔此类经本的价值就此已显矣！我们可定其件为敦煌两类经本的中间形态。虽然尚无图像，但具备初期特征，是完整图画赞本出现之前的形态。由此可证图赞本之起源形态，是从文偈本发展而来。这应该能改变一些学者认为图赞本在先、文偈本在后的看法〔4〕。

由此，我们想整理已刊布的耀州经本，首要者是将其尽量复原，才能作对比。复原的第一步是补充录文，我们必须尽量严格地依行数字数（字亦尽量对格）来做。由于写本不同于印本，行数字数随机变化较大，但也有大致规律。在整理敦煌等地出土文献时多会标出行数，因为有了行字数量的制约，我们才能恢复或接近原貌。残失较多时尤其如此，文字孤少或无办法，但类似文献较多时就可依此尽量补入。按行字数补充录

〔1〕中国国家图书馆藏善本16022号，郑振铎、容庚原藏。

〔2〕张总《疑伪经中的摘抄与编撰例说》，方广锠主编《佛教文献研究》第1辑，广西师范大学出版社，2016年。又，《〈十王经〉新材料及研考转迁》，《敦煌吐鲁番研究》第15卷，2015年，第53—70页。两文相关部分对耀州本残件有所考订，但仍未得要领。

〔3〕不能排除如有意识地做些工作，可以较为严密的缀接缝合。现在图版只是将Y0076-1号第二王与第三王大略对在一起，没有将Y0155号第三王置入对缀。

〔4〕有些学者原认为图本在先，文本在后。如萧登福、杜斗城（20世纪80年代）、日本学者荒见泰史的看法（2013年）等，可参王娟《敦煌本〈十王经〉文本系统再考察——以经中长行为中心》，《世界宗教研究》2020年第1期。

文，并非无差错；但即使有失误，也不会太大，还可依靠各本相互参校。若无行字制约，差不多的经本文字都可参校，录文似合规矩，却难以看出规律性的变化〔1〕。再者，补充出的残件相互关系如何，就引出了缀接梳理的问题。因为此类经的特殊性，敦煌文献很多经本之间的变化、区别细致微妙，所以我们采取了经本类别缀合整理的方法。即将诸号残件尽量缀合整理为某一种经本类型，而非一件原本。一般而言，出土文献的缀合，以同本原件为原则，或者说基本多是对同一文件（同件 / 号文物）进行缀接。并非同本的缀接意义似乎不太。但是在此特定情况之下，就应针对性地采取特定的方法，用经本类型的缀接，或者说尽量缀接，形成后比对而定其经本类型。如此，约可归入古文献整理之中的“依理”之法，或称“依理整理法”〔2〕。

耀州神德寺塔本还有敦煌无图文偈本之对应类型，内中还有分型，或呈现文偈本最初形态。因而对此经系的形成与演变提供了最好的信息，其价值自不待言。所以，整理时我们须首先查明其与敦煌本之关系，方法上也应有创新之举。厘清其与图文诸本之间的头绪，才可使演变阶段呈现分明。

笔者曾对耀州经本有过初步整理，希冀对应于藏经洞所出《阎罗王授记经》与《佛说十王经》，联系文偈本与图赞本，使之分明。虽然笔者分别识出文偈〔3〕、图赞本各有一些〔4〕，但因残片多数为碎片，此两类经文中也颇有相同之处，还有数件不能辨明所属〔5〕。笔者在首届佛教疑伪经与中国敦煌吐鲁番学会三十周年国际学术研讨会发表的两篇论文含有此项内容〔6〕。现在看来，原考订仍过于粗疏，又囿于缀合整理方法，仍较局限。后笔者参与上海师范大学敦煌学研究中心所办“地府与冥界十王”工作坊，与侯冲、王见川、王招国、伍小劼等老师及学生们讨论，获益不少。接着又拜读王见川教授与博士生王娟的论文，多有启发〔7〕，对敦煌等诸本的系统关系有了更清楚明确的看法。因撰写本专著之故，对神德寺塔所出此系经本进行缀合梳理，有重要的发现。神德寺塔本虽多为碎片，但仍与敦煌本文字高度重合，经本类型有对应变化。借助于敦煌本的大量经本存文，我们可以进行经本类型的缀合整理，即不局限于某一件经本的缀合，而是从经本类型的状态与差别出发，通过严格依据存件文字行数，补入所缺文字，进行缀合梳理，比定出耀州神德寺塔本此经诸经本类型。敦煌本与耀州本的经本类型不太一样，其间所显示的差别尤有价值。耀州本所体现出的样态并非敦煌本的从属，而是有其原初或初创之形态，由重要字词或偈赞称法等可体现出来。通过考察敦煌本之体系，如诸王之名序和菩萨名数等方面，再结合耀州本的原创与过渡形态，确可将《十王经》系的演变予以呈现，意义、价值非常重大。

包括敦煌本在内，缀合整理此经的基础，是

〔1〕尤其是《十王经》之类，其图赞本亦具长行与偈文，后两者与文偈本大体相同，只有少数段落与字词不同。原整理本之所以能做成的原因在此。大体对应，对某些差别出注，这种做法似乎中规中矩，但有价值的信息尽失。

〔2〕参见荣新江《学术训练与学术规范——中国古代史研究入门》，北京大学出版社，2011 年，第 114 页。当然，这里只是参用该概念，并非全同此理校法。另参张涌泉《敦煌写本文献学》（甘肃教育出版社，2013 年）等。

〔3〕Y0147-1、Y0077、Y0211 号。

〔4〕Y0014-2、Y0076+Y0155、Y0194+Y0195、Y0226 号。Y0076 与 Y0155 恰可严缀密合，而 Y0194 与 Y0195 号可续接。

〔5〕Y0024、Y0179、Y0193、Y0227-2、Y0199-3 号。以上恰为三、四（缀成）、五件。

〔6〕即第 85 页注〔2〕所列出的两文含有此项内容。其后者即为中国敦煌吐鲁番学会成立三十周年国际学术研讨会（2013，北京），前者为首届佛教疑伪经国际学术研讨会（2014，上海）。

〔7〕上海师范大学哲学院敦煌中心“‘地府与十王’工作坊”，2017 年 9 月 30 日。王见川《近代中国地府研究之一：十王的流传、演变与定型》，《历史、艺术与台湾人文论丛》（十二），博扬文化出版公司，2017。

将其分为三类型（详后，有经名、王者及菩萨数量名序、内容区别等多项基础）[1]，且仍可以尾题区别，即《阎罗王经》《阎罗王授记经》《佛说十王经》。

耀州本的比对体现为：其一，对应于敦煌文偈本《阎罗王经》（原初形态）。我们发现耀州本中至少六个编号残片属于敦煌文偈本，但不是存量占多数《授记经》，而是其中仅少数几件尾题《阎罗王经》之本。因其主要段落皆存，可以肯定属于一种类型，但其又有重大不同之处，如六菩萨数与"累七斋"之专称明显为早期特点。而《阎罗王授记经》特征词句几无对应。

其二，类同于敦煌图本的过渡形态、图赞本《佛说阎罗王经》（原初形态），当然仍可归入图赞本的大范围。

其三，基本对应于敦煌图赞本，即此中文字行数最多的Y0014-2号。更由此比定对应而析出无图赞词（《佛说十王经》）本。另还有个别零星残片。

通过类型缀合，笔者整理出的两三个形态的经本都有非常鲜明的特征，且多有初创与过渡的特点。总之，通过对耀州经本的缀合整理，我们可以发现其与敦煌本的对应关系，即原知文偈本与图赞本类型都有对应，但基本没有完全相同的经本。我们还可以据此进一步深化对敦煌本的认识，进一步肯定此三种类型的确立。因此，所呈现出的此系经本整体演变的形态，是尤为可贵的。

笔者查检所得耀州本此类经中，凡《阎罗王经》类皆每行15字，凡《十王经》类多为每行17字，仅个别有例外。如果以此方式在耀州残片之中尽量比定出经本类型，采用同经（类型）而非同件的缀合整理方式，根据敦煌存本较多者而补足行字，可以最大限度地得出其经本类型状况，基本不留死角，再用以对照敦煌写本，可得最大收获。故以此种方式，下文分别展述三经本如下。

（一）文偈《阎罗王经》

首先介绍文偈经本《阎罗王经》。此经本约由七个编号之残片缀合整理为两大段而成。第一段可以四个残片缀合，即Y0199-3紫色+Y0179黄色+Y0226-2灰色+Y0147-1绿色（图3.2-2）；第二段为Y0211号段与Y0077号段前后相接，Дx.00931号补部分文字。（缺字参敦煌S.2489号等补入[2]，标下划线与［ ］号）

第一段：（行15字）

1.［受苦轮转其中随业报身定］生注[3]［死若复］

2. 有人书写经［受持读诵舍命之后必出］

3. 三途不入地狱在生［之日煞父害母破戒］

4.［煞］诸牛羊鸡狗毒蛇［一切重罪应入地］

5.［狱十］劫善写[4]此经及诸［尊像记在］业镜[5]

6.［阎］王欢喜［判］放其人生［富贵家免］其罪

7.［过若有善男子］善女人比丘比丘尼优婆

〔1〕其中王者名序可参见前注王见川文以及王娟文，但王娟文立《阎罗王经》为一类的方法可以成立，但以菩萨数量为经本发展路径不能成立。

〔2〕《阎罗王经》有敦煌本S.2489、BD08045号、BD15337等三件，列为甲、乙、丙本参校补录。

〔3〕"注"，根据乙本补，甲、丙本为"主"。

〔4〕"善（缮）写"，甲、乙、丙本为"修造"。

〔5〕乙、丙本此处衍"境"字。

图 3.2-2
神德寺塔本 Y0199-3+Y0179+Y0226-2+Y0147-1 号（笔者缀合、作图。素材采自黄征主编《陕西神德寺塔出土文献》，下同）

8. [塞优]婆夷预修十会[1]累七往生斋者每

9. [月二时]供养三宝并祈十王修名进状上六

10. [曹官善业]童子奏[上天曹]冥官等记在

11. [名案身到之日]当[便配生快]乐之处不住

12. [中阴四十九日待男女追救命过十王若]阙

13. [一斋乖在一王留连受苦不得出生迟滞一]

14. [年是故劝汝作此要事祈往生]报

15. [尔时地]藏菩萨龙树菩萨救苦观世音

16. [菩萨常]悲菩萨[2]陀罗尼菩萨金刚藏菩萨

17. [赞叹]世尊哀悯凡夫说此妙经救拔生死[3]

18. [顶礼佛足尔时二十八重一切狱主]阎

非常有趣的是，原非一件的写经竟缀合得颇为严密。再看字体，其 Y0199-3 与 Y0179，以及 Y0147-1 号都有相似处，而 Y0226-2 号则稍有不同。相同的经本以相同格式写之，会有近同的行列同格字，所以，会有同经本类型之缀而非同原件之缀。但是出现如此近似之同经类缀合，着实令人吃惊[4]。其 Y0226-2 号两小片，内容不

[1] 此处“累七”前的“会”存下半部，笔者辨识。“预修十”与“会累七往生斋”恰好构成完整词句，可知此为重要词汇“预修十会累七往生斋”。这一明显具有早期特征之词句，后来为“预修生七斋”所代替，在敦煌诸本中所见。

[2] 敦煌诸本均脱“龙树菩萨、救苦观世音菩萨、常悲菩萨”。

[3]“救拔生死”，甲本为“救死拥拔生”，乙、丙本为“救生拔死”。Y0179 号亦有此“救拔”，但下行的“宫神”无解。

[4] 耀州神德寺塔发现佛经时有相当部分落于塔下，收取过程中有部分损失且很可能出现了散乱，原本一件的写卷，残碎者归入其他卷帙，从而造成这种情况。

同之经类皆可用，其两片之B“童子报/当”可吻合于此中〔1〕；而A“佛告阿难/……府君”与Y0195号皆两行文字却重复，虽可位于Y0147-1与Y0211号之间的残失处，但补字后均超行15字〔2〕，故用作另本。当然，此处最大的发现是将原知异文“累七往生斋”明确为完整的“预修十会累七往生斋”。由此得出专名异文与菩萨数量非三而为六，这是耀州此本最重要的收获，对此全部经系的梳理都有很大意义。

第二段：

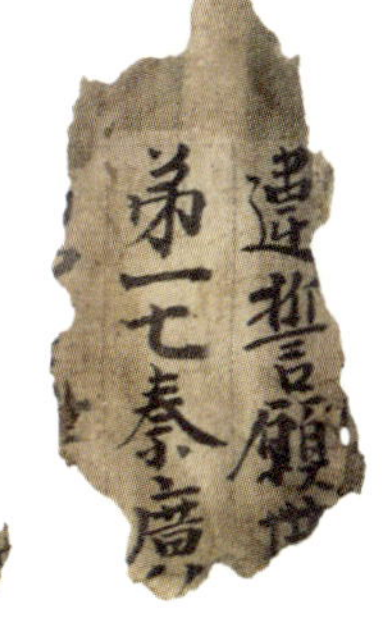
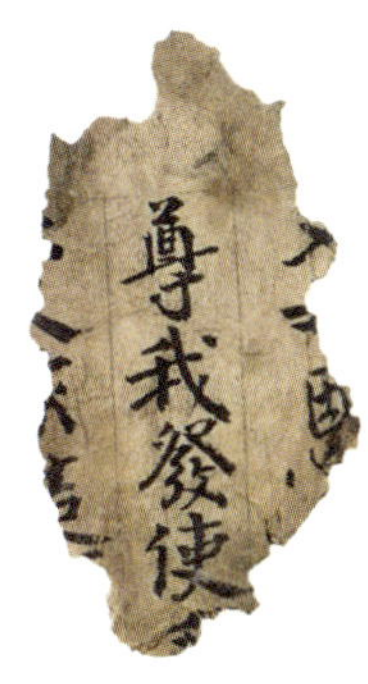

图 3.2-3
神德寺塔本 Y0211 号

Y0211 号（图 3.2-3）

1. ［可容］一切罪人。慈［孝男女，修福追斋，荐拔亡人，〔3〕］

2. 若〔4〕报生养［之恩，七七修斋，造经造像，报］

3. ［父母］恩，［得生天上。阎罗法王白佛言：世］

4. 尊，我发使［乘黑马、把黑幡、着黑衣，检］

5. 亡人家造［何功德，准名放牒，抽出罪人，不］

6. 违誓愿。〔5〕世［尊听说检十王名字：］

7. 第一七秦广王，［第二七宋帝王，第三七初江王，

8. 第四七五官王，第五七阎罗王，第六七变成王，］

9. 第七七太山王，［第八百日平等王，第九一年都市王，］

10. 第十三年［五道转轮王〔6〕。］

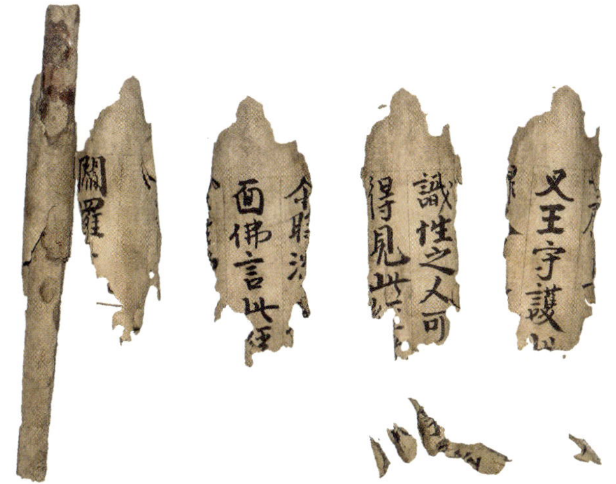

图 3.2-3B
神德寺塔本 Y0077 号

Y0077 号（图 3.2-3B）

（俄藏Дx.00931号册本，以灰底标出。内容与Y077号和敦煌本可部分相接叠。）

11. 十斋［具足，免十恶罪。我当令四大夜］

〔1〕Y0226号有两片，图版上后片只有“童子奏/当”四字。

〔2〕Y0195号与Y0226-2号之A片内容重复，仅依序差两字，但内容排出均近图赞本的行17字，因此不用。

〔3〕此行所存“一切罪人。慈”、下行“若报生养”，图版残片皆无，黄征等有录文，见黄征主编《陕西神德寺塔出土文献》，第794页。现据此再依甲乙丙本补录，此行实多3字，原卷应省略或脱漏三四字。

〔4〕“若”，黄征注为《预修生七经》本无，甲、乙、丙、本亦无。此行图版残片仍不见，亦据黄征等录文再补入。但黄征等就Y0211号的录文，因所据实不同此本，几乎每行都注出不同异文，如此件中没有赞句。如此等等，不一一列举。见《陕西神德寺塔出土文献》，第793—794页。

〔5〕甲、乙、丙本此有“伏愿”两字。

〔6〕此诸王，甲、乙、丙本无“第”字。

12. 叉王守护［此经，不令陷没。稽首世尊。狱中］

13. 罪人，［多是用三宝财物，喧闹受罪报。］

14. 识性之人，可［自诫勖。勿犯三宝，业报难容。］

15. 得见此经者，［应当修学，出地狱因。］

16. 尔时淡（琰）[1]［魔法王，欢喜顶礼，退坐一］

17. 面。佛言此经［名《阎罗王授记四众

18. 逆修生七往生净土经》。汝当奉持[2]

19. 流传国界，依教奉行。］

20.《阎罗［王经》一卷[3]］

以此两大段对照敦煌本《阎罗王经》，内容与尾题皆同，合当耀州神德寺塔亦存此本，唯以六菩萨代替三菩萨，且有专称“预修十会累七往生斋”。因敦煌此本仅有四件，且原本中有些因传抄产生的错别字，所以仅以敦煌本论之，仍不能排除其由抄经坊个别人删减形成的可能。但以耀州本对应之，可知其类型必然存在。在此将耀州本与敦煌合录本对照如下（见第 91 页表 3.2-1. 耀州与敦煌本经文对照）。

本书为避文烦，未标点耀州本，以行 15 字表示存文，前后略有补充；敦煌本则用合录，一般错、衍、异体字径改。

［1］“琰”，敦煌本与耀州本皆误为“淡”，说明了敦煌配陕西本的传抄关系。此本仅能见三点水旁，黄征仅解说为似三点水，不似“琰”字。

［2］俄藏本此“持”误为“待”。

［3］黄征等推测，尾题或为《阎罗王经》，但敦煌甲、乙、丙诸本皆可证此尾题是简称。

（二）偈颂过渡本《佛说阎罗王经》

此类过渡型偈颂本集中体现于 Y0076 号。此件约存二十八行，行十七字，具有极为关键的“某七某王下，以偈颂曰（四句七言赞词）”句式。“某七某王下”是典型文偈句式，且第二、第三、第八王名称与次序亦同文偈本而非图赞本，但四句七言偈颂则为图赞本的最根本特点，而最后三王偈颂之内容较通行本提前，更是早期特征。所以，此号无疑为珍贵的中间本形态。其所缺“三七初江王”字，恰是 Y0155 号所存，因可缀入。

但此处所出还有一些残片，如行数较少的第 Y0024 号、Y0195 号、Y0226-2 号，特别是极为零乱的 Y0228 号，有部分字词似可填收。由于本书采取了从经本类型来缀合整理的方法，故在附录部分作尝试性的补缀。

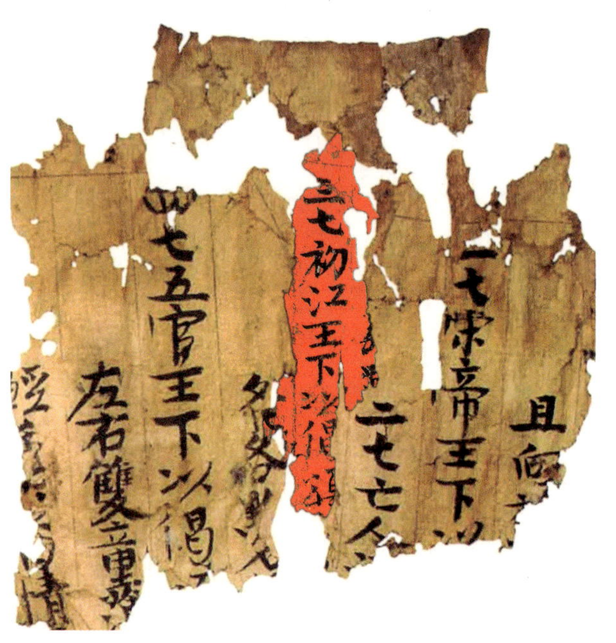

图 3.2-4
神德寺塔本 Y0076+Y0155 号缀合处（作者缀图）

Y0076+Y0155 号缀合本（图 3.2-4）存字加粗，Y0228 号存字不加粗；缺字参敦煌诸本补入，标下划线与［ ］号。余部所收见附录。

表 3.2-1　耀州与敦煌本经文对照表

耀州神德寺塔出补缀后《阎罗王经》	敦煌安国寺妙福、张王仵抄本《阎罗王经》合录
……佛告诸大众阎罗天子于未来世当得作佛名曰普贤王如来十号具足国土严净百宝庄严国名花严菩萨充满其国多生习善为犯戒故退落琰魔天中作大魔王管摄诸鬼科断阎浮提内十恶五逆一切罪人系闭六牢日夜 （依行录字为耀州本 Y0199-3 号等） 受苦轮转其中随业报身定生注死若复 有人书写经受持读诵舍命之后必出 三途不入地狱在生之日煞父害母破戒 煞诸牛羊鸡狗毒蛇一切重罪应入地 狱十劫善写此经及诸尊像记在业镜 阎王欢喜判放其人生富贵家免其罪 过若有善男子善女人比丘比丘尼优婆 塞优婆夷预修十会累七往生斋者每 月二时供养三宝并祈十王修名进状上六 曹官善业童子奏上天曹冥官等记在 名案身到之日当便配生快乐之处不住 中阴四十九日待男女追救命过十王若阙 一斋乖在一王留连受苦不得出生迟滞一 年是故劝汝作此要事祈往生报 尔时地藏菩萨龙树菩萨救苦观世音 菩萨常悲菩萨陀罗尼菩萨金刚藏菩萨 赞叹世尊哀悯凡夫说此妙经救拔生死 顶礼佛足尔时二十八重一切狱主阎 罗天子六道冥官若有四众比丘比丘尼优婆塞优婆夷若造此经读诵一偈当免其罪过送出地狱往生天道不令系滞宿夜受苦 尔时阎罗天子说偈白佛南无阿婆罗日度数千河众生无定相犹如水上波愿得智慧风漂与法轮河光明照世界巡历悉经过普拔众生苦降鬼摄诸魔四王行国界传佛修多罗凡夫修善少颠到信邪多持经免地狱书写过灾河超度三界难永不见夜叉生处登高位富贵寿延长至心诵此经天王恒记录欲得无罪苦莫信邪师卜祭鬼煞众生为此入地狱念佛把真经应当自诫勖手把金刚刀断除魔众族佛行平等心众生不具足修福似微尘造罪如山岳欲得命延长当修造此经能除地狱苦往生毫族家善神恒守护造经读诵人忽尔无常至善使自来迎天王相接引携手入金城尔时 佛告阿难一切龙神八部大神阎罗天子 太山府君司命司录行道天王法有宽纵 （Y0211 号） 可容一切罪人慈孝男女修福追斋荐拔亡人 若报生养之恩七七修斋造经造像以报 父母恩得生天上阎罗法王白佛言世 尊我发使乘黑马把黑幡着黑衣捡 亡人家造何功德准名放牒抽出罪人不 违誓愿世尊听说检十王名字	《佛说阎罗王授记四众逆修生七往生净土经》 如是我闻：一时佛在鸠尸那城阿维跋提河边，婆罗双树间，临涅槃时，普集大众及诸菩萨摩诃萨、诸天龙神王、天主帝释、四天大王、阎罗天子、太山府君、司命司录、五道大神、地狱官典，悉来聚集，礼敬世尊，合掌而立。 佛告诸大众：阎罗天子于未来世，当得作佛，名曰普贤王如来。十号具足，国土严净，百宝庄严。国名花严，菩萨充满。其国多生习善，为犯戒故，退落琰魔天中作大魔王。管摄诸鬼，科断阎浮提内十恶五逆一切罪人，系闭六牢，日夜受苦，轮转其中，随业报身，定生主死。若复有人修造此经，受持读诵，舍命之后，必出三途，不入地狱。在生之日，煞父害母，破戒煞诸牛、羊、鸡、狗、毒蛇，一切重罪，应入地狱十劫，若造此经及诸尊像，记在业镜，阎王欢喜，判放其人生富贵家，免其罪过。若有善男子、善女人、比丘、比丘尼、优婆塞、优婆夷，预修生七斋者，每月二时，供养三宝，祈设十王斋，修名进状，上六曹官，善业童子，奏上天曹地府等，记在名案。身到之日，当便配生快乐之处，不住中阴四十九日。待男女追救，命过十王，若阙一斋，乖在一王，留连受苦，不得出生，迟滞一年。是故劝汝，作此要事，祈往生报。 尔时地藏菩萨、陀罗尼菩萨、金刚藏菩萨等，赞叹世尊，哀悯凡夫，说此妙经，拔生救苦，顶礼佛足。 尔时二十八重一切狱主与阎罗天子、六道冥官，礼拜发愿，若有众生比丘、比丘尼、优婆塞、优婆夷，若造此经，读诵一偈，当免其罪过，送出地狱，往生天道，不令系滞，宿夜受苦。尔时阎罗天子说偈白佛： 南无阿婆罗，日度数千河。众生无定相，犹如水上波。 愿得智慧风，漂与法流河。光明照世界，巡历悉经过。 普拔众生苦，降鬼摄诸魔。四王行国界，传佛修多罗。 凡夫修善少，颠到信邪多，持经免地狱，书写过灾河。 超度三界难，永不见夜叉。生处登高位，富贵寿延长。 至心诵此经，天王恒记录。欲得无罪苦，莫信邪师卜。 祭鬼煞众生，为此入地狱。念佛把真经，应当自诫勖。 手把金刚刀，断除魔众族。佛行平等心，众生不具足。 修福似微尘，造罪如山岳。欲得命延长，当修造此经。 能除地狱苦，往生毫族家。善神恒守护，造经读诵人。 忽尔无常至，善使自来迎。天王相接引，携手入金城。 尔时佛告阿难：一切龙神八部大神、阎罗天子、太山府君、司命司录、五道大神、地狱官典，行道天王，当起慈悲，法有宽纵，可容一切罪人。慈孝男女，修福追斋，荐拔亡人，报育养恩。七七修斋，造经造像，报父母恩，得生天上。阎罗法王白佛言：世尊，我发使乘黑马、把黑幡、着黑衣，检亡人家造何功德，准名放牒，抽出罪人，不违誓愿。伏愿世尊听说检十王名字：

（续表）

耀州神德寺塔出补缀后《阎罗王经》	敦煌安国寺妙福、张王作抄本《阎罗王经》合录
第一七秦广王第二七宋帝王第三七初江王 第四七五官王第五七阎罗王第六七变成王 第七七太山王第八百日平等王第九一年都市王 第十三年五道转轮王 （Y0077 号并 Дx.193 号） 十斋具足免十恶罪我当令四大夜 叉王守护此经不令陷没稽首世尊狱中 罪人多是用三宝财物喧闹受罪报 识性之人可自诫勖勿犯三宝业报难容 得见此经者应当修学出地狱因 尔时淡魔法王欢喜顶礼退坐一 面佛言此经名阎罗王授记四众 逆修生七往生净土经汝当奉持 流传国界依教奉行 阎罗王经一卷	一七秦广王，二七宋帝王， 三七初江王，四七五官王， 五七阎罗王，六七变成王， 七七太山王，百日平等王， 一年都市王，三年五道转轮王。 十斋具足，免十恶罪，放其生天。我当令四大夜叉王守护此经，不令陷没。稽首世尊，狱中罪人，多是用三宝财物，喧闹受罪报。识信之人，可自诫慎，勿犯三宝，业报难容。见此经者应当修学出地狱因。尔时淡魔法王，欢喜顶礼，退坐一面。佛言此经名《阎罗王授记四众逆修生七往生净土经》，汝当奉持，流传国界，依教奉行。 《阎罗王经》一卷

Y0076+Y0155+Y0228

1. 一七秦［广王下以偈颂曰］[1]

2. ［一七亡人中阴身驱羊队队数如尘］

3. 且向［初王斋点检］由来未度［奈河津］

4. 二七宋帝王下以［偈颂曰］

5. 二七亡人[2]［渡奈河千群万队涉江波］

6. 引路［牛头肩梾棒催行鬼卒手擎叉］

（Y0155 号[3]）

7. 三七初江王下以偈颂［曰

8. 亡人］三七[4]［转恓惶始觉冥途险路长］

9. 各各点名［知所在群群］驱［送五官王］

10. 四七五官王下以偈颂［曰］

11. 左右双童［业簿全五官业秤向空悬］[5]

12. 轻［重岂］由情［所愿低昂自任昔］因缘

13. 五七阎罗王下以偈［颂曰］

14. 五七阎罗［息诤声罪人心恨未甘情］

〔1〕此句据 Y0155 存字补，仅加“曰”字，以下同类句式同。

〔2〕此“二七宋帝王”“二七亡人”同敦煌诸文偈本即《阎罗王经》与《阎罗王授记经》，敦煌本诸《佛说十王经》皆为第二初江王。黄征等录文在此指出原卷与参据本的不同，说原卷是二七宋帝王，三七肯定不是“宋帝王”，而是“初江王”，但无视或未注意 Y0155 号恰为“三七初江王”。面对这些异文差别，其文已明确是经本问题，“文句有差异，当是源自不同的经本”。但敦煌本此经极易查得，如杜斗城著作，惜未查用。实际上，所有文偈本都是第二宋帝王、第三初江王。内容差别是规律性而非偶见。所以，其阐释还不得要领。还有，此著中一再解释此经是五代造的疑伪经，时间上不能早于五代。不知何据。见黄征主编《陕西神德寺塔出土文献》，第 524 页。

〔3〕Y0155 号中行清楚，两侧残存，对照此本实可识出前行“引路”残迹，后行“三七”残迹。

〔4〕此“三七初江王”“三七亡人”同敦煌诸文偈本即《阎罗王经》与《阎罗王授记经》，但敦煌本诸《佛说十王经》皆为第三宋帝王。

〔5〕“五官业秤向空悬，左右双童业簿全”，此句与常见次序相反，黄征《陕西神德寺塔出土文献》已指出。

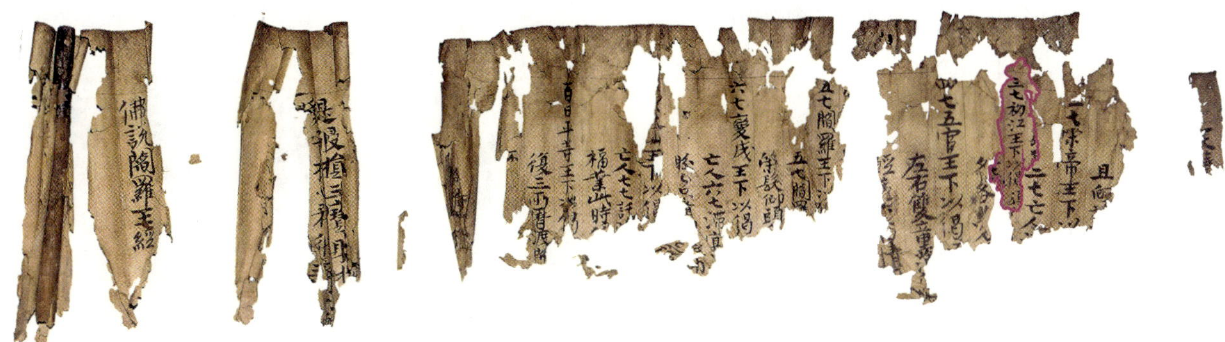

图 3.2-4B
神德寺塔本 Y0076 号 +Y0155 号展开图

15. 策发仰头［看业镜］始知［先世事分明］

16. 六七变成王下以偈［颂曰］

17. 亡人六七滞冥［途］切怕生［人］执意［愚］

18. 盼盼[1]只［看功德力天堂地狱在须臾］

19. ［七七］太山王下以偈［颂曰］

20. 亡人七七托[2]［阴身专求父母会情亲］

21. 福业此时［仍未定］更［看男女造何因］

22. 百日平等王下以偈［颂曰］

23. 复[3]三所历渡[4]关［津好恶唯］凭福业因

24. 不善尚［忧千日内胎生产死拔亡人］

25. ［一年］都市王下以［偈颂曰］

26. 下[5]身六道［苦茫茫十恶三途不易当］

27. 努力修斋［功德具］河[6]沙诸［罪自消亡］

28. 三年五道转轮王下以偈［颂曰］

29. 阎罗退坐[7]［一心听佛更殷勤嘱此经］

30. 名曰预修［生七教汝兼四众广流行］

……

32.《佛说阎罗王经》

此件缀合Y0076号、Y0155号、Y0228号（图3.2-4B），整理后可显示很多特征。如经内题与经尾题、诸王名称序次及偈赞、后段亡斋内容

［1］“盼盼”，敦煌本为“日日”。

［2］“亡人七七托”，敦煌本为“七七冥途中”。

［3］“复”，敦煌诸本为“后”。但此四句百日平等王处赞，敦煌诸本为第十转轮王之赞，非百日平正王赞。而敦煌本平正王“百日之人更恓惶，身遭枷杻被鞭伤。男女努力修功德，免落地狱苦处长”，此中无。黄征等的校录中已指明此处百日平等偈语与《卍续藏经》的《预修十王生七经》不同，并列其句。见黄征主编《陕西神德寺塔出土文献》，第524页。但《卍续藏经》中此赞的“从兹妙善见天堂”与敦煌诸本的“免落地狱苦处长”。其舍诸多敦煌本而用《卍续藏经》校录，原因不明。

［4］“渡”，敦煌诸本为“是”。

［5］“下”，敦煌诸本为“一”。黄征等《陕西神德寺塔出土文献》已指明此一年都市王偈与《卍续藏经》中《预修十王生七经》顺序不同，同其十王之后的赞句。因以晚期刻本为准，不考虑其间源流发展关系，自然难以获知神德寺塔经本的早期原创性价值。

［6］“河”，敦煌诸本为“恒”。

［7］“退坐”，有残损。“阎罗”，敦煌诸本为“阎王”。黄征主编《陕西神德寺塔出土文献》中虽指明此偈句在《预修十王生七经》属后部，仍用《卍续藏经》此偈中。因而“殷勤”与“广行”不同于敦煌本“悯勤”与“流行”。见黄征主编《陕西神德寺塔出土文献》第524页。

等。这些重要特征不仅足以使其呈现敦煌藏经洞所出的原两类——即《阎罗王授记经》与《佛说十王经》之间的中间状态，"某某斋、某某王下，以偈颂曰（四句七言偈赞）"，还呈现了两类经本都具备的特征。唯其最后三王偈颂，与现知敦煌本与灵石寺塔经本及《卍续藏经》刊本不同。是将其三十四首赞词中第二十六、二十七、二十八首，替换为第二十八、二十九、三十二首，或说恢复其本来状态。其第二宋帝王偈颂仍为过奈河，可见当时"初江"并未联系奈河。就归属而言，由诸王名序与尾题可归文偈本，由具偈赞则可归图赞本，本属两可，容后判。但其较藏川署名本更早的情况，值得重视。

图 3.2-5

神德寺塔本 Y0014-2 局部

（三）无图具赞《十王经》

耀州所存此经中最长为 Y0014-2 号，首稍缺，尾有残，但分布较多，如果据行字因素补入（下划线者为补入），则有大部分经文，其中个别重要字词如"业镜"等也可注意。

Y0014-2 号（图 3.2-5）

……（前缺卷首部分数行）

1. [释] 四天大王 [大梵天王阿修罗王诸大国王[1]

2. 阎罗天子太山府君司命司录五道大神地

3. 狱官典悉来集会敬礼世尊合掌而立赞曰

4. 时佛舒光满大千普臻龙鬼会人天

5. 释梵诸天冥密众咸来稽首世尊前

6. 佛告诸大众阎罗天子于未来世当得作佛

7. 号曰普贤王如来十号具足国土严净百宝

8. 庄严国名华严菩萨充满赞曰]

9. 世尊此日记阎罗 [不久当来证佛陀]

10. 庄 [严] 宝国常清 [净菩萨] 修行众 [甚多

11. 尔] 时阿难 [白佛言世尊阎罗天子以何因缘

12. 处断冥间] 复于此会便得受于当来果记佛

13. [言于彼] 冥途为诸 [王者有二因缘一是住不可

14. 思议解脱不动地菩萨为欲摄化极苦众生

15. 示现作彼琰魔王等二为多生习善为犯戒

16. 故退落琰魔天中作大魔王管摄诸鬼科断

[1] 此篇所缺文字根据法藏 P.3761 号补入。

17. 阎浮提内十恶五逆一切罪人系闭牢狱日

18. 夜受苦轮转其中随业报身定生注死今此

19. 琰魔天子因缘]已[1]孰(熟)[2]是故[我记来世宝国证[3]]

20. [大菩提汝等人天]不应疑[惑赞曰

21. 悲]增普化示生灵[4]六道轮回不[暂停

22. 教化厌]苦思安乐[故现阎罗天子形

23. 若复有人修造此经受持读诵舍命之

24. 后不生三途不入一切诸大地狱赞曰

25. 若人信法不思议书写经文听受持

26. 舍命顿超三恶道此身长免入阿鼻

27. 在生之日煞父害母破斋[5]煞猪牛羊鸡

28. 狗毒蛇一切重罪应入地狱十劫五劫若造

29. 此经及诸尊像]记在业镜[6]阎王欢[喜]判放其

30. 人生富贵家免]其罪过[赞曰

31. 破斋毁戒煞鸡猪业镜照然报不虚

32. 若造此经兼画像阎王判放罪消除

33. 若有善男子善女人比丘比丘尼优婆塞优

34. 婆夷预修生七斋者每月二时供养三宝祈]

35. 设十王修[名纳状奏上六曹善恶童子奏上

36. 天]曹地府官等[记在名案身到之日便得配

37. 生快乐之处不]住中阴[7][四十九日不待男女

38. 追]救命即[8]过[十王]若阙一斋滞在一[王留连受

39. 苦不得出生迟滞一年是故劝汝作此要事

40. 祈往生报赞曰

41. 四众修斋及有时三旬两供是常仪

42. 莫使阙缘功德少始交中阴滞冥司]

43. 尔时地藏菩萨龙树菩[萨救苦观世音菩萨

44. 常悲]菩萨陀罗尼菩萨[金刚藏菩萨各各还

45. 从本道光]中至[如来所异口同声赞叹世尊

46. 哀悯凡]夫[9][说此妙法拔死救生顶礼佛足赞曰

47. 足膝脐胸口及眉六光菩萨运深悲

[1]“已”,字内见下部残笔画,同S.3961号,P.3761号为“以”。

[2]“孰”,稍残但无下部四点。据文意及余本应为“熟”。见黄征主编《陕西神德寺塔出土文献》径录。

[3]此处因“熟是故”与“应疑惑”对格,所以行字中“我记来世宝国证”只余“我证”即满行字。此行约应脱漏五字。

[4]“示生灵”,敦煌本为“是威灵”,灵石寺与宝寿院本为“示威灵”。

[5]黄征、王雪梅于此及后续“齐”字出注3,说《大正藏》此处错,应为“斋”。见《陕西神德寺塔出土文献》,第230页。但其所据引的《预修十王生七经》,并非《大正藏》,而是《卍续藏经》。《大正藏》图像部中刊出的此经为日本高野山宝寿院本,影印具图抄本,并无错“斋”为“齐”处。

[6]“业镜”,同S.3961号,P.3761与2870号为“冥案”,且脱漏敦煌诸本的“身到之日”。《陕西神德寺塔出土文献》此处未出校。

[7]“住中阴”,因知内容可从存字边缘辩识。黄征等未录,见《陕西神德寺塔出土文献》,第225页。

[8]“即”,为黄征等识出。同上,第225页。

[9]“夫”,笔者辩识。

48. 各各同声咸赞叹悯勤化物莫生疲

49. 尔时一十八重一切狱主阎罗天子六道冥]

50. 官礼拜发愿若有[四众比丘比丘尼优婆塞

51. 优婆夷]若造此经赞诵一偈[我皆免其一切

52. 苦楚送出地]狱往[1]生天道不令[稽滞隔宿受

53. 苦赞曰

54. 冥官注记及阎王]诸佛弘经礼赞[扬

55. 四众有能持一偈我皆送出往天堂

56. 尔时阎罗天子说偈白佛南无阿罗河众生

57. 恶业多轮回无定相犹如水上波赞曰]

58. 阎王白佛书[2][伽陀[3]悯念众生罪苦多

59. 六道]轮回无定相[生灭还同水上波

60. 愿得智慧]风飘与法轮河[光明照世界巡历

61. 悉经过普救]众生苦[降伏]摄诸[魔四王行国界传

62. 佛修多罗赞曰

63. 愿佛兴扬智惠风漂归法海洗尘濛

64. 护世四王同发愿当传经典广流通]

65. 凡夫修善少颠[倒信耶多持经免地狱书写

66. 过灾疴]超度三界[难永不见药叉生处登高

67. 位富贵寿延长赞曰

68. 恶业凡夫善力微信邪到见入阿鼻

69. 欲求富贵家长命书写经文听受持

70. 至心诵此经天王恒记录欲得无罪咎[4]莫

71. 煞祀神灵为此入地狱念佛把真经应]

72. 当自戒(诫)[5]勖手执金[刚]刀断[6][除魔种族赞曰

73. 罪]苦三途业[易成都缘煞命祭神明

74. 愿执金光真惠剑斩除魔族悟无生

75. 佛行平等心众生不具足]修福似微尘[造罪

76. 如山岳当修造此经能除地狱

77. 苦往生豪贵家善神常守护赞曰

78. 罪如山岳等恒沙福少微尘数未多

79. 犹得善神常守护往生豪富信心家

80. 造经读诵人忽尔无常至天王恒引接菩萨捧

81. 花迎愿心往净土八百忆千生修行满证入金

82. 刚三昧成赞曰

83. 若人奉佛造持经菩萨临终自往迎]

84. 净国[修行因满已当来正觉入

[1]"往",黄征等以此字校正《大正藏》(实为《卍续藏经》)中"住"字。但敦煌本、P.3761号等本皆为"得"字。黄征主编《陕西神德寺塔出土文献》,第231页。

[2]"书",敦煌诸本为"说"。

[3]"陀",黄征等录为"他",未注。

[4]敦煌仅两本有"欲得无罪咎",灵石寺与宝寿院本皆有。依排列此处亦应有。

[5]"戒",当为"诫"。据敦煌本改。

[6]"刀断",两字残块,黏于前方"凡夫行善少"行下侧处。

金城]

85. 尔时佛告阿难一切[龙神八部大神[1]]阎罗[天

86. 子太山]府君司[命司录五道大神地狱官等

87. 行道天王当起慈悲法有宽纵可容一切罪

88. 人慈孝男女修福荐拔亡人报生养之

89. 恩七七修斋造像[2]以报父母令得生天赞曰

90. 佛告阎罗诸大神众生造业具难陈

91. 应为]开恩[容造福教蒙离苦出迷津

92. 阎罗法王白佛言世尊我等诸王皆当发]

93. 使[乘黑马把黑幡]着黑衣检[亡人家造何功

94. 德准名放牒抽出罪人不违誓愿赞曰

95. 诸王遣使检亡人男女修何功德因]

96. 依名[放出三途狱免历冥间遭苦辛

97. 伏愿世尊听说检斋十王名字赞曰

98. 阎王向佛再陈情伏愿慈悲作证明

99. 凡夫死后修功德检斋听说十王名

100. 第一七日过秦广王赞曰

101. 一七亡人中阴身驱羊队队数如尘

102. 且向初王斋点检由来未渡奈河津

103. 第二七日过初江王赞曰

104. 二七亡人渡奈河千群万队涉江波

105. 引路牛头肩挟棒催行鬼卒手擎叉

106. 第三七日过宋帝王赞曰

107. 亡人三七转恓惶始觉冥途险路长

108. 各各点名知所在群群驱送五官王]

109. 第四七[日过五官王赞曰

110. 五官业秤向空悬左右双童业簿全

111. 轻重岂由情所愿低昂自任昔因缘

112. 第五七日过阎罗王赞曰

113 五七阎罗息诤声罪人心恨未甘情

114. 策发仰头看业镜始知先世事分明

115. 第六七日过变成王赞曰

116. 亡人六七滞冥途切怕生人执意愚

117. 日日只看功德力天堂地狱在须臾

118. 第七七日过太山王赞曰。

119. 七七冥途中阴身专求父母会情亲]

120. 福[业此时仍未定更看男女造何因]

（后缺）

[1] 此处依一般图赞本无“大神”而为“及诸大臣”，行多两字。

[2] 此处诸本多有“造经”两字。依此则此行多两字。

我们整理这批写经时应尊重其原格式，Y0014-2号于此尤其必要。此件存字最多，由碎片情形可知其原有界格，上下顶格有字者均存，因此可推断出其长行每行十七字、赞词每段两行、每行两句十四字的形式。如此依原状排出行字，加以辨识，在具有多本参考文献的情况下，我们可以准确无误地读出一些不太完整的字，甚至是残损很严重的字。缀合整理后我们可以更了解并把握其经本特征，明显优于黄征、王雪梅原刊布时采用之方式——仅将能识出的字录出，根据经本推测的字先标空格，再于括号中填出。重要的如“应为开恩容造福”的“开恩”、“福业此时仍未定”的“福”，以及一些略残之字，黄、王都未识读，且因原文行段不清楚，很多地方都一笔带过了〔1〕，遇到异文重要处，只说有文字不同而不能深入。现笔者共识别此号约209字左右，而原刊布的大书中仅录入约170字〔2〕。

由于本书严格采用行数字量对准方法，利用敦煌本等存文内容清楚的文献，由行17字及15字（个别例外，为19字），可最大限度地将此经梳理整合。通过前标流水序号，后标存字行数，可知存字是在120行的范围之内，已接近完整之全经了，仅前后各缺几行。存字42行的范围，只占此中三分之一。

至此，耀州神德寺塔本《十王经》系面目大致清楚。与敦煌本对比，其最明显的特征是几乎没有与《阎罗王授记经》对应的内容。这个《阎罗王授记经》较笔者以前的界定要严格，不含其《阎罗王经》之经本。这就是说，几乎没有《阎罗王授记经》加入的预修与亡斋时日等内容。不过这也不绝对。因Y0228号为目前唯一存有异文者，残存有一些此类词句，可能与《阎罗王授记经》有些关系，但其中又有“颂曰”与赞词，所以也不会是标准或较纯粹的“授记经”本。现在还不能分辨是此号中有混杂，还是原内容有混杂。但另有一点也可注意，即耀州经本的此经存片有些与《佛说灌顶随愿往生经》存片处在一起。例如，其Y0199号下的Y0199-2《佛说灌顶拔除过罪生死得度经》、Y0199-3《佛说预修十王生七经》、Y0199-4《佛说灌顶随愿往生十方净土经》。其Y0199-2号为《大灌顶经》卷十二、Y0199-4为《大灌顶经》卷十一。《佛说十王经》与《随愿往生经》关系尤其密切，而《阎罗王授记经》所增内容更是直接从此出。所以，此处亦应加以注意。

另由耀州经本可知，此系图赞本最先出现的应是无图偈颂本，而后出现插图，或有摩崖石雕。图赞本流行了相当长的时间，并传诸海东以后，再流行无图的文本，且刊刻行世。

二、吐鲁番出土品

旅顺博物馆藏大谷收集品中有一件《十王经》残片（LM20-1705-C1010），可与龙谷大学藏大谷收集品之Ot.3325号缀合〔3〕，均是一小片，属《十王经》结尾部分（图3.2-6），存最后两赞句上部及尾题：

〔1〕黄征主编《陕西神德寺塔出土文献》，凤凰出版社，2012年，第229—231页。编者曾称神德寺塔佛经相当于敦煌藏经洞出土的佛经，但又并不完全运用敦煌出土佛经进行校录。校录整理中说的《大正藏》字别如何，其实是据《卍续藏经》而非《大正藏》。

〔2〕因字数较多，兹不一一具列出注。其校录整理中对出现异文的原因、性质、特点，多未说明。

〔3〕王振芬、孟宪实、荣新江主编《旅顺博物馆藏新疆出土汉文文献》，中华书局，2020年。旅顺博物馆、龙谷大学《旅顺博物馆藏新疆出土汉文佛经选粹》，法藏馆，1990，第175页。［日］橘堂晃一《〈旅顺博物馆藏新疆出土汉文佛经遗影〉补遗》，2010年，第75—76页。资料获取得到了首都师范大学游自勇与北京大学史睿之助，致谢。

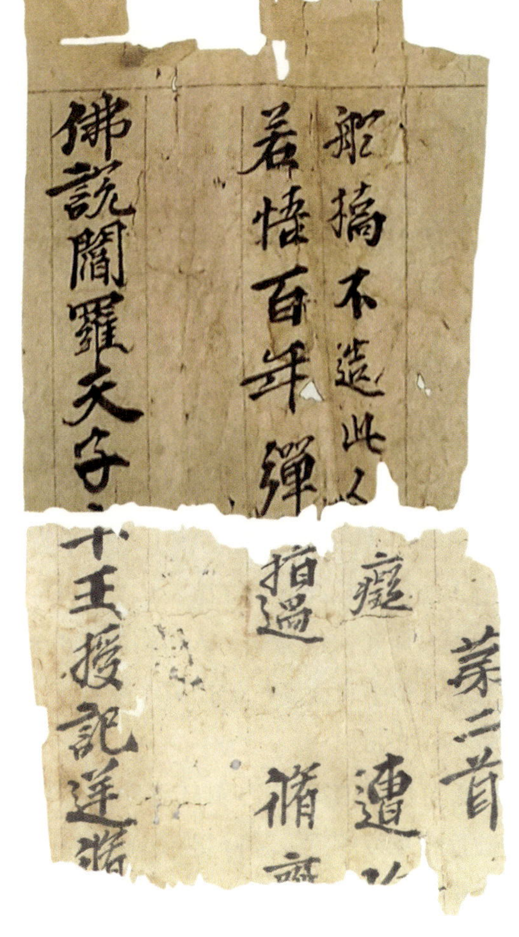

图 3.2-6

吐鲁番出土汉文十王经尾。上片为旅顺博物馆藏品；下片为龙谷大学藏品。采自旅顺博物馆、龙谷大学《旅顺博物馆藏新疆出土汉文文献》与橘堂晃一《〈旅顺博物馆藏新疆出土汉文佛经遗影〉补遗》

1. 第二首

2. 船桥不造此人痴，遭［险恓惶君始知。］

3. 若悟百年弹指过，修斋［听法莫叫迟。］

4.《佛说阎罗天子十王授记逆修［生七斋功德经》］

此两残片可以缀接，确为《十王经》的最后部分。但尾题出现“阎罗天子”如何如何，未见他处，当属异文，不知是否与当地流行的回鹘文本有关。

三、台州黄岩灵石寺塔本

浙江省台州市黄岩区的灵石寺，位于黄岩区城西 20 公里处头陀镇潮济乡灵石山南麓（图 3.2-7）。据载灵石寺始建于东晋隆安二年（398），寺前两塔始建于北宋乾德三年（965），原分立于大雄宝殿前东西两侧，东塔清初已毁，西塔于 1963 年公布为省级文保单位。塔残高 21.1 米，层高 3 米，边长 2.42 米，六面七级砖筑。因年久失修，塔体严重残损倾斜，于 1987 年 11 月大修，每层均出土大量文物（图 3.2-7B）。在佛塔

图 3.2-7

浙江台州黄岩灵石寺殿（笔者摄，下同）

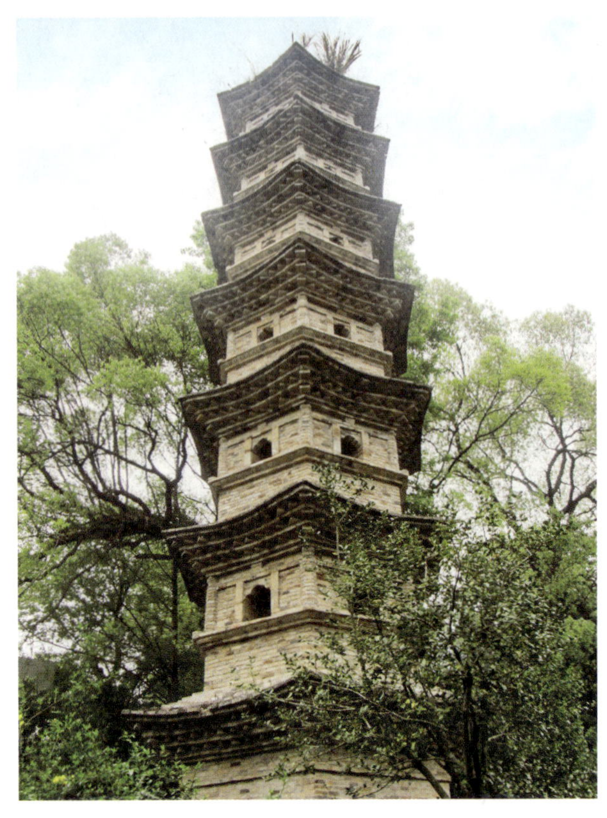

图 3.2-7B
台州黄岩灵石寺西塔

第四层，南北平行设列两座天宫，五卷具图本《佛说预修十王生七经》就出土于北部天宫。

其《佛说预修十王生七经》均为横卷，纸质细腻，色泛黄，字行作红线界格。全卷长 603 厘米，宽 31 厘米。多纸粘接成卷，一纸 32 行，行十七八字，字径 2 厘米。经卷均分 33 节，有 34 段赞语，每本约 2200 余字。与敦煌藏经洞类似图卷相比，其最大外部特征是仅在王者处有图且无色彩，共十幅冥王图，均系白描。根据灵石塔建于北宋乾德三年（965）及塔中所出文物，我们可将此五卷写经的时代定在北宋初即 10 世纪中期。此经之题“预修十王生七经”，更是国内首见，证实了日本高野山宝寿院抄绘本《卍续藏经》所收录此经题目之来源。其中个别关键用字更与敦煌藏经洞诸本有微妙差别。因而，此经情况对研究十王信仰有重要意义。《东南文化》所载灵石寺塔文物清理报告中曾刊发一卷图版〔1〕，有清晰的经文内容，录文详见附录。笔者曾往访黄岩博物馆，获宋馆长及工作人员支持，又指导杨松涛著文介绍此经〔2〕。现简介其经本情形及图画如下，录文见下节。

杨松涛编此第一卷至第五卷为 JD1—JD5 号，现参据其文描述，略作介绍〔3〕。

JD1 全卷为浓墨小楷书写，楷书笔触自然，笔锋流露，字体流畅（图 3.2-8）。JD2 全卷为深墨小楷书写，字体笔画粗于 JD1，墨色浓重深黑，虽每字顿挫有力，但连贯性差于 JD1。JD3 全卷为深墨小楷书写，墨色较 JD1 更浓重呈深黑，给人醒目与顿挫有力之感。JD1 与 JD4 书写特征相同，两卷应该为同一人所写。JD5 全卷经文为深墨小楷书写，墨色仍较 JD1 浓重，字体笔触亦较 JD1 粗。

JD2 卷二、JD3 卷三、JD4 卷四的部分下缘有些破损或虫蛀等痕，经修复后此诸卷完整。而 JD5 卷五经文开头数行上部均有 2 厘米破损，影响至文字。

JD2 卷二的十幅图画均以线条白描，插图与经文之间有空距。其赞词内“释梵诸天冥密众”之“冥”字原缺，旁补蝇头小楷。JD3 卷三“善业童子，奏上天天曹地府”处衍一“天”字，“中阴四十九日”的“阴”误为“除”字。JD4 卷四“证大菩提，汝等人天不应疑惑”之“天”字缺写，补蝇头小楷于旁。JD5 卷五“阎罗天子

〔1〕金祖明、台州地区文管会、黄岩市博物馆《浙江黄岩灵石寺塔文物清理报告》，《东南文化》1991 年第 5 期，第 243—283 页。

〔2〕笔者曾为此经两次专访黄岩博物馆，得到宋馆长与杨松涛等工作人员的支持，并指导杨松涛完成《灵石寺塔〈佛说预修十王生七经〉简况》《灵石寺塔〈佛说预修十王生七经〉考释》两文，分别刊发于《上海文博论丛》2014 年第 1 期和《佛教文化研究》第 1 辑，2015 年。文中对灵石五卷经图文作了较详介绍。

〔3〕前注杨松涛两文，前者选用两卷灵石寺塔本与两敦煌本进行比较介绍，后者则介绍五卷灵石寺塔本。本书此部分参用了杨松涛之文，特此感谢！并致谢馆方允诺笔者摄影。

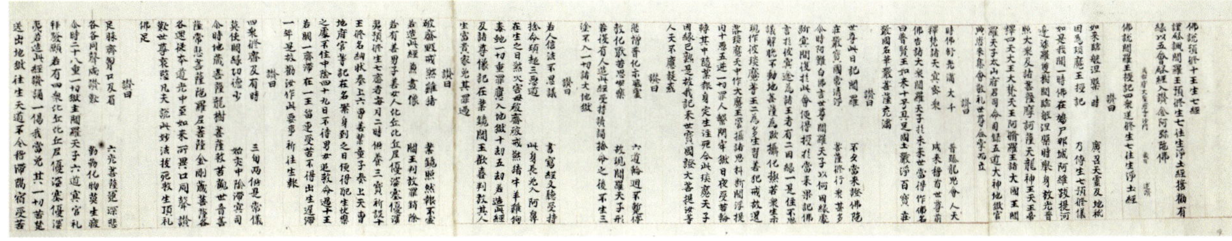

图 3.2-8

灵石寺塔本《佛说预修十王生七经》卷一前部（黄岩博物馆供图，除注明者外，下同）

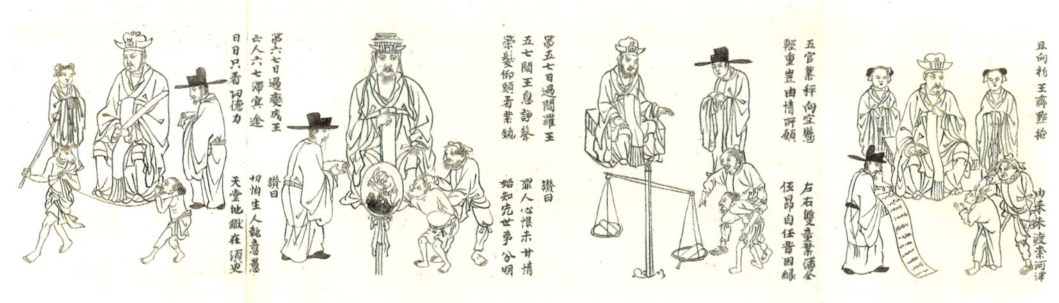

图 3.2-8B

灵石寺塔本卷一第一、四、五、六王（采自《聖地寧波：日本仏教 1300 年の源流》）

于未来世”中“阎”字缺，补蝇头小楷于旁。

JD1 卷一的十幅《冥王图》均直接手绘白描，唯每幅中文吏的帽子白描后填为黑色，人物神态传神。第一与第三图中小鬼手脚与文字交叠。此卷出土后装裱有小误，致第一王错置于第四王前。秦广王坐势与头均向右边，两侧各有一侍童；右下小鬼抓住犯人头发（图 3.2-8B）。JD2 卷二第一幅秦广王坐势向左，头侧向右转，其下描绘与犯人一起求情的亲属，左下画有手持簿本的老年文吏（图 3.2-9）。

JD1 卷一第七幅图画中犯人身上刺满龙形文身，余卷皆无文身。第九幅图中小鬼手持小棍。第十幅图画面中文吏手持有字及地长卷，左下角未画地狱门；而 JD2 卷二则持较短无字文簿。

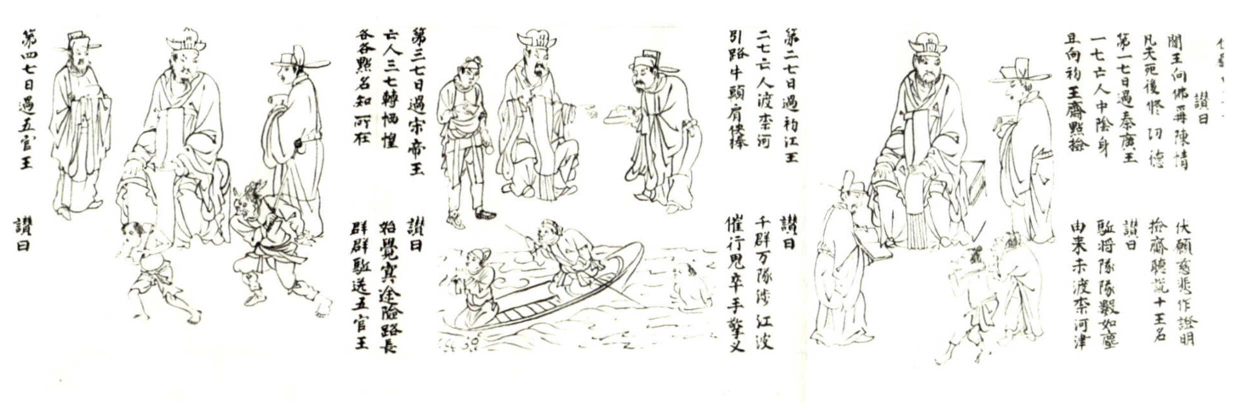

图 3.2-9

灵石寺塔本卷二第一、二、三王（黄岩博物馆杨松涛供图，部分笔者摄）

图 3.2-10
灵石寺塔本卷三第八、九、十王

JD2 卷二的第三、第四、第五幅图小鬼额上均加绘一只眼睛，第四幅图左下业秤边画一侍童，第五幅阎罗王左边画有一侍童，而此诸形象 JD1 卷一中均无。JD2 卷二罪魂未文身，文吏手中之善恶簿无字且较短，太山王右边无侍童。第九幅图小鬼手持为斧头（图 3.2-9）。

JD3 卷三的十幅变相图是由木炭条打草稿后再墨笔白描，人物有较立体的厚重感。图与文字间有一定的空距，布局合理。JD3 卷三除第八幅图中文吏帽子填为黑色外（图 3.2-10），其余均为白描。JD1 卷一第一幅图中文吏手持有字长卷，卷纸飘及地面；JD3 卷三第一幅图中文吏手拿无字书簿翻看。JD1 卷一第二幅图的奈河是用弧曲线表达河水的波纹；而 JD3 卷三中的奈河使用折线来白描水的波纹。JD1 卷一第四幅图右下角没有绘出侍童；JD3 卷三中画有长衫侍童立于秤旁。JD3 卷三的第四幅与第五幅图均绘有侍童，而 JD1 卷一业秤与阎罗王旁均未绘侍童。JD3 卷三的第十幅图文史立画面右侧中部，手持无字短案卷，在图左下角画有地狱门（图 3.2-10）。

JD4 卷四的十幅变相图看来也是直接手绘白描，人物神态传神，仅第三幅图一文吏帽子填黑，余均白描。第一、第二幅图在红线直格上用黑线重描了一遍。其第一幅图下部绘有墙面、占画面三分之一（图 3.2-11），右上侧一文吏手持无字长卷，左边画手持善恶簿的老年文吏，罪魂与小鬼

图 3.2-11
灵石寺塔本卷四第一、二、三王

图 3.2-11B

灵石寺塔本卷四第七、八、九王

下身被墙挡住。第三幅图罪魂上身与手臂皆有文身，颈具长枷，与 JD1 卷一第三图中未文身、颈具短枷者不同。JD4 卷四的第六幅图变成王身左较 JD1 卷一少画一侍童，第七幅图太山王右较 JD1 卷一少画了一侍童，犯者全未文身。第八幅图平等王旁小鬼左前少画了犯人。第九幅、第十幅图白描人物 JD4 与 JD1 近同（图 3.2-11B）。

JD5 卷五较诸卷有些变化，即第一幅图秦广王背后画出屏风，还有金钱纹门窗、墙壁，地面也增添回形图案纹饰。其左边少画了侍童，文吏则翻阅有字的善恶簿。第二幅图初江王背后亦绘屏风，奈河水用折线来白描。第三幅图宋帝王背后亦画有屏风，左边少画了老年文吏，小鬼与文吏之间画有四块砖平砌的台阶。第四幅图的五官王背后仍画有屏风，下侧画有一侍童，其背后画有墙角。第五幅图增加阎罗王背后的屏风装饰、地面回形图案装饰。第六幅图增加了变成王背后的屏风、砖砌台阶。第七幅图太山王坐势与 JD1 卷一有所不同，为正坐于屏风前，而身脸均偏向左侧，左下端一中年文吏手拿无字案卷，抬头与太山王对话，在押的罪魂全无文身。第八幅图画面仍增加屏风、台阶，人物形数近同 JD1 卷一，仅左侧为年轻文吏。第九图都市王背后还有屏风，用长枷来押过殿者，画面两侧绘有屋柱。第十幅图人物形数近同 JD1 卷一，仅文吏手持无字长卷（图 3.2-12、12B）。

图 3.2-12

灵石寺塔本卷五第二、三、四王

图 3.2-12B

灵石寺塔本卷五第八、九、十王

总之，卷五的突出特色即王者身后普遍加了屏风，地面也有回形纹，还有金钱纹门窗。《十王图》演变到南宋，由无图经本变成一王一图，其王者坐高头大椅，背后绘有华饰屏风，衬托环境的栏杆都成为构成“地狱官府”的要件。雷德侯教授在分析中将其屏风大椅等作为图像志的要素来对待，而此北宋的白描经本中，少数经本竟出现了屏风等图像要素的萌芽，呈现了由《十王经》图本向《十王图》组画演变的状态，着实令人感叹其衔接之妙。

第三节 图文经本类型成变

一、类型析说

中国、日本，以及欧美学者等，此前大多已关注到《十王经》的经本类型，并分析其演进。王娟论文就各种论说有总结梳理[1]，简括如下：其一，为有赞本与无赞本的“两种说”。持此说者有泉芳璟[2]、萧登福、杜斗城、侯冲等。萧、杜两位学者皆说图赞本形成在先，删节的为无赞本；侯冲则认为有图赞本在后。其二，为太史文、张总、尹富与王见川所持的“三种说”。太史文根据《十王经》经文的长短分为长、中、短三种，有图赞为长，妙福为中，还有短本。张总将《十王经》分甲、乙、丙三种，既含日本伪经又超敦煌范围，并含台州灵石寺塔本，实际仍是以有无赞加以划分。尹富分纯文、图文、纯图本三种，提出妙福抄《阎罗王经》最接近《预修十王经》。王见川认为存在失传本，首分《阎罗王经》为一类。现存甲类《阎罗王授记经》为失传本的增订；现存乙类《阎罗王经》是该失传本的讹误本，由妙福抄写而成；现存丙类《佛说十王经》是藏川述本。[3]其三，为日本学者本井牧子与朱凤玉、王娟所持的“四种说”。本井牧子将《十王经》分为甲、乙两大类，又在此基础上，发现甲类内部的差异，制作了五个对照表，取得一定突破，但特性不太明显。朱凤玉将《十王经》分为四种，包括有图有赞本、有文有赞无图本、纯文本、纯图本，实仍为有赞本和无赞本两种[4]。王娟依菩萨数量分为三、五、六与十一菩萨本四种。其四，为日本学者荒见泰史的“六种说”。其将《十王经》分为六个系列：①有图有七言赞；②无图有七言赞；③—⑥无图、无七言赞语，但经文内容有异。荒见泰史仍然是以图赞为标准，且认为演进的特征就是删节。

其实，笔者《〈阎罗王授记经〉缀补研考》

---

〔1〕王娟《敦煌本〈十王经〉文本系统再考察——以经中长行为中心》，《世界宗教研究》2020年第1期。

〔2〕［日］泉芳璟《十王经的研究》，《大谷学报》1941年4号，第295—318页。

〔3〕王见川《关于敦煌发现的〈阎罗王授记经〉与〈佛说十王经〉》，《“地府与十王”工作坊数据集》，上海师范大学，2017年。

〔4〕朱凤玉《从仪式教化论敦煌十王经与十王图之运用》，台湾《敦煌学》第30辑，2013年，第3—4页。

已将尾题联系类型，述文本在先、图赞为后，阐明仅《佛说十王经》有“藏川”署名，廓清了关于藏川名称混用之说〔1〕。至此笔者再作考论，并汲取上述有关研究成果，结合耀州神德寺塔经本与台州灵石寺塔经本情况，重理经本类型之说。笔者的研究兼及形态与内容，从经名、王名序次、菩萨名数、重点字词、内容（预修与亡斋情况）、语言文字六个方面进行解析，不仅有敦煌，也有陕西耀州、浙江台州及海东数种经本，还涉及回鹘文、西夏文乃至藏文诸本，是对《十王经》体系的全面划分。

经本类型的体现，主要有形态与内容两个层面。一般而言，文本形态比较明显，是划分的主要标准；形态与内容既有联系，也有区别。面对复杂情况，我们仍有关键的入手处。我们可从上述经名等方面进行区别，但最重要的仍然是以形态上有无赞词、内容上预修斋与亡人斋的关系为要点。所以本书将经本分为四类：第一文偈本，第二文偈本增预修内容，第三图赞本增亡斋内容，第四为回鹘文、西夏文、藏文等本。其中还有形式变化。然而在此四种划分以外，经名仍需重点考虑，所以我们先从经名入手进行分析。

“十王经”是一大类经本的简称，但其经名与内容都有复杂的变化，正合于中土撰述（疑伪经）的特点。其正式经名为“佛说阎罗王授记四众预/逆修生七往生净土经”〔2〕，或更为繁细，若“佛说阎罗王授记令/劝四众预（逆）修生七往生净土功德经”等〔3〕。但尾题多简短，有“阎罗王经”“阎罗王授记经”“佛说十王经”“预修十王生七经”等称。后两者经文几无差别（或仅在第八平“正”、平“等”王处有异）。此三尾题对应大小三类经，回鹘文、西夏文、藏文本尾题情况实不相类，故另划为一类。

其实，经名简称所反映的内容变化才是关键。《阎罗王经》立十王体系，前后分别简述预修与亡斋。《阎罗王授记经》重预修，并有预亡合述。《预修十王生七经》重亡人斋，图赞本《十王经》实在亡人斋方面有所发展。此三类经本中，后两类各有变化，分域发展，形成更多语言文字的经本。四类内有十型，二十余种经本之形态。

以前学者虽也多谈经名，但未归纳出重要特质。文偈本《阎罗王授记经》与图赞本《佛说十王经》尾题之别虽揭示一定规律，但在超出敦煌文本范围作进一步分析时便不够用，须结合新出经本，才能把握其内质特征。当然，这批经本还有外在形态之别，如写本可分卷子与册本，册本中还有袖珍本，还有雕版印刷乃至铅印本等。敦煌藏经洞所出写本卷子与册本及袖珍本意义重要，且由美国学者太史文解析、分类、归纳。但其文图内容仍是主要变化所在，所以我们必须仍以现知经本为主要归纳对象，由经名与种种变化综合考虑，进行区分。

本书现仍以经名为据，结合重要特征，进行分类，并纳入序列。此经有极繁与极简之名称，学术上可依原名，也可用新名。我们在概述上用一些现代称呼，具体列说则尽量采用原名，基本是用尾题为名。此经总体上可以用“十王经”来概称，具体到繁简变化时则以简便的尾题来对应之。这并非纯为方便，而是经本变化内容形态或多或少总是从尾题上反映出来。经本类型与尾题虽非严格、精确的对应，但基本的对应仍能显出其特征。对于过渡型与图像绘刻等细致变化情况，我们再具体对待。总之，以尾题区别来对应

〔1〕张总《〈阎罗王授记经〉缀补研考》，《敦煌吐鲁番研究》第5卷，2001年，第81—115页。

〔2〕此处“/”斜线符表示或为其前之字、或为其后之字。

〔3〕此经名在经文中也有出现，最繁多者为《佛说阎罗王授记令四众预/逆修生七及新亡人斋功德往生净土经》。

类别是可行的。《阎罗王经》《阎罗王授记经》《预修十王生七经》是主要三类，而藏文、西夏文本等经名多有不同处，日本变异本《地藏十王经》名称亦不同[1]。我们以此四大类别为主，并结合预修与亡斋、王与菩萨名称序列数量、重点字词、赞语图像、抄写铭刻，以及绘作雕造等变化进行分型，其下再列经本种种。

第一类，《阎罗王经》。尾题均此名，具长行与文偈，诸王名序特点为二宋帝王、三初江王、八平等王，无图无署名，下仅一型两经本。经本 1 有耀州六菩萨本，且具“累七斋”之称。经本 2 为敦煌三菩萨本，附列石铭刻与阐释。附 1 为绵阳北山院龛像所铭王名，由于特征合此，且年代早而重要。附 2 为疏解性之 BD00529V 号《〈阎罗王经〉十王及逆修斋》。

第二类，《阎罗王授记经》。多数具此尾题，例外仅五例[2]。具长行与文偈，无图赞无署名。王名序次为二宋帝王、三初江王、八平正王。下有两型三经本。一型，经本 1 有多件敦煌本，有菩萨十一位，内容中含小段亡人斋。经本 2 仅有一件敦煌本，菩萨五位，亦具小段亡人斋且增逆修斋段异文，实为别本。二型，经本 1 有菩萨十一位，内容删去小段亡人斋，敦煌本中此本较多，在《十王经》系中此本所存也最多。耀州本与此类关系很少[3]。

第三类，《预修十王生七经》，大多具长行文偈、七言赞词与图像，多署“成都府大圣慈寺沙门藏川述”，附图情况则有不同。王名序次为二初江王、三宋帝王、八平正或平等王，菩萨六至四位。其下分四型，附纯图本。另西夏文、藏文、回鹘文本之主体较近此。

一型，为变化过渡型，为第一、二类向第三类过渡的变化型本，颇为特殊。经本为耀州偈赞本（Y0076+Y0155 号）。前半引句与第一、二类各有相似处，赞句则同第三类，唯后三王赞句的序次有别。此可定为第一、二类向第三类转变的初现形态。

二型，无图具赞本。经本 1，耀州 Y0014-2 号。经本 2，P.3761 号袖珍本（具藏川署名，后同）。经本 3，朝鲜与日本刊印本。经本 4，清代刻印与抄本。附 1，新疆吐鲁番所出经尾。

三型，图赞署名本，尾题“佛说十王经”。王名序次为初江、宋帝、平正，菩萨六位。经本 1，敦煌十四图本，卷首画阎罗王授记，菩萨绘出。经本 2，敦煌十三图本，无署名，卷首地藏领十王。附 1，大理国残本；附 2，大足宝顶 20 号十王像赞铭；附 3，P.3304 号十王图（榜题）。

四型，图赞署名本，尾题“预修十王生七经”，王名初江、宋帝、八平等，菩萨六位。经本 1，灵石寺塔十图本与日本高野山宝寿院十一图本。经本 2，高丽刻多图本与朝鲜刻多图本。经本 3，明代雕版十二图印增偈本。

第四类，其他语言文字增变本。

有其他语言文字并大幅增变经文本，仍以上述第三类的构成为基础，但也有变化。一型为回鹘文本：经本 1，敦煌所出回鹘本。经本 2，吐鲁番所出回鹘本。附 1，王树枏原藏残件。二型为西夏文增变本：经本 1，俄藏黑水城本。经本 2，定州本（旧版现印）与金澜阁等私人藏本。

---

[1] 当然，经名尾题中也有些复杂变化。如《阎罗王经》与《授记经》也有些经本错位，包括吐鲁番出残经尾题“阎罗天子十王授记逆修生七功德经”，内容实为赞本。还有耀州《十斋经》等，另或有别称。但可在不影响大类情况下细究。

[2] 第二类《授记经》中有三件尾题为《佛说阎罗王经》，即 S.4805 号、S.5531 号、羽 723 号。还有两件即 S.4890 号与 BD06375 号具“佛说阎罗王授记劝修生七斋功德经”名，但此或非尾题，因 S.4890 号尾残，而 BD06375 号首尾兼题此，前又有“八佛说《阎罗王受记经》卷第二”。

[3] 耀州本中唯 Y0228 号共 14 碎片仅部分字词内容识别近此，需要注明。

西夏文本已纳入并融合了第二、三类所增《天使经》内容。三型为大幅增变本：经本1，日本《地藏菩萨发心因缘十王经》，含第三类内容但又增加不少，具署名无图。经本2，藏文图赞本，前大部同西夏文本，后部又增入四种内容。附1，锡伯文本。

《十王经》相关的十王画内容形式亦丰，详后。

总之，若想将目前所知的《十王经》系统表述清楚，须要具体展述为四类十型若干经本，方能基本说明其本末与枝节等情况。由于敦煌以外各地经本的面世，情况变得复杂，而诸经本与敦煌本对比甄别，又使情况清晰了不少，可以基本明了其演进脉络。因而下文将经本基本状况列出，后续再展述其演进的脉络框架。

二、各类细列

（一）第一类：文偈《阎罗王经》

“阎罗王经”之名在不少经本中都有分布，早期抄写本与晚期印本都有，虽不能完全精准对应于某特定经本，但仔细分析，仍可对应为早期经本无误：无图无署名，可为第一类。其检斋诸王名序为一秦广、二宋帝、三初江、四五官、五阎罗、六变成、七太山、八平等、九都市、十五道转轮王。二宋帝、三初江、八平等王为主要特征。二宋帝、三初江之次序作为重要早期特征保留于第二类《阎罗王授记经》中，而于第三类图赞本中则变为二初江、三宋帝。第三类经本中第八平等王亦有变化，有些敦煌本即变为平正王。

此类不分型，具长行与文偈本。共有三件完整、一件存留大部、一件仅存尾部，合计五件，附四川绵阳石刻。敦煌安国寺尼妙福所抄两经（英藏S.2489号，中国国家图书馆藏BD08045号）与张王仵所抄一经（BD15337号）保存完整，又俄藏Дx.00931号仅存尾段[1]。耀州本则是多件缀理而成（Y0199-3+Y0179+Y0226-2+Y0147-1+Y0211+Y0077号），两大段都同于敦煌本《阎罗王经》而非《阎罗王授记经》，故可比定为《阎罗王经》。

诸本特征明确，都具《阎罗王经》尾题。内容基本一致，但菩萨数量有别。耀州缀理本虽基本同于敦煌本，但敦煌本仅有地藏、陀罗尼与金刚藏三菩萨，这被认定为根本特征，故有“三菩萨本”之名。但耀州本却还有龙树、救苦观世音、常悲菩萨，共六菩萨，其名序全同于诸类图赞之本。更重要者，即此本还有仅见的“预修十会累七往生斋”之称。

又，此类经本中“国名花严”“记在业镜”“善业童子”“迟滞一年”等用词，均为早期经本特征。其预修斋与亡人斋的段落，简洁而自然地分布于经文前面与后部。

1. 经本1，耀州“累七斋”本

上文已述，由几个编号残片缀理成耀州本，其“累七斋”专称与“六菩萨”名之段，以黑体字标出，文如下：

> 《佛说阎罗王授记四众逆修生七往生净土经》
>
> 如是我闻：一时佛在鸠尸那城阿维跋提河边娑罗双树间，临涅槃时，普集大众及诸菩萨摩诃萨、诸天龙神王、天主帝释、四天大王、阎罗天子、太山府君、司命司录、五道大神、地狱官典，

---

〔1〕俄藏Дx.00931号为上海师范大学博士生（吕梁学院）王娟比定。

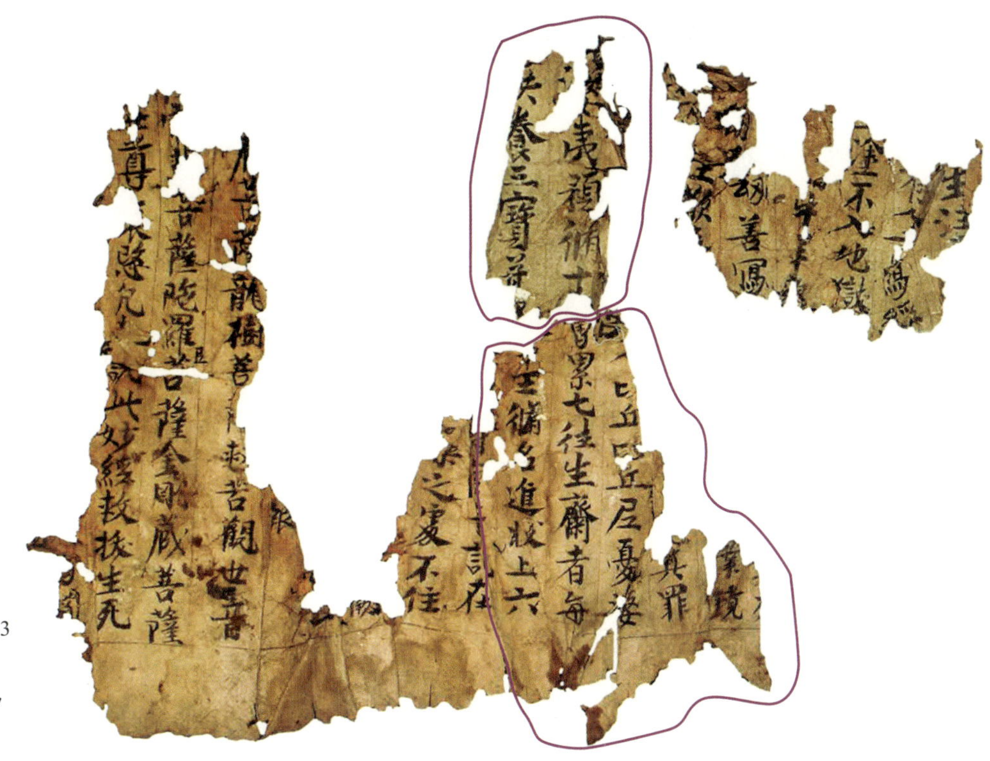

图 3.3-1
陕西耀州神德寺塔本 Y0147-1 号局部与 Y0199-3 号局部缀接（笔者缀合，资料据黄征主编《陕西神德寺塔出土文献》）

悉来聚集，礼敬世尊，合掌而立。

佛告诸大众：阎罗天子于未来世，当得作佛，名曰普贤王如来，国土严净，百宝庄严。国名花严，菩萨充满。其国多生习善，为犯戒故，退落琰魔天中作大魔王。管摄诸鬼，科断阎浮提内十恶五逆一切罪人，系闭六牢，日夜受苦，轮转其中，随业报身，定生注死。若复有人书写经，受持读诵，舍命之后，必出三途，不入地狱。在生之日，煞父害母，破戒煞诸牛、羊、鸡、狗、毒蛇，一切重罪，应入地狱十劫，善写此经及诸尊像，记在业镜，阎王欢喜，判放其人生富贵家，免其罪过。若有善男子、善女人、比丘、比丘尼、优婆塞、优婆夷，**预修十会累七往生斋者**（图 3.3-1），每月二时，供养三宝，并祈十王，修名进状，上六曹官，善业童子，奏上天曹冥官等，记在名案，身到之日，当使配生快乐之处，不住中阴四十九日。待男女追救，命过十王，若阙一斋，乖在一王，留连受苦，不得出生，迟滞一年，是故劝汝，作此要事，祈往生报。

尔时地藏菩萨、龙树菩萨、救苦观世音菩萨、常悲菩萨、陀罗尼菩萨、金刚藏菩萨，称叹世尊，哀悯凡夫，说此妙经，救拔生死，顶礼佛足。

尔时二十八重一切狱主，阎罗天子、六道冥官，若有四众比丘、比丘尼、优婆塞、优婆夷，若造此经，读诵一偈，当免其罪过，送出地狱，往生天道，不令系滞，宿夜受苦。

尔时阎罗天子说偈白佛：

南无阿婆罗，日度数千河。众生无定相，犹如水上波。

愿得智慧风，漂与法流河。光明照世界，巡历悉经过。

普拔众生苦，降鬼摄诸魔。四王行国界，传佛修多罗。

凡夫修善少，颠到信邪多，持经免地狱，书写过灾河。

超度三界难，永不见夜叉。生处登高位，富贵寿延长。

至心诵此经，天王恒记录。欲得无罪苦，莫信邪师卜。

祭鬼煞众生，为此入地狱。念佛把真经，应当自诫勖。

手把金刚刀，断除魔众族。佛行平等心，众生不具足。

修福似微尘，造罪如山岳。欲得命延长，当修造此经。

能除地狱苦，往生毫族家。善神恒守护，造经读诵人。

忽尔无常至，善使自来迎。天王相接引，携手入金城。

尔时佛告阿难，一切龙神八部大神，阎罗天子、太山府君、司命司录、行道天王，法有宽纵，可容一切罪人。慈孝男女，修福追斋，荐拔亡人，若报生养之恩，七七修斋，造经造像，报父母恩，得生天上。阎罗法王白佛言：世尊，我发使乘黑马、把黑幡、着黑衣，检亡人家造何功德，准名放牒，抽出罪人，不违誓愿。

世尊听说检十王名字：第一七秦广王，第二七宋帝王，第三七初江王，第四七五官王，第五七阎罗王，第六七变成王，第七七太山王，第八百日平等王，第九一年都市王，第十三年五道转轮王。

十斋具足，免十恶罪。我当令四大夜叉王守护此经，不令陷没。稽首世尊，狱中罪人，多是用三宝财物，喧闹受罪报。识性之人，可自诫勖，勿犯三宝，业报难容。得见此经者应当修学出地狱因。尔时淡魔法王，欢喜顶礼，退坐一面。佛言此经名《阎罗王授记四众逆修生七往生净土经》，汝当奉持，流传国界，依教奉行。

《阎罗王经》一卷

由于上文已参考敦煌本而缀理出了耀州本的主要段落，可知其与尾题相同的敦煌诸本内容亦相同，唯多三菩萨并具“累七斋”的专称。此处的耀州本为较“理想化”的缀成本。三菩萨与六菩萨的先后或可两说，但因几乎所有经本中此名称为“预修生七斋”，较为简洁通行，而此本之专称虽完整但稍嫌繁复，因其名充分体现出了早期特征，故列此为首本。

2. 经本 2，敦煌僧俗抄本

经本 2，特点是三菩萨。敦煌三件抄本本来可以合为一本列出，以利简洁。但因三件抄本之间实际还有非常微妙的差别：属于比丘尼妙福的两抄本相异之字区别稍大，而其中一件与张王仵本的差别小，特别是其中错衍之字竟照样抄出，说明敦煌此题抄经可能抄在一处，属小局域环境，其经本形态或具有偶然性。虽然都有三位菩萨，但如果不是耀州神德寺塔此题经本被发现，那么此经本是否成一类型仍可怀疑。由于耀州本与敦煌本之对应关系，以及中国国家图书馆藏 BD00529V 号对《阎罗王经》的阐说，共同构成了《阎罗王经》能成为一类型的基础。因此，笔者将敦煌三件抄本之间细微差别，加俄藏Дx.00931 号列录于下。

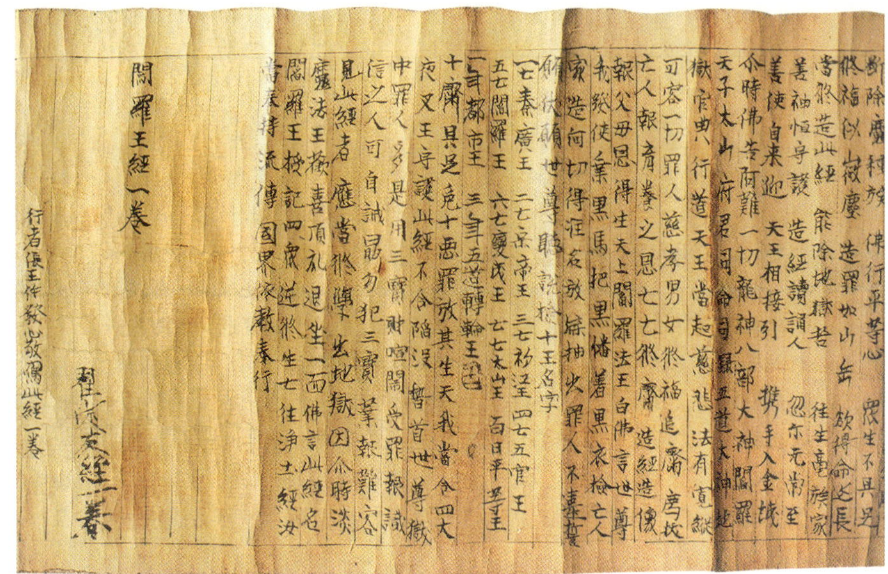

图 3.3-2
国家图书馆藏敦煌写经 BD15337 号张王仵施写本
（采自《国家图书馆藏敦煌遗书》，下同）

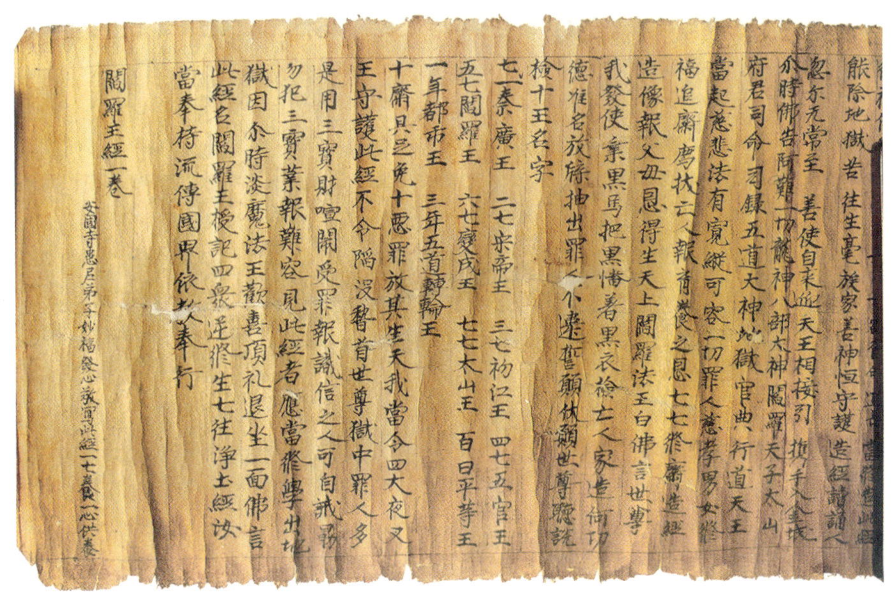

图 3.3-2B
国家图书馆藏 BD08045 号安国寺妙福施抄经本

表 3.3-1　经文对比（具下画线为补入文字）

BD15337 号张王仵（图 3.3-2）	BD08045 号妙福（图 3.3-2B）	S.2489 号妙福
佛说阎罗王授记四众逆修生七往生净土经 如是我闻：一时佛在鸠尸那城阿维跋提河边，娑罗双树间，临涅槃时，普集大众及诸菩萨摩诃萨、诸天龙神王、天主帝释、四天大王、阎罗天子、太山府君、司命司录、五道大神、地狱官典，悉来聚集，礼敬世尊，合掌而立。	佛说阎罗王授记四众逆修生七往生净土经 如是我闻：一时佛在鸠尸那城阿维跋提河边，娑罗双树间，临涅槃时，普集大众及诸菩萨摩诃萨、诸天龙神王、天主帝释、四天大王、阎罗天子、太山府君、司命司录、五道大神、地狱官典，悉来聚集，礼敬世尊，合掌而立。	佛说阎罗王授记四众逆修生七往生净土经 如是我闻：一时佛在鸠尸那城阿维跋提河边，娑罗双树间，临涅槃时，普集大众及诸菩萨摩诃萨、诸天龙神王、天主帝释、四天大王、阎罗天子、太山府君、司命司录、五道大神、地狱官典，悉来聚集，礼敬世尊，合掌而立。

（续表）

BD15337号张王作 （图3.3-2）	BD08045号妙福 （图3.3-2B）	S.2489号妙福
佛告诸大众：阎罗天子于未来世，当得作佛，名曰普贤王如来。十号具足，国土严净，百宝庄严。国名花严，菩萨充满。其国[1]多生习善，为犯戒故，退落琰摩天中[2]作大魔王。管摄诸鬼，科断阎浮提内十恶五逆一切罪人，系闭六牢，日夜受苦，轮转其中，随业报身，定生主死。若复有人修造此经，受持读诵，舍命之后，必出三途，不入地狱。在生之日，煞父害母，破戒煞之[3]牛、羊、鸡、狗、毒蛇，一切重罪，应入地狱十劫，若造此经及诸尊像，记在业镜境[4]，阎王欢喜，判放其人生富贵家，免其罪过。 若有善男子、善女人、比丘、比丘尼、优婆塞、优婆夷，预修生七斋者，每月二日[5]时，供养三宝，祈设十王斋，修名进状，上六曹官，善业童子，奏上天曹地府等，记在名案。身到之日，当便配生快乐之处，不住中阴四十九日。待男女追救，命过十王，若阙一斋，乖一斋在一王，留连受苦，不得出生，迟滞一年，是故劝汝，作此要事，祈往生报。 尔时地藏菩萨、陀罗尼菩萨、金刚藏菩萨，赞叹世尊，哀悯凡夫，说此妙经，拔生[6]救苦，顶礼佛足。 尔时二十八重一切狱主与阎天子[7]、六道冥官，礼拜发愿，若有众生比丘、比丘尼、优婆塞、优婆夷，若造此经，读诵一偈，当免其罪过，送出地狱，往生天道，不令系滞，宿夜受苦。	佛告诸大众：阎罗天子于未来世，当得作佛，名曰普贤王如来。国土严净，百宝庄严。国名花严，菩萨充满。其国多生习善，为犯戒故，退落琰摩天中作大魔王。管摄诸鬼，科断阎浮提内十恶五逆一切罪人，系闭六牢，日夜受苦，轮转其中，随业报身，定生主死。若复有人修造此经，受持读诵，舍命之后，必出三途，不入地狱。在生之日，煞父害母，破戒煞诸牛、羊、鸡、狗、毒蛇，一切重罪，应入地狱十劫，若造此经及诸尊像，记在业镜境，阎王欢喜，放其人生富贵家，免其罪过。 若有善男子、善女人、比丘、比丘尼、优婆塞、优婆夷，预修生七斋者，每月二时，供养三宝，祈设十王斋，修名进状，上六曹官，善业童子，奏上天曹地府等，记在名案。身到之日，当便配生快乐之处，不住中阴四十九日。待男女追救，命过十王。若阙一斋，一斋乖在一王，留连受苦，不得出生，迟滞一年，是故劝汝，作此要事，祈往生报。 尔时地藏菩萨、陀罗尼菩萨、金刚藏菩萨等，赞叹世尊，哀悯凡夫，说此妙经，拔生救苦，顶礼佛足。 尔时二十八重一切狱主与阎天子、六道冥官，礼拜发愿，若有众生比丘、比丘尼、优婆塞、优婆夷，若造此经，读诵一偈，当免其罪过，送出地狱，往生天道，不令系滞，宿夜受苦。	佛告诸大众：阎罗天子于未来世，当得作佛，名曰普贤王如来。国土严净，百宝庄严。国名花严，菩萨充满。其国多生习善，为犯戒故，退落琰魔天作大魔王。管摄诸鬼，科断阎浮提内十恶五逆一切罪人，系闭六牢，日夜受苦，轮转其中，随业报身，定生主死。若复有人修造此经，受持读诵，舍命之后，必出三途，不入地狱。在生之日，煞父害母，破戒煞诸牛、羊、鸡、狗、毒蛇，一切重罪，应入地狱十劫，若造此经及诸尊像，记在业镜，阎王欢喜，判放其人生富贵家，免其罪过。 若有善男子、善女人、比丘、比丘尼、优婆塞、优婆夷，预修生七斋者，每月二时，供养三宝，祈设十王斋，修名进状，上六曹官，善业童子，奏上天曹地府等，记在名案。身到之日，当便配生快乐之处，不住中阴四十九日。待男女追救，命过十王。若阙一斋，乖在一王，留连受苦，不得出生，迟滞一年，是故劝汝，作此要事，祈往生报。 尔时地藏菩萨、陀罗尼菩萨、金刚藏菩萨等[8]，赞叹世尊，哀悯凡夫，说此妙经，拔死救苦，顶礼佛足。 尔时二十八重一切狱主与阎罗天子、六道冥官，礼拜发愿，若有众生比丘、比丘尼、优婆塞、优婆夷，若造此经，读诵一偈，当免其罪过，送出地狱，往生天道，不令系滞，宿夜受苦。

[1]"其国"三本皆有，余本无。其后接"阎罗犯戒"句生硬不通，删去后较合理。
[2]"中"，仅英藏妙福本无。
[3]"之"，余本为"诸"。
[4]"境"（衍），仅英藏妙福本无。
[5]"日"（衍），仅见于此本。
[6]"拔生"，仅英藏妙福本为"拔死"。
[7]"与阎天子"，仅英藏妙福本为"阎罗天子"。
[8]英藏妙福本有"等"字，似为删去一些之证。

（续表）

BD15337 号张王作（图 3.3-2）	BD08045 号妙福（图 3.3-2B）	S.2489 号妙福
尔时阎罗天子说偈白佛： 南无阿婆罗，日度数千河。众生无定相，犹如水上波。愿得智慧风，漂与法轮河。光明照世界，巡历悉经过。普拔众生苦，降鬼摄诸魔。四王行国界，传佛修多罗。凡夫修善少，颠到信邪多。持经免地狱，书写过灾河。超度三界难，永不见夜叉。生处登高位，富贵寿延长。至心诵此经，天王恒记录。欲得无罪苦，莫信邪师卜。祭鬼煞众生，为此入地狱。念佛把真经，应当自戒勖。手把金刚刀，断除魔种族。佛行平等心，众生不具足。修福似微尘，造罪如山岳。欲得命延长，当修造此经。能除地狱苦，往生毫族家。善神恒守护，造经读诵人。忽尔无常至，善使自来迎。天王相接引，携手入金城。 尔时佛告阿难：一切龙神八部大神、阎罗天子、太山府君、司命司录、五道大神、地狱官典、行道天王，当起慈悲，法有宽纵，可容一切罪人。慈孝男女，修福追斋，荐拔亡人，报育养恩，七七修斋，造经造像，报父母恩，得生天上。 阎罗法王白佛言：世尊，我发使乘黑马、把黑幡、着黑衣，检亡人家造何功得，准名放牒，抽出罪人，不违誓愿。伏愿世尊听说检十王名字： 一七秦广王，二七宋帝王，三七初江王，四七五官王，五七阎罗王，六七变成王，七七太山王，百日平等王，一年都市王，三年五道转轮王。 十斋具足，免十恶罪，放其生天。我当令四大夜叉王守护此经，不令陷没。稽首世尊，狱中罪人，多是用三宝财，喧闹受罪报。识信之人，可自	尔时阎罗天子说偈白佛： 南无阿婆罗，日度数千河。众生无定相，犹如水上波。愿得智慧风，漂与法轮河。光明照世界，巡历悉经过。普拔众生苦，降鬼摄诸魔。四王行国界，传佛修多罗。凡夫修善少，颠到信邪多。持经免地狱，书写过灾河。超度三界难，永不见夜叉。生处登高位，富贵寿延长。至心诵此经，天王恒记录。欲得无罪过，莫信邪师卜。祭鬼煞众生，为此入地狱。念佛把真经，应当自戒勖。手把金刚刀，断除魔种族。佛行平等心，众生不具足。修福似微尘，造罪如山岳。欲得命延长，当修造此经。能除地狱苦，往生毫族家。善神恒守护，造经读诵人。忽尔无常至，善使自来迎。天王相接引，携手入金城。 尔时佛告阿难：一切龙神八部大神、阎罗天子、太山府君、司命司录、五道大神、地狱官典，行道天王，当起慈悲，法有宽纵，可容一切罪人。慈孝男女，修福追斋，荐拔亡人，报育养之恩，七七修斋，造经造像，报父母恩，得生天上。 阎罗法王白佛言：世尊，我发使乘黑马、把黑幡、着黑衣，检亡人家造何功德，准名放牒，抽出罪人，不违誓愿。伏愿世尊听说检十王名字： 一七秦广王，二七宋帝王，三七初江王，四七五官王，五七阎罗王，六七变成王，七七太山王，百日平等王，一年都市王，三年五道转轮王。 十斋具足，免十恶罪，放其生天。我当令四大夜叉王守护此经，不令陷没。稽首世尊，狱中罪人，多是用三宝财，喧闹受罪报。识信之人，可	尔时阎罗天子说偈白佛： 南无阿婆罗，日度数千河。众生无定相，犹如水上波。愿得智慧风，漂与法流[1]河。光明照世界，巡历悉经过。普拔众生苦，降鬼摄诸魔。四王行国界，传佛修多罗。凡夫修善少，颠到信邪多。持经免地狱，书写过灾河。超度三界难，永不见夜叉。生处登高位，富贵寿延长。至心诵此经，天王恒记录。欲得无罪苦，莫信邪师卜。祭鬼煞众生，为此入地狱。念佛把真经，应当自诫勖。手把金刚刀，断除魔众族。佛行平等心，众生不具足。修福似微尘，造罪如山岳。欲得命延长，当修造此经。能除地狱苦，往生毫族家。善神恒守护，造经读诵人。忽尔无常至，善使自来迎。天王相接引，携手入金城。 尔时佛告阿难：一切龙神八部大神、阎罗天子、太山府君、司命司录、五道大神、地狱官典、行道天王，当起慈悲，法有宽纵，可容一切罪人。慈孝男女，修福追斋，荐拔亡人，报育养恩，七七修斋，造经造像，报父母恩，得生天上。 阎罗法王白佛言：世尊，我发使乘黑马、把黑幡、着黑衣，检亡人家造何功德，准名放牒，抽出罪人，不违誓愿。伏愿世尊听说检十王名字： 一七秦广王，二七宋帝王，三七初江王，四七五官王，五七阎罗王，六七变成王，七七太山王，百日平等王，一年都市王，三年五道转轮王。 十斋具足，免十恶罪，放其生天。我当令四大夜叉王守护此经，不令陷没。稽首世尊，狱中罪人，多是用三宝财物[2]，喧闹受罪报。识信之人，

〔1〕“流”仅见于英藏妙福本。余本为“轮”。

〔2〕“物”，仅英藏妙福本有。

（续表）

BD15337 号张王作 （图 3.3-2）	BD08045 号妙福 （图 3.3-2B）	S. 2489 号妙福
诫勖，勿犯三宝，业报难容。见此经者应当修学出地狱因。 尔时淡（琰）魔法王，欢喜顶礼，退坐一面。佛言此经名《阎罗王授记四众逆修生七往净土经》，汝当奉持，流传国界，依教奉行。 《阎罗王经》一卷 翟定友经一卷 行者张王作发心敬写此经一卷	自诫勖，勿犯三宝，业报难容。见此经者应当修学出地狱因。 尔时淡（琰）魔法王，欢喜顶礼，退坐一面。佛言此经名《阎罗王授记四众逆修生七往净土经》，汝当奉持，流传国界，依教奉行。 《阎罗王经》一卷 安国寺患尼弟子妙福，发心敬写此经一七卷，一心供养。	可自诫慎[1]，勿犯三宝，业报难容。此见经者应当修学出地狱因。 尔时淡（琰）[2]魔法王，欢喜顶礼，退坐一面。佛言此经名《阎罗王授记四众逆修生七往生净土经》，汝当奉持，流传国界，依教奉行。 《阎罗王经》一卷 安国寺患尼弟子妙福，发心敬写此经一七卷，尽心供养。
俄藏 Дx. 00931 号小册本仅存经尾[3]（图 3.3-2C）		
十斋具足，免十恶罪，放其生天。 令四大夜叉王守护此经，不令陷没。 稽首世尊，狱中罪人，多是用三宝 财物，喧闹受罪报。识何[4]之人 诫慎勿犯三宝，业报难容。见此经者 应当修学出地狱因。尔时琰魔 法王，欢喜顶礼，退坐一面。 佛言此经名《阎罗王授记四众 逆修生七往生净土经》，汝当奉 待，流传国界，依教奉行。 《阎罗王经》一卷	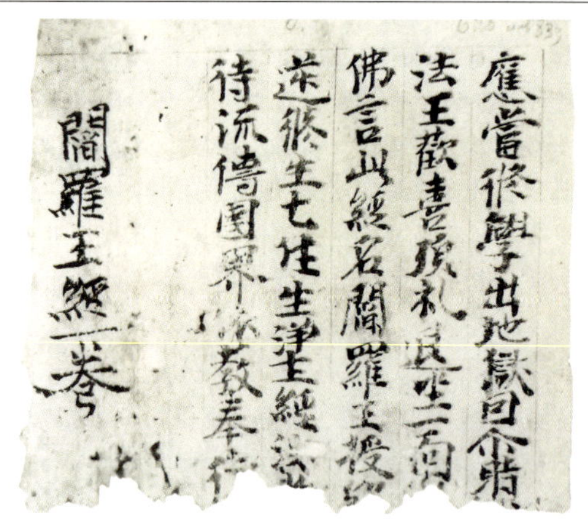 **图 3.3-2C** 俄藏 Дx.00931 号（采自《俄藏敦煌文献》第 7 册）	

对比三者，我们可以发现一个非常有趣的事实，即与中国国家图书馆所藏妙福本更接近的是张王作本而非英藏妙福本。一般而言，妙福当时所抄七卷，应当近似。但实际却不同，应是同一人或师徒抄写了中国国家图书馆藏妙福本与张王作本。观察三件抄写本之间的差别，两妙福本仅有两处相同（不同张王作本），而张王作本与国图藏妙福本有五处相同（不同于英藏妙福本）处。而且其中有几处明显属于误抄，如“业镜境”与“阎天子”。这种误抄，应是在很直接的情况下才会出现，如在同一个抄经处或一个工作坊，或较短时段内之传抄。由此可推，此三本是在一小环境内同时段或相近时段抄出。英藏妙福本在三菩萨名之后还有个“等”字，似有省略，而耀州本之六菩萨或可有助说明。

这里显示出了写本文献的基本特点，每件写本的个别特点都很突出，因而，以写本作材料来确定类型，研究体系演进，有时会有很大的危险

〔1〕“慎”，其余两本为“勖”。

〔2〕此“琰”字敦煌三本与耀州 Y0077 号皆误为“淡”，这对于说明经本流传很有价值。

〔3〕此表中所列四件文本中的 BD15337 与 Дx.00931 号在太史文著中列为短修订本。而 S.2489 号（误为 S.2429 号）与 BD08045 列为中修订本。前注汉译附录 10，第 216 页。

〔4〕应为“信”。

性。此例由于有更多证据，故可归类，尤其是耀州本后，其主要段落可以对应。但从菩萨名数之变，可知菩萨的数量并不能作为分辨此类型经本的标准。古代疑伪经本变化复杂，常常出现相反的证据。所以，我们要综合多种情况进行推理才能决断。在王见川提出的十王名序中，宋帝、初江与平等王之组合与《阎罗王经》联系并划为一组，王娟则以“三菩萨”为名定此经本为最早[1]，但耀州本之六菩萨破除了以三菩萨数定类的合理性。

结合两地所出此诸经本的情形，我们可以推定其为最早的经本类型，且可以其尾题为名。总之，若无耀州本之发现，此诸经本作为类型的推定，或还不能成立。

附 1：绵阳北山院镌铭

四川绵阳北山院 9 号龛十王地藏龛像，笔者曾有过报道，刊图发文[2]。在十王图像系列之中，是唯一具有“二七宋帝王、三七初江王”之序次且同于《阎罗王经》之作品，具有重要意义。虽然此龛第八百日斋处铭刻残失，是“平等王”还是“平正王”已不可知，但其全龛仍有重要早期特征，主龛格内为地藏与阎罗并坐，菩萨为露顶形象，其五道转轮王后轮回图也较简单。总之，无论从纯图像构成抑或诸王名序铭刻看，此龛图像与铭刻均有非常重要的早期特征。其龛周围像设与刻经，皆唐代之作，所以此龛像应凿造于晚唐时期。也有一些考古论文将其年代推后，至于宋代[3]，主要根据龛像中幞头等一些形貌特征，还认为其龛面有打破原迹等。但其文对此龛像背景、信仰及构图等都不太了解。何况，即使此龛像凿成于晚唐以后，也仍是《十王经》内容并图像最早作品之一，具有不可替代的重要价值。

表 3.3-2　绵阳十王地藏龛像内部简示

	1 秦广王 4 五官王	5 阎罗王 地藏菩萨	6 变成王 7 像存铭泐
供养人	2 宋帝王 3 初江王	10 五道转轮王（失铭）	9 都市王 8 像存铭泐存残铭
	轮回		

此大龛高 145 厘米，内分上下，横三列，共六格（图 3.3-3）。左上格为秦广王与五官王，其下为宋帝王与初江王，中上格为阎罗王与地藏菩萨，右上格应为变成王与太山王，其下应为平等王与都市王，中下格坐五道转轮王及侍从。左下有轮回云气等并连至侧龛供养人，构成呈⊆罗旋式（图 3.3-3B）。龛格或侧壁铭有诸王之名。前两王对应龛格铭于侧壁，上铭“一七秦广王”，下刻“二七宋帝王”（图 3.3-3C、3D）。秦广王双手捧持笏板坐案后，旁侍善恶童子。公案前有一戴枷者、一抱经善男与云气小佛坐像。宋帝王则双手抚案（图 3.3-3C），亦侍抱簿善恶童子。其案前已是轮回场景中云上天道与人道了。

四川绵阳北山院 9 号龛地藏十王龛铭文：

> 一七秦广王、二七宋帝王、三七初江王、四七五官王、五七阎罗王、敬造地藏菩萨一座，六七变成王、[七七太山王、百日平等 / 正王、] 一年都市王、

[1] 见王见川《关于敦煌发现的〈阎罗王授记经〉与〈佛说十王经〉》，《“地府与十王”工作坊数据集》，上海师范大学，2017 年。王娟《敦煌本〈十王经〉文本系统再考察——以经中长行为中心》，《世界宗教研究》2020 年第 1 期。

[2] 张总《四川绵阳北山院地藏十王龛像》，《敦煌学辑刊》2008 年第 4 期。关于此龛像，此前文齐国、刘佳丽曾于《四川文物》分别刊文简单述及。

[3] 江滔、张雪芬《9—13 世纪四川地藏十王造像研究》（《成都考古研究》2016 年）引用雷玉华《广元石窟内容总录》《巴中石窟内容总录》等观点，认为此龛像为北宋作品。

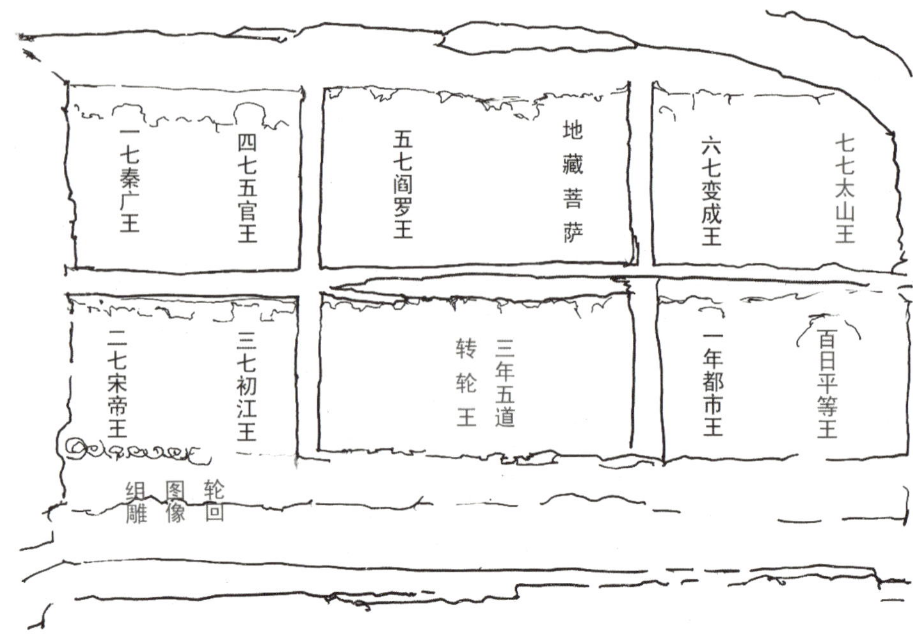

图 3.3-3
四川绵阳北山院十王地藏龛像布局（笔者绘线图）

图 3.3-3B
四川绵阳北山院十王地藏龛像（笔者摄，下同）

［三年五道转轮王］

宋帝王与初江王同龛格，左右侍立抱卷善恶童子。其桌案前并龛下为天地道狱之简图。上部有数位束髻人像，略表天道，所以此龛格前无惩诫场景。初江王上方为四七五官王。

四川绵阳北山院 9 号龛结构与诸王题铭，包括宋帝王与初江王之次序与“某七某王”的简洁王名形式，都与上述《阎罗王授记经》基本相同，乃至与《阎罗王经》相同。此龛只有一位菩萨，但较三菩萨本《阎罗王经》之菩萨地位突出得多，不过较后来地藏统领十王仍低。这些内证，无论如何都有助于说明其在图像系统中出现较早。而四川安岳圣泉寺地藏十王龛像，规格与此相近，其布局为地藏统领十王，且以上三下二的形式布置十王。由于下层左两像旁可识出“第

图 3.3-3C
四川绵阳北山院龛侧秦广王与宋帝王及供养人

图 3.3-3D
四川绵阳北山院龛二七宋帝王题铭

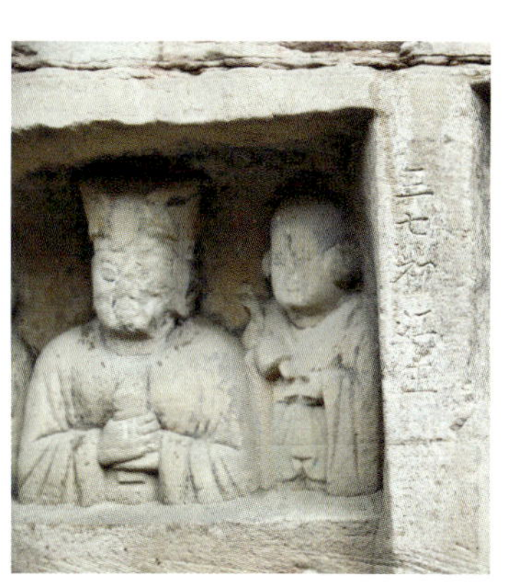

图 3.3-3E
四川绵阳北山院龛三七初江王题铭

一秦广王、第四五官王”，右两像可识出“第十转轮王、第九都市王”，可见其构成也是曲折变化的。其上层左王像案前之树，同于十王经图中初江王场景，可比定为第二初江王、第三宋帝王，符合十王次序的主流。总之，我们从四川绵阳北山院9号龛，可以见到《阎罗王授记经》经文中的诸王名与《佛说十王经》图像之结合，此必有助于说明《十王经》系统之变化演进。

另有四川安岳香坛寺、遂宁金马寺龛像，阎罗与地藏菩萨为并坐构成，详情见后。

附2：BD00529V号阐注

中国国家图书馆藏BD00529号敦煌写本，其正面为《大乘稻秆经》，存七页，定为中唐吐蕃时期写本。其背面BD00529V号，有一段定为“《〈阎罗王经〉十王斋与逆修斋阐注》(拟)”的文字（图3.3-4）[1]，内容不长却很有趣。其不但以十王名序证《阎罗王经》为早期本，而且引用了《大灌顶经》卷十一《灌顶随愿往生经》中逆修功德之分配的内容，尤可见《阎罗王授记经》增订状况缘由。其文曰：

> 《阎罗王经》[2]云，凡是亡人家，福资亡人，设斋检福，有十王来。初七斋

---

〔1〕任继愈主编《国家图书馆藏敦煌遗书》第8册，北京图书馆出版社，2005年，第118页。卷末条记中有录文，将此BD00529号正背面皆定为公元8世纪至公元9世纪吐蕃时期写本。但此背面文字仅一小段，内容与正面差别大，字亦不同，时间很可能略晚一些。但英藏S.4624号《诸杂斋文》之《逆修》文有“营逆修十供清斋……生不作福，没后难知未尽”句。其文且及唐肃宗所加封号，或在乾宁二年（759）即公元8世纪中期。结合起来说《十王经》源起的蛛丝马迹仍可溯至约公元8世纪至公元9世纪，详后第五章还有讨论。

〔2〕“王经”，原为“经王”。

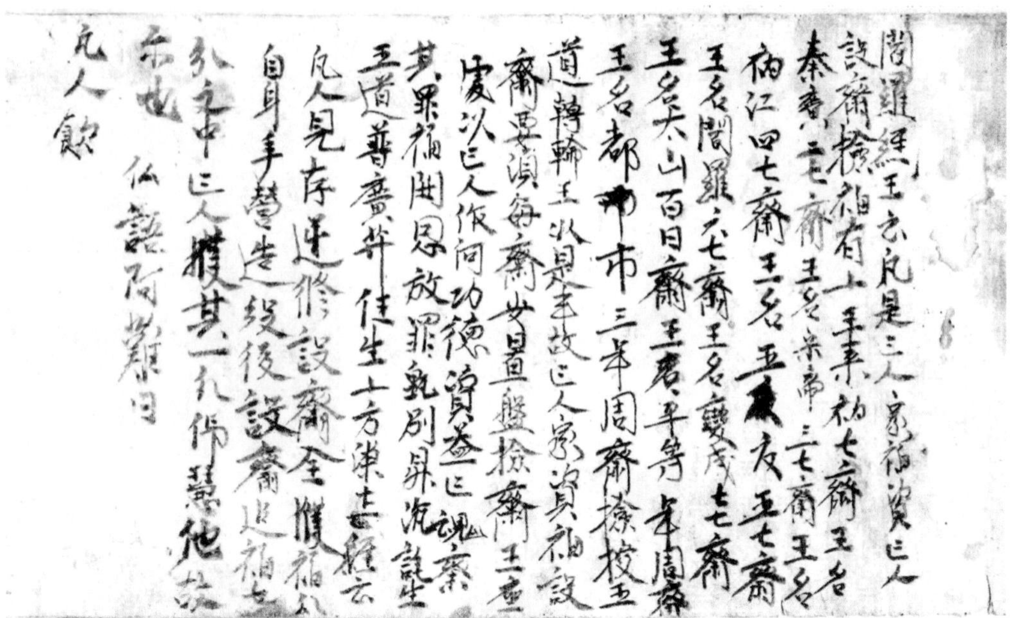

图 3.3-4 国家图书馆藏 BD00529V 号《〈阎罗王经〉十王斋与逆修斋阐注》（采自《国家图书馆藏敦煌遗书》第 8 册，下同）

王名秦广，二七斋王名宋帝，三七斋王名初江，四七斋王名五官，五七斋王名阎罗，六七斋王名变成，七七斋王名太山，百日斋王名平等，年周斋王名都市，三年周斋检校五道转轮王。以是事故，亡人家资福设斋，要须每斋安置盘检斋王座处，以亡人作何功德、资益亡魂，察其罪福，开恩放罪，甄别升沉，托生五道。

《普广菩萨往生十方净土经》云：凡人见存，逆修设斋，全获福分，自身手营造。殁后设斋追福，七分之中，亡人获其一分，仰凭[1]他，故尔也。佛语阿难曰凡人饮。

由此记注所释可知，此《阎罗王经》的内容恰合我们所论《阎罗王经》的诸王名称与序次。根据任继愈主编的《国家图书馆藏敦煌遗书》此号之条记，BD00529 号为公元 8—9 世纪即中唐吐蕃时代敦煌写本。此写本正面为《大乘稻秆经》，约七纸页。背面拟定为“十王斋与逆修斋”，仅二百余字。其中所述《阎罗王经》与我们所论高度符合，诸王名序无一差别。内中所涉此经词句等，可能直接引用，也可能归纳总结[2]。从所讲的情况来看，应非直接引用。而其所接引的《大灌顶经》卷十一即《灌顶随愿往生十方净土经》（此中称《普广菩萨往生净土经》）之内容，讲逆修功德生者七分全得，为亡者修福，亡者仅得功德七分之一，与《阎罗王授记经》所增出者也极为吻合。所以此注之产生恰在《阎罗王经》已行、《阎罗王授记经》尚未产生之

〔1〕此字或为凭、或为慧，其字形近“慧”，但“凭”文意更通。侯冲博士论文已引用此条，录为“凭”字。见侯冲《中国佛教仪式研究——以斋供仪式为中心》，上海古籍出版社，2018 年，第 432 页。笔者先得作者提供电子版，谨此致谢。文后衍出“佛语阿难曰”及“凡人饮”。其“佛语阿难曰”也是《阎罗王经》中句，恰是后来《授记经》流行本删去之段的开首。钱光胜博士论文引用此条材料，主要用于分析它对《西藏度亡经》产生影响的可能性，认为可证明《西藏度亡经》确有可能产生于八九世纪。两者研究均未涉其于早期经本之意义。

〔2〕此处词句有可能引自当时《阎罗王经》。王见川推测《阎罗王经》曾有一本失传，也并非全无可能。参前注王见川《关于敦煌发现的〈阎罗王授记经〉与〈佛说十王经〉》《“地府与十王”工作坊数据集》，上海师范大学，2017 年。

时。《阎罗王授记经》增有逆预修方法与功德分配及普广菩萨言善神下祝，所以此阐注恰可作为《阎罗王授记经》增成的一个重要例证。《阎罗王授记经》出现以后就不会再出现这种阐注了。因敦煌本中此经系之本，无论何类，均系公元10世纪曹氏归义军时期所抄写。若确定此段文字年代在吐蕃王朝统治时期，则可以证明此经系流行时间更早，也符合学界认为此经产生于公元8—9世纪之说。当然此说稍显宽泛，结合耀州本等来看，公元9世纪下半期更有可能。敦煌比丘尼妙福本与张王仵抄本的年代更晚一些，妙福施抄推测在930年至960年之间。而此记注亦确证《阎罗王经》是最早经本类型。但BD00529V号背面写文也有可能略晚于吐蕃时代，因其与正面并不直接相关，且内容字体之异，故推测记注年代稍晚更为合理。总之，此记注呈现出《阎罗王经》与《阎罗王授记经》之间的前后关系，且有较早时代背景，联系耀州本所具更早初创形态，可知《十王经》系早期经本于公元9世纪中唐时期应已出现。

（二）第二类：文偈《阎罗王授记经》

其特点为具文偈而无署名，亦无图像与赞语，多数尾题为“阎罗王授记经”，仍有两三件题为“阎罗王经”。诸王名序特点为：二宋帝、三初江、八平正。共列十一位菩萨，亦有五菩萨者。最大的特点是文句增多，在原预修斋中插入了亡斋——新死亡人斋，经文详说预修与亡人两种斋的时日，所以经内自叙题为“佛说阎罗王授记四众预修生七及新亡人斋功德往生净土经”。所增文字还加了三层意蕴，即简便预修法、修获功德之不同与善神来下祝。此类经本的存量最大，当在二十六件以上。目前所知均为敦煌本，由其中一小段关乎亡人斋文字的存留，可分为两型：一型存亡斋段，经本1有六件，经本2为一件别本；二型无亡斋段，存十五件，还有几件因残缺无法辩识。

表 3.2-3 《阎罗王授记经》经本情况简表

《阎罗王授记经》	预修简说	亡斋简说
《授记经》存亡斋段经本1	预修段插入：新死亡人斋、简易预修法、功德七分、善神下祝。	保留亡斋
	S.4805、BD06375、BD01226[1]、羽408（散535）、羽723、散799。	
《授记经》存亡斋段经本2	预修段插入：新死亡人斋、简易预修法、列五菩萨。	经后增逆修方式，请四十九僧
	俄藏 Дx.06099+Дx.00143	
《授记经》删亡斋段	预修段插入：新死亡人斋、简易预修法、功德七分、善神下祝。	删去亡斋
	S.3147、S.5450、S.5531、S.5544、S.5585、S.6230、S.7598+BD09248+S.2815、BD08237、BD08066+S.4530、BD04544、羽73-2、Дx.04560+Дx.05269+Дx.05277、Дx.06612V+Дx.07919+Дx.07960+Дx.06612+Дx.06611V+Дx.07909+Дx.08062+Дx.06611、Дx.11034、上海博物馆48（17）号。	
亡斋处残之经，无法归类	S.4890后缺、P.5580缺、羽742V、Дx.00803、Дx.03906+Дx.03862+Дx.00501。	

这些经本装帧有卷有册，抄订者有名僧道真与八十老翁等人。其卷子有S.3147、S.4530（前残）、S.4805（前残尾《佛说阎罗王经》）、S.4890（后残）、S.5585（后残）、S.6230（前稍残/五代后唐同光四年）、S.7598+BD09248+S.2815、BD01226（残）、BD04544、BD06375、BD08066+S.4530、BD08237、上海博物馆48（17）号、日本杏雨

〔1〕S.4805号、BD06375号、BD01226号在太史文书中标为短修订本。S.4805号误为S.4850号。

书屋羽408、羽723、羽742V（前后残）、俄藏Дx.11034、Дx.04560+Дx.05269+Дx.05277（前后残）、Дx.06612V+Дx.07919+Дx.07960+Дx.06612+Дx.06611V+Дx.07909+Дx.08062+Дx.06611（前后仍残）等。

册子有英藏S.5450（前抄《金刚经》）、S.5531（共十经之八[1]/庚辰年）、S.5544（辛未年为牛写）、法藏P.5580（前金刚经，残）等。

诸本残缺不一，或缺首或缺尾，也有少中段或半部者。羽742V残本仅存10行，文长者有1350字左右，又如羽723号写本有1430字，别本更多。

1. **一型，存亡斋段本**

其内容文字最长，所含亡人斋小段内容即：

> 尔时佛告阿难：一切龙神八部大神、阎罗天子、太山府君、司命司录、五道大神、地狱冥官等，行道天王，当起慈悲，法有宽纵，可容一切罪人。若慈孝男女、六亲眷属、修福荐拔亡人，报生养恩，七七修斋，造经造像，报父母令得生天。

这段文字初看起来似不重要，但实际却是讲亡人斋，侧重报父母恩的。文中“法有宽纵”或“法有慢纵”是很有深意的，可惜有些整理本的断句是错误的[2]。法有宽放或慢纵，“可容一切罪人”，所有的人都可为父母作功德求冥福，充分体现了大乘佛教之功德转让，使佛教与社会伦理的衔接更为顺畅。经文中，前有预修斋，后有亡人斋，本可谓平衡之作，但后来一些经本插亡人斋于预修斋段中，且有很大分量，所以后段显得重复拖沓，因而此亡人斋段落在更多的经本中都被删去了。但事实证明，此后的发展趋势为预修减弱趋少，亡人斋成主流，成为了大家都遵守的习俗。

经本1，十一菩萨本《阎罗王授记经》

敦煌本至少六件，有S.4805号、BD01226号、BD06375号、日本杏雨书屋羽408号、羽723号、日本中村不折旧藏散799号。

经　号	特定字词 / 菩萨数量 / 诸王名序	特　征
S.4805号	善恶、名案/十一、廿八、宫/宋、初、平正	前残/尾佛说阎罗王经
BD01226号	业镜、善恶、名案/十一、廿八、宫/宋、初、平正（图3.3-5）	前缺/戊辰年八十五老人书册本
BD06375号	业镜、善恶、名案/十一、廿八、宫/宋、初、平正	道真受持/尾段未抄题“劝修斋功德经”
羽408号	业镜、善恶、名案/十一、廿八、宫/宋、初、平正	杏雨书屋藏本 戊辰年八十五老人手写
羽723号	业镜、善恶、名案/十一、廿八、宫/宋、初、平正（图3.3-6）	杏雨书屋藏本[3] 尾题《佛说阎罗王经》
散799号	业镜、善恶、明案、逆亡/十一、廿八、宫/宋、初、平正（图3.3-7）	中村不折藏薛延唱施写五代后唐清泰三年（936）[4]

〔1〕太史文译著附录中误为“第九”，同上第215页。
〔2〕如杜斗城《敦煌本〈佛说十王经〉校录研究》全部断为“当起慈悲法，有宽纵可容”。此明显有误。此句传至海东后通行刻印本中此句成为“法勿有慢”，意思完全反了，文义说不通。黄征等校文即用此句。
〔3〕武田科学振兴财团杏雨书屋编《敦煌秘笈》，目录册一、影片册九，武田科学振兴财团，2009—2013年。羽408号为李盛铎原藏，刊影片册四。羽723号与742V号为新刊影片册九。
〔4〕［日］矶部彰编《台东区立书道博物馆所藏中村不折旧藏禹域墨书集成》卷中，二玄社，2005年，第232—233页。

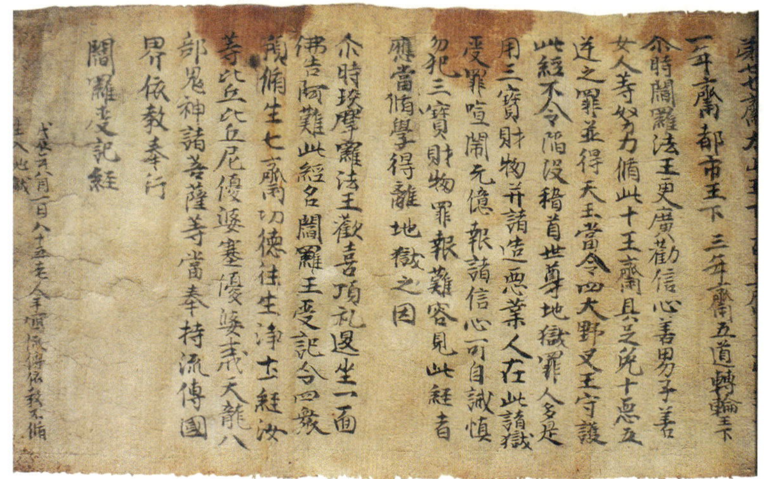

图 3.3-5

国家图书馆藏 BD01226 号写经，戊辰年八月一日八十五老人书

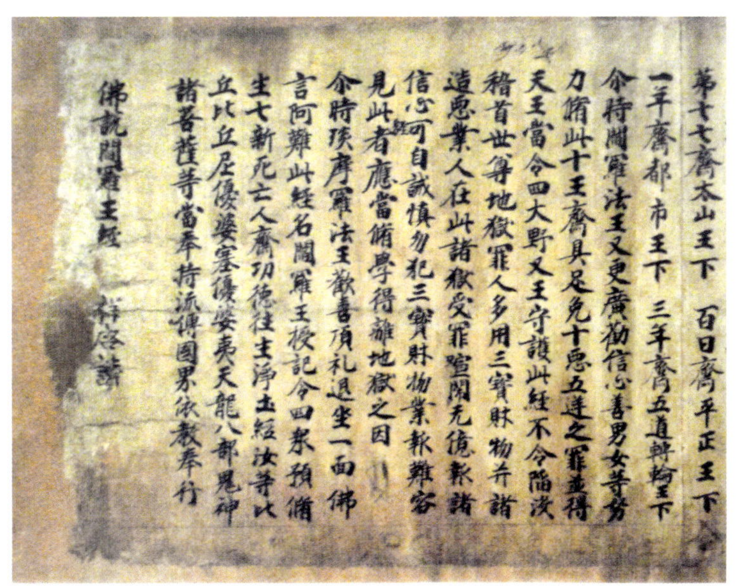

图 3.3-6

杏雨书屋藏羽 723 号《佛说阎罗王经》（实为《授记经》）（采自《敦煌秘笈》第 9 册）

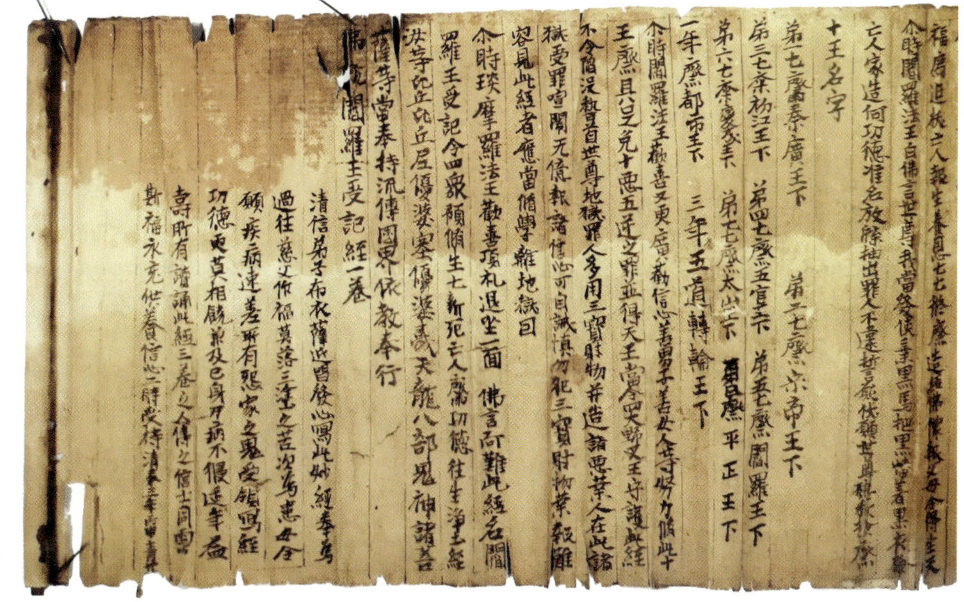

图 3.3-7

书道博物馆藏清泰三年（936）薛延唱写经题记部分（采自矶部彰《台东区立书道博物馆所藏中村不折旧藏禹域墨书集成》）

整理合录如下（亡斋段以黑体标出）[1]：

《佛说阎罗王受记令四众逆修生七斋往生净土功德经》

如是我闻：一时佛在鸠尸那城阿维跋提河边，娑罗双树间，临鉢涅槃时。普集大众及诸菩萨摩诃萨、诸天龙神王、天主帝释、四天大王、大梵天王、阎罗天子、太山府君、司命司录、五道大神、地狱官典，悉来聚集，礼敬世尊，合掌而立。

尔时佛告大众：阎罗天子于未来世当得作佛，名曰普贤王如来，国土严净，百宝庄严。国名华严，菩萨充满。多生习善，为犯戒故，退落琰摩天中作大魔王。管摄诸鬼，科断阎浮提内十恶五逆一切罪人，系闭六牢，日夜受苦，轮转其中，随业报身，定生住死。若复有人修造此经，受持读诵，舍命之后，必出三途，不入地狱。在生之日，煞父害母，破斋破戒，煞诸牛、羊、鸡、狗、毒蛇，一切重罪，应入地狱十劫五劫。若造此经及诸尊像，记在业镜，阎罗欢喜，判放其人生富贵家，免其罪过。若有善男子、善女人、比丘、比丘尼、优婆塞、优婆夷，预修生七斋者，每月二时，十五日、卅日。若是新死，依从一七计乃至七七、百日、一年、三年，并须请此十王名字。每七有一王下检察，必须作斋。功德有无，即报天曹地府，供养三宝，祈请十王，唱名纳状，状上六曹官，善恶童子，奏上天曹地府冥官等，记在名案。身到日时，当便配生快乐之处，不住中阴四十九日。身死已后，若待男女六亲眷属追救，命过十王。若阙一斋，乖在一王，并新死亡人，留连受苦，不得出生，迟滞一劫。是故劝汝，作此斋事。

如至斋日到，无财物及有事忙，不得作斋，请佛延僧建福，应其斋日，下食两盘，纸钱喂饲。新亡之人，并随归在一王，得免冥间业报饥饿之苦。若是生在之日作此斋者，名为预修生七斋，七分功德，尽皆得之。若亡没已后，男女六亲眷属为作斋者，七分功德，亡人唯获一分，六分生人将去，自种自得，非关他人与之。

尔时普广菩萨言，若有善男子、善女人等，能修此十王逆修生七及亡人斋者，得善神下来敬礼凡夫。凡夫云：何得贤圣善神礼我凡夫。一切善神并阎罗天子及诸菩萨钦敬，皆生欢喜。

尔时地藏菩萨、龙树菩萨、救苦观世音菩萨、普广菩萨、常悲菩萨、常惨菩萨、陀罗尼菩萨、金刚藏菩萨、文殊师利菩萨、弥勒菩萨、普贤菩萨等，赞叹世尊，哀悯凡夫，说此妙经，救死拔生，顶礼佛足。

尔时二十八重一切狱主与阎罗天子、六道冥官，礼拜发愿：若有四众比丘、比丘尼、优婆塞、优婆夷，若造此经，赞诵一偈。我当免其罪过，送出地狱，往生天宫，不令系滞，受诸苦恼。尔时阎罗天子即说偈白佛：

南无阿波罗，日度数千河。众生无

[1] 本书先用六个经本作出校录，具见附录，在此基础上形成合成简体字本，列此供用。

定相，犹如水上波。愿得智慧风，漂与法轮河。光明照世界，巡历悉经过。普救众生苦，降鬼摄诸魔。四王得国界，传佛修多罗。凡夫修善少，颠倒信邪多。持经免地狱，书写过灾疴。超渡三界难，永不见夜叉。生处登高位，富贵寿延长。至心诵此经，天王恒记录。欲得无罪咎，莫信邪师卜。喂鬼煞众生，为此入地狱。念佛把真经，应当自诫勖。手把金刚刀，断除魔种族。佛行平等心，众生皆具足。修福似微尘，造罪如山岳。欲得命延长，当修造此经。能除地狱苦，往生豪族家。善神恒守护，造经读诵人。忽尔无常至，善使自来迎。天王相接引，携手入金城。

尔时佛告阿难：一切龙神八部大神、阎罗天子、太山府君、司命司录、五道大神、地狱冥官等，行道天王，当起慈悲，法有宽纵，可容一切罪人。若有慈孝男女、六亲眷属、修福荐追拔亡人，报生养恩，七七修斋，造经佛像，报父母令得生天。

尔时阎罗法王白佛言：世尊！我当发使，乘黑马、把黑幡、着黑衣，检亡人家造何功德，准名放牒，抽出罪人，不违誓愿！伏愿世尊听我检斋十王名字：

第一七斋秦广王下，

第二七斋宋帝王下，

第三七斋初江王下，

第四七斋五官王下，

第五七斋阎罗王下，

第六七斋变成王下，

第七七斋太山王下，

百日斋平正王下，

一年斋都市王下，

三年斋五道转轮王下。

尔时阎罗法王又更广劝信心，善男子、善女人等努力修此十王斋，具足免十恶五逆之罪，并得天王当令四大野叉王守护此经，不令陷没。稽首世尊，地狱罪人，多是用三宝财物，并造诸恶业人，在此诸狱受苦，喧闹无忆，报诸信心，可自戒慎，勿犯三宝财物，业报难容。见此经者，应当修学离地狱因。

尔时琰摩罗法王欢喜顶礼，退坐一面。佛告阿难：此经名《阎罗王受记令四众预修生七新死亡人斋功德往生净土经》，汝等比丘、比丘尼、优婆塞、优婆夷、天龙八部鬼神、诸菩萨等，当奉持流传国界，依教奉行。

《佛说阎罗王受记经》一卷

经本 2，五菩萨别本《阎罗王授记经》

俄藏 Дx.06099+Дx.00143 号为册子本〔1〕。前存十二页，后存二页，每页六行，行十余字，缀存八十行即大部分经文，前缺约二百七十五字，以下划线为补入。除了菩萨为五位外，最后阐释逆修之异文（以粗体表示），使其成为别本。别本异文及缀理情况见拙作与党燕妮文〔2〕。

整理录文如下〔3〕：

---

〔1〕采自《俄藏敦煌文献》第 6 册，上海古籍出版社，1996 年，第 96 页。《俄藏敦煌文献》第 12 册，第 359—360 页。

〔2〕拙作《〈阎罗王授记经〉缀补研考》(《敦煌吐鲁番研究》第 5 卷，2001 年，第 81—116 页）已识考俄藏 Дx.00143 号为别本。党燕妮《〈俄藏敦煌文献〉中〈阎罗王授记经〉缀合研究》，《敦煌研究》2007 年第 2 期，第 106—108 页。

〔3〕繁体字校录本见于附录。

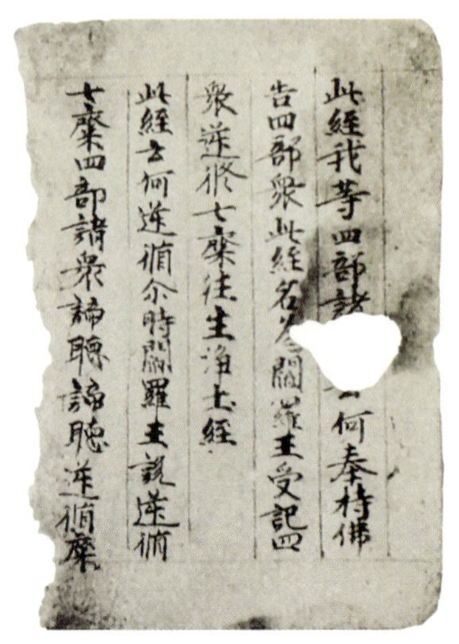

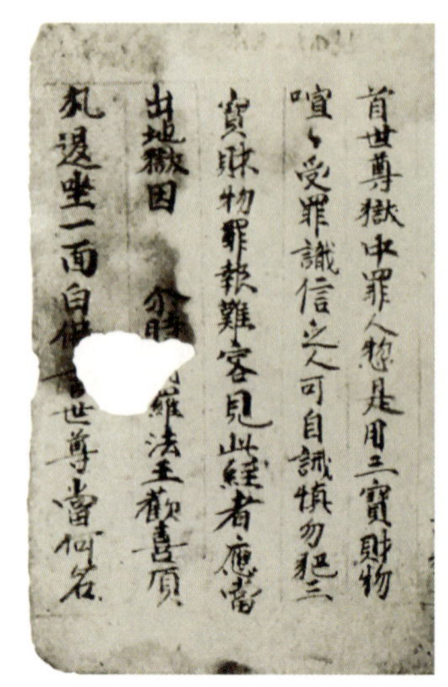

图 3.3-8
俄藏 Дx.06099 号（采自《俄藏敦煌文献》第 12 册）

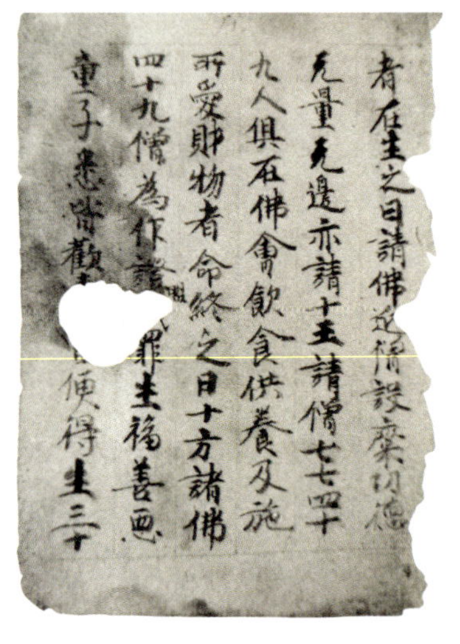

图 3.3-8B
俄藏 Дx.00143 号（《俄藏敦煌文献》第 6 册，下同）

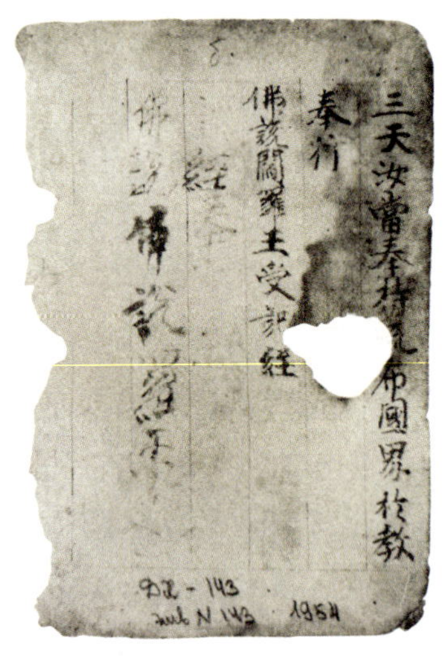

图 3.3-8C
俄藏 Дx.00143 号背

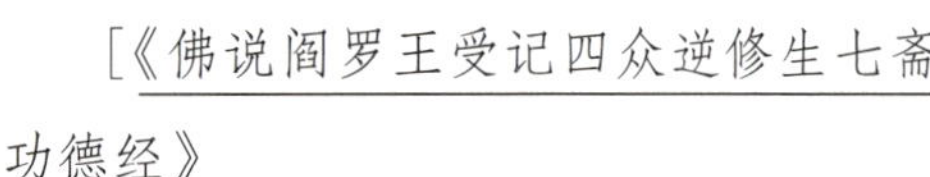

[《佛说阎罗王受记四众逆修生七斋功德经》

如是我闻：一时佛在鸠尸那城阿维跋提河边，娑罗双树间，临涅槃时，普集大众及诸菩萨摩诃萨、诸天龙神王、天主帝释、四天大王、大梵天王、阿修罗王、阎罗天子、太山府君、司命司录、五道大神、地狱官典，悉来聚集，礼敬世尊，合掌而立。

尔时佛告大众：阎罗天子于未来世当得作佛，名曰普贤王如来。国土严净，百宝庄严。国名华严，菩萨充满。多生习善，为犯戒故，退落琰摩天作大魔王。管摄诸鬼，科断阎浮提内十恶五逆一切罪人，系闭六牢，日夜受苦，轮转其中，随业报身，定生注死。若复有人修造此经，受持读诵，舍命之后，必出三途，不入地狱。在生之日，煞父害母，破戒破斋，煞诸牛、羊、鸡、狗、毒蛇，一切重罪，应入地狱十劫五劫。若造此经及诸尊像，记在业镜，阎罗欢喜，判放其人生富]

俄藏 Дx.06099：

贵家，免其罪过。若有善男子、善

女人、比丘、比丘尼、优婆塞、优婆夷，预修生七斋，每月十五、月尽日，每月新死亡人，依一七计至七七、百日、一年、三年，并须各请十王名字。每七有一王检察，必须作斋，告何功德，即报天曹及以地府，功德有无，供养三宝，祈设十王，唱名纳状，上六曹官等，记在名案。身到之日时，当配生快乐之处，不住中阴四十九日。身死已后，若待男女六亲养属追求，命过十王，若阎罗王阔一王斋者，乖在一王，留连受苦，不得出生，迟滞一年。是故劝汝，作此要事。如至斋日，无钱作斋，或若事忙作斋不得者，请佛发愿，应其斋日，下食两盘，纸钱两观，新死之人及巡斋王归在一处，得免冥间饥饿之苦及业报罪，祈往生报。

尔时地藏菩萨、陀［罗］尼菩萨、金刚藏菩萨、文殊师利菩萨、弥勒菩萨等，赞叹世尊，悯念凡夫，说此妙经，拔死救生，顶礼佛足。尔时二十八重一切狱主与阎罗天子、六道冥官，礼拜发愿：若有众生及比丘、比丘尼、优婆塞、优婆夷，若造此经，读诵一偈，当免其罪，送出地狱，往生天道，不令系滞，受之苦恼。尔时阎［罗］天子以偈白佛：

南无阿波罗，日度数千河。众生无定相，犹如水上波。愿得智慧风，漂与法轮河。光明照世界，巡历悉经过。普拔众生苦，降鬼摄诸魔。四王行世界，传佛修多罗。凡夫修善少，颠倒信邪多。持经免地狱，书写过灾河。超过三界难，永不见夜叉。生处登高位，富贵命延多。至心读此［经］，天王常护那。欲得无罪苦，莫信邪师卜。祭鬼煞众生，为此入地狱。念佛把真经，应当自戒勖。手把金刚刀，断除魔众族。佛行平等心，众生不具足。修福似微尘，造罪如山岳。欲得命［延］长，当修造此经。能除地狱苦，往生豪贵家。善神恒守护，造经读诵人。忽尔无常至，诸佛自来迎。天王常引接，携手入［金］城。

尔时佛告阿难：一切龙神八部四众、阎罗天子、太山府君、司命司录、五道大神、地狱官典、行道天王，当起慈悲，皆发愿言。法有宽纵，［可容］一切罪人，慈孝男女，追斋修福，济拔亡人，七七修斋，造经造像，报父母恩，及兄弟姊妹奴婢等，生得天道。阎罗法王白佛言：世尊！我发使乘黑马、把黑幡、着黑衣，检亡人家造何功德，唱名纳状，抽出罗罪人，不违誓［愿］。伏愿世尊听说检斋十王名字：

第一七斋秦广王下，

第二七斋宋帝王下，

第三七斋初江王下，

第四七斋五官王下，

第五七斋阎罗王下，

第六七斋变成王下，

第七七斋太山王下，

百日斋平正王下，

一年周斋都市王下，

三年斋五道转轮王下。

十斋具足，免十恶罪，放其生天。我当令四大夜叉守护此经，不令陷没。稽首世尊，狱中罪人，总是用三宝财物，喧喧受罪。识信之人，可自诫慎，勿犯三宝财物，罪报难容。见此经者应当[修学]出地狱因。爾时阎罗法王欢喜顶礼，退坐一面白佛言：世尊，当何名此经？我等四部诸[众如]何奉持？佛告四部众，此经名为《阎罗王受记四众逆修七斋往生净土经》。此经云何逆修？爾时阎罗王说逆修七斋，四部诸众谛听谛听：逆修斋（图3.3-8）

俄藏Дx.00143号正：

者，在生之日，请佛延僧，设斋功德，无量无边。亦请十王，请僧七七四十九人，俱在佛会。饮食供养及施所爱财物者，命终之日，十方诸佛、四十九僧为作证明。[灭]罪生福，善恶童子悉皆欢[喜，当]便得生三十（图3.3-8B）

俄藏Дx.00143号背：

三天。汝当奉持流布国界，于教奉行。

《佛说阎罗王受记经》（图3.3-8C）

此本最大特点是经尾加解释逆修的段落。这个阐释的内容与诸本皆有别，体现于请佛建福之延僧人数[1]，据七七斋四十九天的概念请了四十九位僧人，或者说，逆修斋原出之《大灌顶经》中的燃四十九灯也对人数起了作用。逆修需正式举办隆重的法会，虽然仍未删去简易的预修斋法，即下食两盘、纸钱两观（与余本“下食两盘、纸钱喂饲”稍有区别），并请僧四十九人，供养饮食，施所爱财物。如此逆预修之人，方可得福，且四十九僧起到证明的作用。从经济学或佛教经济的角度来看，这很有意思。因其仅一件且含异文，其流通情况不清晰，所以应比定为别本，而不是当作一种经本类型看待。此经本含有富于启迪的重要信息，即逆修定义与实施方式，当是针对“纸钱两盘”简易法的相反举措，这明显为后出，而非先有。所以，此亦可证明不能依菩萨数量的递进关系来排定其演进顺序。

2. **二型，无亡斋段本**

经本1，此本是《十王经》系中存本最多者。敦煌本至少有英藏S.3147号、S.5450号、S.5531号、S.5544号、S.5585号、S.6230号、S.7598+BD09248+S.2815号、BD08237号、BD08066+S.4530号、BD04544号、俄藏Дx.11034号、Дx.04560+Дx.05269+Дx.05277号、Дx.06612V+Дx.07919+Дx.07960+Дx.06612+Дx.06611V+Дx.07909+Дx.08062+Дx.06611号[2]、上海博物馆48（17）号、羽73-2号共十五件，皆无亡斋段。有些经本虽残，仍存可识部分，得以辨识列出。

因其图号及特征繁杂，故附表于下：

[1] 但其逆修的形成与余本皆同，而且可见出与预修同义。党燕妃即据此反驳了罗世平《地藏十王图像的遗存及其信仰》一文内关于预修为生前为己修福，逆修为亡后设斋追福的观点。《唐研究》第4卷，北京大学出版社，1998年。

[2] 张小刚、郭俊叶《敦煌“地藏十王”经像拾遗》，《敦煌吐鲁番研究》第15卷，2015年，第97页。张小艳再缀为八片。

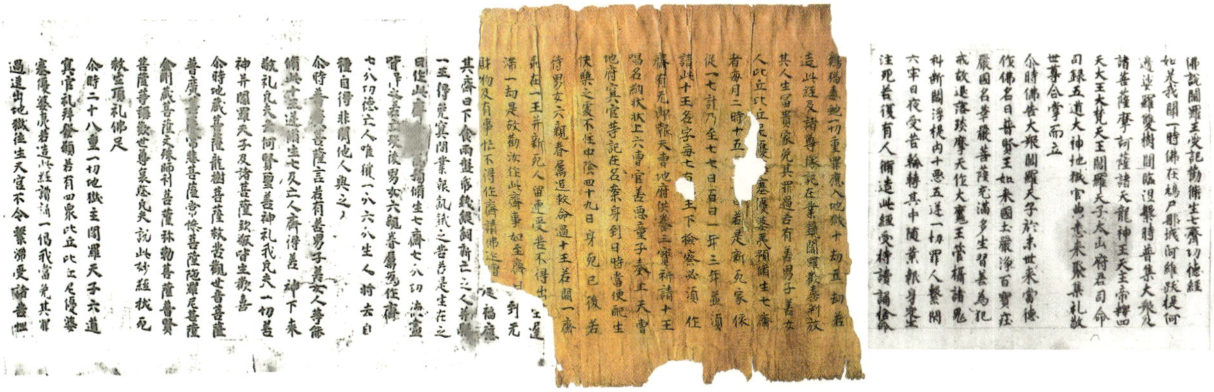

图 3.3-9

S.7598+BD09248+S.2815 号缀合（笔者缀合并作图，资料由《敦煌宝藏》及国家图书馆供图，下同）

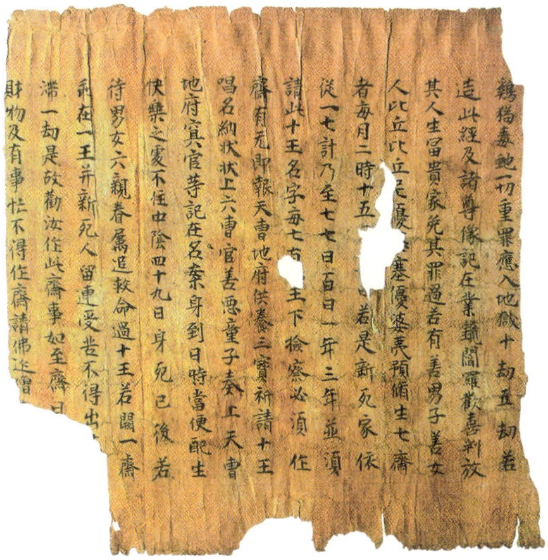

图 3.3-9B

国家图书馆 BD09248 号

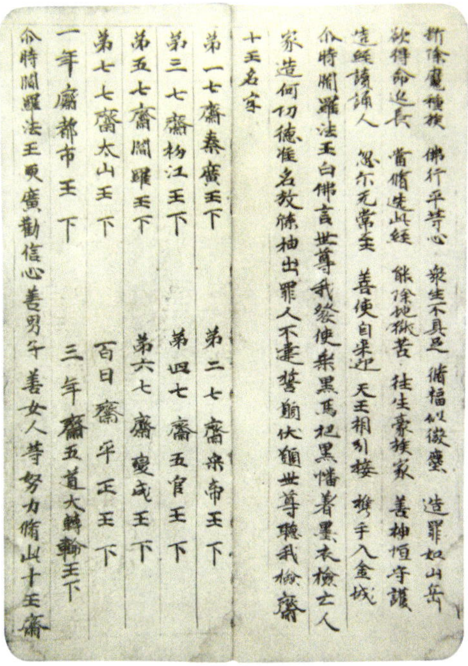

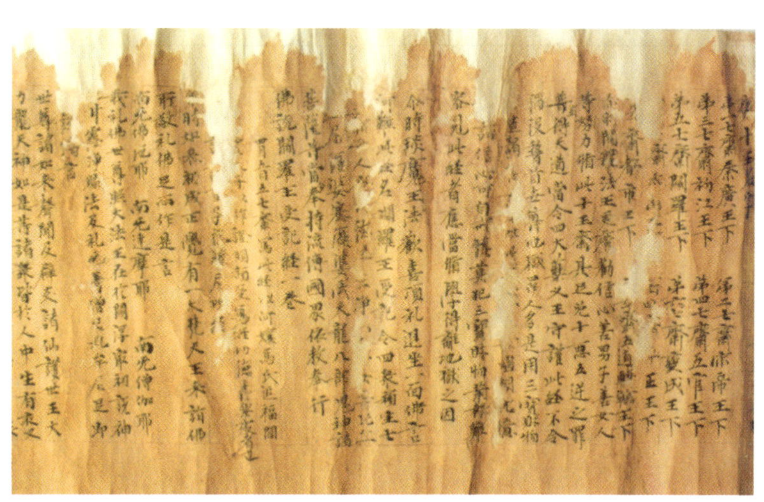

图 3.3-10

国家图书馆 BD04544 号翟奉达为亡妻马氏写经（采自 IDP 国际敦煌学项目）

图 3.3-11

上海博物馆 48（17）号写经

（采自《上海博物馆藏敦煌吐鲁番文献》）

表 3.3-2 词字异别表

经 号	特定字词 / 菩萨数量 / 诸王名序之变	特 征
S.3147 号	业镜、善恶、名案 / 十一、廿八、宫 / 宋、初、平正	道真识语抄本
S.5544 号	业镜、善恶、名案 / 十一、廿八、宫 / 宋、初、平正	辛未年为老耕牛写《金刚》《受记》一卷
S.5585 号	业镜、善恶、名案 / 十一、廿八、宫 / 宋、初、平正	尾题残
S.6230 号	业镜、善恶、名案 / 十一、廿八、宫 / 宋、初、平正	前稍残，最后补入五代后唐同光四年（926）为母患题记
S.7598+BD09248+S.2815 号三件缀合	业镜、善恶、名案 / 十一、廿八、宫 / 宋、初、平正（图 33-9、9B）	S.7598 号与 BD09248 之间稍有缺失
BD08237 号	业镜、善恶、名案 / 十一、廿八、宫 / 宋、初、平正	尾段有残
BD08066+S.4530 号	十一、廿八、宫 / 宋、初、平正	前残，戊辰十二月八十五老人抄
BD04544 号	残乱，缺少宋帝王、初江王（图 33-10）	翟奉达为妻营斋抄经本 虽残甚但可辨出删节
上海博物馆 48（17）号	业镜、善恶、名案 / 十一、廿八、宫 / 宋、初、平正（图 33-11）	书写工丽，梵夹装本
羽 73-2 号	业镜、善业、名案 / 十一、廿八、宫 / 宋、初、平正	金刚经册续抄，无亡斋段本
俄藏 Дx.04560 + Дx.05269 + Дx.05277 号	业镜、善恶、名案 / 十生、十一普广、二十八、宫 / 初、宋、平正	前后残，可识为无亡斋段本
俄藏 Дx.06612V+Дx.07919+Дx.07960+Дx.06612+Дx.06611V+Дx.07909+Дx.08062+Дx.06611号	缀成 30 余行	残，可识为无该段本
俄藏 Дx.11034 号	预亡 / 十一、二十八、宫 / 宋、初、平正	册前略残，可识为缺该段本

经本整理录文[1]：

《佛说阎罗王受记令四众逆修生七斋功德往生净土经》

如是我闻：一时佛在鸠尸那城阿维跋提河边，婆罗双树间，临鉢涅槃时，普集大众及诸菩萨摩诃萨、诸天龙王、天主帝释、四天大王、阎罗天子、太山府君、司命司录、五道大神、地狱官典，悉来聚集，礼敬世尊，合掌而立。

尔时佛告大众：阎罗天子于未来世当得作佛，名曰普贤王如来，国土严净，百宝庄严。国名华严，菩萨充满。多生习善，为犯戒故，退落琰摩天中，作大魔王，管摄诸鬼，科断阎浮提内十恶五逆一切罪人，系闭六牢，日夜受苦，轮转其中，随业报身，定生注死。若复有人修造此经，受持读诵，舍命之后，必出三途，不入地狱。在生之日，煞父害母，破戒破斋，煞诸牛、羊、鸡、狗、毒蛇，一切重罪，应入地狱，十劫五劫。若造此经及诸尊像，记在业镜，阎罗欢喜，判放其人生富贵家，免

〔1〕本书先用九个经本作出校录，具见附录，在此基础上形成合成简体字本，列此供用。

其罪过。

若有善男子、善女人、比丘、比丘尼、优婆塞、优婆夷，预修生七斋，每月二时，十五日、卅日。若是新死，依一七计至七七、百日、一年、三年，并须请此十王名字。每七有一王下检察，必须作斋。功德有无，即报天曹地府，供养三宝，祈设十王，唱名纳状，状上六曹官。善恶童子，奏上天曹地府冥官等，记在名案，身到日时，当便配生快乐之处，不住中阴四十九日。身死已后，若待男女六亲眷属追救，命过十王。若阙一斋，乖在一王。并新死亡人，留连受苦，不得出生，迟滞一劫。是故劝汝，作此斋事。如至斋日到，无财物及有事忙，不得作斋请佛，延僧建福。应其斋日，下食两盘，纸钱喂饲。新亡之人，并归在一王，得免冥间业报饥饿之苦。若是生在之日作此斋者，名为预修生七斋，七分功德，尽皆得之。若亡没已后，男女六亲眷属为作斋者，七分功德，亡人唯得一分，六分生人将去，自种自得，非关他人与之。

尔时普广菩萨言：若有善男子、善女人等，能修此十王逆修生七及亡人斋，得善神下来，礼敬凡夫。凡夫云：何得贤圣善神礼我凡夫。一切善神并阎罗天子及诸菩萨钦敬，皆生欢喜。

尔时地藏菩萨、龙树菩萨、救苦观世音菩萨、普广菩萨、常悲菩萨、常惨菩萨、陀罗尼菩萨、金刚藏菩萨，文殊师利菩萨、弥勒菩萨、普贤菩萨等称赞世尊，哀悯凡夫，说此妙经，拔死救生，顶礼佛足。

尔时二十八重一切狱主与阎罗天子、六道冥官，礼拜发愿：若有四众比丘、比丘尼、优婆塞、优婆夷，若造此经，赞诵一偈，我当免其罪过，送出地狱，往生天宫，不令系滞，受诸苦恼。尔时阎罗天子说偈白佛：

南无阿波罗，日度数千河。众生无定相，犹如水上波。

愿得智慧风，漂与法轮河。光明照世界，巡历悉经过。

普拔众生苦，降鬼摄诸魔。四王行世界，传佛修多罗。

凡夫修善少，颠倒信邪多。持经免地狱，书写过灾疴。

超度三界难，永不见夜叉。生处登高位，富贵寿延长[1]。

至心诵此经，天王恒守护。欲得无罪咎，莫信邪师卜。

祭鬼煞众生，为此入地狱。念佛把真经，应当自诫勖。

手把金刚刀，断除魔众族。佛行平等心，众生不具足。

修福似微尘，造罪如山岳。欲得命延长，当修造此经。

能除地狱苦，往生豪族家。善神恒守护，造经读诵人。

忽尔无常至，善使自来迎。天王相引接，携手入金城。

尔时阎罗法王白佛言：世尊！我发使乘黑马、把黑幡、着黑衣，检亡人家造何功德，准名放牒，抽出罪人，不违誓愿！伏愿世尊听我检斋十王名字：

[1] 英藏S.5544号、S.5585号均脱漏一行三句“生处登高位，富贵寿延长。至心诵此经”。

第一七斋秦广王下，第二七斋宋帝王下，第三七斋初江王下，第四七斋五官王下，第五七斋阎罗王下，第六七斋变成王下，第七七斋太山王下，百日斋平正王下，一年斋都市王下，三年斋五道转轮王下。

尔时阎罗法王更广劝信心，善男子、善女人等，努力修此十王斋，具足免十恶五逆之罪，并得天王当令四大野叉王守护此经，不令陷没。稽首世尊，地狱罪人，多是用三宝财物，并诸造恶业人，在此诸狱受苦。喧闹无亿，报诸信心，可自诫慎，勿犯三宝财物，业报难容。见此经者，应当修学，得离地狱之因。

尔时琰摩罗法王欢喜顶礼，退坐一面。佛言：阿难！此经名《阎罗王受记令四众预修生七及新亡人斋功德往生净土经》，汝等比丘、比丘尼、优婆塞、优婆夷、天龙八部鬼神、诸菩萨等，当奉持流传国界，依教奉行。

《佛说阎罗王受记经》

此处无法辨识归型的敦煌本还有几件（上表3.2-3末格）。

（三）第三类：图赞《预修十王生七经》

此类共有四型。一般而言，有图像、有赞词，并具“成都府大圣慈寺沙门藏川述”之重要署名；菩萨多为六位，或有绘出；诸王名序特征则为：二初江、三宋帝、八平等或平正。耀州本中不但有无图的赞词本，还有第一、二类向第三类的过渡变化型，已具有赞词，但第二、三王名序仍保持第一、二类之特征，如第二王宋帝王赞词中有“奈河”。或许这正是引起第二、三王变次序，以初江王对应奈河的场景的原因。第三类以插图对应赞语为主流，其第八王之名作平等王或平正王者皆有，且多与尾题相配合，这一差别这也是区别此类经本的重要依据。如敦煌四件尾题“佛说十王经”写绘本内皆为“平正王”。浙江台州灵石寺塔本首尾题含“预修生七”，内为“平等王”，韩国海印寺本、日本宝寿院本、朝鲜刻本同此。借此可知其源出中国本土，包括朝鲜刻本、明代刻本皆如此。但清代印本与抄本，虽与明印本文字与题目基本相同，题目中多加有“阎罗王经”或“阎王经”。第八王却称“平政大王”[1]。

耀州经本特色十足，故可将耀州本作为首要经型与经本来介绍。

1. 一型，无图过渡本

由耀州神德寺塔本比定出并构成经本的有Y0076+Y0155号，其过渡新创形态十分明显。因耀州本残碎多，若以经本类型缀理，或可以此为核心，而Y0024号、Y0288号也有可能缀接，所以在附录部分作增添缀理。

此经本是由第一、二类向第三类过渡的形态。其赞句已属《十王经》第三类经本，内容基本上相同，唯后三王赞句次序不同，即第三类的十王之后赞句被提前到十王处，此仍显早期特征。不过，其是由第一类还是第二类而来，似不好判明。此经本诸王名序中二宋帝、三初江之特点为第三类所无、前两类皆具；第八王则第一类作“平等”、第二类作“平正”，此处残失未明。赞句前引语，第一类、第二类各有特征。第一类诸王句式是“某七某王”；第二类是“第几斋某王下”，而耀州此本是“某七某王下”，如“二七

[1] 明代刊本题目后部加“阎罗王”字，且简称为“阎罗王经”。文字基本据此而删减图像、较明本增赞的清代印配刻本，题目亦加阎罗或阎王，第八位则为“平政大王”（具体详下文）。

初江王下，以偈颂曰……"，句中无"第"有"下"。因而属第一、二类皆有可能。另外，耀州本第一类中缀入 Y0211 号内容有"第某七某王"，虽与敦煌本小异，但与此本相较，还是与第一类更相近。又此经本尾题为"佛说阎罗王经"，数十件《阎罗王授记经》中仅三件具此题，且耀州本中第二类《授记经》本特征很少[1]。据此笔者亦略倾向于认为其是由第一类向第三类变化。

经本 1，耀州偈颂本

Y0076+Y0155 号　参见图 3.2-4

1. 一七秦广王下以偈颂曰

2. 一七亡人中阴身驱羊队队数如尘

3. 且向初王斋点检由来未渡奈河津

4. 二七宋帝王下以偈颂曰

5. 二七亡人渡奈河千群万队涉江波

6. 引路牛头肩挟棒催行鬼卒手擎叉

7. 三七日初江王下以偈颂曰（Y0155 号[2]）

8. 亡人三七转恓惶始觉冥途险路长

9. 各各点名知所在群群驱送五官王

10. 四七五官王下以偈颂曰

11. 左右双童业簿全五官业秤向空悬

12. 轻重岂由情所愿低昂自任昔因缘

13. 五七阎罗王下以偈颂曰

14. 五七阎罗息诤声罪人心恨未甘情

15. 策发仰头看业镜始知先世事分明

16. 六七变成王下以偈颂曰

17. 亡人六七滞冥途切怕生人执意愚

18. 盼盼只看功德力天堂地狱在须臾

19. 七七太山王下以偈颂曰

20. 亡人七七托阴身专求父母会情亲

21. 福业此时仍未定更看男女造何因

22. 百日平等王下以偈颂曰

23. 后三所历渡[3]关津好恶唯凭福业因

24. 不善尚忧千日内胎生产死拔亡人

25. 一年都市王下以偈颂曰

26. 下身六道苦茫茫十恶三途不易当

27. 努力修斋功德具，恒沙诸罪自消亡

28. 三年五道转轮王下以偈颂曰

29. 阎罗退坐一心听佛更殷勤嘱此经

30. 名曰预修生七教汝兼四众广流行

……

31.《佛说阎罗王经》

此经最后部分因其后三王偈颂较流行本提前，所以不作缀补。又原著录十王后文字与图片及录文不能对应，亦略[4]。而 Y0228 号的碎字也有可能缀入其中，与内容与现行诸本有不同处，也有些接近《授记经》者。以上一并见附录处理。

2. 二型，无图具赞本

此型有偈赞而无图像。经本有四种，年代跨度与地域分布皆广，有耀州、敦煌、朝鲜与日本及清代刻印与抄写本。耀州本可辨识一两件，之前有敦煌本法藏 P.3761 号的袖珍册子本，虽有藏川署名却无图像。过去敦煌本中有法藏 P.4523+英藏 W80 号缀合成十王经之插图，但有图无文字，故推测其为与 P.3761 号相互配合、作法事之用本。但耀州本的出现似改变这一认识。上述过

〔1〕耀州本中几无第二类《授记经》特有词句，由此或可推定其仍属第一类经本。

〔2〕Y0155 号中行清楚，两侧残存，对照此本实可识出前行"引路"残迹，后行"三七"残迹。

〔3〕误"后"为"复"，径改。"渡"，诸本为"是"。

〔4〕据黄征主编《陕西神德寺塔出土文献》，Y0076 号后部数行录文图版无示，且两图不一。此异文亦证经本特殊。

渡型 Y0076 号等之王名组合与尾题等均具《阎罗王经》系特征，且已有“(某王下)以偈颂曰”和诸赞词，恰为文偈与图赞之中间初态。此外还有 Y0014-2 号，此亦无图有赞本，还有 Y0228 号内容也具赞词，有近似处。由此可知，在藏川作“述”前，赞词本已经出现（若联系绵阳龛像铭刻更可知藏川述前赞词与画面皆有）。而此 Y0014-2 号等有赞词但仍无图，可知其为过渡型后的中间形态。因其经行字多补出，示赞词形态较成熟，故列此类，惜因残泐无法知其诸王名序与菩萨数等情况。

经本 1，耀州 Y0014-2 号

耀州神德寺塔本中，Y0014-2 号是最完整的一件，若补上行缺又是分量最大的一本。其具有“赞曰”之词，唯缺图像，没有插图。虽然其所出并非完全无图，与经同出的也有绢画及重彩等图，甚至有非常接近于十殿冥王之形象者，但似乎没有同敦煌本《佛说十王经》者，将十王图像插绘于经中[1]。一般而言，图像应该是在赞词成熟以后才插入的。耀州本提供了良好的基础信息，因为此件经本在内容上已经缀理，可以参考。至于耀州 Y0228 号残件内容中个别字词与此型经本也有些联系，但因存字与可明确部分太少，故不用为例，置于附录中缀理处理。

经本 2，法国藏 P.3761 号

法藏 P.3761 号与耀州神德寺塔残本，都是纯文字写本，不但有长行偈句，也有赞词，唯缺图画。清代晚期重庆也出现无图经本，但几处情况各不相同。

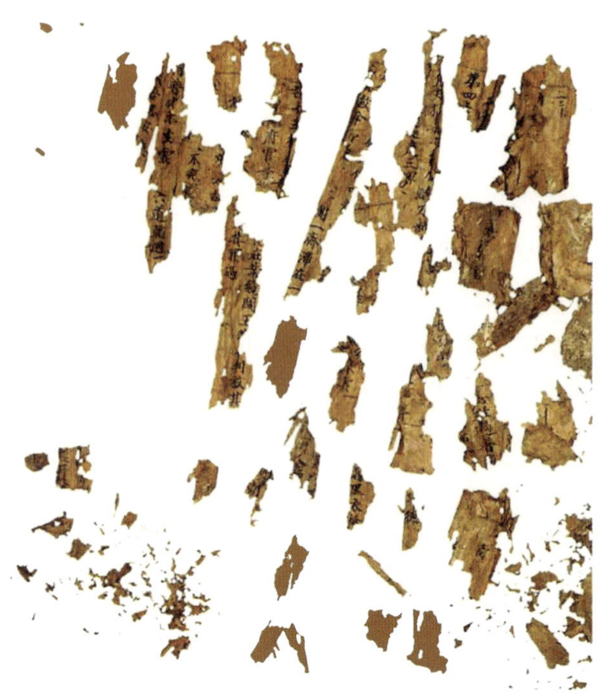

图 3.3-12

耀州神德寺塔本 Y0014-2 号局部（采自黄征主编《陕西神德寺塔出土文献》，下同）

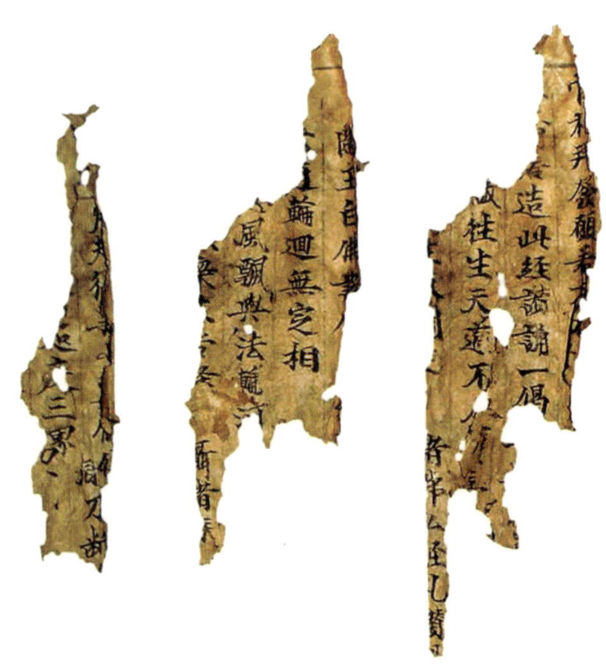

图 3.3-12B

耀州神德寺塔本 Y0014-2 号局部

---

〔1〕在《陕西神德寺塔出土文献》出版之前，王雪梅曾发邮件就几幅图片询问笔者是否十王图像，但未说明背景情况，就此难以确切地比定。虽然耀州神德寺塔本作为无图有赞之《十王经》而得辨识，但此塔出品实有一些图画，颇似十王者。笔者也曾辨识，局部确像冥王，但较完整的图本，似又为乐工奏乐等，或是有些图像内容仍未展开，期待图像方面之识别。

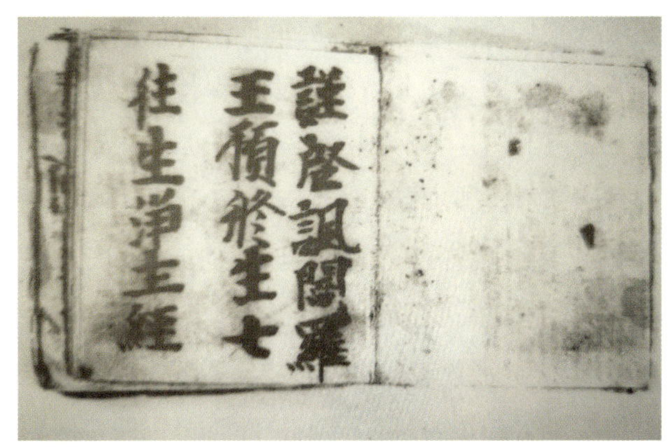

图 3.3-13

法藏 P.3761 号局部（采自《敦煌宝藏》第 130 册，下同）

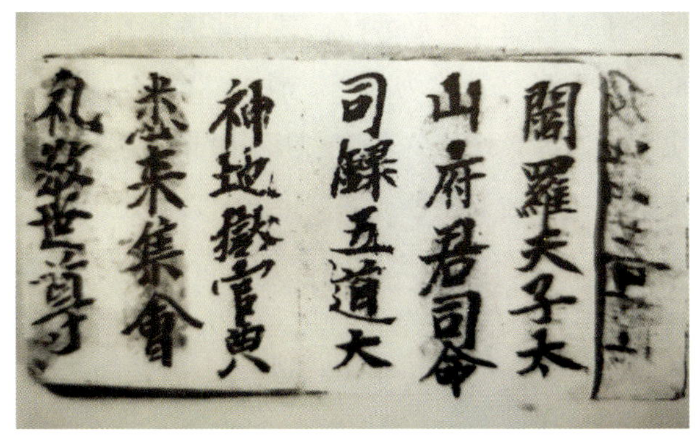

图 3.3-13B

法藏 P.3761 号局部

敦煌此系《佛说十王经》存一特殊写本即 P.3761 号，装帧形式虽属册子装却是袖珍本，高宽仅约五厘米，每页三行，行四字或更多（图 3.3-13）。这种形式决定了其无法插入图画，所以，其即无图袖珍册本。其前有“成都府大圣慈寺沙门藏川述”之署名，后有残失，不知尾题如何。袖珍本便于携带至各种场合备用，可配较大图本使用。敦煌所出另一无字图本，即 P.4523+W80 号，或可对应。但此小册也可以对应其他图画，加上之前耀州，之后重庆，远及韩日等地也都有无图本流行，因而将其排于此。

经本 3，朝鲜日本刻印本

此经本传至近现代，最有代表性的就是《卍续藏经》中第 2 册第 0021 号之《预修十王生七经》刊印本。因为已是铅印，流行方便，更因佛典的电子化而通行，便于各界使用，萧登福及黄征的论著都曾充分利用此本。但此经本完全来自朝鲜刻本，应为 1469 年（据成化五年题记[1]）刊经都监的刻本，文字内容依样而收录于本书，包括部分题记，插图则未纳入。朝鲜雕版刊印此经多次，据统计，从 1246 年至 1735 年间刻板竟达 12 次，除首次外都是朝鲜王朝刻印[2]，时段集中于十五、十六、十七世纪，各有三次，可见其盛。高丽朝始镌图称变相，以后一些朝鲜刻本也有图，样态多有承绪，因而归于第三类的图赞型。

据金知妍文所列，朝鲜王朝刻本有端宗二年 / 景泰五年（1454）[3] 平安道平壤府讷山天明寺版本，世祖六年 / 天顺五年（1461）全罗道光州地瑞石山证心寺刊本，睿宗元年 / 成化五年（1469）刊经都监版，宣祖七年 / 万历二年（1574）黄海道文化土九月山兴栗寺版本，宣祖九年 / 万历四年（1576）安东地鹤驾山广兴寺版本，宣祖十年 / 万历五年（1577）鸡龙山东鹤寺版本，宣祖三十四年 / 万历二十九年（1601）光教山瑞峰寺版本，光海君十年 / 万历四十六年（1618）曹溪山松广寺版本，肃宗十三年 / 康熙二十六年（1687）妙香山普贤寺镂版印，肃宗四十四年 / 康熙五十七年（1718）、英祖十一

[1] 伍小劼推定此朝鲜刻经版本即证心寺本（1522），为日本《卍续藏经》所收，理由就是木板刻经之题记为《卍续藏经》所收。但木板刻的年代就有一些问题，实际上题记是可以沿用或多有沿用，未必一版一记，所以易生误解。见伍小劼《韩国藏〈十王经〉异本初探》，《文献》2019 年第 3 期，第 60 页。

[2]［韩］金知妍撰，敖英译《巫俗信仰所反映的佛教十王》，《宗教研究》2016 年第 1 期。此文资料丰富，所标《卍续藏经》“佛说预修十王生七经”实即一种海印寺刊经。注明海印寺刊《十王经》为 1246 年，但未详理由。其文资料 4 李一娘墓志十斋日舍肉为八关斋戒之每月十斋日，被误为十王斋中预修斋日。

[3] 因朝鲜自太祖李成桂 1392 年开国后就用明朝年号，沿用共 260 余年，至 1659 年显宗改干支纪年。明亡后仍沿用崇祯年号很久。

年/雍正十三年（1735）全罗道智异山华严寺刊本等[1]。

这些版次中，有些具图，如证心寺、松广寺本等，其余诸本不能尽具插图。朝鲜版的雕版与施主地位有很大关系。上述中仅寺监版为国家机构，余版多为私寺或小寺。金知妍于此情况不能尽知掌握，所以论述有些推测性。朝鲜刻本中至少一二种版本无图，形式同于《卍续藏经》中所收。

至少可说，从朝鲜木雕刊印到日本铅印藏经本，脱去图像的纯文字本也有流行。总之朝鲜刻本《预修十王生七经》的文字内容，实即通过《卍续藏经》的现代化铅字刊印而广为人知[2]，成为现代学界与教界最为熟知的经本。文字见附录。

经本4，清代刻印与抄本

从明代雕版图赞善本（详后）延续至清代后，出现一种无图本，存刻印与抄本，经名同于明代刻本，简称《阎王经》，全称《佛说预修生七往生净土阎罗经》。该本序言中讲西京长安马弘敬入冥传此经之故事亦略同明本，但经文中没有明本增出的长短句赞偈，大致保持此经文本基本形态（图3.3-14、14B），与朝鲜刻本及日本流传者近同，但有不少错别字与小改动等。刻本题记为清代嘉庆二十四年（1819）重庆理民仁里二甲刘瓒刊，写本依印本抄录（图3.3-15、15B）[3]。此清代刻印本及抄本，内容文字虽基本沿用明本，却也有一两点值得注重，一即菩萨数非三非六更非十一，而是四位：地藏、救苦观世音、常悲、金刚藏菩萨，较此类中最常见的六菩萨少了龙树与陀罗尼菩萨；其二即诸王名序等方面，诸王名称皆称为大王，且加“案分”两字，更有第八百日处作“平政大王”而非平等王，或体现出些许地方特色。如“第三七亡人过宋帝大王案分”“第五七日过阎罗大王案分”“第六七日过卞成大王案分”“第百日过平政大王案分”等。总之，虽然此经本的文字段落变化并非很大，但整体却有些宝卷化的松动之感。

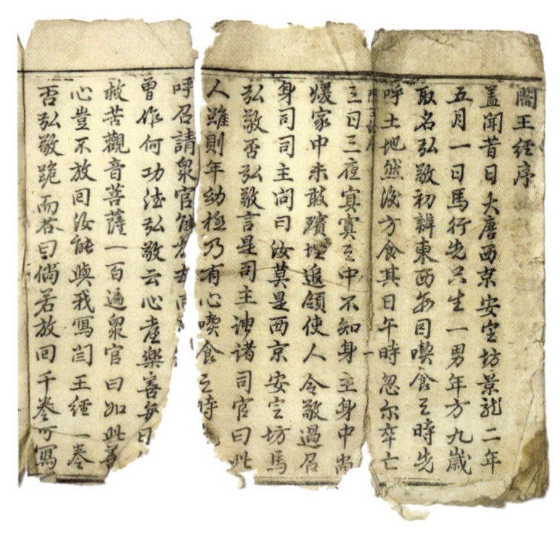

图3.3-14

重庆清代刻本《阎王经》序（侯冲供图，下同）

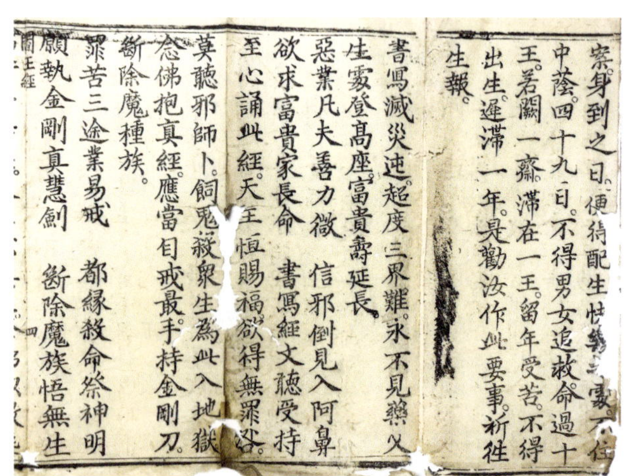

图3.3-14B

重庆清代刻本《阎王经》文

[1] 台湾《中华佛教百科全书》中“预修十王生七经”辞条还提到朝鲜潭阳龙泉寺刊本，但未提及年代等信息。证心寺本后来保存在潭阳郡龙华寺，辞条可能有错。

[2] 刊于《卍续藏经》第20册。原为朝鲜刻本，据成化五年（1469）六月五日志记。

[3] 侯冲《中国佛教仪式研究——以斋供仪式为中心》，上海古籍出版社，2018年，第431页。文中介绍其序言的灵验故事为景龙二年（708）马弘敬在唐西京安定坊入冥，并言若此为真，则其经不晚于此年。但其序言故事中虽内容种种细节一致，而明代刊印本中年号却是景隆二年。另，清代本为重庆地区传印，施主刘瓒，与明刊本施主信官刘普成同姓。

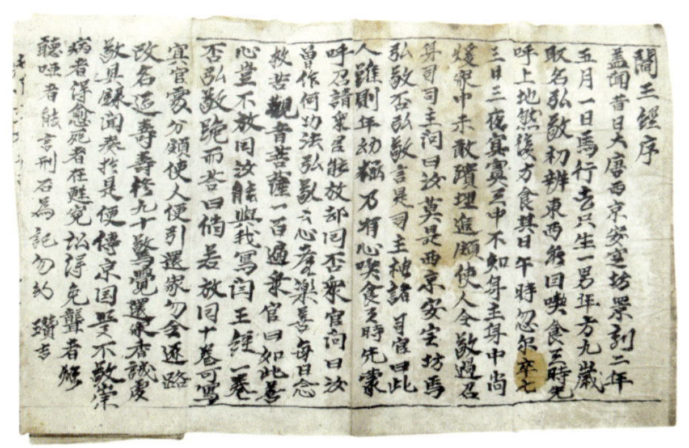

閻王經序
蓋聞昔日大唐西京安定坊景剝二年
五月一日馬行玄只生一男年方九歲
取名弘敬初辨東西能回喚食三時光
呼上地煞後方食其日午時忽然卒亡
三日三夜冥冥之中不知身主身中尚
煖家中未敢殯埋遊魂使人令敬過召
身司主問曰汝莫是西京安定坊馬
弘敬否弘敬言是司主被諸司官曰此
人雖則年幼樂乃有心喚食之時先叫
呼召請衆生將放却問否衆官向曰汝
曾作何功法弘敬云心存樂善每日念
救苦觀音菩薩一百遍衆官曰如此善
心豈不放回汝能與我寫閻王經一卷
否弘敬跪而答曰備善放回十卷可寫
宜官家分頭使人便引還家勿令迷路
改名延壽壽增九十歲覺還家者誠處
敬具蘇閻奏指是便傳京国要不敬棠
病者得愈死者在魅冤訟得免聾者修
聽啞者能言刑石爲記勿約　讚吉

图 3.3-15
重庆清代抄本《阎王经》序

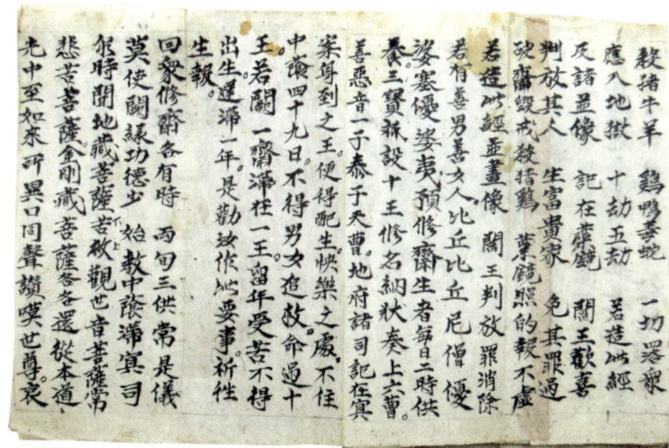

教豬牛羊　鷄鴨蒼蛇　一切惡衆
應入地獄　十劫五劫　若造此經
及諸畫像　記在業鏡　閻王歡喜
判放其人　生富貴家　免其罪過
破齋毀戒殺猪鷄　業鏡照然報不虛
若造此經並畫像　閻王判放罪消除
若有善男善女人、比丘比丘尼僧優
婆塞優婆夷預修齋生者每日二時供
養三寶祈設十王修名納狀奏上六曹。
善惡童子奏天曹。地府諸司記在冥
案身到之王。使得配生快樂之處。不住
中陰四十九日。不得男女追救。命過十
王。若闕一齋滯在一王。留年受苦不得
出生。遲滯一年。是勸汝作此要事。祈往
生報。
回象修齋各有時　兩旬三供常是儀
莫使闕緣功德少　始教中陰滯冥司
爾時閻地藏菩薩、龍樹菩薩、救苦觀世音菩薩、常
悲菩薩、金剛藏菩薩各各還從本道、
光中至如來所異口同聲讚嘆世尊。哀

图 3.3-15B
重庆清代抄本《阎王经》文

附 1：新疆吐鲁番出土经尾

即上文介绍新材料中大谷探险队在吐鲁番遗址所得，仅剩最末两赞句与尾题，不知有图无图，依目前状况，可附置于此型经本之中。

3. **三型，具图赞词《佛说十王经》**

此处三、四型都为主流的图赞本。前者为敦煌多图本，即全经有 13 或 14 图者，含敦煌纯图本，附大理国本（不全，仅有卷首前部），附大足石刻像铭（不全），附 P.3304V《十王画榜题》；后者为台州本与海东本等。

经本 1，敦煌十四图具署名本

卷首画为释迦佛为阎罗王授记，符合经文开首内容，六菩萨绘出。现知至少有敦煌本法藏 P.2003 号（图 3.3-16）、P.2870 号，以及日本久

图 3.3-16
法藏 P.2003 号卷首（采自 IDP 国际敦煌学项目与《敦煌宝藏》等，下同）

图 3.3-16B

法藏 P.2870 号卷首图

图 3.3-16C

日本久保总美术馆藏董文员绘卷首图

保总美术馆藏董文员绘卷三件。

第 P.2870 号卷首（图 3.3-16B），释迦下左侧为第一、二、三、四、十王，右侧为第五、六、七、八、九王。第五阎罗王本在左侧外，离佛最远，但被补至右侧第一位。此含深意，释迦授记阎罗，卷首画就是依此而表达的。法藏 P.2003 则仅绘十王而无榜题，但戴冕旒的阎罗仍在释迦的身旁。董文员绘卷的布置也有相同处。

董文员绘卷首图（图 3.3-16C），同于法藏 P.2870 号，左为第一、二、三、四、十王，右为第五、六、七、八、九王。其结束处也有特色，画家本人形象出现于此。

整理录文[1]：

谨启讽《阎罗王预修生七往生净土经》。誓劝有缘以五会启经入赞，念阿弥陀佛

成都府大圣慈寺沙门藏川述

《佛说阎罗王授记四众预修生七往生净土经》

赞曰：如来临般涅槃时，广召天龙及地祇。因为琰魔王授记，乃传生七预

[1] 繁体字校录本具见附录。

修仪。

如是我闻：一时佛在鸠尸那城阿维跋提河边，娑罗双树间，临般涅槃时，举身放光，普照大众及诸菩萨摩诃萨、天龙神王、天主帝释、四天大王、大梵天王、阿修罗王、诸大国王、阎罗天子、太山府君、司命司录、五道大神、地狱官典，悉来集会，礼敬世尊，合掌而立。

赞曰：时佛舒光满大千，普臻龙鬼会人天。释梵诸天冥密众，咸来稽首世尊前。

佛告诸大众：阎罗天子于未来世当得作佛，名曰普贤王如来，十号具足，国土严净，百宝庄严。国名华严，菩萨充满。

赞曰：世尊此日记阎罗，不久当来证佛陀。庄严宝国常清净，菩萨修行众甚多。

尔时阿难白佛言：世尊！阎罗天子以何因缘，处断冥间，复于此会，便得授于当来果记？佛言：于彼冥途为诸王者，有二因缘，一是住不可思议解脱不动地菩萨，为欲摄化极苦众生，示现作彼琰摩王等，二为多生习善为犯戒故，退落琰魔天中，作大魔王，管摄诸鬼，科断阎浮提内十恶五逆，一切罪人，系闭牢狱，日夜受苦，轮转其中，随业报身，定生注死。今此琰魔天子因缘以熟，是故我记来世尊国，证大菩提，汝等人天，应不疑惑。

赞曰：悲憎普化是威灵，六道轮回不暂停。教化厌苦思安乐，故现阎罗天子形。

若复有人修造此经，受持读诵，舍命之后，不生三途，不入一切诸大地狱。

赞曰：若人信法不思议，书写经文听受持。舍命顿超三恶道，此身长免入阿鼻。

在生之日，煞父害母，破斋破戒，煞猪、牛、羊、鸡、狗、毒蛇，一切重罪，应入地狱，十劫五劫，若造此经及诸尊像，记在冥案，身到之日，阎王欢喜，判放其人生富贵家，免其罪过。

赞曰：破斋毁戒煞猪鸡，业镜照然报不虚。若造此经兼画像，阎王判放罪消除。

若有善男子、善女人、比丘、比丘尼、优婆塞、优婆夷，预修生七斋者，每月二时，供养三宝，所设十王，修名纳状，奏上六曹，善恶童子，奏上天曹地府官等，记在名案，身到之日，便得配生快乐之处，不住中阴四十九日，不待男女追救，命过十王。若阙一斋，滞在一王，留连受苦，不得出生，迟滞一年，是故劝汝，作此要事，祈往生报。

赞曰：四众修斋及有时，三旬两供是常仪。莫使阙缘功德少，始交中阴滞冥司。

尔时地藏菩萨、龙树菩萨、救苦观世音菩萨、常悲菩萨、陀罗尼菩萨、金刚藏菩萨，各各还从本道光中，至如来所，异口同声，赞叹世尊，哀悯凡夫，说此妙法，拔死救生，顶礼佛足。（图3.3-16D、16E）

图 3.3-16D

法藏 P.2003 号绘六菩萨

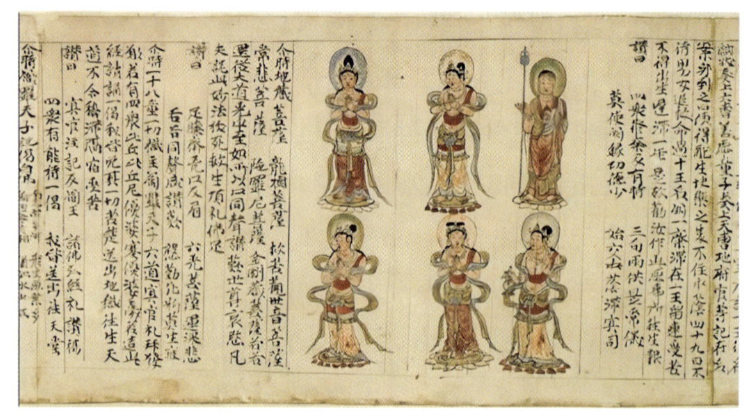

图 3.3-16E

董文员绘卷画六菩萨

赞曰：足膝齐胸口及眉，六光菩萨运深悲。各各同声咸赞叹，殷勤化物莫生疲。

尔时一十八重一切狱主、阎罗天子、六道冥官，礼拜发愿：若有四众比丘、比丘尼、优婆塞、优婆夷，若造此经，读诵一偈，我皆免其一切苦楚，送出地狱，往生天道，不令稽滞，隔宿受苦。

赞曰：冥官注记及阎王，诸佛弘经礼赞扬。四众有能持一偈，我皆送出往天堂。

尔时阎罗天子说偈白佛：南无阿罗河，众生恶业多。轮回无定相，犹如水上波。

赞曰：阎王白佛说伽陀，悯念众生罪苦多。六道轮回无定相，生灭还同水上波。

愿得智慧风，漂与法轮河。光明照世界，巡历昔经过。

普救众生苦，降伏摄诸魔。四王行国界，传佛修多罗。

赞曰：愿佛兴扬智慧风，漂归法海洗尘濛。护世四王同发愿，当传经典广流通。

凡夫修善少，颠倒信邪多。持经免地狱，书写过灾疴。

超度三界难，永不见药叉。生处登高位，富贵寿延长。

赞曰：恶业凡夫善力微，信邪倒见入阿鼻。欲求富贵家长命，书写经文听受持。

至心诵此经，天王恒记录。莫煞祀神灵，为此入地狱。

念佛犯真经，应当自诫罚。手执金刚刀，断除魔种族。

赞曰：罪苦三途业易成，都缘煞命祭神明。愿执金刚真惠剑，斩除魔族悟无生。

佛行平等心，众生不具足。修福似微尘，造罪如山岳。

当修造此经，能除地狱苦。往生豪贵家，善神常守护。

赞曰：罪如山岳等恒沙，福少微尘数未多。犹得善神常守护，往生豪富信心家。

造经读诵人，忽尔无常至。天王恒

引接，菩萨捧花迎。

愿心往净土，八百忆千生。修行满证入，金刚三昧成。

赞曰：若人奉佛造持经，菩萨临终自往迎。净国修行因满已，当来正觉入金城。

尔时佛告阿难：一切龙天八部及诸大神、阎罗天子、太山府君、司命司录、五道大神、地狱官等行道大王，当起慈悲，法有宽纵，可容一切罪人。慈孝男女修福，荐拔亡人，报生养之恩。七七修斋造像，以报父母恩，令得生天。

赞曰：佛告阎罗诸大神，众生造业具难陈。应为开恩容告福，教蒙离苦出迷津。

阎罗法王白佛言：世尊！我等诸王皆当发使，乘黑马、把黑幡、着黑衣，检亡人家造何功德，准名放牒，抽出罪人，不违誓愿！（图 3.3-16F、16G）

赞曰：诸王遣使检亡人，男女修何功德因。依名放出三途狱，免历冥间遭

府君司命司錄五道大神地獄官等行道大王當起慈悲法有寬縱可容一切罪人慈孝男女修福薦拔亡人報生養之恩七七修齋造像以報父母恩令得生天讚曰
佛告閻羅諸大神　衆生造業具難陳
應爲開恩容造福　教蒙離苦出迷津

閻羅法王白佛言世尊我等諸王皆當發使乘黑馬把黑幡著黑衣檢亡人家造何功德准名放牒抽出罪人不違誓願
讚曰
諸王遣使檢亡人　男女修何功德因
依名放出三塗獄　免曆冥間遭苦辛
伏願世尊聽說檢齋十王名字
讚曰
閻王向佛再陳情　伏願慈悲作證明

图 3.3-16F
法藏 P.2003 号骑马使者

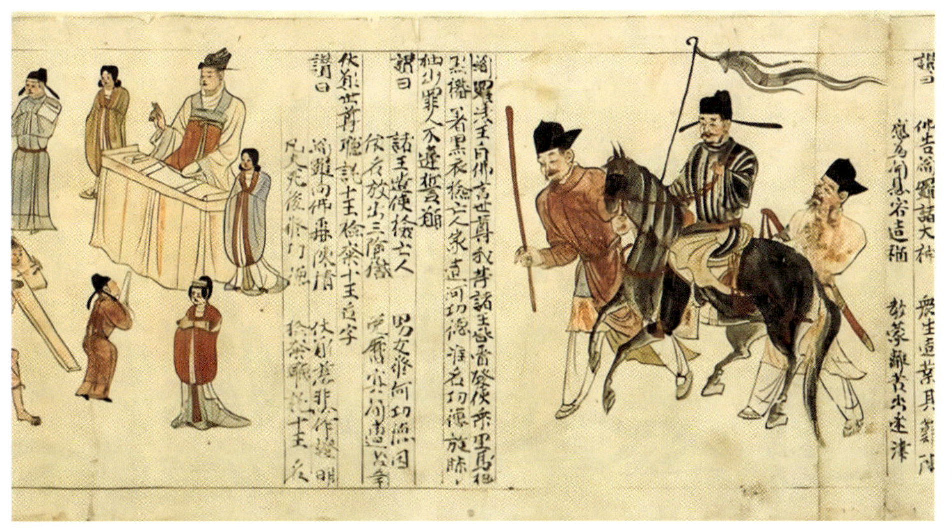

图 3.3-16G
董文员绘卷骑马使者

苦辛。

伏愿世尊听说检斋十王名字。

赞曰：阎王向佛再陈情，伏愿慈悲作证明。凡夫死后修功德，检斋听说十王名。

第一七日过秦广王（图 3.3-16H）

赞曰：一七亡人中阴身，驱羊队队数如尘。且向初王斋点检，由来未渡奈河津。

第二七日过初江王

赞曰：二七亡人渡奈河，千群万队涉江波。引路牛头肩挟棒，催行鬼卒手擎叉。

第三七日过宋帝王（图 3.3-16I）

赞曰：亡人三七转恓惶，始觉冥途险路长。各各点名知所在，群群驱送五官王。

第四七日过五官王（图 3.3-16J）

赞曰：五官业秤向空悬，左右双童业簿全。轻重岂由情所愿，低昂自任昔因缘。

第五七日过阎罗王（图 3.3-16K、16L）

图 3.3-16H

法藏 P.2870 号秦广王与初江王

图 3.3-16I

法藏 P.2003 号宋帝王

图 3.3-16J
法藏 P.2003 号五官王

图 3.3-16K
董文员绘卷阎罗王与地藏并坐

图 3.3-16L
法藏 P.2003 号阎罗王与地藏并坐

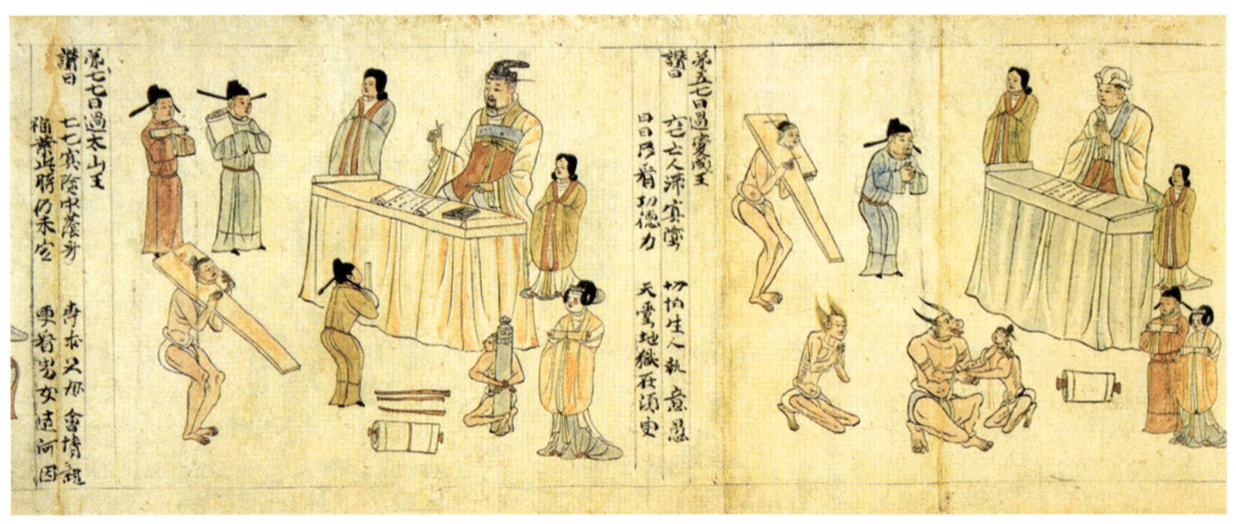

图 3.3-16M
董文员绘卷变成王与太山王

赞曰：五七阎罗王息诤声，罪人心恨未甘情。策发仰头看业镜，始知先世事分明。

第六七日过变成王（图 3.3-16M）

赞曰：六七亡人滞冥途，切怕生人执意愚。日日只看功德力，天堂地狱在须臾。

第七七日过太山王

赞曰：七七冥途中阴身，专求父母会情亲。福业此时仍未定，更看男女造何因。

第八百日平正王

赞曰：百日亡人更恓惶，身遭枷杻被鞭伤。男女努力造功德，免落地狱苦处长。（图 3.3-16N）

第九一年过都市王

赞曰：一年过此转苦辛，男女修何功德因。六道轮回仍未定，造经造像出迷津。（图 3.3-16O）

第十三年过五道转轮王（图 3.3-16P）

图 3.3-16N
法藏 P.2870 号
平正王与都市王

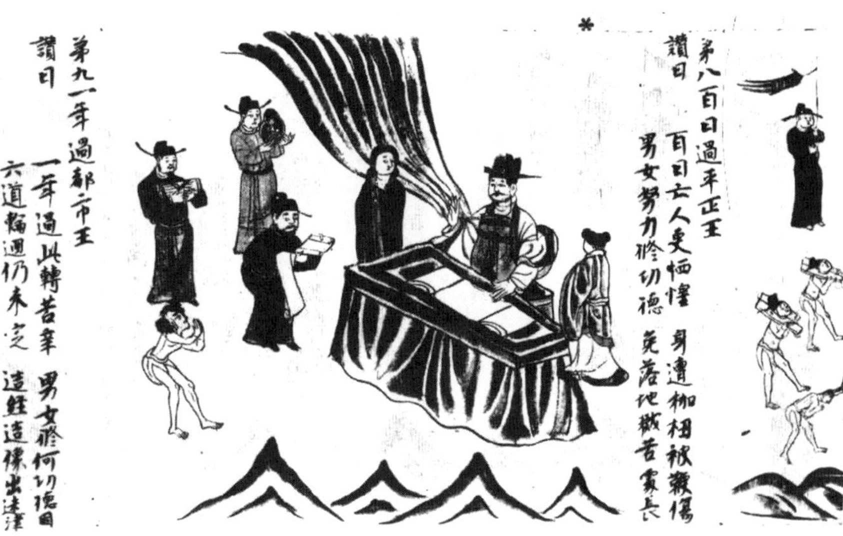

第八百日過平正王
讚曰
百日亡人更恓惶　身遭枷杻被鞭傷
男女努力修功德　免落地獄苦處長
第九一年過都市王
讚曰
一年過此轉苦辛　男女修何功德因
六道輪迴仍未定　造經造像出迷津

图 3.3-16O
法藏 P.2003 号都市王

赞曰：后三所历是关津，好恶唯凭福业因。不善尚忧千日内，胎生产死拔亡人。

十斋具足，免十恶罪，放其生天。

赞曰：一身六道苦忙忙，十恶三途不易当。努力修斋功德具。恒沙诸罪自消亡。

我当使四药叉王守护此经，不令陷没。

赞曰：阎王奉法赞弘扬，普告人天众道场。我使药叉齐守护，不令陷没永流行。

稽首世尊，狱中罪人，多是用三宝财物，喧闹受罪。识信之人，可自诫慎，勿犯三宝，报业难容。见此经者，应当修学。（图 3.3-16Q）

赞曰：欲求安乐住人天，辄莫侵凌三宝钱。一落冥间诸地狱，喧喧受苦不知年。

尔时琰魔法王，欢喜踊跃，顶礼佛足，退坐一面。佛言：此经名为《阎罗王授记四众预修生七往生净土经》，汝

图 3.3-16P
法藏 P.2870 号转轮王及其后

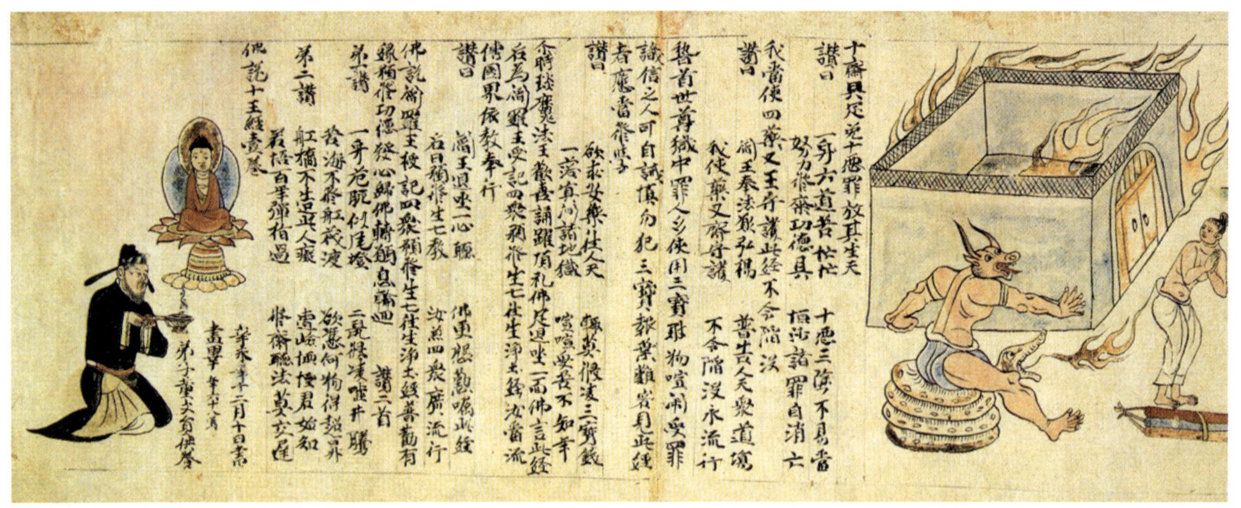

图 3.3-16Q
董文员绘卷之卷尾图

当流传国界。依教奉行。

赞曰：阎王退坐一心听，佛更殷勤嘱此经。名曰预修生七教，汝兼四众广流行。

佛说阎罗王授记四众预修生七往生净土经，普劝有缘，预修功德，发心归佛，转愿息轮回。赞二首：

第一赞：一身危脆似风灯，二鼠侵凌啮井藤。苦海不修船筏渡，欲凭何物得超升。

第二赞：船桥不造此人痴，遭险恓惶君始知。若悟百年弹指过，修斋听法莫交迟。

《佛说十王经》一卷

经本 2，敦煌十三图无署名本

有两件均经缀合：其一即英藏 S.3961 号与其前部原以为缺少的残件；其二是原为一卷之作，现分藏英国与法国的纯图本，此件纯图无文字，图像构成与上件相同，故列于此。英藏 W78+W212+S.3961 号，由笔者缀合（图 3.3-17），将 S.3961 号与松元荣一所缀的两小片合为一体，可知其为完本（图 3.3-17B）。

在十四图本与十三图本中，一存文、一存图，十三图者实仅存一经本。比较起来，其文字细节还是很独特的，有数处不同于敦煌余本，如无“成都府大圣慈寺藏川”署名，也没有净土五会启经讽诵云云。但是十三图本最大的特征，无疑是其改卷首画“释迦牟尼为阎罗王授记”（很多学者仍释此为说法图）为地藏菩萨统领十王，删去六菩萨（地藏居其一）画面恰与这一改动相配合，突出地藏菩萨地位。此卷首图其实在后世诸种图像表达中极为平常，但正是这个将佛陀受记变成地藏统领，印证了地藏信仰之上升的根本流脉，显示了地藏菩萨进入十王体系并升统领地位之情况，是图像证史的绝好例证，也可知其较十四图本晚出。

英藏 S.3961 号

《佛说阎罗王授记四众逆修生七斋往生净土经》

赞曰：如来临般涅槃时，广召天灵及地祇。用为琰魔王授记，乃传生七预修仪。

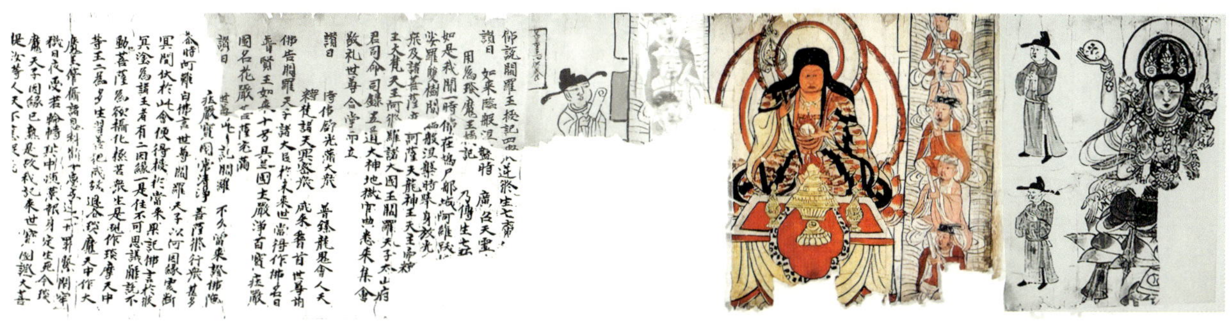

图 3.3-17

英藏 W78+W212+S.3961 号缀合部分

图 3.3-17B

英藏 S.3961 号使者与第一、二王

如是我闻：一时佛在鸠尸那城阿维跋提河边，娑罗双树间，临般涅槃时，举身放光，普照大众及诸菩萨摩诃萨、天龙神王、天主帝释、四天大王、大梵天王、阿修罗王、诸大国王、阎罗天子、太山府君、司命司录、五道大神、地狱官典，悉来集会，敬礼世尊，合掌而立。

赞曰：时佛舒光满大众，普臻龙鬼会人天。释梵诸天冥密众，咸来稽首世尊前。

佛告：阎罗天子诸大众于未来世当得作佛，名曰普贤王如来，十号具足，国土严净，百宝庄严。国名花严，菩萨充满。

赞曰：世尊此日记阎罗，不久当来证佛陀。庄严宝国常清净，菩萨修行众甚多。

尔时阿难白佛言：世尊！阎罗天子以何因缘，处断冥间，復于此会，便得授于当来果记？佛言：于彼冥途为诸王者，有二因缘，一是住不可思议解说不动地菩萨，为欲摄化极苦众生，是现作琰摩天中等王，二为多生习善犯戒故，退洛琰魔天中，作大魔王，管摄诸鬼，科断十恶五逆一切罪，系闭牢狱，日夜受苦，轮转其中，随业报身，定生注死。今琰魔天子因缘已熟，是故我记来世宝国，证大菩提，汝等人天，不应疑惑。

赞曰：悲增普化是威灵，六道轮回不暂停。教化厌苦思安乐，故现阎罗天子刑。

若复有人造此经，授持读诵，命舍之后，不生三途，不入一切诸大地狱。

赞曰：若人信法不思仪，书写经文听授持。舍命顿超三恶道，此身长免入阿毗。

在生之日，煞父害母，破斋破戒，煞猪、牛、羊、鸡、狗、毒蛇，一切重罪，应入地狱十劫。若造此经及诸尊像，记在业镜，阎王欢喜，判放其人生富贵家，免其罪过。

赞曰：破斋毁戒煞鸡猪，业镜照然报不虚。若造此经兼书像，阎王判放罪消除。

若有善男子、善女人、比丘、比丘尼、忧婆塞、忧婆夷，预修生七斋者，每月二时，供养三宝，祝设十王，修名纳状，奏上六曹，善恶童子，奏上天曹。地府官典，记在冥案，后身到之日，便得配生快乐之处，不住中阴四十九日，不待男女追救，命过十王。若阙一斋，滞在一王，留连受苦，不得出生，迟滞一年，是故劝汝，作此要事，祈往生报。

赞曰：四众修斋及有时，三旬两供是常仪。莫使阙缘功德少，始交中阴滞冥司。

尔时地藏菩萨、龙树菩萨、救苦观世音菩萨、常悲菩萨、陀罗尼菩萨、金刚藏菩萨，各各还从本道光中，至如来所，异口同声，赞叹世尊，哀悯凡夫，说此妙法，拔死救生，顶礼佛足。

赞曰：足膝脐胸口及眉，六光菩萨运深悲。各各同声咸赞叹，悯勤化物莫生疲。

尔时一十八重一切地狱主、阎罗天子、六道冥官，礼拜发愿：若有四众比丘、比丘尼、忧婆塞、优婆夷，若造此经，赞诵一偈，我当免其一切苦楚地狱，往生天道，不令稽滞，隔宿受苦。

赞曰：冥官注记及阎王，诸佛弘经礼赞扬。四众有能持一偈，我皆送出往天堂。

尔时阎罗天子说偈白佛：南无阿罗诃，众生罪苦多。轮回无定相，犹如水上波。

赞曰：阎王白佛说伽陀，悯念众生罪苦多。六道轮回无定相，生灭还同水上波。

愿得智慧风，飘与法轮河。光明照世界，巡历悉经过，普救众生苦，降鬼摄诸魔。四王行国界，传佛修多罗。

赞曰：愿佛兴扬智慧风，飘归法海洗尘蒙。护世四王同发愿，当传经典广流通。

凡夫修善少，颠倒信邪多。持经免地狱，书写过灾疴。超度三界难，永不见药叉。生处登高位，富贵受延长。

赞曰：恶业凡夫善力微，信邪倒见入阿毗。欲求富贵家长命，书写经文听受持。

至心诵此经，天王恒赐录。欲得无罪咎，无过广作福。莫煞祀神灵，为此

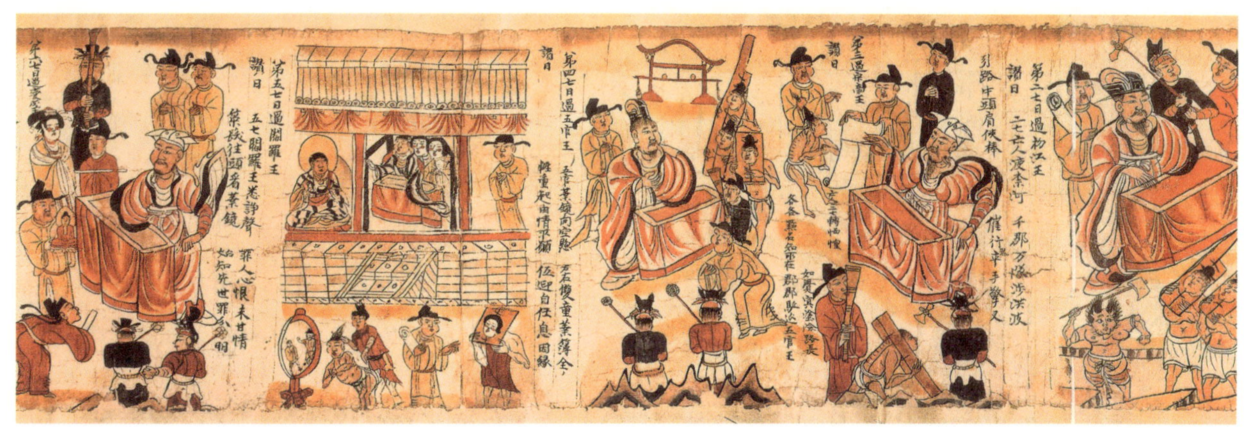

图 3.3-17C
英藏 S.3961 号第三、四、五、六王

入地狱。念佛把真经，应当自戒勖。手执金刚刀，断除魔种族。

赞曰：罪苦三途业易成，都缘煞命祭神明。愿执金刚真惠剑，斩除魔族悟无生。

佛行平等心，众生不具足，修福似微尘，造罪如山岳，欲得命延长，当修造此经。能除地狱苦，往生毫贵家，善神恒守护。

赞曰：罪如山岳等恒沙，福少微尘数未多。犹得善神常守护，往生毫贵信心家。

造经读诵人，忽尔无常至。天王恒引接，菩萨捧花迎。随心往净土，八百忆千生。修行满证入，金刚三昧成。

赞曰：若人奉佛造持经，菩萨临终自往迎。净国修行因满以，当来正觉入金城。

尔时佛造阿难，一切龙神八部及诸大臣，阎罗天子、太山府君、司命司录、五道大臣、地狱官典、行道天王，当起慈悲，法有毫纵，可容一切罪人，慈孝男女修斋造福，荐拔亡人，报生养之恩，七七修斋造像，以报父母，令得生天。

赞曰：佛造阎罗诸大臣，众生罪业似微尘。应为开恩容造福，教蒙离苦出迷津。

阎罗法王白佛言：世尊！我诸王皆当发使，乘黑马、把黑幡、着黑衣，检亡人造何功德，准名放牒，抽出罪人，不违誓愿！

赞曰：诸王遣使检亡人，男女修何功德因。依名放出三途狱，免历冥间遭苦辛。

伏愿世尊听说检斋十王名。

赞曰：阎王向佛直陈情，伏愿慈悲作证明。凡夫死后修功德，检斋听说十王名。

第一七日过秦广王

赞曰：一七亡人中阴身，驱将随业数如尘。且向初王齐点检，犹来未渡奈河津。

第二七日过初江王

赞曰：二七亡人渡奈河，千郡万队涉洪波。引路牛头肩侠棒，催行鬼卒手

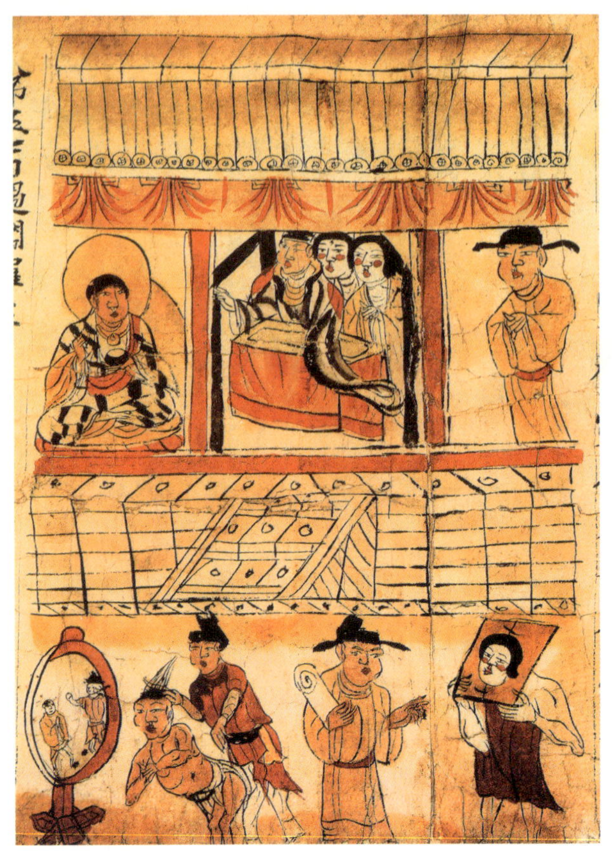

图 3.3-17D
英藏 S.3961 号第五阎罗王与地藏

擎乂。

第三七日过宋帝王（图 3.3-17C）

赞曰：亡人三七转恓惶，如觉冥途险路长。各各点名知所在，郡郡驱延五官王。

第四七日过五官王

五官业镜向空悬，左右双童业簿全。轻重起由情所愿，位迎自任息因缘。

第五七日过阎罗王（图 3.3-17D）

赞曰：五七阎罗王悉诤声，罪人心恨未甘情。策发往头看业镜，始知先世罪分明。

第六七日过变成王

赞曰：亡人六七滞冥途，切怕生人执意愚。日日只看功德力，天堂地狱在须臾。

第七七日过太山王

赞曰：七七冥途中阴身，专求父母会情亲。福业此时仍未定，更看男女造何因。

第八百日过平正王

赞曰：百日亡人更恓惶，身槽枷杻被鞭伤。男女努力造功德，免落地狱苦处长。

第九一年过都市王

赞曰：一年过此转苦辛，男女修何功德因。六道轮回仍未定，造经造佛出

图 3.3-17E
英藏 S.3961 号第七、八、九、十王

迷津。

第十过三年过五道转轮王（图 3.3-17E）

赞曰：后三所历是关津，好恶唯凭福业因。不善上忧千日内，胎生产死拔亡人。

十斋具足，免十恶罪，放其生天。

赞曰：一身六道苦忙忙，十恶三途不易当。努力修斋功德具，恒沙诸罪自消亡。

我常使四药叉王守护此经。不令陷没。

阎王奉法愿弘扬，普告人天众道场。我使药叉王守护，不令陷没永流行。

稽首世尊，狱中罪人，多是用三宝财物，喧闹受罪，识信之人，可自戒慎，物犯三宝，业报难容。见此经者，应当修觉。

赞曰：欲求安乐住人天，必莫浸陵三宝钱。一落冥间诸地狱，喧喧受罪不知年。（图 3.3-17F）

尔时琰魔法王，欢喜踊跃，顶礼佛足，退坐一面。佛言：此经名为《阎罗王受记四众预修生七净土经》，汝当流传国界，依教奉行。

赞曰：阎王退坐一心听，佛更悯勤嘱此经。名曰预修生七教，汝兼四众广流行。

佛说阎罗王授记四众预修生七往生净土经，普劝有缘预功德，发心归佛，愿息轮回。赞二首：

赞曰：一身危脆似风灯，二鼠浸欺

图 3.3-17F

英藏 S.3961 号卷尾目连饷母图

啮井腾。苦海不修桥筏渡，欲凭何物得超升。

第二归佛修心赞：

赞曰：船桥不造此人疑，啮险恓惶君始知。若悟百年弹指过，修斋听法莫交迟。

《佛说十王经》一卷

法藏 P.4523+W80 号是未抄文字纯图本，法藏前半卷有精美的卷首画（图 3.3-18），以及画有使者与前五王（图 3.3-18B、18C）。英藏后半卷有后五王与卷尾图（图 3.3-18D、18E、18F）。其被撕为两份，前半部为斯坦因劫去，后半部为伯希和盗走。因法国此件公布较晚，致缀合较迟，1994 年太史文首次将其缀合。

上录敦煌本《佛说十王经》为完本，从而为我们划出十四与十三图本奠定基础，从图像变化恰可反映出地藏信仰上升之状况。

图 3.3-18
法藏 P.4523 号前卷首图

图 3.3-18B
法藏 P.4523 号秦广王

图 3.3-18C
法藏 P.4523 号阎罗王与地藏菩萨

图 3.3-18D

英藏 W80 号第六、七王

图 3.3-18E

英藏 W80 号五道转轮王

图 3.3-18F

英藏 W80 号卷尾赦救图

附 1：大理国残本

该本仅存卷首画与前数行经文，有“藏川”署名，藏美国弗利尔美术馆。由于卷首画属于“授记图”而非“地藏统领十王”，故归此型。

美国华盛顿弗利尔美术馆所藏原属庐山开先寺的传世本，仅在该馆藏品图录出现一次。此庐山本有卷首画及写经开首二十九行，文起“谨启讽诵”，署为“成都大慈寺沙门藏川述赞”，截至“一切罪人系闭牢狱日”。经文与敦煌所出本对应无误，且三段赞词上方都画一小佛，或题有“南无阿弥陀佛”。画面有阎罗跪拜在释迦前（图 3.3-19、19B），佛侧有菩萨、天王及不少胁侍，明显为授记阎罗图景，画面上题“陈观音庆妇人文殊连男庆福造”，下题“南无灭正报释迦牟尼佛会”。其时代约在 12 世纪初，卷后有十八段题跋，作者不乏著名人物，如翁方纲、吴荣光、端方、杨守敬、丘逢甲等。从题跋可知清代已对此类经图展开研讨。这些题跋中的两位作者对了解此图流传极为重要。吴荣光题跋称此图是康熙三十三年（1694）由“漫堂中丞”布施于开

图 3.3-19

美国华盛顿弗利尔美术馆藏大理国写本《十王经》卷首画（郑岩供图，下同）

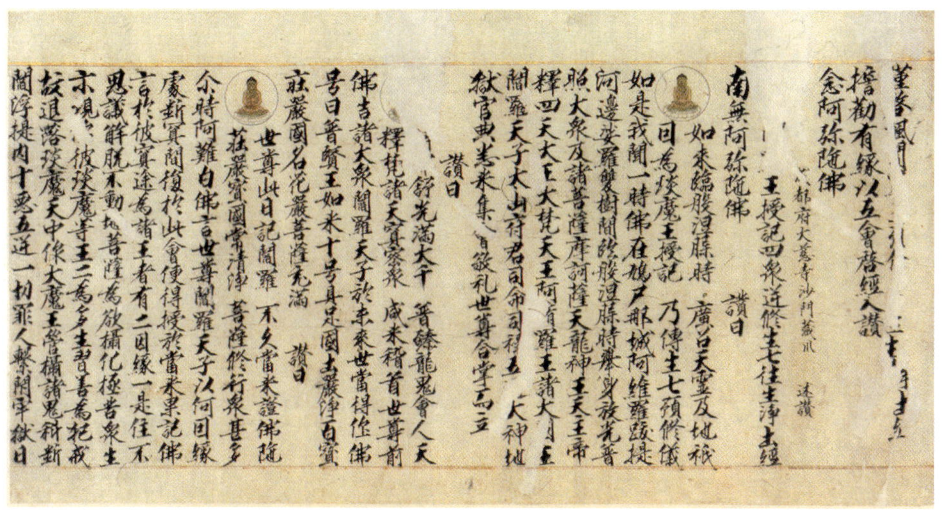

图 3.3-19B

美国华盛顿弗利尔美术馆藏大理国写经残存部分

先寺。宋荦（1634—1713），号漫堂，以荫生历官多任，至吏部尚书，又是清初著名的书画鉴赏收藏家，其家藏丰厚。据《庐山志》载，康熙二十八年（1689）宋荦任江西巡抚时曾重修开先寺。其文集《西陂类稿》卷廿八恰有《题逆修生七往生净土画卷》：

> 右画《佛说阎罗王授记四众逆修生七往生净土经》一卷，为陈观音庆、妇人文殊、男庆福造，不著时代及书画人姓名，纸罗纹古色，画法诡异，书亦具有气格，似是五代北宋人迹。签题《阎立本地狱变像》，未足为据。东坡云："佛灭度后阎浮提众生刚狠自用，莫肯信入，故诸贤圣皆隐不现，独以像设遗言提引未悟。"今观此卷，所以提引众生者至矣。摩挲宝轴，憬然如闻晨钟。余藏箧衍最久，会匡庐开先心壁师访余吴门，即举以赠，俾归贮之七佛楼，仿东坡施四菩萨版例亦都安哉。

题跋清楚地说明，宋荦在苏州布施此图卷于开先寺僧心壁，恰在其六十岁，可见寓有深意。宋荦未提此画来历，又言藏此画最久，相当喜爱。荦父文康公善画且得过皇室所赠书画，此卷有可能来自内宫。又画上像主名字中夹佛名号很特别，而云南白族南诏、大理国曾施行"冠姓双名制"，具佛号者很多，如李观音得、董金刚田、张般若师等，云南剑川石窟中也有此类题名。这些情况为确定此图卷本源提供了证据。

另有多人题跋均称为"中实"所嘱，即该卷首画上不少题跋都是应"中实"之要求而作。中实，为易顺鼎（1858—1920）之字，他以举人历任两广、云南等省巡道，光绪末年约1902年曾在庐山栖贤寺旁筑匡山草庐。从端方、杨守敬等人题跋可知此图是他从寺中检出携回，后曾带至广东、上海等地。由此可知，此为藏经洞外传世图本，证明《十王经图》并非只在敦煌流传。

附2：大足摩崖雕像赞选

重庆大足宝顶山大佛湾第20号巨龛内容丰富且为合成（图3.3-20），有地藏十王与十斋日

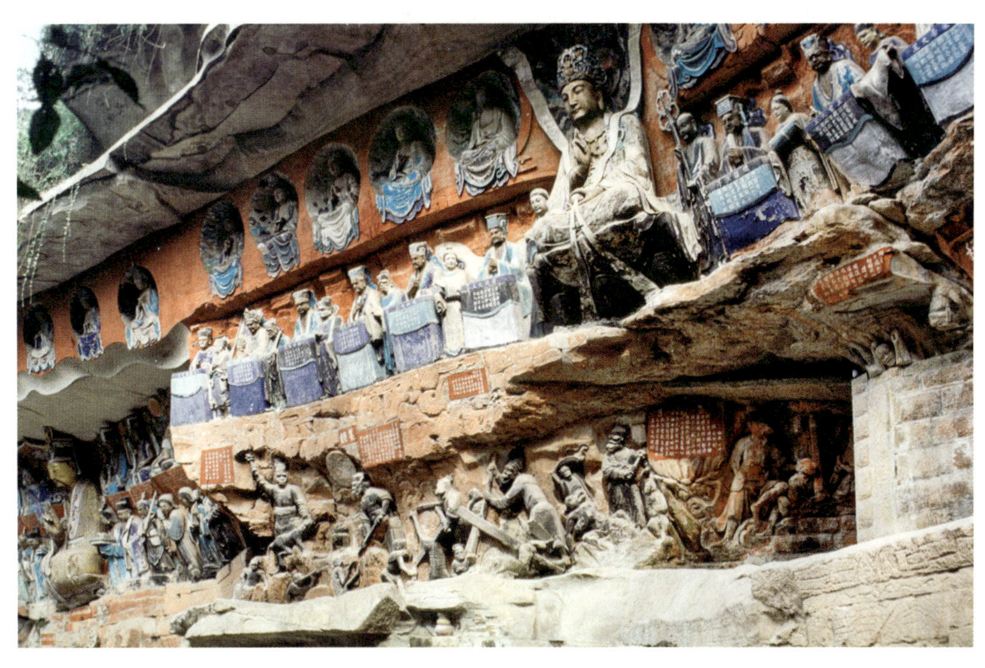

图3.3-20
大足宝顶大佛湾第20号巨龛远眺（笔者摄，下同）

及地狱等图像与铭文。其地藏十王层面亦有图有文，但此处只选出了部分赞文，铭刻于十王桌案之前。

录文：

现报司官。欲求安乐住人天，必莫侵凌三宝钱。一落冥间诸地狱，喧喧受罪不知年。

第一位秦广大王（图 3.3-20B）

秦广大王。诸王遣使检亡人，男女修何功德因。依名放出三途狱，免历冥间遭苦辛。

初江大王。罪如山岳等恒沙，福少尘微数未多。犹得善神常守护，往生豪富信心家。

宋帝大王。罪苦三途业易成，都缘杀命祭神明。愿执金刚真惠剑，斩除魔族悟无生。

第四位五官大王 / 第五位阎罗天子（图 3.3-20C）

五官大王。破斋毁戒杀鸡猪，业镜昭然报不虚。若造此经兼画像，阎王判放罪消除。

阎罗天子。悲增普化示威灵，六道轮回不暂停。教化厌苦思安乐，故现阎罗天子形。

变成大王。若人信法不思议，书写经文听受持。舍命顿超三恶道，此身长免入阿鼻。

太山大王。一身危脆似风灯，二鼠侵欺啮井藤。苦海不修桥筏渡，欲凭何物得超升。

平正大王。时佛舒光满大千，普臻龙鬼会人天。释梵诸天冥密众，咸来稽首世尊前。

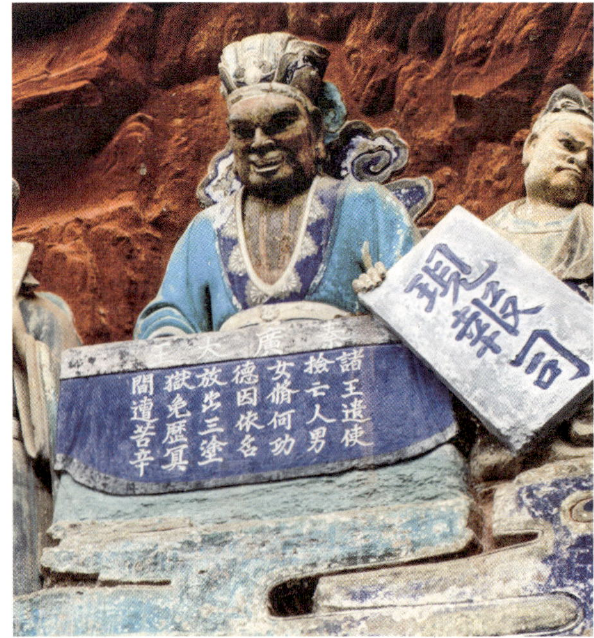

图 3.3-20B
第 20 号龛秦广大王

图 3.3-20C
第 20 号龛五官大王、阎罗天子

图 3.3-20D
第 20 号龛都市大王、转轮大王

第九位都市大王 / 第十位转轮圣王（图 3.3-20D）

> 都市大王。一生六道苦茫茫，十恶三途不易当。努力设斋功德具，恒沙诸罪自消亡。
>
> 转轮圣王。后王[1]所历是关津，好恶惟凭福业因。不善尚忧千日内，胎生产死夭（拔）亡身。
>
> 速报司官。船桥不造此人痴，遭险巇惶君始知。若悟百年弹指过，修斋听法莫教迟。

重庆大足宝顶大佛湾第 20 号巨龛十王赞词与诸经本十王赞词次序不同，此前学者已有指明，如杜斗城所著《〈佛说十王经〉校录研究》等[2]。为便一览，可见下表。

重庆大足宝顶大佛湾石刻十二种赞词即十冥王与二司官案前铭赞，均出自《十王经》，但是次序与诸经本都不同，只有最后的五道转轮王所用赞语相同；再则发现第九都市大王“一生六道苦茫茫……”与耀州神德寺塔本 Y0155 号都市王之偈相同，虽然后者有残损。其余诸赞之次序与原经不同，不易见变化之规律。因其十王赞词仅有最后一王相同，而原经本赞词都是为诸王专门制定的，所以石刻赞词虽铭于十王案前，似有意避开了原先组合。耀州神德寺塔本提供了另一种可能，即存有不同次序的赞词本，但可证资料很少。因而笔者推测此处十王铭是侧重于预逆修而非亡人斋的。因《十王经》中十王是随着报父母亡人斋段落而展开的，预修生七位置实在前段，虽然经本有所变化，但有些“授记”在前段也加入了亡人斋内容。不过，此仅为推测。

这里还应结合重庆大足宝顶大佛湾 20 号巨龛的特点，稍加论述。大足宝顶此龛绝非多数人所解释的仅为地藏十王地狱变龛像，实为两种斋日，即居士八关戒斋所遵十斋日与地藏十王斋日的结合。虽然其刻出地狱约略十八个，而《阎罗王授记经》与《佛说十王经》中也有二十八或十八狱主之说，但此巨龛之十地狱为十斋日地狱，其下八地狱则是据疑伪经《大方广华严十恶品经》，以及《央掘魔罗经》醉酒故事等雕成。都是经文配合图像镌出，确证无误。最重要者，是此巨龛上下交错，包含两种十斋日藏经洞

[1] 诸纸本均为“后三”。此刻“后王”也说得通，但不够清楚。

[2] 参见杜斗城《敦煌本〈佛说十王经〉校录研究》，甘肃教育出版社，1989 年。

表 3.3-4 赞词对比表

	大足石刻十二赞词（编号据写本）	诸写本共三十四赞词（文偈删去）
前		1 赞曰：如来临般涅槃时，广召天灵及地祇。因为琰魔王授记，乃传生七预修仪。 2 赞曰：时佛舒光满大千，普臻龙鬼会人天。释梵诸天冥密众，咸来稽首世尊前。[大足平正王] 3 赞曰：世尊此日记阎罗，不久当来证佛陀。庄严宝国常清净，菩萨修行众甚多。 4 赞曰：悲憎普化是威灵，六道轮回不暂停。教化厌苦思安乐，故现阎罗天子形。[大足阎罗王] 5 赞曰：若人信法不思议，书写经文听受持。舍命顿超三恶道，此身长免入阿鼻。[大足变成王] 6 赞曰：破斋毁戒煞猪鸡，业镜照然报不虚。若造此经兼画像，阎王判放罪消除。[大足五官王] 7 赞曰：四众修斋及有时，三旬两供是常仪。莫使阙缘功德少，始交中阴滞冥司。 8 赞曰：足膝脐胸口及眉，六光菩萨运深悲。各各同声咸赞叹，殷勤化物莫生疲。 9 赞曰：冥官注记及阎王，诸佛弘经礼赞扬。四众有能持一偈，我皆送出往天堂。 10 赞曰：阎王白佛说伽陀，悯念众生罪苦多。六道轮回无定相，生灭还同水上波。 11 赞曰：愿佛兴扬智慧风，漂归法海洗尘濛。护世四王同发愿，当传经典广流通。 12 赞曰：恶业凡夫善力微，信邪倒见入阿鼻。欲求富贵家长命，书写经文听受持。 13 赞曰：罪苦三途业易成，都缘煞命祭神明。愿执金刚真惠剑，斩除魔族悟无生。[大足宋帝王] 14 赞曰：罪如山岳等恒沙，福少微尘数未多。犹得善神常守护，往生豪贵信心家。[大足初江王] 15 赞曰：若人奉佛造持经，菩萨临终自往迎。净国修行因满已，当来正觉入金城。 16 赞曰：佛告阎罗诸大神，众生造业具难陈。应为开恩容造福，教蒙离苦出迷津。 17 赞曰：诸王遣使检亡人，男女修何功德因。依名放出三途狱，免历冥间遭苦辛。[大足秦广王]
十王与两司	31 现报司官：欲求安乐住人天，必莫侵凌三宝钱。一落冥间诸地狱，喧喧受罪不知年。 17 秦广大王：诸王遣使检亡人，男女修何功德因。依名放出三途狱，免历冥间遭苦辛。	18 赞曰：阎王向佛再陈情，伏愿慈悲作证明。凡夫死后修功德，检斋听说十王名。 19 第一七日过秦广王。赞曰：一七亡人中阴身，驱羊队队数如尘。且向初王斋点检，由来未渡奈河津。

（续表）

	大足石刻十二赞词（编号据写本）	诸写本共三十四赞词（文偈删去）
十王与两司	14 初江大王：罪如山岳等恒沙，福少尘微数未多。犹得善神常守护，往生豪富信心家。 13 宋帝大王：罪苦三途业易成，都缘杀命祭神明。愿执金刚真惠剑，斩除魔族悟无生。 6 五官大王：破斋毁戒杀鸡猪，业镜昭然报不虚。若造此经兼画像，阎王判放罪消除。 4 阎罗天子：悲增普化示威灵，六道轮回不暂停。教化厌苦思安乐，故现阎罗天子形。 5 变成大王：若人信法不思议，书写经文听受持。舍命顿超三恶道，此身长免入阿鼻。 33 太山大王：一身危脆似风灯，二鼠侵欺啮井藤。苦海不修桥筏渡，欲凭何物得超升。 26 平正大王：时佛舒光满大千，普臻龙鬼会人天。释梵诸天冥密众，咸来稽首世尊前。 27 都市大王：一生六道苦茫茫，十恶三途不易当。努力设斋功德具，恒沙诸罪自消亡。 28 转轮圣王：后王所历是关津，好恶惟凭福业因。不善尚忧千日内，胎生产死拔亡身。 34 速报司官：船桥不造此人痴，遭险恓惶君始知。若悟百年弹指过，修斋听法莫教迟。	20 第二七日过初江王。赞曰：二七亡人渡奈河，千群万队涉江波。引路牛头肩挟棒，催行鬼卒手擎叉。 21 第三七日宋帝王。赞曰：亡人三七转恓惶，始觉冥途险路长。各各点名知所在，群群驱送五官王。 22 第四七日过五官王。赞曰：五官业秤向空悬，左右双童业簿全。轻重岂由情所愿，低昂自任昔因缘。 23 第五七日过阎罗王。赞曰：五七阎罗王息诤声，罪人心恨未甘情。策发仰头看业镜，始知先世事分明。 24 第六七日过变成王。赞曰：六七亡人滞冥途，切怕生人执意愚。日日只看功德力，天堂地狱在须臾。 25 第七七日过太山王。赞曰：七七冥途中阴身，专求父母会情亲。福业此时仍未定，更看男女造何因。 26 第八百日过平正王。赞曰：百日亡人更恓惶，身遭枷杻被鞭伤。男女努力修功德，免落地狱苦处长。 27 第九一年过都市王。赞曰：一年过此转苦辛，男女修何功德因。六道轮回仍未定，造经造像出迷津。 28 第十三年过五道转轮王。赞曰：后三所历是关津，好恶唯凭福业因，不善尚忧千日内，胎生产死拔亡人。[大足转轮王]
后		29 赞曰：一身六道苦忙忙，十恶三途不易当。努力修斋功德具，恒沙诸罪自消亡。[大足都市王] 30 赞曰：阎王奉法赞弘扬，普告人天众道场。我使药叉齐守护，不令陷没永流行。 31 赞曰：欲求安乐住人天，辄莫侵凌三宝钱。一落冥间诸地狱，喧喧受苦不知年。[大足现报司] 32 赞曰：阎王退坐一心听，佛更殷勤嘱此经。名曰预修生七教，汝兼四众广流行。 赞二首： 33 赞曰：一身危脆似风灯，二鼠侵凌啮井藤。苦海不修船筏渡，欲凭何物得超升。[大足太山王] 34 赞曰：船桥不造此人痴，遭险恓惶君始知。若悟百年弹指过，修斋听法莫交迟。[大足速报司]

经种：其一为善男信女所遵——优婆塞与优婆姨——只守八关戒斋（七条戒律加过午不食），且每月只在十日遵守，因为十日有神下界巡察，日念某佛某菩萨，可以不堕某地狱；其二为预修每月两次及三年亡人斋时遵守。敦煌藏经洞经本中有此《地藏菩萨十斋日》，即为此实用性仪轨。法国汉学家苏远鸣早有整理，笔者发现大足宝顶大佛湾此刻中十地狱之铭正属于此十斋日，所以再加整理。

大足宝顶大佛湾巨龛共四层，简单以高中低下四层说之。高层 A 即十斋日佛，均坐浅圆龛中为佛像形。上下对应于低层十地狱。狱景均铭十斋日节文：念某佛某菩萨神不堕某地狱。而中层 B 为地藏菩萨统领十殿冥王，诸王分列其左右，桌案前诸铭已述。低层 C 即呼应顶层十斋日佛菩萨，念诵名号即可避免堕入的诸地狱。例如上方阿弥陀佛下方对应地狱（图 3.3-20E、20F），而上方卢舍那佛下方对应地狱（图 3.3-20G、20H）。再下层 D 为《大方广华严十恶品经》中地狱及《护口经》惩戒与《央掘魔罗经》醉酒受罚故事。

由此可知其相互交错的构成，即高层与低层（A、C）为十斋日，是在家信众们日常所遵守者。而中层与下层（B、D）为地藏统领十王，且配地狱图景，而地狱变相还通过《大方广华严

图 3.3-20E
第 20 号龛十斋日阿弥陀佛

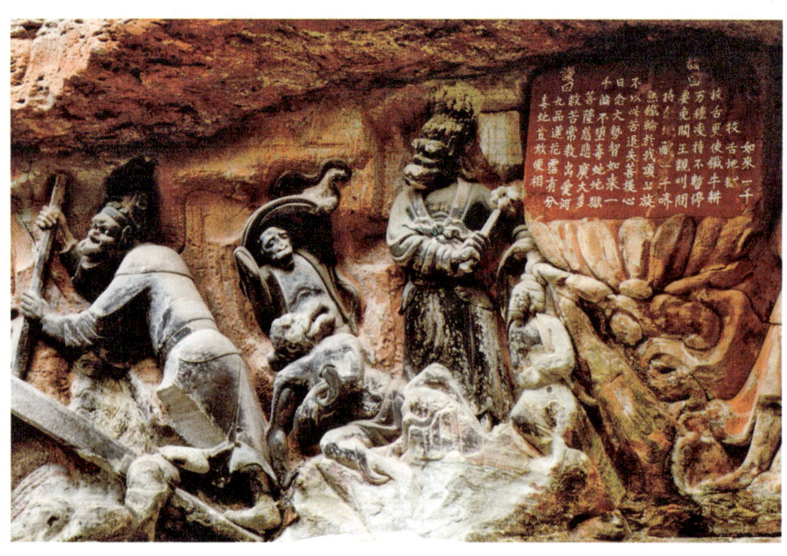

图 3.3-20F
阿弥陀佛下方地狱

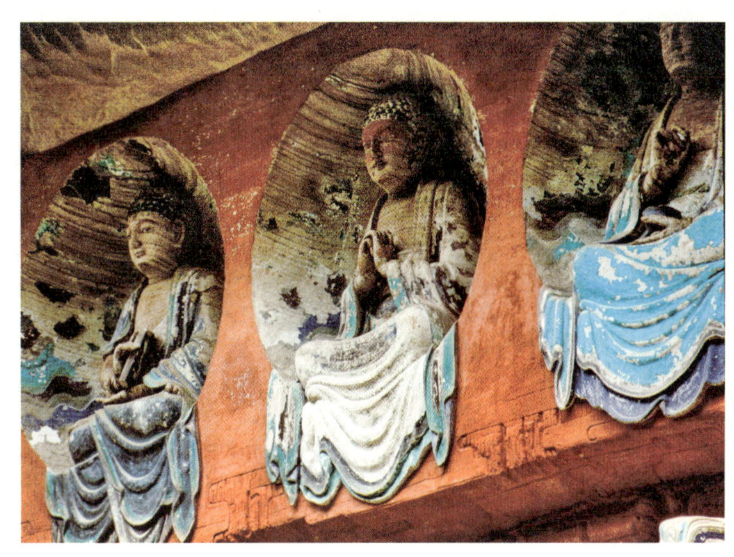

图 3.3-20G
第 20 号龛十斋日卢舍那佛图景

十恶品经》与《护口经》等来体现。此前很多解释都没有完整性，如杜斗城《敦煌本〈佛说十王经〉校录研究》也有专门对此龛的具体阐说。而当地讲解员更是将其简化为地藏十王与十八层地

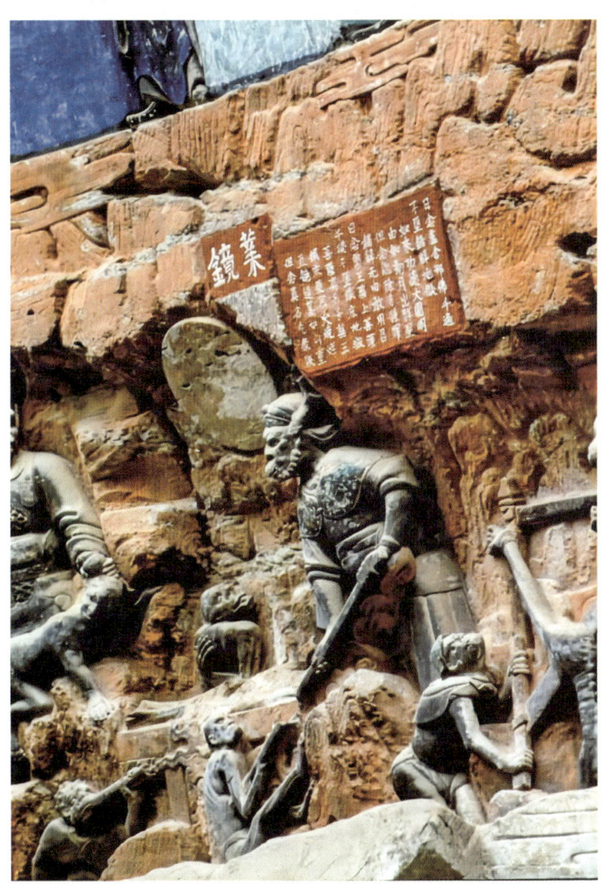

图 3.3-20H
卢舍那佛下方地狱

狱。虽然中国绘画文献中叙唐代吴道子画地狱变十分著名，但是实际上此地狱变几无踪迹。由大足宝顶大佛湾巨龛图文最主要部分而言，其若配合佛事供施实际功能，至少表现了两种十斋日：一为善男信女每月十斋日守八关戒斋；其二在十个斋日可为亡人、父母、亲属追福，此十王斋日历时由七七至百日、一年至于三年。按照《十王经》的预修功能，若生人为己修功德，可在每月十五与三十日作斋会。当然，在总体上，此经中预（逆）修功能渐次减弱，东亚地区流行的主要也是亡斋功能。其预逆修或因《寿（受）生经》的出现而受冲击，因《寿（受）生经》亦讲此方面功能且有数量化等措施，更利于寺院经济。但是从此大足宝顶大佛湾石刻南宋所铭十王赞词，避开写本经中王者赞词或为表达预（逆）修来看，其时段预（逆）修或仍流行。

笔者把大足宝顶大佛湾巨龛图像与铭文，特别是十斋日内容列此讲述，又一原因是日本增衍的此系之《地藏十王经》中收入了此十斋日内容。所以，从某种角度上来说，此十斋日与此系经本内容亦直接有关，虽然是在日本后出撰述——伪经的再造伪本中才出现。日本《地藏十

王经》篇幅巨增，其在阎罗王内容中，包含了此十斋日——斋日神祇与诸地狱皆纳入其中。唯其与大足之上下交错、十十配合全然不同。此经阎罗王处列有十斋日之念诵，即：

善福众生于十斋日受持十戒……一日至心进念定光佛，八日至心进念药师琉璃光如来，十四日至心进念贤劫千佛，十五日至心进念阿弥陀佛，十八日至心进念地藏菩萨。从旦至食供养称名，必定不受四恶道苦。二十三日至心进念势至菩萨，二十四日至心进念观世音菩萨，二十八日至心进念毗卢遮那如来，二十九日至心进念药王菩萨，三十日至心进念释迦牟尼佛。如是十斋修习，一年能持十戒、能念十尊，能除疫病五病鬼，使得寿百年，得福百秋，命终之后生诸佛国。

图 3.3-21

木木美术馆藏碑碑阳局部

又，大足宝顶大佛湾巨龛石刻将十斋日诸像及地狱都加以图像表达，唯缺斋日下界神祇。无独有偶，上文提及北京木木美术馆收藏一晚唐五代时小石碑，双龙碑首。其碑阳中心镌有“每月十斋记”(图 3.3-21)，四周浅刻十位下界巡查神祇像并榜题，碑阴镌刻《般若波罗蜜多心经》。此

图 3.3-21B

木木美术馆藏碑第二太子下

图 3.3-21C

木木美术馆藏碑第四五道将军下

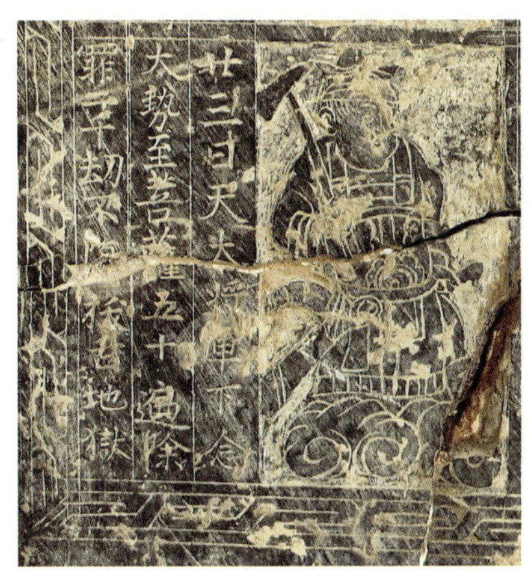
图 3.3-21D
木木美术馆藏碑第六天大将军下

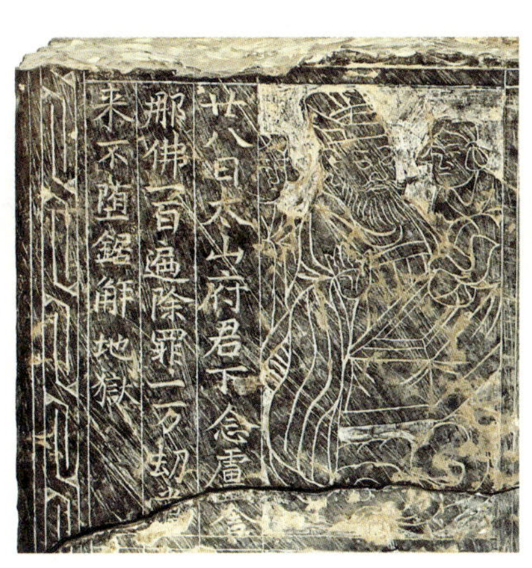
图 3.3-21E
木木美术馆藏碑第八太山府君下

图 3.3-21F
木木美术馆藏碑第十梵天王下

十斋记可以进一步丰富对此仪事的认识[1]。虽然稍有残泐，却仍然非常珍贵地补足了十斋日仪轨中罕见的图像——其中具有阎罗王、太山府君、五道将军与司命察命等等形象，如图示的八日太子（图 3.3-21B），十五日五道将军（图 3.3-21C），廿三日天大将军（图 3.3-21D）、廿八日太山府君（图 3.3-21E）、卅日梵天王（图 3.3-21F）。由其形态呈现的初早样貌，或为十王图像来源之一。

又，川渝十王地藏龛像十分丰富，特别是其与经本密切相关，容后详述。

附 3：P.3304V 号

P.3304V 号内容与《十王经》密切相关，因此需说明一下。此号为壁画榜题之记，含有《十王经》《观无量寿经》《药师经》《弥勒经》《观音经》等共五个经变的内容。此前已有多项研究。最应注意者是其句式与重点词句，特别是最后一句中目连的内容。

综合来看，此画注与此型所叙 13 图者相当对应。首行题“南无地藏菩萨”等，以下几字模糊不清。其内容可分两段，前段句式恰如《授记经》一般，“第几斋某某王下”。后段句式则如《十王经》，“第几日斋过某王，赞曰如何”。值得注意的是此中两次出现的第八、百日斋王者皆名“平正”。每段赞后还有“第几某王”，还有点题字词如“奈河树”“牛头狱卒”及“业镜台秤”等，五道大神后则点出六道内容，应是所给的物品及人物形象等。最后一句“大目乾连于铁床地狱劝化狱卒救母时”，更是与 S.3961 号结尾画面完美配合。

文中两种句式如此排列，似也反映《十王经》之发展。但前后两段似有重复。一种可能是将其前段视为卷首图之内容，卷首图为地藏菩萨与十王，而后每王配赞语，并表现重要图像特点。对这种榜题类文献之性质，多有考订论说，或为榜题稿，或为榜题抄录，或具双重意义。如其为抄录文字则意义并不大，如其为绘画榜题稿则意义较大。比如敦煌许多壁画，都是经过设计的，从佛经变为图像也有个过程。有些粉本样式虽然也有沿袭，但仍有很多设计。所以这些设计非常重要，由此才可据以绘作成为样式，或流行或沿用，才能创出瑰宝珍产。

[1] 北京木木美术馆收藏。中国美术学院曹元琪向笔者介绍图片并得观摩原件。感谢北京木木美术馆与曹元琪女士允用图片。

4. 四型，具图赞词《预修十王生七经》

此型包括浙江台州灵石寺塔本、明代雕版印本、高丽海印寺的寺印本、朝鲜刻经及日本高野山宝寿院本。虽近同于敦煌本《佛说十王经》，但首尾题“预修十王生七”或“十王预修”字样，且图较少，文字略有区别。诸王名序特征为：初江、宋帝、平等王。宝寿院本共十一幅即卷首画与十王图[1]，而台州灵石寺塔本则只有十幅白描诸王画（图3.3-22），菩萨与卷尾地狱城或目连图均无。台州灵石寺塔本年代在北宋，其首尾题中“预修生七”即证明此系经本是由中国传出的。日本与朝韩皆受此影响才有此经名。宝寿院本应是据中国传本抄摹自画，绘作水平较差，卷首系地藏菩萨统领十王，但第一秦广王处出现奈河之桥，第五阎罗王处坐有地藏菩萨。还有“（记在）业镜……善业（童子）”“（迟滞）一年”“二十八重一切狱主”等，数处字词与台州灵石寺塔本皆同。宝寿院本最后有日本宽永四年（1627）题记，但抄摹时当处宋代无疑，且所缺一段偈赞及另一句赞与《卍续藏经》中《预修十王生七经》全同（详后）。

（说明：灵石寺塔本共五卷，其第一卷JD1装裱有错段，第一秦广王排到了第三王之后。）

经本1，灵石寺塔本与高野山宝寿院本（合录）

《佛说预修十王生七经》

谨启讽阎罗王预修生七往生净土经。誓劝有缘以五会启经入赞，念阿弥陀佛。

成都府大圣慈寺沙门藏川述赞

佛说阎罗王授记四众逆修生七往生净土经

赞曰：如来临般涅槃时，广召天灵及地祇。因为琰魔王授记，乃传生七预修仪。

如是我闻：一时佛在鸠尸那城阿维跋提河边，娑罗双树间，临般涅槃时，举身放光，普照大众及诸菩萨摩诃萨、天龙神王、天王帝释、四天大王、大梵天王、阿修罗王、诸大国王，阎罗天子、太山府君、司命司录、五道大神、地狱官典，悉来集会，敬礼世尊，合掌而立。

赞曰：时佛舒光满大千，普臻龙鬼会人天。释梵诸天冥密众，咸来稽首世尊前。

佛告诸大众，阎罗天子于未来世当得作佛，名曰普贤王如来，十号具足，国土严净，百宝庄严。国名华严，菩萨充满。

赞曰：世尊此日记阎罗，不久当来证佛陀。庄严宝国常清净，菩萨修行众甚多。

尔时阿难白佛言：世尊！阎罗天子以何因缘，处断冥间，复于此会，便得授于当来果记？佛言：于彼冥途为诸王者，有二因缘，一是住不思议解脱不动地菩萨，为欲摄化极苦众生，示现作彼琰魔等王，二为多生习善犯戒故，退落琰魔天中，作大魔王，管摄诸鬼，科断阎浮提内十恶五逆一切罪人，系闭牢狱，日夜受苦，轮转其中，随业报身，定生注死。今此琰魔天子因缘已熟，是故我记来世宝国，证大菩提，汝等人天，不应疑惑。

[1]《大正藏》图像部第7册，第465—461页。

图 3.3-22

浙江台州黄岩灵石寺塔《预修十王生七经》卷一第一、四、五、六、七、八王（杨松涛供图，下同）

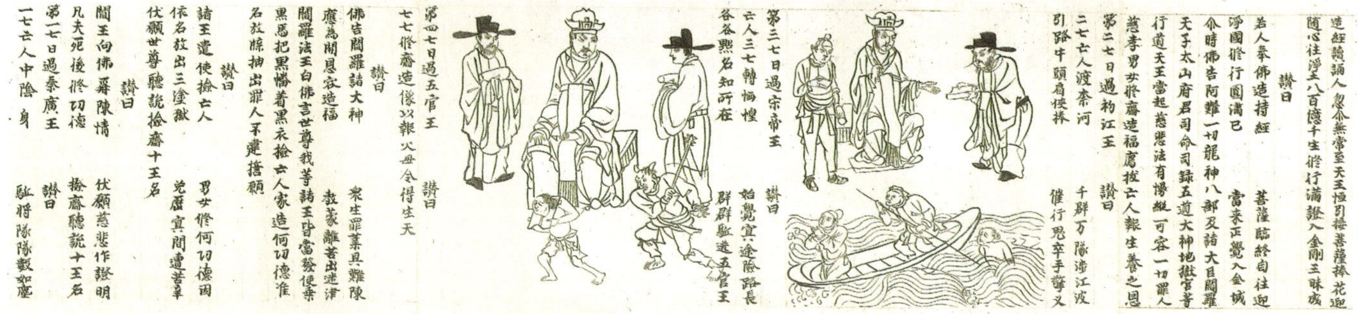

图 3.3-22B

同上经卷第二、三王

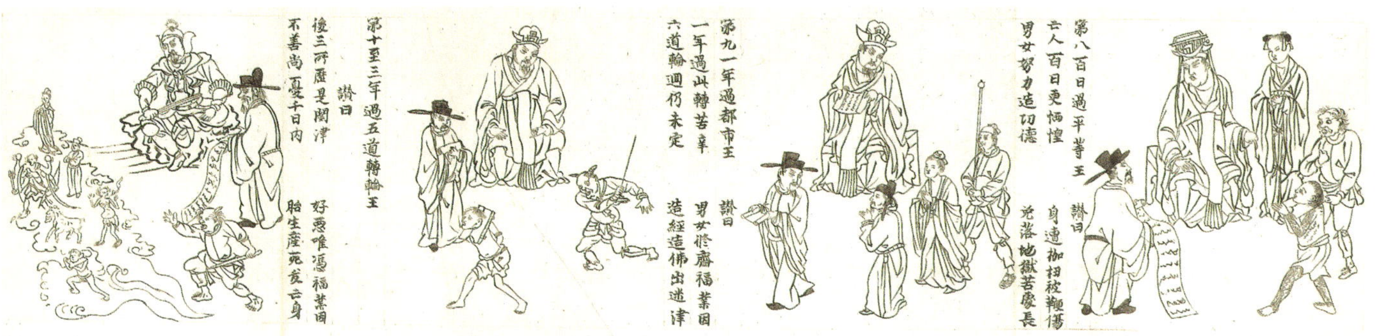

图 3.3-22C

同上经卷第七、八、九、十王

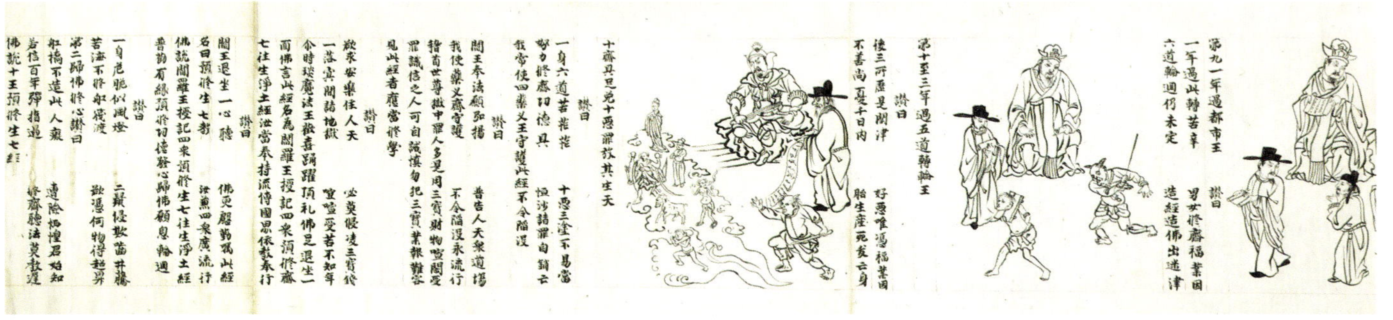

图 3.3-22D

同上经卷尾

图 3.3-23

日本高野山宝寿院本《预修十王生七经》卷首（采自《大正藏》图像部，下同）

图 3.3-23B

宝寿院本《预修十王生七经》初江王

图 3.3-23C

宝寿院本《预修十王生七经》宋帝王

赞曰：悲憎普化示威灵，六道轮回不暂停。教化厌苦思安乐，故现阎罗天子形。

若复有人造此经，受持读诵，舍命之后，不生三途，不入一切诸大地狱。

赞曰：若人信法不思议，书写经文听受持。舍命顿超三恶道，此身长免入阿鼻。

在生之日，煞父害母，破斋破戒，煞猪、牛、羊、鸡、狗、毒蛇，一切重罪，应入地狱十劫五劫。若造此经及诸尊像，记在业镜，阎王欢喜，判放其人生富贵家，免其罪过。

赞曰：破斋毁戒煞鸡猪，业镜照然报不虚。若造此经兼画像，阎王判放罪销除。

若有善男子、善女人、比丘、比丘尼、优婆塞、优婆夷，预修生七斋者，每月二时，供养三宝，祈设十王，修名纳状，奏上六曹。善业童子，奏上天曹、地府官等，记在名案。身到之日，便得配生快乐之处，不住中阴四十九日，不待男女追救，命过十王。若阙一斋，滞在一王，留连受苦，不得出生，迟滞一年。是故劝汝，作此要事，祈往生报。

赞曰：四众修斋及有时，三旬两供是常仪。莫使阙缘功德少，始交中阴滞冥司。

尔时地藏菩萨、龙树菩萨、救苦观世音菩萨、常悲菩萨、陀罗尼菩萨、金刚藏菩萨，各各还从本道光中，至如来所，异口同声，赞叹世尊，哀悯凡夫，说此妙法，拔死救生，顶礼佛足。

赞曰：足膝齐胸口及眉，六光菩萨运深悲。各各同声咸赞叹，勤勤化物莫生疲。

尔时二十八重一切狱主、阎罗天子、六道冥官，礼拜发愿：若有四众比丘、比丘尼、优婆塞、优婆夷，若造此经，赞诵一偈，我当免其一切苦楚，送出地狱，往生天道，不令稽滞，隔宿受苦。

赞曰：冥官注记及阎王，诸佛弘经礼赞扬。四众有能持一偈，我皆送出往天堂。

尔时阎罗天子说偈白佛：南无阿罗诃，众生苦业多。轮回无定相，犹如水上波。

赞曰：阎王白佛说伽陀，悯念众生罪苦多。六道轮回无定相，生灭还同水上波。

愿得智慧风，飘堕法轮河。光明照世界，巡历悉经过。普救众生苦，降伏摄诸魔。四王行国界，传佛修多罗。

赞曰：愿佛兴扬智慧风，飘归法海洗尘朦。护世四王同发愿，常传经典广流通。

凡夫修善少，颠倒信邪多。持经免地狱，书写免灾疴。超度三界难，永不见药叉。生处登高位，富贵寿延长。

赞曰：恶业凡夫善力微，信邪倒见入阿鼻。欲求富乐家长命，书写经文听受持。

志心诵此经，天王恒记录。欲得无罪咎，莫煞祀神灵。为此入地狱，念佛把真经。应当自诫勗，手执金刚刀，断除魔种族。

赞曰：罪苦三途业易成，都缘煞命祭神明。愿执金刚真惠剑，斩除魔族悟无生。

佛行平等心，众生不具足。修福似微尘，造罪如山岳。欲得命延长，当修造此经。能除地狱苦，往生豪贵家，善神恒守护。

赞曰：罪如山岳等恒沙，福少微尘数未多。犹得善神常守护，往生豪富信心家。

造经读诵人，忽尔无常至。天王恒引接，菩萨捧花迎。随心往净土，八百亿千生。修行满证入，金刚三昧成。

赞曰：若人奉佛造持经，菩萨临终自往迎。净国修行圆满已，当来正觉入金城。

尔时佛告阿难：一切龙神八部及诸大臣，阎罗天子、太山府君、司命司录、五道大神、地狱官等行道天王，当起慈悲，法有慢纵[1]，可容一切罪人，慈孝男女，修斋造福，荐拔亡人，报生养之恩，七七修斋造像，以报父母，令得生天。

赞曰：佛告阎罗诸大神，众生罪业具难陈。应为开恩容造福。教蒙离苦出迷津。

阎罗法王白佛言：世尊！我等诸王皆当发使，乘黑马、把黑幡、着黑衣，检亡人家造何功德，准名放牒，抽出罪人，不违誓愿！

赞曰：诸王遣使检亡人，男女修何功德因。依名放出三途狱，免历冥间遭苦辛。

伏愿世尊听说检斋十王名：

赞曰：阎王向佛称陈情，伏愿慈悲作证明。凡夫死后修功德，检斋听说十王名。

第一七日过秦广王

赞曰：一七亡人中阴身，驱将队队数如尘。且向初王齐点检，由来未渡奈河津。

第二七日过初江王

赞曰：二七亡人渡奈河，千群万队涉江波。引路牛头肩侠棒，催行鬼卒手擎叉。

第三七日过宋帝王

赞曰：亡人三七转恓惶，始觉冥途险路长。各各点名知所在，群群驱送五官王。

第四七日过五官王

赞曰：五官业秤向空悬，左右双童业簿全。轻重岂由情所愿，低昂自任昔因缘。

第五七日过阎罗王

赞曰：五七阎王息诤声，罪人心恨未甘情。策发仰头看业镜，始知先世罪分明。

第六七日过变成王

赞曰：亡人六七滞冥途，切怕生人执意愚。日日只看功德力，天堂地狱在须臾。

第七七日过太山王

[1] 敦煌本多为“宽纵”。

赞曰：七七冥途中阴身，专求父母会情亲。福业此时仍未定，更看男女造何因。

第八百日过平等王

赞曰：百日亡人更恓惶，身遭枷杻被鞭伤。男女努力造功德，免落地狱苦处长。

第九一年过都市王

赞曰：一年过此转苦辛，男女修斋福业因。六道轮回仍未定，造经造佛出迷津。

第十至三年过五道转轮王

赞曰：后三所历是关津，好恶唯凭福业因。不善尚忧千日内，胎生产死拔亡身。

十斋具足，免十恶罪，放其生天。

赞曰：一身六道苦茫茫，十恶三途不易当。努力修斋功德具，恒沙诸罪自销亡。

我常使四药叉王守护此经，不令陷没。

赞曰：阎王奉法愿弘扬，普告人天众道场。我使药叉齐守护，不令陷没永流行。

稽首世尊，狱中罪人，多是用三宝财物，喧闹受罪。识信之人，可自诫慎，勿犯三宝，业报难容。见此经者，应当修学。

赞曰：欲求安乐住人天，必莫侵凌三宝钱。一落冥间诸地狱，喧喧受苦不知年。

尔时琰魔法王，欢喜踊跃，顶礼佛足，退坐一面。佛言此经名为《阎罗王授记四众预修斋七往生净土经》，汝当奉持，流传国界，依教奉行。

赞曰：阎王退坐一心听，佛更殷勤嘱此经。名曰预修生七教，汝兼四众广流行。

佛说阎罗王授记四众预修生七往生净土经，普劝有缘预修功德，发心归佛，愿息轮回。

赞曰：一身危脆似风灯，二鼠侵欺啮井藤。苦海不修船筏渡，欲凭何物得超升。

第二归佛修心赞曰：船桥不造此人痴，遭险恓惶君始知。若信百年弹指过，修斋听法莫教迟。

《佛说十王预修生七经》

经本2，高丽与朝鲜刻本

相较于国内《十王经》从写抄本到雕版印本的发展（现知存本是从五代初到明代约天顺年间，间隔时段较长），朝鲜半岛却有相当多的刊刻本，据统计，刊刻次数有12次之多。虽然主要集中在15至17世纪，但高丽朝海印寺刊本年代在13世纪中期，此中就有雕镌精美的版画插图，形态式样亦具数种，或无图或具图或多图。此后朝鲜的一些刊本也多插入图画，样态方式多为继从，但艺术水准却很少能企及海印寺本。海印寺刊本影响较大，还传至日本，此前学界对此重视不够，韩国学者近有关于高丽朝十王画专著，辟有专章。这里对高丽与朝鲜刻本做些介绍。

A. 海印寺刊本

海印寺刊本非常重要，其年代较早，为1246年即13纪世纪中期，属再雕《高丽大藏经》版刻雕成时段（1236—1251）之间。尽管海印寺所

图 3.3-24
韩国海印寺本《十王经变相》卷首（采自权志妍《灵验的冥界：中古时期中韩十王画的演变》，除注明者外，下同）

印经中有更早的《华严经》题记本（1098）[1]，但从诸多情况综合来看，特别是此经版具有丙午年三月优婆塞郑晏题记，韩国学界定其时为高宗三十三年（1246）。海印寺所刊颇有特色，非仅一种，应有两三版。所以定为韩国国宝 NOS.406.10 号、734-3 号、734-4 号，确可重视[2]。

之前公布的海印寺刊本此经图版不多，通过韩国学者著作、韩国东国大学有关网站的资料及留韩学生之助，才得见此经本基本面貌[3]。海印寺 NOS.406.10 卷首图题为《佛说预修十王生七经变相》，接续八版图幅，后接七版经文，高 18 厘米，宽 58.5 厘米。其卷首图（图 3.3-24）意仍为释迦为阎罗授记，佛旁四菩萨四天王两弟子。接续有得授记的阎罗王，冠冕华服，持圭板，顶上七星。云柱后为集会的诸大国王、天龙神王、阿修罗王等。敦煌经图表达六菩萨唯地藏为僧相，道明和尚与无毒鬼王引导十大冥王转轮王为武装。续为判官（图 3.3-24B、24C）、三将军等，再接鬼王，最后有善恶童子、监斋直府四值使者，以乘马使者结束（图 3.3-24D）。后来一些朝鲜刻本全是依此沿用而略有变化。

韩国国宝 734-3 号、734-4 号的十王诸厅堂殿图本，尺幅稍有不同，高 20 厘米，宽 52 厘米。十王者每位皆具专图，画面十分丰富，有童子、从官、鬼王、善男信女，以及狱卒与罪灵。可见第一王、第八王等处所具丰满场景人物形象（图 3.3-24E、24F，参见图 6.3-1），还有些经本的状况详见佛学典籍网站等。日本高野山宝寿院本《预修十王生七经》画面之组织处理，明显同于此本，虽然其绘图是插在经之中，似敦煌本样态，但每位王者厅殿内，罪囚、供奉者、狱卒、童子，特别是执旗者，形构全同（尽管造型有别，绘刻不同）。高野山本经末有宽永四年（1630）记，经前有传序但已晚此数百年。

由上述即可知，高丽王朝海印寺本《佛说预修十王生七经变相》应特别加以重视，插图精美且是经前刊出的形式，并增加了诸多判官、鬼王及监斋值府与四值等吏，在其经版文字处接续而刻。其构成特色不但影响高丽之十王画，还影响后世朝鲜王朝刻经与绘画。海印寺本十王殿堂之图像，对日本宝寿院本的影响更为明显。无论如何，从受其影响的高丽、日本与朝鲜的经本与画作，可知海印寺本具有很强的原创性，影响大而长远，是联系海东经图与绘作的关键版本。

〔1〕［韩］朴相珍著，金宰民、张琳译《木刻八万大藏经的秘密》，浙江大学出版社，2013 年。

〔2〕［韩］权志妍《灵验的冥界：中古时期中韩十王画的演变》（*Efficacious Underworld: The Evolution of Ten Kings Paintings in Medieval China and Korea*），University of Hawaii Press，2019。书中第六章专讲海印寺此经，提及海印寺此寺印本列为韩国国宝的序号并刊其图版。

〔3〕通过留学韩国郭磊之助，得观韩国东国大学相关经典网站，内含 15 种《十王经》，有两三种海印寺的高丽刻本，余者应为朝鲜刻经，但应与金知妍文所列者还有些出入。

图 3.3-24B
海印寺本《十王经变相》鬼王与判官（采自韩国东国大学网站 https://kabc.dongguk.edu.search/list，下同）

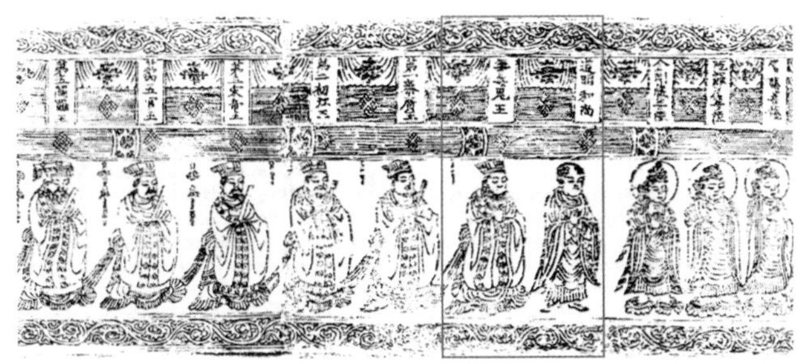

图 3.3-24C
海印寺本《十王经变相》菩萨、道明与前五王

图 3.3-24D
海印寺本《十王经变相》使者

图 3.3-24E
海印寺本《十王经变相》第一秦广王图

图 3.3-24F
海印寺本《十王经变相》第八平等王图

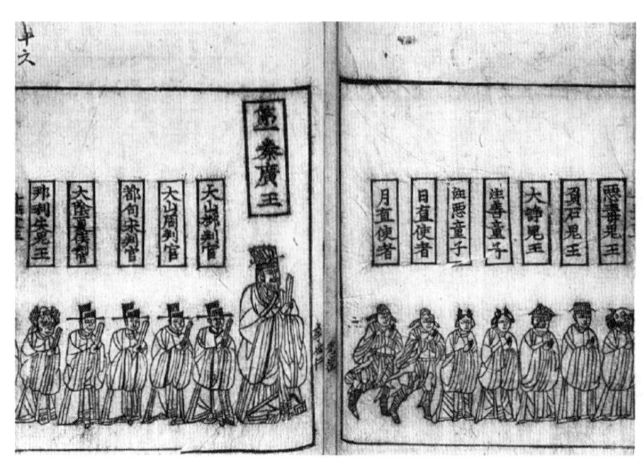
图 3.3-25
朝鲜瑞石山证心寺本秦广王

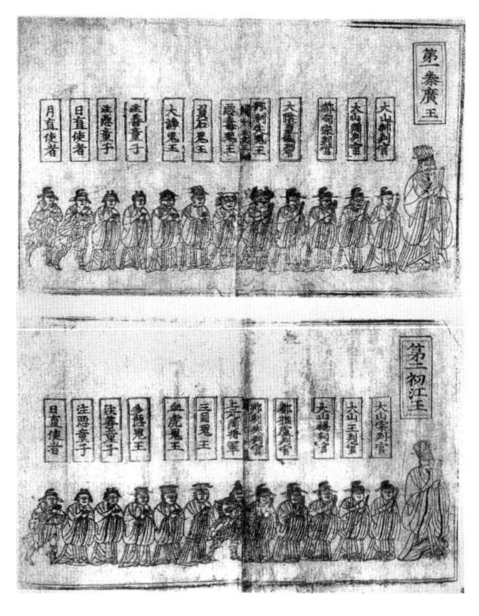
图 3.3-25B
朝鲜兴国寺本
秦广王、初江王

B. 朝鲜刻本《预修十王生七经》

朝鲜印经之中，有若干本具图，形态近乎高丽海印寺本。如证心寺本（1521）是雕出图像的，还有光海君十年（万历四十六年［1618］）曹溪山松广寺本，以及显宗八年（康熙四年［1665］）全罗南道丽川兴国寺本亦具图（图 3.3-25、25B）。这些经板图式与高丽海印寺本也有区别，海印寺本与宝寿院本布列较近于中国原本，但诸王处形象已较多，而证心寺本等是将图画放在经文之前或之后。其余朝鲜寺庙刊本全部都附图像的可能性很小，只是笔者限于条件，未能详看细察。而且，这些朝鲜刻本对日本产生了相当影响。至少从已知情况来看，日本建仁寺两足院所藏古本与朝鲜刻经相近，更早的宝寿院本更似海印寺本，而《卍续藏经》收入印行《预修十王生七经》，所据即朝鲜刻本，其后附有成化五年（1469）之题记［1］，应来自朝鲜刻本如寺监本或证心寺本。伍小劼有论文对证心寺本等两种经作研考［2］，对比证明其仅删减一些题名。但证心寺本经文尾题后有“辛巳五月日全罗道光州瑞石山证心寺开刊”。成化五年题记则在十王图画之后，且有一组人名为《卍续藏经》所未收［3］。因成化五年是丙午年，与辛巳不符，所以学者们提出了不同的解释。如上引金知妍论文列证心寺本开刊于 1461 年，即辛巳年。但成化五年在此之后，此本不可能印出九年后之记。伍小劼文以为可能开板于正德十六年（1521），此说较为合理。由此，成化五年题记就可能是原样抄录而来，与证心寺本关系不大。但伍文仍认定证心寺本是《卍续藏经》所据，言其仅删去下面的人名。但这组人名所涉皆非普通人，高僧信眉、国戚孝宁大君与贞懿公主、重臣金守温，这些人物都曾在《朝鲜佛教通史》中出现，配合帝王作佛事，且如此书所言，刊经都监并非寺院，而是国家印经机构。上文所列刊经都监本此经为 1469 年，所以成化五年题记符合此板，此刻本最可能出自此经板。况且此年是睿宗逝世之年，朝鲜世宗大王后近 20 年间

［1］《卍续藏经》第 20 册所刊此经有成化五年六月日志记，同于前注金知妍文中刊经都监版成化五年题记。

［2］伍小劼《韩国藏〈十王经〉异本初探》(《文献》2019 年第 3 期）称其所见证心寺本有成化五年题记，是日本《卍续藏经》中此经的来源；又见其正德元年（1521）开刊记，认为是 1521 年开板印成。然此成化五年题记是沿用而来。此文未注意海印寺本，致结论不成立。

［3］人名为慧觉尊者信眉、孝宁大君、贞懿公主、永顺君福城正、中枢院事金守温。信眉为高僧，孝宁大君是文宗之弟，笃信佛教。

多有短命王子和皇帝，文宗在位仅三年（1452—1455），而睿宗之兄、世子夭折时世祖极为伤心，动用国力大做佛事及开板印经等。朝鲜王朝于15世纪中期多次刊印《十王经》，应与此背景有关。

朝鲜诸多刻本中已知有数种含图像，在图文关系上又呈现出了别样特点。其插图往往取消经内之图，皆排布于经文之前。即朝鲜刻本经内无图，十位冥王均站立于前，其后跟随十余位随官、鬼王等，也有些六道或写经施舍的场景等。对比可知，海印寺本及高野山本经图中诸王处众多形象皆被拉到经前一行行队列中了。这种改变不唯形式显得较为呆板，更关键的是失去了庭审之情景。而日本建仁寺两足院所存古本《十王经》与朝鲜图本接近。现知朝鲜丽川兴国寺本（1665），与《寿生经》一同刻印，画面也更丰富多样，加入十二生肖，即为填还寿生钱之用。过去有人据此经前插图诸多形貌而论其为异本，是未明其源流根本，细节详见伍文[1]。经内十王迁到经前这一变化的内在原因在于庭审部分的隐退，而鬼王从官诸众涌现，更显示着冥界的威灵。说到底这还是《十王经》内核由中阴向冥界的变化。

此外，朝鲜刻本中也应有纯文字本，即将图像减脱而成之本。虽然笔者无缘目验这些经本，查明其关联图版如何，也须将这些资料暂列于此。

经本3，明代刻本《阎罗王经》

此经本为明代雕版刊印。前增经本传播故事之序言，讲京城马氏子入冥得授传此经，且称此经为“阎罗经”或“阎罗王经”。内容则于十王赞词之下各增出大段宝卷式长短句式赞句。此传本原由容庚收藏，后转为郑振铎所收，现藏中国国家图书馆善本部（善本16022号）。此经年代虽晚至明，却是《十王经》的直系增衍，且为雕版印本，是中国众多手抄本后首现的印刷本，并具十分精美的版画插图，有卷首图、使者图、十王图共12幅图，推测为明代天顺年间所雕印。虽然此经本早就有图被郑振铎选入其《中国版画图录》，但长期为研究《十王经》者疏漏。笔者曾经做过研究[2]。现刊出国图善本此经本录文。此处以简化字整理，并附部分版刻图片。

此本首页画地藏十王图，并非对称，地藏为持宝珠菩萨形象，坐须弥座上莲花台，身后有六位判官、道明及侍女追随，其前有十王持笏板尊奉，场面颇显宏大（图3.3-26）。

《佛说阎罗王经》并序

大唐西京马行仙，只生一男，立名弘敬。年至十九，粗辩东西，惟崇三宝。每日吃食之时，先呼贤圣土地，然始可食。景隆二年五月一日午时，忽尔暴亡，三日之间，心上微暖，家人未敢殡理。追领使人引见所司，主司谓曰：汝非西京安定坊马弘敬否？遂言是。答主司阴相谓曰：然此人虽年幼，有钦贤慕圣之念，至于饮食之时，皆蒙呼召。诸王幽鉴，可放还魂。王复问曰：不审此人作何功德？弘敬对曰：然，虽愚幼，

[1] 伍小劼《韩国藏〈十王经〉异本初探》，《文献》2019年第3期。

[2] 张总《十王地藏经图续说》，大足石刻研究院编《2009年中国重庆大足石刻国际学术研讨会论文集》，重庆出版社，2013年。现知西夏文《十王经》的写刻本中出现了同此序入冥故事，证实了汉本此序出现应更早（详后）。

图 3.3-26
国家图书馆善本《阎罗王经》卷首

心常乐善。每遇寅朝，念救苦观世音菩萨一百遍。诸王叹曰：如此道念，宁不放回？能与我等书写流传《阎罗王经》一卷否？弘敬拜而答曰：傥得放回，千卷可矣。诸王处分，追领使人引还魂。冥寞之间，勿令迷路。改名延寿，可至九十。魂魄既还，欻然惊觉。一家喜庆，阖境称扬。具录奏闻，遍传京国。依经本抄写、印造千卷，普劝受持。

《佛说预修十王生七经》

谨启讽《阎罗王预修生七往生净土经》。誓劝有缘以五会启经入赞，念阿弥陀佛。

成都府大圣慈寺沙门　藏用　述赞

《佛说阎罗王授记四众预修生七往生净土经》

赞曰：如来临般涅槃时，广召天灵及地祇。因为琰魔王授记，乃传生七预修仪。

如是我闻：一时佛在鸠只那城阿虽跋提河边，婆罗双树间，临般涅槃时，举身放光，普照大众，及诸菩萨摩诃萨、天龙神王、天王帝释、四天大王、大梵天王、阿修罗王、诸大国王、阎罗天子、太山府君、司命司录、五道大神、地狱官典，悉来集会，敬礼世尊，合掌而立。

赞曰：时佛舒光满大千，普臻龙鬼会人天。释梵诸天冥密众，咸来稽首世尊前。

佛告诸大众：阎罗天子于未来世当得作佛，名曰普贤王如来，十号具足，国土严净，百宝庄严。国名华严，菩萨充满。

赞曰：世尊此日记阎罗，不久当来证佛陀。庄严宝国常清净，菩萨修行众甚多。

尔时阿难白佛言：世尊！阎罗天子以何因缘，处断冥间，复于此会，便得授于当来果记？

佛言：于彼冥途为诸王者，有二因缘。一是住不[1]思议解脱不动地菩

〔1〕敦煌本此多“可”字。

萨，为欲摄化极苦众生，示现作彼琰魔等王。二为多生习善，犯戒故退落琰魔天中，作大魔王，管摄诸鬼，科断阎浮提内十恶五逆一切罪人，系闭牢狱，日夜受苦，轮转其中，随业报身，定生注死。今此琰魔天子，因缘已熟，是故我记来世宝国，证大菩提，汝等人天，不应疑惑。

赞曰：悲憎普化示威灵，六道轮回不暂停。教化厌苦思安乐，故现阎罗天子形。

若复有人造此经，受持读诵，舍命之后，不生三途，不入一切诸大地狱。

赞曰：若人信法不思议，书写经文听授持。舍命顿起三恶道，此身长免入阿鼻。

在生之日，煞父害母，破斋破戒，杀猪、牛、羊、鸡、狗、毒蛇，一切重罪，应入地狱，十劫五劫。若造此经及诸尊像，记在业镜，阎王欢喜，判放其人生富贵家，免其罪过。

赞曰：破斋毁戒煞鸡猪，业镜照然报不虚。若造此经兼画像，阎王判放罪销除。

若有善男子、善女人、比丘、比丘尼、优婆塞、优婆夷，预修生七斋者，每月二时，供养三宝，祈设十王，修名纳状，奏上六曹。善业童子[1]，奏上天曹、地府官等，记在名案。身到之日，便得配生快乐之处，不住中阴四十九日。不待男女追救，命过十王。若阙一斋，滞在一王，留连受苦，不得出生，迟滞一年。是故劝汝，作此要事，祈往生报。

赞曰：四众修斋及有时，三旬两供是常仪。莫使阙缘功德少，始夹中阴滞冥司。

尔时地藏菩萨、龙树菩萨、救苦观世音菩萨、常悲菩萨、陀罗尼菩萨、金刚藏菩萨，各各还从本道光中，至如来所。异口同声，赞叹世尊，哀悯凡夫，说此妙法，拔死救生，顶礼佛足。

赞曰：足膝齐胸口及眉，六光菩萨运深悲。各各同声咸赞叹，勤勤化物莫生疲。

尔时二十八[2]重一切狱主、阎罗天子、六道冥官、礼拜发愿，若有四众比丘、比丘尼、优婆塞、优婆夷，若造此经，赞诵一偈，我当免其一切苦楚，送出地狱，往生天道，不令稽滞，隔宿受苦。

赞曰：冥官注记及阎王，诸佛弘经礼赞扬。四众有能持一偈，我皆送出往天堂。

尔时阎罗天子说偈白佛：南无阿罗诃[3]，众生苦业多。轮回无定相，犹如水上波。

赞曰：阎王白佛说伽陀，悯念众生罪苦多。六道轮回无定相，生灭还同水上波。

---

〔1〕敦煌本《阎罗王经》为“善业童子”，《阎罗王授记经》为“善恶童子”。

〔2〕敦煌本为《阎罗王授记经》为“二十八”，《佛说十王经》为“一十八”。

〔3〕敦煌本为“阿罗河”。阿罗诃意为“应供”，如来十号之一。

愿得智慧风，飘堕法轮河。光明照世界，巡历悉经过。普救众生苦，降伏摄诸魔。四王行国界，传佛修多罗。

赞曰：愿佛兴扬智慧风，飘归法海洗尘朦。护世四王同发愿，常传经典广流通。

凡夫修善少，颠倒信邪多。持经免地狱，书写免灾疴。超度三界难，永不见药叉。生处登高位，富贵寿延长。

赞曰：恶业凡夫善力微，信邪倒见入阿鼻。欲求富乐家长命，书写经文听受持。

志心诵此经，天王恒记录。欲得无罪咎，莫信邪师卜。莫煞祀神灵，为此入地狱。念佛把真经，应当自诫勖。手执金刚刀，断除魔种族。

赞曰：罪苦三途业易成，都缘煞命祭神明。愿执金刚真惠剑，斩除魔族悟无生。

佛行平等心，众生不具足。修福似微尘，造罪如山岳。欲得命延长，当修造此经。能除地狱苦，往生豪富家，善神恒守护。

赞曰：罪如山岳等恒沙，福少微尘数未多。犹得善神常守护，往生豪富信心家。

造经读诵人，忽尔无常至。天王恒引接，菩萨捧花迎。随心往净土，八百亿千生。修行满证入，金刚三昧成。

赞曰：若人奉佛造持经，菩萨临终自往迎。净国修行圆满已，当来正觉入金城。

尔时佛告阿难：一切龙神八部及诸大臣、阎罗天子、太山府君、司命司录、五道大神、地狱官等行道天王，当起慈悲，法有慢纵[1]，可容一切罪人。慈孝男女，修斋造福，荐拔亡人，报生养之恩，七七修斋造像，以报父母，令得生天。

赞曰：佛告阎罗诸大神，众生罪业具难陈。应为开恩容造福，教蒙离苦出迷津。

阎罗法王白佛言：世尊！我等诸王皆当发使，乘黑马、把黑幡、着黑衣，检亡人家造何功德，准名放牒，抽出罪人，不违誓愿。

（图绘：使者骑黑马，在云头上举幡前奔。）

赞曰：

诸王遣使检亡人，男女修何功德因。依名放出三途狱，免历冥间遭苦辛。

伏愿世尊听说检斋十王名。

赞曰：阎王向佛再陈情，伏愿慈悲作证明。凡夫死后修功德，检斋听说十王名。

第一七日过秦广王

（图绘：王俯身案上，旁官吏抱印展卷，桌前狱卒押一无头跪者，案右老年善男信女，手抱经卷。）

赞曰：一七亡人中阴身，驱将队队数如尘。且向初王斋点检，由来未渡奈河津。

鬼门关前验幡疏，无者住在煻灰波中。一七亡人无幡疏，滞阎浮提一年

[1] 敦煌本为“法有宽纵”，灵石寺塔本与此同为“法有慢纵”，海印寺本与高野山宝寿院本同为“法有慢”，应有脱漏字。而朝鲜刻本与《卍续藏经》所刊为“法勿有慢”。

中。色身难，三相迁，灭衰患，四大拆时迷荒乱。性移分，终阴换，阳道阴司改换。昧爽门前点唤，队队驱行随鬼伴。观贫富，难相恋。初七到秦广王，传宣告报，从头点唤。上名簿，一七验幡疏。鬼门关前，呈号过去，无者住在铁围山。西住驱，驱罪人，遥远观望，灰河由未渡。

赞曰：大树婆娑临奈河，奈河树下罪人多。幽山落土妆红粉，楚女相将踏翠娥。辄莫浑身缠锦绣，敬饶上下着轻罗。总须脱向高枝上，不免空身过奈河。奈河枝下水西急，碎石巉岩行路涩。脱衣挂向树枝上，被趁不留时饷立。河伴闻他点文部，不觉泪下沾衣湿。今日方知身死来，双双倚树长啼泣。生时我今足奇珍，金车驷马驾未轮。为言万古无迁改，谁知早个化微尘。耳内唯闻唱道急，万队千群驱向前。牛头把剑河南岸，狱卒持杈水北边。河里之人眼盼盼，岸头立者泪班班。早知到此恓惶地，悔不平生造福田。造罪之人入地狱，修福之者上天堂。

第二七日过初江王

（图绘：初江王在上方云气中［图 3.3-26B］，下面为奈河桥。桥上似为一家善男信女。旁有柳树，有鬼卒拖人入河，河中已有披发两人俯仰水中。）

赞曰：二七亡人度奈河，千群万队涉江波。引路牛头肩担棒，催行鬼使手擎叉。

河中罪人声冤苦，滚汤铜狗共铁蛇。牛头告言你欢喜，受还冤报煎者他。二七到初江王，传宣告报。明验追荐功德疏，认幡号，登桥路。地狱里，不同别处。除是经文忏疏，余外无者，在河中渡。贪家缘，难免苦。罪人河中渡，滚滚汤火煎煮。铜狗铁蛇还冤报，夜叉高声语。总是在生冤报，杀害众生无数。放火烧山、多嫉妒、不信道，有地狱。

第三七日过宋帝王

（图绘：宋帝王坐案后，案前一吏押一戴长枷跪者，一文吏垂身而问。案旁有文吏与持戟牛头。）

赞曰：亡人三七转恓惶，始觉冥途险路长。各各点名知所在，群群队送五官王。

多造恶业无边罪，贪家缘图衣犯憎养。背佛违经犯无边罪。驱罪人，入镬汤。三七到宋帝王，传宣苦考。驱近前来问经教，一一地，从头道。簿上多行不孝，妄语诽谤佛教。拔舌地狱利刀挍，铜蛇更有铁狗来咬。转恓惶，冥司险，路途长。牛头群群擎铁棒，驱罪人，多无量。宋帝王前呈状，五官王收得问当。牛头告言：这罪人□无量，谤方等经求利养。

第四七日过五官王

（图绘：五官王案上置笔［图 3.3-26C］，一吏展卷，一吏持斧。前有大业秤，两人戴长枷，三妇女分立秤两侧。）

赞曰：五官业秤向空悬，左右双童业部全。轻重岂由情所愿，低昂自任昔因缘。

□□魔徒如劫贼，仗佛法，劫掠人钱。因此亡人入地狱，远深沉，受苦

图 3.3-26B
国家图书馆善本初江王

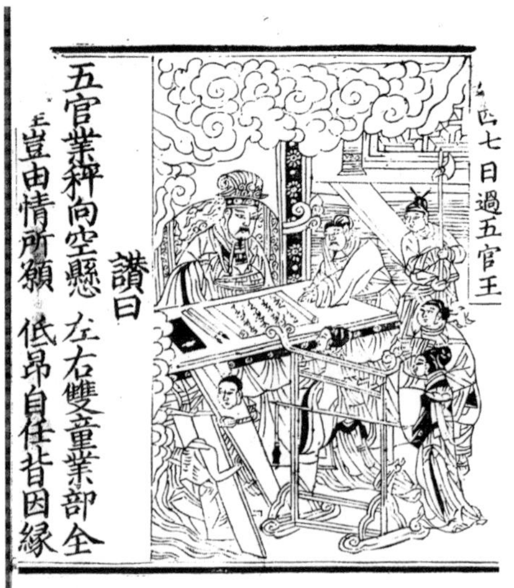

图 3.3-26C
国家图书馆善本五官王

冤。四七至五官王，问罪人经义。经中章句全不记，谤毁人，胡说誓。业秤高悬，挂起秤量，罪人先世。背佛违经，犯五逆十恶罪，秤上也秤不起。罪人经义全不解，离经邪说许会。请度亡人却诵戒，把众生，多谩昧。欺谩人，惹取些冤债。亡人中阴神转害，地藏十王都□议。这亡人，怎奔他龙华会。

第五七日过阎罗王

（图绘：阎罗王戴冠冕，案右有两童子，案前有一猪头押一人看业镜［业镜一般都是杀牛场景］，其后有一牛头持戟，案左一文官戴宋代直翅样头冠，屏风竹石，后有石坡与松树。）

赞曰：五七阎王息诤声，罪人心恨未甘情。策发仰头看业镜，始知先世事分明。

□是亲传佛弟子，全不识方等真经。与人家长礼，慈悲忏，救亡人，内官生。五七赴阎王，转生嗔怒。收得五官王，解送部。喝罪人，你自觑，业镜分明现睹。照见罪人去处，谤佛违经，背了八正路。夜叉驱入阿鼻狱，罗王敕校勘。第四忏，是诸佛断案。鬲子地狱有八万，一夜掉身一遍，千海镕铜浇灌。叵耐不见言，见诽谤方等经，嫌众善。八万四千劫，由未免（图 3.3-26D）。

第六七日过变成王

（图绘：变成王双手合十［图 3.3-26E］。案前一家善男信女。男子手持方册经卷，妇女在后抱经卷，小儿双手合十，家僮双手抱经册。前有一女持莲花枝前引，后有力士与持斧武士。）

赞曰：亡人六七滞冥途，切怕生人执意愚。日日只看功德力，天堂地狱在须臾。

□□蓦然光明照，方等经，黄幡祝疏。狱王叫，言诸佛，赦放罪人离三途。地藏王菩萨，作个证明主。六七变成王，黄幡祝疏，宣请十王都会聚。祝疏中，有方等经。语释迦佛贤记视现，佛法兴，显修善。方等经再现真十善，放罪人生天宫院。大黑暗，火烧罪人无限，光明照见，黄幡现。狱主高声唤，

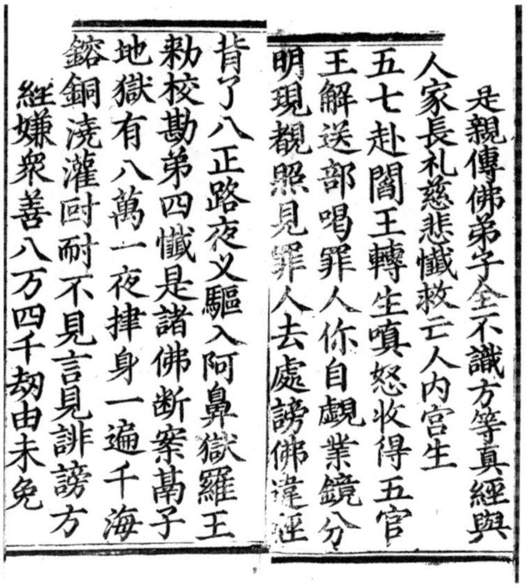

是親傳佛弟子全不識方等真經與
人家長礼慈悲懺救亡人內宮生
五七赴閻王轉生嗔怒收得五官
王解送部喝罪人你自覰業鏡分
明現覩照見罪人去處謗佛違經
肯了八正路夜义驅入阿鼻獄羅王
勅校勘弟四懺是諸佛断案萬子
地獄有八萬一夜俥身一遍千海
鎔銅澆灌㕸耐不見言見誹謗方
經嫌衆善八万四千刧由未免

图 3.3-26D

国家图书馆善本赞词

图 3.3-26E

国家图书馆善本变成王

慈门亲交得后善。邑众行，方等经追荐。阎罗法王赦圆满，满地狱里，化作天官院。

第七七日过太山王

（图绘：太山王案上铺卷宗，旁有侍女男吏等。前有狱卒驱一人，戴枷裸身。）

赞曰：七七冥途中阴身，专求父母会情亲。福业此时仍未定，更看男女造何因。

□□未离千日内，家亲林畔止根形。后□儿女随慈门，善救亡灵内宫生。七七满，太山王前，焚香赞叹，家亲林畔相呼唤，远近都有限。天符牒来时，转遍慈门，亲交得后善。方等经再行真实善，救亡灵生天官院。黄幡现，光明照，家亲林畔。远沉亡人儿孙善，请慈门家重追荐。菩萨证明十念，排七七日，十王检功德总遍。诸佛放悲光，□□大黑暗，救亡灵离三途难。

第八百日过平等王

（图绘：平等王眼看官吏铺卷案上，案前有持斧剑的三武卒押三人。一对男女对视，男戴长枷，女戴短枷，中有小孩。）

赞曰：百日亡人更恓惶，身遭枷锁被鞭伤。男女努力修功德，免落三途苦楚长。

亡灵既离六道去，超八难，总得生天。佛光接引西方去，弥陀会上礼当阳。罪人身遭难，无追荐，镬汤里烹烂。平等王前勘成案，善者生天官院。地狱三途苦难，造罪之人无限悔，懊阳间，不修善，怎免轮回难。这罪人，才省悟，怎生得见，儿女追荐经文功德。□□免了轮回苦，镬汤化为清釜。摧折刀山□□□，逍遥无恐怖，证果得菩提路。

第九一年过都市王

（图绘：都市王倾身案上，上方云中有一女小像。案前两武士，又有一狱卒挥着狼牙棒拖一人，其前一戴枷者钻入城门。）

赞曰：一年过此转苦辛，男女修斋福业因。六道轮回仍未定，造经造佛出迷津。

□□□梦分明说，天符牒，交付与慈门。□□经疏阴司现，满地狱生天宫院。周年足，都市王前词诉，悔懊当时不省悟。痴心地，贪酒肉，堕在刀山剑树。镬汤煎数度，远沉地狱多冤苦，何时得出路。判官语：你儿女追荐，痴憨不。亡灵三途是大毒，监斋童子绪后□。□酒色，邪非十恶数，送亡灵□□□。

第十至三年过六道转轮王

（图绘：转轮王合掌而坐［图 3.3-26F］。案左一男子捧佛像。前方有城门，一牛钻入，只露尾，一人披驴皮，后有持狼牙棒士卒驱赶。门上方有六道，佛、修罗、人、地狱、饿鬼、畜生分处其中。）

图 3.3-26F

国家图书馆善本转轮王

赞曰：后三所历是关津，好恶惟凭福业因。不善尚忧千日内，胎生产死夭亡身。

□□□，妖魂除，慈门救黑暗。看方等经，喻日□□大苦除。慈门救，满地狱，总化天庭。三年满千日，十王时限，转轮王亲受。得化形，案追荐，功德皆总遍。今日点名不见，委是慈门追荐。幡疏威仪，了赞十念，佛光引上天官院。会名唤，从头点，名不见。都是家中追荐，免了三途难。见在亡人听唤，各随□，□□放散罕，遇遇家中，慈门祭孤，□□□生天官院。

十斋具足，免十恶罪，放其生天。

赞曰：一身六道苦茫茫，十恶三途不易当。努力修斋功德具，恒沙诸罪自销亡。

我佛常使四药叉王守护此经，不令陷没。

赞曰：阎王奉法愿弘扬，普告人天众道场。我使药叉齐守护，不令陷没永流行。

稽首世尊，狱中罪人，多是用三宝财物，喧闹受罪。识信之人，可自诫慎，勿犯三宝，业报难容。若见此经者，应当修学。

赞曰：欲求安乐住人天，必莫侵凌三宝钱。一落冥间诸地狱，喧喧受苦不知年。

尔时琰魔法王，欢喜踊跃。顶礼佛足，退坐一面。佛言：此经名为《阎罗王授记四众预修生七往生净土经》，汝当奉持，流传国界，依教奉行。

赞曰：阎王退坐一心听，佛更殷勤嘱此经。名曰预修生七教，汝兼四众广流行。

佛说阎罗王授记四众预修生七往生

净土经。普劝有缘，预修功德，发心归佛，愿息轮回。

赞曰：一身危脆似风灯，二鼠侵欺啮井藤。苦海不修船筏渡，欲凭何物得超升。

第二归佛修心。

赞曰：船桥不造此人痴，遭险恓惶君始知。若信百年弹指过，修斋听法莫教迟。

《佛说十王预修生七经》

释音粗米胡切／郑并物切／琰弋冉切／跋步末切／勖许五切／巉士衫切／盼并檠?[1]切／荣楚革切／脆音城切／啮五枚切

信官刘普成施

此本明代《阎罗王经》，前有序言，讲一善行男子马弘敬游冥府后，阎罗王请其传播此经。类似的情节在明代曾流行，如《李清还魂记》，特点为阎罗王托其传回十王诞辰[2]。又如两种《十帝阎罗宝卷》、一种《十王宝卷》皆附此故事。上文所举清代嘉庆年间重庆地区也有序言相同之此经刊刻。此明代经本最大特征在于，偈赞文字中间增加了很多赞词，而且这些赞词多为曲牌似的长短句，彼此间并不统一。

就增加的情况而言，十殿冥王画面处简短偈句之后，都加有长篇赞词。唯第一秦广王后，又增一大段偈句。这种长短句形式，与佛典形貌差别很大，而与宝卷句式颇类似。这些赞句形态，已超出佛经文体范围。梵本经本由长行与偈颂组成，译汉语后为散文与整齐韵文。曲牌式长短句赞词，佛经中应未出现过。不过此经本是中土撰述，即使文体变化，也还不至于改变其性质。但这确实反映了明清以来民众百姓喜闻乐见的形式，中土撰述面貌因之进一步演化。这种情况或有些规律性，《十王经》系由内部演进到为《玉历宝钞》所替代，此经本呈现出宝卷化，也是处于变化形势之波浪中。另外转轮王终由五趣改成了六道，“藏川”署名或错改为“藏用”，对比其余图赞本互有错别字，可知其虽稍近S.3961号，而更似台州灵石寺塔本及海东本，如“善业童子”“二十八重狱主”等，更由王名中“平等”之称，可归此本于此型中。

前文已提及的清代刘瓒印本《阎王经》，序言基本承此而稍有改动，内容中未接增长短句赞颂（或为法事用），亦无插图，形成了一种较为纯粹的经本形态。其本应近似于朝鲜刻本《预修十王生七经》，但细查发现其错别字很多，有些改动如只有四菩萨、平政大王名，还是较为重要的。另外，清代印本还有体现出与水陆或道教相关的词句等。

诸本比较

虽然上列诸本多为图本，但《预修十王生七经》个别文字内容仍需注意。诸本相比，有两三处偈句与一段偈赞有别，但其明显印迹显示其源承自中国台州，高丽海印寺本、日本宝寿院本、朝鲜刻本皆与台州本有关系。台州经本传至朝鲜半岛与日本，各有一些微妙的变化，从下表（表3.3-5）所列可以看出，从台州本到朝鲜刻本，海印寺本与高野山宝寿院本恰好为过渡。这些细小微妙的变化，也可见出转折变迁。

［1］录文中，后加“?”的字即辨识尚有疑。全书同此。

［2］尹富《地藏菩萨诞日的产生时代及其相关宗教民俗活动论述》，《中华文史论丛》2007年第1辑。笔者对此的考论见路遥主编《四大菩萨与民间信仰》中地藏菩萨部分，上海人民出版社，2011年，第514—516页。

图 3.3-27
台州灵石寺塔本
第八王处

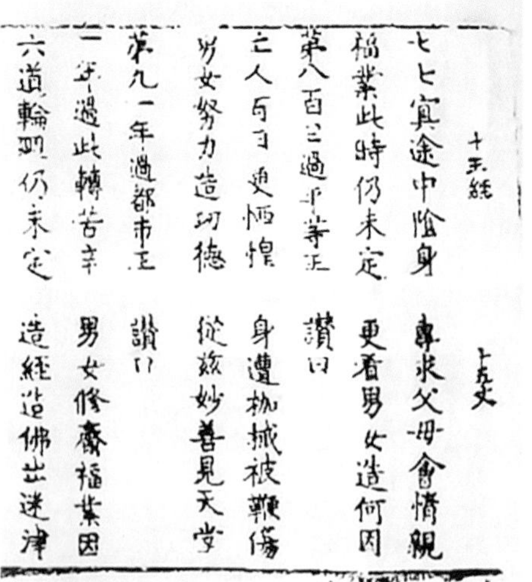

图 3.3-27B
韩国海印寺本
第八王处

图 3.3-27C
日本高野山宝寿院本第八王处

表 3.3-5　对应字句

台州黄岩灵石寺塔本	韩国海印寺本	日本高野山宝寿院本	朝鲜刻 / 卍续藏本
造经读诵人，忽尔无常至。	造经读诵人，忽尔无常至。	造经读诵人。 忽尔无常至。	造经读诵人。 忽尔谢报龄。
伏愿世尊听说检斋十王名： 赞曰： 阎王向佛再陈情， 伏愿慈悲作证明。 凡夫死后修功德， 检斋听说十王名。	伏愿世尊听说检斋十王名： 赞曰： 阎王向佛再陈情， 伏愿慈悲作证明。 凡夫死后修功德， 检斋听说十王名。	无	无
亡斋段中“法有慢纵”，国图藏明刊本亦“法有慢纵”，敦煌本为“法有宽纵”，仅S.3961号似“毫纵”。	“法有慢”，应有缺字。	“法有慢”，应有缺字。	“法勿有慢”。
男女努力造功德， 免落地狱苦处长。	男女努力造功德， 从慈妙善见天堂。	男女努力造功德， 从慈妙善见天堂。	男女努力造功德， 从慈妙善见天堂。

上表所列关键词句的不同，实际说明了海印寺本的重要性，从中国台州至海东后，高丽海印寺本起到最重要的传播作用，而变化也依然存在。由字词对比可知，其从高丽向日本，渐次稍变。而微妙之处在于日本还有些别的变化。但从图像内构来说，宝寿院本的每一幅王者之画面构成、人物形象、随从多少与道具情状，都受到了海印寺本的影响，这一点无可置疑。

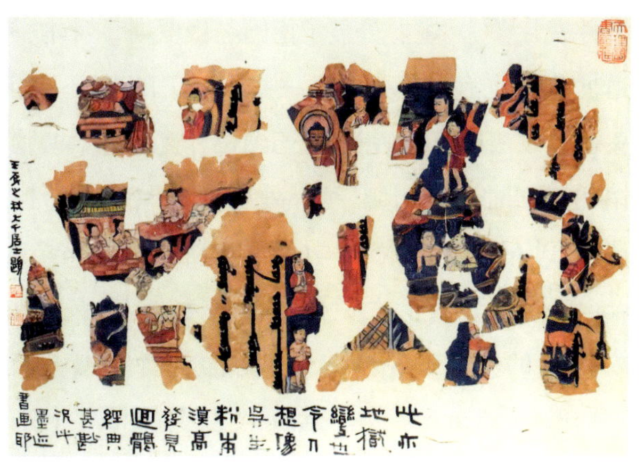

图 3.3-28
日本天理图书馆藏敦煌回鹘文《十王经》残件（采自百济康义《天理図書館藏ウイグル語文献》，下同）

图 3.3-28B
日本天理图书馆藏敦煌回鹘文《十王经》残片所具张大千题跋

（四）第四类：其他语言文字增变本

《十王经》的发展演变，确实达到了惊人的地步。从语言文字种类来说，汉语之外有回鹘文、西夏文，还有藏文。虽然这些经本数量较少，年代亦晚，但回鹘文与西夏文本的流行，证明了汉文化在广大西北地区的影响，党项与回鹘民族曾经相当信仰与流行此葬俗。中古时期的《十王经》信仰流行的范围，至少远达吐鲁番，包括西夏故地。

1. 一型，回鹘文本

回鹘文《十王经》，出自敦煌、吐鲁番，主要收藏在日本与德国。另有一件较特殊，原是民国时名人收藏，后流至日本为中村不折所收[1]。从刊布情况来看，回鹘文本可以说基本对应图赞本《十王经》，但蛛丝马迹中亦有变化。

经本 1，敦煌原出

敦煌所出回鹘文残件藏于日本天理图书馆（图 3.3-28、28B），由张大千发现于莫高窟北区，约在第 464 窟或附近一带。日本学者百济康义曾有研究，专文刊布[2]。百济康义刊布张大千原藏的约 40 片碎片，大体裱为两纸，均有墨书题跋。

张大千的题跋使人将此残件与十王经图等题材联系起来，但细看这两纸碎件，上图仅有一小台上坐裸身之人，又有溪流在几片上呈现，有人在水中，又有一兽涉河，约可与奈河相联系，还有一处具佛身首，旁有交脚坐姿及台座，也许是卷首图中的场面。下图为六道轮回图，左上方云气中有人道、修罗与畜生黑影，下方大云气中有牛头等以表示地狱，可惜转轮王形象残失。百济康义文中确也有列出最后王者为“转轮王”等文字。

经本 2，吐鲁番原出

新疆吐鲁番即高昌（Qočo）地区出土此经有

〔1〕原为王树枏所藏，是其所收回鹘文献中的一件。
〔2〕百济康义《天理図書館藏ウイグル語文献》，《ビブリェア：天理图书馆报》86，1986 年，第 142—148 页。

多件残片〔1〕，主要分藏于德国与俄罗斯，日本书道博物馆也有，其中不乏一些很精美的图画。相关研究发表则有先后〔2〕。德国柏林亚洲艺术博物馆等藏回鹘文《十王经》残件，编号20余件，研究刊布较早，德国学者葛玛丽（Annemarie von Gabain）做了大量研究，揭示出其多为具附偈赞的《十王经图》〔3〕。德国学者彼得·茨默（Peter Zieme）教授也曾致力于胡语《十王经》研究，有多篇论文，不仅对德藏本有深入考察，对俄藏本情况也有指导〔4〕。笔者曾访问柏林亚洲艺术博物馆并获资料图片〔5〕。总体来说，葛玛丽女士将这批写绘经图的时代定在11—13世纪，大体无碍。虽然其中多有具插图之本，但也有纯文字之本。或可对应汉文《授记》与《十王经》。

图3.3-29
高昌故城出土回鹘文《十王经图》（采自《新疆佛教艺术》上册）

先后有一些图册刊布了这些经图，如德国勒柯克等著《新疆佛教艺术》第二卷。此著近年得管平与巫新华之译〔6〕，有很好的图版刊布于摩尼教细密画分卷之中（图3.3-29），编号为IB4957a，尺度为17.3厘米×13.6厘米。此经本发现于高昌故城，与摩尼教文书、绘画同时同地出土，年代原定为约10世纪。此书之图版说明明确言其与佛教绘画风格相似，并不属摩尼教，但因为同时所发现的多数为摩尼教作品而一同刊布。图中人物形象亦是汉式服装冠帽，斜排相邻，呈跪姿，手中均持圭形的笏板。现在据多种对比物而言，其为《十王经》图几无疑义。图中回鹘文约为人名。此图应是属于卷首图中佛陀授记或地藏统领十位冥王的情

〔1〕［美］太史文（Stephen Teiser）著，张煜译，张总校《〈十王经〉与中国中世纪佛教冥界的形成》，上海古籍出版社，2016年，第211、第217页。其附录8也有详介。但将附表地名高昌（Qočo）误为库车、朝鲜刻本误为高丽。笔者作为此书校者也有责任，就此致歉。附录8中介绍了一些编号，并指明其中部分可能拼缀为一本。

〔2〕吐鲁番出土回鹘文《十王经图》，主要收藏于德国亚洲艺术博物馆，原勃兰登堡学术院也有藏品。俄罗斯科学院东方语言研究所（彼得堡）也有。日本中村不折书道博物馆等处亦藏。现知已有交河故城、吐峪沟K遗址、木头沟、高昌故城α寺城等处之出品。

〔3〕葛玛丽《中亚地藏菩萨崇拜：吐鲁番发现的插图经本》（*Kṣitigarbha-Kult in Zentralasien: Buchillustrationen aus den Turfan-Funden*），《印度学家会议：柏林印度艺术博物馆印度学工作会论文》（*Indologen-Tagung 1971: Verhandlungen der Indologischen Arbeitstagung im Museum für Indische Kunst Berlin 7.-9. October 1971*），威斯巴登（Wiesbaden）：弗兰茨·石泰出版社（Franz Steiner），1973年，第47—71页。《回鹘佛教的地狱：吐鲁番写本插图》（*The Purgatory of the Buddhist Uighurs: Book Illustrations from Turfan*），收于《公元900年后的大乘佛教艺术：亚洲艺术与考古论丛》第2册（*Mahayanist Art after A. D. 900: Colloquies on Art and Archeology in Asia No.2*），伦敦：伦敦大学亚非学院与大维德基金会（SOAS University of London Percival David Foundation），1972年，第25—35页。

〔4〕茨默教授曾任德国柏林勃兰登堡科学院吐鲁番研究所研究员等职，出版多种著作与数篇相关论文，如其论文集《回鹘佛教残篇丛考：茨默论文选集》（*Fragmenta Buddhica Uigurica: Ausgewählte Schriften von Peter Zieme*）中有《回鹘语本的〈十王经〉》（*Old Turkish Versions of the "Scripture on the Ten Kings"*），柏林（Berlin）：Klaus Schwarz Verlag，2009年。同年5月29日，茨默教授在柏林中国文化中心做过《十王经》专题演讲。

〔5〕笔者2001年曾到访。德国此馆原分印度艺术与中亚艺术博物馆两部分，现印度部分改为东亚部分。具体材料由专攻波斯细密画的嘎德布什博士为笔者提供。

〔6〕管平、巫新华译《新疆佛教艺术》第二卷上册，新疆教育出版社，2006年，第141页，图版五a第173页。原书名直译为《中亚佛教中的晚期古希腊罗马艺术》，［德］勒柯克与瓦尔德施密特著，前者1—5卷，后6—7卷。

图 3.3-29B
德国藏 1904 年吐峪沟出土 MIK III 6231 号回鹘文《十王经》(采自《丝路探险：1902—1914 年德国考察队吐鲁番行记》)

图 3.3-29C
德国藏吐鲁番《十王经图》MIK III 4607a 号第六七斋变成王画面

图 3.3-29D
德国藏回鹘文《十王经图》MIK III 7451 号

景。绘画色彩华丽，文图相拥显局促，红蓝色泽对比强烈。只有一王头面冠帽较完整，人物形貌都很清秀悦目，多少有着西域特点，但其余特征都是浓厚的汉风，特别是白色笏板，十分抢眼。

再如 1904 年吐峪沟左岸一石窟寺藏经洞中发现的残件（图 3.3-29B），画中罪囚们戴着红色铐具，十分显眼。回鹘竖文，穿插掩映其间[1]，可以确认为第四王处赞句。

回鹘文残本中已知一些冥王名称。除秦广王与泰山王名尚未发现外，其余王名中，五殿阎罗王译自梵音，八殿平等王为意译，似乎也有平正王的音译。而二殿初江王、三殿宋帝王、四殿五官王、九殿都市王、十殿转轮王则用汉语之对音[2]。

---

〔1〕陈婷婷译《丝路探险：1902—1914 年德国考察队吐鲁番行记》，中西书局，2020 年，第 128 页。

〔2〕Peter Zieme, “*Old Turkish Versions of the ‘Scripture on the Ten Kings’*”, edited by G. Stary, Proceedings of the 38th Permanent International Altaistic Conference（PIAC), Kawasaki, Japan, August 7—12, 1995, Wiesbaden: Harrassowitz Verlag, 1996, 405。见高士荣、杨富学《汉传佛教对回鹘的影响》，《民族研究》2000 年 5 期，第 75、76 页。

图 3.3-29E

德国藏《十王经图》MIK III 113c 号地狱火城及施饿鬼

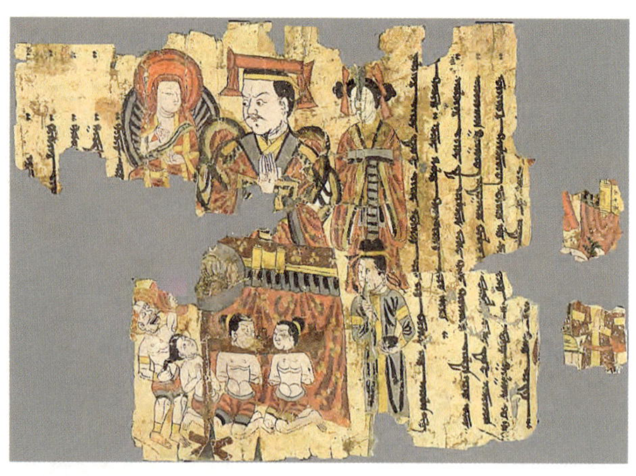

图 3.3-30

俄藏回鹘文 SI3133+SI3134 号《十王经》残件（采自拉施曼《圣彼得堡东方文献研究所所藏古代突厥语〈十王经〉残片》，下同）

现从所刊图片中我们还可看到其中所含汉字的赞词偈颂之文。至少可识有三或四位的赞词，如第六变成王、第八平等（正）王。如 MIK III 4693e 号有两罪魂连戴一木枷者，其上方裸腿有罪者与着袍吏者，旁有一吏之身。画面一侧存“空悬”(完整文句为“五官业秤向空悬”）之字。依汉文赞词在王者右侧（从观者）来看，其应为宋帝王处，但回鹘文图卷是由右向左展开，则为阎罗王处了。MIK III 6703 号有华丽冠冕，题王字，其顶上还有北斗七星，应为阎罗王之冠。MIK III 6327 号与此相当近似，亦有具“王”字冠冕之王者像，为交河故城所出。

而 MIK III 4607a 号图有戴幞头小吏，图中一角戴折巾有披巾者或为王。图中汉字存“赞曰……日日只看功德力”及其前“滞冥”残迹，应是第六变成王处（图 3.3-29C），此残片只存汉字，其第六王之归属似未得注意。MIK III 4693d 号图有一举棍戴幞头吏，击打戴连枷两男妇，旁有汉字：“亡人百日更恓惶，男女努力造功德，免落地……”应为百日斋第八王处。其他重要的还有 MIK III 4647a 号与 4647b 号为“第八日过平等王”“第九日过都市王”，而 MIK III 7451 号，为“百日斋平等王下”与“一年都市王下”，体现出文偈本即《授记经》的一些特点。茨默教授认为回鹘本体现出的细微变化较 10—11 世纪汉文本更多（图 3.3-29D）。

又文中 MIK III 113d 号图上有数幅公案桌布，下有碓磨，有一人被投入，旁有狱卒。而 MIK III 113c 号为图卷最后地狱城，城墙内有停尸台，台上一人体被数钉钉身。墙内外均有火。还有一僧形、一饿鬼，僧形手托钵，头面已残，饿鬼则胡跪姿，口中出火（图 3.3-29E）。这个场面与敦煌《十王经》卷最后图画是相符的，似为目连饷母，或为施饿鬼通行之图。

MIK III 7259 号上有披风帽的地藏菩萨，下有些许人像细节，或仍为阎罗王处图（参见图 4.4-2B）。MIK III g7578 号似童子残身，后一兵吏举斧。MIK III g8734 号两个戴枷者的下半身，上有回鹘文。还有两残片，图上有两个戴手铐者，一全一残，还有戴脚镣者。MIK III g7246 号存文字，一武吏擎举一竿杖，摩羯鱼头似为大椅之饰。其文字可归于第十五道转轮王处。而 MIK III g7256a 号一片可归为五道转轮王处六道图。人道有两人，一戴幞头，一戴尖帽，手中横捧物。阿修罗跪于云上，四臂上举日月下合十。其

图 3.3-30B
俄藏回鹘文SI1751号《十王经》第九都市王与第十转轮王

下有两羚羊般之动物，地狱汤镬似缺。最下层则有两饿鬼。

俄罗斯所藏吐鲁番精美图本片段虽然披露较晚，却有重要价值[1]。此仍由德国学者拉施曼刊布[2]。其编号SI3133+SI3134为第五阎罗王与地藏菩萨并坐（图3.3-30），下有业镜与三罪魂，其中两人戴枷，一人被揪发仰头上望业镜。图画造型线条相当细致精到，呈现出与汉地画风不尽一致的特点。此图赞句与德国藏MIK III 4698a号部分赞句重合，都在阎罗王处。而MIK III 4698a号另存数行文句却属第六变成王。而SI1751与SI1752则被推测为第九都市王与第十五道转轮王（图3.3-30B），画面更显精美。残存回鹘经文亦可与汉文对应比定。

附1：王树枏原藏

还有一经图残片应是最早得到中国官吏文人关注收藏的——即原由王树枏收藏、后流入日本书道博物馆中村不折处者。王树枏收藏吐鲁番敦煌文献，多加题跋考订，很是著名。他在1906—1911年任新疆布政使，在职期间于出土品多有关注、收藏与研讨，经手的文献文物不在少数。留下的很多题跋具有特殊价值，所以也得到了不少研究与关注。日本书道博物馆由于藏品量大质精而长期得到关注（以王树枏与梁玉书原藏汉语佛经为主，回鹘语图等为其中占有特殊地位之精品）。这些残片和中村不折的其他藏品直至2005年才印成精美图典全面刊布。在此前后，诸经文图也得荣新江、朱玉麒等人的考订[3]，知此回鹘文残片最先于《艺林旬刊》第5期（1928）刊出，流日后庄垣内正弘撰文阐释刊图（1979）[4]，《台东区立书道博物馆所藏中村不折旧藏禹域墨书集成》刊出后，题跋等乃得解说。但诸多论著似未将此归为《十王经》图。在此举一例（图3.3-31），从图中情况来看，一若唐代吏员者在桌前执笔，身前也有一个案卷，身后桌案

〔1〕参见张总《十王地藏信仰图像源流演变》(《信仰、实践与文化调适——第四届国际汉学会议论文集》，台北“中央研究院”，2013年）有关部分。

〔2〕Raschmann Simone-Christiane（拉施曼），“*The Old Turkish Fragments of The Scripture on the Ten Kings*（Shiwang jing）in the Collection of the Institute of Oriental Manuscripts in St. Petersburg”。收入I.F. Popova（波波娃）、刘屹主编*Dunhuang Studies: Prospects and Problems for the Coming Second Century of Research*（《敦煌学：第二个百年的研究视角与问题》），St. Peterburg：Slavia，2012年。

〔3〕荣新江《日本书道博物馆藏吐鲁番敦煌文献纪略》，《文献》1996年第2期，第157页。朱玉麒有两三文及博客涉此，《王树枏吐鲁番文书题跋笺释》(《吐鲁番学研究》2012年第2期，第69—98页)、《王树枏的西域胡语文书题跋》(新疆吐鲁番学研究院编《语言背后的历史：西域古典语言学高峰论坛论文集》，上海古籍出版社，2012年，第128—137页)，前者说明疏注题跋，后者引用镉岛稻子的专文说明诸卷旧有题签。

〔4〕庄垣内正弘《中村不折氏旧蔵ウイグル語文書断片の研究》，《东洋学报》61卷1、2号，1979年。

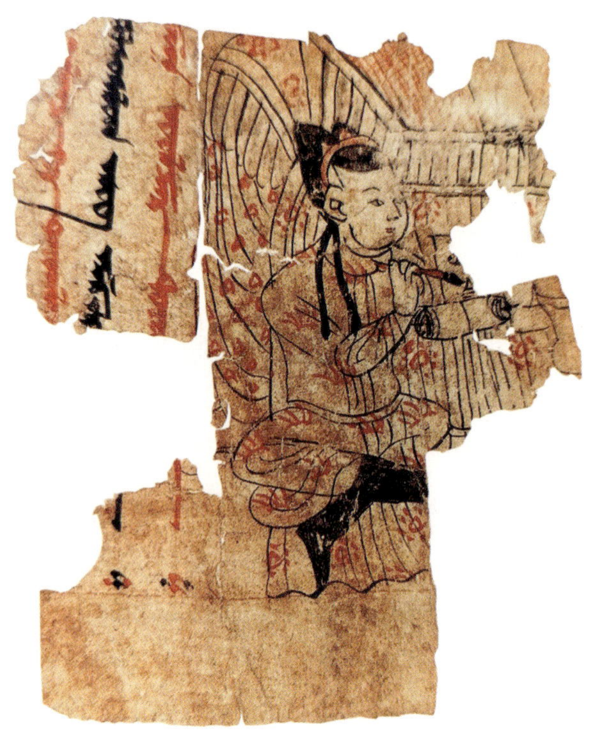

图 3.3-31
日本书道博物馆藏王树枏原存经图（采自《台东区立书道博物馆所藏中村不折旧藏禹域墨书集成》）

铺设桌布若帷幔呈两层，虽仅局部，但桌面一侧与典型的十殿冥王公案并无区别，特别是桌上也可见一个直置的案卷。绘画以线条为主，洒脱地勾勒出形象与物体，并点缀很多红色斑块纹饰，桌布衣纹等有些变化、组合，画像旁残存的三行红黑两色回鹘文字，使画面呈朱、墨两色。据此种种特征推定此为《十王经》图中某一王处的局部细节，完全可以成立。

《台东区立书道博物馆所藏中村不折旧藏禹域墨书集成》中册第 245 页，119 号之 7 刊图版，原件图文旁有跋：

> 余初得畏吾儿画像，有身而无首。越数月，吐鲁番人有持出土残经见售者，中有一像首，取而合之，活为一人。天下事凑合之奇，因缘之巧，真有莫之致而致者，数百年残缺之物顿成完璧，岂梦想所能到邪！庚戌仲春，仲父记。

此收藏过程有出人意料的意趣，即两残片缀合为一，现观此件人物形象头身之处约可见有缝，可知当年缀合情形，1910 年或之前先得人身，1910 年春再得其首部图，出土地应在吐峪沟。佛教古文物的缀接，前有南朝阿育王造铜像身座之先例[1]，延续下来，至现代学者，莫不切切此事，求实索真。当然此中有巧合、有妙得、有追索、有查获，各不相同。题跋至此又接一大段，先讨论相关文字源流，末为：

> 又画像一，幞巾、束带、皂靴，乃唐衣冠，人则汉种。意唐官欤？抑畏吾受封尚主，袭唐制也？甲寅闰五月，育仁记。

此为宋育仁所跋[2]。其人于光绪十二年（1886）与王树枏同年中进士，曾任驻英外交官，因而在胡语源流方面与王有所探讨，也言及此画唐风面貌，甚至言及受封制度。此图衣装线画确皆唐风，且胡语文字的内容亦应来自中土（虽佛教观念仍为西来）。从造型上细究，此为官府吏员，头顶幞巾垂两翅，圆领窄袖袍服，足登靴，所取坐姿若交脚。手中握笔，细处却以小指之外三指全执，似

〔1〕从慧皎《高僧传》到道宣《广弘明集》《集神州三宝感通录》等皆录此事，以《广弘明集》卷十五所叙最简明。即“东晋咸和中丹阳尹高悝见张侯浦有光，使人寻之得一金像无光趺”，运载安置至扬州长干寺。“后数年东海人于海获铜趺浮水上”，与像身符合，“后四十年南海获铜光于海下，乃送像所，宛然符合。自晋宋齐梁陈隋唐七代，无不入内供养”。见《大正藏》第 55 册，第 202 页中。

〔2〕宋育仁（1858—1931），字芸子，号芸岩，晚号复庵、道复，曾任驻英公使，提倡改良。后卒于四川通志局总裁任上。有《问琴阁诗录》等著作传世。

非正确执笔法[1]。笔下有一卷，或另一人拿持。从色彩、线条、造型等方面综合来看，此画风貌为中原与西域特征之结合。

此图文并茂残片中前六残件都为回鹘语文书，题签署明俱出吐峪沟，内容主要是佛教的经咒及忏悔文，也有涉及其他宗教者[2]。王树枏《新疆访古记》也收录了题跋。此题跋叙述缀合之趣，也有关于唐风受封制度之叹。今日观之，此图为十冥王旁侧书吏等随从官员，其手中持笔形象秀气洁净。虽唐风像式，但仅存一局部，恐难想象此为中阴，即死后活前之特殊阶段吧。

2. 二型，西夏文增变本

西夏文经本的情况比较特殊。其主要遗物有俄国科兹洛夫在黑水城遗址挖掘所得写本，也有民国时期定州所出经板刷印本，以及近年所现数件私藏与拍卖刻印本。其中定州本民国时就已有发现了，俄藏黑水城本虽早有著录，知其题名、外观等，内容方面也有些推测，但详情长期不明。近年其内容得到释译介绍，性质特点逐渐明了。笔者发现其主要构成与藏文本高度对应，两者都增加了《阎罗王天使经》内容，且在经名中体现。

西夏文本内容构成方面各有面貌。新近面世的两三件与定州残本都可归入刻本系统，虽归并后尾部仍不够全，但可知刻本有精美插图，内容文字构成同写本但词句多有简化。另外，写本、刻本皆有与汉本同源的入冥传经故事之序言。

经本 1，俄藏黑水城出土品

俄藏黑水城（今属内蒙古额济纳旗）文物之中有两件此种经本，从文体形态到内容构成都独具特色，价值极高。其情况早有著录，如1963 年戈芭切娃与克恰诺夫合编《西夏文写本和刊本目录》[3]，而 1999 年克恰诺夫著录更详[4]，即 Инв. No.0819 号《狱帝成佛受记经》与 Инв. No.4976 号《十王经》。日本西田龙雄对这两件也有推考，认为前者译自 S.2185、S.5450、S.5585 号，后者译自 S.3961、P.2870 号[5]。若此则可与前叙文偈类、图赞类比应。但张九玲发表《俄藏西夏〈佛说十王经〉述略》，发现其中增五天使问内容等[6]。而蔡莉的论文将此两件全部译释，判明两件无区别，是汉文《十王经》与《授记经》的结合，并进一步证明其内增阎罗王宫与五天使问的两处《天使经》类内容[7]。两人都指明西夏文本中有很多词汇术语、十王名称等源自藏语。笔者则发现俄藏西夏文本与现存藏文本的高度对应。根据贝劳恩斯基（Berounský）对布拉格国家美术馆藏藏文《十王经》的译介，与上述论文研究的西夏文本详细对比，可以明确，除了经文后部四个段落，即弥陀境域、浓缩全经再述、阐释六道与弥勒真言以外，两件经本在佛授记处增阎罗王宫，阎罗王讯问处加五天使问，经题添入五天使皆同。西夏文本一署高僧“座主赐绯沙门迷宁慧海”，一署高僧“迷宁法海”，藏文则似与藏川署名对应但不太确切。而经文其余部分，以《十王经》为主，加入《授记经》预修内容，长行与偈颂及赞词的对应，西夏文与藏文本

〔1〕也可能或少画一指，或将笔管之后拇指画出。画面残片已很小，只有 16.6×13.7 厘米，表达有不易处。

〔2〕回鹘文《天地八阳神咒经》《白伞盖陀罗尼》等。还有一篇译为俄文再回译者，为论述诸宗教相通之议论文。以上参前注朱玉麒文。

〔3〕З. И. Горбачева, Е. И. Кычанов, Тангутские рукописи и ксилографы, Москва: Издательство восточной литературы, 1963, стр. 123、120.

〔4〕Е. И. Кычанов, Каталог тангутских буддийских памятников Института Востокб Ведения Российской Академии Наук, Киото: Университет Киото, 1999, стр. 472—474.

〔5〕西田龙雄《西夏文华严经》3，京都：京都大学文学部，1977 年，第 59、31 页。

〔6〕张九玲《俄藏西夏本〈佛说十王经〉述略》，《首都师范大学学报（社会科学版）》2019 年第 2 期，第 30—34 页。

〔7〕蔡莉《西夏文佛教伪经考》，宁夏大学硕士论文，2019 年，第 8—48 页、第 60—63 页、第 78—81 页。

多是出自汉文而有近同的增变。唯西夏文本全经采用十一言赞句，非五言偈与七言赞的形态；而藏文本则基本对应汉文赞之表达，少有变化〔1〕。种种理由与证据表明，西夏文本的底本源头，很有可能是早期的藏文本，即增入两处阎罗王天使经、无后四处内容的藏文本。

总之，俄藏西夏文本的形式内容，与现存藏文本前部大半极为一致，较之已知的汉文本，是一种增变统合的《十王经》。其整合了《授记经》中预修等内容，纳入《十王经》，加入佛经原典的《阎罗王天使经》，偈赞文句也有丰富与变化。此疑伪经中加入原典，无疑增添了其作为佛典的合法性。但此原典含有"自作自受"的意蕴，与功德转让的主体功能不同。增变整合的多语本属于《十王经》的谱系，但发展增变出了新的枝干，并非仅仅是译出流传。

经本2，国内数种西夏文《十王经》刻本

A. 定州本与德宝拍品

河北定州佛寺像所出者，由著名的《国立北平图书馆馆刊》第4卷第3号（西夏文专号）译介（1932年出版）。此"西夏文专号"刊登西夏黑水城的考古与遗物，更兼多篇西夏佛典译文〔2〕。罗福苌《俄人黑水访古所得记》录有一项："九、金祈祷文。写本。首作当今皇帝圣寿无穷，次书五道将军名，末署南瞻部州修罗管界大金国陕西路今月日状（2504页）。此件虽非十王经，亦应相关。"王静如在此刊《引论》中译介了"定州佛像腹中所出西夏佛经残卷"，定其为《十王经》，从西夏文回译的经文段落多见如偈颂的部分，还附有一图。文中对其纸墨状况有疑，觉得是以残损严重之旧雕版重印（残损或因当年印制较多），所论之本原为罗振玉所藏〔3〕。西夏文佛经本不止产生于西夏故地与西夏时期，元代、明代都有刊刻，所谓西夏文《大藏经》，就是元代刊刻于杭州寺中。此经本原出仅知为河北定州寺佛像腹中，详情未明。不意近年有学者高山杉竟发现了详细情况，证实其实是以西夏文旧雕版现代刷印而成。其《旧纸片上的西夏史料学》予以说明〔4〕。现可知其为西夏文雕版，约在1922年前后出于定州城南佛寺，随之有人刷印售出。从王静如的介绍来看，所存的部分并不太多，"西夏文专号"前页附有四幅图版，所幸其中仍有插图片断，为一帝王审断景象。画面较窄，构图饱满，为俯视角度，狱帝前桌面明显，案前似有善男信女等，最前有狱卒持业秤之状，秤杆一边为小人状，一边为秤砣。画面无明显恐怖气氛。由此可推为第四五官王殿像。而译文其后有"第五次七日过于某某狱帝颂言"，王静如也指出其与汉语之第五阎罗王处文不符，现知其应是"天使所问"之内容。

〔1〕张总《西夏本与藏文本〈十王经〉关联新见》，待刊。根据丹尼尔·贝劳恩斯基（Daniel Berounský）专著，*The Tibetan Version of the Scripture on the Ten Kings and the Quest for Chinese influence on the Tibetan Perception of the After life*（《藏文本〈十王经〉兼及汉文化对藏地死后观念之影响》）的英译，与蔡莉论文中就西夏文此经的译释，逐段详勘，自可以得出如上结论。

〔2〕《国立北平图书馆馆刊》第4卷第3号（西夏文专号），1932年，收罗福苌遗编《俄人黑水访古所得记》、向达《斯坦因黑水城获古纪略》、周一良译聂斯克与石滨纯太郎合著《西夏语译大藏经考》，还有多部西夏佛典译文与经目及图版等等。

〔3〕"西夏文专号"王静如《引论》，第2463—2483页。

〔4〕高山杉《旧纸片上的西夏史料学》，载2014年5月25日《南方都市报》。其当事人辛甸南即定县人，写一纸片叙其事，言西夏佛经雕版民国九年或十年时出于定县城南佛寺，尺度字径一一写明。有人刷印后售与了罗振玉等人，辛甸南也得数纸。其事亦载于王森然《罗振玉评传》，收入《近代二十家评传》中。王森然亦定县人，称辛为吾师。虽然该纸片无名无时，仅夹于一本"西夏文专号"中。高山杉从王森然此著查得其间关联，可证其实。王森然（1895—1984），为美术教育家，曾标点注释《山水论·山水诀》等，著《文学新论》等，另撰有《回忆齐白石先生》《近代二十家评传》等。遗嘱捐十万元给教育事业，后设为中央美术学院美术史论系"王森然奖学金"，1988年开始颁发。王森然公子王工也曾在中央美院工作，笔者曾就读于中央美术学院史论系，因以知之。

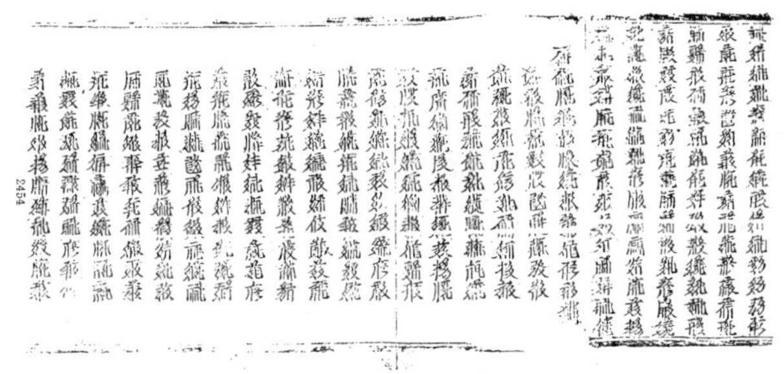

定州佛像腹中所出西夏佛經殘卷之二

图 3.3-32

河北定州西夏文经版所刷印十王经五官王与赞文（采自《国立北平图书馆馆刊》第 4 卷第 3 号（西夏文专号），下同）

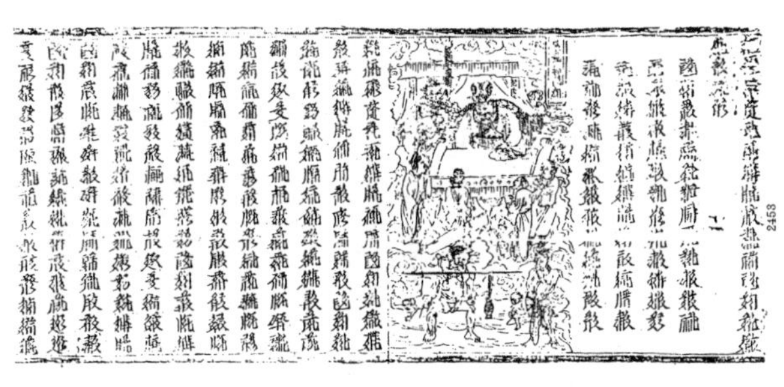

定州佛像腹中所出西夏佛經殘卷之一

图 3.3-32B

河北定州西夏文经版印经文与插图

笔者现据其译句与汉语《十王经》的五官王之赞词相较，可见如下对应。

王静如译：（附译释印刻不清者加［ ］号标明，以下为译文）

［次］［五］第七日于有？情碧落□□狱帝□至

往故颂言（图 3.3-32、32B）

狱帝碧□□处秤□□置以□令（五官业秤向空悬）

□及□方二人行作［重］及轻重宣说（左右二童双簿全）

重？及轻进？作者有情［王］□当非及（轻重岂由情所愿）

昔所作依善及恶等［多］者重是也（低昂自任昔因缘）

北京德宝公司 2014 年秋拍 72 号两经之一为此经，经折装，存 10 折，每折 6 行，满行 15 字。有 5 折为使者和前四王图，余 5 折为相应文赞等。乘黑马、着黑衣、举黑幡之使者图完全符合汉文描述，但身上也有留白以求均衡（图 3.3-33）。第一秦广王处屏风前及旁有善男善女，桌上笔砚卷宗，前有官卒与两男一女，衣着黑白相间（图 3.3-33B）。第二初江王处前有江水，水中两人挣扎，前有挂衣树，后有牛头与着衣狱卒持狼牙棒驱裸身人（图 3.3-33C）。第三宋帝王正襟坐屏风前，侍有童女，桌前一官吏与一妇女对立，一男子戴枷跪地，两卷宗置于庭前地上。第四五官王以手指前，白衣吏持棍与黑衣官展卷读判词，两裸身戴枷男子听之。诸图前均有四句赞文及引语。后存 12 行第五王处文句却是非常重要，经核对可知是“天使”所问的内容，而行款内容近同于定州刻本（图 3.3-33D）。然而定州本与此本虽同有第四王图，构图形象却不相同，可知图本至少有两种。张九玲对定州西夏文本《十王经》也有考论，与俄藏本相比，认为差别较多，已是新本了〔1〕。蔡莉论文就此情况进一步考述说明。定州本虽然不全，但其阎罗王处有“五天使所问”，经题中亦含此“五天使问经”，是一致的。可知其内容构成仍相近。但具体赞句等，定州本确实较为简洁。其年代肯定较俄藏本晚，或至明代，但其在词句上趋于简洁精炼的变化确实存在。其存十王图像处更近似汉文本。〔2〕

〔1〕张九玲《定州佛像腹中所出西夏文〈十王经〉残片考》，《西夏学》2019 年第 2 期，第 311—319 页。

〔2〕德宝公司此批拍品中还有一图同此经五道转轮王者，戎装手中出六道云气，却是属于《寿生经》牒文等，非常少见。另黑水城曾出西夏文《金光明经》序言《忏悔灭罪冥道传》精美版画，拙作《〈阎罗王授记经〉缀补研考》曾误以为与《十王经》有关，其画面上层地藏菩萨与阎罗王处中心，下层为张居道入冥故事，虽然画面相似，但确非此经事相。

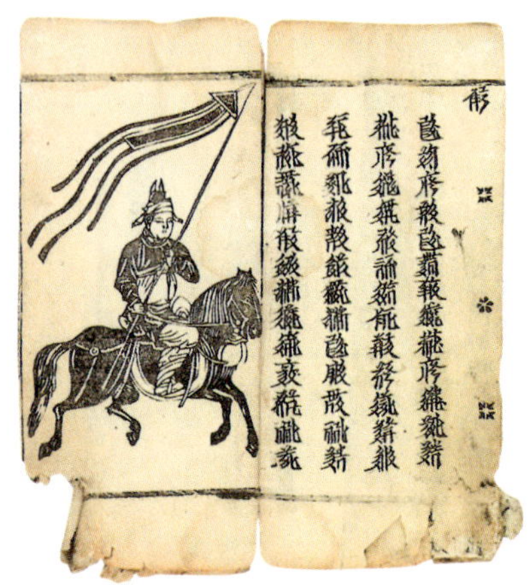

图 3.3-33
北京德宝公司 2014 年秋拍使者图
（采自《拍卖图录》，下同）

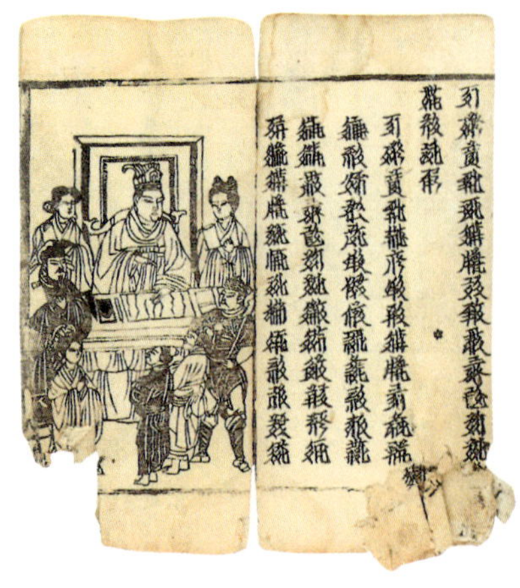

图 3.3-33B
北京德宝公司 2014 年秋拍第一王图

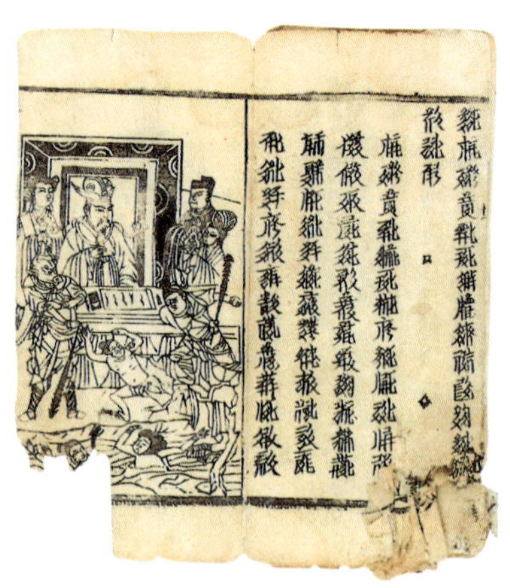

图 3.3-33C
北京德宝公司 2014 年秋拍第二王图

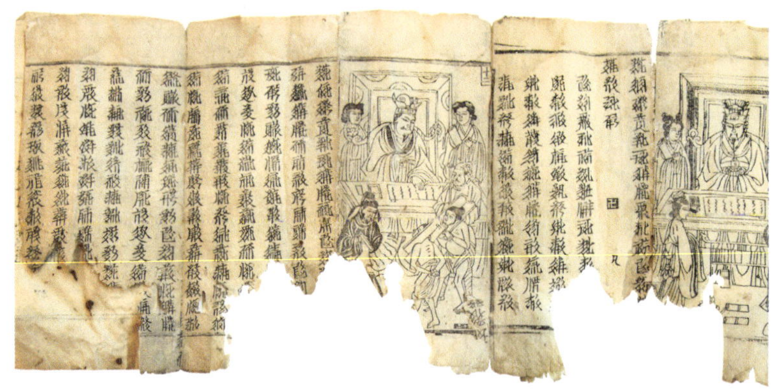

图 3.3-33D
北京德宝公司 2014 年秋拍第三王、第四王图

B. 金澜阁等私藏拍品

金澜阁私藏西夏文此经，曾于国家图书馆“百代芸香——中国传统典籍特展”展出（图 3.3-34），现场只能见到卷首画与部分文字内容[1]。画中有佛陀等众多形象，桌前右侧一组跪者似为十王，数量符合，且前有一冕旒、后有一武装者，为阎罗王与五道王之特征。中贸圣佳公司 2017 年秋拍 1153 号拍品亦属此经（图 3.3-34B），与此经为同版异印，仅存 4 折序言部分。有趣的是，其序正是上文所提及的明代汉文刻本（国图善本 16022 号）中的马弘敬入冥受托得还传经故事，仅文字较简洁。此序在俄藏写本 Инв. No.0819 号还以草书体出现，而在此两件中则是楷书。西夏文写本还具此译，年代当比明天顺年更早，足证汉本出现此入冥故事序言时当更早，或至宋代。还有一点即中贸圣佳卷首图虽同金澜阁本，但封面却题为《金刚般若经》，而此卷首图中佛前

图 3.3-34
金澜阁藏西夏文《十王经》（笔者摄于国家图书馆“百代芸香——中国传统典籍特展”）

〔1〕国家图书馆典籍博物馆 2019 年特展展出。

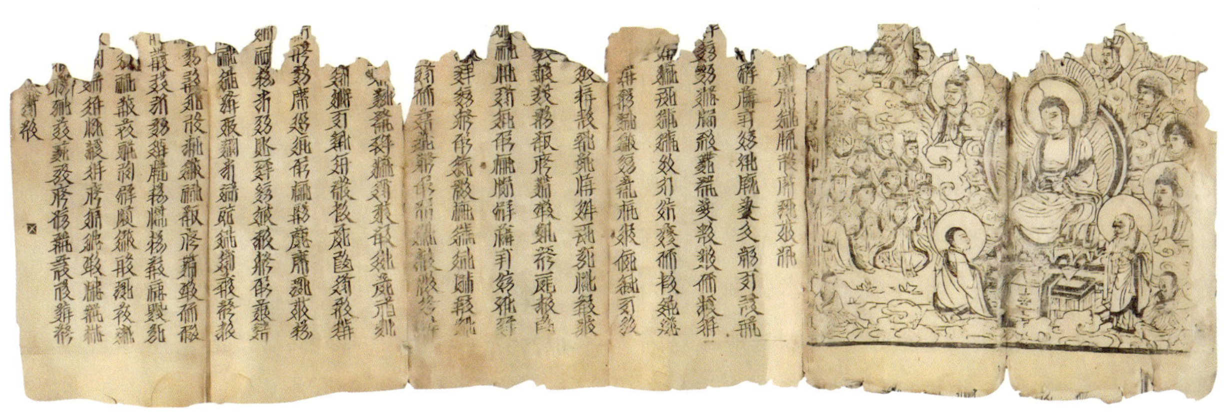

图 3.3-34B
中贸圣佳 2017 年秋拍 1153 号西夏文《十王经》(采自《拍卖图录》)

弟子跪像等也显露出与《金刚经》的一丝联系，说明刻经的复合性，或也与敦煌本中《金刚经》与《十王经》同抄的情况有一丝联系，似明刻本起始年代亦不晚[1]。张九玲曾考论定州西夏文本《十王经》与俄藏本相差较多，已是新本，结合两三种私藏拍品，皆可合一系统[2]。蔡莉就俄藏写本与定州刻本文体繁简等有考述说明。

现知西夏文本《十王经》的确存有两种，写本形态的文本与刻本形态的具图本，但与西田龙雄所比定者全然不同。写本文字繁丽，刻本文字简洁而插图精美；构成上，前增来自汉文本的入冥传经故事序言。两者主体内容都增入阎罗王宫与五天使所问，经题中亦含此名，与藏文本主体一致。相对而言，写本早而刻本晚，但刻本也有时间较早的证据，而定州本则必定较晚。据德州本与定州本图非一致，可知刻本不止一种（尽管格式相似），所以刻本应存在较大的年代跨度，但具体状况还待考明。总之，西夏文与藏文本《十王经》核心主体相同，加入了印度真经《阎罗王天使经》的内容。但前添汉本入冥故事，后加数项独特内容，共同反映出汉、藏、西夏文化的深入交流。

西夏文写本与刻本的内容构成一致，仅有文字繁简及存图与否之区别（刻本现知有 4 件，2 件有图，但首全而尾缺）。因而其类型与经本的判分为特定，与余类有些差别。

3. 三型，大型增变本

《十王经》的发展，在偈颂方面，是一再增益的。明代刻本为其提供了很好的例证，而且增加了很多四六句式，颇像宝卷。总之，文体形式与经本形式有时并行发展。如最初《阎罗经》中有五言偈句，后来增加七言赞句而成图赞本。再变就是增加四六句的卷子本（但也偶有缩减之例）。此型若只从大型增变着眼概括，可分为两类经本。

经本 1，日本《地藏十王经》

此经首题为《佛说地藏菩萨发心因缘十王经》，原本是在日本衍生而成。此前学者多有论述，包括日本多位学者与美国普林斯顿大学太史文教授。唯有萧登福将此定为藏川所出的两种《十王经》。其实仅从标题署名两处错误，即成都府写为“成都麻”，“大圣慈寺”写成“大圣慈恩寺”，就可知其很难是出自国内僧俗之手，经末题

[1] 河北师范大学崔红芬教授得阅一私人藏品，据说与国家图书馆展品、中贸圣佳公司 2017 年拍品相近同，详情不明。
[2] 张九玲《定州佛像腹中所出西夏文〈十王经〉残片考》，《西夏学》2019 年第 2 期，第 311—319 页。在此感谢作者赠未刊稿。

记也说明刊印者知其非据梵本，而是据入定而撰述。且此经本内容无论写卷刊本，也从未在国内出现过。是说本不值一驳，且萧登福之论时间较早，本可不论，但至今学界还有很多人引述其观点，不知学界在此领域早已推进，实不应该。其实无论内证还是外证，此经成于日本无疑。就内容而言，经中增减改动都很多，特别是地藏与阎罗王，将原"阎罗王得授记"改成了"地藏菩萨得授记"，增引《地藏菩萨本愿经》，减去预修等内容。《十王经》在地藏信仰方面起到重大作用，但究其原本，竟无多少地藏内容。此经在突出地藏信仰处尤为明显，且混合密教咒语及六地藏，携带道教三魂七魄概念及天尊等词语。个中原因正由于其为晚出的日本经本。

现据日本《卍续藏经》第1册第20号刊经录出[1]。

此经4660字左右，仅第五王部分的2400多字，就超过原《预修十王生七经》(2200余字)、《阎罗王授记经》(长本，1350字左右)之数。由此可见，日本《地藏十王经》篇幅增加之巨。其实此经本只有十段冥王赞词保留了原貌，又其第八王称"平等王"，说明其近同于灵石寺塔本。阎罗王处增引《本愿经》，讲佛为地藏授记，并列十斋日下界神祇。每王皆配合本地佛菩萨，还参入地藏仪轨中梵字咒语，特别是加入日本密教六地藏说，使其日本特色展显无余。

《佛说地藏菩萨发心因缘十王经》

成都麻大圣慈恩寺沙门　藏川　述[2]

如是我闻：一时佛在鸠尸那城跋提河边，沙罗双树入涅槃处，诸大声闻前后围绕，无量菩萨皆悉集会。天人大会五十二类皆来云集，前分之后遗教之前。

尔时世尊放大光明照阎魔国，嘿然而住。时阎魔王十大王，众狱司侯官司命令神司录记神，阎魔使者罗刹婆无量异类，无数鬼神部类从属，忽然涌出恭敬供养合掌向佛。尔时世尊还内光明，告阎魔法王言：是娑婆国一切众生根钝障重，不孝父母，不信因果。以心为师，造作五逆四重十恶，皆悉堕在阎魔地狱，冥途中间都不觉知。非我世尊，谁人起慈。孔雀等经与百年寿，虽然终尽人间八苦，犹如深乐。冥途受苦，极苦中苦，我今略说。

尔时阎魔法王及诸王等，从座而起，合掌向佛而白佛言：世尊！善哉善哉，释迦牟尼法王，能以平等大慈大悲，为我等说，照三途暗。

尔时世尊告阎魔王及秦广王等言：一切众生各有六识八识九识，义如前说。今此经中唯有二说，魂识说三，魄识说七。三种魂识，一名胎光业魂神识，二名幽精转魂神识，三名相灵现魂神识，于阿赖耶识开为三魂。心性心相，如水中波不二而二性者。三身法报应，性本觉如来，无一众生而不具足，三身如来，依我此觉智觉树成道，依我此理双树示灭相者。三魂随善恶业流转生死，受苦受乐无有间断，依造恶业受三途苦。如今众生依我修善令得佛道。一切众生亦复如是。七种魄识一名雀阴魄神识，二名天贼魄神识，三

[1]《卍续藏经》第1册No. 20《佛说地藏菩萨发心因缘十王经》，第404—407页。

[2] 此经文上有日本汉字一些标注音符号，且含有一些梵文字母。

名非毒魄神识，四名尸垢魄神识，五名臭肺魄神识，六名除秽魄神识，七名伏尸魄神识。于七转识分别性相准魂，可知一切众生临命终时，阎魔法王遣阎魔率，一名夺魂鬼，二名夺精鬼，三名缚魄鬼，即缚三魂至门关树下，树有荆棘，宛如锋刃。二鸟栖掌，一名无常鸟，二名跋目鸟。我汝旧里化成鸓鸔，示怪语鸣别都顿宜寿此鸟近吴语，云析家命鸣。我汝旧里化成乌鸟，示怪语鸣阿和萨加此鸟远吴语，病来将命尽。尔时知否？亡人答曰，都不觉知。尔时二鸟忿怒炽盛，呵亡人曰：汝在人间不恐罪业，我为惩恶心不饮歠脑，汝在人间不恐罪业，我为惩恶心不食拔汝眼。然通树门，阎魔王国块死天山南门，亡人重过，两茎相逼，破膆割膚，析骨漏髓。死天重死故言：死天从此亡人向入死山，险坂寻杖路石愿鞋然。即男女于葬送具三尺杖，头书地藏状并随求陀罗尼，具鞋一具，置魄神边墓处名也轻过。亡人如通大穴，微善亡人，两茎不碍，死天冥途间，五百臾缮那。

尔时秦广王告亡人言：哀哉苦哉，吊苦颂曰。

汝去过死山，渐近阎魔王，山路无衣食，饥寒苦何忍。尔时天尊说是偈言。

一七亡人中阴身，驱将坠堕数如尘。且向初王齐检点，由来未度奈河津。召于亡人坐门关，死天山门集鬼神。杀生之类先推问，铁杖打体难通申。

第一秦广王不动明王

第二初江王宫释迦如来

图 3.3-35

日本富冈誓愿寺秦广王处上方释迦佛[1]

图 3.3-36

日本京都二尊院初江王上方释迦佛

图 3.3-36B

日本京都二尊院宋帝王上方五髻文殊菩萨

---

[1] 秦广王处是典型的本地不动明王，由此可知存有差异。

葬头河曲，于初江边官厅相连承。所渡前大河即是葬头，见渡亡人名奈河津。所渡有三一山水濑，二江深渊，三有桥渡官。前有大树名衣领，树影住二鬼，一名夺衣婆，二名悬衣翁。婆鬼警盗业，折两手指翁。鬼恶无义逼，头足一所寻，初开男负其女人，牛头铁棒挟二人肩，追渡疾濑，悉集树下。婆鬼脱衣，翁鬼悬枝，显罪低昂与后王厅。尔时天尊说是偈言。

二七亡人渡奈河，千群万队涉江波。引路牛头肩挟棒，催行马头腰擎叉。苦牛食牛牛头来，乘马苦马马头多。无衣寒苦逼自身，翁鬼恶眼出利牙。

第三宋帝王宫文殊菩萨

于二江岸上官厅之前，恶猫群集，大蛇并出。来时亡人割破奶房，系缚身体。时阎魔率呵亡人言：我等非无慈，逼汝邪淫业，此苦犹轻，后王逼何。尔时天尊说是偈言。

三七亡人转恓惶，始觉冥途险路长。各各点名知所在，群群驱送五官王。

第四五官王宫普贤菩萨

于三江间建立官厅，大殿左右各有一舍，左秤量舍，右勘录舍。左有高台，台上有秤量幢。业匠构巧，悬七秤量。身口七罪，为纪轻重。意业所作，不悬秤量。次至镜台，当见镜影。于此秤量，点目有三别。一者斤目，断为重罪，重中开轻，为二八狱罪。两者两目，断为中罪，为饿鬼罪。三分目断为下罪，为畜生罪。先破不妄语，戒后余造恶，至秤前时秤锤自动，自然低昂。课亡人言，汝所造罪，秤目定重，亡人欺咳曰，我未昂秤，暗何为我，敢不信之。尔时访罗，取于罪人，置秤盘上。秤目如故，亡人闭口。造恶变面，访罗下之，传勘录舍。赤紫冥官，令点秤书，光禄司侯，印押录帐，具载宪章，奏阎魔官。尔时天尊说是偈言。

五官业秤向空悬，左右双童业簿全。轻重岂由情所愿，低昂自任昔因缘。

双童子形奘偈曰。

证明善童子，时不离如影。低耳闻修善，无不记微善。证明恶童子，如响应声体。留目见造恶，无不录小恶。

第五阎魔王国地藏菩萨

阎魔王国自人间地去五百臾善那名无佛世界，亦名预於国，亦名阎魔罗国。大城四面周围铁墙，四方开铁门，左右有檀恭幢，上安人头形。人能见人间，如见掌中庵罗之果。右黑暗天女幢，左太山府君幢。尔时世尊告大众言：谓诸众生，有同生神魔奴阇耶同生略语，左神记恶，形如罗刹，常随不离，悉记小恶。右神记善，形如吉祥，常随不离，皆录微善，总名双童。亡人先身，若福若罪，诸业皆书尽，持奏与阎魔法王。其王以簿，推问亡人，算计所作，随恶随善，而断分之。复二幢主，以人头所见，重奏彼王。次有二院，一名光明王院，二名善名称院。光明王院于中殿里有大镜台，悬光明王镜，名净颇梨镜。昔依无遮因，感一大王镜。阎魔法王，向此王镜，鉴自心事。三世诸法，情非情事，皆悉照然。复围八方，每方悬业镜。一切众生共业增上镜。时阎魔王同生神簿与人头，见亡人策发右绕，令见即于镜中现前生所作善福恶业，一切诸业，各现形像。犹如对人见面眼耳。尔时同生神从座而起，合掌向佛说是偈言。

我阎浮如见，今现与业镜。毫末无差别，质影同一相。

尔时亡人惊悸逼心颂曰：

前知有业镜，敢不造罪业。鉴镜如削身，何此知男女。

尔时阎魔法王重告大众，我以阎浮日月所行，正五九月长月十斋〔1〕，殊向阎浮于人众同分，为作善福。人遣监福监醮，使乘飞面白马至，须臾之顷，见所作业即还，须臾向我说所见福为作恶。罪人遣通奏，通府使至如上使。我今殷勤断众生业，众生不知，恣作恶业，堕三恶道，非我无悲心。善福众生。于十斋日，受持十戒，存当苦悲。一日至心进念定光佛；八日至心进念药师琉璃光如来；十四日至心进念贤劫千佛；十五日至心进念阿弥陀佛；十八日至心进念地藏菩萨。从旦至食，供养称名，必定不受四恶道苦。二十三日至心进念势至菩萨；二十四日至心进念观世音菩萨；二十八日至心进念毗卢遮那如来；二十九日至心进念药王菩萨；三十日至心进念释迦牟尼佛。如是十斋修习一年，能持十戒，能念十尊，能除疫病五病鬼，使得寿百年，得福百秋，命终之后，生诸佛国。复能于我及夺魂神名拏吉尼众，并传尸鬼名起死鬼，制呾罗月[正月]室罗伐拏[五月]末伽始罗[九月]，于白黑七日至黄昏时，供养我等，所谓香花金米银钱银幡银弊仙果二种[石榴枣果]，清茶正向北方，皆备诸供，一心顶礼，至心请念大神咒一百八遍。我阎魔王并诸眷属，哀愍纳受。供养已后，钱幡弊等，皆是醮之。当尔之时，以本誓力，虽著死簿，反著生书。横死非命，必转延寿。受持不绮语戒之人，必定不受横死非命。即于佛前说神咒曰。

唵炎摩曳达罗磨罗阇耶萨缚贺〔2〕

𑖌𑖼(oṃ)𑖧𑖽(yaṃ)𑖦(ma)𑖧𑖸(ye)𑖟𑖿𑖨(dra)𑖦(ma)𑖨(ra)𑖕(ja)𑖧(ya)𑖭𑖿𑖪𑖯(svā)𑖮𑖯(hā)

尔时阎魔法王说根本咒已，告监福使言：若有众生，日日持念一百八遍者，汝具无量阎魔率，不离左右，如守眼睛。若有所求，速疾圆满。若有苦痛，与阿伽陀。若求园林，若愿浴池，种种众愿，皆令满足。尔时监福使等，合掌恭敬，进承教敕，退当奉行。随善恶业，定七道报。尔时天尊说是偈言。

五七亡人息诤声，罪人心恨未甘情。策发仰头看业镜，悉知先世事分明。

复说善名称院。此处殊胜于无佛处，别立净土。金沙满地，银玉叠道。四畔筑四宝，四门开顺。金树分七珍，枝开妙花，每房结微果，花寻开花，长

〔1〕此段中收有《十斋日》(或称《地藏菩萨十斋日》)的内容。

〔2〕此咒大约与善无畏译《地藏菩萨仪轨》中咒印句有关。三咒句为“唵炎摩智利萨缚贺”，继“唵喃惹摩尼娑嚩”与“唵嘱只俪耶娑嚩贺”。见《大正藏》第20册，第652页。

春不散，果寻结果，长秋不落。池开七宝，莲重青黄。赤白汀鸣六种鸟，和宫商角徵羽，庄严微妙如兜率。天中殊胜，殿安五宝，座即是地藏菩萨入定宝处。四方有座，四大菩萨所座。所谓破恶趣菩萨，悲旋润菩萨，金刚笑菩萨，除忧暗菩萨。尔时无佛世界能化导师，悲愿金刚，地藏菩萨坐中央座，每日晨朝入恒沙定，从定起，已遍十方国，住立有情室宅，门户净信念。我开于两手，熙怡微笑，现智笑士亦名金刚笑大菩萨，闻行不净，以左中指针，于臆上悲泣而去现。悲旋润或入地狱，皆令离苦及余恶趣，遍入救生，愿力自在，日日不息。

昔在因地发大愿故，我念过去无数劫中，有佛出世，号名觉华定自在王佛。彼佛世尊入涅槃后，于像法中有佛形像。尔时我为圣近士女，起大深信，供养恭敬。我知悲母堕在地狱，为救彼苦，七日断食，一心祈请。于第七日第五更时，室中空内，忽现佛身，而告我言：善哉善哉，圣近士女，欲得度脱，悲母极苦，当发无上大菩提心，能度三世一切父母，能化无佛世界众生，能化地狱悲母等类，故名地藏。地狱众生，为库藏故，于未来世，堪救极苦。依佛教敕，始发善心，初发无上大菩提心，同诸佛行愿，即救母苦，令得解脱。如彼佛说。我其后发事愿，立誓颂曰。

我若证真后，于地狱代苦。可代不代者，誓不取正觉。我若证真后，于饿鬼施食。可施不施者，誓不取正觉。我若证真后，于畜生𪗇噉。可救不救者，誓不取正觉。我若证真后，于修罗诤苦。可和不和者，誓不取正觉。我若证真后，于有缘众生。不入三昧者，誓不取正觉。我若证真后，畏短命念我。不令得长寿，誓不取正觉。我若证真后，为病苦念我。不令得除愈，誓不取正觉。我若证真后，除王难念我。不令得恩赦，誓不取正觉。我若证真后，离怨贼念我。速疾不远离，誓不取正觉。我若证真后，厌贫苦念我。不令丰衣食，誓不取正觉。我若证真后，求官位念我。不令得高官，誓不取正觉。我若证真后，于临终念我。其时不现身，誓不取正觉。我若证真后，为六道众生。随应所得度，为施甘露法。我随趣分身，于缘熟众生。以六种名字，应于当当身。

尔时世尊告乞叉底蘖波菩萨言，善哉善哉，谛听地藏！于未来世为缘现身，我当授记六种名字颂告言。

预天贺地藏，左持如意珠，右手说法印，利诸天人众。放光王地藏，左手持锡杖，右手与愿印，雨雨成五谷。金刚幢地藏，左持金刚幢，右手施无畏，化修罗靡幡。金刚悲地藏，左手持锡杖，右手引摄印，利傍生诸界。金刚宝地藏，左手持宝珠，右手甘露印，施饿鬼饱满。金刚愿地藏，左持阎魔幢，右手成辨印，入地狱救生。

尔时乞叉底蘖波菩萨，欢喜踊跃，而起合掌，前白佛言：今从空佛闻此授记，得未曾有。若于未来，当堪利益，恶趣众生，不舍此身，成大丈夫。尔时世尊而告我言：善哉如愿，善哉如愿！即时动地，即天雨花，忽然变成大丈夫僧，即得大乘第三果位。尔时世尊而告我言：今无佛世，能化堪忍，于未来世，有佛名为释迦牟尼佛。处忉利天，先知汝来，灭后弟子皆悉付汝。其娑婆国，人多好恶，实非汝愿。不见能化，若入地狱，授五八戒，恶趣救生，于此一事，超过恒沙无数菩萨，即我略说。汝未来世，善权方便，功德偈言。

若有顺母教，皆是地藏身。殷勤化悲母，愿力自在故。若有念我名，每日称百返。于四恶趣中，代苦与解脱。若有正王臣，为帝释拥护。若有邪王臣，为阎魔罚之。极恶罪人海，无能渡导者。乘地藏愿船，必定到彼岸。

尔时空佛，说是偈已，忽然变化，隐而不现。我大丈夫，闻佛记别，即得善现，色身三昧，从其已来，每日入定，利益众生，无时暂息。

尔时大会，阎魔王等，诸罗刹娑，闻乞义底蘖婆菩萨，宿世因缘，深信因果，无量功德，皆为眷属，扶助化导，于善名处，略说往古，本愿事竟。

第六变成王斤弥勒菩萨

依前二王，秤镜两现。若罪逼恶，若福劝善，尔时天尊说是偈言。

亡人六七滞冥途，切怕坐人警意愚。日日只看功德力，天堂地狱在须臾。

第七太山王斤药师如来

依前三王，处断勘决，两舌之罪，善因恶缘，求于生缘，尔时天尊说是偈言。

七七冥途中阴身，专求父母会情亲。福业此时仍未定，更看男女造何因。

亡人逼苦愁叹颂曰。

待七七个日，不饮食逼寒。男女以遗财，早造善扶我。设亲禁入狱，子静居家哉。何恐阎狱苦，头燃犹非喻。

第八平等王观世音菩萨

内含慈悲，外现怒相。且施教化之，且贪刑罚之，尔时天尊说是偈言。

亡人百日更恓惶，身遭枷械被鞭伤。男女努力造功德，从兹妙善见天堂。

第九都市王斤阿閦如来

哀亡人言，于诸经中，造法花经，龙女出海，无垢成道。于诸佛中，造阿弥陀佛，光明遍照，除热寒苦，缘人男女，欲救亡人，今日追善，受八斋戒，福力殊胜。男女勿瞋，能救亡苦。尔时天尊说是偈言。

一年过此转苦辛，男女修斋福业因。六道轮回仍未定，造经造佛出迷津。极恶极善不来处，微恶微善为亡宾。依佛经力定二报，以追修福登金人。

第十五道转轮王斤阿弥陀佛

尔时天尊说是偈言。

后三所历是关津，好恶唯凭福业因。不善尚忧千日内，胎生产死夭亡身。

邪见放逸过，愚痴无智罪。犹如车轮回，常在三途狱。

尔时十王，诸罗刹娑冥官司候，从座而起，合掌向佛而白佛言：世尊！我等诸王，或权或实，如实类等，受苦难忍，何离苦官，归无为家。尔时世尊，告诸王言：汝等先世，见他恶苦，悦为自乐，劝他造恶，闻他善憎。闻有得死，以为欢乐，贪心惜财，瞋恚失理。如是等众生，得生阎魔国，前分涅槃中如广说。佛性常住，凡有心卢，当具佛性，悉皆当得无上菩提。汝等有心，当知佛性，必定永离，三热大苦。佛性偈曰。

诸行无常，是生灭法。生灭灭已，寂灭为乐。

我念过去，无量劫中，尔时我为，雪山童子，始闻此义，永离生死，得涅槃道。尔时诸王，闻佛偈语，深生欢喜。味甘露膳，即离热恼，得不退转。尔时大众，闻佛所说，皆大欢喜，皆悉作礼，而去涅槃处，还阎魔王国，信受奉行。

《佛说地藏菩萨发心因缘十王经》

右本末记曰，严佛调三藏云，此经梵本非多罗文，三昧之内真佛示现授此经。梵文从三昧起。先书竹帛。然后修习。从北天竺。到支那国。大圣文殊。于照耀殿。为许流通。时天圣十年十一月也。小苾蒭原孚，普化众信之缘。广开消罪之路。因以入梓。永为流通。伏愿十号至尊。垂拔苦与乐之慈悲。十殿冥侯。惠记善录。恶之赦宥。地狱化为净刹。镬汤变作清凉。

上附此经的题记，虽有北宋仁宗天圣十年十一月之纪年，但未必可信。文中托三国严佛调言此经非藏译，得自三昧（入定）。古文献常依托附会，以增加其合法性。若真出自天圣十年，则晚于台州灵石寺塔本并不太久，但二者差别极大，如将“授记阎罗”改为“授记地藏”，将“成都府”与“大圣慈寺”都搞错误。虽然传抄错误难免，但此经中不类中土经本的特征太多，如十王皆有本地垂迹佛菩萨图式，此仅见于日本，中土只有早期的十斋日佛菩萨大致与之对应。现知大足宝顶南宋20号龛顶层十斋日佛，为日本本地佛的原初形态，而此《地藏十王经》本身阎罗王处就含有此十斋日念诵佛名等内容，因为本书在此前已将大足十斋日佛菩萨图选附插入，再选配京都二尊院《十王图》组画中本地佛菩萨等三幅。此套图绘制十分精彩，本地佛菩萨乘云而降，其都市王处为阿閦佛而非大势至菩萨，与《地藏十王经》相符而与主流（具势至无阿閦者）略有区别。二尊院此套《十王图》曾传为藤原行光（1352—1389）所有，但笔者还找到一些它与土佐派画家先驱光信的联系[1]。学界肯定其为室町时代（1336—1573）初期作品（详后）。

经本2，藏文增变图文本

藏文本近年由捷克学者丹尼尔·贝劳恩斯基（Daniel Berounský）发现并译出[2]，原件收藏于布拉格国家美术馆，20世纪初从中国或蒙古流出，看来像是18或19世纪写本，附图与敦煌等图赞本形态相似。与上列日本伪经之伪托，并发展地藏信仰及六地藏菩萨不同，其增变专注于阎罗王部分，体现出由伪归真的趋势。两处增入的经文，是印度真经之有关阎罗王宫与五天使的内容。更重要的是这些增入与现知俄藏西夏文本相同，而且藏文本与西夏文本都是以图赞《十王经》为主体，加入了文偈本的预修段落等内容（虽然其转

〔1〕石守谦《有关地狱十王图与其东传日本的几个问题》说二尊院十王图传为藤原行光（1352—1389）所用，是室町初期作品。但藤原行光名似有误。且土佐画派光信之作，也可能传摹下来，详后第六章。

〔2〕Daniel Berounský（丹尼尔·贝劳恩斯基），*The Tibetan Version of the Scripture on the Ten Kings and the Quest for Chinese Influence on the Tibetan Perception of the After life*（《藏文本〈十王经〉——兼及汉文化对藏地死后观念之影响》），布拉格（Praha）：文学院（Triton-Faculty of Arts），查尔斯大学（Charles University），2012。

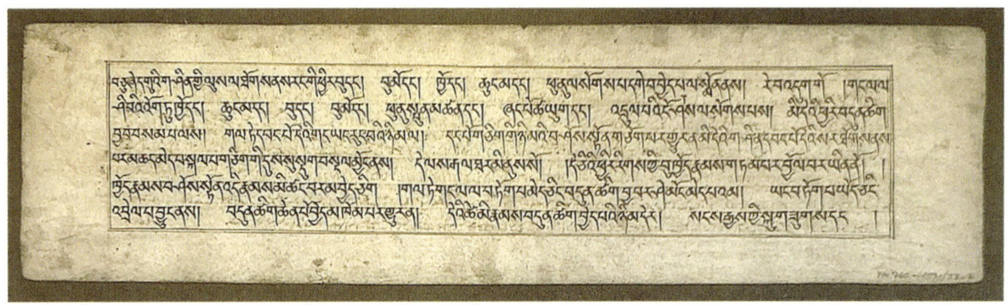

图 3.3-37

藏文《十王经》(采自丹尼尔·贝劳恩斯基《藏文本〈十王经〉——兼及汉文化对藏地死后观念之影响》，下同)

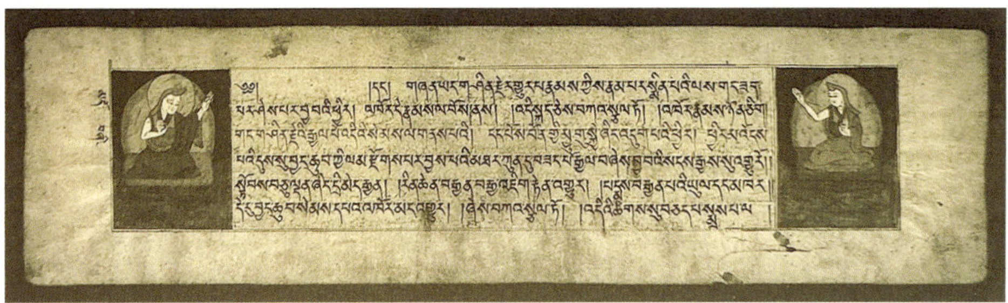

图 3.3-37B

藏文《十王经》带像饰文字页面

图 3.3-37C、37D、37E

藏文《十王经》第六、七、十王插图

译稍有不确之处）。这些特点说明汉、藏、西夏文化于中古期的重要交流。由于此著的重要性，笔者选择部分内容作为附录二，以飨读者。

根据丹尼尔·贝劳恩斯基的论著所附经文图版（图3.3-37B），其中共有14幅图，构成也有特别处。十王之前有幅开首图，略似说法图。其余图主要位于十位王者审断之处（图3.3-37C、37D、37E），但随后有一幅王者图，其前乘马使者应为画面主体，接着是菩萨胁侍的上师图，最后是幅较简洁的引路菩萨图。此外还有部分梵荚式页面的两端饰有佛像。其内容则大为增加，主要有如下一些：

1. 阎罗王得授记处，增加源出《阿含经》的阎罗王宫内容，含火刑对僧人生敬信心内容。

2. 冥府十王前加阿弥陀佛境域颂赞。

3. 冥府十王殿处每位王者赞词后都增加强调作斋功德的内容。

4. 阎罗王处增加了《天使经》中五天使即“生、老、病、罚、死”问的内容。

5. 十王后增加阐释菩萨段位诸乘与轮回诸道的内容。

6. 其后又将十王审断浓缩再述，名为《心经》（与《般若心经》无关）。

7. 弥勒真言陀罗尼。

上列第1、4条所增授记处阎罗王宫与五天使内容与西夏文本《十王经》同，即阎罗王宫的火刑与尊僧之信仰，阎罗王依五天使发问，应是佛教最早的死后审问。藏文与西夏文经本中，早期佛经的加入无疑加强了中土撰述的合法性，其增加集中于阎罗王相关处，更是显出此经向真经回归的方向，而且呈现出地区与语言文字特点。上列第2、5、6、7条则为现存藏文本独具，可能是藏文本后续的增加。而此经本插图的构成配置，目前所知也是独特无二的。西夏文本与藏文本在基本主体内容与中土传统经本相同的同时，增入了第1、4条两处相同内容，使得两经本大部分相同。而西夏文本具有很多藏语词汇如十王名称等，说明其依据藏语底本的可能性极大。因而，藏文《十王经》，很可能存有早期甚至12世纪的经本。根据笔者对西夏文、藏文两本经文的详细对比，内容方面高度相近，就是西夏文本依从藏文本的主要证据。而且藏文本相关材料中也有一些关于噶举派的证据，可以辅证[1]。

另有私家收藏中也有类似经叶。如上海收藏家顾清所藏一批梵藏文典籍共三千余件，得“梵典宫”之称，曾有展出并请学者观看讨论[2]。其中有一种《冥王经》，蓝靛纸泥金写本，材质较为考究，“书画堪称一绝”。其画面与我们所知见的《十王经》有些相似。而且部分画面中冥王坐像之上方，藏文格戒似如偈句。其时代应是在清中后期。其内容与价值值得深考，特别是在布拉格存本藏文《十王经》发现以后，与之详校或很有意义。但目前藏族学者判之为道教性质之经，或指其近于《玉历宝钞》，认为是出自清代北京地区满蒙藏传佛教地区的信徒，或受地方文化的影响而兼习佛教和道教。但国内确有藏文此经的发现，如兰州大学李志明就有此项目的研究[3]，期待其成果。

---

〔1〕上注丹尼尔教授一直认为其探讨的藏文本应是更早经本的复制抄本，只是苦于没有证据（第158页等）。西夏文本的披露实际上为其提供了间接证据。而笔者的对比（详见另文）对此更是有所推进，此经所属的写本材料中有些题记涉及噶玛巴等，或与噶举教派有些关系（第156页）。丹尼尔文还提到了一种藏地的十王画。

〔2〕西热桑布《上海“梵典宫”所藏梵、藏文献文化价值初探》，《亚洲佛教研究》第1辑，社会科学文献出版社，2020年。西藏大学古籍研究所所长西热桑布先生定其为藏译道教经典。

〔3〕由兰州大学李志明承担科研项目（2019M663856）《国内两种新见藏文〈十王经〉对勘与研究》，可知藏文《十王经》有新发现。又，梵典宫收藏的藏文此经近由李志明、萨尔吉等学者比对已得确认。

附 1：锡伯（满）文本

还有一件清代锡伯族所用的《玉历宝钞》(或称《十王经》或《劝善经》)，可映射出十王信仰图像的变迁。清代乾隆二十九年（1764），三千锡伯族人由清朝政府指派从祖居东北之地，长途跋涉到了西北新疆地区。新疆保存下来的这套文献，有一定价值。锡伯族原本信萨满教，但据新疆锡伯营的关帝庙等可知，其接受了不少汉文化。此经本为道光七年（1827）译本，文字应是由汉文译成满文（因锡伯文近同满文，或可视为锡伯文）[1]。全经基本完整，存图二十六幅，又有两幅重复之图[2]。其画中有玉皇、东岳、吕祖、关帝、地藏、酆都大帝、城隍、灶王，十位冥王俱全：一殿秦广王、二殿初江王、三殿宋帝王、四殿五官王、五殿阎罗王、六殿变成王、七殿太山王、八殿平等王、九殿都市王、十殿转轮王。十王之后有孟婆、轮回图，所强调者是人间帝王将相与鳏寡孤独及胎卵湿化四生。还有观音、淡痴道人、勿迷道人、文昌帝君，最后有莲池大师。其后经文里还插有炮烙与火磨酷刑图。十王场景中业镜、望乡、寒冰、刀山狗咬、锯解、铁床等地狱与惩戒场景与汉地常见的传本并不相同，其中缘由值得探究。《玉历宝钞》影响深入到了新疆锡伯族，可知十王信仰及艺术绘本的形态在古代世界是多么普及。

《玉历宝钞》是流行极广的善书，清代以来极为流行，其核心全来自《十王经》，唯将地藏十王纳入道教东岳大帝之系统。杜斗城已指出两者关系，即《玉历宝钞传阎王经》和《玉历至宝钞劝世》[3]。因强调刊出十王等诞辰，所以称“玉历”。萧登福等研究多用此书，但认为其宋代形成，实不可取。中国台湾学者王见川就此做过精慎研究，指明其形成应在清代[4]。《玉历宝钞》中有清人李宗敏题记说此书或出宋本。笔者也曾对《玉历宝钞》的两种版本做过对比[5]。

《十王经》的流行，历时千年，十王观念早已深入人心且渗入民俗，佛寺地藏殿、东岳庙、城隍庙亦多有分布。清代《玉历宝钞》作为善书十分流行，其中十王系统依旧，但地藏菩萨因在东岳大帝或酆都大帝之下，重要性有所降低。其实东岳大帝就是泰山神，太山王与东岳大帝形成了泰山的双重结构。

---

〔1〕锡伯文是1947年前后对满文稍加改造而形成，因而实际上仍属满文。

〔2〕此件藏于新疆伊犁州察布查尔锡伯自治县文物管理所。以《劝善经》之名刊于佟玉泉、佟克力编《锡伯族民间散存清代满文古典文献》，新疆人民出版社，2008年，彩图第13—14页，图版第820—866页。

〔3〕萧登福指明《十王经》最后溶灭于《玉历》，还是有见地的，但其年代等说错误很多。

〔4〕王见川《明清民间宗教经卷文献》，台北新文丰出版股份有限公司，1999年。

〔5〕参见张总《地藏信仰研究》，宗教文化出版社，2003年，第151—161页。

第四节 经本构成演变

上述几小节已叙述《十王经》的状况，运用了最新材料，进行了分门别类的梳理归纳。台州灵石寺塔本之面世令人惊喜，由经名确切构建了其与海东本的脉络联系。耀州神德寺塔本的缀合整理则带来了新的冲击，竟可从诸多残本碎片中复原出三四种经本类型，多有演进过渡的特征，联系敦煌藏经洞与各地经本，尤可呈现此经的发展、演变状况。此前论著的阐释解说，多仅以敦煌藏经洞发现的众多经本为主线，但现在根据各地丰富的新材料，我们可以建立起演进的新框架，阐说得更加清楚明白。当然，我们既在材料上梳理归纳，同时也汲取学界的最新研究成果，通过参加工作坊的讨论，以及持续跟进交流等，吸收一些重要看法，使本书在经本系统类型之认识方面有了很大的提高。有关经文类型与演进的观点，上文已有论述，本节则略加归纳，强调重点。

前文已述，研究此经本可以从经名标题（含首尾题与经中述名）、王名序次、菩萨数量列名、预修与亡斋（其详简分合关系及功德等）、重要字词之变更，以及语言文字六个方面来切入。各个方面之间互相关联，不是一两个条件就可以决定其中变化的，考察所得异同，一般来说并非偶然。实际上，也可从内容与形态两个角度切入研究。《十王经》基本功能有三，即构建十王体系、能作功德为亡者亲人追福、为自己预先作功德而修福备用。从现存经本可知，其内容有简洁讲预修斋与亡人斋且分开者，也有分别强调预修与亡斋者。这正体现于上节所分的三个类别上，而实际的流传又有许多形态及变化。通过学者们与笔者的努力，现将诸因素整合、探讨，就经名、王名顺序、菩萨数与重点字词变化等，归纳其内容变化。

笔者仍以经名变化为首要表征，再就内容——预修斋与亡人斋情形及关系，续接诸王名称与次序、菩萨数量列名、重要字词等，进行逐一说明，然后结合相关诸项明了此经的基本要素状况。重视经名是因为其他诸项变动皆可互相联系，不会因只关注某一项而顾此失彼。由此，我们对此经本进行了区分，归纳为四类十型，列举经本二十余种。其汉语类核心为三类七型，列举经本十六种。笔者以此为基础，考察其内容与形态变化，梳明其间关系，清楚地说明此经的变迁体系，推定其演进脉络之状况。

一、诸项变迁

关于《十王经》的类型及演进，学界已有很多探索与论说。总体来说，有的研究颇为深入，也有的几无价值[1]。就新近而言，王见川《近代中国地府研究之一：十王的流传、演变与定型》[2]、吕梁学院王娟《敦煌本〈十王经〉文本系统再考察——以经中长行为中心》，是较有分量的两篇文章，分别从不同角度对十王或经本系统及演变，做出了颇有价值的研究，且对此前关于经本类型的学说有所总结概述，但也还存在一些未竟之处。此外，还有一些考古学方面的调研等，主要是对四川地区地藏十王龛像所做的工作和考古类型学或图像方面的论述[3]，有详尽、细致的新见，但对经本内容方面的内证（关涉宗教信仰基础）则不太明了。本节参考这些成果而展开，经综合考虑，恰可解决某些说法未臻完善之处。耀州神德寺塔及台州灵石寺塔新经本的发现和整理，确实为此经本演进系统新框架的构建提供了最佳支撑。

（一）经本标题

佛经的名称与标题相当多样。一种经有许多题名，也有重复或相近之题，疑伪经则更多。《十王经》是一大类经，实际上内部多变，可区别划分。此前讨论已有不少，但较少注意经文中之标题。笔者曾重视敦煌此经系的尾题，现在看来仍然重要，但对前说有些调整。与此相关的还有一些学者提出的考察简称题名等，也可采用，但应尽量配合其原本题名，并说明它们之间的关系。现在的学术研究中，如何标明经名是一个没有完全解决的问题。是采取原名，还是新拟名称或用简名等，仍需探讨。现有的论著已有多种方式或标准。直称原名当然较好，但由于变化太多、烦琐难记，以及容易混同等原因，学界常为之重新拟名，此经系中即有多例。总体上，经名应以方便好记、明确不混为原则。

《十王经》的基本类型及其变化过渡，均与经名特别是尾题有较为密切的关系。或者说经名尾题反映了经本的微妙变化。此经之首题即正名是《阎罗王授记四众预（逆）修生七往生净土经》，还有些繁简变化，但变动不太大，总体可简称为《十王经》。经中宣说了十王系统、此中王者等基本状况。其内容讲述的时段为中阴阶段——有情众生逝灭后与出生前。功能为审断善恶，冥判后即配送五趣六道。审断善恶本来有根有据，善恶童子持簿，加以业秤与业镜，可以明了生前业力行为。但此审虽明善恶业力事迹，冥判结果却可变动，原因即是功德可以转让。如果生前有杀生，罪重若屠夫等，应受报应下地狱，类似具恶业者也须入三恶道。但子女为其作功德，请佛延僧、施财斋会，分量若足就可免三恶道地狱等。再如写经造像，写此类《十王经》（含《阎罗授记经》等）与造佛像，获及

---

〔1〕如孙健《〈十王经〉版本流传中转轮王形象转换的历史语境》，《三峡大学学报（人文社会科学版）》2017年第2期，第87—95页。其文对学术史几无了解，所论无甚意义。类似论文还有一些。

〔2〕王见川《近代中国地府研究之一：十王的流传、演变与定型》，《历史、艺术与台湾人文论丛（十二）》，博扬文化事业有限公司，2017年。感谢作者赠文。

〔3〕前引江滔、张雪芬《9—13世纪四川地藏十王造像研究》；张亮《四川安岳云峰寺新发现“地藏十王变”及相关问题》，《中国国家博物馆馆刊》2018年第1期，第26—37页；西华师范大学历史文化学院、重庆工商大学计算机科学与信息工程学院、营山县文物管理所等《四川营山县太蓬山摩崖题刻调查简报》，《华夏考古》2012年第4期，第4—5页；王雪梅《四川营山〈大蓬秀立山普济寺众修十王生七斋记〉校录整理》，《西华师范大学学报（哲学社会科学版）》2014年第6期，第6—10页。

功德也可免入三恶道。此经还倡导预（逆）修功能，即活着时可以先为自己修行积累功德，死亡时直接领福免受恶报。《授记经》中介绍一种预修也即逆修方法，每月两次，初一、十五为己修行（可以请僧办斋，也可简易而行）。经中还据《灌顶经》发展出功德分说，即子女为六亲办斋会或造经像，亡人可因此免入恶道，但功德仅获七分之一，为己修行则功德全获。很明显这是鼓励预修。经中介绍：为亡者，须在其逝去的七七日、百日、一年与三年办斋会；为活人，可以在每月的初一、十五预修。写经造像平时也可以做，两种修行积福方式也可混通，不是截然分开。敦煌本的实用斋文证明，所有为亡者办的斋会，愿词都会兼具为活人生者修功德。但所有这些关涉十王的宗教仪式，都是中阴（中有）内之事。中阴与阴间冥界的时空范围界域不同，不是一回事。经论如毗昙学、《俱舍论》中有明确述说。净土信仰的往生信仰，都是直往净土，与中阴无涉。但在这个关键点上有很多模糊的认识。因为十王中阎罗王来自冥界，或者说掌管地狱。中阴判后入地狱仍是由阎罗王掌管，所以古人就有混淆，特别是在十王信仰扩展后的南宋及其后。现代学者将两者混为一谈就更多了，如见到五代前后十王像也作地狱如何之说，多是误解、误用。

所以，《十王经》就是包含十王名号次序体系的，有预修与亡斋方法的经典。因为功德转让与预逆修自得，此经适用于非常广泛的家庭，影响遍及上自帝室下至贫贱的各个级层。因为能结合中土传统孝道、维系家族关系，它在中土及东亚多国有着极为深厚的民众基础。与此有某种对应的《西藏度亡经》（属于“伏藏”），在藏传佛教地区广泛传播。钱光胜曾讨论《西藏度亡经》与《阎罗王授记（十王）经》之间关系同异[1]。两经确有对应，都在中阴阶段所用，但区别也很明显。《西藏度亡经》核心是“度”，从亡者神识出发而讲度过之要，重在个人自主角度。而《十王经》的基点是为人为己修功德，其中人伦关系显要，其最重要处还是子女对父母的救度。助人或助己，关键词是“过”。

根据《十王经》系统的基本功能，其下各经本可基本归为三类，即《阎罗王经》《阎罗王授记经》《预修十王生七经》，此三种类型基本上是从各经本尾题提炼而成的。第一类经本构建出十王体系，还简述了预逆修与亡人斋。后两类中，《授记经》侧重于拓展预逆修事，《生七经》则侧重于拓展亡人斋仪。其实，侯冲早已说过《阎罗王授记经》偏重预修，《佛说十王经》倾向荐亡[2]。这个看法主要是从经本不同段落之文意得出的，其方向无疑是对的。但笔者的论考角度和要点与其不太相同，更侧重于经本整体之构成和演变情形来阐明。本章上节所述也是以此三类经本为基准的，虽然个别经本尾题也有错位、另出等，但总体上特征还是契合的。不同语言文字之经本经题不全明了，其经本基本与第三类经本对应，但有大幅增变者。以此三个尾题来作论述的标称，符合于诸王名序、菩萨数量列名、预修亡斋内容、重点字词等特征的变化。当然不是每项每经都绝对随之变化，而是相互之间有变化有沿用，也只有如此分析我们才能看清其间分化演进。

现在我们还知此三类经本并非截然分开，其

〔1〕钱光胜《试论〈西藏度亡经〉与敦煌写本〈阎罗王授记（十王）经〉的关系》，《西藏大学学报（社会科学版）》2013年第1期。

〔2〕侯冲《中国佛教仪式研究——以斋供仪式为中心》，上海古籍出版社，2018年，第388、426—427页。之前，笔者得到作者所赠博士论文的电子版，其中已有论说，认为《佛说十王经》是用于实际的仪轨。

关联中还有变化过渡型，如从文偈本加偈赞的耀州偈颂本。此经系中，文偈本由长行与五言偈组成，图赞本增七言赞与插图，而此过渡本就是加赞句但尚无图者。经本虽有残缺，但所存正是十王部分，而且出现了二七宋帝王、三七初江王的“错位”，但这正是第一、二类王名次序与第三类的差别。因而，此件虽残，却是过渡型经本的硬证据。且关键处的第二宋帝王与第三初江王，又恰是Y0155号填缀所成。所以，从经本类型上进一步缀合整理也是合理的。又，耀州文偈本Y0211并Y0077等号尾题为“阎罗王经”，而该经本存尾题“佛说阎罗王经”。仅据此而言，《佛说阎罗王经》与《阎罗王经》或小有区别，不似首题中加“佛说”两字，一般内容没有区别。而具“预修生七”之尾题的十王经本，初看似与敦煌本《佛说十王经》一致，但实际在“平等王”与“平正王”之关键字上亦有别。敦煌本《佛说十王经》内是平正王，灵石寺塔及海东刻印本《预修十王生七经》是平等王。因而，在三类经本内或之间的形式之中，尾题或仍反映一些区别。不过，第二类《阎罗王授记经》中内容有增或删者，尾题不能反映或对应。综合这些情况考虑，我们应将尾题对应止于大类别，原则上不过多延伸。如此虽偶有小差别，但基本保证其成立。不过，笔者在此仍想就一些经名尾题的变化做些探讨。至少，我们可以得出：《阎罗王经》属第一类，其中《佛说阎罗王经》为六菩萨本；《阎罗王授记经》属第二类，其中有增变与略删本，现知耀州《佛说阎罗王经》为过渡型，即有赞无图，为图赞本前身；《预修十王生七经》属第三类，其中敦煌本《佛说十王经》于王名与字词改动多，灵石寺塔及海东刻印本《预修十王生七经》于王名与字词改动少。晚期明清印本、抄本，名中又加入“阎王”，并简称为“阎王经”或“阎罗王经”，内容及形态等也都有些变化[1]。其他诸本无论如何可另归类，其标题其实也多有变化。

如此解析，可见《十王经》系诸经本类别与尾题变化甚有关联，以下简列出一些主要的名实对应。

《阎罗王经》，有耀州、敦煌诸经本，绵阳铭刻等与之相关。

《阎罗王授记经》，内容有增变，有敦煌本多件。

《佛说阎罗王经》[2]，耀州神德寺塔本过渡型。

《佛说十王经》，敦煌本四件（并一纯图本、一纯文本），王名次序及重要字词都有变动。

《预修十王生七经》，灵石寺塔及海东诸本等，未改王名、变动次序与字词。

《预修生七阎罗王经》，明代刻本增颂偈、清代刻本改变王名，减菩萨数为四。

耀州无图具偈赞本有三件。过渡型Y0076号（加Y0155号）含某王下偈颂赞词，诸王名序近同第一、第二类，赞词同第三类经本，尾题确为“佛说阎罗王经”。Y0228号甚碎但含赞词，经末具经名“阎罗王授记四众逆修十斋经”，由上下文可知是经末所述，非尾题，或可简称为“十斋经”。其经文对应亦不明朗，虽有赞词，却也含类似《授记经》的特定字词。如此看来，似可与上述Y0076号等并列为过渡型本，但毕竟存字太少暂付疑似。而存行字最多的无图具赞本Y0014-2号标题无存，可归为第三类。此数本皆可显示出所谓“藏川”署名图本出现之前

---

〔1〕明本再添长短句赞颂，清代印本、抄本内为“平政大王”，非“平等王”，菩萨为四，并有错漏及小改动。

〔2〕此“佛说阎罗王经”也有不同于此的其他残件。但也有一种可能，它是Y0228号内容与此的缀合，可得经中标题的“十斋经”之称。

的仅具赞状态。耀州本《佛说阎罗王经》具以上特征，而敦煌本中具“佛说阎罗王经”尾题亦有三，如S.4805与S.5531号及羽723号属《授记经》，说明此题名的偶然性。合并来说，此组经中凡尾题“佛说阎罗王经”者，皆与《阎罗王经》不同，其耀州本为过渡型，敦煌三件皆为《授记经》。还有明代刊印本增颂偈，在所增序言前题“佛说阎罗王经并序”，经文首尾题为“佛说预修十王生七经”。清代刊同样序言之经，前标“阎王经序”，经文首题“预修生七往生净土阎王经”，尾题却增“佛说”两字〔1〕。清嘉庆重庆抄写本与此全同。所以，虽然《佛说阎罗王经》名难以对应某种经本，但“阎罗王经”之名在《十王经》系似可谓有始有终〔2〕。还有一两经名不说预逆修而说“劝修生七斋功德经”，如S.4809号与BD06375号道真订本等，内容上仅字词稍有变化〔3〕。而回鹘文本等，因语言不同，经名亦有不同。西夏文本中“阎王成佛授记经”与“十王经”两题并存，并汇合内容，与藏文本同加《天使经》内容且俱将此经名添入标题。回鹘文经本约是第二、第三类并存，图赞本残件较多，明其同于第三类，且知诸王名中初江、宋帝、五官、都市、转轮诸王都用汉语对音，阎罗王则采梵文，而平等王或平正王用意译，余三王名残失〔4〕。不过吐鲁番所出汉语本尾题“佛说阎罗天子十王授记逆修（生七斋功德经）”近乎全称而不同余本，其中有十王，更有阎罗天子之称，不知是否受回鹘文本影响。日本增变类异本题“地藏菩萨发心因缘十王经”，明确了地藏统领十殿冥王，尾题相同无简称。

若为方便探讨论说，我们可加以简称。此经总名为《十王经》，《阎罗王经》简称为《阎罗经》，《阎罗王授记经》简称为《授记经》，内有增删及别本。《佛说十王经》为敦煌本，《预修生七经》为灵石寺塔本与海东刻印本。《十王经》也可用于具赞本之名。或可再省略“经”字而径称〔5〕。当然，这类简称在一册著作中可用，但要推广于学界和社会各方，只有被普遍接受才有意义，不可强求。如果全都确当，且方便好用，也不容易做到。总之，三大类经现若简称为《阎罗》《授记》《十王》，全称仍作《十王经》或较便捷。

最后，此处还应补充其他语言文字的几种经名。西夏文本与藏文本的经名，其正式经名都在译自汉文的佛说授记七七斋及再生佛界（往生净土）后加入了“五天使经”或“天使示教”之

〔1〕上引侯冲《中国佛教仪式研究》，第431页。明刊本即容庚、郑振铎先后所藏，现为国家图书馆善16022号。此经序言前题“佛说阎罗王经”，经文前后加“预修生七十王经”，经内前后与常见者无异，即常见的“谨启讽《阎罗王预修生七往生净土经》，誓劝有缘以五会启经入赞念……”有藏川署名。首题“佛说阎罗王授记四众预修生七往生净土经”。经内末段含经名仍为“佛说阎罗王授记四众预修生七往生净土经”。清代两种经本内容基本相同，序言前题“阎王经序”，经文前题“预修生七往生净土阎王经”，无藏川署名。尾题“佛说预修生七往生净土阎王经”。但经内末段经名仍是“佛说阎罗王授记四众预修生七往生净土经”。明清经名特点都是加“阎罗王”或“阎罗”或“阎王”，且与序言结合并简称，内含经名仍等同敦煌本等未变。由此而观，似乎“十王经”之名，有始于阎罗王、终于阎罗王之体现。

〔2〕在佛教经录中《出三藏记集》下卷四《失译杂撰录》最先现此“阎罗王经”名，判为存名未见本中。《大周录》收此在伪经中。《开元录》注此“今疑是藏中阎罗王五天使者经”。《大正藏》第55册，第34、474、534、674页。

〔3〕S.4809号首题《佛说阎罗王授记劝修生七斋功德经》，因后部残失，尾题未明。BD06375号首尾题一致，均同上。但后部十王名后的段落缺失，首题之前又有“八佛说阎罗王受记卷第二”之句。

〔4〕见高士荣等《汉传佛教对回鹘的影响》文，但也有MIK III 7451号“平正王下”之例。参前文。

〔5〕如《阎罗》、《授记》增、《授记》删、《授记》别，《佛说十王》与《预修十王》或《十王》。或“阎罗”“授记”“敦煌十王”与“预修十王”经。

意。这与内容也是相符的。西夏文本先列《狱帝授记成佛经》，即《阎罗王授记经》的译本，其重要段落也被收录于经中。而日本再造的《地藏菩萨发心因缘十王经》，经名亦符合内容中突出地藏菩萨的特征。

（二）预逆修与亡人斋

十王系统建立后，根本功能在于预逆修与亡人斋。所以，此经对两种斋都有论述，但有变化。而关于预修与亡斋的变化，才是此经演变中重要和本质性的变化。

有不少论著都注意到《十王经》系内有两三种经本的不同，有的被划出对比。笔者曾做过这一工作。日本、中国台湾及内地学者，包括侯冲的著作、王娟的论文也都有对比及学术综述，上文已明。一般而言，其主要区别即《阎罗王授记经》多出一大段文字，其有四层意蕴。侯冲以为其加强了预修功能的分量，而王娟认为增长了种种层蕴，各有一些理由，笔者以为侯冲看法较为切实。但是，还应从每种经本全貌与三大类经之角度来观察其中预逆修与亡人斋段落的关系，故列下表以说明其关系。西夏文本与藏文本也含此预修段内容，但似存误，如藏文本中为半月内行十斋说。

表 3.4-1 预修与亡斋段变动表

《阎罗经》	预修部分	亡斋部分，《授记经》无此段	备注
	若有善男子、善女人、比丘、比丘尼、优婆塞、优婆夷，预修生七斋者，每月二时，供养三宝，祈设十王斋，修名进状，上六曹官，善业童子，奏上天曹地府等，记在名案。身到之日，当便配生快乐之处，不住中阴四十九日。待男女追救，命过十王。若阙一斋，乖在一王，留连受苦，不得出生，迟滞一年。是故劝汝，作此要事，祈往生报。	尔时佛告阿难：一切龙神八部大神、阎罗天子、太山府君、司命司录、五道大神、地狱官典、行道天王，当起慈悲，法有宽纵，可容一切罪人。慈孝男女，修福追斋，荐拔亡人，报育养恩。七七修斋，造经造像，报父母恩，得生天上。	
《授记经》	预修与亡斋等，凡加粗字体的，均为《授记经》所增加		
	若有善男子、善女人、比丘、比丘尼、优婆塞、优婆夷，预修生七斋，每月二时，**十五日、卅日。若是新死，依一七计至七七、百日、一年、三年，并须请此十王名字。每七有一王下检察，必须作斋。功德有无，即报天曹地府，供养三宝，**祈设十王……乖在一王，**并新死亡人，留连受苦，**不得出生，迟滞一劫。是故劝汝，作此斋事。		详说两种斋的时日
	如至斋日到，无财物及有事忙，不得作斋，请佛延僧建福，应其斋日，下食两盘，纸钱喂饲。新亡之人，并随归在一王，得免冥间业报饥饿之苦。		简易的预修，别本补充
	若是生在之日作此斋者，名为预修生七斋，七分功德，尽皆得之。若亡没已后，男女六亲眷属为作斋者，七分功德，亡人唯获一分，六分生人将去，自种自得，非关他人与之。		两种斋所获功德不同
	尔时普广菩萨言，若有善男子、善女人等，能修此十王逆修生七及亡人斋者，得善神下来礼敬凡夫。凡夫云：何得贤圣善神礼我凡夫。一切善神并阎罗天子及诸菩萨钦敬，皆生欢喜。		善神下祝

（续表）

《十王经》	预修部分	亡斋部分，《授记经》无此段	
	若有善男子、善女人、比丘、比丘尼、优婆塞、优婆夷，预修生七斋者，每月二时，供养三宝，所设十王，修名纳状，奏上六曹，善恶童子，奏上天地府官等，记在名案，身到之日，便得配生快乐之处，不住中阴四十九日，不待男女追救，命过十王。若阙一斋，滞在一王，留连受苦，不得出生，迟滞一年，是故劝汝，作此要事，祈往生报。 赞曰： 四众修斋及有时，三旬两供是常仪。 莫使阙缘功德少，始交中阴滞冥司。	尔时佛告阿难：一切龙天八部及诸大神、阎罗天子、太山府君、司命司录、五道大神、地狱官等行道大王，当起慈悲，法有宽纵，可容一切罪人。慈孝男女修福，荐拔亡人，报生养之恩。七七修斋造像，以报父母恩，令得生天。 赞曰： 佛告阎罗诸大神，众生造业具难陈。 应为开恩容造福。教蒙离苦出迷津。 （后增赞词、配十王图像）	

此表对照了三类经本差别的核心内容。我们可以看出三者变化的实质关联。《阎罗王经》为基本形态，简言之即每月二时做预修，做亡斋主要是为父母等。由此可明表格中间的《阎罗王授记经》多出大段文句，具有四层意蕴，不仅明确了预修斋的时日为每月十五与卅日，而且列出亡人斋时日为七七、百日、一年与三年。在这些时日举办斋会等，并非此前不知，肯定也多有实行，但此处均细说，意恐在强调功德所获。即为己身预逆修，七分功德全获；而亡者只能获亲属所作功德的七分之一。且因这些功德，善神都从上界下来祝凡人，这还是普广菩萨所说。普广菩萨的原话如何呢？《灌顶随愿往生十方净土经》中普广菩萨确实说过这些话，但其条件为，奉三宝有功德者才可为自己逆修，功德全获。不信三宝的亡人，只能死后由亲属为修功德，所得仅此七分之一[1]。《阎罗王授记经》将此条件门槛降低，成为任何普通人都可为之事。这样必然大大加强预逆修功德之号召力。而此经的传抄本有许多，非常流行，也从侧面证明这一点。而且《阎罗王授记经》提供了非常简易的预修方式。如若依经中所定制，每个月的十五与三十日都要办预修，“三旬两供是常仪”，赞词虽出自《十王经》，但可阐此句义。长此以往，经济方面负担可想而知。此经竟提供了“下食两盘，纸钱喂饲”的方式，在有事忙或无财时，可行此法。虽然无具体解释，但烧两盘纸钱亦可行，当然非常简便。但若众人皆此，于寺院经济可谓不利。于是出现一个别本，其中解释逆修，重点不在定义，而在方式。不但要办法会斋事，而且还要请四十九僧，规格可谓高矣。本来举办斋会，请佛延僧是基本模式。普通人家请几位僧人，一场斋会即可举办。如高官显宦，才有财力举行大规模法会。而布施财物更为佛教所倡，在《灌顶随愿往生十方净土经》中，舍卫故事捐所有财物，即可使不奉三宝之父母解脱地狱而升天。经济系佛教存于社会之基础，《阎罗王授记经》在10世纪曹氏归义军时期的广泛流行，于此实有反映。

我们于此还可补充图赞经本在《阎罗王授记

〔1〕《大正藏》第21册，第530页。

经》处所增变化。相比《阎罗王经》,《阎罗王授记经》此段只改“花严”国为“华严”国，段前加“尔时”两字。图赞本加阎罗为王的第一理由，即从菩萨位为摄化众生而示现。还有两段赞词的增加，列表如下，以明经本文字之别。

表 3.4-2 《十王经》增长段行表

《阎罗王经》与《授记经》	图赞《十王经》
尔时佛告大众：阎罗天子于未来世当得作佛，名曰普贤王如来。国土严净，百宝庄严。国名**花/华**严，菩萨充满。多生习善。为犯戒故，退落琰摩天中作大魔王。管摄诸鬼，科断阎浮提内十恶五逆一切罪人。系闭六牢，日夜受苦，轮转其中。随业报身，定生注死。若复有人修造此经，受持读诵，舍命之后，必出三途，不入地狱。	赞曰：世尊此日记阎罗，不久当来证佛陀。 庄严宝国常清净，菩萨修行众甚多。 尔时阿难白佛言：世尊！阎罗天子以何因缘，处断冥间，复于此会，便得授于当来果记？佛言：于彼冥途为诸王者，有二因缘，一是住不可[1]思议解脱不动地菩萨，为欲摄化极苦众生，示现作彼琰摩王等，二为多生习善为犯戒故，退落琰魔天中，作大魔王，管摄诸鬼，科断阎浮提内十恶五逆，一切罪人，系闭牢狱，日夜受苦，轮转其中，随业报身，定生注死。今此琰魔天子因缘以熟，是故我记来世宝国，证大菩提，汝等人天，应不疑惑。 赞曰：悲憎普化是威灵，六道轮回不暂停。 教化厌苦思安乐，故现阎罗天子形。

（三）诸王名序

王见川有文讨论十王系统的变化与定型，注意到了十王名称次序问题，提出了敦煌本三个经系之说，将其中十王的名称与次序作为要点并联系经文列出，简明扼要[2]。其看法能抓住要点，并率先将《阎罗王经》作为一类经本，价值颇高。本书对十王体系之构建也是从此得到启发。但其文主旨为地府十王名序演变，延伸至晚期十王系统定型。本书则仅涉敦煌本情况，故据王见川所制表仅就斋日王名稍加补齐。

表 3.4-3 诸王名序简表（变化处字体加粗）

1. 甲类	2. 乙类	3. 丙类
一七斋秦广王下	一七秦广王	一七日过秦广王
二七斋宋帝王下	**二七宋帝王**	**二七日过初江王**
三七斋初江王下	**三七初江王**	**三七日过宋帝王**
四七斋五官王下	四七五官王	四七日过五官王
五七斋阎罗王下	五七阎罗王	五七日过阎罗王
六七斋变成王下	六七变成王	六七日过变成王
七七斋太山王下	七七太山王	七七日过太山王
百日斋平正王下	**百日平等王**	**百日过平等/正王**[3]
一年斋都市王下	一年都市王	一年过都市王
三年斋五道转轮王	三年五道转轮王	三年过五道转轮王
甲类《阎罗王授记令四众预修生七及新亡人斋功德往生净土经》	乙类《佛说阎罗王授记四众逆修生七往生净土经》	丙类《佛说阎罗王授记四众预修生七往生净土经》（即藏川述本）

此表归并敦煌经本，原分三类各有名题：甲类《阎罗王授记令四众预修生七及新亡人斋功德往生净土经》、乙类《佛说阎罗王授记四众逆修生七往生净土经》与丙类《佛说阎罗王授记四众预修生七往生净土经》(即藏川述本)。但其甲类经题是经尾段文中出现的经名，不是首尾题中出现的经名。虽然其可对应于《阎罗王授记经》之尾题，但有时经中题名更复杂多变，不如尾题简洁。而乙类与丙类以预修或逆修为别，但文本中常有互用的，并不确。其实，此三类经本与本书

〔1〕《预修十王生七经》为“不思议”,《佛说十王经》为“不可思议”，应源出《维摩诘经》“不可思议”。

〔2〕王见川《近代中国地府研究之一：十王的流传、演变与定型》,《历史、艺术与台湾人文论丛（十二）》，博扬文化出版公司，2017年。

〔3〕此处王见川表中原仅“平正王”。

表 3.4-4 诸王名序差别表

<table>
<tr><th>《阎罗王经》</th><th>《佛说阎罗王经》</th><th>《阎罗王授记经》</th><th>藏川／十王经／预修经</th></tr>
<tr><td rowspan="3">二七宋帝王
三七初江王
百日平等王</td><td rowspan="3">耀州 Y0076+Y0155 号本
二七宋帝王下，以偈颂曰
三七初江王下，以偈颂曰
百日平等王下，以偈颂曰</td><td rowspan="3">第二七斋宋帝王下
第三七斋初江王下
百日斋平等王下</td><td>第二七斋过初江王
第三七斋过宋帝王
第八百日过平正王</td></tr>
<tr><td>灵石寺塔与海东及明代刊本
第八百日过平等王</td></tr>
<tr><td>清代重庆刻印与抄出本
秦广至转轮大王
第百日平政大王</td></tr>
</table>

所分三类经本完全符合。因此如将敦煌本纳入更大范围，此三类经本也完全成立。但从经名来说，敦煌诸本之尾题更为简洁明了，即《阎罗王经》《阎罗王授记经》《预修十王生七经》或《佛说十王经》。若依其首题或正题名，则过于接近反而不易分明。笔者原曾以文偈本与图赞本分敦煌此经为两种，且以其尾题“阎罗王授记经”与“佛说十王经”为别，后来也说过以赞语（七言赞句）为划分标准更为合用，可收纳无图本，等等。但经过对敦煌之外出土品详查、稽核、对照后，笔者认为应以三类经本区分更为恰当。虽仍有个别尾题会有些错位两跨，但其基本特征确在，可分无疑。而从内容与形态来看十王的次序与名称，也是分类的重要标准之一。

上述三种十王的名称与次序之列，主要有两处变化，其一即“第二宋帝王”与“第三初江王”的前后次序变动，其二即第八王为“平等王”或“平正王”的变化。此外，还有诸王之“下”与“过”的区别。我们从对敦煌本与耀州本乃至雕像铭文的梳理中，可以得到更为全面的归纳与更明确之归属。

表 3.4-4 清楚示出，《阎罗王经》为：二七宋帝王，三七初江王，百日平等王。此特征还见于四川绵阳北山院 9 号地藏十王龛铭，唯惜“百日”处王名不存。耀州经本 Y0076+Y0155 号中“二七宋帝王”“三七初江王”及“百日平等王”皆有，且接以偈颂（前已明 Y0155 号“三七初江王”恰可缀入）。其赞偈特点虽可归入“藏川述”之类中，但此宋帝王与初江王次序及“平等王”之称组合，正是《阎罗王经》(王见川归乙类）的基本特征。耀州经本之过渡与多样性之优妙，于此可见一斑。

《阎罗王授记经》诸王名序则为：二七斋宋帝王下，三七斋初江王下，百日斋平正王下。敦煌此种经本数量最大，皆此组合，其中唯 S.4805、S.5531 与羽 723 号三件仍题“佛说阎罗王经”。

《预修十王生七经》实有两种第八百日斋王名。其既有“百日过平正王”，也有“百日过平等王”。所对应的也是两种尾题。敦煌本《佛说十王经》(P.2003、P.2870、S.3961 号与董文员绘卷）均为“平正王”，但台州灵石寺塔本《十王预修生七经》[1]、日本宝寿院本、朝鲜刻本与明刊本等，皆为“平等王”，清代印本、抄本为“平政大王”。所以此类经本实有两种：初江王与宋帝王、平正王为一种，初江王与宋帝王、平等王亦为一种。虽皆具“藏川”署名（仅清代刻写本无“藏川”名），但涉及地域及时代已较敦煌本

〔1〕此经本简题多为“预修十王生七经”，首尾皆见。唯台州灵石寺本的尾题有“十王预修生七经”名。

宽广许多。

另外，笔者在四川资中西岩两处石窟（可能为晚唐之地藏十王龛像）中，分别发现了秦广王、平正大王的题记，虽然一般认为"大王"之称宋代才有。此信息也可供王见川参考，并容后讨论。

由此表我们可以更清晰全面地看到其间变化。第二、三王的次序在《阎罗王经》与《阎罗王授记经》中保持，具偈颂而无图之耀州本尚未变，而到图赞本时都变更了。而平等与平正之变，则似只见于敦煌本《十王经》，而非台州灵石寺塔本与海东刻印本及明刊本《十王经》。如由地域不同考虑其背后原因，似较考虑时代因素更为合理。蜀地署"藏川"图赞本改订第二、第三王次序，而同署此名者在敦煌、川渝地区，其第八王为"平正（政）王"；清代刻印与抄写本，诸王称"大王"，其秦广、初（楚）江变化还不大，主要就是第八王变为"平政大王"。而在浙江、海东等地，第八王为"平等王"，此种称呼似更主流。

总之，十王名称与次序由最初之秦广、宋帝、初江、五官、阎罗、变成、太山、平等、都市、五道转轮，历经变化终成秦广、初（楚）江、宋帝、五官、阎罗、变（卞）成、太山、平正、都市、五道转轮。其间变化即在第二、第三王之次序与第八王之名称。其变化可构成三式，即王见川所列之甲、乙、丙。但王见川文所论，包括后世之延续等更多变化。我们则将其乙类对应于《阎罗王经》，甲类对应于《阎罗王授记经》，丙类对应《佛说十王经》。更重要的是，灵石寺塔本与海东刻印本等皆近于丙类而第八王仍是"平等"而非"平正"。实际上，此《十王经》中实有四种组合即四式，"平正"与"平等"应可同时存在而非先后更替，并且这个王名次序与不少重点字词的变更同时存在。

（四）菩萨名数

王娟《敦煌本〈十王经〉文本系统再考察——以经中长行为中心》另辟蹊径地从不同经本具有不同数量和名称之菩萨出发，来联系四种经本之特点，从而提出此经系是从三菩萨、五菩萨、六菩萨至十一菩萨演进发展。王娟打破了文偈本与图赞本之间非此即彼的前说，将其放入一个系统之中，予以整体考察，指明内部变化，提出由简至繁、图本为后的观点。虽说其中六菩萨与十一菩萨即文偈与图赞本关系等仍不太明确，但从经本内部系统性地考察其先后，仍很有参考价值。

不过王娟仅用敦煌材料，恰为其问题所在。耀州神德寺塔本缀合整理出六菩萨《阎罗王经》，正是王娟所谓三菩萨类型经本。而台州灵石寺塔本中的"平等王"，亦非其考虑所及，虽只一名一字，却与其所谓六菩萨本区别重大。其六菩萨经本中重庆清代刻印本实又减为四菩萨。仅此两三项，就可知其系统一出敦煌范围便不成立。而文中列"五菩萨"本，属孤例，是抄写而非印刷，将其作为一种类型则十分危险，因而其系统亦非严谨。其文还列有详细表格来加以说明，但也存在问题。如表3"四种文本异同简表"，在表格上方列有菩萨数量等，比较部分有预修生七斋、新亡人斋、斋日不能作斋、作斋功德分配、普广菩萨赞叹、何谓逆修斋、阎罗现居冥间缘由、狱主数量、冥府二三王、冥府第八王、检十王表述法、祈设十王斋、付嘱流传人员、五会念佛、赞文、藏川及图，稍显繁冗且有不重要者。关键是其对此经中预逆修与亡人斋之理解不到位，琐碎且失重点，定名亦不准。如"斋日不能作斋"与"何谓逆修斋"就显得不明就里。前者实讲简易预修

表 3.4-5 诸经变动要素对比[1]

尾　题	阎罗王经	阎罗王授记经（别本）	阎罗王授记经	预修十王经／十王经
冥府二、三与第八王	宋帝王、初江王	宋帝王、初江王	宋帝王、初江王	初江王、宋帝王
	平等王	平正王	平正王	平等／平正王
菩萨数量名	六菩萨／三菩萨	五菩萨	十一菩萨	六菩萨／四菩萨
菩萨列名	地藏、陀罗尼、金刚藏	地藏、陀罗尼、金刚藏	地藏、陀罗尼、金刚藏	地藏、陀罗尼、金刚藏
	龙树、观音、常悲	文殊、弥勒	文殊、弥勒	龙树、观音、常悲
			龙树、观音、常悲	地藏、观音、常悲、金刚藏
			普广、常惨、普贤	
阎罗为王因	1 种	1 种	1 种	2 种
狱主数量	二十八重	二十八重	二十八重	二十八重／一十八重
预修生七斋	✓	✓	✓	✓
新亡人斋	×	✓	✓	×
亡人斋	×	✓	×／✓	✓
预修简易法	×	✓	✓	×
逆修豪贵法	×	✓	×	×
功德获分	×	×	✓	×
善神下祝	×	×	✓	×
检十王表述	某某，某某王	第某某斋，某某王下	某某斋，某某王下	某某日，过某某王 某日某大王案分
插图与赞词	×	×	×	✓

法，而后者并非释名而是指豪贵逆修法。作者或取原经词句，但“作斋功德分配”显然非经中语。而亡人斋之段却未得王娟注意。另外，西夏文本与藏文本中六菩萨，实是删《十王经》中原龙树菩萨，增《授记经》中弥勒菩萨。

原表以菩萨数量递增作为经本演进之根据。笔者修订增加了“亡人斋”与“图赞”，材料增耀州神德寺经本与台州灵石寺塔经本（表 3.4-5）。读者或问，此表中原有“新亡人斋”，为什么还要加“亡人斋”，有何区别？确有区别。此经分布预修与亡斋于前后。预修斋处说明，每月二时请佛延僧，祈设十王举办。亡人斋即佛告阿难，如何如何，随之十王出场。所以，此亡斋段严格来说是引出十王之段。为什么《授记经》多数经本删去此段？因其增“新死亡人斋”于预修斋段处，所以此段显得重复了。此前论著多有未解。一言以蔽之，《授记经》就是增说预修细节与新死亡人斋之经，而《十王经》则为增十王图赞于亡斋之经。仅从长行看，《十王经》只增授记阎罗为王的一条理由，而《授记经》增加了“新死亡人斋”的内容。若此则两经本所增名实有刚好相反处，“十王”增授记内容，“授记”则增亡者等内容。但此经变化中图赞所占分量最大，面貌全改了。尽管敦煌本《授记经》反映预（逆）修之盛行，但其他地方出品的“十王生七经”更多可见表述亡斋的功能。当然无论何种经本，预逆

〔1〕此表对王娟原表有修订改动，删付嘱流传人员一项。

修与亡人斋都非截然分开，但《授记经》与《十王经》之演进仍有内在逻辑与区别。

以菩萨数量而析经本之变，尽管归纳很好，立论关乎本质否？其增变于十王信仰有什么意义？再由菩萨身份而观，十王终归地藏菩萨统领，而此经菩萨组合中均有地藏而重要性不同，从最初的较弱，到经变增强，到图赞本中有重要表现。而此文所论菩萨渐次增多，地藏分量由三分之一强成为十分之一弱，似与此背道而驰。所以，不能用简单进化论的观点来处理此经系统问题。此菩萨组合变数之中，地藏与普广尤其值得注意。此经与《大灌顶经》联系甚多，预修观念即源此，因而内容增入普广菩萨十分自然，而地藏菩萨却更由图像表现增强其地位。我们在注意数量时必须同时注意菩萨身份才好。

从修订表（表 3.4-5）中可见，两端的经本最为接近。新材料的加入更证如此。耀州本《阎罗王经》有六菩萨，而台州本《十王经》有“平等王”。如此，最为近同的经本，实际上是耀州本六菩萨《阎罗王经》与台州本图赞《预修十王经》。后者除增图赞之外，只改初江王与宋帝王名序，余则同敦煌本一样，增一条授记阎罗为王的理由，廿八狱变成十八，检斋诸王由“下”变“过”，等等。总之，《阎罗王经》与《十王经》最为接近，即耀州本《阎罗王经》与台州本《十王经》更近同。其六菩萨之数、平等王之名，亡人斋全同。另外，四菩萨的数字，出现于清代本。

这是一个非常令人吃惊的结论，对于菩萨数的增加致经本渐备之观点，尤有颠覆之感。某些学者认为菩萨数量变化体现了经本的发展演进的观点，正是对此经性质与功能等了解不够所致。

（五）字词变动

前文已说，重要字词变动是关乎经本构成演变的一项因素。有不少改换之字较集中于前部，甚至于一小段内。现可选出一组字词，即：

国名花（华）严、记在业镜（名案）、善业（恶）童子、记在名（冥）案，一年（劫）、二（一）十八重地狱、天宫（道）(堂)等。

以首词为例，其意即为“国名花严”变成了“国名华严”。王娟论文也说明此词在三菩萨本与后三类经本中之改动，但没有综合考虑[1]。广义上说，菩萨数量名称与诸王名序，也都可以归入重点字词变化的范围之内。为了弄清楚其联动关系，我们也可以将其包括在内。菩萨数标为“×菩”。王名简化为“宋、初、平等/正”(宋帝、初江、平等/平正)。

以上字词变动显示了相当清楚的联系与区别。有些变化似乎不是那么重要，如敦煌本《阎罗王经》有“煞父害母、破戒煞诸牛羊”，均无余经“破斋”。而且“煞诸牛羊”都改成了“煞猪牛羊”，此前校录多有混同。此本末段“四大夜叉王守护此经”，《阎罗王授记经》多为“野叉王”，而《十王经》赞与句均为“药叉王”，其中唯 S.4805 号仍为衣叉王（其尾题亦《阎罗王经》)。又《阎罗王授记经》首段“般涅槃”有部分为“钵涅槃”[2]。而“记在名案”，《阎罗王授记经》诸本唯薛延陀唱本为“明案”，《十王经》之 S.3961 号为“冥案”。另外，“不思议（不可思议）”之差别，即“不思议解脱地”或“不可思议解脱地”，非属紧要词故未入表。经中五言偈句等处有一些小变动，笔者也曾有探讨[3]，上节讨论朝鲜刻本时也有列，于此不述。

---

〔1〕王娟《敦煌本〈十王经〉文本系统再考察——以经中长行为中心》，《世界宗教研究》2020 年第 1 期。

〔2〕S.5450 号、S.5544 号、S.5585 号、S.6230 号、BD08237 号、羽 73-2 号、羽 408 号七件为“钵涅槃”。

〔3〕张总《疑伪经中的摘抄与编撰例说》，方广锠主编《佛教文献研究》第 1 辑，广西师范大学出版社，2016 年，第 308 页。

表 3.4-6　诸经本变动词组对照表

《阎罗王授记经》经号	变动词组 / 删亡斋本	备　注
S.3147 号	业镜 / 唱纳 / 善恶 / 一劫 / 十一菩 / 廿八重 / 宫 / 宋初平正	道真识语抄本
S.4530 号	十一菩 / 廿八重 / 宫 / 宋初平正	前残戊辰八十五老人抄
S.5531 号	业镜 / 唱纳 / 善恶 / 一劫 / 十一菩 / 廿八 / 宫 / 宋初平正	册
S.5544 号	业镜 / 唱纳 / 善恶 / 一劫 / 十一菩 / 廿八 / 宫 / 宋初平正	辛未为牛写《金刚》《受记》
S.5585 号	业镜 / 唱纳 / 善恶 / 一劫 / 十一菩 / 廿八 / 宫 / 宋初平正	尾题残
S.6230 号	业镜 / 唱纳 / 善恶 / 一劫 / 十一菩 / 廿八 / 宫 / 宋初平正	前稍残，同光四年（926）补记〔1〕
S.7598+BD09248+S.2815 号	业镜 / 唱纳 / 善恶 / 一劫 / 十一菩 / 廿八 / 宫 / 宋初平正	缀合本前两间稍有缺失
BD08237 号	业镜 / 唱纳 / 善恶 / 一劫 / 十一菩 / 廿八 / 宫 / 宋初平正	尾段有残
上海博物馆 48（17）号	业镜 / 唱纳 / 善恶 / 一劫 / 十一菩 / 廿八 / 宫 / 宋初平正	书写工丽，梵夹装本
羽 73-2 号	业镜 / 唱纳 / 善业 / 一劫 / 十一菩 / 廿八重 / 宫 / 宋初平正	金刚经册续抄，完整本
Дx. 04560+Дx. 05268+Дx. 05277 号	业镜 / 唱纳 / 善恶 / 一劫 / 十一菩 / 廿八重 / 宫 / 初宋平正	前后残，可识为删节本十王生七斋〔2〕
《阎罗王授记经》经号	变动词组 / 存亡斋本	备　注
S.4805 号	唱纳 / 善恶 / 一劫 / 十一菩 / 廿八重 / 宫 / 宋初平正	前残 / 尾阎罗王经
BD01226 号	业镜 / 唱纳 / 善恶 / 一劫 / 十一菩 / 廿八重 / 宫 / 宋初平正	前缺 / 戊辰八十五老人书册
BD06375 号	业镜 / 唱纳 / 善恶 / 一劫 / 十一菩 / 廿八重 / 宫 / 宋初平正	道真受持 / 尾段未抄
羽 408 号	业镜 / 唱纳 / 善恶 / 一劫 / 十一菩 / 廿八重 / 宫 / 宋初平正	杏雨书屋藏卷 戊辰年八十五老人手写
羽 723 号	业镜 / 唱纳 / 善恶 / 一劫 / 十一菩 / 廿八重 / 宫 / 宋初平正	杏雨书屋藏卷本
散 799 号	业镜 / 唱纳 / 善恶 / 明案 / 十一菩 / 廿八重 / 宫 / 宋初平正	中村不折藏 薛延唱清泰三年
《佛说十王经》经号	变　动　词　组	备　注
P.2003 号	不可 / 冥案 / 修纳 / 善恶 / 一年 / 六菩 / 十八重 / 道 / 初宋平正	
P.2870 号	不可 / 冥案 / 修纳 / 善恶 / 一年 / 六菩 / 十八重 / 道 / 初宋平正	
S.3961 号	不可 / 业镜 / 修纳 / 善恶 / 冥案 / 一年 / 六菩 / 一十八重 / 道 / 初宋平正	业镜错〔3〕
董文员绘	不可 / 缺 / 修纳 / 善恶 / 一年 / 六菩 / 一十八重 / 堂 / 宋初平正	业镜错〔4〕。前缺文赞各两段。辛未年董文员
P.3761 号	不可 / 冥案 / 修纳 / 善恶 / 一年 / 六菩 / 一十八重 / 道	后残。袖珍册子
大理国本	花严 / 不 /……	仅存前 17 行
灵石寺本	不 / 业镜 / 修纳 / 善业 / 一年 / 六菩 / 廿八重 / 堂 / 初宋平等	
宝寿院本	不 / 业镜 / 修纳 / 善业 / 一年 / 六菩 / 廿八重 / 道 / 初宋平等	“大圣慈寺”补“恩”
明代刊本	不 / 业镜 / 修纳 / 善业 / 一年 / 六菩 / 廿八重 / 道 / 初宋平等	
朝鲜刊本	不 / 业镜 / 修纳 / 善业 / 一年 / 六菩 / 廿八重 / 道 / 初宋平等	

〔1〕此同光四年（926）题记是题在一块纸上补入卷子中的。
〔2〕俄藏 Дx.04560 号中“预修生七斋”为“十王生七斋”。《俄藏敦煌文献》第 11 册，第 269 页。
〔3〕S.3961 号第四七日五官王赞词中“业秤”错为“业镜”。
〔4〕日本藏董文员绘卷“业镜”错同上。

（续表）

《阎罗王经》经号	变 动 词 组	备 注
耀州本	业镜 / 六菩	仅存三主段
BD08044 号	煞诸 / 业镜 / 修进 / 善业 / 一年 / 三菩 / 廿八重 / 道 / 宋初平等	前残数行 妙福施
S.2489 号	……/ 花严 / 煞诸 / 业镜 / 修纳 / 善业 / 一年 / 三菩 / 廿八重 / 道 / 宋初平等	妙福施
BD15337 号	煞之 / 业镜 / 修进 / 善业 / 一年 / 三菩 / 廿八重 / 道 / 宋初平等	前残一块

表 3.4-7 诸经本变动字表

《阎罗王经》	记在业镜、修名纳状、善业童子、记在名案、迟滞一年，二十八重狱主，送往天道。
《预修生七经》	记在业镜、修名纳状、善业童子、记在名案、迟滞一年、二十八重狱主、送往天道
《佛说十王经》	记在冥案、修名纳状、善恶童子、记在名案、迟滞一劫、一十八重狱主、送往天道
《阎罗王授记经》	记在业镜、唱名纳状、善恶童子、记在名案、迟滞一劫、一十八重狱主、送往天宫

表 3.4-8 诸经本菩萨王名变动表

《阎罗王经》	地藏、陀罗尼、金刚藏菩萨（耀州本同下）	二七宋帝、三七初江、百日平等王
《预修生七经》	地藏、龙树、救苦观世音、常悲、陀罗尼、金刚藏菩萨	第二初江、第三宋帝、百日平等王
《佛说十王经》	地藏、龙树、救苦观世音、常悲、陀罗尼、金刚藏菩萨	第二初江、第三宋帝、百日平正王
《阎罗王授记经》	地藏、龙树、救苦观世音、普广、常悲、常惨、陀罗尼、金刚藏、文殊、弥勒、普贤菩萨	第二宋帝、第三初江、百日平正王
《预修生七阎罗王经》	地藏、救苦观世音、常悲、金刚藏菩萨	第二楚江大王，第三宋帝大王、百日平政大王（卞成大王）

表中字词的变动，明显是想使经文趋于更合理、合宜。如“记在业镜”，善恶童子就在冥王身边，怀抱案卷，如弃用之而仅用业镜（无主体性），似不太合理。又如“善业童子”明显有片面性，改为“善恶童子”就更合理。迟滞“一年”似亦太短，十王斋荐亡需要三年，明显有些抵牾，所以改为“一劫”更合理些。“二十八重一切狱主”更是明显，其二十八狱之数不知从何而来。一十八重狱主就适宜多了。而送往“天道”或“天宫”，虽然皆可，但“天道”似更佳。

汇总上述主要变化，加以对比，我们可以非常清楚地看出其与经本变化之间的关系，或可检验上述两种考察方式。

首先这验证了诸王名序变化与经本类别的关系，对照结果更证明了经本变化的四种类型，与第三类中四型的敦煌本相比，灵石寺塔本虽有“平等王”中一字之变，但其他字词皆同，可明其经本类型决非虚构。出乎意料的是，看似合理的改动，却未能普遍流行，而是集中在敦煌等地，而没有改动的经本，则在东部与海外之域流传。

这个对照也可检验菩萨数量之变迁状况。其结果动摇了菩萨数量增加与经本演进之关联，在敦煌本之外的范围非常明显。联系王名序变，六菩萨是基本形态，耀州本纳入考察后更显出菩萨数量增长或无意义，至少多数经本可证如此。而《授记经》确实菩萨数增多且有五菩萨经本之层次，但是其背后同样有普广菩萨源出之因素，与地藏菩萨之影响远非可比。总之，经更宽广与详密的考察，可知经本变化中类型之存在是事实，且与地域分布有一定关联。换个角度而言，敦煌此经本之变动中，菩萨数量变化仍可作为一种因素，但仅限于局部。

（六）其他语言文字的增变

现将第四类作为其他语言文字增变类，其中有回鹘文、西夏文、藏文，还有托名“藏川”的日本伪本。就其承变关系而言，虽然基本上都以第三类图赞本为底本，但除日本《地藏十王经》无预修内容外，前三者或多或少都与第二类经本有些关联。回鹘文本，虽然多是精美图赞本残件，但德国学者确言其有无图纯文字之经本（尽管详情不太明确）。俄藏黑水城出土两件西夏文写本，其经名复杂，似含两种汉文经本之特点，故原被推定为对应敦煌汉文第二类《授记经》与第三类《佛说十王经》。但据近年译释，可知其不但融汇了第二、第三类经本，以赞本为主加入了《授记经》预修说等内容，而且增入了佛典《阎罗王天使经》内容。更为重要的是，其与现存极少的藏文本前部大同。

又有数件私藏与拍卖品大大补充了定州具图刻本的相关信息。西夏文本从写到刻，皆具有入冥故事序言，同于明代汉文刻本之序言但文字稍简，可知具此序言之汉文本或有更早的源出本。现存藏文经本年代晚，又增加不少阐释与浓缩及真言内容，形成了特殊的构成。但从前部含《天使经》的主体内容几同西夏本这一点来看，可知藏文本也应存更早经本。总之，随着曾经神秘的西夏文本得到释译，我们能从侧面证明藏文本与汉文本应皆有更早的经本。而日本《地藏菩萨发心因缘十王经》增添一倍多内容，如《十斋日》相关等，虽是汉文本，但在日语环境中，又有特别的训读等处理方式，故归此类。

二、演进脉络展述

（一）时地说明

因多地发现《十王经》的经本及与之密切相关的材料，我们可对其地域分布作些说明。就发现地而言，其已远超敦煌藏经洞的范围，国内至少已有十处，即陕西耀州、四川绵阳、重庆大足、甘肃敦煌、新疆吐鲁番、内蒙古额济纳旗、西夏黑水城遗址、河北定州、浙江台州、云南大理等。藏文本具体地点不详。国外则有朝鲜半岛与日本地区。

晚唐天祐元年（904）置耀州，现为铜川市的一个区。神德寺塔藏这批佛经本相当珍贵，其附近或许还有更早的相关图像，如北魏太昌元年（532）樊奴子造像碑（刻有国内最早的阎罗王与五道大神像），就在距此几十公里的富平县。而耀州的药王山摩崖东区也有唐代地藏六道之雕像。邻近的凤翔府一带于晚唐乾宁光化年间已有杜将军造十王堂像（详后），是更直接的佐证。

敦煌藏经洞与吐鲁番的特殊性在于它们同时兼具汉文和回鹘文本《十王经》。敦煌汉文本原出藏经洞，现藏英、法、俄与中国国家图书馆等，数量有几十件。回鹘文经本则主要藏日本天理图书馆与美国普林斯顿大学图书馆等处。张大千于敦煌莫高窟北区获得的回鹘文经本成了日本天理图书馆藏品的主体。

吐鲁番出土之回鹘文经本与敦煌之联系无可置疑。高昌（Qočo）回鹘国也曾治敦煌[1]。莫高窟中，西夏窟与回鹘窟的分辨，就是相当困难的

---

［1］太史文译著中附录8，误高昌（Qočo）为库车。［美］太史文（Stephen Teiser）著，张煜译，张总校《〈十王经〉与中国中世纪佛教冥界的形成》，上海古籍出版社，2016年，第235—236页。笔者作为此译著校者，也有责任，在此致歉。

工作。回鹘文经本德国有收藏，俄罗斯亦有；王树枏1910年所获的一小片，原未归入此经，后流传至日本。其回鹘文残片中还有些汉字，应是抄自原文，为经中赞词。日本大谷探险队所获的收集品中，还存有此经汉文写本尾部残片，有趣的是，其尾题有异文。这些遗物在吐鲁番的交河故城、高昌故城、吐峪沟、木头沟等处都有分布。多民族混居区其俗亦相融，本为儒家文化的三年守孝制，也借此经而传播。《十王经》向朝鲜半岛、日本之传播较好理解，因朝鲜半岛与日本皆属汉字文化圈。但是高昌回鹘族也使用此经，有遵此俗之举，着实耐人寻味了。

西夏国之黑水城位于今内蒙古额济纳旗，曾出土大批西夏文典籍，其中有两件已得译释，可知其内容不仅融汇上述第二、第三类，还增加了《阎罗王天使经》的内容，与现存藏文本相同。河北定州佛像所出的西夏文此经雕版，约是明代所成，而金澜阁私藏刻本与德宝拍卖品等大大丰富了刻本的情况，知其内容构成同俄藏西夏文本，但赞词文句简练，且存两种以上的精美插图。其始出可能亦早，延续则较晚。其内容中的阎罗宫与天使问，以及序言中的入冥故事，对了解藏文早期经本、汉文具序早期经本都有巨大价值。

四川、重庆地区也特别重要。此地域根本特点是十王相关摩崖雕刻与经本相交叠。与敦煌等处不同，其文本现仅存晚期清代刻印本，并没有早期出土品。此题材摩崖龛像特别多，且与经卷高度对应，为其他地区所不具备。川渝本联为一体，而十王龛像也是从晚唐到南宋、由成都向重庆发展传播。图赞本中“成都府大圣慈寺沙门藏川述”之署名，不但随着经本传至河西敦煌一带，亦经浙江台州再至朝鲜半岛、日本等地。但藏川本人情况却成谜，全无相关信息。新材料发现之前，我们可将插图与赞语之创制或法事仪式与之联系。耀州神德寺塔出现了过渡性文本，绵阳北山院地藏十王像铭形态亦早，两者一同将图像与赞语之创制提前至藏川之前。当然，图赞结合并为仪式所用，还有与五会入赞的净土题句之联系，仍可认为是藏川起了作用。但更应明了的是，实际或是一组僧侣托名藏川，或即大圣慈寺之数位僧侣所为。故而其事传扬，其人不明。藏川署名连同“净土五会念佛诵”之句写在卷首，许多人以此作为联系净土信仰之证据，包括笔者亦曾说及〔1〕。但此经本身的性质却与西方净土关系不大。净土信仰要求念佛往生净土，如是则免去中阴阶段。而此经针对普通民众，人人可用，行此十王斋以奉亲尽孝，超度亡者于中阴免恶趣而得福。所以此经意旨与西方信仰不同。其经名中的往生净土出于《大灌顶经》中《随愿往生十方净土经》，即与西方净土不同。

台州灵石寺塔经本发现之前，明州（治今浙江宁波）早已有十王画名扬天下。南宋明州画坊，金大受与陆信忠的作品多流往日本。近现代西学东渐，美术与考古文博事业融合拓展开来，南宋民间画作中的金、陆氏之画才渐渐为人所知，其水准之高令人惊叹。不过，明州所画已非经本之画，而是庙堂所用。台州灵石寺塔规模不大，文物却多。所出五卷白描写抄本，在经题与王名组合上提供了重要信息，尤其是在个别关键用字上。而高丽刊本、朝鲜刻本及日本高野山宝寿院抄绘本等，多已印证皆同此卷，可知其影响路径之所至。

云南大理位于川渝之南，也有此经写本。从原藏者宋荦的题跋来看，本为完卷，应在易顺

〔1〕拙作《地藏信仰研究》（宗教文化出版社，2003年，第424—425页）中，联系法照《净土五会念佛诵经观行仪》而有此说。其经用此名恐是以五会念佛诵经法来念赞词。

鼎手中损伤。虽然残本字数很少，却存较早的用字。

包括朝鲜半岛、日本在内的刻印经本，很值得重视。高丽海印寺本是特别重要者，在海东影响特别大。其图像承自中国，又增很多从官鬼王等，既有经文内图像，也有经文前之图。朝鲜刻经次数很多，多是承继海印寺本要素，如增经文前图像等。日本也受其一定影响。宝寿院本虽然图幅数不同，经文前无图，但十王画面内在构成全同海印寺本。日本还有建仁寺两足院本等近于高丽朝鲜之作，但也再造了符合日本习俗之《地藏十王经》。海东总体上对十王信仰接受程度很高，生活中广泛存在。

包括摩崖雕像等，这些经本时间跨度大致为公元 9 世纪后期至公元 13 世纪中期。耀州写本可归入唐，其虽无纪年但有最早的内证。敦煌汉文写绘诸本集中于公元 10 世纪，最早为后梁开平二年（908）。明确纪年者仅数件，如五代后唐同光四年（926）(但题记为补)、清泰三年（936）、五代后周显德五年（958）、北宋太平兴国五年（980）等。约中唐时的《阎罗王经》十王及逆修斋阐说体现第一、第二类经本中间状态，对此经产生状况有重要参考价值。川北与成都附近存约 9 世纪末《修十王生七斋记》和摩崖龛像[1]，其后经川中渐向重庆方向延展，终至大足宝顶山南宋巨龛镌铭。经本总体上属于唐宋，或者说是由晚唐至于南宋，主要发展阶段还是在晚唐五代北宋期，因早有基础，其时社会很快就深入接受并泛化了。川渝龛像因与经本关系密切在此才被纳入，大足宝顶山南宋淳熙（1174—1189）至淳祐（1241—1252）龛像所铭赞词配合构成特别，可以作为演变之节点。此后的变化，尽管范围拓展至朝鲜半岛（如 1246 年高丽图本）与日本（如《地藏十王经》）等，但这已是传播中之变化，重要性就略低了。

笔者在考古踏查中对四川的十王地藏龛像颇有收获，四川考古学者的工作也同样很有价值，但也遇有年代判断及分辨图像类型等难题。如年代断定，目前所发表的简报等有些不同看法。考古类型学建构中虽有由简而繁之起伏状况等比定，但宗教与经济之背景似在其外了。就开龛设像而言，在某题材之早期，因信仰与经济实力等因素，可能造成较中晚期更繁丽的龛像。经济规律与某些类型学观察或不符合。就一个时代的大背景而言，规律必存。但在有限的时域范围内，我们考察时不能以某题材的类型学之起落来代替宗教信仰及背后经济因素等之变迁。

（二）两向增变

诸多学者进行《十王经》研究，角度多种多样，结论也是五花八门。此经名为“预修”或“逆修”，还有“生七十王经”，其“预（逆）修”及“生七”情况如何呢？这才是此经真正的内核部分。实际上，此经所展述者，确为两种斋日，但并非预修与逆修。预修与逆修可谓同义，从经名到内容都常混用。此经中的两种斋，实是预（逆）修斋与亡人斋。两种斋都尊奉、献供十王，只不过亡人斋历时三年，预修斋每月两时。抓住这个核心，一句话就可以将《十王经》之变化说清楚。概而言之，《阎罗王经》就是经中将预修与亡人斋分开、简短叙述之经；《阎罗王授记经》就是在长行中，将预修斋与亡人斋合并且详说，并增加简易（或昂贵）预修法，以及

[1] 四川营山县太蓬山有唐文德元年（888）《太蓬秀立山普济寺众修十王生七斋记》题铭，可与蜀地早期地藏十王龛像相印证。见西华师范大学历史文化学院、重庆工商大学计算机科学与信息工程学院、营山县文物管理所等《四川营山县太蓬山摩崖题刻调查简报》，《华夏考古》2012 年第 4 期，第 4—5 页，此记后来又得整理，详后。

表 3.4-9 《十王经》文图增变表

一、《阎罗王经》	预修生七斋	亡人斋	十王（名称）
二、《阎罗王授记经》	预修与新死亡人斋及功德、简易法及善神赞	部分保留	十王下
三、《十王经》	预修生七斋	亡人斋	过十王图画赞语
四、西夏、藏文，日本伪经	阎罗王宫等 预修生七斋	亡人斋 五天使所问	西夏文本、藏文本增《阎罗天使经》内容，后者有图。日本伪经有增减

功德获分情形之经本；而《十王经》则是增加了赞词与图画，长行中增一阎罗授记理由之经本。更简言之，《阎罗王经》是预修与亡斋分说之经，《阎罗王授记经》为合说预修与亡斋并增内容之经，《十王经》即增加图画与赞词之经。至于经名及署名、王名序与菩萨数、重要字词等，都是随之变化的。还有形态上之写抄、刊印，装帧之卷、册、袖珍本之别等。如果究其细节，似可无穷无尽。所以，我们要极力去抓根本性的大规律，一击中的，纲举目张，使经本变化一目了然。曾有文析此经为八段，并举其要点，但仍未考察重点段落。如果就预修与亡斋的关系而言，我们可获知最简明的分类与演变情况。

就经本由短而长这一点来看，可如上所述。更简洁的还可说，此经是《阎罗王经》向两个方向发展的，《阎罗王授记经》主要朝预逆修方面拓展，《十王经》则主要向超度与荐拔亡人方面拓增。表格可简单将其向两侧发展的特征表现出来。但若严格点一些来说，我们所谓的亡人斋段，只是亡斋的开始，由此引出并通过十王的图画与赞词而施行仪式，才使其真正化入实用。但亡斋段落侧重父母的提示也很重要。

《十王经》	《阎罗王经》		《授记经》
十殿冥王各自的图像与赞词	报父母等亡人斋	预修生七斋	预修亡斋时日，功德、方法等

在发展两向展拓之中，文图之别也很明显。从预逆修的层面而言，其传自于《大灌顶经》，普广菩萨的逆修说及标准法，甚至善神下祝等十分感人。《阎罗王授记经》大段加入了其内容。但亡人斋主要是增图像，十王配合赞词而展现。从《十王经》本身来说，七言赞词在形态中很重要，如果以赞词为划分标准，可以非常简明地一分为二：没有赞词的经本与具有赞词的经本。此看法曾起过相当主导之作用，包括笔者也曾认可。但若至于后世的寺庙和摩崖石窟等，包括东岳庙与城隍庙等，图像就成为主体了。赞词只是将其烘托而出的桥梁。其状于后文还会述及。

（三）类型符合

此经本类型背景已经知晓很多，但用其展现演进脉络，还须进一步努力。以下图表（表 3.4-10）就是一种设想，尽可能地将经本特征依变化状况层次来作安排，且较全面收纳经本类别，用以表达其基本层组，显示其变化演进状态。

但此表还有未尽之处。其实本书上节对此经本的介绍，不仅已排出了类与型，其下还列出经本。目前知晓的所有资料都可纳入这些类型，其特征细节也多有衔接。虽非严格，但也能说明此经图文形态及变化状况。当然仍有琐碎之病。就此我们要更加简明地阐其类型，目的是用以说明其分别演进的重点所在，即预逆修与亡人斋双

表 3.4-10 经本演变表

一、文偈本《阎罗王经》 宋帝、初江、平等 耀州六菩萨“累七斋”本	绵阳北山院等 宋帝、初江……	二、文偈本《阎罗王经》 宋帝、初江、平等 敦煌三菩萨本	
	三、过渡无图有赞 诸王下，加偈颂 宋帝、初江、平等 十王赞词本十斋经		
		四、《阎罗王授记经》 宋帝、初江、平正 合预修亡斋、阐释逆修异文 五菩萨经本	
五、图赞本《预修十王经》 初江、宋帝、平等 六菩萨	六、图赞本《十王经》 初江、宋帝、平正 六菩萨	七、《阎罗王授记经》 增合预修亡斋 无后段 十一菩萨	八、《阎罗王授记经》 增合预修亡斋 有后段 十一菩萨
九、图赞本《佛说十王经》 大足节选、明刊续增偈			
	十、无图《预修生七阎罗王经》 四菩萨		
十一、藏文本、西夏文本 西夏文本（藏文本早期佚本）增阎罗王宫与五天使经典。六菩萨综合第二三类，西夏文本赞词十一言 藏文晚期经本，再增弥陀境域、修行与轮回阐解，浓缩王讯、弥勒真言、上师图等。			
十二、日本伪经增十斋日下界神、《本愿经》、梵字咒语等，减预修内容			

向拓展，还有其中各自经本的先后变化。因为，《十王经》之经本演进，绝不是一个单线的层层进化。如此则不能反映出其特质与形态状况。所以我们据上节的类型，综合考虑经名、内容、形态等，再加以提炼，于原说的三个经类中，根据重点字词变动，归纳出四型经本。而其中仍有先后的“样式”区别，如《阎罗王授记经》中长短之本，《佛说十王经》中的十四图与十三图之本，如此才能将其演进脉络显示明了。

第一类，《阎罗王经》

只一型，经本 1 六菩萨本，经本 2 为三菩萨本。

第二类，《阎罗王授记经》

分为两型：其一型仍存亡斋段（另存别本），其二型为无亡斋段落，皆十一菩萨。

第三类，《预修十王生七经》

归纳为四型：其一型为过渡变化型；其二型为无图的赞词本，有耀州本、海东刊印本、清代四菩萨本；其三型为《佛说十王经》，有敦煌本，下分十四图本与十三图本；其四型为《预修十王生七经》，有灵石寺塔十图本、高丽与朝鲜刻变相多图本，明代刊印十二图本。

第四类，其他语言文字增变本

一型回鹘文图赞本，有敦煌与吐鲁番出土本，或存文偈本。二型西夏文增变本，有俄藏与定州明代刻本及私人藏本等。三型有日本变化《地藏十王经》和藏文增扩本。

表 3.4-11 《十王经》系统演进脉络表

<table>
<tr><td colspan="3">阎罗王经
六／三菩萨本</td></tr>
<tr><td>阎罗王授记经
存亡人斋段本</td><td rowspan="2">佛说十王经
十四图本</td><td rowspan="3">预修十王生七经
灵石寺塔十图本
大理国本
明代刊本
清代刻与抄四菩萨本</td></tr>
<tr><td>五菩萨别本</td></tr>
<tr><td>阎罗王授记经
删亡人斋段本</td><td>佛说十王经
十三图本</td></tr>
<tr><td>回鹘本不明</td><td>回鹘文图赞本</td><td rowspan="2">高丽海印寺本、朝鲜多图本
日本宝寿院本等
朝鲜具十五图与无图本</td></tr>
<tr><td colspan="2">西夏文本《阎罗王授记与十王及五天使经》
内容与六菩萨等汇合授记与十王经
增阎罗王宫及五天使内容（明版刻有图）</td></tr>
<tr><td colspan="2">藏文本增扩经（共十四图，有变化）
前大部同西夏文本，后部增阐解真言等</td><td>日本新创《地藏十王经》
减预修内容，增斋日神等</td></tr>
</table>

此表虽然简要，却也考虑了不少情况，包括地域因素，内中包含了类、型、式三层。《阎罗王经》《阎罗王授记经》《预修十王生七经》具有经类的意义。而前两者与《预修十王生七经》下的敦煌本《佛说十王经》、台州灵石寺塔本《预修十王经》有经型的意义。《阎罗王经》下的耀州六菩萨本与敦煌三菩萨本，《阎罗王授记经》中长本存亡斋段本与删亡段本，《佛说十王经》中十四图本与十三图本，皆具有式的意义。上一节中相关的类型经本等，可以与此联系而论。敦煌本与台州图本相比似乎图减少了，但高丽刻本似又增图，而朝鲜刻本有些体现出文内无图、但文前后列十五图增加很多从官鬼王之图式。出自敦煌的西夏文及藏文的经本显出重视阎罗特点，以印度《天使经》问等增强其合法性。《阎罗授记经》经本相关似多在敦煌及西北地区出现，而其余各地（含敦煌）《十王经》经本及图像等则较突出地藏菩萨，特别是日本的伪经《地藏十王经》，减除预修，将地藏菩萨地位大幅提高。两者之间呈现出信仰方向与地理方位的对比，即十王经原本架构中地藏菩萨并不突出，但是地藏信仰在实际中明显上升为主流，经本自身的卷首插图也有反映，雕绘艺术图像有突出体现。但就经文形态而言，西夏与藏文本在阎罗王的出处与审讯增加合法性；在日本，此经在地藏统治上极力推进。总之，西夏文、藏文增变本与日本增变本在不同的地区，更在不同方向上发展此经，形成了有趣的对比。此经的增变呈现出鲜明的地域与信仰特色，反映出各自的民族宗教本色特征。

表 3.4-12 主辅脉络表

主　线	辅　线
具六身菩萨《阎罗王经》 预修与亡斋前后简洁分布	具三身菩萨《阎罗王经》 预修与亡斋前后简洁分布
无图具赞经本	具五菩萨《阎罗王授记经》(别本)
插图具赞经本《佛说十王经》(汉文、回鹘文、西夏文)	十一菩萨《阎罗王授记经》后亡斋有或无
插图具赞经本《预修十王生七经》	回鹘文敦煌与吐鲁番本 藏文《十王经》、明代定州及私人藏品
卷首图或无图本《预修十王生七经》刻印本	四菩萨无图《预修生七阎罗王经》刻写本 黑水城西夏文本，或及日本伪经

通过以上诸多考察，对新材料详尽研究，我们极力挖掘出不同系统的《十王经》特征所在。虽然有些情况还难以完美说明，但已有很多证据与充分细节说明《十王经》系统的演进脉络。我

们现在可知，《阎罗王经》确为此经之基础，且具两种经本类型。从其中发展出了图赞本，已见具偈颂、有赞无图之本。图赞本《十王经》不需从《阎罗王授记经》加出，其长行仅增授记阎罗为王的理由等相关文字，而赞词增写多段，图像有了十王等多图，功能主要适用亡人超荐之斋。其中又有两型，可简说为“平正王”与“平等王”本，尽管都有藏川署名。前者或出四川，存敦煌本数件，细微变化即为十四图变成十三图，体现地藏菩萨代替阎罗王成为统领十王之主。而后者由台州灵石寺塔本所现而联系多广，文本简约而直接，虽无“合理”改动，却是联结后世广传之本，其传播北可至朝鲜半岛与日本，南或接大理国。汉文本虽主要在东部地区，却是影响最广大与长久之本。

《阎罗王授记经》也从《阎罗王经》出，似无关乎藏川，实是《大灌顶经》之预逆修、普广菩萨所宣等内容之拓展。其菩萨数增加不少，但以普广为内在核心。所增内容中有预逆修与亡斋的详细时日，有具体实施预逆修的简易法与豪贵法，阐明功德分获原则，其中多数经型删去亡斋段落，免去重复，但更配合强调预修好处。

综合各种证据，《阎罗王经》创立十王系，有预逆修与亡人斋，但实践有较高要求。《阎罗王授记经》增入《大灌顶经》预逆修斋说而发展为人人可用，简易法与豪贵法皆行，其内核实为普广菩萨《大灌顶经》说。但后来有《寿（受）生经》更将预修法发展至极。《预修十王生七经》无论西东，敦煌或台州，其中地藏菩萨地位渐次上升，从董文员绘卷前写入《地藏菩萨经》，至英藏 S.3961 号等两卷首地藏统领十王图，乃至川渝摩崖由阎罗地藏并坐演进的地藏十王龛像，以及西夏文与回鹘文经本，也多有地藏影响。图赞《十王经》用于亡人斋深得许多地域、民族的广大民众奉迎。当然，《授记经》与《十王经》虽说分别侧重于预修与亡斋，实际生活中人们常将两者连用，为亡者作斋也多念及生人，石刻造像题记多同此理。现由产生发展状况而观，或由陕西、四川生起，既向西北敦煌及西夏故地与吐鲁番传播，也向东南浙江台州、云南及于朝鲜半岛、日本流传，继之绵延久矣。

本章是对《十王经》经本系统全面的考察与梳理。通过对目前所知经本的全面梳理，我们可以将各种大小类型、不同语言文字的经本纳入合理的体系架构之中，使其演进与变化脉络得到清晰的表述。笔者深入经本，达到新的认识，特别是经由考古手段获得新材料后细致甄别，从经本标题、诸王名称次序、菩萨名称数量、预修与亡人斋、重要字词变动及语言文字六个方面进行研讨，对其发展脉络与地域特色，均提出了新看法与认识，希冀由此将《十王经》的研究抬升到新阶段。

第四章

窟像寺殿雕绘

第一节　晋秦豫蜀

第二节　敦煌、瓜州

第三节　重庆地区

第四节　其他窟画

十王之信仰有经有图，图像对十王之信仰起了重大作用。其表现形式有石窟寺庙中的造像，即偶像形态的雕塑、浮雕和窟寺壁画，还有可移动携带的绢布纸画等。这些作品流传之久、跨度之大、分布之广，比起经本文字更甚，而且与水陆画作等形态交融发展演变。所以，从本章开始，依次介绍此方面的多种作品之状况。

第一节 晋秦豫蜀

前文已较为详尽地对《十王经》的各种经本的演变情况进行了阐述，本章以下侧重于考古与美术史方面的实物等遗存的探讨。十王信仰渐次深入到中国乃至东亚国家的社会各阶层，人们实践礼仪，创造了很多在今日属于艺术史、考古学相关领域的文物。故除了经本方面的研究，还有美术史、考古学的研究，一则侧重于研究法会实践方面，一则侧重于探考流传海东方面。由于十王信仰产生后持续扩散，资料益愈增多，本书需要分章列述。本章集中于早期（五代、北宋）的状况，将晋秦豫蜀与重庆渝地分开，中间插入敦煌石窟与藏经洞壁绘。从地域关系看，这一做法似不尽合理。从十王图像出现先后情况而言，似以四川成都附近为早，敦煌随后，而重庆等处较晚。所以，本章以时代先后结合地域分布来划分若干小节。这里有一个问题，即十王信仰与图像的转折点在何处呢？晚唐五代与北宋，大致可以视为早期，转折变化约在南宋。时间划分与地域也有关系，南宋明州地区画作将十王分别画于轴幅上，体现出与前期的区别。本章主要以两宋之交来划分十王信仰的前后期，并结合实物分而叙之，既重文献，也更重美术史、考古等领域之实物，以说明信仰与习俗的变迁。

一、山西

山西是我国著名的文物大省，保存了很多地面古建筑，其中有实存的十王遗迹，也有很多寺宇殿堂及窟崖、道观等。所存有早期的五台山南禅寺壁画与临猗塔基所出的壁画绢绘，以及金石著作所录之经幢题铭等，都是十分宝贵的资料。

（一）五台山南禅寺壁

山西五台山南禅寺佛殿是中国著名的最早木构建筑遗存（图 4.1-1），建于唐建中三年（782）。其殿堂与彩塑自重新发现以来便深受重视[1]。出乎意料的是，1974 年文物部门在搭架维修时，在殿堂一侧墙壁的泥皮中发现了壁画，维

〔1〕因地处偏僻，建筑学家梁思成当年调查佛光寺东大殿时，并未获知此殿情况。1950 年，文物部门在普查时发现此殿为唐代遗存，并于 1954 年发表资料。1961 年此殿成为全国重点文物保护单位。

图 4.1-1

山西五台南禅寺主殿外观（张立摄影供图）

图 4.1-1B

主殿侧壁地藏十王图线描（采自李玉福《五台山寺庙壁画研究》）

修完成后，将此壁画加固重置于主殿前的西配殿（龙王殿）[1]。其壁整面高 315 厘米，长 930 厘米，所存画作面积约 24 平方米。目前学术界对此的研究极少，且不够深入[2]。南禅寺建造之时很早，大殿梁架有唐建中三年（782）墨书题重修殿记，即现存殿堂之记，还有北宋元祐元年（1086）题记，以及元代游记等。壁画保存情况：下部残损较重，上部较好，也有补绘画作之痕迹。但无论从题材内容还是画风形式，均可归为北宋绘作，元代有所补画。笔者曾观原作，李玉福《五台山寺庙壁画研究》中也有介绍[3]，刊布两幅线图（图 4.1-1B）和一些彩色图版。现得李玉福先生

〔1〕1974 年，文物部门对南禅寺大殿进行落架大修，发现此画后，本着文物维护修旧如旧的原则，重新在前侧造配殿安置。

〔2〕笔者于第十二届全国美展壁画展（2014 年中央美术学院展览馆），得观以新技术复制的此图。此展由内蒙古科技大学包头师范学院姚智泉先生主持，但展出的画面不全且较虚。2017 年夏，笔者带领中国美术学院研究生在山西考察时得观此壁画原图，知画面细节虽有模糊处，但主体大部仍能辨识出很多内容。

〔3〕李玉福《五台山寺庙壁画研究》，人民美术出版社，2017 年，第 48 页。此著考定壁画年代为宋代，因元代有修补而置元代章节之中。然其引《地藏本愿经》与《十王经》"经变故事"作解，经本亦引中国台湾学者萧登福两种藏川说等，稍显不足。但李以艺术家身份著书，不必苛求。现得李玉福先生提供在现场所摄大量图版，可核清内容，特致谢忱。

图 4.1-1C
侧壁地藏十王壁画
（李玉福供图，下同）

提供摄图，此价值重大之壁画内容基本得以如实厘清。

该壁画全幅画面由千手观音经变与地藏十王图两部分组成，中有图案花纹相隔。由西配殿面东，其南侧为《千手经（大悲咒）》经变画，以十一面千手观音为主像，旁侧与上方有眷属侍从，如廿八众帝释梵天等。所绘主要内容即为念诵此“大悲咒”可得的十五种善生、可免的十五种恶死之情景。主像观音为十一面，头面分三层。其善生内容中尚存有部分榜题，恶死处只留有数幅画面。其上部保存较好，有些部分可能经过元代补绘。

其地藏十王部分，是以地藏菩萨为中心，两侧上下错落，曲折分布着十位冥王（图 4.1-1C）。与多数仅突出地藏十王的作品明显不同，其地藏与诸王皆坐于殿厅内（地藏稍大，诸王皆略小），而各种审讯或经过之罪魂、狱卒等情态与云气景物，上下左右穿插布列，自然生动，亦非他作可比。其地藏菩萨所居殿厅较大，而诸王所在皆为单层小厅。此基本构成要素与北魏樊奴子造像碑、法藏 P.2870 号敦煌本《佛说十王经》图、四川资中西岩地藏十王龛像之形制近同。且此为壁画，面积远超碑刻、画卷与摩崖龛像等。其中千手观音部分略大，此部分有十平方米左右。此壁画中仅一位王者或地藏所有之分量，就可超上述早期的经画、碑刻了。所以，虽然画面有渺损，但它仍是非常珍贵的重要资料。

从现存画面的构成来看，地藏居坐于中心，旁有胁侍，两边下侧应各有五王敬立。菩萨身右（南侧），由下而上交错排列有第二楚江王、第六变成王与第八平等王，上方还有榜题，仅余“王”字。主尊之北侧，亦由下而上错落排列，

图 4.1-1D
侧壁地藏菩萨殿

图 4.1-1E
侧壁地藏菩萨像

最底下一王殿边仅存榜题色泽。其上则为第三宋帝王、第五阎罗王、第七泰山王、第十五道转轮王。与一般奇偶数分排不同处是最上方，前述仅余“王”字处若为第九王，则第九王、第十王二王位置有交换。唯第四五官王不明所在，画面下部空疏不明处尚多，其或在主尊下方等处。总之，这些冥王殿厅基本是由下而上，且南侧为双数、北侧为单数，但第九王、第十王却换置。从现存画面中五道转轮王处有兽皮架与披兽皮者，即转畜生道者向外奔去的情形来看，如果严格依从奇偶分布，则转生者应向观音画面而去。此或为两王换置之原因。此壁图画与我们习见的绢纸壁画都不同，空间变化较大且活泛自由，其诸王朝向不同，并非都面向观者，于此类题材画作中极为特殊。

地藏所居在此画面中部，为二重檐庑殿顶，规格较高（图 4.1-1D）。菩萨安详圆润，面容刻画显得十分真实，微有髭须，披戴风帽，手中执有锡杖与明珠，右舒相自在坐于须弥台座之

图 4.1-1F
侧壁地藏下部五王

图 4.1-1G
侧壁道明之像

上，垂足踏莲。其衣服沥粉贴金，非常明耀，身后有背项光（图 4.1-1E）。更具特点的是，有彩色带状云气从殿底向上飘发而去，直升殿外，殿顶亦有云气分而上升，从 45 度角斜上有数条直线，其中有一二红衣或绿衣小人分处不同云道中，应是表达六道之意蕴，但不知原先是否六道齐备。其身左侧与柱间有二侍，为善恶童子与判官各一位，对称侧已损不存。其左下有五位着官服、持笏板、恭敬向上者。以此观之，可知其整体为地藏统领十王并十王殿厅图。虽今只存五王（图 4.1-1F），但仍可见面貌情状，多为侧身或四分之三侧面。冠服沥粉贴金亦明显，整体上感觉较新，很可能是元代所补。

此殿厅底下坐有金毛狮子（或称谛听），地面的铺砖图案华丽。边侧还立有一力士，怒发上冲，有圆项光，着衣衫而现筋肉。殿堂左外有一小厅，内坐一僧，具项光，着袈裟，端坐大椅，面容微含笑意。从位置等因素观之，应为道明和尚（图 4.1-1G），只是对称所坐者形貌残损，身份不明。

此壁画特征即诸殿厅之间以奇石茂树与缭绕云气相接（图 4.1-1H），种种讯惩处，其殿厅前与周围处，不似冥间暗昧，说明其处中阴而非地狱阶段。画面之北侧约有一、三、五、七、十殿布列，一殿在左下（以画中形象为准），三殿转上，殿厅人像不全，五殿恰在中间，七殿在左上，十殿处右上，但殿堂不全，画面下部漫漶较严重。

北侧下方有朝向内侧的小厅，应为第一殿（图 4.1-1I）。绿色琉璃瓦下，斗拱栏杆及台阶描画得细致精严。一王者着袍服端坐，表情轻松，前无桌案，近同台州灵石寺塔本图。双手合于身前，膝上似有一卷宗。其进贤冠为金色，袍服似未染色，面部似有些改动并有帽翅痕迹。王右手外栏间有一童子，双臂捧抱一卷（应为善恶簿）。再外为一吏或女官男装形象，幞头低翅垂下。由亭殿向外飘出朵朵白色云气。其厅堂下台阶两边，隐约有二护卫，呈对立形姿。此殿之前有组图像颇有残泐，似联结第三殿，但其内明显有两组比例完全不等的人物，应是画面先后改绘所致。此组图有圆弧线前升与王殿前白色云气相接，其内绿色为底。有一组较小的数人，应为审讯罪魂类场景。其下一人在弧线上呈半身，弯腰持一棍，肩系龟背纹巾，十分醒目，其回首目光与第一殿王者正可相接。其上方一人双臂背缚，裸身俯首垂发，上方有三人向右前行，中者披帽，前者短打绑腿，似为吏卒。再前右有人物比例两三倍于此数人者，线条较虚。一着方巾袍服者作前行状，其上方较奇怪处显系重绘，略似一武人着甲装，似为抱臂回首状。还有一

图 4.1-1H

侧壁北边诸王殿设

图 4.1-1I
侧壁第一王殿处

图 4.1-1J
侧壁第五王殿处

图 4.1-1K
侧壁业镜部分

图 4.1-1L
侧壁第七泰山王像

人，仅略显袍服。这些绘画变动使识读变得十分困难。

“第三宋帝王”榜题较清楚，处于殿厅上方，其下朝外侧的厅殿，与上述殿交错。但其下方多已模糊，仅在屋檐前下可见一被缚于柱者的背部，旁有行走者的腿脚部分。而檐下向内尚可见一二侍童或官吏面部，余多漫漶。

第三王榜题稍侧即北段中有一似亭阁处，其榜题位于殿顶之上，而且处于壁画接缝处，“第五阎罗王”等字已有残缺（图 4.1-1J）。其中央方形大靠椅上坐着戴金冠着长袍服、手中斜抱笏板的王者。其形象十分真实，颧骨略突，三绺长须，若长者状，不似威风凛凛的阴间主宰。其袍服下端亦有金饰边，长袖垂幔，足踏垫板。亭阁的栏柱内分别站着一执器侍童与一吏。台阶前一官吏手中拿着案卷。台阶前方有二人侧背影，男子着绛红袍，巾帽两翅，女子身稍侧，顶巾，衣淡色裙，二人是面向王者的善男信女。其左旁有狱卒执一裸者，形均虚泐，但其所视向的业镜部分尚存，绿色镜面仍画典型的煞牛场面，一少年举手，牛身不清，略见头两角（图 4.1-1K）。这个典型场景使全图与传统样式联系紧密。

由阎罗王斜上至边为泰山王所处殿宇阁间，檐下题“第七泰山王”（图 4.1-1L）。王戴进贤冠，袍服官样，画风稍简略。王坐处有桌案，案上置三案卷而未打开。椅背高大，案台绿色。两旁侍善恶童子。阁下数级台阶，一黄衣人立而合掌，口中出一朵云气飘前向上，其中有一佛像与一小像。台阶当中卧伏一动物，黄褐色身体布满豹纹，却是人面而有角，怒目前视，应属獬豸——执法公正之神兽（图 4.1-1M）。旁一白衣官员对一裸身罪魂，似正交代判说。再前方近阎罗王层檐处有一戴着长枷的坐者。

北侧最上方多属第十王内容。较为明显是一兽皮架，有老虎等各种兽皮披挂其上，兽皮架之上榜题“第十转轮王”，无“五道”两字，似年代稍晚（图 4.1-1N）。榜题右侧有楼阁，位置约在主尊地藏之斜上方，大多不清，殿阁边缘似有一侍。而下方栏杆之下台基处，有判说等场景，一侧背身官吏展卷而读，所对一裸身之人手搭额上及胸前，前望听受。旁上似有两狱卒。不远处有两人背兽皮，前一人身背黄色牛皮作奔忙状。还有几个动物腿脚以及两普通衣装的人向前跑。

南侧存殿稍少。其下部略当北侧宋帝王位置是一朝内的殿顶。有榜题位于其上偏千手观音侧的墙边（图 4.1-1O）。虽半边残缺但可识出“第二楚江□”之字迹。此为王名变化的重要痕迹与证据。因为楚江为长江中段，将“初江”改为“楚江”，应从南北方之间影响而来，五台山此王名变化与河南十王像柱之“平正王”，均值得注意（还有可能是元代补题改动的缘故）。此王殿顶勾画清晰有力。但其下形象少存，似乎有一王者面部依稀可见。

图 4.1-1M
侧壁第七泰山王前神兽处

图 4.1-1N
侧壁第十转轮王处

图 4.1-1O
侧壁第二楚江王处

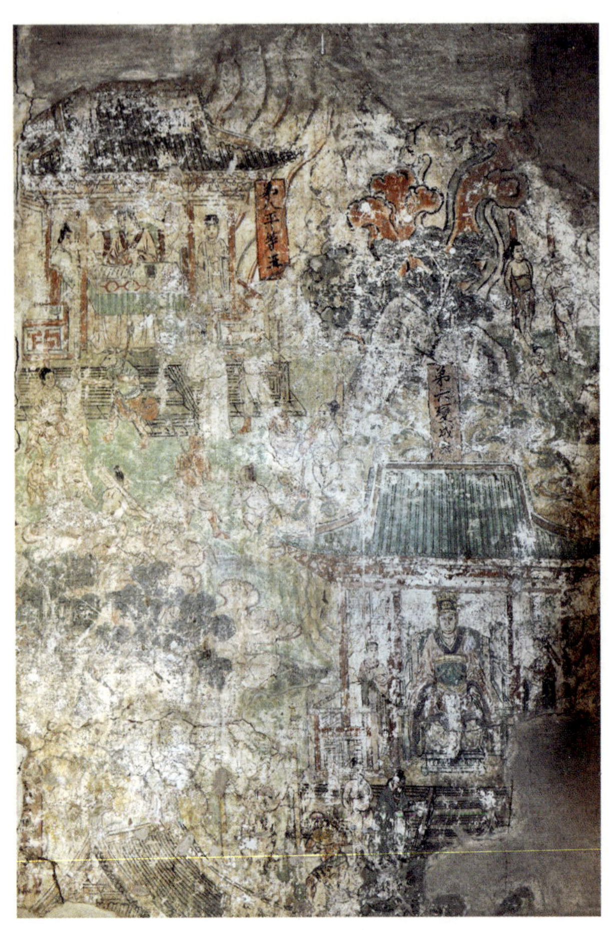

图 4.1-1P
侧壁第六变成王与第八平等王处

南侧壁面除楚江王可读处不多外，中间第六王与上部第八王都很富丽，细节丰富（图4.1-1P）。“第六变成王”之榜题在殿正中上方，当南侧地藏之右侧。绿色殿亭阁下红梁柱内，端坐一王者，头戴通天冠，身着淡橙色官服，大椅背亦绿色，王者的金冠冕与腰带等显得金碧辉煌。王者面容却有一丝倦懒，很切合他的高官身份。其双手在膝间平放，前无桌案。椅两侧侍有二童子，皆抱捧卷宗。台阶前有数人。绿袍男吏正展卷，或宣罪状，其背后一裸身着白裤者被立缚于柱。近前有一些动物（应有蛇与鸡的身尾等）朝向内侧，可惜前部残坏。背后有一肩披缀点围巾、短打衣装之狱卒，而双臂分伸、吊在两黄色柱之间者身躯已模糊不清。

南侧最上方有小殿堂，榜题清晰，即“第八平等王”。台阶下有白烟沸腾而起，其屋北侧顶上出云气，整齐若六道状。亭阁之内有案桌，坐有一王者，面向右侧童子，案桌上有写满判词之案卷，还有笔架与笔等，柱间另有一吏员立于旁。其殿阶之前，数组人物环若一小圈。有白衣善士似念诵着前行趋近台阶，身后一狱卒执兵器抱物随行。又有牛头狱卒手持着狼牙棒，向外有跪姿被缚、裸上身之妇女，其前下有四小儿，均手拿缠绕似脐带类物。续前有肩负长枷者，又一狱卒面前有裸身男跪地乞求，其旁有两人，狱卒正伸臂拔被缚于木桩者的舌，后者的痛苦表情可见。从这些画面中，我们可以感受到狱卒暴怒、罪魂畏惧凄苦的心理状况。

由第八王再向内处残泐较重，唯小部分可略识一二。大朵云气树枝叶之旁，一榜题唯余“王”字，其边残处露有建筑边沿及基座。空间仍可见两柱上的被缚立者，皆裸身。其下又有一戴长枷者，向一狱卒作哀求状。云石间穿插有种种罪魂过庭审断场画，但都是自然形状，疏密布列其间，所以此构图较其他各种图式较少地狱及法庭气氛，更显自然生动，尽管内中含有恐怖的气氛。

从各方面来看，此殿堂十王与观音壁画绘于北宋初年的可能性很大，后世有所补绘修改。因山西五台定襄一带在宋初宝元元年（1038）有过大地震，当地很多寺宇都遭受严重损坏，重修者颇多。其梁柱题记所存最早者为唐建中三年（782）与北宋元祐元年（1086）。虽然主持落架维修的山西省文物局原总工程师柴泽俊先生曾主张十王与观音壁画为元代所绘，但其样貌实与元代相差较远。南宋以后十王塑画等多为分而作之，地藏与十王即十一幅作品成套，而地藏殿堂中也有类似塑作。地狱等惩戒寓意突出，善男信女与罪魂恶者同处的情况越来越少。此壁画仍然保持着《十王经》经过中阴阶段之情况，而且诸王多坐于四面无墙壁的小殿厅中，只有泰山王与平等王处有桌案，余皆端坐大椅，与浙江台州灵石寺塔的北宋经本白描所绘诸王基本对应。南宋明州画本不但诸王分绘，全部坐在案后，而且突出地狱等吓阻场景。重庆大足宝顶山石刻虽也是南宋的，但与生者十斋日及十恶品经融混。所以，南禅寺此壁画为现存早期地藏十王壁画之一，与敦煌图本经及纸绢画相关，且与前者关系更为密切。虽然全图构成颇为别致，第四五官王图景泐缺未明，但阎罗王处的业镜、变成王处的鸡蛇等动物，衔接十王图卷。其王名称序中多数符合，唯第二楚江王有变化，第八王称平等，与敦煌本等有别而与南北交流有关，值得探究。

总之，南禅寺所存的地藏十王题材壁画，或者可说为《佛说十王经》经变画，连同北方耀州与南方台州本，共同证明此经的流行。其艺术形象与形态表达是一笔十分珍贵的遗产，值得深入挖掘、整理。

（二）临猗塔宫绢画

山西省临猗县有很多佛塔，其中一座北宋舍利塔的塔基中曾出土两幅绢画，非常特殊且珍贵。一幅为地藏统领十王，另一幅为阿弥陀佛统领双地藏及十王。原作发现时已破碎，经北京故宫博物院修复，定为五代作品。其简报文章于1984年发表〔1〕，惜未介绍塔基情况，所附图版的画面不太理想，画作本身也有较多残损，一些细节难以看出。但有学者已注意到其与地藏菩萨密切相关〔2〕。山西博物院新建成后，将此两图予以陈列。笔者观后，确认其中一幅为地藏菩萨十王图，另一幅以阿弥陀佛为主像，下部有双地藏与十王。其双地藏分别为被帽与露顶之形，是极为罕见的图例，对说明地藏菩萨露顶与被帽的变化状态有着极为难得的重要价值〔3〕。

上述第一图主像即为被帽地藏形象（图4.1-2）。绢本呈暗米黄色，高109厘米，宽59厘米。菩萨面像方圆，束髻披发，两侧有花装饰。身披袈裟，袒胸，前有项圈装饰。左手下垂，右手掌心向上，右腿盘坐，左足踏莲花，姿势优美。座下有香炉，其上一狮蹲伏回首，两侧为判官。图下方数像排坐，均双手合十，未捧笏板。其角巾官服之形象，同于法藏P.2003号与P.2870号等敦煌本《十王经》中所绘冥王（参见图3.3-16）。虽有残缺致面目不全处，但画面两边各有五身，可定为十王无疑。

最下部供养人处只有两身残存。男子头裹幞头，有长须髯。榜题存“长男李思顺”和“思□”字样。

另一图可判为非常特别的弥陀地藏十王图（图4.1-3）。其绢本亦呈暗米黄色，高79厘米，宽54厘米。主像妙相庄严，身着偏衫袈裟，坦露右臂，结跏趺坐于莲台上，身后同心圆背光，结典型九品往生手印。上方榜题框下还存留有“佛”字，可比定为阿弥陀佛。

佛下方两身菩萨形象很是独特。左右两像均着袈裟，趺坐于方形须弥座上，有二或三重圆项

〔1〕张献哲《山西临猗发现两幅五代绢画》，《文物》1984年第7期，第54、102页。可惜此文没有详细介绍该塔基的一些基本情况。

〔2〕潘亮文《中国地藏菩萨像初探》，台南艺术学院，1999年，第38页。

〔3〕张总《十王地藏经图续说》，大足石刻研究院编《2009年中国重庆大足石刻国际学术研讨会论文集》，重庆出版社，2013年，第568页。不少学者仍不明露顶地藏与风帽地藏（也有菩萨装）长期并存的状况。

图 4.1-2
山西临猗绢画地藏十王图（山西博物院供图，下同）

图 4.1-3
山西临猗绢画弥陀地藏十王图

光与身光。但一戴覆风帽而持锡杖，一为露顶而持宝珠。覆顶地藏为沙门形，着袍服，其黑色冠帽中露菱形浅色，结合上图被帽地藏像，可知为束结两分之巾帽。露顶光头沙门形象则佩项圈，右手似前伸持印契（或持明珠），左手似捧明珠。

再下方两边共有十人形象，冠顶冕旒，与不少敦煌本《十王经》图卷一致，似南朝帝王冠式。其数恰合冥府十王，可以比定无疑。其左五人向右侧着身子，双手合十，作虔诚状。而右边五人向左侧，直身而立，也双手合十。再左下角有两判官抱着案卷对望，而展开长卷宗阅读者，却是驴头马首，应是牛头马面之类狱卒助判官做事，非常有趣。

最下方约四分之一处，有两男两女供养人，亦具榜题。男子仅存上身。一男子合掌，着幞头软巾与圆领衫，榜题存“亡李通□”。另一人只存面部髭须，题字仅存“□家”。两女子只存面部，面相丰腴，头挽高髻，两者之间榜题仅存“亡女□□”字样。画面设色采用赭色、朱红、黄、绿、紫、黑等，层次分明，浓淡有别，虽历经千年，色彩依旧艳丽。图中以亡者作供养施主，正符合以地藏十王为主的题材。

虽然药师佛胁侍两弟子的形象中，常有一持锡杖者，或为一男相一女形，可阐释为观音与地藏菩萨。但此图中一戴风帽像者持锡杖、一露顶佩项圈沙门像者持宝珠，都应为地藏菩萨，即露顶光头与被帽覆顶的双地藏像，分持地藏法器之锡杖与宝珠。其组合很是少见，但也符合地藏信仰的发展历程。唐代出现《道明和尚还魂记》后，风帽地藏渐成主流，但也有反复。其间原因很有趣。因为依据经典，地藏菩萨本现沙门形，这从《大方广十轮经》起就有记载。但地藏菩萨形象同于沙门，从信仰层面而言，确实不能满足僧俗各界的需要。唐代中后期的《道明和尚还魂记》（伪托大历十三年）强调了风帽地藏之形象，从而使其雕绘作品风行。此图正是被帽地藏与露顶地藏交替或并行之时两种形象同时出现的生动例证。

（三）李宗大造画

金石著作中有山西“广福寺经幢”条，称唐昭宗天复三年（903）时，山西凤台的李宗大造《金刚经》经幢，其发愿文说，因久经离乱，今骨肉团圆，故发愿造宝林寺一所，同时还有“敬画造（释）迦像一铺，又画西方净土一铺，敬画维摩居士功德一铺，又画土（十）王像一铺，以此功德……”等语，很多人认为此“土王”即为“十王”。

凤台县是古泽州府的治所，在今山西晋城市。金石著作考定此广福寺原名应为宝林寺，金代以后才改为广福寺[1]。

二、陕西

（一）凤翔邠州

敦煌本法藏P.3129号《诸杂斋文》卷下（卷上缺，或有卷中）有斋文38篇，是一份相当特殊的斋文集录抄件。因为敦煌文献中许多斋文都是范本，可以通用。而此卷则是特定时空下的斋文集，由“京右街副僧录内殿三教首座光道大师赐紫仁贵撰”。斋主多为高官显贵，又处在政治军事动荡的年代，因而可以与历史史实相参照。然而其名称多不具体，所以对此的

[1]《山右石刻丛编》卷九“广福寺经幢”条。太史文《〈十王经〉与中国中世纪佛教冥界的形成》（张煜译，上海古籍出版社，2016年，第42页）一书中曾提及此处，说在安徽。

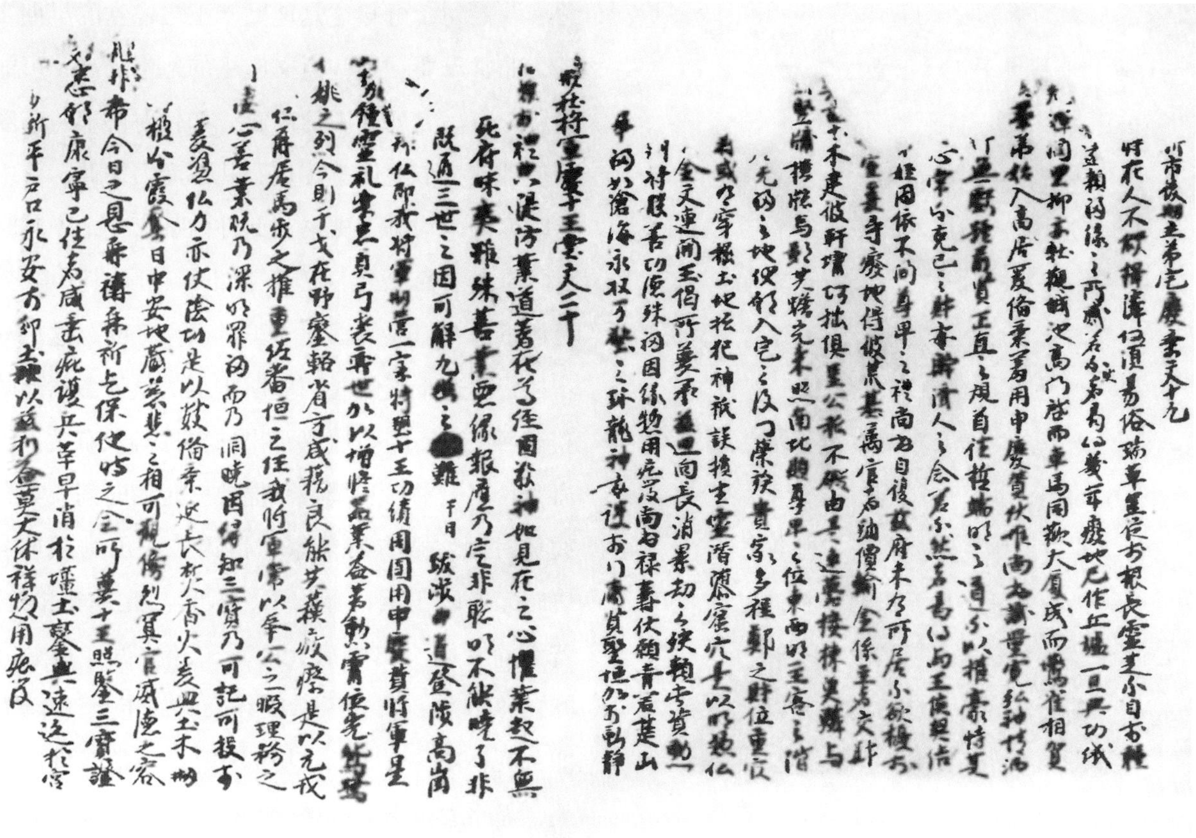

图 4.1-4

P.3129 号《(马)步杜将军庆十王堂文》(采自《法藏敦煌西域文献》第 21 册)

考证颇费周章。据王三庆详细考证，由其斋名题目所见地名交集范围，可知其地应在陕西的凤翔府、邠(现改用“彬”字)州，以及陕西北部个别地方，其时至少应在唐代乾德以后[1]，再由人物官称及唐帝出逃等事推测，或是晚唐昭宗乾宁三年至光化三年(896—900)这个阶段。而此卷有不少追七与逆修及大小祥忌斋文，特别是其中第 20 篇《(马)步杜将军庆十王堂文》(图 4.1-4)[2]，内言“创营一斋，特塑十王，功绩周圆”，还有“中安地藏，慈悲之相可观；傍列冥官，威德之容□□”。可见其所造，毫无疑问为地藏十王之堂。但此杜将军具体身份还待考证[3]，由文中愿自己的户口“永安于邠土”，知其应为邠州一带人士，所以希望能回归到邠州。由于杜氏为中古时期的大家豪族，扶风县一带就有杜氏门房，此为该房支系的可能性很大[4]。

《诸杂斋文·(马)步杜将军庆十王堂文》录文：

[1] 本卷斋文所用地名是以陕西凤翔府为中心，并及于邠宁、鄜坊、丹延一带。经王三庆详细考证，推定其适用地区，考其撰作之时“上起约昭宗乾宁三年及光化三年(896—900)，下迄不得晚于天复四年(904)八月昭宗被弑”。见王三庆《光道大师撰〈诸杂斋文〉下卷研究——兼论敦煌文献之整理问题》，郝春文主编《敦煌文献论集》，辽宁人民出版社，2001 年。

[2] 图版见上海古籍出版社、法国国家图书馆编《法藏敦煌西域文献》第 21 册，上海古籍出版社，2002 年，第 358 页。

[3] 王惠民《中唐以后敦煌地藏图像考察》(《敦煌研究》2007 年第 1 期)文中曾提及，贯休(832—912)有《别杜将军》诗，不知是否是此杜将军。

[4] 王力平《中古杜氏家族的变迁》，商务印书馆，2006 年，第 97—98 页。其中介绍有“扶风郿县杜氏”。该杜将军系出此门的可能性很大。

（马）步杜将军庆十王堂文二十

……

……拜佛。即我将军创营一斋，特塑十王，功绩周圆，用申庆赞。将军星

……礼钟灵，礼乐忠贞，弓裘弈世。加以增修器业，益劳勋霄，位先鸳鹭

……姚之烈。今则干戈在野，銮辂省方。咸藉良能，共苏瘢瘵。是以元戎

……仁再。居马步之推重、佐蕃垣之任。我将军常以奉公之暇，理务之

……凄心善业，既乃深明罪福，而乃洞晓因缘。知三宝乃可托，可投于

……爰凭佛力，亦仗阴功。是以数备斋筵，长焚香火，爰兴土木，创

……楹，分霞奋日。中安地藏，慈悲之相可观；旁列冥官，威德之容

……礼。非希今日之恩，再祷再祈，乞保他时之会。所奠十王，照鉴三宝，证

……悉愿康宁。已。往者咸垂庇护，兵革早消于疆土，銮舆速返于宫

……新平，户口永安于邠土。以兹利益，莫大休祥，总用藏没。

这篇斋文非常重要，说明陕西关中一带有可能是十王信仰的起始与中心地带。从陕西富平县北魏樊子造像碑之碑阴下层刻阎罗王与五道大神图像，到耀州神德寺塔《十王经》系，都是具有早期原创阶段特色的作品。而此杜将军所塑十王堂，虽然文中强调其为斋会所用之堂，但也有“兴土木”之语，加之“塑像”“周圆”“功绩”等词，可知其有建筑，有塑像，时代为晚唐，又有“中安地藏，慈悲之相可观；旁列冥官，威德之容”等句，可知这是地藏十王之像堂的早期实证，非常重要。这些斋文施主的地位之高，可能前所未有。名列其中的高官，如仆射柳璨、节度副使孙储、节度使李茂贞、礼部尚书孙偓、侍中韦昭度等，均见于史书。此件内某斋文中说其时为“有唐三百余年，传十九叶”。虽然其中未列具体事务，但我们据此十王堂斋文推断，这位马步杜将军造十王堂时切望所护卫的皇帝銮驾能顺利返回之事，与晚唐皇帝出逃事件必然有关。因斋文较多，书写和撰辑可能要一定的时间。如稍放宽时限，则有唐僖宗李儇第二次出逃凤翔与唐昭宗李晔出困凤翔之事，情形与此基本相符。若为前者则不出光启元年至二年之间，即公元885—886年；若为后者则在天复二年至三年间，即公元902—903年。扶风法门寺一带是佛门圣地，邠州大佛寺等亦建于初唐。杜将军受佛教观念熏染，知因缘，懂业道，明轮回，而此十王堂事务未见涉说荐亡之事，多有佛门功德之言，或与昭宗李晔被困凤翔年余，非常困顿，已至“食人”的地步有关系。因而定此建堂斋事在天复二年（902）左右，可能较为合宜。

（二）耀州

1. 耀州雕像

陕西耀州药王山上摩崖造像之中，有一处重要的唐代地藏菩萨与六道之雕像。药王山得名于唐代名医孙思邈，摩崖雕刻在药王山显化台太玄洞东侧五百米南崖山腰处，共有大小佛龛二十三个，存唐代到金代造像题记及明代装修记[1]。

---

〔1〕见张砚、王福民《陕西耀州药王山摩崖造像调查简报》，《中原文物》1994年第2期；韩伟《中国石窟雕塑全集5：陕西·宁夏》，重庆出版社，2001年；张建林主编《陕西石窟内容总录·铜川卷》，陕西人民出版社，2017年。

图 4.1-5
耀州药王山地藏菩萨龛像线图
（采自《陕西石窟内容总录·铜川卷》）

药王山摩崖第 8 号龛为地藏菩萨像，且是地藏菩萨与六道轮回图像，时代应在中晚唐（图 4.1-5）。龛高 68 厘米，雕有掌六道地藏一尊，但其螺发状头部是明代万历四十年（1612）补刻。像呈左舒坐式，无内衣，袈裟披右肩环左胸而下，下摆覆座前，左足踏莲。龛两壁雕出六朵云，佛右三朵云皆立人物，上下依次为着衣跪拜者、双臂曲举日月者、半裸跪拜者，分别代表天上、阿修罗、人间。佛左三朵云，依次有狮兽、兽面人身、捧盘鬼，应代表畜牲、地狱、饿鬼三道。虽然没有具体纪年，但此无疑为唐代之作。此龛像对说明陕西关中一带特别是此地区地藏信仰，还是较有说服力的。

2. **神德寺塔绢绘**

上述第三章第二节提到耀州神德寺塔所出的佛经等文物中也有绘画作品等，有些与十王形象非常接近。这一现象在考证辨识《十王经》方面，提出了一种可能性，即其中所具有偈颂的《十王经》，是否另有图像本配合？因为敦煌本凡有赞语者，皆有十王插图，除了袖珍册子本的法藏 P.3761 号——其尺度已限定，不太可能插之以图。而敦煌藏经洞所出，还有纯图无字本，即英法各存五王的合璧之本（法藏 P.4523 号 + 英藏 W80 号）[1]。由具有插图的英藏 S.3961 号经本上，我们可以明显看出是先绘后书，有些文字压在了画上。而此纯图合璧本所画诸王之间的空处更不平衡，如第四王与第九王处的空间很小，而第六王与第七王之间亦几无空隙，从而推知此纯图本也可能原计划先绘后写，但后来实未书写。另一方面，袖珍本的文字册也可以配合此图本使用，甚至可能更方便一些。总之，由于敦煌本图文分离情形的存在，我们必须对此耀州本《十王经》及相关绘作之关系有所说明。

---

〔1〕英法合璧此图的最后一位转轮之王已为文官形象而非武将，所以其年代相对稍晚，或与 P.3761 号相配合，但未必晚至南宋。前注孙健之文说南宋明州十王图武将服改文官装，确实不得要领。

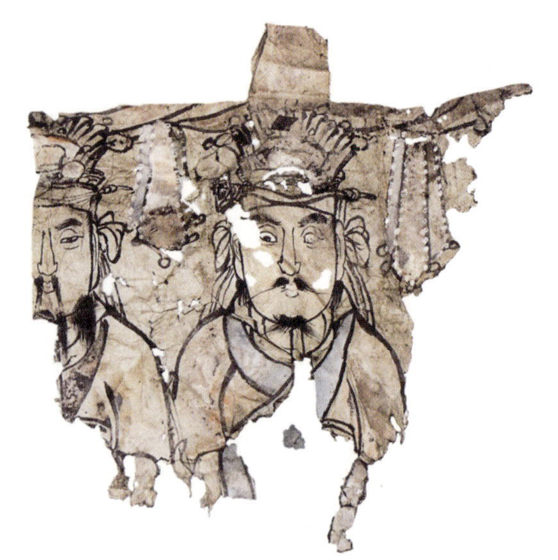

图 4.1-6
耀州神德寺塔藏绢画残片 Y0239-1 号
（采自《陕西神德寺塔出土文献》，下同）

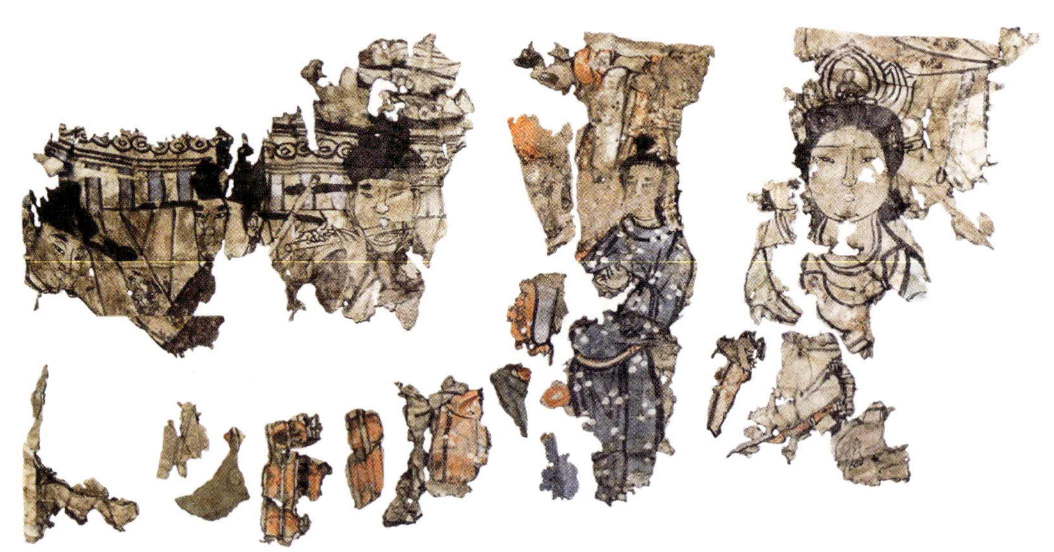

图 4.1-6B
Y0239-1 号局部

耀州神德寺塔此同一批文物中所存绘画残片，如 Y0239-1 号，确与十王图像非常接近，尽管其年代似稍晚。此件部分仅能见数人的形象状貌，如一稍小僧人侧身合掌，而两官吏皆为正面，有髭须，面相威严，戴高冠，着官服，似王者（图 4.1-6）。但从此件其他处来看，又有一女相头上或具化佛，或为观音形象，其旁也可能有一男性面容。如是，则为地藏与观音合立。再看更多的细节，有三人似穿官服，面容慈和，其一正在昂首吹奏笛子，另两人亦戴长翅乌纱之帽，略相对，一低头，一稍侧面（图 4.1-6B）。合而观之，此处颇似演奏场面。所以，虽有僧人与童仆类形象在图中，但很难说这是十王之类图画。或另有法会演奏的因素在内。再者，此 Y0239-1 号是以数残片拼缀而成，其位置或有不同放置的可能。总体上，此图中两三官员形象虽有近于十王之形象处，但很难说这是十王画〔1〕。

〔1〕王雪梅在获得陕西耀州神德寺塔出土文献材料后曾发邮件询问笔者，仅以部分绢画残件（约当 Y0238-1 号等件）问是否属十王图像，笔者当时就觉得很难确认为十王。

（三）陕西北部

陕西北部石窟中地藏十王组合之实例共有十一例之多，清华大学美术学院李静杰《陕北宋金石窟佛教图像的类型与组合分析》文举七例，石建刚等增添四例。其主要分布于延安地区，为北宋窟室，有延安清凉山、富县柳园石窟、子长钟山、安塞樊庄与新茂台及石寺河、宜川贺家沟石窟，均为窟中龛壁的小型浮雕，建于北宋中后期即11世纪下段。若扩大范围，地藏石窟的时代和地域可延扩至金代和榆林地区。

1. 清凉山等

据考古报告，延安富县的柳园石窟中心柱后（西）面上为一佛二菩萨龛，下为地藏十王像。主尊半跏趺坐，披风帽，持锡杖，侧下侍十王。其柱另侧有北宋庆历三年（1043）题记，如李静杰、石建刚等文所言〔1〕。而延安市文物研究所张华的专文介绍较详，并公布了线描图〔2〕，仍定为地藏十王，但“风化极为严重，仅存痕迹”。据线描图，中有一坐像，两侧与下方共有十一像，即地藏身边各有二身，下侧则有七身，其中两边各三，中间空处又有一身，且上龛两角下分有三像。若此，地藏外共有十四身，似与典型组合有别，或为年代最早的一例。

延安清凉山石窟第11号窟左屏壁外面龛像，地藏菩萨为倚坐姿态，衣帽装束因风化已不明，手持宝珠、锡杖，胁侍道明与狮子。年代在熙宁九年至元祐元年（1076—1086），即北宋中后期。

2. 钟山两龛

子长县的钟山石窟在陕北石窟中十分突出，年代在北宋治平四年（1067），具有典范代表性。此窟有两龛地藏十王像（图4.1-7），分别位于前壁与后壁〔3〕。前壁右侧（东）此像龛，上部圆拱状浅龛，地藏菩萨头顶莲花冠，衣交领袈裟，褫褶厚叠，右臂曲起，手心空含，原应握有木质锡杖，左手托如钵般大宝珠于身前腿上。取右舒相坐姿，左脚下踏小莲台。龛内两胁侍，似为道明与闵公，僧装袍服，合掌胸前。其下部列有十王，对称两组，各上二下三，皆冠顶袍服，面向与姿势各异，或前观或对谈，或向上仰望菩萨，生动而不呆板（图4.1-7B）。后壁右端的地藏十王龛组，主像菩萨结跏趺坐，戴冠，有宝珠、锡杖，胁侍僧人与老者（似为道明、闵公，图4.1-7C）。窟中有两处未率十王的地藏像：其一在前壁中门左侧，地藏与水月观音并结跏趺坐，戴冠持宝珠，侍狮子；其二在前壁，地藏菩萨与胁侍服装样貌近于领十王者。此窟地藏菩萨特别之处在于其具冠与胁侍一僧一俗的形象貌状。

3. 安塞三窟

安塞县的樊庄、新茂台、石寺河石窟具此龛像。

安塞樊庄石窟第2号窟规模不小，宽深皆680厘米，高300厘米。后壁中央，被帽地藏菩萨半跏趺坐着，手中持有宝珠，侍狮子、闵公与道明。十位王者与主尊皆坐姿，一字排开（图4.1-8），年代在北宋元祐七年至政和元年（1092—1111）〔4〕，排列与清凉山近似。

〔1〕李静杰《陕北宋金石窟佛教图像的类型与组合分析》（《故宫学刊》2014年第1期，第107—120页）举七例。石建刚、杨军《延安宋金石窟地藏造像的考察与研究》（《敦煌研究》2018年第6期，第53页）增延安清凉山第11号窟、安塞石寺河、石窑第1号窟和第2号窟。

〔2〕张华《陕西富县柳园石窟调查及相关内容分析》，《考古与文物》2018年第2期。

〔3〕王媛《钟山石窟第3窟的图像构成与信仰内涵》（西安美术学院硕士论文，2010年）与李静杰文称此为第3号窟，上注石建刚、杨军文则称此为第10号窟。

〔4〕杨宏明《安塞县石窟寺调查报告》（《文博》1990年第3期，第86页）介绍樊庄第2号窟“后壁最下一行有13尊供养人雕像”，应是指此十王与地藏三尊之像。

图 4.1-7

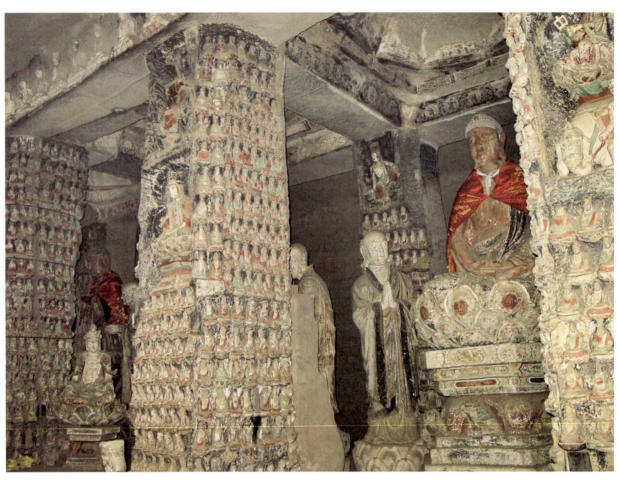

子长钟山石窟第 3 号窟内景（采自王媛《钟山石窟第 3 窟的图像构成与信仰内涵》）

图 4.1-7B

子长钟山石窟第 3 号窟前右壁地藏十王像龛（采自李静杰《陕北宋金石窟佛教图像的类型与组合分析》）

图 4.1-7C

子长钟山石窟第 3 号窟后壁地藏十王像龛（采自王媛《钟山石窟第 3 窟的图像构成与信仰内涵》）

图 4.1-8

安塞樊庄石窟第 2 号窟后壁地藏十王像中部（采自李静杰《陕北宋金石窟佛教图像的类型与组合分析》）

图 4.1-9

安塞石寺河石窟第 1 号窟十王像一侧（采自石建刚、杨军《延安宋金石窟地藏造像的考察与研究》）

安塞石寺河石窟位于招安镇，北宋期。其第1号窟右屏壁外侧的下部，地藏尊具龛，而王者诸像呈横排，皆为倚坐式，头面皆损毁，袍服端姿，双手抱笏板，与下垂的袍带似连成一线（图4.1-9）。

安塞新茂台石窟为平常的简单室小窟。其正壁主佛为三尊，左右后壁分别凿造文殊、普贤变相与地藏菩萨各领五王，可知其为双地藏十王形态，年代应在北宋中晚期，即11世纪后半期〔1〕。窟内西壁上部镌文殊变相，下部长平圆龛形，近南壁基坛主像处有地藏菩萨，右舒相坐，戴风帽，面部已风化，右手持锡杖，左手胸前托摩尼宝珠。身旁伏一金毛狮子，立有一弟子，疑为道明。其侧排列五位帝王形象者，皆冠冕旒，着宽袍大袖，双手拄笏板，脚踏小莲台。龛外有一天王。对称侧壁面上为普贤变相，下部龛中有地藏菩萨、五位王者。身姿、形态、服貌都相似对称。但地藏身旁侍两像，瘦胖幼老有别，当为闵公与道明。原报告仅列窟室尺度，而此两龛高宽应在50厘米×190厘米之内，是为小像。虽然其将十位王者分开，由两地藏分领，但并非孤例，敦煌壁绘早已有之，是适应窟室内多种题材，用甬顶与两壁而为之。而山西临猗塔宫绢画双地藏领十王及四川窟龛佛像并坐等则更富有特色。此处龛像中地藏胁侍才是独特之处。一地藏旁侍金毛狮子与道明，一地藏旁侍闵公与道明，而非统一设计为闵公、道明分列两边。很明显前者为早期组合，后者为晚期组合。此窟室中用此结合，恰为过渡形态的反映，而且是晚期组合出现时间较早之例，值得重视。

4. 宜川贺家沟

陕北石窟存有十数例，但多是规模较小者，为窟室中的配合题材之一，体现为观音及罗汉等。其形式也较简，尤较川渝石窟为简，刑讯场景较少是其特征。但也有对应经本较多的雕造，如石建刚所研究的延安宜川县贺家沟石窟，其地藏十王像之镌刻是陕北石窟中唯一具有刑讯场景者，为著名工匠介氏所凿造，故述于此。

该窟位于宜川县寿峰乡贺家沟村北，坐北面南，仅一窟，方形后壁佛坛式（图4.1-10），高200厘米，阔240厘米，深300厘米〔2〕。坛像无存，后壁主尊自在观音，左右壁下侧有天藏与地藏菩萨造像。而后壁佛坛的坛体之正面与左右壁下端，浮雕十王殿内容，细节较丰富，同时镌观音、文殊与普贤三大士。北宋崇宁三年（1104）题铭内署介氏工匠家族。其后壁另雕造有十六罗汉等内容。

此窟中十王像形式上依附于天藏与地藏为主的双菩萨像（图4.1-10B）〔3〕，仍是从属于地藏菩萨，这点没有疑问。布局在佛坛坛体正面与左右两壁的下端，实即后壁整体底部。石建刚在论文中将其分编为15号，分别描述，还说有左右两部等。其实此浮雕之西东两壁各有五位冥王，且西壁内有共在一处的业镜与业秤，可以视为阎罗王之所在。佛坛正面有奈河桥，可视为开头起首

〔1〕冉万里《陕西安塞新茂台石窟调查简报》，《文博》2003年第6期，第25—29页。其文认定此题材为“东西两壁下部各雕刻一尊地藏和五王，合起来应当是一组比较简单的地狱变”，显然不了解十王地藏本属中阴之渡，不必是地狱变。又称此双地藏各五王的形式罕见，列举了十数窟敦煌壁画及重庆大足等以证其说。实际上，敦煌第217号窟的早期地藏十王像就是双地藏各五王形式。此类形态多是适应于窟像环境而造设，不宜仅就其形态来论流变。

〔2〕石窟方位尺寸等据宜川县公布县级文物保护单位所列。

〔3〕据题记可知，此天藏与地藏是不同施主分别雕造，但并列一处。而明代水陆画多有天藏与地藏对称布列者，朝鲜半岛较晚的朝鲜王朝有“三藏像”，即由天藏菩萨、地藏菩萨与地持菩萨组成。有通度寺作品刊于李翎《韩国佛教绘画中的地藏图式》，《法音》2011年第6期，图版第25。

图 4.1-10

宜川贺家沟村北宋石窟后壁（采自李静杰《陕北宋金石窟佛教图像的类型与组合分析》）

图 4.1-10B

天藏与地藏菩萨（采自石建刚、杨军《延安宋金石窟地藏造像的考察与研究》）

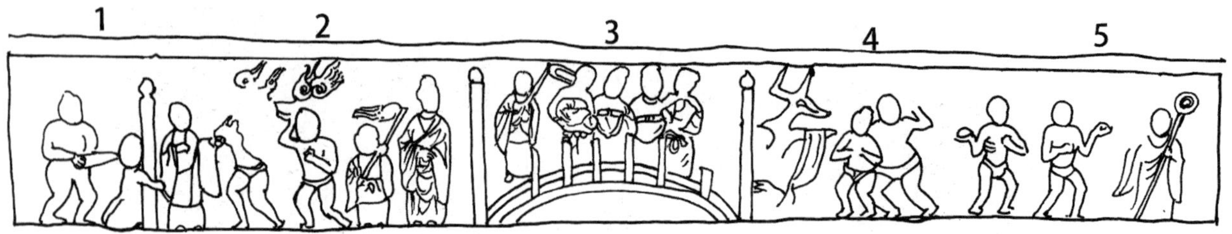

图 4.1-10C

坛台前部线图（采自石建刚、杨军《延安宋金石窟地藏造像的考察与研究》线图，编号改动，下同）

图 4.1-10D

龛像西壁诸像布位图

图 4.1-10E

龛像东壁诸像布位图

处。奈河桥上渡者既有导冥者带领善男信女，向着右端，证明西端内容为前五王，而东端自然是后五王。依此而述就清楚很多，不致先中间再左端而回右端。另外，描述中忽略善男信女，或因误以为十王处是地狱变，所以只说惩罚的恐怖情景。后世庙殿或是此情景，但《十王经》本是求功德的，必会镌画善男信女，甚至是代表施主的亲属，这才是造像设龛的目的。石文将人像等一概说为判官等，一冥王旁有五判官，何其多也，不符合原状。

佛坛上已无像，坛体之前部高 30 厘米，宽 205 厘米，所雕以奈河桥为主，前后有辅景配图（图 4.1-10C）。奈河桥位于中部，桥上有四位受引导的亡者，形象虽已模糊，但中间两人似捧经卷，外侧两人似抱物或佛像之类。《十王经》即言写此经与造像可助神识过中阴。此四人前有两持幡者，一在桥上，一在前，中有一僧回顾桥上，此人应为引路者而非“亡僧”。敦煌藏经洞壁画中曾出现引路菩萨，但这种情况持续时间不长。此处可称之为“导冥使者”，但若将前方一较低矮僧形者指为地藏则不妥。此人引一亡者，旁有举火者，再前则是被缚于铜柱者遭烙铁或被拔舌。桥后有牛头鬼卒与两亡魂，仅着三角裤而裸身体者均为罪魂；又有两亡魂与持锡杖者，后者可能为地藏或目连，也可能为僧。此处或是《十王经》图结束之处，也就是说其开首与结束均在坛台前方，此亦是合理的布局。另外，水陆图中奈河桥即处于全图之中部，此或为先导之例。

窟西壁端两层图像有五位冥王。接坛台处可作第一王处（原标为 9 号〔1〕，图 4.1-10D）。王者案上置有文房四宝，善恶童子在两边。左四人中有两人抱手合掌，明显是善男信女，桌边与坐地一人意态不明。桌右两戴长枷者与一小儿，其后有两狱卒〔2〕。第二王处两旁亦有多人形象，左似

〔1〕原图标为上第 9、10、11 号，下第 12、13、14、15 号，未涉王名序，仅为图号序。但此壁王者旁有业秤、业镜等图景，至少可确立为前五王所在。因改为第一、二、三王之号，下第四、五王之号。

〔2〕其浅浮雕表达前后关系受局限而有变化，将处后边者提高一些是很自然的手法，非一鬼卒“高高跃起”。

善者，右似受惩者。王者以手执笔抚案，桌有文卷，旁侍善恶双童子。桌左有两人，位置靠后者似判官，靠前者似小儿，正诉善行。其右外，一老者随小童，旁似善男信女夫妇。右边则是铁床或石床，旁为牛头执棒者，两卒跃于床上，床中似有多具人体。右上层顶端王者，仅有两边的善恶童子，桌旁似侍两判官而无他景，受惩场景或因刻处有限而设在下层，即碓磨与舂臼地狱。再内冥王旁有两童子，桌案置两卷宗。右或为一张臂狱卒，左为业镜与业秤。其镜缚于柱上，有跪者被押着看镜。又一身形稍小者执秤。此处约可比定为第五阎罗王处。下层最内一王可拟定为第四五官王，桌后侍两童子，右边一吏，中为两裸身亡者，其中一亡者被一卒刺喉。当然，第四王与第五王两者也可能换位为内第五王、外第四王。

窟东壁两层上者应为第六王，仍坐案后，旁侍两童子（原编 4 号[1]）。桌右两人颇似善男信女，前一人扬手，后一人或抱财物。而桌左三人物中一人或为判官，另二人观刀山，仍似善信。刀山上伏一人体，有牛头执棍行刑，其身后还有拄棒者及吏员等，这已在第七王之侧了。此与第八王处皆残泐模糊，桌上有文房四宝，旁侍善恶童子，或有位判官。下层内或第九王，桌案后侍两童、一判官，边有汤镬狱惩，下方燃火，牛头以叉在镬内搅动，还有一鬼卒持钉耙在侧。第十王处仍为案后侍两童一吏。旁有一铁轮（或象征轮回），旁有跪者，有僧人、长叉等模糊形象（图 4.1-10E）。

此十王序次虽仅是一种推断，但依规律而论，大略如表 4.1-1。另就善男信女而论，这类石窟或造像都是施主全家或在更大范围内集资请有名工匠而供之，所做必有利于自身与家族。因而其地藏十王图像内必有善男信女，表示其获福免除三恶道趣。后世的庙宇殿像为威慑普通大众，不做出善信也是常有的，我们不能以后世情况来看前人之事。

表 4.1-1　贺家沟窟十王布排简示

<table>
<tr><td>第三王、第二王、第一王</td><td rowspan="2">前惩引导奈河桥末图</td><td>第六王、第七王、第八王</td></tr>
<tr><td>第五王、第四王</td><td>第九王、第十王</td></tr>
</table>

（四）小结

陕西的情况稍显复杂。耀州神德寺塔所出文献透露出极其重要的原创信息，说明唐代京畿一带很有可能为此《十王经》原本所出之处。关于图像，一方面有唐末关中之凤翔邠州马步杜将军造十王堂、塑地藏十王像的明确记载，另一方面惜无直接的图像性信息。耀州神德寺塔出土绢画很难说可以归入此经图的范围内。长安城本身文化流变甚剧，可移动的唐五代文化古迹难存易毁，关中地区的雕塑绘作遗存本来就很少，多仅可见及于地藏与六道。所幸陕西北部的地藏十王窟龛造像存迹已有调查与整理，而且包括了只具地藏和胁侍的龛像，如延安清凉山北宋第 1 号窟、富县石泓寺金代第 2 号窟、榆林佳县北宋云岩寺第 4 号窟等[2]。原先曾被误认的十王龛像也

〔1〕原图两层标为上第 4、5、6 号，下第 7、8 号。此处实可推为上第六、七、八王，下第九、十王，故改之。

〔2〕延安清凉山第 1 号窟左屏壁外面，地藏菩萨为倚坐姿态，衣帽装束因风化已不明，手持宝珠、锡杖，胁侍道明与狮子。年代在熙宁九年至元祐元年（1076—1086），即北宋中后期。佳县云岩寺山北宋政和四年（1114）第 4 号窟前廊左壁站立披帽锡杖水月观自在。富县石泓寺第 2 号窟的金皇统元年至贞元二年（1141—1154）后壁左端倚坐披帽锡杖道明、狮子。子长钟山宋窟门旁龛与观音并坐。

得以辨明[1]。

李静杰曾分地藏菩萨四姿：半跏趺坐、结跏趺坐、倚坐与立像。石建刚则分地藏菩萨组合为二尊、三尊与天藏等，又专分地藏十王之排列组合为三类：组合一为一字排开，如清凉山石窟第1号窟与樊庄石窟第2号窟后壁，以及柳园石窟中心柱下排。组合二为上下构成，如子长县钟山石窟第10号窟前壁右侧龛，后壁左右各一龛，地藏与两胁侍，下方十王对称排布。分龛者如石寺河石窟第1号窟等。组合三为特殊者，如新茂台石窟与贺家沟石窟。新茂台石窟为两地藏各领五王，贺家沟石窟为分散排布，地藏位于后壁左，其下与左右分别有十王以及刑惩内容。还可进一步分出两类地藏十王组合：其与观音十六罗汉、其与涅槃经变。

地藏三尊及头顶冠饰等，是陕北石窟的一个突出现象。其中有胁侍一僧一俗之组合（多为年轻僧人与老年俗者），又有头戴冠帽之形态，前者含风帽地藏而后者仅见于钟山一窟中。李静杰径称双胁侍为闵公与道明，无详细说明，可能未意识到所含问题。石建刚虽较敏锐地认识到其中年代早晚，并联系韩国的地藏三尊组合，进而认为其有一脉相承的联系，将之全部归入金（乔觉）地藏与闵公、道明之组合，又将钟山石窟等具特征之像称为僧人金地藏之像。其说虽有合理的联系，但更多是牵强附会。首先，早在高丽佛画中就已出现了地藏三尊，朝鲜王朝继之，但朝鲜半岛的地藏三尊中从来就没有闵公与道明之组合，原因在于其根本就没有金地藏之像。其次，虽然来九华名地藏之僧出自新罗，但朝鲜佛教史中并没有金地藏的地位，如果出现闵公，反而不合情理与史实了。朝鲜画塑作品中早已出现的地藏三尊是无毒鬼王与道明尊者，这是韩国佛教与美术史学者的一致认识，也与图像相符[2]。由此可知，我们不应将韩国地藏三尊组合与中国金地藏组合系列强拉硬合。国内造像中延安石窟的地藏三尊像属出现得较早，其胁侍也较近似于闵公与道明形象，特别是钟山窟中出现的既非风帽也非露顶的冠帽式地藏像，如此细节，值得我们探讨。

陕北宋金石窟特别是延安宋窟中的地藏菩萨像的胁侍形态很有意思，呈现为两种形态并行而演变的状态。敦煌藏经洞壁画中地藏菩萨胁侍道明与金毛狮子十分普遍，在此也得到了延续，无论有无十王配合部分，均有此种形态存在。而胁侍老者与僧人的三尊像式，与上述样式同时存在并演变着。石建刚等人文章专门列地藏二尊与地藏三尊而陈述之，虽然分析不错，但似乎没有注意其间的联系与并存演变关系。从实际存例可知，侍从金毛狮子与胁侍老者、僧人的地藏像在诸龛窟是并存的，有些龛像中呈现了较丰富的并存现象。这说明新因素的出现与演变，正如风帽地藏与露顶地藏存在长期并存的现象，虽然前者依据民间的《还魂记》，而后者有经典依据，但前者还是占了上风。此地域的龛窟中两种胁侍的组合也有并存现象，这种转折变化在他处较少见。

如樊庄石窟第2号窟后壁坐姿地藏之胁侍，其右侧为狮子，左侧则立有一对立姿胁侍，似一

[1] 陕西黄陵万佛寺石窟之中，原曾将“涅槃经变”出棺说法内容组合的部分误为“十王经变”之图像，见张智《黄陵万佛寺、延安万佛洞石窟寺调查记》,《文物》1965年第5期。何利群《延安地区佛教石窟调查报告》(北京大学硕士论文，2001年）有辨正。

[2] 石建刚与杨军的论文将尹文汉《救度众生与执掌幽冥——韩国地藏菩萨图像学研究》(《世界宗教研究》2014年第2期）的叙述说成了尹文汉提出的论点，亦有些论著称韩国地藏图像有闵公、道明之说。

老（俗）一少僧，现已较难看清。两旁再展十王，皆是坐姿，各有椅背。而安塞新茂台窟室两侧壁分设两地藏，各领五王，其一胁侍狮子与道明，另一胁侍道明与长者，一并存在，说明其选择时的并顾。当然，樊庄石窟等具有军队背景，即西军及首都开封府军情，众多士兵的信仰也有力地渗入而产生影响。实际上，道明与狮子的形态不合于对称的法则，在艺术图像的发展过程中必然会产生变化。

但是在这类组合的三尊像中，胁侍是否为闵公与道明呢？尹文汉在其论文《救度众生与执掌幽冥——韩国地藏菩萨图像学研究》分析源出九华山之金地藏三尊像式于明代以后出现并流行。陕北石窟中此像年代早了很多，石建刚就此认为这是图像先于文献的事例。一般而言，金地藏是从九华山向外影响，其像式亦应如此（当然也不绝对，文物遗存有偶然性）。别的地方出现或留存金地藏亦有可能。况且钟山石窟确有戴冠而侍僧俗者，虽然典型龛像中两者皆具年老之貌。似乎此处保留下来了较早的图像，甚至是先于文献的图像。但是我们仍应就此持谨慎态度。尹文汉文分析并强调金地藏信仰是从明清才开始流行开来的。若此，就不太可能出现早于文献的图像。

再者，陕北石窟之中的地藏三尊与具冠地藏应区分开来，两者不是一回事。不能因为钟山石窟出现了戴毗卢帽（或称五佛冠）的地藏像，其旁胁侍着僧俗二身，就将陕北石窟中地藏三尊者称为金地藏。此像式地藏虽有四龛（两具十王），但都在一窟之中，因而仍有孤例之嫌。再细究起来，主尊所戴虽有近五佛冠处，但也有说是莲花冠者，如王媛学位论文《钟山石窟第 3 窟的图像构成与信仰内涵》径称“莲花冠”为“花冠”。也有文称两胁侍形象皆为老者，一僧一俗[1]。而高丽画中之典范如圆觉寺所藏者，其内道明与无毒鬼王亦皆老者。陕北石窟中更常见的风帽式地藏侍僧俗者或许更有意义，且其出现地域不止于陕西北部，形态也不止于窟像，北宋木龛像中就有此僧俗胁侍形象（详后），而五台山南禅寺壁画仅存一僧胁侍可比定为道明，但对称处应有俗者或某形象（此画有修，仅可作参考）。所以，北宋出现僧俗、胁侍、地藏三尊，已有普遍性而非仅限于陕北，但其主尊不可能属金地藏，似金地藏者亦仅为偶见。如此则其老者应非闵公。由此可见，地藏菩萨、胁侍双像呈僧俗者，与高丽佛画地藏三尊年代大略相当，彼地可比定为无毒鬼王与道明，而此地虽暂时不能确定身份，但可知闵公与道明侍金地藏的组合，应是延续此样式而后出的。

至于陕北石窟地藏十王与观音罗汉、涅槃景象之组合，可能是窟室安排的特点，或是多种信仰并存的结果。其中贺家沟石窟题铭云“观音文殊普贤与地藏十王同造”，组合与信仰之反映由此可见一斑。但从地藏十王系统发展演进来看，这并没有实际意义。

总之，陕西地藏十王经像呈现了相当的复杂性。陕西耀州一带晚唐经本无可置疑具有原创性，其绘画图像因素却较难寻觅，但因文物遗存的偶然性，我们也不能断然排除其可能，何况附近凤翔一带于晚唐时就塑造过地藏十王堂像。目前四川与甘肃敦煌都有早至晚唐的图像存在，图文互证，可认定所谓藏川述经而插图的状况并不完全成立。虽然经本方面仅有具赞《佛说十王经》含插图与藏川署名，但现知摩崖石刻与壁画

〔1〕见何利群《延安地区佛教石窟调查报告》（北京大学硕士论文，2001 年）等。

中皆有与无赞《阎罗王经》《阎罗王授记经》联系者。至少是具图本《十王经》与联系《阎罗王经》《阎罗王授记经》的图像有并存阶段。现在我们可推测出藏川只是将已出现的十王图像加入了经本，助经像法事，对十王信仰的流行起到了推动作用，而且很可能"藏川"也只是托名而已。但陕西北部延安北宋石窟为主的地藏十王图像，确实对原知较少的陕西等地区地藏十王图像流行情况增添了重要证据。陕西北部北宋石窟之开凿与宋夏战事有着极为密切的关系，其地藏十王图像构成多为较简的布列（尽管有分一两层等稍含变化之处）。仅一处石窟（贺家沟）含有刑讯场合，也有善男信女的形象，并非不少人所认定的地狱图景。但此处十王图中，依然有可琢磨之处。因贺家沟石窟十王刑讯部分在坛台前部与两侧壁下部，坛台上现无像设，天藏菩萨与地藏菩萨并胁侍处东壁后部一龛，后壁满布为观音、文殊、普贤三大士。题记是天藏菩萨一则，三大士与地藏十王一则，且具北宋纪年。天藏菩萨与地藏菩萨在明清水陆画中多为对称或同时出现，而十王图等以奈河桥为中心部位也见于稍晚后的水陆图中，如榆林悬空寺万佛洞内的明代壁画等〔1〕。这些呈现出了后世流行的因素、水陆图中多见者，或因此时的十王图像已用于法事仪式而渗入了一些变化。

三、河南

（一）写经造像

日本学者塚本善隆有长文《引路菩薩信仰と地藏十王信仰》讨论其间的民间信仰问题。作者据一拓本，即五代后唐明宗长兴三年（932）二月时，洛阳福善坊张思柔妻田氏为先祖亡灵所建一墓幢——镌有大悲咒与佛顶尊胜陀罗尼之经幢，竖于家族墓地〔2〕。题铭中载有其造幢时所作的佛事——写经、造像并斋僧。写经中有《阎罗王经》〔3〕，造像有地藏菩萨与引路菩萨。录文为：

> 若书镌于宝幢之上，成在舍利塔前，施礼影佛者，罪灭福增。呪土沾身者、生天寿乐、今者思柔信心坚固，守□专精。先有愿特舍诸珍爱，选荆山之玉石、召取名士镌书，立在坟边。所愿者先亡者决定生天，见存者永处□□。久违亲姻，归依法祐，特于金石之记。
>
> 长兴三年二月二十二日建立。
>
> 写观音经一卷、法华经一卷、金光明经一部，地藏本愿经一部，金刚经一卷，药师经一卷，阎罗王经一卷。立幢子日斋僧一七。地藏菩萨一躯、引路菩萨一躯、先祖张武……河南县平乐乡朱阳村买百姓郑德蒙地作茔一所。

我们此前已经探讨过《十王经》系之中的《阎罗王经》的情况，而此处像铭更是从另一个侧面证明了它的流行。虽然《阎罗王经》是其早期经本，但延续使用至公元10世纪中期也是很正常的。

〔1〕齐庆媛《榆林悬空寺万佛洞明代壁画地藏十王地狱变相考察》，《故宫博物院院刊》2016年第5期。

〔2〕［日］塚本善隆《引路菩薩信仰と地藏十王信仰》（《塚本善隆著作集第七卷·净土宗史·美术篇》）用此拓本时未注明出处，应是私人收藏，或是京都大学人文科学研究所藏。其文未见著录。刘淑芬《灭罪与度亡——佛顶尊胜陀罗尼经幢之研究》（上海古籍出版社，2008年，第167页）一书也有引用阐发。

〔3〕此经应属《十王经》。刘淑芬注为"当为《十王经》"，但依现在更精确的看法，或可与早期《阎罗王经》本对应。

（二）十王像柱

河南省巩义市大力山石窟有五代雕造十大冥王造像柱，分为两通（图 4.1-11），每通各刻有五冥王之像，原碑柱间有无配合之地藏菩萨像设已难确知。像柱原藏于巩义市文物保管所，现归河南博物院。第一通柱高 171 厘米，第二通柱高 173 厘米，均为平顶竖条形。两碑柱都有上下五层龛，龛形为帷帐，细部稍有别。每龛两侧外边

图 4.1-11
河南博物院藏十王像双柱（笔者摄，下同）

图 4.1-11B
双柱第一王龛像

图 4.1-11C
双柱第二王龛像

图 4.1-11D
双柱第三王龛像

图 4.1-11E
双柱第四王龛像

铭刻诸王名称次序与施主姓名等等。第一碑由下向上凿出秦广王、初江王、宋帝王、五官王、阎罗王五冥王，均坐于龛内，身前有桌案，身后有人执扇。诸王皆为文官服饰，戴进贤冠，穿圆领袍服，设胁侍四人。起首龛上方屋檐形下垂幕，龛沿的铭文因石面剥脱而无存，诸像表面亦有些风化残泐。秦广王左手抚案（图 4.1-11B），桌外官吏幞头软翅，手中执卷展垂至地，卷面若有字迹，十分生动。其上方龛帷幕若弯月而曲（图 4.1-11C）。铭文右仅存“二”字，左只存“施”字。初[1]江王戴冠，着袍服，交领系于胸前而两垂，双手置于胸前而右手握笔管，桌面有似砚物。右侍官员似正言说，或束髻抱卷，后童亦抱扇。第三龛外沿铭文仍依稀可辨“三宋”二字，而另侧铭有“施主刘氏与……”（图 4.1-11D）。宋帝王戴高冠，交领垂于腰带之下，右手执笔抚案，左手抬起。桌右童子端捧一卷，桌左长须老年吏员捧卷，低身呈报，情状生动，幞头软翅垂肩，着袍服，系腰带。后面侍者持扇童子掌卷。

第四龛铭文完整，右外沿为“第四五官王壹尊”，对称处铭“施主吕温为母造”（图 4.1-11E）。龛中主像五官王冠有“王”字，表情生动自然，着交领袍服，系腰带，束结两垂，右手提笔置于

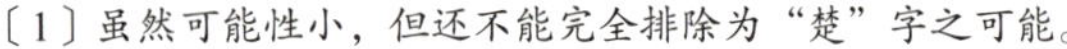

〔1〕虽然可能性小，但还不能完全排除为“楚”字之可能。

图 4.1-11F
双柱第五王龛像

图 4.1-11G
双柱第六王龛像

图 4.1-11H
双柱第七王龛像

胸前，左手抚案，桌上有卷宗。桌旁侍有戴垂翅帽留三绺胡须与束髻者持抱卷宗。后两侍官一持护扇，一抱卷。第五龛垂帷多曲，铭文亦全，右沿为“第五阎罗王壹尊”，对称处铭“施主潘约妻末氏同造”（图 4.1-11F）。龛中阎罗王进贤冠上有“王”字，双手持笏板置于胸前，似趺坐，若佛菩萨姿势，唯台座近同桌案。前亦吏童持抱卷宗，手势与牵袖处较生动。后侍执扇持卷者同前。第二通柱冥王与施主姓名俱存，系从上向下排列，为变成、太山、平正、都市、转轮五王。其铭刻亦是外侧铭施主，内侧铭诸王名，左右布列与上柱相反。第六龛外铭“第六变成王壹尊”，内铭“韩章妻周氏造”（图 4.1-11G）。其龛顶密檐，下结帷帐，变成王冠亦有“王”字。王前视，手中执笔，笔端显于桌前沿，另一只手抚膝。除两执扇侍者、抱卷吏员外，龛内又增一抱卷童子。第七龛铭刻分别为“第七太山王壹尊”和“施主李晖妻刘氏同造”（图 4.1-11H）。龛上

图 4.1-11I
双柱第八王龛像

图 4.1-11J
双柱第九王龛像

图 4.1-11K
双柱第十王龛像

双层檐并结帷。太山王冠有“王”字，袍服结带，右手虽断但桌上砚台与纸面俱存。随侍四身同前，但前侧吏者抱卷弯腰呈报，很是生动。第八龛铭刻“第八平正王壹尊”和“施主卢琦男同造壹尊”（图 4.1-11I）。龛上幕布交错而结，平正王双手置于胸前，右手握笔，左手拿卷宗。四侍者前身面残。第九龛铭为“第九都市王壹尊”和“施主游景妻杨氏造”（图 4.1-11J）。其帷幕数层有联珠纹。都市王交领掩于束带内，左手抚桌，右手虽断但有砚（或印台）存焉。侍者同前，但后侍童展垂卷宗且显出横格。第十龛铭刻“第十五道转轮王壹尊”和“施主李敬丰妻阴氏同造”[1]（图 4.1-11K）。五道转轮王戴头盔，双肩披甲，笑容可掬。由于此龛采用较高视点，所以

〔1〕下划线字为补入，原残泐。

将王者趺坐而前为几案表达无遗。虽然其抚案之左臂显得过长，右手却仍执笔置于胸前，桌上有清晰的砚台与镇纸。其侍者有些部位残泐，后无执扇者而代之以鬼卒，怒发圆目，扬手而执狼牙棒。其实，这些冥王多无威怒之容，颇平和且显年轻，也无刑讯图景，全碑之像造型稚拙而富于生趣。四身胁侍基本上是两童子，加上持扇者与文吏，但童子、吏员常有难分明之处。服装上王者的交领袍服与吏员的长翅垂软幞头较突为出，阎罗王坐姿亦有别于众王。题记则为欧体，字体清秀成熟。名序中第八“平正王”而非“平等王”也值得注意。再由两柱十王之排列来看，是顺时针方向由下而上再从上而下，且是由左而右。地藏菩萨是在信仰与图像演进中步步加入的，如果原先双柱间确无地藏，那么这可视为十王体系向地藏信仰发展之中的一环。

（三）方城摩崖

河南省南阳市方城县有香山（原有香山寺，现俗称佛沟）摩崖造像（图 4.1-12），其中有地藏十王题材，这在河南地区实属少见，可与上述十王像柱配合。虽然已有不少学者曾有过调查，断其年代在北魏至唐，甚至联系更早的事迹[1]。但实际仅可断其为晚唐五代至北宋甚至更晚之作。其处于中原与南方之间的地理位置则更值得注意。

此摩崖造像主要分布于南北两块巨石之上，共有 32 龛 138 尊像，像设规模不大，依石面形状分布。镌有地藏十王之龛像主要布置于其南石之东面，这组龛像最上方被称为“比丘形佛像”者，实为地藏菩萨，造型为趺坐莲花座之上的沙门型地藏，手中似持有宝珠。两旁再凿出小龛，分别雕出弟子僧人形象。其左弟子像下有一组三尊像，属十冥王。此诸龛之下有两个横排，每排内安排三组冥王像，每组冥王亦是三尊，由桌案、冥王、两侍从组成。诸王皆如帝王装束。侍从应是善恶童子与吏员，数人呈弯腰抱状。最下部有一低矮层，虽无冥王却有一似推磨或推椎杵，另一似汤镬等场景。此块石面仅七冥王，而北石西面上层还有一层，雕出三冥王像（图 4.1-12B），风化较重，未易识出。全部雕刻因石质较粗若砂岩或花岗岩，没有精细打磨的细部处理。

此处摩崖像设曾被推断为北魏至唐作品，甚至因联系张骞封博望侯处（在方城）而牵强附会于佛教初传。其说不确，已有数文辨正之。现已判明诸像题材与时代，应在五代至北宋，主要有华严三圣（卢舍那佛与文殊、普贤菩萨）与十六罗汉、呈十二臂的千手观音像等。造像特征相似，应为同批工匠凿刻。地藏像较为简略，十王明显具冥王特征，可定为地藏十王像式，较上述双柱像更晚。从传播角度而言，现知十王图像在川陕出现较早，四川雕刻精细，且与敦煌经图细节近似。敦煌窟像在晚唐时已出现。距此最近为河南巩义石窟所存可移动的双柱十王，山西与河南存数虽少，但也证明十王图像并非仅见于四川与甘肃敦煌。相对来说，秦晋等地地藏十王像存世较少，方城所属南阳位于秦岭以南、淮河以北，是我国南北方交接处，此处摩崖为研究十王像增加了新资料。

---

〔1〕调查河南方城摩崖的起因是张骞拜博望侯处在此县，有些从事中外交通研究的学者（并非石窟美术史方面专家）见此石刻后认为其或为汉代遗迹，引起有关方面重视，曾请温玉成、李崇峰等专家考察，确认为晚期造像。另有孙晓岗《河南方城香山摩崖石刻内容及时代考》，《美术学刊》2011 年第 7 期，第 44—45 页；王景荃、杨扬《中原佛教南传之路的重要遗存——方城佛沟造像的再考察》，“2009 年中国重庆大足石刻国际学术研讨会暨大足石刻列入《世界遗产名录》十周年纪念会”会议论文，2009 年；王景荃《方城佛沟摩崖造像调查与研究》，《中原文物》2009 年第 1 期，第 66—72 页。

图 4.1-12
河南方城佛沟摩崖造像（采自王景荃《方城佛沟摩崖造像调查与研究》，下同）

图 4.1-12B
佛沟西崖另侧三王局部

四、川蜀

（一）主尊并坐

四川现有三处龛像之形制具有早期特征，即阎罗王与地藏菩萨并坐于龛中为主尊之像。上文已述及绵阳北山院与安岳香坛寺。另一处遂宁金马寺残泐严重，虽曾被认为亦属阎罗王与地藏并坐，但现辨认为阿弥陀佛与地藏共统领十王。此虽属孤例，但与上述山西临猗绢画之弥陀统领双地藏、十王仍有相通处。即使有些差别，此三者仍有一定的共性，与地藏统领十王的大批量作品有别。另从地理位置看，三处也相当接近，时代亦相去不远，具体龛制像设各有特色。

1. 绵阳北山院

关于绵阳北山院摩崖龛像，前文已经有过介绍，因其铭刻之重要，此处配合另两龛像而述之。全龛雕饰华美细丽且经过彩画，现仍存有诸王及仆从衣饰的青绿及案前之丹红等色。

图 4.1-13
四川绵阳北山院十王龛内主龛格地藏与阎罗王并坐像（笔者摄，下同）

绵阳北山院此龛整体已在第三章第三节有述（见图 3.3-3），横分六龛格之中上即为主要的地藏菩萨与阎罗王，两者均有华盖在顶（图 4.1-13），侍从众多。其铭“敬造地藏菩萨一座”与“五七阎罗王”分于两边。地藏菩萨光头露顶，大圆项光在后，镶涂红色边，垂两足径坐莲座，右手护在胸前，左手放膝上压着内衣垂带。两供养菩萨侍侧，戴宝冠，佩项圈。内侧胁侍菩萨双手抱持花枝，上有绽开的小花。外侧胁侍右手置于胸前，伸出食、中两指，左手则托莲花苞于腹前。地藏慈眉善目，惜有残泐。旁之阎罗王却满面髯须，双手合十，坐于案后，至少有六人胁侍，尽显大王威风。身旁两童子持卷、抱镜，镜钮朝前垂下瓔穗，应为业镜。身后二武将分别拄剑举斧侍立，另两人撑扇立外缘。前叙经图之中地藏多有与阎罗王并坐者，如 P.2870 号、S.3961 号及董文员绘卷等（图 4.1-13B）。

图 4.1-13B
英藏 S.3961 号经图中阎罗王与地藏并坐景

图 4.1-13C
主龛格下方五道转轮王像

图 4.1-13D
侧下方轮回图景

主龛格之右上为一七秦广王与四七五官王，右下为二七宋帝王与三七初江王，恰成 U 形回环。上格桌案前有善信与审罚，也有乘云的小佛像。下格两桌案前则属五道转轮王之轮回图景。其龛侧又有上下层供养者等，轮回天界有云气转联于供养者处。此四王者或捧笏或抚案，面容多似中年，善恶童子多抱卷在旁，仅有一持扇者。龛边格遭水渺而无色泽。六七变成王两手交握于案上，案前戴枷者坐地，双手反缚于柱，其对立者或为狱卒。旁之七七太山王因侧上方崩残，题铭不存。太山王举板抵髯，神情庄重。两王所侍善恶童子，或平举，或抱捧文簿案卷。案前应侍立善男信女等，但身面多损，中有乘云而下、立莲台持枝盂的观音小像。下方龛格残渺更重，百日平等王双手笼袖分压案上，面容及胁侍已无痕迹。一年都市王及右侍童子面容虽毁，但持笏与抱卷之手仍清晰可辨。中下格为三年五道转轮王，题铭无存，王戎装戴盔而披两铛甲踞案中，两手抚案，袍袖扬起，审断神情跃然，两侧侍众数达十四（图 4.1-13C）。王案旁有童子抱卷与文吏曲身奏报，右边两狱卒押跪伏低头者，左边一戴枷者亦被二人押。后排共六人，多执武器，有戴冠或幞帽者，抱弓箭及持牙棒。

三年五道转轮王下沿稍损，回转到右方龛格下，几个戴枷罪者与发如芒刺的鬼卒，一望而知其是表达恶道等（图 4.1-13D）。但细察其云头横亘，上下鲜明有别，虽非清晰轮回诸道，也具五道六趣之意蕴。由龛最下角飘起之云，上四人可分两组，两位结跏坐之男女有高发髻束带，女者双手笼袖胸前，男者左手当胸，右臂弯曲，手上又出云至供养人处。旁二人体型小些，着幞头，似对谈，一侧身跪，双手当胸，旁者胡跪而回首。对照经图及同题雕刻，我们可定其为天道与人道。其内侧图颇有意趣，戴长枷者前躬，手接一钵，施者着袍服而立，两臂前伸，左手递出。此类图多有出现，即目连饷母以食。但此施者仿如上雕之童子，两耳侧结发髻，明显不是目连，所以此处母题可比定为施食之"饿鬼道"。云朵下有四扛枷与二鬼卒，云头起处一愁眉长须者被鬼卒压颈枷，中间两戴枷者短髭怒目或苦脸求告，又一鬼卒双手持粗棨作前刺状，前戴圆枷者面露恐惧，其身旁一物像是蛇。两鬼卒怒发四散，如焰如芒，刺眼醒目。英藏 S.3961 号经图有此形鬼卒，只是所画发刺较细〔1〕。此图组虽缺修罗，少畜生道，但仍具有基本元素，可比定为五趣六道图景。又其天道出云转向侧壁供养人处，虽仅余纹路，但也可证之于敦煌画。这进而体现出了供养者需求〔2〕。

学界对绵阳北山院十王龛像的时代，还有一些不同的观点。有些论文支持晚唐之说，也有将其推后者。笔者认为其重要且时代较早，主要是根据其龛像构成与铭文都反映出了明显的早期特征，即所谓内证。当然，早期因素可以含于后代作品之中，所以笔者并不坚持由此内证便推出龛像必然为早。实际上，目前研究的最大困难就是文物不可能依其发展序列存留，所以对其进行甄别十分重要。而不同学科的侧重并不相同，考古学侧重类型，美术史侧重风格及样式等，宗教学侧重信仰发展等。在实际运用中，三者往往要结合起来，还要注意尺度细节与整体布局关系等。佛教艺术根本所出是佛教，其艺术品是适应古代社会民众宗教生活所需而产生的。所以宗教方面的内证是首位的，然后再加以文物方面种种证据，才能使结论周全〔3〕。

对绵阳北山院，我们就应从其摩崖龛像刻经，包括两处分布及细节的题材与年代综合考虑，而非仅就一两个龛像的年代推定。绵阳北山院原有寺庙所在的魏城郡自西魏至元代为魏城县治，是金牛道上由陕入川的重要地点。龛群始于乾符四年（877）造弥勒大佛，其题记尚存，第5号龛有乾符五年（878）题记，第6号龛摩利支天像侧上沿存乾符六年（879）题记：

> 建置北山院……隽凿一石龛/心同□□十念往生僧/成就□有布施文麻〔4〕主凿/乾符六年十二月十四□〔5〕。（图4.1-14）

〔1〕笔者在伦敦英国国家图书馆目阅 S.3961 号时，注意到此卷中数鬼卒有头发外刺的特点。

〔2〕以云气展向供养人下方，以示福佑之意。于春、王婷《绵阳龛窟——四川绵阳古代造像调查研究报告集》（文物出版社，2010年）所列此龛内诸格序号与其布列规律相违，六格依次上下，因而看读起来十分别扭。又，此著将原县文管所刘佳丽编为第9号的地藏十王龛改为第10号，同样不便。且此专集内对此十王龛像的判定自相矛盾，考古论述说为宋代风格，专题论文又定为晚唐。

〔3〕如果缺少内证，只从某种方法出发，我们的研究或会失之千里。譬如广元千佛岩（通江也有一处）地藏两手出云气各乘五小佛形象。有文认为是地藏十王，或说是早期形态。若从类型发展推之或有可能。但从地藏十王产生发展情况，即十王先立，地藏后入，可知其绝无可能，必为其他题材。

〔4〕此字疑为"麻"。

〔5〕《绵阳龛窟——四川绵阳古代造像调查研究报告集》第96页将"苦趣"误录为"古赵"。其图版六四"魏城北山院摩崖造像题记二"上就有清楚的字迹，读者可辨。第6号龛主像为三头六臂，前有头顶猪头与象头冠的胁侍，应为摩利支天的战神形象。但此题记中有"阿弥陀佛"等，或为第5号龛像题记。此龛在摩利支天相关研究中或尚未得到注意。

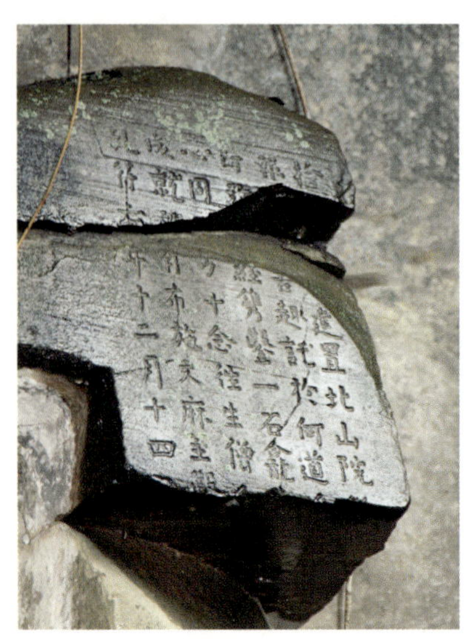

图 4.1-14
绵阳北山院第 6 号龛像题记（笔者摄）

此十王龛右上沿有大字题（字径约 14 厘米）：

> 九百起 / 十乙 / 志新超 / 郡人文鼎

此龛之旁僧伽等圣僧龛沿上有题记署“中和元年”（881），高 39 厘米，宽 13 厘米，文中有：

> 不幸遇……成就愿平善达 /……讫斋表庆毕中和元年十……

按“乾符”年号至六年止，其后“广明”仅一年，随即改“中和”年号。以此数龛与题记位置对照，地藏十王龛像凿造于乾符六年至中和元年间（879—881），即公元 9 世纪后期。如若无误，此龛当为现知地藏十王龛中最早者。现有文将此龛年代推后，据龛侧有些打破痕迹及龛内服装特色等，判定其在 10 世纪末，如江滔、张雪芬之文等[1]。江滔、张雪芬说此龛之中人物服饰年代偏后或有些道理，但说其右上打破题记与左上角崖岩崩损则可存疑。文章说左上崩痕是在开龛之前，但又说其左侧上角崩坏处，侍女造像高出崖面，并有修磨痕迹。笔者认为此像高于崖面有不同可能，更因其设计框格诸像皆有题名，所以原此龛边亦应题名。如若崖面先坏则题记可另设计，不必就此半整缺。而龛右上角大字题记初看似若有打破，但细看其署名至龛上截止，实际并未打破。此旁圣僧龛之龛沿边，即中和元年（881）题记所在。尽管其中和纪年或非造像五年记，但其北端近 4 米宽之壁面并未修平即刻铭。《金刚般若波罗蜜经》与《加句灵验佛顶尊胜陀罗尼经》两经，原报道误为一《金刚经》校验本（《绵阳龛窟——四川绵阳古代造像调查研究报告集》虽录出“□大师译”与“文炅书”，但经名仍不准，且有自撰[2]。笔者于 2004 年去现场查看，依据数处重要字迹而定为“加句灵验本”《尊胜陀罗尼》[3]）。

另外，绵阳北山院摩崖经像有两处，主要遗存之后数十米还有遗存，即俗称“金柜子”的石块处有千佛龛像及题铭等。上述考古报告虽有收录，但仍不完备，题记录文有错漏。笔者根据近

[1] 如江滔、张雪芬《9—13 世纪四川地藏十王造像研究》（《成都考古研究》，2016 年）认为 10 世纪或 11 世纪初开凿。该文所引雷玉华《巴中石窟研究》（民族出版社，2011 年）也认为此龛是宋代开凿。

[2]《绵阳龛窟——四川绵阳古代造像调查研究报告集》录文第 111 页竟写出《般若金刚波罗蜜心经》即佛经目录中没有之经名。所铭确为三十二分的《金刚经》与《佛顶尊胜陀罗尼》中“加句灵验”经本。北山院调查中提及《联灯会要》有“抚州白杨仙林禅寺法顺禅师，绵州魏城有文氏子”与题记中两文氏之间是否存在关系，值得探讨。此江西白杨寺法顺禅师为禅宗杨岐派僧人，生于北宋熙宁九年（1076），应是绵阳魏城文氏家族人。其事可参见徐文明《杨岐派史》第六章第四节“白杨法顺一系”（中国社会科学出版社，2018 年，第 228 页起）。

[3] 如“佛顶尊胜陀罗尼……灵验……大师译”等及武彻序记中灵验事，甚至所含“成都府右”等字样。唐代武彻序记此咒中，含有多则灵验事，如开元十五年（727）、长庆元年（821）与元和十四年（819），还说僧慧琳尼在整理藏经时从成都府右经藏中得感验传事说。《大正藏》第 19 册，第 974C 号《加句灵验佛顶尊胜陀罗经》有此本。

图 4.1-15
北山院第 16、17 号龛处（王敏庆摄影供图，下同）

摄照片（图 4.1-15），知其第 16 号龛千佛旁多有施主名，如“五娘造”等。第 17 号龛未完成龛小佛像与四菩萨像之间题记（图 4.1-15B）：

人刘十九娘为亡考妣各造观音菩萨一身、亡男一身

为郎君三歧八月廿二日生造千佛一躯永为供养 阿妳造一身并施瓦钱一百文 弟子杨琚施钱二百文造千佛两身

杨绶造女廿五娘造 刘□□为病施钱二百文造千佛五身

可知有为亡父母（考妣）造观音像，而且有唐代所流行的大排行之称[1]。

金柜子造像处为千佛形式，细看小佛像旁也有题名（图 4.1-15C）。

从实际遗存造像和题记来看，乾符六年（879）建北山院记有“阿弥陀佛与十念往生”与“文厤［厤］”题名。而十王龛上方大字署有“郡人文鼎”，《加句灵验咒》书者为“文炅”。而“金柜子”处也有为亡父母造像题记，其千佛处也有施主名等。以上种种，都可证明该处像、经的一致性。所以，其开凿于唐代之说应无大差错。若无视这一事实而将其中一二龛的年代推后百年，这实在难以令人信服。

此龛像服饰有浓厚的唐代特色。冥王身着交领衫下袍，与敦煌莫高窟第 220 号窟《维摩经变》下方唐代帝王朝官服饰同，阎罗王大袖多一道花饰，所戴之冠为进贤或进德。身旁善恶童子发式可见于西安韩森寨唐墓壁画，包括两层下裙衣装，敦煌莫高窟第 130 号窟壁画近似之，唐墓陶俑中也有[2]。而龛侧上方供养人着软幞头，应更近现实。

［1］唐代及后流行“行第”称谓，即大家庭内堂兄弟姐妹等排行之称呼，如十九娘、廿五娘等。唐诗中“董大”“元二”等皆是。

［2］周锡保《中国古代服饰史》，中国戏剧出版社，1984 年，第 226、227、229 页，线图第 23、29、35。

图 4.1-15B
第 17 号龛处诸眷属题记

图 4.1-15C
金柜子造像局部

前述题记的年份“中和元年”，正是唐僖宗出逃入川之时（数年后返）。金牛道上这些颇为突出的佛像，与之或不无关联。目前就此龛年代有晚唐与宋代两种意见，见于罗春晓与江滔等文[1]。笔者进一步观察龛像关系与刻经（《加句灵验咒》与《金刚经》灵验事皆有冥司追福等，唐时盛传[2]），仍从晚唐之说。据此龛像的内证（王名称序、并坐样式等），即使年代略晚，也不会影响其价值。但是，如果晚至宋代，这种早期特征就不会存在了[3]。

[1] 罗春晓文见《绵阳龛窟——四川绵阳古代造像调查研究集》（第 234—238 页）；江滔、张雪芬《9—13 世纪四川地藏十王造像研究》；雷玉华《巴中石窟研究》。

[2] 此经在序记中说此为金刚智传译本，较最流行的佛陀波利译《佛顶尊胜陀罗尼经》多九句九十六字。笔者当时查录石刻经文，与此相符无误。

[3] 另有陈佩姣（释见徽）硕士论文与尹富博士论文，均属四川大学而分属考古与文献专业，但两者仅罗列一些别人的成果，实属遗憾。

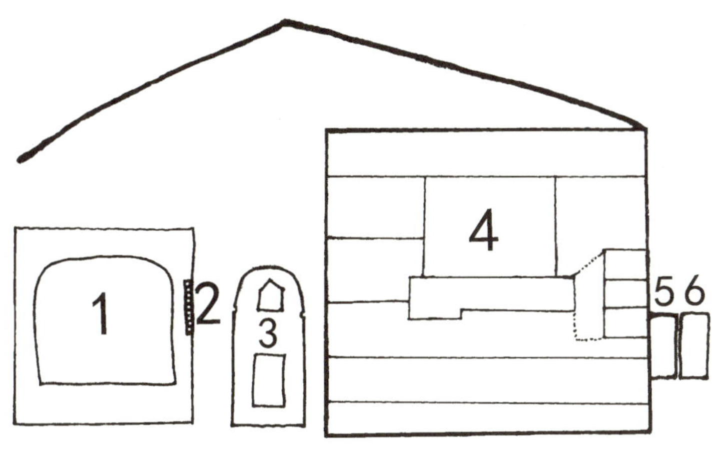

图 4.1-16
四川安岳香坛寺龛像分布线图（笔者摄影并绘图，下同）

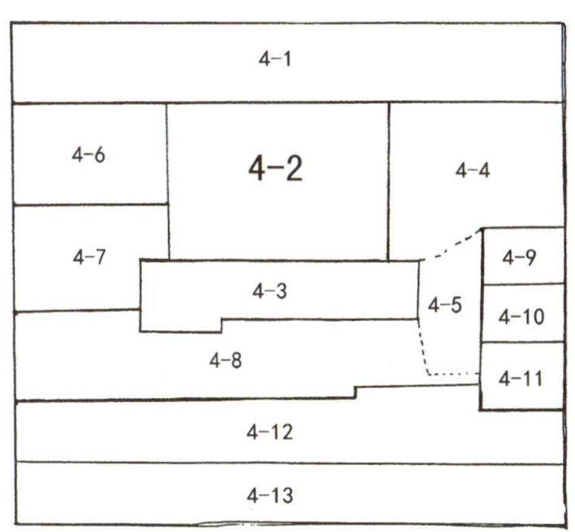

图 4.1-16B
香坛寺第 4 号地藏十王像龛格

图 4.1-16C
香坛寺第 4 号地藏十王全龛

2. **安岳香坛寺**

安岳香坛寺龛像亦为地藏、阎罗王并坐之图式，但构成更为复杂。一块巨石上有两主龛：一为地藏菩萨像，一为地藏十王大龛。此龛像由笔者等首次撰文刊布[1]，兹介绍如下。

香坛寺石刻位于安岳县石鼓乡里双渠村，共编六号，有五十九尊像，主要是地藏与地藏十王像，且均镌在一块巨石之北侧上部（图 4.1-16）。此石坐落在双渠村北一坡地上，长 11.5 米，最宽处约 6 米，高约 5 米，南端较尖，北面较平。原石位较平整，2008 年汶川大地震使其略有倾斜。全龛上方人字形沟槽及榫孔，为古时引流防雨龛檐。今岩旁木构屋殿为 2000 年村民集资所建。

东端起第 1 号，外龛高 135 厘米，宽 145 厘米，深 20 厘米。主尊地藏头面有残，项有圆光，右手锡杖，左手宝珠，半跏趺坐方形台座，身面

〔1〕张总、傅成金、廖顺勇《四川安岳香坛寺地藏十王龛像》，《美成在久》2015 年第 6 期，第 42—49 页。

略内斜，与座前一跪者呼应。有数处题记，依稀可读出“女弟子”数字。

第4号全龛方形，高164厘米，宽174厘米，构成别致，分多格布列，现依内格介绍（图4.1-16B、16C）：最上横格为第4-1号格，一排共八身坐像，前设桌案，双手抚之，应为冥府八王。其头顶初看颇似肉髻，但细节显出冠巾的特点。除东端两位为交领窄袖外，余六位之衣袖都向上扬起，与上述雕刻及敦煌经图相似。

第4-2号主格龛雕地藏菩萨与阎罗王对坐，高110厘米，宽115厘米（图4.1-16D）。地藏像与第1号龛基本相似，但未持宝珠，双手持锡杖，衣褶平行，风帽披肩，胸前项圈模糊，半跏趺姿左腿盘绕，右腿垂下莲台，大袍垂铺台面。座前施主胡跪，手中持物搭至台座。对坐的阎罗王方座较高，使其较小的身形与地藏对称。阎罗王面容已不清，戴高冠，着大袖袍服，双手抱于胸前。两像华盖在上，联为一体。其下第4-3号格东端业秤旁有一僧一童，中段有三香炉，西端镌业镜，外端一人裸身跪缚于柱，应为业镜中犯杀罪而受惩者。

第4-4号格内为第十转轮王，头部有风化，右手悬于桌上，似执笔或兵器，左手抚案。身后立两人，似僧吏，右面圮坏较多。第4-5号格界限较虚，似三分。上方似有多臂阿修罗，又有入于转轮王案下处，因此可推定为六道轮回。最下有人被倒入三足汤镬，旁立发如火焰之鬼卒。第4-6号格案后坐一判官，其下与第4-7号格同，左边框似立一侍。第4-8号格亦有一判官。第4-9号格内有台，共镌七人，一戴短枷者登之，后随两女。最上一狱卒手握台下长枷，旁有一坐者双手扶枷，其上有牛头狱卒。第4-10号格内东边桌案两层，上层案后坐圆领袍服判官，戴直翅不明显的乌纱帽，双手抚案，旁有童子、狱卒。其下层仍为案后判官，帽翅浅刻，童子合手立于旁。又有短衣狱卒手持大棒，似有两吏押跪者。第4-11号格东边案后者戴直翅官帽，两手合抱。一抱卷宗者帽翅清晰，一戴枷者坐地，两卒看押。其西两人前行；又有一对善男信女，皆对一僧，捧经像而前行。又有铁床地狱，躯体在上，狱卒施刑，剖腹掏心。第4-12号格西端似有一人或饿鬼，内侧鬼卒发如火焰，向下有人或狗，又有鬼卒坐盘曲昂头的大蟒蛇之上；最东端有执锡杖僧与饿鬼，或为目连饷母。底旁有方形城墙及垛牒。最下第4-13号横格为供养人行列，东侧男子十四身，龛侧又三身；西侧应为女子十七身（图4.1-16E）。

在此龛图中，左右各三有桌案像者似冥王，但其身形稍小于顶层者，又符合六判官之数。更重要者是其官帽多具直翅，而十王图中诸王均冠巾而为帽翅。所以，虽有善信与遭罚者在旁，此仍可定为判官，上排才是诸王。第4-2号格中，阎罗王戴进贤冠，着大袍服。第4-4号格中像冠顶不清，大略似盔顶，侧下有轮回形貌，应为转轮王。所以，虽无序次题记，仍可定此顶层内像应为第一秦广王、第二初江王、第三宋帝王、第四五官王、第六变成王、第七太山王、第八都市王、第九平正王。至于东端两王服饰稍别的原因

图 4.1-16D
香坛寺第4号龛内主龛格

图 4.1-16E
香坛寺第 4 号龛第 4-11 号格及周边

图 4.1-16F
香坛寺第 4 号全龛图绘

尚不明。

从同题材图像大多是地藏统领十王这一点来看（图 4.1-16F），阎罗王与地藏并坐者仅绵阳龛与此龛两例，遂宁龛虽近似而实有别。绵阳龛地藏露顶僧形，此无题记而地藏为风帽式，且与地藏独龛结合，包括服饰特点等明显晚于唐，应为五代。此主龛格下镌出业秤与业镜、善信奉经举像，最后处目连饷母或僧与饿鬼、坐蟒鬼卒与地狱城等，在安岳圣泉寺、圆觉洞也可见，均与十王经图相应，但此龛舒展似画卷。总之，安岳此龛主格之地藏菩萨与阎罗王并坐说明其为早期模式，地藏统领诸王在后。这些龛像都是与经本图像对应者，而此龛回环曲折仿如画作，也具有唯一性。此系列对应经图的龛像，不但敦煌莫高窟壁绘与绢纸中没有，而且，就此一带由川入渝后情况即变，地藏十王龛像不再对应经图，特别是敦煌《十王经》图中前后场景，多无五趣六道轮回及使者等，善信、庭讯亦少。除了个别例外，这成为较一般的模式。

重庆大足石刻中观音与地藏及弥陀等并为主像，与北山院与香坛寺龛像性质并不相同，属普遍模式中之特例。

3. **遂宁金马寺龛像**

四川遂宁市安居区的金马寺摩崖处约有十数龛造像，其中有一处地藏十王或佛像龛（图 4.1-17）。此处造像相当隐蔽。村民在此复建金马寺，有简陋殿堂，诸像龛设被挡在殿堂之后的崖面上，亦未加遮风挡雨的保护设施。地藏十王龛像位于崖面高约四米处，全龛高 123 厘米，宽 180 厘米。其内有三层，上、中两层为佛像、地藏与冥王，下层为过断罚恶等图景。残损相当严重，但经仔细辨认，可知其主要构成非常特别，

图 4.1-17
四川遂宁金马寺内摩崖地藏十王龛像上中部分（笔者摄，下同）

与上述北山院及香坛寺龛像大致对应，但又有所不同。其数量与形象也有特殊处，最值得注意的是阿弥陀佛与地藏菩萨对坐、十王侍于其侧下的构成。

虽非龛格式构成，但在其基本方形之龛内的中心部位，有两尊像的台座与身躯皆较大而突出，高约45厘米左右。其左右各有两王。下面中层诸尊像，风化残泐更为严重，以致全龛尊者数量等信息都要经过分析才能推定。最下层仍有狱惩等小景。

龛内上排右侧有两王之坐像等，袍袖扬起，身侧各有一侍（图4.1-17B），中间两像明显高大，其两旁之像低于其肩（图4.1-17C）。此双像情态不同，右像最大特点是具有项光，而面容衣饰等细节都不清楚。其内侧胁侍一像，竟是侧身合掌向其礼拜之状。其旁同高之像，有两身贴壁后靠的胁侍，右者手中捧钵盂或持珠。此像手前伸，但所持之物不明，似无锡杖、宝珠等，坐姿

图4.1-17B
金马寺龛内上排右两王之像

图4.1-17C
金马寺龛内上排中间两像

图 4.1-17D
金马寺龛内上排左边两像

图 4.1-17E
金马寺龛中排左三王之像

为半跏趺坐，左腿盘起右脚下踏，故定为地藏菩萨。其左边稍低的双王像（图 4.1-17D），亦各有胁侍，均在其右，从胁侍官员的幞头来看，属判官之类。其冥王一为坐姿而两袖扬起，另一则明显为武将装束，盔甲虽不露但披肩腰带明显，当属五道转轮王。

其下第二层情况为右边较残，中间更甚，岩面较平，左边像设仍可辨识。龛上右两尊像之下只有些许痕迹，上中较高大两像下方原应有两像，其偏右边者尚存痕迹，左边则仅见略呈三折之痕状，原应为桥之栏杆。上左两像之下方则排列有三尊坐像（图 4.1-17E），身姿较明，其手或交于前方，或残损模糊，也有侍者在旁。若据对称原则，此层龛右似有三像，依稀可见（图 4.1-17F）。如此则此排原设六像，上排亦六像，共为十二数。此与地藏和阎罗王并坐之数不符。而诸像间区别仅有两像突出，一可识为地藏，而另一尊所具项光圆大明显，胁侍亦呈尊拜状，故

图 4.1-17F
金马寺内龛中排右三王之像

图 4.1-17G
金马寺龛下层左牛头狱卒小像

将此龛推定为阿弥陀佛与地藏并坐、旁侍十位冥王之组合（虽然仅转轮王特征较为明显）。当然也有另一种可能，即将中排右边像减至两尊，从而凑为地藏、阎罗并坐图式，但这难以阐释主尊像项光胁侍等特点〔1〕，而山西临猗塔宫绢画之中已有阿弥陀佛与双地藏并十王的图式，可资对比。所以，此龛像式的阿弥陀佛与地藏十王的特别组合并非不可成立。

江滔、张雪芬有文指出，金马寺龛像中冥王之两袖扬起的实例与香坛寺的十王像特点相同〔2〕。其实敦煌画里有些作品如英法藏合璧《十王经》图卷也是如此。其文所侧重的仍在龛形排

〔1〕笔者此前在论文《川渝香坛寺等十王龛像》（大足石刻研究院编《2014 年大足学国际学术研讨会论文集》，重庆出版社，2016 年）中曾将龛题材断定为阎罗与地藏并坐，但从诸细节对证来看，应有新释。

〔2〕见江滔、张雪芬《9—13 世纪四川地藏十王造像研究》。

列等外在表象。此龛最下边的第三排实可视为两小层，上层残存诸小像设等，下层则若山石等衬景。其像设之左有些残碎，但有三小像，左右似两牛头狱卒，中间为一戴枷者，牛头之头特大，右卒手执一棍搅动其下方铁轮（图 4.1-17G）。龛下层中部图像顶右边实有一大汤镬，顶端有些锯牙状纹，内有被煮物，或为较小人头与蛇，底下花纹或表火焰。侧龛壁也有虚化之小人像，或为供养人。

遂宁市安居区金马寺摩崖的十王摩崖龛像极具特点，虽然残损风泐很严重，但经努力辨识，很可能是阿弥陀佛或释迦佛与地藏菩萨并坐而配以十位冥王的像龛（笔者以前将此误定为阎罗王与地藏并坐像式）。从龛中诸尊像数量以及种种细节对比中不难看出，其独特的构成风貌具有重要的研究价值。

（二）地藏统领

上述龛像的特别形式很快就为地藏统领十王的形态所替代，川北、川中到重庆皆是如此。现知至少有广元皇泽寺、仁寿千佛岩、资中西岩，还有内江圣水寺、普陀岩、翔龙山以及安岳圣泉寺、圆觉洞、云峰寺等数处。其龛像分布形式虽转化，但仍与《十王经》图形关系密切。

1. 广元皇泽寺

广元市位于四川省最北部，位于交通线重要节点上，有丰富的石窟摩崖造像，即千佛崖与皇泽寺两处较大窟像及观音岩等摩崖造像。

皇泽寺为广元重要石窟，其名得于武则天，因武则天之父武士彟曾任利州刺史，而武则天出生于此，是为一说（另说出生于山西省文水县）。皇泽寺石窟位于广元市区西一公里的西山脚下，存 57 龛窟 1200 余尊造像，主要分布在写心经洞

图 4.1-18
广元皇泽寺石窟第 44 号龛（何莹摄影供图）

与大佛楼及五佛亭，有诸多北魏晚期、北周、隋与唐所凿造的龛像，武士擭和妻子杨氏在贞观时所开龛窟也在其中。

皇泽寺第44号窟（图4.1-18），位于大佛楼右侧下方第45号窟之下，横长方形敞口，龛之两侧已被埋于后代的堡坎中，以致龛形不完整。龛内正中雕刻一主尊，有圆形项光与桃形身光，项光有阴线刻火焰纹。两侧各存四身造像，戴高冠，身着交领阔袖长袍，腰间束带，有些像似抱笏板。诸像均似坐姿，主像左手边四像似有桌案，其一像双手持笏在胸前，再一像两手交叠于案上，但风化破损十分严重，基本只存轮廓，面目细节全无踪迹。该龛像属中小形龛像。《广元石窟内容总录·皇泽寺卷》所推定之时代为唐末五代[1]，基本还是准确的，由于残损严重而无法获知更具体情况，但以地藏菩萨居中而十冥王列坐两旁，无善恶童子等细节，可以确定其年代或在唐末，更似在五代。

相对来说，广元的千佛崖规模较为宏大，有不少地藏菩萨之像，甚至有地藏手持云头十小像者。有些学者认为是早期的地藏十王像，但却解释不了其形式特色及其在系统中的地位[2]。其对地藏十王信仰发展演进没有把握，所以会有一些不明内情的推断。

2. 仁寿千佛岩

眉山市之仁寿县千佛岩，地属珠嘉镇，在金花村附近。其前有一条小河，虽有小路可以接近，但像设所在地之崖前已全无道路，相当难至。造像岩面在似有天然之檐处，大小龛像共约有50龛。其布局特点为左部为较大龛，右部为较小龛，中心一带具有数则晚唐广明年间（880—881）题记。中心处最大龛雕有一坐佛，胁侍等多有损坏，龛上方之两侧存有题记。

图4.1-19
仁寿千佛岩十王龛像（笔者摄影）

此大龛主尊之左上有释迦牟尼佛、龙华龛及某某敬造弥勒尊佛、观世音、世至菩萨等字迹。佛右上有多位供养人弟子题名，最后署“广明二年三月廿八日……造”，其旁有“广明二年六月十九日信众造延寿命龛菩萨龛”“桐林乡崇贤里清弟子 / 广明二年三月廿八日记”。

地藏十王在下层一较小之龛，高约40厘米。地藏菩萨立姿，居中，两旁浅雕十位王者，皆坐案后，旁各有两胁侍者，形象很小，仅具轮廓（图4.1-19）。但其两侧位置分割布局，各只有四

〔1〕四川省文物管理局、成都文物考古研究所、北京大学中国考古学研究中心、广元市文物管理所编《广元石窟内容总录·皇泽寺卷》(巴蜀书社，2008年，第76页）对此龛号的介绍中没有尺寸，图版也不清晰。

〔2〕见四川省文物管理局、成都文物考古研究所、北京大学中国考古学研究中心、广元市文物管理所编《广元石窟内容总录·皇泽寺卷》，巴蜀书社，2008年；《广元石窟内容总录·千佛崖卷》，巴蜀书社，2014年；雷玉华《巴中石窟研究》，民族出版社，2011年。

王，大小比较均等。上方各一龛处于龛抹角的三角形处，所占面积小，形象较虚，身旁也仅容一侍，且模糊。诸冥王身旁，似多有榜题条框，但无铭刻字迹。

总体上看，此处龛像群多有晚唐僖宗广明年间（880—881）题记，十王龛在其近旁，位于下方，年代应接近或稍晚些。

3. **资中西岩**

四川中部的资中县，有东南西北龛岩与水宁寺龛窟群，是窟像题材丰富复杂之地。日本学者塚本善隆曾指出，四川存有五代杜良所造十王像题记，并明言在资州北岩（重龙山），所据为金石著作〔1〕。现经详辨，知此为《六十户造十王像记》〔2〕，原处资中西岩，题记尚在，像已不存。西岩摩崖造像分散，东崖面等处有地藏与引路王菩萨等组合像，而罗汉洞不仅有此题记，更存有两龛地藏十王像，都有纪年题记或旁有纪年题记，非常重要。罗汉洞此两龛像虽经胡文和、丁明夷介绍〔3〕，笔者也曾录说，但均有不明之处。现虽有重新编号的调查文章介绍情况〔4〕，但笔者原先踏查所获仍可作补充。

资中西岩亦称“御河沟”，其摩崖造像位于资中县重龙镇醮坛山村，共有97龛，千余造像。其大部分龛像（第1—49号）沿御河沟东面岩壁布列，内有著名的五代后唐天成四年（929）毗沙门天王像与碑记（第35号），西面北端有五龛（第50—54号）及阿弥陀大佛龛，而西面中段岩壁有称“罗汉洞”处，原编为第55—97号，两龛十王像及上述题记即在此区域内。

罗汉洞是一天然崖壁，敞开略如洞形，洞底常积水。其南侧壁有三层龛，最下层之东侧有两龛为地藏十王题材，皆由地藏统领，但其间相隔一千手观音龛。此两龛地藏十王规格并不大，位置也很低，常有苔藓，但格局仍在，题记尚存。学界认为是晚唐十王龛像。笔者曾数次考察，从两龛中分别各识出一则冥王题名，还有或为唐景福年间题记，值得我们细加考辨。

资中西岩这两龛地藏十王造像，虽然颇得学界重视，也曾有数次刊布介绍（包括笔者的介绍），但由于其龛像小，位置低，摄影与线图制作困难，加上人云亦云，存在相当大的问题。编号也曾有过不同次序，长久未得到完整、准确的报道。现在编号由刘易斯解决，但关于两龛的布局与题记，还需更完整、准确的介绍。此壁龛像基本面南，底层自外向内排列第38至41号龛（图4.1-20、20B），由图版可知，居中者为千手观音，其下方第40号为空龛，两旁则均为地藏十王龛。外边第41号龛稍大，龛侧具有两则题记。内第38号龛侧据载有唐天复二年（902）题记，但内容不清。相隔两龛的第35号龛题记则含“修设十王龛”等字，第36号龛为天复年间观音、地藏双像〔5〕。第41号龛题记由笔者首次识出，且对这两个十王龛，笔者又分别各识

〔1〕杜良像题记刊于缪荃孙《艺风堂金石文字目》卷七，刘喜海《金石苑》曾录文。见《石刻史料新编》第1辑第26册，台北新文丰出版股份有限公司，1977年，第19637页；第9册，第6345页。又见塚本善隆《引路菩薩信仰と地藏十王信仰》对录载“土王”为“十王”的考定。其“北中国各地的流布”一节中多列十王像及十会斋记等题记。

〔2〕刘易斯《四川资中西岩罗汉洞浮雕造像调查与分析》，《大足学刊》第4辑，第133—135页。此《前蜀武成三年六十户造十王像记》，刘喜海《金石苑》曾录，拓本现存北京大学图书馆。作者辨此“杜良”应为“社户”。

〔3〕见丁明夷《四川石窟杂识》，《文物》1988年第8期；胡文和《四川道教、佛教石窟艺术》，四川人民出版社，1994年；胡文和《论地狱变相图》，《四川文物》1988年第2期；胡文和《四川摩崖石刻造像调查及分期》，《考古学集刊》1991年第7期。丁明夷与胡文和报道虽较早，但所说相互冲突。

〔4〕刘易斯文对此处罗汉洞摩崖重新编号。由于原先文管所、胡文和等编号均不全，所以本文采用刘文编号。原先胡文和编号的第80至第82号，对应刘文的第38至第41号十王龛。

〔5〕胡文和、胡文成：《巴蜀佛教雕刻艺术史》下册，巴蜀书社，2015年，第272页。

图 4.1-20
资中西岩（御河沟）罗汉洞下层有十王龛像的崖面（笔者摄，下同）

图 4.1-20B
资中西岩第 38、39、40、41 号龛之崖面

图 4.1-20C
资中西岩第 41 号龛

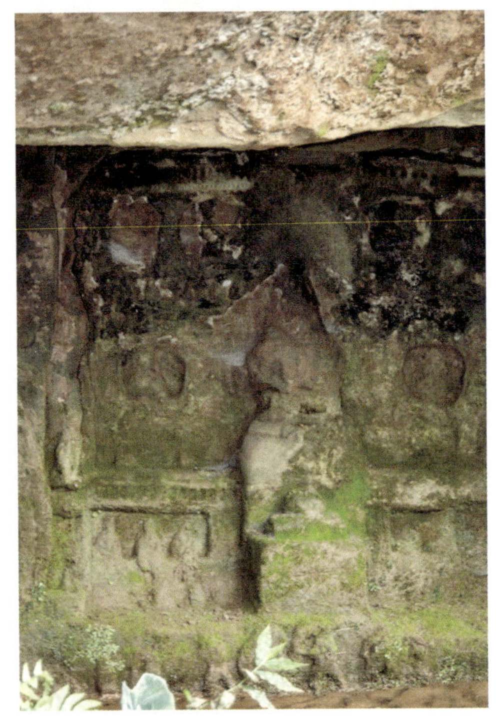

图 4.1-20D
资中西岩第 41 号龛主像地藏

图 4.1-20E
资中西岩第 41 号龛秦广王题记

出一个冥王题名，因从未有学者言及，故刊布于此[1]。

第 41 号龛像稍大（图 4.1-20C），内外两层，外龛高 123 厘米，宽 134 厘米，深 56 厘米，龛间饰帷幕。内龛高 99 厘米，宽 102 厘米，深 28 厘米。主尊地藏菩萨像（图 4.1-20D），趺坐姿，应是执锡杖，像高 44 厘米，座高 23 厘米。座下有伏兽。两侧小龛则为整体的屋形，即每侧整

〔1〕张总《大足石刻地狱——轮回图像丛考》（重庆大足石刻艺术博物馆编《2005 年重庆大足石刻国际学术研讨会论文集》，文物出版社，2007 年，第 246、251 页）曾言及此两十王龛题名，但较简略无附照片。上述刘文对此有引述，且对此处讨论较详并附图。本书撰成后才得见刘易斯文，因采编号，故注于此。

图 4.1-20F
资中西岩第 41 号龛供养人与题记框

图 4.1-20G
资中西岩第 41 号龛黎氏题记框

体屋顶并转至龛侧，含有上三下二小龛，尺度为 15 厘米 ×11 厘米。龛内十王像形象已不清晰，似坐于案后，案前仍有小像，多为立姿。其上层左端外缘有题记铭刻，作“第一秦广……”（图 4.1-20E），其对称的龛沿处似有字迹。据此，我们可略知此龛诸王之排序。两层冥王之下，还有一低矮层呈前具小龛状，从正面观有三小身，与两边合共六人，应为判官。再下基台之前沿，浮雕出施刑场景等。地藏之座的下方稍侧处，有一桃形，外似火焰，内有小圈形状或为汤镬，两边狱卒似正向内投人；其外侧仍有小人状，或为善信、刑讯等。

此龛两个侧壁都雕满了供养人，也存题记。西侧壁为 91 厘米 ×70 厘米，分三层框但斜角已破损。上层共列十一人，首位正面跪姿，或为僧尼，其后十人端立。中层亦同，但跪姿人后仅余七人端立，最下层只余三人。东侧壁为 60 厘米 × 56 厘米，存四层框。首层外有题记框，内雕五立者（图 4.1-20F）。第二层外铭一则题记，内立七人。第三层雕八立者，第四层只雕四人。其

图 4.1-20H
资中西岩第 41 号龛十王题记条

上方有长方形题记，29 厘米 ×16 厘米，共五行半，满行约十四字，由左向右读（依观者，图 4.1-20G）。经笔者努力识读，录文如下[1]：

> 右弟子白□铫为妻黎氏及一门眷属/同发心愿造地藏菩萨并十王变/相一龛。祐自身和……/矩公□□地时在景德（福?）二年四月二十四日/寺诵僧□修斋表庆赞讫/永为供养。

此方形题记框之下，有竖铭（图 4.1-20H）：

> 镌造地藏菩萨并十王部众共壹龛。

另外数处题记皆与造像分离，而此为龛内题记。方形题记中无“光化”年号，其时间可能为北宋景德二年（1005），但更可能为唐景福二年（893）。笔者曾询资中县文物管理所，对方有回答，但仍简缺[2]。

第 38 号龛仍为横方形两层（图 4.1-21），外龛高 93 厘米，宽 113 厘米，深 45 厘米。浅镌帷幕纹，内龛高 65 厘米，宽 84 厘米，深 32 厘米。主尊雕地藏菩萨像（图 4.1-21B），披风帽，双手拿大宝珠，半跏右舒相坐姿。束腰须弥座之前的台基前仍可见卧伏小狮。其两旁及侧龛壁各有五个小屋形，呈上三下二布列，内龛抹角，雕出十位冥王之像。虽然小像多已模糊，但仍看出是案后坐姿，案前存有小像。且其各自帐形之小屋与法藏 P.2870 号《十王经》中每位冥王所坐小屋近同，与上述五台山南禅寺壁画亦同。此龛内并无题记，但其左上第一屋帐外柱处，仍可看出镌有字迹。其中“弟”“正”“王”三字较清晰，特别是“正”字，而“平”字部分已残陷。综而视之，此可识读为“第八平正大王”（图 4.1-21C）。另外一些龛柱处，亦隐约有一点字迹。由于此一位置与上述龛之“秦广王”相同，可知此相近两龛的冥王排序刚好相反。其对称一侧下层冥王桌前似有方架之形，或为业秤（图 4.1-21D），而此平正王的下层龛，冥王两边与桌前环绕一些图景。其右边似有两飞天，桌前有三人，左旁龛沿一高像。笔者疑其为天道、人道与阿修罗道（图 4.1-21E）。不过，此龛的下层还有一层屋檐，两边正下也各有三像，应为判官。再下为无龛式的基台。一般而言，“大王”之称的出现应晚至宋代，不知此处因何先出，抑或铭刻为之后再补入，或由石质原

[1] 此龛位在最下层，须蹲跪探身才能见造像详情及题铭，或即多人未能辨识之原因，此前从未有报道或说及。最初资中县文物管理所等定为此光化二年（899），但光化题记另有所在。2004 年笔者考察时未见此题记，后于 2005 年 7 月 16 日考察时发现此题记，同年 8 月 25 日及 2008 年 2 月 28 日再赴，三次实地踏查均摄图片。

[2] 资中县文物管理所王兵曾有答复，但给出的 83、85 号龛，与此相差数号（原文管所曾用两系龛号，不统一）。

图 4.1-21
资中西岩第 38 号龛（笔者摄，下同）

图 4.1-21B
资中西岩第 38 号龛地藏主像

图 4.1-21C
资中西岩第 38 号龛平正王名题记

图 4.1-21D
资中西岩第 38 号龛右下或为五官王小屋处

图 4.1-21E
资中西岩第 38 号龛左下或为转轮王小屋处

因移空而刻“王”字。据载，此龛之外原有“造一龛一所，时天复二年十一月一日……设斋表”等字[1]。

此两龛邻近有题记提到十王斋，但龛中未造十王像，如由第 38 号龛续向内四龛至第 35 号龛（内两坐像为残躯），其右侧题记存有“忠胜都下郎及刘灯等三十人，就当院修设十王斋……/镌造上件功德等。并已普为四恩三有，法界众

〔1〕见胡文和、胡文成《巴蜀佛教雕刻艺术史》。

生，同沾此福。时光化四年廿八日，因设报恩斋庆赞毕。/ 斋头弟子刘□……”等字。

第 34 号龛中一坐像应为阿弥陀佛。题记云：“敬镌西方阿弥陀佛一龛……/ 宅清泰镌上件功德，时已天复元年十二月 / 八日。因设报恩斋表庆赞毕。”〔1〕

此两则题记，前者由丁明夷刊发并定为地藏十王像记，后者由胡文和记录发表，均有疏误〔2〕，笔者曾并合为一则，亦有不当处〔3〕。

另有文说资中西岩第 57 号龛（现编第 15、16 号之间）存《前蜀武成三年（910）六十户众造十王造像记》，从题名来看也有僧尼参与。录文如下：

> 同镌造十王，社户谨具姓名如后：张怀□、□□□、黄□□妻母白氏、院僧越□、白公齐、李君立、李宗是、何居齐……女弟子等如后：尼善海、□□洋、□□忠母徐氏、妙庄严、皇甫贞母张氏、雷□、张行琭妻雍氏、贡净明、杨君明母□氏……都计六十户。岁次武成叁年十一月廿六曰〔4〕。

此题记中僧俗人名约六十位，约可对应于题目中所言的六十户，且以女弟子为多〔5〕。其所在与龛号及录文等情况，刘长久《中国西南石窟艺术》已列，但未详根据，且前后错失颇多〔6〕。该铭记清代刘喜海《金石苑》有录，钱光胜博士论文视之为社邑造十王像的重要资料〔7〕。龛像由于隔着积水，且位置较高，较难详查，但现可确定无十王等存像。刘易斯因查得北京大学图书馆藏拓本，辨识了不少字。这些题记纪年明确者均在晚唐五代初，这也可有助于判断第 41 号龛题记纪年应在晚唐而非北宋。

另外，资中西岩第 21 号龛存有引路王菩萨题材。其题铭为：“长子黄祖要为岳母何氏造阿弥陀佛观音引路王菩萨七佛共一龛。用佰资□□识早生□□□□□。”亦可据此定为五代造像〔8〕。这些题记中的姓氏有些可以相互对应，年代也有连续性，与十王信仰也有联系。因而我们不仅可从观音与地藏并列，还可与引路菩萨、相关地藏像、施主家族与社户等联系，深入探考。

4. 内江三地四龛

四川省内江市的圣水寺、普陀岩、翔龙山三地均有十王造像，且翔龙山有二龛，共四龛像设，以下分别介绍。

A. 圣水寺

四川内江市圣水寺，位于市中区西北部壕子口的沱江边，距市区约 2 公里，始建于唐咸通年间（860—873）。寺后山岩存有唐宋以来摩崖

〔1〕据笔者考查见此处龛有“敬镌 / 造”两大字残迹，径约 5 厘米。正面右侧也有题记，或为“同 / 泰镌”。

〔2〕丁明夷《四川石窟杂识》，《文物》1988 年第 8 期，第 53 页。胡文和《四川道教、佛教石窟艺术》（四川人民出版社，1994 年，第 49 页）说此记在第 84 号龛，亦不确。

〔3〕拙作《地藏信仰研究》有关四川窟像内容中原认为可合为一则，现考虑仍应分开。

〔4〕详录可参前注刘易斯文，本文只是略录。“贡”，刘文作“贯”。“明”，刘文作“戊”。此处龛像中十王约略可见连续性，信仰增进，造像人多，且有观音并列，参见刘文。但刘文所举敦煌十王经之 S.3961 号并不太对应，P.2870 号画中屋形龛则高度对应。

〔5〕女弟子之前列 15 人，若除院僧越□与黄某妻母白氏外仅 13 人，女弟子名中某某氏约 40 人。

〔6〕刘长久《中国西南石窟艺术》（四川人民出版社，1998 年，第 63—64 页）将此光化年间斋头刘某造十王像记列为西岩第 10 号（可能将 80 号误写），将第 84 号录为阿弥陀佛像记。

〔7〕刘喜海《金石苑》，《石刻史料新编》第 1 辑第 9 册，台北新文丰出版股份有限公司，1977 年，第 6354 页。钱光胜《唐五代宋初冥界观念及其信仰研究》，兰州大学博士论文，2013 年，第 190—191 页。

〔8〕胡文和《四川道教、佛教石窟艺术》，第 49 页。

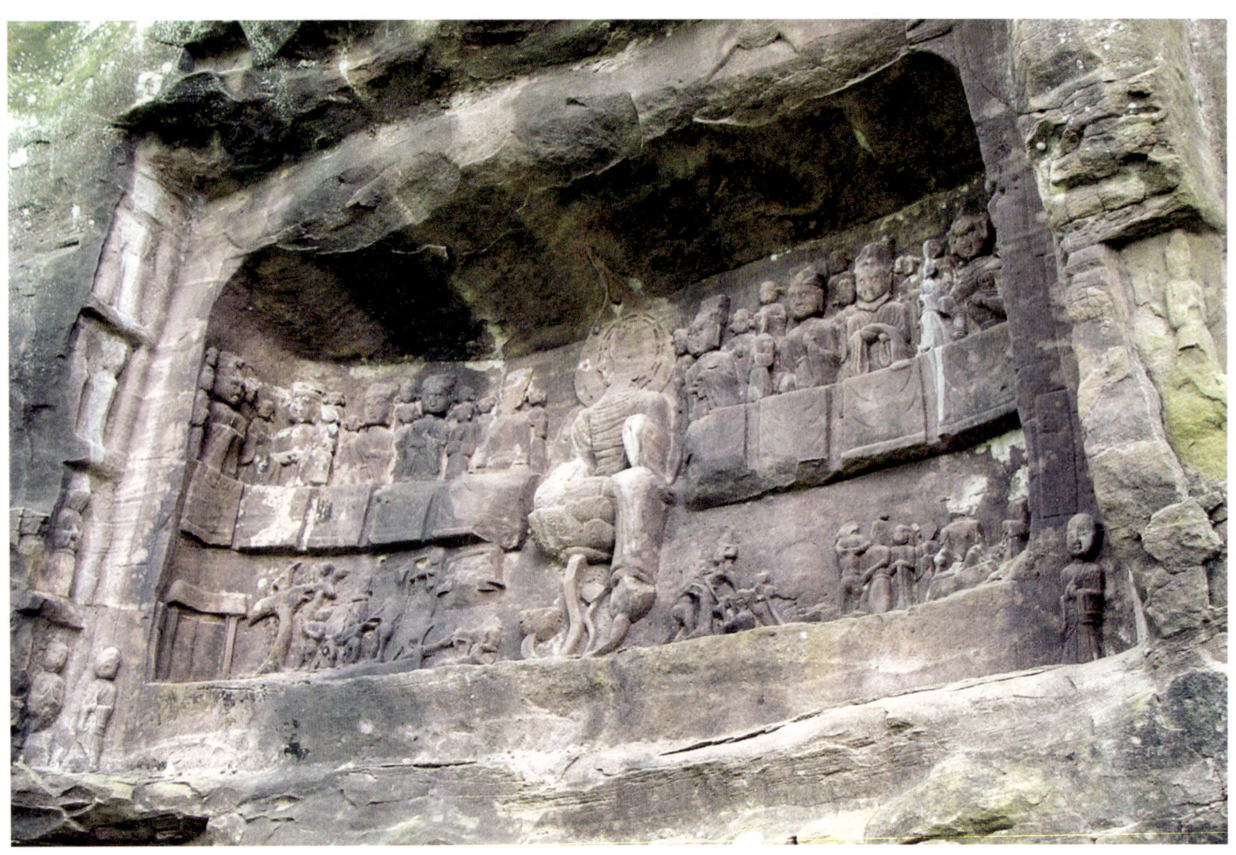

图 4.1-22
四川内江清溪村普陀岩第 7 号地藏十王龛（笔者摄，下同）

造像 67 龛 450 躯，其中一龛地藏十王作品已由大足石刻研究所李小强撰文报道[1]。龛正中雕刻地藏，菩萨戴冠而手捧宝珠；两侧正壁各雕刻四王，坐于案后，右壁第一身为五道转轮王；左右侧壁分上下雕刻两张长形桌案，上为十王，下为判官等。龛正中下部雕刻审过场景，有多个戴枷锁之罪魂，我们可识出锯解地狱等景。其右侧一组轮回图像，雕出了双手抱一袋的无常大鬼。由袋口分射出六股卷云。最上刻为天道，两形象似有头光。六臂之像为阿修罗。再两形象为人道。其下有两饿鬼、两家畜。地狱由最下方流出的一似小汤镬或似勺之物来表示，其内有物，但因未配牛头狱卒等，故之前未识出。该龛像年代有可能在晚唐或五代初。因近旁有一小龛造像有唐乾宁三年（896）题记，高宽各 8 米的千手观音摩崖大像就在其前方，而十王龛年代应接近此龛。但从造型等因素来看，十王像的年代或较晚一点。

B. 普陀岩

内江市东兴区高梁镇清溪村普陀岩龛群之中的地藏十王龛像，较早便经刊布[2]。此龛编为第 7 号，龛形为双层扁方形，外龛高 165 厘米，宽 225 厘米，深 24 厘米，内高 100 厘米，宽 180 厘米，深 23 厘米。全龛处在稍高的石崖面上，其龛底距地面已超过人身。

[1] 李小强《四川内江唐宋摩崖造像三题》，《中国国家博物馆馆刊》2013 年第 5 期。

[2] 普陀岩也有较华丽细密的龛像，如第 14 号龛西方三圣与净土场景。因此处摩崖龛像遭盗窃而破损严重，特刊此图。高小宾、雷建金《内江清溪摩崖造像与古清溪县治》，《四川文物》1988 年第 4 期。

此十王龛像的布局特点为两层，或者说主要造像横设为一排，下部附配辅雕造（图 4.1-22）。地藏与十王雕成一排，主尊在中间莲台之上独为一像，两边正壁各镌四王，侧壁另雕一王。两侧边的五王均坐桌案之后，其桌案实联成一排，仅在冥王之前突起桌布。龛下分为三四组辅像以配合上部诸王。诸王皆侍善恶童子与吏员，但数量不等。一般来说，此类图像都在冥王之桌案旁或身后，而此龛却将部分此类形象处理为站立于冥王桌案之上，十分有趣。内龛外周还有不少供养人与僧侣形象，多附榜题之框，惜无存字。主尊地藏菩萨之像上有桃形项光升至龛顶，曲向前方。下有莲台座，从龛底出为四枝，一枝大莲台承坐像身，一枝小莲台承像左足，余两枝穿插辅配，因而主像十分突出（图 4.1-22B），无胁侍，也与两侧像几乎不相连。其项光有花饰，头部已毁，仅余残迹。身着通肩式袈裟，衣褶横叠。右臂下抚盘坐的左腿，左臂则略前伸于垂足坐之膝上，惜双手皆残失，不明持物，但从存迹看似无法器，其身光亦不明显。诸王多为文官冠服，唯地藏身左第四王为武将衣甲，但此处不应是末王位置所在，工匠是否搞错了呢？非也。如果从视觉效果来看，不难理解如此排列的匠心所在。因主像列为一排，正面分布无法容纳首尾（即第一与第十身），观看时只能转至其侧，而身着武将盔甲的转轮王，便得不到有力的表现。如若将其换个位置，转轮王处在文官服饰的群像之中，就显得非常突出了，可以取得很好的效果。此特殊手法在大足石篆山石窟第 9 号宋龛也有出现，其龛位亦是正面只能见八尊，故将五道转轮王放在地藏身旁，其道理如出一辙。综合来看，此龛排列应是从右端起横序第一至第八王，而后是第十王、第九王。

第一王位于龛右侧壁，戴高冠，眼眶突出，表情生动。头大身小若童子，但仍较侍众大。诸王皆若此。王着袍服，双手笼袖，一袖角叠垂于桌前。身右有小官吏，似立桌案上，身后上方为善恶童子。身左仍有吏员，但上部残损。第二王亦高冠袍服（图 4.1-22C），双手在胸前交握。右侧有侍从，立于龛转折处，似侍双像。其身左有

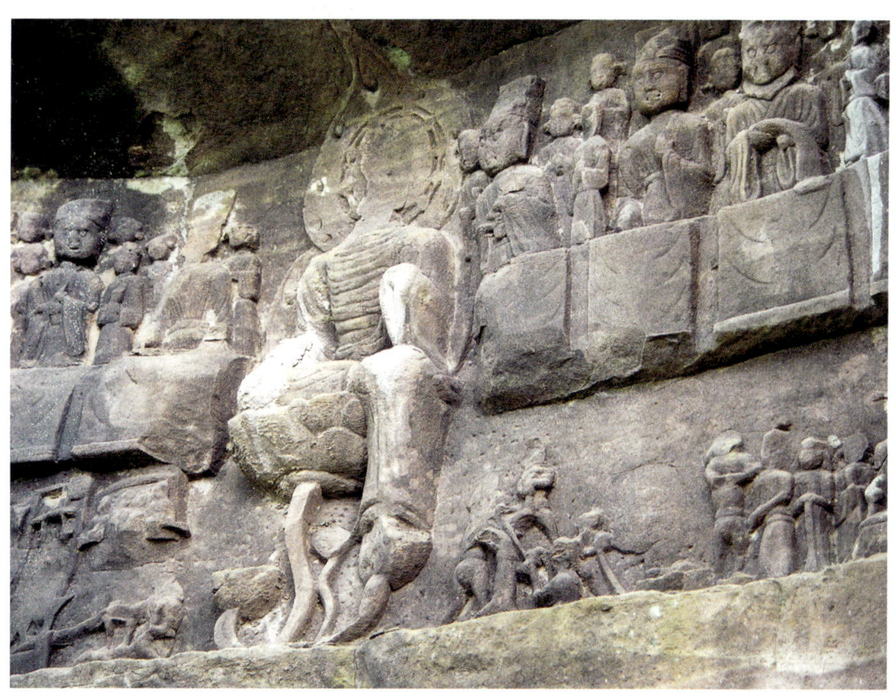

图 4.1-22B
普陀岩第 7 号龛地藏主像

图 4.1-22C
普陀岩第 7 号龛第一王及第二王

图 4.1-22D
普陀岩第 7 号龛前五王

图 4.1-22E
普陀岩第 7 号龛内第八王及第十王

图 4.1-22F
普陀岩第 7 号龛内下部锯解刑

童子侍立，以双足站于桌案上。身后上有像，但已模糊。第三王衣饰同上，但表情威怒，右手抚桌，左臂抬于胸前，右肩后有一童子。第四王大体同上，双手在身前持物，两侧共侍有四童子，均垂双髻于耳旁，各自前后叠立，手抱卷宗，但不显足部。第五王则右手持笔书写，一手抚案，案上明显铺有卷宗，身侧亦有两童。这一组王前桌案前略有布纹。下部沿龛底雕造。侧端有地狱门，现双扇与门框。展开的三四组细节较难解，但从整体对比来看，大略可对应挂衣树、业镜秤及碓臼等，辅证此组王应为前五王（图 4.1-22D）。门旁有粗枝高树，有较小人俯身于枝而下视。树下似两人并行，一人捧物，分别着裤与袍。其旁空中小圆台上似有像。下方一矮人手横一物接于高人形。其旁高架上方有圆形与略似秤形，又悬一小框，内四小人呈坐状。下方剉碓似有狱卒击打面前的卧者。

图 4.1-22G
普陀岩第 7 号龛内下部辅像细节

左侧诸王冠服多同前。第六王双手似持有笏板，旁有两侍童，双手合十。第七王左手抚案，右手抚胸，右旁后之童子、前之吏员立案上，而左侧前后两童似与后王共用。第八王面留须髯（图 4.1-22E），双手在胸前，但右握左托一长卷状物，身左童子、小吏立于桌案上。第十王戴盔着甲，胸前束帛带，右手抚案，左手护胸，旁有两侍童。转侧第九王身面稍残，其右有一童，身左仍由后童、前吏侍立。此组王者下方有两组像。一组中间一人呈倒悬被锯状（图 4.1-22F），两大狱卒左者立、右为半身，正施刑。其上悬小狱卒似以物保持锯姿，又一小狱卒斜持杖刀，脚下似有卧躺人。另一组由多人组成，主次分明，主要为一官坐几案后（图 4.1-22G），头面已残，但存帽翅示其身份。他右手抬起，左手持一长卷，此卷两边延伸，左至其案旁的立侍，文吏模样者手捧卷端。案上纸卷延伸至案外。右边立有四人，外端者形貌高大，双手护胸，着裤。旁者装束皆为袍服腰带，或手执横卷，或执立长棒，或双手抱卷。此组虽明显为判官之类形象，但位置接近转角地狱门，或在某种程度含有五道神之意蕴。

此龛造像外龛侧边还雕有不少供养人，以袍服短帽翅者为主（图 4.1-22H）。两边各有四龛，其内像数或三或二不等，但有两僧人小像位

图 4.1-22H
普陀岩第 7 号龛下部供养人小像

图 4.1-23

四川内江翔龙山第 21 号地藏十王龛（笔者摄，下同）

于龛正面的两下角。诸小龛边上都有榜题框但已无存字。普陀岩龛像有三四处题记，前后各有一龛有前蜀永平二年（912）题记，且其一之莲座与此龛相同，所以该龛应造于此时[1]。普陀岩摩崖造像既多观音造像如救难等，也有净土变等大龛像。

C. 翔龙山

内江市翔龙山摩崖造像，位置就在现市中心政府办公楼旁，始凿于唐代，盛于宋，延至明清。宋时，山前傍崖接楼，兴建资圣寺，至 20 世纪 60 年代被拆除，2007 年进行了保护性修筑。翔龙山西面二百米崖面现存 61 龛，共有造像 368 尊，摩崖题刻 9 处。其中有一大一小两个地藏十王龛。第 21 号大龛位置近于最西端（图 4.1-23），高约 150 厘米，宽 270 厘米，深 54 厘米。十冥王呈双层分布，构成复杂，细节多样（图 4.1-23B），但上层与左端残损不少，形象风化也较重。地藏菩萨居中，倚舟形大背光趺坐于莲台，头面残损，莲台之束腰下伏有金毛狮子谛听。两侧有廊檐顶分屋置十冥王，两边正壁列六王，转侧为上下两龛，一端已残（图 4.1-23C）。地藏身右即第二初江王，隔一王，即着盔甲的第十转轮王。其龛外沿可见一道细长云气，含有天道与人道及以马身表示的畜生道。其下则有个小圆轮，接以云气，一同表示轮回（图 4.1-23D）。其上方数龛已半残。廊屋内，诸王坐桌案后，旁侧侍立善恶童子及官吏等。左侧的三龛屋前下也有罪罚场景。而整部两层龛像下方台座前层又浮

〔1〕此龛前方有一龛题为："永□（平）二年"题记。清溪村普陀岩龛群还有大和年号，虽唐文宗有大和年号，但此处应属五代十国时吴睿帝杨溥。因其时恰在前蜀结束与后蜀开始之间（925—934），所以采用吴年号。

图 4.1-23B
翔龙山第 21 号龛像中部

图 4.1-23C
翔龙山第 21 号龛像右下侧

图 4.1-23D
翔龙山第 21 号龛主像及左侧下

雕着善男信女与戴枷者，连同上部一些细节，内容相当繁多复杂。

又，此龛东侧不远之高处有一个地藏十王小龛，规格仅相当于大龛的四分之一左右。该龛中有地藏菩萨，跏趺坐姿，两侧各有五位冥王，以下降线型排列（图 4.1-24）。龛底则排列有一组戴枷人物。较奇特的是，诸冥王与底层人物之间，又有两个稍大的人物胸像，周围还有成组的配合。两像都相当模糊，其一似披盔甲。总之，从成队成列的戴枷者以及十位冥王列于地藏旁的情况来看，此龛确可比定为地藏十王龛像，但具体内容有待探考。

图 4.1-24
四川内江翔龙山十王小龛

（三）安岳三处四龛

安岳境内摩崖石刻极为丰富，据 2011 年第三次文物普查，共有 230 余处[1]，远超康熙朝至光绪朝纂修的各种《安岳县志》所载[2]；嘉庆二十一年（1816）常明等纂《四川通志》，所述安岳石窟寺像也仅 17 处[3]。安岳龛像的年代较早，形式较为多样。

安岳境内不仅地藏十王龛像丰富多彩，时间跨度也颇大，上述龛像之外仍有多处，时间从五代至明代皆有。关于其地域分布的相关情况，江滔等研究者曾认为仁寿千佛岩与资中西岩最早，为公元 9 世纪区，安岳石刻窟像为 10 世纪区，大足石刻则为 13 世纪区。但是，川北的重要性不可轻视，如营山县太蓬山处虽无像却有铭记（唐文德元年《大蓬秀立山普救寺众修十王生七斋记》），联系年代或为晚唐的广元皇泽寺龛像等，其由陕入川并非不可能。当然，作为当时文化与艺术重心的成都府会起一定作用，但总体来说地藏十王像是由东北向西南至川中而入渝。绵阳、遂宁与安岳有早期稀见形态的地藏与阎罗王并坐像式，后两地的金马寺与香坛寺距离较近，仅数十公里。而更具一般规律性的地藏统领十王之像设，安岳所存亦很突出，不计明清的几处龛像，至少仍可介绍圣泉寺、圆觉洞、云峰寺三处四龛。

1. 圣泉寺

圣泉寺造像位于安岳县来凤乡以东 2 公里处，共存六龛[4]。其中第 1 号龛地藏十王像，相对独立且规格较大，保存较好，有题铭。其价值不唯关乎窟像，也与具图十王经本相关，但专项图册多未收入[5]。

---

〔1〕刘长久主编《安岳石窟艺术》（四川人民出版社，1997 年）附“安岳石窟及石刻造像一览表”，列举县境 217 处窟像，并无圣泉寺造像，唯有同在来凤乡的福济寺摩崖造像。傅成金、唐承义《四川安岳石刻普查简报》（《敦煌研究》1993 年第 1 期）列 132 处安岳石刻窟像，并有重点简介。据 2007 至 2011 年全国第三次文物普查统计，安岳现存摩崖造像 230 余处、10 万余尊，石刻经文 40 余万字，全国重点文物保护单位 10 处，省级文物保护单位 30 处。

〔2〕《四川省地方志联合目录》（四川省中心图书馆编印，1982 年，第 31—33 页）列《安岳县志》至少有康熙六十年（1721）郑吉士、周于仁纂修三卷本，乾隆五十一年（1786）张松孙、朱纫兰纂修八卷本，道光十六年（1837）濮瑗、周国颐等纂修十六卷本，光绪二十三年（1898）陈其宽、邹宗垣续修四卷本。

〔3〕常明、杨芳灿、谭光祜等纂修《四川通志》达 204 卷（首廿二卷），为历代四川地方志最全者。其“安岳寺观”一节列出道观一处，佛寺十七处，对其中真相寺、净慧岩、栖霞寺等摩崖龛像有述。见该书卷四一《舆地志·寺观》部分。

〔4〕张总、廖顺勇《四川安岳圣泉寺地藏十王龛像》，《敦煌学辑刊》2007 年第 2 期，第 41—49 页。据安岳文物管理所廖顺勇介绍说，此处后来还出土了一批石刻造像。

〔5〕圣泉寺龛像刊布较晚。因而，刘长久主编《中国石窟雕塑全集·四川重庆卷》（重庆出版社，1999 年）、刘长久主编《安岳石窟艺术》（四川人民出版社，1997 年）、胡文和《四川道教、佛教石窟艺术》（四川人民出版社，1994 年）等书均未提及圣泉寺造像。

图 4.1-25
四川安岳圣泉寺第 1 号龛地藏十王龛像（笔者摄影绘图，下同）

图 4.1-25B
圣泉寺第 1 号龛地藏十王龛像线图

第 1 号龛像位于路旁台地村舍之后，存一大龛及旁空龛雕凿痕迹。整龛高 196 厘米，宽 253 厘米，深 65 厘米至 74 厘米，上沿有人字形排水槽，方位约为东偏北 50 度。龛内地藏菩萨居中，两侧分别以上三下二方式排列十王（图 4.1-25、25B）。主尊以半跏趺姿势坐方台上，座下雕饰

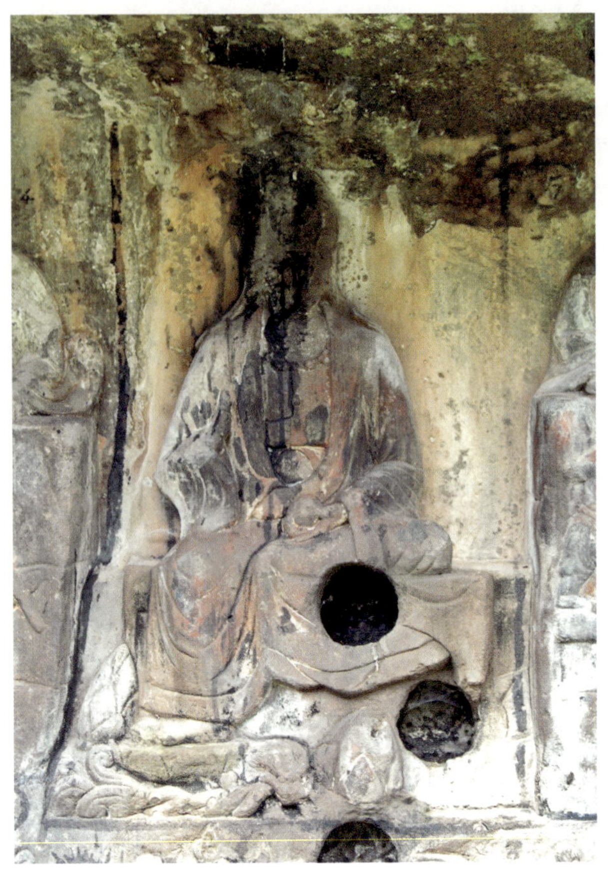

图 4.1-25C
圣泉寺第 1 号龛主尊地藏像

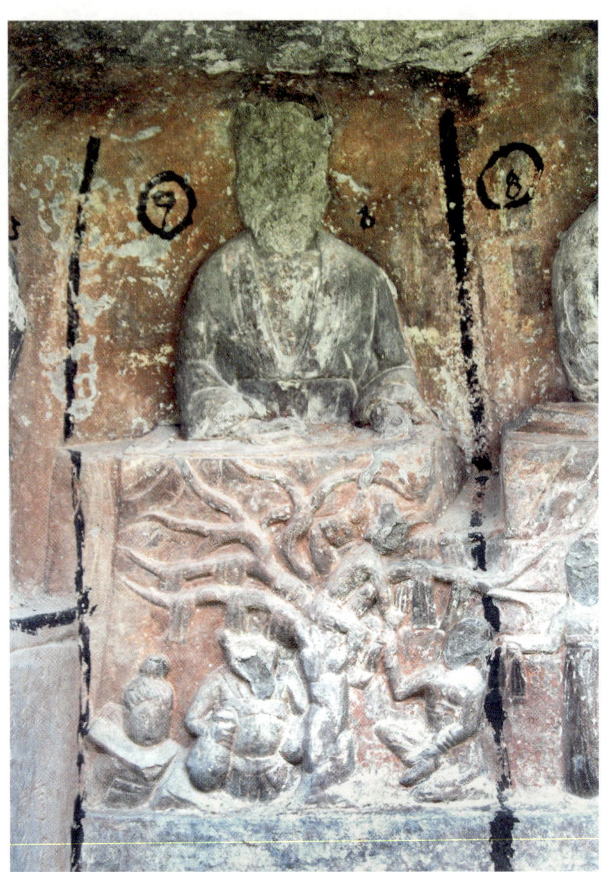

图 4.1-25D
圣泉寺第 1 号龛第二初江王像

图 4.1-25E
圣泉寺第 1 号龛第二王、第三王桌案之前图形

图 4.1-25F
圣泉寺第 1 号龛第三宋帝王像

图 4.1-25G
圣泉寺第 1 号龛第五阎罗王像

图 4.1-25H
圣泉寺第 1 号龛第一秦广王与第四五官王像

有业镜、业秤及地狱城门等。两列诸冥王皆坐公案后，案前均雕出刑狱审过场景。龛两侧雕施主像，镌有题铭。全龛正壁内雕冥王等 52 身，侧壁雕供养僧俗 51 身，全龛形象共 103 身。依次记述如下：

主像地藏菩萨，通座高 74 厘米，实高 64.5 厘米，与诸冥王相差不大（图 4.1-25C）。头披风帽，脸部因遭砸击而有伤损，尚可见颈部双纹。其下有珠饰圆环项圈，又加三垂饰，两旁贴衣领边为细珠，中垂至内衣者为大珠。袈裟下垂双领，右领掖于左领内。右手略残，施印相于胸前，似无持锡杖痕迹。左手执摩尼宝珠于盘坐的左脚上，右腿下垂赤足踏莲台，舒相坐姿。莲台下金毛狮子横卧，口咬缠枝莲茎，茎前后均有莲苞。其方台座衣饰上与下边的浅圆孔，当为修复残迹时加工而成。主像右侧最外的冥王，双手置案上，上身高 31.5 厘米，通高 62.5 厘米，余王尺寸近同（图 4.1-25D）。桌前为枝丫展绕、挂多条衣布之树，下有牛头阿傍狱卒，手抓两戴枷者中一人的发髻。树杈上有一人裸身骑坐，伸手下接树下一胡跪者所递布条。其后又有携童子的妇人递布条（图 4.1-25E）。

其旁王者右手略抬，左手伏抚案，案前有两只牛昂首作前奔状（图 4.1-25F）。地藏身右之王者两手压案上，袖卷飘起，威风凛凛。桌前有善恶童子，抱持卷宗。一鬼卒双手力抓戴长枷者之髻与腰带，提起欲抛。此王应为阎罗王（图 4.1-25G）。

第一与第四两王位于下层。其外侧王者双手在案前横展卷宗（图 4.1-25H），左肩外侧竖排刻出“第一秦广王”字样。桌前正施行碓刑，狱卒手扶碓机脚踏杆，受刑者坐卧地上，下肢在碓台受击而坏烂，其头髻被另一鬼卒捉住，此卒位于两王的桌案间，背后立着持文卷的吏员或童子。裸上身、怒发上扬之鬼卒持叉至内侧之王案前。此案前有镬汤刑狱，头发若双叉状的鬼卒以双手持握一汤镬，内有一物正在搅动。此冥王右肩上侧竖排“第四五官王”字样（图 4.1-25I）。

地藏菩萨身左之王，面及右肩残伤，右手握笔，左手抚卷宗于案上（图 4.1-25J）。桌前有一束髻、着圆领袍服的狱卒，左手用力抓扭跪坐于地之戴短枷者的头髻，其下方有似狗之兽正奔跑。旁侧又一梳双髻的善恶童子，奉持业簿，右手伸两指，似正论说。左侧中间王者，以左手按文卷，提笔欲书（图 4.1-25K），案前有被捉者戴短枷立于桌侧。其下有三兽，一龟与对面奔来一狗或猪，其后有一曲身前行之大蛇（身有残损），均仰头上望此人，似有索命之意。有些画卷如英藏 W80 号无字图卷《十王经图》中之三小兽在第五王处。此最外侧王者手亦抚案（图 4.1-25L），桌前一人戴短枷坐地，反身扭脸向上，童子展生死簿于其上，其身后又一似狗之兽斜身奔下，其意或同前。

此下层外侧王者，双手笼袖置于桌上，似正观桌前施锯刑，案上置卷宗（图 4.1-25M）。双髻童子立其侧。桌前一人倒悬，被绑于架子上，两狱卒正在锯解。王者头顶上方边框，可见“第九都市王”字样。其内侧王者着戎装，披肩束胸甲，双手倚案，桌上有文卷。其桌前奉佛像的两男与持经的两女相对。男子顶幞头，软翅垂后，圆领窄袖袍服，手捧圆光小坐佛像。女子开领长裙，手捧经盒或经卷。其王头顶稍侧有“第十转轮王”字样（图 4.1-25N）[1]。由其胸甲武装服饰，可定为五道转轮王，但无六道轮回细部场景。

---

〔1〕从下层四王所具题铭不规律的情况来看，并不排除题记为后来所补的可能性，但并不影响以此为参考，结合雕塑特征来确定冥王身份。又此龛中还有墨书编号排序，应是现代乡人所为。

图 4.1-25I

圣泉寺第 1 号龛第一秦广王与第四五官王名题铭

图 4.1-25J

圣泉寺第 1 号龛第六变成王

图 4.1-25K

圣泉寺第 1 号龛第七太山王

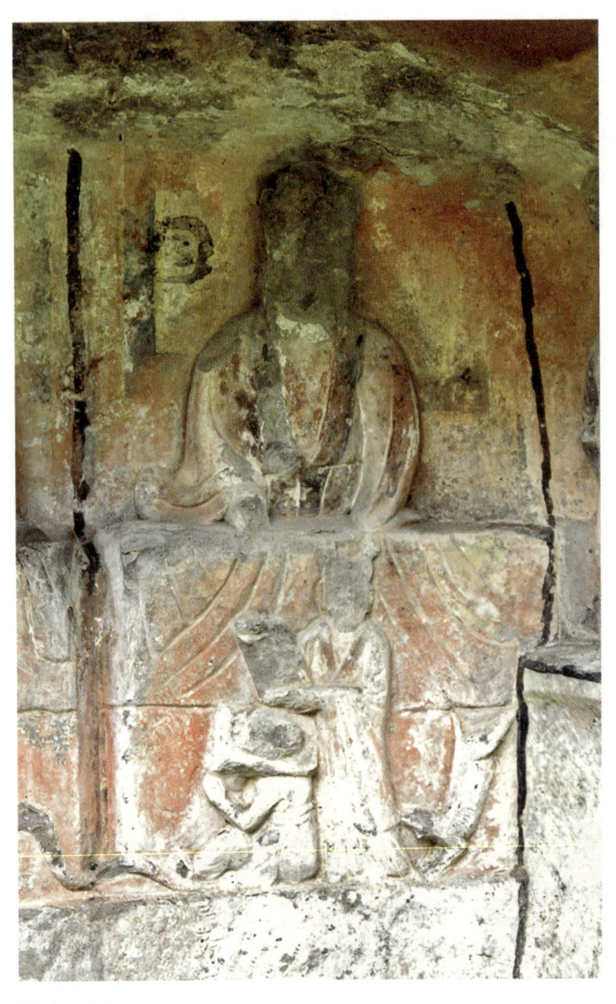

图 4.1-25L
圣泉寺第 1 号龛第八平正王

下层的四位冥王之间即地藏菩萨座之下方，浮雕了不少细节（图 4.1-25O）。其上层业秤、业镜处，由双髻童子扶架中秤杆，秤钩上挂生死善恶簿，牛头左手曲肘，用力抓住一戴长枷似欲逃走者的头髻。业镜圆大，下有托座置于地上。镜中有两人似正行恶，一手执棒欲击，一人行缚（业镜中以屠牛场景较多），惜有残泐。镜外侧又立善恶童子，持簿观察。下层地狱城门旁有牛头守护，着甲胄，单腿盘曲、双手扶棍而坐。其边有蟒蛇上探头，地狱城门略开，露一戴长枷者，而另一穿甲胄者伸掌恐吓。此牛头另一右手牵着一饿鬼，饿鬼头发上扬，其面前却是一持锡杖穿袈裟的僧形圣者，出手正施食饿鬼。这些细节特征与敦煌画卷十分相似。

两边龛侧所雕供养人，均为上三身下多身。北边龛深 74 厘米，下部高 89 厘米。侧上雕三供养人，皆袍服冠带（图 4.1-25P）。其龛高 42 厘米，三像分别高 29 厘米、40 厘米、39 厘米。其下大幅雕造，上下四排，除一僧外，都是身着圆领袍服、双手合掌于胸前的施主。其上排有

图 4.1-25M
圣泉寺第 1 号龛第九都市王与第十转轮王像

图 4.1-25N
圣泉寺第 1 号龛第九都市王与第十转轮王题记

图 4.1-25O
圣泉寺第 1 号龛地藏座下两层浮雕

六人，头面皆残。第二排八人，服饰同，所幸近龛处两人冠面仍存，表情生动，冠有束带。第三排亦八人，唯近龛处一人冠帽尚存。第四排八人中，近龛为首一人为僧，穿袈裟，回首望着众人。此侧龛面共雕三十三人。

对称的南面上层亦雕三个袍带冠服之供养人

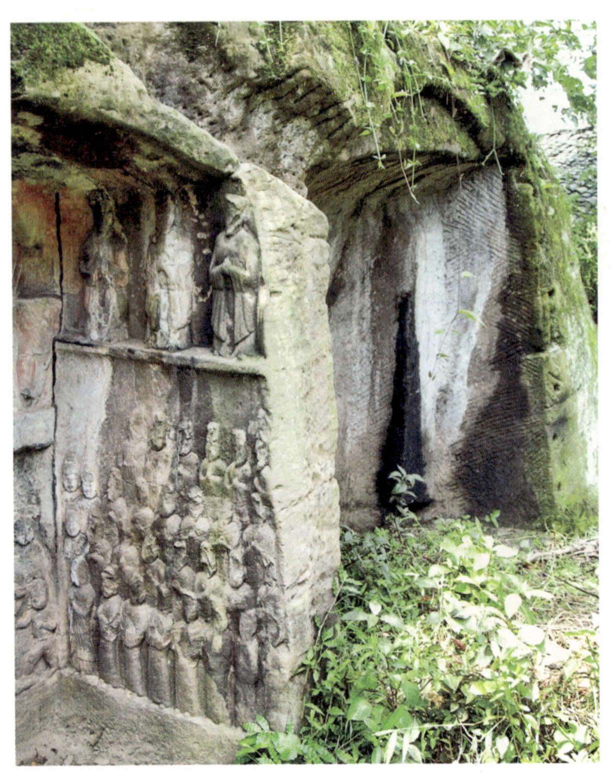
图 4.1-25P
圣泉寺十王龛右内侧

（图 4.1-25Q），此部龛高 44 厘米，三像高度分别为 41 厘米、44 厘米与 43 厘米。其像端庄合掌，虔诚而立。其下为题铭，外边有残，故上宽 64 厘米，下宽 70 厘米，高 34.5 厘米。铭下为女供养人，共两排，上排八人，下排七人，均着交领衣，双手笼袖，举于胸前，头饰皆高髻发。铭文为（图 4.1-25R）：

> ……一……/ 彦白公交 /……同发心造上件功 / 德时……八月三十日镌妆表赞 / 讫永［为］供养男弟子具名如后：/ 杨公脚　严孟琦　勾公顺　何师简 / 淳才丰罗贵满　袁公友　白师礼 / 文公雅　柳文秀　李君友　李道全 / 白元忠礼柳百行杜公玘公孙立 / 康元进冯师盛冯志齐罗贵玘 / 满士弘白父进傅公才 / 女弟子具名如后：冯氏 / 邓妙因崔氏彭氏谢氏 / 瞿氏柳氏陈何氏牟氏 / 李氏吕氏李氏白氏 / 武氏白氏勾氏张氏 / 胥氏甄氏曾氏李氏 / 杨氏雍氏牟氏李氏 / 勾氏罗氏 / 亡过人白重辉黄师练牟氏

有趣的是，以施主题铭与浮雕相比较，供养男弟子二十三人少于浮雕群像中的三十五人（另有一僧）。女弟子列名三十一人（其中有二三亡过人），多于浮雕的十五人。供养人名的总数为五十四人，又略多于浮雕的五十一人，若减去亡过三人，则总数基本相符，但男女数量不能对应。

旁侧空龛，高 149 厘米，宽 157 厘米。另一侧还有阶梯状龛形。附近的另外几龛中，唯有一

图 4.1-25Q
圣泉寺十王龛左侧供养人与题记

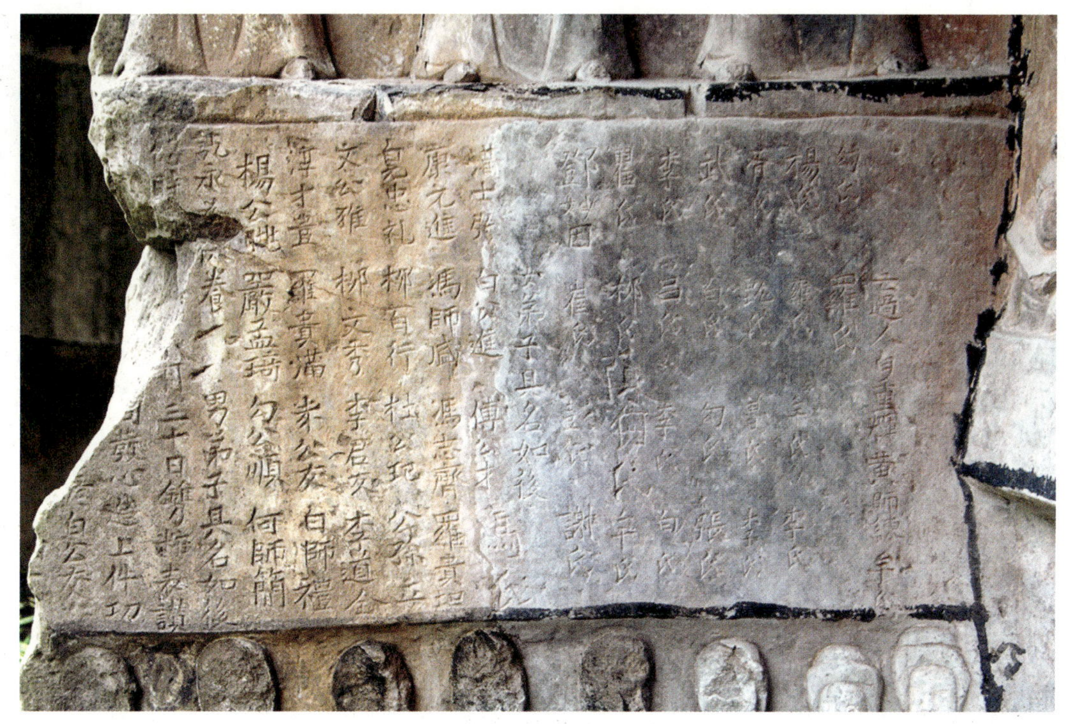

图 4.1-25R
圣泉寺第 1 号龛右侧题记

毗沙门天王、观音龛像年代与此地藏十王基本相同，为五代作品。圣泉寺所存此龛地藏十王像遗迹有可贵的长篇施主题铭，惜其略有残损，所存纪年部分恰恰泐去，唯存供养人姓名。但龛像年代据造像的样式类型、风格手法等情况，可以推定为五代作品。

此龛中存留四位王者的身份题铭，即第一秦广、第四五官王、第九都市王、第十转轮王。四王都在下层，联系其上层与地藏居中的两边分布，大体可以排出∽＋つ形的构成。即第一秦广王起于右下层外侧，随之上升到右上层外侧，初江王案前有奈河之树，平转第三宋帝王后再下至下层五官王，其案前有业秤，镌于其旁地藏座下。由此再上为阎罗王，业镜虽仍镌于座下业秤旁，但王者并邻于菩萨。主尊地藏披流行之风帽，身形庞大而统领十王。其旁变成王、三小兽（或为表贪嗔痴的蛇、鸡、猪）特点仍在。平移而接续第七太山王与第八平正王，再转下至第九都市王，续内为第十转轮王。第十王处虽无六道，但续接地藏座之下层，地狱城门与看守之牛头与大蟒，门旁有圣僧助饷施舍饿鬼。总之，除了稍许少了些轮回情态象征的图景外，此地藏十王龛像将《十王经图》内容表达得甚为详尽。这种回环曲绕、略显奇特的手法，绵阳北山院之地藏十王龛像已有先例。两者诸王构成也有相似之处，不过此龛实系地藏统领十王的模式，又同于资中西岩两龛，但更为高大。尤具特色的是其地藏座下之图景，将《十王经》中部与经卷后部画面展示了出来，与绘图本《十王经》高度对应。这在圆觉寺龛像中也得到了体现，呈现了在矩形龛中展现长卷式十王图像之手法。这一特点很有代表性，敦煌的窟壁及绢纸作品也没有如此应对。这也是我们将四川绵阳北山院地藏十王龛像与《十王经》绘作联系起来的原因。另外其供养人之众也展示了施刻者的信仰背景等基础情况。

图 4.1-26
四川安岳圆觉洞第 80 号龛像（笔者摄图，下同）

2. **圆觉洞**

安岳圆觉洞摩崖两龛（第 80、84 号，原编第 56、60 号）地藏十王之像〔1〕，年代皆定在五代后蜀，广为人知，惜其所附题记铭刻没有得到重视与整理。虽然铭刻残泐严重，但有些字迹仍可读出，不应忽视〔2〕。

第 80 号地藏十王龛，高 245 厘米，宽 320 厘米（图 4.1-26）。正壁地藏菩萨半跏趺坐于须弥座上，右手斜执锡杖，左手握摩尼珠。头戴风帽，穿交领袈裟，半跏舒相坐，右足下踏莲花，足旁蹲伏金毛狮子。两边分两层各刻有四上一下的冥王与三位判官等，底层刻有审断情形。此龛之中的地藏菩萨与十位冥王的头身细部已泐，全

图 4.1-26B
圆觉洞第 80 号龛内景

〔1〕圆觉洞此两龛地狱变相有两种编号，一为 56 号与 60 号，一为 80 号与 84 号。所指都是同样两龛。其图版参见刘长久主编《安岳石窟艺术》（四川人民出版社，1997 年）图 70、图 78—81。或认为第 84（60）号龛主像为目连尊者，但目连为什么要主持十王冥府，实无充足理由，且图像与《阎罗王授记经》完全相符。此经又是出自四川，与成都府大圣慈寺沙门藏川述经有关，因而四川之十王图样应有流传。

〔2〕刘长久《中国西南石窟艺术》及《中国美术分类全集》等书皆未注意其所存此铭刻有残字。

龛的风化情况也相当严重。全龛底层一侧多已风化，另一侧尚存三四组，亦分上下而刻。能辨认出来有两组狱卒押罚犯人前行之情形，如近地藏基座而向外，有狱卒手中执棒而趋，其前两三犯人戴枷而行。又一牛头阿傍身躯较低，其前又一狱卒揪住犯人头发趋行，还有绳吊等器具若断裂状，有些人物呈上升状态。下层有一若业镜或业轮的圆轮正在牛头阿傍之下，圆镜中似有动物。其左右两侧有数条狗进入或奔出。若此为业道轮，则是表达六道之意蕴了（图 4.1-26B）。持抱佛像与佛经的善男信女之形象亦行走其间。此龛正壁下方即地藏菩萨，座下有着较大平面，原应有发愿文或造像文等，但残泐颇甚，字迹多已磨平，能识读的仅有几个字而已。有一说认为这是尊胜陀罗尼刻题铭〔1〕，不确。

第 84 号地藏十王龛，位于前龛转角后之上层，高 200 厘米，宽 280 厘米（图 4.1-27）。此龛分两层，主尊两边上层各雕四王，正壁两处，侧壁两处；下层两边则内端有一冥王，外端有三判官。底下一横条台处则雕诸惩戒与善信的细节。正壁中间上方刻地藏菩萨，半跏趺坐于须弥座上，头戴风帽，面部已残毁，右手斜执锡杖，左手握摩尼珠，穿交领袈裟，右足下踏莲花，外袍覆座前，饰以莲花与莲蕾，并卧伏着很小的金毛狮子。其座另侧还立有一僧，面部已毁，身呈曲躬状，双手合十置于胸前，此应为道明和尚。其主尊之下的平面分两层，刻出业镜与地狱门等（图 4.1-27B），与前述圣泉寺龛近同。其上层业镜接主尊右侧下方之阎罗王，其下层接主尊左侧下方转轮王。由此我们可知，龛右上层应是第一、二、三、四王，第五王置下层，而龛左上层则为第六、七、八、九王，第十王置下层。身着盔甲，头戴兜鍪，为武将形貌之转轮王（图 4.1-27C）。余王均戴方巾，着交领袍，多有一侍从，或吏员或童子，侍于桌案左右。判官端坐，手抱于胸前，着圆领窄袖袍，身形较小，无桌案，且有些题名。

联系阎罗王处之业镜中有杀牛场景，一人持压牛身，一人持棒欲击。其外侧两旁底台一为狱卒揪住坐地犯人之发髻，一为童子展开善恶簿。接转轮王处为地狱城门，两侧有大面鬼与一立身，隔镜柄处还有一牛头与盘曲之蛇，又有猪狗类兽奔来。判官下有高大阿傍揪住罪者头发（图 4.1-27D），对称处则为善男信女捧像抱经，安然前来。比较特别处即壁间还有些题字，如武将貌冥王旁有“轮王”等字，判官间可识出“延年判官”（图 4.1-27E）、“生广（？）判官”“曹判官 / □进彩妆”“赵判官（？）发心”及“□判官”等字。与此题记最相近的是李小强文中提到的大足北山石刻第 254 号判官题记〔2〕，郭俊叶也有论及〔3〕，但未注意其实应妆銮时所铭。而且，这些判官之名一直沿用至水陆仪文之中。不过，即使为妆銮所为，其时应该相去不远，身份大致不差。此前还有人说此龛为《盂兰盆经》目连救母故事与《十王经》内容融混，恐未看懂龛像之内容。

〔1〕肖伊绯在《第四届中国俗文化国际学术研讨会侧记》一文（该会由四川大学中国俗文化研究所主办，2011 年 10 月）披露，其曾与日本学者荒见泰史讨论安岳十王雕造等问题，认为圆觉洞地藏座下铭为佛顶尊胜陀铭。但此十王龛近旁有华严三圣及十八罗汉龛像，主像座下确实铭有“佛顶尊胜陀罗尼”，字迹相当清楚，所以其说显系误读。

〔2〕李小强《大足北山石刻第 254 号造像题材探析——兼及大足五代十王造像的相关问题》，《敦煌研究》2011 年第 4 期。但此文没有联系圆觉洞判官题记讨论。其“生祠判官”可与圆觉洞“生广”判官相联系，补正这些判官之名、水陆仪文判官。

〔3〕郭俊叶《敦煌晚唐“地藏十王”图像补说》，《华夏考古》2011 年第 4 期。郭文分析其中有职司与姓氏两种称呼，又推说“曹判官”或是“天曹判官”，若此则将姓氏推入职司中了。实际上“六曹判官”颇见称于水陆仪文等法事文书之中，且此数名实际均为妆銮记。

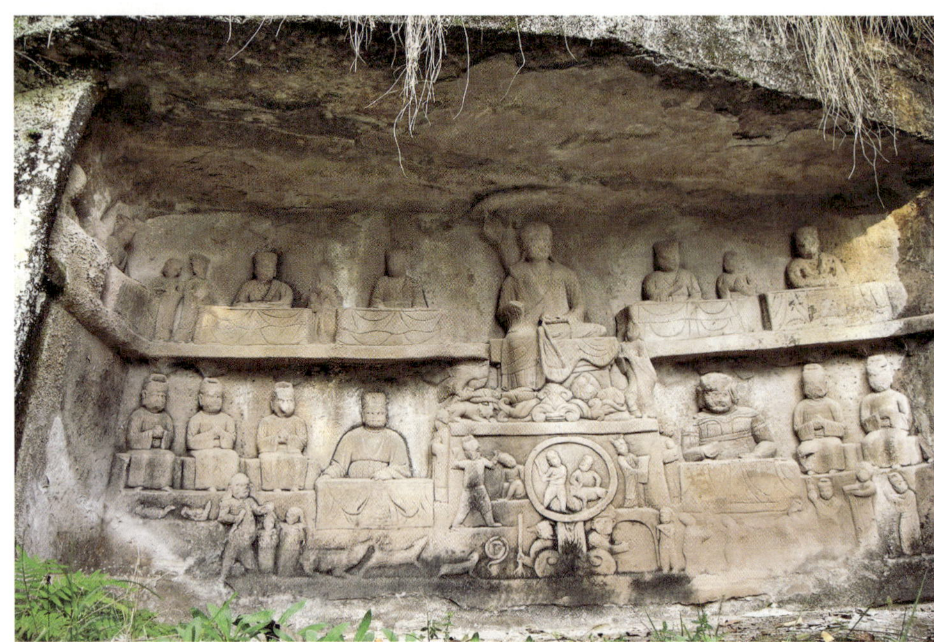

图 4.1-27
四川安岳圆觉洞第 84 号龛全龛（笔者摄，下同）

图 4.1-27B
圆觉洞第 84 号龛地藏主尊座下

图 4.1-27C
圆觉洞第 84 号龛五道转轮王及下方善男信女等

图 4.1-27D
圆觉洞第 84 号龛狱卒揪罪者头发

图 4.1-27E
圆觉洞第 84 号龛转轮王身外侧延年判官题记

图 4.1-28
四川安岳云峰寺摩崖 K11 号地藏十王龛像（笔者摄）

3. **云峰寺**

安岳云峰寺五代龛像也有此题材造像。云峰寺摩崖位于县城之北约 14 公里处，其整体雕凿于一块红色巨岩周遭，但石体较香坛寺刻石高大得多。龛像颇有起伏错落，有些体量也较大。题材不少，有千手观音、十六罗汉、净土变与千佛等，已有相关调查报告〔1〕。地藏十王龛原埋于土中，已得清理。此前四川大学张亮有专文发表，介绍编为 K11 号的此龛〔2〕。

云峰寺摩崖 K11 号龛高 160 多厘米，宽 270 厘米，深 40 多厘米（图 4.1-28、28B）。构成特点为地藏十王雕为一层，地藏菩萨居中，打破了若桌状的横条，呈现半跏坐姿，无锡杖、宝珠。十位冥王分坐两侧，多为高冠广袖大衣，面或蓄须，手或执笔或置于桌案上。地藏最右端戴头盔穿甲者为五道转轮王，其下一层凹槽内为亡灵经过十王审断场景，两边龛侧雕镌进入中阴与出至五趣六道的情形。若依龛中像左右手计方向，十王之顺序应是由左至右（图 4.1-28C、28D）〔3〕。前侧龛沿虽有些残损，但其图像中有奈河树等细节，可证其为起首端。后侧龛沿亦稍有残损，但所镌分道内有象征图像，此无疑为六道轮回。

其下部凹槽条内以业镜为中心，其前后分镌多组人物。但对其进行分组与分类，还是有一定难度，因其与上部诸王的对应不够清晰，不过，可以确认是经过诸王庭审，并非地狱刑惩。其形象可分为几类，戴枷者可识为罪魂，而捧经抱像

〔1〕四川大学国家级考古学实验教学中心、成都文物考古研究院、安岳县文物管理局《四川安岳人和云峰寺摩崖造像调查简报》，《文物》2019 年第 4 期，第 73—87 页。其中 K13 号龛定为释迦、文殊、普贤，或可比定为华严三圣。

〔2〕笔者于 2009 年赴安岳时曾想全面考察安岳此题材龛像，因当时文物普查工作正忙以及封路等原因，只去了香坛寺摩崖。2015 年赴四川美术学院讲演后赴安岳考察了云峰寺等多处摩崖。廖顺勇告知张亮已撰文且将发表，数年后才得见其成果。张亮《四川安岳云峰寺新发现“地藏十王变”及相关问题》，《中国国家博物馆馆刊》2018 年第 1 期，第 26—37 页。

〔3〕若依观者则是从右向左，符合中国古人书写习惯。

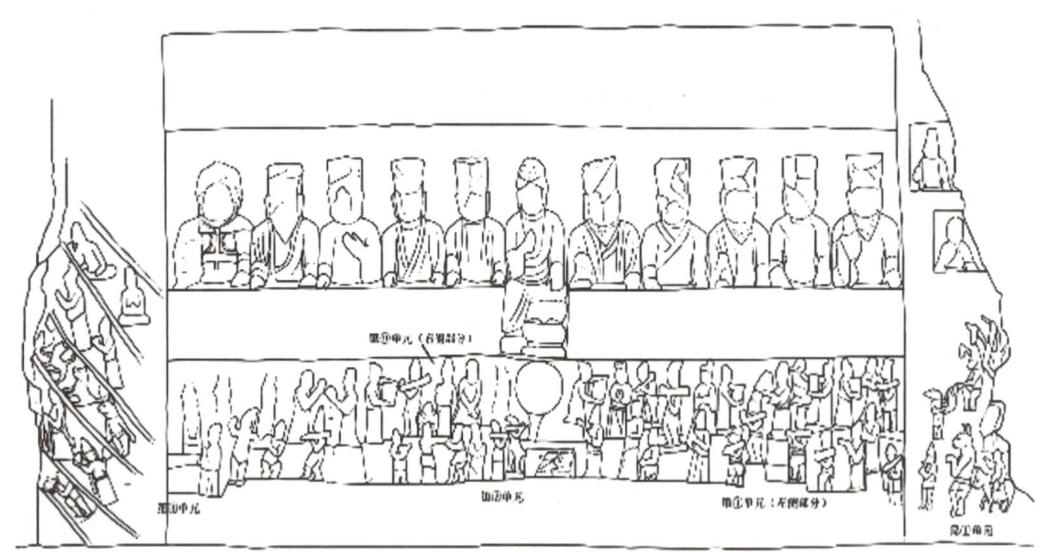

图 4.1-28B

云峰寺 K11 号线图（采自张亮《四川安岳云峰寺新发现“地藏十王变”及相关问题》，除另注明者外，下同）

图 4.1-28C

云峰寺 K11 号前五王

者为善男信女，还有些特征不够鲜明者，也可视为一般亡者。其中有些似展开纸卷者，究竟为何类形象——是善恶童子还是宣判之官吏仍可探讨（图 4.1-28E）。张亮论文将这些形象定为善恶童子，并以宣判作为分组依据，将下雕刻层连同龛侧划分为入地狱、受检校、受宣判、入轮回，还将受检校一分为二阐释为围绕宣判，形成来回之跳动，而非自然流动。亡灵中善信与罪魂都要来回往复，绕行回旋。不知张亮确切根据何在，这些判断并无任何原始榜题作为证据，又难以与上层冥王对应，其说恐难成立。实际上，张亮将中阴阶段的十王审讯认作地狱变，这一定性本身就

图 4.1-28D
云峰寺 K11 号后五王

图 4.1-28E
云峰寺 K11 号后五王下部细节（笔者摄）

有错误，又将地狱变情节扩引至左前侧壁，更加难圆其说。

此龛的规模不算大，凿造也较粗简，显然是下层民众所为。其组成不像多种经图材料那样诸王分明。此龛是诸王成一排，亡灵等成一排（善信罪魂及随神官神吏混在一起），对应不明晰，阐说有难度。张亮分析其由内江普陀岩十王龛形式发展而来，确实也有些道理。但他的解说有太多猜测，即以连环画形式，从左壁—正壁—右壁，表现亡魂进入地狱（左壁）、接受十王检校—宣判（正壁）—六道轮回（右壁）之系列流程，其宣判与检校是1-3-2-4-5来回反复，而非1-2-3-4-5自然流动，有阐释太过之嫌。

张亮虽对此龛像独特之处进行了不少深入的探讨，有积极意义，不过所论尚可存疑，如将地狱与中阴混淆不清。所谓亡魂进入地狱，从左前壁就开始（实际上只能是最后入轮回）。张亮将下层凹槽所雕造者比为地狱变等，导致阐释过度而混乱。不少论文、著作都有此问题，包括笔者原初的认识也不够清楚。但是现在应该明了，十王系统经本即《阎罗王授记 / 预修十王生七经》，全为中阴阶段之事，即有情含识死去以后、转生之前，不在轮回之内的特殊阶段。亡灵经此阶段后才能进入轮回，入于地狱等六道。民众奉此《十王经》之目的，就是为了使亲人与自己不入地狱等三恶道。经中说善男信女写此经、造佛像就可免恶道，写经造像回向亲人，可使亡亲罪业抵消，不入恶道。

所以，视此类《十王经图》如地狱变是一种误解，图像中持经抱像的善信因而多被忽略。张亮文描述“抱一三角形物”“抱一棍状物”实际均为持经抱像的善男信女[1]。现代学者论著混淆中阴与地狱的又一原因在于古人后来也有混淆。中阴阶段由地藏十王主宰，地狱由谁主宰？阴间冥府由谁主宰呢？仍是阎罗，仍是地藏，信仰扩大后又加东岳或城隍。但其发展有个过程，从南北朝佛教地狱及阎罗王等入华之说为社会普遍接受，由唐至宋进一步发展成熟。十王体系在阴间冥界的形成发展对此起到了重要作用，但其不是一条线索，而是地狱等事与中阴并行发展，宋以后更融通道教等。所以，古人渐将中阴与冥界混淆，南宋至元初的十王画中有此迹象，见下文。元明清三代佛道融通，地藏十王又入东岳大帝麾下并纳进城隍系统。显然，我们不能以后世观念推想前人，想当然地以为地狱变相如何如何而强加阐解。

此龛像重要而有趣的一点即无地狱道。一般五趣六道的区别在于有无阿修罗道，小乘佛教原无修罗道，至大乘佛教才有。但实际情况多有变化，汉地佛教基本都在大乘佛教范围，国内龛像应同，但也有五趣至六道图像的演进与变化。此云峰寺龛最后数道云气，如前文描述，龛右侧壁所镌分股云气中有两坐像、有两抱物像、有动物若狗兔，且两像中有多面臂举圆形物（应为日月）有如若鼓腹者，可辨出天、人、畜生、修罗、饿鬼道，而无地狱道（图4.1-28F）。那么，地狱道之象征又去哪里了，是否会如报告作者所说放到对面——另一龛侧呢？未必。虽然彼处有牛头马面（图4.1-28G），但如果地狱在对面的龛侧，那么其阶段及始末就被完全打乱了。那么，地狱到哪里去了呢？

上引《四川安岳人和云峰寺摩崖造像调查简报》和《四川安岳云峰寺新发现“地藏十王变”及相关问题》两文所附照片及专文线图，虽大体不错可供比较，但从笔者所摄图片来看，其下层浅雕右端底部，明显有些云气的痕迹，通向其下，可知其底下仍有未明处（图4.1-28H）。虽然上端有不少模糊之迹，且轮回部分亦有些残缺，但从细节可知原报告于此有疏漏之处。所绘线图凹槽右端底部可以存疑，或有地狱象征（风化模糊之处或即关系地狱）。如果此处原有地狱象征，则十王图系完整，不一定要将地狱绕到左前壁处

[1] 张亮《四川安岳云峰寺新发现“地藏十王变”及相关问题》的摘要说此铺造像“以连环画的形式，完整呈现亡魂进入地狱后经历的一系列过程”，是完全将中阴阶段与地狱混同，所谓“重视宣判场景表现，对六道图像的灵活运用等”多属猜测。

图 4.1-28F
云峰寺 K11 号龛右前侧壁

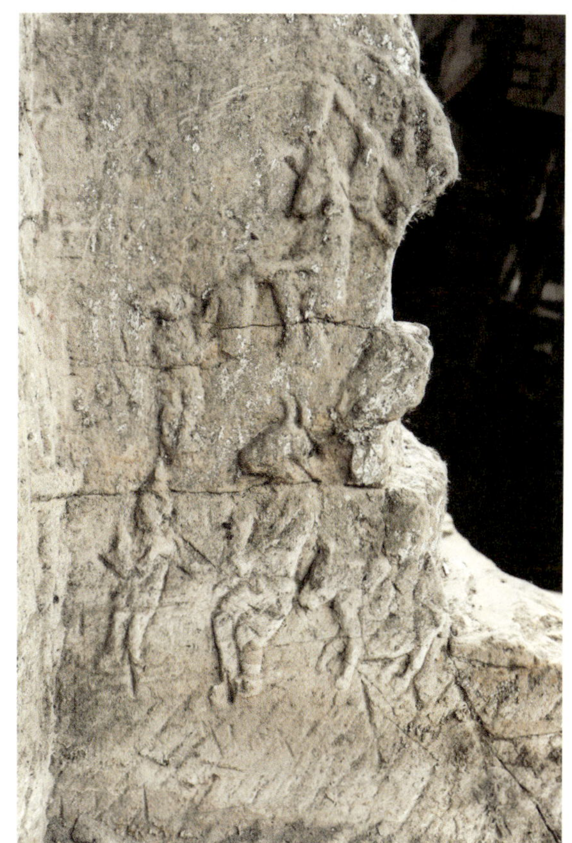

图 4.1-28G
云峰寺 K11 号龛左前侧壁

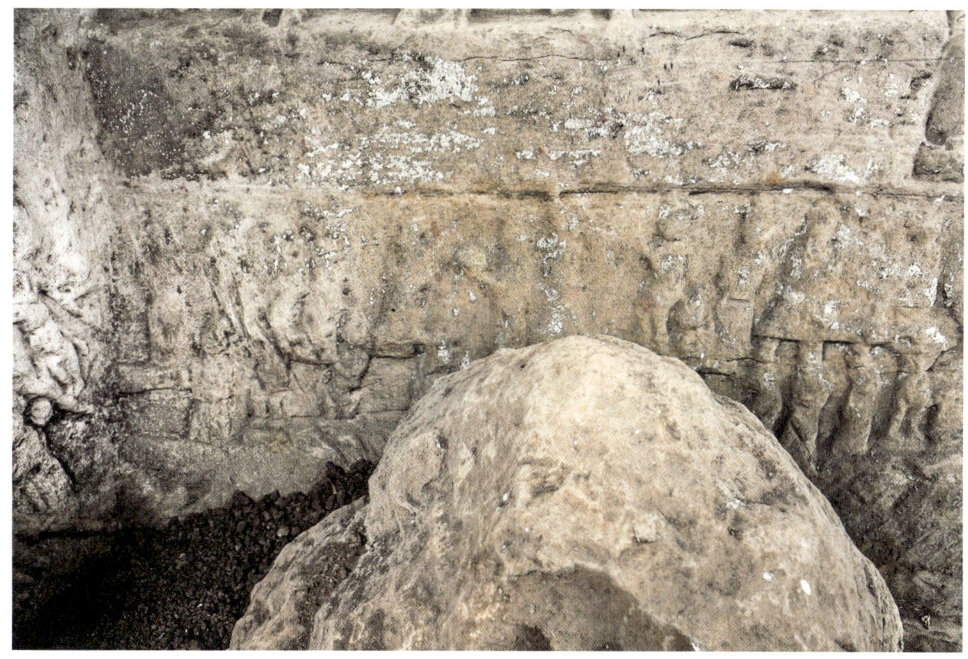

图 4.1-28H
云峰寺 K11 号龛像后五王右端下部细节（笔者摄）

加以阐释。其左前壁虽残，但树上下挂布条之细节可确定是奈河旁之景，有普陀岩、圣泉寺等龛图像可以对证，缺损处可能有桥梁。又其中一人所抱似小像，而其后牛头人身者亦抱物，全无狱卒气息，未有同类形象式样，或有可能是表达进入中阴的畜类。这也是此龛的独特之处。

总之，无论我们怎样阐释云峰寺摩崖龛像，都必须符合《十王经图》的基本规律，方能在此基础上探求其独特之处。而且，探讨各种模式变化的前提，是我们必须考虑其社会因素与经济基础，如雕造面积与资金条件等而非其他，否则很容易陷入过度阐释的陷阱。

《十王经》信仰

经本成变、图画像雕与东亚葬俗

中册

张总 著

十五

经信仰

经本来之意图出像雕与东西舞人

癸卯 敦煌 沈书

国家出版基金资助项目

陕西师范大学人文科学高等研究院资助项目

第二节 敦煌、瓜州

敦煌既有莫高窟等石窟壁画，也有藏经洞所出的绢纸绘作，以配合《十王经》抄写本与插图本。经过对比，我们可以得到丰富的信息，显示出各自的特色。甘肃瓜州榆林窟等处属于广义的敦煌石窟，其中也有此类题材作品。

一、壁画

（一）莫高榆林

敦煌莫高窟及甘肃瓜州榆林窟都有地藏十王壁画，而且其时代分布集中。最早者为确认为晚唐的壁画，较《十王经》类写绘本的年代更早，非常重要。榆林窟内虽仅数窟，亦可归纳。据敦煌研究院先后编刊的内容总录[1]，以及王惠民与郭俊叶等人发表的论文，可以将石窟壁画部分情况简列如下：

晚唐：

莫高窟第 8 号窟，甬道盝形顶中央有地藏菩萨与十王图像，对称画出。

五代（曹氏归义军时期）：

莫高窟第 7 号窟、榆林窟第 1 号窟。

莫高窟第 217 号窟，甬道盝形顶中央有地藏菩萨与十王图像。

莫高窟第 6 号窟，甬道盝形顶中央有地藏菩萨与六道轮回、十王图像。旁为水月观音。

莫高窟第 375 号窟，甬道盝形顶中央有五代画地藏菩萨与十王像。

莫高窟第 379 号窟，甬道顶中央有五代画地藏菩萨与十王图像。

莫高窟第 384 号窟，甬道顶中央有五代画地藏菩萨与十王图像。

莫高窟第 390 号窟，甬道顶有五代画地藏菩萨与十王图，图中有五官王等题记。

莫高窟第 392 号窟，甬道盝形顶中央画地藏菩萨与十王图一铺。

榆林窟第 38 号窟，后甬道顶有五代画地藏菩萨与十王，前甬道顶有千佛与地藏菩萨。

北宋、西夏（曹氏归义军时期）：

〔1〕敦煌文物研究所整理《敦煌莫高窟内容总录》，文物出版社，1982 年，第 255 页；敦煌研究院编《敦煌石窟内容总录》，文物出版社，1996 年，第 285—286 页。原录有十六幅左右，后被剔除多幅，增补数幅。

莫高窟第 6 号窟、榆林窟第 1 号窟。

莫高窟第 176 号窟，甬道盝形顶中央有宋代画地藏菩萨、六道轮回、十王一铺。

莫高窟第 202 号窟，甬道盝形顶中央有宋代画地藏菩萨与十王图像一铺。

莫高窟第 220 号窟，门口上方有宋代画地藏菩萨与十王图。

莫高窟第 380 号窟，甬道盝形顶中央有宋代画地藏菩萨与十王图像一铺。

莫高窟第 456 号窟，东壁门北有地藏王菩萨、六道轮回与十王图像一铺。门南为八臂观音一铺。

莫高窟第 314 号窟，前室西壁门上方有西夏画地藏与十王图像，现已模糊。

榆林窟第 33 号窟中有地藏菩萨、五道转轮、阎罗王图像，是节略形式。

瓜州东千佛洞第 5 号窟的西夏画作，无地藏。

以下进行简要介绍。

敦煌莫高窟第 8 号窟确认有早期十王与地藏菩萨图壁画，郭俊叶与王惠民先后对此地藏十王像进行过研究[1]。此窟实为三联窟，即第 8、9、10 号为一组（以 9 号为主），两侧具有耳洞之群组窟（图 4.2-1）。主窟甬道中有索勋、张承奉等人署官职题名之画像。索勋任归义军节度使在景福元年（892）。894 年，索勋被杀，由张承奉接任节度使。所以，这个组窟的凿绘应在景福元年或稍后。

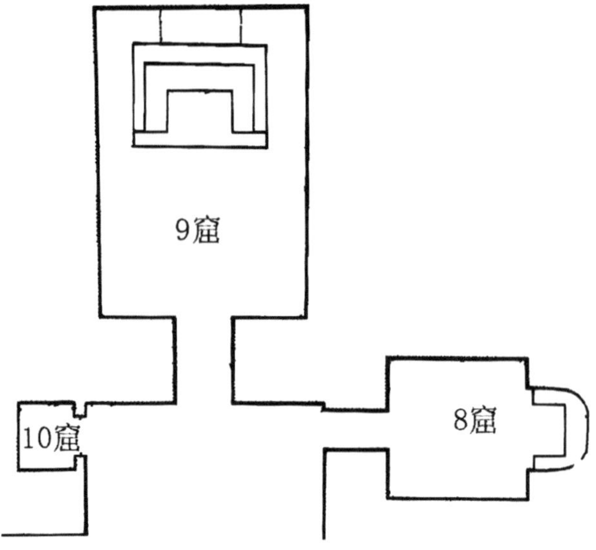

图 4.2-1

敦煌莫高窟第 8、9、10 号窟平面（采自王惠民《敦煌所见早期披帽地藏新资料》，下同）

第 8 号窟南向，门内的上方有地藏十王像，约高 70 厘米，宽 110 厘米（图 4.2-1B）。现存主尊地藏菩萨有多重圆轮形大身光，以及圆项光、披风帽，为右舒相坐，手中执锡杖或持宝珠，但已模糊。前下侧金毛狮子，有些虚化，其旁有深色块，应为道明和尚。地藏菩萨前后有善恶童子，前上方有童子乘云而下，身后形貌似乎更大且有些不同。前下方有两判官，着幞头圆领长袍，但东侧的两判官与五冥王已残毁。西侧五冥王手捧笏板，席地而坐于长方形绿边框的毯席上，均为冠帽袍服，色彩斑斓（图 4.2-1C）。诸王身后出自远山的弯曲河流，实是与别图的边界了。原有说最上一王头戴兜鍪，不确。若头戴头盔，身应披甲，但从衣装来看仍是袍服，所以应是冠式有别或脱色所致。每位人像及狮子旁均有榜题框，但无存字。此处大约为敦煌地区最早的地藏十王图像，图像程序似较完备。十王均席地而坐而非在桌案后，应为早期特点。但判官部分特别是具四姓氏判官，似晚出一些，四川摩崖早期龛中均无此设。敦煌此窟中的地藏十王，具有紧凑与松散相结合的特点。

[1] 郭俊叶《敦煌晚唐“地藏十王”图像补说》，《华夏考古》2011 年第 4 期，第 116—119 页。此文对敦煌石窟地藏十王壁画及总录情况作了较详细的梳理与考证。王惠民《中唐以后敦煌地藏图像考察》，《敦煌研究》2007 年第 1 期，第 24—33 页。王惠民《敦煌所见早期披帽地藏新资料》，《十世纪中国及其周边：多中心时代的艺术与视觉文化》，芝加哥大学东亚艺术中心，2012 年。但此文第 284 页注 4 对美国哥伦比亚大学藏石碑像为地藏的解释是错的，其实是观音像。见张总《观世音〈高王经〉并应化像碑》，《世界宗教文化》2010 年第 3 期。

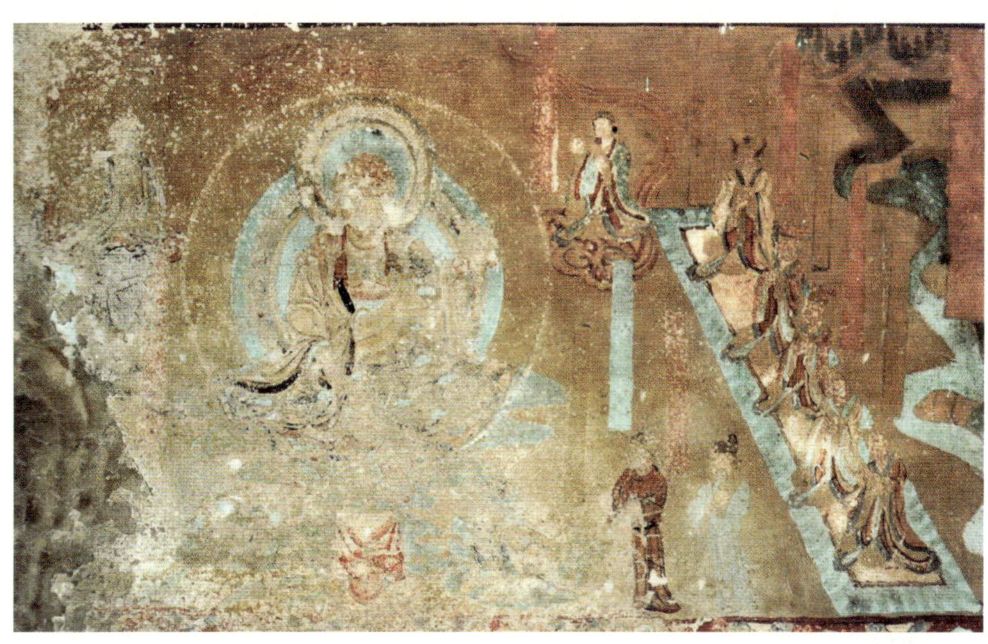

图 4.2-1B

敦煌莫高窟第 8 号窟地藏菩萨与一侧五王图

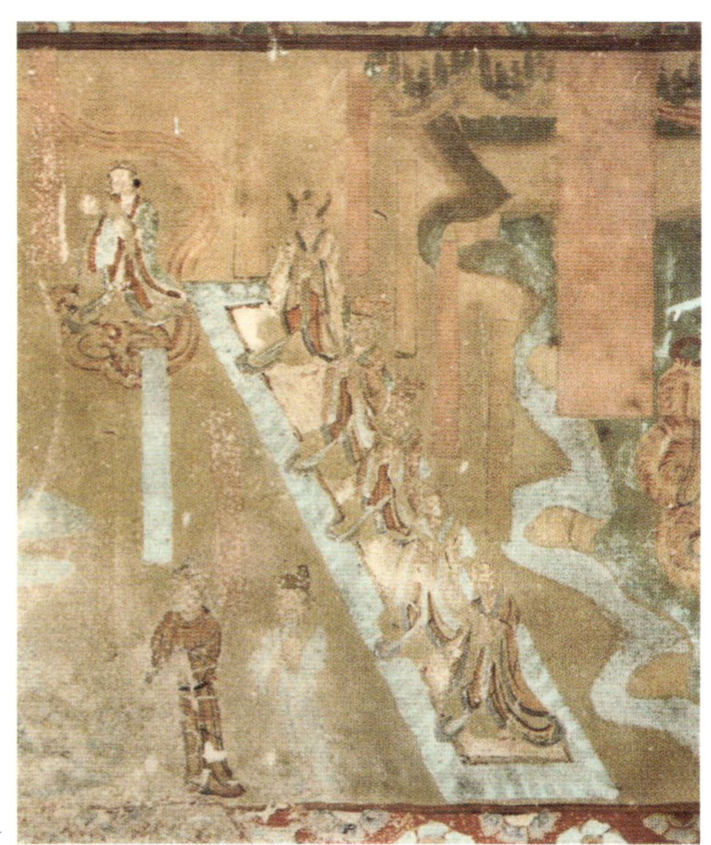

图 4.2-1C

敦煌莫高窟第 8 号窟一侧五王图部分

敦煌莫高窟第 217 号窟凿造于盛唐[1]，但有部分修绘于五代。其盝形顶甬道的南北披分画地藏菩萨与十王。南北各分布五位冥王，且各有地藏菩萨，是十王与双地藏菩萨的构成，为松散的

〔1〕张景峰《敦煌莫高窟第 217 窟主室供养人画像调查新发现》,《敦煌研究》2016 年第 2 期，第 32—39 页。

图 4.2-2

敦煌莫高窟第 217 号窟甬道顶南披地藏十王图（采自《敦煌石窟全集·密教卷》，下同）

图 4.2-2B

敦煌莫高窟第 217 号窟南披地藏及王者像

构成形式。在每个具有种种花饰的长条格之方格之内，都绘有地藏或一王者。

南披由外而内前三格各有冥王（图 4.2-2、2B），大袍宽袖，左右侍有童子。第四格为地藏菩萨，左手托摩尼火珠。其左侧下还有地狱与小牛状兽畜，右上有升云，头上有更小之像，似为天道，其下角有火汤镬象征地狱。续后两格内亦为冥王。

北披由外而内前两格毁，第三格为冥王，第四格为地藏。身右侧上有裸身飘带举双臂者，若所举为日月，即是阿修罗。其下有一四腿兽畜。身左下有一裸身拜者，又有一榜题条，顶上摩尼宝珠（图 4.2-2C、2D）。郭俊叶说此中六道似分两半表达，若此图中的阿修罗、人及畜生道。续后仍有两格王者，有小鬼及畜生之类，后两格亦为冥王，着袍服，有两侍。一共十二格画像，毁

图 4.2-2C
敦煌莫高窟第 217 号窟甬道顶北披地藏十王图

图 4.2-2D
敦煌莫高窟第 217 号窟北披地藏及王者图

损两格，约存十格。此窟像之诸王与菩萨像之特征，在于轮回分附于地藏菩萨之处（但菩萨直接管辖轮回似是晚期特征），十二格中可能无法表达而集中于菩萨处，又南北两分。

莫高窟第 384 号窟为盛唐时未完工之窟，窟甬道顶为五代画《十王图》，以地藏居中，两边竖排十王，下有善恶童子、狮子、道明和尚，内容完整，相当精美（图 4.2-3）。其画面多用蓝、绿等基本色调，唯地藏菩萨的风帽设为暖红色，十分突出。主像上具华盖，半跏趺坐像，右手持手印，左手持宝珠。十王均踞坐于方形华台而上无桌，着深浅色袍服而抱笏板。只有左边顶上具冠冕者，可定为阎罗王。唯在前下方，四判官之前有桌案。上排香案，旁立善恶童子与狮子及道明和尚，形象小而无甚细节，仅点染而出。主像两边为六道云气，右有帛带天人、白马、火中饿鬼。左有飘带人道与双阿修罗，地狱里仿佛有在火中奔走的饿鬼。其头旁有一绿色的身影或一倒

图 4.2-3
敦煌莫高窟第 384 号窟甬道顶壁画地藏十王

图 4.2-4
敦煌莫高窟第 390 号窟甬道顶画地藏十王

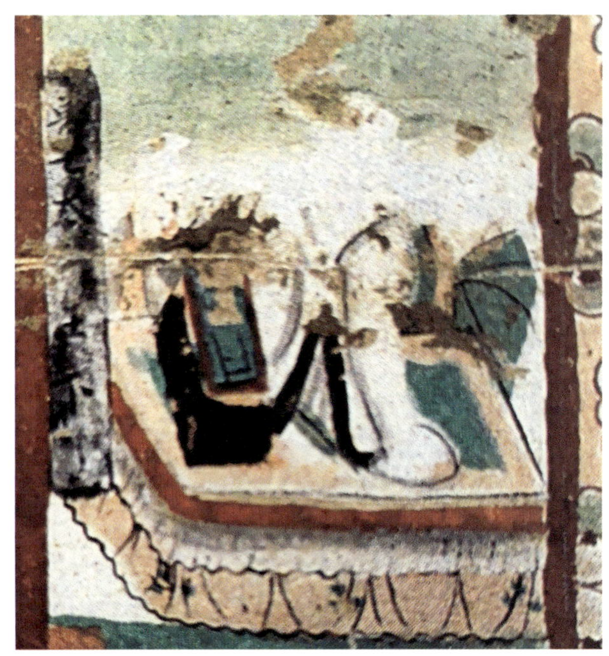

图 4.2-4B
敦煌莫高窟第 390 号窟壁画第七太山王

立者。诸榜题设框条而未填写。除主像外的诸像多无轮廓线条或轮廓线条已脱失，犹如水彩画而别有效果。

莫高窟第390号窟甬道顶画地藏、六道、十王、四判官、道明、狮子，亦完整无缺（图 4.2-4），与上述第 384 号窟颇为相似，但画面较宽。地藏为较少见的露顶比丘形，半跏坐像，左手持宝珠，右手持锡杖。袈裟花纹突出，锡杖大而宝珠透明。六道形象丰满硕大而色淡，右上为天道，有菩萨两身，衣带飘飘，左侧人道已残毁，白马、黑牛表畜生，下部为奔号的饿鬼，阿修罗亦有两身，地狱里则有火中人。两边十王纵列而以线隔开，榜题底色亦不同。从存迹看，部分榜题有写，部分未写。如左侧由上而下第三冥王处有“第七太□（山）王下”（图 4.2-4B）。此处“下”字十分重要，我们据此推知其他榜题亦应有此字。再如右侧第二冥王处，可见“第四五官王下”，下处有“□（饿）鬼道”。再下第五冥王处榜题虽较暗，但仍可见“第十”等字。诸王皆坐在铺有布幔的台上，且有小案和两童。四位判官坐于桌后，其间有两人应为吏员。上方道明合掌跽坐于毯上，榜题虽暗，但仍可见“道明和尚□□□□”，金毛狮子处只有狮形轮廓而榜题无字。

甘肃瓜州榆林窟的第 38 号窟地藏十王不在甬道顶部或侧披，而是在前室北壁，为此类题材壁画中最大的一铺。其主尊已毁，两侧画有十王审判的场面（图 4.2-5）。诸冥王位次略同上述第 390 号窟。下有高大底台，上有几案，诸王跽坐于后，没有椅凳或胡床之类。画面不仅清晰，尽显华贵，而且处在自然环境中，后有高树，前有草坪及水流（图 4.2-5B）。王者的侍从有童子和官吏，正展卷宣判，或随从在台侧。又有狱卒押着戴长枷之亡魂，其下有金毛狮子与道明和尚。部分十王榜题尚存，文字属于《佛说十王经》中的七言四句赞词，如变成王之榜题存有后半：“日日只看功德力，天堂地狱在须臾。”太山王处存“福业此时仍未定……”。这是唯一有赞文的十王经变，可以明确对应敦煌本《佛说十王经》，即藏川署名的经本。而榆林窟的第 35 号窟甬道顶宋画地藏十王，虽残大半，但存六道与南侧诸王，又有榜题“第四七斋五官王下”“第十三年斋五道转轮王下”“道明和尚”等，可知出与《阎罗王授记经》有关。

图 4.2-5
甘肃瓜州榆林窟第 38 号窟前室西壁十王图边侧

总体而观，壁画中地藏菩萨形象特征为已具风帽。而对莫高窟第 217 号窟十王壁画的年代判定，郭俊叶定在晚唐，王惠民较为谨慎，定在五代。据地藏十王及双地藏的形态，我们现可明确石窟凿造时间约在晚唐或之前，绘画则在晚唐，也可稍后至五代初。郭俊叶分析第 8 号窟与第 217 号窟的绘画形式有独特性。但实际上这种地藏十王题材最为流行，集中而突出，年代在曹氏归义军统治时期，属五代与北宋。这一时段莫高窟地藏十王图像有十二例之多，榆林窟则有十三例，其中只有三例是画在门口上方等处，其余都是画在盝形甬道顶之上方，构图形式以地藏居中、十王由上而下排于两边，或地藏居上、十王分列下方这两种形式为主，而前者略多一些。如莫高窟第 375、379、384、390 号窟五代期壁画、第 202 号窟北宋前期的壁画、第 314 号窟西夏时壁画，为十王上下排列两旁的构图形式；而莫高窟第 6、392 号窟五代期壁画、第 176、380、456 号窟北宋前期壁画，为十王分居下方的构图形式。

比较而言，地藏十王组合作品占全部地藏题

图 4.2-5B
甘肃瓜州榆林窟第 38 号窟十王图局部

材作品的三分之二以上。地藏与观音之组合虽没有以前那么突出，但仍有地藏十王与八臂观音相对称的第 456 号窟，还有地藏王菩萨与水月观音相邻的第 331 号窟。西夏时期有一幅地藏与十王，另一幅是观音与地藏的对称组合。此外，还有不少作品是对称绘出的，如在一龛的两侧沿之外，分别绘有两菩萨。不难看出，地藏与观音的组合还是占有一定的比重。

瓜州榆林窟第 35 号窟门上方的壁画并非严格的地藏十王图，其以阎罗与转轮两王作代表，处于地藏菩萨两端，形成三角构图，其间绘有不少细节，如亡魂奔走及地狱汤镬等，可谓缩减版的地藏十王图。虽然诸王仅列两位，如北魏樊奴子造像碑阴的镌刻，但有地藏菩萨作主宰。此即数百年来信仰发展的结果。

第 390 号窟画内最重要者不是前人所指的“道明和尚”题记，而是诸王榜题处的“下”字。这与数幅绢画榜题同时证明，部分绘画作品是依《阎罗王授记经》(《阎罗王经》) 而题。如此比对《十王经图》，我们可突破《十王经》具赞词者才配图的已有认知，重新认识其图文关系。

（二）东千佛洞

瓜州东千佛洞也存有一处十王壁画。瓜州东千佛洞是著名的西夏及元代佛教艺术遗存，为榆林窟分支，大体仍属于敦煌石窟艺术体系。其窟数并不多，只有 23 窟，有壁画与雕塑者仅 8 个，但艺术风格独特，内容丰富。其中，第 2 号窟与第 5 号窟都是十分重要的艺术遗存。据张宝玺的考察，瓜州东千佛洞第 5 号窟内侧壁的下部，有十王内容的壁画，但现在多已很难辨识清楚了（图 4.2-6）。

图 4.2-6
甘肃瓜州东千佛洞第 5 号窟前室“文殊、绿度母、八塔变”壁画（笔者摄，下同）

图 4.2-6B
甘肃瓜州东千佛洞第 5 号窟前室图下部

图 4.2-6C
甘肃瓜州东千佛洞第 5 号窟图中王者处

据张宝玺研究[1]，其第 5 号窟前室两壁下部窟脚部分有供养人行列与十王变，两前壁各有五幅。如左壁有普贤变、绿度母与八塔变。而男供养人行列与十王等内容均在下部，没有地藏菩萨，属西夏壁画。上部画有王者，下部有亡者遭受刑罚（图 4.2-6B）。现存画面上似有一王者（图 4.2-6C）。当然，学界也有不同意见，如王惠民以为此系曼陀罗而非十王[2]。

〔1〕张宝玺《瓜州东千佛洞西夏石窟艺术》，学苑出版社，2012 年，图版 49。

〔2〕王惠民《中唐以后敦煌地藏图像考察》(《敦煌研究》2007 年第 1 期）言此为曼陀罗而非十王，但无碍张宝玺的研究成果。

二、藏经洞绢纸布画

藏经洞所出的绢纸本地藏十王图等也有相当重要的价值。众所周知，敦煌藏经洞所出的绘画作品在艺术史上占有重要地位，数量达1700余件[1]，其与敦煌壁画有着不同的特点。本书论述的敦煌本《十王经》即出于藏经洞。经本中有插图、卷首画，以及一件英法分藏各半的无文字绘画作品。虽然现在学界已将经图情况基本查清，但早年刊布的作品中仍有一些未缀合的残件等，这些作品有多种编号，故而在梳理时极易混淆、出错。在此，笔者暂不论前已叙述的经本图绘画作，仅涉经本之外的纯绘画作品。地藏菩萨图像发展出丰富复杂的形式，至少附有六道、十王，还有善恶童子、数位判官，以及道明和尚与金毛狮子，其主像多为披风帽且持锡杖与宝珠。据沙武田分析，藏经洞所出单幅绢纸本绘画，构图又可分为两种形式：其一是地藏菩萨居中占主位，十大冥王分布于画面的两侧；其二是地藏菩萨居中，但位置偏上，十大冥王等均集于下方，一般也分为两组，左右各五王排列。当然，这一分析是从画稿入手的，也涉及壁画与经中卷首插图等，但处理得稍显简单[2]。关于上述第8号窟与第217号窟壁画中地藏十王的构成，郭俊叶已分析了两种形式的对应以及各自的特点，还说到了两者结合的一些情况。在早期地藏十王画的构图中，画面中央是结跏趺或半跏趺坐的地藏菩萨，手中持锡杖与摩尼宝珠，其下或有道明和尚、金毛狮子、善恶童子等，十王位于两侧。太史文《〈十王经〉与中国中世纪佛教冥界的形成》附录5列有十三件关于地藏菩萨与十王的绘画，并据德国汉学家雷德侯《十王与地府》中采用的图像发展次序编排，将十王呈现形式分为五组[3]：无序；在地藏下方一行；在地藏下方分坐；围绕地藏分坐两行；圈状围绕地藏。张小刚与郭俊叶[4]、马德[5]、王惠民[6]等人也有研究与介绍，尹富也有刊录[7]。印度所藏作品由印度汉学家钱德拉与夏尔玛所编图册著录[8]。兰州大学袁婷有藏经绘画品研究史的专题博士论文，惜对此题材的收集并不全，且有疏误，所列共有十四件，但印度藏品中有两件未收，英国藏四件中收录两件已缀合的经本残片，法国藏八件中混入一英藏

---

〔1〕袁婷《敦煌藏经洞出土绘画品研究史》（兰州大学博士论文，2012年）是关于藏经洞所出绘画艺术品的专题博士论文。据其绪论统计，各国所收藏经洞中绢麻纸画约有1050件，散藏于文书的绘画品约658件，合计1708件。

〔2〕沙武田《敦煌画稿研究》，中央编译出版社，2007年。

〔3〕太史文《〈十王经〉与中国中世纪佛教冥界的形成》附录5（上海古籍出版社，2016年，第205—208页）列有关地藏菩萨与十王的绘画共13件。

〔4〕张小刚、郭俊叶《敦煌“地藏十王”经像拾遗》，《敦煌吐鲁番研究》第15卷，2015年。第104页注1列出12件。这些画编号杂乱，系统很多。印度学者钱德拉著录中有英国与印度藏品号对照。

〔5〕马德《敦煌绢画题记辑录》，《敦煌学辑刊》1996年第1期。

〔6〕王惠民《中唐以后敦煌地藏图像考察》内容较丰富，其地藏组合图的表中列12件，仅缺印度藏纸本画Ch.lxxiii.002号（印度藏Stein552号）。其文将W与F列为英、法国的馆藏号。王惠民另一篇《散藏敦煌绘画品知见录》（《艺术史研究》第18辑，2016年）述两件日本所藏十王经图、董文员绘卷与回鹘文残画件。

〔7〕尹富刊录的错误很多，其专著《中国地藏信仰研究》虽已据太史文专著之附录，但其书前黑白图版的图二十一SP.23大英博物馆藏五代地藏十王绢画，实为印度新德里国立博物馆藏品；图二十二MG.17662法国吉美博物馆藏北宋太平兴国八年地藏十王绢画，实为英国所藏；图二十三印度新德里国家博物馆藏被帽地藏十王绢画，实为法国藏太平兴国八年绢画；图二十法国卢浮宫东方部藏五代六道地藏十王及净土绢画，实际已转藏吉美博物馆。可见其不少资料只是转引，未加核实，多有误植。

〔8〕Lokesh Chandra，Nirmala Sharma，*Buddhist Paintings of TUN-HUANG in the National Museum*，*New Delhi*，Niyogi Books，2012. 因斯坦因第二次考察由英国与印度殖民政府资助，所以后来从已藏英国的敦煌文物中分出一部分调拨至印度国家博物馆。此图册附有英藏与印度编号的对照索引表。其SP即Stein painting，大英博物馆馆藏号，也是Waley（魏礼）目录编号顺序；NM即National Museum，印度新德里国家博物馆馆藏号。所以，王惠民等文中所用W（英国汉学家魏礼目录号）实与SP号相同。

写经[1]。

关于敦煌绢画，以美国学者太史文与陕西师范大学沙武田二人专著收罗较全[2]。太史文专著附录5共列13件，其中第十一幅是藏于印度新德里国家博物馆的Ch.00225号。因其没有刊布过图版，所以特别附加了问号。但魏礼、松本荣一、河原由雄，以及王惠民的文章里都有讨论过此图，张小刚论文未及之，袁婷博士论文仅表中列出了同此件的S.painting361编号，估计其与英藏Ch.0021号比较接近。沙武田专著之附表稍有错失，个别作品并非有十王，而是只有六道等细节。美国弗利尔美术馆藏一地藏图幅虽有五道将军及道明和尚、金毛狮子，但无十王。这样图幅总数即为13件。还应注意其中著名的法藏MG.17794号，该画细节上体现了宋末元初的特征。

法国所藏现均在吉美博物馆，有五幅绢画MG.17793（F114）号、MG.17794（F117）号、MG.17795（F115）号、MG.17662（F116）号与EO.3644（F119）号，两幅麻布画EO.1173（F118）号、EO.3580（F120）号，共计七幅。英国大英博物馆藏有两幅绢画Ch.lxi009（W9）号、Ch.0021（W23）号[3]，印度国家博物馆藏有三幅绢画Ch.00225（W361）号、Ch.00355（W362、松111A）号、Ch.xxviii003（W473、松109，画稿）号，一幅纸画Ch.lxiii002号，共计四幅。英国与印度所藏都系斯坦因所获。由此可知，敦煌藏经洞的地藏十王图画共计十三幅，其中一件为纸本、两件为麻布本、十件为绢本。现依此次序简介如下（为简明起见，1930年刊英印藏品目录编号，用W/SP.表示）[4]：

（一）纸本

印度新德里国家博物馆藏Ch.002（印度藏SP.552）号虽为纸本，但已裱装完好，上有系结可用于悬挂（图4.2-7）。画面上方两角各有坐佛。全图中，十王都是站立，分列两边。地藏居中坐于莲台，右手持锡杖，左手持火珠形摩尼宝珠。下面供桌前旁有狮子与道明和尚，空间狭小，三个吏员或判官分布其中。底部有家庭式供养者，妇女携女，丈夫持香炉携子。各像都有榜题框，占了不少位置，但未填写。此画似是一幅绘好而未售出之作，诸像具备但没有题记。

[1] 袁婷博士论文完成于2012年，或未见前注之同年所出钱德拉等编印度收藏敦煌艺术品画册。其第五章第二节内“敦煌绢画中的地藏菩萨图像”表格内，列出14件地藏十王绘作，但误收录英藏中已经缀合入S.3961号的S.painting78号，还有无文字应属经图的S.painting80号，且将英国图书馆S.3961号纸本《十王经》收录但误作为法藏。印度所藏纸画SP.552号虽列入却未标明有十王而只注为地藏菩萨图，又缺印藏SP.473号。全文后的附表亦不全。虽然此博论附有不少英法俄藏品表格，如印度藏品与英国编号的对照，还有松本荣一《敦煌画研究》图版表格等。其实后者中附有数件印度藏敦煌地藏十王画（松109、松111A），但没有将其整合入地藏十王作品之中，而且正文附表格与附表中的《地藏十王图》年代不能对应。

[2] 沙武田《敦煌画稿研究》附录表中计有15件，但收录《十王经图》中已缀入S.3961号的S.painting78号与缀合P.4523号的S.painting80号，误失较近于袁婷论文，或因参考所致。且其表列EO.3642号似有误，各家著录均无。又所列MG.17764号绢画地藏十王变，实际上只有六道无十王，正文虽有说明但附表错误。其MG.17762则是MG.17662之误。印度新德里国家博物馆S.painting473号画稿即Ch.xxviii003号。

[3] Stein painting即斯坦因绘画品编号，因此缩简为SP。Sp.281号之前为大英博物馆藏品，之后至SP.554号为印度藏品。1931年大英博物馆与印度政府联合出版《斯坦因敦煌所获绘画品目录》，英人魏礼编。SP.1—281号藏于英国大英博物馆；第二部分为SP.283—554号现藏于印度新德里国家博物馆。所以此编号系列也用W（取魏礼名首字母）。Ch.是斯坦因最初对藏经洞文物的编号，取Chien-fo-tung（千佛洞）的前两字母（也有用Cft即取三首字母者），后来被上述编号所替代。

[4] 1930年魏礼公布的英印藏品目录编号，可用W/SP.表示。W即表示魏礼，SP即斯坦因绘画的英字首。此两标示的数码一致，但采用者各有不同，实应一致。而Ch.与Cft同出斯坦因最初工作编号，亦应统一为好。1910年敦煌艺术品入藏卢浮宫，EO号应是卢浮宫编号，1974年全部移入吉美博物馆，MG即吉美博物馆（Museè Guimet）的缩略语。本文参用王惠民等论文所采W、SP、EO、MG编号，亦注松本荣一著中的两号。F号实即法国藏敦煌艺术品编号。

图 4.2-7

印度新德里国家博物馆藏敦煌纸本画 SP.552（Ch.lxxiii.002）号（采自《印度新德里国家博物馆藏敦煌佛教绘画》）

图 4.2-8

法国吉美博物馆藏敦煌绢本画 EO.1173 号观音地藏十王图上部观音（采自《西域美术：吉美博物馆藏伯希和敦煌艺术品》，下同）

（二）麻布本

EO.1173（F118）号为竖长麻布画幡，上下布列千手观音变相与十王奉拥地藏，均为竖高图形，淡彩敷染，以微暖棕黄红色为基调，与绢底黄色相协调，墨线勾成。画面完整且有不少榜题，为 10 世纪后半叶北宋时期作品。

上幅千手观音变相浑如圆轮，为典型密宗式（图 4.2-8）。主像全跏趺坐于仰覆莲上，有十一面，呈三层。主面舒眉且额竖一眼，深肉色染凸凹。千手全面展开如月轮，左右如扇，实为四十正大手，各拿法器，如日月、锡杖、弓箭、刀剑、枪戟、羂索等。上方华盖两侧各坐五个小佛，题为“佛会”。侧上两个立姿菩萨分题为“日光菩萨”“月光菩萨”。侧下方坐姿像的榜题为“功德天”与“婆薮仙”。主像下方有供桌香炉，两合掌供养菩萨侍坐，两侧有护法神，怒目，项光火焰与红发上飘，执有法器，形貌威严。榜题字迹已不清。

下幅地藏十王构成也有特别之处，结合榜题观之，更为明显（图 4.2-8B）。顶有三花状与璎珞珠串之简饰，画的四边都有图纹饰带，不仅将观音与地藏图分开，而且隔开了底层供养人图。

图 4.2-8B

法国吉美博物馆藏 EO.1173 号下部地藏十王

设色基调如上，但主尊更为突出。地藏披红色风帽，手持锡杖、宝珠，面容和善，身后椭圆形项光与身光统一。两侧自上方起，先为着官服的四判官，形貌较大。其下善恶童子，无题。再下冥府十王分左右两组，各前三后二而坐。或因局限，仅画金毛狮子而无道明和尚。

主像上方榜题为“地藏菩萨”，右边榜题为“崔判官、赵判官”，左边榜题为“王判官、宋判官”。十王名序则较特别，按单双数分列两侧。醒目的黑衣黑冠王者，题“第一秦广王下”，对面则题“第二宋帝王下”。“初江”二字勉强能识读，“第五阎罗王下”很清楚，对面第八王处仅“平正”两字。再上之榜题勉强可认出“三年”等

图 4.2-9

法国吉美博物馆藏 EO.3580 号麻布画净土和十王图

字。诸王或白巾或黑帽，官样袍服，但没有可帮助识别阎罗王和转轮王的冕旒与盔甲。尽管多有看不清处，但据榜题关键处存字与句式，可明确为“第二宋帝王下”“第三初江王下”“第八平正王下”。这恰是具图赞经本所没有的而见于文偈《阎罗王授记经》的诸王名序组合，由此可知其所据的经本。但此图中，王、宋、崔、赵四判官名号清晰且较突出，年代未必早。其下部两旁施主为分坐的二男二妇，均着五代服饰。题记写于中间：“王庆住发心敬/画大悲千手眼菩萨一躯，/并侍

图 4.2-9B
法国吉美博物馆藏 EO.3580 号下部地藏十王画

从地藏菩萨十王/……/……等……永……/……”〔1〕

EO.3580（F120）号麻布画为五代十国时期上下结构的作品（图 4.2-9）。上幅为西方净土，有阿弥陀佛、观世音、势至三圣及侍从与莲花水池。上层有侍佛两弟子与两天王。西方三圣之前有两菩萨及伎乐众。弥陀双手转法轮印，观音、势至亦相仿佛而手印生动、神情活跃。伎乐四众仅两人持奏乐器，乐器为拍板与瑟琶或阮，前两位则以手击节。水池虽小，却有建筑构件分层，上有红莲花水，下有青绿色之水。池之中间，即面面中心，有浅黄色的题记框，无题字，但下方两侧有红云两朵，其一边正连向六道轮回之天道，可知这是结合下幅之地藏十王六道图的关键点。图中三圣项背光皆为旋光式，服饰也多纹样图案点缀，色彩丰丽。

下幅中披风帽的地藏菩萨居主要地位，有同心圆四重纹之项背光，为圆轮形，并以草绿与深绿色为基调。两旁六道云气与象征物较一般图

〔1〕马德《敦煌绢画题记辑录》，《敦煌学辑刊》1996 年第 1 期。

中更大，显得非常清晰。其左上为天道，一小佛与男妇二人皆乘小云头。其下为人道，官服男子及妇女立于云气上。转右，上方画三头六臂之阿修罗，以示阿修罗道。其下绘两饿鬼，裸身举臂号奔。再至左下畜生道，画一牛作前奔状。转右，下为地狱道，画两饿鬼，亦作前奔状，地面出火，其前有一汤镬，内煮两人头，后有一恶煞的头面及胸部。此六道云气为淡红色，斜向上飘举。地藏披戴暗红色花底纹风帽，耳旁叠三重，顶有珠饰。面容开展，以深赭色染结构深处，舒眉朗目，唇上有须。颈佩饰项圈，腕带手镯圈，袈裟内外多重，右肩偏衫为黄绿色与橙红暗朱色。地藏右手持锡杖，左手则外伸，持透明大宝珠，右舒相坐于青紫色莲花上。莲下底台至台前供桌皆以华丽繁细的纺织品花纹饰之。台上供有三香炉，桌两旁有橙金色半蹲伏于岩面上的金毛狮子，以及合掌而立于小方毯上的道明和尚。

十王及善恶童子分列于两旁，紧凑而集中。地藏之右下有前五王与一童子，童子在前排侧边，五王者中两戴白巾，两戴黑冠，阎罗于上方戴冕旒，顶上饰白色花点表七星。诸王皆持笏板，童子抱卷宗。左下之后五王亦是两戴巾、两戴黑帽，持笏板，而最上五道转轮王穿盔甲，且右手前伸作手势，前侧边童子亦抱卷宗。此侧诸王画为跪姿，且有透视问题。从诸王者与道明和尚之关联来看，王者应该在道明和尚身后，但王者的腿膝部分却挡在道明和尚之前了。而前五王俱在金毛狮子之后，立姿或跪态不明。

此幅绘作是净土与十王信仰融合的代表作品。画面上一处小细节即西方净土下以红云连结六道之中的天道，是非常有趣而重要的关键点——将六道中之天道接于西方净土。轮回之中的天道实为低于西方净土的天神居停之道。西方净土与十王信仰虽然有很多融合，但是在本质上仍然有信仰层面的区别，净土针对底层普通民众，可只重念佛。但十王信仰可对应所有民众，只要认可佛教冥界，就可以持此行事。这是很多讨论之中未涉及的重要一环。

（三）绢本

印度藏 W/SP.473（Ch.xxviii003）号为新德里国家博物馆藏品，为绢本画稿[1]。其画幅尺度为高 58.5 厘米，宽 50 厘米，高宽相似，近乎方形。其构成为典型的一式，地藏菩萨居于中，半跏舒相而坐，右手持大摩尼宝珠，左手则持锡杖。顶有花朵华盖，旁有线条云气用以表示六道。十大冥王各有榜题框，由下而上，先从地藏右手侧起而上至阎罗王，继从地藏左起上至五道转轮王。十王皆袍服冠巾，坐在公案后。善恶童子侍于两旁。地藏之下方有香花盆供，两边为胡跪的道明和尚、蹲伏的金毛狮子相对。全图以线描为主，略敷淡彩。其构图十分完整，但每个细部形象都不够完整，亦非绘作过程中的某一阶段。有经验的画工、匠师凭此可轻易完成这一幅地藏十王画作，细节也可丰可简，故其画稿性质十分明确。

印度藏 W/SP.362（Ch.00355）号为绢本画，线条较细，图式接近上图，唯无供桌、狮子，十王次序由下而下（图 4.2-10）。上方华盖，地藏项背光为椭圆形，内为旋光式。地藏身披红衣，无法器而执手印，左高右低。身体比例拉长，下方无空，只有道明和尚在侧边。十王之布列随大背光形而有曲折变动，均伴有善恶童子。其姿多踞坐，前有低几案，而非桌案，唯左下转轮王着武装，似置高桌，

---

〔1〕SP.473 号，魏礼（Waley）所编，应同 Ch.xxviii003。《敦煌画稿研究》未参考太史文《〈十王经〉与中国中世纪佛教冥界的形成》附录等资料。

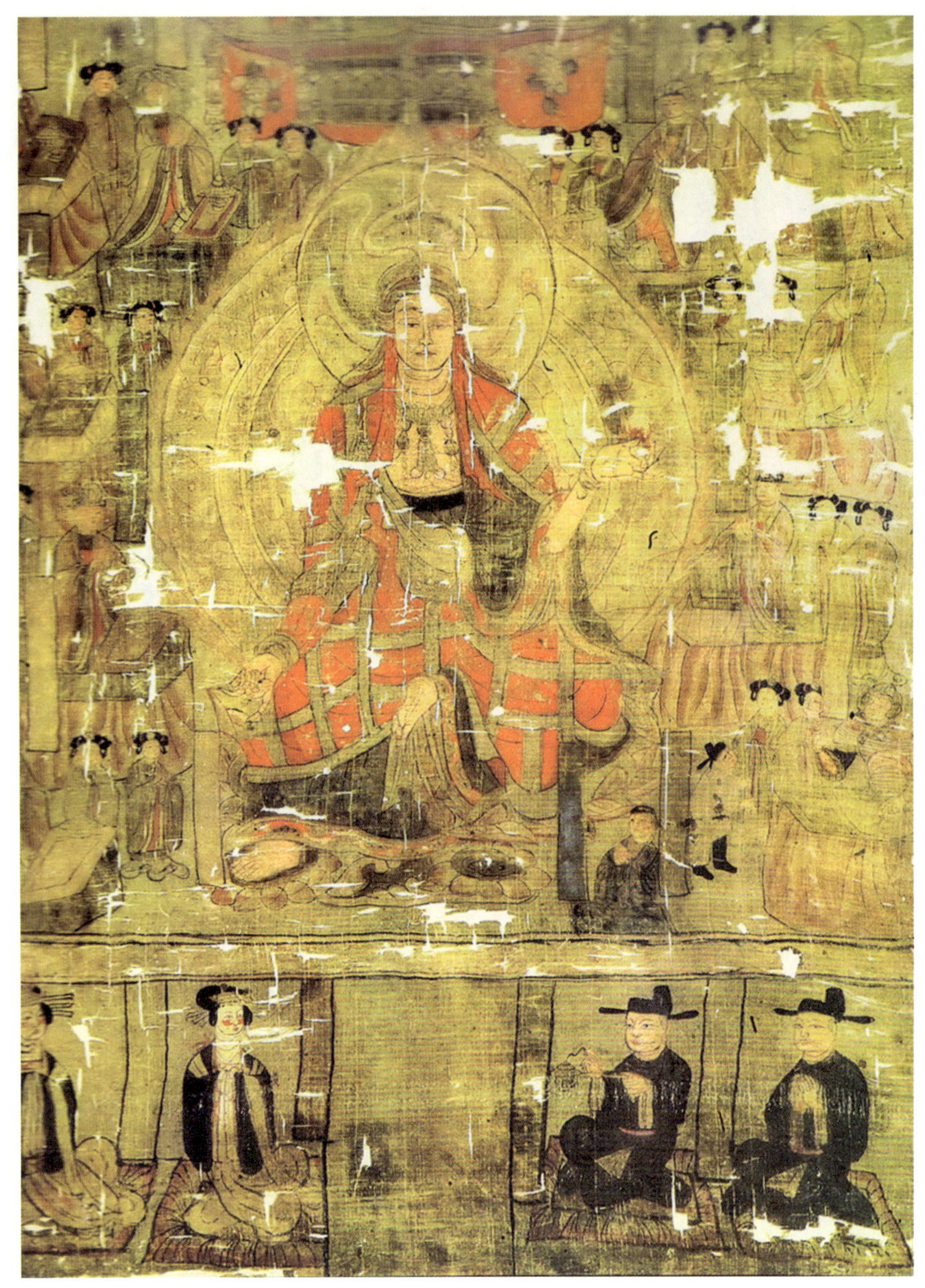

图 4.2-10

印度新德里国家博物馆藏 W/SP.362（Ch.00355）号绢本画（采自《印度新德里国家博物馆藏敦煌佛教绘画》）

且前有一吏禀报。下部供养人画两男两妇，男子前一人执香炉，后一人合掌，女子皆笼袖。全图以淡彩染，绢本自身褐色，统一全图。

英藏 W/SP.9（Ch.lxi009［L］）号为五代十国时期作品。地藏菩萨居上，六道云气分两旁，善恶童子侍边，三判官立侧，十王分坐（图4.2-11）。前有一判官与道明和尚相对，中隔金毛狮子。底色深暗，染迹明显。主尊与十王的形象都略粗，很似腊染布的效果。另有未经细致刻画之处。最有趣的是，此画将一个判官析出而置于前部，使之与道明和尚对称。狮子也显得粗犷而有趣。

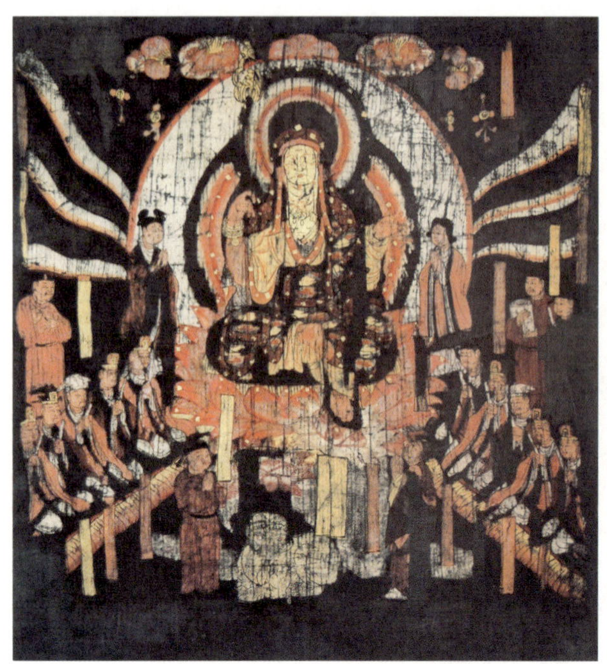

图 4.2-11

英国大英博物馆藏 W/SP.9（Ch.lxi009［L］）号绢画（采自《西域美术：大英博物馆藏斯坦因敦煌艺术品》，下同）

英藏 W/SP.23（Ch.0021［L］）号亦为五代十国时期作品。全图暖黄色基调，协调于绢本底色，外有缝包边（图 4.2-12）。地藏主尊坐姿，右手持透明宝珠而前伸，左手持锡杖。风帽项饰，左舒相坐，即盘趺左腿，右下踏赤莲花。坐处为岩状，铺以毯子。风帽、袈裟皆有条纹、底花。其项背光为圆形，同心圆内有白色底圈衬托主像，背光外沿有暗色火焰纹。顶有三花与垂璎若华盖，下有合掌道明和尚与张口狮子。两旁竖列十王，均坐在桌案后，两旁侍有童子、吏员。其最下层有业镜、罪魂、牛头狱卒，还有判官。左侧上方，戎衣武将当为五道转轮王。诸王虽有榜题框，但皆无字。判官与吏员形貌相同，难以区分，仅见榜题“崔判官”。底部为供养施主，中为题主空框，两边为僧尼以及男女供养人各三位，但有不同。左侧僧坐姿，有一童侍之，后为一男供养跪像；右侧一尼坐姿，后一妇和一侍女。

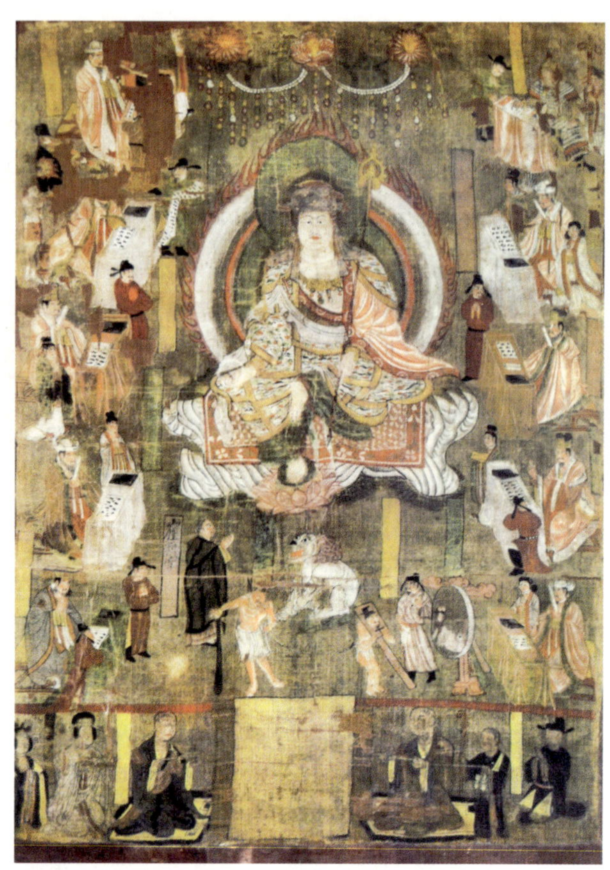

图 4.2-12

英国大英博物馆藏 W/SP.23（Ch.0021［L］）号绢画

印度藏 W/SP.361（Ch.00225、松 111A）号，图版未刊，质地不明，暂列为绢本。地藏菩萨或坐于岩石，左手托宝珠，右手持锡杖，有童子、狮子、十王，题记有“五官王下……”等，可见其与 EO.1173 麻布画及前举敦煌莫高窟第 390 号有相似处，榜题依据《阎罗王授记经》。下方站立二男三女供养人，题记作“女九娘子出适陈氏一心供养”“故母张氏一心供养”。此件图版没有公布过，但松本等人有过描述，王惠民文中亦有提及〔1〕。

EO.3644 号为法国吉美博物馆所藏，常年展出，是地藏与观音并坐的绢本画，约 10 世纪后叶北宋作品，属放光地藏菩萨的图式。画作

〔1〕王惠民《中唐以后敦煌地藏图像考察》，《敦煌研究》2007 年第 1 期。

图 4.2-13

法国吉美博物馆藏 EO.3644 号观音地藏十王图（采自《西域美术：吉美博物馆藏伯希和敦煌艺术品》）

图 4.2-13B

法国吉美博物馆藏 EO.3644 号下部右侧冥王及判官等（笔者摄，下同）

图 4.2-13C

法国吉美博物馆藏 EO.3644 号下部阎罗王等

高 124 厘米，宽 59 厘米。画面上方是六臂观音与风帽地藏对坐，顶上皆有双飞天升降，奉托着华盖，使画面异常华丽。观音手托日月，宝珠羂索，交脚而坐。地藏披风帽，手持锡杖、宝珠，结跏趺而坐。服装、器用都很华贵。双菩萨下方仍是标准化的供桌，有香炉供案、桌布纹饰，桌下有供盆、道明和尚、金毛狮子，道明和尚亦结跏趺而坐，但脸面向上方朝着菩萨。画面中下部分布着十大冥王，由于中部有香案，所以只布置了两王，此双王之下则布列四判官，两边则各设四冥王（图 4.2-13B），形成了比较特殊的布局。简言之，画面中下部呈三列，中有供桌、道明和尚与狮子、双王、四判官。两侧各纵列四冥王。诸冥王皆坐于台座，善恶二童子侍于侧。诸王之中仅阎罗王可以识出（图 4.2-13C），五道转轮王则未着戎装。画面之中有很多榜题，却只有设定的榜框与色泽，并没有实际写字。菩萨和诸王图幅之下有供养施主像，中有题记框，三男子与三妇人分列于两边，各附有一小随从。

法藏 MG.17662 号为同题绘画中最为精美完备者，其构成为地藏菩萨、六道与十大冥王，下

图 4.2-14

法国吉美博物馆藏 MG.17662 号绢画

部有引路王菩萨与邈真赞及施主像（图 4.2-14）。画作高 225 厘米，宽 159 厘米，且有北宋太平兴国八年十一月十四日（公元 983 年 12 月 20 日）题记。画作构成分布各有规律，以像主为准，上方六道从右起、续左、再下、回右、再下，返左下而止，如此 S 形回绕。而十王则由左上起、续下、转右、再下、返左……如此回环。上部构图略呈方形，下部略扁，引路菩萨在右，中题邈真赞记，左绘清河郡娘张氏及侍从像。

画上方华盖华丽，铺展六道云气。右上榜题“天道”，左榜题“人道”。云上各有两人形，均合掌向上方，唯右侧稍大。左中题“阿修罗道”，绘双六臂修罗，转右画“一马一牛”，前有“畜生道”榜题。其右下题“饿鬼道”，绘两饿鬼裸身散发，其间绢有破损。再转左下画一鬼形与火中汤镬，“地狱道”榜题因重叠于其下秦广王榜题上而未写。

主尊地藏坐于圆形大背光中，与水月观音的标准图像相似，背光染淡黄绿色、淡天蓝色数重，有细红火焰纹附内圈上。其项光亦为圆形，色彩大体同背光。地藏头披紫色三重褶风帽，镶绿宝石。眉展目舒，面染深肉色，身着多条状袈裟，亦内外并赋蓝红绿紫多重色彩，多为淡色。右手竖捏锡杖，左手伸于左膝上作手印。右舒相坐，露双足，紫色莲花承托。十大冥王从左侧由上而下，均稍侧坐于桌案之后，手捧笏板，案上摊展卷宗，善恶两童子侍于旁。白幅巾紫袍王榜题“第一秦广王”，朱衣绀冠红面王榜题“第二七日初江王”，白幅巾紫袍王榜题“第三七日宋帝王”，朱衣绀冠王榜题“第四七日五官王”。紫袍戴冕旒王者榜题“第五七日阎罗王”。

地藏菩萨之下有狮子半蹲，与胡跪之道明相对，二者榜题分别为“南无金毛狮子”“南无道明和尚”。再下方有桌案，上置紫莲花与香炉，两侧分坐有四判官，均持笏板，分别题为“赵判官”“崔判官”“王判官”“宋判官”。续由下而上，朱衣红绀冠王榜题“第六七日变成王”，紫衣红绀冠王榜题“第七七日太山王”，红衣白幅巾王榜题“第八百日平正王”，紫袍绀红冠王榜题“第九一年都市王”，着盔甲武将貌王榜题“第十三年五道转轮王”。

法藏 MG.17793 号图[1]，以蓝色服装与背光为主尊基调，配以红黄暖色侍从辅像（图 4.2-15），当为 10 世纪后半叶北宋作品。六朵云头配六道象征与榜题，分腾于上方。左侧依次为蓝色云上有宫殿、黄色云上有白衣乌纱帽男子、蓝绿云上有飘带红裤女人，配以“主天道”“人天道”“阿修罗道”榜题。其阿修罗形象与一般六臂像全不同。右侧则为黑云上有跪姿饿鬼、黄云上有白马、黑云上有火中汤镬，配以“饿鬼道”“畜生道”及“地狱道”。主题记为“十王地藏菩萨壹铺”与“奉为亡过女弟子氏郭永[2]充供养”。

主尊肤色白里透红，佩挂项圈，衣袍风帽蓝色，上有花纹，并配红边绿衣，手持锡杖与透明宝珠，坐白莲花上，下有供桌。此画最大特点是将施主加入图中。供桌之前的两个白色衣袍者为施主夫妇二人。道明着僧装，合掌，两边有绿衣捧卷与红衣抱笏之判官，边缘题记“道明和尚”与“地府判官”，对称处题“天曹判官”，虽然画有四判官却未题常见的四姓。十冥王均踞坐姿，冠巾多有红底“王”字，手抱笏板。袍服边饰华丽，颇显缤纷杂丽。此图绘画技艺相对

[1] 此图《敦煌画稿研究》（中央编译出版社，2007 年，第 249 页）作 MG.17795 号，有误。其说明与文字有矛盾，说六道在其上方。太史文《〈十王经〉与中国中世纪佛教冥界的形成》说，其十王两组前三后二不对。

[2] 图中“郭氏”二字颠倒。

图 4.2-15
法国吉美博物馆藏 MG.17793 号绢画

图 4.2-16
法国吉美博物馆藏 MG.17795 号绢画

较弱。

法藏 MG.17795 号图亦当为 10 世纪后半叶北宋作品，高 84 厘米，宽 55 厘米。其构成为十王居两边上下而地藏居中间，呈三竖条状，很是明显（图 4.2-16）。主尊为蓝色衣袍，色调略似上图。其顶上方有数道云气，实是省略六道象征而表达六道之用，使画面简洁均衡。下方有供桌和案后四判官，桌前小金狮子很生动。两旁诸王分列而抱持笏板，踞坐于花饰方台座上，均由下而上排列，旁侍善恶童子，唯最上两王有所不同。画右即主尊左手方，由下而上依一、二、三、四、五排序，顶为阎罗王，坐于桌案后，戴顶冕，北斗七星却画在袍服上而非冠顶，桌上有砚与纸。画左即主尊右手方，由下而上依六、七、八、九、十排列。顶为五道转轮王，着盔甲武装，坐于案后，右手按膝，桌上铺开卷宗且有砚，表情生动，似正谈笑，旁亦一童一吏。此处还有题记“……氏女弟子［为］自身十画十王地藏一铺充供养”。

MG.17794 号是一幅绘画技艺术十分高超而且构图为非对称的作品，给人以深刻印象（图 4.2-17）。其画幅高为 137 厘米，宽为 55 厘米。图幅中部地藏坐像身后为白色大圆轮背光，略似水月观音，顶上背衬南方植物（棕榈或芭蕉叶等）。纯净白洁之背光将主尊像之华饰与周遭众多胁侍分开而显突出。由画上部云气中降下善恶

图 4.2-17

法国吉美博物馆藏 MG.17794 号绢画

童子，停在空中，手握卷宗而下望，说明其已汇报善恶业绩而归下。菩萨雍容华贵，风帽由耳旁系结十分自然，肤色白润且佩项饰，衣装为绿色而有红边内装，右持锡杖而左持宝珠，右舒坐，下为束腰须弥台座而非莲花座。再下有供桌小香炉，年长的道明在其侧，金毛（实为白色）狮子在前方。地藏面侧向下方众王，其身形巨大，超自然，形成威势。左侧九位王者分成两组，戴冕旒的阎罗王谦恭向上而观，旁三王或有对话者，下方五王成一组或有回顾者，但最前三王皆仰望而动态齐整，巾帻高冠略有变化。仅有戎装五道转轮王立于右侧向上而观，携有弓箭佩刀。其外侧两鬼卒，裸身披兽皮、拿狼牙棒，皆张口怒目，与狮子呼应。诸王上方为四位判官，乌纱袍服，手中或抱持卷宗，或扶握腰带，意态与身份十分相合。判官之上还有栏杆横隔。总之，此图绘艺十分高超，画面表达水准难得。全画绝无匠气之感，可入于艺术珍品之列。但一般多认为此图年代较晚，超出了藏经洞封存期。如太史文著作附录标此图为后出绘画，且言其服饰与栏杆具宋末元初的特点〔1〕。上部题“法气朝天”四字似为后来所写。

〔1〕此图如何入藏吉美博物馆等情况未见详论。袁婷《敦煌藏经洞出土绘画品研究史》附录四“吉美博物馆藏敦煌绘画品图版对照表”中，将此列为宋代（960—1279？），问号特加。但同表中又将 MG.17793 号之时代列为宋末之前，不知何故。

第三节 重庆地区

重庆大足地区有着丰富的摩崖龛像，代表中国晚期石窟摩崖造像的成就。地藏十王龛像在大足最重要的北山与宝顶等处都有分布，是从成都经川中内江、安岳等地区传来，并在此成就了多龛较大型的造像，时至南宋，更是出现了大佛湾第20号摩崖之巨龛，另外还有一些新发现的龛像。

一、五代北宋

（一）北山佛湾

北山佛湾是大足最重要的、与宝顶并称的摩崖造像（图4.3-1），年代跨越晚唐、北宋。现有第205号、253号、254号龛有地藏十王之像，年代在五代十国至北宋（另一龛存疑），组合特点为主像联结观音菩萨与阿弥陀佛。

图4.3-1
大足北山佛湾龛像景观（笔者摄，下同）

北山第205号虽为小龛且风化较重，诸像面目皆不清，但布局题材可确定为地藏十王。主尊地藏菩萨半跏坐，头戴风帽，手持锡杖（图4.3-2）。其杖虽因风化而残断，但杖头在壁上犹存。两边及侧壁分别雕出五朵云头，各乘一王之像，有二童子胁侍，每朵云中都有三像，两侧壁下方又各有一组立姿三人，应为六判官。其年代或在北宋[1]。

北山第253号龛为地藏、观音与十王像，龛高157厘米，有北宋装修记。此龛像中观音、地藏并立为主尊（图4.3-3）。双主像赤足并肩立于莲台之上，上方有宝盖飞天。地藏为

[1] 笔者原推定第205号龛的年代在五代。若参考云冈石窟研究院编《2005年云冈国际学术研讨会论文集·研究卷》（文物出版社，2006年）中暨远志、宋文玉《北朝豳宁地区部族石窟的分期与思考》一文，则可定在北宋。

图 4.3-2
大足北山第 205 号龛像

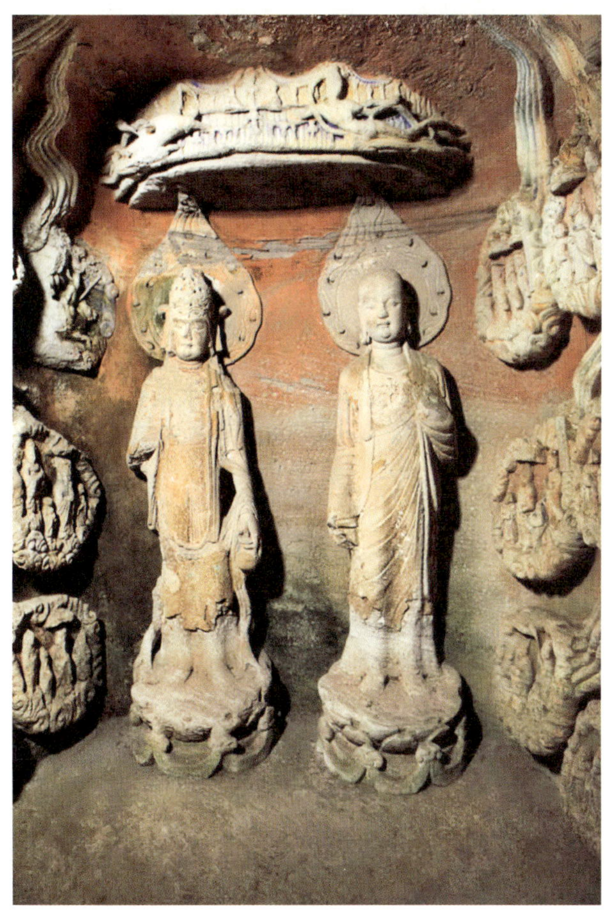

图 4.3-3
大足北山第 253 号龛观音、地藏主像

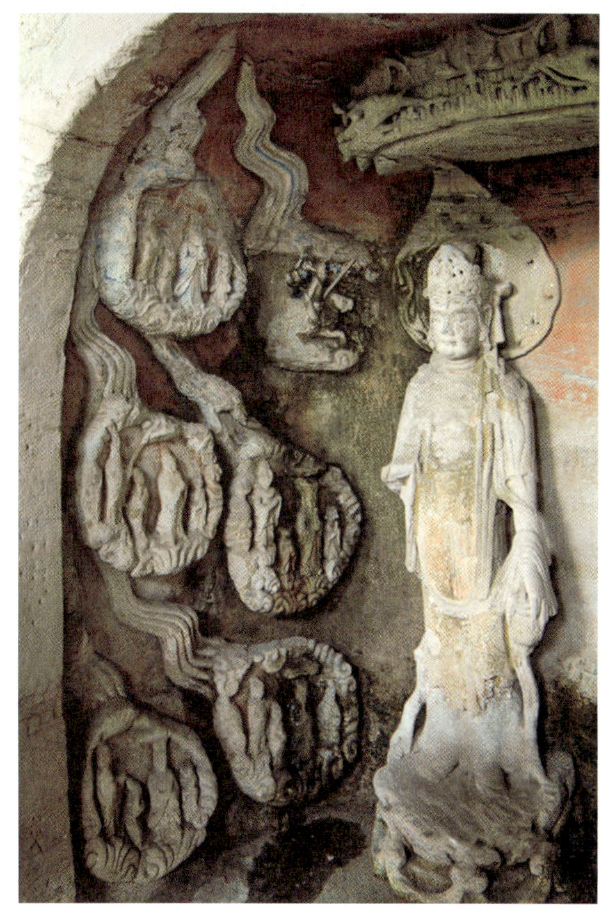

图 4.3-3B
大足北山第 253 号龛观音像与侧壁云中诸王

图 4.3-3C

大足北山第 253 号龛地藏与侧壁云中诸王

图 4.3-3D

大足北山第 253 号龛五代妆绘记

僧形，貌若青年，着袈裟，饰以瓔珞；观音执净瓶、柳枝。左右壁各雕祥云六朵，云中为十殿冥王与使者司官（图 4.3-3B、3C），其姿态有捧笏、拱揖、骑马等，且有榜题，有些字可识读。右壁云朵中有持幡乘马使者，余为五冥王，均侍有善恶童子及持华盖者。左壁云朵中有三立像者，榜题有“秦广王”等字，其旁者榜题中有“官”字。下排内为戎装五道转轮王，榜题似有字迹。外侧云中题有“太山大王”，再下两云榜题不清。从存字可知其王依单双数分列，若据对称原则，此壁还应有一云朵，雕判官等像〔1〕。龛外沿有北宋咸平四年（1001）陈绍珣等妆绘记〔2〕（图 4.3-3D），原像应造于五代十国时期。

北山第 254 号龛主像为阿弥陀佛，题材于各种著录中原定为弥陀与胁侍〔3〕，大足石刻研究院李小强辨别为阿弥陀佛、观音与持宝珠地藏并十王龛像〔4〕。此龛在第 253 号龛侧上层，龛高 140

〔1〕从形象对称来看，秦广王处似应为“判司官”等。榜题也有可能为彩妆时所刻，略有错误也颇有可能。

〔2〕妆绘记：“□□弟子都知兵马使前知昌元永川大足县事陈绍珣与室家黄氏为淳化五年草乱之时，愿获眷属平善，常值□圣明，妆绘此龛功德云。咸平四年二月八日修水陆斋表庆谨记。”见重庆大足石刻艺术博物馆、重庆市社会科学院大足石刻艺术研究所编《大足石刻铭文录》，重庆出版社，1999 年，第 72—73 页。

〔3〕如刘长久、胡文和、李永翘编著《大足石刻研究》，四川省社会科学院出版社，1985 年。

〔4〕李小强《大足北山石刻第 254 号造像题材探析——兼及大足五代十王造像的相关问题》，《敦煌研究》2011 年第 4 期。文中说及笔者讨论第 205 号龛年代前后不一处，可参前注。笔者曾言第 205 号龛年代在五代，又说在北宋，但未详理由，现可参见前注。

图 4.3-4
大足北山第 254 号十王像右龛

图 4.3-4B
大足北山第 254 号阿弥陀佛观音地藏像龛，十王等像分列左右壁

图 4.3-4C
大足北山第 254 号十王像左龛

厘米，宽 153 厘米（图 4.3-4、4B、4C）。主像为三尊如前述，两侧壁各有上下两云朵。上云各立三人，着直脚幞头、圆领窄袖袍，右壁题记为“延年判官”“崔判官”与“生祠判官”[1]。下云中五人，戴通天冠，持笏板，应为五冥王。唯榜题仅两处且只铭“柳文兴”于上左。左壁上云中三人，只可识出“赵判官”；其下云中亦五人，戴高冠，持笏板，亦为五冥王。据十王数量及判官组合等，我们可比定此龛像为十王龛像。而且，其主像弥陀与观音、地藏之组合，更丰富了十王造像系统。其题记仅判官有且不全，也很可能为后补，安岳圆觉洞判官铭有“延年判官”等，可与此互补，缀成“延年”和“生祠”判官名，有助于我们探讨四川十王像中判官的特色。

北山第 117 号龛曾被释为十王观音地藏龛，参见陈佩玟（释见徽）硕士学位论文[2]。龛中主像观音、地藏并立于连枝双莲花上，头手均残。左侧壁雕有十二身小像，右侧壁雕十身小像，皆分三层排列，有人认为是十王及判官。不过此两侧小像并不对称，何属冥王、何属判官及幡使皆未明，可存疑。

（二）石篆山龛像

石篆山位于大足区西南 25 公里三驱镇佛惠村，石篆山成组造像构成独特，有儒释道三教内容，有说为三教合一，但更应是水陆道场。所刻诸龛像分三处，即佛湾（母子殿）九龛、对面新五龛、附近佛惠寺与佛会塔及《严逊记》碑。其碑铭刻了严逊于北宋元丰五年到绍圣三年（1082—1096）统一规划供造之情况。

母子殿处有地藏十王龛、太上老君龛、三世

[1] 第 254 龛中判官铭原只识“延□判官”与“生□判官”，笔者据安岳圆觉洞铭加以补充推定。

[2] 陈佩玟（释见徽）《唐宋时期地藏菩萨像研究》，四川大学硕士论文，2006 年，第 42 页。但此文遗漏北山第 205 号龛地藏十王龛。其下总结处归结题材有观音地藏十王龛时即举此 117 号为例，却遗漏了更为明显的第 253 号龛。

佛龛、文宣王十哲弟子龛、文殊龛、宝志龛及鬼子母龛等，保存完好，是较典型的以水陆道场容纳三教、佛教居统摄地位的龛群。第9号龛为地藏十王龛，高180厘米（图4.3-5）。主像地藏菩萨为露顶沙门形象，头后有两道毫光汇聚成云。袈裟为U形领宽袖，内衣结带于胸前，半跏趺坐，右脚踏莲。右手在胸前作说法印，左手抚膝。地藏身后一僧双手合十，一侍女持九环锡杖。龛两侧各有两排像，前为五大冥王，后为七侍者。龛侧转折后左右又各有两王，若从正面观则左右各为三王。由于只有转轮王身着盔甲紧贴主像右手，故可推定其序（图4.3-5B），地藏之左由外而内依次有秦广王及现报司官（图4.3-5C）、牛头鬼、初江王与二侍、宋帝王与一侍、五官王与一侍、阎罗王及男女二侍，地藏之右由外而内依次有变成王与男女二侍、泰山王与一侍、平正

图4.3-5
大足石篆山第9号龛
（笔者摄，下同）

图4.3-5B
大足石篆山第9号龛内五道转轮王与地藏像

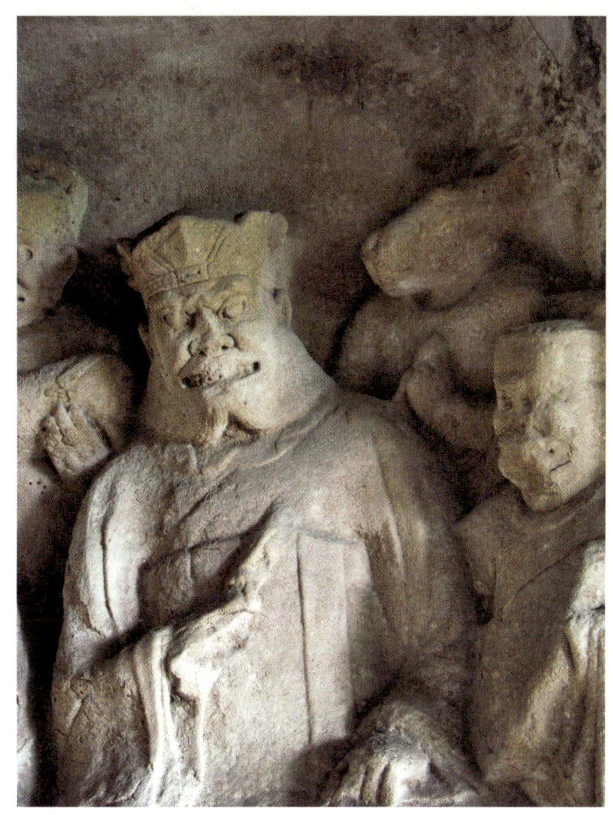

图 4.3-5C
大足石篆山第 9 号龛内秦广王像

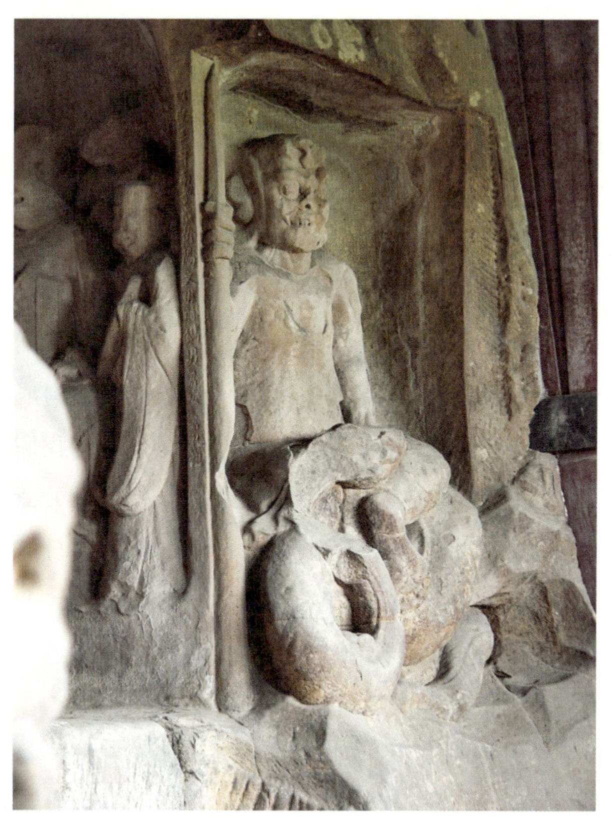

图 4.3-5D
大足石篆山第 9 号龛沿护法像与大蟒

王与一侍、都市王与二侍、转轮王与马面鬼及速报司官。诸王皆正面坐，前无桌案，手抱卷宗。龛门柱侧有两大狱卒，分坐于蟒蛇与牛上，形象皆生动有力（图 4.3-5D）。内门柱题记记载龛像由岳阳文惟简及男文居安、文居礼于北宋绍圣三年（1096）镌造。

二、南宋

（一）宝顶大佛湾

大足宝顶山大佛湾为南宋时统一规划的巨大摩崖，其中有很多巨型龛像，包括第 20 号关于地藏十王及斋日与地狱等内容的石刻，图文相当丰富。因其铭刻有《十王经》与《十斋日》之赞词节文，所以本书第三章第三节已有综述与列图（图 3.3-20）。大佛湾整体开凿于南宋孝宗淳熙元年至理宗淳祐十二年（1174—1252），巨龛的高度达到了 13.8 米，宽达 19.4 米。龛像的最大特点为嵌合式综合图文像设，前文已云其共分为四层，即高层 A、中层 B、低层 C、下层 D。其高层 A 与低层 C 的内容是佛教在家信众日常遵行的十斋日，在每个月守斋戒的十个日子内，一一拜念此组十斋日之佛菩萨的名称，就可以免罪，并且不堕某某地狱。C 层雕有十种地狱刑惩，上方 A 层则对应着念名可免此堕狱的佛或菩萨之像。其中层 B 与下层 D 才是地藏十王及刑狱的内容。严格地说，中层 B 是《十王经》内容，中间镌造了巨大的主尊——菩萨形地藏像，两旁横向排开雕刻第一秦广王至第十五道转轮王这十位冥王，两端还有现报司与速报司官，皆坐桌案后，案前铭《十王经》的赞词。下层 D 雕刻大约十八种刑狱场景，以及中间宝塔形及施者赵智凤像。此十八层地狱非一般佛典所载十八层地狱，而是《央掘魔罗经》所列的醉酒错乱受罚图景与《大方广华严十恶品经》中十数种刑狱，包括著名的养鸡女形象等，大概可与十种罪报相应。一般所谓“地藏十王地狱变”“地狱变相”，实际上并未触及此龛巨像之核心所在。第20号龛与相邻并列第18号巨型净土变相龛，及中间第19号有图文的缚心猿锁六耗像设，一起构成了更为丰富之展列，笔者在此不赘述。结合我们上文分析，可知当时或更重视日常修行的八关斋戒的十斋日，但以冥阴即从中阴至冥府十斋日配合之。南宋时，中阴至冥府的转变已近完成。此南宋巨龛与明州十王画可共同证明之。

（二）长源村龛像

除了极为丰厚的遗存之外，当地还有新发现带来的惊喜。2007年在重庆市大足区中敖镇上游水库长源村库区，发现了五龛原在10米深水下的南宋摩崖造像[1]。其第1号龛即雕地藏十王像，横长方形，高约1.2米，宽约4米，龛口上缘为一弧线。主尊为地藏菩萨坐像，头面残失，但可见其着袒右袈裟，左肩悬带，其身右侧立着锡杖。台座壶门浮雕的金毛狮子口衔长带，头顶卷毛，一双前爪游戏绣球。两侧为十王立像，头部均有残，诸冥王着朝服，两手原应持笏板，现仅留一圆孔。衣褶细致处清晰可见，其特征与大足石门山三皇洞的南宋文官服饰非常接近。龛像雕刻技艺娴熟。当地百姓言此石刻为“十王殿”。龛像本身没有题铭，由相关墓群与服饰特点推断，此十王像应为南宋时期造像。

此龛群的第2号龛存有两身残像，第3号至5号为空龛。周围有近十座宋墓，形成奇特的宋墓群，墓室结构较华丽。因而，此十王龛像很可能是为追荐墓葬中亡者而雕造[2]，这是非常重要的特征，值得注意。

又，张亮有两文报道了安岳坪河乡菩萨岩第1号龛、岳阳镇菩萨湾第3号龛、长河源石锣沟第2号龛、仁寿石佛沟第12号和第8号龛的地藏十王像。本书因早已成稿，未及补入[3]。

〔1〕张琴《重庆大足石刻又发现十王殿石刻造像》，2007年5月8日，新华网、佛教在线网站转载。

〔2〕陈明光《大足石刻档案（资料）》，重庆出版社，2012年。李小强《崖壁上的世俗文化》（中国戏剧出版社，2012年，第151页）也描述并附图。

〔3〕见张亮《四川仁寿千佛岩、石佛沟石窟新发现地藏十王造像及相关问题》，《敦煌研究》2021年第1期，第57—62页；张亮《四川安岳近年新发现地藏十王造像研究》，《敦煌研究》2022年第1期，第99—106页。

第四节 其他窟画

上文已涉及诸地十王经图像的主要遗存，但还有几处也很重要，或为新的发现，其中既有绢布画，也有石窟，地域分布则很分散。现罗列于下。

一、布石木像

（一）新疆布画

新疆的吐鲁番地区曾出土回鹘文图本《十王经》等，更有珍贵的十王地藏布画（高昌故城α寺址出土[1]，为德国吐鲁番探险队第一次考察所获），编为Ⅲ 4782号，麻布质地，高131厘米，宽94厘米。其年代在10—11世纪，时当五代北宋。题材虽已被识别为地藏菩萨、十王，但仍较简略，我们应细读其图像细节，特别是其与十王经图的密切关系。高昌故城寺址中（图4.4-1），以K遗址与α遗址出土文物最多。令人吃惊的是，其中有多种宗教之融合，摩尼、拜火、景教与佛教的壁画及可移动文物皆有。而处于西南角的α遗址位置较高，文物级别亦高，很可能是王家寺院。

此麻布画作构图相当完备整饬，形象舒美，色彩为淡赭金褐（图4.4-1B）。虽非汉地绘作，但以线条为主要表达手段，色彩中有浅绛、棕红，偶有青色，与黄金赭色的绢底十分统一。画作虽有一些残破，但多是画作内部色蚀饰纹等小缺，组织构成仍完整，是回鹘文写绘本经图之外难得的资料。整幅画作分为整齐的格状，竖分三列，横格二、六不等。中间宽列上中两大格，上格为佛陀主尊，中格为地藏菩萨主尊，均有胁侍环绕，下小格有持幡使者等，底边据原报告说，应有崇拜者即供养人。两侧列各横五格，布置冥间十王。其中上格内佛陀结跏趺而坐，下有仰覆莲座。其右手在胸前作说法状，左臂曲而外伸，手恰抚于一人额头。此格内余像皆为带项光的菩萨、弟子，上方存两位戎装者。仅有一小像若俗

[1] 感谢中山大学姚崇新提供此画具体信息。格伦威德尔领德国第一次中亚考古成果《1902—1903年亦都护城及其周边地区的考古报告》(*Bericht über Archäologische Arbeiten in Idikutschari und Umgebung im Winter 1902—1903*)，1905年慕尼黑发表。[德]格伦威德尔著，管平译《高昌故城及其周边地区的考古工作报告（1902—1903年冬季）》，文物出版社，2015年。但中译本未附此彩图版，只有几幅黑白线图。

图 4.4-1
吐鲁番高昌故城东南大寺寺址现状（笔者摄）

者而脸面有胡须，似有冠冕，可以与旁格中王者对应，应该就是得到授记的阎罗王〔1〕。所以，此格可以定为释迦佛为阎罗王授记之图，构成依据是经首法会授记的意境，参与法会的众人特别是授受主角，与汉文的经首图等对应。如此，该图与《十王经》的关系就非常清楚了。

画中地藏菩萨披风帽，耳处打结，舒相而坐，双手置于胸前，右手张开，无锡杖、宝珠。两边各侍三菩萨，趺坐。此格中菩萨共有七身，地藏若主尊，余像似无特征。值得注意的是，其下方有一小格，边上绘有汉式楼阙建筑，似有像趺坐于前。其旁还似有几人形貌，一举幡旗者似有坐骑，是为持幡使者，另一侧似有一大蛇昂其首。

画两边为十王，格中有冥王处均配桌案，并辅有善恶童子等。右下（依图中主像）格，一王者戴冠，侧后有童子，其前依稀有数道云气，内含很小之像，或为六道象征。其上为小佛像及人形等。再上之王者有胡须，案前两魂跪而戴枷于项，两旁有高大的狱卒揪其头发。另一上部残。再上格以曲线分割，王者戴冠，童子抱簿，一侍披巾。桌上有业绩簿，案前一长枷锁两裸身短裤之罪魂，亦有狱卒持棒。续上格为阎罗王与地藏合掌相对并坐桌后〔2〕，地藏菩萨披巾帽，而阎罗王戴冕旒并有二侍。两桌相接处前有一业镜，镜中显杀牛场景。一对男女被狱卒分别押跪前方，执棒狱卒押男子，裸身狱卒揪女子头发而立。最有趣的是，此图中阎罗王面容与佛陀身边者相似，但胡须更长些。

续上格王者有些模糊，但案前两狱卒与两跪

〔1〕此小像绘制有特殊的地方，即其身后的菩萨形轮廓线有些透明。也许此小像的设计定稿有些犹豫，毕竟原汉传经图也没有这么直接表达。但这幅画像的格式与敦煌本《佛说十王经》的对照清楚，敦煌本是授记图或地藏领十王图，此图则兼有其意，理解精准，且表达确切。

〔2〕此边五小格，原图录（第 96 页）有些解说，释阎罗王旁之像为带头光的神像，对下边六道轮光云气处则释为：一道光束，其中那个进入地狱的已去世的人又将重新返回阳间。这显然不够确切。

图 4.4-1B

吐鲁番高昌故城 α 寺址出土布画《十王图》(采自《高昌故城及其周边地区的考古工作报告〔1902—1903 年冬季〕》，下同)

姿罪魂与下格略似。转左下格，桌后王者面部尚清晰，旁有两侍，案前下方仍为两跪姿罪魂，两狱卒旁立。其上格王者亦有两侍，案前下有两跪者。续上格王者戴头盔，似五道转轮王，但六道云气却不在此。其案旁似有善男信女，前下似河水流动，边有狱卒似为马头。续上格王者、两侍等都较清楚，王坐而两袖扬起。案前有两狱卒及一跪者。跪者红色颈枷很是醒目，头发被执。最上格案前仍有两狱卒一罪魂，仅一童子可辨，王者等皆残泐。此图幅中不少细节都与吐鲁番出土的残片中所绘相似。

综上可知，此图至少有十三幅图像可与敦煌本《佛说十王经》图像对应。其中，上格的佛陀授记阎罗部分相当于其卷首画，其下地藏菩萨主格处相当于敦煌十四图本中六菩萨处，但次序提前，当是地藏地位更高的体现。而下方小格中骑马使者所举旗幡是升入上格图中的，说明其间联系之紧密。而此格中的建筑与蟒蛇或为地狱城等场景，或为持幡者与末尾结束图之结合。若如此，则该小格具有两种内容，此十三图就可实际对应于敦煌十四图经本了。由对比可知，二者的相近，甚至于桌案上所铺卷宗有方块汉字痕迹。图中十王与地藏菩萨相比，地位已显著提高。图幅两列十王中，阎罗王与地藏并坐，唯有五道转轮王与初江王等的次序有不明之处。现以下方图示来表达其构成，初江王位列第三，或可解释为其顺序的变化，当然这只是一种推测。

表 4.4–1　布画构成示意（数字与罗马字代表十王）

<table>
<tr><td>6</td><td rowspan="2">释迦授记
阎罗</td><td>7</td><td rowspan="6"></td><td>1</td><td rowspan="2">A</td><td>Ⅰ</td></tr>
<tr><td>5</td><td>8</td><td>2</td><td>Ⅱ</td></tr>
<tr><td>4</td><td rowspan="2">地藏菩萨</td><td>3</td><td>3</td><td rowspan="2">B</td><td>Ⅲ</td></tr>
<tr><td>9</td><td>2</td><td>4</td><td>Ⅳ</td></tr>
<tr><td>10</td><td>地狱城 /
幡马使者</td><td>1</td><td>5</td><td>C</td><td>Ⅴ</td></tr>
<tr><td colspan="3">供养人</td><td colspan="3">D</td></tr>
</table>

高昌故城α寺址还出土有类似作品，但构成不同。一件绢画有地藏菩萨像及胁侍随从，其主尊菩萨首残，但体态为结跏趺坐而手持锡杖与宝珠，可定为地藏。两侧随侍菩萨，身下左右各有一王者形象，旁亦有侍女等。其一冠前似有“王”之字痕。前下有龙首等，边条上似有施主的小小形象（图 4.4-1C）。又一幅绢画主尊为

图 4.4-1C

吐鲁番高昌故城α寺址出土绢画菩萨

图 4.4-2

德国藏吐鲁番出土 MIK Ⅲ 7259 号绢本地藏菩萨头面（柏林亚洲艺术博物馆图，下同）

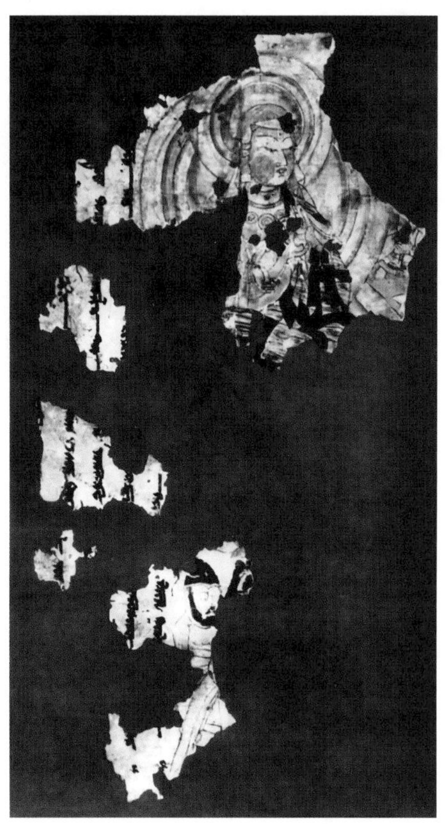

图 4.4-2B

德国藏吐鲁番出土 MIK Ⅲ 7260 号绢本地藏菩萨画

半跏坐姿，已残。身下一女举双臂，很突出。再下图景中的小像似表示畜生、饿鬼与地狱三恶道，另有云气上升，其中有卧牛、饿鬼乞讨、火燃身，以及地狱城前一武将状者〔1〕。吐鲁番地藏菩萨等画当不止此件，绢麻本还有数件，惜多仅余头部，有些应属经图，有些为绘画。有一件存披风帽的正向面部，具头光身光，特征明显，线条清晰，造型清秀，其左肩上方背光内卍字符纹清晰可见（图 4.4-2）。另一图为四分之三侧面像，与著名的鬼子母像有几分相似，然其呈镜像状（与上述麻布画中与阎罗王并坐之地藏小像角度类似，图 4.4-2B）〔2〕。其右手在胸前，是否持物则不详。颈佩项圈饰物等，符合菩萨特征。像旁亦有经文。此应属经图系列，为某部具图《十王经》的卷首画。旅顺博物馆藏一片日本大谷旧藏麻布画，画面残缺虽较多，但基本能识出披帽地藏，手中或持宝珠。其头部上方残存些动物小画，或为六道之表现。胁侍似无十王、判官之类，呈现为具头光武士（略似回鹘贵族）与侍女像。其武士手中所持似十字架的符号，与景教有关〔3〕，不同于上述具卍字符之作。

吐鲁番回鹘时期十王地藏信仰很流行，有多件回鹘文具图《十王经》残本文物，也有汉文经

〔1〕《高昌故城及其周边地区的考古工作报告（1902—1903 年冬季）》图版十、图版九。

〔2〕德国藏地藏像见前注葛玛丽 1971 年文图 48、49。

〔3〕王振芬、孙惠珍《大谷收集品中新发现的带有景教符号的地藏麻布画初探——兼论回鹘高昌时期景教与其他宗教的关系》（《吐鲁番学研究——第三届吐鲁番学暨欧亚游牧民族的起源与迁徙国际学术研讨会论文集》，上海古籍出版社，2010 年，第 859—866 页）首次重拼而公布此作。

图 4.4-3
吐鲁番伯孜克里克石窟《地藏五趣》壁画（柏林亚洲艺术博物馆藏，笔者摄）

本，还有地藏菩萨像[1]，更有珍贵难得的单件十王地藏绘画，即前述基本完整的棉布画，造型等十分出色，构成更是值得琢磨，与《十王经》内容紧扣，与具图经本密切相关。

吐鲁番地区有伯孜克里克石窟壁画的五趣轮回之图（图 4.4-3），现藏于德国柏林亚洲艺术博物馆。此地藏轮回图，年代在公元 9 世纪，高 175 厘米，宽 100 厘米，图上充满回鹘文榜题，构成与画法亦有前述特点，线描为主，色调统一。此画可分为上下两大块，上部地藏菩萨形象多有残损，但下部尚存有六道轮回中的五趣的细节，恰无阿修罗道，应是五趣轮回中的五（趣）道[2]。而日本学者松本荣一认为此图是六道，其上残缺处为天道，实为误解。一般六道都是两边各三对称表现的。现存画面上，主尊左方有两道云气，一为画有很多人的人道，其下为畜生道，画有驼马等。而对称右面可见一道中充满飘尘，似有瘦弱人形，无疑是饿鬼道。其上残缺的一道，正好是天道。而地狱道是其着重表现者，下方又加左右分割出七小块绘地狱折磨的种种具体情节。如主尊之座下有暗红色榜题框，接续下方就是刀山，有尖锋，一人仰身被刺，山间有一狱卒似在追赶。山旁还有被缚跪者，以及一狱卒抓着人身向刀山上扔。另一边有数条蟒蛇缠绕在数人身上，呈噬咬状。此处仍有红白榜题框，多无字迹。刀山两旁都有城垛，上各有大蟒盘坐，连城墙，示意下边是大地狱城。依顺时针方向左边入口的一间内，有牛头下叉搅动火中汤镬，又有狱卒高高叉起一人体欲下锅。接下的一间内，有狱卒倒捉人入大磨，两旁有跪者。再下一间有铁床或尸台，内立一威风军将及狱卒等。转中为红色底大方框。初看似无图无字，但实际上中间有小枝莲花，旁边底色中若干线条，不清楚原初有无表现。接转右下的一间内，火炉火堆旁铜柱缚人，狱卒持勺对人灌铜汁，或为拔舌，周旁有持物狱卒等。其上间为遍地冒火之极热狱，内有人与鸟等。再上一间为碓击狱，两狱卒，碓台上有被揪发曲腿者，也有平躺于地上者，还有一着官帽吏服似监管者，盘身大蟒亦向内伸张大口。画面形象非常精细密致[3]。

（二）木龛像

古代丝绸之路上的僧人、商队等旅行时经常携带一种龛像，久而久之，这种佛教造像通过这些人向内地流播。曾有一件著名的国宝级象牙龛，由甘肃瓜州榆林窟的郭元亨道士舍命保管了下来，在中华人民共和国成立后捐献给了人民政府[4]。其龛像由象牙雕成，内容为一位女神骑象行进，打开之后，两边镌出佛传故事。此龛像约为印度笈多王朝作品，经丝路由佛教僧人传来中国。

新疆库车曾出土一唐代木雕地藏菩萨像，现藏德国柏林亚洲艺术博物馆，高度仅 11.2 厘米，

〔1〕其某些像设或与摩尼教、景教有关，艺术上或有相互渗透之处。如摩尼教本以细密画著称，插图经本等与十王经图类似，但根本特色是不同宗教的包容与共处。据诸考察记所叙，同一寺院或者说同时地举办不同的宗教仪式活动。

〔2〕“趣”与“道”在此同义。

〔3〕此壁画是德国第二次中亚考古所获，曾刊于勒柯克（Le Coq）《新疆佛教艺术》第四卷图版 19。此图中轮回部分，松本荣一认为是六道中残缺天道的五道，笔者则认为应是五道轮回的五道。该图陈列于德国柏林亚洲艺术博物馆展厅，笔者曾多次观看。

〔4〕此象牙佛龛像外形如骑象女神，手捧宝塔，袒胸赤足，发呈波纹。象背鞍俱全，高 15.9 厘米，上宽 11.4 厘米，下宽 14.3 厘米，厚 3.5 厘米。分两片扣合，内刻佛传故事图 54 幅，共刻 279 人，12 辆车马，形态各异，刀法细腻，形制上表现了印度风格。清代雍正年间由道士吴根栋发现于榆林窟，代代相传，四位主持以生命守护。最终由曾接济红军西路军程世才部、遭马家军逼迫而坚贞不屈的郭元亨道士保存，在中华人民共和国成立后捐给了人民政府。

应属此类龛像。其像浮雕于龛中，龛旁还有二条合页部件，可确定为檀龛造像之部件。旅顺博物馆藏有一件木雕佛像，打开呈三页，上有佛菩萨，下有四天王像。日本的寺庙与博物馆亦藏有此类檀龛像，如高野山金刚峰寺所藏一件高23厘米的白檀木唐代龛像，打开呈一主二从三龛，雕造一佛二菩萨与众多胁侍像，极其工巧精致。

佛教艺术中可以携带的小型龛像也很重要，古代木龛像随着传法者旅行各地而传播。有一件完整的宋代木雕地藏十王龛像，应是内地作品，现藏国外。其龛身部分可合可开，上为仿瓦垅如屋顶式（图4.4-4），其门龛与主龛间以孔绳相连接。合时整体如柱身，下面则有束腰须弥座；展开时呈现一主龛、二辅龛（图4.4-4B）。造像分两或三层，上面一层为佛像，下层为主要部分。地藏主尊在龛中尺寸最大，头戴垂至两肩的风帽，身穿交领袈裟，右手置胸前，左手置腹前持摩尼宝珠。结跏趺坐于仰莲花台之上，台下还有束腰须弥座。座旁有戴冠老者与僧人（即一僧一俗）形象，此双胁侍与本章第一节所述陕北石窟中地藏三尊相联系，有重要意义。与地藏主尊对应的两侧边，再各以云气或莲纹分两层。其上下层都各有三像，多为文官冠服，但下层各有一像身材较小，且呈文武两式形象差别，右边小像似为力士，左侧小像似为判官。所以此龛像所雕组合应为佛像与地藏菩萨、十冥王及判官护法各一，题材肯定是属地藏十王。此龛造型独特，有自身的特点，唯其规格较小，刀法亦略显粗放，不够圆熟。

此木造龛像与上述棉布画存有某种对应性，

图4.4-4
北宋地藏十王木龛外观

图4.4-4B
北宋木龛内佛像与地藏十王像

初看木龛与布画相似，再详细比较则布画与经图更似。此龛像上部有三坐佛，中者趺坐莲花台，旁立胁侍两弟子，其旁两侧龛对应趺坐佛，下部则统一展开地藏十王组合。棉布画面当然更易描出丰富多彩的细节，木雕则须简练，但两相对比，可知佛像部分并非与十王脱节，而是有机的组成。当然，将棉布画的佛像与旁胁侍类似《十王经图》的卷首图及其下的种种细节，对比木雕地藏及胁侍与同组像关联，及其刻法之简练，确实可反映出木龛年代较布画为晚，形式上脱离经图样式更为明确。总体上，我们详观十王图像的变化，可寻其轨迹。

（三）石幢层

河北省涉县娲皇宫文物管理所北齐石刻馆展出有一件原木井村宝云寺八面石塔构石刻。尺寸不大，仅高30厘米，边宽76厘米。浮雕内容却丰富而多样，是以佛涅槃图（图4.4-5）、文殊菩萨与普贤菩萨合成构为一组，而地藏菩萨与左右各配五王居三面，形成某种对应。另有两面似刻有儒门圣贤、道家诸神等。正面地藏菩萨居中坐而顶华盖，两侧各有三朵云气，分别表示六道轮回。旁侧有道明持锡杖及善童与两判官，下面中间有狮子谛听，旁为两持物供养人，边上为牛头马面（图4.4-5B）。其右侧有五王者，分两排，皆冠袍，正面持笏，转下一小像似鬼卒（图4.4-5C）。左侧有五王向地藏拜，其中底部之三王为跪姿，前者似为戎装，上立二王及持械小鬼（图4.4-5D）。石刻年代被定在宋代，其构成说明了地藏十王部分的重要性。

图4.4-5
河北涉县八面石幢浮雕佛涅槃图（笔者摄，下同）

图 4.4-5B
河北涉县八面石幢地藏菩萨及胁侍众

图 4.4-5C
河北涉县八面石幢右侧五王像

图 4.4-5D
河北涉县八面石幢左侧五王像

图 4.4-6

广西会仙山白龙洞第 1 号龛地藏等像线描图

（采自董华锋《广西宜州会仙山白龙洞“地藏十王像”考辨》）

二、石龛窟

广西会仙山白龙洞第 1 号龛像，时代约在北宋，四川大学董华锋认为其属地藏十王之龛像。此处摩崖造像最先曾在一些文物考古资料中刊布，其主尊被定为文殊菩萨。后由董华锋识别为地藏十王龛。但其对组合构成之看法，也不是没有问题[1]。其主尊为僧侣形象菩萨半跏坐像，手持宝珠，座下有狮子蹲伏。左右各两排，上排八身之中，接近主尊之四身像为武将形（或为四天王），外四身为文官形。下排左右则各有三人，其左侧僧人形象被推测为道明，另有文官形象者被推测为判官（图 4.4-6、6B）。董华锋还以相邻龛像中施主形象比之于此判官形貌，以主像两侧上层各四像及下层各一像推测十王形象，包

图 4.4-6B

广西会仙山白龙洞第 1 号龛观音等像（采自《中国石窟雕塑全集》第 9 卷）

〔1〕董华锋《广西宜州会仙山白龙洞“地藏十王像”考辨》，《石窟艺术研究》第 3 辑，2018 年，第 188—194 页。其主像曾在《中国石窟雕塑全集》第 9 卷（重庆出版社，1999 年）刊出，定为文殊菩萨。

括其中四位戎装武将形象者，但仍然多有不太合理处。董称其一为五道转轮王，对其余三位则解释为雕刻者不懂，为求对称而刻之。此一解释比较勉强。十王形象是否存在，多少仍有疑问。其推定主尊为地藏菩萨或可从，但其所定十大冥王之说，只能作为一种看法而存之[1]。广西虽较为偏远，但其会仙山白龙洞于宋初雕有不少佛教石刻，包括北宋元符元年（1098）《供养释迦如来住世十八尊者五百大阿罗汉圣号》、绍圣四年（1097）《婺州双林寺善慧大士化迹应现图》，还有不少佛教寺庙与造像遗迹等[2]。总之，推断北宋绍圣至元符年间（1094—1100）会仙山白龙洞此龛像为广西乃至岭南地区唯一的地藏十王之龛像，其论尚可存疑，只能聊备一说。

本章从上一章对十王经本的考查跳跃至艺术范畴，包括摩崖雕造、石窟壁画、绢绘布画、像柱经幢等，地域也从原较熟知的敦煌、川渝与新疆高昌，拓展到秦晋豫等地。笔者不仅对原知诸种龛像加以复查，也对新发现的遗存实地考察调研，其中一些成果已经发表。经过笔者的考察与研究，并结合综述，许多重要雕绘塑画图像的特征与内涵得到显现，甚至可以弥补五代画史上绘地藏十王甚多的王乔士作品不存的遗憾。

从现在全国范围内所存的新旧材料来看，晚唐出现、五代丰富、北宋流行，至南宋再变，是十王信仰从经本向图像变迁的基本脉络。秦晋豫等地的重要性明显。从早期经本到早期像设，陕西都有证据涌现。山西及河南也颇有作品受到学界关注。虽然新疆地区的后期材料较少，但回鹘文插图本的新材料、麻布画的新解读，以及高昌布画与敦煌图本《十王经》可以在某种程度对应，表明这些材料与敦煌及四川的材料既有密切联系、也有区别的实际情况，体现了《十王经》经本与艺术图像极为丰厚的内涵与绝妙的魅力。此章基本依此叙述。重庆有南宋巨龛摩崖及墓地石刻等遗存，在此仅略有提及；而浙江宁波，在输入日本的南宋画作中，与之共同反映了南宋时代的重大流变，所以重庆与宁波的作品分别叙述。所有艺术存迹在彼时都是依附于法会活动而产生、发展，依据文献及一些文物遗存中探求十王信仰在实践追福的情况，是必不可少的工作。

---

〔1〕董华锋文称“如敦煌藏经洞北宋建隆四年（963）地藏十王绢画题记中就说此宝珠……”，且注此图为SP.19，出处为《西域美术：大英博物馆藏斯坦因敦煌艺术品》第2册，讲谈社，1982年，图2.2-1。此图引用虽无误，但此画作仅有地藏与六道轮回，两胁侍菩萨榜题“普门菩萨”，画面上根本没有十王。

〔2〕白龙洞已被确认为第七批全国重点文物保护单位。蒋廷瑜《广西唐宋时期佛教遗迹述略》，《桂岭考古论文集》，科学出版社，2009年。

第五章

修福践行与法会斋事

第一节　预修斋事

第二节　敦煌实例文事

第三节　北宋建州牒文

巡视过石窟、壁画、绢绘等艺术作品中地藏十王之迹后，本章将侧重于法会践行方面的实际活动。传世文献及种种遗迹都是我们关注的对象，由此探求十王信仰活动的真相。

第一节 预修斋事

一、营山铭刻

四川所存地藏十王之迹不仅有晚唐龛像，还有晚唐时的“众修十王生七斋”石刻铭记，足证十王信仰在民间的流行。营山在四川省境内北偏东，距早期十王像所在地域亦近。

营山县境内多山，古有称“大蓬”与“小蓬”者。其“大蓬”今称“太蓬山”，又名“绥山”，位于县东北太蓬乡一带，方圆四十里，主峰海拔高度为731米（图5.1-1）。此山久有“太蓬仙境”“佛教圣地”“蜀北名山”之誉，很早就有道士、僧人在此修行，文人墨客于此题咏。其顶上有摩崖龛像与题记铭刻，主要位于山顶的透明岩一带，共存104龛，有464躯造像与内含1046躯小像的千佛龛，题记则存111方（3方文字已泐），时代主要为唐宋、明清等，其中唐宋造像与题刻价值较高〔1〕。对十王之专题而言，此山虽无明确的十王造像，却有涉及十王的十分重要的石刻题记〔2〕。

其一即太蓬山K13号龛之侧旁，约五代前蜀天复七年（907）七月所刻朱伦之《普济寺记》题铭〔3〕。铭文高150厘米，宽97厘米，共31行，楷书。虽然铭文多有残损且文义不全，但铭文提到“人人□□十王”，可见此涉及十王信仰；又因其中“生前”等字词，推测为追福荐而铭。最直接相关也是重要者即太蓬山透K16号龛大唐文德元年（888）《大蓬秀立山普济寺众修十王生七斋记》，其铭高72厘米，宽46厘米，存16行635字，亦属长篇。由其内容大意可知，当年普济寺僧人劝信士罗弘启作此法事，功德主罗弘启为此寺施舍甚多，而且这次斋会是很多人参与的大斋会。斋会并不仅是个人行为。该题记首有“安蓬州龙兴讲律大德僧德充述”，尾铭“唐文德元年岁次戊申

〔1〕刘敏《太蓬山摩崖石刻题记》，《四川文物》1989年第1期，第35页。

〔2〕《天一阁藏明代方志选刊续编》，上海书店，1990年。其中有万历《营山县志》与正德《蓬州志》，但基本没有太蓬山石刻的材料。

〔3〕天复七年实为唐哀帝天祐四年，蜀地沿用唐昭宗天复年号，该年四月时唐亡，九月王建立前蜀，次年改元。但此年号只在题记中出现，不能认定为题记之时。且“普济寺”名最后出现也不能定为《普济寺记》。

图 5.1-1
四川营山太蓬山透明岩外景（采自蒋晓春等《四川营山县太蓬山摩崖题刻调查简报》，下同）

十二月甲子朔十六日己卯，满月斋表庆赞，总持僧即檀书记”。

此题记由较普济寺级别更高的安蓬州龙兴寺之讲律僧德充撰述，述此斋会缘起：寺主劝信士罗弘启为自身预修功德，檀施普济寺。其中有些词句与《阎罗王授记十王经》的核心内容十分契合，如“每闻十王生七，全收七分之功。生前自辨修营，殁后自获功德”“诸佛照鉴，十王保护”等。信士罗弘启花费极大精力多方宣教、获取钱财，以作供养。斋会以普济寺众名义举办，所以此非一般性个人修斋，而是规模宏大、于寺院经济有大贡献之预修功德。普济寺僧人列名其后，方丈为僧宣佥，僧宣敬应为同门同辈，还有师海、行先、常赞、怀璋等人。俗众即都勾当、斋头罗弘启、勾师恭，以及女弟子多人。

录文如下[1]：（图 5.1-1B）

大蓬秀立山普济寺众修十王生七斋记（录注：□为残泐，下划线为补入）

安蓬州龙兴寺讲律大德僧德充述

贤劫千圣第四尊师，廓开八万四千，提接漂沦万有。或化之以严净佛刹，或

[1] 西华师范大学历史文化学院、重庆工商大学计算机科学与信息工程学院、营山县文物管理所《四川营山县太蓬山摩崖题刻调查简报》，《华夏考古》2012 年第 4 期，第 3—15 页；蒋晓春、伍洪建、邵磊《营山县太蓬山石窟内容总录》，《敦煌研究》2010 年第 1 期，第 39—50 页。以上两文皆含此记，但王雪梅重视此铭文并作专文加以校录，还发现了此题铭旁的 24 位女弟子名。见王雪梅《四川营山〈大蓬秀立山普济寺众修十王生七斋记〉校录整理》，《西华师范大学学报（哲学社会科学版）》2014 年第 6 期，第 6—10 页。笔者对录文稍有修订，因本书侧重不同，所以不加校注，仅以简化字录入。

图 5.1-1B
四川营山太蓬山《大蓬秀立山普济寺众修十王生七斋记》石刻题记

怖之苦趣傍生，使迷醉知返[1]，尽省髻珠衣宝[2]；□□□□俱回八政之门，大不思议，难具详载。况人能弘道，非道弘人。其有住持，像季匡建弘扬者，则寺主宣佥□卒任也。上人戒捡清肃，行苦冰檗，仁慈接物，恭穆谦和。同学徒慕，洁志鲜心，□财无私。修崇殿宇，显敞难同，庄饰尊仪，金容昞焕。继先师之遗范，夕惕虔虔；踵先师之信心，并除邪僻。言发响应，同志相扶。勠力修斋，靡将周备。

一日，谓门徒罗公曰：夫有为福利，开导人天，予岂独善一身，安然自处，浮生若寄，能几何？岸树井藤，不足以俦危脆。干城水沫，具以比其不坚。矻矻贪生，岂虞身后？每闻十王生七，全收七分之功。生前自办修营，殁后自获功德。信士罗弘启等，宿种善因，道根深厚。归僧向佛，念咒持经。弘启居家不忘恭敬，闻兹福善悲慈，又如入宝山，怀珠抱玉。寺主上人爰依教典，诱导信心，愿积资粮，将防险道，罗信士等人既承教旨，劳□□宗，遍告乡村，广垂劝导，涉万重之山险，不惮劬劳，历百返之萦纡，岂辞□衢。菀之收□，□物丰盈，归普济之名蓝。香园之足，是知石隐玉而光辉，水含珠而川媚。若非道高物备，何以感斯者？望咒□亡，立渠避寇，访礼灵山，驻泊数旬，因兹咸美，奉命聊纪年月，岂尽殊勋？觊□芥城空，善因入种。乃为赞曰：

秀立名山，□□真金。佛龛经□，有异人间。游人暂到，竟日忘还。尘心顿息，讥浪方闲。会公晓喻，因而觉悟。罗启虔诚，身心惶怖，结□修木，宅资泉路。所造七斋，防身后苦。诸佛照鉴，十王保护。慎□□心，道情坚固。引诸邑人，超升净土。寺主僧宣佥[3]，僧宣敬、师海、行先、常赞、瓌璋。都勾当斋头罗弘启、勾师恭。

〔1〕原录为“方”，义不通。

〔2〕典出“法华七喻”，即《法华经》中火宅、穷子、药草、化城、衣珠、髻珠与医子喻，《佛光大辞典》等工具书皆有“法华七喻”之释。此处皆喻佛法。李俨《法苑珠林序》（《大正藏》第53册，第269页）有“引穷子于慈室，衣宝与髻珠双至”即用七喻为典。此铭开首讲释贤劫第四尊即释迦传法，“尽省髻珠衣宝”，即直接得佛示不用“衣宝、髻珠”譬引，仍是借此喻而用之。

〔3〕此字不清，暂推定为“佥”字。

> 维大唐文德元年岁次戊申十二月甲子朔十六日己卯，满月斋表庆毕。总持僧即檀书记。

其侧崖壁所铭“女弟子等”录文：

> 女弟子等陈表、□□邓□妻周氏、罗弘启妻陈氏、冯明妻何氏、赵□吉妻□氏……氏、王龙华妻顾氏、□□□刘氏、杨□妻赵氏、王行瑀母何氏、□□□□□□□□□□氏……李氏、王龙盛妻罗氏、□□堂妻周氏、刘□古母罗氏、袁瑜□□□□、何全□妻勾氏……妻何氏、勾恭妻罗氏、□□泰母杨氏、潘顺妻王氏、勾琬妻杜氏、□君□妻雍氏。

虽然有些残泐，但此《大蓬秀立山普济寺众修十王生七斋记》以及其侧旁所存“女弟子题名录”，内容是普济寺僧侣与檀越罗弘启夫妻与女弟子等（共约24人）所办“预修十王生七斋”法事活动题记。“普济寺众”应该包括四众弟子，至少有僧人与男女居士。

由此我们可推测普济寺的一些情况。从名称看此寺应在此山，且是木结构建筑而非石窟。土木建筑与装饰、馈饰，确有规制，“修崇殿宇，显敞难同，庄饰尊仪，金容昞焕”。虽其始创主僧等情况皆不明，但寺主“继先师之遗范，夕惕虔虔；踵先师之信心，并除邪僻”，承先人之志，并下决心号召筹办斋会，“言发响应，同志相扶。勠力修斋，靡将周备”。

此段讲弘扬佛法主要在人而非依物。普济寺主僧即主持宣佥足以胜任。他戒律清肃，能忍寒苦艰辛；待人接物礼到周全，同辈僧人都十分敬重；无私不贪财；修建庙宇广殿堂，庄严佛像金碧辉煌；继承先师风范，要齐心协力办斋会，得一呼百应，众人支持。

突然话锋一转，寺主僧宣佥对其门徒罗弘启说：“人天有福利，不能独善自己一人。性命无常，岸树井藤随时都会消逝，岂能长久，身后怎么办呢？我常常听说若修十王生七斋，七分功德自可全得到；生前自己营办斋会，逝后自己获得功德。”

罗弘启本是信仰虔诚的清信士，师僧劝之积累福业之资粮，可以防恶趣险路。他闻得此说即奉若宝典，如得珍玉。罗弘启遵而从之，付诸行动。他并非以个人家财为之，而是通告乡人村民，竟涉万重山险，历百返之萦纡，不惮辛苦疲劳，将获得的众多珍物、丰盈资财都归于普济寺。他为此斋会化缘良多，牵涉面广。其女弟子题铭恰有本记中罗弘启与勾师恭妻子之名，其余也是某人妻或某人母之名。包括残字在内，题铭中应有24人，至少有24个家庭参与，明显与本章第三节所讨论的北宋福建百姓施仁永为己身一人修生七斋不同。如此多人集会斋事，很像是一个邑社，这在北朝至唐代时期的北方或敦煌很流行。虽然我们不知普济建寺或续修情形如何，但从寺主建造饰馈与发心斋会的词句联结情况来看，寺院很可能借此斋会，与信众形成良好循环互动，寺院获得资财以发展，斋头与僧人四众等获得预修之功德。

题记的赞语言此秀立名山、佛龛刻经等，则斋会举办地也应在此，但期限长短不明。其文词中提到“七斋”，但应与“十王生七斋”同义。从铭记本身来讲，此斋会亦是普济寺之大事，所以才请高僧撰述，列出斋主僧俗及多位妻母之名，或有未留姓名者。此记中所涉十王内容，如“诸佛照鉴，十王保护”等，完全符合预逆修之观念，也符合实际行事之方法。

另外，此记近旁朱伦之题记也提到了“十王”，其记至少晚于此记19年，都在太蓬山透K16号龛千手观音像龛旁。虽然其年代与名称未必准确，但两者应有关系。如果保存较好的话，内容或有配辅之处。

总之，我们从此《大蓬秀立山普济寺众修十王生七斋记》可以知晓《阎罗王授记十王经》中预修斋事的实例。其时代之早，内容之明确，证明至少在晚唐之时四川北部已经存在十王信仰，并遵行举办了预修的斋事。这对于陕西耀州神德寺塔本此经系出现后，判别《阎罗王授记十王经》所体现的内容是否仅在敦煌流行尤有意义。晚唐时众人行此斋事非常郑重，由此留下来的铭刻记录，对我们了解十王信仰的整体状态，有很大的益处。

另外，四川地区还有一些十王龛像题记等，如资中西岩、安岳圆觉洞等，也与斋事相关。有些已在上文述及，有些则残泐过甚，其内容是否为预逆修，抑或为亡人斋，还很难说。总体上说，川渝地区的摩崖龛像的附属题记是比较多的，其中也有“具赞表庆赞讫”等表示法事仪式圆满的结束之语。摩崖龛像会用于法事仪式不言而喻[1]。

二、台州塔记

前述第三章第二节浙江台州黄岩的灵石寺塔内，藏有北宋《佛说预修十王生七经》五卷。该塔虽不算大，残高仅21余米，但所藏丰富，出土文物4000余件，颇有珍品。塔内既藏此经，有没有其他含有预修或亡斋的内容呢？的确有一些蛛丝马迹。此塔各层都藏有文物，种类很多。塔底部有一通塔中塔[2]，六层方石叠筑，高约160厘米（图5.1-2），每层都有佛龛与题记。第三层东面题记最值得注意：“东面报先师和尚度脱之恩，发愿诵云：为僧在寺略兴功，造塔圆成镇寺东。今世预修来世善，愿祈福惠得双通。”北面铭刻：“北面报亡考妣袁三郎养育之恩，开宝八年二月初二日寺主经律大德嗣卿记。”塔中出现了很多寺主嗣卿之名。此塔铭中“今世预修

图5.1-2

浙江台州黄岩灵石寺塔内中小塔（黄岩博物馆图）

---

〔1〕重庆大足石刻艺术博物馆、重庆市社会科学院大足石刻艺术研究所编《大足石刻铭文录》，重庆出版社，1999年；刘长久、胡文和、李永翘编著《大足石刻研究》，四川省社会科学出版社，1985年。两著内容中都有修斋记，如大足北山第253号龛装銮记等。

〔2〕金祖明、台州地区文管会、黄岩市博物馆《浙江黄岩灵石寺塔文物清理报告》，《东南文化》1991年第5期，第242—283页。

来世善”者，究竟是为自己还是为其度脱的先师和尚呢？又有两种铭记或可回答此一问题。此塔中塔第四层铭为：“寺主经律大德嗣卿特舍净财，奉为四恩三友（有）兼保自身，造石塔一所永充供养。诵曰：今世为寺主，千生愿出家。佛地金园住，万代挂架裟。开宝三年……知两殿香灯光宁大德嗣澄……”虽然此记署名别人但明言寺主嗣卿愿景。另，塔内百余件陶佛像中有些泥塑佛像须弥座后有铭（图 5.1-2B）。其像 13 式铭文为：“寺主经律大德嗣卿记。今生为寺主，来世作僧王。文章成七步，佛法播诸方。太平兴国六年十月，姓袁其年七十五也。”其 12 式亦具此铭，内容仅多几字。

图 5.1-2B
浙江台州黄岩灵石塔内泥塑佛像 12、13 式（采自《浙江黄岩灵石寺塔文物清理报告》）

这些铭文直接体现出了寺主嗣卿的预修思想，不过不是在经本上直接题记，而是由同瘗塔内的多件文物所体现。其首先言及弟子报师恩、并四恩（国师父友），同时也具有报亡亲内容，但是“兼保自身”，更主要还是为自己，且其“来世善”有“来世作僧王”的具体指向。况其施泥像时已 75 岁，造第三层石塔、言预修时也 69 岁了。因其满意于今生寺主的地位，为己身修福，企愿来世更高之僧界地位，也是很自然了。总之，虽然灵石寺塔所出的《佛说预修十王生七经》并无题记，但是通过塔内文物的发现与梳理，仍可见其中具体而生动的预修观念。

第二节 敦煌实例文事

一、背景

敦煌是相当特别的一个地方。在石窟与藏经洞中，中古时代的很多材料被保存了下来，学者据此进行研究。但特别值得注意的是，敦煌与国内其他地方之共性与差异。敦煌作为古代丝绸之路上的重要关隘，文化上有很多交汇融通之特点。历史上敦煌有被外族攻占的时段，也有实为地方性政权的归义军时期，又有历时长久的世家大族治理时期，还有佛教发展特别繁盛的阶段。这些情况使我们在研究敦煌各方面专题时，都应特别注意其与国内诸地对比下的相同与不同、共性与个性。即使我们不能完全掌握，也可以从基本方面来注意，尽量减少研究考证中的错误与偏颇。

敦煌遗书中有不少文献可辅证《十王经》在当地的实际应用，并反映出更为广阔的民俗事状之天地。但是在举出与引述敦煌地区这些丰富复杂的材料、事例之前，我们还应了解中古时代敦煌的家庭与家族之一般状况、其特殊性及与中原等地的共同之处。据《五—十世纪敦煌的家庭与家族关系》研究考察〔1〕，中古时期敦煌的家族组织与中原一些地区近同，原则上大小宗法并行，有政治特权、经济文化优势的某些世族大族，或以大宗宗法为组织原则，一般宗族则通行小宗宗法。家族组织的内在形式，由父系血缘基础上的九族六亲系统形成的亲属称谓体现〔2〕。汉唐时期中原内地虽也主要施行小宗宗法，但仍有一些具有政治特权和经济文化优势的家族用大宗宗法，即以“百代不迁之宗”为组织原则。小宗实即施行五代以内的宗族制，不设宗子，诸兄弟辈均为小宗。敦煌家族的外显形式有家谱与祖墓，以及具有替代宗子制度和家庙功能的亲情结社和家族石窟等，家庙与祠堂并不普遍。但敦煌地处西陲，远离中原，居民生存空间有限，地理位置虽然偏远却处于中西交通要

〔1〕杨际平、郭锋、张和平《五—十世纪敦煌的家庭与家族关系》，岳麓书社，1997 年，第 153—155 页。

〔2〕九族与六亲有多种说法，如古文说与今文说。古文说指父族。今文说以许慎为代表，认为九族包括父族四、母族三、妻族二。《汉书》以父、母、兄、弟、妻、子为六亲。在以上数种说法中，与血缘关系和婚姻关系最为亲近的是《汉书》之说，所以人们多赞同这种说法。

图 5.2-1
法国吉美博物馆藏 MG.17662 号《〈河西清河张氏画佛赞〉邈真图》局部（采自《西域美术：吉美博物馆藏伯希和敦煌艺术品》）

冲，社会文化氛围开放。因此，符合实际的活动形式既体现于亲情结社、家族关系等，也依托于佛教，这是敦煌名族大家的特色。例如，敦煌石窟（莫高窟南区）之中大约有十分之一是家族窟室，据统计约有 45 个，但这些家族窟室并非家族举办吉婚诸事之地，而是如同一般宗庙。由于距离居住地过远、维护不便等原因，所以它们均为开放性供瞻礼之洞窟。而且窟主、施主历代多有变化，仅李、阴、翟三氏之窟是保持较长久的家族窟。另外，也有一些小佛堂兰若等，会设置于城乡居住处，有些实为家寺，有融会功能〔1〕。

敦煌文化遗产的一个重要内容，是存留了很多“邈真赞”。“邈真”就是我们现在所说的肖像画，少数为生前所绘，多数为身后所画。“赞”实际上就是为亡者写的悼文及一段赞词，或者如古人所说即在赞文之前加序，其悼文中也多说及九族六亲。如莫高窟第 17 号藏经洞内原先置有的高僧洪辨像，就是泥塑的邈真像。据多位学者对邈真赞的研究，如郑炳林、荣新江等〔2〕，邈真赞至少有 96 人（篇）之多。其中一个重要特色，就是僧人居十分突出的地位。无论是这些邈真赞文词的撰写者，还是被赞的对象，俱多以僧人为主。例如，曾任京城临坛大德的悟真写有《敦煌管内僧政兼勾当三窟曹公邈真赞》《前河西都僧统京城内外临坛大德三学教授兼毗尼藏主赐紫故翟和尚邈真赞》等十四篇；高僧洪辨撰写过《敦煌都教授兼摄三学法主陇西李教授阇梨写真赞》；惠菀写过《前敦煌郡毗尼藏主始平阴律伯真仪赞》《敦煌唱导法将兼毗尼藏主广平宋律侍彩真赞》。僧人受赞者还有《故前释门都法律京兆杜和尚写真赞》《前沙州释门故索法律智岳邈真赞》等。当然，世俗作者也有，如张球等，还有一些佚名作者。受赞者中世俗男女也不在少数，如《浑子盈邈真赞并序》《南阳郡娘子张氏墓铭志》《后唐河西左马步都虞侯梁幸德邈真赞

〔1〕杨际平、郭锋、张和平《五—十世纪敦煌的家庭与家族关系》，岳麓书社，1997 年，第 183 页。王三庆《敦煌文献〈诸杂斋文〉一本研究》，台湾《敦煌学》第 24 辑，2003 年。

〔2〕姜伯勤、项楚、荣新江《敦煌邈真赞校录并研究》，台北新文丰出版股份有限公司，1994 年。郑炳林《敦煌碑铭赞辑释》，甘肃教育出版社，1992 年。此外还有一些论作，如张志勇以白话解说的《敦煌邈真赞释译》（人民出版社，2015 年），陈祚龙早年以法文发表的《唐五代敦煌名人邈真赞集》（1970 年）等。

图 5.2-1B

法国吉美博物馆藏 MG.17662 号引路菩萨局部

图 5.2-1C

法国吉美博物馆藏 MG.17662 号亡者贵妇局部

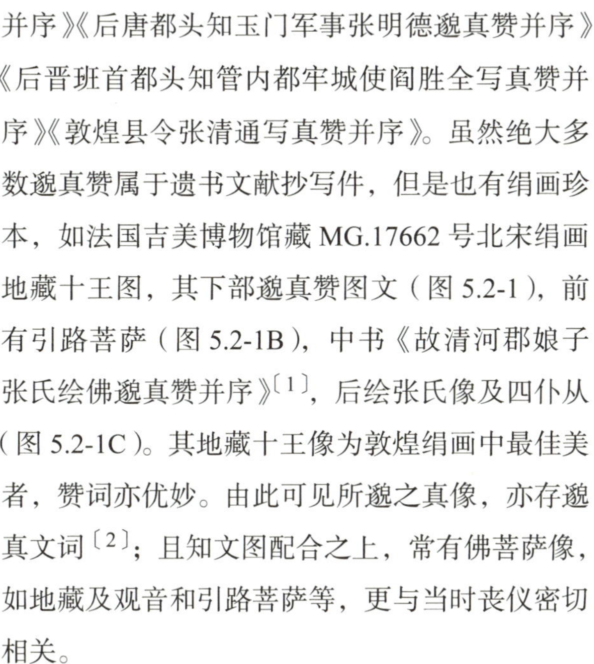

并序》《后唐都头知玉门军事张明德邈真赞并序》《后晋班首都头知管内都牢城使阎胜全写真赞并序》《敦煌县令张清通写真赞并序》。虽然绝大多数邈真赞属于遗书文献抄写件，但是也有绢画珍本，如法国吉美博物馆藏 MG.17662 号北宋绢画地藏十王图，其下部邈真赞图文（图 5.2-1），前有引路菩萨（图 5.2-1B），中书《故清河郡娘子张氏绘佛邈真赞并序》[1]，后绘张氏像及四仆从（图 5.2-1C）。其地藏十王像为敦煌绢画中最佳美者，赞词亦优妙。由此可见所邈之真像，亦存邈真文词[2]；且知文图配合之上，常有佛菩萨像，如地藏及观音和引路菩萨等，更与当时丧仪密切相关。

二、文献类别

敦煌遗书中有各种不同性质的文献，有些虽属不同门类，但相互之间却存在有机的联系。有些佛典与应用文范之间，关系十分密切，如丧葬应用文献与敦煌本的十王经类便是如此。《阎罗王授记十王经》之存留证明了民众于社会生活中有此丧仪习俗，而由敦煌文献与此类经本配套、相互契合来看，应有不少留存文献，很多学者也都已利用这些材料进行研究，大体称之为“斋文”或“愿文”甚或“亡文”等。但对丧葬亡文或斋愿文类或更大范畴文献的名称性质，学者实有不同意见。美国学者太史文教授《为亡者愿——敦煌仪式文类定义初探》一文[3]，专门就

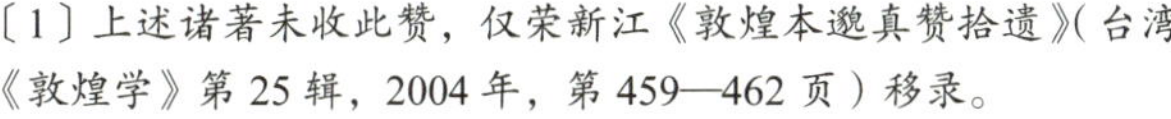

〔1〕上述诸著未收此赞，仅荣新江《敦煌本邈真赞拾遗》（台湾《敦煌学》第 25 辑，2004 年，第 459—462 页）移录。

〔2〕此故清河郡张氏娘子应与归义军首领曹氏有关，画面上还有于阗文铭题记。

〔3〕［美］太史文（Stephen F. Teiser）撰，谢惠英译《为亡者愿——敦煌仪式文类定义初探》（李丰楙、廖肇亨主编《圣传与诗禅——中国文学与宗教论集》，台北“中央研究院”中国文哲研究所，2007 年，第 283 页）仍倾向于定为愿文。

亡文等仪式类文献的定义进行了探讨。太史文指出，学者中对佛教仪式文类有不同定义，黄征归于愿文[1]，郝春文归于斋文[2]，还有学者视作亡文[3]、祭文[4]，并涉及书仪凶礼、事务用文，甚至题记与写经等。太史文倾向于定义其为愿文而非斋文。而侯冲以斋供法会作统摄，将具有斋供（狭义即饭僧，广义为供养）仪式文本归为斋供仪，可能更有说服力[5]。侯冲从斋供角度出发所定的斋供文书之名，也很有道理[6]。不同学者对这些文献有不同的定性与称谓，如斋文意指在各种斋会上使用，而愿文则是指其为发愿之文[7]。当然愿文还可以从更宽泛的角度来理解，如主事者具有某种愿望，但这未免太泛。各种造像记、题记中的意愿表达，愿文意味更浓。如果要求完全统一，一时也无法实现。我们最关心的是两个方向，即预逆修与亡人斋，也就是《十王经》所具有的两个功能。从实际操作层面来看，在《阎罗王授记十王经》建立十王体系以后，即有此功用，依此经可以冥阳两利，为生者预修，为亡者追福。当然两者并非割裂，也可合用。但是我们依此来寻找实用之例时，若不加以分析的话，就会陷入迷茫。因为无论做预修还是亡斋事，将实际文本完整保留者虽非绝无仅有，也是极为罕见的。实际上，除了生活在唐代归义军政权时期的敦煌人翟奉达为亡妻抄《十王经》于十斋日之外，其余例证就少有发现了。而预逆修的实用文本也只见一二例，即S.5639号、S.5640号《先修十王会》。因亡斋的典型做法是依经叙序次举办十个斋会，常见的七七斋文只用一个范本就好，届时换上“某七”即可，而百日、一年与三年也各有一些范本与例证。实际我们只能从总体上证明确有亡斋之会的十王斋日，也确有举办过先行预逆修行的十王斋会。此生者与死者皆能得益的文献，由于实用范围极广，所以实存主要为范本，但也有实例之文。

总之，格式明确的应用范文，虽然多为释门文范，多是亡文类丧葬文献，但也有为病患难产等生者所用之文，也有吉凶书仪类世俗规范，是跨越多种性质与形态的文本。笔者在此亦非对其进行全面研考，只是侧重考察其与十王斋日之关联。鉴于上述背景与情况，我们只能从更大的范围来探求其中的情形，搜罗材料，并大致展开类别，分析细节。《吉凶书仪》《诸杂斋文》《事记》等也有相关内容，但基本从略了。另有些相关材料则酌情引入。敦煌愿斋之文或称丧葬亡文，已知约有38卷，70余篇（种），且多为释门文范的形态，反映出彼时当地民众实施丧仪的真实情况。其收藏地及编号之基本情况如下：

---

[1] 黄征、吴伟《敦煌愿文集·前言》，岳麓书社，1995年。又黄征、吴伟《〈敦煌愿文集〉辑校中的一些问题》，《敦煌研究》1992年第2期，第63—69页。

[2] 郝春文《敦煌写本斋文及其样式的分类与定名》，《北京师范学院学报（社会科学版）》1990年第3期，第91—97页；郝春文《关于敦煌写本斋文的几个问题》，《首都师范大学学报（社会科学版）》1996年第2期，第67页；湛如《论敦煌斋文与佛教行事》，《敦煌学辑刊》1997年第1期，第69页。湛如显然倾向于郝春文的观点而非黄征的观点，但其有交叉的愿斋文之说，将丧葬亡文划入应用的追福斋文。

[3] 张慕华《论敦煌佛教亡文审美内涵的多元化》，《南昌大学学报（人文社会科学版）》2011年第2期，第111—115页。

[4] 谭蝉雪《祭文》，颜廷亮主编《敦煌文学》，甘肃人民出版社，1989年；武汉强《敦煌祭文分类综述》，《河西学院学报》2003年第1期。

[5] 侯冲《中国佛教仪式研究——以斋供仪式为中心》，上海古籍出版社，2018年，第392—454页。

[6] 斋琬文是释门文范中较系统化的一种，见[法]梅弘理（Paul Magnin），耿昇译《根据P.2547号写本对〈斋琬文〉的复原和断代》，《敦煌研究》1990年第2期，第50—55页。

[7] 见黄征、吴伟《敦煌愿文集》，岳麓书社，1995年。由于“愿文”之称过于宽泛，学界现多不用。作者称周绍良先生审稿后曾建议改为“咒愿”，符合佛事规范，但作者说自己已习惯愿文说法，故而未加采纳。

S.343-5、S.343-6、S.343-8、S.343-11、S.343-19、S.343-20、S.343-21、S.1441《亡文弟五》六篇和P.3825-5至9、S.5639和S.5640、S.5637、S.2717-3、S.1523-3、S.2717-5、P.2341V、P.2313V、P.2588亡文、P.2854-3、P.2854-2、P.2854-17、P.2341-6、P.2341-8、P.2341-10、S.5957和P.3765-11、S.6417-6、P.2226、P.2237-4、P.2237-10、P.2237-11、P.2237-12、P.3765-13和S.5957、P.2449、P.1104、S.6417-10、S.6417-11、S.6417-12、S.6417-13、S.6417-15、S.6417-16、S.6417-19、S.5957和P.3765-9、S.5957和P.3765-10、P.2255和P.2358-2、P.2058和P.3566-6、P.2058和P.3566-10、P.2058-17、S.5573和S.1823-2、P.3163V、S.5637、P.2313V、P.2341V、P.2058和P.3566-10。

国图8454（地17），国图8672（河12），台北135，台北130-2，国图8363（字99），国图7133（藏26），BD08956，BD09156号。

俄藏Φ263，Φ326，дx.02371，дx.02832，дx.02840，дx.03066，дx.03066号。

上海图书馆060（812479）号。

上述共计为71件。所涉敦煌遗书不到40件（英藏10件、法藏15件、俄藏7件、中国国家图书馆藏6件、上海博物馆藏1件），其中还有几件可以缀合，如S.5639号与S.5640号等，所以总数为38件〔1〕。

虽然这些写本文献已得到学界注意与研究，如黄征、吴伟《敦煌愿文集》辑录了大部分材料，杜斗城对亡文中人伦关系有所归纳〔2〕，冀志刚从生死观〔3〕、王惠民从关联地藏角度〔4〕，分别进行了研究，侯冲则对预修与《寿（受）生经》及《十王经》等的关联进行研考〔5〕，但我们还可以继续探讨，归纳其中先修预逆、凡例国忌及释门文范的特点。我们应该明了，现存实用文本最多的是斋事上所用的“疏”，即法会上请神佛降临、念诵给神佛而后焚化之“疏文”。所以，现在所存绝大多数是范文、释门文范也就不奇怪了。这些释门文范即使篇篇范本，也可解构为号头、段句、回向之模件，灵活套用。我们能见到诸多类型的七七斋，乃至百日、一年与三年斋，合为十王亡斋日。也有个别人专用之例，还有各种僧俗亲疏族人，甚至布施于家畜动物，可见佛教在中古社会活动中的重要之作用与分量。

三、先修与患老

（一）先修会文

现知只有少量完整的先修斋文。“先修”即逆修、预修，指活人生前为己身作功德，《全唐文》中就存有两篇相关文字，即《十会斋文》与《迎修十会斋文》〔6〕，有人以为后者为逆修〔7〕，但前者未必不是。此两篇的区别是前者为通用型，其文“今则妙供已陈，散花乍雨……斋众某等，或辕门上列，或金穴豪家……”明示主办之家随

〔1〕冀志刚《唐宋之际敦煌佛教信众的生死观》，《天问：传统文化与现代社会》，江苏人民出版社，2010年，第380页。

〔2〕杜斗城《“七七斋”之源流及敦煌文献中有关资料的分析》，《敦煌研究》2004年第4期，第32—39页。

〔3〕见前注冀志刚文，以及张总《敦煌丧葬文献十王斋初探》，黄正建主编《中国社会科学院敦煌学研究回顾与前瞻学术研讨会论文集》，上海古籍出版社，2012年。

〔4〕王惠民《中唐以后敦煌地藏图像考察》，《敦煌研究》2007年第1期，第25—26页。

〔5〕侯冲《中国佛教仪式研究——以斋供仪式为中心》，上海古籍出版社，2018年。

〔6〕《全唐文》卷八〇八，中华书局，1983年，第8493、8494页上栏。

〔7〕见前注冀志刚文。

时可更换而应用。后者则是专文，“一举高第，两朝美官……四十八年已往，未省归心”，明显是个人的经历。前者如“神慈普救于幽冥。十会区分，王道同归于平等”“欲使天人共感，存没俱休，乃此日设斋之意也”与“伏愿诸王及五道六曹冥官，永作尊神，益匡善道……伏觊过去尊灵、见存家眷，皆凭护念，免怖沉沦”，确为供奉十王。虽然文中言及“存没”“过去尊灵”“见存家眷”，但未言某亡斋期，只说“此日”，明显偏重于生者。且“斋众某等”与规范文辞，适合大型斋会所宣，或所用较广且重要。后者用于个人且是高官，“但虽勤忏悔，未去膻腥。大宜均罪于鼓刀，小合误伤于失手。况蚊虻之类，屡有伤残……并愿各遂逍遥，永祛冤结”。其逆修念及曾所伤害的生灵等，即亦涉亡灵，为解冤去结而修。总之，对此两文的解读颇有启发意义，既便预逆而修，也顾及于亡者。

敦煌遗书只有《先修十王会》《先修意》各一篇，见于S.5639号、S.5640号，其中有亡夫、贤兄、贤弟、亡男、亡考妣意、逆修（尼阇梨）等词，多属亡文范本。由文中提及天公主，可知这是曹氏归义军时期之写本。

《先修十王会》文有：

> ……而手捧金炉，跪申厥由者，疏以前款。伏惟公义信成德，迥然不群；铁石为怀，忠贞立操。虽已浑迹人世，常兴奉佛之心。敬达幽关，乃凭先修之力……每见年光不驻，与逝水如东流，意欲洗涤尘劳，先布觉花之路。是以精修妙供，直开甘露之门；稽首金人，愿托当来之果。时以雁行表烈……次当厶七。今者法桥既备，任水浅深；资粮已施，何愁路远……然后愿十王明鉴，来降道场。

文中可见祈请十王降临法会，且列在某七斋中。与上文不同的是，《先修意》仅有一段，或插用于别的号头、庄严之中，又成为一种先修文。其文有：

> ……大舍珍羞；琼花供三德之尊，纸墨献十王之号。是时也，金鞍玉镫随马，雕妆宝帐银屏。高驼皆负青蚨，乱彩咸铺座侧。并上天曹地府，六道冥官。不昧阴灵，各垂领纳。繇是欲抽金玉，预作福田。蘋蘩列八德之尊，驼马献十王之位。[1]

此又列出供僧斋饭，还有书写十王名号、奉献驼马（应为象征）之举。又，此卷S.5640号中的“逆修”为专文，是一位阇梨比丘尼因年届五十病体未康而为己做。但其文前后皆顾及“亡过父母”“婆父”，担心自己病重，孤身无人救拔，“割舍衣具，广发胜心，敬设逆修，今至百日”。先为亡过父母，以设供功德，舍施回向福因，尽用庄严尼阇梨即体——惟愿菩提日长，功德时增；法水洗如罪垢除，福力滋如寿命远。又持圣福，次用庄严过往婆父——承兹福力，永离三途。文句前后，其父母与婆父皆顾[2]，仅此而言，可知逆修斋意也可通融于亡斋，而非两部分。敦煌社会僧俗不分，由此可见一斑。

---

〔1〕黄征、吴伟《敦煌愿文集》，岳麓书社，1995年，第209页。

〔2〕文中“亡过父母”与“今至百日”似有联系，但不知其“婆父”是否是曾经的丈夫、父母，不知离世或在世。敦煌从中唐吐蕃期至归义军时代，出家人或居社会人口12%左右，所以僧俗联系密切程度超乎一般。

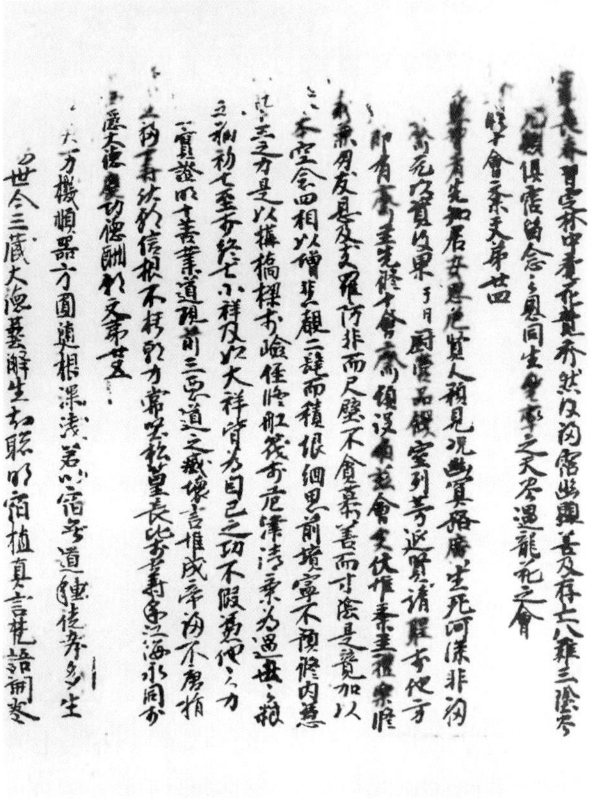

图 5.2-2

法藏 P.3129 号《诸杂斋文·先修十王会》(采自《法藏敦煌西域文献》第 21 册)

P.3129 号《诸杂斋文》内诸篇大多都是实例，包括第四章第一节曾采用者等，唯此号中第二十篇《先修十王会》斋文较为特殊，是通例式范文，文句上佳[1]。兹录为：(图 5.2-2)

……先修十会斋文第廿四

……□智者先知居安思危，贤人预见况幽冥路广。生死河深、非福

……斋元以资后果。于日厨营品馔，室列芳筵，请贤圣于他方

……即有斋主，先修十会斋，顿设有兹会矣。伏惟斋主礼乐修

……□兼用友恩及友罗。防非而尺璧不贪，慕善而寸阴是竞。加以

……本空。念四相而增悲，睹二鼠而积恨。缅思前境，宁不预修，内凭

……托十王之力，是以构桥梁于险径，修船筏于危津。清斋为过世之粮

……□□初七至于终七、小祥及以大祥，皆为自己之功，不假凭他之力。

……□实证。明十善业道现前、三恶道之灭坏。言惟成谛，福不唐捐。

……之福寿。伏愿信根不朽，愿力常坚。松篁长比于寿年，江海永同于

(录文完。此件原有错行，径改)

综合来看，各类释门文范中，先修十王或先修十会出现得很少，加上逆修也仅有屈指可数的几处，且其内也无《阎罗王授记经》的每月两个时日(十五与卅)说之证。几处逆修文段则对应(或较《十王经》“十王斋”更早)，而亡人斋事却几无完整系统性的对应。因其分别体现于各种僧俗人物的七七、百日、一年及三年斋中了。具体例子极多(也应有仅作七七斋之例，如马丑女亡文疏[2])，完整系列则唯见翟奉达抄《十王经》于十斋日写经形式追福一例。不知其是否同时办斋会，若是就更完备了。但从题记文意来看，似仅写经追福(且于初七日画宝髻如来)。如此则经济方便，但能为者不多。

仅就“十王”与“逆修”两词来说，前者只在 S.5639 号与 P.3129 号中出现，其时已在 10 世纪曹氏归义军时期。而“逆修”的情况则有所不同，“逆修”约在五种亡文范本中出现，王惠民

[1] 上海古籍出版社、法国国家图书馆编《法藏敦煌西域文献》第 21 册，上海古籍出版社，2002 年，第 354 页。

[2] 英藏 S.0086《淳化二年马丑女回施疏》记载颇详，请很多高僧，亦布施很多财物，但亡斋之事仅为七七斋。

将其作为《十王经》参照资料[1]，但有时代更早者，且可与初唐通俗诗人王梵志之诗及石刻愿文相联系，说明“逆修”习俗并非由《十王经》而产生，或许有更早的背景。

由敦煌亡文可知至少在公元8世纪中期的愿文中就有逆修的说法。若联系王梵志诗与北方幽州、邯郸地区的石刻愿文，可知逆修观念与斋事的运用更早。王梵志有作：

> 家口总死尽，吾死无亲衰。急首卖资产，与设逆修斋。托生得好处，身死雇人埋。钱财邻保出，任你自相差。[2]

（二）逆修刻铭

1. **响堂山**

河北邯郸有南北响堂山石窟，是北齐凿造的皇家石窟。北响堂有南洞、北洞、中洞三大窟。南洞也称“刻经洞”，其窟口相当门框的位置处，有唐高宗龙朔二年（662）时补凿的两铺小龛，分镌弥勒像与阿弥陀佛，下铭题记，言明缘由。从题记两造像可知均由蒋王——太宗第七子李恽的家人施造[3]，其刘媚儿、崔磨吉题记之中，有“逆修来果”之说法，兹录如下（/为换行符，图5.2-3）：

> 窃以语极推/极，寂灭无为/之境；因空言/空，眇邈大千之界。蒋王/内人刘媚儿、/崔磨吉等，敬/想神仪，逆修/来果，于此山/所造弥勒像/一铺，上答/皇恩，下沾僚/庶，师僧父母，/三鄣疴蠲。又/愿当来，幼涉/缁门，精修梵/行。十方众圣，/普供三身，十/二部经，受无/遗漏。愿法界/含生，咸登实/际。/龙朔二年七/月十五日建。[4]

与上述刘媚儿等造像与题记相对之龛，雕造了阿弥陀佛与二胁侍像，题记内容相似，亦是蒋王内人、名“安太清”者施造，龙朔二年（662）七月十五日，同时施造铭刻。两者所题的七月十五日正是所谓的中元节或鬼节之时，造像记作于此日，结合逆修目的，很可能有其深意。

> 窃以法身无/像，像应无边。/实体非形，形/周万品。但以/殊徒受化，净/秽斯彰，宝刹/翘心，求希安/乐者也。蒋　王内人安太/清敬造阿弥/陀像一铺，上为皇帝皇/后，殿下诸王，/过现师僧，七/代父母，法界/含灵，愿嘱来/生，童子入道，/恒闻正法，三/鄣永除。缘此/善根，共登正/觉。龙朔二年/岁次壬戌七月十五日造。[5]

〔1〕王惠民《中唐以后敦煌地藏图像研究》，《敦煌研究》2007年第1期，第25页。

〔2〕张锡厚《唐初民间诗人王梵志考略》，《王梵志诗校辑》，中华书局，1983年，第333页。据考王梵志应是唐初诗人，寿约八十。其诗中曾提及武德年间始用的“开元通宝”钱。唐大历年间至北宋初，已有多种王梵志诗抄本流传，甚至流传至日本。皎然《诗式》跌宕格之“骇俗品”中也将其置于晋诗人郭璞（276—324）之后，唐初诗人卢照邻（约637—680）、贺知章（659—744）之前。多方面情况表明，王梵志应是活动于公元7世纪左右之人。

〔3〕蒋王是唐太宗第七子李恽（？—674），贞观五年（631）被封郯王，十年改封蒋王，任安州都督，永徽三年（652年）离任时搜罗器玩四百车。后曾任遂州刺史、相州刺史。转箕州刺史时受诬告而惶恐自杀。此二题记应作于李恽任相州刺史时。

〔4〕黄征、吴伟《敦煌愿文集》在阐释“逆修”时，以王梵志诗中变卖全部家产用以预修为普遍现象，恐过度推测。我们应考虑其文学的夸张性，即使有也不至于是普遍现象。

〔5〕南洞门口安太清题记残泐字迹据水野清一录文补，以下划线标明。此二题记据《北响堂石窟刻经洞——南区1、2、3号窟考古报告》（文物出版社，2013年，第34页）内介绍，笔者亦参与撰文等工作。

图 5.2-3

河北邯郸北响堂山石窟刻经洞门口刘媚儿、崔磨吉题记（笔者摄，下同）

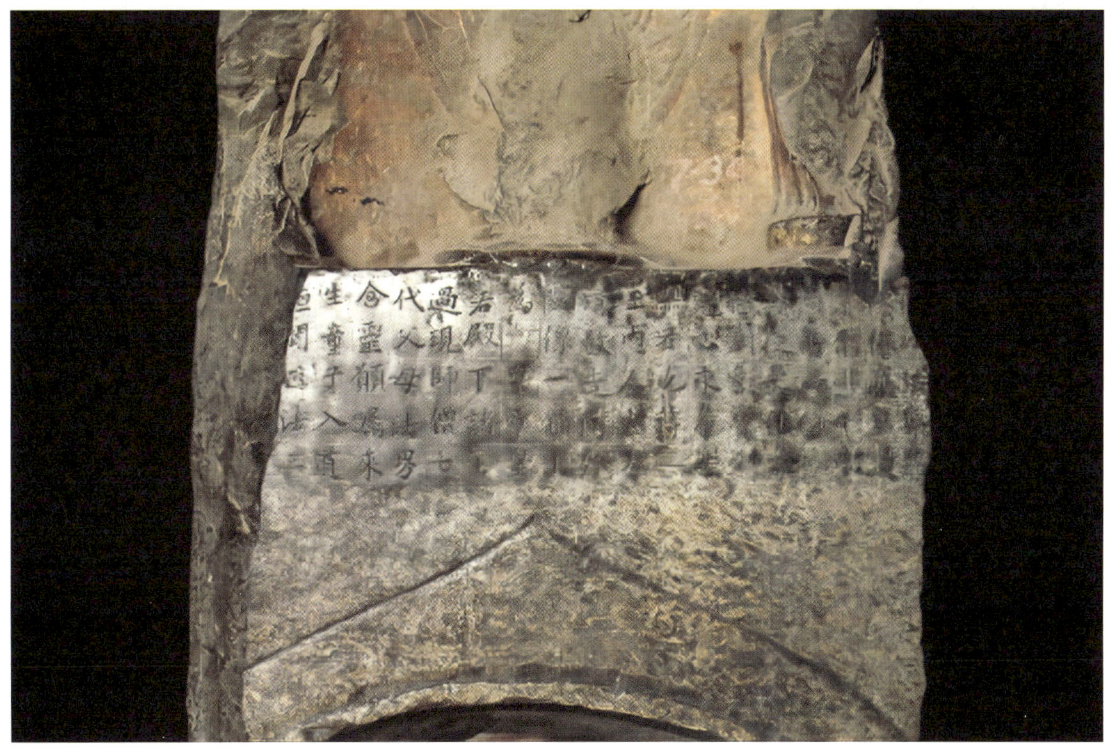

图 5.2-3B

河北邯郸北响堂山石窟刻经洞门口安太清题记

2. **房山**

北京房山云居寺唐代刻经题记，也有捐献石料条之内容，明确说及逆修：

> 河间府河间县马崇宾妻张新妇郭孙男哥仁造石经一条，并逆修初七正月廿七日□□。卷四十八条一百三十一（八·二〇一）
>
> 瀛州河间县马崇宾妻张三男同造逆修七七斋上经一条。乾元元年四月廿八日上。卷二百〇八条五百二十七（二·四五六）

这两条题记均是与贡献镌刻《大般若波罗蜜多经》所需石料有关。后者明确纪年，前者年代虽缺失，但置于天宝四年（745）白米行社官吴庭芝等造经题记、天宝五年（746）燕州角诸社人张二郎合邑人等造经题记之间，所以该记年代约在天宝四年或天宝五年[1]，而后者为乾元元年（758），都在公元8世纪中期。

这些情况都清楚地说明逆修早有践行。“逆修”可溯源至《大灌顶经》，王梵志说人将作逆修斋主要原因是孤零，即没有亲属为其做亡斋。而蒋王家人则将造像凿龛作为逆修功德，马崇宾妻等数人似逆修七日并以造石经条为功德。这些逆修斋事较十王斋更早，但从中也未看出《大灌顶经》系之意蕴。我们以为，这些个别的逆修斋事先流行开来，到十王斋出现时才可能与之有所结合。

不过，含有亡考妣文等及《地藏菩萨日》的S.4624号之《逆修》文内有“若不预备资粮，何以乐乎冥道？……营逆修十供清斋……生不作福，没后难知未尽。少无男女，老复孤遗，莫保百年”。此件中提及唐肃宗所加封号，或在乾元二年（759）。其时段与房山经题相近，却有“十供清斋”字样。若此为十王供，那么《十王经》系形成应提前约百年。但此例为孤例，列此仅供探讨。更前王梵志诗年代或不能尽信，响堂山南洞之“逆修来果”则应无关十王。

由于敦煌《十王经》从题目到内容明确具有逆（预）修内涵，所以在丧葬文献中，逆修很自然地与此段内容联系起来。从仅有的几件具逆修的卷子来看，其年代多早于学界较为公认的《十王经》形成之公元9世纪后期[2]，此点或可深入研究。

最后我们或应考虑预先逆修文内所存的一个矛盾：逆修若是活人为己而修，用七日之倍期，如何而计，难道人会预知自己的死期吗？如上举《先修十王会》内“次当某七”，尼僧阇梨《逆修文》有“今至百日”，S.1523号并S.1727号《逆修文》末有“修某七”，S.4624号《逆修》“今则某七为道……逆修某七道场”。另几条逆修中未现“某七”字样，如S.2044号《逆修》“斋预修而果圆……是日有修预前之胜福”。《全唐文》之两文亦无“某七”字样。《先修十会》斋文中“某七”等或为象征性之说。此文亦具“于日”的小字，就是斋会举办日。但言从初七终七、小祥至大祥（省略百日，应是求句式对称故），都是凭自己之功，而非他人之力。我们原解逆修先作功德，届时自身可免三恶道而上升。但此处意在说明逝后的十斋日的费用施舍，自己已预付了，无

---

〔1〕北京图书馆金石组、中国佛教图书文物馆石经组编《房山石经题记汇编》，书目文献出版社，1987年，第85页；陈燕珠《新编补正〈房山石经题记汇编〉》，觉苑出版社，1995年，第129页。

〔2〕其实英藏S.4624号“营逆修十供清斋，今则某七为道……逆修某七道场”是逆修与十供都出现之句。若此十供是供十王，则有可能将《十王经》出现年代提前。但目前孤证例少，故此处仍持保守看法。

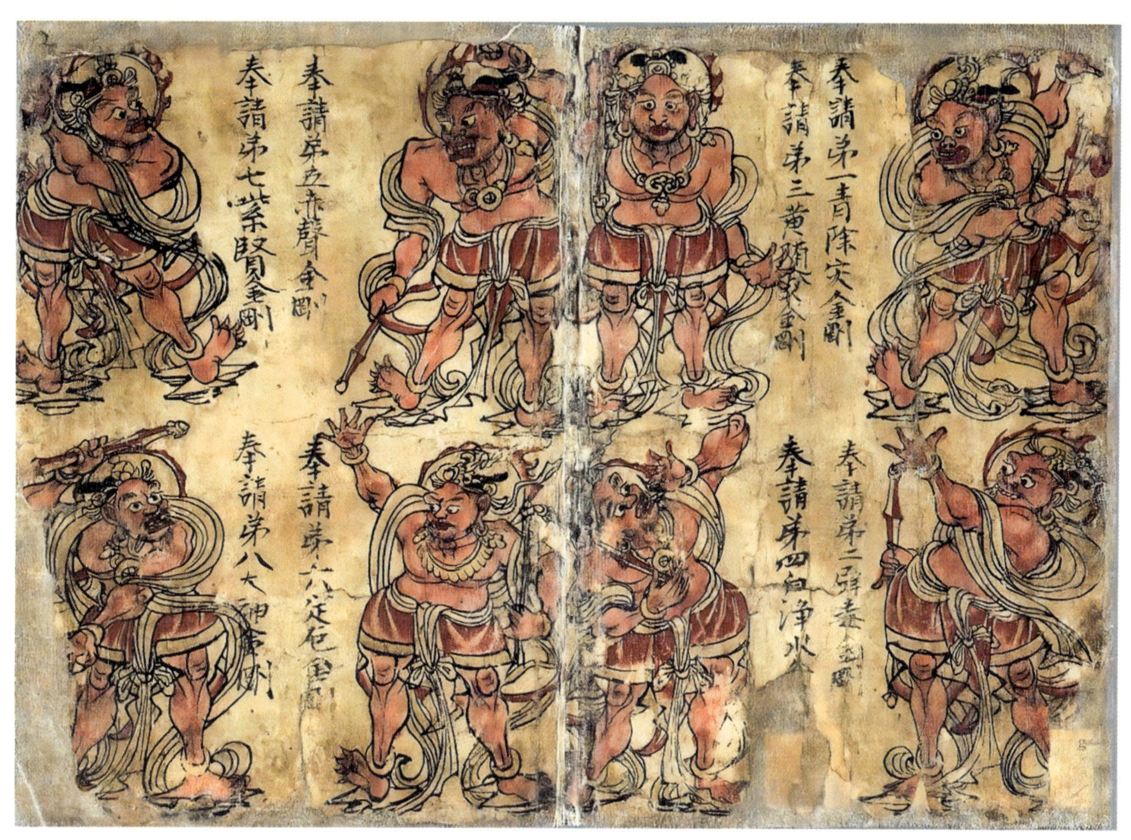

图 5.2-4

法藏 P.2876 号《金刚经》册子八大金刚图（采自 IDP 国际敦煌学项目，下同）

须别人再费事。所以，对其身后斋事可象征性地涉说。另从留存诸斋范文来看，并没有每月二时预修的情况，或许其应用之时间地点确实有限。

（三）老人与患尼

1. 八五老人

对于一些老人的抄写行事，我们应予注意。有这么一位八十余岁的老人，曾多次抄写《十王经》与《金刚经》。在题记中，他不但为自身，甚至也为他的老耕牛祝祷神生净土。此老人很可能是一个孤身者，其逆修功德，可以说是兼及人兽了。当然，在他抄写时，心中观念是否严格对应于《阎罗王授记经》等，我们并不知晓。但这位老人在高龄时屡抄《十王经》，难免有为己预先逆修之意。此位老人的事迹已经引起很多学者的注意，如白化文[1]、荣新江[2]、陈祚龙[3]与太史文[4]等从不同角度注意到这位老人的抄写行为。笔者也有《〈阎罗王授记经〉缀补研考》一文梳理过其抄本。

太史文《〈十王经〉与中国中世纪佛教冥界的形成》一书第二章“经文的制作”中有生动的描述。整理其抄写生涯，82 岁至 84 岁时他曾抄

〔1〕舒学（白化文）《敦煌汉文遗书中雕版印刷资料综述》，中国敦煌吐鲁番学会语言文学分会编纂《敦煌语言文学研究》，北京大学出版社，1988 年，第 296 页。

〔2〕荣新江《归义军史研究——唐宋时代敦煌历史探索》，上海古籍出版社，1996 年，第 215—216 页。

〔3〕陈祚龙《中世敦煌与成都之间的交通路线——敦煌学散策之一》，台湾《敦煌学》第 1 辑，1974 年。

〔4〕太史文据此老人题记排定现知《阎罗王授记经》的最早年限（公元 907 年）。其专著《〈十王经〉与中国中世纪佛教冥界的形成》附录 12，列出老人所抄八件《金刚经》与三件《十王经》共十一件经本的情况。

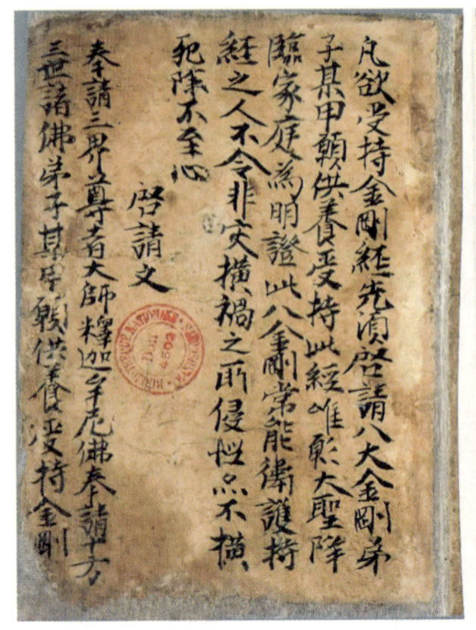

图 5.2-4B
法藏 P.2876 号抄《金刚经》

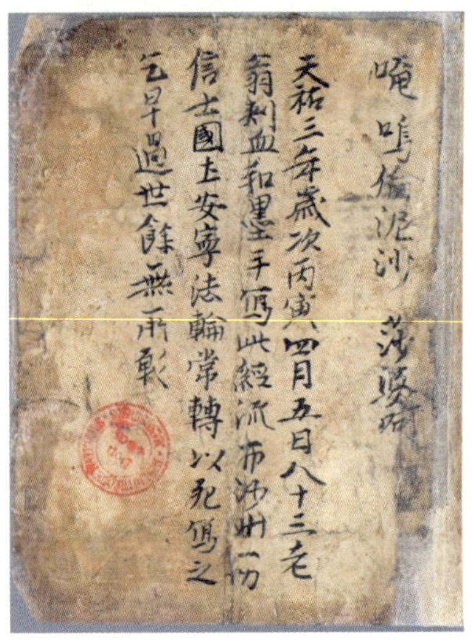
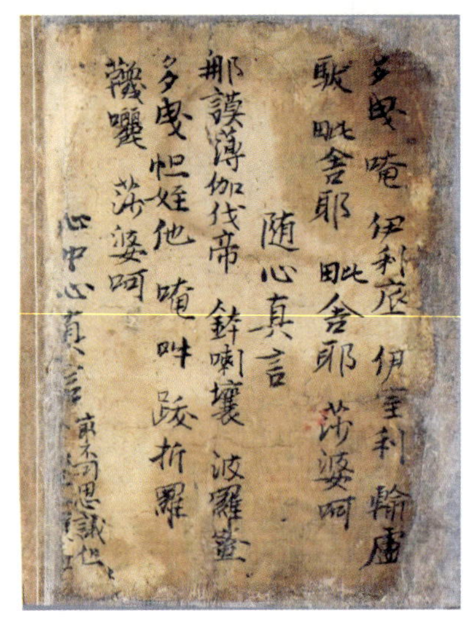

图 5.2-4C
法藏 P.2876 号天祐三年（906）四月五日八十三老翁题记

过八件《金刚经》，都是据四川的印刷本（西川戈家真印本）《金刚般若波罗蜜经》[1]。天祐三年（906）正月、二月、四月他多次抄写，甚至刺血和墨而书，前绘八大金刚，如 P.2876 号册（图 5.2-4、4B、4C）。

他于 85 岁之际（907—908），又抄写了三遍《阎罗王授记经》，并有题记：

> 戊辰年七月廿八日八十五老人手写流传。（图 5.2-5）

三天后他又抄写此经。并在最后写道[2]：

〔1〕S.5534 号《金刚经》题："天复五年乙丑（905）三月一日，信心受持，老人八十有二。" S.5444 号《金刚经》题："天祐二年乙丑（905）四月廿三日，八十二老人手写此经，流传信士。" S.5969 号《金刚经》题："天复（祐）二年乙丑（906）十二月廿日，八十二老人手写流传。"敦煌市博物馆藏 053 号《金刚经》："天祐三年丙寅（906）正月廿六日，八十（下残）。" S.5451 号《金刚经》题："天祐三年丙寅（906）二月二日，八十三老人手自刺血写之。"（相近的 S.5450 号《金刚经》与《阎罗王授记经》）S.5669 号《金刚经》题："天祐三年丙寅（906）二月三日，八十三老人刺左手中指出血，经香墨写此金（经）。" P.2876 号《金刚经》题："天祐三年丙寅（906）四月五日，八十三老翁刺血和墨，手写此经……" BD08888 号《金刚经》题："丁卯年（907）三月十二日，八十四老人手写流传。"

〔2〕BD01226，据黄永武《敦煌宝藏》第 109 册，第 435 页 a 复制。

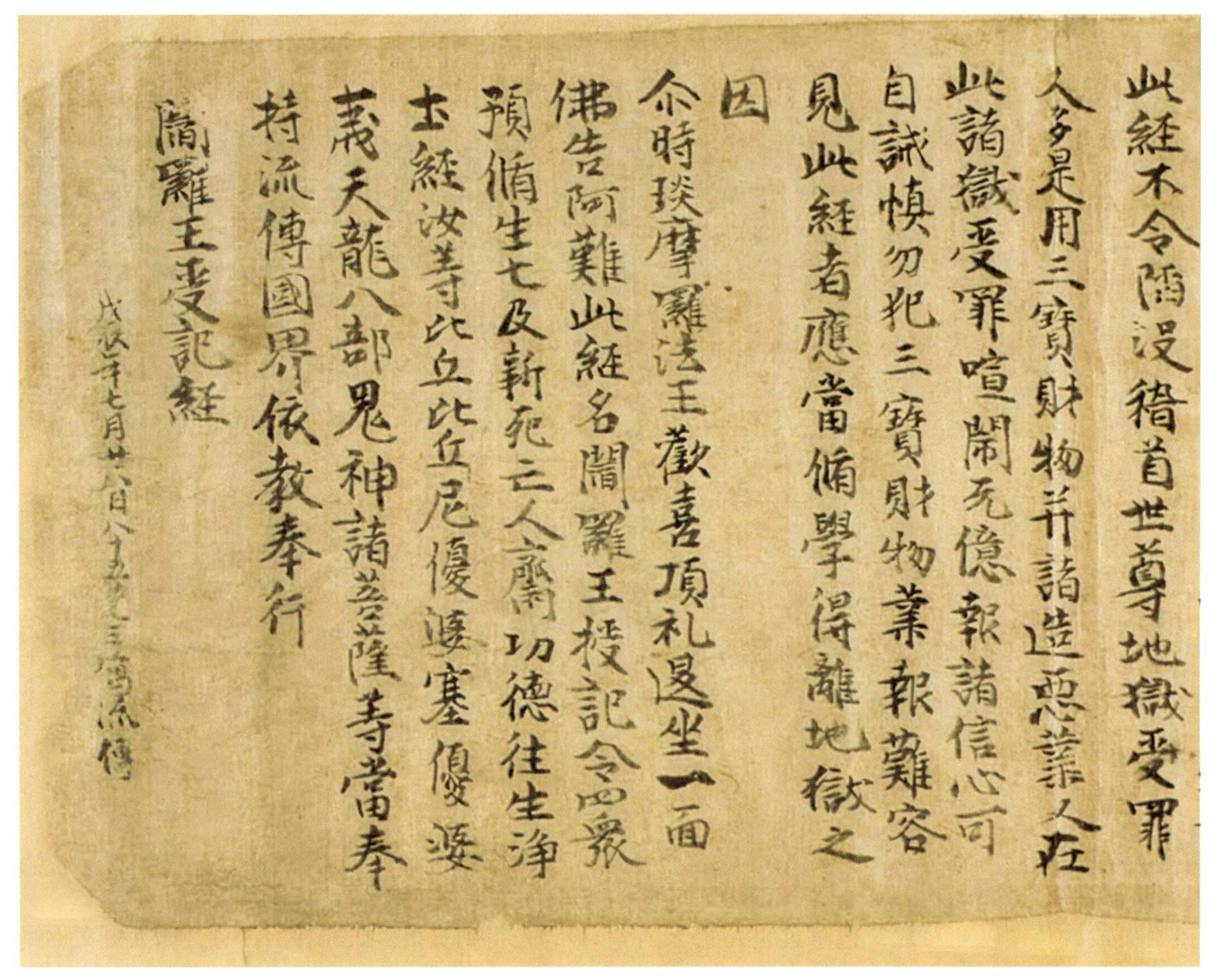

图 5.2-5
羽 408 号戊辰年（908）七月八十五老人题记

戊辰年八月一日八十五老人手写流传，依教不修，生入地狱。

四个月后的新年之前，他又抄了一本。献词道：

戊辰十二月十四日八十五老人手写流传。（图 5.2-6）

这位老人状态究竟如何，仍存疑；86 岁或 88 岁以后是否还在抄写我们也不得而知。白化文教授举同时抄有《金刚经》与《阎罗王授记经》的 S.5450 号与 S.5544 号加以讨论，前者有《金刚经》《阎罗王授记经》，与老人 83 岁时抄的《金刚经》相邻。关键是 S.5544 号《金刚经》与《阎罗王授记经》，其后有辛未年正月（911）题记，说明其代老耕牛抄写经文之意。如果这篇还是同一位老人所抄写，则其已虚龄 88 岁了。

从各写本与《金刚经》印本的关系、题记年号、年龄与心绪及字体等因素综合考虑，我们可以肯定此为同一位老人所作，绝非巧合。诸本题记清楚地反映其思想变化。如 82 岁时所写是为“受持”与“流传”；83 岁所写则多刺血

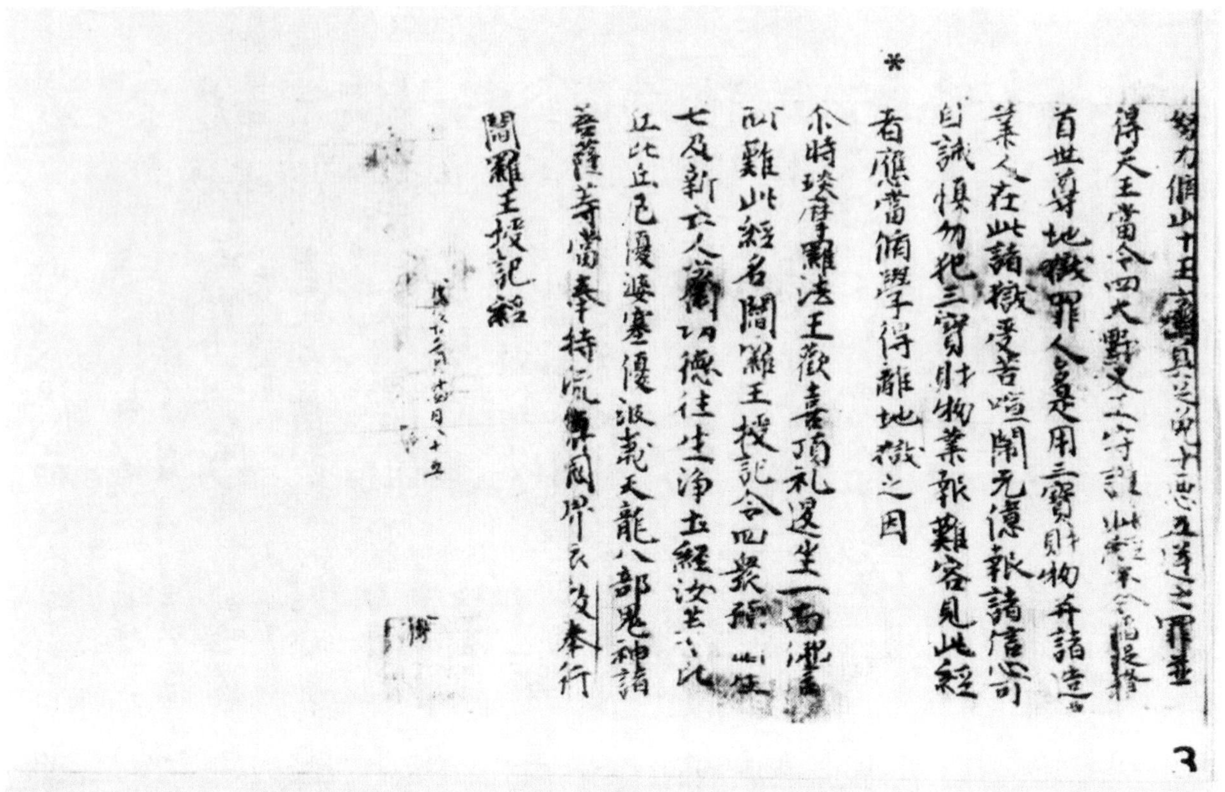

图 5.2-6

英藏 S.4530 号戊辰年（908）十二月老人题记

和墨而成，从“以死写之，乞早过世，余无所愿”（P.2876 号），已明显流露出考虑死后问题。85 岁时已有“依教不修，生入地狱”等句，且多次抄写《阎罗王授记经》，明显是相信抄写此经可得福报免入地狱之说，有为己生前预修之意。

S.5544 号的两经可以说代老耕牛抄写，《金刚经》后题“奉为老耕牛神生净土，弥勒下生，同在初会，俱闻圣法”。最后则题“奉为老耕牛一头，敬写《金刚》一卷，《受记》一卷。愿此牛身领受功德，往生净土，再莫受畜生身。天曹地府，分明分付，莫令更有雠讼。辛未年正月”。此处没有出现老人自己如何的内容，但同样组合之两经，却显示了为亡兽修福之例证。

2. 妙福患尼

前文第三章第三节已多有论涉的妙福所抄此经，也得到了很多研究者的注意，如太史文、钱光胜、王娟等。这不仅是因题记言明其身份，也因其经本文题与内容。笔者有过探讨，其尾题《阎罗王经》（有耀州神德寺塔同类本），是现存此经系中的祖型，内容最少。但太史文误以为中文修订本[1]。题记言明其原抄有七件，现存两件。妙福的归属也得到过很多学者关注。她是敦煌安国寺尼，以前也曾住灵修寺。乾宁二年（895）其名在灵修寺新沙弥中及同年请求处分是否接受其受戒之文件出现。如果这两个妙福确为一人，则其先前在灵修寺，最终在安国寺。

妙福在落款中叙述其抄写经文的行为（S.2489 号，图 5.2-7）：

---

〔1〕太史文《〈十王经〉与中国中世纪佛教冥界的形成》附录 10。妙福本虽多一段亡斋文字，但字数很少。所缺预修段落字数虽多，但只能是最短本。

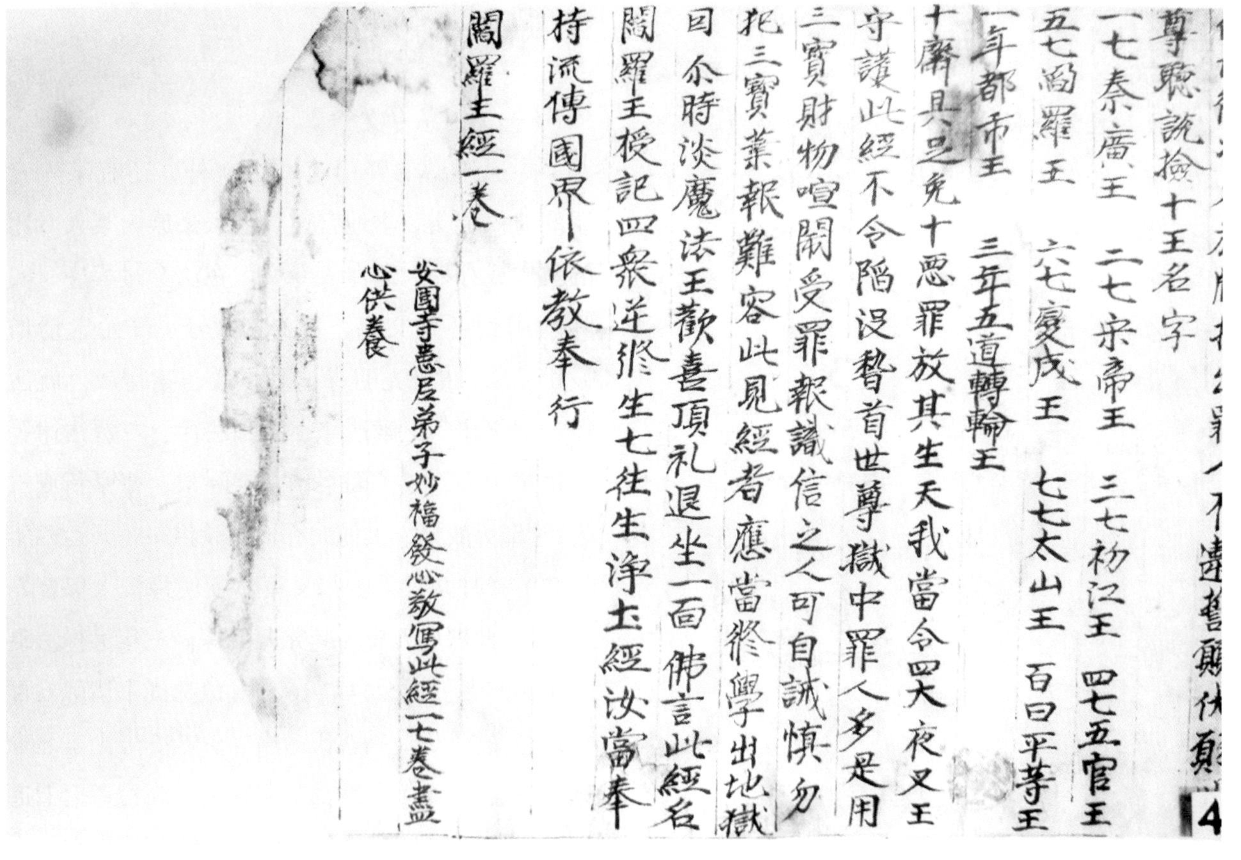
尊聽說檢十王名字
一七秦廣王　二七宋帝王　三七初江王　四七五官王
五七閻羅王　六七變成王　七七太山王　百日平等王
一年都市王　三年五道轉輪王
十齋具足免十惡罪放其生天我當令四大夜叉王
守護此經不令陷沒稽首世尊獄中罪人多是用
三寶財物喧鬧受罪報識信之人可自誡慎勿
犯三寶業報難容此見經者應當修學出地獄
因尒時淡魔法王歡喜頂禮退坐一面佛言此經名
閻羅王授記四衆逆修生七往生淨土經汝當奉
持流傳國界依教奉行
閻羅王經一卷
安國寺患尼弟子妙福發心敬寫此經一七卷盡
心供養

图 5.2-7
英藏 S.2489 号妙福施抄题记

> 安国寺患尼弟子妙福，发心敬写此经一七卷，尽心供养。

类似的还有“奉为慈母病患，速得痊嗟，免授地狱。一为在生父母作福，二为自身及合家内外亲姻等无知□长，病患不侵，常保安乐。书写次经，免其已受业报”（S.6230 号）。

妙福写明自己身患疾病，所以抄经是为病愈。虽然有很多经可以抄，但妙福抄此经至少可兼预逆之修。当然，抄此经更直接的功能是希冀病患痊愈。实际上在各种斋会中，因患病与难产等因而求佛保佑的疏文形成了不同类别，如因古代医术落后而专为保佑妇女渡过生育难关之斋会所用疏文被称为“难月文”。因病患求佛保佑所用疏文，被称为“患文”，其中僧患与尼患又各自成系，分为“僧患文”与“尼患文”。这些连同难月文诸类，都是为生者求病愈或求其他利益，并形成了一些组合。由于老人也常有病患，其时亦忧身后。所以，如做这些内容之斋会法事，就不免蕴含着预逆修。现存材料中，我们可见数种抄件，多以抄经积功德求护佑。这些希求必非亡斋，若说先修预逆斋，也未可知。而个别逆修斋会或疏文则肯定地流露出对老与病的担忧，因而其中必有混同。所以，我们从《十王经》系的预逆修功能来推求实际情况时，并不能只着眼于明确说为先修与预逆修者，其实病患、难月等也是混其需求于其中，或者说它们与预逆修所求有共通之处，实践上是有融混的。

S.343 号与 P.3259 号《患文》：

某公染患已来，经今数旬，药食频投，未蒙诠损。所以危中告佛，厄乃求僧……其患者乃自从无始……造十恶业……放舍患儿，还复如故……诸佛益长年之算，龙天赠不死之符。又持是福，即用庄严。

S.5561号《僧患文》：

奉启三身四智，五眼六通；十地十心，尘妙菩萨；四向四过果，无量声闻……时即有某公奉为某阇梨已躬染患诸福会也……惟愿以兹舍施功德，一一念诵胜因；尽用庄严患者即体……

同卷《尼患文》：

惟患尼乃夙标雅素，早弃精花；碧水将禅池共清，丹桂以戒香莲馥……身病心病，即日消除。卧安觉安，身心轻利……奉为某人染之所建也。

《难月文》（S.4081号内容之一）：

惟愿灵童易育，门副克昌；母子平安，灾殃永殄。

天护佛护，菩萨威加；卧安觉安，身心清吉。早得分离，母子平安。

四王来护，三宝威加。母子康宁，报居龄算。

四、国忌实例

（一）国忌专文

除通用型的释门范本亡文外，还有某人专用的遗稿疏文。本地官宦、世家豪族为某人专用的文本或存稿，即专人专文。在法会过程中，实际须用到各种文书，如P.3388号《曹元忠请僧设供疏》，在金光明寺请马僧政、索僧政、就法律、刘法律、二索法律、二张法律、二贾法律等大德二十人，成子阇梨、安定阇梨、曹家新戒二人，“奉为故兄，太傅大祥追念设供……开运四年（947）三月九日弟子归义军节度使检校太保曹元忠疏”。此即曹元忠为其兄曹元深做三年大祥法事之实用文书[1]。S.6417-16号《故男尚书诸郎君百日追念文》，仍应是曹氏家事。S.5855号则是北宋雍熙三年（986）节度都头阴存礼“为亡考七七追念设供”。P.2449号《萼啰鹿舍施追荐亡妻文》为中唐吐蕃时期某官员为妻追福，但斋日并不明确。

国忌行香是又一类专文。据《唐会要》卷二三“忌日”条“郑余庆书仪”等，可知其在开元、天宝年间实施，唐德宗贞元五年（789）、文宗开成四年（839）停止，宣宗大中元年（847）恢复。睿宗国忌在玄宗开元四年至天宝十三年（716—754）间实行。国图8454（地17）号即开元、天宝年间之作[2]。只有皇帝才能享此香火，现知仅唐代数帝有此专文。从现存国忌行香文可知，仪式非常突出举办者即归义军首领的作用，实则是为地方权贵张目。如P.2854-2号《国忌行香文》是张议潮为先皇忌日行香而作，P.2854V-3

〔1〕［日］榎一男等编《讲座敦煌》（大东出版社，1992年）中提到了追福文书，如P.3388号为营葬疏文。因书写祝词焚于神前，称为疏头。

〔2〕有说国忌始于贞元五年至开成四年，不确，此后唐武宗时曾停数年，宣宗大中年间恢复。

图 5.2-8

敦煌莫高窟第 220 号窟翟奉达画像

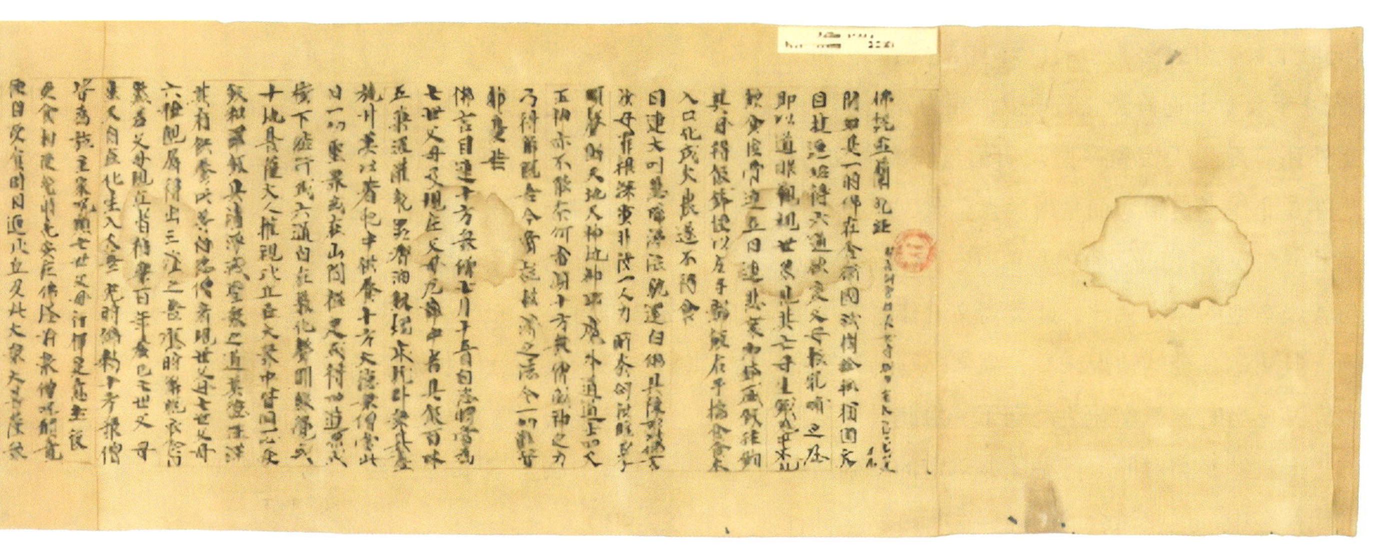

图 5.2-9

法藏 P.2055 号《盂兰盆经》经首

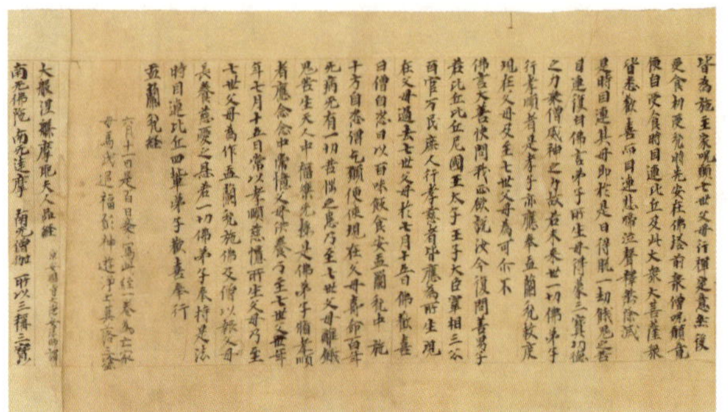

图 5.2-9B

《盂兰盆经》及题记

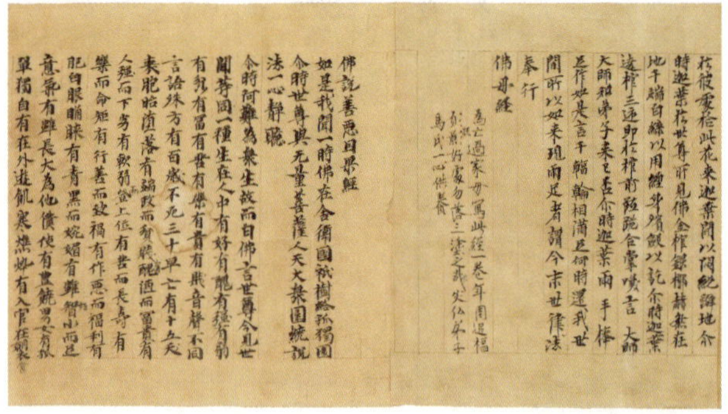

图 5.2-9C

《佛母经》及题记

号是张议潮为先圣皇后忌日行香而作。S.5637 号中睿宗皇帝六月二十日忌与 S.6417-16 号《故男尚书诸郎君百日追念文》是将实例混入的范文，相当于从范本中选取一二篇模范作文。

P.3129 号《诸杂斋文》除《先修十会》外，全为实事个例，都由“京右街副僧录内殿三教首座光道大师赐紫仁贵撰”，共 38 篇，亡文类有：《李侍中为亡男十五郎司空追七》《西山和尚忌日文》《庆州高僧安和尚忌日》《故尚父忌日文》《西隐三藏为先师中祥》《朝武相公远忌文》《希贞和尚舍堕》《云阳和尚舍堕文》《西隐大德度人设》。除《先修十会》外，多为追七、大小祥忌斋文。加上《先修十会》即逆修斋文，可以说颇为齐全了[1]。此外还有诞生、疾愈赛愿，功德与庆愿斋文等。此件并非作者自辑，而是由后人整录，但是事件都发生在晚唐长安附近的凤翔、庆州、安化等地。与敦煌本地的斋文相比，此类斋文的作者并不明确，但从邈真赞的情况来看，高僧书写与被写居多，可见当时佛教文化之浸润了。由此具体实例与《十王经》类对照，可见经典奠定的基础。在古代社会中，这些斋会的的确确实行过。这种社会基础，也是《十王经》产生的基本条件。

（二）写经追福

五代时，生活在归义军政权时期的敦煌人翟奉达很有名望，曾制作过历法书（图 5.2-8）。后晋天福七年（942）其妻马氏亡故，奉达与子为马氏追荐修福，于十王斋每日施写一佛经，共写十部经文。其所写七七斋存一卷上，被撕开分藏于天津市艺术博物馆（津 4523 号）、中国国家图书馆（BD04544 号），所幸已缀合，后三斋日写在另一卷上——P.2055 号，后者背面还有总结性归纳，标出每个斋日所写的经题等，很是完备。

第一七斋写《无常经》一卷。

第二七斋写《水月观音经》一卷。

第三七斋写《咒魅经》一卷。

第四七斋写《天请问经》一卷。

第五七斋写《阎罗王经》一卷。（参图 3.3-10）

第六七斋写《护诸童子经》一卷。

第七斋写《多心经》一卷。

百日斋写《盂兰盆经》一卷。（图 5.2-9B）

一年斋写《佛母经》一卷。（图 5.2-9C）

三年斋写《善恶因果经》一卷。（图 5.2-9D）

[1] 王三庆《光道大师撰〈诸杂斋文〉下卷研究——兼论敦煌文献之整理问题》，郝春文主编《敦煌文献论集》，辽宁人民出版社，2001 年，第 563—573 页。

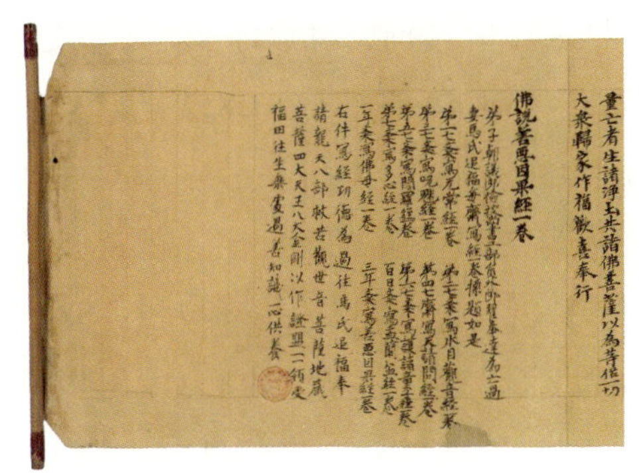

图 5.2-9D
《善恶因果经》及题记

此三编号之前两个写卷结合起来即成完璧，非常全面地反映出依《十王经》作亡人斋——为亡过亲人追福（或可称为“顺修”）的状况。写经同时是否延僧念经不明，但就经济角度来说，仅抄经似更简省。在敦煌遗书之中，此十斋日抄经是孤例，完备且非常特别。写经可追福，《阎罗王授记经》本身也一再强调这一点。此程序非普通人可为，如选择什么经对应十斋日等事，都无常例。但对翟奉达这类文化地位颇不凡者或很合宜，那么其做法有没有受到一些启发呢？从武则天为亡故双亲施抄写经之事，我们或可发现一丝联系。

敦煌遗书中有一批宫廷写经，其中《金刚般若波罗蜜经》与《妙法莲华经》并其序，经赵和平研究，知是武则天于咸亨二年至仪凤二年（671—677），为父母双亲抄写《金刚经》《法华经》各三千部而为〔1〕。此举当是官方行为（尽管属私事），也是专门集宫廷人士抄写，历数年才完成。所以抄完的经文质量很高，被下发各地包括西北敦煌等处。不止于此，石刻经典题记如大周证圣元年（695）《张君浮屠铭》〔2〕中，径直采用了女皇施此两经序言之文，两段皆似，由于其颇为近同而被指为受武氏影响。石刻之中，已有此例，翟奉达此抄，不知是否受此启发？

五、组拼文范

（一）《斋琬文》与诸文范

《斋琬文》又名《叹佛文》，在释门文范中自成一类。其构成次序井然，可分为十，先列叹佛德，接有庆皇猷、序临官、述功德、赛祈赞等。内中或含有两节亡文内容：悼亡灵与佑诸畜。其悼亡灵依僧、俗两界而分，僧界并非简单分为僧、尼，而是分法师、律师、禅师。俗人则有考、妣、男、妇、女，即上、平、下辈皆具。更有意趣的是佑诸畜部分，此节有放生、赎生，超出本论范围，但其下分列马死、牛死、驼死、驴死、羊死、犬死、猪死等，可知在一些个案中涉及诸畜不是偶然现象。现存 P.2940 号及 P.2178 号中仅设目而未列具体内容，P.2547 号有马、牛、鹦鹉、赤嘴鸦之死〔3〕。

1. 僧俗人伦

诸释门文范内各篇都是根据人伦关系划分以称用的。现知大类无非是僧、俗两界。僧界一般分僧和尼，主要有弟子为长辈师父作的文，如《亡僧大德》《亡僧》《亡尼》文，也有大僧为后辈者，如《沙弥》《亡式叉尼〔4〕》文（从僧侣修行法门来作称呼上的区别，分称律师、禅师、阇梨、

〔1〕赵和平《S.5710〈金刚般若经序〉初步研究》（黄正建主编《中国社会科学院敦煌学研究回顾与前瞻学术研讨会论文集》，上海古籍出版社，2012 年，第 157—162 页）通过研究残存序文，从而确认其性质。

〔2〕见陈尚君《全唐文补编》卷一三四，中华书局，2005 年，第 1645 页。此由魏氏诸人于证圣元年七月十五日（中元节）铭刻。

〔3〕王三庆《敦煌佛教斋愿文本研究》，台北新文丰出版股份有限公司，2009 年，第 110、120 页。

〔4〕式叉尼：沙弥尼为比丘尼而正式学法，二年阶段称为式叉摩那尼，简称为式叉尼。

僧、尼等[1]）。俗家则以家庭人伦关系界定，也有信众优婆塞与优婆夷，即信佛男女居士之谓。各类亡文有为长辈的亡考妣、亡考、亡妣文，为平辈的亡夫、亡妻、亡兄弟文，为后辈的亡男、亡女文。此外，还有为仆人、奴婢等的亡文[2]。

P.2940 号《斋琬文》中称呼上分僧尼、法师、律师、禅师。结合 P.2341 号残卷增阇梨，国图 8454 号中还有诸大德、和上（尚）等，可知僧界有七种身份，然仍以普通的亡故僧、尼两种称呼为多。

为长辈父母的《亡考妣文》：P.2588 号、P.2058 号、P.3566 号。《亡考文》：S.343 号、S.4624 号、S.6714-6 号、P.2341 号、S.5957 号、P.3765 号、P.2226 号、P.2237-4 号、国图 8363（字 99）号、S.6417-13 号。《亡妣文》：S.4624 号两种、S.343 号、P.2915 号。

同辈夫妻之间：为妻者的亡文较多，有些文中小娘子之称可能是指妾。此外，还涉妻与子皆死的产亡事。如“亡妻”：P.2940 号妇、S.2832 号女人产亡事、P.4992 号、S.4536 号小娘子、S.5957 号、P.3765-11 号妇、P.2058 号小娘子。《亡夫文》：S.5639 号、S.5640 号、S.530 号。可见夫妻都有，但斋亡夫文词，实际上是请人代念（主持）的：“即有某代为亡夫构斯香会者也。”[3]

同辈兄弟之间的《亡兄弟文》：S.5639 号、S.5640 号、S.530 号（文中称贤弟、贤弟、贤兄）、S.343 号（文中称：“厨馔香积，炉列名香……惟愿弥陀楼前，将居净土之宫；慈氏会中，先为龙花初首。”）、S.2832 号、P.3765-12 号、台北 130（2）号。

长辈为后辈子女的《亡男女文》见 S.343 号。《亡男文》：S.5639 号、S.5640 号、S.530 号、S.1441 号、S.2832 号、P.2490 号、S.4992 号、P.2341V-5 号。《亡女文》：S.1441 号、S.2832 号、S.4994 号、S.5957 号、P.3765-10 号。上文所列 S.5639 号是为不足十岁的孩童而写。有文特别注意到此类丧仪，白发人送黑发人，孩子夭折有特别沉痛之义。S.5637 号还有僮仆、奴婢的亡文段落，应用时将其换置，就可为其悼亡追福。

2. 家畜动物

亡文祈福的对象还包括家畜动物。无论帝王或生物，都是有情含识，这在《斋琬文》与诸文范中都有体现。

如 S.5637 号讲到马牛，亡文提到轮回，希望其向上转生入人道等，相当有趣。其马篇文详意切，赞曰：“但骨起而成峰，长肋密其如辩。骋高原以纵辔，状浮云之飙天……庄严亡马转识。”既可“惟愿永离三途，长辞八难”，还能“速得龙花之首”（即在弥勒佛龙花会觉悟）[4]。上海图书馆藏 060 号卷讲牛处：“诸畜业堕无明……消除舍傍生身，受人天趣。”[5]后面则与上述马篇文词近似：“近有一牛，遇病殒殁之福会也。其牛乃形色姝绝，力用超伦……气绝凋犊，形销……所以设斋轸悼，愿托人形；功德备修，转生天道。”P.2940 号《斋琬文》“佑诸畜”类，下书马、牛、驼、驴、犬、猪死。而 S.2650 号、P.3448 号《般若心经》则是为羊而写，用作预修。当然这些亡文，可能只用在畜生死亡之时，

[1] 律师是讲究戒律，禅师是坐禅修行。

[2] 难月文是祈求妇女不要发生难产或产难时平安之斋文，也有极个别亡文涉及难产而逝的母婴。

[3] 可知不存在妇女主持或主施香会，所以杜斗城《“七七斋”之源流及敦煌文献中有关资料的分析》一文中没有妻子为丈夫设斋的设定。参见黄征、吴伟《敦煌愿文集》，岳麓书社，1995 年，第 211 页。

[4] 见前注黄征、吴伟《敦煌愿文集》，第 243 页。

[5] 上海图书馆、上海古籍出版社编《上海图书馆藏敦煌吐鲁番文献》第 2 册，上海古籍出版社，1999 年，第 43 页。

或在下葬乃至或火化之时，不会是在十个斋日。但从这些为家畜所写亡文来看，其必经轮回的观念很清晰，希望家畜再次投生时，不入畜生道，上升入人道甚至天道，可与斋会疏文配合[1]，慈心可鉴。

（二）号头段句

1. 组合拼接

丧葬文献中，主流者是范文，可多次应用。范文的存在即代表其应用的广泛性。范本自身当不止一种或一件，存世敦煌写本可证其多样性。如S.1441号《亡文弟五》之一、二、三、四、五、六和P.3825（5—9），就是典型的复件对应。现存范文卷集中，常见一组范文，具有繁简不同文风之别。

对于敦煌斋愿文等文本之具体构成，不少学者都曾有过深入分析。郝春文认为斋文可分为号头、叹德、斋意、道场、庄严五段[2]。太史文将礼仪愿文分为八层：A开头的赞语、B仪礼的目的、C颂扬受益者、D过往礼仪与功德的意识形态、E礼仪行动、F庄严或将功德回向受益、G求特殊功德的祷文、H祝祷[3]。他选用了五种不同用途之文（亡妣文、愿文、患文、难月文、征丁祷文），举例分析，相当细致地阐明文体中多种格式功能。但其F与G两段其实都是功德回向，也即郝春文所分的“庄严”。功德回向一般都有好几层并有“愿意”，所以其文还再分为G1、G2、G3等，又与F交迭。这里的功德回向，因其与逆修等事有一定的对应关系，我们也深感兴趣。

号头、段句与庄严文，形成如积木拼图般的构件。号头是一段用在篇前的文字，段句则是插入篇中的段落与句子。有些范文专列僧尼追荐用语、段句集抄等，如P.2058号、P.2341号（吐蕃期）、S.2313号（叹施主逆修）、国图8453号等。

号头之例如国图8454（地17）号：“诸佛出现，化感而往来；菩萨示生，总善权而济物。或此没彼应，如朗月之现亏盈，圆性常存。或沉而乍出，似明珠而清浊水，如暗室之□明。”

段句之例如S.5639号《僧》：“精通三藏，博览五乘。戒月与江水争清，定心共贞松不变。包含经论，声振五天，探赜《瑜珈》，名高十圣。”[4]

S.1441号《亡文弟五》有僧尼、父母、男（儿）女等内容组合。其一为“亡文”：“奉为过往阇梨某七追福之嘉会也。惟亡灵乃体龙象之神德，状狮子之威容；巍巍负山岳之姿，浩浩蕴江河之量。”其二“尼德”数句：“觉花重影，戒月孤凝。七聚精知，五篇妙达。参耶轮之雅志，集爱道之贞风。”用于为比丘尼追福。其三是为“亡考”，其四是为“亡妣”，题“妣德”，亦仅数句：“乃雍雍妇德，将月镜而同显；穆穆女仪，共春兰而并馥。”[5]

有卷如S.5637号含多种追荐文乃至国忌行香文，还有僧三周、亡考妣三周、孩子叹、贤者、优婆夷、奴婢、马牛。

---

〔1〕S.2650号《般若心经》“为官羊一口写此经一卷”。P.2448号《多心经》则说“奉为羊一品”。《心地法门经》“为母业皮两口，羔闭一口，半月”。S.5541-1、S.5541-2号《金刚经》《受记经》则为老耕牛写。

〔2〕郝春文《关于敦煌写本斋文的几个问题》，《首都师范大学学报（社会科学版）》1996年第2期，第64页。

〔3〕［美］太史文（Stephen F. Teiser）撰，谢惠英译《为亡者愿——敦煌仪式文类定义初探》，李丰琳、廖肇亨主编《圣传与诗禅》，台北“中央研究院”中国文哲研究所，2007年，第297—307页。

〔4〕黄征、吴伟《敦煌愿文集》，岳麓书社，1995年，第220页。

〔5〕见前注黄征、吴伟《敦煌愿文集》，第58—62页。

2. 回向庄严

我们注意到，所有丧葬亡文的庄严意愿即功德回向，多分三层，以“先用”“次用”“然后”来区分。先用、次用之前往往有不同的文辞，但都是“以此功德”之意，所以笔者以为太史文析分的F功德回向与G求功德祷文可以合二为一。因为F只指明斋会功德回向何人，而G是赞愿功德回向所得之结果。在亡文中，先用功德是给亡者的，因为斋会就是为亡者所设办，由施主为僧尼备斋饭，焚香祈拜，所以文中常说焚香与“纯陀”等。纯陀就是最后给释迦牟尼施舍斋饭之人[1]。总之，设办斋会，目的就是为亡者追福。所以其“先用功德”首要是给亡者，继之“次用功德”，都回向给斋主即施主或全家，最终“然后功德”之受者则较多而灵活，如四众、含识、有情、七世父母或子孙等，或为普世性的赞愿[2]。敦煌写本中的例证非常多，但也不是每种称谓都有完备的功德回向文句。因其文本所具有的范本性，不少亡文对头尾有所省略。当然，这在更大斋文范围中也可体现出来，先用功德回向斋会的受用方，次用功德回向于举办者，其情状完全称得上有规律性。

有趣的是，如果说亡文之中先用功德给亡者，次用功德就是给活着的亲属。实际上，经典中的逆修功德等事，与此也有某种对应关系。如S.1441号《亡文弟五》之一：

（亡阇梨）俄经某七……总斯多善，无限福因。先用奉资亡灵去识，惟愿神生净土，识坐莲台……又持胜福，次用庄严，斋主即体，惟愿灾殃电灭，障逐云消。长夜清宜，永年康吉。然后竖通法界，傍括四生，并沐胜因，咸登觉道。

S.1441号《亡文弟五》之六：

（亡女）以斯设斋功德，回向福因，先用奉资亡灵去识；惟愿金神八解，回证三空；授记于弥勒之前，传心于释迦补处。又持是福，次用庄严坐前施主即体；唯愿千祥永应，万福来臻，灾障不侵，功德圆满。然后散沾法界，普及有情，赖此诸因，齐成佛果[3]。

P.2226号《亡考文》：

总斯多善，无疆福因。先用庄严亡考魂路：惟愿陵涉室于萨云若海……又持是福，庄严斋主合门居眷，表里亲姻，惟愿荡千灾、增万福……然后法界众生，同出苦原，齐登觉道[4]。

其实在造窟、写经等题记中，也可见此规律。如敦煌莫高窟第220号窟翟奉达施绘新样大圣文殊菩萨图记：

清士弟子节度押衙……翟奉达……标斯福者，先奉为造窟亡灵，神生净土，不坠三途之灾；次为我过往慈父、

[1] 释迦牟尼最后是在食用纯陀所供奉的饭食后，患上胃病而涅槃示寂。但佛陀认为这是自然发生，没有怪罪于纯陀。

[2] 本文所析的三层与太史文的分析不尽相同。

[3] 黄征、吴伟《敦煌愿文集》，岳麓书社，1995年，第62—66页。

[4] 见前注黄征、吴伟《敦煌愿文集》，第736页。

> 长兄，勿溺幽间苦难，长遇善因。兼为见在老母，合家子孙，无诸灾障，报愿平安；福同萌芽，罪弃涓流。绝笔之间，聊为颂曰……

乃至薛延唱写《阎罗王授记经》题记：

> 清信弟子布衣薛延唱发心敬写此妙经，奉为过往慈父作福，莫落三途之苦。次为患母，令愿疾病速差。所有怨家之鬼，受领写经功德，更莫相饶。兼及己身，万病不侵，延年益寿。所有读诵此经三卷之人，传之信士，同沾斯福，永充供养，信心二时受持。

总之，斋供功德回向先给亡者，使托生西方净土、弥勒天宫等，再回向给生者，使身体健康、免灾去祸。这与《大灌顶经》《地藏本愿经》等所传递的精神是一致的。亲人为（新）死者作功德，生者与亡者都能获得福报。原依《大灌顶经》说，亡者生前不信佛教，功德只获七分之一；生者反而多获。至《阎罗王授记经》径言死者只能获七分之一，又说生者在生前为自己作功德，七分功德全可获得，死后不受中阴之苦。《大灌顶经》原意是有信仰者守法戒者才能做此逆修，至《阎罗王授记经》，做此逆预修已无门槛，但《阎罗王经》《预修十王生七经》原未强调此一特色。

从丧葬亡文中功德回向的去处，我们是否可以看到逆修功德减弱之背景呢？本段的要点即是指出实际操作中的预逆修与亡人斋之功德回向实被合二为一了。此前我们详细分析过《十王经》系的发展，从《阎罗王经》所出的《阎罗王授记经》与《预修十王生七经》，《阎罗王授记经》中预逆修的色彩更强，《预修十王生七经》中亡斋的色彩更重。但是实践性斋文几乎都将其合二为一了，每篇为亡者的斋文之中，都伴随着为生者祈福。

敦煌所存斋文中的亡文，可以对应于《十王经》，且范围更大，几乎每篇亡文都会有功德回向。生者与死者之间的功德转让，在血缘亲情背景中展开，使宗族血亲关系加强。在此种情况下，强调或实行个人行为之逆修，功德全得或仅得部分，意义并不重大。佛教内涵融入中国的宗法社会，即使是做佛事，因为基于家人之间的功德转让，便会加强家人间血缘亲情。因而，预逆修的功能，可能对孤寡老人或单身者更有意义。

（三）汇集总成

我们首先可以肯定，并非敦煌《十王经》出现以后，才出现一整套十王斋百日与逆修习俗。据《大灌顶经》及《本愿经》等可知，逆修观念出现很早。由王梵志诗到唐高宗时的石刻，可知其在实践中也早有实行。如此也足以明了，以王梵志诗句中“逆修”来推断《十王经》年代之方式，并不可取。又三月（百日）、小祥、（中祥、）大祥，也一并都是儒家传统的丧葬礼仪。三周年为披麻戴孝的终期，所以称“脱服”。亡文中“脱服”一词的沿用，本身就说明了儒家传统习俗的延续。其实在此经出现之前，中国社会民间习俗中亲人为亡者尽三年孝，是约定俗成之事，是基本的丧葬形态。在三年之中，首先行佛家的七七斋会，继而有周年忌，一年或三年，其间或有二年。总之，为亡者做十个左右的斋事，应是常态。《十王经》的出现，应该是将这种情况进一步规范与整齐化，使之成为一个较系统完备的佛家丧礼。从敦煌亡文中各个斋日的名称上，我们也能看出一些情况。

诸斋文与十斋日期对比〔1〕(见表 5.2-1)。

表 5.2-1 各斋对应遗书

<table>
<tr><td colspan="2">分类</td><td>举　例</td></tr>
<tr><td rowspan="3">某七</td><td>初七</td><td>S.2832 号《亡妻文》，P.2341 号《亡妣文》《亡男文》，P.2226 号《亡考文》</td></tr>
<tr><td>终七</td><td>S.6417 号《亡僧文》</td></tr>
<tr><td>其他</td><td>S.343 号《亡妣文》《亡尼文》《亡僧文》《亡考文》《亡兄弟文》</td></tr>
<tr><td colspan="2">百日</td><td>S.6417 号《故男尚书郎君亡文》，S.6417 号《亡尼文》</td></tr>
<tr><td colspan="2">小祥</td><td>无</td></tr>
<tr><td colspan="2">忌辰</td><td>S.2832 号《色身》，P.2044 号《和尚忌辰》，P.1104 号《为亡兄太保远辰追福》</td></tr>
<tr><td colspan="2">中祥</td><td>S.4624 号《亡妣文》</td></tr>
<tr><td rowspan="3">当同时</td><td>大祥</td><td>P.2044 号《亡僧文》，S.6417 号《亡僧文》，P.3163 号《阳都衙斋文》</td></tr>
<tr><td>脱服</td><td>S.343 号《脱服文》，P.2237 号《脱服文》，S.2832 号《脱服文》，S.5957 号《脱服文》</td></tr>
<tr><td>三周</td><td>S.1441 号《三周》，S.5637 号《亡考妣三周》</td></tr>
</table>

本表是据冀志刚文所制而有微调，惜小有遗憾，不是那么完整。而郝春文对敦煌僧尼的收入的研究，却能提供很好的范例。特别是其所做之表〔2〕(表 5.2-2)，七七、百日、小祥、大祥皆备，还有请僧人数及时地等，相当详细。

在此表中，七七斋似乎主要体现于终七。但是在斋文中有大量某七的篇意。就终七与后三斋请僧都较多的情况而言，七七斋明显衔接葬事，所以既可能规模稍小，也可能时日容易周知，不必每次都请。冀志刚表无小祥之缺失在此表中得到补足。更重要的是中祥，原先有些讨论认为这是敦煌地区所独有且时间介于大小祥之间的观点均属误解。吴丽娱《“中祥”考》深入探讨〔3〕，查明小祥与中祥实为重合同一，并指明《十王经》佛教仪式实际上是贴近于中国传统儒家制度

表 5.2-2 丧事年日僧事简列

事　主	缘由与目的	僧数	日　期	年　份	地　点	材料出处
节度都头阴存礼	为故慈父都知七七追念设供	13	六月	986 年	居所	S.5855 号
内亲从都头陈守定	为故都押衙七七追念设供	11	八月	992 年	宅中	P.3152 号
已缺	为亡妣追七功德	32	□月十九日	无	不明	P.4810 号背
坚法	为亡考终七追念	6	无	无	不明	北大图 D204 号
比丘庆遂	为故僧政百日追念	10	五月二十二日	949 年	龙兴寺	S.5718 号
内亲从都头守县令	为故慈母娘子百辰追念	3	四月十三日	960 年	居所	BD02258 号
已缺	为大宝国□□百辰追念设供	21	□月二十八日	已缺	官衙	S.3180 号
节度押衙贾奉玖	为故尊父小祥追念	5	正月十七日	939 年	宅中	P.2836 号背
都押衙宋慈顺	为故男押衙小祥追念	8	八月二十三日	969 年	宅中	P.3387 号
皇太子广济大师	为男太子中祥追念	27	七月	979 年	宅中	S.6178 号
节度使曹元忠	为故兄大祥追念	18	三月九日	947 年	官衙	P.3388 号
都头曹长千	为故后槽大祥追荐设供	11	五月	993 年	空宅	S.5941 号
阴存□	为故慈母三年追念	4	九月	968 年	居所	BD05866 号
张琼俊	为亡考远忌设斋	11	二月二十日	无	不明	S.4309 号背

〔1〕此表采自前注冀志刚《唐宋之际敦煌佛教信众的生死观》，稍作修改。冀志刚原表因怀疑忌辰与小祥有关而置于最下。一般来说，忌辰确与小祥有关，但“远忌”应是数周年而非一年。

〔2〕此表采自郝春文《唐后期五代宋初敦煌僧尼的社会生活》，中国社会科学出版社，1998 年，第 254—255 页。此处略删几条情况不明者，次序也有调整。

〔3〕中祥与小祥实为同义，见吴丽娱《“中祥”考——兼论中古丧制的祥忌遇闰与斋祭合一》，《敦煌吐鲁番研究》第 13 卷，2013 年，第 159—181 页。

而施行的。虽然其中时日经过复杂的演变渐为合一（小祥本是13个月，大祥本是25个月），但详究细探，佛教观念适应本土，才形成了中国化的习俗并得以流行。另除远忌应为周年倍数的年期外，上表可以说较完美地体现了民众丧仪符合十王斋之状况。郝春文论著中还有更详密周全的整理，即《施舍疏》，其材料达近百条。内中也有为亡故舍化、七七、大祥或亡亲神生净土等丧仪施舍财物，也有很多是为自身或亲人病患祈求还有祈求合家平安、国泰人康等各种愿望，但大体不出亡者与生人“冥阳两利”之愿景，仍与预修追福大体对应。为避文繁，此处不作详引。

《十王经》配合流行之葬俗，实际是要处理原本难办之事。佛家七七中阴与儒家守孝三年如何结合？七七斋本来只有四十九天，此后才多出百日、一年、三年。如果亡者在四十九天都转生了，那么此后斋会仪事还有必要么？所以，经本中太山王赞文说：“福业此时仍未定，更看男女造何因。”很明显这是将四十九天中阴结束处模糊处理。其一年赞语称：“六道轮回仍未定，造经造像出迷津。”这也说明中阴的阶段还未结束。其三年处赞为“后三所历是关津，好恶唯凭福业因，不善尚忧千日内，胎生产死夭亡人”。此说确将中阴延至千日了。若以此与藏文《中阴度亡经》相比，其模糊中阴时段的伪经特点，就极为鲜明了。

由此可知，十王丧仪是以佛教内容适应儒家礼仪才形成的，而不是有人所说的儒家为表、释教为实。后三斋结合前七斋，完全是佛家观念嵌入儒家丧仪制度，随时代发展融合形成。

第三节 北宋建州牒文

法会诸事的情况在上述文献中已有不少线索，但还有一些较重要的牒文存本，值得进一步细说。

一、牒文构成

存世有一套北宋时福建百姓施仁永作法事的文书，一共四组，包括寿生法会、为母作功德疏、预修生七斋、忏供牒等四项内容。其文体形式均为牒文，是寺院僧人在其供施作法事后书写并留给事主的牒文。此套文献曾经数次拍卖，方广锠教授于2009年11月北京德宝国际拍卖有限公司秋季拍卖会佛教文献专场为之作跋，对其类别、性质及各项功用等进行了详细的解析和说明[1]。方广锠教授此跋题写于这套拍品实拍之前一年，后来稍有补记，我们由此可知其四项内容的特色与详情。北京德宝公司2009年经手这套拍品共十纸，分别属寿生法会一纸、为母作功德疏二纸、预修生七斋五纸、忏供牒一纸一封套，尺寸约为54.5厘米 ×39.8厘米（文书）、38.8厘米 ×5.8厘米（护封）。从北宋明道三年至皇祐六年（1034—1054），历时二十余年。这些留给施仁永的牒文都是阳牒，作法事时还有一道阴牒，当时即烧施奉，两者之间还须折角相对，骑缝书写牒文正式名称。

施仁永生于北宋淳化五年甲午（994），为江南福建路建宁军建州建阳县崇政乡民，明道三年至皇祐六年间他所为四组一套法事的牒文存世至今。从所存牒文与施主年龄对应可知，这是明道三年牒主40岁时，做寿生法会转经纳冥钱留证牒文；皇祐三年（1051）其58岁时为母作功德法会疏牒留证；皇祐五年（1053）其60岁时为自己做了预修生七法会之事；而皇祐六年只做了忏供、斋僧布施以祈农桑安顺等。实际上，此前三次法会皆有斋僧或布施等，时间细节与举办方式等亦很有趣，颇值得引起我们注意。

方广锠《跋北宋佛教法事文书》鉴定区分这套牒文为四组并定名介绍。

其第一组一纸，为《明道三年（1034）福建

[1]《跋北宋佛教法事文书》，方广锠于2008年9月末公开发表，但德宝公司的拍卖资料中将此文附于这套法事文书处。本书因得参用，特向方广锠教授表示感谢。

路建阳县普光院众结寿生第三会劝首弟子施仁永斋牒》。寿生会也称为受生会，所据即是从《十王经》预修观念发展出来的《寿生经》。该经称所有人受生时都从阴间库存中预支了费用，所以到阳间时须偿还。偿还的主要方式为烧纸钱，同时还有斋僧供饭念佛经等。《寿生经》依生辰属相规定了所还的时间与数额，这种填还的行为也可有富余，称寄库。组织实行这类活动者常有民间结社。侯冲对此类经本与活动有不少的研究，可见其专著《中国佛教仪式研究——以斋供仪式为中心》，其中第六章"《受生经》与填还寄库"一节中亦列此牒文[1]。此牒文言施仁永施舍料钱二百二十文，供一僧饭。因其行年40岁，逢结众举办寿生第三会，请僧转《寿生经》十卷。据经文可知，其欠阴司十六万贯，所以备好染色银（纸）钱十四万贯以供烧施，纳在第九库。牒文还署有六俗人姓名，应为会众，都劝缘僧善威为主法事者，时在明道三年十月十八日。此处年代稍有差，明道年号仅二年（1032—1033），三年实已为景祐元年（1034）了。后面的皇祐六年实亦已改元为至和元年（1054）。此事似体现该时该地的一些特点。

其第二组文书二纸，为《皇祐三年（1051）福建路建阳县施仁永为先妣吴氏三十四娘荐福功德疏》。由于此件疏文是施仁永为其亡母所作功德法所献，从内容上看属亡人斋会，却没有采用《十王经》仪式规制来追福。而其为己身却用《十王经》进行了预修，可知其时民间流行的一些情况。或重《十王经》之预修功能，但是不绝对，其中或有未知无存之文本。而此一为亡父母所作功德会之方式观念，仍可用以对比施仁永为己预修法事。录文如下：

大宋国福建路建州建阳县崇政乡北乐里苦竹外社清信弟子施/仁永……[2]

谨发诚心，特抽白米贰硕诣于/功德普光院羞设香供一十日，逐晨普伸供献/十方诸佛、阖院笼神。意者奉荐/先妣吴氏三十四娘香魂，玄路往生。次乞/自身并妻梁氏五娘向（?）去，二命清吉，家眷咸安，行藏/不玷于灾衰，动静常逢于多青。但善遵逐日，为/课《佛说大威德炽盛光消灾吉祥陀罗尼经》/一卷七遍，共计七十卷。莫不期切可大，惟德是/崇。今则在课诵以备陈，庶旌诚而毕忏。恭惟/皇觉无私，俯赐证明。焚香表白者：

右伏以五常典教，是人伦立德之门；三宝福田，乃士庶皈心之地。苟或违背，何伸荐拔？是以/特抽玉粒，供陈/佛僧。希承课诵之缘，乞超往生之路。伏乞/圣贤照烛，释梵证明，伏愿先妣三十四娘克回净识，/鉴此良因，觑白毫慈惠之光，脱幽壤沉沦之苦。遥生/天趣，不滞尘众。自在逍遥，悟无生忍。次乞/仁永叶妻梁氏五娘身官清吉，禄算遐龄。家眷平安，/不逢灾害。所作称心，运叶利宜。田蚕丰稔，畜养/盘生。住宅笼神，护安人物，祖考先亡，同沾利乐。/皇觉无私，念诵谨疏。

皇祐三年四月二十五日清信弟子施仁永疏

〔1〕侯冲《中国佛教仪式研究——以斋供仪式为中心》，上海古籍出版社，2018年。上海师范大学之学生也有一些相关论文。

〔2〕此处疏文原缺能补者以下划线标示。

此疏文明确提及皇祐三年（1051）施仁永为亡过的母亲吴氏三十四娘作功德，法事是请普光院僧人念《大威德炽盛光消灾吉祥陀罗尼经》[1]。此经咒为一卷，每天诵七遍，共十天。荐先妣香魂脱沉沦幽壤，克回净识，往生天趣。同时也有为己身及妻子求福祈保的种种愿望。为此施仁永施白米两硕，以供普光院的僧人十天的饭食。值得注意的是，其主诵经典为唐代不空所译密教咒本。虽经中所言诵经咒应百八遍或至七日，但法事实为每天念七遍，共举办十天，这或与十王仪事有关联。

其第三组即为施仁永为己预修十王斋事牒文了，即《皇祐五年（1053）福建路建阳县施仁永预修生七牒》。北京德宝公司拍品只有五纸，即一七、二七、六七、七七及周年五份阳牒，而三七、四七、五七、百日与三年的五份阳牒文无存。是在此法事过程中仅选部分斋事而做吗？就其存缺牒文的序次关系来看几无规律，所以这种可能性很小。的确，除北京德宝公司于2009年11月28日拍卖之外[2]，此组牒文中另外几份在别的拍卖会上有出现，如上海国际商品拍卖有限公司2007年秋季艺术品拍卖会古籍善本专场所拍卖的施仁永预修牒文是周年法事文书，而2017年6月6日北京保利十二周年春季拍卖会也有此项。日本某拍卖会资料上出现了三七、四七、五七、百日等牒文[3]。由此可知，在全套牒文面世时，或有人为谋利而人为地拆散，且经过多次拍卖。大致上是该组牒文经德宝公司拍卖后又经保利复拍，似因价高而流拍。而上海所现者后流入日本。个别藏品曾参加“册府千华——民间珍贵典籍收藏展”并刊于图录中。因此组牒文为本书重点关注，所以置下再进行探讨。

其第四组文书二纸，为《皇祐六年（1054）福建路建阳县施仁永忏供牒》。其一纸为正文，一纸为封筒。此文书是施仁永向当地禅居院布施，献佛回饭、乞僧转经，以求“家眷平安，资田蚕大熟”。请僧转念“梁武法忏”半部五卷，又转“消灾”一百卷。前经应是十卷本《梁皇忏》，后者很可能仍是一卷《大威德炽盛光消灾吉祥陀罗尼经》，转一百卷即念一百遍。而所供为“□肆秤”“法事□肆天”。此处缺识一字，或即十四，或四，但以供四秤、办四天较为合理。据皇祐六年（1054）于三月改元为至和元年，可知文末署“皇祐六年四月八日”（即佛诞日）为提前所施。但此前明道年号就已有沿用之举，且此法事为四天，故至和元年（皇祐六年）四月八日署此文书的可能性仍在。

二、为己预修

此套北宋佛教法事文书，特别是第三组预修生七法事文书，是除敦煌地区以外最有价值的十王法事文书。这套文书关乎预修仪式，极有价值。这套文书信息丰富完备，为民间预修十王仪式提供了珍贵史实，可与四川营山县大蓬岩石铭修十王斋文并称双璧。

据第一组明道三年斋寿生会牒，时施仁永40岁，则皇祐五年（1053）他年届花甲，因有预修生七之举。现将部分北宋福建施仁永预修生

---

〔1〕不空译《佛说炽盛光大威德消灾吉祥陀罗尼经》，《大正藏》第19册，第6257页。又有唐代佚名译《佛说大威德金轮佛顶炽盛光如来消除一切灾难陀罗尼经》，为同本异译。

〔2〕北京德宝国际拍卖有限公司2009年11月28日佛教文献专场第304号拍品《北宋福建建阳县施仁永斋牒等四组》以134.4万元成交。

〔3〕这套资料2007年曾现于上海国际善本拍展。2017年6月6日又现于北京保利拍卖公司拍卖会上，图片所示为第八百日牒，可惜“□□大王”有残，不明是“平等”还是“平正”。在国家图书馆所办“册府千华——民间珍贵籍展”曾展数件，后刊于国家古籍保护中心、中国古籍保护协会编《册府千华——民间珍贵典籍收藏展图录》，国家图书馆出版社，2015年，第21—22页。

七斋会牒文择出迻录：

初七日牒文

皇祐五年（1053）福建路建阳县施仁永预修生七牒（图 5.3-1）

大宋国江南道福建路建州建阳县崇政乡北乐里苦竹外社清信奉/

三宝弟子施仁永，请僧奉为　初七秦广冥王香案道张/

礼转经。是晨毕轴，用具部卷对/

佛忏扬者：/

礼梁武忏法全部十卷/

转到地藏本愿经全部三卷/

转到金光明经全部四卷/

转到十王拔罪经全部十卷/

转到金刚般若经一卷三遍/

转到观音经一卷三遍/

右伏以/

王当初七功果预修，释处世之罪愆，作来生/

船筏。见今受质，他日生天。仰/

诸佛以　昭彰，仗初王而鉴证。冀兹妙善，给牒为凭。/

皇祐五年癸巳十一月二十日预修生七会弟子施仁永牒

外题：大宋国福建路建州建阳县禅居院劝缘僧惠有谨封

二七日牒文（图 5.3-1B）

大宋国福建路建宁军建州建阳县崇政乡北乐里苦竹外社清信弟子施/

仁永爰于今月初十日，请僧就住舍奉为二七/

初江大王香案礼转经文。是晨周毕用具部数。对/

佛宣忏者：/

礼梁武法忏全部十卷/

转到地藏本愿经全部三卷/

转到金光明经全部四卷/

转到十王拔［罪］经全部十卷/

转到金刚经一卷三遍/

转到观音经一卷三遍/

右牒前件弟子施仁永预修生七，扬瞻部之愆遐，作/

此福田；洗阴中[1]之罪业，布斯功德。凭/

佛眼以昭彰，给牒合同，仗/

王官而照会。谨牒。/

皇祐五年癸巳岁十一月二十日预修生七弟子施仁永牒

外题：大宋国福建路建州建阳县禅居院劝缘僧惠有谨封

五七日牒文（图 5.3-1C）

大宋国福建路建宁军建州建阳县崇政乡北乐里苦竹外社清信弟/

子施仁永爰于今月初十日，请僧就住舍奉为五七/

阎罗大王香案礼课经文。是晨圆用，具部数对/

佛忏扬者/

礼梁武法忏全部十卷/

[1] 此处“洗阴中之罪业”，疑应作“洗中阴之罪业”。

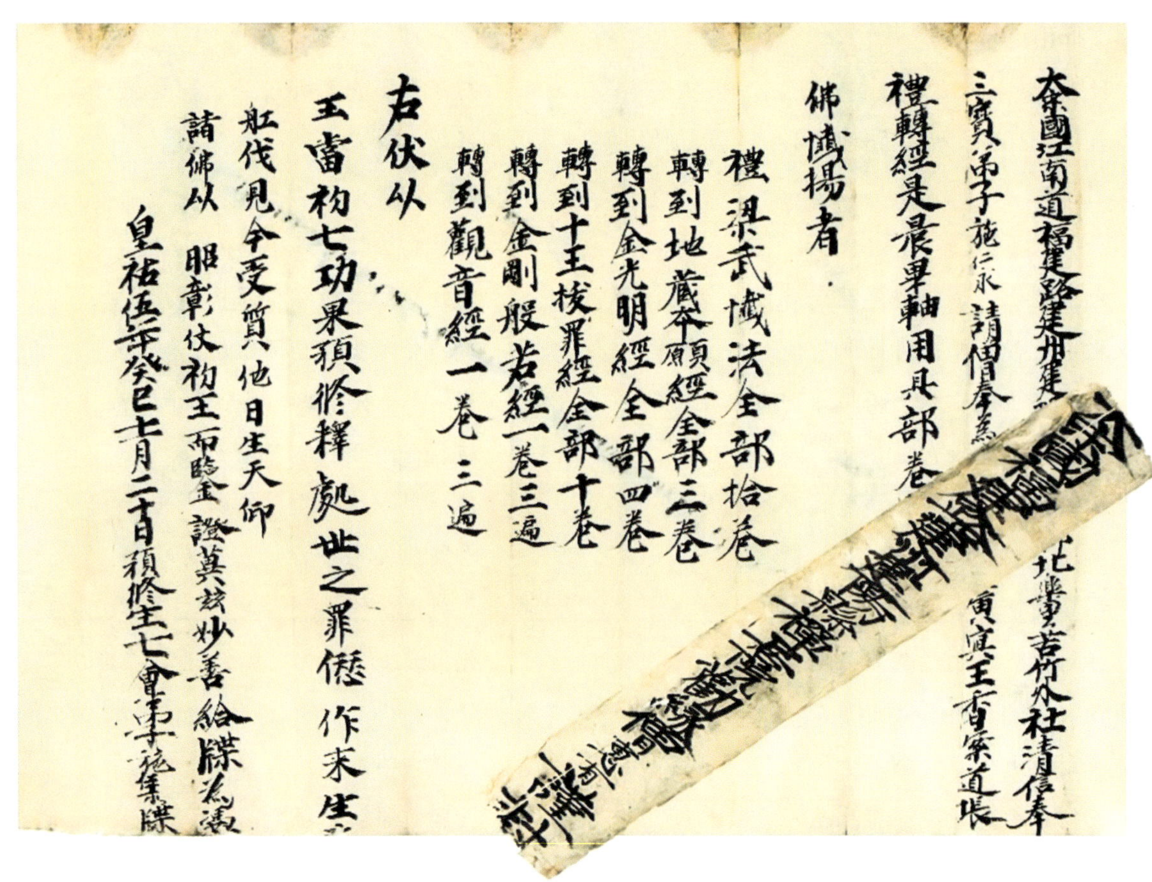

大宋國江南道福建路建州建……若竹外社清信奉
三寶弟子施仁永 請僧奉為……王香案道場
禮轉經是晨畢軸用具部卷……
佛懴揚者
禮梁武懴法全部拾卷
轉到地藏本願經全部三卷
轉到金光明經全部四卷
轉到十王拔罪經全部十卷
轉到金剛般若經一卷三遍
轉到觀音經一卷三遍
右伏以
王當初七功果預修釋愆世之罪愆 作來生……
舡伐見今受質八他日生天仰
諸佛以 昭彰仗初王而鑒 證莫兹妙善給牒為憑
皇祐伍年癸巳七月二十日預修生七會弟子施仁永牒

大宋國建寧府建陽縣禪居院勸緣僧惠有謹封

图 5.3-1

施仁永初七牒（采自《册府千华——民间珍贵典籍收藏展图录》，下同）

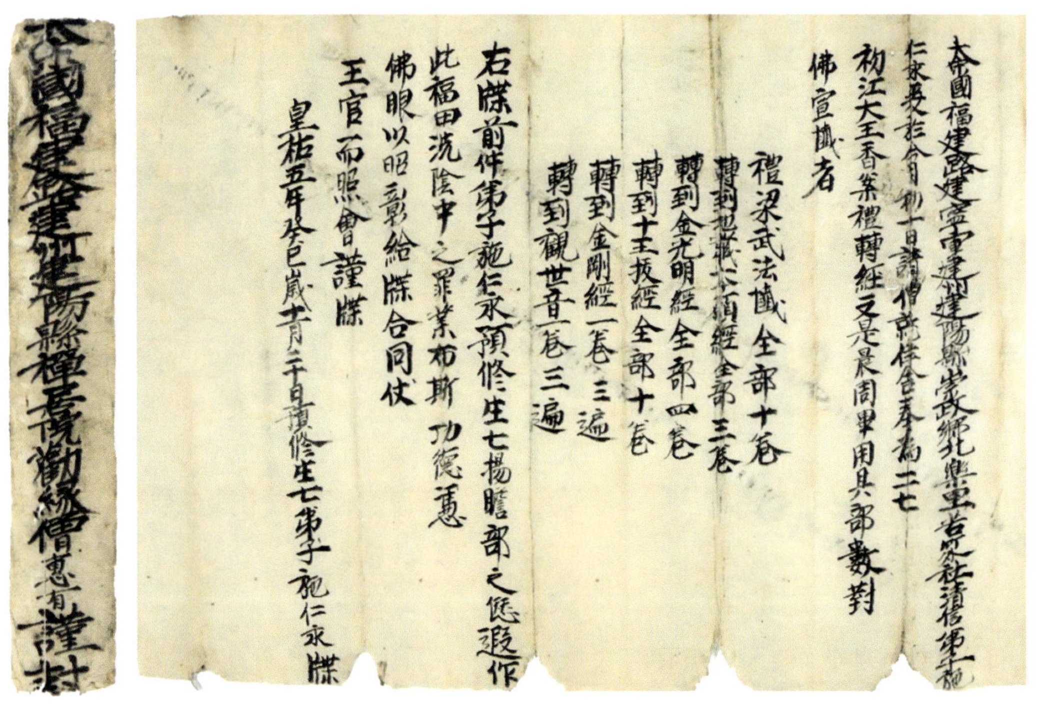

大宋國福建路建寧府建陽縣崇政鄉北乘里若竹社清信弟子施
仁永要於今月初一日請僧就住舍奉為二七
初江大王香案禮轉經文是晨周畢用具部數對
佛宣懴者
禮梁武法懴全部十卷
轉到地藏本願經全部三卷
轉到金光明經全部四卷
轉到十王拔經全部十卷
轉到金剛經一卷三遍
轉到觀世音一卷三遍
右牒前件弟子施仁永預修生七揚瞻部之愆遐作
此福田洗除中之罪業布斯功德惠
佛眼以昭彰給牒合同仗
王官而照會 謹牒
皇祐五年癸巳歲十月二十日預修生七弟子施仁永牒

大宋國福建路建寧府建陽縣禪居院勸緣僧惠有謹封

图 5.3-1B

施仁永二七牒

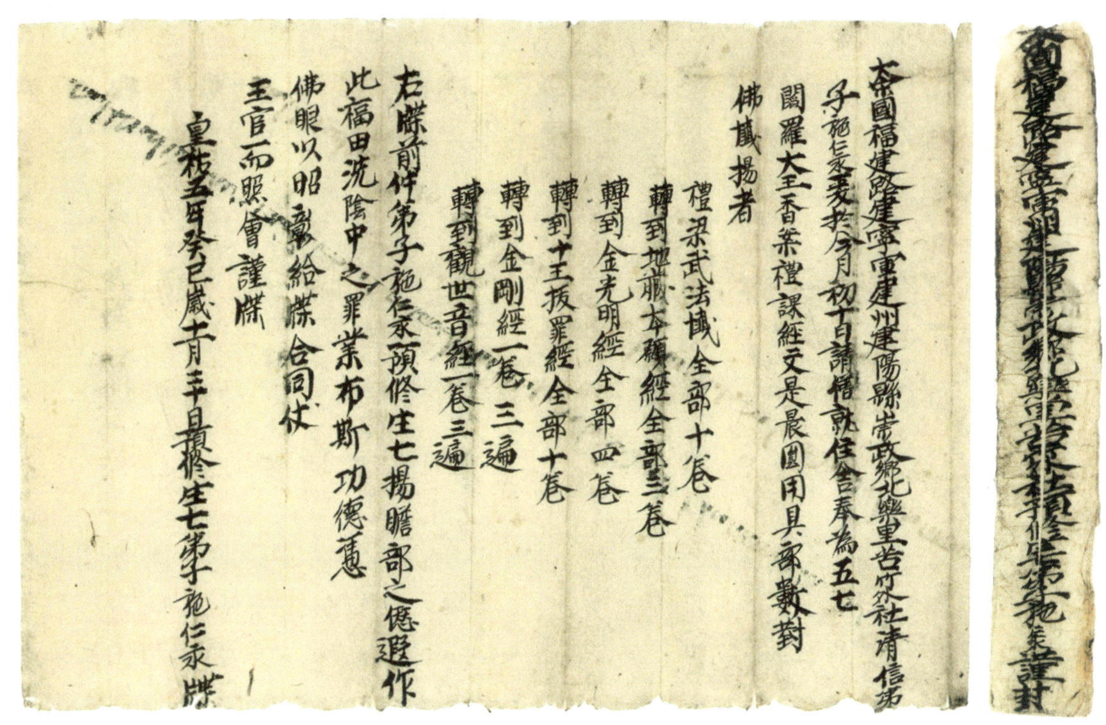
大宋國福建路建寧府建州建陽縣崇政鄉北樂里苦竹[illegible]社清信弟
子施仁永爰於今月初十日請僧就住舍奉為五七
閻羅大王香花禮課經文是最圓用具部數對
佛懺揚者
禮梁武法懺全部十卷
轉到地藏本願經全部三卷
轉到金光明經全部四卷
轉到十王拔罪經全部十卷
轉到金剛經一卷　三遍
轉到觀世音經一卷三遍
右牒前件弟子施仁永預修生七揚贍部之悠遐作
此福田洗陰中之罪業布斯　功德蕙
佛眼以昭彰給牒合同仗
王官而照會　謹牒
皇祐五年癸巳歲十月二十日預修生七弟子施仁永牒

图 5.3-1C

施仁永五七牒

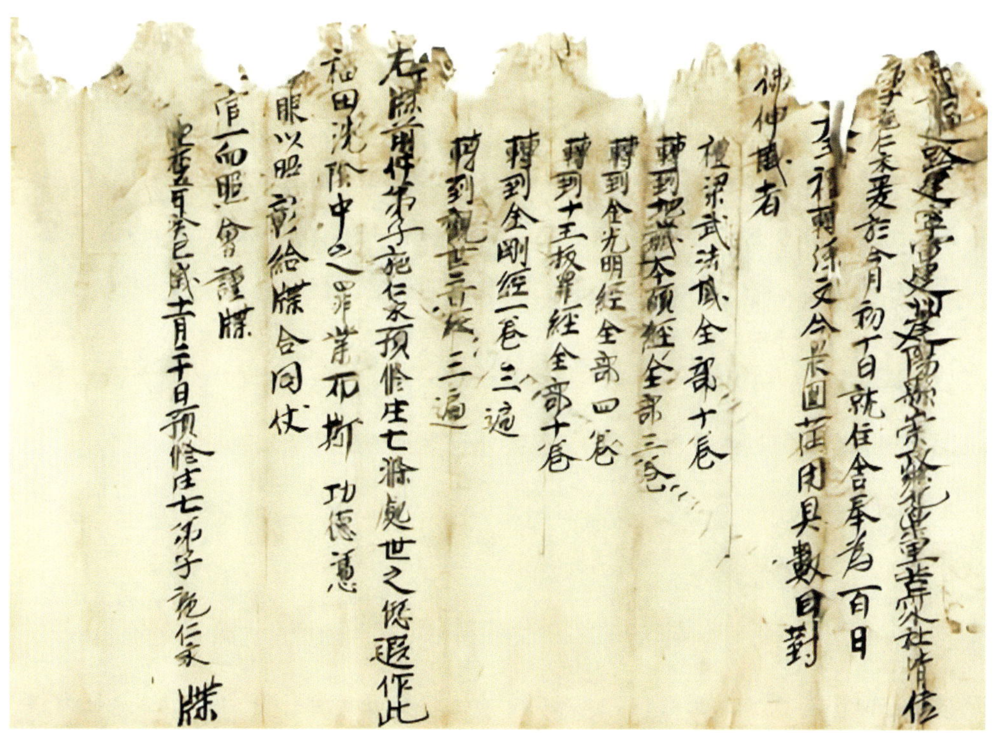
[illegible]路建寧府建州建陽縣崇政鄉北樂里苦竹[illegible]社清信
弟子施仁永爰於今月初十日就住舍奉為百日
大王香花禮課經文合圓莊用具數目對
佛懺者
禮梁武法懺全部十卷
轉到地藏本願經全部三卷
轉到金光明經全部四卷
轉到十王拔罪經全部十卷
轉到金剛經一卷三遍
轉到觀世音經一卷三遍
右牒前件弟子施仁永預修生七滌凡世之悠遐作此
福田洗陰中之罪業布斯　功德蕙
眼以昭彰給牒合同仗
官而照會　謹牒
皇祐五年癸巳歲十月二十日預修生七弟子施仁永牒

图 5.3-1D

施仁永百日牒

转到地藏本愿经全部三卷 /
转到金光明经全部四卷 /
转到十王拔罪经全部十卷 /
转到金刚经一卷三遍 /
转到观音经一卷三遍 /
右牒前件弟子施仁永预修生七扬瞻部之愆遐，作 /
此福田；洗阴中之罪业，布施功德。凭 /
佛眼以昭彰，给牒合同，仗 /
王官而照会。谨牒。/
皇祐五年癸巳岁十一月二十日
预修生七弟子施仁永牒

外题：大宋国福建路建宁军建州建阳县崇政乡北乐里苦竹外社预修生七弟子施仁永谨封

六七日牒文

大宋国福建路建宁军建州建阳县崇政乡北乐里苦竹外社清信 /
弟子施仁永爰于今月初十日，请僧就住舍奉为六七 /
变成大王香案礼转经文。今晨圆满，更备牒录部数。/
对佛伸忏者：/
礼梁武法忏全部十卷 /
转到地藏本愿经全部三卷 /
转到金光明经全部四卷 /
转到十王拔罪经全部十卷 /
转到金刚经一卷三遍 /
转到观音经一卷三遍 /
右牒前件弟子施仁永预修生七，涤瞻部之愆遐，作 /
此福田；洗中阴之罪业，布斯功德。凭 /
佛眼以昭彰，给牒合同，仗 / 王官而照会。谨牒。/
皇祐五年癸巳岁十一月二十日
预修生七弟子施仁永牒 /

七七日牒文

大宋国福建路建宁军建州建阳县崇政乡北乐里苦竹外社清信 /
弟子施仁永爰于今月初十日，请僧就舍奉为七七 /
太山大王香案礼课经文。今晨圆毕，用具部数。对 /
佛伸忏者：/
礼梁武法忏全部十卷 /
转到地藏本愿经全部三卷 /
转到金光明经全部四卷 /
转到十王拔罪经全部十卷 /
转到金刚经一卷三遍 /
转到观音经一卷三遍 /
右牒前件弟子施仁永预修生七，涤处世之愆遐，作 /
此福田；洗阴中之罪业，布斯功德。凭 /
佛眼以昭彰，给牒合同，仗 /
王官而照会。谨牒。/
皇祐五年癸巳岁十一月二十日预修生七弟子施仁永牒

百日牒文（略）（图 5.3-1D）

周年牒文

> 大宋国福建路建宁军建州建阳县崇政乡北乐里苦竹外社清信弟子施仁永爰 /
> 于今月初十日，就住舍奉为周年 / 都市大王礼课经文。是晨圆毕，用具部数。对 /
> 佛伸忏者：/
> 礼梁武法忏全部十卷 /
> 转到地藏本愿经全部三卷 /
> 转到金光明经全部四卷 /
> 转到十王拔罪经全部十卷 /
> 转到金刚经一卷三遍 /
> 转到观音经一卷遍 /
> 右牒前件弟子施仁永预修生七，涤处世之愆遐，作此福 /
> 田；洗阴中之罪业，布斯功德。凭 /
> 佛眼以昭彰，给牒合同，仗 /
> 王官而照会。谨牒。/
> 皇祐五年癸巳岁十一月二十日预修生七弟子施仁永牒 /

上述所录牒文，虽然不全，仅有初七、二七、五七、六七、七七及周年，但所集已超出北京德宝公司拍品（初、二、六、七、周年），文书的基本面貌也得以反映。总体来看，内容多是相同的，特别是转经部分所念经典是一样的。个别处如“洗阴中之罪业”似应为“中阴”。个别程序或文句用词有不同处，如初七日牒斋文词说此事缘起，即施仁永“请僧奉为初七秦广冥王香案道张 / 礼转经。是晨毕轴，用具部卷对 / 佛忏扬者……”，没有说到本月初十日。后边诸牒文则说“爰 / 于今月初十日，就住舍奉为……”等。而署款部分一律是“皇祐五年癸巳岁十一月二十日预修生七弟子施仁永牒”。另有外部骑缝所题，一些为劝缘僧惠有题封，一些则为施仁永题封。

实际上，这里涉及一个颇为重要的问题，就是预修仪式举办的时日。此前有分析认为，由于请僧人到家宅来举办法事，是在本月初十日（仅秦广冥王处未说），而署名落款则都明确说是“皇祐五年癸巳岁十一月二十日”，其年月日非常清楚明确，包括了干支，与前说的初十日相差了整整十天，所以应是后来补写的。而法事仪式，因为所诵念经文相同，被推定为在初十日一天内完成了。但其中或可琢磨的是，为什么其间相隔恰是十天呢？联系到施仁永为母亲所作功德疏文，作法事也是十天。而据《十王经》仪轨，为亡者作法事，虽然全周期为三年，但法事只有十次，且可以在十天内完成。施仁永为亡母作功德只念《大威德炽盛光消灾吉祥陀罗尼经》一卷，经本中强调念一日或更多至七日，但法事作了十日，其中应不无理由。由此我们可以初步推定，施仁永所作预修法事，也是在十天举办的，或者进一步说，在当时僧俗的观念中，也应经十天完成。虽然不能完全排除其实际上确有在一天完成的可能性，但是从细节来看，此中初十日至二十日的间隔，不应该是事后追认补写题署，以至认为这是法事日趋简便的体现，反而是体现了当时的普遍观念。

总之，关于施仁永于皇祐五年（1053）十一月，是否请僧人在初十这一天之内完成十场预修生七法事，还是在十天之内完成了十场法事，确实重要而有趣，值得探讨。相较于其余法事中所念诵的经典，预修生七的十王仪式所要念诵的经典更多。如果在一天内十次念完这些经，似有一点困难。如果以一次代表十次，那确实更简便了。但是在60岁节点上做的预修仪式，一生恐非多次。以十天做此规模的预修斋会，似较合理且适宜。

三、施牒特色

以上这些资料可以清楚地反映出北宋时福建一位普通民众所做的佛教法事。这位斋主叫做施仁永，生活在北宋时代的江南之福建路建宁军之建阳县。福建地处南方，交通闭塞，唐末五代始兴，宋代是其发达之关键时期。有文章说，福建人政治地位的提高就在此时——北宋中后期至南宋[1]。北宋初“南人不得为相”之荒唐政策，到宋仁宗赵祯任章得象为宰相而改变。至南宋末期，福建人任宰相者达51人。从科举情况来看，福建人中进士的情况自宋代中期来已经大变且很突出[2]。仿佛是个巧合，我们所见的施仁永牒文始自明道年间，恰是北宋仁宗时期。章得象是泉州人，由高祖官至建州，实居南平之浦城县，而施仁永所在的建阳县，就在浦城之南，今属南平市中部建阳区，位于武夷山南麓建溪畔，又称潭城，是福建省最古老的五个县邑之一。建阳素以“闽北粮仓”及“茶果竹乡”著称，宋代时尤以“图书之府”和“理学名邦”闻名于世。建阳印刷业非常繁荣，宋元明三代皆为全国刻书中心之一，所刊书籍有“建本”之称。上述这些背景与我们讨论的施仁永布施牒文或无直接关系，这位施仁永应是下层普通民众，从所布施粮食与所愿“田蚕丰稔”来看，也可能是较富庶的地主。但无论如何，这从侧面说明了十王信仰流布的基本情况。北宋中期的建阳县，政治地位与文化地位等，已不再落后荒僻。不过牒文中有些年号沿用稍显滞后，不知是否具有偶然性。

这位施仁永，先后于普光院与禅居院办过三四件法事。对他而言，这些事颇为重要，都发生在他一生中的重要节点。他生于淳化五年（994），明道三年即景祐元年（1034）时40岁，正当壮年，时在“寿生会”上为己身购置并烧施寄库钱。牒称：“经云：前世必欠冥司寿生钱十六万贯。今遇众结寿生第三会，请僧转《寿生经》十卷。今赍□色银钱十四万贯还足，烧送纳在第九库内许曹官收领讫。”言其生于甲午年，欠冥司受生钱十六万贯。举行寿生第三会时，转经十卷，焚烧银钱十四万贯，送纳在第九库，由许曹官收领。此外还施二百二十文供僧饭一人。据侯冲教授的研究，其内容中的十二星辰属相及欠钱数，与《寿（受）生经》其他一些版本不符，但可确定是据彼时僧人宥庆与斋主施仁永等所见《寿（受）生经》所算而得。侯冲教授《中国佛教仪式研究——以斋供仪式为中心》有专节讨论，比较了俄藏黑水城本与其余诸本，对道教《灵宝天尊说禄库受生经》的总体特点进行归纳阐说，证明了北宋普遍存在转经方式填还受生钱。[3]但在仪式中，布施钱与烧纸钱等也很庄严，颇受重视。转经只是诸法会中必有的一道程序罢

[1] 周文宝《论宋代福建人政治地位的转变》，《都市家教（上半月）》2013年第6期。

[2] 据王应山《闽大记》所载，北宋建隆二年（961）至宣和七年（1125）共165年，福建进士及第者5986人，为唐代福建进士数的105倍。美国学者贾志扬（John W. Chaffee）《宋代学子艰难的门槛：科举社会历史》详细统计了全国各地的进士人数，宋朝共有进士28933人，其中福建7144人，且多在北宋中后期到南宋。转引自上注周文宝文。

[3] 分析黑水城出土金代写刻本与常见各版本内容相当不同，因黑水城金本稍简陋，而常见明代刻本较早者为天顺年间，可分为前后两阶段，与道教经本相互影响者或在两者中间。《寿生经》当时已产生、流行，有不同名称，含序、经、十二相属和疏文四部。经文可分《佛说受生经》和《解冤经》（或《延寿真言》《灭五逆之罪经》）两部分，现知有西夏刻本与宋通行本两种流行。

了。由其他各项法会也可看到，转经在各类法会中皆具，各起不同的作用。

《寿（受）生经》与《阎罗王授记经》都有使用纸钱、强调预修等继承《大灌顶经》的特点，流行时间也较相近。寿生钱与寄库实际上都是从逆修、预修这种观念中延续发展而来的。

此后施仁永于皇祐三年、五年、六年间续作法事。皇祐三年（1051）58岁时，为母亲吴氏三十四娘作功德法事，疏文列其细节。皇祐五年他60岁时，进行预修十王斋事。皇祐六年他61岁时续施忏供。结合其寿生会斋事与后来数事，可知此组牒文关系施仁永一生重大法事，很有收藏意义。但若我们细究其间的一些关系，可以发现很有意思的问题。当然，这些材料也可能不全，施仁永还有其他法事牒文、文献或另存或未存。但是仅从其在58岁时为母作功德与60岁时为己预修来看，也很有些意趣。施仁永为亡妣吴氏三十四娘作功德疏，具体可知是施了两硕白米，供僧人十天香饭。施仁永母亲亡过了，为什么不作十王斋呢？依一般规律，十王斋是为亡者所做的，敦煌卷子等材料中为亡人斋会的例子远过了预修之例。在为亡者祈福的过程中，所转经为《大威德炽盛光消灾吉祥陀罗尼经》一卷，共七遍，经十天，当七十卷。所以，此处的十天之期，仍然可以反映出与《十王经》的丝丝关联。

施仁永这套法事文书，为预修生七十王斋提供了极好信息，不仅可以见其预修斋事的时日和方式，也提供了一个重要范例。还可知法会的具体行为就是礼经与转经。可以说，十个斋日都是转同样的经，时间应在十天，十次或十天可证明与十王斋事的密切关联。当然，施仁永为母亲吴氏三十四娘施米作功德时，疏文中提到同时也有利于他自己与妻子，即寿命康宁无病等。生七十王斋中写成的十个斋日，虽有流失，但也可合为全璧。所转礼之经为：

> 礼梁武法忏全部十卷/转到地藏本愿经全部三卷/转到金光明经全部四卷/转到十王拔罪经全部十卷/转到金刚般若经一卷三遍/转到观音经一卷三遍/

这个内容也是非常出乎我们意料的。《梁武法忏》就是《梁皇忏》，或称《慈悲道场忏法》，此仪轨确为十卷，规模不少。一天可念完吗？所以应是“礼”而非“转”。牒文所示，亦非多位僧人参与。而《地藏本愿经》三卷，《金光明经》四卷，《十王拔罪经》十卷，是最为奇怪的。十王仪式上的《十王经》肯定重要，但此处并非我们所研讨的短篇经文，而是长达十卷的《十王拔罪经》，也就是说，这是非常少见甚至是藏外的佛典，或是道教系统经本。《金刚经》与《观音经》在这里则与寻常所见一样。

上面分析，《阎罗王授记经》本有预修斋与亡人斋践行之区别。亡人斋时序非常清楚，预修可在每月的十五或卅日举办。《十王经》较模糊，但亦有每月两次说。那么，预修法事，特别是涉及时序后，如何操办便成了一个困扰研究者的难题。因为不能预知亡日，所以不知预修生七时序怎样安排。敦煌斋文实例并不能解决此问题。由此牒文，我们可知其应举办十天，实际上一天之内办完的可能性亦存[1]。相对而言，敦煌本《阎罗王授记经》中所载的预修方式是初一与十五为之，或以极简易的纸钱两盘焚饲，或如别本所说请四十九僧而办等。但在北宋的南方地区，竟有

[1] 牒文所称诸王名号，初七为秦广冥王，二七为初江大王，六七为变成大王，七七为太山大王，周年为平等大王与上述五个斋日冥王称呼皆符。由于日本出现另五阳牒，可知其原为完整，或分两组存放。

了约花一天时间或花较短时间举办一次的方式。其间变化，实在出乎意料。

施仁永法事牒文相互关联之事仍值得关注。除了施仁永并未为母亲顺修十王斋外，《寿（受）生经》与《预修斋》两者关联也值得注意。两者之根本观念都是受《大灌顶经》之影响而成，且与道教仪式颇有关联。侯冲教授曾比较《寿（受）生经》与道教经典，而郜同麟更细考了《天尊说随愿往生罪福报对次说预修科文妙经》[1]，证明其在道教研究中的意义，即敦煌此本道经为正统道藏中《太上慈悲九幽拔罪忏》之祖本，并阐明了《十王经》类对道教之影响。

总之，从逆修预修，到预修亡人功德，再明确到以钱财预修，包括还钱与寄库，施仁永牒文反映基层社会宗教仪式的实行状况，具有很高的价值。《皇祐五年（1053）福建路建阳县施仁永预修生七牒》尤其说明了南方寺院与民间“预修生七斋”之实办斋会之状态。结合营山大蓬石刻、台州灵石寺塔中预修经与文物刻铭、敦煌种种斋会文献，我们可以基本掌握此时段《十王经》系的实际社会影响之情态。

小结

有关“预修十王生七斋”的实践行事即仪式斋会方面，主要有几方面材料：敦煌藏经洞之文书、四川营山县大蓬山的石刻题记、浙江台州灵石寺塔中铭刻、福建建州之斋牒文书等。敦煌藏经洞本来的文献资料就非常多，此方面内容虽有不少，但需要详析，而四川及浙江石刻与福建牒文的资料则属稀见。以时间排列，恰可接续为三段：前有晚唐四川营山石刻，中有敦煌藏经洞文书，后有北宋台州灵石寺塔内铭刻及福建建州的北宋斋牒文。综合这几个方面，确实可将中古之预修生七与亡人十斋之状况，从晚唐至宋代，以一种或两种线索串连起来，并予以阐述说明。特别是前人研讨相对较少的预（逆）修之状况，配合亡者十王斋的情形，由此探讨，可能较之前明白不少。

川北十王图像与预修斋仪方面都有重要早期资料。图像有四川绵阳市魏城镇北山院第9号大龛，预修斋记则有四川营山县太蓬山顶的《大蓬秀立山普济寺众修十王生七斋记》题刻。前者时间约在晚唐中和（882）前后，后者时间在文德元年（888），两者相隔不久。而绵阳北山院位置偏西，营山太蓬山偏东，其纬度很相近，也都与交通路线有关（或金牛道或米仓道上）。有趣的是，这两处十王龛，为什么一处有像而无记，而另一处有记而无像呢？粗略观察，十王及地藏之雕刻川渝尤多。且由川北向川中，再由川西至渝地，由晚唐至南宋。其中不少龛窟亦有题记（当然这不止于此题材），所有龛像都应有实用功能，拜佛尊像，多是斋成表庆赞而已；十殿冥王之像，多是为超度亡者顺修而造。但从营山之修十王斋到施仁永斋牒，明显表现出其社会化与普及化的过程。营山为寺主僧人劝信士斋头而为，斋主众人为预修而布施大量钱财资助构饰寺庙事业，太蓬山顶普济寺以及石窟龛像得以发展，罗弘启等人之功莫大焉！

敦煌藏经洞之文献相对而言更多，但是若从预逆修的仪式、亡者十斋的仪式来探考，却又不是简单而明确的对应。实际上，这一批相关遗存文献，与预修和亡斋的关系有点模糊。先修即十王斋会存数很少，表达逆修斋意的也不多。其具体操作上的一些细节虽不明，但因其范文性质，可知民众等仍多有实行，非此便不会有这种

［1］郜同麟《〈天尊说随愿往生罪福报对次说预修科文妙经〉初探》，《敦煌研究》2017年第6期。

范本斋愿的出现。其文也有“某七”“某祥”等字出现，或为象征性列举，结合早期初唐石刻与王梵志诗等，可反映出《十王经》出现之前逆修斋已有实例了。再从经济因素看，逆修在《大灌顶经》是四众弟子才可布施而行者，至《阎罗王经》初出已模糊了逆修界定，平常人也可为之，至《阎罗王授记经》预修仪式可简单实行，施主只需初一、十五下纸钱饷饲。此方式对下层民众非常便利，但对于寺院未必有益，佛教传播仍需俗世提供经济基础（回报精神产品）。在此前后似乎没有近似状况。四川太蓬山罗弘启与北宋福建建州施仁永，都是给予较多布施的民众。敦煌亡人斋方面的文献遗存非常多，虽无多少完整证据可说与十王斋日完全配合对应。翟家为马氏写经确实保存了珍贵的史料，从批量化的七七斋以及大小祥之斋日范本，实际上也可以对应出依十王斋日的整体状况。

北宋福建施仁永之斋牒，明显是非常多日常斋会庙事之一例。施仁永所进行的四项法事：寿生会烧冥司钱、为亡母作功德、预修十王斋、忏供布施。其时在生命重要节点：40岁时依《寿生经》作法事功德；60岁时预修十王斋会（次数不可能多，或仅一次），应办十天。寺僧皆有记录牒文，且严格地作出阴阳牒，两份文书对角线折叠骑缝书写，随后焚阴牒而存阳牒于施主。如此程序非常成熟，可见当时彼地一定有大量施主进行过如此法事。当然，也不排除晚唐四川营山县出现过个人预修十王斋事，也不排除北宋福建建阳县出现过较大型十王斋会之可能。但据这两种文献，前者僧人力劝宣说，后者则程序严熟，不难看出从晚唐开始流行此斋事，至北宋已普遍见于民间。所以，虽然我们所举实事并不太多，但还是能显示出预修事的流行与发展。这一点从敦煌愿文大量留存，释门文范之亡斋文末处回庄严句式，已很鲜明地表现出来，几乎所有的布施都含有亡者与生者之功德福报，虽然后世预修事应受《寿生经》的影响而减弱（其功能也与《寿生经》确有重合处）。

总之，我们通过详细考察，可知七七斋与后三斋早有实践施行，无论主动或被动，十个斋日在《十王经》出现之前必已流行于社会。逆修即为自己先修，也因《大灌顶经》中的观念而有所流行。因强大的社会需求，《阎罗授记十王经》才会产生，形成十王系统，注入预修逆、亡人斋的观念。《十王经》流行以后，自然有对应的各种斋会、布施与修习等，但其形制仍很松散。其基本依托，在于儒家三年丧仪制度，从帝王至贵族之家眷族人，实际多有使用，以配合补充儒家规制，从而使其也具有某种制度性。不过，民间的施行，仍然可以各自举办，或依十王斋，或仅七七斋，或衔接儒家风俗习惯等。但是，敦煌藏经洞中佛教释门文范存留如此之多，内中也含有不少实例。其大量用于各种僧俗人物，可见包括各种人伦关系、各种各样风格，篇幅不等的亡斋文书，文书中可见七七斋、百日、小祥或兼中祥、三年大祥之脱服，这些仍然有力地证明：在丧葬习俗之中，佛教成分的丧仪依十王斋日而行事，成为了社会基本生活形态。当然，这不是敦煌一地之事，而是传播到了更大的范围，甚至达于海东的朝鲜半岛与日本。风习浸染，已遍东亚。

第六章

传诸海东

第一节　明州画销

第二节　日本承传

第三节　朝韩漫延

十王信仰东传至朝鲜半岛并渡海达到日本，得到了深度的接纳，并广泛流行。考察其信仰流布，虽然应基于经本的流传，但像设在传播中也起到了非常重要的作用。朝韩及日本的经本与信仰传播状况颇有特殊之处。对于经本之间的密切关联，前面第三章已有不少讨论。本章讨论朝韩及日本的《十王经》在经文前增加刊印了众多从官附神图像的状况，如韩国海印寺与数种朝鲜刻本等。这种特色图像非常重要，却未体现于文字，主要见于高丽与朝鲜时代的雕版印本，与日本也不无关联，甚至与高野山抄摹本及建仁寺藏刊本等有关，其影响亦及于组套的十王画作等方面，与中土的十王信仰弥漫于道教有所不同。虽因主旨设想与材料限制，本章侧重于图像资料，但此前日、美学者对日本逆修史的研究亦有极为重要的参考价值，说明其逆修主要源自《大灌顶经》，从平安时代末期就在贵族中流行，这与中国逆预修与亡人斋都随着《十王经》传播而展开有所不同，所以本章对此也有略述。

第一节 明州画销

因浙江宁波的十王组画输入日本后起到了非常重要的作用，且多存于日本寺庙中，所以本章首先对此进行探讨。

在石窟摩崖雕刻十王日益衰减的同时，宋元时期的《十王图》挂轴渐成主流，有一批画作还传至日本，产生较大影响。日本寺院不仅保存并使用了这批舶来品，也绘制了不少此类十王图轴，约自镰仓时代起，经南北朝至室町时代都有作品产生。日本研究中国绘画的前辈学者铃木敬教授[1]以及其后续团队对海外存世的中国画做过整体性研究，汇集为多册本《中国绘画总合图录》与续编、三编[2]，其中对浙江宁波输入日本之十王图轴——寺院与公私收藏包括流入欧美各博物馆的作品，均尽力收集。日本所藏《十王图》也包括了日本的绘作，日本国内已有全面介绍。对于这些介绍与研究成果，一批日本、欧美的学者及中国个别学人，都有不同角度的研究。如在日本，先有松本荣一与塚本善隆的相关考论[3]，继有田中一松、梶谷亮治、井手诚之辅、海老根聪郎等[4]，他们的研究就画师、画坊与画作而展开。德国海德堡大学雷德侯教授侧重于汉学与艺术史角度的研究，有专文且在其专著《万物——中国艺术中的模件化和规模化生产》中辟出专章研讨[5]，阐说地

〔1〕［日］铃木敬《明代绘画史研究·浙派》（木耳社，1968年）已追溯至南宋十王画。《宋元之佛画——就中〈罗汉图〉〈十王图〉的研究》开此项研究之先河。

〔2〕［日］铃木敬《中国绘画总合图录》，东京大学出版会，1982至1983年。［日］户田祯佑、小川裕充《中国绘画总合图录·续编》，1988至2001年。［日］小川裕充、板仓圣哲《中国绘画总合图录·三编》，2013至2020年。其中也包含了日本受此影响的作品，非常全面。此项目被誉为可与《大正藏》《大汉和辞典》相媲美的事业。

〔3〕松本荣一与塚本善隆都有对引路菩萨的探讨而涉及敦煌《十王经图》等。

〔4〕［日］田中一松《陆信忠笔十王像》，《国华》第878号，1965年。［日］梶谷亮治《陸信忠筆十王図》，《国华》第1020号，1979年。［日］井手诚之辅《陸信忠考——涅槃表現の変容（下）》，《美术研究》第355号，1993年，第147页。细分有更多侧重。［日］梅津次郎《二組の十王図：行光と光信の画跡図》，《佛教艺术》第36卷，1958年。［日］海老根聪郎《金処士筆十王図》，《国华》第1097号，1986年。［日］西上实《十王图の展开》，《六道绘》，1982年。

〔5〕［德］雷德侯著，张总译《地狱的官府风貌》，《万物：中国艺术中的模件化和规模化生产》第七章，生活·读书·新知三联书店，2005年。该章系《地狱之王》之增扩，见《铃木敬先生还历纪念：中国绘画史论集》，吉川弘文馆1981年，第31—42页。

狱十王的图组对官府体系的映射，分析粉本模件的运用，探究图像志因素之消长。美国普林斯顿大学方闻教授《超越再现：8世纪至14世纪中国书画》一书中也有涉及〔1〕。中国台湾地区学者石守谦先生对其东传演变作了回顾与多方面分析研究〔2〕，特别是关于“和风化”与“本地佛”中一些关键点。大陆有何卯平于日本调研基础上的学位论文，其研究侧重传输日本的中国绘作并已刊发数文〔3〕。另外还有其他一些论介〔4〕。

插图本《十王经》当是此类挂画轴的祖型，但其间仍有较大变化。四川摩崖雕刻是图像作品，偶具题铭，与《十王经》图卷对应程度最高。敦煌壁画与藏经洞绢纸绘作品亦具宗教实用功能，在形态统一中有变化。构成独特的山西临猗塔地宫绢画与五台山南禅寺壁画，或稍具过渡形态。但是，宁波出口日本的这些具有商品性质的宗教画，从本身情况及发展来看，展现出三个重要的特点：其一，它们是单独成幅而组合的十王图轴。我们所见此前各种《十王图》，包括插图经本、绢纸画作与雕塑，都是在一幅（铺）的构成之中，或是对称构成，或含于法界图中，可并见于各种绘塑作品。但宁波画坊之所绘却是以每王一幅的十幅，或增地藏菩萨为十一幅组合在一起，尺寸亦增大。其原因何在呢？从功能角度最可释解：这是典型的寺庙殿堂用品，可分布悬挂于一殿室或一堂屋之中，用作法事与斋会。如果殿中有地藏塑像（应多在地藏殿），自然用十幅图即可；如无地藏像，则用十一幅，自然合理。其二，画作将庭审与狱罚融混。这些单独成幅之绘作，其上部为王者、下部则有庭审与狱罚，且多有融混，既有以云气相隔者，也有无云气之变化者。此前，诸作虽绘有刑惩，却是庭审之惩而非地狱之罚，因为《十王经》性质是为中阴阶段。此批宋元十王画几无武人形象的五道转轮王，更没有了该王处的六道象征图识（但朝韩与中土仍有传承之因素），而下部地狱与转畜生道之画面分布于诸图之中，庭审、狱罚皆具，或者融混之景。前者以云气相隔而双具如金处士画，后者如庭审，有些庭前地平面突变现出狱景（如多数陆家画）。这代表了一种趋势与潮流，即地狱惩戒的作用渐次加强了，已经有开始脱离或大部分脱离了经中阴阶段审断的过程意味，或者说融入了诸种地狱各种惩罚。十多种图像衔接配套的地狱酷刑，显示了强烈的惩戒作用。其三，这些十王组画具有商品画与宗教画的双重性质，需要从多方面来认识。一方面，这并非依外来要求而订货，如大宗外销瓷中某些作品那样，因为其信仰也是需要输出的，所以对国内《十王经》像演变状况有所反映。另一方面，其功能性质之变迁昭显了地藏十王信仰深入中土社会，各级寺观等多有地藏殿堂以利法事，而宁波画坊广用粉

〔1〕［美］方闻著，李维琨译《超越再现：8世纪至14世纪中国书画》，浙江大学出版社，2011年。2010年9月上海博物馆“千年丹青：日本中国藏唐宋元绘画珍品展”有此奈良国立博物馆藏《十王图》参展。图册附上笔者译雷德侯《地狱的官府风貌》及李维琨撰写的《〈十王经〉札记》（北京大学出版社，2010年，第220、223页），其原书有小误。

〔2〕石守谦《有关地狱十王图与其东传日本的几个问题》，《史语所集刊》第56本第3分，第565—618页。

〔3〕何卯平《东传日本的宋代宁波佛画〈十王图〉之研究——以奈良博物馆藏陆信忠笔〈十王图〉为中心》，兰州大学博士论文，2013年。何卯平《东传日本的宁波佛画〈十王图〉》，《敦煌学辑刊》2011年第3期。何卯平《关于东传日本的宁波佛画〈十王图〉中有无地藏一图的再检讨》，《世界宗教研究》2013年第2期。其博士论文列表详述材料，但多处分析有些缺欠，个别处不确切。如陆信忠之名一概误写为“陆信中”。其在介绍雷德侯学术背景时将其博士论文《清代的篆书》写成了《清代的篆刻》，介绍雷德侯观点时说成是考察了地狱中的人间官府，亦不准确。

〔4〕如张纵、赵澄《流失海外的〈十王图〉之考释》，《艺术百家》2003年第4期。孙健《〈十王经〉版本流传中转轮王形象转换的历史语境》，《三峡大学学报（人文社会科学版）》2017年第2期。兹不一一列举。

本模件，或会影响作品的内容与形态。

这些宗教性画作能够批量地传入日本，说明日本也已具备了十王信仰之基础。接受舶来画作时，日本在追摹中进行了和风化与本土化，渗入本地佛并拓展出六道绘及其诸道纸草，从而成为较纯粹的、具有日本特色的十王信仰艺术。

一、宁波画作

日本寺庙与文博机构等与一些欧美博物馆所藏的十王图轴作品，皆出自明州或庆元府之地——即今宁波。这些作品宗教功能明确，虽然原来不入中国士大夫法眼，难以进入皇室贵族、文人雅士的收藏之中，但是近现代世界文化的融合，博物馆、美术馆等公共机构的普及，文物意识的流行，都使得这些原来不登大雅之堂的画作，已然成为美术史家乃至社会大众所熟知的艺术品了。

关于宁波系宋元佛画《十王图》的存世数量，铃木敬团队调查刊布为廿多套，其内中国宋元作品有十六套〔1〕，还有日本作品十余套〔2〕。后据何卯平调查，中国作品有二十三套、一百八十余幅。但从其博士论文所列表格等可知〔3〕，这一数据还存有一些问题。其表“日本藏宋元宁波佛画《十王图》”列有七个分类，最后一类还打了问号，“以‘？’记号标出，是因为新出作品还未经分类”而归于宋元〔4〕。文中将静嘉堂文库藏高丽组画收录（曾有数文探讨，为高丽画无疑）〔5〕。而京都满能院单幅地藏十王者，应为日本绘作（铃木敬《中国绘画总合图录》收录）。此类内还列出了和歌山净教寺一套十幅、都仓家藏十幅。其表A类中所列的中川伊作氏旧藏两幅、普林斯顿大学艺术博物馆藏江田家旧藏十幅，B类中三重西莲寺藏十一幅、京都庐山寺藏一幅地藏〔6〕，京都知恩院十幅，此或为《总

〔1〕［日］铃木敬《中国绘画总合图录》第1册，美国博物馆：A1-60纽约大都会博物馆五幅南宋绢，A10-013哈佛大学赛克勒博物馆三幅元代绢。［日］铃木敬《图录》第2册，欧洲博物馆：E18-044德国柏林博物馆陆信忠一幅南宋绢。［日］铃木敬《图录》第3册，日本博物馆：JM9-001神奈川县立博物馆陆信忠十幅南宋绢画。JM10-001金泽文库陆信忠五幅南宋绢。JM23-11正木美术馆陆信忠一幅南宋绢。［日］铃木敬《图录》第4册，日本寺庙：JT10-002大德寺十幅，JT12-001高桐院陆信忠九幅南宋绢，JT13-001京都誓愿寺十一幅南宋绢。JT20-001净土寺陆信忠十幅南宋绢。JT62-001法然寺陆信忠十幅南宋绢。JT88-002善导寺陆信忠八幅南宋绢。JT108-001永源寺陆信忠十一幅南宋绢。JT129-001西教寺陆信忠六幅元纸。［日］户田桢佑《续编》第3册。JM6-006奈良博陆信忠十南宋绢（同第3册JM4-001宫内省文化厅藏品），JM6-009陆仲渊三图元代（同JP9-001私人藏品）。JT189-001海住山寺十一幅南宋绢。共17套，但柏林博物馆与正木美术馆各存一图，不能计为组画，所以总计为15套。另有JT127-001弘川寺一幅元水陆绢画含十王。还有明与清代十王组画单图数幅，不赘。

〔2〕［日］铃木敬《中国绘画总合图录》第3册，JM12-083根津美术馆十幅室町绢。JM8-004静嘉堂十三幅高丽绢。JT28-003建长寺十一幅室町绢。JT31-002神照寺十一幅室町绢。JT33-001福冈誓愿寺十幅镰仓绢。JT34-003总持寺三幅室町（应为高丽）绢。JT37-001二尊院十幅室町绢。JT39-001定胜寺十一幅南宋绢。JT60-005向岳寺十幅室町绢。JT68-001宝福禅寺十一幅室町绢。JT89-001长岳寺九幅江户纸。JT105-001见性寺十幅室町绢。JT158-001宝性寺朝鲜十王画十一幅，含高丽（朝鲜）作品共十三套十王画。

〔3〕见前注何卯平博士学位论文所列表格。表格止于2010年，含流出日本之作品。何卯平以后发表的论文将二十三套改为二十二套，取消了最后一项，即海住山寺的三幅，原表中言此仅存三幅无十王。但海住山寺的十一幅《十王图》在《中国绘画总合图录》续编三册中已刊出。

〔4〕何卯平新列有京都知恩院十图、中川伊氏旧藏十图、和歌山净住寺十图。静嘉堂为高丽画作无疑。另外，京都庐山寺、满能院、正木美术馆、柏林博物馆藏为均一幅，不能算组套画。

〔5〕虽然何卯平博士学位论文注引宫崎法子《十王和二使者》认为中国作品的看法（《佛教的美术》，东京静嘉堂文库美术馆，1999年），但定其为高丽作品者更多。如周炜《日本静嘉堂美术馆藏中世纪佛画〈十王图〉考释》，《收藏家》2008年第2期。文中将“监斋使者”皆误为“监齐使者”。其画中人物组合繁多，中日均无。而朝鲜刻本《十王经图》与朝鲜《十王图》的相似传承更可证此。韩国学者权志妍（Cheeyun Lilian Kwon）新专著《灵验的冥界：中古时期中韩十王画的演变》（*Efficacious Underworld: The Evolution of Ten Kings Paintings in Medieval China and Korea*）就是专以此套高丽十王图而作探讨。University of Hawaii Press，2019年。

〔6〕京都山庐山寺此图的构成中，无毒鬼王实不见于中国画作，所以仍有可讨论处。

合图录》未收者〔1〕。但铃木系列成果也有未收全者，如京都海住山寺一套十一幅南宋绢画〔2〕。相较而言，美国哈佛大学赛克勒博物馆所藏三幅〔3〕属元代风格更可靠。又何卯平博士论文录滋贺西教寺所藏图幅与铃木敬《中国绘画总合图录》不同〔4〕。何卯平的工作确有贡献，约增有六套与数幅《十王图》〔5〕，可惜多无图版尺寸。除个别外，研究中也少有利用。

上述宁波宋元佛画《十王图》作品曾有一些分类，见日本学者的不同论文。而何卯平据日本学者于材质技法等方面的研究分为七组，雷德侯教授按画面粉本模件等将此种图分作三组讨论。笔者则只从构图比例将此种图分为五组。雷德侯主要依据的是铃木敬《中国绘画总合图录》，何卯平增加了其调查成果。笔者则对前述数据都有利用。现将何卯平、雷德侯与笔者分类列一简表（表 6.1-1）。当然有些画作下文还将会讨论，如石守谦对金泽文库本系传入作品的否定，就很有道理。此处所列主要是为读者能一目了然地看到宋元十王画的概况。

表 6.1-1 诸家分组简表

<table>
<tr><th colspan="2">雷德侯分三组（根据构图与细节特征）</th></tr>
<tr><td colspan="2">A. 京都高桐院、奈良国立博物馆、普林斯顿大学艺术博物馆与波士顿美术博物馆、博多善导寺
B. 京都大德寺、神奈川县立博物馆、京都高桐院套组中补图
C. 滋贺永源寺、尾道净土寺、正木美术馆、金泽文库、香川法然寺</td></tr>
<tr><th>何卯平分为七组
（末组“?”为未定类型）</th><th>本书分为五组
（依画幅高宽比例）</th></tr>
<tr><td>A. 奈良国立博物馆、高桐院、博多善导寺、普林斯顿大学（江田家旧藏）、中川伊作氏旧藏
B. 滋贺永源寺、尾道净土寺、香川法然寺、正木美术馆、金泽文库、京都知恩院
C. 京都大德寺、神奈川县立博物馆
D. 京都誓愿寺
E. 波士顿美术博物馆、纽约大都会博物馆
F. 奈良国立博物馆、滋贺西教寺？和歌山净教寺、海住山寺、都仓家藏、静嘉堂文库、京都满能院</td><td>A. 大都会博物馆、波士顿博物馆藏、普林斯顿大学艺术博物馆
B. 京都大德寺、神奈川县立博物馆、奈良国立博物馆、海住山寺
C. 香川法然寺、博多善导寺
D. 京都高桐院、奈良国立博物馆
E. 滋贺永源寺、尾道净土寺、京都誓愿寺、金泽文库、滋贺西教寺、正木美术馆、哈佛大学赛克勒艺术博物馆</td></tr>
</table>

由此可以发现，这些《十王图》虽良莠不齐，但其中佳作也不少，其水准造诣非常之高，精妙工致可以说并不亚于画院大家的传世名作。当然，其工匠性也非常明显，如批量化出品、模件化操作与商品化运营等。所以，以下大略以画坊与匠师、画面上下的构成及其变化等方面作为主要分析的对象。

（一）南宋画坊

尽管为数不少，但在南宋画坊的这批画作之中，其最主要的代表作只有五套左右，如美国普林斯顿大学艺术博物馆与波士顿美术博物馆分藏金处士一套十四幅，日本京都高桐院一套（含德

〔1〕何卯平另篇论文也列有收集图表。

〔2〕海住山寺地藏十王组图收在铃木敬《中国绘画总合图录》，编为 JT189-001 号，实为户田祯佑与小川裕充主编的《续编》第 3 册，东京大学出版社，1999 年，第 107 页。此册中还收录奈良国立博物馆陆信忠《十王图》十幅与陆仲渊三幅。这两组作品已收录正编，但收藏单位不同。

〔3〕哈佛大学赛克勒艺术博物馆（A10-013）藏三幅元绢画，刊《中国绘画总合图录》第 1 册。何卯平参考文献中只列了铃木敬《中国绘画总合图录》正编的第 3、4 册，即日本博物馆与寺庙及个人所藏。而第 1、2 册所录者欧美博物馆亦有收藏，其续编与三编亦有，但超出所论的宋元范围。另，现知哈佛所藏为五幅。

〔4〕铃木敬《中国绘画总合图录》刊印 JT108 号西教寺藏六幅，何文表格中则记西教寺十二幅。

〔5〕即美国普林斯顿大学艺术博物馆藏江田家旧藏十幅、京都知恩院十幅（具陆信忠名）、三重西莲寺十一幅、中川伊作旧藏二幅、京都庐山寺地藏（有署名）一幅。和歌山静教寺十幅（具全署名）、都仓院十幅与海住山寺三幅有存疑处，后者仅标地藏无十王。有些未标明出处，仅京都庐山寺刊图版并有些研究。但此图在铃木敬《中国绘画总合图录》中收录在滋贺永源寺组。

图 6.1-1

《十王图》陆氏画坊题记“庆元府车桥石板巷陆信忠笔”（采自铃木敬《明代绘画史研究·浙派》）

国柏林博物馆一幅）、奈良国立博物馆两套（陆氏与陆仲渊）、滋贺永源寺（有陆氏画坊署名）与京都大德寺及金泽文库藏品等。就其来源之地情况而言，其中既有“金处士”与“金大受”署名者，也有“陆信忠”与“陆仲渊”署名者，即主要为金氏与陆氏两大画坊的作品。当然，也有不少补配与仿制摹绘之作。现知在这些作品中，以陆氏画坊、陆信忠署名最多（图 6.1-1），水准相差也颇为悬殊，应有一些仿制摹绘包含其中。就时代与地域而言，可定在南宋之宁波，地点在城中且距当时的海关——市舶司不远。实际上，自北宋起，宁波就一度成为对高丽、日本等国官方往来以及海外贸易的唯一合法港口，此后虽然情况稍有变化，但至南宋时此港更是带来巨额财税收入，从而促进了宁波的对外交往。如今，宁波城内仍有车轿街（古称“车桥街”），而两大画坊之址均在当时车桥街或附近，如画上题记所载。

唐宋时，来宁波的各国船只都停泊在城东奉化江至三江口一带，登陆运货都出入来远（安）亭（门），其后即市舶司及库房。现已探明来远亭址（在江厦公园内已复建）与市舶司址共占地面积 12000 平方米，其西即至车桥街。由此可见，金、陆画坊之址的便利之处[1]。金氏与陆氏的署名中，恰有“明州”与“庆元府”字样，其时间段也恰在 1195 年前后，庆元府之称则在南宋之庆元元年至德祐二年间（1195—1276）。一般认为，题“陆仲渊”者已是宋末元初之作，即稍晚于庆元府之作。所以，这些画作绘于南宋年间至于元初。

宁波十王画主要出自两家画坊——金氏画坊与陆氏画坊，而画幅的尺度比例恰可大致分为两类。前者所绘较细而高，后者所画较宽而短。彼此之间简单对应，或者说稍有对应，即金氏画为高细，陆氏画为宽低。当然这是就主要作品而言。如果从构图比例分析，可以有更多且细致的分组，但最主要的构成特点一直存在。

与此前各类作品相比，除了五台山南禅寺壁画之外，南宋《十王图》显然增大很多。最小为 39.5 厘米 ×25 厘米的善导寺本，以及 53 厘米 ×36.4 厘米法然寺本，较小者也有 58.6 厘米高、37.9 厘米宽，如永源寺本。更多则是 85.9 厘米高、50.8 厘米宽或 83.2 厘米高、47 厘米宽之作，如奈良国立博物馆藏本。还有更大的 111.8 厘米高、47.8 厘米宽者。而 139.1 厘米高、93 厘米宽的美国哈佛大学赛克勒艺术博物馆藏本，乃一王之图轴，绘制之精工，于此已有相当体现。

[1]《“寻海丝·知海曙”第七集——市舶司遗址》，《都市快报》2015 年 6 月 19 日。何卯平博士论文亦考宁波港地址名称等，但只用地方志记载，没有联系现状。

表 6.1-2 依构图尺度比例分组表

	收 藏 地	尺寸（单位：厘米）
1	美国纽约大都会博物馆与波士顿美术博物馆	111.8×47.8
	普林斯顿大学艺术博物馆	86.2×39.1
2	日本京都大德寺	93.4×41.5
	日本神奈川县立博物馆	99.5×44.5
	日本京都海住山寺	100.1×44.3
3	日本九州博多善导寺	39.5×25
	日本香川县高松市法然寺藏陆信忠画坊	53×36.4
	日本奈良国立博物馆藏陆信忠画坊	83.2×47
4	京都高桐院藏陆信忠画坊十王画（含德国柏林博物馆藏一幅）	84.5×52 或 85×50.5
	奈良国立博物馆藏陆仲渊三幅	85.9×50.8
5	滋贺县永源寺藏陆信忠笔	58.6×37.9
	广岛县净土寺藏陆信忠画坊	58×40.2
	神奈川县金泽文库藏陆信忠画坊	54.3×38.1 或 53.5×37
	大阪府正木美术馆藏陆氏画一幅	56×38.6
	三重西莲寺	58.6×37.9
	美国哈佛大学赛克勒艺术博物馆五藏幅	139.1×93

虽然宋元十王画可依细高与宽平分为两类，但宁波十王画数量不少，所以构图比例仍可再细分。如上表（表 6.1-2）是以画幅高宽比例而区分出五组绘作，并非以画幅大小或别的因素而区分。具体方法即依画面比例作对角线，由对角线所构成的角度，自然可见其较高或较宽情况。如尺寸相近的京都高桐院（图 6.1-1B）与奈良国立博物馆藏陆氏画，雷德侯教授分析过其边长差几厘米，恰好可作屏风外云气等。但其比例仍稍有不同。大致上，第三组处中间状态，如法然寺与奈良国立博物馆藏陆氏画[1]。而第一组、第二组较细高，而第四组、第五组较宽平。较早的金处士边有修剪，榜题不现，但仍属细高构图。从早期至晚期，存在一种细高向横宽型演变的趋势。当然在各组中都有不同时期的作品，最大者是美国哈佛大学赛克勒艺术博物馆藏三或五幅元代图，属于数量最多的一组。如此可为雷德侯教授所分五组与何卯平所分七组增添一种视域角度。

尺度颇多的明州十王画，其细高条状与方宽状者与内容也有一定关系，但不绝对。如前者构图明显分为上下两段，其地狱之表现较为明显。美国纽约大都会博物馆（图 6.1-1C、1D）与波士顿美术博物馆共同藏有一套南宋时代的十王图轴，纽约大都会博物馆有五幅，波士顿美术博物馆藏四幅，合为九幅。此套图轴有“大宋明州车桥西金处士家画”的题款，高 111.8 厘米、宽 47.8 厘米，画面较细而高，庭审之下部稍有云气相分隔，具有较丰富的刑惩场景，是为其鲜明特色。前述“庆元府”之称自 1195 年使用，因而此套图轴时代可定于之前，是该系统中较早的一组。东京国立博物馆藏《十六罗汉图》之第十幅图辑中，有“大宋明州车桥西金大受笔”字样，与此套图轴署名很是接近，而十王图轴造诣较《十六罗汉图》更高一筹。“金处士”与“金大受”可能是同一人或属同一家族。而题“陆信忠”的多批画作，两者水准相差更大。

现在考察多套十王画之关系时，我们会看到明显的不甚对应处，即依诸王序次的王者形貌与其下庭审等场景，没有固定的配合，一直有所承袭，又有所变动。即使同在陆氏画坊之内，也有如此情况。实际上，敦煌的各种画作，从具图之写经到绢本壁绘，其中多数是阎罗王与五道转轮王最具典型性：阎罗王戴冠冕，庭前有业镜；五道转轮王着戎装，其庭后有门道轮回之云气。而其余诸王则多着冠服，除初江王处多有奈河外，

[1] 奈良国立博物馆《東アジアの仏たち》，1996 年。奈良国立博物馆藏品、滋贺永源寺藏品均见此图册图版，第 163、164、165、166 页。永源寺图另见《聖地寧波：日本仏教 1300 年の源流》，奈良国立博物馆，2009 年。

图 6.1-1B

柏林亚洲艺术博物馆藏《十王图》中七七泰山大王（原图高桐院藏画，采自方闻著，李维琨译《超越再现：8 世纪至 14 世纪中国书画》，下同）

图 6.1-1C

美国纽约大都会博物馆藏《十王图》第九幅上部王者

图 6.1-1D

美国纽约大都会博物馆藏《十王图》第九幅下部火车狱细节

其余诸王服饰皆同，庭审等亦可变换。而五道转轮王渐变为着文官袍服显示出变化之开端，至南宋时，这些王者之服饰与其前下方场景，多有相互换用之举，仅业镜仍较多出现在第五位王庭阎罗王之前，但也渐有变化。在图像和资料齐全的《中国绘画总合图录》中〔1〕，图号没有依照原有次序列出，还有更多图幅本身没有题记，更增加了厘清这种关系的困难。有论文将此种情况变动称为十王的平权化，虽然也有道理，但同时又说此现象为十王分治，似乎有些自相矛盾，没有切中要害。实际上，最为关键的是中阴与冥界之融合以及宁波十王画反映的信仰观念之转变。

（二）两家代表作

1. 金家画坊

美国纽约大都会博物馆与波士顿美术博物馆，分藏五幅与四幅共九幅为一套的南宋十王画作。有署名而无榜题，可知为金处士笔。其与“金大受”在理论上不排除为同一人之可能。因金处士只是一个称号而非姓名或字号，“处士”之意本指有才德而隐居不仕之人，后亦泛指未做过官的士人。但后也扩至一些具专长技能者，本非居士之称。南宋时，四川著名雕刻匠师文氏家族也用“处士”之称。男女居士即优婆塞与优婆夷，即信仰者可直称居士，日本将“车桥西”之“西”与“金”连读而误其署名为“西金居士”，后来得以纠正。但是，金大受也完全可以称为“金处士”，不能因为现知其画迹为两人证据较多，可以推断为两人，就将金处士的含义也更改了。只能说，现在了解的金处士与金大受，应是两位画家而已。

此套南宋十王画作共九幅，虽有署名，但无榜题，似为揭裱时修剪裁去。因九幅图中之图像标志不明，只有业镜存焉，所以此套图中之王者区分就成为一个难题。日本学者宫次男认为，在后世摹仿制品中冈山宝福禅寺所存与此最为接近〔2〕，见性寺存本也较相似。但宋元十王画的分王归序是一个很麻烦的问题。在一般图组中，诸王序次基本依据榜题与图像标志，两套系统可一一对应。如果有榜题，就可据此而定；无榜题，则看图像标志，如上部王者服饰及组合、下部过者所受的刑法或者狱景等。但这些图像标志并不完全绝对，它们从一开始就不是十王皆具的，后来的变动太大、太多，逾越了宋元阶段，直到我们查阅韩国通度寺近代与现代作品，还有鲜明的表现。即使在榜题明确的情况下，诸王与审狱图景也随意变换。如果自宋元以下，说固定化图像的标志并不重要，或者如我们所查知，画坊与画家会有意识地主动变换母题，甚至于取消其标志，对其宗教功能并无多大影响，那么学者们仍执着于诸王分序，就有探究方向存在问题之嫌了。换言之，宜从另外的角度来解决或认识其序列问题。

波士顿美术博物馆与纽约大都会博物馆藏金

〔1〕如铃木敬《中国绘画总合图录》正编第4册。建长寺JT28-003，室町时代绢本。地藏菩萨像之后依次排列：第八平等王、第二初江王、第十转轮王、第九都市王、第一秦广王、第六变成王、第四五官王、第三宋帝王、第五阎罗王、第七太山王。图版上题记很难辨认。JT33-001，福冈誓愿寺镰仓绢本，画上方本地佛处题有《十王经》中偈句，由此可知其排序中实际王名：第三宋帝王、第九都市王、第七太山王、第二初江王、第五阎罗王、第一秦广王、第十转轮王、第六变成王、第八平等王、第四五官王。

〔2〕日本冈山宝福禅寺所存组图的王者与庭审及狱罚部分与此套《十王图》很相近，但其诸王序次似无较图像志证据。此套图较好图版见《極楽へのいざない：練り供養をめぐる美術》，龙谷大学博物馆、每日新闻社、京都新闻社，2013年10—11月。石守谦提及雷德侯曾考大德寺本与此套之对应，但大德寺本无地狱内容，雷德侯所列大德寺本序次与铃木敬《中国绘画总合图录》亦有不同。实际上应参考见性寺藏图组画，因其具有本地佛。

处士十王画的最大特点，是其每幅图王者之下，都有庭审与狱罚两个内容，而且皆用云气隔开，庭审与狱罚为两部分，构成其根本特色。因无榜题、本地佛及公认的图像标志，此套图的排序成为一个难题[1]，日本学者宫次男等曾提出看法，似少有接受者。而笔者从宋元时期的十王画与日本《十王图》的综合对比可知，现知全部十王画于榜题与本地佛之外，以王者姿态并从官组合、庭审与狱罚场景三种主要元素构成。这批画的根本特征即在其不断变动与互换，由此引起王者排序的难以比定。但以此五种元素（榜题、王者、庭审、狱罚、本地佛）集合而观察比较，可知王者姿态、从官组合是相对最为稳定的，尽管也是变动单元。我们由此入手，可以进行对比，呈现整体与局部变化。而分组情况宜以庭审与狱罚的分离及融混为原则。现以笔者推定的序次为准，简要介绍美国纽约大都会博物馆与波士顿美术博物馆九幅作品。

其一，第一王图缺，但日本宝福禅寺与见性寺图组画均有一犁舌狱景图，桌前有两女舞动，或为其可补之景（图 6.1-2）。见性寺藏本存榜题，可证其序。此两套图均为日本摹制作品[2]。

其二，纽约大都会博物馆藏碎膝与刺狱窗网图，王者着方心曲领红衣，绿兽面官呈状说话，后有吏员，屏风外有芭蕉等植物（图 6.1-2B）。桌前有两狱卒押一人坐地，其一手执扬鞭杆，坐者膝已碎裂。奈良国立博物馆第一图所绘即与此刑相似，但为击脚底且镜像相反，前有雾状云气及红树叶等相隔。一红衣狱卒力挺一长枪刺向前方雾中露出的网格，内有鬼魂之影。

其三，波士顿美术博物馆藏待审与虎噬图（图 6.1-2C）。王者着蓝衣，旁有红袍官员，后有侍者。案前方持狼牙棒与狱卒押一亡魂似审，下方云气之前有一大虎正猛咬一身体，再前有一狗追奔两裸身逃跑者。

其四，波士顿美术博物馆藏小羊诉与狱卒举图。王者着灰衣，倾身与三官员相谈，案前被押一人，面前两三小羊扭转抬身正向王者诉冤（图 6.1-2D）。云气之下若地狱，前有二狱卒，若骑于虎背上，其前似窟内有数人蹲伏被冻状。

其五，纽约大都会博物馆藏业镜与驱入剑树图（图 6.1-2E）。王者身着墨朱两色袍服，红绿袍服官员侍从展卷并临审。前有大业镜，兽头狱卒执押一白衣者于镜前，镜中一人正在杀牛。前方有云气，地裂若荆棘，一兽面鬼王执双刀，一大蛇正在追赶，前方有数鬼魂身影已入荆棘中。

其六，纽约大都会博物馆藏披兽皮与刀山图（图 6.1-2F）。王者坐高背椅，叉手桌上，绿衣兽脸官左手托簿，右手指点其上。椅背后一童侍物，屏风外有未着甲衣的武人护立。桌前一卒手按一白衣者，扬手执猴皮正欲披其身上。旁有一牛低头而视一秃顶人，似为刚变身为牛者。云气前有刀山，内有被刺入者，还有狱卒执身体向此山扔去。

其七，纽约大都会博物馆藏戴枷妇婴与镬汤图（图 6.1-2G）。屏风高大，栏杆后有大塘，荷叶高耸，王者手中持笔却置臂弯，左手放桌上案卷之上，面对红衣判官似正发问，官员双手叉胸前似正回答，大王面部稍残损，但两者相对神情生动[3]，身后一黑衣吏员侍立。桌之前略似奈良国立博物馆本泰山王处，绿衣鬼卒手牵长枷妇

〔1〕［日］宫次男《十王经絵拾遗》，《实践女子大美学美术史学》第 7 号，1992 年，第 20 页。

〔2〕美国普林斯顿大学艺术博物馆曾藏一套十王画，其一幅曾刊于［德］雷德侯著，张总等译《万物：中国艺术中的模件化和规模化生产》第七章，为第 15 图，与上述金家画作并不相似，构成更接近陆家画。

〔3〕奈良国立博物馆《東アジアの仏たち》就展示过其中两幅。

图 6.1-2

日本冈山宝福禅寺藏《十王图》第一幅秦广王图（采自龙谷大学博物馆等编《極楽へのいざない：練り供養をめぐる美術》）

图 6.1-2B

美国纽约大都会博物馆藏《十王图》第二幅碎膝与刺狱窗网图（采自《奈良国立博物馆 / 上海博物馆特展图录》，下同）

图 6.1-2C

美国波士顿美术馆藏《十王图》第三幅待审与虎噬图

图 6.1-2D

美国波士顿美术馆藏《十王图》第四幅小羊诉与狱卒举图

图 6.1-2E
美国纽约大都会博物馆藏《十王图》第五幅业镜与驱入剑树图

图 6.1-2F
美国纽约大都会博物馆藏《十王图》第六幅披兽皮与刀山图

图 6.1-2G

美国纽约大都会博物馆藏《十王图》第七幅戴枷妇婴与镬汤图

图 6.1-2H

美国波士顿美术馆藏《十王图》第八幅呈状与铁床拔舌狱图

图6.1-2I
美国纽约大都会博物馆藏《十王图》第九幅锤膝及火车狱图

图6.1-2J
美国波士顿美术馆藏《十王图》第十幅呈经卷与火丸刑图

女，女亦回望，但身后婴孩只拖其衣衫而未拿状卷，身份不太明朗〔1〕。云气之下图景亦很特殊，牛头与鬼卒各执长叉搅动，但其下镬汤却较为罕见，似宽广水面，两鬼卒亦立于水中。画面处理只淹膝下，小腿稍虚化显现在水中。而水中已有数魂，水面上形成一火圈，表示沸水，火圈中躺伏两人被叉搅动，若受煮惨状，而火圈外两人似待受刑，又有蹲倚的四人〔2〕。

其八，波士顿美术博物馆藏呈状与铁床拔舌狱图（图 6.1-2H）。王者着红袍冠，判官似向其释说案情，与奈良国立博物馆藏第七王镜像相反而对应。其屏风旁有双竹，桌前即两巡行男子，其白衣一人举托纸卷至台面，绿衣判官视之而摇手，明显是劝其勿做此举。云气下方有铁床，狱卒锤钉罪者于床上，下有火蛇。其旁侧有一人被狱卒拔舌。其上下庭狱很是分明。

其九，纽约大都会博物馆藏锤膝及火车狱图（图 6.1-2I）。王者着白冠灰衣，曲臂倚案而前视，旁侍文武随员。绿衣猴面官员单手持簿呈说案情，屏风侧虎皮冠武士披甲持长枪立护。桌案前两兽面鬼卒压按一人，状似奈良国立博物馆藏图像，但正在施锤膝之刑；其旁两男子颇似巡游地府者，蓝衣男子与稍矮白衣男子警惧而观。前下云气中一鬼卒执大火双轮前行，轮下有被碾压者，前方两裸身鬼正向前奔逃。

其十，波士顿美术博物馆藏呈经卷与火丸刑图（图 6.1-2J）。王者着白袍，起身双掌合十向前，淡紫衣官员捧物侍立于后。桌前一对白衣善男信女，手中捧一套方册经折佛经，放出了金光。桌案前，绿衣官吏手中执秤而称。屏风外，有芭蕉类热带植物。此庭前并无隔云，而有两柱缚裸身者，一狱卒正执钳撬口，另一狱卒正从炉中取火丸，与奈良国立博物馆藏某幅《十王图》中的部分图可镜像对应〔3〕。

2. **陆家画坊**

陆家画坊作品中以陆信忠署名最多，水准不一。京都高桐院与奈良国立博物馆藏本（原文化厅藏，以下简称为“奈博本”）最佳，但高桐院本有数幅为补绘。奈博本虽多称为陆信忠绘，但其署名只存“陆□□笔”，我们仍称为陆氏画。这些作品中的庭审与狱图变化多端。

首先，所见绢本因历年久远有些破损，倒也自然。古画至日本寺中会有装裱，年久后或转至博物馆或再裱，这些对原画的完整性多少都有影响。上列南宋画坊金大受笔图榜题可能被割，但是高桐院本与奈博本画面下部的显然不一致，未必是裁剪所致。高桐院本画面十分完整，上下都有云气，不仅上部屏风外绕有云气，而且下部两边与底端也有云气与岩石或土坡等，表达出特殊的意蕴。上部云气好作解释，而下部云气及岩石等，就使庭审处增加些许冥界气息，如有狱罚就更贴切了。而奈博本画面下部则明显不太完整，有些图明明显示宫殿庭审之平地处，但罪魂身体下方突然出现黑团云气或岩坡，稍显莫名其妙。结合高桐院本，我们才清楚黑气与岩坡的来历。雷德侯教授对此已有详析，高桐院本与奈博本两套图之高度与边宽恰好差五厘米，高桐院本稍大，恰可绘出云气、岩石等，人物大小组合也一致，正好用粉本模件来移用，但构成稍不同。不同组套间豪华与简朴的区别恰恰体现于此。总而言之，粉本模件运用，是其区别与变化的原因。

〔1〕有些图中的婴孩持一卷状纸，可知其有申冤的内涵。

〔2〕但大德寺组妇婴图，在铃木敬《中国绘画总合图录》被列为五官王幅，雷德侯《万物：中国艺术中的模件化和规模化生产》列为太山王幅。

〔3〕JT68-001 宝福禅寺共十一幅，较波士顿美术博物馆与纽约大都会博物馆多两图，除地藏菩萨图外，其中前有判犁舌刑之无桌案坐相王者，不见对应，应可补为此组首幅。

此种分析虽精微而入理，但画中仍有可探究之处。最重要者莫过于奈博本一些庭前场景，如岩石或狱火、刀山或土坡等，截然破坏了“法庭”之平静，数王桌案之前无平地，脱离了官府环境而直接表现为地狱境界。其如初江王与五官王、变成王等处的火蛇、铁丸及刀山等，不是边缘修饰或剪裁质朴所能解释的。其所引出之问题，即其所表现究竟是庭殿审过还是地狱惩罚颇为根本，甚可推敲。虽然庭审也可用刑，但诸刑明显为地狱般景，所以无饰边缘的奈博本，更加突出表现了进入庭审之景的刑狱之状。

《十王经》图本为中阴阶段所用，纵有预修，亦非冥界，不关乎地狱惩罚。具图《十王经》虽有图幅变化，但从敦煌壁画到台州灵石寺塔本等，都是述亡魂经过十王殿厅而非入狱受罚，即使受刑，也是庭审的刑罚而非狱刑。但现在情况有变，且于宋元十王画中尤有表现，其种种情况，以奈博本之数套为典型。

至于三恶道，特别是诸地狱受苦，是经十王审断发配之后的事情。庭审当然也有酷刑伺候，但此刑非彼刑。宋元十王画既反映现实中官府风貌，又混淆中阴与冥界、审判与狱惩。中土人本以黄泉、泰山为死后世界，后为六道轮回。佛界净土实在六道之上，地狱亦只是三恶道之一。成佛作祖有顿渐，西方净土有弥陀接引，罪大恶极则直入地狱恶道，但一般芸芸众生，还是要经过中阴——死后与再生之间的阶段，再分入六道。中阴所经历十王归于地藏菩萨，而恶道中之畜生道仍属阳世，而饿鬼与地狱乃属冥界，仍由阎罗主宰、冥官治理、地藏统领。由此可知，中阴与冥界虽有界域之别而极易混淆，古人就已是如此，今人更甚。陆家画坊之陆仲渊笔于转轮王处有云气下的地狱门，有狱卒送人魂出地狱，出者合掌庆幸之情形。这正是将入地狱处变成了出地狱处，为融混中阴与冥界的代表性典型场景。此套图绘已至元初，而此前的作品正反映了融混过程，不可不察！

实际上，古人混淆中阴冥界也是阶段性的，尤其在南宋，体现于宁波十王画。而从晚唐至北宋，《十王经》与摩崖造像、壁画、绢画，从甘陕晋豫至川浙南北，对应中阴均明确无误。如南宋时大足石刻巨龛所雕地狱，铭为“斋日十狱”与“华严十恶品”，应为专指。而明州或庆元府的十王画，却成为一王一幅，呈现上部王庭、下部审罚，庭审与狱罚结合之状，取消六道象征。虽有庭审色彩，却渐以狱刑为主，多有融混者。从更大范围与体系来看，宋元时期将部分十王类图像入于水陆，普遍地结合狱罚，在寺庙与城隍甚至道观等处都有出现，成为惩恶扬善、教育民众之基本道德要素、国民集体意识之规范。

《十王图》悬挂于寺宇殿堂之中，如在地藏或十王殿中，有塑像处自然不用再绘菩萨，而具地藏菩萨之十一幅者，就可随时挂于适合法事的场所中。宗教绘画非艺术品，用于宗教生活，必先考虑其功能用处。

奈良国立博物馆此套画皆高 83.2 厘米、宽 47 厘米左右，每幅尺度小有变化。其诸冥王、冥官吏员、善恶童子都层级分明，服饰器用、人脸或牛头兽面的狱卒，以及善男信女与亡魂罪者均有比例大小划分，大体上诸王冥官一层、狱卒一层、善信过庭及受罚一层，各层次内仍小有变化与区别，因而构成等级森严的官府风貌。但冥王桌前或如平地王庭，或是狱境，分外有趣。高桐院本图较其稍大，高宽多五厘米，特别是底部细节完整。因金处士与陆信忠所绘都较为分明，有庭有狱，唯此套画最能体现变化过渡特征。敦煌经绘与四川摩崖多仅有王庭，而五台山南禅寺壁画虽增自然环境，仍属审过，而此套画反映的却是庭审结合狱惩。

首幅榜题“一七秦广大王”。王者坐高椅而无桌案（图 6.1-3），似承台州灵石寺塔本《十王经》及五台山南禅寺壁画者，脚踩足踏，两手抚膝。椅后一童，侧有红衣乌帽官员，腰系带，抱大卷宗，裂眦注视王者。王则怒视前方，两卒押踏一坐地罪犯，旁落长枷。罪犯足底涌血，其前一卒手持夹棍击打，地上亦散落夹棍。又一卒着甲衣押两裸身短枷者。背屏高大，内有水墨山水，外似无云迹，旁接朱栏碧板花饰，有砖石铺地。地面平整若堂前。高桐院本此图王与刑景皆同，但地面及旁边已有岩石与云气。

榜题“二七初江大王”。王者着鲜衣华冠，抚卷执笔书写判词，红衣判官手按卷辅之，后粉衣官捧香炉，前绿衣异容吏亦捧物（图 6.1-3B）。桌案垂布团花，其前竟无平地，坡地出火，一双角鬼卒执钳取热铁丸，一鬼卒持丸送入绑柱亡罪者口中，血喷面怖，柱后别缚一裸身蹲伏者。坡前黑暗云气交接处亦有两裸身低伏而露惧色者。高桐院本此图是后代补绘，刑若追打状，下有岩石与云气。

榜题“三七宋帝大王”。王者亦奋笔书写，红衣判官双手接拿经折装案卷——其装帧形态明晰，折缝清楚，版面非常宽大，所以官员手捧处可略有卷曲（图 6.1-3C）。绿衣鬼面吏员亦捧大卷宗立其后。屏风稍带云气，高椅后的水墨绘景，很好地衬托了朱衣碧冠之王者。桌前一大身鬼卒持棒而立，又两卒各捉罪者。黑衣团花者捉袍服者头发，绿衣团花者提拖一男一女于庭前。此情状若庭审无疑，但最前罪魂接地涌黑气，其出处截然若断。高桐院此图亦补绘，有在押的妇女婴孩，地亦有岩石及云气。

榜题“四七五官大王”。王者着粉衣华冠，亦捉笔书写，左手倚案，桌面砚纸明晰，但与桌前绿衣官员手抱纸卷相接处有些模糊，而王者的右衣袖之绿边前缘竟越至此官员身前一些，为透视错误，不知是否因曾有修补所致（图 6.1-3D）。王侧后红衣硬翅乌帽官员手中捧抱大经折装簿，上题“掌功德司”四字。再后双髻童子双手持捧大印。此王庭前一角与后面的栏杆处有铺地砖石，但桌前陡然而起曲线，若山若气。一狱卒内甲外衣，张口怒目，屈腿将起跳捉人，脚下一蛇蜿蜒前行而喷火。其前三男一女，女子散衣前奔，三男仅着裤，或伏或倒，中间跑者身被火烧，其头手及触地处血迹斑斑。最下方有一朵黑气。此庭案前全无平地，示以非庭审之意，应为狱罚。两界以奔女跑出曲线至绿衣官身下为衔接，而绿衣官目光直视狱卒，冥王则若视若离，十分微妙。高桐院本此图王与刑景皆似，但狱景更为明显。下端仍显示岩边，较上图仅见一朵黑气更为完整。

榜题“五七阎罗大王”。王者作裂眦张口怒斥状，虽无冕旒，但乌衣上章纹十分醒目，肩上日月与衣上星斗山川铺展，双手叉指压案，判纸被压呈曲弯状。案旁红衣软翅官抱“掌善恶司”经折方簿，童子倚立桌案后，牛头阿傍甲衣虎皮裙，执画戟立案前（图 6.1-3E）。桌前平地有持棍卒伴立大业（梵文“业”Kūrma 音竭摩）镜台。有鬼卒力拖一对夫妇，两人口皆滴血。其袍服男子被执镜前，怯懦而视，镜中似有一鼠，其上部情状不清。同式的高桐院画可见镜中一人杖杀船上同伴。其镜后有两人曲身躲藏，而牛头脚下亦蹲一裸身者。近前方又有此图狱卒与罪魂等与前几图接续，但组合有变化，包括冥官与大王。形象色彩与繁杂团锦衣饰的变换，呈现出统一中有变化、变化中有统一的丰富效果。《十王图》中业镜与阎罗的对应关系最为稳定，它也是最典型的庭审之境。高桐院本此图下两边仍有些云气及岩石。

图 6.1-3

奈良国立博物馆藏《十王图》第一秦广王（奈良国立博物馆图，下同）

图 6.1-3B

奈良国立博物馆藏《十王图》第二初江王

图 6.1-3C

奈良国立博物馆藏《十王图》第三宋帝王

图 6.1-3D

奈良国立博物馆藏《十王图》第四五官王

图 6.1-3E

奈良国立博物馆藏《十王图》第五阎罗王

图 6.1-3F

奈良国立博物馆藏《十王图》第六变成王

图 6.1-3G

奈良国立博物馆藏《十王图》第七泰山王

图 6.1-3H

奈良国立博物馆藏《十王图》第八平等王

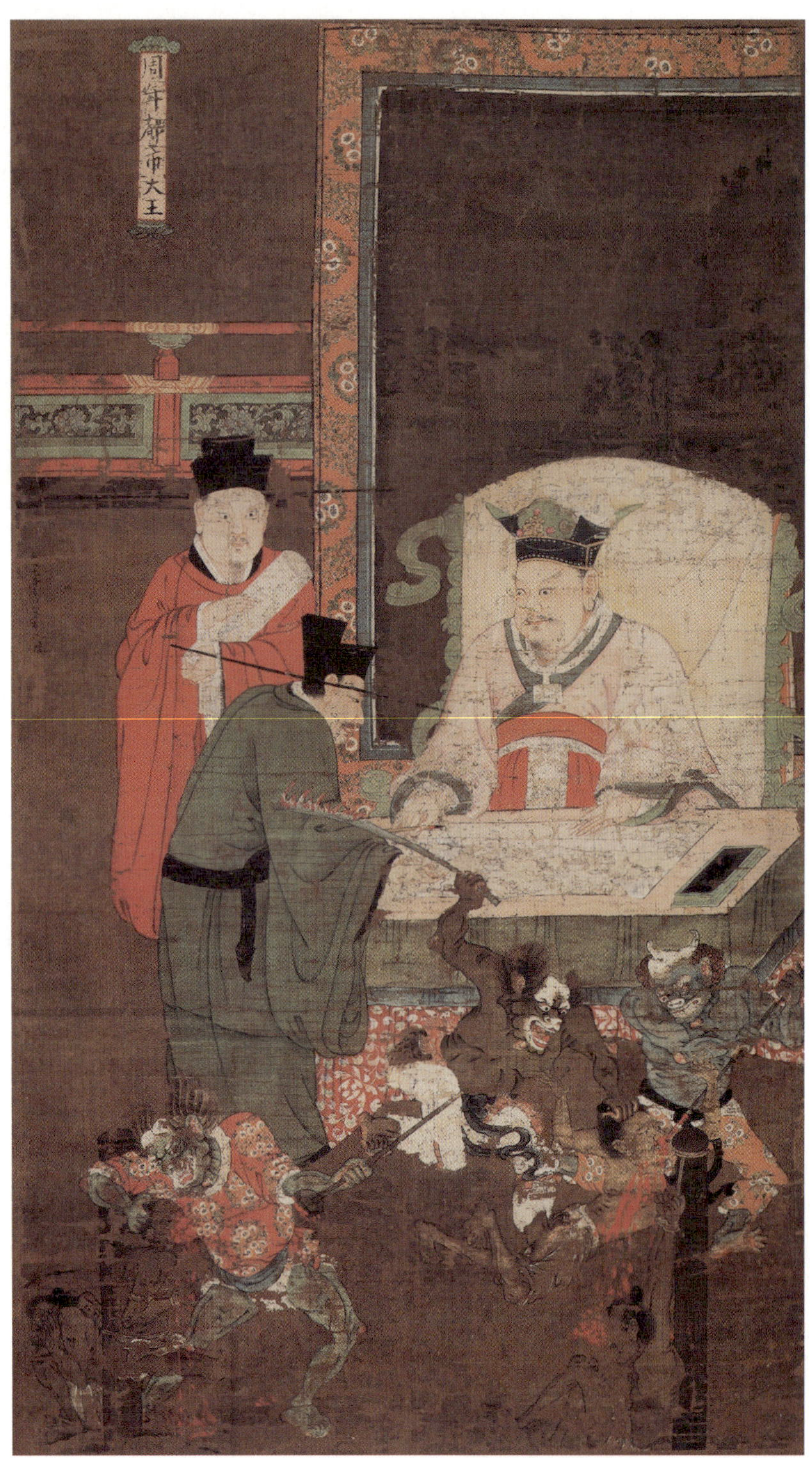

图 6.1-3I

奈良国立博物馆藏《十王图》第九都市王

图 6.1-3J

奈良国立博物馆藏《十王图》第十转轮王

榜题“六七都市大王”。王者亦裂眦张口，手握笔抚案。案前绿衣吏与鬼卒亦相应喝斥。奇妙的是，桌上判词似能辨识，为草书字体（图6.1-3F）。旁侧稍后红衣与绿衫的乌纱硬翅官员皆曲躬侍从，冥王目视前方，豹皮裙绿身鬼卒正举一兽皮欲披其所执者，前又有鬼卒抓起一亡者欲扔向旁侧刀山，身后还有两裸身亡魂被“捆成粽子”样蹲伏地下。画前刀山上血迹斑斑，已有数名亡者罪魂被掷其上。其处理十分奇特，初看似突起山峰，但细观又呈下陷的地坑状，裂纹延展伸入鬼卒之下的地面。所以，此境明显结合庭审与狱罚，类别十分特殊。高桐院本此图则于底边刀山相对侧画出云气。

榜题“七七泰山大王”。冥王与冥官之相对十分精彩（图6.1-3G）。王者执笔于胸前，衣青色袍，面容儒雅，似有疑虑未决，红衣乌纱官员展开经折装善恶功德簿，手有所指而讲解。其前绿衣吏员亦展纸，却是手卷状，其卷簿皆写满。唯王者前案上的铺纸只写了半幅，看来吏员持纸卷应与王者所书对应，而官员持捧为簿状，精细地表达了宋代官府所用公文判书之手卷、经折装的通常情况。某些桌案还有清晰的笔砚墨块，连砚面墨池与磨汁都纤毫无误。此案前一鬼卒执押妇女，妇女戴长枷且双手被木铐圈住，回首下望；一婴左手执其衫带，右手竟上举一小卷状纸，应为追命索债者。前庭一桩柱倒缚挂三人，皆被短刀刺钉臂腕等处。女性者裸身且多血迹，一卒手握带血刀，执其头发；靠近两男性处有一卒手挽袖管，其口部恰有断裂之痕。对此，雷德侯比较高桐院画，指出此处为鬼卒口中叼有一刀，状甚生动。此王庭审场景清晰。

榜题“百日平等大王”。画中屏风高耸，王者着朱衣，左手抚案而上扬，怒目圆睁而张口宣说（图6.1-3H）。红衣官员手拿一秤，但秤非此前所见天平式，竟似菜市场常用者，虽未见称量却似有结果。其后绿衫官员手仍持一簿，仅可见似为“善恶”二字。庭前黑衣团花与绿衣团花两卒合力以锤击一人之腕于砧台，血由臂前向下滴，但未从双层砧台的坡形而下，而是直接滴垂至地，抹平了砧台透视关系。举锤鬼卒脚下伏一人，似人皮，腕部血染应是受过刑者。前方蹲伏两个被绑捆者，应待受刑。又在画面底部涌出的黑云之中，呈现庭审而接狱罚的景象。高桐院本此图画砧台之刑与此套下图对应，底边亦有云气与岩石。

榜题“周年都市大王”。王者执笔而未书，圆目视向桌前视案解说的绿袍冥官，红衣乌帽官员则手抱大卷宗。庭前行炮烙之刑，前方升起两柱缚有数裸身者，一卒手抓一人头发而扬起烙铁，其口已在流血（图6.1-3I）。近桌的两卒合惩一罪者，绿身者双手执棒已入其口，而褐身者执发并扬起狼牙棒正欲击之。但褐身者腿部结构实有问题，左腿前伸而踏，右腿曲踏却多拐一弯，成三节[1]。其底部不太完整，基本仍呈庭审状。高桐院本此图仍属补图，有两对被押者，也有云气飘入。

榜题“三年五道转轮王”。场景与前王截然不同了，冥王竟合掌面向奉经之善男信女，神情颇为恭善，浅色衣袍与椅布浑然一体，身后、桌前侍从亦颇不同。桌前所立虽似狱卒却身着较上等的锁子甲衣，持棍登靴而裹头巾，投射出武将式五道轮王之影子（图6.1-3J）。而屏前所立红衣官员合掌抱大卷宗，尚中规中矩，而绿衣女子代替善恶童子[2]，但绢处有裂损，或已呈展于冥

[1] 此处原脚部位绢本有残迹，不知是否修补所致。但受刑之人头面与肩部也很生硬，依身体原应俯而似仰，似非画出而套用粉本之头部，以适受刑之头面口部之状。

[2] 有文称，审看经卷，此为“供物欢喜”，显为误解。写此经造佛像即经中屡宣为功德之举，并非供物冥王。

王桌上，为淡褐色，不同于王者的判卷。高桐院本此处老者手托经卷，则较清晰。其童子形象，华贵头饰缀挂珠宝，手臂仍持大卷宗，但左手下展而做解说状，似很熟悉案前善信之情况。冥王所对之善信为老年男女，女子顶有已脱色的白巾，手捧红布呈上经折装方册；男子头戴乌巾，手中抱绿布，所托应为大经卷。还有三人袍服巾带，合手揖向桌前武装大卒，均立于底部升起的黑云之上。此转轮王处与管善恶轮回的《十王经》确有区别，反映出应用此经观念之普及。因使用《十王经》追荐实为转让功德于亡人，使微有过恶者也能得生上道而非恶途。早期雕刻以上善道云气联结供养人正是此意，至此则全以善信而过转轮王，正是此经久用之体现。高桐院本此图形底部与左下有朵朵云气形，营造出了气氛。

此图中主次形象关系比较特别，而人物也有形象特殊者，特别是桌旁较高大之妇女及奉经像男女等，引起了研究者的注意，并有学者将其称为供养人〔1〕。此说确实有意义，但还是颇引人吃惊，因其未首先考虑这些作品的商品画性质。所谓供养人即佛教艺术品的出资人或施主，较大型的艺术品往往将定制者绘入画中，雕刻形态也是同样，如甘肃敦煌石窟中诸家族窟，或如河南龙门、巩义石窟之帝后礼佛等。商品画之供养者首先是购入者，如果购者是商人的话，其目的并非供养而是转手出售。我们首先要考虑供求关系，如果并非商人而是日本的寺僧，作为使用者，作品具有为民众服务的公共性，其本身形象亦未必宜于入画。所以，宋元十王画不同于敦煌画供养施主，不能简单地以敦煌壁画来作类比。宁波十王画作为重要佛教商品画，其输出时也带有信仰等内容在内，并非陶瓷等纯商业用品，可以依定制要求图案而烧绘，甚至可绘西方宗教画。

奈博本第十图“三年五道转轮王”以奉经像而得赞，既无审，亦无狱，更无六道轮回之象征，颇有深义，含转折变化之理，且有销蚀中阴性质之作用。因为以《十王经》建构观念来作法事，就是为亡过亲人不堕三恶道。芸芸之众生，难免有小错过恶，但子女作法事供十王（或称“十王供”）、造像抄经，回向功德可使其免恶道，正是一般民众行事之要领。图中以奉供写经卷册者等人为主，正是《十王图》传统中善男信女之体现，绝非一般的所谓供养人之类。但有文非但称此图中人物为供养人，还与彼时当地贵族人物、南宋宰相史弥远相联系，甚至将立于桌边身形高大、持抱手卷的贵相女像视为史弥远之母。此种推测确实具有想象力，但是必须将其商品画的性质厘清核明，假定此套图确由史弥远及其家族供养，难道他们愿意画坊将其上辈作为画样而售至海外？就中国传统而言，这着实匪夷所思〔2〕。敦煌壁画中收入供养人，在彼家族窟中自然合理，其窟画具有家族性与唯一性，而十王画具有商品性与公共性，在寺中是为众人作法事所用的。以相同观点来阐释这两种类型，确实难以令人信服。

即使退一步讲，此种具有商品与公共性的十王画利用了此前的史氏家族画，那也必须将此地关系说清。虽然并非不可讨论具备商品性质的十王画由当地权贵供养及其入画之可能，但要将之放在合适之处才好。

〔1〕参见何卯平博士论文《东传日本的宋代宁波佛画〈十王图〉之研究——以奈良博物馆藏陆信忠笔〈十王图〉为中心》第五章《宋元宁波佛画〈十王图〉中所见供养人初探》，所引涉及日本学者关于供养人的讨论。日本学者井手诚之辅首先提出了南宋画坊中供养人问题，并将之与宁波的史氏家族联系起来。是说实未充分考虑这些商品画作之性质，但仍产生了一定的影响。

〔2〕前注何卯平博士论文第五章第二节所作史浩、史弥远为供养人等探讨，是从井手诚之辅论文观点发展而来。

（三）《道子墨宝》官衙

收藏于美国克利夫兰艺术博物馆的白描人物图册《道子墨宝》之中〔1〕，也有十王类的图幅，乃后人托名，而实为宋人所画，是民间画工所用画稿，传承并反映了一些吴道子的画风特色〔2〕。其年代现在也被推定为近于南宋。

一般公认其分为三个部分，即天庭诸圣朝谒图、十王审判或地狱变相图、二郎神搜山图等，或可称为天、地、山神三界。其中段从第 27 页至第 40 页共有十四幅图，超过了一般所谓十王之数量，内容属道教体系，但与我们所论之图仍有千丝万缕之关系。道教有东岳七十二司之说，但其首图题有“神十二司”，若计为十二司，又多两图，第十一幅即第 37 图王者冠冕、第十二幅第 38 图有轮回云气与兽皮架，不知是否在十二司之外。论者多认为可分两组，即前十与后四图。但从构图特色来看，似乎不是那么截然，还有些交错关系。其前十与最后一图略似，另三图中远景云气缭绕，为王戴冕旒（第 37 图）、气道轮回（第 38 图）与锯解刑施（第 39 图），而且诸庭几乎全为官吏，仅有一王者，虽坐殿厅却顶乌纱帽，似较南宋画十王者低一级，殿厅与侍从却更为丰富广阔些。又有半数官厅无桌案，且多云气环绕隔开等。而冥官审判中刑罚部分较小，仅占一角，显然属于庭审范围。这也是一种例证，显示了十王图轴分立的架构。

首图（第 27 图）司官坐庭上，前无桌案，官员跪请，云气下有鬼卒捉一武人，四狱座聚谈。次图判官坐于桌后，屏风华丽，一对老年夫妇经过案旁，但远近的云气之中有很多婴孩，似与堕胎司事有关。第 29 图无云，最为平静，官者倚座案观屏前所挂一图，图上部画有一点山景，中下却似一寺观的平面构成，此官聚精会神观之。殿前阶下立两民人，又有一鬼官对三四持器具者。第 30 图判官桌前又有一稍小桌案，数武人正在书写，前一跪者，侧上立武人、文官及狱卒，台阶下有狱卒牵一人前来。第 31 图判官倚桌断案，桌边有吏。狱卒押一跪者，前有业镜（图 6.1-4），镜缘已不清楚，内中一小人持锤击杀卧牛，上角云气中有两卒捉一人，似是阳间两卒捉此人情形。第 32 图殿厅上跪有一人，判官展卷，台阶上云气缭绕，两贵妇披戴镣铐。两旁又有数妇人或持物或与卒交谈。第 33 图中官坐于殿厅，案置屏风后（图 6.1-4B），其前跪有一人，两手分指驴与另一跪者，官员鬼卒处在其上，显然是人畜诉讼之案。又有人持靴具，鬼卒击打一兽。第 34 图稍有云气，庭前置大斗小升，正若审奸商者（图 6.1-4C）。第 35 图则如人间法庭，一女三男四跪者被押，边侧一人受笞刑。第 36 图颇具戏剧性，一官一民跪着申冤，呈举状纸，前有一吏员手接（图 6.1-4D）。第 37 图中有冠冕旒的王者，场所颇大，随员从官不少，有俗人跪阶下递状，一官人被押解而来，旁有刀山（图 6.1-4E）。第 38 图殿屋开阔，官司正忙，有人在案前递文，阶下有人听讼受命，一边有大兽皮架挂象、马、牛皮。前方浓云中有狱卒驱人向地府门。浓云由门上升起为六道轮回（图 6.1-4F）。第 39 图有台阶而无墙柱，正施锯解大刑，有鬼王坐而监视，前有山石及兵将与隐藏者。第 40 图又成近景，一妇人与婴孩在庭前阶下，旁跪一兽面，狱卒在后持刑器。

归纳可知，这些图中第 31 图有业镜、第 37 图有冠冕、第 39 图有兽皮架及人畜轮回云气，

---

〔1〕《道子墨宝》或者说《吴道子道释人物画》，曾先后在美国芝加哥美术院与克利夫兰艺术博物馆（2004 年入藏）收藏。小川裕充等主编《中国绘画总合目录》三编第 1 册（东京大学出版社，2013 年）刊有克利夫兰艺术博物馆所藏共 50 幅。

〔2〕当然，还有更为典型的数件作品，如《送子天王图》《朝元仙杖图》《八十七神仙卷》《曲阳鬼伯》等，均较此《道子墨宝》图册更具水准。

图 6.1-4

《道子墨宝》第 31 图业镜（采自《道子墨宝》，下同）

图 6.1-4B

《道子墨宝》第 33 图讯驴

图 6.1-4C
《道子墨宝》第 34 图大小斗

图 6.1-4D
《道子墨宝》第 36 图递状

图 6.1-4E
《道子墨宝》第 37 图冕旒

图 6.1-4F
《道子墨宝》第 38 图轮回

受刑惩仅有锯解、笞背，多有捉拿、解告，又婴孩与升斗称量各居一图，明显更似官府的捉拿审讯、诉讼情状。刑惩只是偶有，这与《十王图》中刑惩替代审过成为主体内容形成鲜明对比。

对《道子墨宝》的研究，笔者认为是颇有意义的。无论从图像志或衙门争度来说，学界对《十王图》的深入探考，若能结合这些道教画会更有意义。佛道或者道释画之间的互动，从两者间互含的因素来看，那肯定是必然的。首先，“官僚体系”诸作中的诸司机构，已吸收了十王画的要素，但分工与层级更多，如有贵至帝王冠服冕旒者，更多则是官员领众多下属，也有转生回轮云气和兽皮架者。其次，绘作的场面更大，屏风华贵，殿厅宽广，台阶分明。每图中主题鲜明，涉及较专，如其中专有妇婴、大小称量工具（斗）与奸商的审讯场面。因此，对于说南宋《十王图》为十王分治的学者〔1〕，实应据此再言。不惟南宋，较其余多数《十王图》而言，此图册展现的更像官衙，不少场景都颇似诉讼、捕捉的情节，刑讯、狱惩很少。若据雷德侯教授观点引申，这些道教画中的图景更似官府。当然，当时宗教画如此，还有深层背景。从北宋起，政府对宗教的管控更强，乃及于经济基础〔2〕。而佛教也将国家行政意识纳入体系内部，使用官方公文语言，如称佛为“觉皇”等〔3〕。所以，官府化的深层次体现于种种画作也是必然。就官衙场景而言，除屏风围栏、座椅等衬托王者的视觉因素外，还有从官的类别与狱卒的分级、服饰样貌等亦可见之。在此方面，朝韩系作品中出现的众多从官且专现于画面者就是进一步的发展了。相对而言，宁波画坊中粉本模件元素还是较突出而明显的，但其模件因素也可从王者与审、罚之较大母题的置换中体现，而理解宋元十王画更关键的角度在于其将庭讯与狱罚相融合，变中阴为冥界。虽然官府审讯也用刑，但我们所见的趋势是将短时庭讯变成长久的地狱惩罚（至少是在吓阻的层面上），其实是变中阴官府状为阴间冥界。《道子墨宝》中除数幅外也多有云气，亦将道教冥司阴间与阳间相融合（偶有从阳间捕人之景）。此套图即为宋代民间画工之稿，其分图而置诸司的形态，有可能影响到了南宋画坊，使佛画将十王分开，诸王分图而绘。因其本无中阴说，融汇也很自然。

二、庭审或狱罚

（一）图像标志

图像标志是宗教美术的基本问题，是视觉艺术中最生动的一种语言，或者说是基本层次。因为据此排定出的图像志（神佛）谱系，构成了图像学的基础。从研究角度言，图像学是当下美术史在更大范围中应用最多最广的学术范式与方法。其基本层次即是图像志。

尽管对图像学的阐述不少，尤其是潘诺夫斯基（Panofsky）的图像学著作《视觉艺术的含义》（付志强译，辽宁人民出版社，1987 年）贡献良多，但西方艺术史研究对象与东方有所不同，特别是在宗教艺术领域，如佛教美术等，其复杂宽广远非其他艺术所可比拟。所以，在具体

〔1〕有文讲《十王图》出现了十王分治，又说为十王平权，实含自相矛盾处。

〔2〕宋代政府对寺僧均收取税金等，经济支持已全部发生变化。参见游彪《关于宋代寺院、僧尼的赋役问题》，《中国经济史研究》1990 年第 1 期；黄敏枝《宋代佛教社会经济史论集》，学生书局，1989 年。

〔3〕侯冲《佛门行移》（范纯武主编《台湾宗教研究通讯》第 10 期，兰台出版社，2012 年，第 95—130 页）论证宋代行政公文系统进入佛教，因有称佛陀为“觉皇”之说，法事仪式使用“牒表疏申”等。另见侯冲《中国宗教仪式文献中的斋意类文献——以佛教为核心》，《世界宗教文化》2019 年第 5 期。

运用或研讨中存在的问题颇多。就学术规则而言，只讲层次远远不够，还有很多方面，如范围与系统、象征符号、文字对应等，需要很多明确细则。在此不便展开，只就《十王图》牵涉处简而言之。

一般来说，图像标志首先涉及文图关系，如果有文字标识，在《十王图》中体现为榜题，就可明确其身份，即使与象征符号及形象等矛盾，也须以此为准。文字表达身份（如名称）是最为明晰准确的，但图像中不可能都有文字，而且图像本身就具备为不识字者所使用的功能，所以图像中的种种特征，如象征符号、特定式样、持器姿态、纹饰、手印等都可为人所用，譬如无像时代佛陀即用法轮、空座、奔马所表示，而大日如来之智拳手印、弥陀常用九品手印、药师佛之钵、地藏之宝珠与锡杖，都是应用广泛的图像标志。十王系统中，榜题以外有王者服饰、庭审用器，以及特定对应的种种形象事物——从佛菩萨到器物与刑罚等，都可作标识，甚至云气、岩石也有分隔阴冥之功能。十王中阎罗之冕旒与地藏菩萨、五道转轮王之戎装及六道象征，都是最重要的标识。很多敦煌图像中，仅此二王可识，特别是在非经本的《十王图》中。而对应诸王之法庭环境，则有初江王处奈河、阎罗王处业镜、五官王处业秤、转轮王处六道象征等。六道图识各有表达：天者有仙佛形象，人者多为夫妇，修罗为三头六臂小像，畜生多以马牛驼表现，饿鬼为脖细腹大的裸形小鬼，地狱绝大多数用汤镬表现。至于刑惩，则有庭审与狱惩之别，还有融混图像（这一点尤应注重）。此为理解宋元十王画变动的关键之处。依《十王经》本来之含义，亡魂神识只是经过中阴阶段，且诸王处皆有善恶童子持簿，加上业秤与业镜，何须多用拷问？但《十王经图》也有一些轻刑，如鞭打背部的笞刑等。重要者为庭审刑罚加重，本非庭审所用的地狱酷刑被加入（以云气相隔）并渐次融混、加重，竟至近乎替代。至此时及之后的十王画“变相”才可被称为“十王地狱变”，即从庭审至狱罚，这个过程在宋元十王画中最为典型，十王之中阴功能反被轻视了。《十王图》中仍延续庭审，甚至更简明，与狱罚融混、加重，并有平行。初看起来，此庭审图与狱罚图的分化，似与逆预修和亡斋对应，可推两种图式对应之仪式。但是，中国的逆预修与亡人斋随《十王经》流传而发展的自然情状，却与日本逆预修先依《大灌顶经》而流行的情况不符。此前一些学者论著中所谓的十王的分治与平权化等说法，并未见到关键之处。如果我们不了解日本等学者对其逆修史的考察，就会得出想当然的、只是依据中国情况出发之结论。

十王殿厅的官僚化背后还有深层次原因。北宋时，官僚系统特别是文官制度进一步加强，实际上官方话语已进入佛教，即上文所言，法事仪式运用“牒表疏申”等文体，而宋代寺院经济与政府关系的转换、寺僧须交税赋等，或是其最根本之原因。此于图像中亦有多重表现，如浙江台州黄岩灵石寺塔具图《十王经》已有屏风、台阶因素，但其五道转轮王仍着戎装。实际上，五台山南禅寺壁画等更有场面感，尤其是《道子墨宝》之画稿。南宋十王画中，诸王屏风绮丽，座椅高大，从官增多，狱卒威严，一派官衙气息。但其下部地狱刑罚的进化与融混，才是更为关键之处。宋元十王画所选的狱罚之景，其实并不多，不如大足石刻以“十斋日之狱”与“华严十恶品”等经为据。但大足石刻之地狱皆另有出处，而宋元十王画之刑罚属两种构成：一种仍属中阴的庭审，一种已入地狱。金大受画之图式的本质特征是庭审场景之下加入地狱场景，以云气相隔。奈博本陆氏画图式的本质特点是庭审与狱罚均具，分布于不同王庭，其各自特点并延续至日本与朝韩之十王画。这些画作中所谓的图像标志，近乎消失或变换，唯有业镜保持最久，但也没有停留于阎罗王位置上。这一点已为学者们所认识。实际上，业科的标识变换更多，但还有些新标识，如相对固定于第六变成王处亦有变换的披兽皮及牛之景，还有对应转轮王处呈贡经书的善男信女。虽然善信在《十王图》多有出现，但奈博本此转轮王处无六道象征，因而披兽皮处即意味转畜生道。宋元十王画似乎专以图像标志的不固定、多有转变互换为特征，并延至日本等地的画作。少数具榜题之组图可证，种种图像的标识在各个王者处都有出现。实际上，所谓的图像标志，在此宋元十王画系统中失去了原有的意义，此十王画并不以某标识对应于某王为特征，甚至近于相反。虽然也有相对固定的情况，但变换反而成为其更本质的特征。这种情况使得依靠图像志的研究方法失去了方向，因此我们应从其他方向来寻求解决之道。

从宗教背景来探考或许是一条途径。有不少研究分析称此种情况是因为宗教功能的变化而产生，这种说法由石守谦先生提出而由何卯平博士论文发展。此说实际上是没有细致考察其图像志或标识的种种状况，仅侧重于排序中某王无标志可识出、无法确定属于某王（除部分图组中个别王者如阎罗王之外），而称此为十王分治与十王平权。其实，此说法有自相矛盾之处。分治应非平权，平权应非分治。从宗教功能上，将十王功能趋一，拜供某王，十王斋供，或有相同效果，这不无道理。将其与逆预修联系，认为是逆修所用，初看起来虽亦可，但再将此与《十王图》中地狱图景的多少加以对应，认为地狱图少者适应于逆预修斋，地狱图多者适用于亡人斋，却未必能成立。因为在十王标识模糊的同一背景下，既有偏庭审图，也有偏狱罚图，特别是日本的逆修，有些是自成的传统。因此，其解释虽有些道理，却很难服人。

日本系《十王图》的另一特征是本地佛的出现。此虽亦有变化，但本地佛相对仍较固定化。此中是否有一种替换的含义在内呢？应当如此。日本原本应有不唯出自《十王经》的逆修信仰，有些未必不能延伸于亡斋者。十王信仰传入后，一方面诸王身份之区别对法事举办并非很重要，另一方面十王中本只重阎罗、五道等王，反而不及本地佛菩萨对应清晰，所以，本地佛的出现应不仅在于和风化、本地化的艺术表现，而且在图像标志上也有重要意义。这也是本地佛在日本愈加发展，甚至延伸出十三佛的缘故吧。

综上所述，宋元十王画的图像标志十分模糊。榜题当然可以作为标识，但榜题所对应的图像标志却变动不已。图像构成中，可知至少有王者（含王者姿态服饰与从官眷属）、庭审与狱罚三部分或元素。而本地佛部分，属日本特色，宋元十王画几无出现。相对而言，本地佛菩萨的图像标志，确较其他因素更为明晰。不过，研究此系十王画，不能无视其图像标志变换的情况，这种图像元素之变换，先从母题转换进行解释较为合理。

（二）母题置换

京都高桐院与奈良国立博物馆所藏陆信忠绘《十王图》是此类组图中最有代表性的作品，如果只以画中人物来比较，可以说这一组画不亚于南宋院画大家刘松年等，绘画水平极高。若要详细比较，则高桐院者更胜一筹，但后者完整无缺。此《十王图》中均署“庆元府车桥石板巷陆信忠笔”，虽然大多画面中的“信忠笔”不存，或因用墨较浓含胶致绢本有残，但第二王与第七王处仍可见“忠”字，出自陆氏画坊当无问题。

对于这些体现宋代民间艺术与信仰演变的极佳材料，德国海德堡大学雷德侯教授已从画坊粉本及图像志诸因素做出了精彩研讨。特就此两套《十王图》(即以一幅描绘一王、十幅为一套，以十一幅为一套的两种表现形式)作比较。高桐院本于高、宽恰都比奈博本多五厘米，高桐院本画面更为丰富，屏风处围有云气团，底部则有云气与岩石布置边缘，其人物动态组合多有相同。若使用粉本，仅需在高桐院本稍加云气等，即可产生豪华之本。此外，还有一些图本可分为数组，在转移模写中有奇妙的变换。官府化在含山水画的大屏风、高椅及栏杆等图像要素中得以体现，王庭刑审本身来自《十王图》。如此分析，确为精到且周密。不过，若从图中之庭审与地狱之关系，以及诸王图像标志之变换来看，也还有些可琢磨之处。

宋元十王画中的输出品与日本绘作之间关系紧密，若详加对比，可知其中一些规律或本质之所在。如以福冈誓愿寺作品与奈博本及高桐院本相比较，可知其间关系非常相近，但是福冈誓愿寺将十王的榜题次序调换，每图榜题之上、本地佛旁加上此王偈颂，从而在王者与审罚元素基本相同的情况下，形成了全新的体系面目。即其将原奈博本一七秦广王图景标识为太山王，二七初江王变换成秦广王，三七宋帝王标识为变成王，四七五官王变换为宋帝王，五七阎罗王未变，六七都市王变换为初江王，七七泰山王变换为五道转轮王，八平等王与九都市王未变，十转轮王变成了五官王。

这种变换并非偶然，只是其相当典型，而余者变换程度略轻而已。实际上，这种情况是宋元十王画乃至日本画中最具特质与基本性的特征，我们对此不应轻视。这也是将海德堡大学雷德侯教授的观点进一步深化的结果。雷德侯教授论述了画面中人物组合的移用，如七七泰山王的相似——将德国柏林博物馆所藏高桐院本与奈博本进行对比，可以发现王者面容造型完全相同，但笔法风格有异，稍有豪华与简朴之别。而下部被执枷的妇女及婴孩，以及被钉在地上的亡魂与鬼卒，形貌几乎完全相同，仅仅衣饰稍有变化。类似情况在其他画作中也有，这是用粉本移画的典范，是画坊工序或流水线生产的结果。但是，如果我们将粉本之标准稍稍放开，并非轮廓形貌相同，只是构成元素相同，将王者部分作为一元素，将庭审与狱罚作为一或两元素，对比一下就可知，宋元十王画乃至日本等十王组画，就是用此数套组图的构成元素，组合出了二三十套“千变万化”的画作。一组组图画看起来似曾相识，却又不同，变化繁多。因此，与其说这是出于宗教需要，不如说是出自画坊流水线生产的需要。画工使用这种母题变换的手法，可以很快地绘出元素相同、组构不同的画作，如此而为，体现出了宋元商品画的特色。当然，这也须在尽可能满足宗教功能的前提之下。传至日本，非商品化的需求亦成风气潮流。

宋元十王画或舶出日本十王画，总体而言，其诸王与诸刑的变换为重要特征，与中国、朝韩之身份相对固定有所不同。对画坊制作商品画来说，这是非常有益且便利的。王者与庭审狱惩的变换，可以在较短时间内绘出多套面目变化的作品。从信仰法事的角度也说得过去，这不太影响法事程序等。所以，对所谓的十王平权与分治之说，应重新努力认识才好。

总之，解析宋元海东十王画，其王者排序标

表 6.1-3 十王诸图构成对比

构 / 王	一秦广	二楚江	三宋帝	四五官	五阎罗	六变成	七泰山	八平等	九都市	十转轮
金大受		碎膝 网窗	押审 虎噬等	羊诉 卒观	业镜 驱剑树	披兽皮 刀山	妇婴 沸汤	呈卷状 铁床舌	巡游碎膝 火车	善信
奈博本 *	笞足	火丸	押与拖	卒火蛇	业镜 拖二等	披兽皮 刀山	妇婴 钉柱	砧臂	炮烙二	善信
高桐院 *	笞足	补追捉	补妇婴	火蛇卒	业镜	兽皮 刀山池	妇婴 （德）	砧臂	补对押	善信
永源寺	火丸	笞足	锯解	入刀山	业镜	妇婴	打压	网窗	虎咬	善信
福冈誓愿寺榜	一秦广 同奈七	二初江 同奈一	三宋帝 同奈六	四五官 同奈三	五阎罗 同奈五	六变成 同奈二	七泰山 同奈十	八平等 同奈八	九都市 同奈九	十转轮 同奈四
	妇婴	笞足	兽皮等	捉拖	业镜	火丸等	善信	砧臂	刀山	火蛇
本地	佛	明王	佛	佛	地藏	菩萨	残	菩萨		菩萨

识无从认识是较大问题，这也导致不少研究者只在外缘转圈而不能切入其根本所在。所以，我们必须放开眼界，纵观这些元素变化的根本所在，找出能带动全体的要素。实际上，这些十王画作，最具共性者，仍是王者部分，特别是奈博本（及高桐院本等）之王者的姿势样态与从官组成，包括榜题、庭审与狱罚以及本地佛在内，唯此王者姿态最具固化之势，虽然变动也不小。虽本地佛可能更具标识性，但所占比例有限。唯有此王者姿态，可以被用作排序定名的标准。虽然或有差池，但依此为主要标准，可以将所有的十王画纳入，一统而观，从而使研究深入，庶几贴近本质。可见以此为准绳而制的“十王诸图构成对比”表（表 6.1-3）。

（三）从中阴至冥界

对于宋元十王画及日本十王画之名序解析之困难，石守谦先生早有分析，说及图像标志，指出敦煌经图第二、四、五、十王原有奈河、业秤、业镜与地藏、戎装与六道为标识（未及阎罗冕旒等，因至此多无，很难识别）。其文《有关地狱十王图与其东传日本的几个问题》进而从功能方面——即逆预修与亡斋[1]——并结合十王供与十王醮仪等加以阐释解说。他认为十王标识难以区分，是因为十王分治之功能在于平权，在其十王供仪式完整性中，地狱惩罚的加入是饶宗颐所言的“踵事增华，以宗其法”的现象，言《十王经》功能本为预修，增加狱景恐怖是出于增其修亡人斋之必要。实际上，从六道轮回标识的取消来看，其整体上亡斋的性质就减弱、模糊了，作亡人斋与逆修斋皆可，其图中狱罚普遍之景及转畜生之识，可起到多重意义之作用。

何卯平论文《东传日本的宁波佛画〈十王图〉》继此说，将十王经画中的地狱图景理解为亡斋而非预修所用，进而推说宋元十王画有预修与亡斋两种用途。但此说是对日本逆修法事还不够了解所致。自平安晚期起，日本上层就开始流行逆修仪式，实据《大灌顶经》之观念（详后）。

〔1〕前注石守谦文《有关地狱十王图与其东传日本的几个问题》中使用逆修指亡斋，而预修指为生者先修，本文径改。

更有悖者，其相信的所谓藏川撰述之《佛说地藏菩萨发心因缘十王经》(简称《地藏十王经》)，内中并无逆预修之说，且此经诸王设定处的本地佛，中国根本就没有〔1〕。

若要将宋元十王画的庭审与狱罚特征认知，解说为所谓的十王“平权”与“分治”，首先不能离开其商品画特点，因为朝韩似无此种批量十王画，且大多保留了转轮王戎装色彩以及阎罗王的冠冕等。日本画亦有个别套组如二尊院图有奈河与戎装转轮王像，但颇显孤单，而朝韩画无论如何有部分图像标志之存留。所以，宋元十王画及日本十王画的一些特征，乃出自商品画本身的需求，是完全可能的。图像证史，需要细节说明。一般中阴庭审就是在殿厅举行，《十王图》均如此，最后一王定转生处必有云气示六道，或有兽皮架示轮回等。个别经图有例外，法藏 P.2003 号小围城（狱墙）与云气飞现于第七王处。而在南宋画作中，无六道图识，却有披兽皮图且多现于第六王处。更原则性的变动是，庭审与狱罚并存且以云气隔开，如金大受笔；较为委婉的是，以云气岩石衬托、庭审与狱罚交错出现，如高桐院本与奈博本。

十王画变动之关键就是庭审与狱罚之融混，实际反映出中阴与冥界的融混，是中阴渐演为冥府的明证，是最能反映宋元外销十王画特色的生动材料。庭审、地狱皆有而云气相隔的图一般较早出现，随后有些庭审、狱罚交错分布、年代晚至元代者却有比较简单的庭审，同时也有庭审极简而地狱很大的组图，将中阴变冥界之潮流发挥至极。但此中特征还需从更大的背景观察。从晚唐至明清的宏阔背景上，宋元十王画等所示的中阴与冥界的融合是完全成立的。虽然细究起来也有些回潮的小细节，但我们必须认识到具有本质性的较大流变。

下列可细化为交错融混组、庭审无狱组、云气隔变组三种类型。

1. 交错融混组

奈良国立博物馆本（JM6-006［原存文部省 JM4-001］）陆氏画在上文已列，奈博本为第二、四、六图，并第三、八图底中有黑暗云气。美国普林斯顿大学艺术博物馆旧藏本所刊的图版极少，此套图庭前狱罚场景几同于上组作品。

京都高桐院本（JT12-001）十王画作品，具榜题，与奈博本十分相似，但底部边缘的云气与岩石很讲究，又其中第二、三、九幅是后代所补。其屏风周有云朵，但所补之图云气皆非密绕，而是自然飘浮衬托屏风。一七秦广王处画右露桌案边，其王并非无案，只是坐姿暂舒而已。所补第二图初江王前为追打场景——狱卒持狼牙棒追裸身逃跑者，所补第三图之妇婴像与第七王重复（原图藏柏林东亚艺术博物馆），底部有两股云气。四七五官王与冥官所视狱卒火蛇追逐等处在一特殊框中，上有山形坡线，下有石岩状，且似带一小牌但已呈黑色，不知原来有无题

〔1〕何卯平《东传日本的宁波佛画〈十王图〉》，《敦煌学辑刊》2011 年第 3 期，第 94 页。其文材料甚详，但列学界几说后却认同萧登福的两种藏川《十王经》及初唐出现说，实属纰漏，自弱论述基础。萧登福之说并不难证谬。中国各地出土诸多《十王经》类文献，虽以敦煌为主，亦有南北各地处所，但从未出现过萧登福依日本《卍续藏经》所引之经本。连日本学者都清楚的日本伪经《地藏十王经》，萧说依从古人托名说成藏川作，明显荒谬。何氏博士论文第四章还插入《卍续藏经》中之《地藏十王经》与《预修十王经》书影，进一步论证陆信忠《十王图》侧重预修而陆仲渊《十王图》侧重亡斋，但不知道《地藏十王经》并没有预修内容。何卯平是了解《地藏十王经》相关学术观点的，清楚说明萧登福的观点是比较小众的：“虽然这一观点比较小众，但因萧登福引证有序，却也未见有明显不妥之处。”萧登福如何引证有序呢？只是将《卍续藏经》第 150 册刊出。古代文献托古称名是极为常见之事，而疑伪经典更有自身规律可寻。萧登福引证颇多，对《玉历宝钞》等文献之年代等莫不信从刊本而无辨识能力。若依此就可认同萧说，则几同于缺乏基本常识和研考能力。见何卯平博士论文《东传日本的宋代宁波佛画〈十王图〉之研究——以奈良博物馆藏陆信忠笔〈十王图〉为中心》第 5 页及其注。

图 6.1-5
京都高桐院本《十王图》第五王图（采自雷德侯《万物：中国艺术中的模件化和规模化生产》，下同）

图 6.1-5B
京都高桐院本《十王图》第六王图

字[1]。五七阎罗王业镜图，下有岩石块、镜后有云气（图 6.1-5）。六七变成王披兽皮处、刀山池沼与云气对称（图 6.1-5B）。七七泰山王处，底皆刀山（图 6.1-5C）。百日平等王砧臂刑处较奈博本多出数位罪魂，云气与岩石清晰环绕底边（图 6.1-5D）。所补绘的一年都市王图庭前，对押两人似正对质，下有云气。第十图三年转轮王之底与内侧边都有祥云。此套图底端都有云、岩，唯第二、六图案前平地被打破，呈狱景侵入之态势。

香川法然寺本（JT62-001）近奈博本及尾道净土寺与滋贺永源寺本，有榜题并加写本地佛之名，庭前加入狱罚，屏风后多云气或较硬若岩者（图 6.1-6）。其榜题“一七秦广大王”旁加写“本地不动”，桌前及侧施火丸刑，一被缚者正受刑，一阿傍正烧热铁丸，桌旁一被缚柱者。画面前方如开叉般线条破庭前地面，下有石、岩及两裸身蹲伏者，似正透过界线观看受刑。其“二七初江大王”旁写“本地释迦”，王旁有展卷吏与持印侍女。桌前施笞足底刑，类似奈博本第一王处。旁有两被枷者。其“三七宋帝大王”处写“本地文殊”，一官持簿一吏抱印。一道斜线从桌案前面划过，前施锯解之刑，两观者似在其后。从庭前观界前亦有两裸者蹲伏惊恐者。其

〔1〕此五官王图上有“陆信忠笔”署名。

图 6.1-5C

柏林东亚艺术博物馆藏原日本京都高桐院本《十王图》第七王图

图 6.1-5D

京都高桐院本《十王图》第八王图

“四七五官大王”处写“本地普贤”，桌前有波浪线作隔，鬼卒持长缨枪追入刀山。其“五七阎罗大王”处写“本地地藏”，平地架业镜，有鸡兽面狱卒等，其后有戴枷并手铐者等。其“六七变成大王”处题“本地弥勒”，有长枷妇女被掩而其旁婴孩手持卷，边仍两戴长枷者，另侧云气上有一裸身者呈送手卷。其下端与底边类似高桐院本以云、岩修饰间隔。其“七七泰山大王”处写“本地药师”，庭院前两狱卒或扬臂威吓，地上蹲两人。其“百日平等大王”写“本地观音”，庭前一山有窗网，可见内押者，上坐一人，下旁有卒及裸身伸臂哀求者。其“一年都市大王”处写“本地势至”，庭前有大火焰及狱卒。其“三年转轮王”处写“本地弥陀”，庭前平为善男信女，无刑惩。但底侧三边有云气，是从高桐院本画式变化而来。

神奈川县立金泽文库本（JM10-001），仅存后五王且绘本地佛并有榜题（图 6.1-6B），绘画水平近上图。变成王处有妇婴、两戴枷者及一裸拜者，绘药师佛；泰山王处前有打压欲捉者，绘观音；平等王处有岩顶狱网及枷观者，绘势至菩萨；都市王处有被押与火烧虎噬等，绘普贤；转轮王处有善信，绘文殊菩萨。其本地佛菩萨与上图不同，第六、七、十王处若庭审，第八、九王处渗入狱景。此图虽具陆信忠名，但较其他署名图年代晚，本地佛菩萨也较独特，应属日本仿绘。

图 6.1-6

香川法然寺本《十王图》第八、九、十王（采自铃木敬《中国绘画总合图录》，下同）

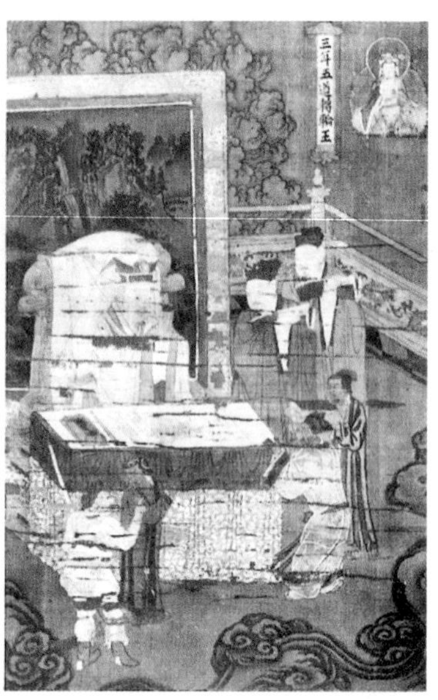

图 6.1-6B

神奈川县立金泽文库本《十王图》第六、九、十王

尾道净土寺本（JT20-001）十王画（图 6.1-6C），亦有王者榜题、画坊址与陆信忠并寺名，水准略低于金泽文库本，构成与永源寺本高度相似，底边及侧线增岩石及云气均接近金泽文库本。其“一七秦广大王”近同奈博本二七初江王图像，有火丸惩罚，前景地面成锐角，斜线下中蹲两裸身者似越界观刑。“二七初江大王”处判官展卷、笞足刑同奈博本一七秦广王刑景，但多出两戴枷观者。“三七宋帝大王”处为锯解狱刑，两裸身观者待刑。“四七五官大王”处桌前无平地，斜横线上有大刀山，有一狱卒追过。“五七阎罗大王”处有业镜，狱卒捉犯与家禽，后立两裸身戴枷者。“六七变成大王”前为婴妇，戴长枷，为狱卒所牵，但小童手有状纸。后有两戴枷者观之。“七七泰山大王”处为两组捉打形景。“百日平等王”处，一狱卒坐案前石岩上，窗网

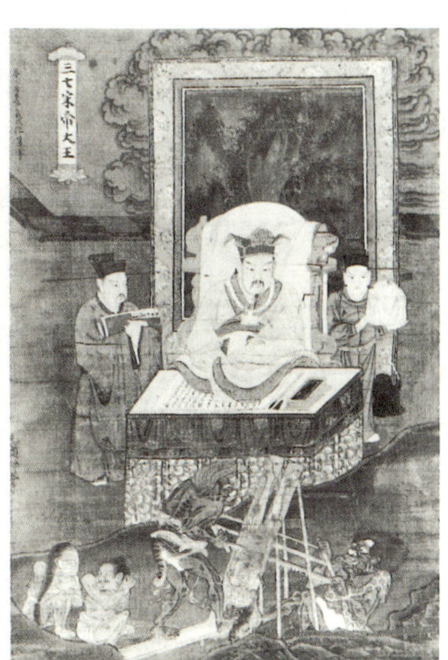

图 6.1-6C

尾道净土寺本《十王图》第一、二、三王

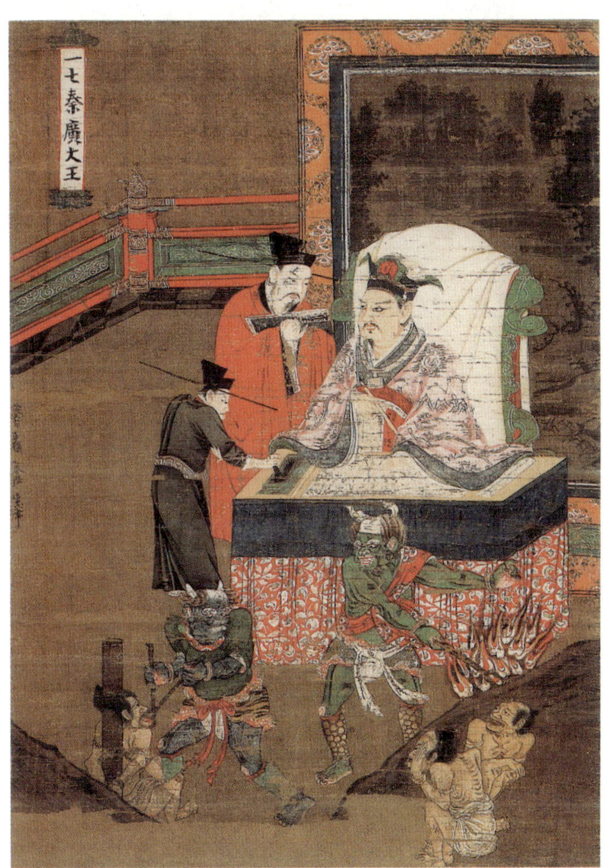

图 6.1-7

滋贺永源寺本《十王图》第一王图（采自《聖地寧波：日本仏教 1300 年の源流》，下同）

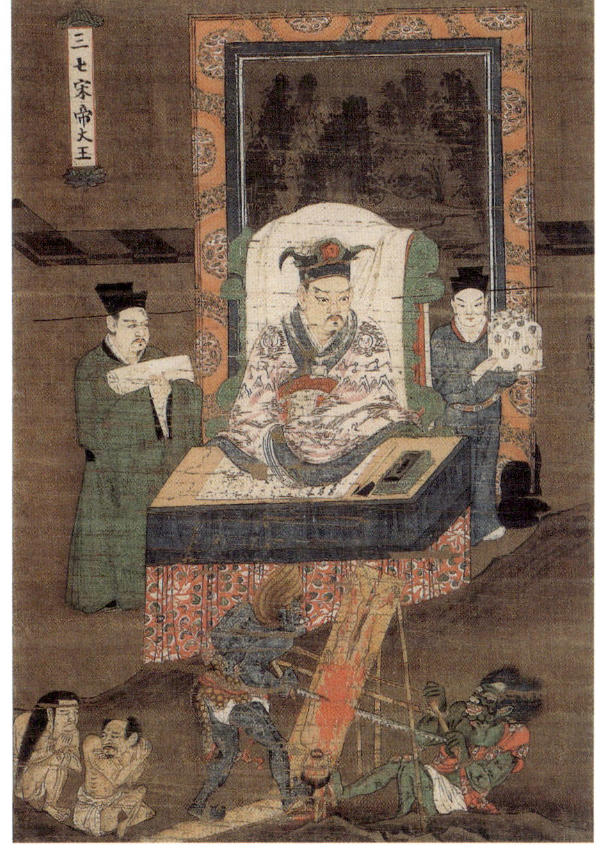

图 6.1-7B

滋贺永源寺本《十王图》第三王图

图 6.1-7C
滋贺永源寺本《十王图》第四王图

图 6.1-7D
滋贺永源寺本《十王图》第五王图

露牢内景，又一卒押跪者。“周年都市大王”桌前一犯被揪住头发朝向王，前景有岩石、土坡交叉，有犯人被大火烧、狱卒追赶、虎豹噬咬，此仍来自金处士画作。“三年转轮大王”处善男信女较高桐院本与奈博本明显减少，取消揖拜三男一组，且将原高大女官像（被推为四明史家贵妇者）降低改小为过庭人。对比可知，此套图由奈博本陆家画与金大受作品要素构成，明显属合成之作，陆信忠或仅存“品牌名”矣。其第一、三、四、八、九处为典型地狱切入之景，案前平整，地貌明显变化，如火丸刑处锐裂线型、锯解刑后景若山坡状斜过桌前、追入刀山如大波浪状、岩石狱顶窗格等，庭审融入地狱场景，与高桐院本、奈博本之仅融二三处相比更多了。

滋贺永源寺本（JT108-001）十王画亦具榜题与陆信忠之署名，水准虽低于奈博本但略同金泽文库本，其构成图景亦如此。其一七秦广大王持笔于怀，桌案侧一官抱簿册于胸前，一吏正磨墨（于案砚处持墨锭，图 6.1-7）；前景明显对应奈博本二七初江王处火丸入口之刑，仅稍微转变角度，底边绢有损坏，实应同净土寺本；第二图则用奈博本第一图笞击足底之刑，但呈镜像相反，地平旁加两戴枷者；而第三图前用锯解之刑惩，似斜线掩过王案，此不见于奈博本（图 6.1-7B）；其第四图中狱卒率直刺驱受刑者入波浪纹状大刀山（图 6.1-7C）；第五图阎罗王庭前仍用牛头守大业镜，平地狱卒押一犯，鸡、鹅嘴叼小纸卷状，镜中为握鹅颈击杀状（图 6.1-7D）；第六图为妇女婴孩与两戴枷者；第七图有压打欲捉等景，地面亦平；第八图据金大受图，案前岩

图 6.1-7E
滋贺永源寺本《十王图》第十王图

图 6.1-7F
滋贺永源寺本卷首地藏图

开栅网狱窗；第九图有崖坡、大火与虎豹噬咬；第十图善男信女人物减少（图 6.1-7E）。此套第十一图之地藏菩萨（图 6.1-7F）绘制精良，上有六道，旁有六侍，下有狮子，虽与数组中地藏菩萨图稍近而实不同，与京都庐山寺藏地藏菩萨图（图 6.1-7G）极为相似。此二图绘制水准确实较高，尤以后者为著。其项光处理似放大镜，上方有云气六道轮回，边下六胁侍即善恶童子、两官吏、持锡杖的道明、无毒鬼王及狮子。还有年代更晚些的类似作品收藏于德国科隆的亚洲艺术博物馆，其构成要素与此两图完全一致，但日本特色更浓，绘制水准也稍低一些〔1〕。但由其组合中无毒鬼王与道明胁侍可知，其图像志根据应出自韩国而非中国。所以，此两幅卷首图或非绘于中土〔2〕。

博多善导寺本（JT88-002）十王画存八幅，均有榜题及陆信忠题名等，但水准造型稍逊，感觉其署名属抄摹，狱景亦有置换。其“一七秦广大王”处王同于诸图，施笞足刑。其“二七初江大王”处有火蛇，有追捉组合，桌前平铺隔开云气。其第三图缺。其“四七五官大王”处有火丸等。其“五七阎罗大王”处有业镜，庭前平地，

〔1〕笔者应石翠（Petra Rösch）之邀到访科隆亚洲艺术博物馆时，在展厅参观拍摄过图片。

〔2〕何卯平文谓京都庐山寺此幅地藏图是陆信忠原作，确与滋贺永源寺此图相似，唯宽窄比例稍别。虽然日本学者也推多定为陆信忠笔。但从图像志无毒鬼王组合等因素，还不能排除可以讨论的余地。京都誓愿寺和海住山寺的卷首图，虽然其主尊座椅较低且后者无六道轮回，但图像组合均同形貌亦很相似，构成应与韩国绘作关系更多，而且多组《十王图》之卷首与诸图均有些差别，应为后配而成。

图 6.1-7G

京都庐山寺本卷首地藏图

图 6.1-8
博多善导寺本《十王图》第五、六、十王图（采自铃木敬《中国绘画总合图录》，下同）

但牛头与狱卒互换位置。“六七变成大王”处有披兽皮与刀山，山下地面中还有池沼。其第七图缺。“百日平等王处”有砧臂刑。其“周年都市王”处有两柱缚人，持狼牙棒的狱卒正施炮烙等刑。“三年五道转轮王处”有善男信女（图 6.1-8）。虽缺第三、七图，但二与四王之刑互换了，余刑皆同，人数稍有变，可见第二、四、六王明显仍属狱罚场景，有破开桌案前平地之情状。

京都誓愿寺本（JT13-001）存十王画十一幅，其下部形象较小而多，构成上明显与上述几种有差异。全套图有无框的浅色榜题，上书王名，下有地狱之名，因而也是组图由中阴变冥界之证据，当然并不排除后题之可能。但图录刊出之题名不全，有些图上题字仅有半边，有些图则无[1]。

现依个别题字及王者情况排序：其首幅地藏菩萨图顶有六道，座后有两童子，中侧两官持笏板，前有无毒鬼王、狮子与道明，体现出韩国特色。首幅下部题有“硙磨地狱”（图 6.1-8B），图中即绘一人身体已倒入磨中，两腿在上。有卒推磨，缚蹲者惊恐观望，鬼王持狼牙大棒。次图上方依稀有“三七宋帝大王”字样，下边题有“此是犁舌地狱”，有跪者口出大长舌铺地，狱卒驱牛而犁，两缚柱者观之，其上方判官竟为展卷而屈身于地。三图上亦依稀可认“四七五官大王”榜题，下有放光上升的烧丸炉火及小鬼鼓袋吹风，旁柱缚数犯，且有“铁丸类地狱”题字。又一幅图判官正执掌业秤，悬有业簿，近前有合掌夫妇，后一女被枷押至，题字为“□□不下地狱”。又图有冥王在上方，下有两卒推火轮，其前有两奔逃者及地面刀尖，边有“火车地狱□□”题字。阎罗王图冠冕旒上有“阎罗大王”题字。其下业镜旁有三家禽口含小状卷，面对着被押来者。镜边题字不清楚。续有平等王，图下为卒追入刀

〔1〕铃木敬《中国绘画总合图录》中其题字非常小且虚，很难看清楚，经扫描放大勉强可读。其一为地藏幅，二或为秦广，三为宋帝，四为五官，五为变成，六或为初江，七为阎罗，八为平等，九为都市王，十为转轮王，十一为泰山王。

图 6.1-8B
京都誓愿寺本《十王图》卷首地藏图与三王图

图 6.1-9
木津川海住山寺本卷首与四王者（采自铃木敬《中国绘画总合图录》，下同）

山，地面起伏不平，似有“刀山地狱”字样。都市王处众卒追捉，其前上为火烧，下似寒冰，桌案前起伏若狱，全无厅前之感。泰山王处有若施笞背之刑处题“□□打融地狱”字。转轮王处上题“五道转轮大王”字样，下善男信女旁题“判生……”字样，其构成近奈博本而减去前三人，有老年夫妇贡经。所谓贵妇供养人者，位置虽从桌旁下降至庭，但明显仍属冥官而非供养过庭者。总之，此套图上题王名，下题地狱，云、岩不太明显，仅业秤、业镜、泰山与十王像无明显地狱，余皆涉狱景。图中业秤处“不下地狱”与余处地狱题名，更是有力地证明了中阴冥界之融混。

2. **庭审无狱组**

现知最典型的庭审无地狱图组为京都府木津川市海住山寺藏本十一幅含地藏《十王图》，标为南宋绢本，实与京都大德寺元代本极为接近，

图 6.1-9B
海住山寺本卷尾

相似者还有神奈川本。

海住山寺藏本（JT189）的十王画全部为庭审场景，无狱景，而且人物形象较少有明显的简化（图 6.1-9）。其地藏菩萨图近同于京都誓愿寺图及日本宝福禅寺图，与京都庐山寺与永源寺构成略为相似而有所不同，更有别于建长寺图。其最大特点是图上方无六道，菩萨露顶持锡杖，宽大座椅旁有两侍女，另两官持笏，前方有无毒鬼王、道明及金毛狮子。京都大德寺元代本诸王序位应从此套图。首幅秦广王无案而独坐，有两鬼王分押两罪者。次幅初江王坐案后，官员呈卷，童子持印，案前一吏垂案卷，阿傍押一跪者，形若金处士画卷中蓝衣帽者。第三幅宋帝王案旁仍为三四官吏小卒随从，展卷兽面吏呈正面，而狱卒喝令且持拿携婴妇女脖项处长枷。第四幅五官王前一卒力拖两囚犯于地。第五幅阎罗王厅前有业镜，押一罪犯对而观之。第六幅王者前有两卒持兽皮欲披罪者。第七幅泰山王官吏之前有施笞刑者。第八幅平等王处之前仍为砧臂之刑。第九幅都市王处为求情者。第十幅转轮王处仅为善男信女奉经卷（图 6.1-9B）。

京都大德寺元代本（JT10-002）与上套图构成极似[1]，仍是庭前平地刑讯而无狱罚场景（图 6.1-9C）。尺幅略低宽，无画中屏风旁栏杆，亦无榜题及本地佛，王者、官吏与庭前审罚均较奈博本简化。有些明显是将原一图拆为两图，如奈博本宋帝王前处有一卒拖两囚、一卒押一犯者，被拆至此两套图中的第二、四王处。与奈博本相比，其还有镜像相反的特点，从秦广王之面容朝向即可判别。而前景虽多未有变，但有两鬼王押犯即此，以此形成变化。其二王者前为笞刑，其三王者前为拖两囚，其四王者前为跪求者，其五王者前为业镜，其六王者前为披兽皮，其七王者前为妇婴，其八王者前为砧臂，其九王者前为呈经或状立姿求者，其十王者前为善男信女。

神奈川县立博物馆藏本（JM9-001）为十幅，但含有两幅使者图——监斋使者与直府使者（图 6.1-9D），无榜题与署名迹，且下部多有残损，至讯景不明。但其造型与图式与上述海住寺及大德寺本相当接近，唯仅具屏风无栏杆这一点近于后者，但王序可参以比定[2]。其绘技亦高于上述两组，年代似应早些。即此组图秦广王亦独坐而无案，前两鬼王执两鬼。初江王缺。宋帝王处前为鬼卒拖戴长枷女。五官王缺。阎罗王处前有大业镜与在押观者。变成王处有披兽皮，但前部人形有损。泰山王处前下亦有残损，仍可见笞刑。都市王处为狱卒所押者形象恰残失。转轮王前善

〔1〕铃木敬《中国绘画总合图录》中，大德寺本一实为平等，二为都市，三为五官，四为宋帝，五为变成，六为泰山，七为秦广，八为初江，九为转轮，十为阎罗（依海住山寺本）。

〔2〕铃木敬《中国绘画总合图录》中神奈川本一为变成，二为宋帝，三为平等，四为阎罗，五为秦广，六为都市，七为转轮，八为泰山王，九为监斋，十为直府使者。

图 6.1-9C
京都大德寺本《十王图》之四王

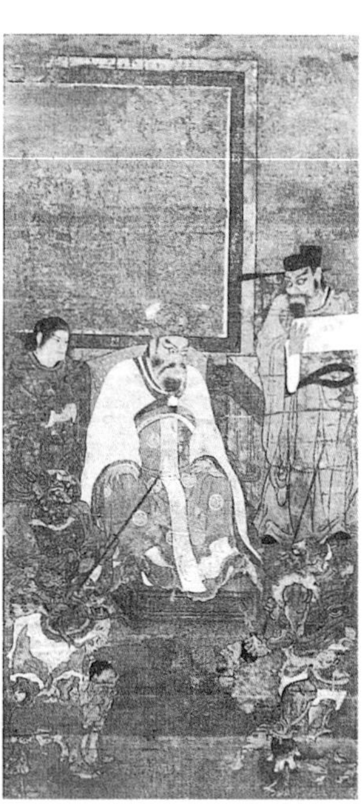

图 6.1-9D
神奈川博物馆本《十王图》之四王

男信女处也有残泐，但对应无误。这组图还有监斋使者与直府使者图像，两图皆上飘旗帜，直府使者如官员踞坐，戴典型的北宋直翅乌纱帽，前后站有侍从。监斋使者则如干练吏员，后有侍从牵马执旗。此系三组图构成与特征鲜明，其王者冠饰也显出圆顶特征，不似余图尖角迭出。

根津美术馆（JM12-083）构成上也属此系，但据技法及造型等因素判断，实应属日本作品（参见图 6.2-4D）。此组图作的存在与时代情况，说明同于具经文的插图本、仅有庭审的场景延至更晚也有出现，虽然其大趋势是从庭审变为狱景、中阴变成冥界。

3. **云岩隔变组**

金大受笔等九幅图分藏美国普林斯顿大学艺术博物馆和波士顿美术博物馆，上文已举。

署陆仲渊名之元初画仅三幅（JM6-009），榜题分别为阎罗王、泰山王与五道转轮王，图中上下云气盈然。上方围绕着较小屏风，下方则隔开审讯与狱景。阎罗王业镜前有人与鸡、鹅被照，后有戴枷铐者。其下方云气围绕着刀山大狱，狱中血迹丛丛，狱卒与受者布列其间，实扔刀山与追入刀山两项之结合（图 6.1-10）。而七七泰山王处无庭讯，刀山一角有火蛇蜿蜒其上，又有交叉竖剑的地狱城墙，冥王的目光直视入狱。其内有镬汤狱景以及追捉的鬼王等。而三年五道转轮王庭前有善男信女，但下方隔云气显出地狱城门。两狱卒仍凶神恶煞执器前指，两裸身若受刑者却合掌而笑逐颜开，因其已出地狱（图 6.1-10B）。此处特请读者注意，若依《十王经》，此本是入地狱六道轮回处，但在此画中却成为离开地狱之处。可见十王信仰深入社会后，至少到宋末元初时，中阴与冥间完全融混了。入中阴成为入冥间，出中阴成为出地狱。此出入之门的变换可谓一个标志点。

图 6.1-10

奈良国立博物馆藏陆仲渊笔《十王图》第五王图（采自铃木敬《中国绘画总合图录》，下同）

图 6.1-10B

奈良国立博物馆藏陆仲渊笔《十王图》第十王图

图 6.1-11

滋贺西教寺本《十王图》之三王

滋贺西教寺（JT129-001）存六幅图，具有第一、二、四、六、九王与直府使者题记[1]，其庭审极少而狱景颇多，向前延伸展开了大场面（图 6.1-11）。其第一秦广王处有硙磨，置于桌旁，占地极少，判官在桌旁为展卷而曲身，同于京都誓愿寺图。其前云气环绕，有蛇及狱卒追打，亦有火焰与岩上观下方被押者。第二初江王处前仅捉视或立卒，前方云雾中有火轮，下方则若有寒冰狱状，略似京都誓愿寺本第九图。第四五官王处桌前有笞足底刑，下方仍大地狱状，云气、岩石中有狱卒坐与立监其下者，其二三形象有似日本者，如火窟具云气等。第六都市王桌前有举兽皮欲披下者，前下方有大地狱，城墙上有尖与游蛇，云下城门中牛头狱卒，最奇特是若巨鱼带水而出，还有数卒处云雾中。第九都市王处有铁床与锯解刑。王者虽怒目，表情却有些滑稽。其桌前有两卒正为一犯者戴长枷，情状生动。前下方有大地狱，有两柱各缚一坐者，其前方铁床燃火，狱卒正钉其上者。再下方有锯解大刑，鬼王狱卒或监刑或施刑，周围还有观者。直府使者图中，使者立前方，后有马与三鬼，十分突出，鬼举旗仰望。五王前有水、火、海等。美国纽约大都会博物馆与波士顿美术博物馆收藏的套图中并无诸王题名，署名亦残。

美国哈佛大学赛克勒艺术博物馆（A10-013）所藏《十王图》，现知有五幅，铃木敬《中国绘画总合图录》只刊了三幅，其尺寸很大，高 139 厘米，宽 93 厘米，约为元代画作，今有绘于明代之说[2]。画作内容较多，王者威严，庭讯所占比例极少，云气覆盖屏风顶上，云气之下是颇为宏大而密集的地狱场景。第一图王者前视（图 6.1-12），旁有官持卷，女侍抱印，武人持长枪等，桌前老年夫妇似正跪地求饶。云气相隔处有

〔1〕铃木敬《中国绘画总合图录》中一为都市王，二为变成王，三为初江王，四为直府使者，五为秦广王，六为第四王，左右上角题记可辩。何卯平文列此套图有十幅，不知详情。

〔2〕铃木敬《中国绘画总合图录》只刊三幅，定为元代。有石磨刀山、火炉与镬汤情景。感谢首都师范大学于硕提供余图资料。

图 6.1-12
哈佛大学博物馆藏《十王图》之一

数官将押人魂向王者，又有大磨正磨人，其前有刀山。第二图王者案前一官汇报，桌旁一官，身后侍女立小桌后，桌前有跪缚者正被拔舌。其下方则有云气、大火炉，炉焰熊熊，大锅及旁一绳架或木阶等均有人守护，诸鬼卒正合力捉亡魂，似将其经绳架或木阶抛入火炉汤锅。其第三图中有一文官一武官、地狱城及鬼王押并刺目施刑等场景（图 6.1-12C）。这套组图尺寸较大，构图较方，所以其狱景形象细节众多，总体上已明显以狱景为主，庭审变得若有若无，而图中王者从官眷属较少，其女侍亦显华贵。其整体地狱场景与南宋相比，即使较金处士本，也恐怖得多（图 6.1-12D、12E）。

宋元十王图轴情况大致如此，我们至少可以从几个视角观察：一为内容构成，二为艺术水准，三为尺寸比例。从经卷到壁画再至十王分图轴，尺寸增大很多，原十王经图高仅二十余厘米，五台山南禅寺壁画已为大作，但每王的尺寸至宁波画作才真正放大。其画约分细高与较宽，细分有五种比例（见表 6.1-2）。内容重点由诸王庭审变为突出地狱处罚，描绘亦极尽工丽精致，实际上渐脱经本内容。

图 6.1-12B
哈佛大学博物馆藏《十王图》之二

图 6.1-12C
哈佛大学博物馆藏《十王图》之三

图 6.1-12D
哈佛大学博物馆藏《十王图》之四

图 6.1-12E
哈佛大学博物馆藏《十王图》之五

表 6.1-4 诸王惩刑等景对比简示[1]

构 / 王两本	一秦广 无桌	二初江	三宋帝	四五官	五阎罗	六变成	七泰山	八平等 有秤	九都市	十转轮
一组	一等									
奈博本*	笞足	火丸	押一 拖二	火蛇卒	业镜 拖二等	兽皮 刀山	妇婴 钉柱	砧臂	炮烙二	善信
高桐院*	笞足	补追捉	补妇婴	火蛇卒	业镜	兽皮 刀山池	妇婴 （德）	砧臂	补对押	善信
海住山寺	补追捉	跪求	补妇婴	拖两人	业镜	兽皮	笞足	砧臂	求情	善信
	二等									
金泽文库						兽皮	吓打	网窗	火烧 虎噬	善信 拔舌
法然寺	火丸	笞足	锯解	刀山	业镜	妇婴	捉打	网窗	虎噬火	善信
净土寺	火丸	笞足	锯解	刀山	业镜	妇婴	捉打	网窗	虎噬火	善信
滋贺永源寺	火丸	笞足	锯解	入刀山	业镜	妇婴	打压	网窗	虎咬	善信
	三等									
京都 誓愿寺	不动	佛								
	硙磨	犁舌	火车等	火丸	业镜	业秤	笞击	刀山等	追火冰	善信
善导寺*	笞足	火蛇卒	缺	火丸	业镜	兽皮 刀山	缺	砧臂	炮烙	善信
附福冈	七太山 妇婴等	一秦广 笞足	六变成 兽皮等	三宋帝 捉与拖	五阎罗 业镜	二初江 火丸等	十轮王 善信	八平等 砧臂	九都市 击打等	四五官 火蛇等
二组	庭审无狱									
神奈川 二使者						妇婴	对押	网窗	火虎豹	善信
大德寺	对押	哀求	拖二	一求	笞足	披兽皮等	妇婴*	砧臂	业镜	善信
三组	庭狱云隔等									
金大受笔	舞女补 犁舌补	押审 虎噬等	碎膝 网窗	羊诉 两卒扬	业镜 剑树	技兽皮 刀山	妇婴 沸汤	呈卷状 铁床等	巡、膝 火车	呈经秤 火丸
陆仲渊					业镜		刀山抛等			出地狱城
西教寺 直府使者	秦广王	初江王		五官王		变成王			都市王	
	磨砺	驱 河桥	缺	笞足 监察	缺	披兽皮 地狱城	缺	缺	戴枷 锯床等	
哈佛博	跪求 研磨	河桥			业镜		镬汤等			火丸 火炉

[1] 为使表格简洁整齐，表格中的内容多采用了节省缩略的说法，有些可能表达不清，就此致歉。

结合内容构成之变，作品可分为三组：一为庭审与狱罚均有、以云气隔开者，以金大受本为代表；二为有庭审无狱者，如大德寺、海住山寺两本；三为庭审与狱罚融混者，以奈博本藏陆家画为代表（见表6.1-4）。其实，此前诸多研究也有多种分组，如日本学者的分类就有不少，何卯平对此有总结，述多种要素如粉本构成材料等，但仍不明所以，未切其中要点。我们以庭审与狱罚的状况为标准，便可以很明确地分为三组。实际上，日本所制十王画也可分成两组，即庭审组与融混组。虽然有些作品属于中国还是日本尚可斟酌，但是笔者制作两大表格将作品进行比较对接，这是很便于研究的。表格分组之内，我们还可以根据艺术水准来分高下。第一组就可分三等：第一等为奈博本与高桐院本，水准最高，构成也高度对应；第二等为法然寺本、金泽文库本、净土寺本、永源寺本，如果再加分析，其中仍可划分高下之别，但相对而言，其为主要作品实体无疑，其构成也高度对应，与上组稍有区别、变化，但因适应社会的需求，是最具代表性的作品，艺术特色也很丰富；第三等为两件作品，即善导寺与京都誓愿寺藏品，与上述第二等作品的水准有明显差距。虽然也有陆信忠署名，但应为抄摹。这两套作品很可能并非出自中土，早有日本学者指出善导寺作品为朝韩仿摹。

从构成上而言，奈博本与金大受本影响最大（高桐院组套有补绘）。法然寺、净土寺与永源寺的几个藏本，构成完全一致，法然寺本与净土寺本水准稍高于永源寺本，奈博本也汲用了一些金大受本因素。基本配套相似或接近者还有金泽文库本与神奈川县立博物馆本、大德寺本，虽然后者减截了狱罚。陆仲渊等数本仍有变化。总体来看，其变化在部分庭审与狱罚间较为明显。但是与日本画作比较，其移变就更明显了，可以说日本的摹绘出现了两个倾向：一方面是增加了本地佛（仅一部分），另一方面就是变动了王者、庭冥与狱罚的序次。两种倾向是相反的，本地佛可以固化诸王序次，而其他则是分散了诸王次序。如果本书不做此表，其变化情况与倾向是不易看出的。

总之，由晚唐、五代、北宋初一路发展的《十王经图》绘本，到南宋时呈多样变化，由宁波一带输出到日本的图轴及大足宝顶摩崖巨刻，多姿多彩，富丽而宏壮。十王之变，开始是将经文内容变为画面，后来则变出经文内容，包括雕刻图像在内亦相应。对于宋元十王画的复杂对应变换以及经本状况，我们通过划分两类、三型、五组基本可以说明问题，并将研究推向新的高度。

观察佛教本身斋日尊奉活动、宋代流行的十王供、道教中十王醮、绘事商业出口实际因素等，我们可以看到在中国地藏十王盛行并深入民间生活乃至各种宗教的过程。在这个传播过程中，十王境界由中阴变成了冥界，界限被抹杀，使其更为普遍，可以说这是本质性的变迁。而且，这两类画作在日本产生了巨大影响，仿摹与续画者不少，也加有本地佛，其庭审与狱罚各有发展，而中阴融入冥界这一变迁在日本也成主流。

第二节 日本承传

自中古以来，朝鲜半岛与日本都属汉字文化圈。《十王经》已从敦煌传播至西夏乃至高昌，西夏文与回鹘文的经图俱见，特别是回鹘文《十王经》，其文可与汉字赞句等对应（个别经本有汉字），有些图像非常精美。在没有儒家丧葬礼仪文化铺垫的情况下，其传播的广度和深度能至这种程度，令人惊叹。海东的情况就不同了，同属汉字文化圈的朝韩与日本，接受十王信仰本身就比较自然，而且还可以贯通融合，上述南宋明州十王画就是一个最好的例证，海东的十王信仰一直传承至今。日本僧人成寻入宋求法在泗州普光王寺见十王，以及高野山宝寿院抄摹本、京都建仁寺两足院刊本、《卍续藏经》所刊印朝鲜刻本等，都是十王信仰传入并流播的明确事迹与实物。

本章限于篇幅等原因，不能对朝鲜半岛与日本古代十王信仰的传承与接受作全面的论述，只是借此展现十王信仰流播的一角。由于东亚文化交流的密切，即使我们不设朝韩与日本的专门章节，就此专题而言，论述中也不可能不涉及日本与朝韩的相关例证。本节侧重于艺术图像方面，包括经图与绘画像等，对朝韩与日本的十王信仰情况作一些展述。

一、经寺续接

日本的十王信仰应是从接受《十王经》经本画像开始的。高野山宝寿院保存的抄摹本《预修十王生七经》卷首及十王处有图，且其从官眷属较中土本为多，某种程度上已有高丽本痕迹。京都建仁寺两足院藏有《十王经》早期印本，经前版画雕印众多神祇，应属高丽或朝鲜系统。之后，日本《卍续藏经》收入了朝鲜刻本《预修十王生七经》，使其更臻普及。

由小南一郎相关论文所公布的内容来看[1]，建仁寺两足院本具有众多跟随十王的附属神祇画像。此珍本之完整图文鲜见刊布，但对比一些简

〔1〕小南一郎《〈十王經〉の形成と隋唐の民衆信仰》，《东方学报》第74期，2002年，第196—198页。其第二章将《十王经》的神祇，即两足院本经前十王所附带的神祇列出，每王者约附带十二位。可惜小南一郎对此经本的关联似乎无识，文章中也没有任何说明与注引，亦未刊图版，仅仅列明众多神祇且说以后探考就结束了。

单的统计数字，可知其与韩国海印寺之印本所刊神祇画像数量接近，仅将军、使者数稍有变化。

表 6.2-1 海印寺本与两足院本神祇数

海印寺本	四十六判官	三十五鬼王	五将军	六使者	二十童子
两足院本	四十六判官	三十二鬼王	三将军	十一使者	二十童子

高野山宝寿院抄摹本也不是在经前增从官神祇，仅在与中国经图本中十王厅堂处的对应位置增加了图绘，却也绘出了众多神祇随员，超过了中土经图之数量而接近此系统，故我们必须考虑其性质之归属等情况。

入宋日僧成寻师徒在天台与安徽见十王经像之事，塚本善隆早有详探〔1〕。现存成寻《参天台五台山记》之日记，可与圆仁《入唐求法巡礼行记》日记媲美。成寻师徒于熙宁五年（1072）入宋，一入天台景福寺，其弟子心贤就在寺中检点，抄古逸经，抄有《药师经》《八阳》《地藏》《十王经》(或即《八阳神咒》《地藏十王经》)。此处究竟是《八阳》《地藏》《十王经》，还是《地藏经》《十王经》，值得推究。日本学者多以为是《八阳（神咒）经》与《地藏十王经》。而成寻在泗州普照王寺见十王塑像（见于其《参天台五台山记》(1073)〔2〕)，据说是日本接受十王之概念的开端。此说未确，至少成寻本人此时并未回国。但若以其日记或弟子归国为十王信仰影响日本之标志，我们倒不如更重视经本传承，虽然其未必记载明确。

事实上，宁波在南宋时与日本的佛教交往颇为频繁。日本镰仓至室町时代已有相当的十王信仰作为基础，故当时的日本人才能接受并购入宁波的十王画。这些画作虽是外销入日，却与外销瓷很不相同：它们并非外来定制式——由买方提出样式要求而依样做成，而是以宁波已经流行的十王画为基础的。当然，日本僧俗及画家在接受以及使用的过程中，对其有所摹绘并加以改造，使其具有了日本和风的样式特色。尤其是“本地佛”的出现，使十王画的日本化呈现出更多斋日王者或佛菩萨，数量从十三至三十三不等，达到此信仰观念的极端。如若横向观察，我们不难发现地藏与十王还有相近甚至同幅图样存在。另一现象也值得注意，即高丽佛画亦在日本被大量收存，其数量近似甚至可能超逾南宋佛画。高丽佛画精良细致，不唯用在高丽本地，亦有输出，其内容中水月观音占相当比例，但地藏与十王，或地藏十王图亦存在。作为佛教文化交流之产物，我们不能将其作品仅限于本国而看。所以下文也会介绍日本所藏的高丽佛画如地藏十王等像。当然这些像作应是古代传入，如若现代收藏品，则应以其原产地加以考察。

（一）地藏寺殿

日本地藏菩萨信仰盛行，许多重要寺庙都有地藏菩萨堂殿与地藏菩萨之像，还有不少古代留存下来的地藏菩萨画像、地藏与十王画像等。其地藏信仰还有一种表现形式，即以简略手法雕出的石地藏之像被置于街头，便于民间祝祷求福，特别侧重于对儿童的保护安祈。

〔1〕塚本善隆《成寻の入宋旅行記に見る日本仏教の消長・天台山の巻》,《塚本善隆著作集・日中佛教交涉史研究》第6卷，大东出版社，1974年。塚《引路菩薩信仰に就いて》,《塚本善隆著作集・净士宗史・美术篇》第7卷，大东出版社，1975年。

〔2〕成寻《参天台五台山记》。宋神宗熙宁五年（1072）成寻62岁时入宋。有文说此大致为十王信仰传入日本的时间，恐不确。成寻入宋后没有回日本，元丰四年（1081）示寂，葬天台国清寺。1073年，其将所获经书527卷送回日本，呈后白河天皇。有多种整理本，如岛津草子《成寻阿闍梨母集・参天台五台山記の研究》，大藏出版，1959年；平林文雄《参天台五台山記校本並に研究》，风间书房，1978年；白化文、李鼎霞校点《参天台五台山记》，花山文艺出版社，2008年；王丽萍校点《新校参天台五台山记》，上海古籍出版社，2009年。

日本著名寺庙中地藏菩萨之堂像，以古都奈良寺庙为代表，此外还有新药师寺、元兴寺、般若寺、圆成寺、法隆寺等。新药师寺始建于平安时代（794—1192），地藏堂是镰仓时代文永三年（1266）所建，现为重要历史文化遗产。堂中有石刻地藏、药师、阿弥陀像及弥陀名号石等。正面所立石像被称为纸贴地藏像，持锡杖、宝珠，高181厘米，具舟形背光，后有永正三年（1506）铭记。相传以小块纸分贴于此像与自己患处，再加祈祷便能治愈病苦。此堂中有一件很有特色的地藏十王石雕像，高89厘米。舟形背光前地藏菩萨左手持摩尼宝珠，右手则以食指与大拇指相捻，置于胸前。菩萨身穿袈裟而立，身两侧的背光上各浅刻出五体小像，紧密相连排列，尚可看出是持有笏板的姿态，故肯定是十王的形象。地藏头顶上方横出的图纹，排开处表示畜生道的马与表示地狱的火焰纹尚较清晰，可知必为六道轮回的内容。

因新药师寺的本堂、香药师堂及地藏堂中的地藏菩萨之尊像，几乎都有相关的灵验故事，所以有口皆碑，由此也可见日本地藏信仰之流行及深入民间的程度。

元兴寺的前身是建于飞鸟时代（593—710）的法兴寺，是日本最古老寺庙之一，原有当时执政者苏我氏家族寺庙的性质。奈良时代（710—794）迁都时，四大寺皆迁至新都。智光法师曾主持元兴寺，并留下了著名的《智光曼荼罗》。智光大师的净土思想与当时的庶民信仰很有关系，元兴寺的本堂就是极乐堂，体现了极乐往生的思想。元兴寺中有天文十五年（1546）雕造的木地藏像。据像头部与莲座上的墨书题记，可知此像是由琳胜法师为法界众生所造，匠师则是南都宿院佛师定正。此像以桧木雕造，其眉心镶有水晶，身着袈裟而立，两手结印。右手自然垂下，以大指与中指相捻，左手置于胸前，以食指与大指相捻。室町时代（1333—1568）的地藏像一般都持锡杖与宝珠，而此像则以更古老的图式——双手持印相出现。寺内东北隅堆放着地藏石佛像，这是多件小型地藏像的集中之处。石像均为高浮雕型，有些石上雕一身地藏，有些则雕双身地藏，寺内西北隅则是千塔冢。元兴寺各种形式的地藏像为数不少，寺史中就有延应元年（1239）增造三十余身地藏像的记载。寺中还有很多板绘、板雕的地藏菩萨之像，以及印制的地藏菩萨之像。这些雕绘的木板上方都有小孔，想必是为了悬挂。印佛也有数种形态，既有立姿的地藏菩萨，也有坐姿的地藏菩萨，还有一种是宝塔地藏，即每个宝塔内有一身地藏菩萨坐像。据印佛题记可知，许多是在廿四日印，表明与地藏法会有关。在元兴寺，每年八月的廿三日与廿四日，是举行地藏法会的时间。届时善男信女都来参诣，并在六地藏像前凭吊亡者，以塔婆供养。本堂内还有著名人士挥毫题写的行灯等，可见元兴寺地藏法会的隆重。据日本平安时代的《今昔物语》卷十七第四话载："月廿四日是地藏菩萨御日也。"《地藏菩萨三国灵验记》之卷六第十二记也说："今日廿四也，地藏菩萨缘日之当。"据此可见，在日本地藏菩萨日，印佛、造像、举行法会都有悠久之传统。除寺院地藏造像与法会等形式外，还有良观于贞享元年（1684）编集的《地藏菩萨三国灵验记》，集中反映以灵验事迹叙说为存在形式的地藏信仰。

在奈良古寺中，新药师寺与元兴寺的地藏堂像与地藏法会、地藏传说及其所反映的信仰颇具代表性。其余如般若寺、法隆寺与圆成寺等也都有地藏菩萨的造像，亦可见地藏菩萨信仰的流行〔1〕。总之，从日本寺庙中地藏法会、地藏堂、地藏菩萨的各种造像，还有地藏菩萨像的多种形式，即印佛、板雕、石像堆集等，以及关于地藏菩萨像灵验的传说与历史故事等，都可约略看出地藏菩萨的信仰在日本自古就非常流行，且深入民间，有极广泛深厚的群众基础。

日本地藏菩萨的造型多样，若空手地藏、宝珠地藏、宝珠锡杖地藏，还有泷见半跏地藏、半跏思惟地藏、六道地藏，甚至还有裸地藏即童子形的地藏等，可分类述之。空手地藏即手中未持任何法器、只结契印之地藏，这种形态在敦煌的壁画与绢画中有很多。奈良兴福寺的地藏菩萨立像，头后有圆环的项光，右手低垂，左手曲起，均以食指捻拇指，实为施安慰印。宝珠地藏的样式很多，多为木造，也有绢画。若奈良室生寺金堂、橘寺、法隆寺、长谷寺、大阪观心寺、京都广隆寺、金地院等，以及岩手中尊寺金色堂的此式地藏达十八躯。这些地藏多是立姿，以右手轻提袈裟，左手抬捧摩尼宝珠。宝珠锡杖地藏是最多见的，立姿、坐势都有，右手持锡杖，左手捧宝珠，奈良当麻寺、京都清凉寺、滋贺长命寺等均有此类像。半跏坐姿实为延命地藏的特别形态，京都安国寺、禅定寺、滋贺正福寺、奈良法隆寺的地藏堂中都有此式坐像，而和歌山宝寿院中有据此所绘之像，背景中一道瀑布悬下，被称为泷见半跏地藏。子育地藏则为抱婴儿的形象；裸地藏则为童子形，颈佩项圈，手中或持宝珠，如奈良传香寺、三重金刚证寺都有木雕裸形地藏。六地藏是为救度六道而设（即江户时代火葬场所设），救地狱道者为左锡杖右宝珠，救饿鬼道者为左宝珠右与愿印，救畜生道者为左宝珠右如意，救修罗道者为左宝珠右梵荚，救人间界者为左宝珠右施无畏印，救天上界者为左宝珠右经。当然，现存还有很多不同者，也有仅具六身无持物的六地藏造像。

日本京都的法成寺在11世纪初曾建有三昧堂与十斋堂。十斋堂在1020年开光。虽然法成寺曾于1058年毁于大火，但后又得到重建并于1079年再设开光仪式。有文献记载十斋堂供像有：毗卢遮那佛、阿弥陀佛、药师佛、释迦牟尼佛、普贤菩萨、大势至菩萨、地藏菩萨、燃灯佛与观世音菩萨。这与十斋日所念诸佛菩萨完全相符，只缺药王菩萨。敦煌写本《地藏菩萨十斋日》归名地藏，虽有人认为是《地藏菩萨本愿经》影响之故〔2〕。结合诸多文献与大足石刻地藏十王龛中存十斋日佛菩萨，我们可见出其对应雕造。日本的本地佛与菩萨，其内涵与十斋日佛有所不同，但其起源或有联系。

（二）绘写雕作

1. 十王经画

日本的《十王经》前已有述，最重要者为高野山宝寿院所存的抄摹本，再有即建仁寺两足院存藏本。然而此二件应属朝鲜刻经或属同一系统，现知此形态在高丽朝已有出现，与高野山宝寿院抄摹本也有一定联系。虽然前文早已提及此两种经，可惜无缘得见后者图版，幸得小南一

〔1〕上述地藏寺殿情况等，参见《古寺巡礼·奈良》系列中《新药师寺》《元兴寺》《般若寺》《法隆寺》等，淡交社，1979至1980年。

〔2〕尹富《中国地藏信仰研究》(巴蜀书社，2009年）认为此斋日名中的地藏菩萨是受《地藏菩萨本愿经》影响，倒因为果。《地藏菩萨本愿经》为中土伪经，其产生必有基础而非凭空。此类《地藏菩萨十斋日》即其产生的基础而非结果。尹富在论述中谈十王地位如何，阎罗在冥界地位如何、统治如何等，而且多加阐解论述，好像古人不懂，至其才明。其实这正是将中阴误为冥界之结果。阎罗等只掌死后与生前的中阴时段，还未至冥界。

郎披露了其图版中所附刻的文字[1]，因而列述于此。由此，我们或可知朝鲜刻经在日本流传之一端，虽然《卍续藏经》收入此经之录文出自朝鲜刻经，而高丽（韩国）海印寺之寺印本在日本也有传存。

京都建仁寺两足院藏《十王经》前部图版所列众神祇榜题如下：

一七日秦广王

大山（太山，下同）柳判官、大山周判官、都句（司）宋判官、大阴夏侯判官、那利失鬼王、恶毒鬼王、负石鬼王、大诤鬼王、注善童子、注恶童子、日直使者、月直使者。

二七日初江王

大山宰判官、大山王判官、大山杨判官、都推卢判官、那利失判官、上元周将军、三目鬼王、血虎鬼王、多恶鬼王、注善童子、注恶童子、日直使者。

三七日宋帝王

司命判官、大山河判官、大山舒判官、司录判官、大山郭判官、下元唐将军、白虎鬼王、赤虎鬼王、那利失鬼王、注善童子、注恶童子、日直使者。

四七日五官王

大山胜判官、大山肃判官、司曹裘判官、诸司检覆判官、飞身鬼王、电光鬼王、那利叉鬼王、注善童子、注恶童子、日直使者。

五七日阎罗王

注死冯判官、大山洪判官、恶福赵判官、都司曹判官、仪同崔判官、千助鬼王、敢兽鬼王、狠牙鬼王、大那利叉鬼王、注善童子、注恶童子、日直使者。

六七日变成王

法曹胡判官、功曹郑判官、大阴注失判官、大山窟判官、主耗鬼王、主祸鬼王、阿那吒鬼王、主食鬼王、注善童子、注恶童子、日直使者。

七七日太山王

大山黄判官、五道窟判官、掌印判官、大山薛判官、主财判官、掌算判官、主畜鬼王、大阿那吒鬼王、主禽鬼王、注善童子、注恶童子、日直使者。

百日平等王

大山凌判官、功曹司甫判官、大山睦判官、主症[2]鬼王、主兽鬼王、四目鬼王、主魅鬼王、注善童子、注恶童子、日直使者。

一年都市王

府曹陈判官、六曹皇甫判官、大山董[3]判官、大山胡判官、主命判官、大山熊判官、五目鬼王、主疾鬼王、主阴鬼王、注善童子、注恶童子、日直使者。

三年五道转轮王

大山郑判官、六曹睦判官、大山邬判官、大山赵判官、大山李判官、时通

〔1〕小南一郎在《东方学报》第74期上发表的《〈十王經〉の形成と隋唐の民衆信仰》一文对此建仁寺两足院本没有任何注引，仅刊布了其众多榜题，不知所据。可能是因当时条件不备。但笔者查得高丽海印寺刊印的海印寺本具图《十王生七经》，曾收藏于松本文三郎教授的“佛教徵古馆”，后来转到了京都大学人文科学研究所。小南一郎为著名汉学家，治学领域很广，以文学等为主，曾任京都大学教授（又任泉古博古馆馆长），未见到或未比较此两种经本，真是可惜。

〔2〕疑原录“主产”为抄错，改为“症”。此字雕为异体，虽然像“产”，但与同版经出现“产”字有别。

〔3〕此处在小南一郎《〈十王經〉の形成と隋唐の民衆信仰》文中误录为“蕃”，应为“董”。

卿、中元[1]葛将军、产殃鬼王、注善童子、注恶童子、日直使者、泰山府君。

诸王所附随从不太多，多位都带有十二随神官吏等。此诸神数量与韩国海印寺刊印此经稍稍有别，而与朝鲜刻本《预修十王生七经》(如朝鲜证心寺本(1521)、松广寺本(1618))诸相关神祇十分近似，如三七日处郭判官变为柳判官、六七日处阿哪吒鬼王变为阿利吒鬼王、七七日处大阿那吒鬼王变为大阿利吒鬼王，差别极小。如果不是录错[2]，即不是同版或传承关系，那就是另外一种版本而稍有变化了。朝鲜刻本除十王外还多五六图，最前面有佛说法与地藏及《寿生经》内容，还有诸菩萨国王神人、刻经人造像、业秤及业镜等，甚至还有译经图，而两足院本亦应不止于十王图，惜未得详介。高丽与朝鲜刻本情况见后文，此不赘述。

虽然两足院本没有刊布图像资料，但从韩国海印寺的经本可知，在经前刊印众多从官之形式是朝鲜刻本的特点。韩国海印寺本应是经内十王附从官与经前列众神鬼王皆具，其王者审断图与高野山抄摹本有相似处，特别是在阎罗王处。据此我们以为高野山宝寿院抄摹本有增多附官的情况，虽然先前认为其据中土经本抄绘[3]。不过，宝寿院抄摹本十王厅中附属从官不等，有的为十余位，也有的为七八位，很多都是两童子加一侍女、三判官或吏员、两鬼王举旗及狱卒等。而奉经像的善信男女常列其中，易于混淆。其第十转轮王与第五阎罗王等处附从官神祇都较多，转轮王处有四旗，而阎罗王处与韩国海印寺本最为符契，特别是在地藏菩萨形貌的处理上，但两者精粗有别。此外，海印寺本秦广王处即现水面与桥，宝寿院本却仍是初江王处具备水面与桥。宝寿院抄摹本之诸厅构成，多与海印寺本相近，也有些中土与自身的特色。

2. **十王木雕**

日本寺庙的木雕十分发达，是佛教造像的主体形式。其原因既在于自然条件，即地质条件等方面，也在于与艺术传统的互动传承，进而导致日本本土的木雕非常出色，成为主流。

在日本，十王木雕很是常见，也有很多优秀的作品。如镰仓时期木雕艺术就达到了普遍成熟化的高度，仅从圆应(円応)寺中初江王雕像就可见一斑(图6.2-1)。此像仍为席地而坐之形态，一如唐人之习惯。王者戴官帽，着宽大袍服，有披肩。其右手垂于右膝上，团掌向上，左手则扬起，张掌开指，与面容配合，怒目圆睁，须飘胸前。虽然木雕整体上是宋代风格，但眼睛却是日本特有的真玉珠镶，非常逼真，胡须也极具质感(图6.2-1B)。坐地时袍服铺陈前后，衣纹细致而高度逼真，袖袍处处层层披褶，背后也都真实生动。

另外还有一种俱生神，往往雕造得非常生动，一个个小老头，五短身材，或有笑容或生气状，有点像土地公(如《西游记》中描述的众多土地神)。俱生神源出《药师经》[4]，但在中国艺术中几无表现。十王画雕内几乎全是善恶童子，或也有变形。此处则雕刻出鬼卒，似护法力士而较矮小(图6.2-1C)。

[1] 此字原录为“九”，应为“元”。原录还在“平等王”下加括注为“平正王”，并无必要。

[2] 因为对证中所见差别都是单字，版刻中又多异体字，所以确实有抄录错误而非版本差别之可能。

[3] 尽管小南一郎没有参考京都大学存有的海印寺本，笔者亦未见此具图全经资料，但就此仍可推论，两足院本所列众多从官神祇，与高野山宝寿院抄摹本所画从属形象，均与其有着某种对应关系。

[4] 唐玄奘译《药师如来本愿功德经》、义净译《药师琉璃光七佛本愿功德经》，《大正藏》第14册，第407、415页。俱生神与善恶童子所起的作用是一致的，所以善恶童子的形象可能更为多见。

图 6.2-1
日本圆应寺木雕初江王像（采自《奈良佛像雕刻》，下同）

图 6.2-1B
圆应寺木雕初江王头像部分

图 6.2-1C
圆应寺木雕鬼卒像

二、逆预事仪

（一）追善与逆修

前文已述日本的《地藏十王经》即《佛说地藏菩萨发心因缘十王经》，其中并无预修内容，而是保留了亡人斋的功能并在文字内容上大加扩充。那么，日本是否就只重视亡斋而轻略预逆修等呢？非也。日本的逆修即预修，并不局限于十王信仰，应是源自《大灌顶经》等。从中古平安时代就开始流行并延续，弥漫于社会各层及僧俗各界，甚至可以说超过中国（至少从材料所见是如此）。日本学者有专门研究逆修信仰史的论文[1]，美国学者罗柏松在这些基础之上撰有专文[2]。这些论文内容较为宽泛，所举之例甚广，涉及社会上层贵族皇室、武士阶层，以及底层团体，举例了许多生动故事。据这些研究可知，虽然日本的佛教信仰与文化艺术曾多受中国影响，但不可否认，其也具有丰富变化及自主性。从当前的研究成果可以看出，我们不能只从中土十王信仰来探讨预逆修及亡人斋，而是应该认识到在日本，逆修在社会上流行的时代、阶层与范围都更广。日文"逆修"（yakushu）[3]一词与汉语中"逆修""预修"对应，而"追善"则与中文所说"追福""荐亡"对应[4]。这对很多误分预修与逆修，以逆修为亡人斋，以预修为生者斋者，不啻是一剂清醒剂。

已有研究成果中，以日本学者川胜政太郎的逆修信仰史之研究和美国学者罗柏松的一二论文为代表。其实，日本学者对此的认识是从研究金石碑铭开始的。日本存有大量板碑与石塔婆，开始多以为是亡者铭，后经学术性的实地考察，如服部清五郎《板碑概说》与学艺大学教授千千和实等的论考[5]，发现其中大量是在世者为已身所作的铭记，包括供奉或法事以及团体记名等。而文献资料如一些著名日记、宫廷记载等，也说明了皇室多用逆修之仪。综合这些资料，我们可以构建起日本的逆修史。中国情况就颇有不同，明确的逆预修材料不多见，敦煌遗书中也很少见。而且，中国的法事范文中多见将追福荐亡与修福自身的斋意合在一起的文句。

从10世纪末以来，日本一直都有逆预修事例，从平安时期就在贵族中流行，镰仓时代、南北朝时代、室町时代到桃山时代一直在发展，几乎每个世纪都有生动具体之例留存于传世文献之中，还有板碑、五重塔、佛像题记，以及预修塔之类的实物材料。其中也有十王信仰等内容，如天皇举办仪式系于十王画的情况，这些对上述十王画作的环境予以更好的解释阐说。虽然相较中国而言，其修行法事与十王之联系更松散一些，但其材料仍可说是相当丰富有趣的。

近代之前，日本人宗教仪式总有"追善"与"逆修"两类。举办追善之事须跨年度而办，安慰生者但更为拯救亡者而履事；逆修的举办则浓缩追善诸事于一年内，主要仍是为参与（或者说出席）仪式的生者。如日本学者五来重所言，做

〔1〕［日］川胜政太郎《逆修信仰の史的研究》，《大手前女子大学论集》第6册，1972年，第147—165页。［日］伊藤良久《中世日本禅宗の逆修とその思想背景》，《印度学佛教学研究》第57卷第2号，2009年，第687—691页。

〔2〕哈佛大学罗柏松（James Robson），"Searching For a Better Return：Premortem Rites in East Asian Buddhism"，复旦大学国际佛教学术会2011年。"Searching For a Better Return：Premortem Death Rituals（nixiu逆修，yuxiu预修）in Medieval Chinese Buddhism and Society"，康豹、刘淑芬主编《第四届国际汉学会论文集：信仰、实践与文化调适》上册，台北"中央研究院"，2013年。前文涉及更广的东亚地区。

〔3〕"逆修"一词拉丁化形式gyakushu用在英文论述中。

〔4〕"追善"则以tsuizen为拉丁化形式。

〔5〕［日］服部清五郎《板碑概说》，凤鸣书院，1933年。东京学艺大学教授千千和实《武蔵国板碑集録、旧比企郡》《旧比企郡内板碑の概観》。以上皆见前注川胜政太郎论文。

表 6.2-2　七七日对应佛菩萨

十二月十五日	十六日	十七日	十八日	十九日	二十日	二十一日
初七	二七日	三七	四七	五七	六七	七七
阿弥陀木像	迎接曼陀罗	弥勒绘像	如意轮观音绘像	地藏菩萨像	虚空藏菩萨像	释迦三尊像

逆修者之数量要超出做追善之事者。据多种文献记载，做预逆修事最早可追溯至平安朝中期，摄政（10 世纪后期）藤原家族已做此类法事，是贵族追求福寿之举。

《百炼抄》记载正历五年（994）十月二日、身为关白的藤原道隆举办逆修法会，施造图绘与木佛像，书写十一部金泥《法华经》，在贵族们诵经之时，有十位高僧主行法事，六十人相助。此应是日本最早的逆修记载。《日本纪略》（1036 年成书）中同日的记载称公家有“御诵经使”等。而此前一年（993）一条天皇亲政，道隆刚由摄政转关白，又好酒，致身体不好，亦信西方净土，因此逆修而追求福寿，然而隔年他就去世了。

《日本纪略》又载宽弘五年（1008）八月十四日至十月三日这四十天中，“皮圣人”行圆在行愿寺讲弥陀四十八愿，“为法界众生逆修也”。这是逆修事从贵族向下层转移之始。

源经赖日记《左经记》“万寿三年（1026）四月三日”条记载禅殿设逆修事——法兴寺御堂，书写了等身大的阿弥陀佛六十一体，还写阿弥陀经供养。因藤原道长当年 61 岁，此即为他所做。藤原道长即上述藤原道隆之弟。他不仅担任太政大臣，又是四位天皇的岳父，权势极高，但次年他就亡故了。

源俊房日记《水左记》载承保四年（1077）七月二十八日起，在高仓殿举行五十天逆修大法事之事。此由藤原道长之子、掌摄权力五十余年的关白藤原赖通持办。其场面极为奢华：四面悬缯幡、幢帜，满挂饰佛门织物，鎏金西方三圣之像——阿弥陀佛与观音、势至菩萨像立于螺钿嵌镶台座及桌架，在桌上例行置水晶立轴《妙法莲花经》八卷、《阿弥陀经》《女身成佛经》与《心经》各一，金字标题，洒金漆盒。一人领诵经典，十僧共执法事，从下午直到日落。此大法会从七月二十九日开始，经七七四十九，至九月十三日，至五十日才结束。可见这是在皇宫所办的大型逆修法会。[1]

之后还有藤原宗忠的《中右记》，讲述了从长承三年（1134）十二月十五日起，行逆修善根七日事（代表七七日）。“例时僧五口，装束一具。今日等身木像阿弥陀一体，自笔法华经一部。”其法事虽较简，但有七日供佛，系出自本地佛系统观念，与十王画的本地佛、日本丧事中的十三佛颇有关联。

及至藤原经房之日记《吉记》，载寿永二年（1183）后白河法皇（法皇即出家的帝王）的逆修之事，也是五十天，还有次年法兴寺御所之事等。平信范《兵范记》记鸟羽上皇皇后院号高阳院泰子于仁平二年（1152），也是以七日表七七的修法，与高仓殿所办同样奢华。高仓天皇是后白河法皇之子，退位出家的后白河号称法皇并掌有实权。

源师时日记《长秋记》述保延元年（1135）时，三井寺大僧正行尊在入灭后，他曾经对弟子

〔1〕学界曾有“藤原家的历史，相当于日本中古政治史”的说法。掌握实权的藤原氏多代主官举办的逆修法会，实有日本中古时国家主流意识之含义，并非只是外戚的奢华之举。

所言的逆修事被披露了出来。“余此六七年间修逆修善已达二千日。其间每日一部供养《法华》，经外题目自书之，以此功德可往生极乐之由，不动尊祈念处。”高僧每天供养一部《法华经》，自己题写经名，竟达二千多天，确为坚持不断了六七年之久，目的纯是为己而逆修。

后鸟羽天皇尽管因败于幕府而评价较低，但僧人们仍说，其在阴间会有较光明的前途，好于其前未做预逆修的天皇。僧人与施主在相约作法事时，都比较重视资财的作用。还有，比丘尼与僧人之间的张力与竞争等等，也无一不推动人们对预逆修之事的重视。此外，有关高僧的传记亦见修此事，如法然上人（源空）《行状画图》、黑谷上人《语灯录》等。

日本的逆预修之事在社会上持续广泛流行，并出现了明显的阶级性差别。

日本各地主要墓所存有大量板碑，其上之铭证实逆修之事的传播不止于平安贵族的范围，而是至于镰仓时代。现知最早的逆修板碑铭即在镰仓中期，香川高松大宝院、田村大明神社都有镰仓中期的古石塔或塔基，有些为圆形塔身等，即为五轮塔形状，其中有塔载此铭：

奉……六十万部

奉纳……田村大社内二十八万部

……开结经逆修名帐　己

酉二月初八日

……大愿主

田村大明神社肯定是日本神社，但在丧葬仪式中，所采用的佛教观念与中国的相似。因旁塔有宝治元年（1247）题记，此塔铭纪年可推定为建长元年（1249），时值南宋理宗淳祐九年。

位于东京都青梅市的盐船观音寺，其阿弥陀佛堂后山丘地之永仁四年（1296）碑板题铭证明，当时由劝进僧成圆指导，有一百多人施行了此逆修之事。

福岛县郡山市安积町成田的民众家有1283年阿弥陀佛种子字板碑，上有铭文两行：

右逆修者为　阿弥陀佛成佛

弥安六年癸未二月十五日□阿□。

福岛须贺川市芦田冢的国立医疗所机构附近东边丘陵上，具有双式弥陀三尊供养碑，具浅浮雕三尊像及1305年铭文：

比丘尼逆修菩提，愿以此功德普及于一切，我等与众生皆共成佛道。

嘉元三年□□九月廿五日相当三十五日敬白。

此为逆修五七日即三十五天时所立，是镰仓时代以来渐行的塔式等逆修铭之例证，此碑铭文说明多有逆修法事举办过程中与结束时立碑的情况，是僧俗中富有者所为。

造像之题记也有含此内容者，如奈良县生驹市上长寺山内宝光院有高80厘米的木雕玉眼彩绘地藏菩萨像，头面内部有正和四年（1315）三月的墨书题记，称“南都大佛师法桥康俊中御门逆修、少佛师康成御佛也”。这是活跃于镰仓末期与南北朝初期的大佛师（雕刻佛像的著名匠师）康俊、康成父子所造的地藏菩萨像。中御门，即佛师所居之地名，证其是为己逆修。

日本学者鹤岗道子的研究表明[1]，碑板一般都是中下层武士所奉献，而上层武士所接受的则

〔1〕转引自前注川胜政太郎文。

是五轮塔或五层塔。虽然碑板与塔婆所对应之法会仪事承办者不同经济状况的相关例证略少，但南北朝以来，逆修塔增多，多有铭记证其事项。13世纪末与14世纪初后，大众流行的有“劝进圣”与“结缘众”。托钵僧与受其影响的信众们，多为己身行逆预修事，有很多人聚成团体而为之。上述公元1249年、1296年铭记显示底层民众抱团而为，说明了社会不同阶层逆预修方式之不同，而且渐次地显出了其对于寺院经济的重要性。僧人对此项布施的重视，渐渐超过了对施者善行之重视。

逆修是纯为己身吗？不一定。为父母做逆修法事也有见于铭文，且情况多样。镰仓时代初期就有为父母逆修之事。建久九年（1198），有法相宗高僧贞庆做七日逆修，于第五日绘千体地藏菩萨像一幅及《法华经》第三卷为母追福〔1〕，《赞佛乘钞》第八载其为某尼所作七日逆修发愿文，录第五日为六道众生奉图地藏菩萨并十王像，并奉写《法华经》第五卷〔2〕。

至镰仓时代后期永仁二年（1294），山形县南阳市东山寺上方山腹有摩崖板碑数则，分别铭出为亡父造塔、为亡母造塔、为己逆修造塔。广岛县福山市区安国寺地藏殿地藏菩萨石坐像有八行铭记，元德二年（1330）夫妇二人为慈父、悲母（慈父、悲母出自《大乘本生心地观经》卷三，日本人以此尊称父母）之福寿而逆修善根造作此像。正和二年（1313）福岛饭坂町之医王寺就有为悲母逆修善业兼法界群朋等正觉所立板碑之铭。南北朝初期，还有夫妇逆修事并有写明七分功德全得之例，即山形县酒田市延命寺兴国七年（1346）之板碑以线条分两半：一侧沙弥善阿逆修〔3〕，另一侧为氏女逆修含“七分全得”之铭，上方还刻弥陀为药师名。还有为亡父与存母所造者，即千叶县香取市下檀林寺中极高大的广安六年（1373）板碑铭，乃为慈父圣灵十三年、为悲母逆修善根，上有弥陀三尊种子字。此说明逆修之事也扩及亲属（尤其是父母），可用于双亲在世或单亲在世的情况。不言而喻，这种人伦关系之扩展极为重要。南北朝以来又呈现了塔婆增加之趋势。日莲宗的要法寺有墓地，其历代墓葬之中有高大的笠塔婆，中铭“南无妙法莲花经”，其下“右为日尊修/康永二癸未六月”。日尊是要法寺之开山僧侣，塔建于康永二年（1343），日尊于翌年寂灭。此种生前所修之墓塔称为“寿塔”。群马县伊势崎市之赤城神社有两米多高的塔婆，基座多面刻铭，有十余僧人、二十八欠人施主等题名。鸟取县日野都下贺初经冢有宝箧印经式塔，有正平十二年（1357）铭，载：

> 逆修一日□□，妙典/十三部供养已毕。正平十二丁酉十月日/一结众二百余人□敬白。

美国哈佛大学罗柏松教授意识到相关逆修证据不仅证明此事传播，还体现出个人或团体修行仪事之状况以及其经济方式等。从佛教说话等资料，我们可以看出净土僧人对逆修的驳说，重要者有存觉与弟子亲鸾。存觉从亡者仅能得亲人所作功德的七分之一来提出解决之法，认为亡者仅

〔1〕《镰仓遗文》第976号《贞庆逆修愿文》，转引自刘翠《日本地藏信仰研究》，北京外国语大学博士论文，2020年。贞庆曾撰《心要钞》（《大正藏》，第71册第2311号），为笠置山沙门，属法相宗与律宗僧。

〔2〕藤田经世编《校刊美術史料·寺院篇·下卷》，中央公论美术出版，1976年，第77—78页。

〔3〕日本中古时“沙弥”称呼极为广泛，在武士上层及名士层等，很多人都以此自称。即使是出家人，也与家庭关系较为密切。

能得到七分之一，功德太少或不起作用，并强调说往生净土的福报，若莲花化生于净土，根本不需要预逆修所转的功德了。亲鸾继承其学说，感激其拯救并传播其法。

上述镰仓时代已有贞庆逆修时为众生地藏十王绘像及写经事，至室町时代、桃山时代逆修事进一步盛行，并与十王信仰、十三佛信仰、月待信仰等密切关联，甚至有所结合。板碑、塔婆等方面也多有证据。如后土御门天皇（1464—1500年在位）之皇权势力堕落，他曾多次提出退位而未得行。由此，其或对阴间生活存有愿景，于1489年举办法会时，配辅天皇预逆修之像设。悬挂成组的精致画作——十王图像——由著名的大和绘师土佐光信所作。光信活动于室町时代，以开创水墨妖怪画而著称〔1〕。经学者考察，日本净福寺所存十王图轴大致可以归至光信名下，甚至更早。因存放画作的箱盒内外，都保存着流传有绪的题记：从后土御门天皇用光信绘图，到后奈良天皇赐净福寺二世真澄上人，终由净福寺十六世主持忍誉音征重新装裱，并于江户文政五年（1822）题记：

《冥府十王图十幅净福寺什物》

斯图延德中后土御门天皇为御逆修，诏画工土佐藤原光信縢摹写之。沙门善空　奉　敕所点眼也。享禄三年庚寅之秋。后奈良天皇赐净福寺真澄上人，文政五年　因绢绫损泐重加装裱。

〔1〕罗柏松论文中已述及后土御门天皇于1489年举办逆修法会上，并提及法会上所用的十王组画是土佐光信所绘。土佐光信（1434—1525），为土佐画派兴盛期重要人物，代表作有《百鬼夜行绘卷》《清水寺天缘起》《北野天神缘起绘卷》及肖像画等。

类似的题记还有一些。京都二尊院所存《十王图》，原曾传为土佐画派创始者土佐（藤原）行光（1352—1389）所作，行光是最早使用土佐称号之画家，较上述土佐光信更早约百五十年左右，甚或达兴国元年（1340），约后村上天皇与后光明天皇之时。但一般还是认为此套图为室町时代初期作品，与后土御门天皇、土佐画派最兴盛期光信大致对应〔2〕。此套图绘确为精美，因而在此介绍（图6.2-2）。

二尊院（JT37）图中的本地佛菩萨不是题补而是绘出，且乘云气而来，较大且生动精彩，可以明确对应，或说同于《地藏因缘十王经》的标准配置，或说据于僧愚观（1257）《私聚百因缘集》及《十王赞叹钞》〔3〕。其一秦广王处仍为无桌案坐相，亦无庭前讯境。上为不动明王〔4〕，王者从官皆从云气向下观，有奈河桥与大树，有骑马过桥者，底下波涛汹涌，溺者不少，又有狱卒

〔2〕［日］梅津次郎《二組の十王図・行光と光信の画跡》，《佛教艺术》第36卷，1958年。文中指明二尊院藏十王组图与诸题记中的联系。又有［日］宫岛新一《土佐光信と土佐派の系譜》，至文堂版《日本の美術》第247号，1986年。前注石守谦文说日本曾传为土佐（藤原）行光（1352—1389）即土佐画派创始人之作，但现认属室町初期作品，基本无疑。

〔3〕参见［日］梶谷亮治《日本における十王図の成立と展開》，《佛教艺术》第97号，1974年，以及《聖地寧波：日本仏教1300年の源流》（奈良国立博物馆，2009年）的图版85说明。此图具有些许日本民间文化色彩。石守谦则说其次序同于《地藏因缘经》。

〔4〕铃木敬《中国绘画总合目录》JT37-001号二尊院图诸王次序与本地佛不符。其一应为转轮王，二应为秦广王，三应为五官王，四应为太山王，五应为初江王，六应为平等王，七应为变成王，八应为阎罗王，九应为都市王，十应为宋帝王。此参考了日本学者梶谷亮治的考证，也依本地佛菩萨结合庭前情景而定。但此套图中第二王与第九王上方佛像形貌完全一致，所以也另有可能。若依笔者愚见二尊院此套图中第九都市王为阿閦如来而非大势至菩萨，合于日本《地藏十王经》而非常见组合。本文就此亦参考了日本学者看法。具见《聖地寧波：日本仏教1300年の源流》（奈良国立博物馆，2009年）图版85及其说明。

图 6.2-2
京都二尊院本《十王图》之一（采自铃木敬《中国绘画总合图录》，除注明者外，下同）

图 6.2-2B
二尊院本第二王（采自《聖地寧波：日本仏教1300年の源流》）

图 6.2-2C
二尊院本第三王（采自《聖地寧波：日本仏教1300年の源流》）

图 6.2-2D
二尊院本第四王

图 6.2-2E
二尊院本第五王

图 6.2-2F
二尊院本第六王

图 6.2-2G

二尊院本第七王

图 6.2-2H

二尊院本第八王

图 6.2-2I

二尊院本第九王

图 6.2-2J

二尊院本第十王

图 6.2-2K

二尊院组铃木敬《中国绘画总合图录》原排列五位王者

威怒而举罪魂下掷，树上挂满衣物。二初江王上有释迦佛，前为击砧臂惩及狱卒扭发戴长枷转罪魂等（图 6.2-2B）。三宋帝王处上方有文殊菩萨，王案前有妇婴，及多名戴长枷者（图 6.2-2C）。四五官王处普贤在上，王者合掌对呈上经书的善信者，又有业秤悬空及拔舌处（图 6.2-2D）。五阎罗王坐几案，上有地藏，前有业镜及兽角马面狱卒等（图 6.2-2E）。六变成王处上为弥勒菩萨（呈如来形），前有刀山之刑等（图 6.2-2F）。七太山王上方药师佛持钵放光芒，下有奉经老者，虎噬人马喷鼻若入庭中（图 6.2-2G）。八平等王处上有观音菩萨，前有掷入汤镬与浇铜汁等景（图 6.2-2H）。九都市王处有势至菩萨，王前吏员呈卷，下有碓击刑具（图 6.2-2I）。十转轮王为武将形，支臂案上手持一剑，侧身前视，一云头内有贵妇合掌小像。下有官吏若持判状，狱卒有裂开长枷者，有披追兽皮及猴狗等。可见是以云头与兽物意蕴六道，上有阿弥陀佛（图 6.2-2J）。铃木敬《中国绘画总合图录》原排列实则无序（图 6.2-2K）。

兵库县神崎郡有广安二十年（1413）堂谷十三佛自然石板碑，各有本地佛梵文种子字及铭文，如“势至菩萨种子字”下有“一周忌常念逆修善根”，“弥陀佛种子字”下有“来三年逆修善根”之铭。此十三佛的前十位就是十王的本地佛，势至为第九都市王，弥陀为第十转轮王，完全一致。

同时，社会上有“代施饿鬼法要”与“血盆经供养”等法会，与上述贵族家庭的逆修和十王画相对。这些阶层侧重于祖先死后之追荐，且多与“布桥大灌顶会”相联系，可祈请诸多救度神灵，以慰抚救拔已逝先祖在地狱中所受苦难与烦恼，略同于中土的水陆大法会。

总之，遍布日本的乡间寺庙中存有很多成捆的板碑等，其题铭刻文说明着预逆修的流行，逆修者绝大多数是底层民众，也有中下层武士，其上层则选用五轮塔来表达此意愿。相关还有种种法会及多种形态，与中国相同，日本之传承也至于近现代。甚至于抗日战争期间，东北伪满州国有一些为阵亡日本官兵所修的纪念塔，可能也与逆修有一定关系，日本佛教一些派别也参与其中[1]。

但是，日本学者也已指出，逆修仪事在江户时代及之后的东京时代流扩的同时，因寺僧与民众丧事密切关联、寺庙与墓地的固定搭配与守护以及佛教的近现代化，逆修风气实已结束。晚期逆修与各种法事的结合，使人们误解了其在古代基本上是为自己的事实[2]。总之，日本所存古代实际材料证明其逆预修习俗远较中国为久为广。本文之所以不厌其烦地引用上述资料，是因中国学者习惯据中土因《十王经》携传逆预修与亡人斋之观念而引发的修行法事，推想日本等国的相近习俗，但实际上相去甚远。

（二）十王画等

1. 绢纸画作

A. 单幅图作

现存作品中有地藏十王同处一幅与分绘成组者，所以分而述之。大阪逸翁美术馆所藏单幅图像，是较早的镰仓时代之作，已颇具日本元素，或者说日本化了（图 6.2-3），属日本重要文化遗产。地藏菩萨坐于高大的台上，白色淡浅的

〔1〕日莲宗就曾积极参与侵华战争，至中国慰问侵华军队，参与修建伪满洲国一些所谓的纪念塔。

〔2〕［日］川胜政太郎《逆修信仰の史的研究》，《大手前女子大学论集》第 6 册，1972 年。

图6.2-3
日本大阪逸翁美术馆藏《地藏十王画》(采自《極楽へのいざない：練り供養をめぐる美術》)

莲花座十分突出，使暗色地藏似飘浮空中。其圆形背光之中隐有六个小圆圈，以暗纹书梵字。菩萨为露顶僧相，全跏趺而坐，右手下垂至膝腿而扶锡杖，左手抬起拿摩尼大珠，其中又升起一道云气宛转回折，云上小图象征天、人、修罗道等，白马表畜生道，饿鬼小像与镬汤地狱若隐若现。画面下部若有须弥山形，与岩石等托起分在两侧的诸众，最上有两天王举旗幡，善恶童子各抱卷簿，面若歌伎。此诸立像前却是十王坐像，无案桌无大椅，巾冠袍服，抱笏板。最前是一司录面向十王，展开写满文字的卷宗，状甚生动[1]。

能满院（JT57-001）藏南北朝时《地藏十王图》，单幅绢本绘画，高101厘米，宽51.3厘米。地藏菩萨居中圆轮而坐，侍从与十王分处两侧下方，簇拥而立，细部相当精彩，但两侍女形貌服饰具有较为明显日本特征，此图不应划入中国作品。

B. 组套十王

上文已言南宋时宁波（时称明州、庆元府）十王画在日本的流传。日本所存追摹再制同于宁波十王画者为数不少，至少有福冈誓愿寺镰仓绢本、镰仓建长寺室町绢本、宝福禅寺室町绢本、见性寺室町绢本、神照寺室町绢本、二尊院室町绢本、向岳寺室町绢本、根津美术馆室町时代绢本与长岳寺的江户纸本等。

上述庭审与狱罚之情形在日本摹绘的作品中仍有清晰的沿用，但并非所有画作都是如此。虽然王者、刑惩近似，但有些图中仍似庭前平地，如建长寺、神照寺、定胜寺藏画；有些明确为狱地云气或狱景，如见性寺、二尊院、福冈誓愿寺之绘作，保留了庭前狱景的明确特点。但这些图像也都为不同时代之作品，并无先后更替之状况，可见其功用之延续，且中阴与冥界的融混并非出于自觉意识。但据宋元画之前后阶段整体而观，可知其从中阴至冥界有状态之模糊性。以下分别介绍。

[1]《極楽へのいざない：練り供養をめぐる美術》，龙谷大学博物馆、每日新闻社、京都新闻社，2013年。

图 6.2-4
建长寺本《十王图》第九、一、六、四、三王（自右至左，原排 5—9，采自铃木敬《中国绘画总合图录》，下同）

庭审图景

镰仓建长寺（JT28-003）本为室町时代绢绘，共十一幅，额装裱式，题浅色“某某大王”于边[1]。其图景较简，庭前皆为审讯平地（图 6.2-4），似以奈博本或陆信忠画为基准而有减缩。地藏图为七尊幅，胁侍童子、官员、道明和尚及无毒鬼王，上有六道，下无狮子而有莲花。题“秦广大王”之图，形同奈博本但镜像反置，下为对押两罪魂。题“初江大王”图形同奈博本但下仅为押一位哀求者（形近金大受图中者），判官对其展卷。题“宋帝大王”图同奈博本但下为一卒拖两犯。题“五官大王”图有变化，下为妇婴（童子似持状纸卷）。题“五阎罗大王”图形同奈博本而镜像反置，业镜处有简化。题“变成大王”图举兽皮等皆同奈博本，仅少兽面吏。题“太山大王”图有形貌与镜像变化，下为笞足之刑。题“平等大王”图持秤官吏形同奈博本，下为砧臂刑。题“都市大王”图有押跪者与题“转轮大王”图皆同。但不是诸王面面对称，全套画中第五、六、八、九（有减省）、十王处大略对应前图上下形景，而半数之下景与上形置换，即以不同的庭审置换原套图中的搭配。由此可见，其手法颇似一种较大的模件，将上部的王者冥官与下部审断场景，视为两个单元加以置换，从而实现变化。日本此系组图与海住山寺、金泽文库、大德寺本之宋元十王画构成高度相似，且存榜题王序。建长寺本或也源于宋朝，其粉本流传有序。

神照寺（JT31-002）本为室町时代绢本画，共十一幅，尺寸不小，其首幅地藏仅绘一尊菩萨像，图亦稍小（图 6.2-4B）[2]。无榜题，造型等多从奈博本而来，另十幅图有遵从也有变化，只余庭审且简少，而无狱罚之景。庭审场景有所置换，也包括镜像变位等。依从王者情状，仍可比较排定其序。其一秦广王仍为无案坐像，前下有

〔1〕铃木敬《中国绘画总合图录》JT28 建长寺之一为地藏，二为平等王，三为初江王，四为转轮王，五为都市王，六为秦广王，七为变成王，八为五官王，九为宋帝王，十为阎罗王，十一为太山王。据奈博本王者姿态、神情、从官推定，下同。

〔2〕铃木敬《中国绘画总合图录》JT31 神照寺本高 105.5 厘米，宽 48 厘米，地藏幅稍小。其之一为地藏，二为转轮王，三为宋帝王，四为五官王，五为变成王，六为都市王，七为平等王，八为阎罗王，九为秦广王，十为泰山王，十一为初江王。

图 6.2-4B
神照寺本《十王图》第十与六王及地藏菩萨等（原列 1—5）

图 6.2-4C
定胜寺本《十王图》第一、二、八、十、六王（原列 4—8）

对押的立者与蹲者。其二王者近奈博本，其下仅哀求者与判吏，近同上述建长寺本。其三宋帝王处大致同奈博本，仅减押一人而留拖两人者。其四五官王处仅有一跪求者。其五阎罗王处仍有业镜，亦只减至牛头守镜狱卒押一犯。其六变成王处有披兽皮两组形象。其七泰山王处为妇婴。其八平等王处下为砧臂刑。其九都市王处下为笞足刑。其十转轮王有善男信女。

定胜寺本（JT39-001）为室町时代图本，更为简洁，共十一幅，颇近似上组。庭前全平地，屏风上题有本地佛与王名等（图 6.2-4C）[1]。图中诸王像表情颇有惊奇等状，有夸张化倾向。其一不动明王 / 秦广王仍为无桌案坐像，前下有笞足刑及戴枷观者。其二释迦佛 / 初江王正阅卷，屏风旁有执扇者，前下有对展卷判官求告者（同金大受画中形象）。其三文殊菩萨 / 宋帝王执笔书

〔1〕铃木敬《中国绘画总合图录》之 JT39 定胜寺本一为阎罗王，二为泰山王，三为五官王，四为变成王，五为转轮王，六为平等王，七为初江王，八为秦广王，九为宋帝王，十为都市王，十一为地藏。

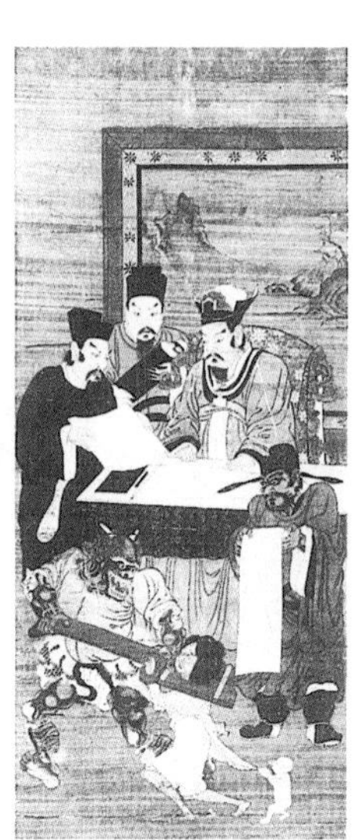

图 6.2-4D

根津美术馆藏《十王图》第七、一等王（原列 5—8）

写处前执审跪者等。其四普贤菩萨 / 五官王有持打等状。其五地藏菩萨 / 阎魔王持笔惊问，前下有牛头守业镜，一卒押一犯。其六弥勒佛 / 变成王处有执兽皮狱卒。其七药师佛 / 泰山王处执押一立者及一坐地者。其八观音菩萨 / 平等王之下有妇女婴孩。其九势至菩萨 / 都市王下有舌或丸刑。其十阿弥陀佛 / 五道转轮王处有一对善男信女。本地形象名称呈标准化。地藏幅菩萨之下只有鬼王、童子与狮子。画面均洁净，人物形象少。总括起来说，此套图造型为日本风格，诸王面容稍略似儿童，个别形貌还有点朝韩味。构成也简明化，但其构成图式依赖前图的程度很高，特别是王者情状姿态等，其下部审讯味浓，刑惩少，似无地狱景象，仍用一些交换变化的图景，如妇婴移至第八王处，还有第二、三、七王等处之变化，一起形成此套图之特色。

根津美术馆（JM12-083）藏图与上述大略相同，存十图而无榜题（图 6.2-4D）[1]。一秦广王处有对押，二初江王处有哀求者，三宋帝王处有拖两人，四缺，五阎罗王有处业镜，六变成王处亦有求者，七泰山王处有妇婴，八平等王处有砧臂，九都市王处有笞足，十为地藏菩萨六侍者图，无六道与狮子等。

融混审狱图

福冈誓愿寺（JT33-001）为最早期的镰仓绢本，存十幅，相当精美且贴近传来画本，但上方加有本地神佛，其旁题有十王专属偈句，画边并设榜题牌，书“某七日某某王”等，由此可明其排序。但进一步观察可以发现，其图中无论诸王、冥官与庭审、狱罚，既近于奈博本，更同于高桐院本，仅第五、八、九王名序未变，余皆更换，形成了有趣的交错关系，反映出作者是有意识地将王者并刑审换置于不同的榜题下[2]，说明了这批画难用一般次序对证的原因所在。其一七日秦广王为原奈博本初江王形象图景（图 6.2-5），二七日初江王为奈博本变成王形象，三七日宋帝王为奈博本五官王图，四七日五官王为原转轮王景，六七日变成王为原宋帝王景，三年五道转

〔1〕铃木敬《中国绘画总合图录》此套之一为转轮王，二为宋帝王，三为阎罗王，四为平等王，五为泰山王，六为秦广王，七为变成王，八为初江王，九为都市王。

〔2〕铃木敬《中国绘画总合图录》中序号与榜题不同。其一为三七，二为一年，三为三年，四为二七，五为五七，六为一七，七为三七，八为六七，九为百日，十为四七。

图 6.2-5
福冈誓愿寺本《十王图》第一、五、二、七王

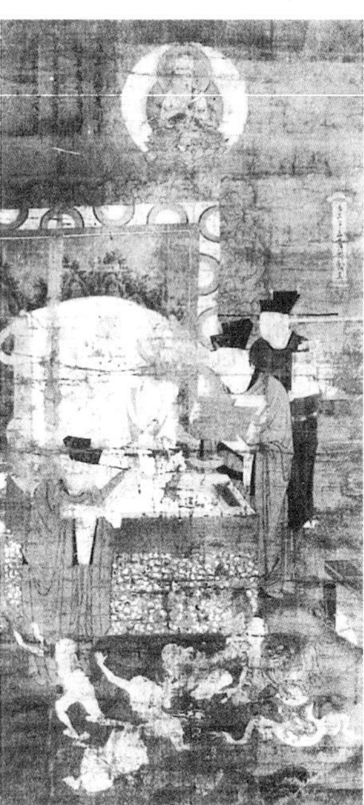

图 6.2-5B
福冈誓愿寺本《十王图》第十、六、八、四王（原排 6—9）

图 6.2-5C
见性寺本《十王图》第九、一、七、八、十王（原排 6—10）

轮王为原五官王景（图 6.2-5B）。而五七、百日、一年处未变，仅只在审讯、狱罚的组合中略加一些罪魂等。画面底部皆似高桐院本布云气岩石。现可见其庭前或平或奇，约有狱罚数景。

见性寺（JT105-001）本构图细高，省去屏风，本地佛圆明，既有庭审也有狱景，近宝福禅寺而稍有变化（图 6.2-5C）[1]。原有榜题实难辨清，其格式似先题本地佛后书诸王。其序可推断为一秦广王，有不动尊，无案，有立武将，有反向两舞女，下部犁舌地狱，但只见犁不见吐舌。二为初江王，有文殊，案前笞足刑，前为大岩及网窗。三为宋帝王，有普贤，案前狱卒监护，前有人央求状，岩云下为虎狗噬人的狱景。四为五官王，有释迦，小羊诉，下有五裸蹲者待狱卒持器扬臂打击。五为阎罗王，有地藏，案前业镜下有持双刀狱卒驱亡魂入剑树丛。六为变成王，有弥勒、披兽皮与牛等，下为扔亡魂入刀山。七为泰山王，有药师，案前妇婴，前下牛头狱卒等搅动镬汤沸水，旁外蹲裸身魂识。八为平等王，有势至，案前有似递状者，下为铁床等。九为都市王，有观音，案前笞足底刑与大火轮驱。十为转轮王，有弥陀，呈经者与下方铜柱拔舌等。总之，见性寺图与金大受笔《十王图》关系密切，其形象造型处理较宝福禅寺本更接近于美国哈佛大学赛克勒博物馆藏品，但景貌也有变换。惜其本地佛部分不够清晰。不过，诸王之案前庭审，其下狱景仍然明晰，虽然云气相隔未必那么周到，但诸刑景皆可划分。总之，见性寺冥王与庭审的组合明显是将金大受与陆信忠的作品合为一体，颇为有趣。

宝福禅寺（JT68-001）藏十一幅室町绢画本，是最为接近美国所藏金大受图者[2]，较为重

〔1〕铃木敬《中国绘画总合图录》之一为初江王，二为阎罗王，三为五官王，四为转轮王，五为变成王，六为平等王，七为都市王，八为宋帝王，九为秦广王，十为太山王。

〔2〕铃木敬《中国绘画总合图录》中此套十一图，现据奈博本与金大受本的诸王者处状态，除第一为地藏幅外，推断如下：二为初江王，三为五官王，四为转轮王，五为都市王，六为变成王，七为宋帝王，八为太山王，九为平等王，十为阎罗王，十一为秦广王。此套图下部审讯与刑狱近于金大受笔，但上部王者处除个别外，仍主要近同奈博本。日本学者宫次男曾有推定。《極楽へのいざない：練り供養をめぐる美術》中也有一种排序，但很难与其前后作品联系环扣。所以本书在比校以奈博本为主的诸王次序时，置入诸十王图考察，大体合理。

图 6.2-6
冈山宝福禅寺本《十王图》卷首地藏图幅（采自《極楽へのいざない：練り供養をめぐる美術》，下同）

要。虽无榜题，但见性寺本之本地佛亦可参考。其地藏、六道、无毒鬼王、道明以及庭前狱罚皆具（图 6.2-6）。第一秦广王处同陆信忠画，王前无桌案而前绘犁舌地狱之景（图 6.2-6B）。第二初江王处有受笞足或腿刑，前景隔出狱窗铁网，有卒刺入（图 6.2-6C）。第三宋帝王处庭有持狼牙刺、着深色衣之狱卒押一白衣者，云气前则有虎与大犬追咬饿鬼（图 6.2-6D），同美国波士顿大学艺术博物馆藏画。第四五官王处庭前有小羊诉，狱卒捉一魂，前有狱卒骑大虎皮，手扬法器恐吓蹲伏着的四五魂，同美国波士顿大学艺术博物馆藏图（图 6.2-6E）。第五阎罗王处业镜中有杀畜情景，云气中狱卒持双刀驱入剑树，但此图树画得过于清晰，直接进入法庭了（图 6.2-6F）。第六变成王庭上仍有披兽皮者，一牛低视，云团中有人被扔入刀山（图 6.2-6G）。第七泰山王处有狱卒牵戴枷妇女带婴孩，前整团云气中两牛头搅镬汤（图 6.2-6H）。第八平等王处庭上白衣者举状而上，前有铁床火蛇与捉魂处（图 6.2-6I）。第九都市王处案前正施碎膝刑，旁有两观者，前方整团云气中狱卒推两大轮火车驱罪魂（图 6.2-6J）。第十转轮王即同上，有善信奉经放光，但判官所称善恶簿与秤砣都很清楚（图 6.2-6K）。前方两柱烧钳拔舌，仅以一小段山峰隔柱后。此同美国波士顿大学艺术博物馆藏图，余多同美国纽约大都会博物馆藏图。

二尊院（JT37-001）藏室町时代绢本画，共十幅，高 99.4 厘米，宽 42.8 厘米。其本地佛像非常突出且精彩（参见图 6.2-2）。王者中虽仍依保留一位无桌案者，但次序有变化，现存刊序中第三王处有业秤，第八王处有业镜。上部本地佛所占位置亦较大，其佛与菩萨身形变化分明，所乘云气与光彩皆不相同，在十王画的组图之中，或为最精美者。二尊院此套《十王图》被推断为土佐创派大师行光所绘，用在了天皇的逆修仪式上，上文已述。这套图的本地佛非常突出，武将形态的五道转轮王引人注目。

向岳寺（JT60-005）藏图本为室町时代绢画，既有金大受与陆氏画笔之结合，也有些日本、朝韩之特色。每图皆有庭审与狱罚场景，又有本地佛绘于屏风旁圆轮之内，且有题记（图 6.2-7）。铃木敬《中国绘画总合图录》中此套图的排序与题记一致，或为唯一者。首幅题有“初

图 6.2-6B

宝福禅寺本《十王图》一

图 6.2-6C

宝福禅寺本《十王图》二

图 6.2-6D

宝福禅寺本《十王图》三

图 6.2-6E

宝福禅寺本《十王图》四

图 6.2-6F
宝福禅寺本《十王图》五

图 6.2-6G
宝福禅寺本《十王图》六

图 6.2-6H
宝福禅寺本《十王图》七

图 6.2-6I
宝福禅寺本《十王图》八

图 6.2-6J
宝福禅寺本《十王图》九

图 6.2-6K
宝福禅寺本《十王图》十

图6.2-7
向岳寺本《十王图》选（采自铃木敬《中国绘画总合图录》，下同）

七日秦广王不动”，仍为无桌案之王，庭前两舞女，边上一武人视之。下方绘奈河，有小身地藏菩萨救度、引路一妇女乘云形象（此近朝韩作品），河水中有龙蛇、溺者，岸旁坐夺衣汉，树上悬衣。“二七日初江王释迦”案前有砧锤膝刑，旁有两观者及下方推大火轮追逐（同大都会博物馆藏画）。“三七日宋帝王文殊”处，案前横一道云气，下为地狱城墙，内有猛火与兽，城门外有鬼卒与跪者等〔1〕。“四七日五官王普贤”处，有呈献经本的善信者与持业秤的官员，其下若饿鬼抢食及拜灯景象。“五七日阎罗王地藏”处，有业镜，下为犁舌场景。“六七日变成王弥勒”处，仍为牛与披兽皮者等，隔云气、岩石，有被掷入刀山狱者。“七七日泰山王药师”处，无庭审，案旁有云气、岩石，且场面有趣，两乘云兵将持兵器下击，下方有掌弓上射鬼卒与阿修罗及小鬼、毒虫蛇等，似争斗景。“百日平等王观音”处，有两羊形小兽正哭诉，下两鬼王手臂扬举为旋风状，下卷数身裸蹲罪魂等。“一年都市王势至”处，庭有妇婴，云气下有目连或地藏、众小孩及边上小五轮塔坟墓地等，明显具有日本地藏救度堕胎童子之特色。“第三年五道转轮王阿弥陀佛”处，两小鬼捣搅镬汤小锅，另一鬼向下倒箕，一小云堕下，下方两若飞天状云朵，但内似饿鬼形，似表达投生六道中之景。

长岳寺（JT89-001）所藏则为江户时代的纸本绘作〔2〕，多竖长，共九幅，其四幅有两王，二幅独王，稍显特殊（图6.2-7B）。首幅为地藏菩萨领侍从、众人接引之形式，颇具后期之特点。其下部多山岳，含地狱景象，也有奈河与猛火等，屏风上方各画本地佛，中有榜题，桌前似庭审景，形成非常独特的晚期十王组画绘作。总括来看，先一独幅王者，下有奈河，菩萨形较大而

〔1〕有跪地形象略似地藏，但很难看清楚。

〔2〕多据［日］铃木敬《中国绘画总合图录》。有镰仓建长寺本（JT28-003）、神照寺本（JT31-002）、福冈誓愿寺本（JT33-001）、和歌山总持寺本（JT34-003）、二尊院本（JT37-001）、能满院本（JT57-001）、向岳寺本（JT60-005）等。此系列图录中诸王次序，前注中都有订正。

图 6.2-7B
长岳寺本《十王图》选

王者较小，其后两王处有妇婴等，下多猛火，再一图则具业秤与业镜。后续独幅王者，之后两王下有火轮及山景，终末两王处似有军阵对应。此种特殊构成，应为适应建筑布局而设定，大致体现地狱景象拓大之趋势。

前述组图的庭审与狱罚融混之景，其中数组具有本地佛，且承续金大受本之传统，总体上更有特色。其构成也反映出既以王者为单元，也以审罚为单元，加以交错置换的特征。具有榜题、本地佛的组图更证实着这个根本特征的存在，这也意味着从传统图像志标识方法来辨识宋元及日本十王画是行不通的。实际上，宋元与日本十王画的辨识，必须以"单态王者"为标准，即以其中每位王者的态势及其与从官眷属的组合为基本单元，配合庭审或狱罚，辅以本地佛与榜题，才能将所有十王画组合起来，进行类比与分别，区分为庭审组与狱罚组，并可见出狱罚渐成主流之态势。结合宋前与元后的情况，即可明了其完成中阴与冥界之融混，以冥界代替中阴的根本变化。倘若离开佛教信仰中基本背景之变化以及图画中种种复杂因素的主次变动，就难以把握最重要的本质脉络，对细节的说明也会失之毫厘差之千里，只及皮毛。如有文阐述十王画的对称，说排列次序为依昭穆制度，此说其实相当勉强而少深度，只举数例，难以说明全状。在数十套组画中，有些具有榜题，可以证明其奇偶数对称，而另外一些组画中十王诸王面部朝向并非严格对称，画中王者与背景亦多有打乱之举，实质原因就是其以王者部分与庭罚部分相互错置，而较严整的粉本移用还在其次，所以才能构成丰富多变而非呆板的制式。

京都壬生寺的《十王图》等，也可肯定为日本寺院所摹绘的作品〔1〕。

---

〔1〕如上注《極楽へのいざない：練り供養をめぐる美術》、《聖地寧波：日本仏教1300年の源流》等图册，《中国绘画总合图录·续编》JT189-001 等图。

表 6.2-3 日本存《十王图》序次与审罚特征表

	一秦广	二初江	三宋帝	四五官	五阎罗	六变成	七泰山	八平等	九都市	十转轮
一	庭审图景组									
镰仓建长寺	秦广	初江	宋帝	五官	阎罗	变成	太山	平等	都市	轮王
	对押	哀告	拖二	妇婴	业镜	披兽皮	笞足	砧臂	击打	善信
神照寺	秦广王 同奈一	初江王 同奈二	宋帝王 同奈三	五官王 近奈四	阎罗王 同奈五	变成王 近奈六	泰山王 近奈七	平等王 同奈八	都市王 近奈九	转轮王 同奈十
	对押	求告	拖二人	打跪者	业镜	披兽皮	妇婴	砧臂	笞足	善信
根津美术馆	秦广王 同奈一	初江王 同奈二	宋帝王 同奈三		阎罗王 同奈五	变成王 近奈六	泰山王 近奈七	平等王 同奈八	都市王 近奈九	转轮王 同奈十
	对押	求告	拖二人		业镜	哀求打	妇婴	砧臂	笞足	善信
定胜寺	秦广王 同奈一	初江王 阅卷	宋帝王 同奈三	五官王 近奈四	阎罗王 同奈五	变成王 近奈六	泰山王 近奈七	平等王 同奈八	都市王 近奈九	转轮王 同奈十
	笞足	哀求	审跪者	持打	业镜	兽皮	执押	妇婴	舌或丸	善信
二	融混审狱组									
福冈誓愿寺	一秦广 同奈七	二初江 同奈一	三宋帝 同奈六	四五官 同奈三	五阎罗 同奈五	六变成 同奈二	七泰山 同奈十	八平等 同奈八	九都市 同奈九	十转轮 同奈四
	妇婴	笞足	兽皮等	捉拖	业镜	火丸等	善信	砧臂	刀山	火蛇
	佛	明王	佛	佛	地藏	菩萨	残	菩萨		菩萨
宝福禅寺	一秦广	二初江	三宋帝	四五官	五阎罗	六变成	七泰山	八平等	九都市	十转轮
	两妇 犁舌	笞足 狱窗	求告 虎狗噬	两羊 乘虎皮	业镜 追剑树	披兽皮 刀山	妇婴 沸汤	递状 铁床舌	剜膝 火轮	善信 拔舌等
见性寺	一秦广 不动	二初江 释迦	三宋帝 文殊	四五官 普贤	五阎罗 地藏	六变成 弥勒	七泰山 药师	八平等 观音	九都市 势至	十转轮 弥陀
	二妇 犁	笞足 狱窗	求告 虎狗噬	羊诉 击群伏	业镜 追剑树	兽皮 刀山	妇婴 沸汤	递状 铁床	鎚膝 火轮	呈经 拔舌
二尊院	秦广 不动	初江 释迦	宋帝 文殊	五官 普贤	阎罗 地藏	变成 弥勒	太山 药师	平等 观音	都市 势至	转轮 弥陀
	奈河桥	呈经 虎狗噬	妇婴枷	业秤	业镜	椎击	刀山等	砧臂等	兽出	缉捉
向岳寺	秦广 不动	初江 释迦	宋帝 文殊	五官 普贤	阎罗 地藏	变成 弥勒	太山 药师	平等 观音	都市 势至	转轮 弥陀
	奈河桥	砧膝 火轮	地狱城 地藏	秤 呈经	业镜 犁舌	披兽皮 刀山	二兵将	小羊等 地狱火	妇婴	镬汤
长岳寺	笞足	火蛇卒		火丸	业镜	兽皮刀		砧臂	炮烙	善信
	笞足	追捉补	妇婴补	火蛇卒	业镜	兽皮	妇婴	砧臂	对押补	善信

表 6.2-4　日本悼亡仪式十三佛

一七	二七	三七	四七	五七	六七	七七	百日	一年	三年	七年	十三年	三十三年
秦广	初江	宋帝	五官	阎罗	变成	太山	平等	都市	转轮			
不动明王	释迦如来	文殊菩萨	普贤菩萨	地藏菩萨	弥勒菩萨	药师如来	观音菩萨	势至菩萨	阿弥陀佛	阿众如来	大日如来	虚空藏菩萨

C. 本地佛菩萨

十王画中增本地佛，是日本十王信仰本地化的最根本特征，不见于中国与朝韩之作。中国唯有个别如大足宝顶石刻将十斋日与十王合龛；日本部分图组中出现本地佛，既有文字表达也有图像表现，甚至于有很突出的强调，如二尊院之《十王图》。

总之，日本的本地佛确实有自身的特色，虽然或多或少与起源地有一些关联，但文化中的符号性以及内涵都不太一样，其密宗色彩更为浓烈一些，如金泽文库本、二尊院本、福冈誓愿寺本、向岳寺本、长岳寺本等。上述各本的本地佛实质上在内容方面还有增加，如发展到十三佛（配合三十三年忌），可以说已经走到了极端。

这种信仰被归为室町时代的民间信仰，其认为十三佛菩萨垂迹化现，种子字入冥司忌，现身为十冥王，以救阴途[1]。我们在《十王图》上所见的本地佛，大致符合下表（表 6.2-5）。但其间也有变化，如金泽文库本中文殊、普贤列于后两王处，可知其间有所演变。

本地佛是和风化与本地化的重要特征。金泽文库所藏五幅十王图轴中，就配有本地佛。此五图所绘为后五王，即变成王配药师如来，泰山王配观音菩萨，平等王配势至菩萨，都市王配普贤菩萨，五道转轮王配文殊菩萨，均以小像画于图上方。画面上所出现的本地佛，其形态虽不大，但从画面构成来说，已经形成了日本特色，在中土很少见到。此样式是中土所传还是日本增绘，学界曾有不同意见。石守谦《有关地狱十王图与其东传日本的几个问题》曾重点述此。学界基本达成了本地佛是日本《十王图》和风化之体现的认识，西上实的论文《十王图の展开》就此提出观点：金泽文库所藏此图来自中国（陆信忠作），因而此特色亦源出中国。而更仔细地查核金泽文库这套图册，笔者认为，西上实提出此观点，有很大商榷余地。十王配置本地佛并非始于日本，而是依据中国观念所作，这是一个很大的问题，会动摇此前研究的基础。所以，石守谦就此也作探考，从此五幅的风格入手，否定其为中国直接传入而是日本稍晚的摹作，加配了本地佛，这才符合情理。五图虽有陆信忠题名，但应是日本画家仿摹而制。更有意见指出，此五图配置本地佛并非最为典型，应是日本早期配置之例子[2]。实际上，从中国输入后增配之初例，可以香川法然寺《十王图》作品为代表——非画出而是书写出本地佛之名，很是自然。

本地佛是日本自身《十王图》之基本特征，可谓定论。但就其产生之原因，笔者还可提出一些佐证，即日本《十王图》中本地佛可起到图像标志之作用。从宁波输日的十王画中，图像标志

〔1〕参见丁福保《佛学大辞典》“十三佛”条目等。

〔2〕前注石守谦《有关地狱十王图与其东传日本的几个问题》论文内“金泽文库所藏冥王图的问题”一节。

表 6.2-5 本地佛（日本悼亡十三佛中前十位）

时	一七	二七	三七	四七	五七	六七	七七	百日	一年	三年
王名	秦广	初江	宋帝	五官	阎罗	变成	太山	平等	都市	转轮
本地	不动明王	释迦如来	文殊菩萨	普贤菩萨	地藏菩萨	弥勒菩萨	药师如来	观音菩萨	势至菩萨	阿弥陀佛
金泽文库						药师佛	观音菩萨	势至菩萨	普贤菩萨	文殊菩萨
法然寺	本地不动	本地释迦	本地文殊	本地普贤	本地地藏	本地弥勒	本地药师	本地观音	本地势至	本地弥陀

严重缺失。由于母题相互交换，从而为商品画的制作提供了更为丰富而便利的组合，可较快地以多种面貌实现作品的完成。例如，根津美术馆所藏存十幅室町时代绢本画，高 94 厘米，宽 41 厘米，图中亦无榜题，其明显具有将之前的陆氏画坊作品中的王者与庭审场景错位变换之特点。如其将奈良国立博物馆藏本之第一秦广王的笞击刑惩换至第九王处。此套图中原缺一王而有具六侍地藏菩萨像图。当然，这需要将其符号化以及形成需求，在一定程度上只要有十幅图就可以作法事，就可以作预逆修，并作亡人斋，并不一定必须具备业秤与业镜等。但是，这样的图作太多，仍会带来不便。而本地佛在画面上出现，可以有效地缓解图像标志缺失的问题，甚至还不影响十王画中王者与庭审、刑惩诸元素的变换使用。如果有本地佛，无论僧俗、观者或用者，都可以轻易辨识十王的身份，起到易行法事程序的功能。

总之，日本十王画继承舶来宋元十王画而拓增之，一方面是增本地佛，更主要的是交错换置十王诸单元，使王者姿态与庭审狱罚变换，引发庭审组与狱罚组融混，实际亦展现了由中阴向冥界的变动。

日本十王画绘作延续至晚期还出现了版刻图文形态，如《十王赞叹修善钞图绘》，有嘉永年间（1853）等刻本流传。其中王者形貌，可以清楚地见到，比之绢本画中诸位王者之貌状，也有一些新的创意增变。

2. **六道绘**

六道绘可以说是最具有日本本地化特色，且有较大范畴与类型的作品。从题目看来可以说是绘各种轮回的图像，其中也包括了六道轮回之种种（有不少包含十王在内），也有专门描绘某一道者，如饿鬼草纸、地狱草纸等。轮回图最纯粹的本来形式是五趣生死轮，律藏（毗奈耶藏）中有清楚的描述，印度阿旃陀石窟群即存实图，藏传佛教寺院多有画之，但汉地所存者极少，更多表现在《十王经图》中，日本六道绘应从此系而来，并展拓出饿鬼纸草等。

现存六道绘有多件珍品，如京都国立博物馆藏品、出光美术馆藏品，还有地狱草纸、饿鬼草纸、病草纸等等。现选数件加以介绍。

东京出光美术馆所藏室町时代作品，绢本着色，共有六幅（图 6.2-8、8B）。第一幅上有两位冥王，前方似有汤镬等，下有奈河桥等景象，水中有大蛇，地藏菩萨于桥上引人过河，又于最前方呈救度状。第二幅上方亦二冥王，下有大火，围城内受刑者众多，地藏亦以锡杖破之。第三幅上有三冥王，居中王者较大，前有大业镜，接大业秤，又有动物及灌热铜汁刑、犁舌等地狱之景。第四幅上亦三冥王，中有观音菩萨，放光，有莲花化生升起，下仍为地藏持锡杖之慈悲行。第五幅上有弥陀佛放光，旁下有众多兵武军将执器与修罗争斗等情状。第六幅上为阿弥陀佛与两菩萨，画中虽有很多宫殿楼阙，表达的却是僧俗

图 6.2-8

出光美术馆六道绘上三幅（采自《極楽へのいざない：練り供養をめぐる美術》，下同）

图 6.2-8B

出光美术馆六道绘下三幅

图 6.2-9
大阪水尾弥勒堂六道绘右幅

图 6.2-9B
大阪水尾弥勒堂六道绘左幅

人众面临死亡与送葬等情景，正是西方三圣之接引情景。

有些六道绘上部有十王，下部画诸道情形，如大阪水尾弥勒堂藏镰仓时代绢本画，其右幅题有诸七日及本地佛菩萨名（图 6.2-9），左幅题后四王（图 6.2-9B），中间一图佚失。原存三绢本，现仅余两幅。奈河、镬汤、地藏及少许庭审场景等都在画上出现，是与十王图画很接近的六道绘。

再如兵库县中山寺藏江户时代的六幅纸本六道绘，有天道绘与人道绘，以及四种含有地狱的图绘，尺寸稍有不同。其十王含地狱幅（169 厘米 ×144.2 厘米）有红衣王者与业秤及饿鬼等。阎罗王含地狱幅（172.8 厘米 ×147.4 厘米）中，阎罗王正襟危坐于中上方，两侧有侍从、文官、武将、辅臣及童子。其前方有大业镜与判官宣判场景，还有人头幢等法器。地藏菩萨救济幅（164.2 厘米 ×142.4 厘米）亦含地狱，菩萨持锡杖宝珠行立上方，脚下有很小的人横列。画面中段两边有水火，中有官员，前有镬汤及火刑等。而饿鬼道幅（164.7 厘米 ×141.1 厘米）亦含地狱，画有诸多内容。天道幅画有天上宫阙等景，人道幅画人间村落等景，有人间不净相与人间无情相。由此可知其六道绘并非一道一绘，而是地藏救度与十王分治以及地狱、饿鬼等，没有明显的畜生与修罗道。

六道绘中单独画的地狱草纸与饿鬼草纸很是流行。其图绘较为随意，多逸笔草草之态势，形态非常生动。如东京国立博物馆藏安住院本地狱草纸（平安至镰仓时期）已属国宝。东京国立博物馆藏饿鬼草纸为河住家本，时代相同。此两种都有江户时代的摹本。另外还有十界图，内中也有冥王图，有些内容与我们所见十王图情节或局部一致。

日本绘作中还有《遣迎二尊十王十佛图》，如冈山木山寺的镰仓时代《遣迎二尊十王十佛图》，绢本色绘，121.2 厘米 ×56 厘米，为释迦如来鼓励离开此岸之勇气，阿弥陀佛迎极乐净土。下方有本地佛八尊与十佛相应。

（三）习俗见及

江户时代的日本，在大阪以及江户地区曾流行一种《怀胎十月歌》，内容是讲胎儿在母亲腹中之成长，每个月变化的形状同于某种法器，因可联系某佛某菩萨为保护神，最奇妙的是其保护神与十王画中的本地佛基本一致〔1〕，也与中国、朝韩的父母恩情表述有着某些联系。日本曾流行一种木偶表现节目，由竹田络缫戏班来表演。18 世纪中期，江户的茸屋町有此戏班传人辰松八郎兵卫之演出，经《机关千草之实生》记录，可知此提线机关木偶演出了十月怀胎中之法器与守护神。

表 6.2-6　守护神与法器对照简表

一月锡杖 不动明王	二月独钴 释迦如来	三月三钴 文殊菩萨	四月　铃 普贤菩萨	五月人形 地藏菩萨
六月　筋 弥勒菩萨	七月五体 五轮 药师如来	八月胞衣 脱离 观音菩萨	九月势至 势至菩萨	十月诞生 阿弥陀如来

类似而更早的故事，在净琉璃《熊野之本地》，特别是《熊野之权现记五衰殿》中也有表达。虽然是述说中印度摩揭陀国国王与王后的故事，具体内容却是同于上述，细节处有些变动。这说明，早在 16—17 世纪日本的演出本已经有所显示。日本学人对此已有不少探讨，研究其源流成立的状况等。

最有趣味者即其要素，中国与朝韩都有，但却是不同的构成、在不同的体系之中。朝鲜巫医神歌中也有此类歌事，还可以追溯至更早的中国目连戏、父母十恩德、十王信仰及斋日佛等。关键即在中国这几个信仰事项都是依不同的门类组合发展的，内涵特色各自独立，没有日本那种联系。韩国亦同，虽也流行，但无此种联系。当然，它们在内容上有着种种相似，包括国内有辽宁建平等地的“十王会”，即十王会之音乐形态一直在流传，且具民族音乐之特色〔2〕。

通过以上这些线索的考察，我们可以知晓十王信仰包括与其密切相关甚至共生的逆预修事等，都在更广阔的层面上流行、飘动、迁移与变化。连同以下将要述及的朝鲜半岛的十王信仰，也是一样，仍会产生种种多彩的变化，而不仅是在一条线索上延续流传。看似相似的内容与形式，却有不同的内涵与艺术表现；看似不同的事项之内容与形态，却有着近同的内涵与艺术表现。如此种种，启人深思。

小结

总之，逆修在日本的流传时间既早且范围很广，它并不是与《十王经》及十王信仰共同传播的，与中国的情况有很大不同。虽然宋时传入十

〔1〕［日］诹访春雄著、岷雪译《“怀胎十月歌”在日本、朝鲜和中国的流传》，《民族艺术》1996 年第 4 期。

〔2〕杨久盛《“建平十王会”调查报告》，《乐府新声（沈阳音乐学院学报）》2007 年第 4 期，第 78—83 页。

王信仰后也有融合，但总体与国内的逆预修与亡人斋一并由《十王经》之传而展开不同。当然，中国也有一些早期逆修之例，时在盛唐，略早于海东，但远不如日本上层这样广泛且延续。所以，对日本的逆修、亡斋及十王信仰，绝不能以国内情况来推想并顺研之，否则只能见到部分线索而失却全局。北宋传《八阳经》《地藏经》与《十王经》，较为合理。但现存经本年代略晚，无论是高野山抄摹本还是朝鲜刻写经，从高丽至朝鲜传入较多，特别是古本，高野山、两足院本应与朝韩有关系，增出众多从官神祇是一条有趣而新颖的线索。

宋元十王画最重要的是中阴与冥界的融混，即十王位置从中阴转至了冥界。模件中母题交换，王者、庭审与狱罚的交错对画坊非常有利，此与法事背景构成的十王身份的模糊、图像标志的缺失，非十王分治与平权所能给予解释的。日本十王图中本地佛的增入，既是和风化，更是图像标志。由以上考察才能真正认识中土乃至东亚冥界的形成。

第三节 朝韩漫延

朝韩之地藏菩萨信仰有很深的民众基础，其地藏信仰演进先后略有变化。

据研究，仅隋唐时期新罗来华的佛教僧侣，总数已逾百人〔1〕。有些未见于朝鲜史籍，有些出身新罗王族，如无相、无漏均为新罗王子，还有武烈王八世孙的无染，以及入唐送金银像、巡礼并道谢的金宪章、宝川、金能儒、金义琮等。大名鼎鼎的玄奘弟子圆测在《宋高僧传》被记为新罗王孙，但韩国史料的记载则不同。来华僧人中，既有缘成九华地藏道场的金地藏，也有与地藏信仰关系密切的圆光以及神昉与慈藏等人。

新罗人圆光，其事迹繁多，曾来华，归国后，撰写《如来藏私记》《大方等如来藏经疏》，常讲大乘经典，最重要和突出的是定“世俗五戒”和创置“占察宝”。他辞世后，其占察法由真表律师等人传承，延续至新罗末年。而真表律师确系弘传占察法的大师，既继承了地藏菩萨经教，又延续了地藏信仰。一然所作《三国遗事》中有两段提及真表律师事迹：一为《真表传简》，一为《关东枫岳钵渊薮石记》。两者虽稍有差池，但都有得到弥勒、地藏与地圣传戒、授占察法与骨简的内容。据此，占察法虽由圆光传来，但主要还是依《真表传简》得以传承于新罗。

《三国遗事》还说慈藏来华参谒五台山，回国后在溟州界五台山结茅，使之成为圣地。其《台山五万真身》《溟州（古河西府也）五台山宝叱徒太子传记》说净神大王、新罗太子兄弟宝川、孝明二人，同隐入五台山分结草庵、修业瞻礼，在南台见八大菩萨为首，一万地藏菩萨常居，其余东台、西台、北台和中台也有观音、势至、文殊万身与五百罗汉居住。宝川归位为王后专设供养，遗言在南台设地藏房，安圆像地藏及赤地画八大菩萨为首一万地藏像，以福田五员昼读《地藏经》《金刚般若》，夜念《占察》礼忏，结“金刚社”。其余东台、西台、北台和中台也各有供奉。

神昉也是新罗入唐僧人中极有造诣者，见述于《开元释教录》卷八及《东域传灯目录·弘经录一》，朝韩史传资料反而不详。他是玄奘大师的高足与助手，与嘉尚、普光、窥基并称为四

〔1〕黄心川《隋唐时期中国与朝鲜佛教的交流——新罗来华佛教僧侣考》，隋唐佛教学术讨论会编著《隋唐佛教研究论文集》，三秦出版社，1990年。

哲，有“大乘昉”之称。他曾助玄奘译过多部经典，永徽二年（651）玄奘师译《大乘大集地藏十轮经》，神昉为之作序。

朝鲜半岛的地藏十王信仰也很繁盛，其盛行流播与大陆传输有直接关系，如《十王经》经本就有高丽与朝鲜刻印并流传于日本等例[1]。但信仰播扬也有回向流动，在新罗王朝时，就有僧人来至中国九华山——即法名地藏、现称为金乔觉者，于地藏道场的形成有巨大作用。

朝鲜半岛的十王信仰，从图像方面看也有丰富的遗存与传承，主要有高丽佛画与朝鲜王朝佛画。高丽佛画上文已经有所提及，其作品多藏于日本、欧美博物馆[2]。而朝鲜王朝佛画，则既可在各国博物馆观看，也可与现存寺殿藏画结合而看。地藏十王图像作品有单幅全图与分幅组画形态，单图与套画也可以组合而共读供用，若在寺殿则应结合陈设的情况。朝鲜佛画特色还在其发展出“甘露帧”——初看仅是以施食饿鬼为主题，实则包罗万象，即是朝鲜半岛的水陆画。以下就经图、十王画与甘露帧分别叙述。

一、经刻前画

（一）海印寺高丽本

一般研究中土《十王经》时，也会言及韩国（朝鲜王朝等）所传刊刻经本等，笔者此前论著也曾说及[3]。近来亦有一些专文探考，尤其针对含众多神祇的具图刻本，如探考韩国存两种《十王经》之文[4]。论文就朝鲜刻本众多神像图之渊源深入考察，且明其《冥道传》来源。其主要考察者为两种朝鲜刻本《十王经》，分别出自韩国全罗南道潭阳郡的证心寺与顺天郡的松广寺，时间相当于明末清初，具有当时干支纪年之题记。而且此两经均与《寿生经》同刻，并置于经忏科文组合——《预修十王生七斋仪纂要》中。其最大的特点就是在经文前增附了很多以图画表现的鬼神冥官像。简言之，即从朝鲜时代刊刻之《预修十王生七经》本中，发现其十王具有很多随从冥官，远较中土所绘者为多，由此认为形成了异本，并查出这些从属冥官来自《冥道传》的故事。但究其实，朝鲜诸绘本《十王图》均有诸多冥官，且诸多鬼王来源先现于高丽海印寺刻经、进可追溯至《地藏菩萨本愿经》。

上列经本增出如许丰富冥官——每王约随十二位（个别图中稍少）——所据为何呢？有一类似道明和尚《还魂记》的冥报故事，文意说瓶沙王在世时，年年供奉十王，共达四十九年，但竟遭地府夺命。瓶沙王于冥界申冤，回复说其只供奉了冥王，未供养侍卫随从，因而得此报应。瓶沙王声称不知冥官数目，随即得到一份详目。还阳后，瓶沙王依此而行，获得好报。从此，供奉冥司诸官流行开来。这种故事套路很常见，如中土地藏披帽、十王生日等相关故事，莫不如此。

不过，这类具众多冥官图像之经本，是否全

[1] 我们有些学者在研究早期佛塔所藏《十王经》本时，就依赖于日本《卍续藏经》刊本，实即朝鲜刻本。

[2] 例如浙江大学出版社在2008年曾推出《宋画全集》，继有《高丽画全集》（欧美藏品卷、韩国藏品卷、日本藏品卷），前者2019年已出，余亦在出版过程中。其欧美博物馆、韩国本土，都没有日本收藏之多。

[3] 笔者《地藏信仰研究》与《〈阎罗王授记经〉缀补研考》等文已说及韩日《十王经》刊印本等，但未详论。韩国海印寺雕印具有版画的《预修十王生七经》，曾收藏于松本文三郎教授的“佛教徵古馆”，以后移至京都大学人文科学研究所。

[4] 伍小劼《韩国藏〈十王经〉异本初探》，《文献》2019年第3期。其文将此经定为另一系统，恐稍过其实。《十王经》常用于斋会，韩存经本经文前虽增出诸多鬼神冥官像，但时地不同者所用斋会请神也并不同，如敦煌斋会所请，亦非仅有十王。另其文仅言《卍续藏经》用其题记而漏录失察重要人事线索信息，即未核查之署名者皆李朝重要人物。更重要者是对图文源流内数种相关绘本等未加追索，如极重要之海印寺的寺刊《十王经》等，因此其结论仍有欠妥之处。

不同于其前经本，是突然出现的新经本呢？非也。实际上，与高丽王朝雕印《大藏经》同时或较晚一些出现的《十王经》本，就有上述经前的众多鬼王冥官，亦含十王之配图，可以说是标准的转变过渡形态，却未得伍小劼论文之研究关注。我们知道，一般而言，具图《十王经》本原先主要为诸王者配图，但此朝鲜刻本经内无图、经前增设十王图版添附众多随神，而韩国海印寺的寺印《十王经》则经前列诸鬼王判官、经内十王的两种图绘形式都有，而且雕刊精美远超朝鲜经本。所以，此事要从高丽时代刊印《大藏经》说起。高丽刊印《大藏经》有三次，初雕于1011—1082年，续藏刻于1090年，经版俱毁于1232年，存世稀珍。再雕时当1236—1251年，八万经版存于韩国海印寺至今〔1〕。韩国海印寺此《十王经》为寺刊印本而非藏经本，近同寺刊经本具有肃宗四年（1098）题记《华严经》，但这部《预修十王生七经》之年代应在公元1246年，属高丽刻本无疑（图6.3-1），其后两世纪才进入刊刻此经的相对集中阶段〔2〕。而日本建仁寺两足院也存此经古本，年代虽不明，从其文字内容来看，实应近同于朝鲜刻本。

韩国海印寺本寺所刊刻《十王经》，具有128个或更多神祇〔3〕，即经文前增八图、刊出从属四十六位判官、三十五位鬼王、四位将军、六位使者以及其他神灵如立监斋与直府使者等（图6.3-1，并参见图3.3-24），已具后世朝鲜刻本之基本内容，从其中阎罗王的图景来看，已是特色十足（图6.3-1B）〔4〕。王者冠服持笏板坐案后，桌上铺纸卷，两旁善恶童子，侧后方两帜飘扬，旗下两鬼王、四持笏判官，及一展卷吏。两善信持经塔而立。两狱卒押两裸身跪捆之罪灵，仰望桌案前业镜。小身形地藏菩萨也来殿厅。画前刻《十王经》阎罗王偈赞。此画面从官多人，身份形貌近同朝鲜刻本经前画，且颇同日本高野山宝寿院本。如上所述，高野山宝寿院本可属此系列〔5〕。韩国海印寺此《十王经变相》诸王图皆元素丰富，如太山王与五道转轮王（图6.3-1C、1D）等，而朝鲜刻本多不用，只取经前后图，但高丽绘画中却有明显对应。日本静嘉堂文库所藏的一套十王绢画，上述有文列为中国作品者，已然具有众多附属神祇，其中判官就有五十一身，其余神祇亦多，由此当知所据。朝鲜时代的诸多十王画作，无论单幅地藏十王、多幅地藏十王套组画中，都存众多从官眷属，尤其是三目鬼王等，特征都加以表现。这些情况都说明，具有众多从官神祇的十王信仰画，应有更早的源头与更宽广的传播范围，不止于这两种现存的朝鲜刻经。

〔1〕见诸佛教辞书，如《中华佛教百科全书》"高丽大藏经"：近代发现《高丽藏》初雕版，日本则发现520卷、南禅寺正因庵存有七经。《高丽大藏经续藏》则松广寺、高丽大学图书馆存若干卷，日本东大寺藏40卷，真福寺藏4卷。

〔2〕［韩］朴相珍，［韩］金宰民、［中］张琳译《木刻八万大藏经的秘密》，浙江大学出版社，2013年。其中提到寺刊《华严经》（1098）但此经年代并不能明确。［韩］金知妍，敖英译《巫俗信仰反映的佛教十王》（《宗教学研究》2016年第1期，第120、121页）内明确列出海印寺的寺刊《十王经》是1246年。据其总结，朝鲜刻印此经的小高潮是在十五、十六世纪，达六种。而［韩］权志妍（Cheeyun Lilian Kwon）《灵验的冥界：中古时期中韩十王画的演变》（*Efficacious Underworld: The Evolution of Ten Kings Paintings in Medieval China and Korea*, University of Hawaii Press，2019）明确刊出海印寺此经变相为1246年，属韩国国宝406.10号。

〔3〕据前注著作表中所列，海印寺每位王者处出现附录人数为11至16不等，包含善恶童子、执旗鬼王与狱卒、善信与恶魂等，共达136位，加上经前鬼王判官就可达200以上了。

〔4〕周炜《日本静嘉堂美术馆藏中世纪佛画〈十王图〉考释》，《收藏家》2008年第2期，图17、图19、图20。但图注误为日本海印寺。

〔5〕高野山宝寿院存古本抄绘经有宽永四年（1628）的修改题记，当然会有更早来源，但其从属众官与善男信女及刑罚等图像与海印寺本皆高度对应，可知属此系统。此组画中特别容易混淆者是其善男信女形貌较大而近同从官，多成组站立。

图 6.3-1

海印寺本《十王经变相》诸鬼王图（采自韩国东国大学佛学资料网站 http://kabc.dongguk.edu/search/list，注明者外下同）

参见图 3.3-24

图 6.3-1B

海印寺本《十王经变相》阎罗王图（采自权志妍《灵验的冥界：中古时期中韩十王画的演变》）

图 6.3-1C
海印寺本《十王经变相》太山王图

图 6.3-1D
海印寺本《十王经变相》转轮王图

图 6.3-1E
海印寺本《十王经变相》使者图

（二）朝鲜诸寺刻本

朝鲜半岛十王信仰重要的系统性特色，应从经本与艺术图像得到更多注重与探考。譬如，朝鲜刻经中全罗南道之丽川兴国寺藏本，其版画图像等方面也有很多信息，所以韩国美术考古所《美术史学志》曾有专刊介绍《丽川兴国寺与佛教美术》[1]。而上述诸多鬼王等特点，在此刻本上也得到延续，而且有更丰富的表现。（参见前图 3.3-25，朝鲜瑞石山证心寺本秦广王）

朝鲜两种刻经的开刻年代已明，证心寺本有抄录成化题记（1469）与开板干支纪年（1521）[2]，而松广寺本题记则在万历四十六年（1618）。实际上，成化题记与《卍续藏经》本的节录题记相同，可知《卍续藏经》所刊印者与此

〔1〕韩国考古学美术研究所《丽川兴国寺与佛教美术》刊《佛说预修十王七生经》，《美术史学志》第 1 辑，1999 年。笔者多年前在韩国参加学术会议时获读，现复印其中版画部分。

〔2〕伍小劼认为证心寺版题记于成化五年（1469）、开板于正德十六年（1521）。但金知妍列证心寺本为天顺五年（1461），刊经都监本为成化五年（1469），惜其未举详细资料。见前注敖英译金知妍《巫俗信仰反映的佛教十王》文。

本同源。两种经本的插图情况也得到了详尽的介绍，前者具十五图，首图若《金刚经》卷首并加《寿生经》内容，接十王各一图，续为国王菩萨人神图一、难思难量圣位都前图一、抄经塑像并业秤图一、度奈何津业镜及六道等图一。后者十六图，前增一地藏菩萨图并移《寿生经》入此，人神图提前至十王前，余图相同。此两经都与《寿生经》合刊，但图文位置等有些变化。

现介绍的丽川兴国寺本《佛说预修十王生七经》是与《寿生经》合刊的，其刊记为康熙四年乙巳（1665）五月，板存二十一块，其《佛说预修十王生七经》略同上述松广寺本，但还有《寿生经》中十二属相的图像，所以图像更多。

其首幅图场面很大，弟子、菩萨、天王簇拥环绕佛陀，佛顶出云气若华盖，天乐奏于空中，佛座下跪一僧合掌向佛（图 6.3-2）。虽多解释为说法图，但更接近金刚经之卷首画。版边有“淡德”等字样。其二主要为地藏十王图，菩萨持明珠坐高座，前有供桌，两旁有十王、吏员与道明等共十四身。一侧刻《寿生经》内容两项（图 6.3-2B）。上部题：

> 此乃对世尊面前烧奏生前受生钱债，还足冥司。至于身亡不随阿毗却得人身看经折还足。

画面上有夫妇二人在佛三尊前烧化纸钱。其下题记框内又有：

> 此乃看《金刚经》与《受生经》折还生前所欠下冥司受生钱债，看此《受生》经感经中十地菩萨现。

下图内镌一人在庭园中跪坐看经，上方云端

图 6.3-2

韩国兴国寺本《十王经》卷首画（据韩国《美术史学志》第 1 辑图版，下同）

图 6.3-2B

韩国兴国寺本《十王经》卷首画地藏十王及寿生图景

中现五身菩萨。

其后分别为十王并随官从吏图。

第一秦广王，身后随有太山柳判官、太山周判官、都句宋判官、太阴夏侯判官、那利失鬼王、恶毒鬼王、负石鬼王、大净鬼王、注善童子、注恶童子、日直使者、月直使者。王者冠服高大，与四判官及那利失都执笏板，余后则皆合掌。每位上方皆有榜题框，下同。

第二初江王，身后随有太山宰判官、太山王判官、太山杨判官、都推卢判官、那利失判官、上元周将军、三目鬼王、血虎鬼王、多恶鬼王、注善童子、注恶童子、日直使者。

第三宋帝王，随有司命判官、太山河判官、太山舒判官、司录判官、太山柳[1]判官、下元唐将军、白虎鬼王、赤虎鬼王、那利失鬼王、注善童子、注恶童子、日直使者。

第四五官王，跟有太山胜判官、太山肃判官、司曹裘判官、诸司检覆判官、飞身鬼王、电光鬼王、那利叉鬼王、注善童子、注恶童子、日直使者（图 6.3-2C）。

第五阎罗王，随有注死冯判官、太山洪判官、恶福赵判官、都司曹判官、仪同崔判官、千助鬼王、敢兽鬼王、狠牙鬼王、大那利叉鬼王、注善童子、注恶童子、日直使者。

第六变成王，随有法曹胡判官、功曹郑判官、太阴注失判官、太山窟判官、主耗鬼王[2]、主祸鬼王、阿那吒[3]鬼王、主食鬼王、注善童子、注恶童子、日直使者。

[1] 此处朝鲜数本皆为柳判官，唯日本两足院本为郭判官。不排除录错的可能。

[2] 此处版缝中夹有“注财判官”。

[3] 此处同两足院本，与证心寺及松广本“阿利吒”不同。但“那”为异体字，也可能录错。

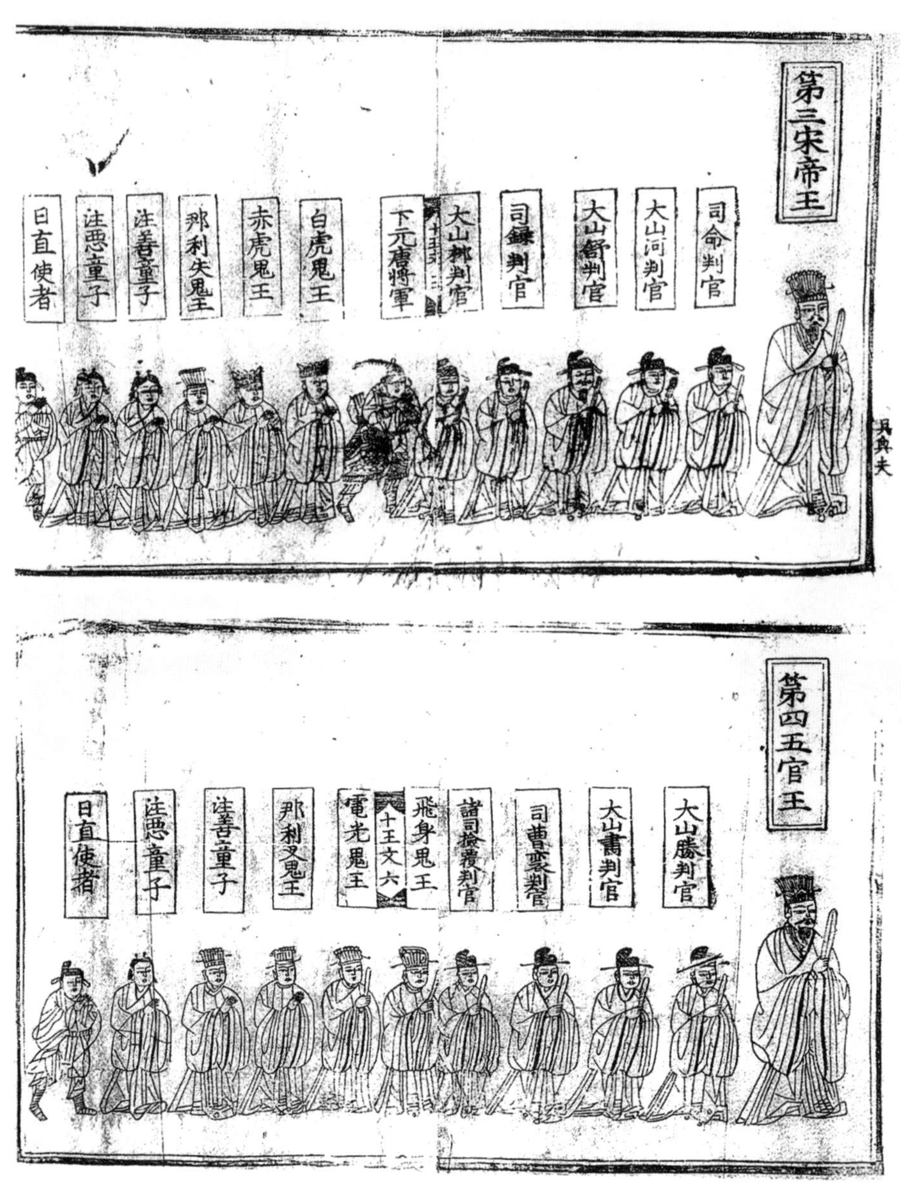

图 6.3-2C
兴国寺本《十王经》宋帝与五官等王

第七太山王，后有太山黄判官、五道窟判官、掌印判官、太山薛判官、主财判官、掌算判官、主畜鬼王、大阿那吒[1]鬼王、主禽鬼王、注善童子、注恶童子、日直使者。

第八平等王，跟有太山凌判官、功曹司甫判官、太山睦判官、主痓[2]鬼王、主兽鬼王、四目鬼王、主魅鬼王、注善童子、注恶童子、日直使者。

第九都市王，跟有府曹陈判官、六曹皇甫判官、太山董[3]判官、太山胡判官、主命判官、太山熊判官、五目鬼王、主疾鬼王、主阴鬼王、注善童子、注恶童子、日直使者。

---

〔1〕此处同两足院本，与证心寺及松广本“大阿利吒”不同。

〔2〕疑证心寺及松广本“产”为录错。此字雕为异体“痓”，虽然像“产”，但与同版经出现“产”字有别。

〔3〕［日］小南一郎《〈十王經〉の形成と隋唐の民衆信仰》，《东方学报》第 74 期，2002 年。其录两足院本为“蕃”，此字雕为异体“董”，应为“董”。

第十五道转轮王，跟有太山郑判官、六曹睦判官、太山邬判官、太山赵判官、太山李判官、时通卿、中元[1]葛将军、产殃鬼王、注善童子、注恶童子、日直使者、泰山府君。

《十王图》后，为不知名圣神及写经，榜题“难思难量圣位都前”，若王者冠服持笏像后，随有“不知名位”的判官、鬼王、灵官、地狱官典、使者以及一切眷属，共六种小身像随其后。继画有宽敞厅堂内一官人坐以抄经，榜题“书写此经”。

其后画面接前厅堂，为一官人形跪并一佛像，后有一仆人似举一画，榜题“塑画佛像”。后面仍画一殿堂内立一官人，榜题为“受持读诵此经”。厅堂外立一架天平式秤，上题“五官业秤向空悬”。

续图内容为业镜、奈河与六道等（图 6.3-2D）。一侧有鬼王抓罪者头发令其上仰而观，旁卧一牛。高大的架子上悬业镜，内容不清，应是此人杀牛。架后题“业镜昭然报不虚”。上方诸多云气，下边题“桥筏度”，之前奈河有船乘三人，桥上亦三人，或僧或俗皆具项光。画面中部云气中有火上汤镬，内仍三人，相对前方山中仍有人。上方三方框内有跑马、饿鬼与人，旁一圆内坐六臂阿修罗。其桥前还有骑奔马持旗幡的使者，上录“阎王发使乘黑马、把黑幡、着黑衣，检亡人家造何功德，唯名放牒，抽出罪人，不违誓愿”。以上约为十王部分，其结束处实际上是移来的原《十王经》图的开始部分。另在写经造像之图中则可见到《佛顶心观世音大陀罗尼经》附图相关部分的影子。

其后人神图像题诸大国王、天龙神王、阿修罗王、地藏菩萨、龙树菩萨、观世音菩萨、常悲菩萨、陀罗尼菩萨、金刚藏菩萨、道明和尚、无毒鬼王（图 6.3-2E）。其中国王、天龙神王、无毒鬼王均手持笏板，余皆合掌，其中六菩萨就是经文之中所言者[2]。

接续的就是《寿生经》内容文图了。其文图混排，十二属相均在上方，镌冠袍形官人倚坐岩边，属相动物在旁。下为经文内容。其半版即刻两属相，相当于上述一图即可镌四属相。现见首属相前有寿生真言后部文字，题“十二相属”。以后用鱼尾框标“子生相”等，下用小字双行书写展述内容。至“亥生相”，后接“六道图”。其两图间相接者为《寿生经》最末段落内容，与国内整理本字句稍有差池[3]。其画面同于《十王经》转轮王处图，有王者案后提笔，前有狱卒等人并由此升起云气，布满上方，分出六道，标有象征修罗、天、人、地狱、饿鬼与畜生的符号图形。可知此经仍是以《十王经》为主而含《寿生经》于其内。

最后为佛牌与译经图。佛牌题“佛日增辉，法轮常转，一切有情，同圆种智”。译经图则略似西夏版画中译经图，高僧坐案后提笔工作，前有众僧俗，周遭多布云气，云上亦有具项光文武天众。

此数件朝鲜刻经年代分别为 1521 年、1618 年和 1628 年。版式文图都很接近甚至趋于一致。虽然校出几个别字，但均为单字，有可能都是误录所致。松广寺本时代虽晚而文字稍完善，图亦多些。证心寺本具有的题记等也很重要，伍小劼

[1] 此字刻为“九”字，两足院本原录为“九”。

[2] 此图在证心寺及松广寺本仍在十王部分，《美术史学志》纳入《佛说寿生经》部分。但从图中六菩萨可知其仍应属《十王经》，也许原版将其印在十王文字之后了。

[3] 如侯冲整理《佛说受生经》(《藏外佛教文献》第 13 辑，中国人民大学出版社，2010 年，第 109—136 页）入藏本末段中“八节有泰来之庆”，此处为“八节有多多之庆”，此重复不顺之处也值得注意。

图 6.3-2D

兴国寺本《十王经》奈河六道等

图 6.3-2E

兴国寺本《十王经》国王、六菩萨像等

文已有核对与说明，他认为兴国寺《十王经》后有成化五年（1469）题记，年代内容同于《卍续藏经》刊用者〔1〕，只是少了题名，因而认为《卍续藏经》(No.0021）所据是证心寺版本，其尾题后的“辛巳五月□日 全罗道光州地瑞石山证心寺开刊”晚于题记，推为正德十六年（1521，时嘉靖皇帝已继位）。此处处理略显草率，题记与开刊相差有五十多年。如何可知此记仅此版用?〔2〕最重要的是其遗漏的题名中含有重要内容，文虽移录而列出，却并未查用。其题名为：

> 证明慧觉尊者信眉、孝宁大君、贞懿公主李氏、永顺君福城正、中枢院事金守温。

此僧俗数人信眉、金守温等皆朝鲜李氏王朝的重要人物，大君与公主更是皇室成员。孝宁大君是太宗次子、世宗大王之兄。皇子、公主、高僧、重臣，这些所记的人物说明这是皇室用经，绝非五十年后一小寺所沿用。李能和《朝鲜佛教通史》对僧信眉（俗名金守省）、金守温与王室成员之佛事活动多有记载〔3〕，曾撰有多种寺志碑铭，还参与海印寺大藏经的印行等〔4〕。成化四年、五年正是朝鲜王朝多事之秋。世祖李瑈于成化四年（1468）逝，随后睿宗李晄继位为其建墓寺——奉先寺，即由金守温作《奉先寺记》。睿宗李晄继位不久即殁，在位仅年余（1468—1469）。由此可知，成化五年（1469）题记之经，依此背景就会为帝王所用，且两位帝王都有可能用之，尤其是睿宗。此经用于生前逆修或亡后追福，都很贴切，不可不查。世祖二年（1457）时世子李暲薨，为追冥福，主要方式就是书写整理、出版经集甚至模藏经板等。世祖亲自写《金刚般若经》，率高僧与重臣（信眉与金守温皆在内）整理多种佛典经疏与僧著印行，及于造像〔5〕，更从侧面证实其时风气。至于正德十六年（1521）开板的证心寺本，恐是照刻了前代文图，包括题记姓名与文字。类似事例并非鲜见，不可由此误解〔6〕。

增添众多从官神祇之缘由在于《预修文》。伍小劼检索释大愚辑《预修十王生七斋仪纂要》《预修荐王通仪》及《预修十王仪文》，发现释六和所撰《预修荐王通仪》引《冥道传》而述瓶沙王感应故事，随后列说大王所受目录中冥王、从官、使者等二百五十九位，具录于后：

〔1〕伍小劼《韩国藏〈十王经〉异本初探》中将此《佛说预修十王生七经》经文与敦煌本《佛说十王经》文字进行比对，认为其几乎完全相同，但是颇为关键的“平正”与“平等”仍不同。

〔2〕此版有此题记，别板亦可用，连题名抄录的情况并不少见。若说《卍续藏经》遗漏题名，或许其参用者并无此题名。

〔3〕如孝宁大君李补，参与很多佛事活动。

〔4〕［朝］李能和《朝鲜佛教通史》(《大藏经补编》第31册，华宇出版社，1985年）中载金守温之名有33处以上，录有其多种佛事文字。世祖二年（1457）刊印海印寺《大藏经》五十部，信眉（俗名金守省）与守温（相传两人为兄弟）都是重要参与者，后者有印经跋语。其时书写与校刊多种佛经，金守温都有参与。

〔5〕世祖二年（1457）秋九月，王世子（睿宗之兄）薨，王为追冥福，手书《金刚般若经》正文，以为字本。亲率永膺大君琰、桂阳君璔、密城君琛、河城尉郑显祖、佥知中枢院事金守温、艺文馆直提学韩继禧等，雠校《楞严》《法华》等经。又命僧弘濬、信眉等，校正涵虚堂《金刚经说义》，入之五家解为一书。校正《永嘉集》诸本同异。又集《证道歌》之彦琪注、宏德注、祖庭注为一书，下于铸字，各印一百件。又印《法华经》《楞严经》《翻译名义集》各百件。且模木板大藏一部，注《华严》一件，《地藏经》《忏法》各十四件。又命户曹参议姜希颜……前津宽寺住持大禅师文炯、前长安寺住持大禅师克仁，金书《法华经》一件，墨书《法华经》《地藏经》《梵网经》《起信论》《行愿品》各一件。以义昌君玒，右承旨韩继美监掌，皆亲制跋语，系于经后。妆潢既讫，散于大众。沙门守眉奉命重新道岬寺塑药师佛像三躯以安之。见［朝］李能和《朝鲜佛教通史》，《大藏经补编》第31册，华宇出版社，1985年。

〔6〕释大愚《预修十王生七斋仪纂要》，《韩国佛教全书》第11册，东国大学出版社，1997年。

> 地藏大圣为首，六天曹，道明，无毒，六大天王，冥府十王，二十六判官，三元将军，善恶二簿童子，三十七鬼王，监斋直府，护法净神，土地灵官，已上九十七位。十王各陪从官一百六十二位，都计二百五十九位。私云：从官者，其实一百六十四位。添出者，自追魂使者，至一切使者，为十一位。则都计二百七十二位。

此处所谓“私云”即释六和自己意见，认为实际有二百七十二位，加出二位从官和十一位使者[1]。而《预修十王斋仪纂要》之十三，召请冥府篇，总说如请冥府十王、二十六判官、三元周葛唐将军、三十七鬼王、善恶童子、诸使者、护法净神、土地灵祇后，又分说十王之从官属类：

> 一心奉请，先正自身，考理万条，不错一事，不义之声，不入王耳，第一秦广王，案列从官，判官鬼王，二符四直，监斋直府此为下坛，泰山柳判官、泰山周判官、都旬宋判官、太阴夏侯判官、那利失鬼王、恶毒鬼王、负石鬼王、大诤鬼王、注善童子、注恶童子、年直使者、月直使者、日直使者、时直使者、监斋使者、直府使者等，各并眷属。敬卫庭前剑戟横，此王僚佐尽贤良。一官扫洒先从外，岂与无辜枉不殃。[2]

这些名目与版刻图大致相符，但除个别值使勤官外，其数量还不能那么对应。

虽然《冥道传》提供了生动的故事，为许多的从官讲述了来源，但《冥道传》本身的年代并不太早。从释大愚所辑《预修十王生七斋仪纂要》内五种版本《预修文》之中，有学者已分析出其中最早者为万历四年（1576）。如此，则较图像实际出现的年代更晚甚至晚很多年。如日本静嘉堂藏高丽朝十王画，虽无经文，但从官（官吏54位）鬼王（39位）等总数已达268位，与此计相近。所以，与其视其为源头不如视其为传抄后的结果。

上述诸多鬼王、冥吏的来源，还可从国内外水陆道场仪式中见其线索。如《天地冥阳水陆仪文》与《法界圣凡水陆胜会修斋仪轨》请十王之后，接着有请诸鬼王：

表 6.3-1　诸鬼王众名相较 1

《天地冥阳仪》	《法界圣凡仪》
一心奉请，铁围山内……恒加禁等四九诸王。 一心奉请，本愿经指，铁围山间，从琰魔至忉利天宫……大恶毒等四八诸王。	地府洪伽噤王。三十七位诸鬼王众。 铁围山间恶毒鬼王。三十四位诸鬼王众。

实际上，我们从《地藏菩萨本愿经》与《地藏慈悲救苦荐福利生道场仪》可见鬼王数目之汇成，后者据说为北宋余杭沙门元照辑，将《本愿经》卷一中的九位鬼王与卷二中的三十四位鬼王加成了四十三位鬼王。一些鬼王名称亦见于海印

[1] 释六和还针对《冥道传》，说《大藏经》中无《阎罗王授记经》而只有《预修经》。伍小劼文对此表示疑惑。但其可能言寺院《大藏经》而非标准版本《大藏经》，或应联系朝鲜王朝刊印海印寺《大藏经》考虑，高丽王朝印经时就含《大藏经》以外一些经本，朝鲜成宗刊印时，金守温等皆主事，或有此经含入或增配补。此事恐不能只以史上著名经藏为依据。

[2] 伍小劼《韩国藏〈十王经〉异本初探》引释大愚集述《预修十王生七斋仪纂要》，《韩国佛教全书》第11册，第432—434页。本书据清康熙四年（1665）兴国寺刊本校，文字略有出入。

寺版《十王经》。

表 6.3-2　诸鬼王众名相较 2

地藏慈悲救苦荐福利生道场仪	地藏菩萨本愿经
恶目鬼王、啖血鬼王、啖精气鬼王、啖胎卵鬼王、行病鬼王、摄毒鬼王、慈心鬼王、福利鬼王、大爱敬鬼王、无毒鬼王、多恶鬼王、大诤鬼王、白虎鬼王、血虎鬼王、赤虎鬼王、散殃鬼王、飞身鬼王、电光鬼王、狼牙鬼王、千眼鬼王、啖兽鬼王、负石鬼王、主耗鬼王、主祸鬼王、主食鬼王、主财鬼王、主畜鬼王、主禽鬼王、主兽鬼王、主魅鬼王、主产鬼王、主命鬼王、主疾鬼王、主险鬼王、三目鬼王、四目鬼王、五目鬼王、祁利失王、大祁利失王、祁利叉王、大祁利叉王、阿那吒王、大阿那吒王。	恶毒鬼王、多恶鬼王、大诤鬼王、白虎鬼王、血虎鬼王、赤虎鬼王、散殃鬼王、飞身鬼王、电光鬼王、狼牙鬼王、千眼鬼王、啖兽鬼王、负石鬼王、主耗鬼王、主祸鬼王、主食鬼王、主财鬼王、主畜鬼王、主禽鬼王、主兽鬼王、主魅鬼王、主产鬼王、主命鬼王、主疾鬼王、主险鬼王、三目鬼王、四目鬼王、五目鬼王、祁利失王、大祁利失王、祁利叉王、大祁利叉王、阿那吒王、大阿那吒王。

引路王菩萨不仅流传到朝鲜，而且朝鲜的各式文本中菩萨数又超过了中国。如哈佛燕京学社藏《天地冥阳水陆杂文》、松广寺的16世纪《天地冥阳水陆杂文》、保留在涌珍寺之《天地冥阳水陆斋仪》(1642)、《天地冥阳水陆斋仪纂要》乃至《天地冥阳水陆斋仪梵音删补集》等〔1〕。

由此可知，下列朝鲜王朝《十王图》中（如通度寺组画和美国纽约大都会博物馆藏单幅画）眷属从官如许之多，全有根据。其普遍流行并不止于预修斋会，也并不只见于文献。上文中提及的下坛，在朝鲜水陆画——甘露帧中或有表现。虽然诸画中的神鬼数量有些随意，但其中三目、五目鬼王皆常见，且较此版画精良许多。所以，此十王从官增多应为信仰普遍流行之产物，其形成发展颇可探考，并非由敦煌本至朝鲜本的截然之变。从官增多这一现象在朝、韩、日等十王图中的演进确有过程，颇值得再考。有趣的是此朝鲜刻本卷首二图，与《天地冥阳水陆仪文》卷首二图竟有些相似。虽然两者体系不同，但十王也是融入水陆画的。在朝鲜甘露帧中有众多小场景，画中神祇与凡人众多，中间可见云气相隔，地狱、冥界融混其中。

二、殿设画作

（一）诸寺殿堂

韩国本身有不少反映地藏信仰的遗迹，如绢本绘画与寺庙遗存等。在日本也有许多寺庙或机构存有高丽及朝鲜时代的地藏菩萨，或含有十王，也有弥陀与八大菩萨等图式作品。有些线索可罗列于下。

据载，高丽皇太后皇甫氏族人金致阳（？—1009）曾在王宫（今在开城）之西北角修建一所十王寺，内有供奉十王的建筑。“其图像奇怪难状，潜怀异志，以求阴助。凡器皿，皆铭其意。”此应为现知朝鲜半岛十王寺像最早的文献记载〔2〕。

史载高丽肃宗（1095—1105在位）于1102年某日携皇太后与太子，前往洪福寺举行过十王堂的峻工祝典。史料还载高丽仁宗（1122—1146在位）于病危期间，多次派使祷于十王寺，为其念经祈福冀求平安〔3〕。

现存寺院庙宇之中有地藏寺庵与十王冥府殿，可以了解地藏十王信仰传流信息。朝鲜寺刹于20世纪初形成了佛教三十一本山之下管理千

〔1〕朝鲜半岛曾有很多水陆仪文流行，诸经本与仪轨之间关系还值得深讨。戴晓云《中韩佛教史上的水陆仪文》(《东亚宗教》2018年第4期，第131—168页）有梳理探讨。马小鹤演讲《引路菩萨与引魂明使》(《牖启户明》，中华书局，2013年）也有提及。

〔2〕［朝］郑麟趾等撰《高丽史》卷127，西南师范大学出版社，2014年。

〔3〕前注，《高丽史》之《仁宗纪》《肃宗纪》。

余末寺之规制。诸本末寺中多有地藏殿，也有不少十王殿堂等。依有关资料简列如下：

京畿道长湍郡华藏寺十王殿，设冥府殿，有地藏菩萨金像，十王、道明、无毒鬼王、童子判官、鬼王使者与将军为五彩像[1]。

京畿道竹州府七贤山七长寺，设冥府殿，奉地藏菩萨十王之像。

京畿道广州郡修道山本寺奉恩寺，其伽蓝建筑格局中有冥府殿。其末寺中有三角山的地藏庵，位于京畿高阳郡崇仁面延禧里。

京畿道水原郡花山本寺龙珠寺，建构中有冥府殿。

京畿道江华郡吉祥山传灯本寺，伽蓝中有冥府殿。

庆尚北道义城郡腾云山孤云本寺，伽蓝中有冥府殿。

庆尚北道闻庆郡云达山，本寺金龙寺，伽蓝中有冥府殿。其末寺中，有龙腰山地藏寺。其地在庆北义城郡新平月召洞。

庆尚北道庆州郡含月山祇林寺本寺，伽蓝中有冥府殿。

庆尚北道南吉祥寺、消灾寺有十王殿。

庆尚南道晋阳东月牙山青谷寺中有十王殿。

全罗南道长城郡白岩山本寺白羊寺，伽蓝中有冥府殿。上述证心寺本《预修十王生七经》中就钤有白寺沙门鞠英佑之印章。白羊寺的末寺中，有来苏寺，位于全南长城郡山内面石浦里。其山内末寺中，还有地藏庵。

全罗南道天凤山大原寺大法堂有十王殿。双溪寺设十王殿。

全罗南道南郡头轮山大兴寺本寺，伽蓝中有十王殿。

全罗南道顺天郡曹溪山松广寺本寺，伽蓝中有冥府殿。即上述松广寺《十王经》经本所在。其末寺观音寺内末寺有地藏庵。

全罗南道顺天郡曹溪山仙岩寺本寺，伽蓝中有地藏殿。末寺有光州郡地藏庵。

全罗南道求礼郡智异山大华严寺本寺，伽蓝中有全有冥府殿。

江原道杆城郡金刚山乾凤寺本寺，伽蓝中有冥府殿。

江原南道杆城郡金刚山榆帖寺本寺，末寺中有淮阳郡金刚山地藏庵、铁原郡地藏庵。

黄海道信川郡九月山宝贝叶寺本寺，山内末寺中有地藏庵。

桐华寺的本末寺中，有南北地藏寺。八公山的北地藏寺，位于庆山达城郡公山面道鹤洞。而最顶山的南地藏寺，位置则在嘉昌面友鹿洞。南地藏寺有相当规模，其中附有末寺青莲庵。

成佛寺本寺的末寺中，有慈悲山的地藏庵，位于黄海郡都峙面都峙里[2]。

以上情况不难见出，主要的本寺大多有冥府殿。末寺中的情况也大致相同，还有些是专门的地藏庵。说明地藏信仰主要还是通过冥府十王的殿堂存在，与人们的亡故密切相关，这与中国以及日本原有情况是大体一致的。总之，朝鲜、韩国佛教史中的地藏菩萨信仰，也可以从其寺庙内地藏寺及其地藏画像的情况略见一斑。从中国佛教史，以及新罗僧人圆光与《占察经》的密切关系，还有真表律师等，再至金乔觉即金地藏来到九华山创建了地藏菩萨道场，都可见地藏信仰与中韩佛教的殊胜因缘，而朝鲜、韩国本身的地藏菩萨信仰也源远流长。

---

〔1〕朝鲜总督府内务部地方局编《朝鲜寺刹史料》，《大藏经补编》第31册，华宇出版社，1984年。其中包含较多相关史料。

〔2〕［日］中吉功《海東の佛教》，国书刊行会，1973年。其《海东寺刹一览表》因统计始于1935年，或与现在情况不符。

（二）十王画作

1. 十王全图

十王画作基本上可以分为地藏十王全图与十王组图。韩国寺庙殿堂基本特色之一，即各坛座的雕塑造像之后辅以大幅的彩图——佛画帧，题材与主尊完全相同，绘画更容易达到形象丰富之意蕴效果。而十王组图可悬挂于殿堂四周墙壁。通度寺的地藏殿堂可谓典型。我们就其地藏殿可以看到，主坛上设铜铸地藏菩萨尊像，背后悬立大幅地藏十王图，而旁边的侧壁则分别悬挂十王组图，与敦煌本经图略有相似，即有使者图、渡海图，或录事使者狱卒共一图，共十余幅。现以通度寺为例而述。

韩国的寺庙古风犹存，笔者曾数次参访〔1〕，面对布满汉字题写的牌匾，深有感触。其榜题水准大大超乎现在中国大陆的寺院庙宇，如佛国寺、海印寺、通度寺、梵鱼寺等。在这些寺院中，多有地藏十王画，或在殿堂，或在珍宝馆。现在韩国寺庙将具有文物价值之佛教艺术与法供品具，收藏并展出于其珍宝馆中〔2〕。更为重要的是，韩国国家博物馆对佛教艺术品的收藏与展出中，佛教绘画是相当重头部分，且具有极为明晰的时代题材流变说明图，在其中地藏十王图又具有一定分量，更可喜的是，可以从古代珍品与现代绘作中看出明显的古今关联。

通度寺位于韩国庆尚南道梁山市（图 6.3-3），属佛教三十一本山之一，新罗时慈藏创建。善德女王（新罗王朝第二十七代王）十五年（646），慈藏于此地设金刚戒坛，安奉自唐请来的舍利与袈裟，又建大雄殿与法堂等，作为其律宗的根本道场。通度寺之名释义不一〔3〕，史上曾焚毁，重建约当明末 1641 年，是具有六十五栋殿堂之大寺，因其大雄宝殿无佛像但供奉佛舍利，被称为“佛宝寺”，与法宝海印寺、僧宝松广寺并称为韩国三宝寺刹，内存不少古代宝物〔4〕。

通度寺有地藏殿。殿中主坛坐落地藏菩萨像，背景即地藏十王全图（图 6.3-3B）。地藏主尊为铜铸鎏金造像，僧形露顶，眉间白毫，发如碧色，结跏趺坐双手置腿上抚掌及衣带。其背项光位置正是画出的具项背光持锡杖地藏尊像所在，锡杖珠处坐一化佛。地藏造像两侧为道明和尚与无毒鬼王〔5〕，十冥王手持笏板但姿态不同，高冠袍服，唯左边中者戴冕旒。其上地藏画像旁二菩萨，再各抱卷四判官与一天王状武士、童子及牛头等，画面盈溢。

除了殿堂外，地藏十王等像在寺院别处也有出现。如佛国寺的廊亭转折处（图 6.3-4、4B），也安设有佛陀与地藏等像。地藏菩萨的立像背后衬托着地藏十王的画幅，画面亦是充满盈溢。以上为塑像与绘画结合的例子，在韩国寺庙常见，其他地方却不常见。

日本收藏的朝韩古代佛画，既有高丽佛画，也有不少朝鲜李氏王朝之作，如铃木敬《中国绘画总合图录》中就收有日光寺高丽绢画《地藏十王图》（116.5 厘米 ×59 厘米），而静嘉堂文库所藏具两种，即一单幅，一套组，品质尤佳。还有一些地藏曼荼罗等〔6〕。

---

〔1〕感谢金镇戊教授及其家人的热情接待与帮助，梁银景博士的安排与帮助，东国大学与韩国美术史协会安排的会议等。

〔2〕此与中国大陆制度不同。大陆现行是文物价值高的寺庙（更多是石窟寺）属文物部门管辖，具体仍分国家、省级与县级文物保护单位，只有部分重点文物保护单位有僧人参与管理。

〔3〕通度寺之命名，或说该山之气象通西域、印度，或谓系通达佛法、济度众生之意，或说慈藏设戒坛行通受度牒。朝鲜宣祖二十六年（1592）时日军侵犯（壬辰倭乱）烧毁堂舍。三十七年，李朝惟政修建，仁祖十九年（1641）友云又重建至今。

〔4〕即三层石塔、舍利塔、石床、石灯等。

〔5〕韩国从高丽佛画到朝鲜绘作此胁侍都称为道明与无毒鬼王。中土多为道明与闵长者。

〔6〕［日］铃木敬《中国绘画总合图录》第 4 册，东京大学出版社，1982 年。JT65-001 光明寺藏李朝绢本《地藏十王图》，JT72-001 弥谷寺藏，JT76-001 日光寺藏，JT79-001 诞生寺藏，JT73-001 兴田寺藏，JT75-001 持福寺藏，后两者标为“地藏曼荼罗”。

图 6.3-3

韩国庆尚南道通度寺山门（笔者摄，下同）

图 6.3-3B

通度寺佛坛并画作

图 6.3-4
韩国佛国寺廊亭地藏像（笔者摄，下同）

诞生寺藏李朝麻布画《地藏十王图》（110 厘米 × 103.7 厘米），地藏菩萨居中，圆光两侧有十王等，前下有身形很小的众侍从官吏，以及神祇鬼灵等。西方寺藏李朝绢本《地藏十王图》（205.8 厘米 × 162 厘米），光明寺藏李朝绢本《地藏十王图》（94.6 厘米 × 85.4 厘米），观音寺藏李朝麻布《地藏十王图》。宝性寺《十王冥府使都图》完成于李朝中宗二十六年，画具嘉靖十一年四月纪年（即 1532 年）。弥谷寺藏李朝麻布画《地藏十王图》（138.5 厘米 × 128.5 厘米），完成于李朝明宗元年（亦有嘉靖纪年，当二十五年即 1546 年），其地藏菩萨居中，两侧胁侍十王。

石手寺藏麻布《十王曼荼罗》完成于李朝明宗十九年（当明嘉靖四十三年即 1564 年）。同年完成有万历十九年（1591）记的延命寺所藏《地藏曼荼罗》[1]。持福寺藏李朝麻布画虽称为《地藏

图 6.3-4B
韩国佛国寺廊亭地藏像近观

〔1〕［日］中吉功《海東の佛教》，国书刊行会，1973 年。其中《海东寺刹一览表》制于 1935 年。

图 6.3-5

日本静嘉堂藏高丽《地藏十王图》(采自陈明华《韩国佛教美术》,下同)

曼陀罗》(98.4 厘米 × 85 厘米)，仍是地藏菩萨居中坐，两边为十王像与道明和无毒鬼王，画面非常简洁，前下部书有题记。

日本东京静嘉堂文库美术馆所藏绢本《地藏十王图》，实为高丽佛画著名的代表作之一。绢本着色，高 143.5 厘米、宽 56 厘米（图 6.3-5）。画面纯净，中央主尊有大圆背光与圆形顶光，地藏菩萨披风帽，右手持摩尼宝珠，与背光皆透明状。佩华丽项圈、袈裟花杂，右舒相坐，左足踏下，底下有座之布饰。众多侍从与十王皆处主像两边侧下，从主像两腿膝外向内延布。十王外诸像特点是身形较大、皆具有圆形顶光，四天王各执兵器，其间道明尊者与无毒鬼王相对，其下还有二菩萨。再下部分为十冥王等，皆无项光、身形较小，诸王多具袍服冠带而抱笏板，主像左下有具冕旒的阎罗王，而右下侧有身着铠甲戴盔的五道转轮王。两王身份明晰，是从敦煌画中就具有的标识特征。最下前部则有两位判官与一位使者，后者衣装简便而手递文卷。此图中无毒鬼王与道明地位较高，鬼王执笏板，冠貌若文官，道明则满面有短胡须。中国地藏像已习见闵公、道明侍地藏之组合，但九华山之金地藏虽是新罗来华僧侣，其事迹却未传回朝韩，于高丽和朝鲜王朝之佛教没有影响〔1〕。所以，因缘于金地藏的闵公在彼时地是不可能出现流传的。此披帽华服之地藏及复杂组合等特色，已成高丽佛教绘画的基本特征。

高丽佛画中《地藏十王图》样式极为近似，通常以地藏为主尊，一般都没有六道图景，中上为地藏菩萨主像，侧下为十王及胁从。侍从多有增加，而且有提高位置之趋势。冈山日光寺藏品与上述静嘉堂藏品构成极为相近，只有很小的区别（图 6.3-6）。中央主尊为大圆光项光、持宝珠坐姿僧形露顶地藏，两侧下众侍有四天王、道明尊者与无毒鬼王、二菩萨，与上图相比仅未具项光，而且下部十王等身形较大，因而两部分几无区别。而十王诸像之中，右下武装盔甲为转轮王，保存清晰，左上阎罗王像亦冠冕旒，稍模糊。最前处为一判官、一使者，形成较严格的对称。上两图皆无金毛狮子。

而韩国湖林美术馆藏宝物 1048 号（111.3 厘米 × 60.5 厘米，图 6.3-7），与上两图仍很接近只稍有不同。其上方地藏菩萨主尊很是突出，左手明珠，但项背光不明显。菩萨自膝腿旁外向下有四天王、道明和无毒鬼王，侧下两菩萨，亦皆有项光，但因仅绘圆环线，多已模糊。十王向下侧分立，袍冠持笏，左侧五王中有冠冕旒、右侧五王有戎装者，即阎罗与五道轮王。十王之前有躬身使者与黑衣判官，但中有金毛狮子反身抬首，颇为生动。与有些《地藏菩萨图》相比，此图仅增十王与录事判官及狮子，余皆相同。

朝鲜时代之《地藏十王图》与高丽佛画区别非常大，一望即知，其风格特色也有一些变化，样式或有几种类型，画作或完全相同，或稍有不同。朝鲜十王画中，多数人物形象丰满。藏于日本西方寺一绢本图（约公元 1500 年作）〔2〕，中央地藏主尊袈裟缀边与胸前珠饰均十分华丽，项背光圆形与锡杖宝珠都是标配，但为须弥座，全跏趺坐姿。两旁各分列五王，冠冕执笏袍服。上有两冥官两童子，最前有道明与无毒鬼王，皆具绿色项光。鬼王红衣奉笏。道明则合掌胸前，其整体地位提高，形貌明显，较前高丽图画更为突出。而十王之内，两侧均有一冠冕旒者，最为特别。此作图式并非一例，还有一相似作品：地藏

〔1〕尹文汉《救度众生与执掌幽冥——韩国地藏菩萨图像学研究》，《世界宗教研究》2014 年第 2 期。

〔2〕陈明华《韩国佛教美术》(艺术家出版社，1999 年）有题材方面较全介绍并刊图版。

图 6.3-6
日本冈山日光寺藏高丽《地藏十王图》

图6.3-7

韩国湖林美术馆藏高丽《地藏十王图》

图 6.3-8
美国明尼阿波利斯艺术博物馆藏高丽《地藏十王图》(笔者摄，下同)

居中，两旁仅具十王及童子、道明等。其实，在中国水陆画中，此一手法是广为流传的，下文有例。

朝鲜《十王地藏图》中最具特色者，美国明尼阿波利斯艺术博物馆所藏18世纪作品或可居其一（图6.3-8）。其图幅较大，设色艳丽，细节相当精彩。人物丰盈布满，与主尊齐列，如右上方有判官、录事、侍者、武将，以及兽面狱卒等多种形象。地藏主尊为露顶僧形（图6.3-8B），项背深浅绿底圆光，全跏趺坐，双手于胸前似转法轮手印。座前两童子踏花叶。两侧分列有十冥王，冠服袍带，或双手合十，或手中持笏板，也有执笔欲批点者，细看可知其所书簿册上有“造恶人多……/……少南方/六道门中行/檀为于若有世/界”字样（图6.3-8C），页面还有钤印。对称一侧处则有“地藏大圣威神/力恒河沙劫说/难尽见闻□礼/□□人天”（图6.3-8D），经查可知内容为《地藏菩萨灭业障真言》[1]。此图中官吏持簿册字迹与印迹皆斑斑可辨，相当清晰而非意绘。如图左上方一卷轴外题“檄书轴”“谨封”并加印（图6.3-8E），右边冥司还抱有《世人□利录》，右有吏官持册题“冥司护辩录”（图6.3-8F）。有趣者还有此图诸冥王皆为文官形貌，仅转轮王为武将形貌突出，王虽戴盔帽却无怒相，手无兵器，貌若惊奇。而标识阎

〔1〕《地藏菩萨本愿经》：“吾观地藏威神力，恒河沙劫说难尽。见闻瞻礼一念间，利益人天无量事。”

图 6.3-8B
明尼州馆藏《地藏十王图》地藏面部

图 6.3-8C
明尼州馆藏《地藏十王图》冥王执书

图 6.3-8D
明尼州馆藏《地藏十王图》地藏陀罗尼

图 6.3-8E
明尼州馆藏《地藏十王图》持书冥吏

图 6.3-8F
明尼州馆藏《地藏十王图》"冥司护辨录" 册

图 6.3-8G

明尼州馆藏《地藏十王图》王冠顶《金刚经》

图 6.3-8H

明尼州馆藏《地藏十王图》侍者像

罗之冠冕却未见，唯另一王者之冠顶上束有《金刚经》，且满面胡须，其形貌近似阎罗（图 6.3-8G）。又图中主要形象眉皆断绘，画成两段，有些形若侍女者唇上具髭（图 6.3-8H），甚至地藏胁侍的道明和尚，亦微具纤细的髭须〔1〕。

法国吉美博物馆藏《地藏十王图》，为约 17 世纪的朝鲜王朝作品（图 6.3-9）。其尺幅宏大，人物众多，色彩绚丽。中心地藏菩萨为半跏坐姿而呈露顶僧相（图 6.3-9B），右手持宝珠，左手拿锡杖，胸前缀满璎珞挂件，两旁诸多胁侍簇拥，有侍女、兵将，也有牛头与马面等。十王分立两旁前侧，最前方为无毒鬼王与道明，皆有绿色圆形项光而皆合掌，十王全都抱着笏板，戴着通天冠，袍服华美。最上有一王戴冕板（无流苏垂珠），可指向阎罗，却无武将形貌的转轮王。虽然画面很满，以绿色调为主，人物形象比例上，头略小，略如卡通形态，但是，一位位冥王的神情动态都有各自的特点，仍然相当生动。

韩国国立中央博物馆同样藏有一幅《地藏十王图》。此图所绘人物众多，成全家福式，构图样式体现朝鲜特色（图 6.3-10）。主尊地藏菩萨为露顶僧形，圆形项光与背光，两旁空出，余处皆满，因而很突出。十王位于地藏两边侧，有正有背或有侍扇，显得变化多样。尤其是右侧（以主尊为准）后立三王为正面，前侧两王向菩萨，侧背于观众，皆为文官袍服，侍者持扇于后。而左侧则是后立四王，前有一王，持扇则仍为后三前二。后排近菩萨者，无扇却戴冠冕，正是阎罗王。地藏近侍有道明与闵长者，其外还各置有一圆形器，若鼓似镜，特征不太明确但很醒目。下方六童子，中间两童立一圆之内莲荷之上，取化生之意，一持锡杖，一背包裹〔2〕。其旁各两童子持善恶卷。而画面前有判官护持，两侧以牛头兽面各三而相隔，似为监狱之意。正下前景有六位判官，两两相对而阅判卷，显得十分生动，远较其余各种画上六判官活泼。再旁有录事、使者、武装护将等，表情生动，如判官谈笑相对，全无恐怖气息。另有一僧举物者尤为突出。

另一幅《地藏十王图》（图 6.3-10B）与上举之例构成有接近处，特别是在画面前部。此画上部很有特点，是集体以屏风为背景。正面三扇，

〔1〕一般高丽与朝鲜此类图中与道明相对的老者为无毒鬼王，而非闵公，而此图中却似无此像。地藏右端有四位华冠、一顶盔者，地藏左端道明后有五位华冠者，可合为十王。左边华冠者顶金刚经者身份形象较特殊，或为阎罗。对称者冠式明显较简，或非王者。当然这并不绝对，此图相对道明者也有为鬼王之可能。

〔2〕图中人物背一包裹，上有盖，主体似在背后。

图 6.3-9
法国吉美博物馆藏高丽《地藏十王图》(笔者摄，下同)

图 6.3-9B
法国吉美博物馆藏《地藏十王图》主像地藏

图 6.3-10
韩国国立中央博物馆藏
《地藏十王图》

图 6.3-10B
韩国国立中央博物馆藏
《地藏十王图》

两侧各二扇，足以衬起十一位主像。这是与一王一屏情况不同之处。菩萨坐在由地升起的莲花之上，项背光前的地藏双手在胸前与膝上作出了手势，道明在下方拿着锡杖，长者手中托着印盒或宝珠盒。屏风之前圆凳上分坐着十王，其冠顶形貌与袍服等十分清晰。有趣的是，冠冕旒的阎罗处在中间，而武将装转轮王处在最下位。其余诸王或手拿方册，执笔欲书，或执笏板。前部一列六判官仍正背交错，展卷谈说，最前中有录事跪地呈报，童子抱卷。两侧还有执杖僧俗以及边上牛头兽面狱卒等。

韩国海印寺之珍宝馆所收藏一图，样式与上例完全相同。图幅满构，色淡赭，属朝鲜李氏王朝晚期。其馆中还有一些作品，或有一王一图者。

2. 十王组图

高丽十王组画有分见于多家博物馆收藏而实为一体的，如有一组画美国哈佛大学赛克勒博物馆藏一幅、火奴鲁鲁博物馆藏多幅、韩国国立中央博物馆藏数幅，还有藏于私人收藏者〔1〕。此套画作为绢本重彩，金字榜题，皆高 62 厘米、宽 43 厘米左右。年代上约为高丽王朝中期，应晚于海印寺，但早于更多此类高丽佛画盛期之作。画面特点是相当单纯洁净，且全为王前之庭审而无狱罚场景，与前述诸挂轴图等形成鲜明对比。其图像特征有些变化，除第五阎罗王处仍有业镜外，第一秦广王处有水面及蛇缠，初江王处无水景（图 6.3-11），近似上述海印寺经图前两幅特点。但业秤却变至第八平等王处（图 6.3-11B）。另有第七泰山王处锯解刑等（图 6.3-11C），有一些细节特征更多见于其后的画面，如五道转轮王处，六道云气的位置特征、基本构成特点等。当然，也有一些组套作品并未完整流传，分散拆零的情况时有发生。日本画作已有些实例，如德国柏林收藏了高桐院组画中的一幅。科隆的亚洲艺术博物馆亦有一图，系朝鲜王朝十王画组中的一幅，其图中大王应是阎罗，桌案之前庭中既有业镜，也有业秤〔2〕。

日本东京著名的美术馆静嘉堂收藏了很多十王画，包括高丽佛画《地藏十王图》在内，且品相极佳。上文已涉一幅，原即属于整套《地藏十王图》，包括两使者与十王，合计共 13 幅。因品相之佳，曾获日本政府“珍贵文化财产”称号。但其单幅《地藏十王图》之绢本上下都有补配情况，所以在前单独列出。其时代曾定为元末明初〔3〕，近亦有文从高丽佛画角度，论说其构图复杂，描绘精细，风格与图像学上都与其余的十王题材画作有较大差别，从而推断为韩国高丽时代中期、由宫廷授权绘制用于佛事的水陆画〔4〕。但朝鲜半岛并不流行中土风格样式的水陆画，至朝鲜时代方有相应的甘露帧，对应于中土水陆画〔5〕，其对水陆画的提法显然有混淆之处。作者周炜以高丽海印寺印经中藏《十王经》之印图，来对应此套图式的特点，每图内具有很多增出神

〔1〕《高丽画全集·欧美藏品卷》图 22—29，浙江大学出版社，2019 年。其分属美国火奴鲁鲁博物馆（第二、六、七王）、哈佛大学赛克勒博物馆（第一王）、丹佛博物馆（第九王）、韩国国立中央博物馆（第五、八、十王），及个别私人收藏等。

〔2〕参见前注，据笔者到访科隆亚洲艺术博物馆时所摄图片。

〔3〕静嘉堂文库美术馆编《仏教の美術》，静嘉堂文库美术馆，1999 年。其实铃木敬《中国绘画史总合图录》中即定为高丽绢画。

〔4〕周炜《日本静嘉堂美术馆藏中世纪佛画〈十王图〉考释》，《收藏家》2008 年第 2 期。此文举静嘉堂曾定元末明初之断代（参前注）而加以论证。不过此文对其图属高丽王朝后期之说论证含糊。如说为 12 世纪后期，但海印寺藏《十王经》年代为 1246 年约百年后；又举诸多 11 世纪之十王堂事例等。

〔5〕参前注。周炜论文将水陆画与十王画混为一谈。水陆画一般都含十王画（形式上也将十王内容融入其大体系中），但是单独流行也极多。此套画作应属十王系统画作，与水陆画无涉。另此文中图版说明等处将海印寺或说在日本，监斋使者说为监齐使者，初江王称误为赖江王等。

图 6.3-11
高丽绢画组《十王图》初江王幅
（采自《高丽画全集·欧美藏品卷》首发式特展，下同）

图 6.3-11B
高丽绢画组《十王图》平等王幅

图 6.3-11C
高丽绢画组《十王图》泰山王幅

图 6.3-12

日本静嘉堂组画第一王、第二王（采自权志妍《灵验的冥界：中古时期中韩十王画的演变》等）

图 6.3-12B
静嘉堂组画第四王戴枷女子局部

图 6.3-12C
静嘉堂组画第五王地藏降下局部

图 6.3-12D
静嘉堂组画第五王业镜局部

祇等，与此套图幅中每一位王者处诸多附神对应，并就此套图之画作水准特色以及高丽艺术诸种特征对应来论，还是有眼力的。此外更有英文新著以此套画图为主而作专门论述的〔1〕。

此套画作原属日本德川幕府时期第七代藩主间部诠胜（Manabe Akikatsu，1802—1884），19 世纪 20 年代由王府入藏静嘉堂。画均高 142 厘米、宽 61.2 厘米，其中唯地藏菩萨绢本上下有补痕，被推测为后窜入此组。而两幅使者图即直府与监斋为原图，尺度同十王，仍是较大画幅。在其画面构成中，王者的身形都很大，如同巨人一般，周围与下方则有很多侍从，占满画面，处处有细

〔1〕［韩］权志妍（Cheeyun Lilian Kwon）《灵验的冥界：中古时期中韩十王画的演变》（*Efficacious Underworld: The Evolution of Ten Kings Paintings in Medieval China and Korea*），University of Hawaii Press，2019。

图 6.3-12E

静嘉堂组画第九王、第十王

图 6.3-12F

静嘉堂组画直府使者、监斋使者

节。而诸王的桌案都是以对角线放置，王者面容亦为四分之三侧面。侍女举孔雀翎扇。所谓神界与俗界，以殿堂外栏杆分开以示区别。

第一秦广王处，冥王坐案后抱笏板（图6.3-12），桌案上置法器等，旁有四判官，四女侍从举孔雀翎扇，两将军及抱卷吏员立下方，桌案下地面处有很小的具有图案装饰的桥梁，以后的画面皆同。下方有乘云气飞来的香音神飞天，马面狱卒怒对两戴长枷者，侧有一持卷吏员。第二初江王处，王者雍容而坐，随员同样很多，下有磨磨地狱，狱卒侍从监之，具有人入磨及鲜血从磨中流出之景。第三宋帝王处，罪者被悬缚，旁有似宣判者等。第四五官王处则有业秤，似天平悬善恶簿，多人观看，也有华服女子戴枷者（图6.3-12B）。而第五阎罗王处，有业镜，更热闹，地藏从上空降下。业镜有杀人场景，众多人物左右观之（图6.3-12C、12D），还有僧俗多人及若朝官者。第六变城王处，桌案在王者身后，下侧为捧经抱像者，中有捆绳若摔跤人物、披马牛皮者、往生者。第七泰山王处，有捧经抱像者、被绑缚如粽子者、被压者，及举像上报者。第八平等王处，亦有称量处，天平处有称经书等，前一台布置小佛像，旁亦有戴枷锁者。第九都市王神情紧张目视前方（图6.3-12E），其背后屏风画一大龙，桥旁两将军，前下戴枷者观诸狱卒刺一赖地者，又有扳其长枷者，还有一红衣者展开纸卷。第十转轮王为全身戎装的将军武人，前无桌案，身形巨大，屏风上处有六道轮回，但都在云气之中，诸道并不分明。下有鬼卒直刺罪者。而直府使者为便装武将，红袍乘红云，侍者鬼面奉

图6.3-13
日本和歌山总持院藏《十王图》三幅，高丽绢本画（采自铃木敬《中国绘画总合图录》，下同）

图 6.3-14

日本宝性寺藏李朝麻布画三幅

刀若周仓，还有鸟嘴者、奉墨砚的书童，及侍女等（图 6.3-12F 左），而监斋使者若文官形象，笏板深绿，乘红云，在其身后有像背经筒的人（图 6.3-12F 右）。

此组图有趣之处在于十王桌案侧皆有斜拱小桥，将军把守，此下为惩罚场景，或意指冥界。画幅有华丽精致感，与佛画人物主题有很大不同。

总持院（JT34-003）室町绢本画，存三幅（图 6.3-13），与静嘉堂所藏高丽组画基本一致，阎罗王画上有地藏菩萨，转轮王为武将形貌，再者仍有本地佛，诸神灵十分繁密，与王者上下分布这说明了其与高丽画的相异处，是参考高丽画并加以改变的。

日本宝性寺（JT158-001）所藏李朝十王麻布画，完成于嘉靖十一年（1532）。诸王桌案前加云气、具地狱场景（图 6.3-14）。共十一幅，即十王与直府使者图。其诸王皆有从官众侍，羽扇仪杖，身后为云气与远山。王皆胖而留须，多持笏板。“第一秦广大王”即题于扇，桌案侧前后三童子侍女、四判吏官、二兽面鬼王。云山之前有刀山，有躺者及前三跪者。第二初江大王配两童、四判官、二吏、一鬼王，云气前有僧形地藏及数跪者。第三宋帝大王执笔，旁亦十侍从官，云山前有地藏、鬼卒、跪者。第四五官大王处，从官眷属仍多，两道云与山形之前，有钉铁床之狱惩，鬼卒正挥锤而钉，床头两跪者，小身形地藏来到此前，随一侍、一鬼王。第五阎罗大王，业镜变到了云山之前，稍大鬼卒押小罪魂，镜前中有动物鸡蛇等，其后有小身形地藏现出。镜后远处有些小人形等。第六变成大王处侍众如上，一吏展卷，云下有汤镬，一官人形与地藏对揖。第七泰山大王处侍众如上，下有地藏与两鬼王施刑。第八平等大王处侍众如上，下有略似业秤与诸跪者。第九都市大王亦执笔，前下有地藏与两鬼王施刑。直府使者立侍，身后一马一侍、两鬼王。第十转轮大王戎装盔甲，侍者多一些，亦武人，前仍地藏与施刑鬼卒等。

我们还可就通度寺地藏殿堂为序而论述，因其十王组图较为完整。上文已述主尊有铜铸鎏金造像地藏与《地藏十王图》。周壁环以组画。有

图 6.3-15

通度寺内门（现摄图为笔者摄，下同）

图 6.3-15B

通度寺藏般若龙舟图

图 6.3-15C

通度寺十王组图第一秦广大王（采自陈明华《韩国佛教美术》，下同）

图 6.3-15D

通度寺十王组图第二初江大王

趣的是，由陈明华著《韩国佛教美术》所刊《十王与寿生经》与笔者所见此《十王图》[1]，同样的画面却题为不同的王者，其原因即是近十余年换新画作时，未严格恪守某图像特征，因此稍有差别。此种情况或可说明从南宋绘出至日本仿制的《十王图》中，某王与某狱的图像学特征标识并不重要，只需要有十幅冥王图就可以满足法事信仰的需求。但此组图数量超过了十幅，除地藏主像之外，还有渡海图与诸使者等，共约十四幅。以下就此通度寺（图 6.3-15）地藏殿所挂的《十王图》稍作论述，以笔者所摄与《韩国佛教美术》刊者相互交错配合，对比以见变动，并辅以部分韩国国立中央博物馆展出的十王画组图。这些画面尺度大多数小于前述南宋与日本的作品，单幅常常只有半米左右高度，与现代家庭中所用装饰画相仿。

其中之一即《般若龙舟图》或《引路菩萨图》[2]。龙船前后有高大立像，龙头上引路菩萨执幡，中为风帆，船内若贝壳状中有西方三圣——弥陀、观音、势至，其下两排俗人有十二身，龙船尾有地藏菩萨立持锡杖。海上波浪平静，应可达到彼岸（图 6.3-15B）。诸画之最下都有红条写出供养人。

其“第一秦广大王”，图中有重重彩云相隔，

〔1〕笔者于 2009 年在通度寺所摄，因殿堂内部布置陈列等原因，不能全部摄取十王组图，只能作部分对比。

〔2〕《般若龙船图》，李翎与尹文汉都将此图作为单独画类而介绍。李翎《韩国佛教绘画中的地藏图式》（《法音》2011 年第 6 期）主要据韩国国立中央博物馆《高丽佛画大展》（2010）加以扩张研讨，介绍了通度寺藏画（1896）与壁画《般若龙舟图》。尹文汉《救度众生与执掌幽冥——韩国地藏菩萨图像学研究》，《世界宗教研究》2014 年第 2 期。

图 6.3-15E
通度寺十王组图第三宋帝大王

图 6.3-15F
通度寺十王组图第四五官大王（现摄图）

图 6.3-15G
通度寺十王组图五官大王原图下部

图 6.3-15H
通度寺十王组图第五阎罗大王

图 6.3-15I
通度寺十王组图第六变成大王

图 6.3-15J
通度寺十王组图第六变成大王（现摄图）

图 6.3-15K
韩国国立中央博物馆藏十王组图之一

可分为庭前与下界两部分（图 6.3-15C）。冥王身形高大，持板前视。后为硕大椅背兼三折小屏风。旁后侍者等举旗翎，桌前列一排判官中绿衣者向王展卷而述，桌砚明显。云气下有数组人物，其中有小身的地藏接受红衣判官展卷，中有铁床与善恶童子，前有一大排裸身者及三戴枷者。总之，地藏直下的狱景与仅在庭上听诉分为两界，成为基本定式，其中铁床狱则与新换画相同。

第二初江大王处，冥王持笔而侧视，桌上有许多文卷（图 6.3-15D）。云气前无地藏，有两判官似观抽肠或毒蛇刑，罪人缚立板上，肚脐被抽肠或送入毒蛇。另一侧有红衣判官对红衣善女，绿衣判官垂卷对三戴枷者。殿中新画将此第二初江庭审与刑狱题为“第六变成王”与“毒蛇地狱”。

第三宋帝大王处侍从同上，冥王仍若前侧视（图 6.3-15E）。云气前两组人物，一组有判官垂卷，狱卒施吊刑或剥皮，四五人正半跪哀求。另一组地藏与判卒等跪对躺亡者。新换画未见。

第四五官大王处，云气前有镬汤地狱（图 6.3-13F、13G）。殿中新画题为“第二初江大王”。冥王右手执板，左手出指。案上有文具，桌前有列官横排，绿衣者面向冥王而呈案卷。地藏与判官处上排，姿态不同。汤锅上有一人形，两旁坐多位将受刑者。

第五阎罗大王处，冥王长须，抚案握笔抬起，案前依次有绿衣官同上（图 6.3-15H）。云气前有业镜与碓刑，红绿衣判官分别观押及拉开纸卷书写。此图冥王与狱景在新画中题为“第七泰山大王”。

图 6.3-15L

通度寺十王组图第七泰山大王（现摄图）

图 6.3-15M

通度寺十王组图第八平等大王（现摄图）

第六变成大王之脸方向已转，桌案砚卷皆备，有一红衣官员正在汇报（图 6.3-15I、15J）。云气前有地藏听汇报，两判官面对一组跪枷者书写一幅大轴，前端狱卒与刀山非常明显。此图在新画中题为“第四五官大王”。

而韩国国立中央博物馆藏一图似同此幅（图 6.3-15K），其画面色调和谐，较为朴实。此中王者，画面中充满民俗气息，相当生动，如村中常见老者，面具长须而露笑容，毫无威恐气息，或许因其面前判官所报为亡人生前尊佛书经的好消息吧。面前红衣判官亦笑而读卷，所展纸面书有数个草体字似若可识。其四周者似同为判官，有一捧大印与举护扇及剑者，画面前部两者似为具功德俗众。

第七泰山大王处文官、武将、侍女、鬼王簇拥，之前云朵下方仍有业镜，以及椎击等刑罚小景（图 6.3-15L）。第八平等大王，两手执笏板，云气前有大压棺刑，板上压狱卒，地藏与判官观之（图 6.3-15M）。而殿中现画第八平等王处则是“锯解地狱”并有题字。

第九都市大王处较奇特，地藏菩萨降临于最上方（图 6.3-15N）。云气之前有业秤及寒冰地狱。此情景在殿中，新画则题为“第三宋帝大王”，而韩国国立中央博物馆亦存此图（图 6.3-15O）。王者双手合掌向上拜望，周围也有四童、四侍、六判官及冥司等官，最上方有地藏菩萨从云中降下，圆项光，形体不大，正是大王向上所拜之因。案上有些香炉或文具，前有一判官执展案卷向王，头却向侧转。庭前以云气相隔，有业秤由高架悬挂在前，官员、吏司等掌司，秤上悬有善恶簿和秤砣，秤下坐四善信，两戴长枷者、一鼓腹、一红衣合掌女。两官员执卷而上望。下

图 6.3-15N

通度寺十王组图第九都市大王

图 6.3-150

韩国国立中央博物馆藏十王组图之一

图 6.3-15P

通度寺十王组图第十五道转轮大王

图 6.3-15Q

韩国国立中央博物馆藏十王组图之一

图 6.3-15R

通度寺十王组图监斋使者（左）、直符使者（右）（现摄图）

图 6.3-15S
通度寺十王组图日月使者（现摄图）

图 6.3-15T
韩国国立中央博物馆藏使者图

角有山形，内坐三裸身者，下有一鬼卒弯腰俯拾。全图精妙之处即对地藏降临的关注。冥王合掌而向上，桌前判官与下处小身官员或看或听地藏之来临。惜榜题残损，不明原序，下亦有供养人题名。

第十五道转轮大王处为武将形貌（图 6.3-15P），下有动物等，五道转轮处无常鬼吐云气象征轮回。六股气内，有天、人，又两股有饿鬼，无修罗，两股有畜类与虫蛇，无地狱。云气前有施刑或引至轮回的场面。如果对证上述朝鲜刻本《十王经》诸从官，如太山郑判官、六曹睦判官、太山邬判官、太山赵判官、太山李判官、时通卿、中元葛将军、产殃鬼王、注善童子、注恶童子、日直使者、泰山府君，可知人数大体接近，但很难一一对应。王者桌旁就有六七文官及吏员，二身或武人或将军，一鬼王，五身童子侍女，各举幡帜。共计有十五身。近似上述经图所陈列，但远不及静嘉堂第十王处二十六身的数量。

韩国国立中央博物馆另一幅佳作（图 6.3-15Q）[1]，榜题字残。大王着盔甲，或为转轮王面白留须，右手抚前案，左手握提大笔（似上下皆有笔头）。后侍四童子、四侍者，五目鬼王与三目鬼王共举旗幡。前旁有六判官并二武装者。司命司禄者，一持卷一合掌。此亦不全符合上述朝鲜刻本《十王经》中的从属随官，居然将初江王处三目鬼王与平等王处五目鬼王都收入了。转轮

[1] 韩国国立中央博物馆藏 1319 号《十王图》（朝鲜时代，1910 年收藏）。

图 6.3-15U
韩国国立中央博物馆藏使者图

图 6.3-15V
韩国国立中央博物馆藏判官录事使者狱卒图

王容貌清秀，张口宣说，奇特处即男性王官的眉毛皆画为二段〔1〕。

画面下部有火、有地狱门的屏风。云气内，有马面押长枷者，鬼卒持刀截一人。中段由地涌出一大股各色双耳尖顶物，应为动物，均有皮毛刺突等（初看略似刀山）。又两判官持卷宣判（卷上有朱色钤印），其前一鬼掌兽皮押一人形，又一鬼手拿鳄鱼皮披于马上，不知何故，殊为有趣。一凳底缠蛇，上有轮，坐无常大鬼王（药叉），双头顶出双股云气。凳轮两旁有三女，面微笑而合掌。云气交叠上升转入画上部呈为六道，实即天人、饿鬼、畜生的象征。其顶上具项光两红衣者代表天道，其下具两俗装者为人道，再下两股气内有奔跑状具双尖头发六人，示为饿鬼道。其中一人举火，未知有无修罗含义，再下两股气内有龟、狗、牛、马、蛇、虫等示为畜道。画面下部还有红色窄条书写供养人，具通政五人等。

通度寺《十王图》后续有三幅《使者图》，持斧立白马前为监斋使者（图 6.3-15R 左），臂抱一卷立黄马前为直符使者（图 6.3-15R 右），又一图上为日直使者红衣白马，下为月直使者绿衣黄马（图 6.3-15S）。

韩国国立中央博物馆也展出数幅使者图，水准均显得高出很多。一图中，使者立白马之前（图 6.3-15T），髯须络腮满面，威风凛凛，双手持斧为摩羯，口中吐刃。肩巾衣带、足靴严密而

〔1〕不仅男性，其后部举旗幡者装束如侍女，但唇上画小须，似有特殊表达之意，或者意在表达其皆男性或中性。

不露甲装。又一图内的使者（图 6.3-15U），衣饰华贵，头顶扎巾，包裹头为绿顶。上为红飘带，面部从容，留须，右手手扶腰带，左手扬起作姿。此类《使者图》先见于《十王经图》，大足北山第 253 号观音、地藏、十王龛侧壁云气内有乘马使者，日本也有此二使者独幅图。虽然现存南宋出口《十王图》并无此类使者，但由韩国所存可知大组合的图式仍有流传，所以《十王经图》流传是很丰富的。

还有一图名为“判官录事使者狱卒”（图 6.3-15V），为十王组图中的一幅，内容是判官、录事、使者、狱卒。此图亦有对称或单幅的可能性。画面较满，顶端有彩云，两判官戴软翅帽，手抱卷宗，而其上有稍小的录事头系巾，亦抱卷宗。云中画一力士式狱卒，嗔眉睁目，裂口獠牙，舒臂展现肌力。对角斜下有牛头狱卒，倒显得平静幼嫩，手拄一剑。画前部一马横立，亦圆目若童驹，前后各有使者，均束巾甲装，手持斧钺棍器。

总之，通度寺十王组图，与较新近的两组套图原就处在一殿，因而可以比较。大致排列相似，也保留了转轮王的武将形貌。具体的母题有很多交换，如业镜、地藏临降等，可以在各王处出现。十个榜题之下的王者与冥狱等可随意变换。可见实际上图像标志并不那么重要，只要有十位王者，就可以作法事了。

（三）甘露帧

甘露帧是朝鲜半岛佛画中的一种特殊绘作形式，被称为民众佛画。据分析即相当于中国的水陆画，与中国作品的区别仅在于以一或三帧图幅来表达，而非较多幅篇组合。其一幅图具有上中下三段结构对应了三幅图帧：上段有西方三圣、七佛、地藏、观音等正位神祇，中段为施食坛与饿鬼王，下段有孤魂六道即民间生活百态、种种苦难灾变。内容的图像化，以天上（佛菩萨的来迎）、地上（饭僧）、地下（饿鬼像）的垂直三界构成。甘露帧是作法事依据的图景，在寺院中相当流行，兴盛时段则主要在李氏朝鲜王朝。

甘露帧是一般供奉在寺庙的冥府殿或法堂左右灵坛墙上的卷轴式帧画，比较容易转移保管，也易于与大众交流，其在佛教成为民众精神支柱的过程中起到了很大作用。所以，帧画流行与时代背景有很密切的关系。由笔者角度而观，水陆画中含地藏菩萨与十王冥官，但很少以中阴时段或形象表现。而甘露帧图像则有地藏而多无十王，内容据说含有中阴表达，部分图中有地狱景象表达。

朝鲜时代佛教将几个经典融合起来成为一体信仰的结构。《佛说盂兰盆经》和《瑜伽集要救阿难陀罗尼焰口轨仪经》的起源、思想及方法虽不同，但早已融合于法会中，将盂兰盆斋和水陆法会的优点融合，形成荐道斋会。盂兰盆斋限定于七月十五日举办。水陆大法会费用较高，若需荐度，两者就可合办。荐道斋仪式原本就由诸经典组合而成，故甘露帧图像和所依经典多与崇拜祖先及孝道等礼仪关系密切，并非依一种经典规定的图像。但是，甘露帧的主要依据仍然是《瑜伽集要救阿难陀罗尼焰口轨仪经》，重在讲述免受饿鬼之苦的方法与程序，其上段为佛菩萨及护法神众，中段为施食于饿鬼——喻为“甘露坛”，下段为荐度孤鬼亡魂画帧，通常挂在大雄宝殿内或楼阁上，为奉行孤魂荐度仪式所使用。由此可知，与中国水陆画的最核心内涵之《焰口饿鬼经》或《救面然饿鬼经》确为一致。

据统计，韩国各寺中现存的甘露帧就有 66 幅之多，且曾举办过“朝鲜时代甘露帧——特别展览”，随展出版画册，予以全面的研究与介绍。其展览集韩国佛教寺院、高校与国立博物馆之力[1]，展出了宝石寺甘露帧（1649）、庆北大学博物馆甘露帧（1692）、宇鹤文化财团甘露帧（1681）、青龙寺甘露帧（1682）、南长寺甘露帧（1701）、海印寺甘露帧（1723）、安国庵甘露帧（1726）、龟龙寺甘露帧（1727）、双磎寺甘露帧（1728）、圣住寺甘露帧（1729）、云兴寺甘露帧（1730）、仙岩寺西浮屠殿甘露帧（1736）、表忠寺甘露帧（1738）、圆光大学校博物馆甘露帧（1750）、凤瑞庵甘露帧（1759）、令原寺甘露帧（1759）、凤停寺甘露帧（1765）、修道寺甘露帧（1786）、仙岩寺甘露帧（18世纪）、观龙寺甘露帧（1791）、高丽大学博物馆甘露帧（18—19世纪）、佛岩寺甘露帧（1890）、通度寺甘露帧（1796）、泗溟庵甘露帧（1920）等，多数具有题记与年代信息。其作品从17世纪初至20世纪初，跨三百年，非常丰富。

甘露帧佛画可分为四个阶段：第一阶段为16世纪后半至17世纪中叶，为成立期；第二阶段17世纪后半至18世纪中叶，为稳定期；第三阶段为18世纪后半至19世纪中叶，是变化与多元化期；第四阶段为19世纪后半至20世纪中叶，是反映时代与独立性期。其年代跨度为四百年，延续至今[2]。

第一阶段代表作有药仙寺甘露帧（1589）[3]、西教寺甘露帧（1590，图6.3-16）、朝田寺甘露帧（1591）、光明寺甘露帧（16世纪）。这一阶段的作品简单清晰，基本为上中下三段垂直结构形式。色彩华丽，用笔熟练。

第二阶段代表作有青龙寺甘露帧（1682）、庆北大学藏甘露帧（1692，图6.3-17）、南长寺甘露帧（1701）、海印寺甘露帧（1723）、直指寺甘露帧（1724）、双磎寺甘露帧（1728）、云兴寺甘露帧（1730）、仙岩寺甘露帧（1736）等。均呈三段结构，特点是天界有两组形象似佛以及有约占画面三分之一的亡灵。这时强调赤色和绿色对比，混用白色颜料，有浑浊感，与高亮度的彩云配合起来有明亮的感觉。在此已能看出一些第三阶段甘露帧特点，即背景的青绿山水，虽然表现较为薄弱，但出现瀑布的形象。此阶段用多种色彩，比第一阶段更富丽。

其中的青龙寺甘露帧，高204厘米、宽236厘米，红绿交错，施食坛上方西方三圣为大尊，右引路接观音与地藏，三圣之上方有阿难及坐佛等，左为七佛，其上下界以山岳相隔区分。宝石寺甘露帧（1649，图6.3-18），海印寺甘露帧（1723，图6.3-19），上段七佛侧重右方，左有三圣尊等。中段设坛，鬼王下似五王，下段有马踏、牛车砸碾、提头军将，还有火焚棺等。七佛后隐约有青绿山水。安国庵甘露帧（1726）色暖，人物分布较散，冥王冠帽。龟龙寺甘露帧（1727），红绿相间，人物很多。双磎寺甘露帧（1728），上段诸正神均设以绿色圆形项光，衣虽红色但总体绿调突出。有引路以及地藏等五尊神。神下以云形分割，中段部分坛台两侧由斜线隔出下方。

第三阶段突出甘露帧多样性，特点是山水表现，通过天界青绿山水增加凡圣对称感。明亮度高的颜色使得整个画面较为明亮，代表作有凤瑞庵甘露帧（1759）、龙珠寺甘露帧（1790）、观龙

---

〔1〕有大韩佛教曹溪宗总务院、国立中央博物馆、三星美术馆，还有庆北大学、高丽大学、东国大学、龙仁大学之博物馆，以及仙岩寺、月精寺、法印寺、凤亭寺、佛岩寺、圣住寺、修道寺、双磎寺、云兴寺、青龙寺、表忠寺、海印寺圣宝博物馆，并宇鹤文化财团等单位的支持。

〔2〕韩国留学生尹惠俊《中韩水陆画比较研究》（南京艺术学院博士论文，2013年），分析韩国水陆画即甘露帧，对甘露帧主题、分期与艺术风格等方面的研究论述，有益于我们对甘露帧图绘的理解，明白其本身的特点以及与中国水陆画的对应性。

〔3〕尹文汉《救度众生与执掌幽冥——韩国地藏菩萨图像学研究》（《世界宗教研究》2014年第2期）。文中举出此药仙寺甘露帧及兴国寺（1741）和通度寺作品，并图示兴国寺作品。

图 6.3-16

西教寺甘露帧（1590）

图 6.3-17
庆北大学校甘露帧（1692）

图6.3-18

宝石寺甘露帧（1649）

图6.3-19

海印寺甘露帧（1723）

寺甘露帧（1791）等。其中凤瑞庵甘露帧是唯一纵长形帧画，构图也有所变化。没有强调佛或饿鬼，天界比一般构图显高。上段和中段用山岳和针叶树来划分，下段则用云划分。凤停寺甘露帧（1765）在构图上呈两圆形日月，有阎罗大王、业镜、地狱城等。

第四阶段的代表作有兴国寺甘露帧（1868）、庆国寺甘露帧（1887）、佛岩寺甘露帧（1890）、神勒寺甘露帧（1900）、大兴寺甘露帧（1901）、圆通庵甘露帧（1907）、青莲寺甘露帧（1916）、泗溟庵甘露帧（1920），以及兴天寺甘露帧（1939）作品等[1]。图像变化比较明显，出现具体反映时代性的图像。

据分析，甘露王如来或观音菩萨遍洒“甘露”，把人从祸患中救起，有保护人间的作用，这一内容通过下段的灾难场面呈现。下段的灾难场面采用故事形式，以写实的手法描绘当时的各种风俗。荐度亡者的仪式是韩国古代萨满教的重要礼仪，朝鲜后期佛画由于当时政治上的“崇儒抑佛”政策，自然吸收源自民间的信仰因素，使甘露帧在韩国佛教文化中保持并流传，有劝慰孤魂、崇拜祖先的作用。这种民间信仰与地藏信仰、十王信仰、净土信仰、法莲信仰等朝鲜时代的民众信仰相融合，甘露帧可以说是这种复合信仰的产物。

在韩国，自新罗时代到高丽时代，盂兰盆斋以国家活动的形式经常举办，在朝鲜时代“崇儒抑佛”政策的打压下，以妇女和百姓为受众而得以绵延下来。时至今日，每年七月十五日各寺庙都要举行祭奠亡者的仪式，称为“百穡节”。盂兰盆斋普及到民众，推动了佛教的民众化。

本章首先介绍了浙江宁波即古明州庆元府舶去日本的商品十王画，继而对日本的逆修与十王雕造画作、朝韩的十王绘印等作品，及其基础十王经本进行了探考。南宋输日的商品十王画在世界范围早已得到了研究与精深分析，但仍存在一些套组画中十王的名称次序得不到比定的疑难。实际上，兼具宗教画与商品画双重身份，画作的官府与狱惩元素多有互换，图像标志因而随之变动。只有离开图像标志思维的传统角度，才能解开这个谜题。更宏观的审视可从十王庭前的审讯与地狱冥界切入。官府的审过变成了狱景受罚，十王观念从中阴演进为冥界，这才是中古十王图画像设蕴藏的真正信息。连十王经本的写印与插图配置，也无不打上如此烙印。日本与朝韩的十王信仰各有特色，逆修的先行与经本印绘，从寺庙道场到贵族与民间生活，无不真切地体现出该信仰渗透至世俗社会之种种点滴。

[1] 李翎《韩国佛教绘画中的地藏图式》，《法音》2011年第6期。文中列举了通度寺（1796）与泗溟庵（1920）甘露帧。

第七章

承延普及

第一节　殿堂像设

第二节　窟像铁造

第三节　水陆道场作品

第四节　城隍东岳

第五节　十王科仪

第六节　晚近画作

十王信仰发展至南宋开始出现转折，图像中不但十王分绘，而且全坐案后，且突出地狱阻吓场景。这些图像主要出现在寺院殿宇及城隍道观等，经过元明清几朝发展，十王之图像多已脱离与经本的关联，而与地狱惩戒相联系，即具有了教化与劝善的功能。同时，十王图像也被纳入水陆法会的体系之中。水陆法会是佛教仪式中最为隆重的一种形式，从中古以来持续发展，有着很大的涵盖面，既可以由高阶佛教与国家层面举办长达七七即四十九天的盛大法会，还可以由基层寺庙酌情举办，也可以应施主个人或家庭请求而做，小规模者数天即从七日至三日或一天等等都可。家族自可尽力为亲人荐亡拔苦，官府与教界也可以为因国事战亡者荐拔，其对象涵盖孤魂野鬼诸灵。因此，水陆法会具有封建社会中不可或缺的宗教功能。十王出现之处既有固定的殿堂观庙乃至石窟，也有成套合组的挂轴画作，在各种适当场合分布悬起，就可举办活动。而且，十王信仰在社会广泛扩散，深入普及，逐渐渗透到官方与民间及道教诸祭信拜，如城隍东岳、民间绘事等。本章将分别论述寺院殿堂像设、石窟、卷轴画、城隍东岳、十王科仪、晚近绘事等十王信仰的诸种形态与形式。

第一节 殿堂像设

一、山西晋地

山西省是我国保存古代建筑与宗教艺术最富之地，其建筑与塑绘艺术达到了很高的水准境界。除珍稀北朝石窟与唐代寺院殿堂之外，宋元古建筑约存七百余处，在全世界范围也属最为丰富之遗产，值得我们努力保护与深入研究。其中诸多寺院的殿堂像设与画作等，极具研究价值。

（一）平遥双林寺

山西平遥的古建筑与彩塑非常著名。古城墙与民居已得到重建保护与宣传利用，特别是镇国寺与双林寺，已经成为艺术院校美术雕塑专业师生必参的“圣地”。双林寺殿堂像设为明代塑作。镇国寺为五代建构，然而其中所存十王像为明代时所绘，像背后绘画时代为清代。

双林寺原名中都寺，创建较早，北齐武平二

图 7.1-1
山西平遥双林寺地藏殿中地藏菩萨与胁侍道明及闵公（笔者摄，下同）

年（571）重修，北宋改今名，明代多次重修，现存建筑多为明代遗构。其中，彩塑共有2052尊，保存完好者有157尊[1]。其精美绝伦之明塑，于地藏殿十王等像中也可见到。地藏殿与罗汉殿相对，位于与山门合一的天王殿之后。正中主坛地藏像为菩萨形貌，右手置胸前，座前持锡杖道明与合掌闵公已见其精妙（图7.1-1），其前方还有二狱卒。

两旁十王与判官、录事分列，均坐于廊下木制三折高背椅上。由于诸王皆文官服饰，唯地藏尊像左边最近者冠为冕旒式，流苏垂下，所以可比定为阎罗王。由此其排列形式应为从左向右一字式排列。其左正壁为阎罗王、五官王、宋帝王（图7.1-1B），转侧为楚江王与秦广王（图7.1-1C），再两都司中一判官（图7.1-1D）。右前壁从近主尊起为变成王、泰山王、平等王（图7.1-1E），转侧为都市王与五道转轮王（图7.1-1F），亦两都司一判官[2]（图7.1-1G）。其实，所谓六判官都是两都司中一文官状（图7.1-1H）。诸王则或叉手胸前或手执笏板，其前下有很小泥塑圆雕相应图景，已较残损。如前侧外端有鬼门关，后侧王前以一小铁鼎为汤镬、铁床烫等，总之诸王仍与地狱罚处有关联。

双林寺彩塑名不虚传，诸像造型之神态动势都十分生动传神。此殿之十王中，唯阎罗王具有特殊表达，即冠饰特别，面留垂胸长须，神情泰然，相较余像而言甚至有些文静之感。其倚坐大椅之上，双手抬在胸前，原应持有笏板。华丽袍服饰大带明显，皱褶真实自然。脚前还有数小像表现刑讯审过等情景，但诸小像身体多有断残，不够完整。紧邻者应为五官王，身姿微斜，眼睛向左侧视去，短须连腮，两手则分别按膝，体态丰壮，神情严肃。服装在束腰处显繁复且颇具动感，似乎在扭动身体，为这些均取坐姿的王者带来生动气息。相邻的宋帝王面容、体势与其略相似，但右手抬起，身姿端正，神情含蓄一些。楚江王所坐方向已转，右手低抬，体态略瘦，后靠椅背。秦广王则身体稍向前倾，眼神向前下怒视，右手抬在胸前却残失了。分列两侧墙之六曹，起端处内者张口怒喝，左腿曲起至台上，身姿扭动与王像区别很大；中者文官状貌，眼视前远，抬臂扬手；外者闭口张目外视，身侧两臂曲而力压腿上，右手还持一卷。地藏主尊右侧的变成王，形象貌状均较接近于阎罗王，但冠饰明显不同。其旁泰山王怒目而微开口似正言说，左手抚膝，右手抬起有力攥拳，身体略微前倾。平等王坐向亦转，头部也随身扭动，眼神向殿外侧视。转轮王全为文官之相，身体面容都侧转向外。六曹余下三尊像与另三尊则有对称和变化：内者双臂压腿上，同时手持一卷，脸向外而眼神向内；中者仍为文官状，抬扬右手而左手握卷；外者则右腿抬起曲于台上，面向内而眼视殿中，形成生动变化的体姿与动态。

（二）平遥镇国寺

镇国寺主构万佛殿建于五代后汉时期，其后三佛楼为元明时期所构。二层为十王殿，殿内有明代地藏十王塑像及清代壁画。组画未绘满壁，仅为屏风式，并配书法的套组画。这组壁画在陈震学位论文《平遥镇国寺十王壁画的年代考证与图像配置研究》中已有研究，创作年代确定为清嘉庆二十一年（1816），其绘制特色等论文中亦

[1] 有文将双林寺彩塑看作宋代作品，明显不当。

[2] 殿内诸王下部有说明，其名称多有误置，连同诸王脚下刑惩及鬼门关等。此殿十王排列应同于重庆大足石刻。有文将十王排列论定为依昭穆制度，至少在此没有确实根据，此说不能成立。

图 7.1-1B

双林寺地藏殿主尊左边道明、阎罗王、五官王、宋帝王（塑像下部原说明牌次序有误，下同）

图 7.1-1C

双林寺殿内左侧墙（图中依观者右起，下同）都司，秦广王、楚江王

图 7.1-1D

双林寺殿左侧墙起首处判官与两都司

图 7.1-1E

双林寺地藏殿主尊右边变成王、泰山王与平等王

图 7.1-1F
双林寺殿判官等与都市王、五道转轮王

图 7.1-1G
双林寺殿右侧墙处判官与都司

图 7.1-1H
双林寺殿左侧墙起首都司

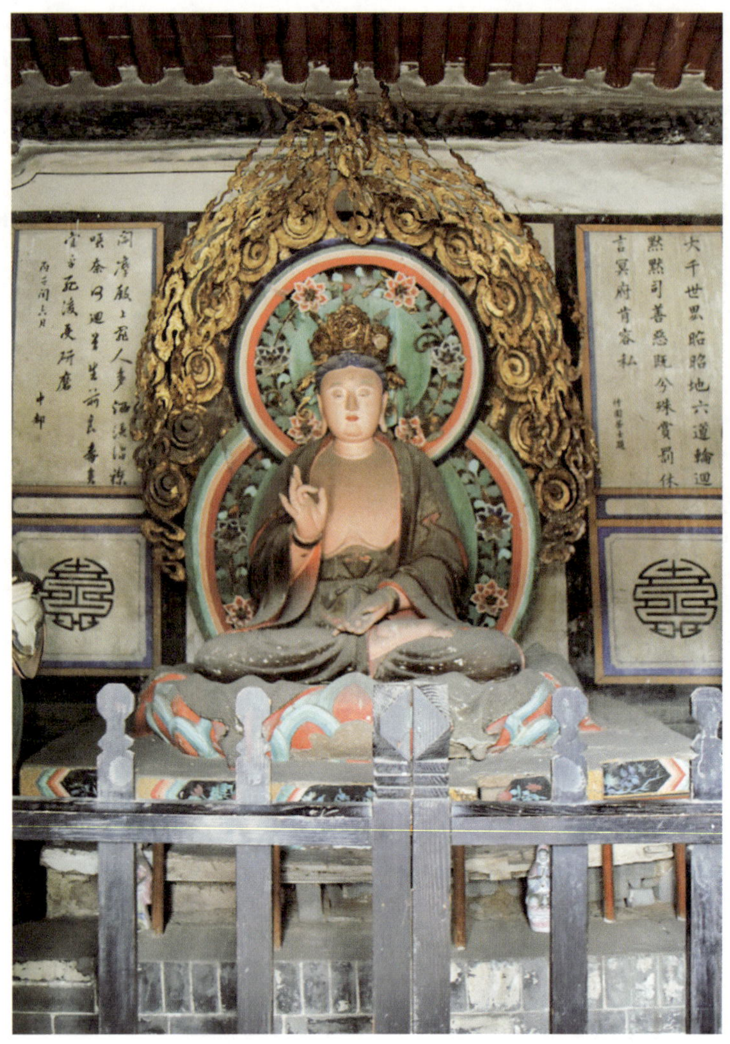

图 7.1-2
镇国寺十王殿主尊地藏像
（笔者摄，下同）

有分析[1]。

此文认为相邻双林寺十王像按照穆制排列，此殿画像亦如此。论文叙此殿画像排序，先分析其第一王与第十王的图像特征，首幅有龙王告状，末尾有六道轮回，因此比定，由主尊左手起向外单数为一至九王，主尊右手起向外双数为二至十王。虽然双林寺塑像并非按照穆制排列，但镇国寺壁画可以如是排定。但文中未明确同殿塑像顺序，论文图表中排序似乎亦带塑像，按单双由主像左手起向外交错排出。但此组塑像与画像的年代等不尽相同，所以依画作来定排序或存在纰漏之处[2]。此殿十王塑像无明确标识，给出排序定论也有困难，其明显特征为白面者与黑色或褐色容貌者错落相隔而置。若依画像次序则阎罗若白面汉官，夹处黑与褐面容者中，显得不尽合理[3]。因此本文现推测诸王次序先由主尊右边起

〔1〕陈震《平遥镇国寺十王壁画的年代考证与图像配置研究》，湖北美术学院硕士论文，2018 年。因其着重论说配置十王六曹，所以对于画像序次仅引用双林寺十王六曹（各具一格廊）奇偶排列，而非实地观察阎罗冕旒，此为其文明显弱点，其对殿内重要明显的塑像似同定为以奇偶数排列。

〔2〕陈震论文断壁画为清代，并据晚期水陆画等十王画中泾河龙王诉唐太宗情节定此为首幅第一王，具六道轮回云气者为第十王图，可以成立。但画中还有将兽皮等第十王情景移动等也应予说明。

〔3〕虽无特定规律可循，但取黑或褐色脸色应与某些王有关，如阎罗王、泰山王等重要节点王，可据此而推测排序。当然，在此的诸王序次排定仍为推测，也有另外之可能。

图 7.1-2B

镇国寺殿道明像

图 7.1-2C

镇国寺殿闵公像

图 7.1-2D

镇国寺殿第一王像

图 7.1-2E

镇国寺殿第三王像

图 7.1-2F
镇国寺殿第五王像

图 7.1-2G
镇国寺殿第七王像

图 7.1-2H
镇国寺殿第九王像

图 7.1-2I
镇国寺殿第二王像

图 7.1-2J
镇国寺殿第四王像

图 7.1-2K
镇国寺殿第六王像

图 7.1-2L
镇国寺殿第八王像

图 7.1-2M
镇国寺殿第十王像

图 7.1-2N
镇国寺殿判官一

图 7.1-2O
镇国寺殿判官二

图 7.1-2P
镇国寺殿判官三

图 7.1-3
青莲寺外景（宋伊哲、何莹等摄，下同）

而向外排奇数王，再间至左边向外排列偶数王。

镇国寺十王殿像地藏菩萨居中坐坛上（图 7.1-2），道明、闵公分侍其侧（图 7.1-2B、2C），十王以倚坐姿态分坐两侧。六曹判官处转边墙前，仅存北壁三身，虽无廊柱座椅等衬托，但为十王者像与冥司判官无疑。十王均坐在一靠墙长台上，自右向外第一王（图 7.1-2D），面白容清，眼微张前视，唇上留有黑色胡须，袍服交领重叠，手中笏板仍存。次为第三王（图 7.1-2E），面为褐色，亦留须，容貌带些胡人相，双手分别按于膝上。第五王面容黑色（图 7.1-2F），亦具梵貌，右手抬胸前，左手仍置腿上。第七王则肤呈白色（图 7.1-2G），似中年形貌而微胖，方心曲领明显，手姿近同旁侧王者。第九王肤虽白但若经风霜，面容老成一些（图 7.1-2H），双手握于胸前，原应持笏板。诸王皆袍服冠顶，色饰细节与形貌等较为淡雅。主尊左侧起第二王白肤具胡须（图 7.1-2I），亦有笏板，形貌与第一王颇似，唯须色呈白，且衣袍下部保存较完整。第四王面容为深褐色略似梵相，怒目而视（图 7.1-2J），双手抚膝。第六王肤亦白（图 7.1-2K），双目平静前视，唇上留八字胡，双袖袍抬胸前，双手已损毁，原应抱笏板。第八王则为黑肤（图 7.1-2L），双手一抚膝一略抬起，身姿稍斜侧。第十王则为浅褐红肤色（图 7.1-2M），长须呈白色，张目前视，右手抬至胸前而左手抚膝。镇国寺塑像整体有一定特色，约为早于壁画的明代塑存。其起首处六曹司判官毁失，最后三身都司判官之像仍存（图 7.1-2N、2O、2P），相对同殿十王雕像而言表情动态较为夸张，其之一尤其明显，怒目圆睁、张口似喝，右手持案卷，居中者稍显平静，肤色偏白，最边者身姿向内倾转，怒目远视，为若有所思之状。

（三）晋城青莲寺

青莲寺位于晋城东南 17 公里的泽州县硖石山腰，初名硖石寺，人称“晋魏河山第一寺”。分古寺、新寺两处，依山势由低向高而建，古寺在下，新寺在上，相距里许。寺分属净土宗、天台宗道场，属国家重点文物保护单位。古寺初建于北齐天保年间，与净土宗慧远的活动密不可分。经北齐、北周、隋、唐修建而成。新寺在宋太平兴国

图 7.1-3B
青莲寺秦广王像正面

图 7.1-3C
青莲寺秦广王像侧面

三年（978）御赐名为“福严禅院”，明复称青莲寺（图 7.1-3）。罗汉堂与地藏阁均创建于北宋建中靖国元年（1101），后者塑有地藏菩萨和十殿阎君，组像是宋代彩塑，经明代重装〔1〕。

地藏阁殿中塑像，地藏菩萨居中，头戴花冠，手执宝镜；十殿阎君个个头戴王冠，身穿朝服，传神地表现出佛法的威严。以上塑像全都为坐像，且无宽大座椅陪衬廊格，虽与上述镇国寺殿像略同，但塑作手法更为熟稔，塑像形体更为自然，表情神貌更是非常出色，可谓夺人心魄。秦广王方心曲领明显，冠饰华丽，怒目张口似欲言，右手掌置胸前，冠带与腰带等缀饰的细节也栩栩如生（图 7.1-3B、3C）。初江王长须垂胸，面容平静，双手合于胸前，衣前所系绦带环佩明显（图 7.1-3D、3E）。宋帝王长须呈波浪形，双手合袖中置膝腿上，曲眉而嘴角下撇，似在专注地倾听着什么动静（图 7.1-3F）。三王后转墙为五官王（图 7.1-3G、3H），争眉曲目，口微张开似正在辩言，右手拓掌伸指在胸前。阎罗王稳坐台上，面丰须长，表情平静而下视，双手抱笏板于胸前（图 7.1-3I、3J）。塑像中间为地藏菩萨的主尊像，呈趺坐姿菩萨形貌，表情相当平静，可与诸王状貌形成鲜明对比，手无锡杖，左手所持摩尼宝珠腾起火焰，右手则于上方护盖，形成别具一格的特征（图 7.1-3K、3L）。变成王双鬓垂髯，低垂眉目，眼光平静向前下视，身微侧，双手抱持于胸前，应持有笏板（图 7.1-3M、3N）。泰山王目光向前而凝视，口微张，似正言语，右手则以动态斜拿着笏板（图 7.1-3O、3P）。平等王亦长须，手护须下而圆睁怒目，似可说是裂眦

〔1〕高寿田《山西晋城古青莲寺塑像》（《文物》1963 年第 10 期）认为是宋塑，后虽经移动与彩装，但保持了原来的面貌。

图 7.1-3D
青莲寺初江王像正面

图 7.1-3E
青莲寺初江王像侧面

图 7.1-3F
青莲寺宋帝王像

图 7.1-3G
青莲寺五官王像正面

图 7.1-3H
青莲寺五官王像全身

图 7.1-3I
青莲寺阎罗王像正面

图 7.1-3J
青莲寺阎罗王像全身

图 7.1-3K
青莲寺地藏阁主尊地藏菩萨像

图 7.1-3L
青莲寺地藏菩萨像侧面全观

图 7.1-3M
青莲寺变成王像正面

图 7.1-3N
青莲寺变成王像全身

图 7.1-3O
青莲寺泰山王像正面

图 7.1-3P
青莲寺泰山王像全身

图 7.1-3R
青莲寺平等王像全身

图 7.1-3Q
青莲寺平等王像正面

图 7.1-3T
青莲寺都市王像全身

图 7.1-3S
青莲寺都市王像面部

图 7.1-3U
青莲寺转轮王像正面

图 7.1-3V
青莲寺转轮王像侧面

图 7.1-3W
青莲寺地藏阁内景一，前五王

图 7.1-3X

青莲寺地藏阁内景二，后五王及一力士

而视（图 7.1-3Q、3R）。都市王双手合于胸前若沉思状，双目微闭，与前两王形成了对比（图 7.1-3S、3T）。转轮王面容轮廓颇似秦广，正襟危坐，面向右转而眼向回瞥，怒目欲斥之状呼之欲出（图 7.1-3U、3V）。总之，诸冥王排序是由主尊之左面外端起而向右面一字展列（图 7.1-3W），其身形变化不大，表情神态却各有殊异，非常生动。诸王的两外端还各有一力士，扬臂呐喊，气势极为威猛（图 7.1-3X）。总之，青莲寺殿堂之泥塑作品，是难得的珍品，代表着古代民间工匠出色的形神掌控与表达技艺。

明弘治十五年（1502），青莲寺法师择于法堂西侧创建斋堂五楹，嘉靖末在寺中举办水陆法会，四方僧尼、信士相聚一寺。法师见先师所创斋堂"岁久倾圮，丹青栋宇"剥落，于是同四方众僧募缘，扩建其堂为七楹两层，工程于嘉靖四十三年（1564）告竣[1]。

〔1〕李会智、高天《山西晋城青莲寺史考》，《文物世界》2003年第1期，第30页。

（四）高平定林寺

定林寺位于高平市米山镇大粮山南麓，后唐已存，金元重构，明清修葺，有山门（图 7.1-4）、雷音殿、七佛殿及廊庑亭院等。雷音殿飞檐挑角，画栋雕梁，气势古朴，为元代遗构。寺中存有宋元题记石经幢，但寺中《十王图》绘于明代嘉靖四年（1525），在寺东配殿中，分布于两壁，起自南壁西端，止于北壁西端。虽然《十王图》起首端有奈河金桥，收尾端具轮回之景，但余处王者多无明确标识，唯北壁东头有业镜。虽然诸王有坐有立、设桌或无案之别，但因无榜题，且图像特征不明，不易对应名称次序。不重特定图识次序虽为《十王图》发展趋势之一，但仍有凭据可大体排定诸王序次。特别是第五、第六两王皆顶戴冠冕，而其一具旒珠，可以当作阎罗王与变成王的区别特征。对此殿十王画的阐介极少，尽管整图构成较为散乱，但细细观察仍能发现精细妙致之处，故就此殿原序而

图 7.1-4
定林寺山门（王敏庆等供图，下同）

列说[1]。

第一图在起首上方，因接斗拱而有斜角（图7.1-4-1.1），秦广王坐于案后，椅背较高而似有缺（图 7.1-4-1.2），王戴进贤冠，面朝殿内方向，容貌不清，应是面色变黑（铅白氧化变黑）之故。双手笼袖中，颈有项圈，衣有斜领。两侍从执扇持壶立其身后，均身着圆领窄袖衣。桌面饰曲线波纹，后屏画山水，可见水面小船等。屏风之后露一小案桌，上置文具，有吏员两人，似管理档案者。王前右三官吏，戴幞头垂翅脚，身着圆领袍衣，前者手执笔与布满字迹的写卷，两矮者均手捧簿册，一道黑云由一册中升至顶端。桌前一人衣装平常，似为过此殿者，正诉于大王。桌前左有武将鬼卒，武将着盔甲，抱瓜锤而立，鬼卒裸身持三叉戟扶刀柄。下方榜题“米山镇信士牛图新、王加英、王立锡”。

图中有奈河桥或称金桥（图 7.1-4-1.3），稍掩于云气中，其侧有寒树，旁有小鬼。前方两若兵卒者相呼应，持刀者回身露笑容，挥小槌者驱赶亡魂，前有狗逐咬倒地者，河中也有漂浮者。桥上人物形象突出，前有飘扬引幡，善信紧随，一女怀具项光佛像，身后老年夫妇捧经卷，翁所持为册状，婆所持为卷状。壁画全以大朵淡云气陪衬前景，重点处如王冠及此中桥柱顶与善信所捧佛像等用沥粉贴金。

〔1〕刘伟《山西高平定林寺明代地狱十王图像考》，《美术》2017 年第 2 期。此文仅列第一、第六两铺十王壁画而立说，没有述及次序等问题，一些图册资料仍似不全。此寺雷音殿后门枕石铭元代延祐四年（1317）刻造记，殿前月台竖宋太平兴国二年（977）造弥勒出生塔幢与雍熙二年（985）造石幢，均高四米，八角形。

图 7.1-4-1.1

定林寺第一王图

图 7.1-4-1.2

定林寺秦广王像

图 7.1-4-1.3
定林寺第一图奈河桥景

图 7.1-4-1.4
定林寺第一图下部戴长枷者

所有王者图下方原应有些塑像，现呈空白，间隔的竖条状部分则画有一些狱罚图，但不全。两壁现存共约六条，如图示画有两戴长枷者（图 7.1-4-1.4），双手均套于枷铐中。

第二图（图 7.1-4-2.1），楚江王坐于有踏台高椅上（图 7.1-4-2.2），双手分置椅扶手，桌案置于其身后。王戴进贤冠，方心曲领，容貌亦不清，面朝内，弯身倾听官吏禀报。三侍从各捧壶执扇。屏画骑驴小人图景可见，屏侧仍露一小案桌，有吏员三人，后有柜架，上层一排有五宗卷垂穗，显然为阴间档案处——善恶簿架。王身前有三官吏圆领袍衣、硬翅软幞头，两人展卷报读，另一人肃立，双手持笏板。下侧两鬼兵卒将，手持瓜锤短兵器而立。两对男女被执押，一对夫妇中男者戴枷；另一对夫妇中女性跪者两边各有一鹅，男者跪以手掩面，头顶上一只鸡正啄其眼（图 7.1-4-2.3）。图下榜题："米山镇信士李国保同妻宋氏"。此图前景为过王庭受审之情景，人物稍松散却均衡，人物图景多在云气中，余处亦多同第一图。

第三图（图 7.1-4-3.1），宋帝王坐于案后（图 7.1-4-3.2），戴冠朝向殿外方向，容貌仍黑，方心曲领，衣领交斜，袍为淡绿色。其右手执笔，左手展案卷于桌面，桌边有笔架等用具。后侧有侍从执扇奉壶，屏风画有图景，其后无官吏文档，而露出放置花瓶盆景桌之一角。冥案侧前，文官武将各一，官吏抱卷册，武将盔甲全身。前排三罪魂与三鬼卒，两裸身鬼卒表情

图 7.1-4-2.1
定林寺第二王图

图 7.1-4-2.2
定林寺楚江王像

图 7.1-4-2.3

定林寺第二图审讯鸡啄头景

图 7.1-4-3.1

定林寺第三王图

图 7.1-4-3.2

定林寺宋帝王像

图 7.1-4-3.3

定林寺第三图审讯奉盘者

图 7.1-4-4.1

定林寺第四王图

图 7.1-4-4.2

定林寺五官王像

图 7.1-4-4.3
定林寺第四图审讯夫妇婴孩景

图 7.1-4-4.4
定林寺第四图下部条状刀山景

图 7.1-4-4.5
定林寺第四图刀山处抛罪魂状

图 7.1-4-4.6
定林寺第四图刀山部前下处

夸张，另端亦有一怒发鬼卒押两套三股叉枷且铐手罪者，表情却似笑谈。居中一位跪者面向冥王，手捧一满盘（图 7.1-4-3.3），身边包袱裂开露出若纸币物什，似为献纳。榜题有“张□郭□”。

第四图（图 7.1-4-4.1），五官王仍坐公案后（图 7.1-4-4.2），戴冠，面朝殿内，容貌黑而不清，袍服交领。其双手分别持笔展卷于桌面，似与其前朱衣官服者对谈。身后有两侍女，屏画图景漫漶，其侧后无文档，有一小桌置瓶壶。冥王桌前侧，文官武将分立，有吏抱卷册，武将着盔甲持瓜锤而立。一官员指向公案前男女，似正讯问。其跪女子旁有三个孩童（图 7.1-4-4.3），他们手中执物。男女边侧裸身鬼卒执狼牙棒押一裸身罪魂，罪魂戴套枷，侧视一旁。两榜题仅可见一边有“北朱庄施主司仿、司俊、司□”三人之名。

此幅图之下方有竖条图，图中画出刀山情景（图 7.1-4-4.4），笔墨色均较淡，可识有两鬼卒，上者抱持一人欲扔出，下者手持流星锤驱赶男女二人（图 7.1-4-4.5、4.6）。图前上方两排刀尖曲折排布，其中有四人或扑地或呈倒栽状。

第五图（图 7.1-4-5.1），阎罗王处无桌案，坐具踏台龙扶手高背大椅（图 7.1-4-5.2），两执扇相交衬其头后，处椅背之前，屏风后小桌一官样者抱卷宗。阎罗王冠冕旒而抱笏板。文武官吏分侍两侧，其前下两人很突出醒目，一男子跪王前，右手捧拿着其头部（图 7.1-4-5.3），颈部悬挂着四个钱串；身后立一女子两手摊开，分指此人与身后裸身被捆者，似正诉此人杀其夫。有些画塑中案前无头者为诉唐太宗的泾河龙王，但这里应该不是。因此画中有鬼卒捉其头发而立，其身后又有吏展卷而宣读，上方有官员向王而呈报，与龙王画不符。王座另侧有官员立持簿册，

图 7.1-4-5.1

定林寺第五王图

图 7.1-4-5.2

定林寺阎罗王像

图 7.1-4-5.3
定林寺第五图审无头者景

图 7.1-4-5.4
定林寺第五图下条状画鸟头鬼等

图 7.1-4-6.1
定林寺第六王图

图 7.1-4-6.2
定林寺变成王像

图 7.1-4-6.3

定林寺第六图业镜景

图 7.1-4-6.4

定林寺第六图下条状刑惩景

图 7.1-4-7.1

定林寺第七王图

图 7.1-4-7.2

定林寺泰山王像

图 7.1-4-7.3

定林寺第七图下部锯解图

图 7.1-4-8.1
定林寺第八王图

图 7.1-4-8.2
定林寺第八图下部拜者

图 7.1-4-8.3
定林寺第八图下部刑惩图

武将则持剑前伸，对此罪魂怒斥〔1〕。而榜题仅可见“米山□王□”。

此王者图下部竖条状图画有两组形象，均简淡脱色，较难辨识。上方有常服者伸臂若拜，但图像不全，下部似两鬼卒，仅一略可识出身形及头嘴若鸟喙之状（图 7.1-4-5.4）。

以上南墙画面整体色泽较北壁旧淡，北墙画面色线清晰且鲜艳，由东向西延展。

第六图王者虽若阎罗王（图 7.1-4-6.1、6.2），亦坐大椅无案桌，但据其冠冕而无旒、抱笏等特征，应为变成王。王背屏尊贵，画为红日出海〔2〕，旁众持扇侍者，官员环簇。王前两顶冠，戴帽绛袍官员奉笏，绿衣乌纱官展卷前报。王前侧还有一武将展臂持弓，另端有似捕快两奉簡者跪于王之前方。最醒目处为王前下方一业镜（图 7.1-4-6.3），内现杀牛小景，怒发上冲的狱卒押一罪者执其头令其观看，狱卒手中锤棒还在滴血。题记有“冯庄施主靳万表”。

此幅图下方竖条状画面有数形象，若两着衣鬼卒似正在捉拿、击打坐或跪地之受罚者，地上还有或夹板或一斗之物（图 7.1-4-6.4）。

第七图王者泰山王（图 7.1-4-7.1、7.2），着醒目红色袍服，坐宽大椅中，侧身而观其下旁正在桌上书写的绿衫官员。桌前后都有官吏展卷，桌旁有一官似在念读，而前方一官员则执笔笑对受审者言，卷上有简单书迹，黄衣听者表情轻松，似解开环铐铁链而悬臂，身后一跪者手向前指头却回顾，后面跪女为带刀兵卒所押。侧前一怒发鬼卒持长矛。两侧榜题有信女四人与本寺僧道成。中间下方有两戴枷者，直接连着下部竖条画，画内容是锯解刑（图 7.1-4-7.3），两冲发裸身鬼卒正施力锯开被木板所夹者，底下板后有一白狗似正舔食。

第八图平等王处，表达很独特（图 7.1-4-8.1），王者离开座椅案台走下来呈立身像，华服冠帽，众侍簇拥，以尊奉之姿，左手执一香炉，右手后伸于侍者奉水盘处，似正欲行礼仪。其前方一官员跪地抑首拱袖若拜迎（图 7.1-4-8.2），其脚边还有方册簿。图上方有一朵祥云降下，如观音之小像乘来〔3〕。云朵下的侧边，又有一道云气直降而下，径达于下部竖条画幅处，或者说从下部画面腾起，但见其中大气升腾（图 7.1-4-8.3），衬出两鬼卒若惊恐状，依小木架而合掌向上，其上方有很小的两白衣者若狱中人亦跪拜。

第九图之处（图 7.1-4-9.1、9.2），坐于桌后的都市王执笔与其前绿衫官员若问案状，周围有侍者及阅册等官员。案上卷宗展开。云气中有两过者似正呈问。屏风画有海与龙王，其屏风后还有些小刑惩狱罚之景，如汤锅等。画最前端有一大铁架若床（图 7.1-4-9.3），下燃火，上烤一受刑者，两冲发鬼执拿其手足迫压其躺上，另有一鬼在拉箱鼓风，此为火床或受烙。旁边还坐一鬼王，若监刑。另有持弓武将与兵校者分立。榜题有“米山镇信士王加余、信女陈氏”。此图之下方竖条状画，有一大汤镬（图 7.1-4-9.4），三鬼卒正燃火并施惩，一举柴，一用长枪刺穿罪者升至汤镬沸水处，另一持斧鸟鬼卒者，坐而压两罪魂。上方还有两人被分捆于圆筒上。此画笔墨颇淡妙。

第十图处（图 7.1-4-10.1），有转轮王坐于案

〔1〕有些十王画中以泾河龙王提头告状，唐太宗入冥乃“三曹对案”及刘全进瓜故事。蒲县东岳庙亦有此题材塑像。

〔2〕此王头冠顶有冕板而无旒珠，对比来看，阎罗王应在东壁第五王，而此为第六王。

〔3〕此处上部毁损且尺幅较小难辨，但因太原阳曲三学寺正殿有类似图像，可以确认为观音菩萨无疑，并同在第八王处。感谢首都师范大学于硕提供资料，并详见本章第一节“碧岩寺与三学寺”。

图 7.1-4-9.1
定林寺第九王图

图 7.1-4-9.2
定林寺都市王像

图 7.1-4-9.3

定林寺第九图铁床狱景

图 7.1-4-9.4

定林寺第九图下部镬汤刑惩图

图 7.1-4-10.1

定林寺第十王图

图 7.1-4-10.2

定林寺转轮王像

图 7.1-4-10.3
定林寺第十图披兽皮景

后，戴冠红袍服、面朝殿外，容颜不怒，持笔展案卷于桌面，边有笔砚文具（图 7.1-4-10.2）。案边有文官武将，拿册执斧分立。案前端有红衣等三文吏，各自紧张阅卷。其下方三人，一持笏板上报状，一僧一俗随其后。再下有一大兽皮架（图 7.1-4-10.3），悬鹿虎羊狗皮。一鬼卒持驴皮向前，前方跪地者以手指另一人。其下有大道彩云相隔之，一位冲发鬼卒举狼牙棒奋力追逐，前方一人应是罪魂，返身手捉羊角，其前一人头顶已披上了牛皮。再前两露兽尾者将入城门，意喻已转生至畜生了。其城门上方即彩云之上升起六道云气出画面，至最上方又入画，而云气道中有小像，以此表达天人六道。

总之，定林寺十王壁绘细节颇值得一看，画面为工笔重彩为主，也多有淡墨染云气来渲染烘托气氛。壁画整体上或受水陆画影响，如两冠冕王者在对称的两分组画中很是常见。

（五）长子崇庆寺

山西长子县城东南 22.5 公里紫云山脚下的崇庆寺，建于北宋大中祥符九年（1016），由天王殿、千佛殿、卧佛殿、大士殿、地藏殿等组成，四合院式布局。其西北隅地藏殿即西垛殿，内有明初所塑造像，技艺甚佳。其位在千佛殿南侧，三开间悬山顶。殿宇较小，结构简单，檐头斗栱四铺作。殿顶琉璃及门窗装修，皆为明代遗物。殿内脊板下墨书题字："大明嘉靖二十七年（1548）丙辰月癸卯日崇庆寺建立十王殿僧……"此题记提供彩塑年代信息。殿内塑地藏菩萨及侍者，左右塑十殿阎王及六曹判官，上部悬塑十王宫殿及鬼门关等等，是明代作品，塑技非常高超，塑像保存亦基本完好。

殿中设坛塑地藏，为端庄菩萨形貌（图 7.1-5）。两壁起首与结尾各塑三曹判官，续塑三冥王，转正壁再塑两王。各王像均以不同坐姿坐

图 7.1-5
长子县崇庆寺西垛殿地藏菩萨像（宋伊哲等供图，下同）

图 7.1-5B
崇庆寺秦广王

图 7.1-5C
崇庆寺楚江王

图 7.1-5D
崇庆寺宋帝王

图 7.1-5E
崇庆寺五官王

于须弥台，脚下有踏台。主尊后接靠极繁丽的悬塑宫阁，从王身后上部升至山墙顶，与诸王背饰相贴合，似同自然环境而非室内。各王像的性格塑造突出鲜明，表情手势不同。文武怒静相间，肤色与情绪配合，冠饰与袍服动态等均结合无间，各种小像细饰环立穿插于其间，极为出彩。

首尊秦广王就非常出色（图 7.1-5B），表情威怒，张口怒斥，髭须贲张，华冠在顶，袍服披帛带，右手低而前指，左手抬持笏板，右脚垂而左腿置台面上。像右后升一朵红紫祥云，上有乘马使者，虽然很小，却也说明其第一冥王之地位。

第二楚江王是“白面书生”型（图 7.1-5C），端正坐姿，双手拢于袖而合拱于胸前，披肩巾，着大袍服，方心曲领，白色微胖带须，表情平静安宁。像左侧身后升起红紫祥云上有小童子，微残。

第三宋帝王则是面白须黑（图 7.1-5D），表情微怒，动态也在安静与频动之间，右手垂而左手抬起并伸指，目光前视，张口似正言说。身后的紫红小云上亦有童子。

第四五官王则转为正壁所塑（图 7.1-5E），其身后悬塑宫阁较少，没有累层而起。王像白面黑须，亦显平静，但双手动态却打破平衡，双手都抬起，右手在胸前，左手握龙扶手。红紫色小祥云从地升起。王身边有小身侍者等但亦稍残。

第五位是阎罗王（图 7.1-5F），以冕旒冠说明其尊贵身份，坐姿亦显庄重，双手交置于胸

图 7.1-5F
崇庆寺阎罗王

图 7.1-5G

崇庆寺变成王

图 7.1-5H
崇庆寺泰山王

图 7.1-5I
崇庆寺平等王

图 7.1-5J
崇庆寺都市王

前，表情平安宁静，显其地位及身份有别或更高。王身旁即接高大坛台塑置地藏菩萨。

坛台转后接有第六变成王（图 7.1-5G），身亦平静安宁，与第二楚江王等甚为接近，但稍微显老且丰胖一些，其手亦在胸前而稍显变化，眼光低垂较阎罗等王谦恭。

第七泰山王亦为怒目金刚式（图 7.1-5H），赭面方刚，扬眉而怒目，身姿略如秦广王右腿垂而左腿平置台上。王左手扬笏板，右手置于腰腿之间。

再转山墙一侧，第八平等王与第九都市王（图 7.1-5I、5J），又是白面与褐面，但均为表情较为激动的态势。平等王似与宋帝王有某种对应，仅略显瘦并显年轻，动态亦变为右手伸出食指，左手向下拿持笏板，如振振有词之叙说。第九位都市王，从神情动静到面容骨相，都相当夸张而强势，如果说此前数王之怒相还较接近人像，此像则近乎上神之像，因此给人较深的印象。

最后第十转轮王的相貌十分出人意料的平淡超然（图 7.1-5K），相貌微丰，眼神微眯有深邃感，与最后的三判官身份稍低且表情夸张者，形成强烈的对比。所有宫殿小像多有残毁，但起首处鬼门关或城狱城门还是很清楚的（图 7.1-5L、5M），其上还升起云气至壁顶，中有小形象应示意六道轮回，唯此门应置于转轮王处而非开始。

诸位判官即六曹身份（图 7.1-5N、5O、5P），

图 7.1-5K
崇庆寺转轮王

图 7.1-5L
崇庆寺地狱城鬼门关

图 7.1-5M
崇庆寺城狱城门与判官

图 7.1-5N
崇庆寺判官像

图 7.1-5O
崇庆寺判官像

图 7.1-5P
崇庆寺三判官

因职官功能之要求，神情动姿，更为直接与外露、明显，不若王者之含蓄。如此分寸，都被崇庆寺塑匠把握得恰到好处，确为神技，令人叹为观止！崇庆寺塑作的水准可与前列青莲寺作品媲美，皆是顶级的佳品。

另外临汾地区吕梁西麓的柳林县香严寺也有十王殿，可惜其中像设已是新塑。而洪洞广胜上寺的地藏殿，有着晚近的十王作品。

（六）临汾碧岩寺与阳曲三学寺

临汾的姑射山为吕梁山支脉，有众多的宗教佛道建筑。其仙洞沟（原名南仙洞）的碧岩寺是明代正德年间五台山僧人所建。清代同治八年（1869）重修，成西侧祖师殿、东侧韦陀殿、北侧观音阁的建筑格局。其观音阁构造巧妙，内塑观音菩萨像，两侧为文殊、普贤菩萨像；两壁四层排列十二圆觉、十冥王、十八罗汉、二十四诸

图 7.1-6

山西临汾碧岩寺十王像之一（刘铭供图，下同）

图 7.1-6B

碧岩寺十王像之二

图 7.1-6C

碧岩寺十王像之三

图 7.1-7
山西阳曲三学寺大殿东右壁（于硕供图，下同）

图 7.1-7B
阳曲三学寺殿西

图 7.1-7C

三学寺西壁图画

图 7.1-7D

三学寺东壁图画

天像等，还有佛教道像设，悬塑艺术水准不低，其中含有十王之像（图 7.1-6、6B、6C）。

太原市阳曲县黄寨镇寺庄村有三学寺，正殿为明正德四年（1509）重建，嘉靖十五年（1536）重修，清代乾隆年间有维修。其正殿即大雄宝殿，虽然规模不算大，却也有十王形象的画作。殿壁还画出了二十四诸天、十八罗汉与十二圆觉菩萨[1]（图 7.1-7、7B）等像。

〔1〕此寺情况与图版均由首都师范大学美术学院于硕提供，特此致谢！

十殿阎罗两壁中下处的大幅画面中，分设有五王像，逆时针顺序排列。有趣的是，十王之间以云气或大树相隔，且为两王一隔。十王图上方是诸天与圆觉等像，下方云气有各种内容。前后各设两位判官，坐于一桌。十位王者均坐案后，身后板架画小块屏画，旁善恶簿置于书架。桌边有善恶童子或老者，桌前有吏员持卷等，下方云气弥漫，一些情节露出。如秦广王前有手捧头告状者（图 7.1-7C），楚江王下有奈河桥，宋帝王下有惩处，狱卒以长枪刺下等情景。对面墙壁上，泰山王与平等王之间有云降下，其中女神形象应为观音菩萨。两王之间下方一朵朵云中画出受刑场景，锯烙等很是惨酷，或与观音救苦救难相关联，但似乎替代地藏菩萨之位，而且是平等王合掌，其从官亦举首敬仰（图 7.1-7D）。此类画面在高平定林寺也可见到，可见有粉本流传。转轮王之下方云中有引路者举幡，其与两判官之间有六道轮回云气上升，冲至树顶处，内画诸道，似天人修罗傍生，更似官贵、平民与禽兽等等。这种十王像设约在一定范围内流传。

联系上述碧岩寺大雄宝殿等可知，一些寺院虽无十王地藏之专设殿堂，但也画有十王之像，因而此种形态或可作为一种类别。

二、晋陕个例

明清以来，十王地藏像塑已极多，与唐代前后材料乏少的情况全然不同。现略举数寺殿像名称。

运城市稷山佛阁寺，俗称大佛寺，金皇统二年（1142）建，明清多次维修，现存有正垛殿与十王洞。另有山西省晋中市榆次县镇寿寺明代嘉靖碑记两处十王像等[1]、泽州圣公寺[2]、长治长子县天王寺清代续修十王殿[3]、洪洞广胜寺毗卢殿旁有十王殿[4]。山西永济普救寺有十王堂。又江苏徐州有广化寺与普照寺，原为地藏王堂与十王堂[5]。山东省济南市有十王堂之地名，原应具殿像。另据民国方志，河北雄县有地藏十王像，以及十王诞辰的石刻[6]。

（一）襄汾普净寺

普净寺位于山西省襄汾县西南 35 公里史威村南，其地与新绛、侯马交界。始建无考，存元明结构，南北依次有玉皇殿、关帝殿、大佛殿，融道、儒、佛于一寺，在中国寺庙构成中实属少见。其现称菩萨殿的明代殿堂，亦将十八罗汉与地藏十王同塑一堂，相当特别。殿外存有《普净寺重修殿宇碑铭并序》，言门人法禧、法让于正统十年（1445）乙丑岁起造南殿，内塑“圣僧十王”，续造法堂等，至成化元年（1465）乙酉岁立碑以记。作品今犹存焉，水准虽不甚高，较显呆板，但亦具特色（图 7.1-8）。

---

〔1〕据明正统十二年（1447）《重修洪山镇寿寺碑记》载，镇寿寺创建于宋代，金代颓毁。据嘉靖四年（1525）《重修洪山镇寿寺碑记》载：镇寿寺正殿塑五佛；两廊左塑观音、罗汉，右塑地藏、十王；左厢塑二郎圣贤、右厢塑长者伽蓝。南殿前塑孔雀明王佛，后塑观世音，左右十大明王。古刹石洞一座，内造十王地藏。

〔2〕寺约建于宋，明万历五年（1577）《重修理十王神殿记》载永铎法师俗姓郝氏，字号鸣真，是洪洞临济第十六代传人。生而聪异，心惠超群，建地藏十王殿。明正统年间有《重修圣公禅寺记》。

〔3〕唐建金造，清雍正二年（1724）重修，乾隆四十三年（1778）大修。内有弥勒大悲殿，外有观音、关圣、准提、广生、给孤殿，及正门照壁、地藏十王殿、如来神像、石塔。唐代长子县令崔珏，即后来广为传颂的崔判官。

〔4〕据载为明代所建，清康熙三十二年（1693）有维修。

〔5〕清代建造。

〔6〕后者参考李利安、张子开、张总、李海波《四大菩萨与民间信仰》，上海人民出版社，2011 年，第 514 页。

图 7.1-8

襄汾普净寺圣僧十王地藏堂（王敏庆等摄图，下同）

图 7.1-8B

襄汾普净寺堂内地藏像

图 7.1-8C
襄汾普净寺堂内前五王像

图 7.1-8D
普净寺第一王

图 7.1-8E
普净寺第二王

图 7.1-8F
普净寺第三王

图 7.1-8G
普净寺第四王

图 7.1-8H
普净寺第五王

图 7.1-8I
普净寺第六王

图 7.1-8J

普净寺第七王

图 7.1-8K

普净寺第八王

图 7.1-8L

普净寺第九王

图 7.1-8M

普净寺第十王

图 7.1-8N

普净寺右侧壁善恶部侍女

图 7.1-8O

普净寺左侧壁善恶部侍女

图 7.1-8P

普净寺明代碑记

此殿堂平面约呈方形，堂中后设有低坛台，台上三尊像设，中间主像为戴高冠之地藏菩萨（图 7.1-8B），趺坐须弥高台座，闵公、道明分侍于坛台之两边。其身后之两侧墙上各坐五王，转角后立有持簿或钵的善恶两部侍女。其十王像皆袍服着冠、长须抱笏，面容表情或朴实或憨厚甚或威怒（图 7.1-8C）。王皆倚坐于靠墙长台上。右侧后墙端起第一身像（图 7.1-8D），表情平静，眼睛前视，双手抱笏板于胸前，大袍披垂而下。第二身像抱笏板稍低而不掩面（图 7.1-8E），上身着披短布更为明显。第三身像面色暗重似更年长（图 7.1-8F），鼻高，八字须长，且领口圆大。第四身像笏板已失（图 7.1-8G），眉头紧锁，面容较为紧张。第五身像则眉长眼清（图 7.1-8H），张口似显笑容，长须垂胸。接续左后墙内起第一身像亦为长须而宁静端坐，衣袍边饰花纹明显，整体较华贵（图 7.1-8I）。第二身像肤色较为白皙，表情平淡（图 7.1-8J）。第三身像肤色暗重，双目睁大，呈较为惊疑的神色（图 7.1-8K），袍服简朴而色淡。第四身像又为长须而口微启（图 7.1-8L），若有笑意。第五身像则又为深肤色（图 7.1-8M），双目上视，略显紧张。总而言之，这些冥王像设，并无阴间冥界执法掌权者的威赫，反而较为自然，贴近人间阳界生活，造型上多少有些山西人的厚重特征。接山墙处侍奉十王之侍女双手捧扶着官印包布，对面的是拿善恶簿的童女（图 7.1-8N、8O）。再后则设列各六罗汉，再接前壁分坐罗汉。十王与罗汉放置一处，似乎不太顺畅，但如此排列也不为孤例，在韩国的寺刹中也有一些类似的排列。殿外的明代碑刻（图 7.1-8P），阐明造寺殿像的主持、经过及意旨。

（二）长安兴教寺

陕西长安县的兴教寺是著名的唐高僧玄奘之葬所，位于西安东南 20 公里的少陵原上。长安兴教寺存藏有《十王图》绘画，十幅图悬于一法堂内：一幅佛像、九幅阎罗[1]。其中一幅存题记为：“八殿都市王”，可知其序次有变化，且应缺一幅图。据说此《十王图》原出自圭峰山中一座已毁小庙，清除寺址时得获而被移存。圭峰为终南山之别峰，处于西安西南 30 公里处户县交界处（华严宗五祖宗密即住此峰，故称圭峰大师），与金峰、紫峰、妙峰、宝峰共称终南五峰，顶有隋唐古刹。

兴教寺中此殿堂或厅堂即可称为十王堂，《十王图》为绢本，画心均为 150 厘米 × 70 厘米，有些残破，但基本完整。每图之中都有阎罗王坐案后（图 7.1-9），旁侧有侍女执扇、吏员呈卷。其前有判官随吏展开卷宗，并有狱卒鬼将押解罪灵，还有喊冤与惩罚罪恶等场面。有些画面顶部一角还有佛道天尊或天曹使者腾云驾雾而来，似有传统画面的过渡变化。因侍女服装即遮眉勒、披云肩、穿比甲等，接近于明代服饰，报道者初判断此《十殿阎罗王图》为明代作品[2]。

十王地藏图像的发展之中，主尊菩萨以僧人形象为主流，特征以手持锡杖与宝珠，半跏趺坐最具代表性，其发展细节上展现了露顶、披风帽以及五佛冠的演进。中古时期露顶与风帽像终呈变为顶五佛冠像，其间也有特定语境背景，如金

---

〔1〕呼延胜《陕西现存世的几套水陆画的调查及初步研究》，西安美术学院硕士论文，2007 年。作者对陕西现存水陆挂画作了研究，但将一些《十王图》归入了水陆画。成套水陆画中都有十殿阎罗即《十王图》等，但并非《十王图》都属水陆画，还有更多的《十王图》或雕塑分布于寺院或各种殿宇。作者后续对陕北寺殿水陆画作了调研，形成《陕北土地上的水陆画艺术》博士论文。

〔2〕同上。由于公布图版仅为一幅，所以很难判断其详情。作者根据服饰特点而初步断代为明代作品，但也不排除清初沿用原先图中服饰等样式之可能。

图 7.1-9

长安兴教寺十王画轴（采自呼延胜《陕西现存世的几套水陆画的调查及初步研究》）

地藏为戴冠形貌。金地藏实是新罗入唐高僧，被视为地藏菩萨的化现。其身像左右，还有闵公与道明和尚胁侍，神兽谛听并侍于前。这个组合与特征，实是从唐代地藏、道明与金毛狮子演进变化而来，发展为对称均布、活泛又庄严的组构。而金地藏的升华形成与九华山地藏道场的兴起密不可分。

九华山是地藏信仰的又一高峰，是中国四大菩萨道场之一，地藏菩萨的名山道场。九华地藏道场最特殊处是将此大菩萨落实于新罗来化高僧金乔觉之身，延续至明清拓展，以闵公道明配辅。表现为十王地藏的组合之中，以金地藏及闵公与道明和尚侍之。我们在山东华严洞，山西平遥双林、镇国寺等地藏像设中，都可以见到极为典范的表现。本书因主题而未作重点描述，具体可参见尹文汉专著《地藏菩萨图像学研究》中的论述[1]。

〔1〕尹文汉《地藏菩萨图像学研究》，宗教文化出版社，2017年。

《十王经》信仰

经本成变、图画像雕与东亚葬俗

下册

张总 著

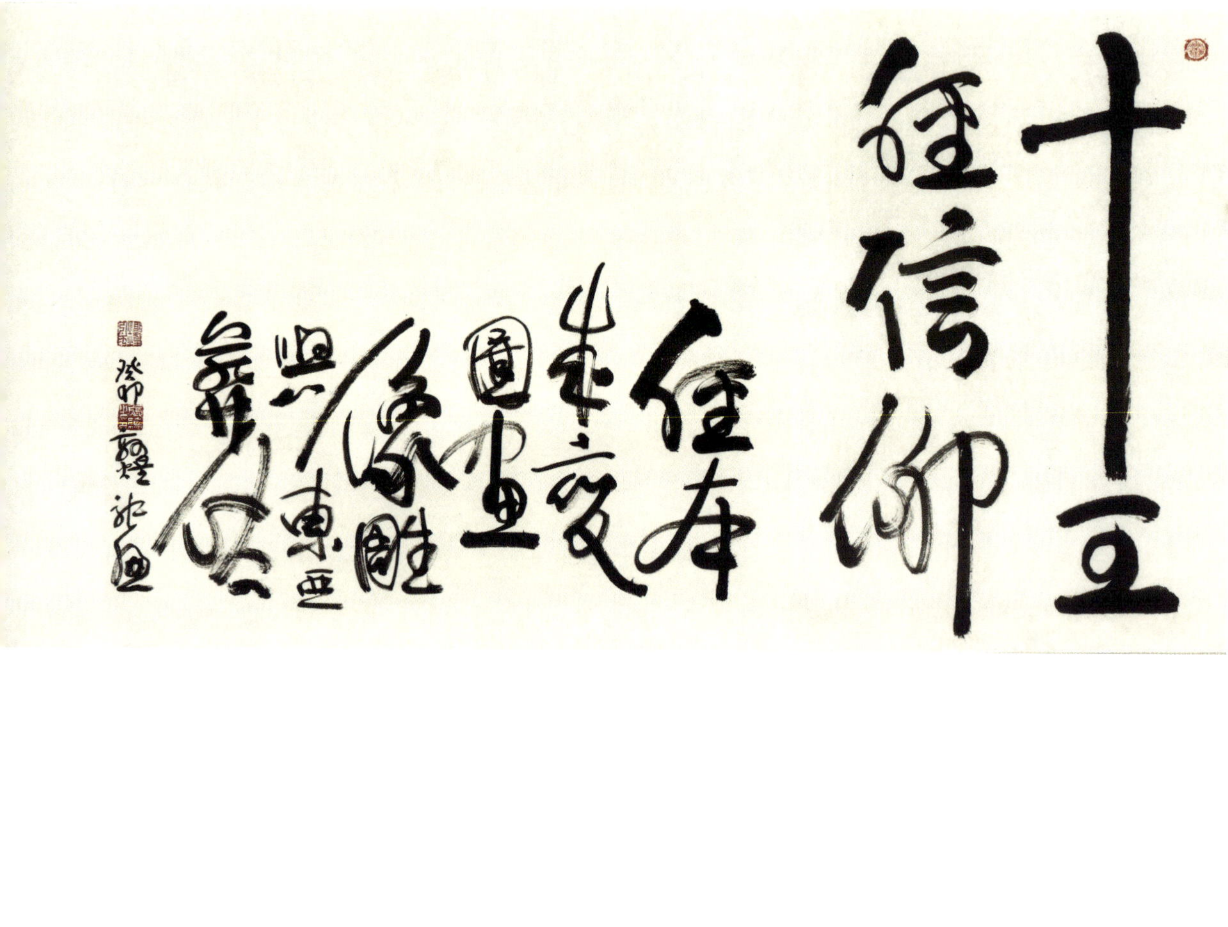

十五
經信仰
經年未變
圖生像雕
與東西無人

癸卯 敦煌 書

国家出版基金资助项目

陕西师范大学人文科学高等研究院资助项目

第二节 窟像铁造

一、石铁像

（一）石柱像

河北省邯郸市涉县辽城乡曲里村的铁马峧有明代千佛洞石窟。笔者于登山路上见到一石柱具十王地藏之像，其时约在明代。石柱顶部稍有残缺，高60余厘米。此石柱为多面体状，实即四方体上段侧加凿出了两个斜面。正面上端拱形浅龛内镌刻出地藏菩萨，形象为五佛冠趺坐像，龛形紧扣身形若桃形状，右手置胸前，左手置腹前腿上（图7.2-1），双领袈裟中戴佩项圈挂载璎珞，衣袍角垂前中下。主像之下平面刻有小供桌，两旁各刻出两王者，再下排有六王者之像，均袍服顶冠持笏板（图7.2-1B）。尽管已被风化，但能见王者神情夸张。地藏像旁石面刻成斜面，两斜面处仍具镌刻，有花边及其内双钩大字“南无阿弥陀佛”，斜角处下侧又有两像，应为道明与闵公长老。侧石面则镌有文字（图7.2-1C），能辨认出者为《佛顶尊胜陀罗尼神咒》《佛说消灾吉祥神咒》等。

（二）法藏铁像

法国吉美博物馆的展厅之中，陈列有明代铁铸十王之像。虽然仅有三尊，亦属不可轻视之像，艺术水准也达到相当高之程度，但过去并未得到重视。此组尊像应出自山西省，皆由铁造而成，铸于明正德十二年（1517）。三尊十王像皆为正坐式，处理十分简洁明快，宽袍大袖，方心曲领，双手笼袖，都戴通天冠，冠前小饰铸出精巧的“王”字，座下有前踏足承托。其一像大袍两袖合拢而略向其左边侧垂，方心曲领大而垂低侧向左边，右腿略向右倾出，面容亦向右倾。可以看出，这组造像仍有两侧与中心之别。第三尊宋帝王之像左倾，表情较为平静疏淡，眼目向下而视。唇上留有髭须，如中年官员，有较为亲近之感（图7.2-2、2B）。而另一像则为阎罗王即第五尊，形较正面，右手回转以扶腰带。最为突出的是其怒目之表情，眼睛眦裂，两眼皮之内侧皆夸张成一曲形短线，眼目似已暴出，眼球外突处仍有圆形瞳珠，夸张中又有逼真之处，从而使此像脱离了人间之种种官吏，升到了冥神灵界，仍

图 7.2-1
河北涉县像多面石柱（笔者摄，下同）

图 7.2-1C
涉县石柱地藏十王侧咒句

图 7.2-1B
涉县石柱地藏十王像

图 7.2-2

法国巴黎吉美博物馆藏明代铁像（笔者摄，下同）

图 7.2-2B
法藏铁像第三尊宋帝王

图 7.2-2C
法藏铁像第五尊阎罗王

图 7.2-2D

法藏同第五尊像

图 7.2-2E

法藏铁像第六尊变成王

图 7.2-2F

法藏同第六尊像侧面

具威慑力量（图 7.2-2C、2D）。再一尊为左侧倾之像了，实是第六尊即变成王之像。此像形貌又与前尊略似，但身形较正，面容稍怒（图 7.2-2E、2F）。这些像设原应有铸造题记或原始档案材料证明其序次状况，现仅能从说明牌而知为第三、第五、第六位王者，时段亦只可确定为明代正德年间。

虽然这些铜像已没有太师椅、屏风等要素，但是其原来置于佛寺道观或城隍庙中，必也有其环境陪衬，以烘托其氛围。相对来说，尊像本身铸造处理之简明，应也体现于环境之中。故这些铜像原先处在佛寺道观之中，是颇有可能的。它们现处在世界最高级别的博物馆中，但没有得到学术界的充分重视与研究，也是颇为可惜的。

二、石窟雕绘

明代时，石窟、寺庙、殿堂与水陆活动等多领域中，都有十王画的踪影。如石窟摩崖有山东东平华严洞、河北阜平石佛堂、陕西榆林万佛洞、甘肃天水麦积山石窟第2窟、四川安岳三仙洞和朱家经堂以及杭州西湖西山龛等。

（一）北方

1. 东平华严洞

山东省东平县华严洞石窟之中，雕有一组地藏十王像。此窟本为天然洞穴，内部则仿寺院布局加以雕造，有伽蓝神、关公、三佛、三大士等像（图7.2-3）。窟口铭刻两方碑记，其一为明代成化九年（1473）碑记，叙明了凿建窟像的情形以及寺僧传承等情况。虽然其碑面文字在"文革"中遭到破坏，但依稀还能读出内容。

此组地藏十王像（图7.2-3B），共有地藏菩萨与道明、闵公、十王及供养人十四尊像。唯地藏菩萨像起自地面，其余各像均雕在20余厘米的石台上。地藏菩萨为沙门形，结跏趺坐于束腰须弥座上（图7.2-3C）。通高103厘米，像高82厘米，座宽68厘米。头部上半已残失，但仍可看出原应如沙门形象，光头无风帽。其双手持摩尼宝珠于腹前，身穿袈裟，双领下垂，可见内衣带露于腹前，袈裟边上皆雕出精细的花纹边饰。地藏所坐的束腰须弥座前雕出一身神兽（图7.2-3D）——谛听，蹲伏回首，情态非常生动而突出。地藏菩萨身右为道明和尚，高65厘米，手持锡杖。地藏菩萨身左应为闵公，身高57厘米。再左依次有五王，右侧有五王，十王的身高近70厘米，全都是戴冠、穿袍服、抱笏板而向地藏的姿态，排列十分紧凑（图7.2-3E）。西起第一像

图7.2-3
山东东平华严洞内观（笔者摄，下同）

图 7.2-3B
华严洞地藏十王像

图 7.2-3C
华严洞地藏主尊及胁侍像

图 7.2-3D
地藏脚下神兽谛听

图 7.2-3E

华严洞地藏十王组像

为较小的判官或供养人像。地藏形象在这组作品之中十分突出和醒目，连座下的谛听都非常吸引观者的目光。

有趣的是，此窟之中的造像组合与排列，颇似一座完整寺院的布局，有护法神，有伽蓝神，有三世佛，还有观音、文殊、普贤三大菩萨与十八罗汉等，地藏十王在其中也显出相当重要的地位，仿造也据有一殿之地。可惜此窟中造像的头部，在“文革”中均遭破坏[1]。

2. **阜平石佛堂**

河北省阜平县苍山石佛堂，位于县城以南10公里苍山上，1982年被列为河北省重点文物保护单位，共有八窟、一舍利塔及恢复为红叶寺的殿堂。或说此窟始于隋，但实际只有明清碑记，言其正德四年（1509）修造至嘉靖年间，清道光年间又有续修。

八窟室分上下两处，下有三窟。第一窟称千佛堂。第二窟亦称石佛堂或古佛堂，分两层，现有窟檐。其下层主室较大为方形窟，三壁皆有造像。其南侧壁雕着地藏与十王之像[2]，共14尊（图 7.2-4）。其形式为横排，主像坐中间，十殿阎罗等分立两旁，形式相当简朴。地藏菩萨居中，有圆形项光身光，戴冠，着双领下垂袈裟，双手交于腹前，结跏趺坐于莲座之上，露右足。座前雕有伏地的金毛狮子，或称谛听，回首而望较生动。地藏身左侍立道明，为露顶僧人形象。

〔1〕张总、吴绪刚《山东东平华严洞造像》，《文物》2001年第9期。破坏者将窟口碑记的字迹逐一划伤，甚至还意犹未尽地刻上了红卫兵自己的姓名与当时的纪年，算是给“文革”期间破坏文物留下了历史性的证据。笔者尽力读其碑中铭文，还是较完整地录出其内容。

〔2〕笔者于2011年参加河北省第三届禅学会议之时，专程探访了阜平县石佛堂。

图 7.2-4
河北阜平石佛堂十王像（笔者摄）

其外有五位冥王皆戴高冠，双手抱笏板。地藏身右侍长老闵公，亦高冠袍服，但手中捧一物，无笏板。后五位皆持抱笏板，袍服，可知为冥王。最外一像戴官帽，应为判官或属吏。总之全像组合为地藏菩萨胁侍闵公与道明，两侧各五合为十位冥王，最外侧（东端）还有一从属官吏。较特别处即初看地藏似持宝珠，细看却更似上品上生手印，而旁侍闵公所捧却似宝珠但有残损。

此地藏十王像位于方型洞壁的右壁，对称的北壁有三大士像，即观音、文殊、普贤像。该窟外立面上层，有横长矩形大龛，雕有三佛，显系弥陀、释迦、药师三世佛。其窟檐外北侧外边，有一小碑嵌入墙中，系明代正德四年（1509）碑，上横题“南无阿弥陀佛”，尾署“大明正德四年八月……日造……佛三尊　观音……”，文内有还不少人名。

3. 榆林万佛洞

陕西省榆林市榆阳区有悬空寺，内有多个窟室。其中万佛洞为一大型平顶方形石窟，横宽进深都约 12 米，高 4 米余，内设两中柱，前窟与左右两壁、柱体四面均存有明代壁画，相当精美细致。万佛洞布局较特别，东柱内侧下为地藏十王，上有千佛；西柱内侧上亦有千佛，下为观音、罗汉等。其十王构成也具特色。中间的主要位置画有地藏菩萨，座下金毛狮子，主尊全身放出光芒，以细线表达。十大冥王列其两旁排开，并辅以道明、闵公以及善恶童子。主尊两侧上方还有二金刚力士与四大天王以及飞天，其下部则以奈河桥，或依水陆仪式称金、银桥为中心处，处于主像之下方，还画出了业秤以及碓磨等，但无业镜，亦无轮回，更无典型地狱场景。所以，题材定为地藏十王地狱变相值得商榷。因为地狱变相实际并不存在。

此图十王之下以奈河金桥为中心，桥上并有施主、家人及仆从等，前后有业秤、碓磨，所以，仍系地藏十王图像范围。虽有刀山与剑树等惩罚图景与细节，但其性质仍然是属于审断流程。奈河桥上有一组人物，有老有小，或释为一族三代或四代，但是肯定含有主人、仆从关系，故亦可视为供养施主一家之人。总体为观音与地藏对称布置两柱之上。就此题材画像之作，已有论文作出报道[1]。其实榆阳区还多有水陆寺殿窟等，它们之间相距不远，内容有所关联，西安美术学院呼延胜曾做过调查，详后。

4. 甘肃天水麦积山第 2 窟

麦积山的第 2 窟明代塑像与壁画，也做成了地藏十王与地狱变相。其正壁有地藏菩萨乘于谛听之上，旁有佛、比丘、道士等像。东西两壁前各塑五判官。两壁面又画出了十殿冥王及奈河桥、业镜、锯解、镬汤、捣杵及喝迷魂汤等场面。

麦积山瑞应寺存有可移动佛教文物艺术品，如佛教仪轨文本与水陆纸牌画等，详后。

（二）南方

1. 安岳三仙洞

四川安岳三仙洞为明代万历年间摩崖，横列十个龛，每个龛都是半圆拱形，内坐一冥王，案前雕造审断刑狱场景，最后的转轮王处，有一圆轮表达六道轮回情景。

安岳三仙洞又称龙门观，明代造像，实属道教系统。三仙洞既得名三教之像，盖属道教，但其综合性很强，有明代万历、天启碑记言创建及三教像事。虽然刑狱序次稍有变动，但其源出《十王经》则无疑。上层雕有六窟：第 2 号窟内为三身佛四菩萨，第 3 号窟可能为三清，第 5 号窟内一元始天尊坐像，第 6 号三教窟有孔释老三祖师高 3 米余坐像，两边是大势至与观音、文殊与普贤共四菩萨之超 4 米大立像。其第 1 号窟内原像毁，第 5 号窟内则原空[2]。

十王像横布于下层而无地藏像（图 7.2-5、5B）。其十位冥王各具一个圆拱龛，宽 172 厘米，高 162 厘米，下距地表 69 厘米。所雕为半身像，呈坐案后之情景。其案前有惩狱场面，依次为第一龛秦广王扬手（图 7.2-5C），其下有司吏展卷及跪者，主刑为剖腹与拔舌狱惩。第二龛王者案前有弯曲状奈河桥、狱卒及催逼之景[3]（图 7.2-5D、5E）。第三龛王者双手袖于案后（图 7.2-5F），刀山地狱处有牛头持人体与狱卒持刑器施棒叉打等等，中有小立像竟为持锡杖金地藏像式（图 7.2-5G），边框题有“三殿宋帝大王全像信女……”。第四龛五官王双手抚案，旁吏展卷上留有墨笔“五官”“锯”等字样（图 7.2-5H），案前中为锯解刑景，下边还有小动物。旁有救苦天尊乘云下降，最下平面铭满施主之名，尚能读出“光绪五年仲春 / 彩画十殿阎君募化众姓……”。第五龛阎罗王（图 7.2-5I），中有人形被钉于木架上，侧有业镜与狱卒押罪者，并救苦天尊降云小像。第六龛下部为铿碓狱惩之景，上为卞成王形象（图 7.2-5J、5K）。第七泰山王处下部为铁磨（图 7.2-5L），第八平等王则有火床之狱（图 7.2-5M），第九都市王下部为镬汤（图 7.2-5N），第十转轮王案下专设转轮与轮回（图 7.2-5O）。此处像设规模较大，信徒多，至今香火仍盛。

---

〔1〕齐庆媛《榆林悬空寺万佛洞明代壁画地藏十王地狱变相考察》，《故宫博物院院刊》2016 年第 5 期，第 33 页。

〔2〕有明代万历两碑、天启一碑言创建事。邑人窦治轩创，道人李焕宗、李元明等创造三教龛像。胡文和《中国道教石刻艺术史》，高等教育出版社，2004 年。

〔3〕但小吏展卷处写有“宋帝”字样。

图 7.2-5

四川安岳三仙洞十王龛像外侧观（笔者摄，下同）

图 7.2-5B

十王龛前村民作礼

图 7.2-5C

三仙洞秦广王龛

图 7.2-5D

三仙洞楚江王龛上部王者

图 7.2-5E

三仙洞楚江王龛下部奈河桥等景

图 7.2-5F

三仙洞宋帝王龛

图 7.2-5G

三仙洞宋帝王龛下部地藏、牛头等

图 7.2-5H

三仙洞五官王龛

图 7.2-5I

三仙洞阎罗王龛

图 7.2-5J
三仙洞下成王龛

图 7.2-5K
三仙洞下成王龛上部王者

图 7.2-5L
三仙洞泰山王龛

图 7.2-5M
三仙洞平等王龛

图 7.2-5N
三仙洞都市王龛

图 7.2-5O
三仙洞转轮王龛

图 7.2-6
朱家经堂三冥王像（王岩摄图，下同）

图 7.2-6B
经堂第八王

图 7.2-6C
经堂第九王

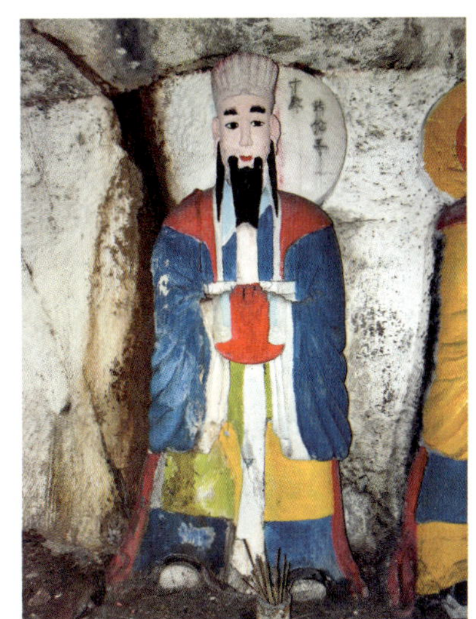

图 7.2-6D
经堂第十王

2. **安岳朱家经堂**

四川安岳朱家经堂造像为摩崖与石柱结合放置之像设。外有窟檐，内有高 2.5 米，宽 14 米之岩壁，分为上下两层。上层有一立二坐之三佛像，旁有风伯雨师和雷公电母，再旁又两坐像或为孔子与老子。诸像之间隔处有帝王装束的冥王小像约七尊，转角后又有三身并立小冥王像（图 7.2-6、6B、6C、6D），有墨书题为十王中第八、九、十王。下层横分十余格，雕出受刑场景（图 7.2-6E、6F），每格侧有一判官执案卷，狱卒执铡刀、锉碓、石磨等，也还有兽面狱城门及人兽相变及六道，可见天、人还有畜生等属三恶途者及兽皮架等图（图 7.2-6G、6H）。又有两根立柱，四面多层开龛雕像。两旁还有些置入之像，雕造较粗陋，具今人彩画及题榜。

檐内还有同治二年（1864）朱氏石硐寺碑

图 7.2-6E

经堂官吏刑讯处

图 7.2-6F

经堂官吏刑讯处

图 7.2-6G

经堂兽面吐轮回处

图 7.2-6H

经堂轮回后续兽皮架处

记〔1〕，言此石硐寺是朱氏兄弟二人为纪念先祖而建，道光三十年（1850）寺成，又修神像，有玉皇与孔圣，有东岳大帝与毗卢遮那佛等等。此处无地藏菩萨，稍似三仙洞，但十王应属东岳大帝，造像应因损改而变动。

3. **杭州西山龛**

杭州西湖区双浦镇山麓存一组明代地藏十王之龛设造像，称为西山造像（图 7.2-7）。其构成颇有特色，分三层阶梯状，有佛像、地藏十王、奈河桥及鬼门关与渡船部分等（图 7.2-7B），总高 2 米余，宽 4 米余，赖天兵曾有文介绍〔2〕。此上方为三个佛龛，顶部有龛檐，中龛为一佛二弟子像，佛禅定姿趺坐，顶有髻珠，三像之间有两条题刻，为檀越杨佩装彩及开山比丘王嵩力之记。主龛像两侧各有间隔，立柱后设龛，内为单躯的跏趺坐佛像。中层部横开一个 3 米多整体长龛，内为地藏十王，主尊菩萨为露顶僧装形（图 7.2-7C），双手持珠于腹前，形貌朴实，盘腿

〔1〕唐承义、王平中《普州揽胜》(中央文献出版社，2007 年，第 83 页）言有道光三十年题记，误，实为同治题记中提及道光三十年（据笔者学生王岩所摄照片）。“引之。/一例石羊场　三圣宫铸造洪钟一口　一例毗卢硐修玉皇上帝孔夫圣神二尊/一例明山寺修东岳大帝毗卢遮那佛二尊　一例普陀寺修圣像八尊/一例庙内侍奉香灯人恐其年迈　疾病终殁无其所归　于我殡胥寔业□内不作□/每年□祭不得生支。”署为：“龙□同治二昭大渊献执徐月朔四日优婆塞朱世（邑印）业儒谷旦照净撰。”

〔2〕赖天兵《杭州周浦西山摩崖造像调查》，《南方文物》2002 年第 2 期，第 14—19 页。原周浦乡于 2007 年合并为双浦镇。

图 7.2-7

杭州西山十王龛像外景（笔者摄，下同）

图 7.2-7B

西山龛组像全图

图 7.2-7C
西山龛地藏菩萨主像

图 7.2-7D
西山龛地藏右胁侍与五王

图 7.2-7E
西山龛地藏左胁侍与五王

图 7.2-7F
西山龛底部奈河桥与鬼门处

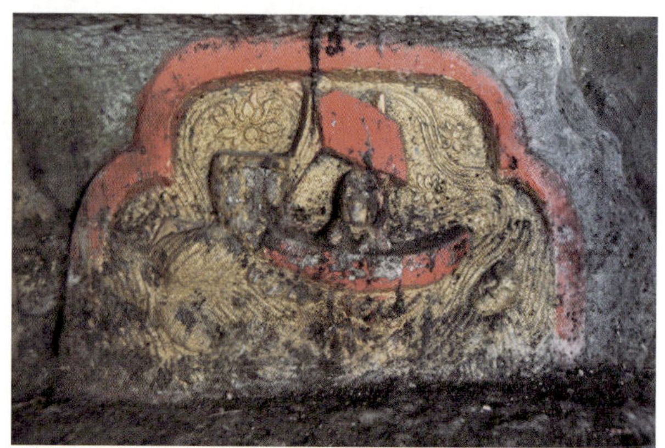

图 7.2-7G
西山龛池中渡船

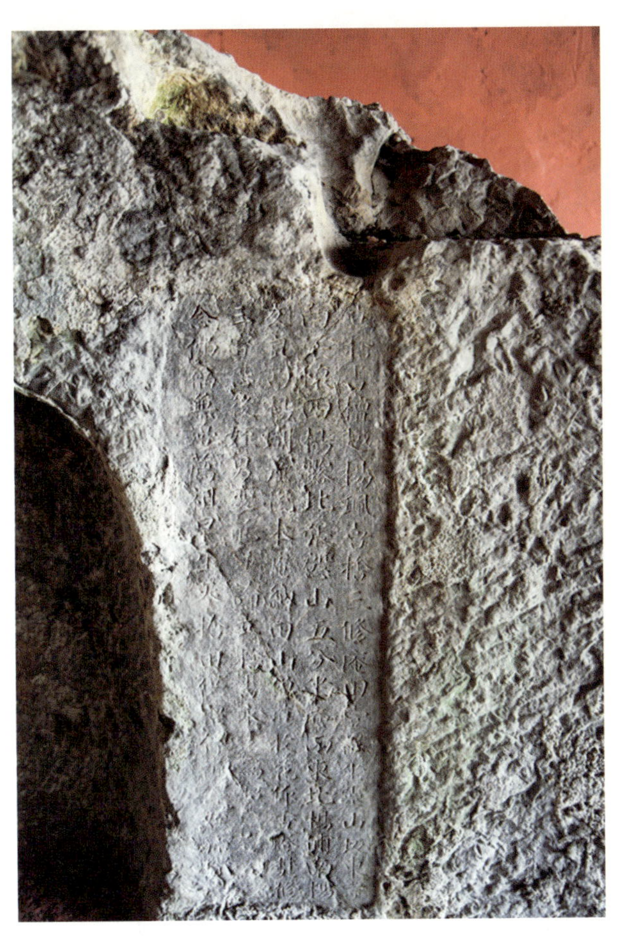

图 7.2-7H
西山龛题铭刻记

趺坐于专设小龛内。龛中浅镌锡杖，两旁随侍小立像，头面已毁，身份不清。其外侧两边各设有五位王者（图 7.2-7D、7E），均抱持笏板而冠顶袍服，身量由内向外而降低，唯头像多有毁伤，仅最右边矮身长须者、最左边戴冠中年者完整可辨。隔些空间最外端又各一司吏小像。其最底下部分长条横列，以奈河桥为中心，两端分别雕刻有渡船与地狱城门（图 7.2-7F），尚有牛头狱卒、戴短枷者、持锡杖者、善男信女、引幡导者等像。其水中船上亦布像（图 7.2-7G），船中有两头面，水中亦有瞑目脸像，水波上浮有莲花，极富江南特色。全组上部还具一二题记（图 7.2-7H），如图示内容为杨佩舍田于三修庵记等[1]。

---

〔1〕杭州周浦西山十王地藏龛像由杭州佛学院赖天兵带笔者前去观看并摄图，就此致谢。此组像上方有一题记列多人姓氏及“福基永固，万事吉祥”终语，上注赖天兵文已列。图示题记则主要是杨氏舍田内容，是檀越杨佩舍田于三修庵，详列位置周到，并担心日久其侄男生变，有刊此为凭据之意。其中还有“本庵纳田山僧□收花作香灯梵修三宝”句。题记终末为“念佛福无边，荐祖早生天，舍田供圣人，□□侄孙贤”。

第三节 水陆道场作品

一、诸寺殿

（一）山西晋地

山西古代寺殿壁画为全国之最：唐与五代的两处珍贵壁画，面积虽仅80平方米，但为山西独有；宋辽金的遗存有七处，面积达千平方米；元代有九处近1800平方米；明代有近2500平方米、清代近3000平方米。这些壁画分布极散，多处在乡村，有精品留存至今，实属不易。在具水陆壁画诸寺殿中，以稷山青龙寺最为著名，明代有洪洞广胜上寺、灵石资寿寺、阳高云林寺、繁峙公主寺，清代有繁峙东文殊寺、太谷圆智寺、忻州兴佛寺等〔1〕，现择要列举。

1. 稷山青龙寺

青龙寺是涉及释、道、儒题材最为重要的水陆画遗存之处，其腰殿所存壁画由元至明代所绘，具有元明过渡期的特点。四壁与扇面墙之面积达150余平方米，画三百多神祇，具三界诸佛、上下神祇，可用为普施食度幽冥之水陆道场。

青龙寺殿堂分前后院，后院南殿为腰殿。腰殿周壁布满水陆画，故又称“水陆殿”。其画作丰富，绘制出色，组像上方榜题，且题有“水陆大殿一座”的施主僧人助缘者与画师题记。前者为黠惠庵（女真人姓名）、僧人行道师铭澄、助缘赵普宁，后者为丹青刘士通携子徒于大明丙戌年〔2〕。其组合较毗卢寺壁画少，所据粉本不一。此腰殿中还有扇面墙，绘有千手观音变相等内容，亦精美但残泐。明万历重修碑记说唐代原构有东西相对皆三架三间的罗汉殿与十王殿，其罗汉殿在前院，东十王殿在前院西，似与双林寺明代构建相同。

〔1〕此十数种寺殿参考了黄河《元明清水陆画浅说》(《佛教文化》2006年第2—4期）等，但阳曲不二寺的殿堂中之壁画实非水陆画，虽然史宏蕾《神祇众相——山西水陆寺观壁画中的艺术与科技价值》(中国社会科学院出版社，2013年，第157—173页）仍将其视为此中作品。

〔2〕金维诺认为此画成于明初丙戌年，即永乐四年（1406），见《中国美术全集·绘画编13·寺观壁画》，文物出版社，1988年，图版119，第122页。但柴泽俊(《山西寺观壁画》，文物出版社，1997年，第59—61页）详析此殿建构及修葺与多处题记的关系，认定此殿主要建绘于元代至元二十六年（1289），至正初年有补绘。

图 7.3-1
山西稷山青龙寺腰殿西壁三佛（王敏庆等摄图，下同）

腰殿壁画构成比较特别，腰殿位于后院南殿，坐南朝北，南北壁皆有门，以北为正。其内南侧原有佛坛扇面墙亦存绘。东西壁皆“凸”字形，各设四层画，南北门上与两侧亦有画。组构为双中心，东西壁为佛菩萨与上界神等，南北壁为下界神与往古人伦、饿鬼孤魂等。由南北壁的东边墙人像面向东、西边墙人面向西，可知其构成完整，统一向佛，并非中心对称与分层排列式结合〔1〕。东壁其上三尊坐佛画已毁，其下存 17 组如风雨雷电、土木火水画等。西壁最上一层排置三身佛（图 7.3-1）；第二层有三界诸神、弥勒与地藏等菩萨，因部分壁画被盗割，其地藏菩萨已失；第三层有日宫、月宫与梵天、帝释众及天龙八部、四大天王及元君、五狱、北斗南斗；下层有护法善神、药叉众、十二元神、鬼子母、五方五帝、四海龙王、五通仙人与婆罗门仙等 12 组像；南壁上有十大明王，中有年月时日四使者等，下有往古忠孝节义诸众和护斋护戒、五瘟与五方行雨龙王、城隍伽蓝及诸大罗刹女众等像。

北壁最为重要，由集施食场景并含地藏十王。因中部有门，西隅画成者，为孤魂仪中“九横死”“面然鬼王”与“冥界十王”图。上部诸冤魂等成一组，中有两供养等人题记、阿难引面然鬼王及诸众（图 7.3-1B），面然前后画大柜盛满晋南流行的食物包子，有鬼奉钵食于面然；下部有三组饿鬼图，即争斗（图 7.3-1C）、伏食与似一家庭喂食（男主喂给妇所抱孩童）者（图 7.3-1D），虽为鬼相却充满人情味。其侧上为横死诸众（图 7.3-1E）。东隅上有除盖障、灭定业、地藏王菩萨，中有六道轮回与十六罗汉。下部分布冥府十王，东边题“秦江宋仵转轮王”，但画有十殿阎王（图 7.3-1F、1G）、冥府六曹与八寒地狱众。有推测此“阎下泰平都市王众”及八热

〔1〕李朝霞《稷山县青龙寺腰殿壁画的构图特色分析》，《西安工程大学学报》2014 年第 4 期。若讨论水陆画早期特征，不能离开此青龙寺腰殿的基本建筑空间，文章分析较好。

图 7.3-1B
腰殿阿难与面然鬼王

图 7.3-1C
腰殿饿鬼争斗

图 7.3-1D
腰殿饿鬼家庭

图 7.3-1E
腰殿九横死众

图 7.3-1F
腰殿十王众

图 7.3-1G
腰殿十王众局部

图 7.3-1H
腰殿冥府六曹局部

图 7.3-1I

腰殿冥府六曹

图 7.3-1J

腰殿八寒地狱鬼将卒

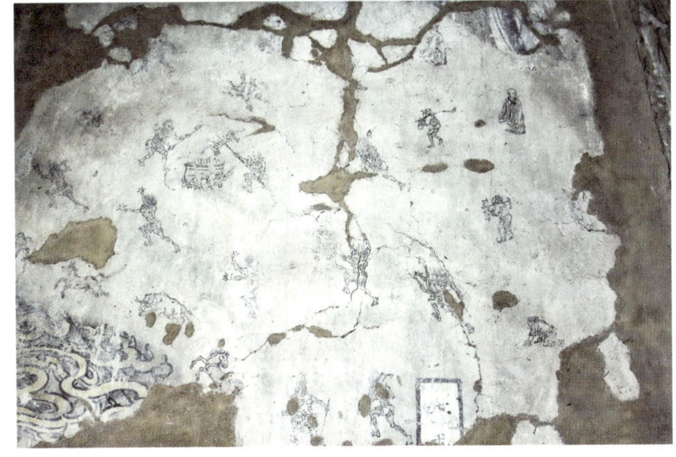

图 7.3-1K

腰殿六道轮回

地狱在另侧西边不确[1]，实际却在另一组画出。十王众后即随六曹（图 7.3-1H、1I）与八寒地狱之鬼将卒（图 7.3-1J）等。青龙寺北壁两端诸像皆朝向西壁，与南壁两端分朝东西不同[2]。十王排列其实相当随意，绘施者会根据种种情况作出安排与调整。前举《十王经图》卷首画由释迦授记阎罗而调整，但彼时为使阎罗贴近释迦，此时应以十王贴近轮回等。其六道轮回（图 7.3-1K）是以淡墨绘成曲痕、散布墨线的小像，也很有特点。其天道处有一官人、一僧人，人道则若平民小像，修罗道形象不太明确，有执斧帜带者；其地狱道仍有镬汤、诸饿鬼小像，畜生道有跑马、奔驴、大象等。其题材种类少于明代水陆画，个别内容近同于“法界圣凡仪文”等[3]。

2. **浑源永安寺**

永安寺位于大同浑源县城内东北鼓楼北巷，建筑坐北朝南，俗称大寺。始建于金，元代重建，清代续修。其传法正宗殿实为主殿，原塑毗卢佛、三身佛、迦叶、阿难等像，梁上有悬塑，已毁。水陆壁画位于后壁、东西两壁和殿门旁两壁，东西主要两壁者各三层，形象整齐排列，共 170 平方米、125 组、882 个人物形象。后壁十大明王形象非常高大，高 3 米多、宽 20 米余，气势宏阔。寺内清康熙二十六年（1687）《永安寺置造供器记》曾言“丙辰（1676）之岁，殿宇重塈，画工摅诚绘壁，协力冥阳水陆，诸神悉备，金壁辉煌。焚香引气，修设道场，年逢夏四祀”，可见是康熙十五年（1676）修殿绘壁，绘冥阳水陆，其后年年四时设办法会。但据考证，其供养人有多人与乾隆《浑源州志》供修者姓名同，由此，后代仍应有再绘（图 7.3-2、2B）[4]。

其东壁为约 18 米长的重彩壁画，画面构成主要为天、地、人三界。上层为天界日、月、水、木、金、火、土诸神；中层为天干、地支、二十八星宿等诸神；下层为人间帝妃、文臣武将、黎民百姓、僧道像等，此绘实际还应连接南壁东侧约 4 米壁画。

大殿西壁也为 18 米长的重笔彩绘，分上、中、下三层。上层为五岳神帝、四海龙王等诸神。中层有地藏十殿阎王、阴曹地府诸官吏像，与东壁不同，分为两组，由北向南排，衔接南壁西侧画面，上下层等同。一大将军黄幡白虎蚕官五鬼众、二金神飞廉豹尾上朔日畜神众、三阴官奏书归忌九伏兵力士神众、四吊客丧门大耗小耗宅龙神众、五护国护民城隍庙社土地神祇众。续为冥府部分，一地藏王菩萨四身、二秦广大王、三楚江大王、五宋帝大王（图 7.3-2C）、六五官大王、七阎罗大王、八变成大王（图 7.3-2D）、九泰山大王、十平等大王（图 7.3-2E）、十一都市大王、十二转轮大王（图 7.3-2F），各具三胁侍共四身，形象生动。其平等王题帜写法特别[5]。由此应接南壁

〔1〕孙博《稷山青龙寺壁画研究——以腰殿水陆画为中心》，李凇主编《山西寺观壁画新证》，北京大学出版社，2011 年。其文认为十王及寒热地狱对称，所以将十王两分。

〔2〕青龙寺北壁题材集中施食与冥府等，形象差较大且底色不同多处，还具明代题记，所以很可能绘于明代。刘栋、侯慧明《山西稷山青龙寺腰殿水陆画新探》（《忻州师范学院学报》2019 年第 1 期）已有此种看法。

〔3〕刘栋、侯慧明文对壁画具体分布题材内容作了详尽的考证，与浑源永安寺等作出比较，析出其题材中较《天地冥阳水陆仪文》多出与缺少的部分，特别是天龙八部、南极长生大帝及城隍伽蓝等众与“法界圣凡仪”同，甚至还有“金银铜铁龙王”等，与清代所整理之仪文相同。

〔4〕赵明荣《永安寺壁画绘制年代考》，北京大学硕士论文，2004 年。浑源永安寺物账见多种文章引用。

〔5〕此王标帜上写为“平筹大王”，应为误写。洪起瑢在《中国美术分类全集·中国寺观壁画全集 3·明清寺观水陆法会图》中阐此王名虽然不误，却依《玉历宝钞》将此平等大王定为第九王，明显未解十王名序源流变化。此王在壁画中排序于变成与都市之间，无疑为第八王。见金维诺主编《中国美术分类全集·中国寺观壁画全集 3·明清寺观水陆法会图》，广东教育出版社，2011 年，第 121 页。

图 7.3-2

山西浑源永安寺传法正宗殿水陆画（采自金维诺《中国美术分类全集·中国寺观壁画全集 3·明清寺观水陆法会图》，部分笔者摄）

图 7.3-2B

永安寺引路王菩萨

图 7.3-2C

永安寺楚江大王与宋帝大王

图 7.3-2D

永安寺变成大王

图 7.3-2E

永安寺平等大王

图 7.3-2F
永安寺都市大王与转轮大王

图 7.3-2G
永安寺西梢间地府都市判官五道将军

图 7.3-2H
永安寺投崖赴火等众

图 7.3-2I
永安寺北壁明王形象

西边十二地府六曹将军判官、十三地府三司判官、十四地府都市判官、十五地府五道将军（图 7.3-2G），四至七身不等〔1〕。

西壁下层有众多组孤魂等，如投崖赴火等各种惨死者（图 7.3-2H），以及十八层地狱及厉鬼等群像。多为一组一题，榜旗为水陆画中诸名，方框内为供养施主名。永安寺水陆画应据《天地冥阳水陆仪文》所列。但其正位佛像并未有突出位置与形象表现，只是处于东西壁最上层中间。西壁有毗卢遮那佛与卢舍那佛、阿弥陀佛。东壁因雨水漫漶而不清楚。当然，此种安排也与佛寺殿堂像设基础本身有关。其两壁所有形象如“千官列雁”，是朝向佛坛上塑像主佛的，十大明王在其后也是面向佛像的（图 7.3-2I）。虽然图像较为呆板简约，但这一类排列构成在水陆画中是极为常见的。总体上看，正位佛菩萨像分量的减弱十分明显。

3. **繁峙公主寺**

繁峙县公主寺水陆画施绘于大雄宝殿，面积近百平方米，十分少见〔2〕。其寺据传始起北魏，后代多有修建。大殿重修于明弘治十六年（1503），四壁水陆画 128 组、480 形象。东梁下与壁画榜题部分功德主名互见，证明其建筑壁画的同一性。塑绘工匠虽是专从正定府请来，但其作品却被推为“晋北第一”。

公主寺水陆画，层次布局清楚明晰，神灵布排以东壁和西壁为主，相互对应，具有双中心的特点，与青龙寺壁画有相近处。其东西壁中间均以巨大的卢舍那佛与弥勒佛为中心，加以舍利弗及须弥座来构成重点突出，且打破多数水陆画中千官列雁行的板滞之处，以上下界神仙灵祇等辅配正位佛菩萨。其南壁绘有往古人伦和冥界众生，北壁则为护法明王来配合主龛像，分位十分明确而突出。

东壁以卢舍那佛为主像，胁侍普贤菩萨、大势至菩萨以及天藏菩萨与持地菩萨引辅诸神灵祇。西壁以弥勒佛为主像，胁侍药王、药上与宝藏菩萨、弥勒菩萨，以地藏菩萨、威德自在菩萨为主引辅诸神灵祇。十殿慈王与地藏菩萨、十八典狱王、往古人伦诸灵与孤魂位于南壁（图 7.3-3）。北壁主要绘制十大明王，均三头六臂，其中无能胜明王为地藏菩萨化现。整组造像高低错落，布局严谨，或承稷山青龙寺，各有榜题，但略有变化。其上方有本地佛或菩萨小像，较八大明王多出甘露军吒利明王阿弥陀佛、大力明王释迦牟尼佛。

十王在西壁，分为阎罗王天子与十殿慈王两部分，对称分布在佛菩萨两侧各五尊，十八典狱以及地府诸众等亦成双对称。南壁则有引路王菩萨（图 7.3-3B）、阿难与面然鬼王（图 7.3-3C）、诸孤魂野鬼，儒释道先古过往之灵众。此南壁诸众似皆受制于地藏十王，转生所托对应有关。因为社会民众各种作法，荐亡甚至于利生，血缘家脉，或及冤魂，从国家战争大事、孤魂野鬼的系列，在水陆法会中得至超度，事或必经地藏十王。因而，此中所称阎罗天子，特别是十殿慈王，事出有因，而非妄说。

地狱众与孤魂众分在不同群组实有关系联结。但孤魂野鬼在壁画中特别突出，既在上方，又得精心表现，其原因就在于水陆法会的特质，以施食济度、救拔荐亡为主事。所以，虽有普世

---

〔1〕史宏蕾《神祇众相——山西水陆寺观壁画中的艺术与科技价值》，中国社会科学出版社，2013 年，第 200 页。其考证论述相当精细，但此西壁组画排列实从后向前。又，东西壁与南壁应衔接。

〔2〕李有成《繁峙公主寺壁画》，《文物季刊》1994 年第 4 期。熊雯《山西繁峙县公主寺东西壁水陆画内容考释与构图分析》，北京大学硕士论文，2008 年。侯慧明《繁峙公主寺水陆画神祇构图及考订》，《山西档案》2014 年第 2 期。李梅香《繁峙公主寺南北壁水陆壁画考释》，华东师范大学硕士论文，2018 年。

图 7.3-3

山西繁峙公主寺十殿慈王众

图 7.3-3B

公主寺引路王菩萨

图 7.3-3C

公主寺阿难与面然鬼王

图 7.3-3D
公主寺正壁一侧

联系往古先贤乃至四众僧尼居士，但其表现反较孤魂野鬼等众弱。壁画之好处就是可以看出其间细微的区别重点，若绢本或版画，因分组太多就不易看出这些区别了（图 7.3-3D）。

繁峙县还有光裕堡乡东文殊寺的水陆画，正殿东西南壁，存 128 组、65 平方米。侯慧明的调查报道推定为明末清初之作〔1〕。西壁第三、四层绘有地藏王菩萨与十王（分为两组），南壁绘出十法界图，亦有阎罗王，其六道多为动物〔2〕。壁画中的地府众生等错落布置于诸层的后边。

山西晋中寿阳县白道村有普光寺，正殿为宋构，明代重修并建偏殿。正殿水陆壁画绘于明崇祯二年（1629），具画工与功德主题记。其西壁第三层有地藏王菩萨与十大冥王〔3〕。

山西晋城市高平市南李村佛堂寺，亦有水陆壁画一堂，应为明代作品，存东西壁各 32 组、北壁明王等 8 组〔4〕。高平著名的开化寺宋代壁画处有明代办水陆法会的题记〔5〕。

〔1〕见侯慧明《山西现存密教题材壁画研究》，吕建福主持国家哲学社会科学重大项目《中国密教文献文物资料整理研究》子课题 16，待刊。此寺中有乾隆十五年（1750）重修碑记，只是修葺庭院。

〔2〕所谓“六道四生”，有些表达为六道，有些表现为“胎、卵、湿、化”四生。繁峙县著名的金代岩山寺本有水陆殿，惜毁而无存。

〔3〕前注侯慧明《山西现存密教题材壁画研究》有详细介绍。

〔4〕前注侯慧明《山西现存密教题材壁画研究》。

〔5〕张总《山西壁画的意义与价值——以高平开化、佛堂寺画为主线》，中国美术学院第五届“一带一路”壁画论坛论文，2020 年。

图 7.3-4
阳高云林寺罗汉像与壁画（宋伊哲摄图，下同）

图 7.3-4B
云林寺罗汉像与壁画

4. 阳高云林寺

云林寺在山西阳高县城内西门南侧，俗称西大寺，建于明代，中轴线有金刚殿、天王殿、大雄宝殿与后殿。寺宇组建完整，坐北向南。

因南壁有门且两次间全为隔扇，所以大殿内只画北、东、西三壁，构成较为特殊，但其形象组合并不少，共有 86 组身像设。水陆主要画在两侧墙的十八罗汉塑像之后[1]（图 7.3-4、4B），北壁全绘佛教正位神祇以及护法明王，且位于殿中佛坛三世佛弟子护法像之后。壁画分三层，上层诸佛菩萨，五方三身等诸佛分散隔布，毗卢遮那佛居西端，地藏王菩萨居东端且邻四大菩萨，而中层十菩萨，下层十大明王。其东西两壁亦各三层，西壁上层共 17 组 86 身，仍有面然鬼王引领（图 7.3-4C），十王居中分两组绘，分为“阎罗、秦广、楚江、宋帝、五官王”即“五一二三四王”（图 7.3-4D），旁“变成、泰山、平等、都市、转轮王”即“六七八九十王”（图 7.3-4E）。此中无地藏像应是粉本传承所致，次序仍有特殊处。其前五像组均为冠服，后五组像中四位冠服，其中冠冕旒者应为阎罗，所以其榜题或用反了。隔金银铜铁四轮王组即为孤魂众，以起教大师阿难尊者、兴教大师面然鬼王为导引，军阵杀伤水火漂焚五身、严寒大暑兽咬虫伤四身、惧死针医横遭毒药五身。下层中有身殂道路客死他乡五身、堕胎产亡仇冤报恨六身、御冤报恨自缢身亡五身、饥荒殍饿疾病缠绵六身。中层还有牛头马面官曹阿傍，接地府六曹及地府三司等（图 7.3-4F、4G）。孤魂众尽纳于冥官。下层有九圣帝、五方龙王及五道监斋善恶二部、六道轮回等。

总之，云林寺水陆画特点与大雄宝殿构造有

〔1〕史宏蕾《阳高县云林寺大雄宝殿明代水陆壁画》（《山西档案》2014 年第 3 期）对殿内壁画内容及榜题逐一考释，排列组合与大部分水陆壁画有所不同。白丽均《阳高云林寺壁画初探》（《文艺生活》2018 年第 5 期）对几处数据与题记作了订正，但未注明史文出处。陈丽洁《山西云林寺雕塑与水陆壁画研究》，太原理工大学硕士论文，2012 年。白与陈将“地藏王菩萨”录为“四藏王菩萨”，或为错抄，值得再思。

图 7.3-4C

云林寺面然鬼王

图 7.3-4D

云林寺秦广诸王

图 7.3-4E

云林寺转轮诸王

图 7.3-4F

云林寺牛头马面官曹阿傍

图 7.3-4G

云林寺地府三司都判官

关，正位神祇画于佛塑像后正壁，两壁罗汉后布列诸组，往古人伦处东壁上层，十王孤魂等处西壁上层，而不少神仙处于中层，这在其他寺殿中较为少见。而十王旁列金银铜铁转轮王组也是一大特色。

5. ***灵石资寿寺***

资寿寺俗称苏溪寺，位于山西省灵石县城东10公里处之苏溪村西侧，东临绵山，西傍汾河。其水陆殿即弥陀殿，绘于明成化十八年（1482），仅存正面即北壁与西壁两壁，东壁已毁。后檐八大明王之像，布列依两次间分为两组，各以一身佛像为中心。此八明王应同《大妙金刚大甘露军拏利焰鬘炽盛佛顶经》[1]中所举例，每身明王冠上具小菩萨化身像，亦可证明。其造型雄浑，明王各个六臂分执印相与种种武器，周遭流云翻卷。

西壁顶层为正位神，即十佛中后五身。其下有三层，两层有上下界神仙等（图 7.3-5、5B），最底层位于往古僧尼与车碾马踏诸鬼神众之间，有“秦王池狱诸鬼神众”五位冥神像，很可能另五王处在对面东墙。地府三司六曹则分开，三司处其上层，六曹在底层。绘事较拙，线条较此寺稍早的药师殿等简率而显粗糙。

此资寿寺中还存地藏殿，内有幽冥教主地藏王菩萨与道明、闵长者、神兽，十殿阎王雕塑并六曹判官造像，以及地狱刑惩等景象。水准虽不太高，却也是普遍应现，为水陆十王与十王同存的明证。或有人问，其间区别是什么呢？地藏殿

〔1〕（唐）达摩栖那译《大妙金刚大甘露军拏利焰鬘炽盛佛顶经》（简称《大妙经》），《大正藏》第19册，第339页。

图 7.3-5

灵石资寿寺壁画（采自槐树子博客，下同）

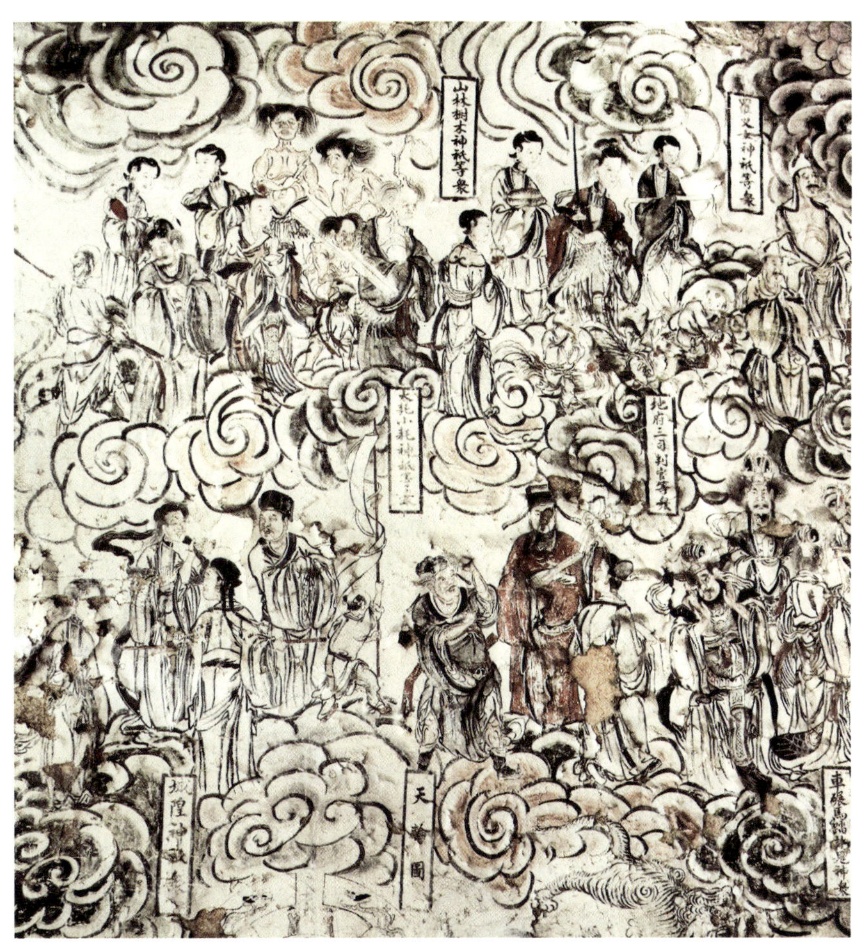

图 7.3-5B

资寿寺西壁壁画

中十王是中阴阶段，而水陆中十王处在冥府乃至更大的体系之中。

6. **太谷净信寺与圆智寺**

太谷县有两所寺殿具有清代水陆壁画：一为清道光四年（1824）较大规模整修的净信寺；一为清道光七年（1827）重修的圆智寺。净信寺毗卢殿内东西山墙与后檐墙，绘水陆图，承明代样式，与资寿寺相当接近，分四层布列全部佛神鬼灵像等。南有门窗未绘。北壁绘骑狮老人像等。像设其东壁有 29 组、154 身，顶层有四值功曹、龙王、坚牢地神等。其下层以地前地上菩萨、三禅天圣众与帝释为中心，旁有三组孤魂众等。西壁有 24 组 147 身，冥界诸神竟列顶层，有十殿阎君组 11 身，横向一字排开内又分成三组，正侧近背姿抱笏板，着冠服蓝黄素色。中有地府六曹一组，其下层又有转轮王等众一组四身（三主一从，应如资寿寺金银铜铁转轮王，并非十王第十位转轮王），中有星宿等，并向下延至底层。天仙星君神中紫微大帝置于最底层。显然，此寺布列独特处在于以两壁的中间为主，而非仅上下层级，虽然仍显出较为杂乱之意（图 7.3-6）。正位佛菩萨几无表现，仍应是利用佛寺殿堂作为了基本设定，其层层画面虽显呆板，却多用三角、平行四边、长方形及 S 形进行变化，使细节丰富而整体简约。设色方面十分简淡，因可称淡彩画。

圆智寺大觉殿内有水陆壁画。其北壁正位神与护法，即中上画法、报、应三身佛与四大菩萨及胁侍，两侧下为十大明王。南壁上方有儒、释、道三教之像。东西两壁题材内容以及表现方法都体现出相当特别之处，如诸神祇均未画在云彩或饰带之中，而是以山水自然景象而安置种种组合，特别是其中有嘉贤大帝、水府诸神等，却无冥府十王之表现。这一点在史宏蕾专著中分析

图 7.3-6

太谷净信寺壁画

为混入道教与南水陆仪文所致："画面多处出现了道教斋醮仪式中的水府神祇，包括水府大帝、嘉贤大帝、桥梁使者注奈河神等。""将南水陆中的许多神祇拿来进行图式上的补充。"[1] 史宏蕾认为，其南北融合的水陆语言是极为少见的构图样式。此一看法十分重要。如果所谓北水陆仪文中使用了南水陆神祇名，那么就可质疑其体系之完整性。但从现在所举的嘉贤大帝、桥梁使者等名来看，《法界圣凡水陆胜会修斋仪轨》也未出现。但是圆智寺壁画中一些神祇确与《法界圣凡水陆胜会修斋仪轨》有联系。如西壁图中"西天历代祖师"在南水陆《法界圣凡仪轨》有近同之名，其"阿修罗道之神像"所绘组合，以及"孔子四渎之神像"也与南水陆仪文描述接近。嘉贤大帝是江南吴地之神，而极相近的"奈河渡江使者与桥梁主执之神"则现于《地藏慈悲救苦荐福利生道场仪》，此仪署为宋代余杭沙门元照[2]。有些南北"水陆"皆具的神祇此处也具备近乎南方的用词特点，如"面然鬼王"处用"河沙"等。由此，史宏蕾所言南北水陆融合现象并非无据。更重要的是，如此现象并非孤例，嘉贤大帝多有出现，如青海乐都西来寺绢画有直接出现"法界圣凡仪"南水陆仪文的用词。因而，此问题还可深入探讨。

而净信寺与圆智寺皆有配殿，亦供设地藏与十王之塑像。

[1] 史宏蕾《神祇众相——山西水陆寺观壁画中的艺术与科技价值》对圆智寺壁画分析出六种特点，既说水府、嘉贤、桥梁使者等是道教醮仪，又说是南水陆神祇。中国社会科学出版社，2013 年，第 238 页。

[2] 侯冲整理《地藏慈悲救苦荐福利生道场仪》卷三，《藏外佛教文献》第 6 辑，宗教文化出版社，1998 年，第 273 页。所据为康熙三十七年（1698）抄本，仪文署"余杭沙门元照集"。

（二）河北冀地

1. 石家庄毗卢寺

河北石家庄毗卢寺之后殿为水陆殿堂，内有壁画 134 平方米，内容完整，保存亦完好，绘制时代应在明代中期。诸神上下交错绘成三层，下层诸像高约 1 米，中上层神像渐次减小，其间多为大半身之像，秩序井然。共有五百多身神像，分成 120 余组合，每个组合都有榜题，标出诸神名号（图 7.3-7）。

地藏王菩萨与十王图像在东西两壁。地藏王位于东壁中层的中央（图 7.3-7B），为立姿男相菩萨之容貌，面有髭髯，饰有项圈，气度不凡。其身穿红色袈裟，右手自然下垂执扛锡杖，左手持在摩尼珠于胸前。其身旁侍有一僧人、一老者，身后有二童子，应为道明、闵长者，还有善恶二童子。地藏身之左有十王形象，榜题似为"冥府十王等众"，但画面只有五王之像（图 7.3-7C）。众王皆冠服，其中有一王身穿黑袍，头上冕旒，威严有加，应为阎罗王的形象。但另五王位置何在呢？原来，十王中另外五王在西壁画面中出现（图 7.3-7D）。西壁相当地藏位置的是"天藏菩萨"[3]。此侧亦题"十王等众"，但也只绘五王。所以是以两壁画面来表现十大冥王（图 7.3-7C、7D），城隍与五道等像附于南壁（图 7.3-7F）。

东壁画中还绘地府三曹、八寒地狱等图，以及南极长生大帝、浮桑大帝、鬼子母、东岳等共 130 身诸神鬼像。面然鬼王画在南壁西侧，与引路王菩萨相对。社会各色人等与受灾遇难人物主要绘在南壁。石家庄毗卢寺壁画线描技法丰富，线条种类齐全，运笔疏密得当、虚实相生，艺术

[3] 地藏菩萨与天藏菩萨对应而立，此处"大藏菩萨"是墨书顶上一横脱去所致。

图 7.3-7

石家庄毗卢寺殿壁画（采自《河北石家庄毗卢寺壁画》，下同）

图 7.3-7B

毗卢寺地藏王菩萨

图 7.3-7C

毗卢寺东壁地藏领前五王

图 7.3-7D

毗卢寺西壁天藏领后五王

图 7.3-7E

毗卢寺无能胜明王

图 7.3-7F

毗卢寺城隍五道土地众

图 7.3-8
蔚县重泰寺壁画明王（笔者摄，下同）

水平达到了很高的境界。重彩勾填技法使全壁色彩极为绚丽，壁画设色以石彩为主，全壁色调统一在石青与石绿之中，朱红等对比色又跳跃其内，还使用沥粉贴金工艺，增加了富丽堂皇、庄重沉凝的效果。

明代嘉靖四年（1525）《毗卢寺田产记》碑载，寺内原存“画像二堂共三十六轴，地藏十王三曹六案两堂”。这是水陆画的挂轴画，很有可能是壁画的粉本，但更大的可能是作为水陆法会所用之挂轴卷画。其中的“地藏十王三曹六案两堂”分外引人注意，这是以地藏菩萨为主的水陆画轴，其内容有十大冥王、地府判官、三曹六司等，且有两堂之多，可惜只在碑刻中提到[1]。

2. 蔚县重泰寺与故城寺

河北蔚县有重泰寺与故城寺存水陆壁画。此地古称蔚州，为“燕云十六州”之一，现属张家口市，地理位置正处在北京、保定、大同、张家口市之中间，号称有“八百村堡”。每个村堡都有自己的小寺庙。有寺庙就有壁画，所以传统资源十分丰厚。

重泰寺是其中最大的寺院，位于蔚县城西北部 12 公里涌泉庄乡内，始建于辽代。中轴线上有九座殿堂。水陆壁画在千佛殿内，其最大特点是没有正位佛祖等像。在东西两壁画中，都以上中下三行、整齐单一方向、紧密排列的方式布局，且不同于故城寺作品，更显单一和程式化（图 7.3-8）。在浅白的背景之中，一组组人物群中，致旗幡飘扬之风向、文官手持笏牌方向基本都平行，向着殿中正向。如起首秦广大王（图 7.3-8B），续排初江大王（图 7.3-8C），诸王

〔1〕陈耀林《毗卢寺和毗卢寺壁画》，《美术研究》1982 年第 1 期。

图 7.3-8B

重泰寺秦广王行列

图 7.3-8C

重泰寺初江王（采自黄河《元明清水陆画浅说》

图 7.3-8D

重泰寺地府六曹判官（笔者摄）

图 7.3-9

蔚县故城寺壁画（采自黄河《元明清水陆画浅说》）

图 7.3-9B
故城寺主食判官

图 7.3-9C
故城寺南壁画面

后仍有地府六曹判官等（图 7.3-8D）。总体整齐划一，但人物衣纹飘逸，服饰与表情也不同。武士头顶盔身披甲部分用了浮雕描金手法，应属明代画风手法。这种简单实用的布局，成为存留数量最多的清代水陆画之标杆样式，可谓清代传承代表画作。另在三教楼里，释迦居中，孔子居左，老子居右，均手持圭笏，侍者端盘分列其间。

故城寺位于蔚县宋家庄镇大固城村东北，属明代建筑，又称心佛寺，俗称东大寺。现只剩唯一一个释迦殿，壁画内容为水陆画。资料上说为明代壁画，有人考证为清代早期[1]，壁画颜色相当鲜艳（疑曾重描），人物面部雷同，榜题完整，壁画面积为 110 平方米，有释、道、儒人物 88 组、539 人[2]。壁画最高处 3.6 米，上下分四列，而采取神仙组群松散排列的形式，每个群体有明显的分隔，紧密排列，属于单一方向排列的方式（图 7.3-9、9B、9C），与蔚县重泰寺不同。水陆画布局比较简单，成为又一类型，存世也不多见。其气势磅礴，不愧为蔚县壁画中的佳品。其重要特点还在于榜题上标出供养人的村名和人名，所有出资人在周边乡里会感到十分荣耀。

故城寺的十王分了两组，即“秦广五王圣众”与“阎罗五王圣众”，此中所题与所画均有象征性。如依次序，秦广王与阎罗王都应在前五王之中，但这种小调整已多见于其余水陆画中。又此两组画各五王之中均有一王冠冕却无流苏，余四者仅冠服。这就是将十王平均化了，以两组来表现了。

〔1〕河北省文物研究所、蔚县博物馆《故城寺壁画》，科学出版社，2011 年。

〔2〕参见“都护在燕然”新浪博文《蔚县故城寺——看壁画和梁栋彩绘》，博主对故城寺水陆构成提出一些看法。

3. 怀安昭化寺

昭化寺位于怀安县，属河北省张家口市[3]。其寺内主体建筑大雄宝殿四壁皆绘制壁画，且皆为水陆题材，共 47 幅组，约 560 多人物形象。尤以西壁的壁画保存良好，并保留了明嘉靖四十一年（1562）纪年及“画工匠人任朝相”的题记。水陆画若分六组即正位神祇、天仙、下界神祇、冥府十王、往古人伦与孤魂，此寺壁画正有体现。壁画特色表现为题材合并多，总幅组较少，特别是两壁下层内容多而占域少，形成独具之处。

昭化寺大雄宝殿北壁之正位神祇以释迦牟尼与毗卢遮那两佛及眷属为中心，有八大菩萨、十大明王、四大天王和天龙八部等。东西两壁分列其余神祇，形成皆面向、朝拜正位神祇之势，仅罗汉分置于东西壁。两壁各有十一组并分上下的图画形象。天仙对应于东西壁上部（图 7.3-10）：西壁从天藏王菩萨后土圣母到南斗六星火铃将军，东壁从玉皇大帝到天曹府君掌禄算诸司判官；下界神祇位于东西壁下部：西壁从太岁大煞黄幡豹尾神众至金银铜铁五湖百川诸龙神众，还有四值功曹等（图 7.3-10B）。东壁从阿修罗大罗刹等众到般支迦大将矩畔拏等众。

冥殿十王，东壁下排有冥府十殿王官等众、地府三司六案、地府都司判官众、地府五道将军牛头阿傍及五瘟使者，还有西壁之九禹十八狱主等众、狱城六道（图 7.3-10C）等，这些正是属于《天地冥阳水陆仪文》中“命请冥殿十王仪”部分的内容。其西壁的往古宫嫔妹女列女孝子顺孙等众，东壁往古比丘比丘尼优婆塞伏婆夷道士女冠等众，以及往古儒流贤士九流百家众，对应往古人伦。而西壁的严寒大暑、客死他乡、仇冤

〔3〕河北省古代建筑保护研究所编《昭化寺》，文物出版社，2007 年。徐建中《怀安昭化寺大雄宝殿水陆画》，《文物春秋》，2006 年第 4 期。

图 7.3-10

怀安昭化寺水府扶桑等神像

图 7.3-10B

昭化寺壁画四值功曹

图 7.3-10C

昭化水陆壁画狱门六道

报恨、病疾缠绵、自缢、六道四生有情众，以及由东壁起教大士、面然鬼王引导的依草附木等众，对应的是孤魂。但未见持地菩萨、大圣引路王菩萨。孤魂和往古人伦中图像亦偏少且不全。

南壁两梢间则各绘有两将军形象，有文[1]比定为黄道大将军与黑道大将军，认为分别引导正位与冥府神祇。与甘肃河西地区武威市博物馆所藏水陆画中黄黑两道将军形象相较，两将军形象对应《天地冥阳水陆仪文》中“加持黄道仪”与“加持黑道仪”以及杂文内“请十王疏”及牒文“追孤魂”。但科仪实为两色道路念陀罗尼，“谨遵科式、严持黑道”的疏文仍为念咒之意[2]，牒文“散花黄黑二道”是散花于路，均未明确提及将军形貌。而河西民乐县博物馆的明代道教水陆画中就已实有黄道之像，位于真君与南斗组，水陆画上绘“天蓬翊圣真君”三位，中下左绘“南斗星君”六位，中右绘黄道像[3]。佛教地藏道场仪也有“黄衣业道神君”之名[4]。此黑黄道将军神像恐有佛道融合之起源。

（三）陕西北部

陕西省北部的寺殿水陆画集中在榆林与佳县，西安美术学院呼延胜在此一区域调查，共得12处寺殿与遗址，其中有明代清朝及经现代改绘者等[5]。陕西北部的这些发现十分重要，可以联系山西、甘肃等地水陆画，形成北方地区的整体貌状，对掌握水陆画分布全貌好处极大。

1. 佳县观井寺

观井寺位于陕西北部佳县的朱家坬乡刘贤村以东，在葭州（佳县原名）至神木的古官道（通河套与汾平）侧旁。寺坐北向南，东西宽35米，南北长52米，占地面积约1850平方米。其旧有殿宇多塌，仅留主殿水陆殿以及东西配殿（二郎殿与财神殿）了。

水陆殿面阔进深皆三间，皆5米左右，歇山顶，檐廊精细，梁架原描金彩绘。东西北三壁原绘画作，但北壁已漫漶，画仅存东、西两壁。梁上均绘三角形水墨山水，下分六层，横列多组图像，达60平方米左右。南面为门窗，其形象全都朝北，形成“礼佛式”构图。

东壁绘有天仙、诸星君上界神祇（图7.3-11、11C）、往古人伦等。引导神有三位：天藏菩萨、大威德菩萨及大圣引路王菩萨，第六层残缺较重。西壁有地府水府等下界神祇，引导神四位：持地菩萨、虚空藏菩萨、幽冥教主地藏王菩萨及起教大士面然鬼王。有冥殿十王、孤魂冤鬼、六道四生（图7.3-11B、11D）等。图像旁侧布施者姓名写为“管龛信士某某”，还有《重修观井寺碑记》。

其十王分布于第三、四层。第三层有：二殿楚江王众管龛信士贺宗庆妻刘氏男广智女则。一殿秦广王等众（管龛信士贺登庸妻段氏男广叩天枢根叩）。幽冥教主地藏王菩萨（管龛信士刘西

[1] 戴晓云《昭化寺水陆殿南壁两尊将军形神祇考略》，《艺术设计研究》2016年第4期，第18—20页。戴晓云《昭化寺水陆壁画研究》，《艺术探索》2019年第4期。此文对壁画内容有考定，但述冥府十王处只说西壁而漏“东壁”，与前文所录榜题不符。

[2] 上文漏引加持黑道科仪中咒语“唵苏悉帝”，失去关键词。黄河《元明清水陆画浅说》就有黄黑道将军说，其实此两像出自实际作品如武威市博物馆等存画，是从仪文引申发展而出，并非出自仪文原义。

[3] 公维军《河西水陆画研究——以民乐县馆藏明清水陆画为中心》，兰州大学硕士论文，2014年。附表第45号图，南斗星君组，明代绢本。

[4] 侯冲整理《地藏慈悲救苦荐福利生道场仪》卷三，《藏外佛教文献》第6辑，宗教文化出版社，1998年，第273页。

[5] 呼延胜《陕北土地上的水陆画艺术》，西安美术学院博士论文，2012年。山西、河北与河西、青海等地的寺壁水陆画及绢画都得到较多研究，但陕西北部这批寺窟水陆画仅有呼延胜博论涉及。其文不仅于图像艺术层面完备，而且还深入到实际运用层面，即水陆法会与民间牛王会、道教醮仪等基本不分家且具有共通性。此文是水陆画艺术研究中的佳作。

图 7.3-11
佳县观井寺水陆壁画（采自《中国佳县白云山白云观壁画》，下同）

图 7.3-11B
观井寺龙王等众处

图 7.3-11C
观井寺虚空藏菩萨处

图 7.3-11D
观井寺六道四生等处

会妻郑氏男守正孙□贺）。护国护民城隍社庙土地神祇众（管龛信士魏长云妻武氏男秦□振儿孙永乐）。第四层有：地府五道将军（管龛信士贺天□孙家儿发刘□地）。地府都司判官等众（管龛信士高继孟妻段氏男二驴妻杜氏）。地府三司判官等众（管龛信士朱世仁男德□福□）。地府六曹判官。十殿转轮大王等（管龛信士郑守□）。九殿都市大王等（管龛信士何世元男景思）。八殿平等大王等（管龛信士刘李德李氏男二狗黑狗拴狗）。七殿泰山大王等（管龛信士郑永亮男富生）。六殿变成大王等（管龛信士贺守保妻刘氏男银祥呈祥正祥）。五殿阎罗大王等（管龛信士刘宣男永仁永义孙解尤儿浪艮）。四殿五官王等、三殿宋帝王等众。

此水陆殿起造于嘉靖三十二年（1553）以前，壁画则在清乾隆二十九年（1764），可能重绘于道光二十一年（1841）。观井寺位于古交通要道，得地方官府重视，碑刻铭记葭州知府、葭州知事等官员名字，其建筑规模和形制都超过了一般乡间庙宇。此水陆殿壁画无论从色彩、线条和人物造型都是民间艺术中的佳作极品。

2. 榆林香严寺

榆林市榆阳区香严寺为当地常见的四合院形态，占地约1000平方米。高大的正殿为枕头窑前加砖木卷棚，当地称为“虎豹式”。其两侧偏殿为三霄殿与马王殿，东西配殿为观音与地藏（马王）殿，还附连孤魂殿。香严寺为榆林名寺，历时久，文物多，从明代成化九年（1473）创建后至清光绪五年（1879），修整扩建达八次之多。康熙三十六年（1697）碑记云重修恢复旧制，由此可推定其明成化九年初建时即三教合一寺庙，原绘水陆壁画。寺与榆林建镇时间近且关系密，或为官方祭祀阵殁者处。但五百年来多次重修，联系同治四年（1865）碑“新□宣砖窑三间，立三教圣仁，水陆一切诸神，人发虔心神有感应”及开光“行见殿宇辉煌，金碧美丽，规模仍诸旧贯，气象焕然一新”的记载，现存壁画应是同治四年所作并重塑神像。

香严寺正殿为三教殿，设奉释迦牟尼、老子与孔子之像。其前接卷棚的窑洞面积很大，实达46.6平方米。殿内正壁开三个龛，设木质隐神阁，现存塑像为新作。东西两壁水陆壁画皆13平方米，各具60组，分上下七层：东壁为上界天仙星宿、往古人伦；西壁为下界神祇、冥府十王、孤魂。冥王地藏及孤魂地狱集于西壁，分布如下：

其西壁第四层：九殿都市大王神众、八殿平等大王、七殿泰山大王、六殿变成大王、五殿阎罗大王神、四殿五官大王、三殿宋帝大王、二殿楚江大王、一殿秦广大王神众、大愿地藏王菩萨。

第五层：孤独地狱神道圣众、近边地狱神道圣众、八热地狱神道圣众、八寒地狱神道圣众、善恶两部牛头马面使者、地府五道将军神众、地府三司判官神众、地府都司判官神众、地府六曹判官神众、转轮大王神众。

香严寺水陆画道教色彩比较强，东壁第二层起设星宿等神，天蓬等道教护法为四臂形貌，与其二臂化趋势相反。因其“正位像设”为三教合一，内容富道教色彩也很自然，同时也反映出陕北特色。但此寺中有受佛教影响的地藏殿，包含马王之地藏殿，甚至还附设了孤魂殿，或许是相互补充吧，可惜未见相关研究和介绍。

呼延胜分析过陕西北部的这些水陆画，它们缺少或大幅减少了最重要的正位神，佛像仅列几位菩萨。此情况与水陆壁画实用状态颇有关联，或可申论。虽然这些画作构成可基本对应《天地冥阳水陆仪文》，上下界神、冥府、人伦及孤魂，富含道教与儒家因素。但佛教正位神祇的缺减，并非对应不够完备，而是对佛教统摄的水陆画之性质提出了挑战。在此状况下的水陆画，足以配合道教斋醮或三教或民间之礼仪与法会活动之用，非常适用于社会底层的多种需求场合。由此角度来理解水陆画实质意义上的三教合一性，不失为一种切合实际的阐释，较空洞言说要好很多。

3. **西长墕水陆庙**

西长墕水陆庙位于榆林市榆阳区麻黄梁镇西长墕村，村也称李家新庄，庙也称释迦如来庙。雍正年间始建此庙，实是李氏家族光绪年间改绘水陆画用为荐亡超度的家庙。正殿即水陆殿，平面方形，进深宽均三间，廊檐高 2.87 米，南北深 4.3 米，宽 4.7 米。南面为三开间花格木门，外立一碑记沿革。内塑释迦佛及哼哈将等像为 1989 年新作。其北壁画已被铲去，东西两壁保留原有水陆壁画，内容丰富而齐全，集儒释道三教和社会生活，具上千仙佛鬼神各种人物，极富民间趣味。

两侧壁画从上到下分为六层，每层 10 组图像，下沿距地 75 厘米，都有榜题标明身份，外围有蔓草花饰框。其东壁所绘内容有上界神祇、天仙、往古人伦等，引导菩萨有大威德菩萨、大圣引路王菩萨，两位较易辨识。西壁内容有下界神祇、孤魂冤鬼、四生六道等，引导者有空藏王菩萨、地藏菩萨、起教大士面然鬼王。所有面像全部向北，以佛塑像为目光焦点。此壁色彩鲜艳，榜题可识，整体保护较好，形象构图充满了民间意趣。

其西壁第三层有：阎罗大王、五官大王、宋帝大王、楚江大王、秦广大王、地藏菩萨、护军护民城隍土地社庙神众、吊客丧门、金神能庶、阴官奉书等；西壁第四层有：善恶二簿牛头马面门傍曹官、地府五道将军神众、地府三司判官众、地府都市判官众、地府六曹判官众、转轮大王、都市大王、平等大王、泰山大王、变成大王。

西壁最下两层为孤魂野鬼众。第五层有：投崖赴火自刑自缢诸鬼众……水陆空居依草附木无主无依众……主病鬼王五瘟使者、起教大士面然鬼王、孤独地狱、近边地狱、八热地狱、八寒地狱等；第六层有：四生六道种种诸刑等众、地狱饿傍生道一切等众、身殂道路客死他乡诸神等众……赴刑都市幽死囚□诸鬼神。

此类水陆画虽高度模式化，构成虽颇为相似，但仍有细微变化。不同于画工匠师之手法，此庙因为家族所用更接地气，民间构成趣味浓郁，特别是其“孤魂”部分与冥府关联最密切，各种枉死种种地狱，加上四生六道，构成了阴间元素完备的下界冥府。

总之，水陆壁图的冥府十王较单纯本《十王图》更为扩展，原本一体的五道转轮王于此变化，五道成为地府中五位将军，由原属“轮回”拓展到孤魂等部，单成一图，而使者等则另见于上界神祇，为四值功曹了。寺庙壁画的构成主要有拱卫与横列之说，更可详分为五类：一中心拱卫式（青龙寺与公主寺）；二平行三行（重泰寺），在清代普遍流行；三平列结合中心（毗卢寺），是个例；四松散对称（昭化寺）；五单向简排（故城寺），较普遍。

二、水陆石窟

水陆石窟比较少见，山西有平顺金灯寺（原称宝岩寺）石窟，具一堂雕造水陆画，十分珍稀。陕西北部也有两三处石窟，是与寺院庙宇相近的、以石造窟室做成的殿堂。以下分别述之。

（一）山西平顺

金灯寺石窟位于平顺县杏城镇背泉村东的林虑山巅，依山巅自然走势开凿，从明弘治十七年（1504）起至明嘉靖四十四年（1565），历时 60 余年而成。现存建筑群殿堂多为明清风格，由

图 7.3-12
平顺金灯寺水陆雕刻（采自《中国美术分类全集·中国石窟雕塑全集 6》，下同）

图 7.3-12B
金灯寺刻十王像中五王

图 7.3-12C
金灯寺刻奈河桥虎头城图

图 7.3-12D
金灯寺刻堕亡等孤魂

图 7.3-12E
金灯寺明王形象

东向西分布的七进院落均有殿堂。水陆殿最具特色，其坐北朝南，面积约125平方米，内置平顶天花，雕方形藻井，下为清莹池水（源出殿西北所渗之泉），池上凿有田字形石桥连接各方。坛上有三佛，背屏后三大士，左右壁上部千佛状并各有九佛龛雕十八罗汉（图 7.3-12）。最重要的是，其左、右、后三壁下部共有 69 幅水陆道场图，均属浅浮雕。画面中有帝释天、大梵天、鬼子母、四天王、十大明王、帝君王公、后妃宫女、文武贤臣等像，其中亦有十王图像。画面下部有五位持笏板袍冠者，应属五王（图 7.3-12B）[1]，若如同壁画，还应有对称五王。画面中还有似审断与奈河桥之景，上方坐状大像如面然鬼王（图 7.3-12C）。浮雕场景中还有房屋与孕妇，颇有生活气息，细看却是恐怖的"堕胎产亡兽伤落井孤魂众"之景，侧下方的虎与井等都在阐释这些细节（图 7.3-12D）。这些画幅均雕在高 100 厘米、宽 60 厘米的石板上，多数都镌有众多形象，雕刻手法质朴，疏密不同。但也有只镌出一个形象颇显巨大的明王（图 7.3-12E）。金灯寺石窟原曾称作宝岩寺，与众多的寺庙壁画相比，既有对应又有独特之处。其民间色彩很是浓郁，所刻造型与手法简化而质朴，表达上也体现出了质朴实际的感情。从某种角度来说，这是明代水陆法会非常盛行的体现。若非如此，人们便不会耗费如此工程，以满足经常举办的水陆法会之需。

此窟殿之奇妙不仅在于水陆画内容，还表现在特意营造有"水"有"陆"的殿堂，呈现了宗

[1] 采自《中国美术分类全集·中国石窟雕塑全集 6》，重庆出版社，2001 年。书中有简介与图版多幅。其中十王相关图幅由山西省文物局赵曙光撰写图版说明。丁明夷总论北方六省雕塑状况时有简说。另有张文广《平顺金灯寺》，《五台山研究》2014 年第 2 期，第 62—64 页。

教艺术上的奇观，在全国石窟中堪称珍稀。清嘉庆十八年（1813）《重修水陆殿及库楼斋庑记》称此名曰：

> 盖周围之坦金如坻，是陆也；中央之潭影澄清，是水也。乃自水而观之，小桥卧乎波心，巨柱擎乎绝顶，是水中有陆也；自陆而观，则宝龛之影倒沉，万佛之影下映，是陆中皆水也。帆不涨于渡口，人尽行乎镜中，水耶？陆耶？不一而二，二而一耶。

（二）陕北地区

在石窟艺术形态之中，陕北也有少数的水陆窟像。与上述金灯寺石窟知名度较高不同，陕西北部佳县的兴隆寺石窟与金佛寺石窟，很少为人所知，赖呼延胜博士论文的调查而得以面世。

1. 佳县兴隆寺

佳县兴隆寺始建于明成化年间，先凿窟为地藏洞，后来扩展为一个佛寺系、一个道观系的并行院落[1]。兴隆寺第5窟水陆殿呈长方形，其内东南西三面壁画，共14平方米，均分四层，绘百余组人物形貌。按一般水陆殿壁画规则，东为天王天仙、护法与诸天星君、往古人伦，西为龙王、四渎五岳、地府神祇、孤魂饿鬼，南北则据建筑像塑而有所不同。此虽石窟构造，配置亦与其他寺庙壁画大体相同，其南壁分上下四层满绘，与殿内所塑佛菩萨、弟子罗汉像，共同组成水陆法会图像系统。

西壁第一排绘虚空藏菩萨摩诃萨，第二排绘地藏菩萨；东壁第三排绘大威德菩萨、大圣引路王菩萨。大圣引路王菩萨引导的是五帝三皇、后宫采女、往古忠臣良将、孝子顺孙等往古人伦的图像；地藏王菩萨所引导的是阎殿十君，还有地府判官、八热八寒地狱等神祇图；面然大士亦为一个引导神，引导众多孤魂冤鬼。

例如此阎殿十君图之二殿楚江大王，在第二层第22龛。主要人物不显威赫，倒显慈祥。画面只绘有四个人物，前排的楚江大王双手持笏板，头戴梁冠，身穿红色官袍，脸上的胡须似乎还在舞动。身后两人正在交谈，一人戴梁冠，手执笏板，身穿官袍；另一人武将打扮，头戴头盔，双手抱拳作揖状；二人眼神对视，刻画十分到位。执幡童子前额头发剃去，似乎在脑后扎着一个辫子，身着圆领束腰长袍，是清代下层百姓装束，手执幡旗书“楚江大王”四个大字。画面用笔流畅自然，构图起伏有致，色彩柔和，应该属民间绘画中优秀之作。

据《修建兴龙寺碑洞记》载弘治十六年（1503）至正德元年（1506）此寺有修缮。光绪八年（1882）《重修三身诸佛关圣帝君碑序》言“郑家后沟旧有三身□□□□，有十大明王，十殿阎君，十八罗汉，眼观菩萨以及帝君庙……弟子郑元美等见其庙貌减色，墙垣侵圮慨然复有重修之志”，可知其复修概貌。

简而言之，陕北寺窟水陆画作归属性不强，如村民直接称面然鬼王、起教大士为“起醮大士”，体现出佛道相互影响转换。

2. 榆阳金佛寺与报恩寺

金佛寺九个主要石窟，有娘娘庙、观音殿、关帝庙、七佛殿、三教殿、真武殿等，其中三佛殿为正殿，水陆殿为东配殿，是第二大殿。水陆殿内塑像为十殿阎君及地狱神鬼像，四面墙壁及窟顶亦绘满壁画。

窟内西壁台阶上塑四身神像，为阎殿十君的

---

〔1〕其地藏十王像、地藏殿最先造，弘治十六年（1503）修，正德元年（1506）完成。

题材，从北到南分别为“四殿五官王”“六殿变成王”“八殿平等王”“十殿转轮王”，塑像上方绘有两层水陆画，北面壁画有些脱落。

2003年据画匠张彦珍介绍，西壁第一层的北海龙王等众以南保留四龛旧画，第二层的六龛为旧画，共十余龛为旧壁画，新绘时作了保留。

其第二层有三殿宋帝大王、二殿楚江大王、一殿秦广大王、护国护民城隍土地等众神祇……总之，金佛寺石窟保留了十余幅原先的壁画，仍存六组中恰好有十王中的三位。

原存新绘的还有报恩寺，其水陆画原绘制年代约为道光二十三年（1843），重绘于2004年。金佛寺从明代成化年间启建之初就绘有水陆画，但重修次数不得而知。

金佛寺与报恩寺这两处水陆画虽被改造过，但都保留了部分原有壁画，其史料价值十分珍贵。

三、画轴版刻

水陆画除寺庙壁画外，还有卷轴式水陆画，从绘画材料分，有绢画、纸画、布画、纸质绢画，兼以版画刻本与粉本等。水陆道场（或称法会或称斋会）时将这些水陆画悬挂于寺庙或诸场地，多沿用七天或变化至四十九天。宋代以来水陆道场流行，特别是战争兵乱以后，朝廷和民间都常办法会。元明清以来水陆道场持续流行，因而卷轴式水陆挂画大量出现，上及皇家，下至民间，寺庙主持请画绘作更是主流。已有一些文章对此进行整理调查，当前全国各地甚至国外各级博物馆与私人多有收藏此类水陆挂画。近年来也有不少展览举办及各种图册出版，但笔者限于条件不能全观，谨就所及简述一些状况如下。

现知水陆画与黄箓斋画等道释画作在北京、山东、山西、陕西、甘肃、青海、河南、湖南、福建、上海等地都有公私存藏，大多是明清时代作品。北京所存有千余幅，首都博物馆有十余堂九百幅，还有故宫博物院、法源寺、广化寺及白云观道教画等处藏品。这些画作中，皇家作品与版刻小画都有。山西藏品更丰富，可达一千五百余幅，分布在大同、右玉、阳高、偏关、朔州、定襄、太原、太谷、祁县、平遥、交城、长治、霍州、洪洞、高平、侯马、稷山、闻喜、隰县、芮城、运城等共20个县市。其晋北、晋中以佛教画为多，晋南以道教画为多，风格兼有内府、民间样式。陕西藏品分布在西安、三原、长安、彬县、洛川、白水、榆林等多处。甘肃藏品分布在古浪、民乐、山丹、武威、清水五处。青海有乐都西来寺。南方湖南沅湘等地亦多，贴近民间祭祀画。福建等地较少[1]，有些瑶族等近似民间作品，将置下节讨论。

（一）山西、北京

1. 宝宁寺画轴

山西省右玉县宝宁寺曾有一堂珍贵完整的水陆画，共计139幅，其中原画作136幅，重裱题记3幅，现保存在山西博物院内，为国家一级文物。正位佛菩萨中，地藏与文殊、观音、普贤四大菩萨单幅出现，精致明丽。地藏显菩萨形持法器（图7.3-13），露右足趺坐姿。对应还有天藏菩萨（图7.3-13B），上下界仙神冥府等各标数字榜题。榜题“右第三十六”图为“地藏菩萨、秦广、楚江、宋帝、五官”（图7.3-13C、13D），是地藏菩萨与前四王。菩萨居中，现若女相，身形高大，表情安详宁静，右手扬指捻一小摩尼珠。

[1] 黄河《元明清水陆画浅说》(上中下)，《佛教文化》2006年第2—4期。

图 7.3-13

宝宁寺地藏菩萨（采自山西省博物馆编《宝宁寺明代水陆画》，下同）

图 7.3-13B

宝宁寺天藏菩萨

图 7.3-13C

宝宁寺地藏领四王局部

图 7.3-13D

宝宁寺地藏领四王

左立扛锡杖僧应为道明，右随侍老者为闵长者。榜题“右第三十七”图为“阎罗、变成、泰山、平等、都市、转轮大王众”，为后六王，亦华贵朝服。阎罗大王冠冕旒，持笏扬眉，与后一黑面者皆怒目暴睛，其余表情宁和，三五绺髯须若文官之相。两幅合成地藏十王系统。诸王直立，构图呆板，而袍上细描龙凤云十二章纹。

榜题“右第三十八”图为“地府六曹、四司判官、地府都司官”，上下两分，前为戴硬翅幞头官服六曹。云上四官多黑服为四司，后二人戴小冠手抱长纸卷宗，应是都司拿生死簿。

榜题“右第三十九”图为“地府五道将军等众”，图中绘有顶盔披甲大将，旁一副将，后三士兵。五道将军本是五道转轮王的前身，但演进至北宋时转轮王多现文官像，至水陆仪将转轮大王与五道将军剥离，还有水陆将五道将军画为五位将军。此种演变与五道庙的流行也有关。

榜题“右第四十”图为“善恶二部牛头阿傍诸官众”，共七人。手抱纸卷两女子为善恶二部，戴软幞头兽面冥官持纸卷，抱拳武将、狼牙棒壮汉、黑衣小吏与三叉戟牛头为冥府狱卒军将。

榜题“右第四十一”图为“八寒八热诸地狱孤魂众”，以山石树木隔成前八热、后八寒地狱，异常惨烈，将地狱受苦者列入孤魂。榜题“右第四十二”图为“近边孤独地狱屋倒墙塌等众”，前有茅棚瓦屋倒塌，瓦砾下有人口吐鲜血，数人相救，妇女观泣，另有儿童尚在玩耍，突发事态描绘得相当如实。上部云雾中有塌死男女三魂者，后有地狱城门。

饿鬼孤魂引导者即起教大师面然鬼王众，起教大师阿难穿僧衣，诵咒持铃杵法器。面然鬼王吐火焰，形瘦骨大，披帛系裙，两小鬼扶臂膀疾步行，又有小鬼等持喷焰钵盂。榜题“右第五十二”图为“大腹臭毛针咽巨口饥火炽然鬼魂众”，是饿鬼道典型，大腹长毛、瘦骨嶙峋之饿鬼行卧树下草中。

此套画中最重要的“孤魂图”(原无榜题)〔1〕，应为“施食图”或“甘露图”或“道场图”〔2〕。画中面燃鬼王巨大，圆光顶有莲座上小菩萨，周身火焰绕缭，面前食物堆积，旁有五身小世俗人物，似在观察议论。两侧道上都是从远处赶来的饿鬼，供桌周围更多。饿鬼们争先恐后地受供，以各种姿势争夺食物，细节刻画入微，如吃撑得肚子溜圆、坐地走不动之鬼。其实“起教大师面然鬼王众图”“大腹臭毛针咽巨口饥火炽然鬼魂众”与此“施食”或“甘露”应有联系，表达了水陆法会之根基——施食饿鬼。而且，朝鲜半岛流传的《甘露帧》，被认为是朝韩国度中的水陆画，同样以此情景为核心〔3〕，所以此图更应称为“甘露图”。当然，水陆画中孤魂表达数量种类远超饿鬼，所以编著者才会将饿鬼名为孤魂。水陆画体系内饿鬼确也密切联系到孤魂，实从饿鬼拓展开来，更扩及往古人伦及地狱有情，甚至于神仙及更上高层，达到天地或圣凡一切，实现功德。

榜题“右第五十九”图为六道四生一切有情精魂众”描绘大量生物。此四生为“胎、卵、湿、化”，羊、马、狮、虎、象、熊、仙鹤及孔雀雉鸡等，情态生动。此图实际上从《十王图》中的六道轮转发展而来。

往古人伦类有“往古帝王一切太子王子等众”“往古妃后宫嫔婇女等众”“往古文武官僚宰

---

〔1〕山西省博物馆编《宝宁寺明代水陆画》，文物出版社，1988年图149。

〔2〕戴晓云(《佛教水陆画研究》，中国社会科学出版社，2009年，第121—122页)提出应称此图为“鬼王施食图”。但此鬼王并非施食而是主受食者。

〔3〕参见尹惠俊《中韩水陆画比较研究》，南京艺术学院博士论文，2013年。尹惠俊《韩国朝鲜时代“甘露帧”内容和风格之考察》，《湖南工业大学学报(社会科学版)》2012年第1期。

辅众”“往古为国亡躯一切将士众”“往古比丘众”“往古比丘尼、女冠、优婆塞、优婆夷诸士等众”“往古道士升霞烧丹未明众”“往古儒流贤士丹青撰文众”“往古孝子顺孙等众”“往古三贞九烈贤妇烈女孤魂众”“往古九流百家诸士艺术众”“往古雇典婢奴弃离妻子孤魂众”共十二幅，表现内容丰富，反映了古代社会的种种生活现象。

孤魂野鬼之类画出“屋倒墙塌等众”“饥荒殍饿病疾缠绵自刑自缢众”“依草附木树折崖摧针灸病患众”“枉滥无辜衔冤报屈一切孤魂众”“赴刑都市幽死狴牢鬼魂众”“兵戈盗贼诸孤魂众”“火焚屋宇军阵伤残等众”“仇冤报恨兽咬虫伤孤魂众”“堕胎产亡严寒大暑孤魂众”“误死针医横遭毒药严寒众”“身殂道路客死他乡水漂荡灭众”“一切巫师神女散乐伶官族横亡魂诸鬼众”等各种横死场景，最生动地反映了社会现实中所有冤魂屈鬼的孤愤悲恨，形象塑造和氛围营构都非常成功。

此中还有十大明王像，左第一大威德焰发德迦、左第二无能胜、左第三马首、左第四甘露军吒、左第五降三世、右第一大笑、右第二步掷、右第三大力、右第四不动尊、右第五变现忿怒大轮明王，王像多为三头六臂、执持法器兵刃的忿怒相。图像绘制出色，恐怖强烈。

山西右玉宝宁寺这堂明代水陆画，一般高120厘米，宽70厘米，单幅大佛像更大，均用细绢，清代曾重裱，由记载可知其为“敕赐镇边水陆一堂”的皇家绘本。明朝当时与北方鞑靼、瓦剌常有兵纷，右玉首当其冲，是北边防重地。宝宁寺建于天顺四年（1460），此堂画应是天顺年间赐予宝宁寺。

2. 晋地诸处

大同市博物馆藏水陆画有佛道一共六堂二百余幅。明清绘，内府、民间皆有。佛教画明显呈对称式，存有释迦佛、药师七佛、阿弥陀佛、十方佛、地藏、十地菩萨、维摩诘、缘觉、罗汉、诸天、明王、城隍、土地、监斋鬼王、面然鬼王、守幡使者、四值功曹、关公，还有孤魂野鬼等及水陆缘起。各类幅数不等，其中十殿冥王存有10幅全图。因佛像部有缘觉与罗汉，即依佛法僧排列有缘觉像等，此体系中特点颇类《法界圣凡水陆胜会修斋仪轨》即“南水陆”。

定襄县文物管理所藏有一堂清代水陆画，共74幅，高132厘米、宽80厘米。内有毗卢遮那佛、卢舍那佛、释迦佛、十方十佛、文殊、普贤、观音、大势至菩萨、十二圆觉、十八罗汉、迦叶尊者、五路群真、八路诸仙、十大明王、天龙八部、韦驮、诸天圣众、四大天王、八大金刚、四大金刚、初禅二禅、三禅四禅、北斗七星、南斗六部、十一曜、廿八宿、十二宫辰、三曹六案、四圣真君、三官大帝、五岳大帝、四渎龙神、龙王风伯雨师雷公电母、五瘟使者、五谷场神田公土母、诸郡城隍、三界值符使者、四帝、十类孤魂等众、四值功曹、面然鬼王、罗刹等众、十殿阎王、六案三曹、十八狱神、昼衣水火灯旷野炬畔、武显祠、左监坛杨元帅、青龙朱雀黄幡、缘起、功德主。各题榜图幅数不等，而其中的十殿阎王分为两幅，另有一图无题名。此堂中榜题内容除武显祠以外，尚属常见。

交城县玄中寺藏水陆画56幅，据说属三套[1]，但仅知有一幅明代卢舍那佛有别清代诸图。清代诸图为释迦牟尼佛、阿弥陀佛、十方佛、文殊、普贤、观音、十地菩萨、罗汉、明王、诸天、四大天王、韦驮、二郎神、三禅四天等众、北极紫薇大帝、黄道将军、往古忠臣等众、往古文武官僚、后土圣母等众、九流百家众、面然鬼

[1] 黄河《元明清水陆画浅说》（下），《佛教文化》2006年第4期，第114页。

王、土地、十八狱主等众、十殿阎王、缘起梁武帝问志公和尚。其十殿阎王只存有六幅。另有值得注意之处，即其两幅黄道将军画一印一画。前文述及黄道与黑道在《天地冥阳水陆仪文》中并非人神形，更非将军，只是供仙鬼来道场的道路，祈请时要分别念咒语并散花等。甘肃河西地区武威市博物馆所藏水陆画也有黄道与黑道大将军，民乐县博物馆所藏明代道教画已有黄道像。所以，此类形象并非出自此《天地冥阳水陆仪文》，而是融会而成。

另在平遥县博物馆、祁县民俗博物馆、太谷县文物管理所和洪洞广胜上寺也都各自藏有佛道水陆画，基本情况可见黄河之文〔1〕。因为其中十王图像皆不明，所以在此略去不述。

3. **北京**

北京有水陆画千余幅，大多收藏于首都博物馆，其余博物馆、寺庙及私人有少数收藏。

首都博物馆收藏的近900轴水陆画，基本上是卷轴挂画与纸本画牌，属于多堂套，多出于寺庙或宫廷，内府与民间风格样式皆具。它们大多为明清作品，有元代风格与明代多种纪年之作，如万历之母慈圣皇太后施绘、太监王忠署名施绘，亦有清代多种纪年、不同画工匠师作品。经叶渡在《首都博物馆丛刊》一文中披露〔2〕，这些水陆画具有多方面相当高的价值。

元代风格画作有题洪福院款“毗卢遮那佛”（图7.3-14），造型用笔颇类山西元代壁画，而微有明代风韵，图中有画师常赐、樊景山题名。

明代纪年作品有题成化元年（1465）的《大威德降三世明王》与题万历十二年（1584）的《释迦牟尼佛》，惜各仅一件。而大太监王忠供施则有多幅画作，据推断应得于其任汉经厂掌坛时段〔3〕，有《菁苗五谷神像》等。而题大明万历己酉年（万历三十七年，1609）绘造水陆画，有一堂50余幅，绢本，155×94厘米，上部均有李太后题记署印，画艺亦高。其虽较之山西右玉县宝宁寺绘本设色稍艳，却仍有很高价值。其中既有上画“梁武问宝志”之图、下书“水陆缘起”轴，还有一图绘“嘉贤大帝”，有侍从旗帜与五位文官抱笏神，前中冠以冕旒者即为“嘉贤大帝”，此形象在青海与山西之绢画或壁画中也有出现。据说与此套画作同一粉本式样的作品在秦晋多地都可见到〔4〕。由此，此套画作确实值得注意其整堂的构成。所以笔者尽力收罗了其中几种类别的数幅图作，如佛像、菩萨像、神仙、护法及缘起等，虽然不能见其全貌，但聊胜于无。

此套画作之中的佛像有释迦牟尼佛、毗卢遮那佛（图7.3-14B），皆庄严端丽。前者体量大，形象突出，背景行云流水，以背光相衬，主像更为鲜明。后者色调统一，台座高起，助崇主像。其下侍有帝释与梵天，顶有一双频迦鸟，更烘托了气氛。菩萨像中，准提菩萨像为十八臂（图7.3-14C），背光为彩虹式色带，华丽而炫目。诸神相辅从海水中升起，空中有呼应者，特色十足，给人以深刻印象。其财神形象亦是彩云满铺（图7.3-14D），绚烂流溢。图中的黑帜、黑须发、黑披巾与黑虎上下连衬，使主神显出昂扬的神气。此六道图呈为阿修罗与地狱、畜生道情景，应是两幅之一（图7.3-14E，另幅为天、人、饿鬼道）。其上方修罗处红云中，地狱表现为城墙门与牛头亡灵及火蛇等，而畜生道所画也很是

〔1〕黄河《元明清水陆画浅说》(中),《佛教文化》2006年第3期。

〔2〕叶渡《馆藏水陆画作品初探》,《首都博物馆丛刊》第18期，第181—191页。

〔3〕叶渡据史料推断王忠任掌坛的时段约万历二十七年至三十三年（1599—1605），汉经厂是宫廷印汉文佛经及处理佛事机构。

〔4〕黄河《元明清水陆画浅说》(中),《佛教文化》2006年第3期，第100页。

图 7.3-14

首都博物馆藏洪福院毗卢遮那佛

图 7.3-14B

慈圣皇太后施绘释迦佛，首都博物馆藏（采自黄河《元明清水陆画浅说》[中]，下同）

图 7.3-14C

慈圣皇太后施绘准提菩萨像

图 7.3-14D
慈圣皇太后施绘财神赵元帅像

图 7.3-14E
慈圣皇太后施绘六道一切有情无情图（采自倪葭《首都博物馆藏〈水陆缘起图〉探微》，下同）

图 7.3-14F
慈圣皇太后施绘大威德焰发德迦明王像

图 7.3-14G
慈圣皇太后施绘天从伦目连救母图

图 7.3-14H

慈圣皇太后施绘水陆缘起图

丰满，上有升空飞鸟，下有似骆驼、马、家畜等，旁有禽类。顶上有慈圣皇太后布施此套画作的题印。焰发德迦明王的布设彩形也有特点（图 7.3-14F）。明王本身因设为绿色而不太明显，其头上小像与上方本地释迦佛则很突出，火焰纹背光起到衔接作用。再有，目连救母的母题仍属少见（图 7.3-14G）。此图构图为天人冥间等之现象，且有观音入助，色调较灰涩暗重，亦符合主题。水陆缘起则是半图半文（图 7.3-14H），下文叙“梁武帝问宝志”，从而创起水陆仪文；上方则绘出梁武帝与志公（即宝志，尊称）对面之景。总之，虽有评价认为此套画作稍逊于山西右玉县宝宁寺所藏，因其造型线条水平且设色太鲜艳，但总的来说，此堂组画的水准仍高，其特色手法不宜忽视。

明代广东官员都司掌印杜邦瑮全家绘奉水陆图有五显祠山大帝像与关圣帝君像，还有募造于崇祯十六年（1643）蓟州城南贾家庄观音庵的一堂七十轴水陆画，绘者或皆为民间画工。

这些画作中的嘉贤大帝、祠山大帝均不见于《天地冥阳水陆仪文》，尽管此仪在明代很是流行，但就连王忠所施题五谷神亦不见载。两帝神原均奉于江南，前者即春秋时季子，在丹阳，由宋哲宗敕封嘉贤；后者为苏浙皖数省所奉神仙，或说为张渤或张椉。山西新绛县稷益庙中亦绘领仙班（详后）。这些画作的具体题材颇值得探讨。

纸板镜片装小型画面有骑吼观音像、守幡使者像等。虽无题记，但其纪年信息可根据其他材料而获知。因其多以废纸加以裱背，裱纸内含有清顺治四年（1647）诸寺填报信息，可知其作于清初。康熙三十八年（1699）所题“十方佛十地菩萨”与“欲界六天众等像”都是僧人性珍募化，两处像设分别题某信士施银五钱或八钱，为众多人士共施集成的一堂画作。

故宫博物院也有水陆画作藏于库中，见者很少。北京法源寺与广化寺亦有画，或数十幅或20余幅存藏。这些藏品在黄河《元明清水陆画浅说》中有介绍。作者还见过一批康熙三十九年（1700）款画作，以及一批裕亲王题字的内府画作照片。北京白云观也藏道教水陆画。另有他说认为一些纸绘或印制品在法会上可以烧去，这些或为年画纸马。

（二）陕西

陕西约有八处水陆画，西安美术学院呼延胜硕士论文《陕西现存世的几套水陆画的调查及初步研究》中有概述。西安考古所藏有两幅元代绘作，为最早作品〔1〕。三原县城隍庙存明代绘作21幅，长安兴教寺存明代绘作9幅，彬县文化馆藏明清绘作35幅，洛川民俗博物馆藏清代绘作62幅，白水县博物馆藏绘作30幅，榆林万家存清代水陆神谱120幅，横山县马坊村牛王会绘作43幅（民国7幅、当代36幅），周至高庙村当代绘作74幅，蓝田水陆庵当代绘作10幅。其前两种，即三原城隍庙与长安兴教寺画作，实为十王图，并非水陆画，彬县画作或非佛教。后三种为现代作品。其余要作可加介绍〔2〕。

1. **洛川兴平寺**

陕西省洛川县兴平寺的一堂水陆画，共62幅，具有康熙三十年（1691）等题记，现藏存洛川民俗博物馆。这批画作向来得到各界人士关注〔3〕。据悉，有道释人物49幅，世俗人物9幅，还有缘起与题记等。民国三十三年（1944）《洛川县志》就曾有载，却仅言及24幅，且所言关羽像图幅等并不存，十大明王与天龙八部等也有缺欠。据此可知62幅非全套。但从所存图组构成来看，此套图仍属较完整的全堂画。呼延胜分析现存全套图中有单幅人物、分三层人物图像、群像与连环画式，共四式图像。

现知其组合有佛像五幅：释迦、弥陀、药师七佛、施宝如来七佛、十方佛，现图示中是以药师为主的七佛（图7.3-15）。十方佛是分左右两幅绘出组成的（图7.3-15B）。菩萨六幅：文殊、普贤（现头陀像）、准提、十地菩萨。圣僧三幅：十八罗汉（两幅）、宾头颅尊者。明王诸天：十大明王（亦是分为两幅而绘成）、二十四诸天、韦驮像。上下神祇等：赵公元帅、监斋使者、守幡使者、紫府帝君。五方五帝：水陆缘起、布袋弥勒、大悲观音。再有30余图多为每一幅内分上下三层组，如兴教大士焦面大士土地真君，天龙八部婆罗门仙众十类大仙，再如图示有三界六道的值符使者（图7.3-15C），还有北斗七星诸星君若道教诸神仙等（图7.3-15D）。

其中十殿阎王、冥府诸官吏司，分布于对画出的第31图与第32图，所绘同为地府六司、地府十王、地府十八狱主、地府六曹等。其稍有不同是六曹分为地府六曹（第31图）与裴公六曹（第32图）。可惜因资料披露不全，仅《佛教文化》刊头陀貌普贤及五明王幅（图7.3-15E），未见其十王图画之样貌〔4〕。

此堂水陆画绘制水准不凡，学者们都推测其出自较好的画工或画匠或画家之手。所以施主也不一般，从此中《大悲观音图》下方据韩城县儒学训导李日实、董沐撰《创绘天地冥阳水陆神

〔1〕王长启《古老的水陆画》，西安关中民俗艺术博物院编《关中民俗艺术论集》，三秦出版社，2003年。

〔2〕陕西省最早水陆之作为西安考古所所存两幅元代水陆画，详情未知。

〔3〕洛川水陆画得到各界人士较多关注，有多篇涉及此批画的论文。笔者约在20世纪80年代初曾观看过西安美术学院工艺系陈绍华师生受委托为洛川文化馆临摹的作品。

〔4〕黄河《元明清水陆画浅说》(中)，《佛教文化》2006年第3期。

图 7.3-15
洛川兴平寺水陆画药师施宝佛（采自呼延胜黄河《元明清水陆画浅说》[中]，下同）

图 7.3-15B
洛川十方佛右半帧

图 7.3-15C
洛川三界值符使者

图 7.3-15D
洛川北斗等神

图 7.3-15E
洛川明王等像

祇圆满功德文序》，可见罗列施主中颇有为官者："原任广东按察司王令、榆林中西二路兼分巡道董、延安府正堂毛、洛川县正堂祈显祖、洛川县典史方士锦。"科举出身者有"壬子科举人张芳策、乙丑拔贡张芳令、候铨教谕张锔"。本府造像主持为"沙门性朗暨徒海宝、海宁、孙寂诚"。弥勒佛像下部有"建造水陆施财信士姓名"，列信士336人，有20余为僧人法号，余为毕君会、武肃等俗众人士。此两者皆书自甘泉文殊寺僧"寂囗"，应即僧人性朗徒孙寂诚，笔迹朴实。而《大雄氏水陆缘起》一文，行楷书法流畅，与画上榜题相同，可见是官与民、僧与俗合力而成。

白水县文物管理所藏有30幅水陆画[1]。

2. **榆林万家神谱画**

呼延胜查访所得之"榆林万家画"为画匠家族传承作品——清代水陆神谱，即水陆画作粉本，存于第七代传人万忠玄老人之手。全画为小幅白描画稿，高25厘米、宽15厘米，共达120幅，是一套很珍贵完整的画作。其幅数恰为较标准的120幅水陆之作，是所谓大水陆者，因此可与各种水陆如壁画与挂轴等作对比和研究。实际上，呼延胜硕士、博士论文中也多用此堂图作与陕北石窟寺殿中水陆画作进行对比，但并没有刊布全套画面。由仅见的几幅画面来看，线描的功力还是不错的。不过就粉本来说，传承中的最重要的是其样式与造型，据样式就可以复制再造出很多作品，或可稍加改动，或因所据者自身能力之风格与趣味不同，在其样式与造型的基础上，可以变换出不同风格与旨趣之作品。

此套作品传承中多有复制之例，如1930年宋生财曾依此为横山县马坊村华严寺绘过全套的布面水陆画（幸存者不多，仅七幅），每幅中有六组形象以云气相隔。横山县牛王会亦有复制品。牛王会为延续已久的庙会，内容杂糅，杂有浑元教的内涵。

（三）甘肃、青海

甘肃省水陆画留存主要在河西武威、山丹、古浪、民乐、高台五县市博物馆及麦积山文物研究院（原文物保管所）等。清水县有道教水陆图，共计500余幅，都是明代和清代早期作品，分为绢、纸、麻布本三种类型。民乐有明清两堂116幅水陆画，武威博物馆有四堂水陆画，其总体上数量较多，有些混同。加上青海省乐都西来寺，它们形成了西北地区水陆画之存藏。

1. **古浪县博物馆**

古浪县博物馆位于甘肃省武威市，现藏水陆画42轴（有说原72轴），原出泗水堡香林寺，推测明初原绘，明万历三十一年（1603）、清雍正六年（1728）先后绢锦装裱。其组构和一些画面与青海省乐都西来寺明代绘画颇似，可能都是明末作品。其内坛独供多宝佛像，监斋大士、韦驮菩萨、幡杵使者，外坛供鬼王施食图。正中供奉佛像为横三世，即阿弥陀佛、释迦牟尼佛、药师佛，其左右为教令轮身明王像，再左右为十方佛、十二圆觉菩萨、青龙白虎朱雀玄武四象。十方佛左右为十八罗汉，再左右为诸天菩萨，其左右为玉皇大帝、紫薇元君、初禅至四禅天众、天妃圣母、五谷之神、天曹地府神君。玉皇大帝、紫薇元君左右是二十八星宿、十二宫辰、十一曜。二十八星宿左右是天龙八部、五岳大帝、诸天药叉、泗州大圣、五显祠山、关公、二郎神、婆罗门仙、十类大仙、士农工商。天龙八部左右是地府六司、地府十王、地府十六狱主、崔公六曹、裴公六曹（图7.3-16）。地府六司左右为圣

---

〔1〕此套作品未见详介，呼延胜硕士论文尚未及，仅博士论文中补入一句。

图 7.3-16
古浪地府神职图（采自李慧国《古浪水陆画的坛堂供奉谱系》）

僧及紫府帝君。圣僧左右是五湖龙王、水府龙神、水府药叉、五方行雨龙、守斋护戒、东海大龙王、风潮使者、嘉贤大帝、大小耗神、泗湖大神。五湖龙王左右是往古忠臣烈士、诸员太尉、九垒高皇大帝、管诸山王、土府太岁、五瘟圣众、昼夜水火神、庙严宫殿、京都城隍众、六神禁忌。再左右是往古孝子顺孙、尤婆塞尤婆夷、九流诸子百家、桥梁道路、历代帝王、往古王子王孙、四值二功曹、往古后妃仕女、往古烈女。再左右为旷野大将军、丧门吊客、目犍连救母、秦将白起、阵亡将士、马辗马踏、青烟恶鬼、负债负命、山精石怪、没河落井。再左右为尊者与面然大士。再左右为身死他乡、边境地狱、身遭毒药、挨草附木、大腹臭毛、路遇强人、八热地狱、八寒地狱、怀冤报恨、墙倒屋塌、树折头催、自刑自缢、火焚身死、冤家路窄、曲杀诉命、水淹身死。再左右为护法神黑虎赵公明、关公，以及“梁武问宝志”的水陆缘起[1]。其工笔线描施重彩，艺术技巧参差不齐中又显大家笔意，线条流畅，质感十足。综观此图，形象生动，比例协调，雍容端丽，面型丰满。

2. **民乐县博物馆**

民乐县博物馆收藏两堂水陆画：一堂 64 幅，绢画裱，明代嘉靖年间原画、来源不明；一堂 52 幅，绫边布本，画略似唐卡，康熙三十五年（1696）绘，原出洪水堡弥陀寺。

公维军对民乐县水陆画有较为深入的研究，其论文《河西水陆画研究——以民乐县馆藏明清水陆画为中心》所附《民乐明清水陆画具体信息一览表》列具体题材内容[2]，据此可略知其构成大致分为佛教题材、道教题材、民间信仰题材以及共存题材四大类。明嘉靖本确为道教画，因此移后，清代作品构组简述如下：

康熙布本画 52 幅，有佛菩萨护法与上下神祇及十殿阎罗地府冥官等。其中 11 幅是分成三层的，实含三类题材；还有一些分为两层，而佛菩萨与明王星宿等则多有数幅一题材情况。佛像与神祇所占分量明显较大，而往古人伦与孤魂野鬼等分量较少。这一特点实际上是早期法会的特

[1] 参见祁正平《武威水陆画研究》，西北师范大学硕士论文，2008 年。

[2] 公维军《河西水陆画研究——以民乐县馆藏明清水陆画为中心》，兰州大学硕士论文，2014 年。此表将明本与清本混排，致其水陆画面目反而不清，且其正文亦混淆佛道两教。而杨冰华《民乐水陆画研究》（西北民族大学硕士论文，2015 年），只选出少数几画加以探讨。

点，在后期水陆画中并不占主流。其佛教、道教题材类大略如下：释迦、药师、多宝、十方佛、观音、文殊、普贤、地藏、圆觉菩萨、十八罗汉、诸天、天王、韦驮、十明王、星斗、鬼王，北斗（上）福禄寿西斗（中）婆罗门仙（下）、南斗（上）中东斗（中）天仙五谷与监斋（下）、十二药叉（上）五岳宝志（中）阴司（下）、七宿（上）水府扶桑（中）十二宫辰（下）、五道星四灵神（上）三界公曹与庞公居士（中）诸善人等（下）、十一曜（上）嘉贤大帝等昼夜水火（中）五瘟大帝（下）。天龙八部双幅之一为四天龙护法（上）三官四圣（中）天曹大帝（下），双幅之二为四天龙护法（上）三皇圣祖历代祖师（中）水府扶桑（下）、诸大将四渎龙王（上）十类大仙（中）忠臣烈士（下）。双幅十殿阎罗、六道轮回，双幅的地府有六司庙殿、十八狱主与裴公及崔公六司、关帝、灵官、黑虎、五岳、二郎、功曹、诸大夜叉、土地城隍、宫妃与历代祖师王子王孙、旷野大将丧门吊客与目连及白起等、双幅孤魂横死（因果报应）、护幡使者、水陆缘起、功德文。

其中十殿阎罗王分为两幅，亦三层，但非三类题材。上层为道祖与佛祖合十像及判官文吏执卷，中层分左右各列五位王者并执幡童子，下层为执兵器牛头马面。

虽然上述论文将民乐县水陆图均比定为依据《天地冥阳水陆仪文》即北水陆仪，但其中仍有疑说。虽然它们均为绢本尺度相近的明代道教画，但在此套清代布本中，有“历代祖师、嘉贤大帝、三皇圣祖”的图组形象，而水府扶桑两现（或重复），还有庞公与裴公等，这些具体题材亦可以与青海乐都西来寺等相联系。西来寺近同此“三皇圣祖”之“三皇上圣”确出《法界圣凡水陆胜会修斋仪轨》之仪文，历代祖师与嘉贤大帝，亦非《天地冥阳水陆仪文》所见。因而可以明确民乐县水陆图超出了《天地冥阳水陆仪文》的范围。如此考据可以说很有意义，即不同仪文或神祇名融混确实有实际情况存在，因此不能全比定为《天地冥阳水陆仪文》。

山丹县博物馆藏水陆画61轴，其中原藏于大发塔寺的58轴绘于明末崇祯年间（1628—1644），另两幅绫边布画出自民乐县，一幅为新西兰国际友人路易·艾黎（Rewi Alley）先生捐赠，来源不明。

3. 武威市博物馆

武威市博物馆现藏水陆画轴，数量为河西之最，达270幅，原为四堂，分别出于海藏寺、鸠摩罗什寺、大云寺和玉皇庙。这些画轴较上述古浪等数县晚，从明末经清康熙、雍正、道光至民国年间，跨度较长。公维军将其分为四期，分别是康熙五十九年（1720）、雍正四年（1726）、道光十年（1830）及民国时期。康熙五十九年和雍正四年两堂是由本地画师杨先声、杨先甲绘制，前者以佛教为主，后者以道教为主，绢画锦裱，保存完整。

康熙五十九年（1720）杨先甲绘本，一堂41幅；雍正四年（1726）杨先声绘本，一堂67幅道教画。一堂水陆画不论轴数多少，在绘制方法上都是沿袭中国传统水陆画的题材，其绘制内容都基本相同。诸佛上堂有释迦牟尼佛、阿弥陀佛、药师佛、十方佛、诸天菩萨、十二圆觉菩萨及十八罗汉、玉皇大帝、紫微元君、初禅二禅三禅四禅天众、天妃圣母、五谷之神、天曹地府神君。中堂悬明王、天龙八部、五岳大帝、二十八宿、道教四象青龙白虎朱雀玄武星君、十二宫辰、十一曜、诸天药叉、地府十王及十八狱主、崔公六曹、裴公六曹、紫府帝君、五湖龙王、水府龙神、水府药叉、五方行雨龙、守斋护戒、东海大龙王、嘉贤大帝、管诸山王、土府太岁、五瘟圣众、昼夜水火神、庙严宫殿京都城隍。下堂水陆画为忠臣烈士、阵亡将士、九流诸子百家、往古王子王孙、四值功曹、往古后妃仕女、往古烈女、孤魂中青烟恶鬼、负债负命、山精石怪、没河落井及身死他乡、边境地狱、身遭毒药、路遇强人、八热地狱、八寒地狱、怀冤报恨、自刑自缢、火焚身死、冤家路窄、曲杀诉命、水淹身死。

上述内容依祁正平论文《武威水陆画研究》一文大概略述[1]。

图 7.3-17
武威墨印描金作品（采自黄河《元明清水陆画浅说》）

道光十年（1830）画由本地画师马僖、马倍所绘，共73幅，采用墨印描金技法（图7.3-17），保存较好。其中有黄道、黑道大将军。

民国画轴，纸本纸裱，共18幅，记载很少，绘艺较低，破损较重。另有版画详下。

4. 麦积山瑞应寺

天水麦积山石窟艺术研究所现藏纸本水陆画，属于竖条形小型彩绘，系麦积山瑞应寺旧藏，在1989年编瑞应寺古籍藏书目录时重现。经析，所有内容均为佛教尊像。夏朗云曾做过专门统计研究，称为“佛教水陆纸像牌画”[2]。每纸有多“尊”像，有一纸一尊者与一纸二尊者，还有一纸五尊者，依次从麦藏0928到麦藏0961编号，共34纸，分为六堂。高度在44厘米至49厘米之间，宽度在26.5厘米至29厘米之间，多层裱托成硬纸板状，厚约2毫米（图7.3-18、18B、18C）。据少量发愿文题记，第一、第二两堂属于清乾隆四十四年（1779）五月由正觉和尚布施所成，其余四堂水陆画从画风来看，全具备清朝绘制风貌，因而断代为清代。

5. 乐都西来寺

青海乐都西来寺存有一堂明代水陆画，绢本，共24幅。

西来寺位于乐都县碾伯镇东关街。据原存墨书题记《佛门弟子杨蕃创建佛寺始末根缘记》一文，其创建与绘塑情况相当清楚[3]，该寺像由

---

〔1〕参见祁正平《武威水陆画研究》，西北师范大学硕士论文，2008年。可惜文中对清代佛道画内容均未详列。

〔2〕夏朗云《麦积山瑞应寺清代小型纸像牌水陆画的用途》，《敦煌研究》2020年第2期。

〔3〕白万荣《青海乐都西来寺明水陆画析》，《文物》1993年第10期。邓玉秀《西来寺的明代水陆画〈菩萨天王赴会图〉》，《中国土族》2007年第2期。许国新《青海乐都西来寺明代水陆画初探》，《西陲之地与东西方文明》，北京燕山出版社，2006年，第373—374页。

图 7.3-18
麦积山瑞应寺纸牌画地藏像（采自夏朗云《麦积山瑞应寺藏清代纸牌水陆画的初步整理》，下同）

图 7.3-18B
瑞应寺左五王

图 7.3-18C
瑞应寺右五王

本地善士杨蕃与山西曲沃杨士恩等商议集资捐造，创于明代万历三十四年（1606），成于万历四十二年（1614）。

> 丁未年三月，融合起工，烧造砖瓦。僧本寿、善士熊冻、柴时茂、杨遇贤带匠入山采木，运至工所。八月良辰，起盖大殿一座，此时（杨士）恩即下山西，购买钉糸诸色颜料缙金，取匠本寺，打造佛金……庚午年正月，善士付士荣下绛州，取塑匠四人，三月起，八月完。辛亥年正月，居士杨遇贤下山东，取画士四人，三月到，八月画完……

此寺建筑古朴雄伟，塑像精湛，水陆道场绢画珍稀贵重。虽然上引 1614 年题记是画士所题，但水陆绢画是否建寺时所绘仍不太明确。而且，此寺近成时即办过水陆大法会：

> 壬子三月，普请西宁众僧，五月遍邀梵僧，人天百众，庆赞诸佛，阐扬教法。拜礼梁皇天子，雪罪宝忏，施食拯拔亡鬼，功完大伸满散。为此，愿心圆满，善念常存，不枉蕃等尘世一过也……大明万历四十二年岁次申寅仲秋八月吉日谨志。功德弟子杨蕃、付士荣、杨东贤、杨遇贤、杜尚礼，同缘众善信士熊冻、陈汝贵。谨志。画士五戒弟子潘桂叩题。

此所言“请西宁众僧遍邀梵僧，庆赞诸佛，阐扬教法，拜礼梁皇天子，雪罪宝忏，施食拯拔亡鬼”，肯定是办水陆法会兼梁皇忏悔灭罪仪，如此很可能此绢画水陆作于建寺过程中。但刊文报道者言其为明代中期作品，且沿用一些元代图式元素及风格，与此套图画作并不一致，反而与武威清初画作有极为相似者，两者题材亦有近同处，杨氏画家似也来过。所以，甘肃、青海画作应有密切关联。

图 7.3-19

乐都西来寺大小乘经律论图（采自黄河《元明清水陆画浅说》[下]）

我们关心的体系问题，惜因《文物》简报介绍不全，24 幅画只言 7 幅，结合余文只得 11 图，故不能全知。《元明清水陆画浅说》（下）文中刊出其《大小乘经律论一切法宝图》[1]（图 7.3-19）以及水陆缘起图，前者特别重要，因《天地冥阳水陆仪文》少用之，仅现灯轮仪中，而《法界圣凡水陆胜会修斋仪轨》中确有。以下罗列已知的 11 图。

图 1. 水陆缘起

图 2. 四空三禅天众、天妃圣母、三皇上圣

图 3. 往古王子王孙、四值功曹、往古王妃彩女

图 4. 五湖龙王、风潮使者、家（嘉）贤大帝、大小耗神、血胡大神

图 5. 往古孝子顺孙、诸子百家、桥梁路倒孤鬼

图 6. 五帝、地府药叉神、沿江诸庙之神

图 7. 清烟饿鬼、车碾马踏、虎咬蛇伤、投河落井、客死他乡图

图 10. 菩萨天王赴会图。四菩萨、四天王、二仙人、一童子[2]

图 12. 五瘟使者、昼夜水火神仙[3]

图 13. 天龙八部、五狱圣帝、水府岳义、五显祠山关公二郎及河门图[4]

图 18. 忠臣烈士、诸员太尉、诸朝王侯、阳间太岁[5]

从以上图像介绍文字中，我们可知一些信息，如三皇上圣、嘉贤大帝、诸子百家，还有风潮使者、血胡大神或有沿江诸庙、清烟饿鬼等，其中有些内容对应于《法界圣凡水陆胜会修斋仪轨》而非《天地冥阳水陆仪文》。如“三皇上圣”仅见《法界圣凡水陆胜会修斋仪轨》，而诸子百家虽非此词，但《法界圣凡水陆胜会修斋仪轨》中不但列出了孔孟圣人，还有“老子尹令”“列子

[1] 黄河《元明清水陆画浅说》（下），《佛教文化》2006 年第 4 期。

[2] 邓玉秀《西来寺的明代水陆画〈菩萨天王赴会图〉》，《中国土族》2007 年第 2 期。

[3] 蒲天彪《青海乐都西来寺水陆画“五瘟使者”与疫病的鬼神想象诠释》，《青海师范大学学报》（哲学社会科学版）2011 年第 4 期。

[4] 白万荣《西来寺明代水陆画“天龙八部”诠释》，《青海社会科学》2001 年第 5 期。

[5] 白万荣《破解“神秘肉团”之谜——西来寺明代水陆画“太岁”考释》，《青海社会科学》2002 年第 5 期。

庄子”等，太谷圆智寺水陆画也有“孔子”。“嘉贤大帝”出现更多，此寺与彬县文化馆藏大佛寺套组、明宫李太后施绘组及圆智寺大觉殿壁画皆有。“沿江诸庙”或出杨锷早期仪文〔1〕。血胡大神或为“泗湖”或为血湖，而“风潮”“清烟（咽）”等仍待探考。此套画作不仅可与彬县大佛寺套组大部分对应，更能与洛川兴平寺组图之孤魂冤鬼图二相符。也有刊此套具经典即大小乘经律论者。可知所谓水陆仪文之南北并不绝对，或者说并未严格遵守某一仪文。虽然山西省高平开化寺壁画旁也有“天地冥阳水陆法会”题记之载，陕北寺殿或石窟也提及《天地冥阳水陆仪文》之碑文，但是诸画作之间的联系与变动，证明在实际社会生活中，仪文有渗透或混合的现象，并不是非南即北。

（四）公私余藏

西安市文物保护研究院藏有元大德元年（1297）绘制的《明王变》《护法诸王与明王》两轴，原出江西五岳庙。

浙江绍兴凌圣耀先生收藏有数套或多幅水陆绢画，有些为常见天王将军等，更有内容具别致独到处。有数幅大幅作品，内容具有众多形象，构成复杂。如其一上部有一幡帜，题有“五部恶修罗神”字样（图7.3-20），执者颈缠龙，其额有法眼，其旁大神亦三眼六臂，分执日月弓箭盾等。其下部众形象多而丰富，有较为勇猛凶相者，还有双眼中出双臂的阳间太岁及迦陵频迦鸟身式却具名鱼尾且捧婴儿者，也含若文官仙状神等〔2〕。此图幅之外仍有形凶貌恶者的恶煞护法类画作（图7.3-20B），图幅中数像皆多头多臂而执持兵器。还有的画幅其主神为六臂各执兵器镜等形象，面貌却似善神或如观音顶有化佛（图7.3-20C），周旁侍者都是女像或捧珍宝或奉花或瓶，应是善神似若观音等。再有画幅上下皆是仙界诸女曼妙之姿，毫无怒恶气息，可属上界神仙之类（图7.3-20D）。此外，还有些护法大将的画幅，但保护得较差，残损亦多，不知是否原属一套之作。其诸作确具有南方特色，但大体仍应属明代之作品〔3〕。

日本大阪弘川寺藏有一轴《地藏十王图》，精致深工，为南宋或元绢本水陆图幅（图7.3-21）。其最上方为地狱城，城墙上边两排尖刺林立，游出两蛇，一赤蛇曲蜒回身吐火，白蛇蜿体向前吐信。下一朵云中小像以地藏为中心，沙门形立持锡杖，左手有珠出一光如线向下，与菩萨目光一致，其脚上红色凉鞋很是醒目〔4〕。身后一鬼王、一道明。红衣鬼王衣如监斋使者合十胸前，道明在其后，均踏云下视。下方有一鬼卒牵一长枷，后男子两形前行，旁仍地面刀尖。中间大云朵段为十王组，十位王者均戴冠袍服抱持笏板簇拥而立，细看是两两面向一致而组立。最前两黑衣王者向前观，身后三组面目朝向微有区别，着红、白、绿黄袍王者，正侧或对视或并观。十王组合身后两判官亦持笏，褐衣乌钞硬翅，后两女像抱案卷应为善恶二部或童子。续后还有八身牛头马面、兽头怪脸，各持兵器，为冥府兵将。其下部有云折线形相隔，且有大树，若土墙。一排刀尖后边，众鬼仅露上身。下层贫民形成队伍，为一红衣鬼所驱，转过若三五成群者，且有一女抱儿童，众人跟随引路者前行。

〔1〕如此等说，《法界圣凡水陆仪文》似在北方有影响，名僧袾宏修订在明代后期，是反传或者变化尚需要探考。

〔2〕浙江画家、学者丁耀耿曾就此“五部恶修罗神”图幅作出考证论文。

〔3〕此套图总体上还有不少难解之处，类似形象细节者很少。刊此仅供大家参考。

〔4〕从此细节看有可能是在日本复绘。

图 7.3-20

绢本《五部恶修罗神》(浙江绍兴凌圣耀收藏供图，下同)

图 7.3-20B

恶煞护法

图 7.3-20C
诸修罗众

图 7.3-20D
诸仙众

图 7.3-21

日本大阪弘川寺藏道教水陆画（采自《东京国立博物馆宗教画展》）

图 7.3-22

美国明尼阿波利斯艺术博物馆藏水陆画中后土诸神者图（笔者摄，下同）

图 7.3-22B

明尼州博藏文武众仙图

图 7.3-22C

明尼州博众仙图中下部武神

图 7.3-22D

明尼州博藏明王图

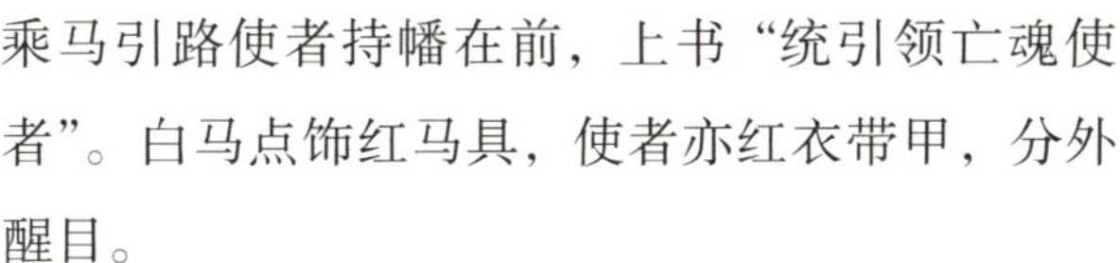

乘马引路使者持幡在前，上书“统引领亡魂使者”。白马点饰红马具，使者亦红衣带甲，分外醒目。

法国吉美亚洲艺术博物馆藏有伯希和携归的明代景泰五年（1454）水陆画幅[1]，美国克利夫兰艺术博物馆等也藏此套作品，由御用太监尚义王勤等监制，画面精细臻妙，达到极高水准。

美国明尼苏达州的明尼阿波利斯艺术博物馆藏有一批水陆画等作品早已公开展出，其水准很高，不在山西右玉县宝宁寺水陆画帧之下。但不知其是否完整，国内也少有信息。其展厅中展出的多幅数组，多为水陆画，也有道教或佛教显密宗画作。其中一图之最上侧有榜题条，但无字。其上方有两乌纱硬翅官帽者，是为两判官，最上又有一吏一曹，抱大簿者为冥吏，持器杖者或为功曹。下部顶冠袍服者六位，分而恭立，其下部居中为顶冠冕而无旒珠者，余五位也显尊贵。六位皆持绿色笏板，略似十王图像，但实为后土系神祇（图 7.3-22）。展图中还有布满文武众神的画作，其仙众风姿飘绰，上部为文仙、下部为武装神众（图 7.3-22B、22C）。其邻室展出者有明王像——大威德明王（图 7.3-22D），其本地佛为释迦佛。由于水陆画作均配十明王（或八明王），此图幅很可能也属于水陆画套组，而且此幅与国内一些画作有相似之处。这些画作都尊贵华丽且不艳俗。从造型水准来看，从线条到设色非凡手可为，应属皇家内府之层级。此馆还展有道教最高神之三清像，以及华严系三圣图（图 7.3-23）——卢舍那佛与文殊、普贤菩萨（图 7.3-23B），及上题“梵天花雨”的佛像组图等。

---

〔1〕［法］Caroline Gyss-Vermande 撰，［日］明神洋译《明景泰5年在銘〈水陸斎図〉をめぐる図像学的考察》，《佛教艺术》第215号，1994年。

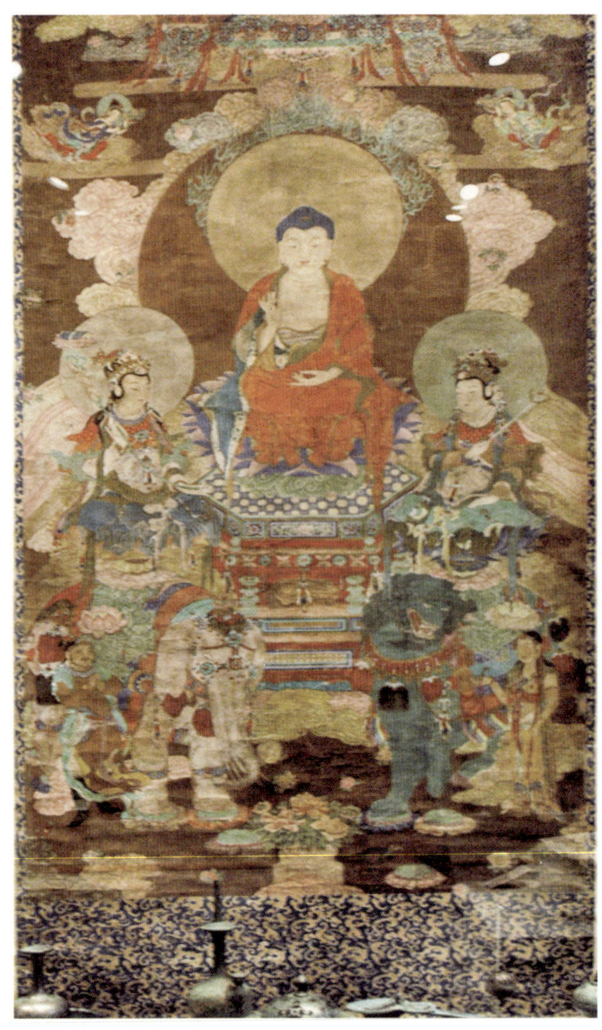

图 7.3-23
明尼州博藏华严三圣

图 7.3-23B
明尼州博藏华严三圣中普贤图幅

江西、福建、广东等地也有水陆画遗存，且安徽、广东、江西水陆画技艺水平较高，其中尤以江西省萍乡博物馆为精。国内私人收藏中上海胡建宁居士、西安蔡元平、成都李远国藏品较多，且设专馆，如西安水陆画艺术博物馆[1]。但有些水陆画可能混同民间丧仪画，如毕业于中央美术学院的颜新元所藏存即多为湖南民间祭祀画，详后。

（五）版画

寺壁与悬挂水陆画的发展有个过程，幅组变化很多。版画由于印制方便，可以较大批量制印，快速流通各处，供各地画工作为摹制的范本，具有明显的优势。再有重要原因是水陆法会演化到最后，要将很多文件疏表等以火焚烧，以达上界，故而很多版画水陆都是用来烧的。因此，版画水陆现存情况水平不一。

〔1〕近年有数次水陆画展出，如蔡元平将水陆画于 2013 年 4—5 月于西安市天朗美术馆展出。蔡元平发表过《明清水陆画的时代风格与收藏价值》，《收藏》2012 年第 4 期；《如何鉴定水陆画的年代》，《收藏》2017 年第 12 期；出版过《中国宗教水陆画研究》，中国文化交流出版社，2015 年。2017 年 9 月，北京大学艺术学院均斋艺术馆曾展出南李（远国）北蔡（元平）收藏水陆画展，并举办研讨会。

图 7.3-24

《水陆道场神鬼图像》之地藏菩萨（采自《中国古代版画丛刊二编》第 2 辑，下同）

图 7.3-24B

《水陆道场神鬼图像》之平等王

1. **国图收藏**

此套水陆画由图后左、右七十五之榜题可知，全图册应为 150 幅。每图框高 25.2 厘米、宽 17.3 厘米，构成与山西右玉县宝宁寺水陆画极为近似，其中也有地藏十冥王与地狱和孤魂图。

这套《水陆道场神鬼图像》原是北京法源寺藏本，失题，郑振铎得之于该寺梵澄法师[1]处。此图曾题为《天神灵鬼像册》，考为明成化年间（1475—1487）刻本，由中国国家图书馆收藏，整理录为《水陆道场神鬼图像》。前部残失，现图起自第十二图，因而诸佛大菩萨中有无地藏菩萨不明，从第四十一图起为地藏与十王及地狱等图像。

题右第四十一图为地藏菩萨像，现女身菩萨形貌，无冠立像，右手执扛锡杖左手前伸，指相捻。身左女侍执一幡旗书“地藏王菩萨”，身右有闵长者与道明和尚，背景有大线条的云气纹相衬托（图 7.3-24）。

地藏像后为十冥王。右四十二图秦广王，帝王形，戴冠，双领大袍，持笏板。前一女侍执幡题“秦广大王”，身后二随从戴方巾或束发冠，相对言谈。右第四十三图初江王，三绺长须，戴冠大袍，双手捧笏，气度轩昂。有一女侍

〔1〕本社编《中国古代版画丛刊二编》第 2 辑，上海古籍出版社，1994 年。也有说出自山西省右玉县，或不确。

举飘扬幡旗书“初江大王”，身后一文臣一武士形象，仍如对谈状。右第四十五图为五官王，长髯满面，目光如炬，持笏板朝服大袍曳地。女侍举幡题“五官大王”。身后一文吏一老人亦持笏板。

右第四十六图阎罗王，戴冠冕旒，略高。其冠带衣制，如帝王朝服，气度威严但面容温和，貌若文官，留五绺长髯飘垂。身后仍二官吏戴进贤冠，拿笏板，着交领大袍。女侍举飘幡书“阎罗大王”。右第四十七图变成王，亦冠冕大袍，持笏板，女侍持“变成大王”幡，身后戴幞头硬翅与一软巾包头吏对谈。右第四十八图泰山王，女侍立大王身后举“泰山大王”幡，一文官持笏，一武将软巾衫下盔甲。右第四十九图平等大王，正对观者，戴进贤冠，持笏板，袍带垂饰一如前王，女侍举“平等大王”幡，身右戴进贤冠老者与戴硬翅幞头官吏随侍（图 7.3-24B）。右第五十一图转轮王如一须髯已白老者，女侍持“转轮大王”幡，随侍若前图。此套图少右第四十四图第三宋帝王、右第五十图第九都市王。前者刻出众比丘形象，但后面仍有往古比丘众，幡帜不清；后者是图序中少右第五十图，可能刻出后失去。此套图构图形式与山西省右玉县宝宁寺绢画水陆不同，非两组表达十王，而是每王一图。此或与版刻图小有关，一定程度说明了版刻对十王部分的重视。

版刻中地狱内容也不少。右第五十二图幡题“地府六曹判官”，有六官一侍，神态生动，反映出版刻无绘画线条轻重缓急、设色变化的艺术特点。所以版图造型必须生动，才有好的效果。六曹判官展卷阅读，有人相顾而看，有人举笔欲批，气氛活跃。图之右第五十三图女侍举“地府三司判官”幡，三判官或捧、或夹、或抱卷宗，表情神态各异。右第五十四图“地府都司判官”，与前图比较接近，但印制有模糊之处。

右第五十五图“地府五道将军”，女侍持幡帜题此，图中五位将官勇猛威武，为首一将持剑，旁一将持斧。上述绢本水陆画皆仅一位将军并随从紧随十王，而此处则由五人担任，排于六曹判官等后。有些研究文章解释说五道将军分管路口，但其五路本为五趣轮回。右第五十六图善恶二部与牛头马面狱卒阿傍，实与上述绢画较近似。右第五十七图为八寒地狱，几狱卒持夹板、铁链或执三叉戟，代表了寒冰地狱。右第五十八图八热地狱，以拿狼牙棍、长锤、剑与长刀、长枪、狱座来表达。右第五十九图近边地狱亦用狱卒表示。多位兵卒将勇若捕快班头，又或近于小军官与兵勇等，唯一卒满头虬发，张口怒吼似鬼面。右第六十图孤独地狱，五卒面目鬼气更重，有头生两角、持狼牙棒者。

版刻也有表现各种孤魂亡灵场面，画幅较绢本水陆画更多。版刻地藏十王各一图，而绢本只两幅。在表现悲惨死难图中，版刻少“火焚屋宇军阵伤残等众”，但多“投崖死火自刑自缢诸鬼神众”，此部分在绢本并入“饥荒图”中。另版刻“兵戈荡灭水火漂焚诸鬼神众”在绢本为官兵为盗的“兵戈盗贼诸孤魂众”。

十大明王图之粉本应与山西省右玉县宝宁寺绢画相似，今仅存五幅。

版刻应是水陆画中具较多画面的一种范本，与画幅较小也有关系，内容分割得更多。在此套版刻图中，十王地狱等刻总计达 21 幅之多[1]。除了上述此套代表性画作之外，国外也有些水陆版画的收藏。总之，水陆版画是十王图像中极重要部分，不可不知。

[1] 现存此套版刻图中缺二冥王，若加饿鬼面燃鬼王及傍生道一切有情，画面就更多了。即使不计表达往古亡灵，仅地藏菩萨与十王地狱及饿鬼、有情众图就达 24 幅之多。

图 7.3-25

日本私藏明代十王画之五官王（采自奈良国立博物馆编《聖地寧波：日本仏教1300年の源流》，下同）

图 7.3-25B

日本私藏明代十王画之左三司

2. **诸馆私藏**

日本有一套私人收藏墨线加彩纸本水陆画，高24厘米、宽15厘米，为明代之作。其虽仅有17幅，却是版画印制墨线，手工加彩之作。此组图与上述国家图家馆藏品颇有相似之处，画面布局较国图本更为繁密，着彩更显富丽。版页上方具有左右序数，存者中有左69幅，右71幅，所以可知全套幅数至少有142幅以上，超过了120幅组的规制。但其十王并非两组各五王，而是各自分开的，所以图幅数量增多。所存17图中有4幅是十王画内容，即五官大王（图7.3-25）、泰山大王、平等大王、转轮大王，并有辅官右三司、左三司（图7.3-25B），还有仅以几个狱卒表达的八寒地狱，可都归属于冥府组合。其王者、三司图皆用云气将庭前刑讯隔围包入。有些图上方也有云气，但作用只是掩映殿庑。诸位王者的区别以殿檐处悬牌匾书写，绀青与朱红等为底色。王者与司官均坐桌后，身后再竖有屏风画，但较窄小，两侧露出后面堆放的案卷。左右三司桌旁有吏，后再童子等。诸王都是桌旁两官吏伺服，刑讯则都有鬼卒。其五官大王前有钉床碓机，泰山大王前为锯解，平等大王前则为一诉者与鸡羊等。转轮大王较复杂，下方前侧有兽皮架，一鬼卒持器追打，马与狗数畜前奔，有一具

图 7.3-25C

日本私藏明代十王画之转轮大王

图 7.3-25D

日本私藏明代十王画之起教大师与面然鬼王

图 7.3-25E

日本私藏明代之王画之阿修罗众

“心”字圆圈及括出的带状收入。其上方联结升起六道轮回，云气竖分为六条，设小图象征天、人、修罗、地狱、恶鬼、畜生（图 7.3-25C）。有些画面细节亦有意趣，诸王司多用红笔判卷，五官王处有朱红墨汁蘸笔，泰山王处似悬大号红笔，转轮王处案卷堆积如山等。

余者有横死恶亡（图 7.3-25D）、护法善神等[1]。诸横死有六画面，起教大士与面燃鬼王更有相同两幅，分标左右 61，是水陆施食的核心画面，再有般支迦大将与阿修罗众（图 7.3-25E），可知其构成符合一般的水陆画组套规律。这些画面也都运用云气划分画面具体内容。

另外，武威市博物馆藏存 15 幅版刻画，大同市博物馆藏一些图，洪洞广胜寺存 3 幅，平遥博物馆也有藏品。同时，国外博物馆亦存有、刊出者数种。

四、道教黄箓图

（一）挂轴画作

1. 泰山岱庙

黄箓斋是道教斋仪中的一种，归属于灵宝六斋或十二斋，其目的在于超度祖宗亡魂。泰山岱庙藏有一批黄箓画，即道教水陆画，已有人调研考察[2]。这批明清画作共达 165 幅：题记年代明确 65 幅，其中明万历 12 幅、清康熙 15 幅、雍正 2 幅、光绪 36 幅；粗分属清前中后期的有 100 幅。它们有四个来源：朝廷御赐、自身购置、香会敬献、聘画工绘制。

朝廷御赐。12 件明万历品均为御赐，有清代题签。绢本着色均匀沉厚，变化层次丰富，用笔细腻，线条流畅明显，大多为明清两代帝王祭山时亲自或遣使到岱庙“御赐”器物。

自身购置。康熙十七年（1678）山东郯城大地震，岱庙严重受损。经十年维修，又从南京获取数十件画作。

香会敬献。岱庙馆藏中有一批与这些藏品时代相近同的画片，题材相近，或为何家庄香会敬献。据推测此为民间的香社或者香会。

聘画工绘制。光绪十五年至十七年（1889—1891），道长张文斋曾请画工绘制了一批作品，现存有 36 幅作品。

岱庙藏画首先为道教内容，如救苦天尊、三清大帝、神龙、南方八大帝、四大天师、托塔天王、四大元帅、真武大帝、协天大帝等。继为佛教诸神，有释迦牟尼、地藏菩萨、韦驮菩萨等。还有各路仙神，如东方五斗、六星君、十四星君、文昌帝君、碧霞元君、眼光奶奶、送生娘娘、三灵侯、土地神等。冥界鬼神则包括东岳大帝、城隍、鬼王、判官、十殿阎罗等。

柳建新论文提出，综合看来，泰山岱庙所藏与山西、甘肃、青海、四川等地寺殿所收藏的水陆画大体相同，或亦属水陆画。但岱庙藏品自身也很有特色，突出了道教特点。在 165 幅图中，道教画像占到 95% 多，佛教画像仅占不到 5%。首先，凡道教主神在藏品中都有体现，而且不止一幅。如玉清元始天尊和上清灵宝天尊各 4 幅，最多的太乙救苦天尊达 6 幅，还是不同时期作品。其次，这些画突出了泰山的特色。岱庙藏画的诸神绝大多数都是在泰山上下各个宫观庙宇所奉神祇，如东方五斗、六星君等，特别是东岳大

---

〔1〕奈良国立博物馆编《聖地寧波：日本仏教 1300 年の源流》图 117 等，2008 年。图册中将此套水陆画与南宋志磐制《法界凡圣水陆仪文》、志磐驻锡的宁波东钱湖月波寺联系，同展有韩国东国大学图书馆所藏的志磐所订仪文。谷口耕生撰写的图版说明将此套图中六幅十王画与十一幅水陆画分开为两组，似无必要。又将水陆画内容划为“地狱”“横死者”“护法善神”三个部分。

〔2〕柳建新《泰山岱庙馆藏水陆画初探》,《民俗研究》2008 年第 3 期。

帝、碧霞元君、送子送生娘娘、炳灵太子等都是代表泰山一方的地方神灵。这些藏品在其他区域的水陆画中是很少见的。

由此可知，这批画作应该属于道教黄箓画，而非佛教水陆画，且具泰山特色。康熙《重修岱庙履历纪事》就明确提示，“南京请皇路圣像六十轴”就是“黄箓圣像”，而非皇家水陆圣像。两者虽很接近，但佛道两家仍有区别。此堂60轴画作如果完整，可与黄箓斋仪比较对应，对黄箓画作研究将有重大价值，如可知清初之状况。

泰山岱庙是东岳泰山之神府，是东岳文化的重要发祥地，长期为重要道教活动场所。元代后尤盛，驻庙道士曾近百人。其频繁的宗教仪式活动中，使用黄箓图行科仪也是自然之事。

2. **山西大同等**

山西大同博物馆藏一堂20幅道教水陆画，有《高温孟元帅纪纠察王副将法水雷君都督类君》《宁任苟华马陶周王大元帅》《玉清宫总真都司君》《十方诸火真人》《妙灵真君》四幅，《地府都司判官》《十殿阎王》，共有十幅，每幅一王。

山西右玉藏一套28幅道教水陆画，有《消灾降福天尊》《五福十神真君》《火口神上帝》《四海龙王□神》《中极上元真君》《九天圣母元君》《冥府十王真君》《三途五道将军》《天仙南斗星君》《雷府奋迅天君》《北口酆都大帝》《江神河伯等众》。朔州博物馆藏30幅道家水陆画，较右玉作品多出《九天生神上帝》《东方八大灵上帝》《西方素阙八天》《三台华盖星君》。

太谷县文物管理所藏也有佛道水陆画，侯马与运城更多，晋南地区的文博或寺观中成套水陆画多属道教水陆系，即黄箓图。

3. **甘肃民乐等**

甘肃省民乐县博物馆有一套明代嘉靖年间绘的道教图，清水县博物馆有一套清初黄箓图。

民乐县博物馆此套明代绢本画作之藏品中，主尊几乎全为道教神祇。以元始、灵宝、道德天尊为三清正位，摩利支天、尊天、雷祖应元天尊、救苦天尊、十方灵宝、玉皇、紫薇、天皇、后土、酆都大帝、东岳、长生、玄灵、清明上帝，绘三层像幅有九宸上帝、十二元辰、北斗、南斗、东中西斗、十一曜、廿八宿（两幅）、天龙八部、雷部天将（四幅）、大罗群仙、五岳四渎、十化星君、祖师天师文昌、五老上帝、三官九霄、五祖七真、五湖四海图等。其中，青龙、白虎、朱雀、玄武四神与三十二天各为两图，十殿阎王则是每王一图，接续九州社令与十八狱主（为对称两图）及地府，关圣、马王神与黑虎赵元帅及灵官王元帅、城隍[1]等。

民乐县博物馆《十王图》（缺一幅）相当突出，各有刑惩表达。一殿秦广王、二殿楚江王、三殿宋帝王、四殿仵官王、五殿阎罗王皆后有善恶侍者持卷宗，前有判官文吏、牛头马面，下面有惩恶鬼场景（六殿变成王图缺）。七殿泰山王处眷属如上，下有夜叉与水淹恶鬼。八殿平等王处眷属如上，下有大火柱刑景。九殿都市王处仍如上，下有镬汤与锯解。十殿转轮王处上同，下有六道轮回场景。

其中第45图为真君与南斗，图上部绘“天蓬翊圣真君”三位，中左与下左绘“南斗星君”六位，中右则绘黄道，下右绘地官和火官。此处黄道形象很重要，应为后来现于佛教水陆图的黄道大将军与黑道大将军的原型之一。

此套图中以三清尊像为主，辅配大致与四御

〔1〕据公维军《河西水陆画研究——以民乐县馆藏明清水陆画为中心》（兰州大学硕士论文，2014年）附表中明代绢本而简列。此文有详列两套图之功，但将明确析出的道教画与佛教画混同（把明代绢本与清代布本合一且说均出自洪水弥陀寺），以概念化的三教合一说替代了具体的研究。

图 7.3-26

北京白云观藏明代四值功曹画（采自李信军主编《水陆神全：北京白云观藏历代道教水陆画》，下同）

图 7.3-26B

北京白云观藏清代八元帅画

或六御对应，有的甚至更多，或达“十御”之像，现列两幅无量寿佛裱边却是布边与余绢幅不同，另仅摩利支天与天龙八部有佛教渊源。

清水县博物馆藏不全，仅存24轴，图绘原出自石洞山道观，康熙三十五年（1696）绘制，雍正七年（1729）重裱。现简列其图目如下〔1〕。

1. 三法教主天尊大帝

2. 上大至尊玉皇上帝

3. 左三三十二天帝、右三三十二天上帝

4. 右四三十二天上帝

5. 左七南斗六司真君、右七北斗七星元君

6. 左十六太极大洞六真人、右十六太极大洞六真人

7. 左二十三洞四府高真

8. 左二十六上八洞神仙真人

9. 右二十七北斗真大仙

10. 救苦天尊

11. 左二十八五殿阎罗、右二十八五殿阎罗

12. 左四十四三天门下青龙神、右四十四三天门下白虎神

13. 赤心忠良王大灵官

14. 三元道花真人

15. 天应元药王孙德真君

16. 萨张郑豆七真人

这些图像题材确为道教，主神应为三清四御、诸天帝、三官、救苦天尊、真武大帝，及五祖、七真、八仙、张天师、葛仙翁、萨真人等。我们可见天尊、玉皇、南北斗、真人等，其中十王排列于左右二十八位，各现五殿阎王，与佛教水陆画十分接近。

4. **北京白云观**

北京白云观藏有一批水陆画或黄箓画，总数量近约300幅，均绘制于明清时期，且多为内府所赐，为宫廷画师所绘，也有各种民间画作等。经鉴定，其文物品级，国家一级文物达18卷，国家二级文物约120卷，国家三级文物约140卷〔2〕，水准颇高。这些藏品以画面精美、类别全面等特点而著称（图7.3-26、26B），将中国工笔重彩人物画法发挥到极致，勾线和设色也极为考究，人物动态、服装衣饰线条流利婉转，笔力劲健。

（二）版牌等

上文提及泰山岱庙在南京购得道家黄箓画作60幅，而南京高淳确为道教与民间文化之作富矿。其地位于江苏西南，地近茅山，是道教基础深厚流传之地。信仰神灵经吸纳与收储后，在此域最终形成了以茅山上清派为主，有真武、王灵官、财神、土地神、东岳、南岳、关帝圣君、妈祖、城隍（白季康）、梓潼真君、玉皇、雷神等众多道教等神灵并存的信仰体系〔3〕。

1989年，在高淳县发现了339幅明清时“神轴”和“斗牌”神画像，约整理出210幅完整画像。据纸本背面书款，原系东平殿和城隍庙二处遗物。此批画中神轴规格芯高170厘米、宽95厘米，用于悬挂；“斗牌”高56厘米、宽33厘米，可置桌案。两者均重彩绘制，精细量多，且保存甚好，为道家斋醮时所用。

---

〔1〕戴晓云《甘肃清水县博物馆藏道教黄箓斋图介绍和甄别》，《美苑》2015年第4期，第71—73页。诸图只列21幅，本书重新排列。

〔2〕李信军《玄祖丹青　亘古绵延——北京白云观藏水陆画》，《中国宗教》2012年第6期。李信军主编《水陆神全：北京白云观藏历代道教水陆画》，西泠印社出版社，2011年。

〔3〕陶思炎《南京高淳水陆画略论》，《艺术学界》第1辑，2009年。高致宇《南京高淳现存明清时期道教神像画研究》，上海大学硕士论文，2014年。此处主要参考解析较详尽的高致宇文。

图 7.3-27
江苏高淳纸牌画宋帝大王（采自高致宇《南京高淳现存明清时期道教神像画研究》，下同）

图 7.3-27B
高淳纸牌画平等大王

图 7.3-27C
高淳纸牌画都市大王

高淳画题材内容有天界地祇、人鬼与地府诸神等，可归入道教体系。天尊地神从三清玉皇等至星宿、天罡地煞及西王母与土地等；人鬼诸神从神农、炎帝到盘古、王灵官等；地府诸神包括金地藏、酆都大帝、十殿阎王、九狱等。

高淳画中"十殿阎王"题额："秦广大王""楚江大王""宋帝大王"（图 7.3-27）、"仵官大王""阎罗天子""变成大王""泰山府君""平等大王"（图 7.3-27B）、"都市大王"（图 7.3-27C）和"转轮大王"。阎王殿堂形同人间官衙，公堂案桌摆放尺牍笔墨，后绘山水花卉壁画，亦有文武侍从，上挂殿名匾额，下绘炼狱鬼吏所施酷刑。其以惩恶扬善、化变再生引导信众之生死幻想，直观表达了民众既敬畏又渴望的复杂心理。高淳地区十王还以泥塑形式见之于城隍庙和十王殿等神祠小庙。

从高致宇硕士论文《南京高淳现存明清时期道教神像画研究》可知，当地斋醮有大小场面之分。小场面一般一至三天，所用神牌等组合变化较多，有用南斗、北斗及姜子牙三牌，请道士诵经三天就可超度亡灵。大场面则从一七、二七至三七（二十一天）等，所用神轴与斗牌较多而相对固定。

大场面仪式，在祠堂之正堂殿梁悬神轴，搭八字形高台于中间，五至七层高约 10 米，分上中下三界分置诸神斗牌，共七层，由上而下布为：

7. 三清

6. 玉皇四御

5.（缺或空）

4. 太极真人、马赵温关四大天将

3. 九霄即神霄玉清大帝、清霄好生大帝、碧霄总生大帝、降霄太平大帝、景霄中极大帝、玉霄皓元大帝、琅霄始青大帝、紫霄含景大帝、太霄晖明大帝

2. 三十六天罡、七十二地煞或十二时辰神

1. 十殿阎罗、东西南北中五帝

其第一层按五个方位设置阎罗与五帝：东方主位青帝，左右配设一殿秦广、二殿楚江；南方主位赤帝，左右配设三殿宋帝、四殿仵官；西方主位是白帝，左右是五殿阎罗、六殿变成；北方主位是黑帝，左右是七殿泰山、八殿平等；中央主位是黄帝，左右是九殿都市、十殿转轮王。此十殿阎罗的配置与佛教常见者颇为相同，但未见已收入或已绘有的金地藏，亦无酆都阴帝或东岳大帝等，其应与依方位罗列的酆都九幽地狱有些关联。九幽地狱分别是东方风雷、南方火翳、西方金刚、北方溟冷、中央普掠、东南方铜柱、西南方屠割、西北方火车、东北方镬汤地狱。由此可见高淳道教神像民间习俗性的一个方面，这也体现了在十王信仰与道家及民俗的融合。

第四节 城隍东岳

一、酆都城

酆都古为“巴子别都”，东汉和帝永元二年（90）已置县。其交通位置非常重要，处川东长江北岸，上接涪陵，下临忠县。陆路北通垫江县，龙河在县东南注入长江。《四川通志》称其“壮涪关之左卫，控临江之上游，扼石砫之咽喉，亘垫江之屏障”。

酆都被称为鬼城，被视作古人死后魂魄去处，与东岳泰山并称，这有多种原因，其中道教鬼帝（土伯），佛教阎王，阴、王成仙诸说起主要作用。其一，东汉末年张道陵创立五斗米教，吸收巫术而被称为“鬼教”。公元198年其孙张鲁在酆都设立道教“平都治”，这里遂成为了道教的传教中心。至此以后，道教杜撰出一个“罗酆山”，说是北阴大帝治理的鬼都。其二，古巴蜀人以氐羌部落为主。东周时酆都曾为巴子别都，随着巴蜀两族不断交往渗透，产生了共同信仰的“土伯”。土伯成为巴蜀鬼族第一代鬼帝，住处即为幽都。其三，佛教中十王、十八地狱等说是“鬼域”得以形成的理论基础。两汉以前，中土并无“地狱”概念，更无“地狱报应”思想，但不乏鬼神魂魄意识。当时的各个民族都有敬鬼事神之类的信仰活动。这正是后来佛教“地狱”思想传入中土并能很快传播的历史根源。其四，阴、王成仙之说。东晋葛洪《神仙传》中载，汉朝方士阴长生和王方平，是贵戚与高官。他们先后来酆都修炼，并于曹魏青龙初年成仙而去。唐朝时，他们被人讹传成了“阴王”，即阴间之王，由此形成“鬼都”之说。此为当地流传最广的说法。此处亦称为“幽都”“鬼京”。明清以来城内寺观剧增，规模益大，城内40多所，山上30多所，有道教、佛教、儒教与民间宗教，且彼此融合，不少是佛道民间共用。其个别重要者分说于下〔1〕。

建于山巅的天子殿，唐名“仙都观”，宋改称“景德观”，又名“白鹤观”，明代改名“阎罗庙”，明末毁于战火，清初重建更名为“天子殿”。主塑北阴大帝，后配天子娘娘。阴天子前

〔1〕此处参考了李丽、公维章、林太仁《丰都“鬼城”地狱十王信仰的考察》，《敦煌学辑刊》1999年第2期；还参考了网络资料如360百科有关词条等。

图 7.4-1
酆都鬼城奈河桥（采自网络酆都城介绍）

旁立六曹神像，其下对设四大判官与十名阴帅。东西两侧厢房设十王，壁龛内有秦广、楚江、宋帝、五官、阎罗、卞城、泰山、都山、平等及转轮大王像，下有炝烙、刀山、火海、锯解、磨推、五马分尸。殿外钟楼下还有鸡脚神、无常、鹰将、蛇神等。

城隍殿又称十王殿。正殿塑城隍、文武判官、执法衙役。左右两侧殿中，塑十殿阎王、南岳神与东岳神。

鬼城内还有奈河桥（图 7.4-1）、黄泉路、望乡台等多座表现阴间之建筑。奈河桥处平都山腰，位于大雄宝殿之前，本为大殿的组成部分，建于明代永乐年间。石桥是名山上最早的建筑，康熙年间附会鬼城改称为“奈河桥”。殿原为蜀献王的香火之殿，清初重修改为大雄宝殿，前后殿塑佛菩萨与罗汉等。

其城中还有地藏殿等，可看出，其十王信仰处虽有不少，但道教观殿之分量似更多。

二、晋陕湘地

明清十王信仰已普及于道教宫观、城隍东岳乃至各种小庙中，值得注意的是，多地各民族的丧葬仪式，如土家族、瑶族，乃至纳西族与畲族等，多有信奉十王与画作十王之痕迹。

（一）蒲县东岳庙

蒲县位于山西省临汾，即金元时的平阳府。其东岳庙（图 7.4-2）的明代“十地狱变”相当独特，久已著名，有专门的研究论文[1]。

主殿上方行宫大院有东岳大帝殿附七十二司，中轴线后分层设地藏祠（图 7.4-2B），内主尊为地藏菩萨及胁侍与持笏十王，旁设六曹判官窑（图 7.4-2C）。向下走 18 级台阶便能见到十王地狱惩罚场面。此为砖砌三面合围式（图 7.4-2D），内部连通，共开 15 窑洞，中排为五岳，两

---

〔1〕范文美《蒲县东岳庙“地狱变”之调查与研究》，兰州大学硕士论文，2011 年。

图 7.4-2

蒲县东岳庙主殿外观（侯慧明供图，下同）

图 7.4-2B

东岳庙地藏祠

图 7.4-2C

东岳庙六曹西侧岳飞与秦桧夫妇

图 7.4-2D

东岳庙地下窑府

图 7.4-2E

东岳庙地下入口与第一秦广王处

图 7.4-2F

东岳庙第二楚江王处

图 7.4-2G

东岳庙第三宋帝王处

图 7.4-2H

东岳庙第四五官王处

图 7.4-2I

东岳庙第五阎罗王处

图 7.4-2J

东岳庙五岳之一

图 7.4-2K

东岳庙第六下城王处

图 7.4-2L

东岳庙第七泰山王处

图 7.4-2M

东岳庙第八都市王处

图 7.4-2N

东岳庙第九平等王处

图 7.4-2O

东岳庙第十转轮王及狱门上绘六道四生处

旁各为十王。其入口处题“酆都城”，有持锡杖僧人引导一妇女，即前述《十王经》图中最后图景，其身份为地藏或目连。入窑洞后秦广王处有四狱卒等（图 7.4-2E），第二楚江王案前无头跪者为泾河龙王，与入冥唐太宗及魏征对质（图 7.4-2F），还有刀山与寒狱。宋帝王貌若包公（图 7.4-2G），前有剜眼、锯解与剥皮地狱。五官王处有碓捣、磨血狱（图 7.4-2H）。阎罗王处有镬汤地狱（图 7.4-2I）。中间经过五岳大帝，有黄飞虎、闻聘、蒋雄等（图 7.4-2J）。卞城王处有火烧铁床（图 7.4-2K），泰山王处则有悬斗业秤（图 7.4-2L），其都市王列第八（图 7.4-2M）而平等王列第九（图 7.4-2N），此即道教与佛教原经区别之处。都市王处还有小奈河桥与望乡台，台上有进瓜刘全与李翠莲（即唐太宗入冥后续）。平等王处有岳飞故事中“胡迪骂阎”与“目连救母”事。转轮王旁地狱门亦题“酆都城”，前有孟婆，浮雕狮头上还绘有轮回壁画——达官贵人、农商工匠、残病鳏寡、牛羊猪马、飞鸟禽类、昆虫鱼虾的六类人兽，反映了轮回图趋于中土化之走向——六道变成人间的富贵官妇与鳏寡孤独，加上胎卵湿化四生等兽虫（图 7.4-2O）。

东岳庙中，泰山与东岳的关系颇为有趣。我们知道东岳就是泰山，泰山就是东岳。在此东岳庙中，东岳大帝在上，有行宫大院与正殿及诸司，下同排十王处仍有五岳。东岳黄飞虎居中，而十王中亦有泰山王。其间交错的关系，实际上是中印文化交往之反映。其狱题“酆都”即酆都成为地狱之象征。泰山已为佛教吸收，再以整体纳入道教体系，由此形成全国多层适用的范围。但就十王次序内涵来说，东岳庙实用《玉历宝钞》中的名序，即：秦广、楚江、宋帝、五官、阎罗、卞成、泰山、都市、平等、转轮[1]，其中楚江、卞城用字不同，平等与都市王次序亦反。

---

〔1〕范文美《蒲县东岳庙“地狱变”之调查与研究》（兰州大学硕士论文，2011 年）于此并未了明。

东岳庙中十王相关内容多次出现颠倒之情况，如有些情节狱景应在前面出现，反而出现于后面，更有很多中国化故事融入其中。如第六卞城王处业秤若反序则为第四五官王处，望乡台、孟婆汤在有些述说中都在最前面，而在此都与目连相似的僧人及妇女相关情形放最后。还有很多为人耳熟能详的故事，如唐太宗入冥以及刘全进瓜、岳飞与秦桧及胡迪骂阎等，这些戏剧性的情节故事，为十王地狱之惨烈残酷情景增添了许多生活气息，深受欢迎，成为中国晚期十王画演变的主要面貌。

（二）三原县、彬县

1. **三原城隍庙**

陕西省三原县的城隍庙历史文化悠久，其庙原有十王殿，但清代同治年间焚毁于兵火。此后，有人陆续向城隍庙捐赠水陆画，现凑成两套，其内容皆为“十殿阎君图”。比如展出于拜殿左右墙的九绢一纸本，为明末或清初时绘，画芯大小不同，画芯大者高173厘米，宽90厘米，小者高145厘米，宽75厘米。其构图与风格也不统一，所见画面之中并非一王一图，而是数王或两王坐一图中，皆有屏风、桌案及侍童，且有阿傍押犯人罪魂等场景。其一图最后似舞台幕布，内绘两位阎王对称而斜坐，他们皆袍服冠帽，方心曲领，抚卷于案并抬手置于胸前，对视而谈。台面上所置纸卷笔砚等都很清楚，砚台有一红一黑，有两笔并置于笔架上，以便朱批墨批。王者旁皆侍有两官吏与一执扇侍女。桌前形成的夹角处有绿衫官吏读卷，吏役拄杖，两罪者相对而跪地，地面似有斗或棍。前下则以云气相隔，呈阴间情状。有两组形象：一为红衣官与裸身狱卒烧一汤镬，锅内赤红；再前为一官骑虎前冲，后有举幡者，两边有小卒举流星锤或挺长枪前刺，岩缝内有数组受惩鬼魂，身上多有血红之点状。最前边小榜题约为施主记名。另一图画有三位阎王，由上而下错落分开，王者身后各有屏风，前有桌案，旁侍有官吏与武将等。其桌前则云气腾浮，各有刑惩。其上为青衣王者，前有汤镬，内亦赤红而间露出一两白点，实是人面，且为狱官持笔所指。另一狱卒背一人正欲下扔。中间为身着红袍之王，靠向边侧，桌前一对男女为戏曲人物衣装打扮。此边侧为地狱城及狱卒，门口戴枷者之前有一位道士，着小冠红边蓝袍而扬手。下方一王穿绿袍，桌边有血湖池，前有施锯解刑之鬼卒与两跪身待刑者及一黑狗。在此图中，地狱门处有点像佛画中的目连救母，但其中道士形象则证明着此套画作的道教性质[1]。

2. **彬县**

陕西省彬县有规模恢宏的唐代大佛寺石窟，大佛寺文管所曾珍藏一套明清时期水陆画，后转存至彬县文化馆。画作共有35幅，皆为绢本立轴，画芯高150厘米，宽80厘米，但并非同一批画成。整批画作有可能包含明、清两朝之作，含单幅人物、一个场景多个人物、三层五组人物等多种形态。后者即分三层，上下两层又各为两组，实共五组，约相当于其余画作中的五幅画。其画工技法为工笔重彩，少数兼工带写，色彩突出蓝红黄黑等特点。

其中有四幅《十王图》，所用的绢质地较粗，色彩渗漏至背后，技法也有不同处。其中的三幅图，每图都有三原县东行祠数位信女善士的题名，可知其《十王图》应是从三原县东行祠而来，或为信徒捐赠。其《十王图》中主像冥王较大，画面颇有些似舞台布景，王者戴冠，身着青

---

〔1〕据前注呼延胜《陕西现存世的几套水陆画的调查及初步研究》（西安美术学院硕士论文，2007年）图13、14。

蓝色袍服。桌铺双笔与朱墨两砚纸卷，背后屏风呈多边形，画有墨色龙图，旁立侍女官吏等。上方则有彩云，圆形内画观音菩萨小像，其形态竟同于日本的本地佛〔1〕。其案前有一面向冥王展卷跪者，其旁一黄衣官员坐椅中，颇似帝王前禀报与听报的大臣，还有两将持兵器立于宫殿前方。这些景象仍有似戏剧布景。再前有云气布于地，一狱卒拉绳从刑架上将罪者吊起，两小鬼推有人倒栽之磨架。

另外，此套图中也还有组合的十王之像，即第22图与第23图的中层，各有地府十王图，第34图的中层，亦有地府十王之图，可见其为多套堂图之合汇〔2〕。

其第25图画为三层形象，上层有旷目大将与旷野大将。两者组合较近同，前者一员大将旁有两侍并后一侍从与执幡童子，后者一员大将后有侍从童女等，身旁一大蟒蛇盘起，又有一女散发合掌而立。两将皆金盔金甲，威风凛凛。中层目连救母处底全覆云，其傍为地狱城，有老年妇女戴长枷而立，有裸身围虎皮裙者以手托长枷前端，身后有蓝身鬼卒持刀，牛头执戟而立。目连则持锡杖拿钵置于胸前，与其母相对。后有童子举名幡。下层则有白起与阵亡大将。秦将白起夫妇两人戴一个木枷，白起裸身散发，表情困顿。周围有三鬼卒及举幡童子。其旁阵亡大将颇为生动，一员大将为两兵架扶前行，双目上翻口中吐血。身后两军校拖旗败走，另有一举幡童子。白起与阵亡大将同置，不知是否因其坑赵军事。全图绘画水准并不太高，却也情状生动。

彬县画作中未见佛像图即正位神，但却有三清像与孔子像，其形态为上有项光，下具须弥座，佛教像设样式。其佛像或为佚失，原先其正位神祇很可能是三教之像。这种形态在陕西北部一些水陆画殿中也有体现，充分说明水陆画的基础与适应性。此中十王之像或为捐施，但原施主所属的三原东行祠亦非佛教属性。此套图既有灵官之像，又有嘉贤大帝及青烟饿鬼等像名，既同于青海省乐都西来寺画，又同于洛川兴平寺的弥勒佛。嘉贤大帝还见于明代万历之母李太后所施图，而“桥梁使者”名及孔子（故事）图并见于山西省太谷圆智寺壁。

在彬县组图中“目连救母”“秦将白起夫妇”等故事图少见，所以此组画既富于民间与道教色彩，也类似其他水陆图组。画中有三清像和孔子，虽然也有罗汉弥勒等，但它的属性更贴合道教，这与水陆与黄箓的统摄问题相关。一般水陆画虽收道教诸多神仙，但不收最高的三清。如设三清而无主佛，性质就接近道教，或三教及民间，暂置此类而列。

（三）新绛县稷益庙等

1. 稷益庙

山西新绛县稷益庙，始建时间不详，元明时重修，现存正殿与戏台为明代建筑。祭祀以后稷与伯益为主，敬两组远古三圣于主殿。上古三皇“伏羲、神农、黄帝”绘于东壁，“大禹、后稷、伯益”画于西壁，供桌、牌位置正壁前。

殿内东壁《朝圣图》以三圣殿为中心，文武百官与民众成群结队前来敬奉（图7.4-3），殿顶上有斩蛇，殿侧有拜祭与后稷传记等小幅图。三皇冠冕旒，高贵威严而坐，两边偏殿壶浆备厨。一女神于池前祭坛盘前做准备，两边列有抱笏王公文臣官员；下方趋中有一持令旗使，两旁有大将武官及持械军士等，其布景如朝廷，两边分列

〔1〕呼延胜《陕西现存世的几套水陆画的调查及初步研究》（西安美术学院硕士论文，2007年）图12。

〔2〕呼延胜《陕西现存世的几套水陆画的调查及初步研究》，附录四“洛川水陆画目录”。

图 7.4-3
新绛稷益庙东壁画（宋伊哲等摄图，下同）

图 7.4-3B
稷益庙西壁画

图 7.4-3C
稷益庙西壁下部十王图组

图 7.4-3D
稷益庙十王图中判官局部

来朝的臣民。北端百姓多农村农夫形象，有端鸟盘缚蝗王者[1]。南端前有多种珍宝奇瑞，红衣便服似帝王者过小桥，其后可接转南壁东梢之祠山大帝引众官来报图。

正殿西壁绘《朝觐三圣图》(图 7.4-3B)，以大禹、后稷、伯益三圣为中心，描绘百官朝拜的盛大场面。三圣王呈品字坐，内庭有屏围坛台，前下亦列文武官吏，呈前文后武状，有一文一武趋前呈报，其上下及周边则为上仙观视及下王等诸界。主组外侧还平行列百官祭祀图，玉皇与后稷、伯益牌位在上，帝王群官奉三牲曲身下拜；其顶上及四周水墨山景中还有仙众出行及烧荒田猎与耕作收获图等。最可注意的是下方之队列。

〔1〕范小鹏《晋南地域文化的视觉华章——新绛稷益庙壁画艺术研究》，太原理工大学硕士论文，2014 年。论文称盘中鸟为鹰，但其啄实非尖状而如鸽状。

图 7.4-3E
稷益庙北壁东梢

图 7.4-3F
稷益庙酆都冥王

图 7.4-3G
稷益庙鸟头兽面鬼王

图 7.4-3H
稷益庙酆都狱门

图 7.4-3I

稷益庙酆都洞门

图 7.4-3J

稷益庙阴山景

图 7.4-3K
稷益庙南壁东梢

图 7.4-3L
稷益庙张大帝行列

图 7.4-3M

稷益庙绘张大帝牌坊处

中间王者（从随侍来看，似水府首领或龙王）作迎接状，所对的向北一行正是冥府的十位阎王（图 7.4-3C），前后随有判官与掌善恶及牛马卒貌鬼官武人等（图 7.4-3D）。两边对称侧则有两组形象，各十位左右文武官、从吏等。

北壁东梢全图以阴山为主景（图 7.4-3E），右下角处有一冥官于案前判说，桌有笔砚，卷宗铺开，皆钤官印且有骑缝章，桌旁吏曹亦抱善恶卷宗（图 7.4-3F）。桌案前一组形象，有二三着常服的跪者，有狱卒牵链看审，其前方亦有两三鸟头兽面鬼卒等，看守戴长短枷或行或跪者（图 7.4-3G）。路口转回向上有“酆都狱门”牌坊（图 7.4-3H），坊后曲路斜至“酆都□□”山洞口处（图 7.4-3I）。此洞前有荷枷入者，有常服出者，且有多人山岩间行进，其中还有僧形者。此路再转又入一洞口，路口转处有兵卒指呵。上方更出山入洞，洞口上径题“阴山背后”（图 7.4-3J），其后上高崖峰仞，不可深测。另上角有正德二年（1507）画工题记。

南壁东梢画有祠山大帝张渤[1]，正领一众官员出其神祠（图 7.4-3K），一行在山间曲折前行，间有犯人插入（虽两军士护卫前后，但戴枷者面露喜色，或会遇赦免），行经题“祠山张大帝”之牌坊下（图 7.4-3L、3M）。浩荡队列中官员多怀抱卷子（偶具方册，间有兽面官员），其外亦多封印。张大帝巾帽羽扇，慈面长须，袍服仙风。此图为全局之开首，与阴山酆都图之结尾相对应。

稷益庙全称为东岳稷益庙，此中应有东岳痕迹。东壁下方红衣者或是东帝，其统祠山领十王以见威烈广被。稷益庙组画虽然远非水陆画中固

---

〔1〕皮庆生《宋代民间信仰文献——〈祠山事要指掌集〉》，《中国地方志》2008 年第 6 期。明代张大帝庙已是官方在南京祭祀的十个重要庙宇之一。

图 7.4-4

河曲岱庙殿中诸司（采自柴泽俊、贺大龙《山西佛寺壁画》）

定组合身份，但图中既有酆都阴山鬼域，又有十位冥王及牛马判官部从等众。明代东岳统领十王亦普遍，虽非佛寺殿宇，但其前有判官和两女抱善恶卷，又有鬼兵将卒，高度符合十王体系。稷益庙组画中个别卷子特征与山西省高平定林寺等壁画亦近，尤其判官所执卷有正德二年（1507）及封印，不仅交代画作完成年代，更为诸仙鬼界呈报文书卷簿之年限作了注解，非常有趣。而且酆都阴曹与地府十王俱能通用，可知不止于佛道，连传说中的农神诸圣系统都表达了冥界阴曹诸王信仰之图景。

2. **河曲岱庙**

山西河曲县岱庙壁画内容丰富，其分为很多小格，具有种种审判之景。各格画以判官为主，分列诸罪（图 7.4-4），图以警示，由施主家人亲族领供。

3. **永乐宫重阳殿**

山西芮城永乐宫是我国著名的道教宫观艺术所在，其壁画可称翘楚之作。其中重阳殿壁画谓“王重阳画传”，是金末元初全真教创始人度化众人故事的艺术表现。其中王重阳度马钰夫妇的故事画里，出现了十个地狱图景，虽然没有诸冥王，亦无菩萨，非佛教中阴冥界之谓，是根据马钰入梦之情景对应绘画而出，画面榜题存九，分别为《看彩霞》《擎芝草》《游汴梁》《扶醉人》《夜谈秘旨》《拨云头》《洒净水》《起慈悲》《念神咒》。其特殊性在于，绘画构思以《重阳教化集》内一句话为引，即真人入梦教化马丹阳夫妇，“以天堂地狱、十犯大戒罪警动之”[1]，梦中演化出地狱天堂。画工据此敷演而成十个地狱图。据考其画作当参据元代戏剧尤其是道教化的神仙剧[2]，其诸狱景等含义与佛教《十王经》甚至道教《十王经》本等有关。如画中有不少狱惩或刑讯等情景，如犁舌等，与本书讨论十王图中种种惩景有着渊源流变关系。据有关研究[3]，此组画中相关榜题共 9 组，内容不同，共提及 7 个地狱名称，即拔舌地狱（第 16，案即壁画传记事中组合序列号）、沉沦地狱（第 17）、犁舌地狱（第 20）、镬汤地狱（第 21）、炉碳地狱（第 22）、铁轮地狱（第 23）、刺□□穿腹地狱（第 24）。第 18、第 19 两组榜题未及地狱具体名称，且存画漫漶不清，无法确识。但第 22 组可据图命名为“大石压身地狱”[4]，其图像或与大足石刻南宋地狱十王变相狱景有一定对应关系。这些关联是否会涉及道教斋日静修，即与唐代石刻所见十斋日有某种关联呢？且附三图以示其状（图 7.4-5、5B、5C）。

（四）扬州沅湘

1. **彰墅庙**

扬州市江都区有彰墅庙，为民间信仰之小庙。其内中殿即第二进殿，原奉东岳大帝，且侍王灵官，所以其壁画应属明代城隍庙系统的十王绘像。庙为明代所建，清道光年扩建，但此殿与十王画仍属明代，或为末期作品[5]。殿东西两壁内所画十王，均坐于公案后、三折屏风之前，屏上方还

[1] 马丹阳曾为道士弟子列出十戒：一戒酒色财气，二戒人我是非，三戒因缘好恶，四戒忧愁思虑，五戒口慈心毒，六戒吞腥啖肉，七戒常怀不足，八戒克己厚人，九戒马劣猿颠，十戒怕死贪生。

[2][3] 张方：《永乐宫重阳殿的地狱经变图与元代神仙道化剧》，张焕君、刘国华主编《云谁之思：山西古代壁画之研究》，科学出版社，2015 年。

[4] 吴端涛：《“刺点”：重阳殿壁画中的地狱场景》，《美术》2014 年第 8 期，第 118—121 页。此文已查询其与诸佛道经本的联系，并无明显的对应证据。又已认识到其狱景与南宋大足石刻（宝顶山大佛湾 20 号）地藏十王巨龛内狱景图状的一些图景相似。

[5] 王汉《江都彰墅庙十王图壁画的调查与初步研究》，《扬州文化研究论丛》2015 年第 2 期。根据画中屏风样式与服帽特色，定为最近于明代隆庆年间。

图 7.4-5

芮城永乐宫重阳殿地狱图画（采自吴端涛《“刺点”：重阳殿壁画中的地狱场景》，下同）

图 7.4-5B

芮城永乐宫重阳殿地狱图画《看彩霞》

图 7.4-5C

芮城永乐宫重阳殿地狱图画《赞灵芝》（采自张焕君、刘国华主编《云谁之思：山西古代壁画研究》）

题有诸王之名。诸王身后有侍持扇，还有牛头马面，前有官吏及狱卒罪魂等。诸王排列以奇偶数之一三五七九与二四六八十对称而列。然此殿两壁各分三节，形成了一/三五七/九与二/四六八/十之格局，前者为东壁由北至南，后者为西壁由北至南，确有别致之处。原研究在分析排序后还解说了几位王者前方之图像，如冠冕旒的阎罗王之前，所绘是为“血湖池”，池中升起一坐莲台妇女，是解救妇女因生产而遭难之图景，并指明了业镜在宋帝王之前，但未注意此壁画中诸王均非正面之像，其东壁三组图像实以第五位阎罗王为中心，西壁图像不清，应以第六王为中心。其东壁中业镜与血湖及望乡台为组合。更特别的是，第七泰山王屏风上有一小身女像踏云降下，虽然不太清楚，但其形态颇似地藏云降等图式。此非佛寺，所以女像或为碧霞元君等神仙。如此，则以血湖池为中心的图景就更显完备，也符合明代城隍化后普遍流行的道教民间信仰系统。

2. 沅湘地区

湖南及周边多地域，自古巫风炽盛，民间超度祭祀长行不断，仪式上所用画作与佛教水陆、道教黄箓画一脉相承，既简化又有更强的民风流俗色彩。当地有多种宗教仪式班子在活动，如佛教、道教与师公教及一些民族自身信仰等（师公教或称师教，在湖南娄底等很多地区流行，是主要奉道教与佛教神祇的宗教，也是沿袭当地本土自然崇拜、鬼灵崇拜的民间宗教派别。师教亦是当地习惯称谓）。仪式所用画作在原地就有多种名称，湘中称水陆画，洞庭南称功德画，瑶族等则称谓更多。关于其中画作与仪式等，已有不少调查论作，看法也不统一，水陆画与祭礼画或丧葬仪图各说颇具歧义。实际上，水陆法会有大型与小型、众姓与独姓、广义与狭义之分。严格说来，水陆法会并非祭献，而是以施食饿鬼为根基，各种扩展功能由此生发并加以拓展。民间生活以丧葬为大事，无论侧重佛或道，也无论土家、汉、瑶诸族，此项仪式既重要又普遍，随时都有举办需求。所以，从根本上说，丧仪法会是社会的最强需求，十王画因而成为各种法会中必含的核心内容。经水陆法会仪式流行之后，丧仪法会也受影响，逐渐呈水陆法会缩减实用之态势，因而十王画组有了拓展扩用的需求，“功德画”的基本构成由此形成。

据分析，湖南汨罗之丧葬仪式流行悬设水陆画[1]，内容表现有佛教与道教的地域冥府信仰。一般挂15幅到25幅，由佛教或道教主神为正位神，上仙下界，还有十王审判、地府冥官等。据《汨罗道场招魂词》，其超度仪式有：发三界、请土地，需主事法师念诵经文，丧主亲属跪拜。接下来的程序为：请水、亮门神、开坛请圣（即悬水陆画，只有请来神圣才能做仪式）。接着有：开方穿花、游香散花、沐浴渡桥、开灵、转莲台（男）或转岩台（女）、茶龙表、解结、烧大鹏鸟、烧灵屋、赈济大地孤魂等。仪式繁简取决于死者家属要求，有取有舍，分别几天完成。

总之，此类丧仪图有大小挂轴与牌位图，实与各地水陆图之基本形态一致，其中多有对称挂轴的十王地狱功德画，也有单幅的《十王图》，以及成牌位形式的《十王图》。其装裱分卷轴与牌页式两种。卷轴中大幅称为“功德画”（图7.4-6），整轴约高六尺，宽二尺半，是仪式画中的主体，在举行仪式时挂于堂屋主要壁面；小幅卷轴称为“吊偈”，一般为多张一套，用时以绳悬挂，起增加规模气势之辅助用途。牌页类画也叫作“牌位”，约高一尺，宽六寸，用时以竹签

---

[1] 侯鹏飞《汨罗道场水陆画研究》，湖南工业大学硕士论文，2014年。

图 7.4-6

湖南民间十王画中湘东地区作品（采自左汉中主编《湖南民间美术全集·民间绘画》，下同）

图 7.4-6B

沅陵民间十王画

插入裱好的夹层，置入米筒或灰筒之上，便于移动。总之，十殿冥王、地藏菩萨或道教尊神画于其中居重要地位。

沅陵县博物馆藏一幅“地藏菩萨与十殿阎王”功德画（图 7.4-6B），高 127 厘米，宽 73 厘米。此画绘于清代，以墨线造型，色彩统一在黄褐色调中，唯狮鼻一处红色，很突出，也很有代表性。该画描绘精工、活泼自由，又不失法度，是民间绘画中的佳作。该馆还有与其线稿完全相同但着色不同的作品[1]。该馆另一轴“十王阎罗图”也很有特点。其上方绘出五位冥王，中段画出榜牌，题“冥京右司夏侯那相”“坤府

〔1〕张同标、胡彬彬、蒋新杰《长江中游水陆画》，湖南大学出版社，2011 年，第 55 页。

图 7.4-6C
麻阳画左五王

图 7.4-6D
麻阳画右五王

十八大狱十八小狱三千鬼之位”，再题冥京第二殿楚江朝王位、第四殿伍关王、第七殿泰山府君、第八殿平等王、第十殿转轮王位，以及奏事功曹、善恶童子等牌位，下有刀山、锯解等地狱图像[1]。

[1] 颜新元《洞庭湖南岸的祭祀绘画》插图 19、插图 24，左汉中主编《湖南民间美术全集·民间绘画》，湖南美术出版社，1994 年，第 70、92、93 页。

湖南此类用于民间祭祀活动的绘画，以对称挂轴的十王地狱图最具特色和普遍性，一般称为左十王、右十王功德图，或左殿、右殿图，因置于神坛左右，每边画五王而得名。其上方均有一王冠冕端坐，身旁案前有司吏判官，其下纵坐四王，侍官同。左十王图有业镜、业秤、炙烧及蛇女（或为梁武郗后所化），最下鬼门关，此应为前五王；右十王图具寒冰、割舌、锯解狱，下有奈河桥与六道轮回。桥上引魂童子持“西方阿弥陀佛”幡，牛头驱罪者下遭蛇咬，另有鬼卒强披兽皮。轮回前有善男信女，腾起云气中有人兽虫等，此应为后五王。

麻阳县一对《十王图》轴处理更为简洁（图7.4-6C、6D），只五王持笏而立，下面有地狱场景。右十王图只题十殿一尊。五王上方云气中还有一道教神仙小像。地狱中有业镜、寒冰、椎臼、汤镬及奈河桥。狱卒赶恶人下桥，童子引善人过桥。左十王图题“十王佛像一躯”，下有业秤、刀山、割舌、铁床等，还有目连救母情节，轮回云气中有示意性图像。类似的有光绪丙午年（1906）湘南显应坛应用的“右殿一轴”，上有举幡童子与持笏五王，下有碓磨、刀山、锯解等惨酷狱景。湘北流传一幅“地狱报应图”，类左十王形式。上方有五王捧笏，下方有业镜、业秤、割舌、锯解及奈河桥场面，惨象环生。湘中奈河桥功德画，也是对称两幅。其左幅上绘五王并有一王题“断果生死”，下方有鬼门关、奈河桥及略似六道轮回景，粗简率意为之，色中有水粉与国画颜料，新鲜活泼。

牌位图多是一王一图，案前画一种地狱景。因牌位本身很小，如此安置，简洁清晰。如湘中流传的牌位图，牛头马面各处一牌，位于成套图的两边，主要有磨狱、过奈河桥善人、汤镬，还有寒冰、业镜、油锅、轮回等。小牌位画即具十冥王，每王一幅，也有分十八幅绘十八地狱，甚至还有按八大地狱，每狱又十六小地狱，并第一殿、第十殿合为一百三十地狱，每狱一幅的大场面。

总之，作为超度亡魂之用的十殿阎王图，在湖南民间丧葬等仪式绘画中起重要作用，也提供了地藏十王及地狱图像延续状况的材料。在民间祭祀仪式中，有些图有佛菩萨地藏十王并及地狱象征者，被作为“总合功德”，即主图，置于最中央重要位置。具有特色的是对称的双轴，作法事时悬挂在神坛两侧或东西两厢房壁上。一般构图为上下两段，上段各为五王形象，下段为地狱情形及鬼门关与奈河桥入口到六道轮回出口。十王几无榜题，常在两侧画一位冠冕旒王者，与标识阎罗王之冕旒不同；业镜、业秤及惩罚惨相大致与前后五王对应；六道轮回多为示意。牌位画所表现者或多为地狱，或一王一狱，清晰井然。

三、土家族、瑶族

（一）土家族

在湖湘或称沅湘一带乃至更大范围鄂湘渝黔地区的汉、瑶与土家等各族人民群众之中，民间广泛盛行丧葬仪式绘画，遗存下来不少作品。这些绘画作品得到了很多专家、学者的关注与研究。对于这批作品的名称等，专家、学者有不同看法，有从土家族视角进行调查研究，有从瑶族视角进行考察，有从佛道角度，有从水陆、十王画等艺术或收藏角度，有聚焦汨罗、沅湘等较小地域进行研究，他们分别提出了不同的名称与叫法，如颜新元在收藏出版湖湘民间绘画的基础上提出的“功德画”等说[1]。总体来说，丧葬仪式中所用的绘画，无论何教何仪，十王画为核心。但是经过水陆画的发展，冥界构成的丰富，以及其与佛教道教的渗透交融，丧仪所用的绘画作品实际已经成为佛教道教水陆画的缩减实用版，或

---

〔1〕颜新元《湖湘民间绘画》，湖南美术出版社，2008年。熊慧《沅湘地区乡土丧葬中的道教美术研究》，湖北美术学院硕士论文，2007年。

者说是十王组画的扩充版。佛僧、法师皆可用之，且不同信仰者具有不同的重点。以道教融合少数民间巫术，此类绘画民族特色并不浓烈。而土家族以梯玛为萨满式巫师，保留下来的《梯玛神歌》含有丰富内容，伴有歌舞，既有民族史诗性，也有宗教仪式性。如报家先、安正堂、挂神像、请师父，还有捉魂、渡阴河等，梯玛法事反复出现捞魂、赎魂、造魂等情节，还臆造了大秤称人山、大斗量人山等衡量善恶、惩恶扬善的鬼域场景，制造出戏剧性的“善恶有报”之氛围，以抑恶扬善。可惜此中没有十王类画面作品等。

基于在鄂湘渝黔进行的田野调查，重庆师范大学马健教授团队调查了土家族民间丧葬绘画，即土家族丧葬时布于灵堂的神灵系列画作，这些被人们称为“老爷子画”“案纸”“菩萨画”。有些作品时间早至清代，也有些是现今的作品。

据李宁波论文所说，土家族民间佛道丧葬画品中最生动的画面是地狱场景[1]，构图为上部画众位阎王，均有审判桌，且多倾斜。中下方则画地狱间过奈河桥、上尖刀山、下滚油锅、进六道轮回等场面。每殿一图，通常在丧葬坛场左右各挂五幅，称“十殿图”。

民间热衷于对地狱惩恶惨景的渲染，在十殿图中表现得淋漓尽致，上刀山下滚油锅、蛇咬、开肠破肚、锯开、碾碎、吊死、刀割等的细节，“六道轮回”中来世投胎变畜生、变豺狼虎豹、变贵人贱人的原委，能见坏人受因果报应的惨烈结果，让人感受到积善求德之益。

图 7.4-7

重庆酉阳土家族十王画（采自李宁波《多元文化影响下土家族民间丧葬绘画研究》，下同）

人们重视十殿图中惨烈的场景，一方面是要借以绘画的形式直观地发泄他们对恶人的痛恨之情，另一方面用以警示世人。十殿阎王图原出佛教，道教类丧葬画作广泛运用，数量相对多且稳定，分布广泛。这些作品中确有水陆图式的影响，如重庆市酉阳土家族苗族自治区非遗文化馆姚永平收藏的一整套共 11 张丧葬绘作，中有释迦牟尼、文殊、普贤、观音、地藏、弥陀佛等菩萨和三清、玉帝、王母、太上老君等道教神灵共处，用于道士超度亡者。

土家族分布于湖南、湖北、重庆、贵州等地，现知其丧仪画跨度不小，其中既存艺术水准颇高、较珍贵的清代《十王图》，如乾隆十七年

〔1〕李宁波《多元文化影响下土家族民间丧葬绘画研究》，重庆师范大学硕士论文，2016 年。此文调查做了很多工作，但没有以套（堂）为单位进行丧仪画作的题材内容的对比分析。因缺少此步骤，所以很多论述都显空泛。另，有些画作题材未识出，如附图 B-1.3 的十王被误标为功曹。

图 7.4-7B

湖北恩施清代十王画

图 7.4-7C

贵州铜仁现代十王画（采自蔡元平《水陆画》）

（1752）之作（图 7.4-7）[1]，还有以后阶段各具特色之作，如恩施土家族自治州等地区的作品（图 7.4-7B）。个别作品很有特色，有些用纸为火纸，与广西仡佬族的白皮纸，均很厚韧。其画作线稿用为模板，沿用至今（图 7.4-7C）。

（二）瑶族

瑶族在我国主要分布于广西、湖南、云南、广东、贵州、江西等省，属于大分散小聚居，多住山地。瑶族通用汉文或壮文，没有本族文字，但有本族语言，主要有数种分支：讲勉语的盘瑶；讲苗语的布努、花蓝、白裤瑶等；讲桐语支的茶山、那溪瑶；还有部分讲汉语。

瑶族的宗教与神像画近年来得到不少研究，如法国学者李穆安对东南亚瑶族画作研究[2]，黄建福对广西金秀县盘瑶族神像画研究的学位论文[3]、陈杉等人对湖南省永州市江华瑶族自治县的十王画的调研[4]。

盘瑶在广西聚居较多（广西来宾市金秀县为瑶族自治县），信奉神灵以道教神仙为主，杂糅本族英雄和佛菩萨。对应神像画主要可归内、

〔1〕如上文中图，有些图被西安水陆画博物馆蔡元平收藏。

〔2〕［法］李穆安 Jacques Lemoine，*Yao Ceremonial Paintings*（《瑶族仪式画》），White Lotus Co. Ltd.，1982。本书是介绍瑶族神像画最出色的著作，介绍了泰国、老挝以及越南北部收集的瑶族神像画，资料非常丰富。

〔3〕黄建福《盘瑶神像画研究——以广西金秀县道江村古堡屯盘瑶神像画为例》，广西民族大学硕士论文，2008 年。

〔4〕陈杉、伍妍、师宏艳：《清代江华瑶族神像画中十殿图图像研究》，《装饰》2018 年第 2 期。

图 7.4-8

广西盘瑶神像画（采自黄建福《盘瑶神像画研究——以广西金秀县道江村古堡屯盘瑶神像画为例》，下同）

图 7.4-8B

盘瑶神像画之大道龙桥

图 7.4-8C

盘瑶单幅十王画

图 7.4-8D

盘瑶单幅十王画

外两类。外来神像为道教神仙和少数佛教菩萨罗汉等，如三清即元始、灵宝、道德天尊（图 7.4-8）、玉皇、盘王、三元、张天师、雷王、山神、瘟神等；内部神像为盘瑶所信奉本族英雄、祖先、地方保护神，如送子娘娘、灶神、土地神、家先；另外还有大道龙桥画像（图 7.4-8B）与面具等样式，属第三类[1]。其完整一套画作包括了三清、玉皇和圣主、天师、太尉、海幡、阳间水府、天府地府画像与十殿阎罗、元帅、三将军、祖先、家先、大道龙桥画像以及面具。瑶族画师也有入神者，如冯二秀等。

在盘瑶神像画中，十殿阎罗仅在一张画里上下而布，高 131 厘米，宽 48 厘米（图 7.4-8C）。最上方绘有较大两王即第一殿秦广王与第二殿楚江王（图 7.4-8D）。秦广王下绘较小的第三、五、七、九殿阎罗；楚江王下绘四、六、八、十殿阎罗。十王之下描绘各种刑惩及狱卒等。也有些图像是十王画成两排，王中间绘刑惩，上下部分再

〔1〕黄建福硕士论文《盘瑶神像画研究——以广西金秀县道江村古堡屯盘瑶神像画为例》将其分为三类，因非统一标准，本书稍作调整。

图 7.4-8E

道公五联十王画

加些细节。还有一幅两王，五幅画合成一套之例（图 7.4-8E）。

盘瑶道师讲人死后，其灵魂由招魂童子护送至梅山三十六洞与圣人先祖们团聚。如善人可留下或从梅山上天堂，如有罪孽，在见祖先后会被牛头马面押送地府接受审判。似乎此梅山相当于佛教的中阴阶段。梅山指湖南的新化、安化县之间山地，《宋史》卷 494“梅山峒蛮”就有开梅山之详载。梅山为瑶族发祥地与祖居处，瑶族主要由此流出，具有很强的迁移性，居山地且常变住处。瑶族原始宗教与冥界意识都有共性，而古老的盘王信仰和认同梅山的祖先记忆也不影响其对道教的接受，最终形成以道教神灵系统为主，融合其民族土俗神灵的瑶传道教。

从丧仪调查来看，盘瑶似无中阴观念，但“梅山第一殿”之观念，记载于江华瑶族的《十殿图》中。盘瑶道师作法事仍以秦广王为死者先至处，其寿终善人随之在阴差带领下前往梅山，直接登天堂或转生富贵家；如果阳世功过两半，死后便由阴差送到十殿阎王处，重新投胎做人；恶多善少者由阴差带到孽镜台，生前所犯罪恶将被列出，定罪后带到第二殿接受刑罚。如果孽镜照不出阳间恶事，就直接送第十殿转世投胎。如果魂至地狱前阳寿未尽，将被派到生前地还阳。如果被谋杀或自杀，灵魂将徘徊于死前之地，寻得替身后才能入地府。如此看来，十殿与中阴有某种联结，梅山也成特殊之殿，成为登天的第一站。不过，也有解释说死者将先入地府再得救拔。

在盘瑶的度戒仪式（即成年或入道）中，使用大道龙桥画像，其中就有十殿阎罗像。瑶族丧葬仪式之“解罪”，是由道师们协助死者通过十个阎罗殿，帮助死者消除生前的罪孽。大师傅向神灵喃唱死者生前的罪行，并请求众神的原谅，以便死者能够顺利通往“阴州洞”。此时十王画的重要性显示出来了，而且隐约含有中阴阶段的特点与性质。在这过程中，瑶族道师据《斋经・十王科》念诵科文。此科文实与中国国家图书馆藏《佛说地狱还报经》相同。《佛说地狱还报经》是明刻（善本 16068 号），其中十殿阎罗均有精美图绘，下附文词，内容与黄建福所录《斋坛・十王科》基本对应，只有很小差别，或为传抄之误，其录文对比详后。虽然《还报经》佛教色彩浓，但并不妨碍其运用[1]。解罪前后还有请神与跳神坛、念悼文等步骤。

丧仪中也用大道龙桥画像（以三清为中心横展约十余神位），而且经过度戒者与无度戒者使用方式不同。法师为生前已经经过了度戒的人举行仪式时，将大道龙桥画像一头悬挂在前门的横梁上，另一头连着室中楼板上，寓意逝者可直见先祖；而法师为没有经过度戒的人举行仪式时，将大道龙桥画像从房子大厅内平铺于地上，意谓只能经此到地府。完成超度等一系列程序丧仪后，死者才会出殡。

宗教画被视为圣物，在盘瑶这两种重要宗教仪式中，神像画都起到重要作用，仪式都是围绕画作展开的。悬挂布置宗教画以后才开始请神，仪式结束后收起画作。

广西金秀瑶族自治县的大瑶山还有茶山瑶与山子瑶等分支，较盘瑶占有更好的农田。地理所带来的经济优势也使其有更多的山主或头人，政治话语权更强。据调查，茶山瑶的师公与道师也都有神像画。从所刊的图版来看，其道公的神像画与习见的道教画在外观、构图色彩等方面更相似，而且其《十王图》的构成是两王居一图，为五幅组。但是湖南永州市江华瑶族自治县的神像画中的《十王图》却与广西金秀瑶族自治县的盘瑶神像《十王图》完全一致，都是十王居一图。两者都是瑶族中瑶勉语系者，此中或含某种规律。

湖南永州市江华瑶族自治县，距原出湖南中部梅山并不太远，为瑶族久居处。部族中多有过山瑶（得名于迁居山地古俗，与上述盘瑶有接近处），陈杉等人收集了很多其民间所存十殿图，并作分析[2]。通常，每个江华过山瑶（又叫勉瑶）在香火收藏的神像画中都会有一张十殿图，与瑶人供奉各种神祇一起出现在度戒、经度戒者之丧葬仪式及还盘王愿之仪式上。其绘图范式百多年来一直被沿袭，反复绘制。

其鲜明的特色即十王呈门字形排列在一幅图内。四川师范大学美术课题组收集画作达33套，内有十殿图27张，全部如此。这些画作时代从嘉庆元年（1796）至光绪三十三年（1907）。总体上，这是接受汉地道教科仪后融合形成的，其间改动者如写入“梅山”等。虽然仪式中也用汉地佛教《佛说地狱还报经》文，但其宗教生活似无有七七、百日、一年、三年等节点。从颜新元所集民间画来看，洞庭湖之南北这类祭祀功德画构图变化较多，有对称及单幅等，无如此整齐。有趣的是，瑶族别支如同在金秀大瑶山的山子瑶，其十殿画也有两王一幅共成五幅之作。

此处十殿图与《十王图》构成有着很大的差异。如前所述的《十王图》是单个王一张画幅，构图相同且固定。而十殿图是将十王和整个地狱组织在一张100厘米 ×50厘米竖条幅画面中，从下往上完整呈现叙事顺序（图7.4-9）。由于篇幅有限，十位冥王被并置在一起，用直线进行分隔，成“门”字形，顺序不尽相同。最常见的是五殿阎罗王和十殿转轮王居于上方，另八王分别排列在画面左右两方，从下往上、从右到左依次为一殿秦广王、二殿初江王、三殿宋帝王、四殿五官王、六殿卞城王、七殿泰山王、八殿平正王

〔1〕笔者在写作时发现两者的共同性。此前笔者发表过《十王地藏经图续说》（大足石刻研究院编《2009年中国重庆大足石刻国际学术研讨会论文集》，重庆出版社，2013年）已整理《佛说地狱还报经》。在本书写作中，笔者发现此经同盘瑶《斋坛·十王科》，所据即前引黄建福硕士论文引《瑶经》同。

〔2〕陈杉、伍妍、师宏艳《清代江华瑶族神像画中十殿图图像研究》，《装饰》2018年第2期。

图 7.4-9

湖南江华瑶十王画（采自陈杉、伍妍、师宏艳《清代江华瑶族神像画中十殿图图像研究》）

和九殿都市王。

此类十殿图还存于组套《盘王图》中。有一例为顶层四王，下各纵画三王，合为十王。图中惩戒依次有业镜、椎杀、锯解、汤镬、挖心、刀山、炙烧及奈河桥和守狱门牛头马面等，绘画手法拙朴自然，用色以红为主。其王未题名，居中两王似冠冕旒，有桌题写“不孝大人”“打儿骂婆”，有锯解，似惩此人。还有一王处题“大斗小秤”，前三鬼围绕一盒，盒中出血。江华瑶族自治县流传祖先《盘王图》，亦与元始天尊的“盘古真人”之称相扣。画师王家义绘于道光十六年（1836）的神像画组中，手持笏板的十位阎王之像，随意夸张，民间气息很浓。

总之，我们可以看到，在瑶族中，广西盘瑶与湖南勾蓝瑶在神像画、特别是十殿图中体现出一致性，以单幅“门”字形构图表达。他们都是过山瑶[1]，都讲勉语，或有共性。其现代瑶民中的大师傅与道师等虽非专业神职人员，但接受道教影响且多有融合，是民间瑶传道教的传播者。

值得注意的是，在湖湘、西南广大地域（甚至东南亚数国）的汉族与土家族、瑶族等各民族

---

〔1〕广西金秀瑶族自治县将盘瑶与山子瑶称为过山瑶，将茶山瑶、花蓝瑶与坳瑶等称为长毛瑶，经济条件好于盘瑶与山子瑶。湖南江华瑶族自治县的勾蓝瑶也被称为过山瑶。

中，民间流行的度戒（瑶族成年）仪式或丧仪，广泛流行着出自道教、经诸族融改的实用缩减版仪式，其中也都运用十王画，代表冥府阴曹进行超度及荐福等事。从重庆巴县实行的五天丧仪来看，汉族诸地普遍流行的几乎佛道通用的仪式中，十王画与神像画都很有作用。这些仪式程序中，新死亡者被认为是立入地狱，而道僧施法破狱以救，中阴阶段近于消融了。《玉历宝钞》也有相反的说解，且与梅山第一殿对应，其间的对比还是比较有意趣的。

第五节 十王科仪

一、十王法会科仪

十王法会的仪轨，是一个值得探讨的问题。依《十王经》，无论是为了追荐亡人的七七斋，还是为了自己死后免受地狱之苦的预修斋，仪轨有着多种形态。最主要形式是水陆法会，也有烧纸钱与抄佛经等事项。据敦煌本遗书可知，《十王经》本身就讲过预修仪式，简便者只要烧些纸钱，既省钱也节时（这对寺院经济却有明显不利因素）。而广为学者们所引用的翟奉达为亡妻马氏抄写十种经来做十王斋，肯定不是普遍形态。最普遍的形态肯定是法会，无论预修或追荐，规模大或小，请僧人来家或至寺作法事。小型法会的程序过程，僧侣多应熟知，俗人亦不生疏。敦煌文献中所存的斋文（或称发愿文），多有样文模板，明确各种亲属关系中，某七或百日及大小祥时所念诵的斋意。若非普遍应用，便不会有模板。这些情况在上文中都已有论述，包括俄藏《十王经》别本中所称的请七七四十九僧举办法会，就是于寺院经济很有利而理想化的大型法会。较大或大型法会普遍出现时间较晚。明代朱元璋将寺僧分为禅、讲、教三种，以利佛教行化，教僧者即专门作法事。其实，从宋代已经开始，经元代至明代，寺僧或两分或三分，经忏法事已专业化，各种大型法事仪式出现流行，冥府十王道场仪等都有留存。最为突出的大法事就是水陆法会，十王狱事等部在其中占有相当地位与作用。从经本与仪本的联系以及相关文献可知，十王法会有多种形态，以下分别作些介绍。

（一）冥府十王道场科仪

云南所发现的大量佛教法事文书——科仪文本，得到了一些学者的整理。侯冲曾在《藏外佛教文献》第6辑发表多篇整理的科文，如《地藏慈悲救苦荐福利生道场仪》《如来广孝十种报恩道场仪》《护国司南抄》等八种[1]，并撰《云南阿吒力教经典及其在中国佛教研究中的价值》等文，提出云南所发现的阿吒力教经典整体性质为佛教科仪的观点。他列举了56种，其中有十王

〔1〕以上数种曾刊于《藏外佛教文献》，所列为CBETA《中华电子佛典协会》所收入者，截至2011年。

科仪即《冥府十王灭罪拔苦科》[1]，包括《冥王教诫》《冥王提纲》《冥王贰时》《冥王三时》《冥王四礼》等，《新集冥府十王科仪》为其简本。佛教科仪一般可分为教诫、仪文、提纲、密咒四个部分，较完备者又有分三时之构成。由此存本也可见科仪的这些特点[2]。

侯冲曾提供给笔者经整理的“十王科仪”，所含确有教诫、提纲与密咒及表、疏等类别。之所以分如此多文本，应是满足大型法会中多人多时分用之需。如其中《冥府十王科仪一时》与《冥府十王科仪教诫请佛一时提纲密咒》就应配合而用，前者中并非没有密咒，但大段密咒仅后者具有。又如《冥府十王科仪二时提纲密咒》与《十王科教诫密咒》，前者含密咒，后者内容多为咒语，含《大悲咒》等十种，有四种同于“十小咒”及个别仅提示之咒文。另有不同分类《冥府十王科仪请佛三宝》（请佛部分）、疏《十王科请佛一二三时疏法事附各时香赞》，及各种表如《十王表真武表东岳北阴表太乙救苦表法事》，还有《随十王科法事》（随附法事）及《释门新历预修十三转集要科仪》。

《冥府十王科仪请佛三宝》集中祈请佛法僧，诸方仙圣地祇，与水陆仪文所请对应，且详列十王名等。《一时提纲密咒》不但具有华严字母名等，而且其十王名称组两现。前者先有泰山与酆都王，后者附有都曹、龟禄、冥曹、阮林等名，均具道教色彩。《十王科仪请佛一二三时疏法事附各时香赞》《随十王科法事》有甘露疏与进十王表及观音等诸菩萨表。《释门新历预修十三转集要科仪》为先转地藏王菩萨、泰山仁圣帝、北阴酆都帝，续转十冥王，亦配华严十地菩萨名。

由此也可见，因以实用为目的实际所存的仪文多非严格的教诫、仪文、提纲与密咒，而有很多混同现象，也有不少具道教内核的词段名称等，与教诫、密咒、请佛等有交叉。

（二）《十王经》变体

《十王经》流传演变，有其基本的主干与变化，前面章节已有论考叙述。所产生的各种变体的经本，有些同民间经本，有些近道教所用，还有些若宝卷类。此处不能全列，略举几例。

1. 原本流传

明清之时，此经有各种变化乃至变体，佛道善书宝卷皆有。但原初经本仍是雕版与写本并存，且与明代雕印本有一定的关系，反映出其间变化的特点。前文已举的郑振铎曾藏国家图书馆善本16068号《佛说地狱还报经》，是在流行本基础上再增加颂文而成的，即在每位王者的“藏川赞词”后又附加一大段长短句式的偈颂。经前还增马氏还阳故事序言，经名简称为“阎王经”。现知有清嘉庆二十四年（1819）重庆刘瓒刊刻《佛说预修生七往生净土阎王经》（图7.5-1、1B、1C）[3]以及据此之抄本（图7.5-2），其题目与序言皆近同于前文所述的明代雕印本，却没有沿用加出的长短句赞句文字（参见图3.3-14），

〔1〕侯冲《云南阿吒力教经典及其在中国佛教研究中的价值》，《藏外佛教文献》第6辑，宗教文化出版社，1998年。所列阿吒力经典共56种，其第10种为《冥府十王灭罪拔苦科》，为残缺本，嘉庆十八年（1813年）抄、不分卷，包括教诫、仪文、提纲、密咒。

〔2〕云南大理凤仪北汤天发现的阿吒力教经典分藏三家单位，少有整体研究与准确结论。侯冲从阿吒力僧赵文焕处获观一批阿吒力经典，仔细研读并结合北汤天资料，得出了其为汉传佛教科仪之结论，曾发表专著《云南阿吒力教经典研究》，中国书籍出版社，2008年。

〔3〕侯冲《中国佛教仪式研究——以斋供仪式为中心》，上海古籍出版社，2018年，第431页。书中介绍刘瓒署名前有：重庆理民仁里二甲。笔者存两种侯冲提供图片资料，均失“重庆理民仁里二”，仅余“甲”字。

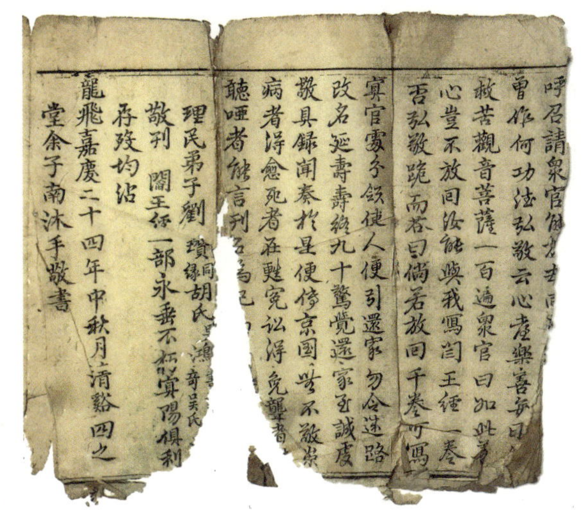
理民弟子劉
敬刊閻王經一部永垂不朽冥陽得利
存歿均沾
龍飛嘉慶二十四年中秋月清谿四之
堂余子南沐手敬書

图 7.5-1B
清刻本序尾题署

图 7.5-1
清代刻本《阎王经》函面
（侯冲供图，除注明者外下同），
参见图 3.3-14

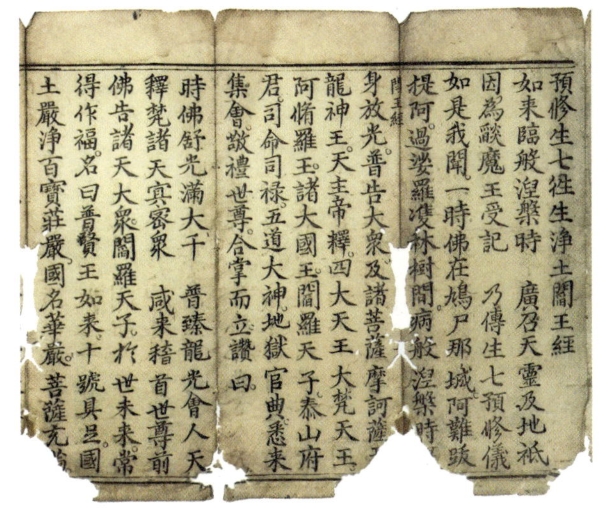
預修生七往生淨土閻王經
如來臨般涅槃時　廣召天靈及地祇
因為琰魔王受記　乃傳生七預修儀
如是我聞一時佛在鳩尸那城阿離跋
提河邊娑羅雙林樹間臨般涅槃時
身放光普告大衆及諸菩薩摩訶薩
龍神王天主帝釋四大天王大梵天王
阿脩羅王諸大國王閻羅天子泰山府
君司命司祿五道大神地獄官典悉來
集會敬禮世尊合掌而立讚曰
時佛舒光滿大千　普臻龍光會人天
釋梵諸天冥密衆　咸來稽首世尊前
佛告諸天大衆閻羅天子於未來世當
得作佛名曰普賢王如來十號具足國
土嚴淨百寶莊嚴國名華嚴菩薩充滿

图 7.5-1C
清刻本经首

经文内容方面则有少量的改动（图 7.5-1D、1E）。

此经又有清代抄本[1]（参见图 3.3-15），虽然书写较为拙劣，但抄、刻本并出，可知其流行程度。清刻本虽然年代较明本晚很多，但形态却更接近原本，可见经本流传之复杂性。两者相较也确有区别，不但序言有所变动，内文中错别字与改变也有不少，但没有较为重要的改动，除了列出数位菩萨的段落。刻本中列诸菩萨及前后的段落有所缺失，但清抄本中却含有这些内容（图 7.5-2B、2C、2D）。不过从对比可知，敦煌具图赞本《佛说十王经》有六位菩萨，在此仅列四位，即地藏、救苦观音、常悲与金刚藏菩萨，少了龙树与陀罗尼菩萨[2]。敦煌本《阎罗王经》则只地藏、救苦观音与金刚藏三菩萨，而敦煌本《阎罗王授记经》虽多为六菩萨，其中却还存有从三身至十一身菩萨的变化数。此外，可注意的还有诸王名称等处的数个增改之字。此经的故事性序言，明本与清本颇有不同，因而并列于下，以示异同：

〔1〕此抄本与《佛说十王生天妙经》同在一册，抄于该经后。

〔2〕此清代印本与抄本的经文具见附录。此前所知敦煌本此经菩萨数颇有变化，《阎罗王经》有三菩萨，《阎罗王授记经》虽大多有六菩萨，但个别经本具有五菩萨甚至十一菩萨，而《佛说十王经》均为六菩萨。此清代经本所具的四菩萨数，可使诸菩萨数系列从三至六甚至更多得以齐全。

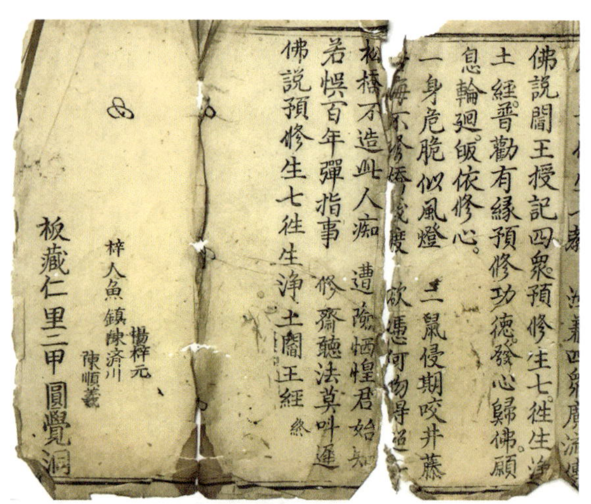
佛說閻王授記四衆預修生七往生淨
土經，普勸有緣預修功德，發心歸佛，願
息輪迴。　一身危脆似風燈　二鼠侵期咬井藤
若海不修橋筏渡　欲憑何物得超昇
松橋不造此人痴　遭險恓惶君始知
若悞百年彈指事　修齋聽法莫時遲
佛說預修生七往生淨土閻王經　終
捐梓元　梓人魚鎮陳濟川　陳順義
板藏仁里二甲圓覺洞

图 7.5-1D

清刻本结尾

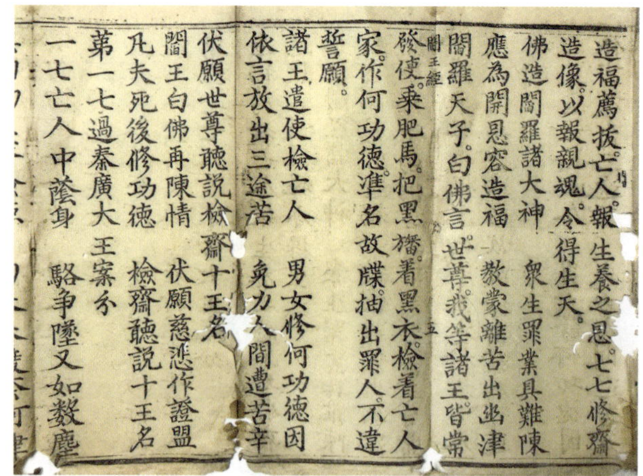
造福薦拔亡人，報生養之恩。七七修齋
造像，以報親恩，令得生天。
佛造閻羅諸大神　衆生罪業具難陳
應爲開恩容造福　教蒙離苦出迷津
閻羅天子白佛言：世尊，我等諸王皆當
發使，乘肥馬，把黑幡，著黑衣，檢看亡人
家作何功德，準名放牒，抽出罪人，不違
誓願。
諸王遣使檢亡人　男女修何功德因
依言放出三途苦　免力入閻遭苦辛
伏願世尊聽說檢齋十王名
閻王白佛再陳情　伏願慈悲作證盟
凡夫死後修功德　檢齋聽說十王名
第一七過秦廣大王案分
一七亡人中陰身　驅羊隊又如數塵

图 7.5-1E

清刻本异字“案分”与“肥马”处

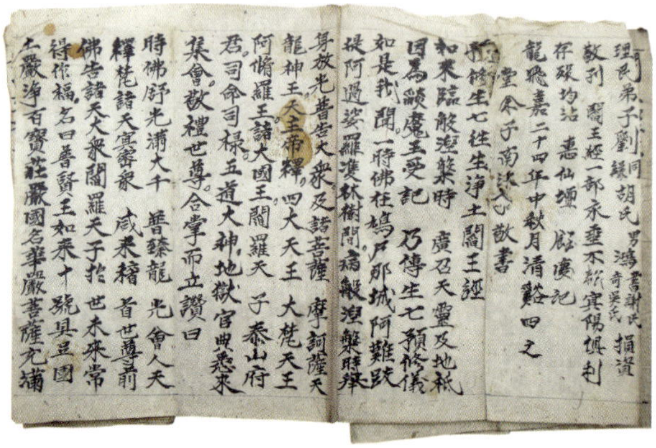

图 7.5-2

清抄本题署，参见图 3.3-15

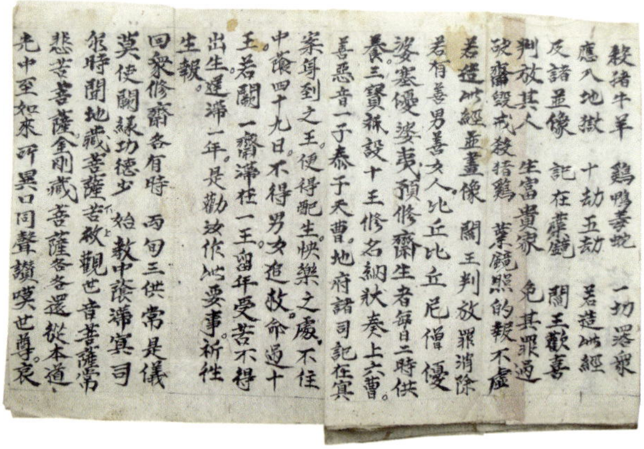

图 7.5-2B

清抄本中刻本脱漏处

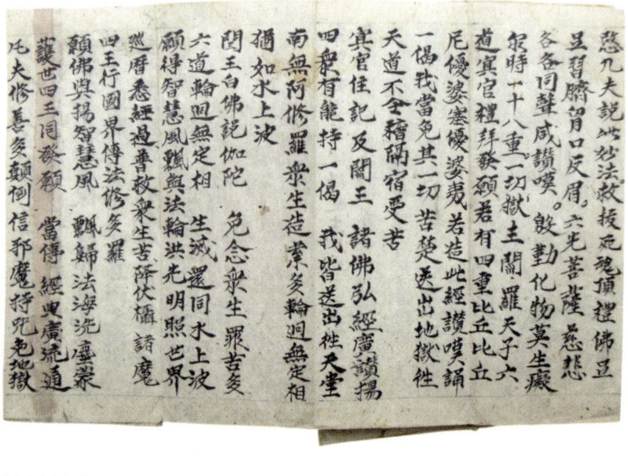

图 7.5-2C

清抄本中刻本脱漏处续

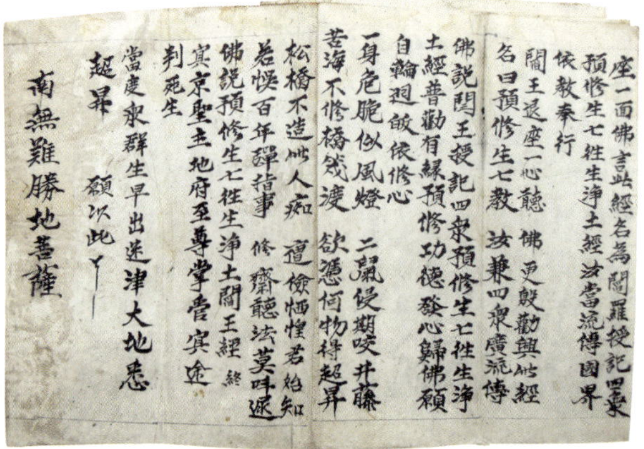
座一面，佛言：此經名爲閻羅授記四衆
預修生七往生淨土經，汝當流傳國界
依教奉行
閻王退座一心聽　佛更殷勤與此經
名曰預修生七教　汝兼四衆廣流傳
佛說閻王授記四衆預修生七往生淨
土經，普勸有緣預修功德，發心歸佛，願
自輪迴。　一身危脆似風燈　二鼠侵欺咬井藤
苦海不修橋筏渡　欲憑何物得超昇
松橋不造此人痴　遭險恓惶君始知
若悞百年彈指事　修齋聽法莫時遲
佛說預修生七往生淨土閻王經　終
冥京聖主地府至尊掌管冥途
判死生
當度衆群生早出迷津大地悲
超昇　願以此了
南無難勝地菩薩

图 7.5-2D

清抄本结尾

表 7.5-1

明朝天顺年间刻本	清代嘉庆年间刻本（写本校）
阎王经序 大唐西京马行仙，只生一男立名弘敬。年至十九，粗辩东西，惟崇三宝。每日吃食之时，先呼贤圣土地，然始可食。景隆二年五月一日午时忽尔暴亡。三日之间，心上微暖，家人未敢殡理（埋）〔1〕。追领使人引见所司，主司谓曰："汝非西京安定坊马弘敬否？"遂言答是〔2〕。主司阴相谓曰："然。此人虽年幼，有钦贤慕圣之念，至于饮食之时，皆蒙呼召。诸王幽鉴，可放还魂。"王复问曰："不审此人作何功德？"弘敬对曰："然。虽愚幼心常乐善，每遇寅朝念救苦观世音菩萨一百遍。"诸王叹曰："如此道念，宁不放回。能与我等书写流传《阎罗王经》一卷否？"弘敬拜而答曰："傥得放回，千卷可矣。"诸王处分，追领使人引还魂。冥寞之间，勿令迷路。改名延寿可至九十。魂魄既还，欻然惊觉，一家喜庆，阖境称扬。具录奏闻，遍传京国，依经本抄写印造千卷，普劝受持。	阎王经序 盖闻，昔日大唐西京安定坊，景龙二年五月一日，马行先只生一男，年方九岁，取名弘敬。初辨东西。每日吃食之时，先呼土〔3〕地，然后方食。其日午时忽尔卒亡，三日三夜，冥寞之中，不知身主。身中尚暖，家中未敢殡埋。追领使人令敬过召身司，司主问曰："汝莫是西京安定坊马弘敬否？"弘敬言："是。"司主谓诸司官曰："此人虽则年幼，极乃有心，吃食之时，[先蒙]呼召。请众官能[放却回否？"众官问曰："汝]曾作何功德〔4〕？"弘敬云："心最乐善，每日[念]救苦观音菩萨一百遍。"众官曰："如此善心，岂不放回？汝能与我写《阎罗王经》一卷否？"弘敬跪而答曰："倘若放回，千〔5〕卷可写。"冥官处分，领使人便引还家，勿令迷路。改名延寿，寿终九十。惊觉还家，至〔6〕诚虔敬，具录闻奏。于是便传京国，无不敬崇。病者得愈，死者在苏，冤讼得免，聋者[能]听，哑者能言，刊〔7〕[石为记，勿□瓒吉]〔8〕。 理〔9〕民弟子　刘瓒〔10〕　同缘　胡氏　男鸿书谢氏　男鸿奇吴氏　捐资敬刊 阎王经一部，永垂不朽，冥阳俱利，存殁均沾。 龙飞嘉庆二十四年中秋月清溪四之堂余子南沐手敬书〔11〕。

从明至清，两种经本都有实用功能。明代本将实用颂词刻入经本，而清代本等则只将经本用于法会之中。因清代此写本、刻本将所请十王均改为大王，其名下逐一加有"案分"二字，显露一丝道教影响。还有将"乘黑马"改为"乘肥马"（图 7.5-1E），而后者确在水陆仪文中有出现。

2.《佛说地狱还报经》与盘瑶《斋坛·十王科》

中国国家图书馆所藏善本 16068 号《佛说地狱还报经》，为明代景泰四年（1453）窦福玉刻本。其内容虽仍属劝诫善恶，但经文与《十王经》已全不相同，开首说目连游地狱与建成、元吉对词因。此"建成、元吉"为唐太宗之兄弟，俱殁于玄武门之变。由此引出阎王审问阳间造业人等。但此本"出相"之图及配文，全是十王体系，加卷首图共十一幅画，每图都是两折合一，

〔1〕"理"应为"埋"，据文意改。

〔2〕"答是"，原作"是答"，据文意改。

〔3〕写本"土"若"上"。较明本缺"贤圣"。

〔4〕"德"写本为"法"。

〔5〕"千"写本为"十"。

〔6〕"至"写本为"香"。

〔7〕"刊"写本误为"刑"。

〔8〕此处刻本稍残，据写本补。

〔9〕"理民弟子"据侯冲著作可知为"重庆仁里民仁里二甲"。而"惠仙坛余庆记"六字为抄本者署名，刻本无。

〔10〕抄本将"瓒"提前一行并加"吉"字。

〔11〕清代此处抄本较印本稍不同，多出几字"惠仙坛　余庆记"应与抄者有关。

雕版后附：梓人鱼镇　杨梓元　陈济川　陈顺义　板藏仁里二甲　圆觉洞

抄本后附：冥京圣主，地府至尊，掌管冥途判死生。当度众群生，早出迷津，大地悉超升。愿以此……（原略"功德"），南无难胜地菩萨。

图 7.5-3
《地狱还报经》初江大王、奈河金桥图
（国家图书馆藏，下同）

每折尺度 26 厘米 ×10 厘米，合为 26 厘米 ×20 厘米。每幅图雕镌都相当精美，属明代版画之上品。此本与广西盘瑶的《斋坛·十王科》文字几乎全同[1]，对于说明此经本于《十王经》之渗化、十王信仰之扩展尤有作用[2]。因将盘瑶《斋坛·十王科》附于《佛说地狱还报经》文每王之下（录文均作简化字，瑶族斋坛以［瑶］标记）。

《佛说地狱还报经》卷首图刻释迦与阿难、迦叶两弟子并两护法，前有一僧具圆项光，跪拜佛前。

佛说地狱还报经，还报冤来罪不轻。善男善女勤礼念，听说还报地狱经。昔日目连游地狱，建成元吉对词因。地狱阎王亲自问，更有阳间造业人。冤冤地府还相报，六道轮回去转生。阎王把着生死簿，善恶卷上照分明。等到命里衣禄尽，鬼使催着往前行。入得界牌阴司里，又无日月共星辰。

秦广大王图，上有望乡台，中有鬼卒驱二人，下有破钱堆及旁三人。

三朝五日方才省，自知身死到阴司。三魂杳杳往前进，七魄幽幽不住程。初到望乡台上觑，望见家中六亲人。儿女披麻并带孝，哀哀痛哭泪纷纷。墓前浇奠浆水饭，谁人得吃去占唇。哭哭啼啼归家去，喂了野雀老鸦群。路上罪人无其数，沉枷铁锁不离

［1］本书写作中发现同盘瑶《斋坛·十王科》，所据即前引黄建福硕士论文引《瑶经》。《瑶族〈十王画〉与〈十王科〉例探》，“道教仪式与中国社会”国际学术会。
［2］张总《十王地藏经图续说》，大足石刻研究院编《2009 年中国重庆大足石刻国际学术研讨会论文集》，重庆出版社，2013 年，以此文整理。

图 7.5-3B
《地狱还报经》宋帝大王图

身。又到破钱山脚下，都是阳间犯罪人。

［瑶］秦广王前哀求忏悔，抛家失业罪消除。三朝五日方才醒，自知身死入阴司。三魂渺渺往前去，七魄茫茫不住程。初到望乡台上看，望见家中泪纷纷。儿女披麻并带孝，哀哀痛苦泪不停。殿前烧香拔水饭，谁人得吃去沾恩。哭哭啼啼归家去，喂了野雀老鸦群。路上罪人无其数，沉枷铁锁不离身。又到坡前[1]山脚下，都是阳间不善人。

初江大王图，上题鬼门关，下有奈河金桥。桥上六人举幡，桥下数人裸身或被蛇咬（图 7.5-3）。

项枷铁锁相连挂，金币银钱挂满身。鬼使摧打往前行，浑身打破血流津。擎着两眼恓惶泪，泪点香腮压口唇。前行来到鬼门关，四面都是铁城门。门外两边无闲市，都是瞒心昧己人。又见奈河万丈深，一河血水浪流津。两边不生芦芽草，都是阳间不善人。南岸罪人无眼目，北岸腰曲拱脊人。

［瑶］楚江王前哀求忏悔，前生今世罪消除。行枷铁锁相连挂，金纸银钱挂满身。鬼使推着往前去，浑身打破血流漓。惊着两眼恓惶泪，泪点伤心压口唇。前行来到鬼门关，四面都是铁城门。门外两边无闹市，都是满心昧己人。又见奈河万丈深，一河血水浪流津。两边不生芦苇草，都是阳间不

〔1〕盘瑶《斋坛·十王科》有些明显误字，或从读音而抄。此“坡前”原指“破钱山”仪式，又如“奈河”作“奈何”，本书多不校改。

图 7.5-3C
《地狱还报经》阎罗大王图

善人。南岸罪人无其数，北岸腰曲拱春人。

宋帝大王图，上题刀山地狱，下有刀山剑树，鬼卒叉人以送（图 7.5-3B）。

东西两岸无头鬼，都是阳间截道人。河里罪人无其数。皮开肉烂骨连筋。不敢攀上河岸去，恶鬼叮咛岸上巡。巡着一个出河去，铁叉挑在奈河心。金桥扫得常清净，耀眼光明都是金。金梁金柱金石板，磨金砌缝金砌成。两边都是金栏杆，金毛狮子上边存。飞禽走兽绕金柱，金睛狮子金铸成。

［瑶］东西两岸无头鬼，都是阳间贼盗人。河里罪人无其数，皮开肉烂骨连筋。不敢攀上河岸去，恶鬼叮咛岸上巡。巡着一个出河去，铁叉又在奈何心。金桥归得常清净，天眼光明都是金。金栏金柱金石板，磨金砌石金铸成。飞禽走兽绕金柱，金眼狮子带金羚。两边都是金栏杆，金毛狮子上面存。

五官大王图，上题镬汤地狱，城上有蛇与狗，下有两汤镬，牛头叉起一人送入。

金龙绕定金梁柱，把桥大使善恶童。金桥一座人稀过，单等修行辨道人。牛头狱卒排两行，把定金桥谁敢行。大使手下当直鬼，上轮下次甚殷勤。来得罪人无其数，打在金桥下面存。每日打扫三五遍，单等阳间修善人。善者得上金桥过，恶者推在奈河中。罗衣挂在茶芽树，只落一个渡河裙。

图 7.5-3D

《地狱还报经》变成大王图

[瑶] 金龙绕定金梁柱，把定金桥善恶人。金桥一座人思过，但等修行办道人。牛头狱卒两边排，把定金桥谁敢行。来得罪人无其数，打在金桥下面存。每日打扫三五次，但等阳间修善人。善者叫往金桥过，恶鬼打在奈何江。罪衣挂在茶芽树，只落一个泪河裙。

阎罗大王图，城门上题寒冰地狱。有业镜呈杀牛场面及椎击刑人（图 7.5-3C）。

造善得上金桥过，金童玉女两边行。前行来到阎王殿，立在金阶上面存。判官展开生死簿，善恶卷上照分明。善者教往西方去，恶者打在地狱门。阎王手下牛头鬼，考问阳间不善人。铁锁锁了奸滑汉，沉枷枷了不良人。打家截盗该卸手，剜墙剜壁尽抽筋。偷牛盗马剜心肺，放火烧山火炼身。

[瑶] 善者得往金桥过，金童玉女两边排。前行来到阎王殿，立在金街上面存。判官打开生死部（簿），善恶卷上见分明。善者叫往西天去，恶者打下地狱门。阎王手下牛头鬼，拷问阳间不善人。铁锁锁了奸猾汉，沉枷枷了不良人。打家贼盗皆斩首，挖墙挖基剑分身。

变成大王图，变成王下有磨，旁题“碓捣地狱”，二鬼卒以斧斫人断腿（图 7.5-3D）。

镬汤煮着偷牛汉，油锅煎着宰马人。杀生害命千刀割，斗秤瞒人罪不轻。不敬祖上铜汁灌，抛家失业吊脊筋。忤逆不孝生分子，犯法须交五车

图 7.5-3E
《地狱还报经》泰山大王图

争。搅闹净事着锯解，偷坟掘墓剑分身。昏赖他人钱和物，披毛带角去还人。背夫逃走铜蛇咬，毁骂公婆割舌根。后嫁抛闪儿和女，冤家债主不离身。

［瑶］六殿卞城王，畜牲地狱，牛头马面两边排。铁锁锁了奸猾汉，铁枷枷了不良人。杀牲害命千万割，斗称满心罪不轻。护汤煮着偷牛汉，油锅煮着宰马人。不敬祖上铜斗灌，抛家失业丢春耕。忤逆不孝生份子，犯法须交五车分。吵闹争事着锯介，偷坟挖墓两分身。索懒他人钱和物，披毛带角去还人。背夫逃走铜蛇咬，毁骂公婆刮舌根。后嫁抛去儿和女，喝笃爷娘铁棒拷。

泰山大王图，地狱城门上题“锯解地狱”，还有火床（图 7.5-3E）。

学瞎笑人无眼目，尖刀割了眼和睛。广搽胭粉着刀刮，刀割香腮血流津。枉使油盐和净水，抛撒米面铁丸吞。口甜心苦剜心肺，为无来去铁笼蒸。搽油妇人铜锤打，枉骂他人罪不轻。贪恋酒食刀挑髓，谝口张舌割舌根。不敬六亲煎烂炒，碓捣磨了不平人。马踏车碾心不足，挺撞爷娘铁棒顿。

［瑶］学瞎笑人无眼目，尖刀刮了眼和睛。广搽胭脂着刀刮，刀刮伤心血流津。枉使油盐和净水，抛散米面铁丸吞。口甜心毒挖心肺，为无来去铁笼蒸。茶油妇女铜锤打，咒骂他人罪不轻。不敬三宝剪烂炒，剁碎磨了不平人。马踏车研心不足，顶撞爷娘罪

图 7.5-3F
《地狱还报经》都市大王图

不轻。

平等大王图，有两跪者一披发一戴帽。城门关题“无间地狱”，下有单杠吊两人，柱上绑一人，受灌铜汁或铁丸。

百般凌迟都受过，只为阳间心不平。千生万死为泥土，业风吹起再还魂。枉死城中都受过，难躲十王地狱门。刀山地狱脚难登，皮开骨烂逼世人。镬汤地狱衮流津，煮着瞒心昧己人。寒冰地狱冷叮叮，冻死不爱惜衣人。碓捣地狱碎纷纷，碾烂杀生害命人。锯解地狱两分身，都是学瞎笑他人。

［瑶］八殿平等王，枉死城中，世人难躲地狱门，满心昧己炉汤煮，寒冰惜衣人。百般陵迟都受过，只为阳间心不平。千生万死为泥土，孽风吹起再还魂。枉死城中都受过，难躲十王地狱门。刀山地狱脚难登，皮开肉烂逼世人。护汤地狱滚流津，煮着满心昧己人。冰寒地狱冷叮叮，冻死不受惜衣人。剁冲地狱碎纷纷，研烂杀牲害命人。锯介地狱两分身，都是学瞎笑他人。

都市大王图，王旁有两判官，龙口吐出六道，实仅一道上有两人，余为鸟、蛇、马、象、狗、狐等（图 7.5-3F）。

阳间口巧钱打当，阴司只凭两卷经。真经二字阴司用，不用钱宝共金银。万两黄金将不去，只落腹中两卷经。佛留此经交人念，劝化聪明智慧人。今生修下来生福，看经布施不亏人。慈悲喜舍

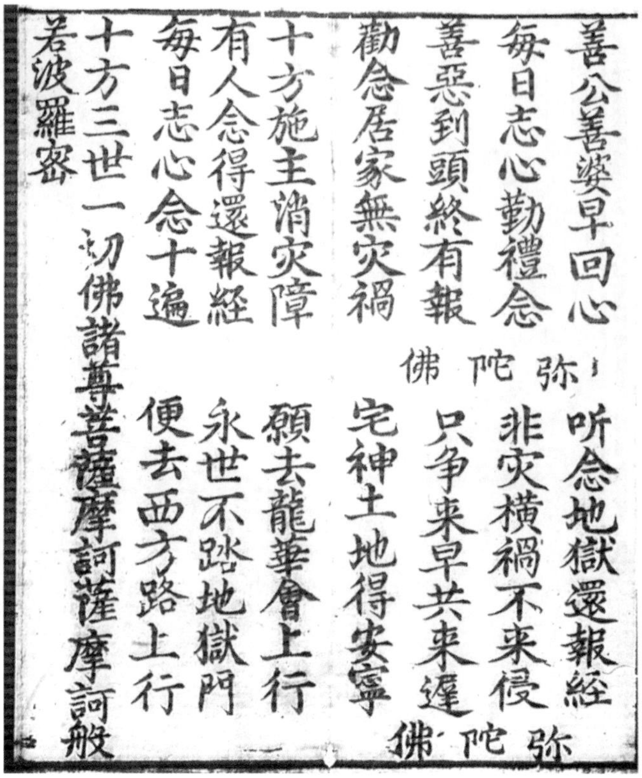

图 7.5-3G
《地狱还报经》经中文字

生欢喜，灭罪消灾祸不侵。经是众生大良药，因甚富贵不曾贫。朝中骑马前生福，富贵前生各有因。

［瑶］阳间口圬钱打当，不用财宝与金钱。真经二字阴间用，阴司只凭两卷经。万两黄金将下去，只落腹中两卷经。佛留此经交人念，慈悲施舍生欢喜，灭罪消灾福来临。经是众生大良药，因什守贵不增贫。朝中骑马前生福，府贵前生各有因。

转轮大王图，城门似龙口题“阿鼻地狱”，两狱卒牵出一人，一僧形人物或为持钵目连，门上方有人升云气中。此诸要素近目连救母。

善公善婆早回心，听念地狱还报经。每日志心勤礼念，非灾横祸不来侵。善恶到头终有报，只争来早共来迟。劝念居家无灾祸，宅神土地得安宁。十方施主消灾障，愿去龙华会上行。有人念得还报经，永世不踏地狱门。每日志心念十遍，便去西方路上行。

十方三世一切佛诸尊菩萨摩诃萨摩诃般若波罗密。（图 7.5-3G）

［瑶］十殿王官开大赦，赦除亡者得超升。脱化超生，六道轮回便分明，报应分毫不差，各自去投胎。

奉佛信士窦福玉一家卷等，善舍资财、刊投印施《地狱还报经》一佰五十卷，散十方善男信女读诵，同种善果。

景泰四年四月初八日信士窦福玉施。[1]

［1］因限于本书情况，正文体例不宜严格整理，未用繁体字与校注，一律用简化字处理，俗字、异体径改。附录中则对多种《十王经》用繁体字校勘注解。

《佛说地狱还报经》中有个别词句如“破钱山”“金桥”，还有“奈河挂衣”等，与《天地冥阳水陆仪文》内词相合。而盘瑶《斋坛·十王科》的内容更证明此本实为科仪所用，文词是在十王画像之前唱颂的，画像更可用于仪式法会。两部作品文词只有很小的差别，有些段落长短对应虽不那么吻合，但在如此差别的环境中发现几乎近同文本，足以说明其传播的强大生命力。中国国家图书馆所藏印版刻本施主言施第150卷，但是印本很可能有多种，未必都是高档“出相”本，普通本更有可能印数较多，传播更多而广。虽然此经印本具佛教属性无疑，但瑶族民间所信基本来自道教，有分析认为是瑶传道教，就黄建福论文《盘瑶神像画研究——以广西金秀县道江村古堡屯盘瑶神像画为例》对此十殿阎王罪惩功能的解释来说，也颇合于《玉历宝钞》之说。但瑶族道师法会也有汉族“破钱山”等仪式，其实际上是民间所用丧仪中最基本的一些环节，佛道两教所用基本都是相同的。这些仪式劝善惩恶作用效果明显，在丧葬仪式上有很好的功用。

3.**《十王妙经》**

此经本首题《佛说十王妙经》，尾题《佛说十王拔罪感应妙经》，似为正式之经名（图7.5-4）。格式为页5行，行14字，开经偈后有40页，近800字，署“山甫主人灯下书”。由内容看，是一佛外道的善书经式，内有很多道家名词术语，核心是介说诸王的生日名称与地狱救度等，明显是《十王经》向《玉历宝钞》的过渡形态之一。现知，《玉历宝钞》是清末以来极普及的善书，其根本特点就是讲十王的生日，而中国化的信仰的重要特点就是讲诸神的生日、纪念诸神的生日。此经之中有救苦尊（即大慈大悲观世音菩萨）问佛诸王诞日，展列答诰，如：

图7.5-4
《佛说十王妙经》函面（侯冲供图，下同）

第一秦广大王姓萧，二月初一日降诞生辰。如有众生，修作善果，免受风雷地狱热恼寒冰霹雳之苦，或有男女追拔先亡并己身罪过，或悔现世愆尤，或报过去宗亲劬劳之恩，或求今生安乐之福，须当看经礼忏念诵十王宝诰，或三五十遍、千五百遍，或一万二千遍，广造福多，无有差过，一福层层解悟，即说诰曰：

志心皈命礼，位列震宫，尊居卯位，执（图7.5-4B）掌风雷地狱，权衡霹雳之威。行善者作于青篇，作恶者标于黑簿。考察无私，推严不顺，大悲大愿，大圣大慈。冥府一殿秦广，素妙广真君。

第二殿楚江大王姓曹，三月初一日降诞生辰，如有下民修作善果，一切功

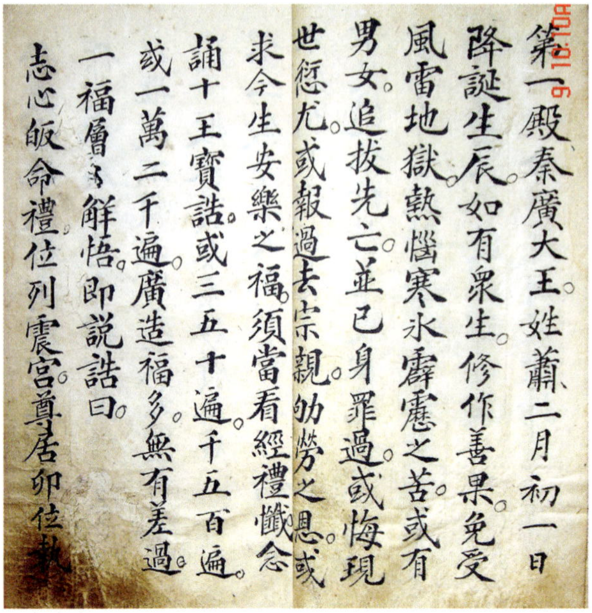

图 7.5-4B

《十王妙经》秦广大王

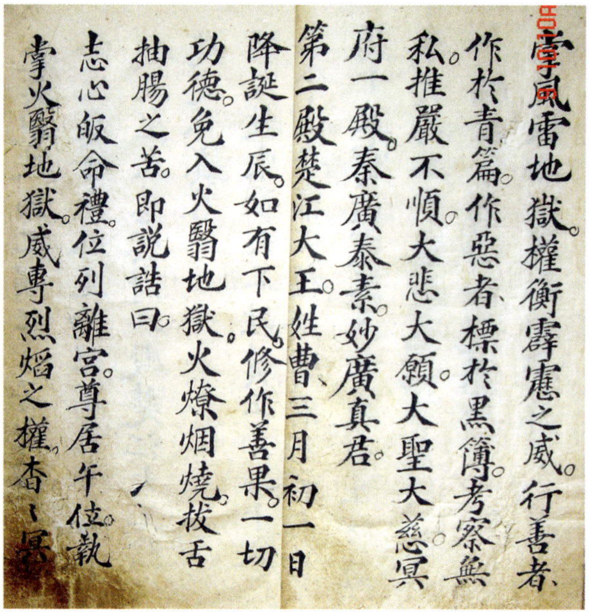

图 7.5-4C

《十王妙经》楚江大王

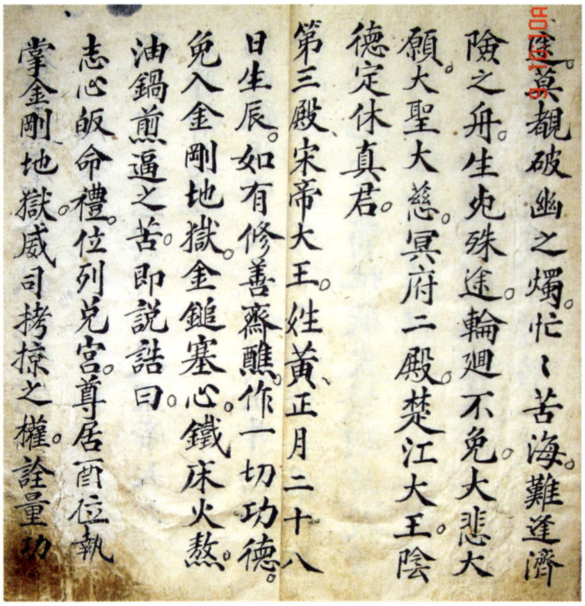

图 7.5-4D

《十王妙经》宋帝大王

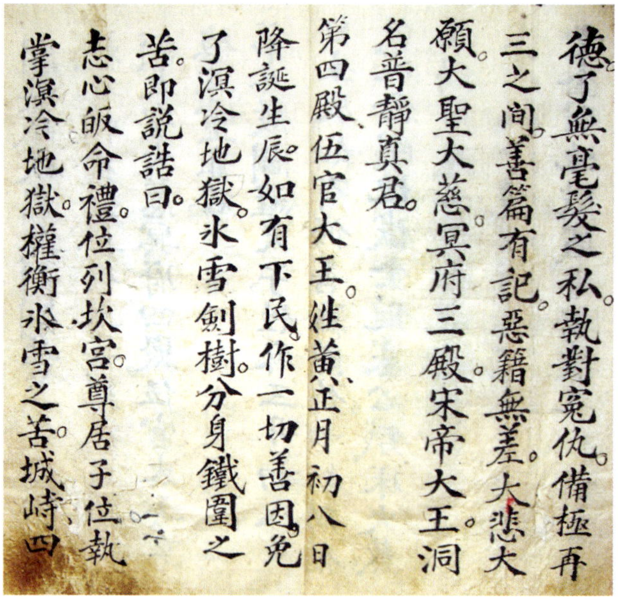

图 7.5-4E

《十王妙经》伍官大王

德，免入火翳地狱。火燎烟烧、拔舌抽肠之苦，即说诰曰：志心皈命礼，位列离宫，尊居午位，执掌火翳地狱威专烈焰之权。杳杳冥（图 7.5-4C）途，莫睹破幽之烛；忙忙苦海，难逢济险之舟。生免殊途，轮回不免。大悲大愿，大圣大慈。冥府二殿楚江大王阴德定休真君。

第三殿宋帝大王姓黄，正月二十八日生辰，如有修善斋醮，作一切功德，免入金刚地狱……（图 7.5-4D）洞名普静真君

第四殿伍官大王姓黄，正月初八日

降诞生辰……（图 7.5-4E）

第五殿阎罗大王姓麻，三月初八降诞生辰……

第六殿卞城大王姓昌，二月二十七日降诞生辰……

第七殿泰山大王姓崔，三月初七日降诞生辰……

第八殿平等大王姓余，四月初一日降诞生辰……

第九殿都市大王姓侯，四月初七日降诞生辰……

第十殿转轮大王姓薛，四月十二日降诞生辰……

关于十殿阎君的生日记载，已经有不少探讨，笔者亦曾论述。明末《玉匣记》有出现，《李清还魂记》等亦有记。尹富《地藏菩萨诞日的产生时代及其相关宗教民俗活动论述》仅以民国《雄县新志》第九册“金石篇”所载明景泰七年（1456）石刻为据，称这是地藏诞辰出现的最早记录，恐非是。

明万历年间辑成《续道藏》所收《玉匣记》《十帝阎君圣诞》日期为：正月初八日四阎王圣诞，二月初一日头阎王圣诞，二十七日六阎王圣诞，二十八日三阎王圣诞，三日初一日二阎王圣诞，初七日七阎王圣诞，初八日五阎王圣诞，四月初一日八阎王圣诞，初七日九阎王圣诞，二十二日十阎王圣诞[1]。

笔者曾将数种文献加以对比，列成表格以见变化（表 7.5-2）。可注意的是，《十王经》之第八王、第九王名在《玉历宝钞》等书中互换次序，即变成了第八都市王、第九平等王。故表格中特加处理。又清顺治抄本《十帝阎罗宝卷》中“李清还魂记”无十王姓氏。详见下表。

表 7.5-2　诸王姓名生日对比表

诸王名	玉历宝钞	消灾延寿经	十帝阎罗宝卷	雄县石刻	十王妙经	乡傩汇牍[2]	玉匣记
一秦广	二月初一	蒋二月初一	萧二月初一	萧二月初八	**萧二月初一**	二月初一	二月初一
二楚江	三月初一	历三月初一	麻三月初一	曹三月初一	**曹三月初一**	三月初一	三月初一
三宋帝	二月初八	余二月初八	余二月廿八	廉二月初八	**黄正月廿八**	二月初八	二月十八
四五官	二月十八	吕二月十八	石正月初八	黄四月十一	**黄四月初八**	二月十八	正月初八
五阎罗	正月初八	包正月初八	韩三月初八	韩正月初八	**麻三月初八**	正月初八	三月初八
六卞城	三月初八	毕三月初八	毕二月廿七	石三月初八	**昌二月廿七**	三月初八	二月廿七
七泰山	三月廿七	董三月廿七	董三月初七	毕三月十七	**崔三月初七**	三月廿七	三月初七
八都市	四月初一	黄四月初一	黄四月初一	于四月初一			四月初一
8 平等					**余四月初一**	四月初八	
9 都市					**侯四月初七**	四月初一	
九平等	四月初八	陆四月初八	薛四月初七	薛四月初一			四月初七
十转轮	四月十七	薛四月十七	薛四月廿二	薛四月廿一	**薛四月十二**	四月十七	四月廿二

[1]《诸神圣诞日玉匣记等集》，明万历三十五年《续道藏》。

[2] 道光十四年僧海宽抄《乡傩汇牍》，《中国宗教历史文献集成·民间宝卷9》，黄山书社，2005年。

通过以上表格对比，我们可以清楚地了解到《十王经》的普及与演化，特别是向圣诞化的生日礼仪样式如《玉历宝钞》类演进的过程。

4.**《佛说十王地藏尊经》与《地府十王生天道场经》**

现知有相互联系的两种经本，三卷本称《佛说十王地藏尊经》，一卷本称《地府十王生天道场经》。前者《佛说十王地藏尊经》卷中与后者相同；后者名中“地府”似同道经，却实为佛教内核，但其“道场经”之称透露出其为科仪轨文的性质。而且根据内容看，三卷本有可能都用于法事科仪，为实践性用文，非纯粹性经本。

《佛说十王地藏尊经》三卷，所存有民国二十五年（1936）抄本，每页6行，行16字。字体佳，如宝卷善书、长短句、七言句式都有。三卷内容不同：卷上题名《佛说十王地藏法卷》，先据《本愿经》赞颂地藏功德，主要以偈赞十王，实是将前述的典范图赞本《佛说十王经》（所谓藏川本）中之赞颂稍加改动而成，且将十王逐一称为某明王观。故由此本名《阎罗王经》者的情况，我们也可以认识到明代善本——中国国家图书馆所藏善本16022号《佛说阎罗十王经》中插入的长短偈赞句，很可能也是加入实用科仪类文中的赞句。卷中科仪形式明显若小型水陆法会。先召请诸神佛（从构成分析，可知其近于《法界圣凡水陆胜会修斋仪轨》并加以精简），再宣说十王且与十地菩萨联结。卷三特征为忏悔，在十王前依次忏悔，仍属仪轨。因为佛教仪式总称为经忏法事，所以此两种经本，虽或称尊经或叫法卷，或名“生天道场经”，仍是科仪或是近于科仪的文本，凭此可作法事无疑。以下稍做例证。

卷上《佛说十王地藏法卷》（图7.5-5），开经偈后颂《本愿经》中娑婆圣女与光目女孝母事[1]，又礼赞阎罗殿上业镜台前地藏菩萨为救苦导师，六颂其功德荐亡魂、往生安乐国，而后启建道场，领众虔念。所颂于地藏圣号后十王处内容正是改动了原本《十王经》的赞词（图7.5-5B）：

（偈句对比只举第一、八两处为例。）

秦广明王观第一：首七罪人中阴身，群生罪孽似如尘。但看秦王齐捡点，如何度得奈河津。愿生净土见地藏。（图7.5-5C）（一七亡人中阴身，驱将队队如数尘。且向初王斋点检，由来未渡奈河津。）

楚江明王观第二：亡魂二七度奈河，千成万坠列成行。引路牛头肩挟棒，催行鬼使抻胸拖。愿生净土见地藏。

宋帝明王观第三：三七罪人转恓惶，始觉冥途险路长，各各点头知何在，群生驱上伍官王，愿生净土知何在。

伍官明王观第四：五官业镜向空悬，左右双童检簿看。轻重只因人自造，低头只看是何因。愿生净土见地藏。

阎罗天子观第五：阎罗天子诸大神，罪人心恨未甘怜。策发牛头看业镜，始知生前罪分明。愿生净土见地藏。

卞成明王观第六：六七幽冥滞三途，切恐人生执意语。顾盼只因功德力，天堂地狱在须臾。愿生净土见

〔1〕是经前处最先出现“多宝如来”之名，或与某些水陆画中独列多宝如来有些关系。

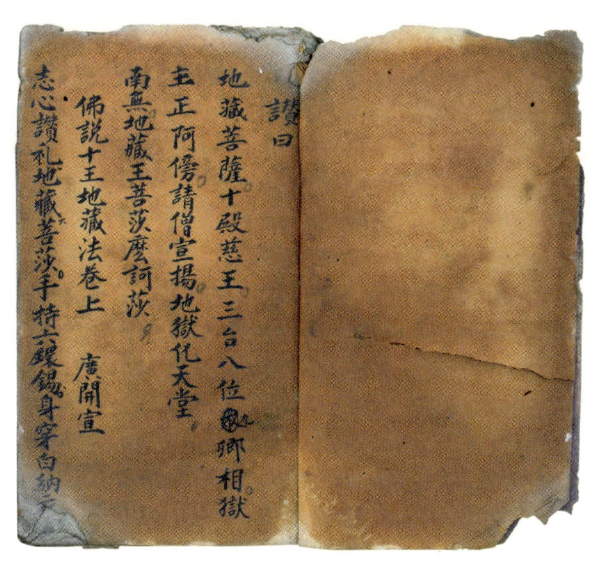

图 7.5-5

《佛说十王地藏法卷》

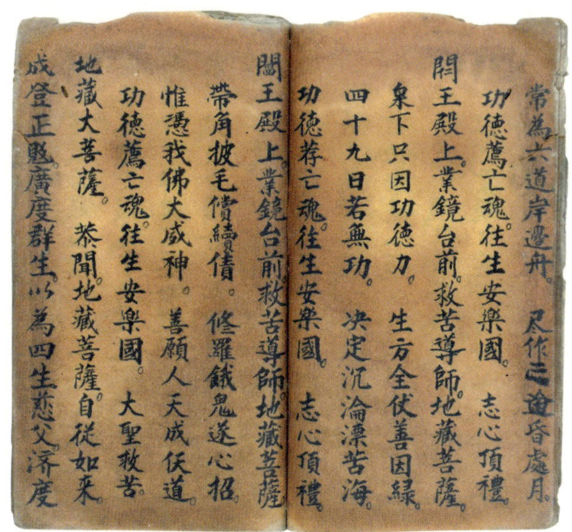

图 7.5-5B

《法卷》赞地藏处

地藏。

泰山明王观第七：七七冥途中阴身，转求父母会亲情。祸福此时由未定，但看男女作何因。愿生净土见地藏。

平政明王观第八：百日终须绝哭声[1]，妻儿男女尽心生。阴司受尽千条法，退这阎浮作善因。愿生净土见地藏。（**百日亡人更恓惶，造业杻械被鞭伤。男女努力修功德，免落冥途苦处长**[2]。）

都市明王观第九：忽觉之间是周年，全不修时功德完。养育恩情今日断，重重受尽几艰难。愿生净土见地藏。

转轮明王观第十：父母怀胎耽十月，三年养育不离怀。礼佛修斋俱是足，父母魂闻善见如来。愿生净土见地藏。

仁圣大帝第十一：一身六道苦茫茫，十恶三途不可量。努力修因功德满，恒沙罪业尽消除。愿生净土见地藏。

平等明王第十二：船桥不造是人痴，遭险之时肚始知。若遇百年弹指过，修行布福莫高迟。愿生净土见地藏。

……

该段加上的“仁圣大帝第十一”实即东岳泰山，“坤府大圣地藏第十三”“功德掌记司第十四”，其“平政”与“平等”实为重复。其十王虽较奇怪地被称为明王观（除“阎罗天子观”外），而坤府等词稍有道教色彩，但此构成实与上举云南《释门新历预修十三转集要科仪》相同，仅换掉“北阴酆都帝”而用了实际重复“平政明王”的“平等明王”，再添“功德掌司”后，成为了十四项所敬。

卷中《地府十王生天道场经》开首即建道场，有此会施主请佛法僧、文殊、观音势至、地藏、目连来证盟，超度亡者升天，还请古稷灵坛、水府龙神、蓬莱浪苑、家龛香火、司命土星

〔1〕此偈中“百日终须绝哭声”含有古礼中“百日卒哭”之意。

〔2〕此偈处，敦煌本为“免落地狱”，明刻本为“三途”。

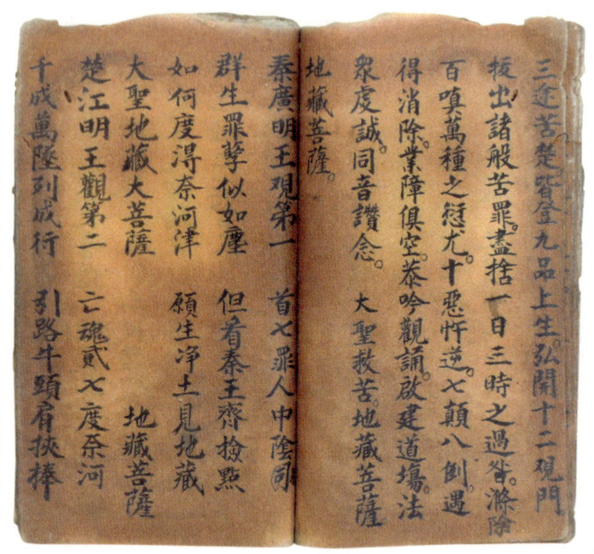

图 7.5-5C
《法卷》秦广明王

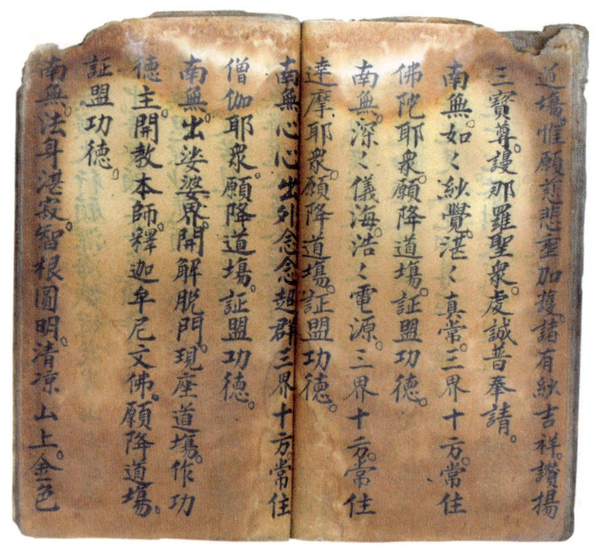

图 7.5-5D
《十王地藏尊经》卷中奉请

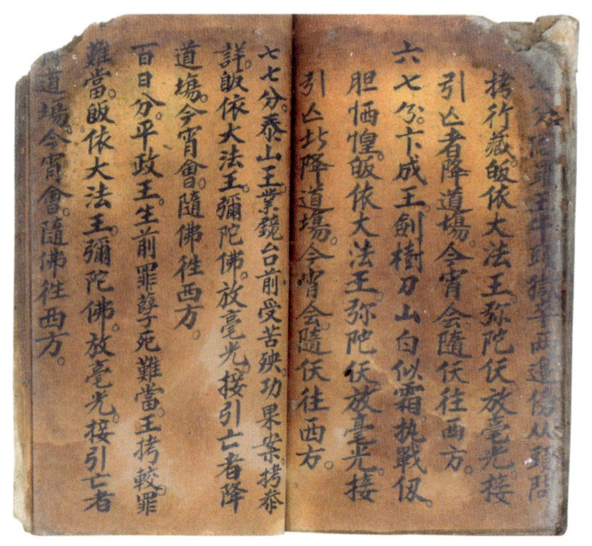

图 7.5-5E
《十王地藏尊经》卷中前部分

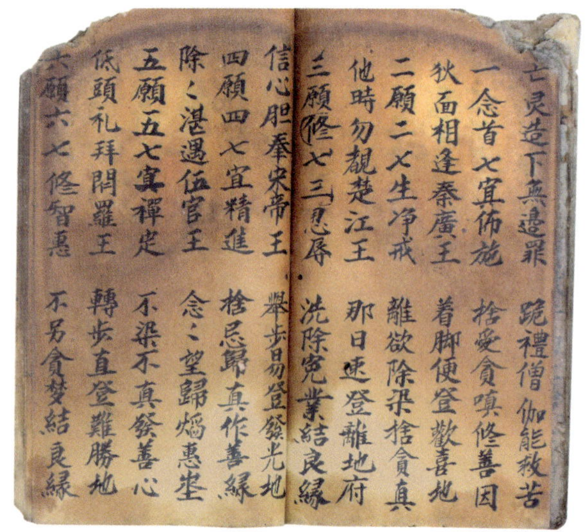

图 7.5-5F
《十王地藏尊经》卷中十地内容

等，确有水陆法会意蕴。如罗列出所召请的各种佛神，还可析出其属性特征。

> 今之日，虔邀僧侣，谨洁冥阳，广宣救苦之真言……虔诚普奉请：
>
> 南无如如纱觉……常住佛陀耶众，愿降道场，证盟功德。
>
> 南无深深仪海……常住达摩耶众，愿降道场，证盟功德。
>
> 南无心心出外……常住僧伽耶众，愿降道场，证盟功德。
>
> 南无出娑婆界……开教本师释迦牟尼文佛，愿降道场，证盟功德。
>
> 南无法身湛寂……文殊师利菩萨，愿降道场，证盟功德。（图 7.5-5D）
>
> 南无广大行愿………救苦观世音菩

萨，愿降道场，证盟功德。

南无降魔入道……大势至菩萨，愿降道场，证盟功德。

南无手执金锡杖……救苦地藏宗师，愿降道场，证盟功德。

南无神通第一……大孝目连尊者菩萨，愿降道场，证盟功德。

南无教兴梁武，会藏金山……阿难陀尊者菩萨，愿降道场，证盟功德。

南无幽冥说法……道明和尚，大辨长者菩萨，愿降道场，证盟功德。

……二帝八王，诸司曹局……一切圣众，愿降道场，证盟功德。

一心奉请，高穹上像，空界云居，厚土幽隆，权衡掌隶，人间社庙，古稷灵坛，水府龙神，蓬莱浪苑，家龛香火，司命土皇，行教仁师，先亲孤丧，若幽若显，乃圣乃贤，法会明流，我今施主……演荐悼之佛事，依经赞礼，誓度幽冥，愿降道场，证盟功德。

从此道场佛菩萨，尤其是诸灵上不难看出，这是小小的水陆法会科仪，而且是“法界圣凡”体系。虽然其提及“（谨洁）冥阳”，从请佛法僧到释迦佛与五六菩萨，特别是请梁武及以下系列之关联，完全是所谓南水陆《法界圣凡水陆胜会修斋仪轨》的“缩减实用版”。其后内容又有两种称颂，强调了引亡者随佛西方，后又列出了十地菩萨作对应（图 7.5-5E）。

首七分，秦广王，追魂押到鬼门江，心惆怅，好牺惶，归依大法王，弥陀佛，放毫光，引亡者降道场，今宵会随佛往西方。

二七分，楚江王，六曹拷较全行藏，心胆战，怎生当。归依大法王，弥陀佛，放毫光，引亡者降道场，今宵会随佛往西方。

三七分，宋帝王，看看押赴鬼门傍，抛眷属，受风霜。归依大法王，弥陀佛，放毫光，引亡者降道场，今宵会随佛往西方。

……

此处尊经十地内实同《地府生天道场经》内容（图 7.5-5G、5H）。

一念〔1〕首七宜布施，舍爱贪嗔修善因。狄〔2〕面相逢秦广王，着脚便登欢喜地。

二愿二七生〔3〕净戒，离欲除染舍贪真〔4〕。他时忽睹楚江王，那日速登离地府。

三愿三七修忍辱，洗除冤业结良缘。信心胆奉宋帝王，举步易登发光地。

四愿四七宜精进，舍忌归真作善缘。除除〔5〕湛遇伍官王，念念望归焰惠垐〔6〕。

五愿五七宜禅定，不染不嗔真〔7〕发善心。低头礼拜阎罗王，转步直登难胜地。

六愿六七修智惠，不另贪梦〔8〕结良缘（图 7.5-5F）。一朝会见变成王，独

〔1〕《地府生天道场经》作“愿”。
〔2〕《地府生天道场经》作“觌”。
〔3〕《地府生天道场经》作“宜”。
〔4〕《地府生天道场经》作“嗔”。
〔5〕《地府生天道场经》作“徐徐”。
〔6〕《地府生天道场经》作“地”。
〔7〕《地府生天道场经》作“不嗔不染”。
〔8〕《地府生天道场经》作“魂”。

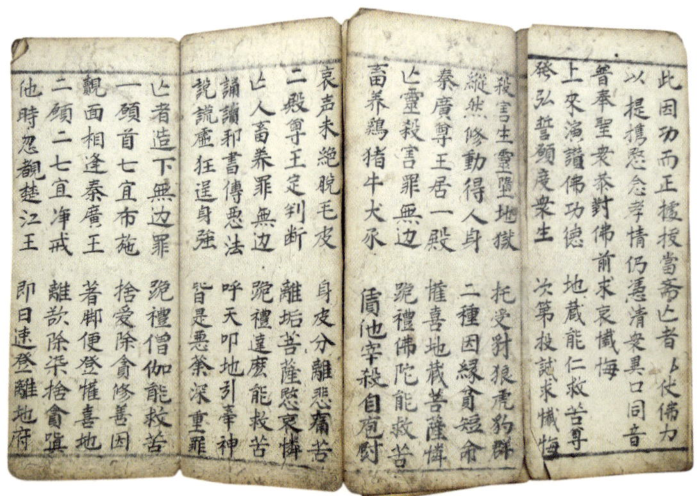

图 7.5-5G

《地府生天道场经》十地内容

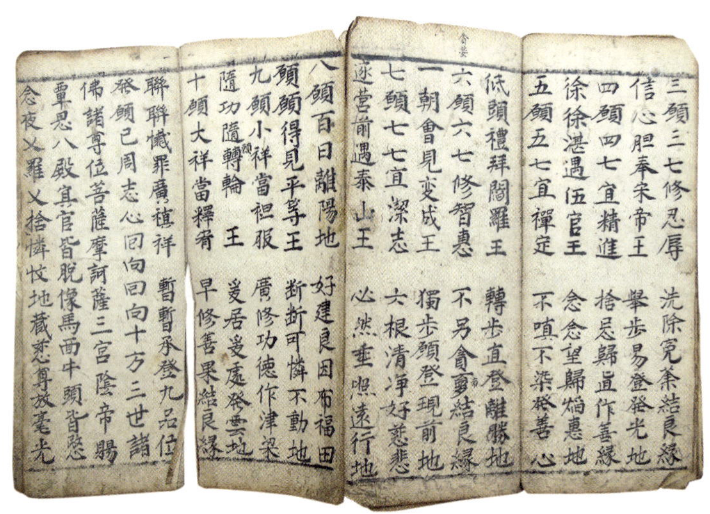

图 7.5-5H

《道场经》十地内容

步愿登现前地。

七愿七七宜洁志，六根清净好慈悲。遂营前遇泰山王，必然垂照远行地。

八愿百日离阳地，好建良因布福田。愿愿得见平等王，断断可怜不动地。

九愿小祥当袒服，广修功德作津梁。随功随愿转轮王，爰居爰处发云地。

十愿大祥当释宥，早修善果结良缘。

《佛说十王地藏尊经》卷下，明确了忏悔内容，此卷非常明显地结合十王来表达这一点。

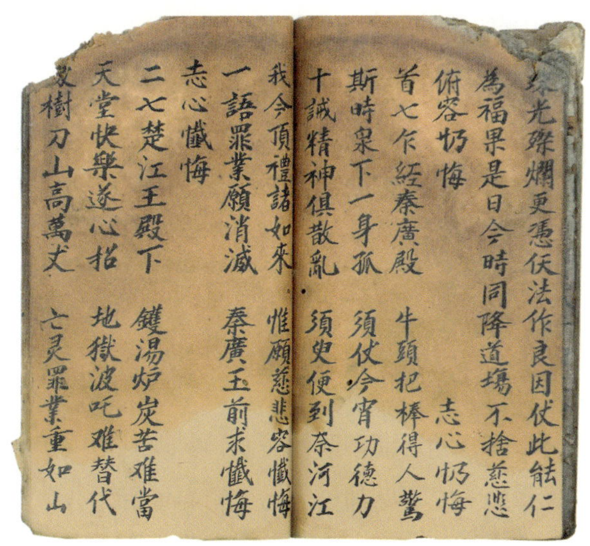
光燦爛更憑仗法作良因仗此
為福果是日今時同降道場不捨慈悲
俯容忏悔　志心忏悔
首七乍經秦廣殿　牛頭把棒得人驚
斯時泉下一身孤　須仗今宵功德力
十誡精神俱散亂　須臾便到奈河江
我今頂禮諸如來　惟願慈悲容懺悔
一語罪業願消滅　秦廣王前求懺悔
志心懺悔
二七楚江王殿下　鑊湯炉炭苦難當
天堂快樂遂心招　地獄波吒難替代
樹刀山高萬丈　亡灵罪業重如山

图 7.5-5l

《十王地藏尊经》卷下忏悔

首七乍经秦广殿，牛头把棒得人惊。斯时泉下一身孤，须杖今宵功德力。

十诚精神俱散乱，须臾便到奈河江。我今顶礼诸如来，惟愿慈悲容忏悔。

一语罪业愿消灭，秦广王前求忏悔。

志心忏悔

二七楚江王殿下，镬汤炉炭苦难当。天堂快乐遂心招，地狱波吒难替代。

剑树刀山高万丈，亡灵罪业重如山。（图 7.5-5l）七日万死与千生，苦痛受持无忏悔。

二障罪业愿消灭，楚江王前求忏悔。

志心忏悔

总之，此二经本虽有各种经名，实属近代之实用仪轨文本。其召请以及在十王处的各种表达、颂赞偈句，体现出以超度亡魂为主的仪式情状，其中既有强烈的西方净土弥陀信仰色彩，也有华严十地菩萨之影响，以及道教一些词句方式痕印。三卷本中的前赞颂后忏悔，也能大体符合法事需要。由单行本与三卷本关联来看，三卷本之卷中等同于单行本，或是因法会大小之别。卷中超度亡魂之意甚明，召请诸事皆具，又单独抽为单行本，说明其更流行。

实际上，从现存各种经本与仪轨之间，我们似乎可见到一种过渡式的链条。从《阎罗王授记经》的长行式经文，至《佛说十王经》等出现赞词图画，就已向仪文跨进。此经不但流传广泛、变体甚多，而且此种较严谨的持续中还有增序文、加长短句赞，如上列明代的两种名《阎罗王经》。更有此处《佛说十王地藏尊经》，卷上稍改偈赞，卷中以及卷下加入道场仪式并忏文等，可谓步步演进。对召请部分加以分析还是很有意义的。实际上，行丧仪之法事在社会需求中更为普遍，水陆仪文召请各路神佛，有精简实用版普行。此精简版不但见于佛教也见于道教，不仅见于汉族也见于各民族。

（三）预修斋意牒疏

从现存仍颇丰富的科仪即实用性的文献中，我们可以看到道场仪与道场文等。宋代以后，官方文书即公文体系被运用于佛教，所以将疏表、召请、牒引等文书移入地府等，称为佛门行移或斋意等。其中仍有关于十王者。我们现从已整理的《佛门行移》中选出有关预修十王法会的牒与疏各一[1]。录出其十王中第一王之牒文，可知相关法事之一斑。

〔1〕侯冲《佛门行移》，范纯武主编《台湾宗教研究通讯》第 10 期，兰台出版社，2012 年，第 98—101 页。

预修通关牒

启建预修通关寄库道场文牒

娑婆世界，南瞻部洲云云，奉佛预修生七寄库信人某等，是日仰干大觉，俯鉴葵诚，伏为自伸本命年　月　日时生。切念　四缘聚体，五蕴为躯，忽从假合而成，执作坚牢之想。今则身居幻世，犹水月非真，足迹寄浮云，类空花而不实。欲出若水之巨浪，须凭道筏以乘危。是以愿作良因，蠲除苦果，生前作福，十分收全，殁后追修，七中获一。以见世之功德，为当来之津梁。仗生灭之躯，得获真常之体。所以占卜卜今月日，恭命僧侣，云集法筵，预修启建生七寄库道场　昼宵，于内焚香献果，设食燃灯，祷薄伽梵之慈尊，演修多罗之秘典，今将所将良因，一一开列于后：

初七之辰　一一修奉清净香斋一中，预命某寺某僧人某某，看念经某某。

一一焚化冠带色衣等件，冥案笔砚，旋改云驭项，金银几锭，千张几个，具疏一道，谨专文献上第一殿秦广大[1]王，编立施字号合同为记，魄临地府之中，望赐超生之路。

二七之辰

一一修奉同前，具疏一通，谨专献上第二殿楚江大王，编立戒字号合同为记。望兴一念之悲，愿赐二严之报……

这是一件用于预修十王寄库法会上的通关之牒。因前已介绍《十王经》实为《佛说预修十王生七经》之简称，可依此进行预修各类法事，如预修斋、亡人斋，以及后来盛行的受生斋与寄库斋事等。《十王经》中呈现的预修观念即生者为自己死后预修功德，对社会民众产生了很大的影响，而且日益发展成为以具体数量的财货来进行预修，也发展出凡人得以人身出生，是因为在阴界均有财货付出，所以成人身后要过行偿还。填还与寄库是相近而不同的概念，实现时都须用纸钱冥币而为之。譬如说人已欠阴界银行之钱，所以必须偿还。即使没有欠阴界银行之钱，事先存入也是有很大好处，可以为己为亲人带来功德。如果要做这两件事，也必须由僧侣来做。请僧法事须有布施报酬，最少也得请吃斋饭。做了这些法事还得有凭证、订合同。在法事会上，僧侣为施主向十殿冥王所念诵者为疏文，而持纸钱等去地府，也须持拿有牒文（护照文件），才能顺利通行。牒文中所书内容也是冥阳两者都要报知的。所以，无论是疏还是牒，都是一式两份或更多。焚化给地府与冥王，施主在阳间也留一份凭证做底。此例前文已见，如北宋施仁永预修法事牒文等。此处所见则是模板——应用文的标准示范。

因法会事务极多且频繁，用者只须将地址、年月时间、姓名，还有财货数等填入，就可用了。如在上文中，某地某信士要预修寄库，只要申明斋意，说明准备好供养饭食，填入要请的某寺某僧，要念什么经都一一填明。继续写明要备好的纸冥衣冠，桌案笔砚（这是十王画上常见、冥王要用的），冥钱的金银锭与冥币多少。这些财物文献给秦广大王，且以下诸王相同。不过合同要分别订立，还分别用十个字号区别，即“施戒忍进禅慧立愿力智”。其前六字符合大乘佛教六度即“布施、持戒、忍辱、精进、禅定、般若

[1] 此处录文多一“朝”字。

（慧）”，再加“立、愿、力、智”而成，最后署上时间。僧用此牒可通过冥府吏员关口所用，即通关文书，将寄库财物送至冥府。

预修十王疏十道

启建预修生七功德文疏

娑婆世界，南瞻部洲云云，奉佛修建预修生七寄库保安信人某，即日仰干慈化，俯鉴葵诚，伏为自陈本命年　月　日时生。切念龟晷难保，蝶梦易残。芳春如过隙之驹，清昼方飞空之电。由是卜今月日，预修初七之辰，谨具频繁，恭敬梵众。礼玉豪之相，宣金口之言。灯花灿武不夜之天，花艳现长春之景，准科作法，依教奉行。具列功勋。经标于后：

——修奉清净香斋一中，

——预命某寺某僧人某某，

——看念经云云。

——焚化冠带色衣等件，冥案笔砚，旋改云驭项，金银几锭，千张几个。

右具如前，谨专献上第一殿秦广大（此处录文多一“朝”字）王，编立施字号合同为记。伏希冀鉴纳者，恭惟威严叵测，利益难量。名标万德之尊，位列十王之首。仰乘慈济，福寿遐昌。

谨疏

某年某月某日

秉教沙门某某

此预修寄库之疏文的用意与上牒相同，只是由僧侣念给十位冥王听，所以是十道疏文。

（四）道家关告转案

道教仪轨之中也有很多十王文献。与《大灌顶经》《十王经》有关的道教经忏有数种。敦煌遗书发现的《天尊说随愿往生罪福报对次说预修科文妙经》形态较早，与道藏中《太上慈悲九幽拔罪忏》有密切的关系〔1〕。此后沿用践行的仪轨也有数种，如《地府十王拔度仪》〔2〕，还有关告十王与转案等文。道教全真科《十王转案》是道教较正式的科仪，转案幽科之仪场面很壮观。一般要先后分次出场十位高功法师，他们逐次变换“高功”法衣，有时还戴赤面獠牙面具，很有戏剧色彩，在民间很受欢迎。其仪式中不仅有高功道师，而且还有提纲、提科、举等法师配合。现代民间还有多种经轨合集本〔3〕。现将《十王转案》内容例选数段如下：

上完救苦疏

功说：“恭祝宝香玉炉焚，瑞气祥光满太空。”

提科：“迎请威灵来降鉴，广布神化赴坛庭。”

举：“金定玄通天尊。”

（旋至一宫）功说：

“臣闻，九幽路远，能追已往之魂；大道恩深，可荐不返之魄。兹当朝奏，必假香传。夫此香者，香焚金炉腾瑞霭，香飘虚空满仙阶。祥光童子传香去，香格千真万圣来。传香有偈，宝号

〔1〕郜同麟《〈天尊说随愿往生罪福报对次说预修科文妙经〉初探》，《敦煌研究》2017年第6期。

〔2〕正统《道藏》洞真部本文类32册《太上慈悲九幽拔罪心印妙经》。正统《道藏》洞真部威仪类第十函82册苦《地府十王拔度仪》。台北新文丰出版股份有限公司，1977年。

〔3〕如《太上慈悲救苦冥府十宫妙经》含《十王经》《十王真经》《太上慈悲救苦冥府十宫妙经》《十王妙经》。

称扬。”

……

提纲：“恭对位前，请称职位。”

功称职毕接圣班：

冥府一殿，秦广大王，太素妙广真君。东方玉宝，皇上天尊，冥府一殿，铁面冰心，执法判官。冥府一殿，风雷地狱，冥官主者。冥府一殿，神虎何乔，二大元帅。冥府一殿，牛头狱卒，马面神王。冥府一殿，取人枷鬼，无常大神。冥府一殿，引魂来往，使者等众。悉仗真香，普同供养。

功说：“臣闻，开天辟地，三皇五帝以茫茫；亘古传今，四生六道而滚滚。不假拔度之功，曷使超升之路。具有一宫符命，谨当告下。”

表白宣符毕，功起：“志心皈命礼，青华长乐界，东极妙严宫。七宝芳骞林，九色莲花座。万真环拱内，百亿瑞光中。玉清灵宝尊，应化玄元始。浩劫垂慈济，大千甘露门。妙道真身，紫金瑞相。随相赴感，誓愿无边。大圣大慈，大悲大愿。十方化号，普度众生。亿亿劫中，度亡无量。寻声赴感，太乙救苦天尊，青玄九阳上帝。”

接念《救苦经》：“尔时，救苦天尊，遍满十方界，常以威神力，救拔诸众生，得离于迷途，众生不知觉，如盲见日月。我本太无中，拔领无边际，庆云开生门，祥烟塞死户，初发玄元始，以通祥感机，救一切罪，度一切厄。渺渺超仙源，荡荡自然清。皆承大道力，以伏诸魔精。空中何灼灼，名曰尼丸仙。紫云覆黄老，是名三宝君。还将上天炁，以制九天魂。救苦诸妙神，善见救苦时。天上混无分，天炁归一身。皆成自然人，自然有别体。本在空洞中，空洞迹非迹，遍体皆虚空。第一委炁立，第二顺炁生。第三成万法，第四生光明。天上三十六，地下三十六。太玄无边际，妙哉大洞经。归命太上尊，能消一切罪。”

旋至二殿起风交雪：“仰启二宫主，普明楚江王。愿垂大道力，拔度荐亡灵。”

跪下圣班：“冥府二殿，楚江大王，阴德定体真君。南方玄真，万福天尊。冥府二殿，神虎何乔，二大元帅。冥府二殿，牛头狱卒，马面神王。冥府二殿，取人枷鬼，无常大神，引魂来往，使者等众。悉仗真香，普同供养。”

功说：“伏以，浮黎说法，始青悬黍米之珠；紫极着文，大梵流玄纲之演。具有二宫符命，谨当宣读。”宣毕，功起……

“仰启十宫主，肃静转轮王。愿垂大道力，拔度荐亡灵。”

圣班：“冥府十殿，转轮大王，武化威灵真君。下方真皇，洞神天尊。冥府十殿，铁面冰心，执法判官。冥府十殿，无间地狱，冥官主者。冥府十殿，牛头狱卒，马面神王。冥府十殿，取人枷鬼，无常大神。冥府十殿，引魂来往，使者等众。悉仗真香，普同供养。”

功说：“伏以，阴阳两隔，狮座祥光可睹无量光明；地狱孤魂，盂中甘露能解焰池热恼。具有十宫符命，谨当宣读。”“向伸符命，宣白云周。”

功起《救苦经》接《上水船》："种种无名是苦根，苦根除尽善根存。但凭慧剑威神力，跳出轮回五苦门。道以无心度有情，一切方便是修真。若皈圣智圆通地，便是升仙得道人。"

毕，功说："恭闻，阴曹建域，地府分权，主者十森罗之官殿同开约。发者三普，掠之政形，时着慈仁为号。宽猛相兼，拷较持衡，恩威普济。"

举："十宫普济天尊。"

"志心皈命礼，灵分正治，夜鉴权司。云云。"（化东狱疏）

功说："无量度人经，能灭河沙苦，荐上蓬莱客，超出酆都府。"

举："闻经悟道天尊。"

功说提纲："牛头马面护道场，十殿阎君转案忙。"

提科："太乙天尊来接引，亡灵从此上天堂。"

功说："羽众慈悲。"提科："引导安位。"

举："花幡接引天尊。"

关告十王亦是请神灵降临的道场仪文，或者说是其中的重要组成部分。下例：

信香一炉入幽冥，礼请坤府十王君…………

恭焚真香，虔诚一心，奉请冥京十王大帝，六曹案牍，左右通司判官，惟异光降道场。主盟修奉，关告仪文，次当宣念

切以尘心未泯，为生死轮回之因。见习不明，有文案推穷之理。盖以沉迷，六贼奔走，四生未知罪性之本空，焉得轮回之暂息。此夕恭投上圣爰启清净道场惟凭荐悼之方，庶使超生之路。伏愿十王大帝，六曹部众。仰遵佛敕，俯察凡情，羁么均蒙沛有，然愿密言诵而狴牢释，神幡举而道路通，速出铁围城，来睹金色界。

八句偈章　同声加赞

释氏仪中仔细陈，十王从古异诸神。

已证菩提修行地，常现冥官化现身。

或是往来蒙授记，或因争战则生嗔。

李崇亲述还魂事，广为相传劝世人。

南无十地位菩萨。

法事投诚，叹圣功德宣文疏。

上来　疏文宣读以周、宣读以毕。虔具长钱满架，散帛等份，侧向天街，用凭火化，将伸迎请。别有词问，大众至诚如法应和。

弟子众等，合道场人稽首和南，一心奉请，

中元地官　地府部众酆都焰魔　十王圣众。

愿闻迎请　普降道场庶使有情　普沾均利。

慈悯故　悲悯故　大慈悲悯故　信礼常住三宝。

凡情上达，恩泽下临，恭对圣前　运乐回向。

关告功德殊妙相，无边胜福皆回向。

普愿沉溺诸有情，速往无边光佛刹。

十方三世一切佛，诸尊菩萨摩诃萨。

摩诃般若般罗密，回向无上佛菩提。

关告十王虽是道教科仪，既“礼请坤府十王君”，又奉请“冥京十王大帝”，却充满着佛教色彩。其中“佛敕”“十地位菩萨”“十方三世佛”“摩诃般若波罗密”等词句，特别是“释氏仪中仔细陈，十王自古异诸神”，明确言出十王是从佛教中汲取而来，并有异乎诸神的特点。道教与佛教的发展实际上充满着相互吸收、相互择取的互动过程。

二、水陆十王仪轨

十王部分是水陆法会的重要构成，代表着冥府官吏体系以及所统摄的地狱和诸恶道、往古人伦等。《十王经》本来明确十王所处在中阴，为六道中含识有情轮回时死后与往生前之阶段，但其时空所在却不很明确。《十王经》中的地藏菩萨地位升高，随后地藏十王的统治管辖扩展到冥界阴域，这种情况在宗教艺术与文本中体现得非常明显，导致古人与今人对此都有含糊之感。人们都习惯地将冥府阴界的统领导向为地藏十王或十王东岳或城隍等，十王为民间宗教或民俗普遍接受。但冥界与六道的对应仍不清楚。三恶道中至少畜生道不在阴间，地狱道与恶鬼道对应较明确，但阿修罗道与人道的关联就难界定，若加中阴似可括及。总之，十王进入水陆法会等于进入了更完备的大体系中，进而与随官吏员整合。因此在水陆仪文中，我们可见到更完备的十王系统。其中，五道从转轮王脱出成为附神，甚至还有泰山府君，而十王画系统中的使者（后出之监斋与直府）等则脱离冥府成为大体系中的附神。当然，不同水陆仪文之间也有所区别。兹列《天地冥阳水陆仪文》与《法界圣凡水陆胜会修斋仪轨》之十王及相关以见其构成。

1.《天地冥阳仪》请十王文

此仪文中，召请仪有“命请冥殿十王仪”：

夫此香者，禀阴阳之秀实，种天地之灵根。一炷才然……

信心凭此遍冥司，地藏十王皆供养……

夫十王者，名彰尘世，迹示幽都。列分十位之权，誓拔三途之苦。过去未来之业，判断无私；生前殁后之愆，权衡有鉴。外虽形于恶相，内各具于悲心。欲荐亡魂，须凭圣力。如来教藏。

以此振铃伸召请，地藏十王愿闻知。愿承三宝力加持，今夜今时来赴会。

……故冥道须劳于宰执。阎罗天子，泰山府君，十八典狱之王，百万牛头之众，监斋五道，善恶部官。既罪福以分明，据业缘而处断。

兹者会首某人，修无遮平等斋仪，救永处无明苦众。伏愿冥道十王，百司宰辅，应施主之虔恪，庆同会之嘉时。前伸普告，后展请仪。会首上香，谨当设拜。

南无一心奉请，现居阴界，摄化冥途，具万德相好之严身，得无生法忍之妙乐。振无声锡，击开地狱之门；掌不夜珠，照破昏衢之暗。释罪尊师，大慈悲地藏王菩萨。道明慈造，时时诱接于冥司。长者悲情，日日提携于地府。唯愿不违本誓，悯悯有情。

一心奉请，威严叵测，利益难量，名摽万德之尊，位列十王之首。推穷罪类，引勘囚徒，问众生所作因缘，理凡夫修何果报。至明至圣，判断阴司，秦广大王，并从眷属等众。唯愿暂离幽府，略赴香坛。

一心奉请，悲生有愿，济苦无伦，德摽江海之渊深，性秋净蟾之洁白。名持第二，次理幽关，每朝决责于衔冤，晓夜琢磨于限部。灵明炳焕，掌判阴司，初江大王，并从眷属等众。唯愿速驰凤驭，略赴香坛。

一心奉请，身虽忿怒，心抱慈悲，悯观众苦之缘，俯鉴诸愆之至。三途急运，六道忙然，难容巧说之流，不许奸讹之辈。至明至圣，判断阴司，宋帝大王，并从眷属等众。唯愿运慈悲念，发欢喜心，今日今时。

一心奉请，法崇一正，德号五官，据其善恶之高低，量以生杀之轻重。双童侍卫，群卒虔恭，每怀恻怆之心，常悯愚迷之苦。聪明正直，掌判阴司，五官大王，并从眷属等众。唯愿略停忿怒，广运慈悲。

一心奉请，威光赫赫，圣力雄雄，衣披天地之星辰，冠戴江河之日月。位极九五，化满三千，令人人改往修来，使一一舍邪归正。冥中统御，总判阴司，阎罗大王，并从眷属等众。唯愿悯众生苦，奉诸佛言。

一心奉请，明明有显，一一无差，常将宝镜以彰悬，鉴察众生之善恶。因人叹惜，罪士嗟呼，因十恶而条法加刑，为群迷而积成限簿。深穷报应，掌判阴司，变成大王，并从眷属等众。唯愿上遵佛敕，下悯凡情。

一心奉请，人天普仰，神鬼咸钦，胸如江海之渊深，德若须弥之高大。眉愁塞海，目怒驱山，察众生善恶之因，鉴有情苦乐之报。修仁蕴德，掌判阴司，泰山大王，并从眷属等众。唯愿广兴悲愿，款降慈颜。

一心奉请，号摽平等，德尚仁慈，护生于鞭挞之间，诫勖向苦刑之际。深怀大愿，恒抱悲心，嗟吁地狱天堂，只在恶缘善报。业随轻重，掌判阴司，平等大王，并从眷属等众。唯愿钦依密咒，速离幽关。

一心奉请，位专交易，号都市王，受命于琰魔之间，着功向金山之外。周年之主，一岁之君，幽关为决正之神，地府作断冤之圣。劝平斗秤，掌判阴司，都市大王，并从眷属等众。唯愿察斯虔祷，运大神通。

一心奉请，无边行愿，有大威神，慈悲利益于群生，永作轮回之主宰。常居阴界，摄化冥途，留形于刹土之中，传声向普天之下。巍巍气宇，掌判阴司，转轮大王，并从眷属等众。唯愿体兹微恳，届此净筵。

一心奉请，幽冥主宰，善恶部官，定罪福以无差，逐业缘而有鉴。监斋使者，五道大神，十八典岳之王，百万牛头之众。不拘大小，亦有尊卑。三司总赴于香坛，六案俱临于法会。唯愿希遵佛敕，普释囚人。

一心奉请，职居总帅，辅弼阎罗，掌百局之尊权，领三司之重柄。分符外化，泰山府君。

一心奉请，如来亲诣，位号分明，一十八掌狱之都官，无央数群情之化主。琰魔殿侧迦延等神。

一心奉请，铁围山内，狭道两傍，宝达菩萨之亲临，业集劳生之苦楚。恒加禁等四九诸王。

一心奉请，本愿经指，铁围山间，从琰魔至忉利天宫设咒誓永扶持正法。大恶毒等四八诸王。

一心奉请，威灵可畏，正直难欺，为阳道追摄之神，作阴司主典之使。三司六案，十八典狱，善恶簿官，监斋五道，佥书掌记，警巡都统，言该不尽，一切主执，神祇等众。

一心召请，截手烙脚，碓捣磨磨，镬汤炉炭之流，铜柱铁床之辈。十方法界，一切地狱道中，受苦有情等众。

一心召请，业因十恶，受报多端，昼餐秽污以充饥，夜宿林峦而作伴。十方法界，一切饿鬼道中，受苦有情等众。

一心召请，随业堕类，逐报分形，受生而万类千般，捷疾而水陆空界。十方法界，一切傍生道中，受苦有情等众。

上来奉请，幽冥圣众，已降道场。地藏十王，同临法界。虽则神有五通，不能净除三业，仰劳大众，略称法事，躬命圣贤，依仪灌沐……

上列召请十王之仪文〔1〕，即举办三天法会时要首先召请至道场的冥殿诸灵。所请一切幽冥即有主宰之地藏十王、善恶部官、监斋五道、十八狱主、泰山府君、宝达菩萨〔2〕，也有辅佐之三司六案、迦延神、恒加禁王、恶毒鬼王，也有受苦有情之饿鬼、傍生等，连狱庭诸刑器具也被召请。其主次详密有所不同。地藏十王都是专列一心奉请，而伴随冥官、神衹眷属与诸鬼吏恶灵、受苦饿鬼等多有一条中并列。由此可见，所谓三恶道即地狱、饿鬼、傍生都在其内，即十王冥府条项所请，不止于王者，地狱道、饿鬼道中受苦者，甚至于截手烙脚、碓捣磨磨、镬汤炉炭及铜柱铁床等刑具也拟人化了（其与南宋《十王图》之庭惩狱罚有对应〔3〕），或是指在这些器具上受刑者。在水陆法会中，分量更大的孤魂与往古人伦，以及并不在三恶道之内的含识有情，与冥府也少不了关联。

紧随的“召请诸灵仪”，是法会施主自己的祖先，各种水陆画中并无也不便对应。

2.《天地冥阳仪》表疏

《天地冥阳水陆仪文》后所附“水陆牌位”，分左右各六十位，是简明的诸神灵表，无正位佛菩萨，有上下界神仙与地府等。所列诸神灵及冥王鬼吏，与实存画面较对应，即与水陆画中诸榜题较贴切。其中冥殿十王部分为：

---

〔1〕戴晓云校点《天地冥阳水陆仪文校点》，中国社会科学出版社，2014年，第73—78页。美国普林斯顿大学葛思德东方图书馆本《天地冥阳水陆仪文》缩胶卷即我从美国带给戴女士。2007年，笔者在美国芝加哥大学作访问学者时，得太史文教授邀请在普林斯顿大学作《三阶教石窟考古》演讲，专访图书馆并办理获得此微缩胶卷之手续。

〔2〕宝达菩萨应出疑伪经的三十六卷《佛名经》或《法华经·马鸣菩萨品》。戴晓云《天地冥阳水陆仪文校点》录为“宝逵”。

〔3〕虽非十分严格贴切。南宋《十王图》中转轮王处为善男信女，余九图中狱罚基本与此对应。这个印痕是否对《天地冥阳水陆仪文》与元代的“金山水陆”之关联有些帮助还很难说，毕竟时代相隔较远。

秦广大王、初江大王、宋帝大王、五官大王、阎罗大王、变成大王、泰山大王、平等大王、都市大王、转轮大王、地府六曹判官、地府三司判官、地府都司判官、地府五道将军、善恶二部牛头阿傍诸官曹众、八寒地狱、八热地狱、近边地狱、孤独地狱。

这里无饿鬼与傍生，其后为起教大士面然鬼王引导的孤魂等众。一般孤魂部都含饿鬼王面然（焰口）与鬼众。在水陆法会中，饿鬼与孤魂联系更为紧密，实为一体。

在法会过程中召请冥府众等来到以后，还有什么仪式呢?

《天地冥阳水陆仪文》所附杂文表章部分就有“冥王圣众文表”“十王前宣读申奏、请十王圣众”，疏文部分的“请十王”，还有牒文部分“琰魔使者”“五路牒”等。如：

冥王圣众文表

伏闻六道轮回，出自最初妄念；九泉化境，现从平昔情尘。由众生未达于正因，致十圣常居于阴界。分司列职，德清简牍之风；立纪陈纲，法皎幽关之日。修荐恭祈于证鉴，倾诚俯叩以奏闻。

谨谨奏请。

阎罗至尊天子，九殿大圣阴君，十八典狱之王，百局曹僚之宰。

恭望苦狱，大开恩赦，宝车暂别神京，愿闻迎请之音，齐赴荐扬之会。受檀那有分有全之功德，趣觉皇无生无灭之涅槃。倘副恳诚，不胜庆耀。但沙门臣僧某，凡愚浊质，干冒神聪，下情无任恳祷，屏营激切之至。

年 月 日

十王前宣读申奏

修设大会所：

……保存荐殁，仰仗冥威。臣僧某顿首顿首，谨言此者，即有某府州县处，修设天地冥阳水陆道场。会首某人云云。敬伸严悼，普及超升。

谨命某为秉法阇梨，洎法事僧一坛，取今月某日，就于某处，敷建道场，广为荐拔会所。凭斯心愫，依仪奉行。发牒扬幡，建坛结界。炳然天地般若灯坛，安置清净香汤浴室。广设无遮斛食，竖立宏大钱山。净道散花，严办供养。上行召请，十方法界，三宝圣贤。中行召请，天仙地祇。下行召请，冥府地藏十王，六曹官典，百司宰执，一切卒吏阿旁等众。专冀临于法会，仍希济于群魂，忏谢愆瑕，往生安养。据兹胜事，理合奏闻者。

右谨具。奏上幽冥府主，地藏十王。伏乞圣慈，幸垂俯鉴，仰祈妙用，委命曹僚，令所治罪衅之徒，权止息煎迫之苦，尚希属荐灵魂，兴慈赦有超生。更冀上遵密言，下矜凡愫。但臣僧某一介浊质，樗樛不材，叨滥缁流，误行法事，冒犯冥威，无任恳祷，激切之至。诚惶诚恐，顿首顿首。

谨奏

年 月 日 具 位 沙门谨奏

请十王圣众

右某泣血，谨言此者云云，切念云云，辄罄丹忱，仰干玄造，敢希圣众，俯降坛场。特凭慈恕之恩，遂获往生之利。既不辞于憖物，冀少慰于愚衷。臣僧某日，目触威严，无任恳祷，激切之至。诚惶诚恐，顿首顿首。

谨奏

年　月　日具　位

疏文

请十王

修设大会所：

据州县某处，水陆会首某云云，是以谨命某为秉法阇梨，并法事僧一坛，建置水陆大会。洎取今月某日某时，开启法事，至某日满散，计几昼夜。谨遵科式，严持黑道，召请冥府地藏十王，六曹官典，百司宰执亿千眷属，十八部官，马面牛头，阿旁卒吏，三恶罪衅之类，十缠殃祸之俦，同临道场，普沾妙供。谨具冥衔如后。

南无一心奉请，地藏菩萨摩诃萨，道明和尚，大辩长者，秦广大王，初江大王，宋帝大王，五官大王，五官大王，阎罗大王，变成大王，泰山大王，平等大王，都市大王，转轮大王，牛头马面，卒吏阿旁，诸班等众。一心奉请，十方法界，地狱道中，受苦有情等众。十方法界，饿鬼道中，受苦有情等众。十方法界，傍生道中，受苦有情等众。

右具如前。伏乞地藏十王圣众，冥司宰执曹僚，希降圣慈。望垂灵造，上禀如来之敕，下愍檀信之心，早布龙旌，速排凤辇，毋赐叱阻，率领众徒，愿赴圣坛，广施妙用。僧某冒犯冥威，无任恳祷，激切之至。具状申闻，伏祈圣鉴。

谨疏

年　月　日疏

“琰魔使者牒”是为阎罗十王开路，“五路牒”是为五道将军开路所用的。

总括起来，《天地冥阳水陆仪文》中有关十王的仪、表、疏、牒间的关系为：仪文是僧人先行召请；表与疏是法会中僧人在神像或牌位之前先后念诵，或为施者斋主说其意愿，即代表施主向降临法会的冥府十殿大王说明意愿；榜则张贴在法会诸坛与浴室、钱山及斛食各处（幡旗等标结界外围）；牒文是为诸神鬼灵开路所用的。这一套名称原属公文系列，是宋代佛教受儒家官府行政体系影响后才出现并实行的，所以僧人称佛为觉皇，称自己为臣僧。上述诸文也是模板，在具体举办时要填入施主与僧人实名时地等信息。而科仪形式最初出自道教。在法会所请神佛鬼魂系列中，上仙与下界神祇亦多出于道教，往古人伦与先灵等则对应儒家。可见三教合一之风盛行。

3.《法界圣凡仪》

《法界圣凡水陆胜会修斋仪轨》十王部分相对较简，但其大体系却完备许多。四圣六凡，圣即佛、菩萨、缘觉、声闻，凡则包括天仙、古人、阿修罗、畜生、饿鬼、地狱厉鬼，另外还专门设有中阴组。十王本来就位于中阴，但渐随地藏转至冥府阴界成主为王。至此，水陆仪文、十王附官地狱构成冥府，若《天地冥阳水陆仪文》近乎遗忘中阴，仅稍列“中有”且无表达[1]。但《法界圣凡水陆胜会修斋仪轨》就专设中阴，以明转生过程。此处列其十王、地狱、中阴之组合。

（表白唱言）

一心奉请，十方法界阎摩罗王、十

〔1〕右六十位中有一组“六道四生中中有情众”。

王王妹、十八小王、诸司主吏，并诸眷属。

地府阎摩罗王、秦广大王、初江大王。

地府宋帝大王、五官大王、变成大王。

泰山大王、平等大王、都市大王、转轮大王。

王妹神女、善恶二簿童子、诸女吏众。

当时同誓，助治地狱，十八臣佐诸小王众。

地府洪伽噤王，三十七位诸鬼王众。

铁围山间恶毒鬼王，三十四位诸鬼王众。

主执文籍业镜火珠，勘问对验诸司判官。

地府五道大神、无常大鬼、追亡魂使者。

地府功德司判官、捷疾使者、牛头阿旁百万狱卒。

惟愿不迷本性，承佛威光，今夕今时，来趋法会（法师想地府诸王官吏无央数众，从地下来，却住一面）。

（表白唱言）

一心奉请，十方法界八热八寒诸大地狱、诸独孤狱、一切受苦囚徒，并诸眷属。

……

泰山城隍、当境祠庙、者、阴狱中受苦囚徒。

七趣之中，方离中阴，将入地狱，诸幽冥众。

诸地狱中，已经释放，未得受生，诸幽冥众。

惟愿不迷本性，承佛威光，今夕今时，来趋法会（法师想诸地狱囚徒无央数众，先承降赦，已得自便，今闻召命，即皆来至，却住一面）。

（表白唱言）

一心奉请，十方法界，正住铁围山间，边住遍五趣中，鳞甲羽毛十类旁生，并诸眷属。

……

惟愿不迷本性，承佛威光，今夕今时，来趋法会（法师想诸旁生无央数众，从四方来，皆复人形，却住一面）。

（表白唱言）

一心奉请，十方法界，诸趣往来，七七日内，七返受生中阴趣众，并诸眷属。

诸天类中，报尽还来，受中阴身一切众生。

诸仙类中，报尽还来，受中阴身一切众生。

诸人类中，报尽还来，受中阴身一切众生。

诸福德神，报尽还来，受中阴身一切众生。

诸阿修罗，报尽还来，受中阴身一切众生。

诸饿鬼中，报尽还来，受中阴身一切众生。

诸旁生中，报尽还来，受中阴身一切众生。

诸地狱中，报尽还来，受中阴身一切众生。

泥犁城中，罪福二相，巧风所吹。中阴众生。

四洲诸趣，往来受生，一十七种中阴众生。

惟愿不迷本性，承佛威光，今夕今时，来趋法会（法师想七趣中阴一切众生无央数众，形如七岁小儿，从四方来，却住一面）。

（表白唱言）

上来召请，下堂圣凡，十位神灵，无央数众，或幽或显，各不相知。非仗密言，安能毕集。我佛如来有召请真言。谨当宣诵。

《法界圣凡水陆胜会修斋仪轨》内，中阴作为一个专组，其中罗列出六道的有情含识之回转，无论天仙、人、阿修罗、傍生、饿鬼、地狱厉鬼之福德神与受苦众，只要报尽，须转生，处中阴者，全部罗列。其上地狱道甚至包括了已离中阴未入地狱者、已出地狱未进中阴者，他们皆受召请。如此设计布罗，确实精密。所以，袾宏评说志磐《法界圣凡水陆胜会修斋仪轨》为“约而能尽，辞理双得”（《竹窗随笔》），确实很有道理。

第六节 晚近画作

“地藏十王图”的影响一直延至近现代。据台湾存留地藏与地狱十王图像、湖南民间祭祀绘画〔1〕、陕北石窟寺殿及广东佛山博物馆等之所存，可知其生命力长久不衰。

一、私人收藏及捐赠

民间流传的十王图轴也引起了国外学者的注意。如奥地利魏伯儒教授（Purl Vidor）在台湾购集百余幅《十王图》卷并加以研究，之后捐赠。台湾历史博物馆《十殿阎王》展出77幅魏氏的收藏，形色丰富，洋洋大观。展览图录中有郭立诚所撰《传统冥土观念的演变》〔2〕，魏教授亦谈绘卷情况，指出冥府十殿分画成几个图轴并不固定，一、二、四、六或十轴一套的形制皆有。但所有地狱图式也有共同处，如每一殿皆是特定一王管辖，各殿所施刑罚也是恒定的，主旨皆是以阴世酷惩威吓阳世人以劝善戒恶。又如原籍爱尔兰的美国外交官唐能理（Neal Donnelly）亦捐赠美国自然历史博物馆两组十王图卷，以《中国地狱之旅》为题展出〔3〕。

二、陕西等地

陕西省关中周至县、北部佳县等地都有现代水陆画，今人已有研究调查〔4〕。

（一）周至县

周至县本为道教圣地楼观台与祖庵所在地，有较厚信仰基础，但也有仙游寺等隋唐古庙。其高庙村高地堡，于光绪年间曾从泸河水中捞起过一堂古代水陆画，也曾用作“打醮”法事，现已

〔1〕左汉中主编《湖南民间美术全集·民间绘画》，湖南美术出版社，1994年。参见其中左汉中《湘西南地区的民间祭祀画》与颜新元《洞庭湖南岸的祭祀绘画》两文。

〔2〕［奥地利］魏伯儒等《十殿阎王》，台湾历史博物馆出版，1984年。此文以为大陆经过“文革”后，此类图轴已无存。实际上，湖南民间祭祀画中仍有很多十殿阎罗图。

〔3〕Paul Michael Taylor，*A Journey through Chinese Hell: Hell Scrolls of Taiway*（by）Neal Donnelly. Artist Publishing Company. 1990.

〔4〕呼延胜《陕西现存世的几套水陆画的调查及初步研究》，西安美术学院硕士论文，2007年。

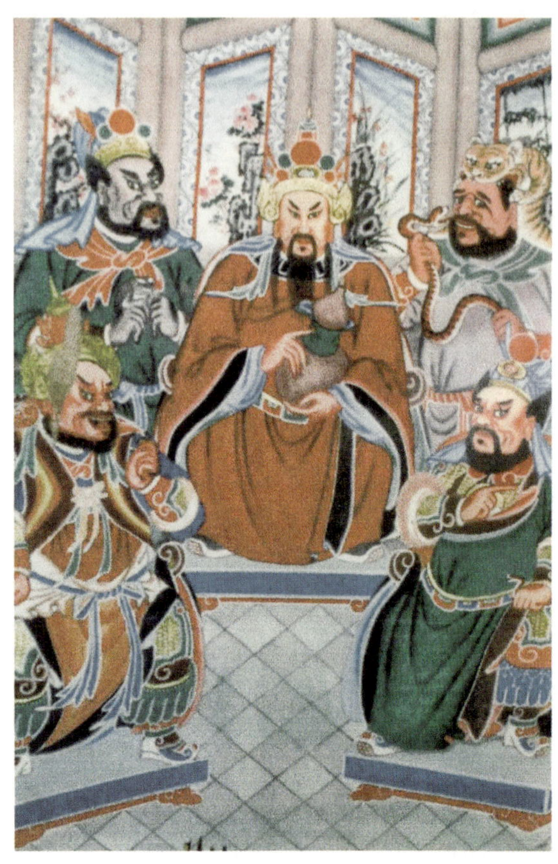

图 7.6-1
周至县现代水陆五瘟图（采自呼延胜《陕西现存世的几套水陆画的调查及初步研究》）

毁无存。1988 年续兴“打醮”，请终南镇李生之绘一堂水陆画，共 74 幅立轴，高 200 厘米，宽 85 厘米。用时悬挂五棚之中：1. 主神大棚正面佛、三圣菩萨，背面女娲、骊山老母等，对面有韦驮，其背面是梁武问志公。2. 地狱棚（烤醮）挂阎殿十君图。3. 孤魂野鬼棚。4. 地母棚（地藏王菩萨）。5. 城隍棚悬十三幅城隍像。画中多用社火脸谱、秦腔或社火中服装头饰帽及概念化道具等（图 7.6-1），整堂组合内佛道均不占主流，如关中诸民间小庙神祇之集成[1]。

（二）榆林佳县

陕西北部佳县有五女川，为该县境内第二大河，进入朱官寨后川道大升，滋养其地其人。朱官寨村的金山寺与白家铺村的化云寺均重绘水陆殿画。金山寺水陆画就绘制于大雄宝殿的墙壁上，正面塑三世佛及菩萨、弟子等像并绘制八组明王像；东壁水陆画共有四层，每层有 15 组，共 60 组，内容有天王、天仙、二十八宿诸星君、往古人伦等；西壁水陆画亦共有四层，每层有 15 组，共 60 组，内容有诸大龙王、阴府地府诸神、十殿阎君、孤魂冤鬼等。从现存碑文中得知，金山寺水陆画出自当地画匠、“非遗”传人张彦珍之手，绘制于 2003 年至 2004 年间。

另外，陕西佳县白云山白云观为道教名观，其内的五龙宫与真武大殿中，画有真武修行图，含十王内容。五龙宫建成于康熙年间，有百余幅精美壁画，可惜于 2001 年烧毁。而真武大殿前殿亦画真武修行图，绘于清末光绪三十年（1904），共 60 幅，绘真武降生修行、悟道伏魔、赐福等，表述其一生。图中有山水树木与厅堂等景，浑然一体，很有特色。图内有《冤魂哀苦》（图 7.6-2），也有《十王请命》(图 7.6-2B)[2]。这组图绘与损毁之五龙宫内真武修行壁画为同一粉本，即 60 幅图基本一致，只是绘画艺术水准有别，所损毁者已被陕西历史博物馆摄有照片。

（三）榆林横山

陕西省榆林市横山区马坊村牛王会，是活着的水陆活动仪式，属民间宗教活动，称为“打醮”，具道教色彩。牛王会历史颇久，规模不

---

〔1〕据前注呼延胜《陕西现存世的几套水陆画的调查及初步研究》附录六，其主神有孔圣人、武圣人、鲁班、文王与汤禹舜尧、三皇、星宿龙王、灵官二郎，也有梁武问志公、地藏王菩萨与千手观音，还有 3 幅佛像、13 幅城隍、10 幅十殿阎君等图，共计 74 幅。

〔2〕《中国佳县白云山白云观壁画》，文物出版社，2007 年。此画册第 175、第 176 页所刊图版即《冤魂哀苦》与《十王请命》。因参与《清史图录》(宗教卷）工作，笔者得见陕西历史博物馆所摄五龙宫壁画。

图 7.6-2

佳县白云观《真武修行图》内《冤魂哀苦》(采自《中国佳县白云山白云观壁画》，下同)

图 7.6-2B

佳县白云观《真武修行图》内《十王请命》

小，所用水陆画原为华严寺珍藏的一套明代嘉靖年间绘成的水陆画，据说造诣很高，精彩纷呈，惜毁于战乱。至1930年榆林万氏家族画家绘过一套，但毁于“文革”，仅存7幅。现用一套水陆画为1984年榆林宋生财所画，共36幅，白布底竖轴，高148厘米，宽65厘米。其中少部分为单幅神像，大部分为每幅画分三层，中间云气相隔，每层两组，因而一幅有六组形象。其艺术水准较低，技法单一，符合民间艺匠手法。

其谱系未脱古来水陆画之系统，很有特点（图7.6-3、3B）。如其十王之像就分别布列在东西两侧画幅的中层，排列于1、3、4、6、15图，每图两王。正面主像有三世佛、须弥光佛、饿鬼、关羽、四大天王、周仓、韦驮、面然鬼王〔1〕。

牛王会的基本情况在民国《横山县志》有载，据分析，其与民间宗教——道门教、浑元教特征颇为相符。牛王会的中心为横山马坊村，村里有华严寺。周边五个乡镇四十二个村共设八个分会，每年由一分会主办，从农历正月十至十六共七天。初十时就要起会，设一彩门上书“牛王圣会”及巨幅对联。后搭大棚作佛堂，高3米，长宽各10米。内挂水陆画。正面北棚壁悬三幅佛坐像，两边各加两幅，其余诸幅挂东西两侧棚壁。画前一排桌上增置小木插牌位与香炉，其前盛水果、面花、油炸食品供物。棚中一桌置香烛、花、黄白裱纸分别敬神祭鬼。另一桌放经书、法器，有僧人、居士隔时辰念经。正月十一起参会村庄民众皆遵守不食荤腥与辛辣、不饮酒之规矩。办会与参会者在会窑用大锅饭。

图7.6-3
横山牛王会水陆日月天子等神（采自呼延胜《陕西现存世的几套水陆画的调查及初步研究》，下同）

十三起，办会村派村民以秧歌队至华严寺迎“老佛爷”与“牛王爷”，都是小铜像分别乘轿。进香后，马坊村再分派秧歌队，送到主办村。所有沿途经过的村庄，其村民皆迎拜，烧香焚纸、磕头放炮，祈好运。主棚中有僧道念《梁皇宝忏》，迎周边十里八村人上香许愿求福，还请戏班唱剧，设各种摊贩供应及算卦等。会至十六日结束。

〔1〕呼延胜《陕西现存世的几套水陆画的调查及初步研究》附录三“横山牛王会32幅水陆画目录”，附录二“民国十九年七幅水陆画目录”，仅有一幅含两王。

图 7.6-3B
横山牛王会水陆廿八星宿局部

三、佛山博物馆

广东省佛山市博物馆收藏一批主要为清代至民国时期画作，共有 126 幅，其中阎罗十王约有 49 幅之多，可归属五套。这批画兼有佛教与道教如三宝佛、罗汉、八仙等内容，多含以戏剧情节入画、呈现脸谱化的特征；还具有画匠作坊标记等明显的商品意识，其精细门画风格，与木版门画行业有密切关系等。已有一二论文分别从水陆画与十王角度进行研讨〔1〕，笔者也曾访观，现作介绍。

郭燕冰在讨论该馆所藏十王画的专文中〔2〕，介绍了一套较为完整清晰的十王画，民国时期所绘，其中体现出鲜明的戏剧化特色。如第一殿秦广王图中，右题“为人做好终须好，皇天世不错分毫”，左题“善恶到头真有报，只争来早与来迟”，中间画有曹操和董贵妃跪地受审（图 7.6-4）。

第二殿初江王处，中间审官批字：大明太监名君如暗害忠良统兵大元帅周裕吉一案（图 7.6-4B）。

第三殿宋帝王处，右侧鬼差手中牌书：“捕拿祝英（台）梁山伯到案，另拿马俊。”（图 7.6-4C）

第六殿变成王处，判官批文：“忠奸善良判断分明，岳飞永法为神，秦桧奸极永受地狱，夫妻各二。”鬼差手牌上书：“速拿秦桧妻王氏治罪，又调地方神到案。”（图 7.6-4D）

第八殿平政王处，正中王批：“东海龙王跣命一案，因减风雨，批此。”此实即唐太宗入冥故事。祥云分隔之下部分，中间鬼差手牌：“罗卜救母出狱一名。”旁画一僧人持钵救度一穿衣戴枷锁老人，应即目连救母故事（图 7.6-4E）。

〔1〕黄晓蕙：《略论佛山水陆画》，《佛山科学技术学院学报（社会科学版）》2007 年第 3 期。此文介绍佛山博物馆这批藏画颇为详尽，但是将其视为整套水陆画（数套不全的作品），且为南方水陆画，似存证据不足的问题，其体系性亦明显不足。申小红、郭燕冰《南宋佛教水陆画及其商业化进程》，《文化学刊》2011 年第 6 期。

〔2〕郭燕冰《“十王”图像流变述略——明清时期民间宗教绘画》，《中国美术研究》2013 年第 1 期，第 51—60 页。此文图 17（平 5）将韩国通度寺十王图重复注为图 16（平 4）的佛博藏 1227 号图。

图 7.6-4
佛山博物馆藏民国十王画秦广殿
（采自郭燕冰《“十王”图像源流研究——明清时期民间宗教绘画》，下同）

图 7.6-4B
佛山博物馆藏民国十王画初江殿

图 7.6-4C
佛山博物馆藏民国十王画宋帝殿

图 7.6-4D
佛山博物馆藏民国十王画变成殿

图 7.6-4E

佛山博物馆藏民国十王画平政殿

图 7.6-4F

佛山博物馆藏明末十王画八殿平政王

图 7.6-4G

佛山博物馆藏清早期十王画平政殿

图 7.6-4H

佛山博物馆藏清末十王画平政殿

图 7.6-4I

佛山博物馆藏清中期十王画平政王

图 7.6-4J

佛山博物馆藏画商印记

此套《十王图》多用戏剧脸谱化的故事、传说，均以祥云从中分开，多有题字，内容与《玉历宝钞》较为吻合。而该馆五套《十王图》均无地藏菩萨配合，时间跨度从明末到民国。根据实地调查，可知这些图都是家庭作坊画铺所作，原先集中处有几十家之多，除了商标坊号明确外，还富用广告词与商业用语，如“如假包换”等。其功能上可为僧道所通用，更多为道士打醮，几乎都是下层僧道。道上人手一套，便于小理丧葬事项。总之，此套图作与其说为佛教十王画，不如说是道教十王图，或更准确说应属《玉历宝钞》图。

但若以更多的《十王图》之面貌来看这五套图，情况就并非一致了。对比诸套中五幅“第八平政王图”，可见绘画艺术水准、构图组成、用色统合等多有不同。这五幅画作，时代被推定为明末、清早期、清中、清晚、民国，因此对它们加以比较颇有意义。在前四幅画中，除王者殿名外均无过多题字，亦无云气相隔，色调较统一，与上举色调鲜艳图幅明显有别。其推定为明末所绘者（佛博藏 1220 号），构图均衡、绘艺水准较高（图 7.6-4F）。而清早期（佛博藏 1209 号）与清末（佛博藏 1227 号）两幅（图 7.6-4G、4H）构图并非王者以正面处中间之式，而是斜侧处埋。上方殿堂案椅为空，下面有些似自然环境，山间坐着王者，并有受惩等场面，内容丰富，较为生动。而清中期者（佛博藏 1226 号）与上举佛博藏民国画，都有云气（图 7.6-4I、4E），前者云气与山石纹近似，混同穿插于画面间，后者则以中段之云气将王者与刑狱隔开。

这些画作原先来自多所寺庙之中，保留了商

标坊号，较之南宋宁波的金家与陆氏画坊，这些画作体现的商品意识更强。其有印章与题字等，如多画所见的“禅山水巷何现彩写”“广东佛镇福禄大街伍万安堂造”或“禅山福禄大街永吉堂造”等商业店号，以及“禅山水巷锦云造”朱文印等（图 7.6-4J）。

佛山本有纸料艺术加工特点，妇女等也多具其艺。更为重要的是，这些画作明确为十王画，被出口到越南，称为“安南画”。此为南宋出口日本十王画行为之延续，应当引起重视。

小结

本章对元明清的十王信仰相关寺庙窟像、科仪文献，特别是水陆画系统作品进行了考察。这个时期儒释道与民间信仰深入融合，水陆画就是以佛教统领三教民间信仰神系而大获发展的，为民间信仰所用，与道教黄箓也有相互交融处。以十王为纽带，我们可深入探讨和审视中国文化中诸宗教与民间信仰的多个层次，希望由此带来新启发。

本章内容还可从中阴界至冥府谱系与水陆谱系两个小点切入而谈。

从十王艺术与文本反映出的信仰变迁，我们可以注意其间最重要的场域变化问题，即十王系统之出现主要是在中阴阶段或者说中有域界。当然也不止于此，如预修就是阳世的活人为己所修，但目的也在于其死后，能够尽快尽好地通过中阴阶段。十王的追荐度亡作用，更明显地体现出其以中阴阶段为基础的状况。中阴阶段的时长，从佛典诸理论来讲都是七七即四十九日，但在中国却形成三年之说，这是与周礼或儒家三年孝说统一的结果。本来中阴所据《瑜伽论》等诸说，皆言七七日即为止，有情众生无论如何，都要在此时转生。但在中国却会产生如此大的变化，并被各方接受，视为理所当然，自是因中国传统融汇印度所出的文化，将七七四十九天中阴说拉长成了三年，而且自此盛行不衰。简言之，中国社会早有地下阴界之黄泉观，汉代有魂归泰山（治鬼）说，南北朝时接受了佛教轮回地狱说，阎罗王的观念与形象已深入人心，代替了泰山府君。其后文化交融不断推进，晚唐出现的十王系统，虽然混合逆修与荐亡说于一体，但十王的体系确实是架构于中阴说而增至三年。依此框架形成了于十个斋日超度死者，将功德转给亲人（最主要是亡父母）的行孝方式，十王体系得以长盛和普及。在扩展延伸的过程中，地藏地位渐次上升，使十王功能涵盖超出中阴阶段，发展到三恶道等领域，此状况在宋元画中已有体现。十王观念的普行，使其成为道观、东岳、城隍、酆都与民间丧习的主要内核，元明清的诸艺仪文都有所表现。十王艺术不仅传至海东，且传至南亚。

当然，十王体系不断发展的过程中也出现了一些变化，即十王观念从中阴界域逐渐扩张成了冥界，或者说中国传统冥界将中阴十王纳入进来。此处重要的改变即范围与界别。现代我们有时间、空间之维度概念，空间三个维度加上时间成为四维；不仅如此，随着现代物理学的发展，又有了平行宇宙的概念。古代情况不同，虽然也有诸多平行世界，如三千大千、诸方净土、六道轮回、神界仙域、地府冥界，但这些界别都有各自空间、时间的尺度吗？实际上，这些界别之间关系并不清晰明确。不同的界别出自不同的国家民族，最主要是出自不同的宗教信仰。但不同信仰间也有融合。从人们最切身的感受来说，最主要就是生死分别、阴阳两界。阳间的空间与时间可以不说自明，可以不分三维四维，但阴间时空是什么情况呢？中国传统阴间空间有泰山与酆都之说，道教还常说“冥京十王”，有较广阔的冥界，与阳间的区分较清楚。佛教就不同，其基本框架是轮回，有六道轮回、须弥山、三界说，而且这些空间有具体的尺度，是具有数量的模型，其间有相互交叉啮合的关联。如言称最多的三恶道，地狱与饿鬼或出现在暗界，而畜生傍生却常在阳间。圣凡六道即三恶道内有情含识都要经历转生，从死去至再生，不在阳间也不在六道之中，是一个特殊的时空阶段。但从中阴与轮回的配合来说，在佛教体系中是相互补足、体系完备的。但若以冥阳两分的观点来看，其界限的边缘在何处，就不是那么清楚。或者说，道佛两家、印竺与中土各有自身的特质概念与框架体系，自身基本具足，也多交汇融合，但并非没有裂隙抵牾。人们在社会中常遇各种概念，融混各样观点，易依习惯而行事，细究起来都有问题。这虽然不是各种宗教理论的核心，也非礼仪文献或行事艺术的重要问题，但如果要把握历史上的宗教信念及仪式、文本与艺术之间的变化迁移，我们仍然要从这个角度切入，特别是在十王研究的领域，舍此便不能看清变化的本质与问题所在。

水陆谱系组构中，十殿阎罗在水陆仪文与水陆画作中，是很重要的部分。现存两种水陆仪文即《天地冥阳仪》与《法界圣凡仪》都有十王部分，其分量与位置在两仪文中有些区别。《天地冥阳仪》中命请冥府十王部分，涵盖冥府吏员与三恶道中含识，包括地狱主与及其中有情等，约占框架体系的六或七分之一。其他为正位佛圣、大仙、下界神、往古人伦、孤魂与诸灵（以祖先为主，画中少见）。这个构架是研究者从召请仪文挑出，属颇有见地之分析[1]。因其在寺殿壁画位置较为明显，可简明概括为正壁为正位佛、东/左壁为天界神等及往古人伦、西/右壁为下界仙等与十王及孤魂。当然实际情况更复杂，《天地冥阳仪》分左右各六十牌位的安排，为此提供了易行操作之实用基础。现存作品与此仪文的大体对应，也很说明问题。从仪文角度，召请冥府十王后的诸灵部分，主要即施者斋主的祖先，于绢壁画很少表达也不易表现，但法会中会有坛场来践行完备仪式。还有些细节如《十王经》图中五道转轮王处有六道轮回之象征，但水陆图系中五道与转轮王及六道分成了三部分而绘出，几无中阴。概观《天地冥阳仪》神佛谱系构成，由七类图组再细化，即正位圣佛护法，加上牌位所列左右各60共120组图像，整体上稍显繁杂芜乱。

《法界圣凡仪》的框架则清楚明晰，总体法界一乘，圣凡分四圣六凡，就是佛、菩萨、缘觉、声闻为圣，天、人、阿修罗、三恶道为凡。水陆法会的基础本为《救面然饿鬼经》与《焰口饿鬼经》，所以法会以施食饿鬼为根本。但是在水陆画作与仪文中，饿鬼中除有突出的鬼王外，其他表现不多；但孤魂很多，且在饿鬼周围。孤魂究竟属于哪一道并不明确，但从表达来看就是饿鬼道，大量的孤魂形容之中实含饿鬼，孤魂为死时状态，且“大腹臭毛”之关键词只能对应饿鬼。与饿鬼相对称则有往古人伦，包含古圣先贤，或有恶人如秦将白起等等。而且举办超度诸仪式时，孤魂实同饿鬼；而往古人伦另从神仙等等。实际上两者约略对应，在水陆画作中占有相当大分量。孤魂表达了当时社会现实悲惨景象，往古人伦则有儒家内涵。水陆大法会，从施食饿鬼出发，扩及一切，往古人伦或有族人祭祀。但孤魂野鬼，悲惨无极，唯依佛教大慈悲力得救。而“法界圣凡仪文”之“凡”不仅列出六道，还明显加有中阴，却与十王分开。其孤魂与诸灵等

[1] 戴晓云《佛教水陆画研究》，中国社会科学出版社，2009年，第79—101页。

部分是在上下堂之后加出，更显突出。而《天地冥阳仪》中则几乎没有中阴。此即两种仪文的结构性差别，两仪文之构成不同也是其本质性的区别，其体系构成与佛教基本观念显然有别。

水陆仪轨艺术表现的特征，一般论者都会说三教合一，但角度结论有所不同。如上文所及，水陆仪轨内往古人伦中颇有儒家分量，而上下界神仙，则兼道教与民间信仰。道教水陆画即黄箓图，也包括三教元素，但以道教神为主神上尊。佛教水陆也是同样，以佛教主像来统摄，就体现了佛教特点。如陕北壁画等所现，正壁像设即主尊改变，其性质已然有变。虽然其两壁等仍以《天地冥阳仪》为据依准，但已非佛教属性，肯定可用于非佛教类相关法会了。所以，从神佛谱系构成对水陆仪文做些深究，可以见出其三教融合的具体程度与方式。仅从标题全称来看此两仪《天地冥阳水陆仪文》与《法界圣凡水陆胜会修斋仪》就有区别，“天地冥阳”似具传统道像色彩，而“法界圣凡”就很具佛教特色。有时最简明主题就反映最重要性质。两者当然都是佛教法会仪文，均含三教及古史与当时现实内容，但其框架稍有不同。《天地冥阳仪》统摄体系较为原初一些，儒道现实内容等更为显露。而《法界圣凡仪》统摄体系全从佛教出发，佛教体系完备。两种仪文在藏经内外的情况要结合经典目录等详考。其年代也有别，现存前者为明本，后者为清本；而前者可追溯至北宋宗赜[1]，后者可溯至南宋志磐。

《天地冥阳仪》神谱分上中下三堂，《法界圣凡仪》为上下两堂，苏轼赞亦同。

前者自言：“上行召请，十方法界，三宝圣贤。中行召请，天仙地祇。下行召请，冥府地藏十王，六曹官典，百司宰执，一切卒吏阿旁等众。”《法界凡圣仪》说法更详一些，上行路请佛三宝，中行路请天仙地祇诸灵，下行路请十王冥官吏卒等。

由表（表 7.6-1）可以清楚地看出水陆法会之仪会中神佛灵鬼体系的发展与变化。绝大多数论文著作都说苏东坡的水陆像赞是十六幅，好像十六罗汉图一般。其实苏轼所作十六像赞是十六类，上下堂与上中下三堂差别并不大，上堂都是佛菩萨正位及护法等，而中下堂或下堂则包含天神地仙以及冥府，甚至于中阴。但《天地冥阳仪》之中阴仅在牌位最后一句，居一百二十分之一。《法界圣凡仪》之中阴，下含十种神灵。实际上，从表中看似乎《天地冥阳仪》神灵数量多，但是《法界圣凡仪》中每一名目之下各有10 组，其上下堂共 200 组像。《法界圣凡仪》中明说“谓上下堂，各分十位，位复开十，总为二百”[2]。仅下堂百组加上其后附的 4 组，即使不计杭州庙神与寺僧先灵等，也有 120 组，绝不少于《天地冥阳仪》。

由上表情况，就可以说明，不同的水陆仪文对其所召请的神仙地祇鬼灵有着不同的分类与归纳，也有着不同的等级与排列。而我们在研究之中，因缺少合理的对比，缺少研究与归纳，各种描述与论述中产生了很多误区。最典型的莫过于将苏轼的 16 位上下堂与其后的 120 图、200 图相比。实际上，张南本所画 120 幅就应是小组，苏轼的 16 位是 16 种；而《天地冥阳仪》左右各60 是小组且无正位佛像；《法界圣凡仪》的上下

[1] 侯冲论证《天地冥阳》为宗赜本，见《洪济之梵仪——宗赜〈水陆仪〉考》等数文，黄夏年编《辽金元佛教研究》，大象出版社，2012 年。戴晓云《佛教水陆画研究》也有此说。《法界圣凡仪》收入《卍续藏经》，最主要有明代袾宏的整理评价可鉴。

[2]《卍续藏经》第 74 册，第 787 页。

表 7.6-1 诸仪文构组简略对比

苏轼赞	天地冥阳仪	法界圣凡仪
下八位	中下卷，左右各六十位	下堂十神灵
1 一切官僚吏从众…… 2 一切天众…… 3 一念阿修罗众…… 4 一切人众…… 5 一切地狱众…… 6 一切饿鬼众…… 7 一切畜生众…… 8 一切六道外者众……	左六十位 1 无色界四空天、色界四禅天众……北方多闻天王 2 北极紫微大帝……普天列曜一切星君 3 天地水三官聚、天蓬天猷翊圣玄………大药叉众 4 往古帝王一切子孙众……往古九流百家众 右六十位 1 后土圣母、东岳天齐仁圣帝……中岳中天崇圣帝 2 东海龙王……主风主雨主雷主电诸龙神众………护国护民城隍社庙土地神祇众 3 秦广大王……转轮大王，地府六曹判官……八寒地狱……孤独地狱 4 起教大士面然鬼王、主病鬼王五瘟使者、大腹臭毛针咽炬……水陆空居……客死他乡诸鬼神众 5 地狱饿鬼傍生道中一切有情众，六道四生中中有情众	1. 天道贤圣 2. 福德诸神 3. 帝王官僚儒宗仙道及出家四众 4. 贵贱男女无央数众及历代怨仇 5. 山间海底阿修罗众 6. 诸饿鬼众 7. 地府阎王官吏 8. 诸地狱囚徒 9. 鳞甲旁生 10. 中阴
	诸灵先祖等	11. 杭州庙神钱王 12. 施主先祖 13. 寺僧先灵 14. 专列十种孤魂

堂20也是种类。此中至少有组、种、类等的区别。大类若上下两堂，从苏轼到《法界圣凡仪》皆用，而《天地冥阳仪》用上中下三堂，其左右可粗对应中下堂，左右各60共120位是组。《法界圣凡仪》上下堂各有十种，每种有十组，此外还加祖先孤魂等，实有250组。在组与类之间，还有一层，可以称为种或型。譬如现在最流行的分析说，《天地冥阳仪》神灵可分六或七类（正位、上界神、下界仙、十王、往古、孤魂、饿鬼）。此说法对分析壁绘绢画与版纸画很有用处。太大的类较空洞，太小的组似琐碎。组位在画中皆有榜题，所以是基本单位。但《天地冥阳仪》与《法界圣凡仪》对应都有六道四圣，圣为佛、菩萨、缘觉、声闻，也即基本为《天地冥阳仪》的正位神祇。而凡之部分即六道轮回：天、人、阿修罗与三恶道。从《天地冥阳仪》的上界神、下界仙、十王、往古与孤魂，对比于《法界圣凡仪》的六道，可知其与佛教体系差别太明显。当然，三教合一的内容似乎更应归纳于《天地冥阳仪》，而《法界圣凡仪》的类别稍显局促。细观不难发现，其圣凡分上堂十神灵、下堂十神灵，再有祖先、诸庙堂与孤魂。所以不以六种来分的话，《天地冥阳仪》之上下界神仙地祇也都能合适地装入。

从《十王经》画雕至水陆冥府十殿来说，确有十王从中阴至冥界之移动迁变。入水陆法会仪文的冥府十王，不唯官府体系更全备，也包括了地狱饿鬼傍生中受苦之含识有情，又似乎在中阴界之旁而非其中了。由图像变化来说，有趣的是冥府十殿之王之外，分身出现了泰山府君、五道大神，且进入其辅助官吏之中。中阴界似与六道四生的轮回象征并列。总之是一种大冥界的观念。而《十王图》组，从早期即具的使者至宋元期的监斋、值府之类，有些似在官吏体系内，有些则似入水陆大体系内了。

结语

有关《十王经》的探讨至此暂时告一段落。虽然说从范围到深度都是远超此前研讨的，但限于各种条件与原因，有很多部分还是感到阐述得不够充分，没有臻于细密周到。

总体上说，《十王经》的研究，涉及的领域相当广博宽泛。现代学术专业在细分之下，已经形成了界限分明的分工领域。理工农医之外最大划分即人文与社会科学，其中人文包括文史哲，社会学包括人类学调查。本书基本在人文范围之内，涉及文史哲各方面。其文史层面又与美术考古交叠，哲学主要涉及宗教层面，以佛教为主，又关涉道教及儒学。但哲学与宗教之联系重在义理层面，佛教史等实际又深化至历史学。本书另外还包括文物学，具体分涉文献学、美术史、考古学。这些必须要用佛教史及义理来统摄，但其发展又关涉儒学与民间信仰及道教传统。《十王经》信仰，一般而言是来源于佛教。其实，民间信仰或道教信仰影响未必没有，可惜很难查清。由《十王经》经文具体内容字句来看，并未充斥儒家传统色彩。但就《十王经》的构架，或者说将十次丧仪实行于三周年来看，只能是儒家传统起了决定性作用，佛教七七四十九天滞留中阴说与儒家守丧三年说合为一体，只能是佛教观念与儒家传统结合的结果。所以它才能普及于中国全社会，甚至于东亚或更大的范围。民间信仰或道教信仰影响的展现主要是后来在十王信仰的实践中出现的。

虽然本书撰写之前笔者已就《十王经》发表过不少文章，对此有不少认识。但是，此次又开展了一次较全面地观察与查考，又发现不少问题，取得一定程度的进展，对《十王经》与十王图像有了更为深广、全面的认识。其中较大的突破与推进，大略可以归入以下几点。

一、《十王经》起源

原先材料基本证明，敦煌本《阎罗王授记经》是较早经本，后出现了四川僧人“藏川”的署名，增出了具有插图及十王赞词的图赞本《预修十王生七经》。后来在日本则出现了托名藏川的《地藏十王经》。学界对此有一个认识过程，从敦煌本的尾题与署名，可以很清楚地将经本划分为两类：僧人藏川署名与尾题《佛说十王经》只出现在图赞本上，在文句本《阎罗王授记经》从无出现。但是，较含糊的认识也一直存在，即以为藏川是《十王经》的作者。更有错误而糊涂的认识，将成都府大慈圣寺的藏川，定为中国与日本两种完全不同的《十王经》与《地藏十王经》的作者，还将时代提到初盛唐，甚至把完全无藏川署名的许多经本也归入藏川名下。尽管中国敦煌与其他地方出土了越来越多的《阎罗王授记经》《预修十王生七经》之材料，但其中毫无日本《地藏十王经》的只言片字。萧登福全无文物意识的看法却在大陆学界流行多年，至今不衰，岂非咄咄怪事！现在耀州神德寺塔的经本残片，虽然极不完整，但初步整理后可知当前研究对其近乎误解。如今借助大量出土经本，通过整理经本类型，我们可以发现两类敦煌本的中间状态，此经图赞本最原初的状态存在于关中长安地域，后经王娟对敦煌长行本的分析，认为题《阎罗王经》之本为纯文句本《阎罗王授记经》类别中的最早者。而神德寺塔本中也有与此对应者，尽管菩萨数量不同（敦煌本为三，神德寺塔本为六），特别是神德寺塔本之中具有最原初性的关键词“预修斋”“预修生七”。所以，现存的神德寺塔本具有多项原初特征。更由于现知早期经本的某些内容可与现知考古存迹中的某些作品对应，如绵阳北山院铭刻王名和敦煌壁画存迹，前者的诸王名称、次序与《阎罗王经》对应，后者题记可与《阎罗王授记经》对应。如此可知，早期经本虽无图，经本之外仍有图文对应，如此既打破原藏川创图之说，更可进而推论，藏川或非实名，只是四川僧人托名。在可排出的经本与图像发展序列中，从经文长行偈语到赞句图画，在藏川署名之前全已出现。藏川只是一个发扬者，或者说应时之需，将已经成形的经文与图像弘扬促进。四川的成都府大圣慈寺，晚唐时已有相当的地位与号召力，从画史所载的壁绘画记与规模即可知。因而，用此寺僧人名或当时主持名，或着意托名“藏川”，用以传播经文，结果成效显著，使此系经名图画，扬名千年，及至海东。

总之，《十王经》系之成立，是佛教中阴轮回、功德转让思想传入中土后，与中土原有丧事礼制结合的结果。其中或有些民间道教色彩。佛教的七七斋中阴阶段，被拉长至于三年，明显的不协调，却延续成习俗，足见中国传统礼制的强大与善于吸收包容的民族性格。所以，自中古以来千年以上，《十王经》信仰在海东、西域，乃至藏地，皆广为流行。

二、经本类型与发展变化

对《十王经》经本的类型与演进变化，已有了很多讨论，内中不乏一些真知灼见者，也有很多各申其论者，有创见，也有重复，甚至于还有一些低水平之臆揣，即上举萧登福者[1]。学界对一专题之研究，不同领域的学者有专门之侧重。近代史学领域所谓四大发现，甲骨文、敦煌文书、明清档案等毋庸讳言，在材料发掘与研究层面都具有重要意义。就研究者来说，有能发现新材料者，有能利用新材料者，有能研究新材料者。对新材料的认识把控，对专题研究意义重大。就此十王专题来说，亦是如此。如果不去发

〔1〕萧登福在收集校录《十王经》诸本，并批评敦煌经本的保存与状况时，将保存敦煌遗书的最主要单位之一北京图书馆（现中国国家图书馆）说成是北大（北京大学）图书馆，还举北京图书馆藏岗 44 号（BD04544 号）为例，言其卷子未保管好，至有残损不清处等。敦煌遗书之存留情况，有好有坏，原因各异，在藏经洞保存与移出以后，有品相佳者与存留不佳以至破碎者。其未佳者为数不少，否则怎会有持敦煌遗书为废弃说者。能对敦煌学说如此全无常识的话，也令人惊讶。

掘新材料，如耀州及台州甚至晚近者，其研究的突破就很难，很容易在一个层次中重复研讨，甚至各说各话。但对新材料极力识别和利用，就可突破现有研究。耀州神德寺塔所出此经残片，意义尤其重大，到达可以颠覆原知的地步；图像方面的很多新材料，也几可更新旧知。因此，我们要全面掌握新材料，认识旧材料，才可以明确《十王经》经本之复杂多样，甚至还要借助于类似考古学的类型学之方法，来区别与划分其关联层级。

《十王经》系共有四类十型，汉文本有三类七型。第一类《阎罗王经》一型，第二类《阎罗王授记经》两型，第三类《预修十王生七经》四型，第四类多种语言文字增变本三型。

其经文长短也变化明显，以下七种长短不同：1. 阎罗王经，2. 授记经具亡斋段，3. 授记经无亡斋段，4. 具赞十王经，5. 西夏文本，6. 日文本，7. 藏文本。

综合各方面的新发现、新认识，《十王经》产生演进的面貌，也可以大略概述。陕西在十王起源方面的重要性大大提高了，且不说三原献陵齐士员贞观年间造像碑座侧的阎罗图与更早的富平樊奴子太昌年间造像碑已呈现阎罗与五道大神，就耀州神德寺塔所出《十王经》残片已分量十足。其虽然没有完整经本，但已比定出已知《十王经》系中最早的《阎罗王经》类，且其为此类经中的初型，比定出的流行最广的《预修生七经》类中无图经本，亦是此类经中的初型，并具有《阎罗王经》与《预修生七经》之间过渡阶段的偈颂本。耀州未现敦煌最多的《阎罗王授记经》。由耀州神德寺塔所出此经系的类型及其原创性，已经无可置疑地可视为《十王经》系的源头之地。而不远处的凤翔邠州一带，马步杜将军所造十王堂内塑地藏十王之像，年代可以考定为晚唐昭宗天复二年（902）之时。陕西这些经文图像之迹大多位于唐代中心地区首都长安之附近。相对而言，现存与十王相关的摩崖雕刻在四川最多且最早，而敦煌十王信仰遗存则最多而最全。

四川自安史之乱唐帝避蜀后，文化发达。成都府大圣慈寺在晚唐五代时，庭院、壁画之建构难有可匹敌者。所谓藏川创撰《预修十王生七经》，虽然确有证据说明其文偈赞图之开创者皆另有他人，但藏川或集成改订，确有弘扬之功。“成都府大圣慈寺沙门藏川述”之题署，原本就只与《佛说十王经》有关，与耀州和敦煌的《阎罗王经》《阎罗王授记经》皆无关，国内敦煌本之外只有明代刊刻本署其名且有小误（日本伪托者除外）。而台州灵岩寺塔本所见，不仅具同《预修十王生七经》之首尾题，同于朝韩日本诸本，更由于其第八王名“平等”而非“平正”，区别于敦煌与四川之所见。《十王经》系统中，诸王名称与次序有递变，《阎罗王经》为二宋帝、三初江、八平等，《阎罗王授记经》为二宋帝、三初江、八平正。《预修生七阎罗王经》为二初江、三宋帝、八平正，加图赞等。敦煌以外的耀州与台州本之出现有相当大的意义，尽管目前的认识仍然限于材料，但《阎罗王授记经》在敦煌以外并无发现。而在海东广有流传的《预修十王生七经》，不仅其经题不同，而且颇为关键的是第八王为“平等”而非“平正”。此王名的一字之差，显示出浙江北宋本与朝鲜刻本、日本传本，全为经本中的一个类型。其内容中细微的字词变动也较少，更从侧面证明了这一点。此处跨型的经本是此类经中最为流行的《预修生七阎罗王经》的初型。

由语言文字之不同引起的经文增变，是此经系变化中最大的一种。回鹘文、西夏文、藏文、日文本中，后三者都有较多增加变化。西夏文本已得到译释，藏文本也已发现阐释，而两者之间对比后证明它们大部分内容高度相同。藏文本主要构成与西夏文本构成近同，都增加了“阎罗王宫与五天使问”内容。布拉格藏文本的后部，增有弥陀圣境、十地六道阐释与浓缩心经及弥勒真言之结尾，应是后增补入。

现知《十王经》以第一类《阎罗王经》为基础，架构出了十王，阐说预修（每月两次）与亡斋（七七、百日、周年、三年十王斋）。第二类《阎罗王授记经》增加预修等说法，给出简便预修手段（烧两盘纸钱等）。第三类《预修十王生七经》，加赞句插图。现知第一类经本见于耀州、敦煌或及新疆（回鹘文），第二类经本见于敦煌。第三类经本极为普遍，见于各地与海东，但敦煌川渝等地第八为“平正王”，浙江海东第八为“平等王”。联系西夏文本、藏文本与日本伪经，可以见到有趣的事实，即敦煌、新疆、西夏或及藏地经本，保留了经本中预修内容，更为重要的是重视阎罗王。这些经本在授记与审讯处加入印土原典，虽使疑伪经增出些许合法性，但已略损此经背景的中阴境界。“阎罗王宫与五天使问”，实强调罪者自作自受。此经基石实为大乘功德转让思想，子女等为父母亲属作功德，可免其入三恶道。另一类即国内多地与海东经本，其中地藏菩萨信仰明显上升。到日本伪经《地藏菩萨发心十王经》中，删除预修，增《本愿经》授记地藏内容，较中土原有倾向发展更甚。经文因向不同地域流播与向不同信仰方向发展呈现不同特色，对比鲜明，颇含意趣。

三、图雕拓展升变

对敦煌一带出土的十王相关图像的清理收获颇多细节，图中可见人物坐姿从席地跽坐至用座椅坐于案后的变化。此前的研究常用“以图证史”之法（如雷德侯分析南宋十王画图像志三要素，又如仁井田陞从法律角度考察案件审理，甚至刑具用器；国内也曾探讨刑惩用具如枷等），但图像绘画常有模仿前作的情况，下结论时要小心。图像中更重要的发现是壁画中几处题记竟合于《阎罗王授记经》，这是非常重要的突破点，联系画面与经文，可知“授记”与“十王”两种经文的并行沿用，而敦煌绢纸画的清理就澄清了此间面貌。国内著说如沙武田专著、袁婷博士论文于此皆稍粗疏，唯太史文专著附表所列完整无错。另外图文具有多种编号，使用混乱，极显不便，似乎应有专释，使指称简明为宜。

地藏菩萨统领十王之画作出自敦煌藏经洞的虽仅十余幅，其艺术水平涵盖面却颇广，既有不输于专业画家之作，如法藏 MG.17662 号与 MG.17794 号及弗利尔美术馆藏地藏五道像等，又有更多民间匠师与画工较粗简之作。这些画作风格手法的水准虽有不同，但其构成样式等却可置于一起讨论。进而扩大讨论范围至更多石窟壁画与摩崖雕刻等，其中许多是考古与踏查方法流行之前，古今的研究关注者所不易见到的。仅南禅寺壁画的十王地藏图，几乎没有进入研究者的视野，但其画作之阔大，细节之丰厚，若研读深入，真可以新人耳目。

现研究对多地相关遗存进行了超过原范畴的全面考察，陕西有耀州、邠州与陕北石窟，山西有五台山南禅寺之壁画、临猗两绢画等，河南则有像柱与巨石摩崖等。敦煌文书所载邠州斋文，还未得到足够重视。陕西北部宋金石窟（延安以北宋为主），多简单而有可对应的经本式样，呼应于此前熟知的敦煌、四川式。其中，地藏三尊即胁侍僧俗的情况值得重视，与金地藏、闵公、道明的关系需明确。道明、狮子与僧俗双侍并存，可说明其形态产生与流变。但从地藏胁侍僧俗变成三尊，其他地区北宋遗存画雕亦有此情况，甚至于五台山壁画中也有，应是较普遍的现象了。

河南的像柱与摩崖龛像颇有特色，而山西五台山南禅寺的壁画亦是极为丰富的大作画面，从艺术史角度看极为重要，其价值远超出原先诸多讨论之说，开辟出新的境界。因其既可对比于经本画与摩崖，更可对应于王乔士等人的画作。此类大画家的作品流传，应产生极大的影响，如此才有寺庙中壁画如此宏阔场景的描绘基础，就此细看可有很多深入的认识。

近年对陕北宋金石窟的调研颇多，可知其关乎北宋、西夏、金朝战事的背景，十王地藏龛像较多见于延安北宋石窟，简单布列者较多，有经变式审讯刑惩场景者仅宜川一处。但其中也有一些问题，如有两胁侍的北宋三尊式像被认为是金地藏、闵公、道明组合的先存图迹〔1〕。由于金地藏与闵公、道明信仰形态晚至明清才出现，所以早期形貌以此比定未必妥当。从所关涉的一些素材来看，胁侍僧俗两像与戴冠金地藏身份应该分开而论。所谓金地藏之数像皆在钟山石窟一室之内，而且冠式较五佛冠不太标准，可作孤例而不定论。风帽形态的地藏菩萨胁侍为一俗貌老者与一僧侣的组合颇为多见，不止于陕北，从木雕到壁画中也都能看到，甚至见于高丽画等。此像式可认定为闵公、道明形态之前身，其与道明和狮子的胁侍组合长期并存，或说明其产生发展之必要。狮子与道明确实不能满足此像式发展之需，法会的僧俗供养很可能促使了僧俗胁侍的出现。

敦煌壁画之十王地藏图像，细节内容十分丰富，年代从晚唐至五代，王者姿态有踞坐与用座椅坐于桌案后，衣冠也多样。年代最早的是第8号窟地藏下列十王与第217号窟的双地藏图式，个别具有题记的壁画更有价值，特别是其中有符合《阎罗王授记经》的题记，为原知仅《佛说十王经》之经本才配图之界定打开了缺口。而四川绵阳等地呈现了更原初的图式，既有以阎罗与地藏并坐为主之形式，也配有源出《阎罗王经》的铭刻。虽然资中西岩两龛即有地藏统领十王，但绵阳北山院龛的铭记，体现出较《佛说十王经》更早的《阎罗王经》之特征。而据此经本的题记，在敦煌壁画也有出现。地藏与阎罗并坐图式之十王龛还见于安岳香坛寺。遂宁金马寺龛像亦有近似特点，但其更似阿弥陀佛与地藏菩萨领十王，这又可与山西临猗两绢画中阿弥陀佛领双地藏十王相应，反映出十王地藏图式的丰富性。

四川摩崖原本重要，但有些缘起线索仍未理清，说是通江与广元有早期形貌作品，但早期形貌不能只从文物角度来串联衔接（如广元千佛崖唐代地藏像，双手举两云头各具小佛像形），关键看十王信仰的出现与流变之背景，如果十王信仰没有出现，那无论如何也不能列入此系统。如龙门敬善寺窟门所刻，确系十王信仰出现之前的状态。从十王地藏系统整体全貌而观，信仰背景的关键是不可轻视的。《十王经》的内容明示，十王系统初创时，地藏菩萨在其中的地位分量并不重要，只是诸菩萨之一（三位或六位，甚至更多位之一）。而地藏菩萨信仰上升先通过图像展现，然后在经本的菩萨中慢慢凸显出来。保存至今的绝大多数地藏十王题材艺术作品中，唯有数龛摩崖显现为以地藏与阎罗并坐的形式，即绵阳北山院龛、安岳香坛寺龛。而遂宁金马寺则为佛陀与地藏并坐领十王的更特殊形态，与山西

〔1〕石建刚、杨军《延安宋金石窟地藏造像的考察与研究》，《敦煌研究》2018年第6期。又：张亮于《敦煌研究》2021年第1期、2022年第1期发表的关于四川仁寿与安岳地藏十王龛像的报道，也有这方面研讨，因本书已成稿，未及细论，致歉。

临猗塔基同样特殊的弥陀领双地藏（露顶与风帽各一）绢画形成了对应。总之，从现在全国范围内东西南北中的新旧材料来看，晚唐出现、五代丰富、北宋流行，至南宋再变，成为十王信仰从经本至图像的流变的基本脉络。而新疆地区虽然后期材料较少，但不乏回鹘文插图本的新材料、麻布画的新解读，而且高昌布画与敦煌本《十王经》图像可以在某种程度对应，另外，广西也出现了近似十王的图像，这些信息确实说明《十王经》经本与艺术图像极为丰厚的内涵与宏大妙佳之魅力。依此概述，重庆南宋时代巨龛摩崖及墓地石刻等，在此只是略有提及。而南宋时代的流变，则主要发生在渝地大足与浙江宁波，特别是在宁波出口日本的南宋画作中体现了。当然，所有艺术存迹在彼时都是依附于法会活动而产生发展的，所以从文献及一些文物存迹中探求此十王信仰在实践追福中的情况状态，是必不可少的工作。

对四川绵阳与资中的早期龛像内像设铭刻的考察，对敦煌石窟壁画的细读与藏经洞绢纸绘的普查，对陕北北宋石窟龛像的读取，以及河南的像柱与岩龛摩刻及金石记载，山西的塔基绢画，特别是五台寺殿壁画，都可使十王画的图像资料呈现出新的面目，可以更新与提高我们对此专题的认识。

十王地藏图像，首先应考察经本绘画。其画作虽是经本的一部分，但不宜将其视为十王变相，更不宜认为是故事画。尽管讨论时我们可以将其与类似画作相比较。继而考察摩崖造像与绢纸壁画中所现图像，依其内容与经本对应之不同程度，也有些类别性的变迁。本书考察的细节包括：四川摩崖的特征是多现善男信女与罪魂在庭审中及地狱城等内容；地藏与阎罗并坐至统领十王之形式变化；摩崖雕刻及敦煌壁画、绢画等，对应经文之榜题或无题，其中所题诸王名序与《阎罗王经》《阎罗王授记经》《佛说十王经》是否相应；构图形成之中有地藏菩萨居中或居上之不同。这些艺术表达是本书所最加注意者。

南宋后逐渐出现了单幅的十王图像，即十大冥王每王一幅的画面，以明州（宁波）十王画作为代表，或用于殿堂之中，或与雕塑相应。虽然像设仍是一堂，但已脱离经本形态较远，而且普及于城隍、东岳等系统，这种情况实已超出了上述图雕贴近于经卷的情况，而是《十王经》图的再次重大变化，是十王普遍化以后的结果。这些转变基本也是从南宋发生演进的。

四、中阴与冥界

中阴与冥界是十王地藏研究中颇有意趣与重要的话题。细究起来，中阴是印度概念，冥界是中土观念。中阴与轮回是配套契合的，冥界范围则要含糊与广大许多。十王体系本来是属于中阴的，但后来加入了官僚体系并拉长了时间构架。因十王中的阎罗王本来就管理地狱，执掌中阴十王后，界限难以完全划清，导致了中阴整体向冥界契入，或者说冥界渐次“吃入”了中阴。这个变化有着清楚的图像证据来证实。本来中阴阶段的庭审，也有刑罚，但与地狱的惩罚不同。人间的刑惩与狱惩也是不同的，但是仅从刑具而观，就容易混乱。我们从图赞本《十王经》所见，实际上没有狱刑惩罚，只有善恶者的对比，或者说做造功德者与未做（且原有一些罪业）的对比。亡魂经十王庭审之后，才入地狱或恶道、或升人天等道。但是地狱渐与庭审联结。如宁波出口日本的商品十王画，为日本寺庙与欧美博物馆所藏，其诸王庭审中出现了一道云气，或下或侧，再绘出了地狱中的种种刑惩。当然具体情况有所不同，如陆信忠作品与金大受作品不同，但南宋阶段基本如此。与之同时的大足宝顶石刻，其第20号巨龛中有另一种融混，八关斋戒的十斋日与十王及华严十恶品经的狱景都有展现，其复杂可属特例。出口日本十王画中滋贺永源寺十王（陆氏）为元初之作，最后转轮王处竟是出地狱门的图景，可作冥界“吃入”中阴的一个标志。明代相关版刻中，《地狱还报经》初有入狱之景，末有出狱之图，更有十王全入冥界的表达，至少可说其时冥界观念已经普遍。在明代水陆画的众多作品也可见到，十王是置放在更大的冥官体系之内，其中轮回六道四生，只是诸多图景环节中的一个小环，并列或附属于十王，而非整个佛教世界之中相互配套形成较为完备体系的轮回与中阴。

中国人传统观念早有冥界，冥阳是为两大分别，其上还有仙佛界，或还有特定的天（人与非人格化之间）、抽象性的道与理。冥界与中阴轮回相当不同。中阴与轮回配合，还有宇宙结构与之配套，甚至是有尺度的数学模型，有空间与时间的界限阈值。当然与科学的物理学说不同，但仍有几分相似。中国传统思想观念则不太相同，重视核心要素而非界限与配套关系，重视阴阳太极诸说、运转变化之理。划分几大分界，仙佛鬼神，冥间阳世，如此而已。印土汉地观念概说，颇有抵牾，而能相处无间，久行不衰，如六道之中的畜生道，明显非为冥间，就在阳世。而国人早有结草衔环、来世当效“犬马之劳”之说。似乎任何法事佛道仪会，仍将阳间人生之外，纳入冥间。《十王经》的构建，本只中阴境界无疑，但是经过发展流传，宽泛的冥界观念将较严格配套的轮回与中阴纳为一体，全部收纳“吃入”了冥界之中。在中国，冥阳两界观更流行，连佛教中“水陆仪文”都以“天地冥阳”来命名。当然，后来也有高僧以“法界圣凡”代之。但水陆法会与画事艺术，确实也对冥界“吃入”中阴起了重要作用。

十王画演变的同时，佛教的水陆画也在发展。水陆画属于佛教统领下的大系统，仙界鬼神、日月星辰、山水云天，以及三教九流无所不包。当然，道教也有相似的黄箓或水陆画，有些水陆画甚至于包含民间信仰或三教合汇。既然是大系统，相互之间就有位置关系。中阴系统的十王与轮回如何配合呢？可以见到水陆画中十王画后常有六道四生图，此与五道转轮王后的六道去向实有差别，也常混同。十王前后配合冥府官员，多具吏员使者，地藏统领之，十王系统已进冥府入冥界，其中阴境域已融混难见。从流行的水陆仪轨文献看，《天地冥阳水陆仪文》中阴疆域已近乎于无。至《法界圣凡水陆仪文》，中阴轮回关系才更明朗，但图绘艺事亦难表达。至于道教斋醮仪式，本无中阴说，其融合就更明显了。至于城隍宫观十王画、瑶族等西南少数民族广泛接受道教后化入其萨满信仰而绘的十王画像，更是成为冥界的典型之一而脱去中阴境域了。

五、多种语言文字经本

《十王经》最重要的传播流行特征，莫过于多种语言文字的传播。回鹘文《十王经》、西夏文《十王经》与藏文《十王经》，都是让人吃惊的存在。东亚朝鲜半岛也曾十分流行《十王经》，海印寺就有寺印《十王经变相》，朝鲜王朝刻印达十次之多；日本也很流行。这都是汉字文化圈的流播，无疑都是直接使用汉文。但是日本有其自身特点，虽使用汉文但是自具特别的读法，如训读音读，甚至加符号等。所以有些学者将这种经文作为《十王经》的基本材料而用，殊不知其在中国全无踪迹，将其伪托藏川的伪经奉为真实，岂非笑谈。

但是其他语言文字情况就不同了。《十王经》现在存有回鹘文本、西夏文本、藏文本。此三种文本中，西夏文较为特别，又名“河西字”“番文”与“唐古特文”，由仿汉文的方块字构成，属表意体系，属汉藏语系的羌语支，与现代的羌语和木雅语关系最密切。西夏文语法结构独特，创于西夏立国之前（李元昊称帝前令大臣野利仁荣创制），曾流行于西夏至元明时期，现在已失传，属于死语言，但有一些西夏汉字字典存在。现在学术界对西夏文字与文献已有相当深入的了解，也编有多种工具书。

回鹘文源自于阿拉美文，与突厥文同族，约公元8至15世纪高昌回鹘人转用粟特文创制，用以书写回鹘语，为全音素文字，由上至下拼写成列，再由左至右排列。

现存回鹘文《十王经》的年代，葛玛丽曾判为11—13世纪，但可能具更早者。回鹘文《十王经》主要发现出土于吐鲁番与敦煌，收藏于德国、俄罗斯、日本，如扩及吐鲁番的汉本及麻布画，国内旅顺博物馆也有藏品。类型上虽然以图赞本为主，但也有一些汉语文偈本的痕迹，体现出与图赞本的融合。细微处如某王“下”，而非某王“过”，或杀动物处“猪”“诸”二字混同，致所杀仅五种动物而非六种。德国三代学人葛玛丽、茨默、拉施曼，日本百济康义的研究已为人熟知，太史文名著《〈十王经〉与中国中世纪佛教冥界的形成》一书的附录8，也列出回鹘文经图诸号，并对第2、4、8（双）、10（双）与经尾图的诸对应作有说明。新近马小鹤与汪娟的《回鹘文与汉文〈十王经〉图卷》一文，很细致地依诸王次序排出已有回鹘文经图，并对文字进行了比较考定。

敦煌回鹘经本出自张大千之手，数十残片裱为两纸，均题记，称为“六道轮回图”“地狱变”等，应得之于莫高窟北区第464号窟。此窟还有回鹘文木活字等多种文物。百济康义有专文介绍天理图书馆此作藏品，提及有回鹘文五道转轮王等，其实此回鹘文旁有红色汉字注此名。其武将形类转轮王，六道云气表轮回。因文图均残损颇重，学者们对此仍有不确定的看法，但此种画少见于其他经图，应可比定其为图赞本《十王经》。另还有一件普林斯顿大学图书馆藏回鹘文经6R图画内有蛇与火诸众等，颇似《十王经》，实际上却是译自甲种吐火罗语的《十业道譬喻鬘》。图本《十王经》类似画面出现在他经者很是少见，此或一例。还有西夏文经本中有一图全同于五道转轮王者（北京德宝公司2014年拍品），参据山西师范大学张九玲的意见及韦兵就西夏文《寿生经》的研究成果，其内容可能属于此类经。另外，因桌案及似吏执笔者的图画特点，笔者还将王树枏获于吐鲁番的一件残片，推定属于此经。

马小鹤论文细心周到，将回鹘经图之初江、宋帝、五官、阎罗、变成、太山、平正、都市和五道转轮王详列，并纳入德藏汉文本中秦广、宋帝、变成、平正王，交错叠加分析。特别是讲MIK III 6281号之文虽归于第四王，图却应属于第三王，还有指明《十业道譬喻鬘》等均值得称道。但一些地方只指明现象，却不明就里，如MIK III 7451号的“百日斋平等王下”，文句属于文偈本，赞词则同于耀州神德寺塔的Y0076+Y0155号之过渡本但又具图，实呈变化。而U3892与U3517号中仅五种动物而非六种动物，都是汉语文偈本的特征，应该从经本类型演变来观察分析。敦煌文偈本的数量远较图赞本为多，这些特征的出现并非偶然，还应做更深入的综合分析。其实图赞本之“猪牛羊鸡狗毒蛇”，在文偈本中原是“诸牛羊鸡狗毒蛇”。其“诸牛羊”于佛典有出处，特别是“诸牛”说法极多，检索《大正藏》即可过百。如《长阿含・究罗檀头经第四》讲婆罗门问佛祭祀法，其大祭法的“诸牛羊各五百头”具体为“五百特牛、五百牸牛、五百特犊、五百牸犊、五百羖羊、五百羯羊”，此杀祭法终为佛陀劝止。玄奘译《大毗婆沙》中也有婆罗门为祭祀“杀诸牛羊”。《起世经》与《起世因本经》讲地狱恶报有类似的“或杀羊马及诸牛，种种杂兽鸡猪等”。而“猪牛羊”说极少，仅有隋《涅槃经注疏》有生屠侩家畜养“鸡猪牛羊”、《法苑珠林十恶果报部》引《涅槃经》从地狱出受畜生身有“象猪牛羊水牛蚤风蚊虻蚁子等身”几条。所以，就此将回鹘文中异常的“*layzïn*”指为“猪”的吐火罗异词，并不是好的思路。在图像对比方面还有些错误与可商之处。如说 MIK III 4690a 号图上是把两脚朝天的罪人塞进汤镬，明显将磨错说成镬了。把《十王图》中所有的磨与镬一比便知。此与可缀的 MIK III 4647b 号皆应出自吐鲁番高昌故城 α 寺址，德国格伦威德尔的《高昌故城及其周边地区的考古工作报告：1902—1903 年间冬季》早就有鸟头狱卒与磨人图景了，此著有管平等译本（文物出版社 2015 年，第 69 页）。俄藏 SI1751 号第九都市王右方，也说有一个两脚朝天的罪人栽进汤镬，亦错。其人是落入刀山，身上多处被白色尖刀刺透。实际上，画者并非表达此人头朝下，只是古人没有用透视法而已。又说 MIK III 46989a 号图卷上换卷宗的男子为手捧经卷，说可能就是亲属为其造了《十王经》。此说亦误，因为汉地高丽诸多图卷中，抱经卷从来都是横捧胸前，没有竖抱的。竖抱者应为案卷，吏员等抱拿者很多，并非只有善恶童子持此。MIK III 7246 号图绘有摩羯形象，却被认为是狼头，其实摩羯鱼此类形象在佛教美术中颇为多见。而言 MIK III 1752 号转轮王处龙头吐出六道，说龙头“也别具特色”，其实明代刻本《出相地狱还报经》图就是龙头吐六道四生。虽然此明刻本较晚且属于衍生经系，但未必没有早期图本，龙头应是汉地传统图像。勒・柯克初考订 MIK III 4957a 号以为摩尼教图，经松本荣一等努力已释为《十王经》图，又将图上三王比之于 P.4523-1 号卷首图，言其显然很像其侧后三王。此种校比或不失为一种方式，但回鹘文经图更为复杂，汉本《十王经》卷首图排列既非固定，主尊又有为阎罗授记的释迦，或统领十王的地藏。敦煌图卷多有榜题或榜题框，释迦授记图式中董文员绘卷与 P.2870 号皆取一二三四十、五六七八九王的排列，榜题无字。P.2003 号则于左侧以第五阎罗王近佛身，突出授记的意味十分明显。S.3961 号前面的 W80 号仅余右侧五王，均无特征，至少不同于 P.4523-1 号右侧五王最下者具有冕旒。虽然 MIK III 4957a 号可作比较，但高昌故城 α 寺址所出的 MIK III 4782 号麻布画颇对应《十王经》，中列有佛陀与地藏，两侧小格排列十王，其中阎罗（与地藏并坐）位于格列中间，相对而似戴盔者亦处格列中间，全不同于汉本经图中基本次序，亦不见于其他的图式。此图虽可定十王身份，其次序恐不能简单类比。再即文中言地狱中的鬼卒属于饿鬼道（Preta），虽为引述，但应非是。本书引捷克教授著作有专讲地狱守护者是否属于有情众生问题，正统有部认为是，经量部仅部分承认，唯识宗言其只存于意识中，却无论如何不在饿鬼道。概言之即马小鹤与汪娟论文很详密，但遗憾处是对诸本间不同处只看作为有差别的异本，未能以系统变化视角来观察之。图像细节方面描述则多有小误。

高昌故城α寺址出土有多件地藏及十王方面艺术品，而且与摩尼教的文献与艺术品并存。其中编为MIK III 4782号的麻布画，高131厘米，宽94厘米，表达高度对应《十王经图》。其中上幅佛陀手抚一人，应即阎罗。中幅地藏胁侍共六身菩萨。下幅直持幡使者及蛇与地狱城，两侧对应十王无疑，但排列颇特别，本书正文有叙。总体可谓对敦煌《地藏十王经》图有继承、有变化。两幅地藏菩萨图，主像均残，一幅下部有恶趣中饿鬼等，还有地狱城与一武将形象，旁具一回鹘榜题。另一幅存一侧的胁侍菩萨，左右下方各具一胁侍双童之王者形象，其一巾冠上似有"王"字。如果下方还有多尊此式像，那就很可能是地藏十王的组合。但现在下部都残去（仍有僧俗两小像头部处在上述组像下部）。敦煌此类画中地藏很少胁侍菩萨，上述布画地藏菩萨两旁排列六菩萨，为其属于《十王图》的证据。另外，还有或为《十王经》图的残片，图中有受火烤者（应MIK III 4535号）、被投入磨者（应即上述MIK III 4690号）、马面鸟头狱卒拷打，有跪于地藏菩萨前者的残图，也有回鹘文题记。还有些残片或属上述大幅绘画的下部，还有千手观音像、汉文具佛像图卷、一墨色鬼形象、摩尼教手稿等。笔者在德国亚洲艺术博物馆访问期间，也得到资料赠图，还摄取一两幅地藏菩萨图等。日本大谷收藏一麻布画残片现存旅顺博物馆，能识为披帽地藏，手中或持奉宝珠。其头部上方残存些动物小画或为六道之象征。胁侍呈现侍女与武士形象，后者手中所持有似十字架符号，王振芬等认为属景教特征的地藏菩萨与信奉景教的回鹘王者型武士形象（王振芬、孙惠珍《大谷收集品中新发现的带有景教符号的地藏麻布画初探——兼论回鹘高昌时期景教与其他宗教的关系》，参正文注）。

总体来说，吐鲁番地区的《十王经》与十王画等，与敦煌地区的有高度的对应性，即两地都有回鹘文与汉文的《十王经》，特别是具图本两地都有，但吐鲁番图赞本中也有文偈本的痕迹。吐鲁番的汉文本现知有十块具图及赞句的残件与一件经尾部分。更重要的是，吐鲁番的十王画，不仅高度对应《十王经》，又是独具特点的麻布画，还有两幅上有地藏主尊，其中一幅还有十王。吐鲁番亦有此类壁画，现藏德国亚洲艺术博物馆者，现存仅五趣部分，左上榜题中有朝拜者与"darmasiri""tapudu（大宝奴）"来此山谷佛寺（石窟）修行或祈福（孙炳晗释读[1]）。吐鲁番诸本及图与敦煌本造型样态形貌不同，其与景教、摩尼教有一定的关联。上述α寺址同时有摩尼教十分精彩的插图画。MIK III 151号（原MIK III 6266号）共5层，第1层佛教画下为衬纸，第3层为摩尼教选民头像及数个字母。而MIK III 4957a号是与数件摩尼教抄本同时地发现的。还有说MIK III 4606号旗幡画是摩尼教图覆盖于佛教画之上（转引杨富学《回鹘摩尼教研究》中国社会科学出版社，2017年，第299页）。又林悟殊曾指一件十王图卷中有火与狗的地狱城场景，认为必受袄教影响。但从多幅《十王经》图类似场景看，未必如此，其中有些细节还可细究。吐鲁番的摩尼教绘画有壁画、绢画、插图形式，丰富而精美，也得到了很多学者的关注与研究。

有趣的还有某些含有摩尼教元素的画帧，日本收藏有数帧，如大和文华馆藏《冥王圣帧》，还有《宇宙全图》，及山犁县的原称虚空藏菩萨《夷数佛帧》，其中确含摩尼教元素，但是也有审

[1] 此句可读为两位佛教徒来此山谷佛寺礼拜，名称后为"修行十天"或为"十姓回鹘祈福"，释读者认为此山谷佛寺即伯孜克里克石窟。可参附录1中相关注释。

判或冥府等图像细节。马小鹤言其研究鹘文《十王经》的本意是研究摩尼教宇宙图。这个继承与变化的因素，很有趣味，值得探考，还可以细细再作研究。

西夏文与藏文《十王经》有密切关系，现知西夏本应译自藏文。藏文本构成非常特别，不但将汉本《阎罗王授记经》特有的预修段落融入图赞本中，结合文偈本与图赞本，而且更重要的是增添了“阎罗王宫与五天使经典”的内容，在疑伪经中加入真经内容。原知藏传佛教内有《中阴度亡经》，非常著名，且影响巨大，但过去不知有藏文《十王经》存在。现在最新获知也仅现四本，其结构也多差异。甘肃发现的两种清代经本较短，上海梵典宫收藏本适中，布拉格藏本最长，内容丰繁杂多。

西夏文本现知可分为写本与刻本两系，前者有黑水城发现的两件写本，后者有河北定州发现的印版、私藏与拍卖品的印本。不但诸经本的主要构成同于藏文本，皆具“阎罗王宫与五天使问”之内容，内容皆具汉本《阎罗王授记经》预修内容与赞句，而且刻本存有图像，且至少有两套画作，即定州本图与北京德宝公司等拍品，其中，有不同的画面表达同一王者。从文体而言，写本相当华丽而刻本较简洁。两件写本其一稍残，另一完整。而刻本诸件并不能合成完整的样貌，但基本特征可明了确知。

河北定州本年代应晚至明代，定州附近有西夏遗民生活。黑水城诸多文物中此经写本年代应较早，即写刻本中写本先刻本后殆无问题，但具体情况仍显出相当的复杂性。

西夏文经本的研究近年进展很大。最初两件黑水城写本被认为对应汉地文偈本与图赞本，经内容阐释而知非是，其内容结合了“授记”与图赞本、加“阎罗宫与五天使问”内容。但新近在刻本中发现了马弘敬入冥还阳故事序言，同于明天顺年间汉文善本刻经，惟较明刻本稍简。此序或出自较明代天顺年更早之经本。明刻序言似有更早渊源。但西夏文写本中亦残存此序，以西夏文草书写就。此序原出更早，上海梵典宫藏文经本写经也有此序，且与西夏文刻本较接近，都简于明天顺年本。如此，西夏文诸本的入冥序言，明显同来自藏文本而非源自汉文本。但西夏文本的年代似成问题，其写本与刻本的年代被拉近了。梵典宫藏文经本年代未必早于明天顺年。但据李志明考论明代万历年间藏文《十王经》传入蒙古地区，其编译更早，或可到西夏王朝时期。西夏文写本有西夏译僧“番本译者绯衣座主迷宁慧海、迷宁法海”的署名，相当于赐紫袈裟身份的高僧，应难晚于西夏王朝时期，但是此序言故事似难早到这个时期。黑水城文献确也存在时间上晚于西夏时代者。此写本也可能后来添入。

入冥故事曾长期流传，唐代《道明还魂记》关联于《地藏菩萨经》。此故事时地背景为唐长安城坊，还说事出景隆元年，“隆”即错字，清代才改为景龙二年（708）。此说肯定出于伪托，不可能是唐代之事。如后出更流行的景泰七年（1456）“李清入冥记”，说主人公还阳后传播了十王与地藏等生日诞辰。而现知此类诞辰说最早见于万历年间《玉匣记》，清代宝卷所载更多。所谓景泰说必是后出而托前。由传经到传生日，也是信仰变迁的路径。有趣的是，我们现以敦煌文书 P.3304V 号为证而推论，《十王经》早期版本《阎罗王经》可能出现于中唐，但也到不了盛唐之时。总之，此类托言故事的断代，不宜以其自言时日为真。

西夏文此经的研究进展很大，明确了很多线索，关系汉藏夏文化交融。但其年代从西夏王朝到明代，中间环节还要多多推敲细究。西夏王朝是否用汉文《十王经》也无多少证据，虽然敦煌石窟在西夏期有十王壁画，西夏王朝上层某种程度上用十王斋，但要说《十王经》在社会上普遍流行，还是缺少证据。不能像公维章论文讲西夏十王信仰[1]那样，不分青红皂白，简单将各种材料都堆在十王信仰下，就说其如何流行。

六、余说

在此应说明，本书基本未述学术史，前著《〈阎罗王授记经〉缀补研考》与《〈十王经〉新材料与研考转迁》两文已有较详的梳理。现在论述范围较艺术领域扩展很多，随文而列各种参考文献成果。就此希谅。

本书采用类型比较法整理《十王经》全体貌状，对目前所知中古及之后重要经本都有收集整理，就经本材料用文献学与文物学方法进行了梳理。神德寺塔本虽残损严重，但赖敦煌藏经洞大量经本缀合复原，竟然发现其存敦煌《阎罗王授记经》与《佛说十王经》之间的过渡型与早期特征样貌，其原创性与敦煌本《阎罗王授记经》的地域性得以凸显。台州灵石寺塔本之经题与关键名词，彰示其与流传海东诸本文辞相符之状况。尤可证明敦煌学的拓展要有大敦煌的大格局与大观念，才能了解华夏文明及汉文化的重要脉络。

本书优点还在于以美术史与考古学方法对十王雕绘进行查考，将其早期密切相关者介入经本研究中来，鲜明地体现出打通学科、跨界透彻研究之长处。由于耀州经本具有诸多原创性与过渡演变之特征，是《十王经》生成与转变的重点，本书对耀州经本的研究利用使原以藏经洞出品为主要研究对象的研究面貌完全改观。但灵石寺塔本也必靠藏经洞本才知其区别、特征。梳理、整合两地新现汉文经本，相互结合才能拓展、突破，通过多侧面来认识《十王经》的体系。

本书通观时代背景下的信仰流变，由宗教与民俗学视角阐释古丝路上宗教观念与中土传统思想之结合，说明了中土社会中基本而特有之丧仪祭礼的形成发展，并传播海东等地的状况，从而澄清了很多长期不明的错误说法，超越了不少学界论作包括一些国外杰作名著。

《十王经》信仰丧仪实为文化结合的典范，深入普及到广大地区、诸多民族的集体潜意识之中。这些丧仪祭礼成立演变与流行普及的过程，不仅必须以信仰背景来阐释，而且必须通过翔实可靠的史料来解说。无论其保存多么零碎与偶然，都必须给予彻底研究，且加以踏查与目测手绘，严谨比对与方法多样的缀合整理，才能予以清晰与完备的说明，更贴近历史的真实，汲取先人之智慧与力量，使传统在新时代焕出光芒。

---

[1] 公维章《西夏地藏十王信仰考察》，《西夏学》第25辑，第252—264页。

附録一

《十王經》諸系經文實録

本附録中經文與正文論述所列是相互配合而使用的。由於《十王經》體系豐富龐雜，正文已有考定安排，所以附録中諸種經本均須依從正文中整理出的系統來安排。正文出於論述需多處使用整理出的合成本，即列出多爲每個經本類型理想化文本，且采用簡體字。而此附録中則使用繁體字，將可歸類的經本合並校勘録文，有些綴成本單獨附入。漢文本此經基本爲三類型，即甲《閻羅王經》、乙《閻羅王授記經》(内含長短兩型)、丙《預修十王生七經》，每類内依不同情況，再劃分1、2、3等型經本，適當集成組合，加以校勘。

各類前有表格彙列。日本出現的再造疑僞經本，從總体而言亦可收。回鶻文本由於内容缺失較多，不夠完整，僅少量收録。西夏文與藏文本較爲特殊，前者由近年蔡莉與張九玲譯釋得録，後者李志明的最新研究正在進行，因已有捷克教授貝勞恩斯基（Daniel Berounský）一英文專著介紹分析了布拉格本，所以將其内容大體譯出，作附録二，與附録一共同構成對《十王經》之經本的介紹。

表中编號，S.與W爲英國藏，P.爲法國藏，Д x .爲俄羅斯藏。MIK、U等爲德藏编號。羽、散、中村、天理館等爲日本藏。BD爲中國北京藏，Y爲陝西耀州區博物館藏。同件多號标在一起。V表示背面。

表一　《閻罗王經》文偈本

序	原經號	經名簡況	偈	收藏地	紀年情況		備註
1	Y0199-3+Y0179+Y0147-1+Y0211+Y0077	閻羅王經	V	耀州區博物館		綴理	
2	S.2489+S.10154	閻羅王經	V	英國國家圖書館		妙福題記	
3	BD08045	閻羅王經	V	中國國家圖書館		妙福題記	
4	BD15337	閻羅王經	V	中國國家圖書館		張王杵題	
5	Д x .00931	佛説閻羅王經	V	俄羅斯科學院東方研究所（聖彼得堡）		册子	49
附：	BD00529V	閻羅王經釋		中國國家圖書館			疏評

説明：以上諸本皆是尾題呈現爲《閻羅王經》者。但其中有些内容實同於爲《閻羅王授記經》，如備註有説明的S.4805號與S.5531-8號。開首的耀州本是内容全符合《閻羅王經》者，而最后的耀州本，雖然尾題呈《閻羅王經》，實爲具有讚頌的變化形態本。BD00529V標題有“閻羅王經”實爲疏釋。

表二 《閻羅王授記經》

序	原經號	經名簡況	偈	收藏地	紀年情況		備註
1	P.5580	閻羅王受記經前有金剛經	V	法國		前《金剛經》冊子本	缺
2	羽 73-2	佛說閻羅王受記經	V	日本杏雨書屋李氏原藏		《金剛經》冊子本	45
3	散 799	佛說閻羅王受記經	V	日本書道博物館	清泰三年十二月	薛延唱供養	
4	羽 408（散 535）	閻羅王受記經	V	日本杏雨書屋李氏原藏	戊辰年七月八十五老人三寫		
5	羽 723	佛說閻羅王經		日本杏雨書屋		祥啓讀	
6	羽 742V			日本杏雨書屋			殘 9 行
7	S.3147	閻羅王受記經	V	英國國家圖書館		張家道真題記	
8	S.4805	佛說閻羅王經	V	英國國家圖書館			授記
9	S.4890	勸修生七齋功德經後殘	V	英國國家圖書館			後缺
10	S.5450	閻罗王受記經	V	英國國家圖書館	戊辰年二月	冊子裝	
11	S.5531	佛說閻羅王經	V	英國國家圖書館		冊子	授記
12	S.5585		V	英國國家圖書館		冊子	
13	S.6230	閻羅王授記經	V	英國國家圖書館	同光四年六月		
14	S.5544	佛說閻羅王受記經	V	英國國家圖書館	辛未年正月	冊子	
15	S.7598+BD09248+S.2815	閻羅王授記經	V	英國國家圖書館 中國國家圖書館			46
16	BD06375	閻羅王受記勸修生七齋功德經	V	中國國家圖書館		張家道真題記	
17	BD08237		V	中國國家圖書館			後略殘
18	BD08066+S.4530	閻羅王授記經	V	中國國家圖書館 英國國家圖書館	戊辰年十二月		
19	BD01226	閻羅受記經	V	中國國家圖書館	戊辰年八月		
20	BD04544	佛說閻羅王受記經	V	中國國家圖書館	四月五日五七（齋）	翟奉達題	
21	上海博物館 48（17）	佛說閻羅王受記經	V	上海博物館			48
22	Дx.00803	佛說閻羅［王授記經］	V	俄羅斯科學院東方研究所（聖彼得堡）			
23	Дx.06099+Дx.00143	佛說閻羅王受記經	V	俄羅斯科學院東方研究所（聖彼得堡）		冊子別本	
24	Дx.03906+Дx.03862+Дx.00501			俄羅斯科學院東方研究所（聖彼得堡）			前 15 行
25	Дx.04560+Дx.05269+Дx.05277		V	俄羅斯科學院東方研究所（聖彼得堡）			
26	Дx.06612V+Дx.07919+Дx.07960+Дx.06612+Дx.06611V+Дx.07909+Дx.08062+Дx.06611		V	俄羅斯科學院東方研究所（聖彼得堡）			
27	Дx.11034	閻羅王受記經	V	俄羅斯科學院東方研究所（聖彼得堡）			
	或有		V	陕西耀州神德寺塔券洞或为別本		殘片	
附	P.3304V						44 榜題

敦煌漢語本此經系統中，《閻羅王經》5 件，《閻羅王授記經》寫本約 27 件，共 32 件左右，耀州神德寺塔中或有但難确定。

此类經本太史文基本定爲短修訂本，唯有兩件具妙福題記的抄本即 S.2489 与 BD08045 號被定爲中修訂本[1]。但實際上妙福施抄等《閻罗王經》爲最短本，僅 1074 餘字。而 BD15337 號被太史文定爲短修訂本，其實内容完全一致，文字也屬於最短、僅千餘字。俄藏殘件 Дх.00931 號及其餘两件雖然存字不多，也可確定爲《閻罗王經》，即短修訂本。

《閻罗王授記經》中無亡齋段約 1328 字，有亡齋段約 1456 字。而太史文所定敦煌長修訂本即圖赞本約 2362 字。之所以將妙福本定爲中修訂本，是將具亡齋段的此本與無亡齋段的《閻羅王授記經》比較之故，另台州靈石寺塔本約 2379 字。海東朝鮮半島與日本的抄繪與刻本（少一首讚）約 2338 字。

表三　《預修十王生七經》存本表

序	經名與語種	收藏號與收藏地等	原出與現藏	圖	備註
1	缺 漢	Y0076+Y0155 號 陜西銅川耀州神德寺塔出	陜西省銅川市 耀州區		前後殘 過渡型偈贊本 無圖像
2	同上	Y014-2 號同上	同上		
3	佛説十王經	P.2003 號 巴黎	敦煌 法國	V	全
4	佛説十王經	P.2870 號 巴黎	敦煌 法國	V	全
5	佛説十王經	和泉市久保總美術館藏董文員繪卷	敦煌 日本	V	全
6	佛説十王經	W78+W212+S.3961 號繪卷　　倫敦	敦煌 英國	V	全
7	無題	P.4523+W80 號 倫敦、巴黎	敦煌 英國與法國	V	圖全 無文字
8	首題	P.3761 號 巴黎	敦煌 法國		後殘 無圖像
9	首題	弗利爾美術館藏本 華盛頓特區	廬山 美國	V	12 世紀大理國
10	預修十王生七經	浙江台州黄岩區靈石寺塔本	浙江黄岩	V	5 件
11	同上	海印寺本	韓國	V	2 件
12	同上	日本高野山寶壽院	日本	V	1 件
13	同上	朝鮮刻本 證心寺、廣德寺等[2]	朝鮮 韓國等		朝鮮刻本先后有 10 次雕版刊刻

〔1〕太史文《〈十王經〉與中國中世紀佛教冥界的形成》2016，附録 10，215—217 頁。另收入杏雨書屋藏敦煌秘笈四件，但未作長短區分，即羽 408、羽 723、羽 73-2、羽 742V 號（其前兩件存亡齋，羽 73-2 號册本無亡齋段，羽 742V 號只存十行）。前有引言中講中短經本只有標題、敘述與吟誦，差别主要是敘事有些不同。而長修訂本則有彩圖、宣稱、署名、題目、34 首讚語、敘事，伽陀（即五言偈文）、尾題，共劃列八項。見其著第 7 頁。

〔2〕朝鮮王朝曾有十次刊刻。天明寺（1454）、證心寺（1461）、刊經都監（1469）、興果寺（1574）、廣興寺（1576）、東鶴寺（1577）、瑞峰寺（1601）、松廣寺（1618）、普賢寺（1687）、華嚴寺（1718、1735）。

（續表）

序	經名與語種	收藏號與收藏地等	原出與現藏	圖	備註
14	閻羅天子十王授記經	旅順博物館 LM20-1705-C1010+ 龍谷大學 Ot.3325 號	吐魯番 中國、日本		無圖，僅存結尾兩句讚與標題
15	佛說閻羅王經	國家圖書館藏善本 16022 號	中國	V	增出序讚文
16	佛說預修生七往生淨土閻王經	清代刻印与抄本 私人收藏	中國上海		刻写各 1 件 增出序印本
17	不明	柏林回鶻文寫經繪圖殘片 MIKⅢ 113、MIKⅢ 4607、MIKⅢ 4647、MIKⅢ 4693、MIKⅢ 4698、MIKⅢ 6327、MIKⅢ 6231、MIKⅢ 7246、MIKⅢ 7256、MIKⅢ 7259、MIKⅢ 7578、MIKⅢ 8734 號等	吐魯番 德國柏林	V	34 殘片 兩件以上圖卷〔1〕
18	回鶻文 同《授記經》	柏林 MIKⅢ 7451 號	同上		具圖。但与上殘經本不同。
19	回鶻文	SI.3133/4 號，SI.1751+SI.1752 號，SI.3133/5、6、7 號	吐魯番 俄國	V	3 件以上
20	回鶻文	書道博物館	吐魯番 日本大阪	V	1 件殘圖片，王樹枏舊藏
21	回鶻文	IB4957	吐魯番 德國		勒柯克收集
22	回鶻文	天理圖書館	敦煌 日本東京	V	40 餘件殘圖片 裱为兩件
23	漢文	亞洲藝術博物館	吐魯番 德國柏林	V	10 件殘圖片
24	西夏文	Инв. No.4976 號、Инв. No.0819 號	黑水城 俄羅斯藏		西夏文本爲結合授記經別本
25	西夏文	明代雕版	河北定州 不明	V	明版　現代印 有插圖
26	西夏文	金瀾閣收藏 中貿聖佳拍品	中國北京	不明	2 件同版，後缺
27	西夏文	北京德寶公司拍品	中國北京	V	前缺，或与上同版
28	藏文	蘭州大學	中國甘肅	V	2 件 李志明收集
29	藏文	布拉格國家美術館	中國或蒙古 捷克布拉格	V	奇蒂爾購售
30	藏文	上海梵典宫	中國上海	V	顾清收藏
附	佛說預修十王生七經	日本《卍續藏》	日本		

〔1〕德藏本 U3893 與 U3517 號等。或有融匯《授記》《十王》之可能性。

壹 《閻羅王經》

校録説明：原有殘缺，補入者加方括號與下劃綫。如［七齋功德經］，訂正者爲圓括號。異体字等徑改。一般從文意依段落録文，但涉及耀州出品者，則因原件過殘，據敦煌本等録出經本類型，必須采用依行補録之方法。由此帶來附録經文之體例並不完全統一，也是不得已而爲之。就此致歉。

第一類 《閻羅王經》

一型

1. 經本1，耀州本

耀州本（Y0199-3+Y0179+Y0226-2+Y0147-1）+（Y0024+Y0227-2/0194+Y0226-2A/0195）+（Y0211）+（Y0077號並Дx.00931號）《閻羅王經》，所缺部分據敦煌本補入[1]。

［佛説閻羅王授記四衆逆修生七往生淨土經］

［如是我聞：一時佛在鳩尸那城阿維跋提河邊，婆羅雙樹間，臨涅槃時，普集大衆及諸菩薩摩訶薩、諸天龍神王、天主帝釋、四天大王、閻羅天子、太山府君、司命司録、五道大神、地獄官典，悉來聚集，禮敬世尊，合掌而立。

佛告諸大衆：閻羅天子於未來世，當得作佛，名曰普賢王如來，國土嚴淨，百寶莊嚴。國名花嚴，菩薩充滿。其國多生習善，爲犯戒故，退落琰魔天中作大魔王。管攝諸鬼，科斷閻浮提内十惡五逆一切罪人，繫閉六牢，日夜[2]（耀州本Y0199–3+Y0179+Y0226–2+Y0147–1號）受苦，輪[3]轉其中，隨業報身，定］生註［死。若復］有人書寫[4]經，［受持讀誦，捨命之後，必出］三塗，不入地獄。在生［之日，煞父害

〔1〕以敦煌本S.2489號爲甲本，BD08045號爲乙本，BD15337號爲丙本參補録文，俄藏Дx.00931號衹有尾部幾句，或可作爲丁本。

〔2〕經文前部據妙福施抄甲本補入。

〔3〕此行或脱“輪”等一字，補入則行超一字。

〔4〕此行脱“此”或另一字，補入則行超一字。

母，破戒[1]煞]諸牛、羊、雞、狗、毒蛇，[一切重罪，應入地獄十]劫[2]，善寫此經及諸[尊像，記在]業鏡，[閻]王歡喜，[判]放其人生[富貴家，免]其罪[過。若有善男子、]善女人、比丘、比丘尼、優婆[塞、優]婆夷，預修十會累七往生齋者，每[月二時，]供養三寶，并祈十王，修名進狀。上六[曹官，善業]童子，奏[上天曹]冥官等，記在[名案。身到之日，]當[使配生]快樂之處，不住[中陰四十九日。待男女追救，命過十王，若]闕[一齋，乖在一王，留連受苦，不得出生，遲滯一年。是故勸汝，作此要事，祈往生]報。[爾時地]藏菩薩、龍樹菩薩、救苦觀世音[菩薩、常]悲菩薩、陀羅尼菩薩、金剛藏菩薩，[讚歎]世尊，哀憫凡夫，説此妙經，救拔生死，[頂禮佛足。爾時二十八重一切獄主]，閻[羅天子、六道冥官，若有四]（Y0024號參補）衆比丘、[比丘尼、優婆塞、優婆夷，若造此經，讀]誦一偈，[當免其罪過，送出地獄，往生天道，不令繫滯，宿夜受苦。

爾時閻羅天子説偈白佛：南無阿婆羅，日度數千河。衆生無定相，猶如水上波。願得智慧風，漂與法輪河。光明照世界，巡歷悉經過。普拔衆生苦，降鬼攝諸魔。四王行國界，傳佛修多羅。凡夫修善少，顛到信邪多。持經免地獄，書寫過災河。超度三界難，永不見夜叉。生處登高位，富貴壽延長。至心誦此經，天王恒記録。欲得無罪苦，莫信邪師卜。祭鬼煞衆生，爲此入地獄。念佛把真經，應當自誡勗。手把金剛刀，斷除魔衆族。佛行平等心，衆生不具足。]修福似微[塵，造罪如山嶽。欲得命延長[3]，當修造此經。]（Y0227–2號）能除地獄苦，[往生毫族家。善神恒守護，（Y0194號存兩殘行，參考録入）造經讀誦人。忽爾無常至，善使自來迎。天王相接引，攜手入金城。]爾時/佛告阿難：一切龍神八部大神，閻羅天（Y0226–2A[4]/0195[5]號）子、太山府君、司[命司録、行道天王，法有寬縱，]（Y0211號）[可容]一切罪人。慈[孝男女，修福追齋，薦拔亡人，[6]]若[7]報生養[之恩，七七修齋，造經造像，報父母][8]恩，[得生天上。閻羅法王白佛言：世]尊，我發使[乘黑馬、把黑幡、著黑衣，檢]亡[9]人家造[何功德，准名放牒，抽出罪人，不]違

[1]“破齋”或“破戒”兩字，補入則行字數超出。

[2]“十劫”或“五劫”兩字，補入則行字數超出。

[3]參據Y0194號“修福似微塵，造罪如山嶽”。但諸本多有“欲得命延長”，如此則行二十字，隻有脱漏五字才合行數。

[4]Y0226-2A號存兩行七字：“佛告阿/太山府君……”前爲“爾時”排字爲行十六字，約合此件。

[5]Y0195號存兩行八字“爾時佛/子太山府君”，排爲行十七字，同此處讃本，但敦煌讃本P.2003號、P.2870號“一切龍天八部及諸大臣”或S.3961號与董文員、靈石寺塔本“一切龍神八部及諸大臣”字數更多。

[6]依甲乙丙本補録，此行多三字，原卷應脱或省三四字。《十王經》此處多爲“修福薦拔亡人”此少兩三字，但前多“六親眷屬”。

[7]上行與此行兩行所存字，圖版殘片上看不到。黄征等有録文，據其文再補入。“若”字黄征註爲較其參校本多出，敦煌本亦無（《陝西神德寺塔出土文獻》，794頁）。

[8]此“父母”兩字，依稀有些存留，黄征等註文已及（同上793頁）。

[9]“亡”字，依稀可識位置與些許筆畫，黄征文僅補。

誓願。[1]世［尊聽説檢十王名字：］第一七秦廣王，［第二七宋帝王，第三七初江王，第四七五官王，第五七閻羅王，第六七變成王，］第七七太山王，［第八百日平等王，第九一年都市王，］第十三年［五道轉輪王[2]。］

（Y0077號）

（Дx.00931號册本，以灰底標出。内容與Y0077號可部分相接疊。）

十齋[3]［具足，免十惡罪。我當[4]令四大夜］叉王守護［此經，不令陷没。稽首世尊，獄中］罪人[5]，［多是用三寶財物，喧鬧受罪報。］識性[6]之人，可［自誡勗，[7]勿犯三寶，業報難容。］得[8]見此經者［應當修學出地獄因。］爾時淡（琰）[9]［魔法王，歡喜頂禮，退坐一］面。佛言此經［名《閻羅王授記四衆逆修生七往生淨土經》，汝當奉持[10]，流傳國界，依教奉行。］

閻羅［王經一卷[11]］

正文中此處一類二型經本1爲耀州Y0076+Y0155號，但也考慮將Y0228號也組入，或成較完整類型。因此置後整理。

2. **經本2，敦煌僧俗抄本**

S.2489號妙福抄件爲底本，BD08045號爲甲本，BD15337號爲乙本。

佛説閻羅王授記四衆逆修[12]生［七往生淨土經］[13]

如是我聞：一時佛在鳩尸那[14]［城阿維跋提河邊，婆］[15]羅雙樹間，臨涅槃時，普集[16]［大衆及諸菩薩摩訶］薩、諸天龍神王、天主帝[17]釋、四［天大王、閻羅天子、太］[18]山府君、司命司録[19]、五道大神、地獄官典，悉來聚集，禮敬世[20]尊，合掌而立。[21]

佛告諸大衆：閻羅天子[22]於未來世，當得作佛，名曰普賢王如來。［十號具足］[23]，國土嚴淨，百寶莊嚴。國名花嚴，菩薩[24]充滿。其國多生習善，爲犯戒故，退[25]落琰魔天中作大魔王。

［1］甲乙丙本此有"伏願"兩字。

［2］此諸王甲乙丙本無"第"字。黄征等註此《卍續藏》爲"第某七日過某某王"，确爲兩种經本，所以不同。

［3］"十齋"黄征文未識，但位置與少許筆畫點可判定。

［4］"我當"，俄藏Дx.00931號作"放其生［天］"。

［5］此行實多殘失。"罪人"兩字的邊緣尚可辨出。黄征文未録。

［6］"何"，俄藏Дx.00931號作"何"，應爲"信"。

［7］俄藏Дx.00931號此有"慎"字。

［8］"得"字甲乙丙本無，黄征註《卍續藏本》無。

［9］此"琰"字，敦煌本與耀州本皆誤爲"淡"，説明了敦煌與耀州本的傳抄關係。此本僅能見三點水旁，黄征文之註僅解説爲似三點水，不似"琰"字。

［10］此"持"字，俄藏本誤爲"待"。

［11］黄征等録文推測説尾題或爲《閻羅王經》，或爲《閻羅（授記逆修生七往生淨土經）》。但經本尾題很少用全稱的。俄藏丁本與敦煌甲乙丙諸本皆可證此尾題爲簡稱。

［12］"佛説閻羅王授記四衆逆修"，乙本殘失。

［13］"七往生淨土經"，底本缺殘，據乙本補，甲本前部有殘缺。

［14］"如是我聞，一時佛在鳩尸那"，乙本缺。

［15］"城阿維跋提河邊，婆"底本殘，據乙本補。

［16］"羅雙樹間，臨涅槃時，普集"，乙本殘缺。

［17］"訶薩、諸天龍神王、天主帝"，乙本殘缺。

［18］"天大王、閻羅天子、太"，底本缺，據乙本補（乙本僅"太"字亦殘，據文意補）。

［19］"太山府君、司命司録"，乙本殘。

［20］"悉來聚集，禮敬世"，乙本殘。

［21］甲本前部殘失，存文由此起。

［22］"閻羅天子"，乙本殘。

［23］"佛，名曰普賢王如來。十號具足"，乙本缺。"十號具足"，甲本缺，乙本雖亦殘，但從位置推斷應有此四字。因據《閻羅王授記經》補。

［24］"莊嚴。國名花嚴，菩薩"，乙本殘。

［25］"善，爲犯戒故，退"，乙本殘。

管攝諸鬼[1]，科斷閻浮提内十惡五逆一切[2]罪人，繫閉六牢，日夜受苦，輪轉其中，隨業報身，定生主死。若復有人修造此經，受持讀誦，捨命之後，必出三途，不入地獄。在生之日，煞父害母，破戒煞諸[3]牛、羊、雞、狗、毒蛇，一切重罪，應入地獄十劫，若造此經及諸尊像，記在業鏡[4]，閻王歡喜，判放其人生富貴家，免其罪過。

若有善男子、善女人、比丘、比丘尼、優婆塞、優婆夷，預修生七齋者，每月二[5]時，供養三寶，祈設十王齋，修名進狀，上六曹官，善業童子，奏上天曹地府等，記在名案。身到之日，當便[6]配生快樂之處，不住中陰四十九日。待男女追救，命過十王，若闕一齋，[7]乖[8]在一王，留連受苦，不得出生，遲滯一年。是故勸汝，作此要事，祈往生報。

爾時地藏菩薩、陀羅尼菩薩、金剛藏菩薩等，讚歎世尊，哀憫凡夫，説此妙經，拔生救苦，頂禮佛足。

爾時二十八重一切獄主與閻羅[9]天子、六道冥官，禮拜發願，若有衆生比丘、比丘尼、優婆塞、優婆夷，若造此經，讀誦一偈，當免其罪過，送出地獄，往生天道，不令繫滯，宿夜受苦。

爾時閻羅天子説偈白佛：

南無阿婆羅，日度數千河。衆生無定相，猶如水上波。願得智慧風，漂與法流[10]河。光明照世界，巡歷悉經過。普拔衆生苦，降鬼攝諸魔。四王行國界，傳佛修多羅。凡夫修善少，顛到信邪多。持經免地獄，書寫過災河。超度三界難，永不見夜叉。生處登高位，富貴壽延長。至心誦此經，天王恒記録。欲得無罪苦，莫信邪師卜。祭鬼煞衆生，爲此入地獄。念佛把真經，應當自誡勗。手把金剛刀，斷除魔衆[11]族。佛行平等心，衆生不具足。修福似微塵，造罪如山嶽。欲得命延長，當修造此經。能除地獄苦，往生毫族家。善神恒守護，造經讀誦人。忽爾無常至，善使自來迎。天王相接引，攜手入金城。

爾時佛告阿難：一切龍神八部大神、閻羅天子、太山府君、司命司録、五道大神、地獄官典、行道天王，當起慈悲，法有寬縱，可容一切罪人。慈孝男女，修福追齋，薦拔亡人，報育養[12]恩。七七修齋，造經造像，報父母恩，得生天上。

閻羅法王白佛言：世尊，我發使乘黑馬、把黑幡、著黑衣，檢亡人家造何功德，准名放牒，抽出罪人，不違誓願。伏願世尊聽説檢十王名字：

一七秦廣王，二七宋帝王，三七初江王，四七五官王，五七閻羅王，六七變成王，七七太山王，百日平等王，一

[1]“管攝諸鬼”，乙本殘。
[2]“切”，乙本殘。
[3]“諸”，乙本爲“之”。
[4]甲乙本此處衍“境”。
[5]乙本此處衍“日”。
[6]“便”，甲本殘損。
[7]甲本此衍“一齋”。
[8]乙本此衍“一齋”。
[9]“羅”，甲乙本脱。
[10]“流”，甲乙本爲“輪”。
[11]“衆”，甲乙本爲“種”。
[12]甲本此衍“之”字。

年都市王，三年五道轉輪王。

十齋具足，免十惡罪，放其生天。我當令四大夜叉王守護此經，不令陷没。稽首世尊，獄中罪人，多是用三寶財物[1]，喧閙受罪報。識信之人，可自誡慎（勗）[2]，勿犯三寶，業報難容。此見[3]經者應當修學出地獄因。

爾時淡魔法王，歡喜頂禮，退坐一面。佛言此經名《閻羅王授記四衆逆修生七往生[4]淨土經》，汝當奉持，流傳國界，依教奉行。

閻羅王經一卷

安國寺患尼弟子妙福，發心敬寫此經一七卷，盡心供養。[5]

〔1〕"物"，甲乙本脱。

〔2〕"誡勗"，底本爲"誡慎"，據甲乙本改。

〔3〕"此見"，甲乙本顛倒。

〔4〕"生"，甲乙本脱。

〔5〕甲本題記："安國寺患尼弟子妙福，發心敬寫此經一七卷，一心供養。"乙本題記："翟定友經一卷，行者張王杵發心敬寫此經一卷。"

貳 《閻羅王授記經》

第二類 《閻羅王授記經》

一型，存亡齋段本

1. 經本 1，十一菩薩本

入校共收六件，以 BD06375 號爲底本，中村不折舊藏散 799 號爲甲本，羽 408 號（散 535）爲乙本，羽 723 號爲丙本，BD01226 號爲丁本，S.4805 號爲戊本。

八　佛説閻羅王受記經卷第二　一　張家[1]

佛説閻羅王受[2]記勸修生七齋功德經[3]

如是我聞：一時佛[4]在鳩尸那城阿維跋提河邊，娑[5]羅雙樹間，臨[缽][6]涅槃時，普集大衆及諸[7]菩薩摩訶薩、諸天龍神[8]王、天主[9]帝釋、四天[10]大王、大梵天王[11]、閻羅天子、太山府君、司命司録[12]、五[13]道大神、地獄官典，悉來聚集，禮敬世[14]尊，合掌而立。

爾時佛告大衆：閻羅天子於未來世當[15]得作佛，名曰[16]普賢王如來，國土嚴淨，[17]百寶莊嚴。國名華嚴，菩薩[18]充滿[19]。多生習善，爲犯戒故，退落琰摩天中[20]作大魔王。管[21]攝諸鬼，科斷閻浮提内十惡五逆一切罪人，繫閉

〔1〕此題爲 BD06375 號卷子包首所題。
〔2〕“受”應爲“授”，但此經中混用極爲普遍，兹不具校。
〔3〕底本“勸修生七齋功德經”之題少見。通行爲“……令四衆（乙）逆 / 預修生七齋往生淨土功德經”。
〔4〕“佛”，乙本無。
〔5〕“跋提河邊，娑”，乙本殘缺。
〔6〕“羅雙樹間，臨缽”，甲本殘失，底本無“缽”，據乙本補。
〔7〕“集大衆及諸”，乙本殘缺。
〔8〕“神”，乙本無。
〔9〕“諸天龍神王、天主”，甲本殘失。
〔10〕“主帝釋、四天”，乙本殘缺。丙本由此“天”字開始，前數行缺失。
〔11〕“大梵天王”，乙本從缺字位置推算似缺。
〔12〕“君、司命司録”，甲本殘失。
〔13〕“命司録、五”，乙本殘。
〔14〕“集，禮敬世”，乙本殘。
〔15〕“來世，當”，乙本殘。
〔16〕“得作佛，名曰”，甲本殘失。
〔17〕“土嚴淨”，乙本殘。
〔18〕“嚴，菩薩”，甲本殘失。
〔19〕“薩充滿”，乙本殘。
〔20〕“中”，底丙本無。
〔21〕“魔王。管”，甲本殘失。丁本此行“摩天中作大魔王”可識，其前多殘失，其后四行下部有殘。

六牢，日夜[1]受苦，輪轉其中，隨業報身，定生住（註）[2]死。若復有人修造此[3]經，受持讀誦，捨命之後，必出三塗，不入地獄。

在生之日，煞父害母，破齋破戒，煞諸[4]牛、羊、雞、狗、毒蛇，一切重罪，應入地獄[5]十［劫］[6]五劫。若造此經及諸尊像，記在業鏡，閻羅歡喜，判放其[7]人生富貴家，免其罪過。

若有善男子、善女人、比丘、比丘尼、優婆塞、優婆夷，預修生七[8]齋者[9]，每月二時，十五日、卅日。若是新死[10]，依從[11]一七計乃[12]至七七、百日、一年、三年，並須請此十王名字。每七有一王下檢察，必須作齋。功德有無，即報天曹地府，供養三寶，祈請[13]十王，唱名納狀，狀上六曹官[14]，善惡童子，奏上天曹地府冥官等，記名在（在名）[15]案。身到日時，當便配生快樂[16]之處，不住中陰四十九日。身死已後，若（不）[17]待男女六親眷屬追救，命過十王。若闕一齋，乖[18]在一王，并新死亡人，留連受苦，不得出生，遲滯一劫。是故勸汝，作此齋事。如至齋日到，無財物及有事忙，不得作齋，請佛延僧建福，應其齋日，下食兩盤，紙錢[19]喂飼。新亡之人，并隨歸［在］[20]一王，得免冥間業報飢餓之苦。若是生在之日作此齋［者］[21]，名爲預修生七齋，七分功德，盡皆得之[22]。若亡没已後，男女六親眷屬爲作齋者，七分功德，亡人唯[23]獲一分，六分生人將去，自種自得，非關[24]他人與之。

爾時普賢[25]菩薩［言］[26]，若有[27]善男子、［善女人］[28]等，能修此十王逆修生七[29]及亡人齋［者］[30]，得善神下來敬禮凡夫。凡夫云：何得賢聖善神禮我凡夫。一切善神并閻羅天子及諸菩薩欽敬，皆生歡喜。

爾時地藏菩薩、龍樹菩薩、救苦觀世音菩薩、普廣菩薩、常悲菩薩、常慘菩薩、陀羅尼菩薩、金剛藏菩薩、文殊師利菩薩、彌勒菩薩、普賢菩薩等稱歎[31]世尊，哀憫凡夫，説［此］[32]妙

［1］“牢，日夜”，甲本殘失。
［2］底甲本“住”，據諸本改“註”。
［3］“修造此”，甲本殘失。
［4］“諸”，丙本脱。底甲乙丁本同，戊本前多缺失，約從此處起有五行下部，再后較全。
［5］底甲丙“入地獄”，乙丁本爲“墮惡道”。
［6］“劫”，底本涂墨，甲本“十劫”兩字不清楚。據餘本補訂。
［7］“其人”，甲本殘失。
［8］底甲丙戊本此處有“往生”兩字。
［9］“者”，乙丁本無。
［10］甲本此增補較小的“家”字。
［11］“從”，乙丁本無。
［12］“乃”，乙丁本無。
［13］“請”，乙丁本爲“設”。
［14］乙丁本“官”，底甲丙戊本無。
［15］底本“名在”，應爲“在名”，據諸本改訂。甲本“名”爲“明”。
［16］“樂”，丁本爲“活”。
［17］“若”應爲“不”，據圖讚本《十王經》改訂，但多數寫本爲“若”。
［18］“乖”，戊本脱。
［19］底本此多“財”字。
［20］“在”，底丙戊本脱，據諸本補。
［21］“者”，據甲本補。
［22］“之”，甲本誤爲“知”。
［23］“唯”，甲本誤爲“爲”。
［24］“地”，戊本衍，删。
［25］“賢”，諸本作“廣”。
［26］“言”，底甲丙戊本無。
［27］“有”，丁本無。
［28］“善女人”，底丙戊本無，據甲乙丁本補（甲本爲小字補加入）。
［29］甲本此有“齋”字。
［30］“者”，據甲本補。
［31］“歎”，乙丁本爲“讚”。
［32］“此”，據諸本補。

經，救死拔生〔1〕，頂禮佛足。

爾時二十八重一切〔2〕獄主與閻羅天子、六道冥官，禮拜發願：若有四衆比丘、比丘尼、優婆塞、優婆夷，若造此經，讀〔3〕誦一偈。我當免其罪過，送出地獄，往生天宫，不令繫滯，受之（諸）〔4〕苦惱。爾時閻羅天子即〔5〕説偈白佛：

南無阿波羅，日度數千河。衆生無定相，猶如水上波。

願得智慧風，漂與法輪河。光明照世界，巡曆〔6〕悉經過。

普救〔7〕衆生苦，降鬼攝諸魔。四王得（行）〔8〕國（世）〔9〕界，傳佛修多羅。

凡夫修善少，顛倒信邪多。持經免地獄，書寫［過］〔10〕災痾。

超渡〔11〕三界難，永不見夜〔12〕叉。生處登高位，［富貴壽延長］〔13〕。

至心誦此經，天王恒記録〔14〕。欲得無〔15〕罪咎，莫信邪師卜。

喂（祭）〔16〕鬼煞衆生，爲此入地獄。念佛把真經，應當自誡勗。

手把金剛刀，斷除魔種族。佛行平等心，衆生皆（不）〔17〕具足。

修福似微塵，造罪如山嶽。欲得命延長，當修造此經。

能除地獄苦，往生豪族家。善神恒守護，造經讀誦人。

忽爾無常至，善使自來迎。天王相接引〔18〕，攜手入金城。

爾時佛告阿難：一切龍神〔19〕八部大神、閻羅天子、太山府君、司命司録、五道大神、地獄冥官等，行道天王，當起慈悲，法有寬縱，可容一切罪人。若有〔20〕慈孝男女、六親眷屬、修福薦追〔21〕拔亡人，報生養恩，七七修齋，造經佛〔22〕像，報父母令得生天。

爾時閻羅法王白佛言：世尊！我當發使，乘黑馬、把黑幡、著黑衣，檢亡人家造何功德，准名放牒，神（抽）〔23〕出罪人，不違誓願！伏願世尊聽我檢齋十王名字：

第一七齋秦廣王下，第二七齋宋帝王下，第三七齋初江王下，第四七齋五官王下，第五七齋閻羅王下，第六七齋變成王下，第七七齋太山王下，百日齋平正王下，一年齋都市王下，三年齋五道轉輪王下。〔24〕

〔1〕底本“救死拔生”，甲乙丙丁戊本爲“拔死救生”。
〔2〕此“地”字甲乙本具。
〔3〕“讀”，諸本爲“讃”。
〔4〕“之”，據諸本改。
〔5〕“即”，乙丁本無。
〔6〕“曆”，諸本爲“歷”。
〔7〕“救”，乙丁本爲“拔”。
〔8〕“得”，據甲乙丁本改“行”。丙本於“得”字旁加小字“行”，意爲修訂。
〔9〕“國”，底甲丙戊本，據乙丁本改爲“世”。
〔10〕底本脱“過”，據諸本補。
〔11〕“渡”，乙丙丁本爲“度”。
〔12〕底本“夜”，諸本爲“野”。
〔13〕底戊本無“富貴壽延長”。丙本此五字以小字加在下句旁。
〔14〕“記録”，乙丁本爲“守護”。
〔15〕諸本“無”，甲本爲“免”。
〔16〕底甲丙戊本“喂”，據乙丁本改“祭”。
〔17〕底戊本“皆”，據甲乙丁本改。丙本在“皆”字旁加小字“不”，意爲修訂。
〔18〕底丙戊本“接引”，甲乙丁本爲“引接”。
〔19〕底乙丙丁戊本“神”，甲本爲“天”。
〔20〕“有”，乙丁本無。
〔21〕“追”，乙丁本無。
〔22〕底甲丙戊本“佛”，餘本爲“造”。
〔23〕“神”誤，據諸本改爲“抽”。
〔24〕底本原未抄經文最后兩段而題記。此后兩段據甲本補録。

［爾時閻羅法王[1]又[2]更廣勸信心，善男子、善女人[3]等努力修此十王齋，具足免十惡五逆之罪，並得天王當令四大野叉王守護此經，不令陷没。稽首世尊，地獄[4]罪人，多是[5]用三寶財物，并造諸[6]惡業人，在此諸獄受[7]罪，喧閙無億，報諸信心，可自誡慎，勿犯三寶財物，業報難容。見此經[8]者，應當修學[9]離地獄[10]因。

爾時琰摩羅法王歡喜頂禮，退坐一面。佛告[11]阿難：此經名《閻羅王受記[12]令四衆預修生七[13]新死亡人[14]齋功德往生淨土經》，汝等比丘、比丘尼、優婆塞、優婆夷、天龍八部鬼神、諸菩薩等，當奉持流傳國界，依教奉行。］

閻羅王受記勸修生七齋功德經[15]（甲本：佛説閻羅王受記經一卷。乙本：閻羅王受記經。丙本：佛説閻羅王經。丁本：閻羅受記經。戊本：佛説閻羅王經。）

比丘道真受持。[16]

清信弟子布衣薛延唱發心寫此妙經，奉爲過往慈父作福，莫落三塗之苦。次爲患母，令願疾病速差。所有怨家之鬼，受領寫經功德，更莫相饒。兼及己身，萬病不侵，延年益壽。所有讀誦此經三卷之人，傳之信士，同霑斯福，永充供養，信心二時受持。清泰三年丙申十二月十□。[17]

戊辰年七月廿八日八十五老人手寫流傳。[18]

祥啓讀。[19]

戊辰年八月一日八十五老人手寫流傳，依教不修，生入地獄。[20]

2. 經本 2，五菩薩本

俄藏五菩薩別本，以Дx.06099號正背、Дx.00143號正背續成，所缺以敦煌 S.8254 號等補入。

［佛説閻羅王受記四衆逆修生七齋功德經

如是我聞：一時佛在鳩尸那城阿維跋提河邊，娑羅雙樹間，臨涅槃時，普集大衆及諸菩薩摩訶薩、諸天龍神王、天主帝釋、四天大王、大梵天王、阿修羅王、閻羅天子、太山府君、司命司録、五道大神、地獄官典，悉來聚集，禮敬世尊，合掌而立。

爾時佛告大衆：閻羅天子於未來世當得作佛，名曰普賢王如來，國土嚴淨，百寶莊嚴。國名華嚴，菩薩充滿。多生習善，爲犯戒故，退落琰摩天作大魔王。管攝諸鬼，科斷閻浮提内十惡五逆一切罪人，繫閉六牢，日夜受苦，輪轉其中，隨業報身，定生註死。

〔1〕甲本此衍“歡喜”，删。
〔2〕“又”，乙丁本無。
〔3〕丙戊本略“善男子、善女人等”，爲“善男女等”。
〔4〕“受”，乙本衍。
〔5〕“是”，據乙丁本補。
〔6〕“造諸”，除甲本外餘本顛倒。
〔7〕“苦”，乙本衍。
〔8〕“經”，戊本脱漏。
〔9〕除甲本外餘本此具“得”。
〔10〕除甲本外餘本此具“之”。
〔11〕“告”，甲丙戊本爲“言”。
〔12〕“記”，戊本無。
〔13〕乙本此具“及”。
〔14〕“新死亡人”，丁本無。
〔15〕尾題餘本多做“［佛説］閻羅王授記經”。
〔16〕底本此本爲道真，甲本爲薛延唱題記，與八十老人所識題記。
〔17〕此題記爲甲本即中村不折藏（散 799 號）薛延唱所具。
〔18〕此題識为乙本即羽 408 號所具。
〔19〕此題記爲丙本羽 723 號所具。書法上乘，且有小字修訂改正處。
〔20〕此題記爲丁本 BD01226 號所具。

若復有人修造此經，受持讀誦，捨命之後，必出三塗，不入地獄。在生之日，煞父害母，破戒破齋，煞諸牛、羊、雞、狗、毒蛇，一切重罪，應入地獄十劫五劫。若造此經及諸尊像，記在業鏡，閻羅歡喜，判放其人生富[1]（Дx.06099號）貴家，免其罪過。

若有善男子、善女人、比丘、比丘尼、優婆塞、優婆夷，預修生七齋[2]，每月十五、月盡日[3]，每月新死亡人，依一七計至七七、百日、一年、三年，並須各請[4]十王名字。每七有一王[5]檢察，必須作齋，告何功德[6]，即報天曹及以[7]地府，功德有無，供養三寶，祈設[8]十王，唱名納狀，上六曹官等[9]，記在名案。身到之日時，當配生快樂之處，不住中陰四十九日。身死已後，若待男女六親眷[10]屬追求[11]，命過十王，若閻羅王闕[12]一王齋者[13]，乖在一王，[14]留連受苦，不得出生，遲滯一年[15]。是故勸汝，作此要[16]事。如至齋日，無錢作齋，或若事忙作齋不得者[17]，請佛發願[18]，應其齋日，下食兩盤，紙錢兩觀[19]。新死之人及巡齋王歸在[20]一處，得免冥間飢餓之苦及業報罪[21]，祈往生報[22]。

爾時地藏菩薩、陀［羅］尼菩薩、金剛藏菩薩、文殊師利菩薩、彌勒菩薩等[23]，讚歎世尊，憫念凡夫，説此妙經，拔死救生，頂禮佛足。

爾時二十八重一切獄主與閻羅天子、六道冥官，禮拜發願：若有衆生[24]及比丘、比丘尼、優婆塞、優婆夷，若造此經，讀誦一偈，當免其罪[25]，送出地獄，往生天道[26]，不令繫滯，受之[27]苦惱。爾時閻［羅］天子以偈白佛：

南無阿波羅，日度數千河。衆生無定相，猶如水上波。

願得智慧風，漂與法輪河。光明照世界，巡歷悉經過。

普拔衆生苦，降鬼攝諸魔。四王行世[28]界，傳佛修多羅。

凡夫修善少，顛倒信邪多。持經免地獄，書寫過災河[29]。

超過三界難，永不見夜叉。生

［1］前段以BD06375號録補而入，后段以俄藏爲底本、以羽723號爲甲本，用以校録字詞差别。一般語氣詞等不校。
［2］甲本爲“往生齋者”，較餘本多出“往生……者”。
［3］甲本等爲“每月二時，十五日、卅日”。
［4］“各請”，甲本爲“請此”。
［5］甲本此具“下”字。
［6］“告何功德”，甲本此爲“功德有無”，但底本隔句後又有出現。
［7］甲本無“及以”。
［8］甲本爲“請”。
［9］“上六曹官等”本爲“狀上六曹，善惡童子奏上天曹地府冥官等”。
［10］甲本爲“眷”。
［11］甲本爲“救”。
［12］甲本爲“闕”。
［13］此句甲本爲“若闕一齋”。
［14］甲本此有“並新死亡人”。
［15］“年”，甲本爲“劫”。
［16］“要”，甲本爲“齋”，但《十王經》多爲要事。
［17］此兩句甲本爲“無財物及有事忙，不得作齋”。
［18］“請佛發愿”，甲本無。
［19］“兩觀”，諸本爲“喂飼”。
［20］此句甲本爲“新亡之人並隨歸一王”。
［21］此句甲本爲“得免冥間業報飢餓之苦”。
［22］“祈往生報”處，甲本有兩段文字，即“生者與亡者功德分配”與“普廣菩薩説善神下禮凡夫”段，此本皆無。
［23］甲本較此多龍樹、救苦觀音、普廣、常悲、常慘、普賢菩薩共六位。
［24］“有衆生”，甲本爲“四衆”。
［25］“免其罪過”，甲本爲“我當免其罪過”。
［26］“道”，甲本爲“宫”，但《十王經》多爲“道”。
［27］“之”，甲本爲“諸”。
［28］“世”，甲本“國”。
［29］“河”，甲本“疴”。

處登高位，富貴命延多[1]。

至心讀此[經]，天王常護那[2]。欲得無罪苦[3]，莫信邪師卜。

祭[4]鬼煞衆生，爲此入地獄。念佛把真經，應當自戒勗。

手把金剛刀，斷除魔衆族。佛行平等心，衆生不具足。

修福似微塵，造罪如山嶽。欲得命[延]長，當修造此經。

能除地獄苦，往生豪貴[5]家。善神恒守護，造經讀誦人。

忽爾無常至，諸佛[6]自來迎。天王常引接[7]，攜手入[金]城。

爾時佛告阿難：一切龍神八部四衆[8]、閻羅天子、太山府君、司命司録、五道大神、地獄官典[9]、行道天王，當起慈悲，皆發願言[10]。法有寬縱，[可容][11]一切罪人。慈孝男女，追齋修福，濟拔亡人[12]，七七修齋，造經造像，報父母恩，及兄弟姊妹奴婢等[13]，生得天道。

閻羅法王白佛言：世尊！我發使乘黑馬、把黑幡、著黑衣，檢亡人家造何功德，唱名納狀[14]，抽出羅罪人，不違誓[願]。伏願世尊聽説檢齋十王名字：

第一七齋秦廣王下，第二七齋宋帝王下，第三七齋初江王下，第四七齋五官王下，第五七齋閻羅王下，第六七齋變成王下，第七七齋太山王下，百日齋平正王下，一年周齋都市王下，三年齋五道轉輪王下。

十齋具足，免十惡罪[15]，放其生天。我當令四大夜叉守護此經，不令陷没。稽首世尊，獄中罪人，總是用三寶財物，喧喧受罪。識信之人，可自誡慎，勿犯三寶財物，罪報難容。見此經者應當[修學][16]出地獄因。

爾時閻羅法王歡喜頂禮，退坐一面白佛言：世尊，當何名此經？我等四部諸[衆如]何奉持？佛告四部衆，此經名爲《閻羅王受記四衆逆修七齋往生淨土經》。

此經云何逆修？爾時閻羅王説逆修七齋，四部諸衆諦聽諦聽：逆修齋（Дx.00143號）者，在生之日，請佛延僧，設齋功德，無量無邊。亦請十王，請僧七七四十九人，俱在佛會。飲食供養及施所愛財物者，命終之日，十方諸佛、四十九僧爲作證明。[滅]罪生福，善惡童子悉皆歡[喜，當]便得生三十（Дx.00143V號）三天。汝當奉持流布國界，於教奉行[17]。

佛説閻羅王受記經

[1] 甲本爲“富貴壽延長”。
[2] “常護那”，甲本“恒紀録”。
[3] “苦”，甲本爲“咎”。
[4] “祭”，甲本爲“喂”。
[5] “豪貴”，甲本爲“豪族”。
[6] “諸佛”，甲本爲“善使”。
[7] “引接”，甲本爲“接引”。
[8] “四衆”，甲本爲“大神”。
[9] “官典”，甲本爲“冥官等”。
[10] “皆發願言”，甲本無。
[11] “可容”，據甲本補。
[12] 甲本此句爲“男女六親眷屬、薦追拔亡人”。
[13] “及兄弟姊妹奴婢等”，甲本無。
[14] 甲本爲“準名放牒”。

[15] “十齋具足，免十惡罪”整段同《十王經》此處。甲本《授記經》前句爲“爾時閻羅法王”勸修齋句。
[16] “修学”原缺，據文意補。
[17] “此經云何逆修……當得便生三十三天……於教奉行”，整段反映出了别本的最大特色，强調舉辦逆修齋會——較大規模的齋會，須49僧參與，飲食供養並施所愛財物，如此就可在命終之後，得十方諸佛與49僧證明，滅罪修福，可登三十三天。此段最后加有流通句，似成流通分。但下段又有。

二型，無亡齋段本

1. 經本 1

共 15 件，S.6230 號、BD08237 號、BD04544 號等均有殘不收録。

選出九件，以羽 73-2 號爲底本[1]，S.3147 號爲甲本，上海博物館 48（17）號梵夾爲乙本，S.7598+BD09248+S.2185 號爲丙本、S.5544 號册爲丁本，S.5585 號册爲戊本，S.5531 號爲己本，S.5450 號爲庚本，BD08066+S.4530 號爲辛本[2]。

佛説閻羅王受[3]記令[4]四衆逆修生七齋功德[5]往生淨土經[6]

如是我聞：一時佛在鳩尸那城阿維跋[7]提河邊，娑羅雙樹[8]間，臨缽[9]涅槃時，普[10]集大衆及諸菩薩摩[11]訶薩、諸天龍[12]王、天主帝釋、四天大王、[13]閻羅天子、太山府君、司命司録、五道大神[14]、地[15]獄官典，悉來聚集，禮[16]敬世尊，合掌而立。

爾時佛告大衆：閻羅天子於未來世[17]當得[18]作佛，名曰普賢王如來。國土嚴淨，百寶莊嚴。國名華嚴，菩薩充滿。多生[19]習善，爲犯戒故，退落琰摩天中[20]，作大魔[21]王，管攝諸鬼，科斷閻浮提内[22]十惡五逆一切罪人，繫閉六牢，日夜受苦，輪轉其中，隨業報身，定生註[23]死。

若復有人修造此經，受持讀誦，捨命之[24]後，必出三塗，不入地獄。在生之日，煞父害母，破齋破戒[25]，煞諸[26]牛、羊[27]、雞、狗[28]、毒蛇，一切重罪，應入地獄，十劫五劫。若造此經及諸尊像，記在業鏡，閻羅歡喜，判放[29]其人生富貴家，免其罪過。

若有[30]善男子、善女人、比丘、比丘尼[31]、優婆塞、優婆夷，預修生七齋[32]，每[33]月二時，十五日、卅[34]日。若是[35]新死[36]，依一七計[37]至七七、

[1] 此底本爲八十五歲老人所寫的《金剛經》册子，即接《金剛經》所寫。共 14 頁 7 行行 13 字。老人所寫的 BD01226 號，爲同年八月，卻是少前段的二類一型之經本。

[2] BD08066 號與 S.4530 號由張小艷綴合。《敦煌疑僞經三種殘卷綴合研究》，《浙江大學學報（人文社會科學版）》2016 年 3 期。此本中段頗有殘泐字，不出註。

[3] “受”，甲己本爲“授”。

[4] “令”，甲本無。

[5] “功德”，甲乙本無。

[6] 綴合丙本經題后部“勸修生七齋功德經”，與二類一型之經本 1 的 BD06375 號相同。辛本無“往生淨土經”。

[7] “跋”，戊本爲“拔”。

[8] 戊本此衍“雙樹”。

[9] “缽”，僅甲本爲“般”，丙本無“般”或“缽”。

[10] “普”，戊本爲“廣”。

[11] “摩”，己本脱。

[12] “神”字，丙本具此。

[13] 丙本此具“大梵天王”。

[14] “神”，己庚本爲“王”。

[15] “地”，戊本爲“諸”。

[16] “禮”，己庚本爲“拜”。

[17] “未來也”，丙本爲“未世來”。

[18] “得”，丙本爲“德”。

[19] “生”，丙本誤爲“文”。

[20] “中”，丙己本脱。

[21] “魔”，己本爲“摩”。

[22] “内”，乙本脱。

[23] “註”，己本爲“住”。

[24] 己本此衍“日”字。

[25] 甲本爲“破戒齋破”。

[26] “諸”，丙本脱。

[27] “捨命”至“牛、羊”爲 S.7598 號與 BD09248 號之間空隙。

[28] “雞、狗”，丁本顛倒。

[29] “放”，乙本爲“官”。

[30] “有”，丁庚本脱。

[31] “尼”，己本脱。

[32] 丙本此具“者”字。

[33] 戊本此衍“每”。

[34] “卅”，乙丙丁戊己庚辛本爲“三十”。

[35] 乙己本脱“是”。

[36] 甲本此具“從死”。丙本此具“家”字。

[37] 丙本爲“依從一七計乃至”。甲本爲“從死依一七計”。

百日、一年、三年，並須請[1]此十王名字。每七有一王下檢察，必須作齋。功德[2]有無，即報天曹地府，供養三寶，祈設[3]十王，唱名納狀，狀上六曹官。善惡童子，奏上天曹地府冥官等，記在名案，身到[4]日時，當便配生快樂之處，不住中陰四十九日。身死已後，若待男女六親眷屬追救，命過十王。若闕一齋，乖在一王。并新[5]死亡[6]人，留連受苦，不得出生，遲滯一劫。是[7]故勸汝，作此齋事。

如至齋日到，無財物及有事忙，不得作齋請佛[8]，延僧建福[9]。應其齋日，下食兩盤，紙錢喂飼。新亡之人，并[10]歸在[11]一王，得免冥間業報飢餓之苦。若是生在之日作此齋者[12]，名爲預修生七齋，七分功德，盡皆得之。若亡没已後[13]，男女六親眷屬爲作齋者[14]，七分功德，亡人唯得[15]一分，六分生人將去，自種自得，非關他人與之。

爾時普[16]廣菩薩言：若[17]善男子、善女人等，能修此十王逆修生七及亡人齋，得善神下來，禮敬[18]凡夫。凡夫[19]云：何得賢聖善神禮我凡夫[20]。一切善神并閻羅天子及諸菩薩欽敬，皆生歡喜。

爾時地藏菩薩、龍樹菩薩、救苦觀世音[21]菩薩、普廣菩薩、常悲菩薩、常慘菩薩、陀羅尼菩薩、金剛藏[22]菩薩、文殊師利[23]菩薩、彌勒菩薩、普賢菩薩等稱讚世尊，哀愍凡夫，説此妙經，拔死救生，頂禮佛足。

爾時二十八重一切[24]獄主與[25]閻羅天子、六道冥官，禮拜發願：若有四衆比丘、比丘尼、優婆塞、優婆夷，若造[26]此經，讚誦一偈，我當免其罪過，送出地獄，往生天宫，不令繫滯[27]，受諸苦惱。爾時閻羅天子[28]説偈白佛：

南無阿波羅，日度數千河。衆生[29]無定相[30]，猶如水上波。

願得智慧風，漂與法輪河。光明照世界，巡歷悉經過。

普拔衆生苦，降[31]鬼攝諸魔。四王行世界，傳佛修多羅。

凡夫修善少，顛倒信邪[32]多。持經免地獄，書寫過災痾。

---

〔1〕“請”，己本爲“讀”。
〔2〕“功德”，丙本脱。
〔3〕“設”，丙本爲“請”。
〔4〕己本此增“之”字。
〔5〕“新”，己本爲“親”。
〔6〕“亡”，丙本脱。
〔7〕“是”，戊本爲“世”。
〔8〕“佛”，戊本脱。
〔9〕“僧”，乙本脱。
〔10〕辛本多“日”，“並”字處殘損。
〔11〕“在”，丙本無。
〔12〕“者”，己本脱。
〔13〕“已”，丙本脱。“後”，乙本脱。
〔14〕“者”，丙本脱。
〔15〕“得”，丙本爲“獲”。
〔16〕“普”，甲本爲“善”。
〔17〕諸本此具“有”字。
〔18〕“禮敬”，丙本顛倒。
〔19〕“凡夫”，丙本脱漏。
〔20〕此處丁己本衍“一切善神禮我凡夫”。
〔21〕“音”，戊本脱。
〔22〕“剛藏”，乙本爲“光”。
〔23〕“利”，己本脱。
〔24〕丙本此具“地”字。
〔25〕“與”，丙本脱。
〔26〕此處己本於頁脚與上部均寫“造”。
〔27〕“滯”，己本爲“没”。
〔28〕丙本此具“即”字。
〔29〕“生”，庚本誤爲“相”。
〔30〕“定無”兩字，戊本顛倒。
〔31〕“降”，甲本爲“除”。
〔32〕“邪”，乙本爲“耶”。

超度三界難，永不見夜[1]叉。生處登高位，富貴壽延長。

至[2]心誦此經[3]，天王恒守護[4]。欲得無罪咎[5]，莫信邪師卜。

祭鬼煞衆生，爲此入地獄。念佛把真[6]經，應當自誡勗。

手把金剛刀，斷除魔種族。佛行平等心，衆生不具足。

修福似微塵，造罪如山嶽[7]。欲得命延長，當修[8]造此經。

能除地獄苦，往生豪族家。善神恒守護[9]，造經讀誦人。

忽爾[10]無常至，善使自來迎。天王相引接，攜手入金城。

爾時閻羅法王白佛言：世尊！我[當][11]發使乘黑馬、把黑幡、着黑衣，檢亡人家造何功德，准名放牒，抽[12]出罪人，不違誓願！伏願世尊聽我檢齋十王[13]名字[14]：

第一七齋秦廣王下，第二七齋宋帝王下，第三七齋初江王下，第四七齋五官王下，第五七[15]齋閻羅王下，第六七齋變成王下，第七七齋[16]太山王下，百日齋平正王下，一年齋都市王下，三年齋五道[17]轉輪王下。

爾時閻羅法王[18]更廣勸信心，善男子、善女人等，努力修此十王齋，具足免十惡五逆之罪，並[19]得天王當令四大野叉王守護此經，不令陷没。稽首世尊，地獄罪人，多是[20]用三寶財物，并諸造[21]惡業人，在此[22]諸獄受苦。喧鬧無億，報諸信心，可自誡慎，勿犯三寶財物，業報難容。見此經者，應當[23]修學，得[24]離地獄之因。

爾時琰摩羅法王歡喜頂禮，退坐[25]一面。佛言[26]：阿[27]難！此經名《閻羅王受[28]記令四衆預修生七及[29]新[30]亡人齋功德往生淨土經》[31]，汝等比丘、比丘尼、優婆塞、優婆夷、天龍[32]八部鬼神、諸菩薩等，當奉[33]持流傳國界，依教奉行。

佛説閻羅王受記經[34](甲庚本：閻羅王

---

[1]“夜”，底甲乙丁戊己庚辛本爲“野”。
[2]“至”，庚本爲“全”。
[3]“生處登高位，富貴壽延長。至心誦此經”，丁戊己本脱漏。
[4]“守護”，丙本爲“記録”。
[5]“咎”，丙本爲“過”，己本爲“苦”。
[6]“真”，底乙庚本爲“金”。
[7]“嶽”，己本寫若“嵩”。
[8]“當修”，丁庚本爲“應當”。
[9]丙本此句有殘。
[10]諸本爲“爾”，己本寫若“示”，當是寫如簡化俗字“尔”而稍欠。
[11]“當”，據甲丙本補。
[12]“抽”，己本寫爲“扭”。
[13]“王”，己本脱。
[14]“字”，戊本爲“號”。
[15]“五七”，己本顛倒。
[16]“齋”，甲本脱。
[17]乙本此具“大”字。
[18]“又”，丙本此具。
[19]“並”，甲本爲“善”。
[20]“是”，丙本無。
[21]“諸造”，丙本顛倒。
[22]“此”，乙本脱。
[23]丁己本此處六字有殘。
[24]“得”，丙本脱。
[25]“坐”，丁本爲“座”。
[26]“言”，丁戊庚本爲“告”。
[27]“阿”，己本脱。
[28]“受”，甲己辛本爲“授”。
[29]“及”，乙本脱。
[30]丙本此具“死”字。
[31]戊本此題模糊不清。
[32]“天龍”，丁己庚本爲“龍天”。
[33]“奉”，己本寫若“秦”。
[34]乙本此具“一卷”。

受記經。丙辛本：閻羅王授記經。丁本與底本同。戊本字迹不清楚。己本：佛説閻羅王經一卷）

甲本：界比丘道真受持〔1〕。丁本：奉爲老耕牛一頭，敬寫《金剛》一卷、《受記》一卷。願此牛身領受功德，往生淨土，再莫受畜生身。天曹地府，分明分付，莫令更有讎訟。辛未年正月。庚本：一切怨家債主領受功德。辛本：戊辰年十二月廿〔2〕四日八十五［老人手寫流］〔3〕傳。

經本附：綴合本 S.7598+BD09248+S.2815 號

佛説閻羅王受記勸修生七齋功德經〔4〕

如是我聞：一時佛在鳩尸那城阿維跋提河邊，婆羅雙樹間，臨涅槃時，普集大衆及諸菩薩摩訶薩、諸天龍神王、天主帝釋、四天大王、大梵天王、閻羅天子、太山府君、司命司録、五道大神、地獄官典，悉來聚集，禮敬世尊，合掌而立。

爾時佛告大衆：閻羅天子於未世來，當德作佛，名曰普賢王如來，國土嚴淨，百寶莊嚴。國名華嚴，菩薩充滿。多生習善，爲犯戒故，退落琰摩天作大魔王，管攝諸鬼，科斷閻浮提内十惡五逆一切罪人，繫閉六牢，日夜受苦，輪轉其中，隨業報身，定生註死。

若復有人修造此經，受持讀誦，捨命［之後，必出三塗，不入地獄。在生之日，煞父害母，破齋破戒，煞諸牛羊］雞狗毒蛇，一切重罪，應入地獄，十劫五劫。若造此經及諸尊像，記在業鏡，閻羅歡喜，判放其人生富貴家，免其罪過。

若有善男子、善女人、比丘、比丘尼、優婆塞、優婆夷，預修生七齋者，每月二時，十五日、三十日，若是新死家，依從一七計乃至七七日、百日、一年、三年，並須請此十王名字，每七有一王下檢察，必須作齋。有無即報天曹地府，供養三寶，祈請十王，唱名納狀，狀上六曹官，善惡童子奏上天曹地府冥官等，記在名案，身到日時，當便配生快樂之處，不住中陰四十九日。身死已後，若待男女六親眷屬追救，命過十王。若闕一齋，乖在一王，并新死人，留連受苦，不得出生，遲滯一劫。是故勸汝，作此齋事。

如至齋日到，無財物及有事忙，不得作齋請佛，延僧建福，應其齋日，下食兩盤，紙錢喂飼，新亡之人，并歸一王，得免冥間業報飢餓之苦。若是生在之日，作此齋者，名爲預修生七齋，七分功德，盡皆得之。若亡歿後，男女六親眷屬爲作齋，七分功德，亡人唯獲一分，六分生人將去，自種自得，非關他人與之。

爾時普廣菩薩言：若有善男子、善女人等，能修此十王逆修生七及亡人齋，得善神下來，敬禮凡夫。［凡夫］〔5〕

〔1〕甲本題記爲道真署名。庚本等爲老人題記。

〔2〕此字此前多録爲“十”，似應爲“廿”。

〔3〕“老人手寫流”殘，據 BD01226 號補。

〔4〕具下劃綫處爲補入。本件的綴合由三個編號組成，即 S.7598 號、BD09248 號與 S.2815 號。其後兩者是嚴格綴合的，接縫拐角處都可對上。前兩者之間有些空缺，約兩三行殘失。王娟論文中對此表示懷疑，似認爲非嚴絲綴合併不一定成立。本书就此型經本校録用了六個經本，見上列校本。顯示出此一綴合本在內容上與其餘諸本頗有些差别。又此綴三編號的書法俱佳，相互也有近似處，與餘本亦有差别。總之，此件從內容到形式上都有不少證據顯示其特徵，原爲一件可能性極大。

〔5〕“凡夫”脱，據諸本補。

云：何賢聖善神禮我凡夫。一切善神并閻羅天子及諸菩薩欽敬，皆生歡喜。

爾時地藏菩薩、龍樹菩薩、救苦觀世音菩薩、普廣菩薩、常悲菩薩、常慘菩薩、陀羅尼菩薩、金剛藏菩薩、文殊師利菩薩、彌勒菩薩、普賢菩薩等，稱歎世尊，哀憫凡夫，説此妙經，拔死救生，頂禮佛足。

爾時二十八重一切地獄主，閻羅天子、六道冥官，禮拜發願：若有四衆比丘、比丘尼、優婆塞、優婆夷，若造此經，讚誦一偈，我當免其罪過，送出地獄，往生天宫，不令繫滯，受諸苦惱。爾時閻羅天子即説偈白佛：

南無阿波羅，日度數千河。衆生無定相，猶如水上波。

願得智慧風，漂與法輪河。光明照世界，巡歷悉經過。

普拔衆生苦，降鬼攝諸魔。四王行世界，傳佛修多羅。

凡夫修善少，顛倒信邪多。持經免地獄，書寫過災痾。

超度三界難，永不見夜叉。生處登高位，富貴壽延長。

至心誦此經，天王恒記録。欲得無罪過，莫信邪師卜。

祭鬼煞衆生，爲此入地獄。念佛把真經，應當自誡勗。

手把金剛刀，斷除魔種族。佛行平等心，衆生不具足。

修福似微塵，造罪如山嶽。欲得命延〔1〕長，當修造此經。

能除地獄苦，往生豪族家。善神恒守護〔2〕，造經讀誦人。

忽爾無常至，善使自來迎。天王相引接，擕手入金城。

爾時閻羅法王白佛言：世尊！我當發使，乘黑馬，把黑幡、著黑衣，檢亡人家造何功德，准名放牒，抽出罪人，不違誓願！伏願世尊聽我檢齋十王名字：

第一七齋秦廣王下，第二七齋宋帝王下，第三七齋初江王下，第四七齋五官王下，第五七齋閻羅王下，第六七齋變成王下，第七七齋太山王下，百日齋平正王下，一年齋都市王下，三年齋五道轉輪王下。

爾時閻羅法王又更廣勸信心，善男子、善女人等努力修此十王齋，具足免十惡五逆之罪，並得天王當令四大野叉王守護此經，不令陷没。稽首世尊，地獄罪人，多用三寶財物，并造諸惡業人，在此諸獄受苦，喧閙無億，報諸信心，可自誡慎，勿犯三寶財物，業報難容。見此經者，應當修學，離地獄因。

爾時琰摩羅法王歡喜頂禮，退坐一面。佛言：阿難！此經名《閻羅王受記令四衆預修生七及新死亡人齋功德往生淨土經》，汝等比丘、比丘尼、優婆塞、優婆夷、天龍八部鬼神、諸菩薩等，當奉持流傳國界，依教奉行。

閻羅王授記經

第二型經本殘卷部分：

党燕妮、張小剛与張小豔等綴合了多件俄

〔1〕“命延”等字有殘損。

〔2〕此句有殘泐。

藏殘本，其中三件爲無亡齋段，即二類二型者，即俄藏 Дx.04560+Дx.05269+Дx.05277 號、俄藏 Дx.11034 號。俄藏 Дx.06612V+Дx.07919+Дx.07960+Дx.06612+Дx.06611V+Дx.07909+Дx.08062+Дx.06611 號。[1] 現稍加整理收入。

另有幾件屬殘泐無法辨識亡齋段者，如俄藏 Дx.00803、俄藏 Дx.03906+Дx.03862+Дx.00501 號。

1）俄藏 Дx.04560+Дx.05269+Дx.05277 號，册子本，頁 7 行，行約 15 字。存 8 頁約 66 行。

（Дx.04560 號）

（前殘）

1. 國名華嚴菩薩充滿多生習善爲犯戒
2. 故退落琰摩天中作大魔王管攝諸鬼科
3. 斷閻浮提内十惡五逆一切罪人繫閉六牢日
4. 夜受苦輪轉其中隨業報身定生註死
5. 若復有人修造此經受持讀誦［捨］命之後
6. 必出三塗不入地獄在生之日煞父害母破
7. 齋破戒煞諸牛羊雞狗毒蛇一切重罪
8. 應入地獄十劫五劫若造此經及諸尊象
9. 記在業鏡閻［羅歡喜］判放其人生富貴
10. 家免其罪過［若有善］男子善女人比丘比
11. 丘尼優婆塞優婆［夷］預修生七齋每月
12. 二時十五日三十日若是新死依一七計至七七百
13. 日一年三年並須請此十王名字每七有一王下
14. 檢察必須作齋功德有無即報天曹地府
15. 供養三寶祈設十王唱名納狀狀上六曹
16. 官善惡童子奏上天曹地府冥官等記
17. 在名案身到日時當便配生快樂之處
18. 不住中陰四十九日身死已後若待男女
19. 六親眷屬追救命過十王若闕一齋乖在
20. 一王並新死亡人留連受苦不得出生遲滯
21. 一劫是故勸汝作此齋事如至齋日到無財
22. 物及有事忙不得作齋請佛延僧［建］福應
23. 其齋日下食兩盤紙錢喂飼新亡之人並
24. 歸在一王得免冥間業報饑餓之苦若
25. 是生在之日作此齋者名爲預修生七齋
26. 七分功德盡皆得之若亡没已後男女六親
27. 眷屬爲作齋者七分功德亡人唯得一
28. 分六分生人將去自種自得非關他人與之
29. 爾時普廣菩薩言若有善男子善女人等
30. 能修此十王生七及亡人齋得善神下來禮敬
31. 凡夫凡夫云何得賢聖善神禮我凡夫一切善
32. 神並閻羅天子及諸菩薩欽［敬皆］生歡
33. 喜
34. 爾時地藏菩薩龍樹菩薩救苦觀世音

〔1〕党燕妮《〈俄藏敦煌文獻〉中〈閻羅王授記經〉綴合研究》，《敦煌研究》2007 年 2 期説綴成六件。即俄藏 Дx.03862、Дx.03906、Дx.04560+Дx.05269+Дx.05277、Дx.06099+Дx.00143、Дx.06611+Дx.06612、Дx.11034 號。張小艷《敦煌疑僞經三種殘卷綴合研究》，《浙江大學學報（人文社會科學版）》2016 年 3 期之綴接更爲完備，即俄藏 Дx.03906+Дx.03862+Дx.00501。

35. 菩薩普廣菩薩常悲菩薩常慘菩
36. 薩陀羅尼菩薩金剛藏菩薩文殊師
（Дx.05269 號）
37. 利菩薩彌勒菩薩普賢菩薩等稱
38. 讚世尊哀愍凡夫説此妙經拔死救生
39. 頂禮佛足
40. 爾時二十八重一切獄主與閻羅天子六道
41. 冥官禮拜發願若有四衆比丘比丘尼優婆
42. 塞優婆夷若造此經讚誦一偈我當免其
43. 罪過送出地獄往生天宫不令繫滯受諸
44. 苦惱爾時閻羅天子説偈白佛
45. 南無阿波羅日度數千河衆生無定相
46. 猶如水上波願得智慧風漂與法輪河
47. 光明照世界巡曆悉經過普拔衆生苦
48. 降鬼攝諸魔四王行世界傳佛修多羅
49. 凡夫修善少顛倒信邪多持經免地獄
50. 書寫過災痾超度三界難永不見夜叉
51. 生處登高位富貴壽延長至心誦其經
52. 天王恒守護欲得無罪咎莫信邪師卜
53. 祭鬼煞衆生爲此入地獄念佛把真經
54. 應當自誠勗手把金剛刀斷除魔種族
55. 佛行平等心衆生不具足修福似微塵
56. 造罪如山嶽欲得命延長當修造此經
57. 能除地獄苦往生豪族家善神恒守護
58. 造經讀誦人忽爾無常至善使自來迎
59. 天王相引接攜手入金城
60. 爾時閻羅法王白［佛］言世尊［我當發使乘黑馬把黑幡着黑衣檢亡人家造何功德准名放牒抽出罪人不違誓願伏］
61. 願世尊聽我檢齋十王名字
62. 第一七齋秦廣王下第二七齋宋帝王下
63. 第三七齋初江王下第四七齋五官王下
64. 第五七齋閻羅王下第六七齋變成王下
65. 第七七齋太山王下　百日齋平正王下
66. 一年齋都市王下三年齋五道轉輪王下
（后殘）

此本前後殘，但存文較多，具基本内容，可識出爲删節本。

2）俄藏 Дx.11034 號《閻罗王授記經》，原刊《俄藏敦煌文獻》第十五册[1]，册子本，頁 9 行，行 8 字。缺字以下劃綫補。

（前殘）
1. 若待男女六親眷屬
2. 追救命過十王若闕一
3. 齋乖在一王並身死
4. 亡人留連受苦不得
5. 出生遲滯一劫是故勸
6. 汝作此齋事如至齋
7. 到無財物及有事忙
8. 不得作齋請佛延
9. 僧建福應其齋日
10. 下食兩盤紙錢餧飼
11. 新亡之人並歸在一王
12. 得免冥間業報饑
13. 餓之苦若是［在］生之日
14. 作此齋者名爲預修
15. 生七齋七分功德盡
16. 皆得之若亡歿已後
17. 男女六親眷屬爲作

［1］《俄藏敦煌文獻》第十五册，上海古籍出版社，1998 年，138—140 頁。圖版原序错亂，刊出 9-3 圖共三頁的第三頁應爲最前，隨後順序爲 9-4、9-1、9-2、9-3、9-5。

18. 齋者七分功德亡人
19. 爲得一分六分生人將
20. 去自作自種非關他人
21. 與之
22. 爾時普［廣］菩薩言若有
23. 善男子善女人等能
24. 修此十王齋修生七齋〔1〕
25. 得善神下來禮敬凡
26. 夫凡［夫］云何賢聖禮我
27. 凡夫一切善神並閻羅
28. 天子及諸菩薩欽敬
29. 皆生歡喜
30. 爾時地藏菩薩龍
31. 樹菩薩救苦觀世音
32. 菩薩常悲菩薩普
33. 廣菩薩常慘菩薩
34. 陀羅尼菩薩普賢
35. 菩薩金光藏菩薩文
36. 殊師利菩薩彌勒菩
37. 薩等稱讚世尊哀
38. 愍凡夫説此妙經〔2〕拔
39. 死救生頂禮佛足
40. 爾時二十八衆（重）一切獄主
41. 與閻羅天子六道冥
42. 官禮拜發願若有四
43. 衆比丘比丘尼優婆
44. 塞優婆姨若造此經
45. 讀頌一偈我當免其罪
46. 過送出地獄往生天
47. 宫不令繫滯受諸
48. 苦惱爾時閻羅天子
49. 説偈白佛
50. 南無阿波羅日度數千河
51. 衆生無定相猶如水上波
52. 願得智慧風飄與法輪河
53. 光明照世界巡曆悉經過
54. 普拔衆生苦降鬼攝諸魔
55. 四王行世界傳佛修多羅
56. 凡夫修善少顛倒信邪多
57. 持經免地獄書寫過災呵
58. 超度三界難永不見夜叉
59. 生處登高位富貴壽延長
60. 至心誦此經天王恒守護
61. 欲得無罪苦莫信邪師卜
62. 祭鬼煞衆生爲此入地獄
63. 念佛把金經應當自誡勗
64. 手把金剛刀斷除魔衆族
65. 佛行平等心衆生不具足
66. 修福似微塵造罪如山嶽
67. 欲得命延長當修造此經
68. 能除地獄苦往生豪族家
69. 善神恒守護造經讀誦人
70. 忽爾無常至善使自來迎
71. 天王相引接攜手入金城
72. 爾時閻羅法王［白］佛言世
73. 尊我［當］發使乘黑馬把
74. 黑幡着黑衣檢亡人家
75. 造何功德准名放牒抽
76. 出罪人不遺誓願伏願
77. 世尊聽我檢齋十王名字
78. 第一七齋秦廣王下
79. 第二七齋宋帝王下
80. 第三七齋初江王下
81. 第四七齋五官王下
82. 第五七齋閻羅王下

〔1〕多爲"能修此十王逆修生七齋及亡人齋"，此僅"能修此十王齋修生七齋"，有遺漏。

〔2〕"各各還從本道光中，至如來所，異口同聲，讚歎世尊，哀憫凡夫。"缺。

83. 第六七齋變成王下
84. 第七七齋太山王下
85. 百日齋平正王下
86. 一年齋都市王下
87. 三年齋五道轉輪王下
88. 爾時閻羅法王更廣勸
89. 信心善男子善女人等
90. 努力修此十王齋具足
91. 免十惡五逆之罪並
92. 得天王當令四大野叉
93. 王守護此經不令陷没
94. 稽首世尊地獄罪人多
95. 是用三寶財物並諸
96. 造惡業人[1]受苦喧鬧
97. 無億報諸信心可自誡
98. 慎莫犯三寶財物業
99. 報難容見此經者應
100. 當修學得離[2]之因
101. 爾時琰摩法王歡喜
102. 頂禮退坐一面佛言阿[難]
103. 此經名閻羅受記令
104. 四衆預修生七及亡人齋
105. 功德生往淨土汝等比丘
106. 比丘尼優婆塞優婆姨
107. 天龍八部鬼神諸菩
108. 薩當奉持流傳國界
109. 依教奉行　閻羅王受記經一卷

俄藏 Дx.11034 號小册子前雖有殘，但由存文可知爲無後段亡齋的“標準”本《閻羅王授記經》，雖然尾段與流通部分有些省略。

3）俄藏 Дx.06612V+Дx.07919+Дx.07960+Дx.06612+Дx.06611V+Дx.07909+Дx.08062+Дx.06611 號。原爲四件，後成八件綴接。

（Дx.06612V 號）
（前殘）
1. 夫一切善神并閻羅天[子及諸菩薩欽敬皆]
2.[生]歡喜
3. 爾時地藏菩薩龍樹菩薩[救苦觀世音菩薩]
4.[普]廣菩薩常悲菩薩常[慘菩薩陀羅尼菩薩]
5.[金]剛藏菩薩文殊師利[菩薩彌勒菩薩普賢
6. 菩薩等稱歎世尊哀愍凡夫説此妙經拔死
7. 救生頂禮佛足]
（Дx.07919 號）
8. 爾時[3]二十八重一切獄主[與]閻羅天子六道冥[官]
9.[禮拜發願若有四衆]比丘比丘尼優婆塞[優]
（Дx.07960 號）
10. 婆夷若造此經讚誦[一偈我當免其罪過]
11. 送出地獄往生天宫不[令繫滯受諸苦惱爾
12. 時閻羅天子説偈白佛
13.[南無]阿波羅日渡數千河衆[生無定相猶如水上波]
（Дx.06612+Дx.06611V 號）

[1]“在此地獄”，此脱。
[2]“地獄”，此處脱少。
[3] 此行多出兩字，不合書寫習慣。或是“爾時”，更可能是“一切”漏寫。

14.［願］得智慧風漂與法輪河［光明照世界巡曆悉經過］
15. 普拔衆生苦降鬼攝諸魔［四王行］世界［傳佛修多羅］
16. 凡夫修善少顛倒信邪多持經免地獄［書寫過災疴］
17. 超度三界難永不見野［叉］生處登高位富貴［壽延長］
18. 至心誦此經天王恒守護欲得無罪咎莫信邪［師卜
19. 祭鬼煞衆生爲此入地獄］念佛把真經［應當自誡勗
20. 手把金剛刀斷除魔種族］佛行平等心［衆生不具足
21. 修福似微塵造罪如山嶽］欲得命延長［當修造此經
22. 能除地獄苦往生豪族家善神恒］守護造［經讀誦人］
23. 忽而無常至善使自來迎天王相引接攜手入金城
（Дx.7909 號）
24. 爾時閻羅法王白佛言世尊［我發使乘黑馬把］
25. 黑幡着黑衣檢亡人家造［何功德准名放牒抽］
26. 出罪人不違誓願伏願［世尊聽我檢齋十王］
27. 名字
28.［第一七齋秦廣王下第二七齋宋帝王下
29. 第三七齋初江王下第四七齋五官王下
30. 第五七齋閻羅王下第六七齋變成王下
31. 第七七齋太山王下百日齋平正王下
32. 一年］齋都市王下［三年齋五道轉輪王下］
（Дx.08062+Дx.06611 號）
33. 爾時閻羅法王更廣勸信心善男人［善女人］
34. 等努力修此十王齋具足免十惡五［逆之罪並］
35. 得天王當令四大野叉王守護此經［不令陷没］
36. 稽首世尊地獄罪人多是用三寶［財物並諸］
……
約 39. ……救苦觀世……[1]

此件恰在判斷其是否爲删節本處殘去，所幸留有殘字邊，似爲“至”字。較之具亡齋段應存字跡，均無似此蹤跡，似可推定爲無亡齋段本。

以上三件之外還有些無法辨識長短存亡齋段的文本。此處簡敘。

1）俄藏 Дx.00803 號，尾 9 行。行 17 字左右，此列前后句，下同。

（前殘）
1. 寶財物並［諸造惡業人在此諸獄受苦喧鬧無憶］
2. 報諸信心可［自戒慎勿犯三寶財物業報難容見］
……
7. 優婆塞［優婆夷天龍八部鬼神諸菩］
8. 薩等當［奉持流傳國界依教奉行］
9. 佛説閻羅［王授記經］

此爲《閻羅王授記經》尾部，無法辨識亡齋段區别。

［1］此處“救苦觀世音菩薩”名，與常見諸本不同。從位置看應爲最后流通部分與尾題處，由存跡卻略似雜寫。

2）俄藏Дx.03906+Дx.03862+Дx.00501號。行約17字，存前15行。

（Дx.03906+Дx.03862號）

1. 佛説閻羅王受［記四衆逆修］生七齋［往生净土經］

2. 如是我聞：一時［佛在鳩尸］那城，阿維跋提河邊

3. 娑羅雙樹間，［臨般］涅槃時，普集大衆及諸

4. 菩薩摩訶薩、［諸天］龍神王、天主帝釋、四天

5. 大王、大梵天王、[1]閻羅［天］子、太山府君、司命司録、

6. 五道大神、地獄官典，［悉］來聚集、禮敬世

7. 尊，合掌而立。

8. 爾時佛告大衆：閻羅天子於未來世，當［德作］

9. 佛，名曰普賢王如來，[2]國土嚴淨、百寶［莊嚴。］

（Дx.00501號）

10. 國名華嚴，菩薩充滿多［生］習善爲［犯戒］

11. 故退落琰摩天[3]作大魔王管攝諸［鬼，科］

12. 斷閻浮提内十惡五逆一切罪人，繫閉六

13. 牢，日夜受苦，輪轉其中，隨業報身，定生

14. 註死。若復有人，修造此經，受持讀誦，捨命

15. 之後，必出三塗，不入地獄。在生之日，煞父

[1] 此處無"阿修羅王"。

[2] 此脱"十號具足"。

[3] 無"中"。

叁 《預修十王生七經》

第三類 《預修十王生七經》

一型，無圖过渡本

1. 經本 1，耀州偈讚本

耀州神德寺塔出 Y0076+Y0155 號《十王經》偈頌整理本，所缺文字以 P.2003 號、P.2870 號與 S.3961 號等補入〔1〕。

由於我們力求歸併出經本類型，針對耀州經本特點而用“梳理性”綴理方式。如此可將位於經前部行 17 字的 Y0024 號，近同補録的 Y0195 號或 Y0226-2 號前片收入。又因 Y0228 號情況特別零碎而複雜，詞句與不同經本有吻合也有些异文，不知是否屬别本。但從内容的步步辨析來看，此號共 14 小碎片，刊佈之次序中僅第 3、4、6、10、11、12、13、14 片可比定内容〔2〕，且含十王讚詞，如“憑福業因”無疑，還有頗關鍵的“頌曰”。由此，我們將此號經的基本情况列出，再嘗試性地將此經也綴歸 Y0076、Y0155 號經及 Y0195 號等，雖然其中一些字句確實不同於常見經本，而且有獨特的經内之經名即“十齋經”。

〔1〕整理文本以耀州神德寺塔本爲底本，唯因殘碎嚴重，多用大小各片綴成，所以開始説明用某片某號，並不對應一個號片。参校一般用 P.2003 號、S.3961 號、靈石寺塔本爲甲乙丙本，《卍續藏》爲丁本。而耀州獨具的句式如本文中“某七某王下，以偈贊曰”，實以自身詞句相互推定補出，首句説明，不具註。

〔2〕筆者據刊佈圖版排出序號，前後内容已散亂。而且第 1、2、5、7、8、9 片尚難綴足行字。

Y0228 號存字对比表（以数序对应並下划线加重）

讚曰閻王向佛直陳情伏願慈悲作證明凡夫死後修功德檢齋聽説十王名 第一七日過秦廣王 讚曰一七亡人中陰身驅將隨業數如塵且向初王齋點檢 6 **由來未度**〔1〕奈何津 第二七日過初江王 讚曰二七亡人渡奈河千群萬隊涉洪波引路牛頭肩俠棒催行鬼卒手擎叉 第三七日宋帝王 讚曰亡人三七轉恓惶如覺冥途險路長各各點名知所在群群 6 **驅**延五官王 第四七日過五官王 五官業鏡向空懸左右雙童業簿全輕重豈由情所願互迎自任自 11 **因緣** 第五七日過閻羅王 讚曰五七閻羅王悉净聲罪人心恨未甘情策髮往頭看業鏡 12 **始知**先世罪分明 第六七日過變成王 讚曰亡人六七滯冥途 12 **切怕生人** 13 **執意**愚日日只看功德力天堂地獄在須臾 第七七日過太山王 讚曰七七冥途中陰身專求父母會情親福業此時仍未定 14 **更**看男女造何因 第八百日過平正 / 等王 讚曰百日亡人更恓惶身遭枷杻被鞭傷男女努力造功德免落地獄苦處長 第九一年過都市王 讚曰一年過此轉苦辛男女修何功德因六道輪回仍未定造經造佛出迷津 第十過三年過五道轉輪王 讚曰後三所歷是關津好惡唯 10 **憑福業因** 不善尚憂千日内胎生産死拔亡人 3 **十齋具足**〔2〕免十惡罪放其生天 讚曰一身六道苦茫茫十惡三途不易當努力修齋功德具 7 **河沙諸**罪自消亡 我常使回藥叉守護此經不令陷没 閻王奉法願弘揚普告人天衆道場我使藥叉王守護不令陷没永流行 稽首世尊獄中罪人多是用三寶財物喧閙受罪識信之人可自戒慎勿犯三寶業報難容見此經者應當修覺 讚曰欲求安樂住人天必莫侵陵三寶錢一落冥間諸地獄喧喧受罪不知年 爾時琰魔法王歡喜踴躍頂禮佛足退坐一面佛言此經名爲閻羅王授 4 **記四衆逆修十齋經**〔3〕汝當流傳國界依教奉行。 讚曰閻王退坐一心聽佛更慇勤囑此經名曰逆修生七教汝兼四衆廣流行 佛説閻羅王授 4 **記四衆逆修十齋經**普勸有緣預修功德發心歸佛願悉輪回讚二首	1 懺悔欲 讀經 2 滅罪 饒益衆生 3 十齋具足 囑阿難 4 記四衆逆修十齋經 5 監察證明救拔 6 由來未度 / 驅 7 河沙諸 頌曰 8 自收 夫吾 9 佛慈悲 齋王 10 憑福業因 11 因緣 12 始知 切怕生 13 執意 14 更〔4〕

〔1〕此處黄征等原識爲“由來未驅”，筆者識爲“由來未度 / 驅”。《陝西神德寺塔出土文獻》，833 頁。
〔2〕此處“十齋具足”符合，但其旁“囑阿難”似非對應。
〔3〕此 12、13、14 字爲筆者識出，前此爲黄征等識刊。
〔4〕此處黄征等識别爲“記四衆逆修十齋經”。唯“經”有“絲”旁，稍存疑。

現進一步將此數件編號聯为Y0024號、Y0195號、Y0228號、Y0076號、Y0155號。個别字行有推定，有些缺失處以省略號表示。由此可以形成一件稍完整些的經本類型。

（Y0024號）

1.［羅天子、六道冥官，禮拜發願，若有四］衆比丘、

2.［比丘尼、優婆塞、優婆夷，若造此經，讚］誦一偈〔1〕

（Y0195號，存兩殘行）〔2〕

（Y0226-2號之A與此内容重復）〔3〕

3. 爾時佛［告阿難、一切龍天八部大神，閻羅天］

4. 子、太山府君、司［命司録、五道大神、地獄官等］

（Y0228號+Y0076後部）

5. 令閻羅天子及若……

6. ……饒益衆生

7. 預修十齋，方便之時……懺悔欲　滅罪

8. 出家弟子若僧

9. 來世一切衆生　　　　　讀經

10. 逆修十齋，七分功德　盡皆得之……

11. 墮十惡罪，果感生於人……

12. 當同力救……

13. 爾時閻羅王再白世尊……佛慈悲/

齋主　察證明？　救拔

（Y0076號）

14. 一七秦［廣王下，以偈頌曰：］〔4〕

15.［一七亡人中陰身，驅羊隊隊〔5〕數如塵。］

16. 且向［初王齋點檢，由來未渡奈河津。］

17. 二七宋帝王下，以［偈頌曰：］

18. 二七亡人［渡奈河，千群萬隊涉江波。］

19. 引路［牛頭肩棜棒，催行鬼卒手擎叉。］

（Y0155號〔6〕）

20. 三七初江王下，以偈頌［曰：

21. 亡人］三七［轉恓惶，始覺冥塗險路長。］

22. 各各點名［知所在，群群驅送五官王。］

23. 四七五官王下，以偈頌［曰：］

24. 左右雙童［業簿全，五官業秤向空懸。〔7〕］

25. 輕［重豈］由情［所願，低昂自任昔因緣。］

26. 五七閻羅王下，以偈［頌曰：］

〔1〕此兩行缺字依P.2003號補入，存字則與P.2003號、P.2870號、S.3961號，以及S.3147號等諸本皆同。

〔2〕此行十七字。黄征等據《预修生七十王經》録此爲“一切龍神八部及諸大臣”，成爲行十九字，与一般行距字數對不上，《陜西神德寺塔出土文獻》，下册794頁。

〔3〕Y0226-2號存二，其一“［爾時］/佛告阿難［一切龍神八部大神閻羅天子/太山］府君［司命司録五道大神地獄冥官］”，行十六字。黄征録文據後出圖讚本多兩字，同上794頁。

〔4〕此本此句式“某七某王下，以偈頌曰”，是據Y0155號“三七初江王下，以偈頌”推定。Y0076號“四七五官王下，以偈頌□［曰］”，“頌”字雖殘也可識出。餘處均多殘損。諸王偈讚據P.2003號補，下不具註。

〔5〕“驅羊隊隊”爲甲本，乙本作“驅將隨業”。丙丁本爲“驅將隊隊”。

〔6〕黄征等校録中，虽然註明了二七与三七王名之變化，仍未將此“三七初江王”与此聯繫考虑綴合。《陜西神德寺塔出土文獻》，523頁。

〔7〕“左右……，五官……”，諸本作“五官……，左右……”。黄征録文有註。《陜西神德寺塔出土文獻》，523頁。

27. 五七閻羅［息[1]諍聲，罪人心恨未甘情。］
28. 策髮仰頭［看業鏡，始知先世事分明。］
29. 六七變成王下，以偈［頌曰：］
30. 亡人六七滯冥［塗，切怕生人執意愚。］
31. 盼盼[2]只［看］功［德力，天堂地獄在須臾。］
32. ［七七］太山王下，以偈［頌曰：］
33. 亡人七七託［陰身[3]，專求父母會情親。］
34. 福業此時［仍未定，更看男女造何因。］
35. 百日平等王下，以偈［頌曰：］
36. 復三[4]所曆渡[5]關［津，好惡唯憑福業因。］
37. 不善尚[6]［憂千日内，胎生産死拔亡人。[7]］
38. ［一年］都市王下，以［偈頌曰：］
39. 下[8]身六道［苦茫茫，十惡三塗不易當。］
40. 努力修齋［功德具，恒沙諸罪自消亡。］
41. 三年五道轉輪王下，以偈［頌曰：］
42. 閻羅[9]退坐［一心聽，佛更殷勤囑此經。］
43. 名曰預修［生七教，汝兼四衆廣流[10]行。］
44. 爾時閻羅再白世尊：□□□□□□□□□
45. 預修十齋，方便之時□□□□□□□□□
46. 來世一切衆生。
47. □□閻羅天子及□□□□□□□□
48. 出家弟子，若僧□□□□□□□□□□□□
49. 逆修十齋，七分功德[11]□□□□□□□□□
50. 墮十惡罪，果感□於□□□□□□□□□□□[12]
51. 是侵損三寶財物，□□□□□□□□□□
52. 發菩提心，預修齋□□□□□□□□
53. 道，爾時琰羅王，□□□□□
54. 佛言此經名《閻羅□□□□□
55. 阿難領受，流傳國界[13]□□□□□□□
56. 佛説閻羅王經

Y0228 號《十王經》文讚本，前殘後全。

---

〔1〕“息”，乙本爲“悉”。
〔2〕“盼盼”，諸本爲“日日”。
〔3〕“亡人七七託”，諸本爲“七七冥塗中”。“託□□”，諸本爲“中陰身”。黄征已用，同上 523 頁。或有可能。
〔4〕“復三”，諸本爲“後三”，黄征等録文已辯明。
〔5〕“渡”，諸本爲“是”。
〔6〕“尚”，筆誤似“向”，徑改。
〔7〕“人”，甲乙本，丙丁本爲“身”。
〔8〕“下”，諸本做“一”。因此件爲“某王下”、諸本爲“某王過”，所以未必要改訂。
〔9〕“羅”，諸本爲“王”。
〔10〕“流”，諸本同，丁本爲“傳”。
〔11〕所謂“逆修十齊，亡者僅得七分之一”，在《授記經》中處於前面段落，所以不排除此數行有錯置可能。
〔12〕黄征、王雪梅録文此有“當同力救”，圖版上無任何痕跡。522 頁。
〔13〕黄征、王雪梅録文此有“爾時琰羅王，佛言此經名《閻羅授記預修生七往生淨土經》，阿難領受，流傳國界”，圖版無痕迹。《陝西神德寺塔出土文獻》，521 頁。其註此“琰”字餘處作“閻”，但《授記經》末段都有此“琰”。

此本特別殘碎，文字内容也複雜。此處仍將其單獨録出，以資參考。存字加重，缺者以 S.3961 號補入。

（前缺）

［讚曰：閻王向佛直陳情，伏願慈悲作證明。凡夫死後修功德，檢齋聽説十王名。

第一七日過秦廣王：

讚曰：一七亡人中陰身，驅將隨業數如塵。且向初王齊點檢，］**由來未度**［奈何津。

第二七日過初江王：

讚曰：二七亡人渡奈河，千郡萬隊涉洪波。引路牛頭肩俠棒，催行鬼卒手擎叉。

第三過宋帝王：

讚曰：亡人三七轉恓惶，如覺冥塗險路長。各各點名知所在，郡郡］**驅**［延五官王。

第四七日過五官王：

五官業鏡向空懸，左右雙童業簿全。輕重起由情所願，互迎自任息］**因緣**。

［第五七日過閻羅王：

讚曰：五七閻羅王悉諍聲，罪人心恨未甘情。策髮往頭看業鏡］，**始知**［先世罪分明。

第六七日過變成王：

讚曰：亡人六七滯冥塗］，**切怕生**［人］**執意**［愚。日日只看功德力，天堂地獄在須臾。

第七七日過太山王：

讚曰：七七冥塗中陰身，專求父母會情親。福業此時仍未定，］**更**［看男女造何因。

第八百日過平等王：

讚曰：百日亡人更恓惶，身遭枷杻被鞭傷。男女努力造功德，免落地獄苦處長。

第九一年過都市王：

讚曰：一年過此轉苦辛，男女修何功德因。六道輪回仍未定，造經造佛出迷津。

第十過三年過五道轉輪王：

讚曰：後三所歷是關津，好惡唯］**憑福業因**，

［不善上憂千日内，胎生産死拔亡人。］

十齋具足，［免十惡罪，放其生天。

讚曰：一身立道苦茫茫，十惡三塗不易當。努力修齋功德具。］**河沙諸**［罪自消亡。

我常使四藥叉王守護此經，不令陷没。

閻王奉法願弘揚，普告人天衆道場。我使藥叉王守護，不令陷没永流行。

稽首世尊，獄中罪人，多是用三寶財物，喧鬧受罪，識信之人，可自戒慎，物犯三寶，業報難容。見此經者，應當修覺。

讚曰：欲求安樂住人天，必莫侵陵三寶錢。一落冥間諸地獄，喧喧受罪不知年。

爾時琰魔法王，歡喜踴躍，頂禮佛足，退坐一面。佛言：此經名爲《閻羅王受］**記四衆逆修十齋經**》，［汝當流傳國界，依教奉行。

讚曰：閻王退坐一心聽，佛更殷勤囑此經。名曰預修生七教，汝兼四衆廣流行。

佛説閻羅王授］**記四衆逆修十齋經**〔1〕，［普勸有緣預功德，發心歸佛，願悉輪回。讚二首：

讚曰：一身危脆似風燈，二鼠侵欺嚱井騰。苦海不修橋筏渡，欲憑何物得超升。

第二歸佛修心讚：

讚曰：船橋不造此人疑，槽險恓惶君始知。若悟百年彈指過，修齋聽法莫交遲。］

［佛説十齋經一卷］

附：德藏 MIK III 7451 號，具圖

據茨默教授 1996 年《回鶻文〈十王經〉版本》録文〔2〕。

1. ……/ 百日齋平正王（此回鶻文譯出或推譯者處則省略）

2. ……/ 下

3. küntä ölm[iš kiši

4. buqaɣuda qat[

5. qïzïm qatïɣlanglar m[

6. ……/（一年都市王?）

7. ……/ 下

此件具有第八平正王下（第九都市王下?），其某“王下”而非“過”，形式與敦煌諸本《閻羅王授記經》對應。其王名稱下若有某種贊句，則形態近同於耀州神德寺塔 Y0076+Y0155 號本。又此本七行文字兩端皆具圖像，雖各僅一二人物頭胸部分，似爲王者與侍官立像。所以此件呈融混過渡本之特點。因附此。

附：德藏 U3892+U3715 號

在生之日，煞父害母，破齋破戒，煞**諸**/豬牛、羊、雞、狗、毒蛇，一切重罪，應入地獄，十劫五劫。若造此經及諸尊像，記在冥案（業鏡），身到之日，閻王歡喜，判放其人生富貴家，免其罪過。

戒律……齋戒……

同據茨默教授上文所析舉，德國勃蘭登堡科学院所藏 U3892 號与 U3715 號這段經文前部文字，亦呈現出版本特點。其中有两处关鍵詞，一即“冥案”而非“業镜”，近同于《佛説十王經》，敦煌圖讚本中唯 S.3961 號爲業鏡，餘皆爲“冥案”。更有趣的一點是“煞猪牛羊雞狗毒蛇”處，回鶻文卻實近于“諸牛羊鸡狗毒蛇”，其文中只有“牛羊雞狗毒蛇”五種動物，而缺少“豬”並非六種。六動物的文字屬圖赞本的《十王經》，是改變文偈本的“諸”为“豬”所致。此處对應“諸”字的原是回鶻文 Layin。其間微妙變化雖有指出〔3〕，但我們對此更應深入認識，特别是 U3819 號第 36 行殘存的兩詞“戒律”與“齋戒”，〔4〕恰可對應於圖讚本中的“破齋毀或煞

〔1〕Y0228 號經中現“十齋經”題名，而屬於經内之題。經文末段出現兩次經名，所以可能有兩种存在，因嘗試性皆録入，以資參考。

〔2〕Peter Zieme, *Old Turkish Versions of the “Scripture on the Ten Kings”*, Edited by G. Stary, *Proceedings of the 38th Permanent International Altaistic Conference* (*PIAC*), Wiesbaden: Harrassowitz Verlag 1996。感謝上海外國語大學王丁教授提供。

〔3〕回鶻文使有“louyin”來表達諸。茨默指明曾説此爲語源，但没有資料證據。

〔4〕由復旦大學胡曉月老師幫助查知 KOHD Digital 德藏東方寫本聯合目録專案數據庫中，拉施曼讀出“戒律”“齋戒”兩詞。https://arient-mss.kohd_manuscript_00000134。孫炳晗（中國人民大學研究生畢業）曾指出，此兩件殘片内容可至“祈請十王”處，并釋讀德國所藏壁畫五趣圖中左上角回鶻文題記，可讀爲 darmasiri 和 tapodu（大寶奴）來此山谷佛寺禮拜。

雞豬”，證其仍與圖讚本更爲對應，雖然其中五動物處可能仍現文偈本之痕。

二型，無圖具讚本

1. **經本 1，耀州 Y0014-2 號**

[……]（經首題署原缺，不補）

[讚曰[1]：如來臨般涅槃時，廣召天龍及地祇，因爲琰魔王授記，乃傳生七預修儀。

如是我聞：一時佛在鳩尸那城阿維跋提河邊，娑羅雙樹間，臨般涅槃時，舉身放光，普照大衆及諸菩薩摩訶薩、天龍神王、天主帝釋、]四天大王、[大梵天王、阿修羅王、諸大國王、閻羅天子、太山府君、司命司録、五道大神、地獄官典，悉來集會，敬禮世尊，合掌而立。讚曰：

時佛舒光滿大千，普臻龍鬼會人天。

釋梵諸天冥密衆，咸來稽首世尊前。

佛告諸大衆，閻羅天子於未來世當得作佛，號曰普賢王如來。十號具足，國土嚴淨，百寶莊嚴。國名華嚴，菩薩充滿。讚曰：]

世尊此日記閻羅，[不久當來證佛陀。]

莊[嚴]寶國常清[淨，菩薩]修行衆[甚多。

爾]時阿難[白佛言：世尊！閻羅天子以何因緣處斷冥間？]復於此會便得受於當來果記？佛[言：於彼]冥塗爲諸[王者，有二因緣。一是住不可思議解脱不動地菩薩，爲欲攝化極苦衆生，示現作彼琰魔王等。二爲多生習善，爲犯戒故，退落琰魔天中，作大魔王。管攝諸鬼，科斷閻浮提内十惡五逆，一切罪人，繫閉牢獄，日夜受苦，輪轉其中，隨業報身，定生註死。今此，琰魔天子因緣]已[2]孰（熟）[3]是故[我記來世寶國，證大菩提。汝等人天，]不應疑[惑。讚曰：

悲]愔普化示生靈[4]，六道輪回不[暫停。

教化厭]苦思安樂，[故現閻羅天子形。

若復有人修造此經，受持讀誦，捨命之後，不生三塗，不入一切諸大地獄。讚曰：

若人信法不思議，書寫經文聽受持。

捨命頓超三惡道，此身長免入阿鼻。

在生之日，煞父害母，破齋[5]煞豬、牛、羊、雞、狗、毒蛇，一切重罪，應入地獄，十劫五劫，若造此經，及諸尊像，]記在業鏡[6]，閻王歡[喜，]判放其[人生富貴家，免]其罪過。[讚曰：

破齋毀戒煞雞豬，業鏡照然報不虚。

若造此經兼畫像，閻王判放罪消除。

若有善男子、善女人、比丘、比丘

[1] 所缺文字以 P.3761 號爲主補入。

[2] “已”字内見下部殘筆劃，同 S.3961 號，P.3761 號爲“以”。

[3] “孰”稍殘，但無下部四點。據文意及餘本應爲“熟”。黄征等徑録爲“熟”。《陝西神德寺塔出土文獻》，224 頁。

[4] “示生靈”，敦煌本爲“是威靈”，靈石寺與寶壽院本爲“示威靈”。

[5] 黄征、王雪梅於此及後續“齊”字出註 3。説《大正藏》此處錯，應爲“齋”。但其所據引的《預修十王生七經》，並非《大正藏》，而是《卍續藏》，且據原文出註“齊齋通用”。而《大正藏》圖像部中刊出此經爲日本高野山寶壽院本，影印具圖抄本。當無錯“齋”爲“齊”。《陝西神德寺塔出土文獻》，230 頁。

[6] “業鏡”同 S.3961 號，P.3761 號與 P.2870 號爲“冥案”，且脱漏敦煌諸本的“身到之日”。黄征、王雪梅此處未出校。

尼、優婆塞、優婆夷，預修生七齋者，每月二時，供養三寶，祈］設十王，修［名納狀。奏上六曹，善惡童子，奏上天］曹地府官等，［記在名案。身到之日，便得配生快樂之處。不］住中陰[1]［四十九日，不待男女追］救命即[2]過［十王］若闕一齋滯在一［王留連受苦，不得出生，遲滯一年。是故勸汝，作此要事。祈往生報。讚曰：

四衆修齋及有時，三旬兩供是常儀。

莫使闕緣功德少，始交中陰滯冥司。］

爾時地藏菩薩、龍樹菩［薩、救苦觀世音菩薩、常］悲菩薩、陀羅尼菩薩、［金剛藏菩薩，各各還從本道光］中至［如來所，異口同聲讚歎世尊，哀憫凡］夫[3]，［説此妙法，拔死救生，頂禮佛足。讚曰：

足膝臍胸口及眉，六光菩薩運深悲。

各各同聲咸讚歎，憫勤化物莫生疲。

爾時一十八重一切獄主、閻羅天子、六道冥］官，禮拜發願：若有［四衆比丘、比丘尼、優婆塞、優婆夷，］若造此經，讚誦一偈，［我皆免其一切苦楚，送出地］獄，往[4]生天道，不令［稽滯，隔宿受苦。讚曰：

冥官註記及閻王，］諸佛弘經禮讚［揚。

四衆有能持一偈，我皆送出往天堂。

爾時閻羅天子説偈白佛：南無阿羅河，衆生惡業多。輪回無定相，猶如水上波。讚曰：］

閻王白佛書[5]［伽陀[6]，憫念衆生罪苦多。六道］輪回無定相，［生滅還同水上波。

願得智慧］風，飄與法輪河。［光明照世界，巡曆悉經過。普救］衆生苦，［降伏］攝諸［魔。四王行國界，傳佛修多羅。讚曰：

願佛興揚智惠風，漂歸法海洗塵濛。

護世四王同發願，當傳經典廣流通。］

凡夫修善少，顛［倒信耶多。持經免地獄，書寫過災痾。］超度三界［難，永不見藥叉。生處登高位，富貴壽延長。讚曰：

惡業凡夫善力微，信邪到見入阿鼻。

欲求富貴家長命，書寫經文聽受持。

至心誦此經，天王恒記録。欲得無罪咎，[7]莫煞祀神靈，爲此入地獄。念佛把真經，應］當自戒（誡）[8]勗。手執金［剛］刀，斷[9]［除魔種族。讚曰：

罪］苦三塗業［易成，都緣煞命祭神明。願執金光真惠劍，斬除魔族悟無生。

佛行平等心，衆生不具足。］修福似微塵，［造罪如山嶽。當修造此經，能除地獄苦。往生豪貴家，善神常守護[10]。讚曰：

〔1〕“住中陰”，因知内容可從存字邊緣辯識。黄征等未録。《陝西神德寺塔出土文獻》，225頁。

〔2〕“即”字爲黄征等識出，同上225頁。

〔3〕“夫”，筆者辯識。

〔4〕“往”，黄征等以此字校正《大正藏》(實爲《卍續藏》)中“住”字。但敦煌本P.3761號等本皆爲“得”字。《陝西神德寺塔出土文獻》，231頁。

〔5〕“書”，敦煌諸本爲“説”。

〔6〕“陀”，黄征等録爲“他”，未註。

〔7〕敦煌僅兩本有“欲得無罪咎”，靈石寺與寶壽院本皆有。依排列此處亦應有。

〔8〕“戒”當爲“誡”，據敦煌本改。

〔9〕“刀斷”兩字殘塊，粘於前方“凡夫行善少”行下側處。

〔10〕敦煌本P.3761號至此結束，以下據P.2003號、P.2870號、S.3961號等具圖讚詞本補入。

罪如山嶽等恒沙，福少微塵數未多。

猶得善神常守護，往生豪富信心家。

造經讀誦人，忽爾無常至。天王恒引接，菩薩捧花迎。願心往淨土，八百憶千生。修行滿證入，金剛三昧成。讚曰：

若人奉佛造持經，菩薩臨終自往迎。]

淨國［修行因滿已，當來正覺入金城。]

爾時佛告阿難、一切［龍神八部大神〔1〕、］閻羅［天子、太山］府君、司［命司録、五道大神、地獄官等行道天王，當起慈悲，法有寬縱，可容一切罪人。慈孝男女修福，薦拔亡人，報生養之恩。七七修齋造像，以報父母，令得生天。讚曰：

佛告閻羅諸大神，衆生造業具難陳。

應爲］開恩［容造福，教蒙離苦出迷津。

閻羅法王白佛言：世尊！我等諸王皆當發］使，［乘黑馬、把黑幡、］着黑衣，檢［亡人家造何功德，准名放牒，抽出罪人，不違誓願！讚曰：

諸王遣使檢亡人，男女修何功德因。]

依名［放出三塗獄，免歷冥間遭苦辛。

伏願世尊聽説檢齋十王名字。讚曰：

閻王向佛再陳情，伏願慈悲作證明。

凡夫死後修功德，檢齋聽説十王名。

第一七日過秦廣王讚曰：

一七亡人中陰身，驅羊隊隊數如塵。

且向初王齋點檢，由來未渡奈河津。

第二七日過初江王讚曰：

二七亡人渡奈河，千群萬隊涉江波。

引路牛頭肩挾棒，催行鬼卒手擎叉。

第三七日過宋帝王讚曰：

亡人三七轉恓惶，始覺冥塗險路長。

各各點名知所在，群群驅送五官王。]

第四七［日過五官王讚曰：

五官業秤向空懸，左右雙童業簿全。

輕重豈由情所願，低昂自任昔因緣。

第五七日過閻羅王讚曰：

五七閻羅息諍聲，罪人心恨未甘情。

策髮仰頭看業鏡，始知先世事分明。

第六七日過變成王讚曰：

亡人六七滯冥途，切怕生人執意愚。

日日只看功德力，天堂地獄在須臾。

第七七日過太山王讚曰：

七七冥塗中陰身，專求父母會情親。]

福［業此時仍未定，更看男女造何因。]

（後缺）

〔1〕此處《十王經》皆"一切龍天八部及諸大臣"或"一切龍神八部及諸大臣"，排行多兩字。而《授記經》未删此段者爲"一切龍神八部大神"，字數恰好。

2. 經本2，法藏P.3761袖珍本（略）

3. 經本3，朝鮮與日本刊印本（略，日本《卍續藏》鉛印本詳見下文四型經本1、2合録所附）

4. 經本4，清代刻鈔本《閻王經》

現知存有兩件清代《閻王經》，一爲嘉慶二十四年（1819）重慶劉瓚刻印本，一爲清代相近時鈔本。兩件内容基本一致，但前者有重要段落缺失，鈔本仍存，即含菩薩名稱部分，鈔本所示爲四菩薩名，不同於此前所知各本情況。因而仍以清嘉慶二十四年重慶劉瓚印本爲底本，以清代鈔本爲甲本校録。又因清代經本文内錯別字較多，序言部分以明刻本参考，因此以明代刻本爲乙本（不含明代多偈頌部分[1]）。

底本半開5行行16字。書法頗佳，楷書整體中略帶行書，刀工亦良。此版又一特點爲其長行中原有句讀，此次録文依據並稍加處理[2]。鈔本为半開5行行15字。

閻王經序

蓋聞昔日大唐西京安定坊，景龍[3]二年五月一日，馬行先[4]只生一男，年方九歲，取名弘敬。初辨東西。每日[5]喫食之時，先呼[6]土[7]地，然後方食。其日午時忽爾卒亡[8]，三日三夜，冥冥之中，不知身主（在）[9]。身中尚暖，家中未敢殯埋。追領使人令敬過召身司，司主問曰："汝莫是西京安定坊馬弘敬否？"弘敬言："是。"司主謂諸司官曰："此人雖則年幼，極乃有心，喫食之時，先蒙[10]呼召請衆官，能放卻回否？"衆官問曰："汝[11]曾作何功法？"弘敬云："心最[12]樂善，每日念救苦觀音菩薩一百遍。"衆官曰："如此善心，豈不放回？汝能與我寫《閻王經》一卷否？"弘敬跪而答曰："儻若放回，千[13]卷可寫。"冥官處分領使人便引回[14]家，勿令迷[15]路。改名延壽，壽終[16]九十。驚覺還家，至[17]誠虔敬，具録奏聞[18]。於是便傳京國，無[19]不敬崇。病者得愈，死者在甦，冤訟得免，聾者能聽，啞者能言。刑（刊）[20]名爲記，勿□　瓚志[21]。

理民弟子劉瓚：同録　胡氏　男鴻書謝氏、鴻奇吴氏，損資敬刊《閻王經》一部。永垂不朽，冥陽俱利，存殁均沾。　惠仙壇　餘慶記　龍飛嘉慶[22]二十四年中秋月清溪四之堂餘子南沐手敬書。

預修生七往生净土閻王經[23]

如來臨般涅槃時，廣召天靈及地祇。

因爲焰[24]魔王授記，乃傳生七預修儀。

如是我聞：一時佛在鳩尸那城阿难（維）[25]跋提阿過（河邊）[26]，娑羅雙林[27]樹間，病[28]般涅槃時，[舉]身放光，普告大衆及諸菩薩摩訶薩、[天]龍神王、天主帝釋、四大天王、大梵天王、阿修羅王、諸大國王、閻羅天子、泰山府君、司命司録、五道大神、地獄官典，悉來集會，敬禮世尊，合掌而

[1] 乙本之中殘損字等此不出註。
[2] 因爲古代寫刻諸本一般無標點，現代鉛印本如日本《卍續藏》有標點處理除外。此版刻卻在文長行内加有句斷（偈讃處依格式表達），所以本文依作參考。用現代標點符號，一般據此而點斷，但全據則無法讀通，因而有變通插入等處理。
[3] 甲本"龍"字較隨意，底本爲草書。乙本爲"隆"。
[4] "先"，甲本爲"去"，乙本爲"仙"。
[5] 甲本"每日"前字不清，後字如"目"。
[6] 乙本此有"賢聖"。
[7] 甲本"土"寫如"上"。
[8] 甲本"亡"寫如"七"。
[9] 底甲本"主"應爲"在"，據乙本改。
[10] "蒙"，底本殘。
[11] "卻回否？衆官問曰：汝"，底本殘，據甲乙本補。
[12] 甲本"最"字殘，據乙本補。
[13] "千"，甲本寫若"十"。
[14] "回"，甲本爲"還"。
[15] "迷"，甲本誤爲"逐"。
[16] "終"，乙爲"修"。
[17] "至"，甲本爲"香"。
[18] "奏聞"，甲本顛倒。
[19] "無"，乙本爲"彌"。
[20] 甲本"刑"應爲"刊"，據乙本改。
[21] 此四字底本無，甲本寫出。
[22] "慶"，甲本脱漏。
[23] 標題底甲本同。
[24] 底甲本"焰"原爲"琰"，以下均同不出校。
[25] 底甲本"難"應爲"維"，據乙本改。
[26] 底甲本"阿過"應爲"河邊"，據乙本改。
[27] 底甲本"林"字衍。正文中本應刪去，爲呈現此本特點而存留。
[28] 底甲本"病"字衍。同上，以下同者不出校。

立。讚曰：

時佛舒光滿大千，普臻龍鬼[1]會人天。釋梵諸天冥密衆，咸來稽首世尊前。

佛告諸天大衆：閻羅天子於世未來（未来世）[2]常（當）[3]得做福（佛）[4]，名曰普賢王如來。十號具足，國土嚴淨，百寶莊嚴。國名華嚴，菩薩充［滿］。

世尊此日記閻羅，不久當來證佛［陀］[5]。莊嚴寶國常清淨，菩薩修行衆甚多。

爾時阿難白佛言：世尊！閻羅天子以何因緣，處斷冥間，獲（復）[6]於此會便得授於當來果記？[7]佛言：於後（彼）[8]冥途爲諸亡（王）[9]者，有二因緣。一世（是）[10]住不可思議解脱不動地藏[11]菩薩，爲欲攝化極苦善生，示現作彼焰魔尊王。［二］[12]爲多生習善，爲犯戒故退落焰魔天中，作大魔王，管攝諸鬼，科斷閻浮提内十惡五逆一切罪人，繫閉牢獄，［日］[13]夜受苦，轉輪其中，隨業報身，定生註死。今此焰魔天子，因緣已熟，故世（是故）[14]我記，來世寶國，證大菩提，汝等人天，不應疑惑。

悲尊（憎）[15]普化示威靈，六道輪回不暫停。

教化厭苦思安樂，故顯[16]閻羅天子形。

若復有人造此經典，受持讀誦。命終之後，不生三途，不入一切諸大地獄。

若人信法不思議，書寫經文及（聽）[17]受持。

命終頓超[18]三途苦，此身長免入阿鼻。

若人在世[19]，弑[20]父害母，破齋毀戒，殺豬、牛、羊、雞、鴨[21]、毒蛇，一切罪衆（重罪）[22]，應入地獄，十劫五劫。若造此經及諸並（尊）[23]像，記在業鏡，閻王歡喜，判放其人生富貴家，免其罪過。

破齋毀戒殺豬雞，業鏡照的[24]報不虛。

若造此經並畫像，閻王判放罪消除。

若有善男子[25]、善女人、比丘、比丘尼僧[26]、優婆塞、優婆夷，預修齋生（生七齋）[27]者，每日（月）[28]二時，供養三寶，祈設十王，修名納狀，奏上六

［1］底本“鬼”，甲本为“光”。
［2］底甲本“世未来”应为“未来世”，據乙本改。
［3］底甲本“常”應爲“當”，據乙本改。
［4］底甲本“福”應爲“佛”，據乙本改。
［5］“陀”底本缺，據甲乙本補。
［6］底甲本“穫”應爲“復”，據乙本改。
［7］問號爲增插，以下不出註。
［8］底甲本“後”應爲“彼”，據乙本改。
［9］底甲本“亡”應爲“王”，據乙本改。
［10］底甲本“世”應爲“是”，據乙本改。
［11］底甲本“藏”字衍，本應删去，爲呈現此本特點而存留。
［12］底甲本“二”字脱漏，據乙本加。
［13］“日”字殘，據甲乙本補。
［14］“故世”應爲“是故”，據乙本改。
［15］底甲本“尊”原爲“憎”，據乙本改。
［16］底甲本“顯”，乙本爲“現”。
［17］底甲本“及”原爲“聽”，據乙本改。
［18］底甲本“超”，乙本誤爲“起”。
［19］底甲本“若人在世”，乙本爲“在生之日”。
［20］底甲本“弑”，通行用“殺”。
［21］底甲本“鴨”，通行爲“狗”，亦通。
［22］底甲本“罪衆”應爲“重罪”，據乙本改。
［23］底甲本“並”應爲“尊”，據乙本改。
［24］底甲本“的”，通行爲“然”，據乙本改。
［25］“子”，甲本脱。
［26］底甲本“僧”字衍。
［27］底甲本“齋”應爲“七”，據乙本改。
［28］底甲本“日”應爲“月”，據乙本改。

曹。善惡〔1〕童〔2〕子，奏上〔3〕天曹，地府諸司〔4〕，記在冥〔5〕案。身到之日〔6〕，便得配生快樂之處，不住中陰四十九日。不得〔7〕男女追救，命過十王。若闕一齋，滯在一王，留年〔8〕受苦，不得出生，遲滯一年。是［故］〔9〕勸汝作此要事，祈往生報。

［四衆修齋各〔10〕有時，兩旬三供常是（是常）〔11〕儀。

莫使闕緣功德少，始教（交）〔12〕中陰滯冥司。

爾時聞〔13〕地藏菩薩、救苦觀世音菩薩、常悲苦〔14〕菩薩、金剛藏菩薩〔15〕，各各還從本道光中至如來所，異口同聲，讚歎世尊，哀愍凡夫，説此妙法，救拔死魂〔16〕，頂禮佛足。

足習（膝）〔17〕臍胸口及眉，六光菩薩慈〔18〕悲。各各同聲咸讚歎，殷〔19〕勤化物莫生癡〔20〕。］

爾時一〔21〕十八重一切獄主、閻羅天子、六道冥官，禮拜發願，若有四重（衆）〔22〕比丘、比丘尼、優婆塞、優婆夷，若造此經，讚歎〔23〕頌一偈，我當免其一切苦楚，送出地獄，往［生］〔24〕天道，不令稽［滯］〔25〕，隔宿受苦。

冥官註〔26〕記及閻王，諸佛弘經廣〔27〕讚揚。

四衆有能持一偈，我皆送出往天堂。

南無阿修羅（羅訶）〔28〕，衆生造業〔29〕多。輪回無定相，猶如水上波。

閻王白佛説伽陀，免（愍）〔30〕念衆生罪苦多。

六道輪回無定相，生滅還同水上波。

願得智慧風，飄與（墮）〔31〕法輪洪（河）〔32〕。光明照世界，巡曆悉經過。普救衆生苦，降伏攝諸魔。四王行國界，傳法修多羅。

願佛興揚智慧風，飄歸法海洗塵蒙。護世四王同發願。当傳經典廣流通。

凡夫修善多（少）〔33〕，顛倒信邪

〔1〕底甲本“惡”，通行爲“業”。
〔2〕“童”，甲本寫若“音一”。
〔3〕“奏上”，甲本爲“泰於”。
〔4〕底甲本“諸司”，通行爲“官等”。
〔5〕底本“冥”字殘，僅存右上角得辨，甲本存。乙本爲“名”。
〔6〕“日”，甲本爲“王”。
〔7〕底甲本“得”，通行爲“待”。
〔8〕底甲本“年”，通行爲“連”。
〔9〕底甲本“故”字脱漏，據乙本補。
〔10〕清代印本從“祈往生報”后至“書寫滅災”處段落脱漏，此録字体加重。但此内容清代鈔本仍具。初見以爲印成后裝貼所失，非雕版之缺。但以印本此處紙張狀況、雕版中具有騎縫“閻王經”等來看，此處脱失的頗長段落似爲雕版時所缺失。據清钞甲本可补足此處缺失。由鈔本傳存等情況來看，當非僅一种印本流傳。甲本此處“各”，乙本爲“及”。
〔11〕甲本“常是”，乙本等爲“是常”，據改。
〔12〕甲本“教”諸本爲“交”，據乙本改。
〔13〕甲本“聞”，諸本無，義亦有可通處。
〔14〕甲本“苦”字衍。
〔15〕有趣之處即此所列菩薩爲四位，既非常見的六位菩薩。僅有地藏、救苦觀音、常悲/苦菩薩、金剛藏菩薩，而無龍樹與陀羅尼菩薩。
〔16〕甲本“救拔死魂”，乙諸本爲“拔死救生”。
〔17〕甲本“習”當爲“膝”，據乙諸本改。
〔18〕甲本“慈”，乙諸本爲“運深”，據改。
〔19〕甲本“殷勤”，乙本等爲“勤勤”。敦煌本爲“慇勤”等。
〔20〕甲本“癡”，乙本等爲“疲”。
〔21〕甲本“一”，乙本爲“二”。
〔22〕甲本“重”，應爲“衆”，據乙本改。
〔23〕甲本“歎”字衍。
〔24〕甲本脱“生”，據乙本補。
〔25〕甲本脱“滯”，據乙本補。
〔26〕甲本“住”當爲“註”。
〔27〕甲本“廣”，諸本爲“礼”。
〔28〕甲本“修羅”當爲“羅訶”，據乙諸本改。
〔29〕甲本“造業”，乙本爲“苦業”。
〔30〕甲本“免”，乙本“憫”，據改。
〔31〕甲本“與”，乙本爲“墮”，據改。
〔32〕甲本“洪”，乙本等爲“河”，據改。
〔33〕甲本“多”應爲“少”，據乙本改。

魔[1]。持咒（經）[2]免地獄[3]，書寫滅[4]災迍[5]。超度三界難，永不見藥叉。生處登高座[6]，富貴壽延長。

惡業凡夫善力微，信邪倒見入阿鼻。

欲求富貴家長命，書寫經文聽受持。

至心誦此經，天王恒賜福[7]。欲得無罪咎，莫聽邪师卜。飼鬼殺衆生[8]，爲此入地獄。念佛抱[9]真經，應當自戒最（誡勗）[10]。手持[11]金剛刀，斷除魔種族。

罪苦三途業易戒，都緣殺命祭神明。

願執金剛真慧劍，斷除魔族悟無生。

佛行平等心，衆生不俱足。修佛似微塵，造罪如山嶽。欲得命延長，當修造此經。能除地獄苦，往生豪富家。善神常[12]守護，信者福无涯[13]。

罪如山嶽等恒沙，佛（福）[14]少微塵數未加。

未猶（猶得）[15]善神常守護，往生豪富信心家。

造經讀誦人，忽爾無常至。天王常接引[16]，菩薩捧花迎。隨心往淨土，八百億千生。修行滿證入，金剛三昧城。

若人奉佛造持經，菩薩臨終自往迎。淨土[17]修行因佛（圓滿）[18]已，當來正覺入金城。

爾時佛告阿難，一切龍神八部，及諸大臣閻羅天子、泰山府君、司命司録、五道大神、地獄冥官、行道大王，常有[19]慈悲，法有賽縱[20]，可容一切罪人。慈孝男女，修齋造福，薦拔亡人，報生養之恩，七七修齋造像，以報亲魂[21]，令得生天。

佛造（告）[22]閻羅諸大臣，衆生罪業具難陳。

應爲開恩容造福，教蒙離苦出幽[23]津。

閻羅天子白佛言：世尊！我等諸王，皆常[24]發使，乘肥[25]馬，把黑幡、着黑衣，檢着亡人[26]家造何功德，准名故（放）[27]牒，抽出罪人，不違誓願！

諸王遣使檢亡人，男女修何功德因。

〔1〕甲本“魔”，乙本爲“多”。
〔2〕甲本“咒”，乙本等爲“經”，據改。
〔3〕甲本存補段落至此。
〔4〕底甲本“滅”，乙本“免”。
〔5〕底甲本“迍”，乙本爲“病”。
〔6〕底甲本“座”，乙本爲“位”。
〔7〕底甲本“賜福”，乙本等爲“紀録”。
〔8〕底甲本“饲鬼殺众生”，乙本等爲“莫煞祀神靈”。
〔9〕底甲本“抱”，諸本爲“把”。
〔10〕底甲本“戒最”當爲“誡勗”，據乙本等改。
〔11〕底甲本“持”，乙本爲“執”。
〔12〕底甲本“常”，乙本爲“恒”。
〔13〕底甲本“信者福無涯”，諸本皆無。底本此且缺“讚曰”。
〔14〕底甲本“佛”應爲“福”，據乙本等改。
〔15〕底甲本“未猶”，乙本等爲“猶得”。
〔16〕底甲本“常接引”，乙本等爲“恒引接”。
〔17〕底甲本“土”，乙本等爲“國”。此偈前亦缺“讚曰”。
〔18〕底甲本“因佛”，乙本爲“圓满”，據改。
〔19〕底甲本“常有”，乙諸本爲“當起”。
〔20〕底甲本“賽縱”應爲“寬縱”，甲本爲“寨”。見敦煌本。乙本等爲“慢縱”。
〔21〕底甲本“親魂”，乙本等多爲“父母”。
〔22〕底甲本“造”應爲“告”，據乙本等改。
〔23〕底甲本“幽”，乙本等爲“迷”。
〔24〕底甲本“常”，乙本等爲“當”。
〔25〕底甲本“肥”，諸本皆爲“黑”，但民間經本有此“肥”字。
〔26〕底甲本“檢着亡人”諸本者爲“檢亡”。
〔27〕底甲本“故”應爲“放”，據乙本等改。

依言（名）[1]放出三途苦，免力人（歷冥）[2]間遭苦辛。

伏願世尊聽説檢齋十王名：

閻王白佛再陳情，伏願慈悲作證盟[3]。

凡夫死後修功德，檢齋聽説十王名。

第一七過秦廣大王案分[4]：

一七亡人中陰身，駱爭墮又（驅將隊隊）[5]如數[6]塵。

俱[7]向初王齋點檢，由來未渡奈何津。

第二七過楚[8]江大王案分：

二七亡人渡奈河，千群萬隊涉江波。

引路牛頭肩挾棒，催行鬼卒[9]手擎叉。

第三七亡人過宋帝大王案分：

三七亡人轉恓惶，始覺冥塗險路長。

各各點名知所在，群群駱送伍[10]官王。

第四七日過伍官大王案分：

四七業稱（秤）[11]向空[12]懸，左右雙童業簿纏（全）[13]。

輕重豈由情所願，低頭（昂）[14]自在昔因緣。

第五七日過閻羅大王案分：

五七閻羅息諍聲，罪人心恨未甘情。

束[15]髮仰頭看業鏡，始知先世事分明。

第六七日過卞[16]成大王案分：

六七亡人滯冥途，恐[17]怕亡（生）[18]人執意愚。

日日只堪（看）[19]功德力，天堂地獄在須臾。

第七七過泰山大王案分：

七七冥途中陰身，專求父母會真情[20]。

福業此時仍未定，更看男女造何因。

第百日過平政[21]大王案分：

百日亡人更恓惶，身造（遭）[22]枷杻[23]被鞭傷。

男女努力造功德，免落冥途苦楚場[24]。

第九年過都市大王案分：

九（一）[25]年過此轉苦辛，男女修齋福業因。

六道輪回仍未定，造經造佛出迷津。

---

［1］底甲本“言”應爲“名”，據乙本等改。

［2］底甲本“力人”應爲“歷冥”，據乙本等改。

［3］底甲本“盟”應爲“明”，據乙本等改。

［4］底甲本“第一七過秦廣大王案分”，乙本等作“第一七日過秦廣王”，句中缺“日”增“大”加“案分”，明顯不同前此諸本，“案分”即指供桌情況，有明顯實用法會意味，可知此爲《閻王經》之性質。十王處皆同，下不具註。

［5］底甲本“駱爭墮又”乙本爲“驅將隊隊”。此“駱”應爲異体或驅的别字，下同。

［6］底甲本“如數”，乙本爲“數如”。

［7］底甲本“俱”乙本爲“且”。

［8］底甲本“楚”，諸本爲“初”。

［9］底甲本“卒”，乙本爲“使”。

［10］底甲本“伍”，乙本等爲“五”。下句同。

［11］底甲本“稱”應爲“秤”，據乙本等改。

［12］“空”，甲本誤爲“室”。

［13］底甲本“纏”，諸本爲“全”。

［14］底甲本“頭”應爲“昂”，據乙本等改。

［15］底甲本“束”，諸本爲“策”。

［16］底甲本“卞”，諸本爲“變”。

［17］底甲本“恐”，諸本爲“切”。

［18］底甲本“亡”應爲“生”，據乙本等改。此偈意謂擔心“生人”未作齋事功德，若寫亡人則誤。

［19］底甲本“堪”，諸本爲看，據乙本等改。

［20］底甲本“真情”，乙本等爲“情親”。

［21］底甲本“政”，敦煌本等多爲“平正”。乙本等爲“等”。

［22］底甲本“造”應爲“遭”，據乙本等改。

［23］底甲本“杻”，同敦煌與靈石塔本，但乙本爲“鎖”。

［24］底甲本“楚場”，乙本等为“處長”。

［25］底甲本“九”應爲一，據諸本改。

第十至三年過五〔1〕道轉輪大王案分：

從王（後三）〔2〕所歷是關津，好惡爲〔3〕憑福業因，

不善尚憂千日内，胎生産死夭亡身。

十齋具足免十罪放其生天。

一身六道苦忙忙，十惡三途不易當。

努力修齋功德具，恒河〔4〕諸罪自消亡。

我［佛］〔5〕常使四藥叉王守護此經，不令限（陷）〔6〕没。

閻王奉法願弘揚，普告人天衆道場。

我使藥叉齊守護，不令限（陷）〔7〕没永流行。

稽首世尊獄中罪人多是用寶財物，喧鬧受罪，誠〔8〕信之人，可自戒慎，勿令（犯）〔9〕三寶，業報難容。若見此者（經）〔10〕，應常修學。

欲求安樂住人天，必莫侵陸（淩）〔11〕三寶錢。

一落冥間諸地獄，喧喧受苦不知年。

爾時焰魔法王，歡喜踴躍，頂禮佛足，退坐一面。佛言：此經名爲《閻羅〔12〕授記四衆預修生七往生淨土經》，汝當［奉持］〔13〕，流傳國界，依教奉行。

閻王退坐一心聽，佛更殷勤囑此經。

名曰預修生七教，汝兼四衆廣流傳〔14〕。

佛説閻〔15〕王授記四衆預修生七往生淨土經，普勸有緣預修功德，發心歸佛，願息輪回，皈依修心〔16〕。

一身危脆似風燈，二鼠侵期咬（欺齧）〔17〕井藤。

［苦］〔18〕海不修橋筏渡，欲憑何物得超升。

松（船）〔19〕橋不造此人癡，遭險〔20〕恓惶君始知。

若悟百年彈指事〔21〕，修齋聽法莫叫遲。

佛説預修生七往生淨土閻王經　終

梓人魚鎮　楊梓元、陳濟川、陳順義

板藏仁里二甲圓覺洞。〔22〕

冥京聖主、地府至尊、掌管冥途間判死生。

當度衆群生、早出迷津、大地悉超升。願以此……（原爲竪畫，意即省略）

南無難胜地菩薩。〔23〕

〔1〕底甲本“五”，乙本爲“六”。
〔2〕底甲本“從王”應爲“後三”，據諸本改。
〔3〕底甲本“爲”，乙本爲“惟”。
〔4〕底甲本“河”，乙本爲“沙”。
〔5〕底甲本“佛”，據乙本補。
〔6〕底甲本“限”應爲“陷”，據乙本改。后脱“讚曰”。
〔7〕底甲本“限”應爲“陷”，同上。
〔8〕底甲本“誠”，諸本等爲“識”。
〔9〕底甲本“令”應爲“犯”，據諸本改。
〔10〕底甲本“者”應爲“經”，據乙本等改。後缺“讚曰”。
〔11〕底甲本“陸”應爲“淩”，據乙本等改。
〔12〕乙本此處有“王”字。
〔13〕底甲本“奉持”脱漏，據乙本補。後缺“讚曰”。
〔14〕底甲本“傳”，乙本爲“行”。
〔15〕“羅”，乙本有此字。底甲本或脱，或爲符合經名而删。
〔16〕底甲本“皈依修心”，乙本無此四字但具“讚曰”兩字。
〔17〕底甲本“期咬”應爲“欺齧”，據乙本改。
〔18〕“苦”殘，據甲乙諸本補。
〔19〕底甲本“松”，應爲“船”。乙本前有“第二歸佛修心讚、讚曰”。
〔20〕“險”，甲本寫若“儉”。
〔21〕底甲本“事”，諸本爲“過”。
〔22〕底本題記。
〔23〕甲本題記。

三型，具圖讚詞本

1. 經本 1，敦煌十四圖具署名本

以法藏 P.2003 號爲底本，P.2870 號爲甲本，日本久保總美術館藏董文員繪卷爲乙本。

甲本 P.2870 號卷首畫前有三行文字，但上下顛倒。是以抄紙条贴於畫前。其内容即：

閻羅法王白佛言世尊我等諸王皆當發使乘黑 /（以上字爲半側除“法”字以外）馬把黑幡着黑衣檢亡人家造何功德准名放牒 / 抽出罪人不違誓願 / 讚曰諸王遣使檢亡人男女修何功德因 / 依名放出三塗獄免歷冥間遭苦辛。

乙本卷首畫前抄有《佛説地藏菩薩經》，此處正文略[1]。

底甲乙本卷首畫中有十王榜題。

謹啓諷閻羅王預修生七往生淨土經。誓勸有緣以五會啓經入讚，念阿弥陀佛。

成都府大聖慈寺沙門　藏川　述

佛説閻羅王授記四衆預修生七往生淨土經

讚曰：如來臨般涅槃時，廣召天龍及地祇。因爲琰魔王授記，乃傳生七預修儀。

如是我聞：一時佛在鳩尸那城阿維跋提河邊，娑羅雙樹間，臨般涅槃時，舉身放光，普照大衆及諸菩薩摩訶薩、天龍神王、天主帝釋、四天大王、大梵天王、阿修羅王、諸大國王、閻羅天子、太山府君、司命司録、五道大神、地獄官典，悉來集會，禮敬世尊，合掌而立。

讚曰：時佛舒光滿大千，普臻龍鬼會人天。釋梵諸天冥密衆，咸來稽首世尊前。

佛告諸大衆：閻羅天子於未來世當得作佛，名曰普賢王如來，十號具足，國土嚴淨，百寶莊嚴。國名華嚴，菩薩充滿。[2]

讚曰：世尊此日記閻羅，不久當來證佛陀。莊嚴寶國常清淨，菩薩修行衆甚多。

爾時阿難白佛言：世尊！閻羅天子以何因緣，處斷冥間，復於此會，便得授於當來果記？佛言：於彼冥塗[3]爲諸王者，有二因緣，一是住不可思議解脱不動地菩薩，爲欲攝化極苦衆生，示現作彼琰摩王等，二爲多生習善爲犯戒故，退落琰魔天中，作大魔[4]王，管攝諸鬼，科斷閻浮提内[5]十惡五逆，一

[1]《佛説地藏菩薩經》：“爾時地藏菩薩住在南方琉璃世界，以淨天眼觀地獄之中受苦衆生。鐵碓擣壽截磨磨鐵犁耕截鋸解。鑊湯湧［沸猛］火旦天。餓則呑熱鐵丸。渴則飲銅汁。受諸苦惱無有休息。地藏菩薩不忍見諸（之）。即從南方來到地獄中。與閻羅王共同一處别床而座。有四衆重（種）因缘。一者恐閻羅王斷罪不憑。两者恐文案交錯。三者未合死。四者受罪了出地獄池邊。若有善男子善女人，造地藏菩薩像，寫地藏菩薩經，念地藏菩薩名。此人定德（得）往生西方極樂世界。從一佛國至一佛國，從一天堂至一天堂。此人捨命之日，地藏菩薩親向（自）來迎，常得與地藏菩薩共同一處。聞佛所説皆大歡喜信受［奉］行《地藏菩薩經》一卷。”

[2] 首段偈文乙本脱漏“讚曰：時佛舒光滿大千，普臻龍鬼會人天。釋梵諸天冥密衆，咸來稽首世尊前。佛告諸大衆：閻羅天子於未來世當得作佛，名曰普賢王如來，十號具足，國土嚴淨，百寶莊嚴。國名華嚴，菩薩充满”。

[3]“於彼冥塗”，甲本爲“於冥彼塗”。此“塗”爲“途”字古寫，下同。

[4]“魔”，乙本爲“磨”。

[5]“内”，乙本脱。

切罪人，繫閉牢獄，日夜受苦，輪轉其中，隨業報身，定生註死〔1〕。今此琰魔天子因緣以（已）〔2〕熟，是故我記來世尊國〔3〕，證大菩提，汝等人天，應不疑惑。

讚曰：悲憎普化是威靈，六道輪回不暫停。教化厭苦思安樂，故現閻羅天子形。

若復有人修造此經，受持讀誦，捨命之後，不生三塗，不入一切諸〔4〕大地獄。

讚曰：若人〔5〕信法不思議，書寫經文聽受持。捨命頓超三惡道，此身長免入阿鼻。

在生之日，煞父害〔6〕母，破齋破戒，煞豬、牛、羊、雞、狗、毒蛇，一切重罪，應入地獄，十劫五劫，若造此經及諸尊像，記在冥〔7〕案，身到之日，閻王歡喜，判放其人生富貴家，免其罪過。

讚曰：破齋毀戒煞豬雞，業鏡照然報不虛。若造此經兼畫像，閻王判放罪消除〔8〕。

若有善男子、善女人、比丘、比丘尼、優婆塞〔9〕、優婆夷，預修生七齋者，每月二時，供養三寶，所設十王，修名納狀，奏上六曹，善惡童子，奏上天曹〔10〕地府官等，記在名案，身到之日，便得配生快樂之處，不住中陰四十九日，不待男女追救，命過十王。若闕一齋，滯在一王，留連受苦，不得出生，遲滯一年，是故勸汝，作此要事，祈往生報。〔11〕

讚曰：四衆修齋及有時，三旬兩供是常儀。莫使闕緣功德少，始交中陰滯冥司。

（繪六菩薩）

爾時地藏菩薩、龍樹菩薩、救苦觀世音菩薩、常悲菩薩、陀羅尼菩薩、金剛藏菩薩，各各還從本〔12〕道光中，至如來所，異〔13〕口同聲，讚歎世尊，哀愍凡夫，説此妙法，拔死救生，頂禮佛足。

讚曰：足膝齊（臍）〔14〕胸口及眉，六光菩薩運深悲。各各同聲咸讚歎，殷勤化物莫生疲。

爾時一十八重一切獄主、閻羅天子、六道冥官，禮拜發願：若〔15〕有四衆比丘、比丘尼、優婆塞、優婆夷，若造此經，讀誦一偈，我皆〔16〕免其一切苦楚，送出地獄，往生天道，不令稽滯，隔宿受苦。

讚曰：冥官註記及閻王，諸佛弘經禮讚揚。四衆有能持一偈，我皆送出往

〔1〕乙本顛倒爲“死註”。
〔2〕諸本爲“以”，據文意改。
〔3〕“尊”，甲本爲“寶”。
〔4〕“諸”，乙本爲“之”。
〔5〕乙本此衍“不”。
〔6〕“害”，乙本爲“空”。
〔7〕底本“冥”，甲乙本爲“名”。
〔8〕乙本脱漏“在生之日，煞父害母，破齋破戒，煞豬牛羊，雞狗毒蛇，一切重罪，應入地獄，十劫五劫。若造此經及諸尊像，記在名案，身到之日，閻王歡喜，判放其人生富貴家，免其罪過。讚曰：破齋毀戒煞豬雞，業鏡照然報不虛。若造此經兼畫像，閻王判放罪消除”。
〔9〕“優婆塞”，甲本缺。
〔10〕“曹”，甲本脱。
〔11〕甲本此處衍“讚曰”。
〔12〕“本”，乙本爲“大”。
〔13〕“異”，乙本爲“以”。
〔14〕“齊”應爲“臍”，據文意改。
〔15〕甲本“願”與“若”字顛倒。
〔16〕“皆”，乙本爲“當”。

天堂。

爾時閻羅天子説偈白佛：南無阿羅河，衆生惡業多。輪回無定相，猶如水上波。

讃曰：閻王白佛説伽陀，愍念衆生罪苦多。六道輪回無定相，生滅還同水上波。

願得智慧風，漂與法輪河。光明照世界，巡歷昔經過。

普救衆生苦，降伏攝諸魔。四王行國界，傳佛修多羅。

讃曰：願佛興揚智〔1〕慧風，漂歸法海洗塵濛。護世四王同發願，當傳經典廣流通。

凡夫修善少，顛倒信邪多。持經免地獄，書寫過災痾。

超度三界難，永不見藥叉。生處登高位，富貴受（壽）〔2〕延長。

讃曰：惡業凡夫善力微，信邪倒見入阿鼻。欲求富貴家長命，書寫經文聽受持。

至心誦此經，天王恒記録。莫煞祀神靈，爲此入地獄。

念佛犯〔3〕真經，應當自誡勗〔4〕。手執金剛刀，斷除魔種族。

讃曰：罪苦三塗業易成，都緣煞命祭神明。願執金剛真惠劍，斬除魔族悟無生。

佛行平等心，衆生不具足。修福似微塵，造罪如山嶽。

當修造此經〔5〕，能持（除）〔6〕地獄苦。往生豪貴家，善神常守護。

讃曰：罪如山嶽等恒沙，福少微塵數未多。猶得善神常守護，往生豪富〔7〕信心家。

造經讀誦人，忽爾〔8〕無常至。天王恒引接，菩薩捧花迎。

願心往淨土，八百憶〔9〕千生。修行滿證入，金剛三昧成。

讃曰：若人奉佛造持經〔10〕，菩薩臨終自往迎。淨國修行因滿已，當來正覺入金城。

爾時佛〔11〕告阿難：一切龍天八部及諸大神、閻羅天子、太山府君、司命司録、五道大神、地獄官等行道大王，當起慈悲，法有寬縱，可容一切罪人〔12〕。慈孝男女修福，薦拔亡人，報生養之恩。七七修齋造像，以報父母恩，令得生天。

讃曰：佛告閻羅諸大神，衆生造業具難陳。應爲開恩容造〔13〕福，教蒙離苦出迷津。

（繪持幡乘馬使者，一二隨從）

閻羅法王白佛言：世尊！我等諸王皆當發使，乘黑馬、把黑幡、着黑衣，

〔1〕“智”，甲本爲“知”。
〔2〕“壽”，底本爲“受”，據甲本改。
〔3〕“犯”字，蕭登福、杜門城本皆録爲“把”，誤。
〔4〕“勗”，杜本録爲“罰”。
〔5〕此處皆無“欲得命延長”。
〔6〕甲本“持”，諸本爲“除”，據改。
〔7〕“富”，乙本爲“貴”。
〔8〕乙本爲“是”。
〔9〕乙本爲“億”。
〔10〕甲本爲“造佛奉持經”，次序不同。
〔11〕“佛”字乙本脱。
〔12〕杜本録此爲“當起慈悲法，有寬縱可容一切罪人”，《敦煌本〈佛説十王經〉校録研究》，9頁、129頁。“毫縱”，41頁。
〔13〕“造”，甲本爲“告”。

檢亡人家造何功德，准名[1]放[2]牒，抽出罪人，不違誓願！[3]

讚曰：諸王遣使檢亡人，男女修何功德因。依名放出三塗獄，免曆（歷）[4]冥間遭苦辛。

伏願世尊聽説[5]檢齋十王名字。

讚曰：閻王向佛再陳情，伏願慈悲作證明。凡夫死後修功德，檢齋聽説十王名[6]。

（繪秦廣王、雙童、吏、信女與罪靈或戴枷者）

第[7]一七日過秦廣王

讚曰：一七亡人中陰身，驅羊隊隊數如塵。且向初王齋點檢，由來未渡奈河津。

（繪初江王、橋上信女、持幡者、牛頭與水中罪人）

第二七日過初江王

讚曰：二七亡人渡奈河，千群萬隊涉江波。引路牛頭肩[8]挾棒，催行鬼卒[9]手擎叉。

（繪宋帝王，策髮仰頭）

第三七日過宋帝王

讚曰：亡人三七轉恓惶，始覺冥塗[10]險路長。各各點名知所在，群群驅送五官王。

（繪五官王，前有業秤）

第四七日過五官王

讚曰：五官業秤[11]向空懸，左右雙童業[12]簿全。轉（輕）[13]重豈由情所願，低昂自任昔因緣。

（繪閻羅王，地藏並坐，前有業镜）

第五七日過[14]閻羅王

讚曰：五七閻羅王息諍聲，罪人心恨未甘情。策髮仰頭看業鏡，始知先世事分明。

（底本繪變成王，前有地獄城及乘雲朵飛的善男信女）

第六[15]七日過變成王

讚曰：六七亡人滯冥途，切怕生人執意愚。日日只看功德力，天堂地獄在須臾。

（繪太山王，頂華蓋，前有山景、戴枷者及銅柱與善男信女）

第七七日過太山王

讚曰：七七冥塗中陰身，專求父母會情親。福業此時仍未定，更看男女造何因。

（繪平正王，處屋帳中，前有山景、吏員、戴枷罪人、銅柱、善信等）

第八百日過[16]平正王

讚曰：百日亡人更恓惶，身遭枷杻被鞭傷。男女努力修功德，免落地獄苦

[1] 乙本衍"功德"。
[2]"放"乙本爲"施"。
[3] 杜本録此爲"抽出罪人不違！誓願！"，29頁、41頁、129頁。
[4]"曆"，據甲本改"歷"。
[5] 甲乙本此均衍"十王"兩字。
[6] 乙本此爲"名字"。
[7] 原文作"弟"。均改。
[8] 乙本爲"迷使"，但前字有删點、或删而未補。
[9]"鬼卒"乙本爲"獄主"。
[10] 此"塗"爲"途"字古寫。
[11] 乙本誤爲"鏡"。
[12] 乙本誤爲"意"。
[13] 底本"轉"，據甲本等改爲"輕"。
[14] 底本脱"過"，據甲本補。
[15] 乙本誤爲"五"。
[16]"過"，甲本脱。

處長。

（繪都市王，右手出雲氣，兩袖卷起）

第九一年過都市王

讚曰：一年過此轉苦辛，男女修何功德因。六道輪回仍未定，造經造像出迷津。

（繪轉輪王，戎裝武將持筆。桌旁升起雲氣，前畫六道輪回，實僅五道，阿修羅、人、畜生、餓鬼、地獄）

第十三年過五道轉輪王

讚曰：後三所曆〔1〕是關津，好惡唯憑福業因。不善尚憂千日内，胎生産死拔亡人。

（僧與罪人，地有經卷、牛頭坐大蟒吐火，繪地獄城噴火）

十齋具足，免十惡罪，放其生天。

讚曰：一身六道苦忙忙，十惡三塗不易當。努力修齋功德具，恒沙諸罪自消亡。

我當〔2〕使四藥叉王守護此經，不令陷没。

讚曰：閻王奉法讚〔3〕弘揚，普告人天衆道場。我使藥叉齊守護，不令陷没永流行。

稽首世尊，獄中罪人，多是〔4〕用三寶財物，喧鬧受罪。識信之人，可自誡慎，勿犯三寶，報業（業報）〔5〕難容。見此經者，應當修學。

讚曰：欲求安樂住人天，輒莫侵淩三寶錢。一落冥間諸地獄，喧喧受苦不知年。

爾時琰魔法王，歡喜踴躍，頂禮佛足，退坐一面。佛言：此經名爲《閻羅王授記四衆預修生七往生淨土經》，汝當流傳國界，依教奉行。

讚曰：閻王退坐一心聽，佛更殷勤囑此經。名曰預修生七教，汝兼四衆廣流行。

佛説閻羅王授記四衆預修生七往生淨土經，普勸有緣，預修功德，發心歸佛，轉願息輪回。讚二首：

第一讚：一身危脆似風燈，二鼠侵淩齧井騰（藤）〔6〕。苦海不修船筏渡，欲憑何物得超升。

第二讚：船橋不造此人癡，遭險恓惶君始知。若悟百年彈指過，修齋聽法莫交遲。

佛説十王經一〔7〕卷

乙本具有題記：辛未年十二月十日書畫畢，年六十八寫，弟子董文員供養。

2. 經本2，敦煌十三圖無署名本

英藏S.3961號（綴合W78+W212號）+法藏P.3761號+美國弗利爾美術館藏大理國本。以S.3961號爲底本，P.3761號爲甲本，大理國本爲乙本〔8〕。底本卷首畫有榜題框無字跡。乙本卷首畫前後有題字〔9〕。

〔1〕“後三所曆”，甲本爲“所後三曆”。

〔2〕“當”，甲本爲“常”。

〔3〕“讚”，乙本爲“願”。

〔4〕“是”，乙本爲“使”。

〔5〕“報業”，底本顛倒，“業報”據甲乙本改。

〔6〕底乙本“騰”，應爲“藤”。甲本似爲“瞪”。

〔7〕“一”，甲乙本大寫。

〔8〕S.3961號前部所綴並無文字，不影響校勘。此爲使特征清楚故。

〔9〕畫前爲“□陳觀音慶婦人文殊連男慶福造”，畫後爲“南無滅正報釋迦牟尼會”。

佛説閻羅王授記四衆逆修生七齋［往生淨土經］〔1〕

讚曰〔2〕：如來臨般涅槃時，廣召天靈〔3〕［及地祇］。用〔4〕爲琰魔王授記，乃傳生七預［修儀］。

如是我聞：一時佛在鳩尸那城阿維〔5〕跋［提河邊］〔6〕，娑羅雙樹間，臨般涅槃時，舉身放光，［普照大］〔7〕衆及諸菩薩摩訶薩、天龍神王、天主帝釋、［四天大］〔8〕王、大梵天王、阿修羅［王］、諸大國王、閻羅天子、太山府君、司命司録、五道〔9〕大神、地獄官典，悉來集會，敬禮世尊，合掌而立。

讚曰：時佛〔10〕舒光滿大衆（千）〔11〕，普臻龍鬼會人天。釋梵諸天冥密衆，咸來稽首世尊前。

佛告（諸大衆）〔12〕：閻羅天子於未來世當得作佛，名〔13〕曰普賢王如來，十號具足，國土嚴淨，百寶莊嚴。國名花〔14〕嚴，菩薩充滿。

讚曰：世尊此日記閻羅，不久當來證佛陀。莊嚴寶國常清淨，菩薩修行衆甚多。

爾時阿難白佛言：世尊！閻羅天子以何因緣，處斷冥間，伏（復）〔15〕於此會，便得授於當來果記？佛言：於彼冥塗爲諸王者，有二因緣，一是住不可〔16〕思議解説（脱）〔17〕不動地菩薩，爲欲攝化極苦衆生，是（示）〔18〕現作〔19〕琰摩天中等王〔20〕，二爲多生習善〔21〕犯戒故，退洛（落）〔22〕琰魔天中，作大魔王，管攝諸鬼，科斷〔23〕十惡五逆一切罪〔24〕，繫閉牢獄，日〔25〕夜受苦，輪轉其中，隨業報身，定生［註］死。今〔26〕琰魔天子因緣已〔27〕熟，是故我記來世寶國，證大菩提，汝等人天，不應疑惑。

讚曰：悲增〔28〕普化是威靈，六道輪回不暫停。教化厭苦思安樂，故現閻羅天子刑（形）〔29〕。

若復有人〔30〕造此經，授（受）〔31〕持讀誦，命捨〔32〕之後，不生［三］塗，不

〔1〕"往生淨土經"殘損，據諸本補。甲本題爲"佛説閻羅王授記四衆預修生七往生淨土經"。又，乙本大理國本此題之前還有"謹啓諷［閻羅王預修生七齋往生淨土經］（據殘痕與甲本補）。誓勸有缘以五會啓經入讚，念阿彌陀佛。成都府大慈寺沙門　藏川述讚"，本擬補入，但考慮到S.3961號的特殊性及與此本的年代差别等緣由，因而附此。

〔2〕乙本此前有"南無阿彌陀佛"題字與小畫像。

〔3〕底乙本"靈"，甲本爲"龍"。

〔4〕底本"用"，甲乙本爲"因"。

〔5〕乙本此具"羅"字。

〔6〕"提河邊"殘損，據甲乙本補。

〔7〕"普照大"殘損，據甲乙本補

〔8〕"四天大"殘損，據甲乙本補。

〔9〕"道"，乙本殘。

〔10〕"時佛"，乙本殘。

〔11〕"衆"，據甲乙本改"千"。

〔12〕底本"閻羅天子"在"諸大衆"前，此據甲乙本訂正。

〔13〕"名"，甲乙本爲"號"。

〔14〕"花"，甲本爲"華"。

〔15〕"伏"，據甲乙本改"復"。

〔16〕"可"，乙本無。

〔17〕原爲"説"，應爲"脱"。

〔18〕原爲"是"，應爲"示"。

〔19〕"作"，甲乙本爲"作彼"，乙本前字有殘。

〔20〕"中等王"，甲本爲"王等"。乙本脱"天中"。

〔21〕甲本此有"爲"字。

〔22〕底本爲"洛"，據甲乙本改爲"落"。

〔23〕甲乙本此有"閻浮提内"。

〔24〕甲乙本此有"人"字。

〔25〕乙本僅至此，其後殘斷。

〔26〕甲本此有"此"字。

〔27〕"已"，甲本爲"以"。

〔28〕底本爲"增"，甲本爲"憎"。

〔29〕"刑"，據甲本改"形"。

〔30〕甲本此有"修"字。

〔31〕據甲本改。

〔32〕"命捨"，甲本顛倒。

入一切諸大地獄。

讚曰：若人信法不思儀[1]，書寫經文聽授（受）持。捨命頓超三惡道，此身長免入阿毗（鼻）[2]。

在生之日，煞[父][3]害母，破齋破戒[4]，煞豬、牛、羊、雞、狗、毒蛇，一切重罪，應入地獄十劫[五劫][5]。若造此經及諸尊像，記在業鏡[6]，閻王歡喜，判放其人生富貴家，免其罪過。

讚曰：破齋毀戒煞雞豬，業鏡照然報不虛。若造此經兼書（畫）[7]像，閻王判放罪消除。

若有善男子、善女人、比丘、比丘尼、憂（優）[8]婆塞、憂（優）婆夷，預修生七齋者，每月二時，供養三寶，祝[9]設[十王][10]，修名納狀，奏上六曹，善惡童子，奏上天曹。[地府官][11]典[12]，記在冥[13]案，後[14]身到之日，便得配生快樂[之處][15]，不住[中][16]陰四十九日，不待男女追救，命過十王。若闕一齋，滯在一王，留連受苦，不得出生，遲滯一年。是故勸汝，作此要事，祈往生報。

讚曰：四衆修齋及有時，三旬兩供是常儀。莫使闕緣功德少，始交中陰滯冥司。

爾時地藏菩薩、龍樹菩薩、救苦觀世音菩薩、常悲菩薩、陀羅尼菩薩、金剛藏菩薩，各各還從本道光中，至如來所，異口同聲，讚歎世尊，哀愍凡夫，説此妙法，拔死救生，頂禮佛足。

讚曰：足膝臍[17]胸口及眉，六光菩薩運深悲。各各同聲咸讚歎，慇勤化物莫生疲。

爾時一十八重一切[18]獄主、閻羅天子、六道冥官，禮拜發願：若有四衆比丘、比丘尼、憂（優）婆塞、優婆夷，若造此經，讚誦一偈，我當[19]免其一切苦楚，[送出][20]地獄，往[21]生天道，不令稽滯，隔宿受苦。

讚曰：冥官註記及閻王，諸佛弘經禮讚揚。四衆有能持一偈，我皆送出往天堂。

爾時閻羅天子説偈白佛：南無阿羅訶[22]，衆生罪苦[23]多。輪回無定相，猶如水上波。

讚曰：閻王白佛説伽陀，愍念衆生罪苦多。六道輪回無定相，生滅還同水上波。

願得智慧風，飄[24]與法輪河。光明照世界，巡歷悉[25]經過。普救衆生苦，

[1]“儀”，甲本爲“議”。
[2]據甲本改。
[3]“父”，底本脱，據甲本補。
[4]“破戒”，甲本脱。
[5]“五劫”，底本脱，據甲本補。
[6]“業鏡”，甲本爲“冥案”。甲本此具“身到之日”。
[7]據甲本改。
[8]據甲本改。
[9]“祝”，甲本爲“祈”。
[10]“十王”底本殘損。
[11]“地府官”底本殘損。
[12]“典”，甲本爲“等”。
[13]“冥”，甲本爲“名”。
[14]“後”，甲本無。
[15]“之處”，底本殘損。
[16]“中”，底本脱。
[17]“齊”，甲本爲“齋”。
[18]底本此衍“地”。
[19]“當”，甲本爲“皆”。
[20]“送出”，底本脱。
[21]“往”，甲本爲“得”。
[22]“訶”，甲本爲“河”。
[23]“罪苦”，甲本爲“惡業”。
[24]“飄”，甲本爲“漂”。
[25]“歷悉”，甲本爲“曆昔”。

降鬼[1]攝諸魔。四王行國界，傳佛修多羅。

讚曰：願佛興揚智慧[2]風，飄[3]歸法海洗塵蒙[4]。護世四王同發願，當傳經典廣流通。

凡夫修善少，顛倒信邪多。持經免地獄，書寫過災痾。超度三界難，永不見藥叉。生處登高位，富貴受（壽）[5]延長。

讚曰：惡業凡夫善力微，信邪倒[6]見入阿毗（鼻）[7]。欲求富貴家長命，書寫經文聽受持。

至心誦此經，天王恒賜（記）[8]録。欲得無罪咎，無過廣作福[9]。莫煞祀神靈，爲此入地獄。念佛把真經，應當自誠勗。手執金剛刀，斷除魔種族。

讚曰：罪苦三塗業易成，都緣煞命祭[10]神明。願執金剛[11]真惠劍，斬除魔族悟無生。

佛行平等心，衆生不具足。修福似微塵，造罪如山嶽。欲得命延長[12]，當修造此經。能除地獄苦，往生毫（豪）[13]貴家，善神恒[14]守護。

讚曰：罪如山嶽等恒沙，福少微塵數未多。猶得善神常守護，往生毫（豪）貴信心家。

造經讀誦人，忽爾無常至。天王恒引接，菩薩捧花迎。隨心往淨土，八百憶千生。修行滿證入，金剛三昧成。

讚曰：若人奉佛造持經，菩薩臨終自往迎。淨國修行因滿以，當來正覺入金成。

爾時佛造阿難：一切龍神八部及諸大臣，閻羅天子、太山府君、司命司録、五道大臣、地獄官典、行道天王，當起慈悲，法有毫縱，可容一切罪人，慈孝男女修齋造福，薦拔亡人，報生養之恩，七七修齋造像，以報父母，令得生天。

讚曰：佛造閻羅諸大臣，衆生罪業似微塵。應爲開恩容造福，教蒙離苦出迷津。

閻羅法王白佛言：世尊！我諸王皆當發使，乘黑馬、把黑幡、著黑衣，檢亡人造何功德，准名放牒，抽出罪人，不違誓願！

讚曰：諸王遣使檢亡人，男女修何功德因。依名放出三塗獄，免歷冥間遭苦辛。

伏願世尊聽説檢齋十王名。

讚曰：閻王向佛直陳情，伏願慈悲作證明。凡夫死後修功德，檢齋聽説十王名。

第一七日過秦廣王

讚曰：一七亡人中陰身，驅將隨業數如塵。且向初王齊點檢，猶來未渡奈河津。

[1]“鬼”，甲本爲“伏”。
[2]“慧”，甲本爲“惠”。
[3]“飄”，甲本爲“漂”。
[4]“蒙”，甲本爲“濛”。
[5]“受”，據甲本改“壽”。
[6]“倒”，甲本爲“到”。
[7]據甲本改。
[8]“賜”，據甲本改“記”。
[9]“無過廣作福”，甲本脱。
[10]“祭”，甲本誤爲“察”。
[11]“剛”，甲本爲“光”。
[12]“欲得命延長”，甲本脱。
[13]底本“毫”，據甲本改。
[14]“恒”，甲本爲“常”。甲本此後僅有“若大吠袱、善男子若”，後即缺損。

第二七日過初江王

讚曰：二七亡人渡奈河，千郡萬隊涉洪波。引路牛頭肩俠棒，催行鬼卒手擎叉。

第三［七日］過宋帝王

讚曰：亡人三七轉恓惶，如覺冥塗險路長。各各點名知所在，郡郡驅延五官王。

第四七日過五官王

五官業鏡向空懸，左右雙童業簿全。輕重起由情所願，位迎自任息因緣。

第五七日過閻羅王

讚曰：五七閻羅王悉諍聲，罪人心恨未甘情。策髮往頭看業鏡，始知先世罪分明。

第六七日過變成王

讚曰：亡人六七滞冥塗，切怕生人執意愚。日日只看功德力，天堂地獄在須臾。

第七七日過太山王

［讚曰：］七七冥塗中陰身，專求父母會情親。福業此時仍未定，更看男女造何因。

第八百日過平正王

讚曰：百日亡人更恓惶，身糟枷杻被鞭傷。男女努力造功德，免落地獄苦處長。

第九一年過都市王

讚曰：一年過此轉苦辛，男女修何功德因。六道輪回仍未定，造經造佛出迷津。

第十過三年過五道轉輪王

讚曰：後三所歷是關津，好惡唯憑福業因。不善上憂千日内，胎生産死拔亡人。

十齋具足，免十惡罪，放其生天。

讚曰：一身六道苦忙忙，十惡三塗不易當。努力修齋功德具，恒沙諸罪自消亡。

我常使四藥叉王守護此經。不令陷没。

閻王奉法願弘揚，普告人天衆道場。我使藥叉王守護，不令陷没永流行。

稽首世尊，獄中罪人，多是用三寶財物，喧鬧受罪，識信之人，可自戒慎，物犯三寶，業報難容。見此經者，應當修覺。

讚曰：欲求安樂住人天，必莫浸陵三寶錢。一落冥間諸地獄，喧喧受罪不知年。

爾時琰魔法王，歡喜踴躍，頂禮佛足，退坐一面。佛言：此經名爲《閻羅王受記四衆預修生七淨土經》，汝當流傳國界，依教奉行。

讚曰：閻王退坐一心聽，佛更慇勤囑此經。名曰預修生七教，汝兼四衆廣流行。

佛説閻羅王授記四衆預修生七往生淨土經，普勸有緣預功德，發心歸佛，願悉（息）輪回。讚二首：

讚曰：一身危厄（脆）〔1〕似風燈，二鼠浸欺〔2〕嚙井騰。苦海不修橋筏〔3〕渡，欲憑何物得超升。

第二歸佛修心讚：

讚曰：船橋不造此人疑，槽險恓惶

〔1〕“厄”，其餘諸本爲“脆”。

〔2〕底本“期”，太史文認爲可作“欺”解。餘本爲“淩”。

〔3〕“橋筏”，餘爲“船筏”。

君始知。若悟百年彈指過，修齋聽法莫交遲。

佛説十王經一卷

四型，具圖讚本

1. 經本 1、經本 2 合録

經本 1 爲中國靈石寺塔繪抄本與日本高野山寶壽院繪抄本，經本 2 爲高麗與朝鮮刻本。

以台州靈石寺塔抄本爲底本，高麗海印寺刻本爲甲本，日本高野山寶壽院抄本爲乙本，朝鮮廣德寺刻本爲丙本，《卍續藏》刊印本爲丁本。其中唯丁本無圖，前諸本則多少不同而以海印寺最爲豐多重要，其名亦稱爲“變相”，詳情見正文述。此録主要爲文字，文字與圖相關部分稍加説明。

底本僅有十王之圖，甲本卷首畫中標題爲《佛説預修十王生七經變相》，具諸多鬼王與判官，也有十王圖〔1〕。乙本有地藏十王卷首畫〔2〕，卷内十王各有圖。朝鮮刻本圖多且複雜卻無十王審斷圖〔3〕。《卍續藏》鉛印本無圖。

佛説預修十王生七經〔4〕

謹啓諷閻羅王預修生七往生淨土經。誓勸有緣以五會啓經入讚，念阿弥陀佛。

成都府大聖慈寺沙門　藏川述讚〔5〕

佛説閻羅王授記四衆逆修生七往生淨土經

讚曰：如來臨般涅槃時，廣召天靈及地祇。因爲琰魔王授記，乃傳生七預修儀。

如是我聞：一時佛在鳩尸那城阿維跋提河邊，娑羅雙樹間，臨般涅槃時，舉身放光，普照大衆及諸菩薩摩訶薩、天龍神王、天王帝釋、四天大王、大梵天王、阿修羅王、諸大國王、閻羅天子、太山〔6〕府君、司命司録、五道大神、地獄官典，悉來集會，敬禮世尊，合掌而立。

讚曰：時佛舒光滿大千，普臻龍鬼會人天。釋梵諸天冥密〔7〕衆，咸來稽首世尊前。

佛告諸大衆，閻羅天子於未來世當得作佛，名曰普賢王如來，十號具足，國土嚴淨，百寶莊嚴。國名華〔8〕嚴，菩薩充滿。

讚曰：世尊此日記閻羅，不久當來證佛陀。莊嚴寶國常清淨，菩薩修行衆甚多。

爾時阿難白佛言：世尊！閻羅天子以何因緣，處斷冥間，復於此會，便得授於〔9〕當來果記？佛言：於彼冥途爲諸

〔1〕海印寺的寺刊《十王經》實非一種。最典型者圖畫在經文前后，經文完整後附鄭晏題記。其前有諸多鬼王與判官，内含十位王者圖至使者止。後有具讚語的十王審斷之圖。此十圖還有散板存在。

〔2〕卷首畫前題“預修十王生［七］經”，圖内十王各有榜題，依序爲地藏左手向外爲一三五七九、右手向外爲二四六八十，即菩薩左手起爲“第一秦廣王、第三宋帝王、第五閻羅王、第七泰山王、第九都市王”。菩薩右手起爲“第二初江王、第四五官王、第六變成王、第八平等王、第十五道轉輪王”。字雖小而模糊，但可比定。

〔3〕朝鮮刻本圖亦在前後，無十王審斷之圖，但十王領衆隨從，各有一板與海印寺圖不同，形態略同於海印寺本但水準較低。還多與《壽生經》結合者。廣德寺本就是如此。

〔4〕甲本標題前卷首畫中榜題爲《佛説預修十王經變相》，乙本卷首畫前題《預修十王生［七］經》。丙本廣德寺本，丁本經題上方註“依朝鮮刻本”，但未明是何年何種刻本。

〔5〕“述讚”，甲本爲“讚述”，乙丙丁本無“讚”。

〔6〕“太”，甲丙丁本爲“大”。

〔7〕“密”，乙本爲“蜜”。

〔8〕“華”，乙本爲“花”。

〔9〕“授於”，乙本顛倒“於授”。

王者，有二因緣，一是住不思議解脱不動地菩薩，爲欲攝化極苦衆生，示現[1]作彼琰魔等王，二爲多生習善犯戒[2]故，退落琰魔天中，作大魔王，管攝諸鬼，科斷閻浮提内十惡五逆一切罪人，繫閉牢獄，日夜受苦，輪轉其中，隨業報身，定生註[3]死。今此琰魔天子因緣已熟，是故我記來世寶國，證大菩提，汝等人天，不應疑惑。

讚曰：悲憎[4]普化示威靈，六道輪回不暫停。教化厭苦思安樂，故現閻羅天子形。

若復有人造此經，受持讀誦，捨命之後，不生三塗，不入一切諸大地獄。

讚曰：若人信法不思議，書寫經文聽受持。捨命頓超三惡道，此身長免入阿鼻。

在生之日，煞[5]父害母，破齋[6]破戒，煞豬、牛、羊、雞、狗、毒蛇，一切重罪，應入地獄十劫五劫。若造此經及諸尊像，記在業鏡，閻王歡喜，判放其人生富貴家，免其罪過。

讚曰：破齋毀戒煞[7]雞豬，業鏡照[8]然報不虚。若造此經兼畫像，閻王判放罪銷除。

若有善男子、善女人、比丘、比丘尼、優婆塞、優婆夷，預修生七齋者，每月二時，供養三寶，祈設十王，修名納狀，奏上六曹。善業童子，奏上[9]天曹、地府官等，記在名案。身到之日，便得配生快樂之處，不住中陰四十九日。不待男女追救，命過十王。若闕一齋，滯在一王，留連受苦，不得出生，遲滯一年。是故勸汝，作此要事，祈往生報。

讚曰：四衆修齋及有時，三旬兩供是常儀。莫使闕緣功德少，始交中陰滯冥司。

爾時地藏菩薩、龍樹菩薩、救苦觀世音菩薩、常悲菩薩、陀羅尼菩薩、金剛藏菩薩，各各還從本道光中，至如來所，異口同聲，讚歎世尊，哀憫凡夫，説此妙法，拔死救生，頂禮佛足。

讚曰：足膝齊（臍）[10]胸口及眉，六光菩薩運深悲。各各同聲咸讚歎，勤勤化物莫生疲。

爾時二[11]十八重一切獄主、閻羅天子、六道冥官，禮拜發願：若有四衆比丘、比丘尼、優婆塞、優婆夷，若造此經，讚[12]誦一偈，我當免其一切苦楚，送出地獄，往生天道，不令稽滯，隔宿受苦。

讚曰：冥官註記及閻王，諸佛弘經礼讚揚。四衆有能持一偈，我皆送出往天堂。

爾時閻羅天子説偈白佛：南無阿羅訶，衆生苦業多。輪回無定相，猶如水上波。

［1］“現”，甲本爲“顯”。
［2］“犯戒”，乙本爲“化感”。
［3］“註”，乙本爲“住”。
［4］“憎”，甲丙丁本爲“增”。
［5］“煞”，餘皆爲“殺”。
［6］“齋”，丁本爲“齊”。
［7］“煞”，餘皆爲“殺”。
［8］“照”，甲本爲“明”，丙本爲“昭”。
［9］乙本此行“天上”。
［10］諸本爲“齊”，丙丁本爲“齋”。應爲“臍”，據文意改。
［11］“二”，甲本爲“一”。
［12］“讚”，乙本爲“讀”。

讚曰：閻王白佛説伽陀〔1〕，憫念衆生罪苦多。六道輪回無定相，生滅還同水上波。

願得智慧風，飄墮法輪河。光明照世界，巡歷悉經過。普救衆生苦，降伏攝諸魔。四王行國界，傳［佛］〔2〕修多羅。

讚曰：願佛興揚智慧〔3〕風，飄歸法海洗塵朦。護世四王同發願，常傳經典廣流通。

凡夫修善少〔4〕，顛倒信邪多。持經免地獄，書寫免災痾。超度三界難，永不見藥叉。生處登高位，富貴壽延長〔5〕。

讚曰：惡業凡夫善力微，信邪倒見入阿鼻。欲求富樂〔6〕家長命，書寫經文聽受持。

志〔7〕心誦此經，天王恒記録。欲得無罪咎〔8〕，莫煞〔9〕祀神靈。爲此入地獄，念佛把真經。應當自誡勗，手執金剛刀，斷除魔種〔10〕族。

讚曰：罪苦三塗業易成，都緣煞〔11〕命祭神明。願執金剛真惠〔12〕劍，斬除魔族悟無生。

行（佛）〔13〕行平等心，衆生不具足。修福似微塵，造罪如山〔14〕嶽。欲得命延長，當修造此經。能除地獄苦，往生豪貴〔15〕家，善神恒守護。

讚曰：罪如山嶽等恒沙，福少〔16〕微塵數未多。猶得善神常守護，往生豪富信心家。

造經讀誦人，忽爾無常至〔17〕。天王恒引接，菩薩捧花迎。隨心往淨土，八百億千生。修行滿證入，金剛三昧成（城）〔18〕。

讚曰：若人奉佛造持經，菩薩臨終自往迎。淨國修行圓滿已，當來正覺入金城。

爾時佛告〔19〕阿難：一切龍神八部及諸大臣，閻羅天子、太山府君、司命司録、五道大神、地獄官等行道天王，當起慈悲，法有慢縱〔20〕，可容一切罪人。慈孝〔21〕男女，修齋造福，薦拔亡人，報生養之恩，七七修齋造像，以報父母，令〔22〕得生天。

讚曰：佛告閻羅諸大神，衆生罪業具難陳。應爲開〔23〕恩容〔24〕造福，教〔25〕蒙離苦出迷津。

閻羅法王白佛言：世尊！我等諸王皆當發使，乘黑馬、把黑幡、著黑衣，

〔1〕“陀”，乙丙丁本爲“他”。
〔2〕“佛”，底本脱。
〔3〕“慧”，乙本爲“惠”。
〔4〕“少”，丙丁本爲“小”。
〔5〕“長”，丁本爲“遐”
〔6〕“樂”，甲本爲“貴”。
〔7〕“志”，乙本爲“至”。
〔8〕“咎”，乙本爲異體。
〔9〕“煞”，餘本爲“殺”。
〔10〕“種”，乙本脱。
〔11〕“煞”，餘本爲“殺”。
〔12〕“惠”，餘本爲“慧”。
〔13〕“行”，據諸本改爲“佛”。
〔14〕“山”，乙本爲“上”。
〔15〕“貴”，乙本脱。
〔16〕“少”，丙丁本爲“小”。
〔17〕“無常至”，丙丁本爲“謝報齡”。
〔18〕底本“成”，諸本皆爲“城”，據改。
〔19〕“告”，乙本誤爲“造”。
〔20〕“縱”，甲乙本脱。丙丁本爲“法勿有慢”，誤。
〔21〕“孝”，乙本書似“老”。
〔22〕“令”，乙本爲“命”。
〔23〕“開”，甲乙本寫若“間”，丙丁本爲“報”。
〔24〕“容”，乙本爲“客”。
〔25〕“教”，甲乙本寫若“殺”。

檢亡人家造何功德，准名放牒，抽出罪人，不違誓願！〔1〕

讚曰：諸王遣使檢亡人，男女修何功德因。依名放出三塗獄，免歷冥間遭苦辛。

伏願世尊聽説檢齋十王名：

讚曰：閻王向佛稱陳情，伏願慈悲作證明。凡夫死後修功德，檢齋聽説十王名。〔2〕

第一七日過秦廣王

讚曰：一七亡人中陰身，驅將隊隊數如塵。且向初王齊點檢〔3〕，由來未渡奈河津〔4〕。

第二七日過初江王

讚曰：二七亡人渡奈河，千群萬隊涉江波。引路牛頭肩俠棒，催行鬼卒手擎叉。

第三七日過宋帝王

讚曰：亡人三七轉恓惶，始覺冥途險路長。各各點名知所在，群群驅送五官王。

第四七日過五官王

讚曰：五官業秤向空懸，左右雙童業簿全。輕重豈由情所願，低昂自任昔因緣。

第五七日過〔5〕閻羅王

讚曰：五七閻王息諍聲，罪人心恨未甘情。棨（策）〔6〕髮仰頭看業鏡，始知先世罪〔7〕分明。

第六七日過變成王

讚曰：亡人六七滯冥途，切怕生〔8〕人執意愚。日日只看功德力，天堂地獄在須臾。

第七七日過太〔9〕山王

讚曰：七七冥途中陰身，專求父母會情親。福業此時仍未定，更看男女造何因。

第八百日過平等王

讚曰：百日亡人更恓惶，身遭枷杻〔10〕被鞭傷。男女努力造功德，免落地獄苦處長〔11〕。

第九一年過都市王

讚曰：一年過此轉苦辛，男女修齋福業因。六道輪回仍未定，造經造佛出迷津。

第十至三年過五道轉輪王

讚曰：後三所歷是關〔12〕津，好惡唯憑福業因。不善尚憂千日内，胎生産死拔〔13〕亡身。

十齋具足，免十惡罪，放其生天。

讚曰：一身六道苦茫茫，十惡三塗不易當。努力修齋功德具，恒沙諸罪自銷亡。

我常使四藥叉王守護此經，不令

〔1〕甲本卷前插圖的乘馬使者上方列“諸王發使，乘黑馬，把黑幡、着黑衣、檢亡人家造何功德，准名放牒，抽出罪人，不違誓願”，字較小。

〔2〕“伏願世尊聽説檢齋十王名，讚曰：閻王向佛稱陳情，伏願慈悲作證明。凡夫死後修功德，檢齋聽説十王名”，乙丙丁本脱漏。

〔3〕“齊點檢”，甲乙本爲“齋檢點”。

〔4〕“津”，乙本脱。

〔5〕“過”，乙本脱。

〔6〕“棨”，據諸本改爲“策”。

〔7〕“罪”，甲乙本爲“事”。

〔8〕“生”，甲乙丙丁本誤爲“坐”。

〔9〕“太”，甲本爲“泰”，丙丁本爲“大”。

〔10〕“杻”，餘本爲“械”。

〔11〕“免落地獄苦處長”，甲乙丙丁本爲“從玆妙善見天堂”。

〔12〕“關”，丁本爲“開”。

〔13〕“拔”，底甲乙本簡寫。丁本爲“夭”。

陷没。

讚曰：閻王奉法願弘揚，普告人天衆道場。我使藥叉齊[1]守護，不令陷[2]没永流［行］[3]。

稽首世尊，獄中罪人，多是用三寶財物，喧鬧受罪。識信之人，可自誡慎，勿犯三寶，業報難容。見此經者，應當修學。

讚曰：欲求安樂住人天，必莫侵淩三寶錢。一落冥間諸地獄，喧喧受苦不知年。

爾時琰魔法王，歡喜踴躍，頂禮佛足，退坐一面。佛言此經名爲《閻羅王授記四衆預修[4]齋[5]七往生淨土經》，汝當奉持[6]，流傳國界，依教奉行。

讚曰：閻王退坐一心聽，佛更殷勤囑此經。名曰預修生七教，汝兼四衆廣流[7]行。

佛説閻羅王授記四衆預修生七往生淨土經，普勸有緣預修功德，發心歸[8]佛，願息輪回。

讚曰[9]：一身危脆似風燈，二鼠侵欺嚙井藤。苦海不修船筏渡，欲憑何物得超升。

第二歸佛修心讚曰：船橋不造此人癡，遭險恓惶君始知。若信百年彈指過，修齋聽法莫教遲。

［1］“齊”，丁本誤爲“齋”。
［2］“陷”，甲乙丙丁本爲“隱”。
［3］“行”，底本脱漏。
［4］“修”，乙本脱漏。
［5］“齋七”，甲乙丙丁本爲“生七”。
［6］“奉持”，乙本脱。
［7］“流”，甲乙丙丁本爲“傳”。
［8］“歸”，乙本誤爲“婦依”。
［9］“讚曰”，甲乙丙丁本爲“讚二首，第一首”。

佛説十王預修[10]生七經[11]

經本附：日本《卍續藏》鉛印本（無校本）

此本已收入上件。但因此本原爲鉛印又有電子版，流行通用程度很高。現將此本不點校而附於此，以參用對照。

佛説預修十王生七經

謹啓諷閻羅王預修生七往生淨土經誓勸有緣以五會啓經入讚念阿彌陀佛

成都府大聖慈寺沙門　藏川　述

佛説閻羅王授記四衆逆修生七往生淨土經　讚曰

如來臨般涅槃時　　廣召天靈及地祇

因爲琰魔王授記　　乃傳生七預修儀

如是我聞一時佛在鳩尸那城阿維跋提河邊婆羅雙樹間臨般涅槃時舉身放光普照大衆及諸菩薩摩訶薩天龍神王天王帝釋四天大王大梵天王阿修羅王諸大國王閻羅天子大山府君司命司録五道大神地獄官典悉來集會敬禮世尊合掌而立　讚曰

時佛舒光滿大千　　普臻龍鬼會人天

釋梵諸天冥密衆　　咸來稽首世尊前

佛告諸大衆閻羅天子於未來世當得作佛名曰普賢王如來十號具足國土嚴淨百寶莊嚴國名華嚴菩薩充滿　讚曰

世尊此日記閻羅　　不久當來證佛陀

莊嚴寶國常清淨　　菩薩修行衆甚多

爾時阿難白佛言世尊閻羅天子以何因緣處斷冥間復於此會便得授於當來果記佛言於彼冥途爲

［10］“十王預修”，乙本爲“預修十王”。
［11］乙本具“寬永四稔卯月十五日令修復之／多聞院澄榮”題記。此時當明熹宗天啓七年（1627）。甲本在經文前刊刻題記：“伏为先考孀、親生亡骨、夫婦親緣，曾及法界衆生，不滞幽迷，隨愿往生諸佛國土，鏤版印施，云丙午（1246）三月日優婆塞鄭晏誌。”

諸王者有二因緣一是住不思議解脱不動地菩薩爲欲攝化極苦衆生示現作彼琰魔等王二爲多生習善犯戒故退落琰魔天中作大魔王管攝諸鬼科斷閻浮提内十惡五逆一切罪人繫閉牢獄日夜受苦輪轉其中隨業報身定生註死今此琰魔天子因緣已熟是故我記來世寶圓證大菩提汝等人天不應疑惑讚曰

悲增普化示威靈　　六道輪迴不暫停

教化厭苦思安樂　　故現閻羅天子形

若復有人造此經受持讀誦捨命之後不生三塗不入一切諸大地獄　讚曰

若人信法不思議　　書寫經文聽受持

捨命頓超三惡道　　此身長免入阿鼻

在生之日殺父害母破齋破戒殺豬牛羊雞狗毒蛇一切重罪應入地獄十劫五劫若造此經及諸尊像記在業鏡閻王歡喜判放其人生富貴家免其罪過　讚曰

破齋毀戒殺雞豬　　業鏡照然報不虛

若造此經兼畫像　　閻王判放罪銷除

若有善男子善女人比丘比丘尼優婆塞優婆夷預修生七齋者每月二時供養三寶祈設十王修名納狀奏上六曹善業童子奏上天曹地府官等記在名案身到之日便得配生快樂之處不住中陰四十九日不待男女追救命過十王若闕一齋滯在一王留連受苦不得出生遲滯一年是故勸汝作此要事祈往生報　讚曰

四衆修齋及有時　　三旬兩供是常儀

莫使闕緣功德小　　始交中陰滯冥司

爾時地藏菩薩龍樹菩薩救苦觀世音菩薩常悲菩薩陀羅尼菩薩金剛藏菩薩各各還從本道光中至如來所異口同聲讚歎世尊哀憫凡夫説此妙法拔死救生頂禮佛足　讚曰

足膝齎胸口及眉　　六光菩薩運深悲

各各同聲咸讚歎　　勤勤化物莫生疲

爾時二十八重一切獄主閻羅天子六道冥官禮拜發願若有四衆比丘比丘尼優婆塞優婆夷若造此經讀誦一偈我當免其一切苦楚送出地獄住生天道不令稽滯隔宿受苦　讚曰

冥官註記及閻王　　諸佛弘經禮讚揚

四衆有能持一偈　　我皆送出往天堂

爾時閻羅天子説偈白佛

南無阿羅訶衆生苦業多輪回無定相猶如水上波　讚曰

閻王白佛説伽他　　憫念衆生罪苦多

六道輪回無定相　　生滅還同水上波

願得智慧風飄墮法輪河光明照世界巡歷悉經過普救衆生苦降伏攝諸魔四王行國界傳佛修多羅　讚曰

願佛興揚智慧風　　飄歸法海洗塵朦

護世四王同發願　　常傳經典廣流通

凡夫修善小顛倒信邪多持經免地獄書寫免灾痾超度三界難永不見藥叉生處登高位富貴壽延遐　讚曰

惡業凡夫善力微　　信邪倒見入阿鼻

欲求富樂家長命　　書寫經文聽受持

至心誦此經天王恒記録欲得無罪咎莫殺祀神靈爲此入地獄念佛禮真經應當自誡勗手執金剛刀斷除魔種族　讚曰

罪苦三塗業易成　　都緣殺命祭神明

願執金剛真慧劒　　斬除魔族悟無生

佛行平等心衆生不具足修福似微塵造罪如山嶽欲得命延長當修造此經能除地獄苦往生豪貴家善神恒守護　讚曰

罪如山嶽等恒沙　　福小微塵數未多

猶得善神常守護　　往生豪富信心家

造經讀誦人忽爾謝報齡天王恒引接菩薩捧花迎隨心往淨土八百億千生修行滿證入金剛三昧城　讚曰

若人奉佛造持經　　菩薩臨終自往迎
淨國修行圓滿已　　當來正覺入金城

爾時佛告阿難一切龍神八部及諸大臣閻羅天子大山府君司命司録五道大神地獄官等行道天王當起慈悲法勿有慢可容一切罪人慈孝男女修齋造福薦拔亡人報生養之恩七七修齋造像以報父母令得生天　讚曰

佛告閻羅諸大神　　衆生罪業具難陳
應爲報恩客造福　　教蒙離苦出迷津

閻羅法王白佛言世尊我等諸王皆當發使乘黑馬把黑幡著黑衣檢亡人家造何功德准名放牒抽出罪人不違誓願　讚曰

諸王遣使檢亡人　　男女修何功德因
依名放出三塗獄　　免歷冥間遭苦辛

第一七日過秦廣王　讚曰

一七亡人中陰身　　驅將隊隊數如塵
且向初王齊檢點　　由來未渡奈河津

第二七日過初江王　讚曰

二七亡人渡奈河　　千群萬隊涉江波
引路牛頭肩挾棒　　催行鬼卒手擎叉

第三七日過宋帝王　讚曰

亡人三七轉恓惶　　始覺冥途險路長
各各點名知所在　　群群驅送五官王

第四七日過五官王　讚曰

五官業秤向空懸　　左右雙童業簿全
輕重豈由情所願　　低昂自任昔因緣

第五七日過閻羅王　讚曰

五七閻王息諍聲　　罪人心恨未甘情
策髮仰頭看業鏡　　始知先世事分明

第六七日過變成王　讚曰

亡人六七滯冥途　　切迫坐人執意愚
日日只看功德力　　天堂地獄在須臾

第七七日過大山王　讚曰

七七冥途中陰身　　專求父母會情親
福業此時仍未定　　更看男女造何因

第八百日過平等王　讚曰

亡人百日更恓惶　　身遭枷械被鞭傷
男女努力造功德　　從慈妙善見天堂

第九一年過都市王　讚曰

一年過此轉苦辛　　男女修齋福業因
六道輪回仍未定　　造經造佛出迷津

第十至三年過五道轉輪王　讚曰

後三所歷是開津　　好惡唯憑福業因
不善尚憂千日内　　胎生產死夭亡身

十齋具足免十惡罪放其生天　讚曰

一身六道苦茫茫　　十惡三塗不易當
努力修齋功德具　　恒沙諸罪自銷亡

我常使四藥叉王守護此經不令陷没　讚曰

閻王奉法願弘揚　　普告人天衆道場
我使藥叉齊守護　　不令隱没永流行

稽首世尊獄中罪人多是用三寶財物喧鬧受罪識信之人可自誡慎勿犯三寶業報難容見此經者應當修學　讚曰

欲求安樂住人天　　必莫侵淩三寶錢
一落冥間諸地獄　　喧喧受苦不知年

爾時琰魔法王歡喜踊躍頂禮佛足退坐一面佛言此經名爲閻羅王授記四衆預修生七往生淨土經汝當流傳國界依教奉行　讚曰

閻王退坐一心聽　　佛更殷勤囑此經
名曰預修生七教　　汝兼四衆廣傳行

佛説閻羅王授記四衆預修生七往生淨土經普勸有緣預修功德發心歸佛願息輪回　讚二首　第一首

一身危脆似風燈　　二鼠侵欺嚙井藤
苦海不修橋筏度　　欲憑何物得超升

第二歸佛修心　讚曰

船橋不造此人癡　　遭險恓惶君始知
若悟百年彈指過　　修齋聽法莫教遲

佛説預修十王生七經

權衡現迹。誓度群類。應機大聖。鑑衡慈王。誓盡迷倫。乃證菩提。甚深弘願。天矣盡矣。凡人現棲於幽冥。則真身定降於苦類。極濟沉淪。拔苦與樂。莫爲及也。道人某廣勸緇素。敬成供養儀典。粧横披閱。願蒙冥祐。現增福壽。歷代幽魂超登樂。奉祝

國祚靈長。民遊富城。何幸如斯。

成化五年六月　日誌

2. 經本3，明代刻本《佛説閻羅王經》

中國國家圖書館藏善本16022號，明代刻本，共41開，半開5行14字。容庚、鄭振鐸曾藏。函面約高30厘米。十王讚詞内容增出特殊的長短句讚語部分，爲孤本形態。但基干部分仍同上列諸本，特别是浙江黄岩靈石寺塔本。因此，以此整理的基干部分爲底本，用靈石寺塔本爲甲本作一些校録。其序言的馬弘敬故事，可與清代的寫刻本對照[1]。

佛説閻羅王經　函面　長樂鄭振鐸藏書　印

扉畫　兩頁合　地藏十王　十王抱笏板

佛説閻羅王經　并序

大唐西京馬行仙，只生一男，立名弘敬。年至十九，粗辯東西，惟崇三寶。每日喫食之時，先呼賢聖土地，然始可食。景隆二年五月一日午時，忽爾暴亡，三日之間，心上微暖，家人未敢殯理，追領使人引見所司，主司謂曰：汝非西京安定坊馬弘敬否？遂言是。答主司陰相謂曰：然此人雖年幼，有欽賢慕聖之念，至於飲食之時，皆蒙呼召，諸王幽鑒，可放還魂。王復問曰：不審此人作何功德？弘敬對曰：然，雖愚幼，心常樂善。每遇寅朝，念救苦觀世音菩薩一百遍。諸王歎曰：如此道念，寧不放回？能與我等書寫流傳《閻羅王經》一卷否？弘敬拜而答曰：儻得放回，千卷可矣。諸王處分，追領使人引還魂，冥寞之間，勿令迷路。改名延壽，可至九十。魂魄既還，欻然驚覺。一家喜慶，闔境稱揚。具録奏聞，遍傳京國。依經本抄寫、印造千卷，普勸受持。

佛説預修十王生七經

謹啓諷閻羅王預修生七往生淨土經。誓勸有緣以五會啓經入讚，念阿彌陀佛。

成都府大聖慈寺沙門　藏用(川)[2]述讚

佛説閻羅王授記四衆預[3]修生七往生淨土經。讚曰：

如來臨般涅盤(槃)[4]時，廣召天靈及地祇。

因爲琰魔王授記，乃傳生七預修儀。

如是我聞：一時佛在鳩只(尸)[5]那城阿雖(維)[6]跋提河邊，婆(娑)[7]羅雙樹間，臨般涅盤(槃)[8]時，舉身放光，普照大衆，及諸菩薩摩

[1] 此件以中國國家圖書館藏善本16022號为底本，靈石寺塔本爲甲本（用《浙江黄岩靈石寺塔文物清理報告》報導中刊用之本）。文中異体字較多，不出校。

[2]“用”應爲“川”，據甲本改。

[3]“預”，甲本爲“逆”。

[4]“盤”，應爲“槃”，據甲本改。

[5]“只”應爲“尸”，據甲本改。

[6]“雖”應爲“維”，據甲本改。

[7]“婆”應爲“娑”，據甲本改。

[8]“盤”，應爲“槃”，據甲本改。

訶薩、天龍神王、天王帝釋、四天大王、大梵天王、阿修羅王、諸大國王、閻羅天子、太山府君、司命司録、五道大神、地獄官典，悉來集會，敬禮世尊，合掌而立。讚曰：

时佛舒光满大千，普臻龍鬼會人天。

釋梵諸天冥密衆，咸来稽首世尊前。

佛告諸大衆：閻羅天子於未來世當得作佛，名曰普賢王如來，十號具足，國土嚴淨，百寶莊嚴。國名華嚴，菩薩充滿。讚曰：

世尊此日記閻羅，不久當來證佛陀。

莊嚴寶國常清淨，菩薩修行衆甚多。

爾時阿難白佛言：世尊！閻羅天子以何因緣，處斷冥間，復於此會，便得授於當來果記？佛言：於彼冥途爲諸王者，有二因緣。一是住不思議解脱不動地菩薩，爲欲攝化極苦衆生，示現作彼琰魔等王。二爲多生習善，犯戒故退落琰魔天中，作大魔王，管攝諸鬼，科斷閻浮提内十惡五逆一切罪人，繫閉牢獄，日夜受苦，輪轉其中，隨業報身，定生註死。今此琰魔天子，因緣已熟，是故我記來世寶國，證大菩提，汝等人天，不應疑惑。讚曰：

悲憎普化示威靈，六道輪回不暫停。

教化厭苦思安樂，故現閻羅天子形。

若復有人造此經，受持讀誦，捨命之後，不生三塗，不入一切諸大地獄。

讚曰：

若人信法不思議，書寫經文聽授持。

捨命頓起（超）[1]三惡道，此身長免入阿鼻。

在生之日，煞父害母，破齋破戒，煞豬、牛、羊、雞、狗、毒蛇，一切重罪，應入地獄，十劫五劫。若造此經及諸尊像，記在業鏡，閻王歡喜，判放其人生富貴家，免其罪過。讚曰：

破齋毁戒煞雞豬，業鏡照然報不處（虚）[2]。

若造此經兼畫像，閻王判放罪銷除。

若有善男子、善女人、比丘、比丘尼、優婆塞、優婆夷，預修生七齋者，每月二時，供養三寶，祈設十王，修名納狀，奏上六曹。善業童子，奏上天曹、地府官等，記在名案。身到之日，便得配生快樂之處，不住中陰四十九日。不待男女追救，命過十王。若闕一齋，滯在一王，留連受苦，不得出生，遲滯一年。是故勸汝，作此要事，祈往生報。讚曰：

四衆修齋及有時，三旬兩俱（供）[3]是常儀。

莫使闕緣功德少，始夾（交）[4]中陰滯冥司。

爾時地藏菩薩、龍樹菩薩、救苦觀世音菩薩、常悲菩薩、陀羅尼菩薩、金剛藏菩薩，各各還從本道光中，至如來所，異口同聲，讚歎世尊，哀愍凡夫，説此妙法，拔死救生，頂禮佛足。讚曰：

足膝齊（臍）[5]胸口及眉，六光菩薩運深悲。

---

〔1〕“起”，據甲本改“超”。

〔2〕“處”，應爲“虚”，據甲本改。

〔3〕“俱”，應爲“供”，據甲本改。

〔4〕“夾”，應爲“交”，但甲本此字確實寫如近“夾”。

〔5〕底本與甲本作“齊”，據文意改。或古字通用。

各各同聲咸讚歎，勤勤化物莫生疲。

爾時二十八重一切獄主、閻羅天子、六道冥官，禮拜發願，若有四衆比丘、比丘尼、優婆塞、優婆夷，若造此經，讚誦一偈，我當免其一切苦楚，送出地獄，住生天道，不令稽滯，隔宿受苦。讚曰：

冥官註記及閻王，諸佛弘經禮讚揚。

四衆有能持一偈，我皆送出往天堂。

爾時閻羅天子説偈白佛：

南無阿羅訶，衆生苦業多。輪回無定相，猶如水上波。讚曰：

閻王白佛説伽陀，憫念衆生罪苦多。

六道輪回無定相，生滅還同水上波。

願得智慧風，飄墮法輪河。光明照世界，巡歷悉經過。普救衆生苦，降伏攝諸魔。四王行國界，傳佛[1]修多羅。讚曰：

願佛興揚智慧風，飄歸法海洗塵朦。

護世四王同發願，常傳經典廣流通。

凡夫修善少，顛倒信邪多。持經免地獄，書寫免災痾。超度三界難，永不見藥叉。生處登高位，富貴壽延長。讚曰：

惡業凡夫善力微，信邪倒見入阿鼻。

欲求富樂家長命，書寫經文聽受持。

志心誦此經，天王恒記録。欲得無罪各（咎）[2]，莫信邪師卜[3]。莫煞祀神靈，爲此入地獄。念佛把真經，應當自誠勗。手執金剛刀，斷除魔種族。讚曰：

罪苦三塗業易成，都緣煞命祭神明。

願執金剛真惠劍，斬除魔族悟無生。

佛[4]行平等心，衆生不具足。修福似微塵，造罪如山嶽。欲得命延長，當修造此經。能除地獄苦，往生豪富家，善神恒守護。讚曰：

罪如山嶽等恒沙，福少微塵數未多。

猶得善神常守護，往生豪富信心家。

造經讀誦人，忽爾無常至。天王恒引接，菩薩捧花迎。隨心往淨土，八百億千生。修行滿證入，金剛三昧成。讚曰：

若人奉佛造持經，菩薩臨終自往迎。

淨國修行圓滿已，當來正覺入金城。

爾時佛告阿難：一切龍神八部及諸大臣、閻羅天子、太山府君、司命司録、五道大神、地獄官等行道天王，當起慈悲，法有慢縱[5]，可容一切罪人。慈孝男女，修齋造福，薦拔亡人，報生養之恩，七七修齋造像，以報父母。令得生天。讚曰：

佛告閻羅諸大神，衆生罪業具難陳。

應爲開恩容造福，教蒙離苦出迷津。

閻羅法王白佛言：世尊！我等諸王皆當發使，乘黑馬、把黑幡、着黑衣，檢亡人家造何功德，准名放牒，抽出罪人，不違誓願。

（畫圖使者）讚曰：

諸王遣使檢亡人，男女修何功德因。

依名放出三塗獄，免歷冥間遭苦辛。

伏願世尊聽説檢齋十王名。

讚曰：

[1]“佛”，甲本第一卷脱漏。

[2]“各”，據甲本改“咎”。

[3]“莫信邪師卜”，甲本無。

[4]“佛”，甲本爲“行”，誤。

[5]敦煌本爲“法有寬縱”。

閻王向佛再陳情，伏願慈悲作證明。
凡夫死後修功德，檢齋聽説十王名。

第一七日過秦廣王（榜題）

讚曰：

一七亡人中陰身，驅將隊隊數如塵。
且向初王齋點檢，由來未渡奈河津。

鬼門關前驗幡疏，無者住在煻灰波中。一七亡人無幡疏，滯閻浮提一年中。

色身難，三相遷，滅衰患，四大拆時迷荒亂。性移分，終陰换，陽道陰司改换。昧爽門前點唤，隊隊驅行隨鬼伴。觀貧富，難相戀。初七到秦廣王，傳宣告報，從頭點唤。上名簿，一七驗幡疏。鬼門關前，呈號過去，無者住在鐵圍山。西住驅，驅罪人，遥遠觀望，灰河由未渡。

讚曰：

大樹婆娑臨奈河，奈河樹下[1]罪人多。
幽山落土妝紅粉，楚女相將踏翠娥。
輒莫渾身纏錦繡，敬鐃上下著輕羅。
總須脱向高枝上，不免空身過奈河。
奈河枝下水西急，碎石巉岩行路澀。
脱衣掛向樹枝上，被趁不留時餉立。
河伴聞他點文部，不覺淚下沾衣濕。
今日方知身死來，雙雙倚樹長啼泣。
生時我今足奇珍，金車駟馬駕未輪。
爲言萬古無遷改，誰知早箇化微塵。
耳内唯聞唱道急，萬隊千群驅向前。
牛頭把劍河南岸，獄卒持杈水北邊。
河裏之人眼盼盼，岸頭立者淚班班。
早知到此恓惶地，悔不平生造福田。
造罪之人入地獄，修福之者上天堂。

〔1〕此“下”字點脱落似“丁”。

第二七日過初江王（榜題）

讚曰：

二七亡人度奈河，千群萬隊涉江波。
引路牛頭肩擔[2]棒，催行鬼使手擎义（叉）[3]。

[河][4]中罪人聲寃苦，滚湯銅狗共鐵蛇。牛頭告言你歡喜，受還寃報煎者他。

二七到初江王，傳宣告報。明驗追薦功德疏，認幡號，登橋路。地獄裏，不同别處。除是經文懺疏，餘外無者，在河中渡。貪家緣，難免苦。罪人河中渡，滚滚湯火煎煮。銅狗鐵蛇還寃報，夜叉高聲語。總是在生寃報，殺害衆生無數。放火燒山、多嫉妒、不信道，有地獄。

[第三]七日過宋帝王（榜題）

讚曰：

亡人三七轉恓惶，始覺冥途險路長。
[各各][5]點名知所在，群群隊[6]送五官王。

多造惡業無邊罪，貪家緣圖衣犯憎養。背佛違經犯無邊罪，驅罪人，入鑊湯。

三七到宋帝王，傳宣苦考。驅近前來問經教，一一地，從頭道。簿上多行不孝，妄語誹謗佛教。拔舌地獄利刀挍，銅蛇更有鐵狗來咬。轉恓惶，冥司險，路途長。牛頭群群擎鐵棒，驅罪人，多無量。宋帝王前呈狀，五官王收得問當。牛頭告言：這罪人□無量，謗方等經求利養。

〔2〕“擔”，甲本爲“仗”。
〔3〕“义”當爲“叉”，據甲本改。
〔4〕“河”字殘，據文意補。
〔5〕“各各”殘，據甲本補。
〔6〕甲本爲“驅”。

［第四］七日過五官王（榜題）

讚曰：

五官業秤向空懸，左右雙童業部（簿）［1］全。

［輕重］［2］豈由情所願，低昂自任昔因緣。

□□魔徒如劫賊，仗佛法，劫掠人錢。因此亡人入地獄，遠深沉，受苦冤。

四七至五官王，問罪人經義。經中章句全不記，謗毀人，胡説誓。業秤高懸，挂起秤量，罪人先世。背佛違經，犯五逆十惡罪，秤上也秤不起。罪人經義全不解，離經邪説許會。請度亡人卻誦戒，把衆生，多謾昧。欺謾人，惹取些冤債。亡人中陰神轉害，地藏十王都□議。這亡人，怎倷他龍華會。

［第五］七日過閻羅王（榜題）

讚曰：

［五］［3］七閻王息諍聲，罪人心恨未甘情。

［策］［4］髮仰頭看業鏡，始知先世事分明。

□是親傳佛弟子，全不識方等真經。與人家長禮，慈悲懺，救亡人，内宫生。

五七赴閻王，轉生嗔怒。收得五官王，解送部。喝罪人，你自覷，業鏡分明現睹。照見罪人去處，謗佛違經，背了八正路。夜叉驅入阿鼻獄，羅王敕校勘。弟四懺，是諸佛斷案。鬲子地獄有八萬，一夜捭［5］身一遍，千海鎔銅澆灌。吋耐不見言，見誹謗方［等］［6］經，嫌衆善。八萬四千劫，由未免。

［第六］［7］七日過變成王（榜題）

讚曰：

［亡］［8］人六七滯冥途，切怕生人執意愚。

［日日］［9］只看功德力，天堂地獄在須臾。

□□驀然光明照，方等經，黄幡祝疏。獄王叫，言諸佛，赦放罪人離三塗。

地藏王菩薩，作個證明主。六七變成王，黄幡祝疏，宣請十王都會聚。祝疏中，有方等經。語釋迦佛賢記視現，佛法興，顯修善。方等經再現真十善，放罪人生天宫院。大黑暗，火燒罪人無限，光明照見，黄幡現。獄主高聲唤，慈門親交得後善。邑衆行，方等經追薦。［閻羅］［10］法王赦圓滿，滿地獄裏，化作天宫院。

［第七七］［11］日過太山王（榜題）

讚曰：

［七七］［12］冥途中陰身，專求父母會情親。

［福業］［13］此時仍未定，更看男女造何因。

□□未離千日内，家親林畔止根形。後□兒女隨慈門，善救亡靈内宫生。

［1］“部”應爲“簿”，據甲本改。
［2］“輕重”殘，據甲本補。
［3］“五”殘，據甲本補。
［4］“策”殘，據甲本補。
［5］或爲“捜”。
［6］“等”殘，據文意補。
［7］“第六”殘，據甲本補。
［8］“亡”殘，據甲本補。
［9］“日日”殘，據甲本補。
［10］“閻羅”殘，據文意補。
［11］“第七七”殘，據甲本補。
［12］“七七”殘，據甲本補。
［13］“福業”殘，據甲本補。

七七滿，太山王前，焚香讚歎，家親林畔相呼唤，遠近都有限。天符牒來時，轉遍慈門，親交得後善。方等經再行真實善，救亡靈生天宫院。黄幡現，光明照，家親林畔。遠沉亡人兒孫善，請慈門家重追薦。菩薩證明十念，排七［七］〔1〕日，十王檢功德總遍。諸佛放悲光，□□大黑暗，救亡靈離三塗難。

［第八］〔2〕百日過平等王（榜題）

讚曰：

［百日］亡人〔3〕更恓惶，身遭枷鎖〔4〕被鞭傷。

男女努力修功德，免落三塗苦楚長。

亡靈既離六道去，超八難，總得生天。佛光接引西方去，彌陀會上禮當陽。

罪人身遭難，無追薦，鑊湯裹烹爛。平等王前勘成案，善者生天官院。地獄三塗苦難，造罪之人無限悔，懊陽間，不修善，怎免輪回難。這罪人，才省悟，怎生得見，兒女追薦經文功德。□□免了輪回苦，鑊湯化爲清釜，摧折刀山□□□，逍遥無恐怖，證果得菩提路。

［第九一年］〔5〕過都市王（榜題）

讚曰：

［一年］〔6〕過此轉苦辛，男女修齋福業因。

［六道輪］〔7〕回仍未定，造經造佛出迷津。

□□□夢分明説，天符牒，交付與慈門。□□經疏陰司現，滿地獄生天宫院。

周年足，都市王前詞訴，悔懊當時不省悟。癡心地，貪酒肉，墮在刀山劍樹。鑊湯煎數度，遠沉地獄多寃苦，何時得出路。

判官語：你兒女追薦，癡憨不。亡靈三塗是大毒，監齋童子緒後□。□酒色，邪非十惡數，送亡靈□□□。

［第十至三年過］〔8〕六〔9〕道轉輪王（榜題）

讚曰：

［後三所］〔10〕歷是關津，好惡惟憑福業因。

［不善尚憂］〔11〕千日内，胎生産死夭〔12〕亡身。

□□□，妖魂除，慈門救黑暗。看方等經，喻日□□大苦除。慈門救，滿地獄，總化天庭。

三年滿千日，十王時限，轉輪王親受。得化形，案追薦，功德皆總遍。今日點名不見，委是慈門追薦。幡疏威儀，了讚十念，佛光引上天宫院。

會名唤，從頭點，名不見。都是家中追薦，免了三塗難。見在亡人聽唤，各隨□，□□放散罕，遇遇家中，慈門祭孤，□□□生天宫院。

［十齋具］〔13〕足，免十惡罪，放其生天。讚曰：

［一身］〔14〕六道苦茫茫，十惡三塗不易當。

〔1〕“七”殘，據甲本補。
〔2〕“第八”殘，據甲本補。
〔3〕“百日”殘，據甲本補。“百日亡人”，甲本爲“亡人百日”。
〔4〕“鎖”甲本爲“械”。
〔5〕“第九一年”殘，據甲本補。
〔6〕“一年”殘，據甲本補。
〔7〕“六道輪”殘，據甲本補。
〔8〕“第十三年過”殘，據甲本補。
〔9〕“六”，其餘各种写刻經都为“五”，唯此刻本为“六”。
〔10〕“后三所”殘，據甲本補。
〔11〕“不善尚懮”殘，據甲本補。
〔12〕“夭”，甲本爲“拔”的簡寫。
〔13〕“十齋具”殘，據甲本補。
〔14〕“一身”殘，據甲本補。

努力修齋功德具，恒沙諸罪自銷亡。

我佛[1]常使四藥叉王守護此經，不令陷没。讚曰：

閻王奉法願弘揚，普告人天衆道場。

我使藥叉齊守護，不令陷没永流行。

稽首世尊，獄中罪人，多是用三寶財[物，喧][2]鬧受罪。識信之人，可自誡慎，勿[犯三寶][3]，業報難容。若見此經者，應當[修學][4]。讚曰：

[欲求][5]安樂住人天，必莫侵淩三寶錢。

一落冥間諸地獄，喧喧受苦不知年。

爾時琰魔法王，歡喜踴躍，頂禮佛足，退坐一面。佛言：此經名爲《閻羅王授記四衆預修生七往生淨土經》，汝當奉持，流傳國界，依教奉行。讚曰：

閻王退坐一心聽，佛更殷勤囑此經。

[名曰預][6]修生七教，汝兼四衆廣流行。

[佛説閻][7]羅王授記四衆預修生七往[生淨土][8]經。普勸有緣，預修功德，發心[歸佛，願][9]息輪回。讚曰：

一身危脆似風燈，二鼠侵欺嚙井藤。

苦海不修船筏渡，欲憑何物得超升。

第二歸佛修心。讚曰：

船橋不造此人癡，遭險恓惶君始知。

若信百年彈指過，修齋聽法莫教遲。

佛説十王預修生七經

釋音　粗　米胡切　郯　并物切　琰　弋冉切　跋　步末切　勗　許五切　巉　士衫切　盼　并槃?[10]切　棨　楚革切　脆　音城切　嚙　五枚切

信官　劉普成　施

長樂鄭氏藏書之印

[1]“佛”，甲本爲“常”。
[2]“物，喧”殘，據甲本補。
[3]“犯三寶”殘，據甲本補。
[4]“修學”殘，據甲本補。
[5]“欲求”殘，據甲本補。
[6]“名曰預”殘，據甲本補。
[7]“佛説閻”殘，據甲本補。
[8]“生淨土”殘，據甲本補。
[9]“歸佛，願”殘，據甲本補。
[10]此字辨識尚有疑。

肆 其他語言文字增變本

第四類 其他語言文字增變本

一型，回鶻文本

1. 經本 1，敦煌原出（略）

2. 經本 2，回鶻原出圖讚本

經過葛瑪麗、茨默教授、拉施曼博士及百濟康義等教授的積年努力，回鶻文《十王經》圖讚本多數得到確認（德藏第二、三、四、五、六、八、九〔标題〕、十王，俄藏第五、九、十王〔1〕）。雖仍不全，在此以基本回譯方式簡單羅列如下：

第二日過初江王，讚曰：（以下德藏）

二七亡人渡奈河，千群萬隊涉江波。引路牛頭肩夾棒，催行鬼卒手擎叉。

第三七日過宋帝王，讚曰：

［亡人三七轉恓惶，始覺冥途險路長。］各各點名知所在，群群驅送五官王。

第四七日過五官王，讚曰：

五官業秤向空懸，左右雙童業簿全。轉重豈由情所愿，低昂自任昔因緣。

第五七日過閻羅王，讚曰：

五七閻羅息諍聲，罪人心恨未甘情。策髮仰頭看業鏡，始知先世事分明。

第六七日過變成王，讚曰：

六七亡人滯冥途，切怕生人執意愚。日日隻看功德力，天堂地獄在須臾。

……

第八［百］日過平正王，讚曰：

百日之人更恓惶，身遭枷杻被鞭傷。男女努力修功德，免落地獄苦處長。

第九［一］年過都市王，讚曰：

一年過此轉辛辛苦苦，男女修何功德因。六道輪回仍未定，造經造像迷津。

第十三年過五道轉輪王，讚曰：

〔1〕茨默 1996 年比定德藏第二、三、四、五、八、九、十王。《授記》型本的第八、九王。拉施曼 2000 年比定俄藏第五、六、九、十王。本书正文還列出僅有漢字殘偈的第 6 變成王圖片 MIK III 4607 號。仍缺第一、七王。實存文字中實有很多殘缺部分，此處略去原列細節。又，馬小鶴與汪娟《回鶻文與漢文〈十王經〉圖卷》文列出了第七王的漢文殘片，此爲最新成果，筆者得汪娟女史贈稿時，書稿已排出。就此致謝。見《敦煌學》38 期，臺北樂學書局，2022 年，112—146 頁。

後三所歷是關津，好惡唯憑福業因。不善尚慢千日内，胎生産死拔亡人。

后部有德藏与日藏殘文与圖像，此略。

回鶻文《十王經》明顯特點是其中插有“漢文偈讚”，且具有非常精美的畫面。其王者名有意譯與音譯並用，圖讚次序雖或與漢文本不同却有對應。雖然現知有很多殘片，並已得德國學者葛瑪麗、茨默、拉施曼數種文著綴考，因而基本上可以推定爲屬圖讚本《十王經》，由於西夏與西藏經本研究的進展，引起對其材料狀況的新思考。據茨默教授1996年《回鶻文〈十王經〉版本》[1]一文，析出了MIK III 7451號、U3892與U3715號，即柏林東亞藝術館與過勃蘭登堡學術院藏品。前者所存文字確可對應於敦煌本《閻羅王授記經》，但增出了圖繪。後者爲無圖的經文前段部分，其中幾個關鍵詞，一即“諸牛羊雞狗毒蛇”，非“豬牛雞狗毒蛇”，反映出一些文偈本痕迹。而“冥案”非“業鏡”則近圖本，第36行所存“戒律”與“齋戒”更益證其近於圖本。所以此件仍應屬圖讚本，但有融混特徵。

另茨默教授曾據兩種題跋中《閻羅王經》標題將其内容爲推論《閻羅王五天使者經》[2]。但是並無經文内容出現。因《十王經》實有此名，所以此兩名更可能指此係經即《十王經》。

筆者刊佈兩件相關圖片之中雖有點文字殘存，雖經孫炳晗釋讀，因僅是題記非經文，仍無法直接證明。如日本所藏字已殘甚，而勒柯克公佈者，現僅知是兩個佛教信徒“Darmasiri與Taipodu（大寶奴）來此峽谷山寺，爲修行十日成佛而禮拜。此山寺很可能就是柏孜克里克石窟。

二型，西夏文增變本

1. **經本1，俄藏西夏本《十王經》**

據蔡莉對俄藏Инв. No.0819號與Инв. No.4976號文譯釋録文轉録[3]。

閻王成佛受記經

禮敬佛法僧

佛言明滿出有壞法王閻王成佛受記……之七（十）齋會往生净土預先……及五天使指示經。

（Инв. No.0819號有[4]草書唐西京馬氏入冥故事序言，此略，詳下）

……君國恩報……宫内住者，大吴章盤［涅槃］[5]前，以此偈語尋示：

番本譯者座主衣緋迷寧　慧海　作

……如來將入涅槃時，天與夜叉衆之新言。

……王受記，是求七（十）齋會等法儀。

如是我聞，一時出有壞在上茅城邑生喜河邊上娑囉雙樹間入圓寂時，有壞自佛身上開光，照滿十方世界。見其光時，或諸菩薩摩訶薩，與諸大弟子，净梵百施，四大天王，八大龍王，諸阿修羅王，及此世間大國王，及地下閻王等，泰山府君閻王等，閻王與行詔心誠者等與司命司録等，悉皆聚於娑囉雙樹間，於出有壞足上五體投

[1] Peter Ziem, *Old Turkish Versions of the "Scripture on the Ten Kings"*, edited by G. Stary, *Proceedings of the 38th Permanent International Altaistic Conference (PIAC)*, Kawasaki, Japan, August 7—12, 1995, Wiesbaden: Harrassowitz Verlag, 1996.

[2] Peter Zieme, *"Colophons to the Säkiz yükmäk yaruq." Altorientalische Forschungen* 10, (1), 1983, pp.143—149, Facsimile: P.146. *Buddhistische Stabreimdichtungen der Uiguren.* Berlin: Akademie Verlag, 1985, pp.187—188.

[3] 蔡莉《西夏文佛教僞經考》，寧夏大學碩士學位論文，2019年，8—48頁。《十王經》釋譯本分爲原文、對譯、譯文及校注，劃分爲多段。本録只將譯文合成而收入，爲符合體例轉爲繁體。

[4] 内容近同於上明清刻本，但文字更簡潔，説明其所據爲較明刻本更早的經本。録文見下。

[5] 筆者猜測此詞應爲“大般涅槃”，原校注爲“不知何意”。

地禮敬時，一向而列，頌言：

明滿以光大千皆至滿，龍夜叉伽與人非人衆。

净梵百施向下主者等，來以有壞足上禮敬也。

復次無礙多智法王出有壞，觀彼如人天等衆多聚集者，無未來保護救濟者。爲使五濁諸惡衆生於惡業中解脱，令閻王等主意者作記詞中捆縛之行，同告之治用指示及作七（十）齋會之法儀，也爲盡知閻王之業報，故告周圍者，此如言曰：諸僧衆，汝等諦聽。此法王閻王之隨心居處信，苗芽於種籽上生長，故後未來世果證菩提，至明滿成就，名曰賢勝王。

十力衆俱無垢美，大百美寶世界成。

如以蓮花作宫城，彼處覺證衆多繞。

言説復讚言：

出有壞之受記與高閻羅王，後終大寶莊嚴世界成明滿。

續續無垢無罪功德衆具足，入菩提勇識道中不思想。

爾時比丘阿難聞此言，復大驚，即於坐上起，往壞有出面前，五體俱投敬禮，右膝著地，合掌恭敬，此如言曰：大德出有壞，依何因緣，此閻羅王最爲卑下，是謂地下黑暗各處者，今此云何衆多中許與受記？此之因緣爲説，我曰求示。

出有壞言：阿難聽聞，地下黑暗各處閻王成主者有二種，云何也？一者，第八地菩薩欲使衆生得解脱，無量神力庇護衆生，使衆生免於苦罰，故變身閻王，入此居處。兩者，衆生多世中修善，因故違明滿詔，觸犯禁戒，則彼衆生依功德業障，生閻王中，管攝諸鬼。其遣五天使問此贍部河州内衆生所爲十善及十不善者。所爲不善業於業鏡中顯現。次若人因業闌入牢獄，令自入及獄吏監督，並日夜苦罰受令者，閻王等囑咐此人所爲也。故因衆生所爲業之異熟業報，因正直顯現，因屈違者蓋不顯現也。彼復衆生之何如業，報亦依法與其依順。依閻王所説指示法，定能以生受業亡夭也。是爲因犯戒之業成閻王者，知當。

此閻王者在地下五百由旬處有白色地宫，如有大寶在内。天亮之前，贍部河洲内人等，其雖何如福德廣大者亦皆在其内，時閻王則自行觀察也。彼中或少許行爲粗糙，依巧便禁戒犯壞者沙門等肩上有聖迦舍故，見地火不燒時，閻羅王因沙門之功德起淨信，以殊勝出離，發起祈願事。

第兩者，彼閻王之大寶城每日燒三遍，自則見不燒時，謂云何火焰不滯於我？起驚愕心，爾時念悟前世時，我昔世爲一沙門，置明滿之詔迦舍於肩上，因福善力火焰不著於我也。曰領悟爾時略於詔迦舍起心信，起敬奉心。第三者，閻羅王每日天亮前，遍身生瘡疤，其内蛆蟲急速復愈，苦惱與離。彼如成閻王者，前世乃是沙門。時犯戒因異熟業報，彼中起厭惡心，復亦出離殊勝，發起祈願事也。此如每日三時時，依因緣種子祭力，以作善根故異熟業報能盡絶。彼復閻王未來時，大寶莊嚴世界内成就明滿，因故我與受記，阿難汝等人天衆者，應不疑惑。

且曰復讚曰：

悲心力因皆之擁爲福德衆，疲勞無以六趣道内永生輪。

因令苦罰盡絶依法安覺受，彼因是故閻王色相顯現也。

曰或衆生或自書寫此經，或令他人書寫。或自誦讀，或令他人誦讀。依此中法作十閻王之十齋會，則彼人死去之後，不生地獄，定能至三界主前也。

讚曰：

此經中起信功德應無量，書寫亦能獲廣大福德。

死亡後離三惡途之苦，此身不生彼等地獄苦中。

曰或有人在生時或殺害父母，或復不孝順父母，或行非法錯誤之行，或因時破壞禁戒，或犯口戒，及殺害牛羊、禽雀與毒蛇等或與之相類，或殺害他人，多行不善者。若彼人死亡，即必定生地獄内，或十劫五劫，因地獄壽限，應受苦惱。彼如人等，依此經中所言法，或令書寫，或畫閻王成佛受記像，或地藏之像，或十閻王聞法起信像等，故此爲作善根等，廣大業鏡内顯現無餘，故閻王歡喜，彼人地獄内所生身區分於地獄衆生，自所作業之異熟報平，於地獄苦惱中解脱，爲此世界内尊者，能生於大屋也。

讚曰：

犯壞禁戒燒法毁壞與害命，業之異熟大廣鏡内永顯現。

若有人書寫此經與畫像，閻王許以平時業等皆清靜。

曰因故或善男子、善女人、比丘、比丘尼、優婆塞、優婆夷等四衆等若有生時，起念作七七齋會，則一月之内二日需作齋，白月十五與黑月三十日。當於此二時作畢十齋會。若因亡人起念作七齋會，則於亡日起，七七齋會、過百日齋會、過年齋會、三年齋會等此十齋會需具足。有生時爲自利益，或爲壽盡父母、兄妹、主人、妻婦等人作此十齋會，亦七齋會逐一至何閻王之日時，許彼閻王之名，當作回向。若因自利而作，則自名字許之。若因亡人爲作，則亡人名字許之。亡人魂識逐一七齋日至其閻王處。

至閻王處時，彼亡人所作善惡區分無餘。若作七齋會時供養三寶，則福德無量。若作七齋會時，供養三寶，則以十地主之名與魂識離者之名許作福善，則依彼法作，福善不滯。天地薩鈕答右獄吏寫録。見囉石蒼吴哈天閻王與善惡童子等，閻王僕從記其人之名於簿。待魂識依次往閻王處時，驗名於簿，分别許以解脱。其人獲釋，魂識立即解脱，生於安樂居處也，待於中有身四十九日。因自己利益，男女，或夫，或妻眷，或兄弟等發願作福善時，起依靠心不住也。或若人死之後，妻眷、女男、兄弟、姑姑、舅甥、親朋、嫡親等爲其起念作七齋會，至某閻王之日時，違逾不作齋會，則彼人之魂識於彼閻王處流連受苦，不能超度解脱也。是故善男子，汝等需令此十齋會具足。

若當作七齋時，無人而不得爲，有人亦不閒暇，不得作大七齋，則待七齋日時，請佛像與一比丘至家，於像身面前燒香供養，齋時二份食具内列紙衣與彼吃食具於齋日時置放處燒香，以亡人之名許一向而置。如此有如先福德，因亡人魂識自利益，見爲福善時極歡喜。於明滿之像身與比丘經誦讀聲，生起殊勝喜信，是故能解脱於地獄苦惱與饑渴中也。若人能作生七齋，則作名成。此法依行，則爲者七成福得也。或男女六親眷屬等作福善七成中亡人得一成，爲者得六成福也。云何也，孰所種穀，亦其收苗，不種者應不得，福豈有屬地者自所爲中，爾復無有也，此理亦同，知當。

讚曰：

四部圍繞因時作齋會，月月三七有之不斷除。

因緣乃等斷除當不爲，不作福善因故諸魂滯。

爾時地藏菩薩此如言曰：若善男子善女人，至此十閻王處時，因自利益，或因亡人齋會具足，則彼人得諸天敬奉。云何一凡夫得此殊勝諸天敬奉？則此世間人等能作善根，故殊勝諸天夜叉與行業主悟者閻王等八部亦歡喜，親近彼人，起恭奉心，當謂作廣大福善者，何況彼因，是故應敬奉。

爾時地藏菩薩，救苦觀世音菩薩，常慈悲菩薩，陀羅尼菩薩，金剛藏菩薩，慈氏菩薩，各各下去，遍散道時，同聲稱讚，此如言曰：出有壞奇哉，奇哉，五濁惡世無庇護者，是爲庇護苦惱衆生者，奇哉，依所説法，歡喜踴躍，我等五體投地，頂禮佛足。

讚曰：

身上足與腹臍復騎眉間等，入光明六道内慈悲於衆生。

各各同聲相類恭敬咸稱讚，諸有情之無疑惑以治因勤。

爾時十八地獄主、閻王、六道冥官等，明滿出有壞處禮拜發願，此如言曰：壞有出，若有比丘，比丘尼，優婆塞，優婆夷等四衆，若自誦讀此經或令他人誦讀，若自書寫或令他人書寫，或誦持一偈，則我等諸閻王，令其魂識脱於業報，救於地業中，指示天宫之道，不令繫滯，受諸苦罰，且曰尋詔。

頌言：

黑暗宫所居處閻王數乃等，明滿法之淨信高讚恭敬禮。

四衆圍繞數中一偈略持故，我等數亦彼之遠以天宫示。

次行業王閻王因八寒地獄與八熱地獄内衆生受苦罰者，白壞有出言：

流傳海中時上逼迫衆生令空渡，無有垢污壞有故真性之恭敬禮。

諸有情之性爲真實醒悟不能故，譬如流水依波濤濤飄流與同類。

真智風起獲得希欲願事我今衆，四法輪之海中飄以當能無礙入。

因令世中顯照光具足衆者是時，向隅最中疾速行以盡皆令解脱。

罪過苦惱最中有情不留上救拔，魔與魔鬼衆數中勝降伏擇攝集。

四大天王行爲國與家如皆繞時，汝之口内乃説此法廣大乃興增。

功德祈尋各自生者有情數實少，外者忘道以邪顛法欺違信者多。

此經受持者數地獄内者得解脱，寫與寫令者數咸鹽河中苦無以。

超度解脱得時三世界中諸親戚，永常不見羅刹鬼母數之身有見。

處地鳥以真實了畢地至時，富者是與敬應常樂壽限長得能。

此經之靜信心以受持受持故，天王行爲壽常寬放彼之恩報念。

諸人何當罪與過無有因求欲數，邪法禮伏星占看數化虚言數中。

情有殺以食施燒施爲作者，此情有數將定地獄執引是。

此經受持諸明滿之名誦以，自之指示此詔禮依行者。

金剛王銼劍手以受持與一禮，將定切斷絶當魔與魔鬼數。

諸明滿者正等令心衆者是，情有數者彼德功等衆不能。

善爲做因微塵等與實同類，罪過爲因數者山之險峰同。

壽限無量等者何所得求數，若彼情有澄淨心以此經寫。

此經以地獄苦罰皆除令，引持引以實真最終宫所投。

伏當諸礙施數彼之永守護，彼人不時亡夭與者不遭遇。

何所此經寫之寫令者等之，急速不覺以者諸業生起故。

天王者數行爲手持導引以，菩提勇識等數迎受花散撒。

意隨諸明滿之世界内往能，薩耶八百千世生身續不斷。

時長等持觀念一了畢令時，手導引以金城邑内入能也。

以亡者名爲作福善求尋詔，諸名以及十種齋會閻王名。

此讚説畢，行業主閻王復白出有壞言：出有壞，我等閻王遣地使騎黑馬持黑槍至亡者之宅，檢作何善惡，准名放碟，不違誓願。

讚曰：

地主等遣地使等者之亡者宅處，亡者妻妾子孫何爲善根看量因。

彼之觀以三惡途中令見地業放，冥冥道内苦罰中者魂識得解脱。

復閻王此如言曰：引化三界出有壞，我今不違誓願，欲説十閻王之名，求許言説。

復讚曰：

壞有出處法王閻王復尋示，以慈悲心閻王是者願隨名。

以亡者名爲作福善求尋詔，諸名以及十種齋會閻王名。

依次説十種閻王之名，與魂識云何至往彼閻王處，云何苦罰受順等。

第一七日，魂識往至閻王名謂秦廣王處。

讚曰：

第一七日亡者人等魂識身獲得，極微塵數諸人裝欄覆蓋以迫持。

預先秦廣王處至算審善何爲，爾時今魂識以奈河津中渡不能。

第二七日，魂識往至閻王名謂初江王處。

讚曰：

第二七日時上亡者奈河津中渡，裝欄千萬億極熱沸水釜中持。

魔鬼牛頭掛者負害杖以前面執，馬首掛者持囉舍三叉槍之後逼。

第三七日，魂識往至閻王名謂宋帝王處。

讚曰：

第三七日時上魂識徐徐因疲勞，冥冥道上我將入謂爾時復覺時。

自屬數之以名唤豈在能知曉，裝欄覆蓋逼迫閻王囉巴旺之受。

第四七日時，魂識往至閻王名謂五官王處。

讚曰：

閻王囉巴旺處評稱上置令以懸，左與右向二人爲作宣重與輕曰。

重與復亦輕所是者非魂識主意，重與復輕是則依諸魂癲狂昔業。[1]

第五七日，(魂識)過法王閻王處。爾時衆魔鬼驅魂識者告閻王：天當思憶，此人在人間久行不法，不孝順父母，不知敬供諸比丘，不入正道，不從福善，貪圖享受，不懼後世業報苦罰。今奉天詔言，理應問之。閻王聞此言，唤彼魂識喝道：人子，汝在本家時，所爲善惡何如，汝須直説。

次彼魂識見閻王中坐，恐怖堪畏，衆魔鬼與閻王等手内持刑具兵器，極其驚恐，目光閃爍，不得言辭，喉堵聲顫曰：我何時未作福善，我未做何罪業。作千萬癲狂虚言。(閻王)聞言，三毒力與生老病死等苦惱意於念力内開，時發極大聲，如回聲圍繞，詔示衆魔鬼：執此罪人於大鏡

[1] 定州本此有“次五第七日上魂識法王閻王處至往也”。蔡莉論文中結合張九玲論文對俄藏本與定州本的區别處均出注。本书節略，只留此一處用以説明情況。張九玲《定州佛像腹中所出西夏文〈十王經〉殘片考》，《西夏學》2019年第2期。

處，使見自業。

衆魔鬼聞詔，即持彼罪人魂識於大鏡處看。前世人間所爲業一切無餘於地官具分别顯現。彼魂識見之，口舌乾燥，昏倒伏地，虚空中估量，悲歎搥胸，四方觀看，祈求尋示。俄頃衆魔鬼强拽與拉復持閻王處。閻王喝問：人子，汝所爲業何如也。彼魂識極爲恐懼，地官狹小，千萬遍厭悔求告，時自爲何業具與直説：未作福善者遍生，爲作福善者未知未覺，求請慈悲公平。

見彼魂識如此，閻王復喝問：人子，云何汝本家住時，諸人處遣來五天使者未見之？何因爾時不修福善？次彼魂識思憶五天使，不能思憶時，答言：天，我未見天使。復閻王曰：人子，汝本家乃住，心與本知具足時上生法見否？以此法所生兒童者，與膿血混和而生時，蓋子洗浴，不知好惡，不淨垢污者未見之？魂識答言：彼者我見。閻王再問：如此則爾時汝因何不思"此如生法非與我絶，我亦有，今我未至其法，如此向不能區分善惡，此刻厭棄昔日，修作身口意三福善"？彼魂識言曰：天，我今見此，是因放逸。閻王言：如此則放逸之人受報。汝如此放逸行者，非父、國王、大臣、天，或比丘等令汝所爲。自所爲業，則無人可遷與代之，自所爲業當自受也。

（閻王）復因第二天使指示喊曰：人子，汝第二天使來者見否？魂識答言：我未見。閻王復問：汝凡未見老法者，若或有人以此老法頭髮變白，身衰根盡，牙齒掉落，身彎氣短，心□是時，持杖伏，□顫□如而壓，如舍迦羅巴，不堪需用者未見之？魂識答言：天，我見其者。閻王言：如此則爾時云何不念"如此老法，自亦有，自身非除外也，自此法未至往因，如先前未盡力修造身言意之福善"。魂識答言：天，其亦我已知曉，是因放逸。閻王言：如此則放逸業報需汝放逸者受，非父母、王臣、天與比丘等誰令汝爲之。自所爲業，則無人可遷與代之，自所爲業當自受也。

（閻王）復因第三天使指示喊曰：人子，第三天使來者見否？魂識答言：天，我未見。閻王言：汝今病法蓋未見之，或因此法諸人病滯，形象醜惡，面色變化，骨果下顯，節體皆病，忍受病痛，乾渴逼迫，俯仰翻滚，坐卧不安受苦者未見之？魂識答言：天，我見之。閻王言：如此則爾時汝何不思"此如病法我亦有，我身非除外也，我此法未至像與如先前威力未盡，急速修作福善"？魂識答言：天，我已知曉，是因放逸。閻王言：如此則汝放逸行者，其亦非誰令爲。自所爲故無别處可推，業報當自受也。

閻王復因第四天使指示喊曰：人子，汝今第四天使來者見否？魂識言：天，我未見。閻王言：汝死法蓋未見之，或（有人）以此法死亡投擲於墳墓中時，犬狐等拉揀，鴉與鴉鷲等聚集，以火焚燒，復土中投擲等未見之？魂識答言：天，我見彼者。閻王言：如此則爾時汝何不思"此如亡法我亦有，我未脱於此法中，是故我未至此法如先前，即爲作三種善事，魂識因得解脱，定往道内"？魂識答言：我已知曉，因放逸心故未起此心也。閻王言：如此則人子，汝當受放逸業報。汝行放逸，非父母、師傅師母、男女、妻眷、兄弟、子孫等强令爲之。自所爲故當自受也。

閻王復因第五天使指示喝問：人子，汝第五天使來者見之？魂識答言：天，我未見之。閻王言：汝在人間時，國王、大臣、城主，奉敕斷事，戒法執者等行强禁者見否？若有人至强禁行者處，行者以杖與小杖等拷打，或制於治木上，或屠割或毁壞等未見之？魂識答言：天，我見之。閻王言：如此則爾時汝如此思，我有生時長同此形，此如苦相我已見之，死亡之後，將墮地獄主之手，則强禁行者如此，何况彼處，故急速以心爲作福善，免受此如苦罰。何因不思？魂識答言：乞天知曉，我今爾時祈尋頭等安樂，滯於放逸中，是故如此功德不能思察。我有大罪也。彼聞言閻王復言：是故此放逸之人受報。如此行放逸不思忠正業者，非汝父母與王臣、天、護者、沙門等誰令爲之。自所爲業，故不當推駡嗔怒他人，自所爲業當自受也。汝所爲業道，汝自往也。言畢，閻王自换面彼向坐也。

或若第五七日時，若人有爲之作福善者，則向閻王回向福善，許壽盡者之名。則閻王歡喜，令看業鏡内彼之福善，許彼地魂解脱，長生天官淨土。若無爲彼人作福善者，彼日忘棄作齋，則囉舍主者依閻王詔迫其地魂，驅至閻王處也。若當是時有爲地魂作福善者，説彼閻王之名與地魂之名，則地魂彼處得解脱也。若無説名者，則彼處閻王捕其地魂，投擲於大地獄内。彼有情等亦頭腦向下，墮地獄内，身滯地火，彼地魂身急速成地獄色像，其内解脱極其艱難，地獄世限亦無量無邊也。是故或子孫、夫、妻眷、思勝嫡親、歡喜朋者、親朋等有因亡者之利，三年中作十齋會，則爾時因彼亡者之魂識福善力，能免生地獄之苦也。此等是爲報作福善與作七齋會者之恩。依彼因知曉業報，衆人依此經之法禮，當爲主聚。若因自身或夫妻等令不聚主當非。此詔論爲明滿出有壞園寂時所言遺囑，故當善善受持。

讚曰：

第五七日閻王所言絶斷一切斷，爲罪過者魂識厭悔愁思以苦惱。

背向持頭腦爲令看業報面鏡上，昔世所爲業等盡皆無餘能知曉。

第六七日，魂識者往至閻王名謂變成王處。

讚曰：

第六七日魂此刻前冥冥官内不能脱，以不知曉之心殊勝滯污人於依靠起。

曰日永常舉目迫變因我福善所修曰，彼時天與人界疾速區分無餘能令顯。

第七七日，魂識者往至閻王名謂泰山王處。

讚曰：

第七七日冥冥道内魂等一心願，父母乃是數之拘屬業等誰人是。

彼時業之區分未是善善牢固因，子孫等數因我之利福善諾何爲。

第八七日，魂識往至閻王名謂平等王處。

讚曰：

百日至故魂識更加倍恓惶，身遭擊打衣已破與杖覺受。

女以及男因我勤以修善業，願我解脱墮入地獄之苦惱。

第九七日，魂識往至閻王名謂都市王處。

讚曰：

一年不過此向苦罰常與增，子孫等因我之福善思何爲。

六道輪回今此並無牢固因，寫經造像身故離業渡彼岸。

第十七日，魂識往至閻王名謂五道轉輪王處。

讚曰：

各異三年足則衆礙皆已渡，善與惡變體性福善業中依。

千日園内中至苦罰亦願受，依福善業苦與生死中超度。

待第十齋會了畢時，彼魂識於十惡業報苦惱中解脱生天也。是故或女或男，或父母，或夫妻眷之，或若妻眷夫之，或大兄小兄之，或若小兄大兄之，或若舅甥之，或若甥舅之等親朋亦然，念報其恩及令福善與增故，則彼人等依此經中所言法，畫寫明滿身像與書寫此經，做足十齋會，則爲回報彼人等之恩。

讚曰：

此蘊獨一六道之内苦惱受，十不善與三惡道中超度難。

善以諸優婆塞齋會當俱爲，殑迦河中如沙之業自清淨。

爾時閻王與衆言曰：我遣四大夜叉，爲令此經以後不沉没使常守護。

讚曰：

閻王爲此經興增敬寫因皆之謂，天與人圍繞衆者中夜叉等使之。

守護此經使之興增以及不沉没，此廣博世界中與時長住永流行。

復次閻王敬禮明滿出有壞，白佛言：或若有人冥冥地獄内多墮者，衆生奪三寶之財，或因吃喝受極重苦惱也。是故念知衆生中念後世與知曉者，指示自身，不行放逸不受三寶之財。異熟業報非易受，故當依行此經義也。

讚曰：

若有人與天之安樂求者衆，三寶之財物等何亦不當受。

冥冥地獄内若一遍而墮故，受重極苦罰時年月法不脱。

爾時行業王閻王因聞此經踴躍歡喜，敬禮出有壞，退坐一面。出有壞復言：圍繞人衆，汝等諦聽，此經名者《閻王成佛受記四衆設齋往生淨土與五天使指示經》，當受持。當於國土城邑内常流傳。依此詔傳行，皆與敬奉，依此福善輪回中解脱也。

讚曰：

閻王一向坐時以一心聽聞，出有壞則復作此重重頌言。

此經者名爲七齋會指示，汝等四衆當令此經傳盛也。

出有壞説此經畢，衆圍繞者奉詔頂受敬禮。次復以二頌以備人天等衆所需。

第一頌詞者：

諸有情之業苦惱者道内燈燭同，如似不二兒童於壁斗井内除泥。

苦惱海中度過所用船舟不作故，當何以依憑常起願事得渡彼岸。

第二頌者：

不修作舟與渡橋者是愚人之相，詔與拘屬時依爲則知曉能堪是。

千年諸業集聚指彈間時得清靜，作齋會與聽聞四法者之不□德。

佛言壞有出法王閻王成佛受記四衆設齋往生淨土及五天使指示經

番本譯者坐主衣緋沙門　迷寧　法海譯傳　校同

2. 經本2，國内數種西夏文《十王經》刻本

西夏文《十王經》還有1920年代河北定州本，約歷百年後的2019年，國家圖書館曾展出金瀾閣藏本，還有2017年中貿聖佳、2013年北京德寶公司拍品等。最重要的是此數經本有共同特點，皆爲刻印，文字詞句較俄藏本簡要，雖仍不全但前後多存，前有幾同俄藏寫本與明刻本的馬氏入冥序言，内具同藏文本的閻羅王宫與《五天使者經》内容，後或有插圖。因而可以大體歸爲一類，雖然私藏拍品較定州本仍稍繁，且德寶與定州本皆具的第四王畫面構成不同，可見其中還有小别。諸刻本與寫本西夏文《十王經》，内容構成幾同，僅文詞句式繁簡有不同。但西夏文本總體又與藏文本呈現高度對應，個别藏文本甚至亦有入冥序言（如上海梵典宫藏品），所以構成《十王經》譜系中異於漢本重要支系。由於資料刊布不足，現僅擇其最要者輯録，即序言入冥故事，定州本與德寶本殘存交疊部分等。體例亦不得不簡化，主要據張九玲譯釋而輯録[1]。

封面題《成佛受記經》

□菩薩□世尊閻羅法王成佛受記四衆修十齋生佛土及預增五法行示教五天使經

番本譯者座主衣緋迷寧慧海造

佛説閻羅王預修十王經序

大唐西京安定坊馬行仙只生一男，名弘敬。粗辨東西，惟崇三寶。每日吃食之時，先呼賢聖土地，然後方食，景龍二年五月一日［午時］忽爾暴亡，三日之間心上微暖，家中未敢殯埋。追領使人引見所司，司主謂曰：汝非西京安定坊馬弘敬否？弘敬答言是。汝曾作何功德？司主陰相謂曰：然雖愚幼，心［常樂善，每］遇寅朝，念救苦觀世音菩薩一百遍。諸王曰可放還魂。王復問曰：汝願書寫《閻羅王經》一卷否？弘敬跪而答曰：倘若放回，千卷可寫。改名延壽，可至九十，處分追領使人勿令迷路。魂魄既還，一家喜慶，［闔境］稱［揚］，具録奏聞，遍傳京國。依經本抄寫千卷，無不敬崇，病者得愈，死者在甦，冤訟得免，盲者得明，刻石爲記……流布……定邪觀星虚幻等，此衆必引入地獄。持經讀誦諸佛名，指示自我依法行[2]。猶如手持金剛劍，定能伏除諸魔族[3]。諸佛平等具神力，衆生無有此功德。作善心者似微塵，罪惡心大如險嶽。若欲得佛無量壽，衆生清信寫此經。功德能斷地獄苦，引入真實究竟地，諸鬼藥叉常守護。彼人遭遇不時死，寫此經或令人寫。身變一念刹那間，天王以手來接引。菩薩散花來相迎，如意能往佛世界。薩耶百億千世生，三昧觀念圓満時，攜手能入金城中。

説此偈時閻羅王復作如是言：世尊，我等獄帝皆當發使至亡人家，乘黑馬，持黑矛，檢造何善惡，次依彼人名字法，使見魂識時放之。復讚：

第一七日亡人至秦廣王處，偈言：[4]

一七人得中陰身，驅人隊隊如微塵。初王秦廣檢善惡，爾今不渡奈河津。

第二七日至 wə̣^{1} wã^{2}[5] 王處，偈言：

二七亡人過奈河，千群萬隊涉水熱。引路牛頭肩挾棒，催行馬頭（羅舍）擎三叉（戟）。

第三七日亡人至 tśji^{2} wə̣^{1} wã^{2}[6] 王處，偈言：

亡人三七漸疲累，始覺所入冥塗長。各各點名知所在，群群驅送 khu^{1} pa^{2} wã^{2}。

第四七日魂識至 khu^{1} pa^{2} wã^{2} 王[7] 處，偈言：

令懸獄帝五官王[8] 秤上，左右方二人宣説輕重。輕重非由魂識意，昔作善惡多者重。

次於第五七日，魂識往至閻羅法王處也，爾時驅趕魂識之魔鬼於閻羅王處，作如是言：天！應念此人先前在世間時，多行不善，不孝順父母，不供養侍奉比丘，不入正道，不修福善，執着諸財，不畏後世業報苦罰，今理應奉天之命而問。閻王聞已，問亡人言：人子，汝住本宫時，

---

［1］據張九玲《定州佛像腹中所出西夏文〈十王經〉殘片考》，《西夏學》2019 年 2 期，311—319 頁。《榮寶齋徵集西夏本〈十王經〉述略》，《世界宗教文化》2023 年第 3 期。《疑僞經文本構成的複雜和奇特——以〈十王經〉爲中心的考察》，《寶雞文理學院學報（社會科學版）》2023 年第 1 期。德寶本后部是應筆者所請而譯（多用意譯非直譯）。在此致謝。

［2］對應“應當自誠勗”。

［3］此無對應“祭鬼殺衆生”句。

［4］德寶本由此始録。

［5］wə̣^{1} wã^{2}，西夏文“[illegible]”讀音，藏文本作 Hung wang，漢文本作“初江王”。

［6］tśji^{2} wə̣^{1} wã^{2}，西夏文“[illegible]”讀音，藏文本作 Ju hung wang，漢文本作“宋帝王”。

［7］khu^{1} pa^{2} wã^{2}，西夏文“[illegible]”讀音。此王名漢文本爲“五官王”，藏文作 Khu gan wang。夏、漢、藏文本無法对應。或許，夏藏本的王名與回鶻文本有某些關聯。

［8］德寶本 khu^{1} pa^{2} wã^{2}。

汝住本宫時，作何善惡？汝當直言。亡人見閻羅王，見令人怖畏之侍從衆鬼及諸王手持兵器時，眼光遊移，不敢出聲，喉音震顫[1]而不能言：福善者我所做，所爲罪業者我未造，作萬千癲狂妄語。閻羅王聞之，作極大聲，如山谷回音，指使諸魔執有罪亡人於大鏡處觀己業。諸魔即執亡人至業鏡前令觀，昔作諸業與地宫一向顯現，魂識見彼相時口乾舌燥昏倒……

禍：諸王遣使檢亡人，眷屬修何善根因。觀之放出三塗獄，免歷冥道遭苦辛。

三型，大型增變本

1. 經本 1，日本《地藏十王經》

佛説地藏菩薩發心因緣十王經

成都麻（府）大聖慈恩寺沙門　藏川　述[2]

如是我聞一時佛在鳩尸那城跋提河邊沙羅雙樹入涅槃處諸大聲聞前後圍遶無量菩薩皆悉集會天人大會五十二類皆來雲集前分之後遺教之前。

爾時世尊放大光明照閻魔國嘿然而住時閻魔王十大王衆獄司侯官司命令神司録記神閻魔使者羅刹婆無量異類無數鬼神部類從屬忽然湧出恭敬供養合掌向佛爾時世尊還内光明告閻魔法王言是娑婆國一切衆生根鈍障重不孝父母不信因果以心爲師造作五逆四重十惡皆悉墮在閻魔地獄冥途中間都不覺知非我世尊誰人起慈孔雀等經與百年壽雖然終盡人間八苦猶如深樂冥塗受苦極苦中苦我今略説。

爾時閻魔法王及諸王等從座而起合掌向佛而白佛言世尊善哉善哉釋迦牟尼法王能以平等大慈大悲爲我等説照三塗闇。

爾時世尊告閻魔王及秦廣王等言一切衆生各有六識八識九識義如前説今此經中唯有二説魂識説三魄識説七三種魂識一名胎光業魂神識二名幽精轉魂神識三名相靈現魂神識於阿賴耶識開爲三魂心性心相如水中波不二而二性者三身法報應性本覺如來無一衆生而不具足三身如來依我此覺智覺樹成道依我此理雙樹示滅相者三魂隨善惡業流轉生死受苦受樂無有間斷依造惡業受三塗苦如今衆生依我修善令得佛道一切衆生亦復如是七種魄識一名雀陰魄神識二名天賊魄神識三名非毒魄神識四名尸垢魄神識五名臭肺魄神識六名除穢魄神識七名伏尸魄神識於七轉識分别性相准魂可知一切衆生臨命終時閻魔法王遣閻魔率一名奪魂鬼二名奪精鬼三名縛魄鬼即縛三魂至門關樹下樹有荆棘宛如鋒刃二鳥栖掌一名無常鳥二名跋目鳥我汝舊里化成鷃鸞示怪語鳴别都頓宜壽（此鳥近吴語云析家命鳴）我汝舊里化成烏鳥示怪語鳴阿和薩加（此鳥遠吴語病來將命盡）爾時知否亡人答曰都不覺知爾時二鳥忿怒熾盛呵亡人曰汝在人間不恐罪業我爲懲惡心不飲歠腦汝在人間不恐罪業我爲懲惡心不食拔汝眼然通樹門閻魔王國堺死天山南門亡人重過兩莖相逼破膝割膚析骨漏髓死天重死故言死天從此亡人向入死山險阪尋杖路石願鞋然即男女於葬送具三尺杖頭書地藏狀并隨求陀羅尼具鞋一具置魄神邊（墓處名也）輕過亡人如通大穴微善亡人兩莖不礙死天冥塗間五百臾繕那。

爾時秦廣王告亡人言哀哉苦哉吊苦頌曰。

汝去過死山　漸近閻魔王

山路無衣食　飢寒苦何忍

爾時天尊説是偈言。

一七亡人中陰身　驅將墜墮數如塵

且向初王齊檢點　由來未度奈河津

召於亡人坐門關　死天山門集鬼神

殺生之類先推問　鐵杖打體難通申

第一秦廣王（不動明王）

---

[1] 德寶本此段殘至此，后面仍録存一偈。

[2] 此經文無標點，原具日本漢字一些標註音符號，應爲漢文訓讀所用，且含有一些梵文字母。

第二初江王宫释迦如來

葬頭河曲於初江邊官廳相連承所渡前大河即是葬頭見渡亡人名奈河津所渡有三一山水瀨二江深淵三有橋渡官前有大樹名衣領樹影住二鬼一名奪衣婆二名懸衣翁婆鬼警盜業折兩手指翁鬼惡無義逼頭足一所尋初開男負其女人牛頭鐵棒挾二人肩追渡疾瀨悉集樹下婆鬼脱衣翁鬼懸枝顯罪低昂與後王廳爾時天尊説是偈言。

二七亡人渡奈河　千群萬隊涉江波
引路牛頭肩挾棒　催行馬頭腰擎叉
苦牛食牛牛頭來　乘馬苦馬馬頭多
無衣寒苦逼自身　翁鬼惡眼出利牙

第三宋帝王宫文殊菩薩

於二江岸上官廳之前惡貓群集大虵並出來時亡人割破奶房繫縛身體時閻魔率呵亡人言我等非無慈逼汝邪淫業此苦猶輕後王逼何爾時天尊説是偈言。

三七亡人轉恓惶　始覺冥塗險路長
各各點名知所在　群群驅送五官王

第四五官王宫普賢菩薩

於三江間建立官廳大殿左右各有一舍左秤量舍右勘録舍左有高臺臺上有秤量幢業匠構巧懸七秤量身口七罪爲紀輕重意業所作不懸秤量次至鏡臺當見鏡影於此秤量點目有三别一者斤目斷爲重罪重中開輕爲二八獄罪两者兩目斷爲中罪爲餓鬼罪三分目斷爲下罪爲畜生罪先破不妄語戒後餘造惡至秤前時秤錘自動自然低昂課亡人言汝所造罪秤目定重亡人欺咳曰我未昂秤闇何爲我敢不信之爾時訪羅取於罪人置秤盤上秤目如故亡人閉口造惡變面訪羅下之傳勘録舍赤紫冥官令點秤書光禄司候印押録帳具載憲章奏閻魔宫爾時天尊説是偈言。

五官業秤向空懸　左右雙童業簿全
輕重豈由情所願　低昂自任昔因緣
雙童子形奘偈曰。
證明善童子　時不離如影
低耳聞修善　無不記微善
證明惡童子　如響應聲體
留目見造惡　無不録小惡

第五閻魔王國地藏菩薩

閻魔王國自人間地去五百臾善那名無佛世界亦名預於國亦名閻魔羅國大城四面周圍鐵牆四方開鐵門左右有檀恭幢上安人頭形人能見人間如見掌中庵羅之果右黑闇天女幢左太山府君幢爾時世尊告大衆言謂諸衆生有同生神魔奴阇耶同生略語左神記惡形如羅刹常隨不離悉記小惡右神記善形如吉祥常隨不離皆録微善總名雙童亡人先身若福若罪諸業皆書盡持奏與閻魔法王其王以簿推問亡人筭計所作隨惡隨善而斷分之復二幢主以人頭所見重奏彼王次有二院一名光明王院二名善名稱院光明王院於中殿裏有大鏡臺懸光明王鏡名淨頗梨鏡昔依無遮因感一大王鏡閻魔法王向此王鏡鑒自心事三世諸法情非情事皆悉照然復圍八方每方懸業鏡一切衆生共業增上鏡時閻魔王同生神簿與人頭見亡人策髮右繞令見即於鏡中現前生所作善福惡業一切諸業各現形像猶如對人見面眼耳爾時同生神從座而起合掌向佛説是偈言。

我閻浮如見　今現與業鏡
毫末無差别　質影同一相
爾時亡人驚悸逼心頌曰。
前知有業鏡　敢不造罪業
鑒鏡如削身　何此知男女

爾時閻魔法王重告大衆我以閻浮日月所行正五九月長月十齊[1]殊向閻浮於人衆同分爲作善福人遣監福監醮使乘飛面白馬至須臾之頃見所作

〔1〕此字應爲“齋”，原誤，下同。此段中收入《十齋日》或稱《地藏菩薩十齋日》中内容。

業即還須臾向我説所見福爲作惡罪人遣通奏通府使至如上使我今殷懃斷衆生業衆生不知恣作惡業墮三惡道非我無悲心善福衆生於十齋日受持十戒存當苦悲一日至心進念定光佛八日至心進念藥師琉璃光如來十四日至心進念賢劫千佛十五日至心進念阿彌陀佛十八日至心進念地藏菩薩從旦至食供養稱名必定不受四惡道苦二十三日至心進念勢至菩薩二十四日至心進念觀世音菩薩二十八日至心進念毗盧遮那如來二十九日至心進念藥王菩薩三十日至心進念釋迦牟尼佛如是十齋修習一年能持十戒能念十尊能除疫病五病鬼使得壽百年得福百秋命終之後生諸佛國復能於我及奪魂神名拏吉尼衆並傳屍鬼名起死鬼制呾羅月正月室羅伐拏五月未伽始羅九月於白黑七日至黄昏時供養我等所謂香花金米銀錢銀幡銀弊仙果二種石榴棗果清茶正向北方皆備諸供一心頂禮至心請念大神呪一百八遍我閻魔王并諸眷屬哀愍納受供養已後錢幡弊等皆是醮之當爾之時以本誓力雖著死簿反著生書横死非命必轉延壽受持不綺語戒之人必定不受横死非命即於佛前説神呪曰。

唵炎摩曳達羅磨羅闍耶薩縛賀〔1〕

(oṃ) (yaṃ) (ma) (ye) (dra) (ma) (ra) (ja) (ya) (svā) (hā)

爾時閻魔法王説根本呪已告監福使言若有衆生日日持念一百八遍者汝具無量閻魔率不離左右如守眼睛若有所求速疾圓滿若有苦痛與阿伽陀若求園林若願浴池種種衆願皆令滿足爾時監福使等合掌恭敬進承教敕退當奉行隨善惡業定七道報爾時天尊説是偈言。

五七亡人息諍聲　　罪人心恨未甘情
策髮仰頭看業鏡　　悉知先世事分明

復説善名稱院此處殊勝於無佛處别立淨土金沙滿地銀玉疊道四畔築四寶四門開順金樹分七珍枝開妙花每房結微菓花尋開花長春不散果尋結果長秋不落池開七寶蓮重青黄赤白汀鳴六種鳥和宫商角徵羽莊嚴微妙如兜率天中殊勝殿安五寶座即是地藏菩薩入定寶處四方有座四大菩薩所座所謂破惡趣菩薩悲旋潤菩薩金剛笑菩薩除憂闇菩薩爾時無佛世界能化導師悲願金剛地藏菩薩坐中央座每日晨朝入恒沙定從定起已遍十方國住立有情室宅門户淨信念我開於兩手熙怡微笑現智笑士亦名金剛笑大菩薩聞行不淨以左中指針於臆上悲泣而去現悲旋潤或入地獄皆令離苦及餘惡趣遍入救生願力自在日日不怠。

昔在因地發大願故我念過去無數劫中有佛出世號名覺華定自在王佛彼佛世尊入涅槃後於像法中有佛形像爾時我爲聖近士女起大深信供養恭敬我知悲母墮在地獄爲救彼苦七日斷食一心祈請於第七日第五更時室中空内忽現佛身而告我言善哉善哉聖近士女欲得度脱悲母極苦當發無上大菩提心能度三世一切父母能化無佛世界衆生能化地獄悲母等類故名地藏地獄衆生爲庫藏故於未來世堪救極苦依佛教敕始發善心初發無上大菩提心同諸佛行願即救母苦令得解脱如彼佛説我其後發事願立誓頌曰。

我若證真後　於地獄代苦
可代不代者　誓不取正覺
我若證真後　於餓鬼施食
可施不施者　誓不取正覺
我若證真後　於畜生齏噉
可救不救者　誓不取正覺
我若證真後　於修羅諍苦
可和不和者　誓不取正覺
我若證真後　於有緣衆生
不入三昧者　誓不取正覺

〔1〕此咒大約與善無畏譯《地藏菩薩儀軌》中咒印句有關。三咒句爲“唵炎摩智利薩縛賀”，繼“唵喃惹摩尼娑嚩”與“唵嘱只備耶娑嚩賀”。見《大正藏》20册，652頁。

我若證真後　畏短命念我
不令得長壽　誓不取正覺
我若證真後　爲病苦念我
不令得除愈　誓不取正覺
我若證真後　除王難念我
不令得恩赦　誓不取正覺
我若證真後　離怨賊念我
速疾不遠離　誓不取正覺
我若證真後　厭貧苦念我
不令豐衣食　誓不取正覺
我若證真後　求官位念我
不令得高官　誓不取正覺
我若證真後　於臨終念我
其時不現身　誓不取正覺
我若證真後　爲六道衆生
隨應所得度　爲施甘露法
我隨趣分身　於緣熟衆生
以六種名字　應於當當身

爾時世尊告乞叉底蘗波菩薩言善哉善哉諦聽地藏於未來世爲緣現身我當授記六種名字頌告言。

預天賀地藏　左持如意珠
右手說法印　利諸天人衆
放光王地藏　左手持錫杖
右手與願印　雨雨成五穀
金剛幢地藏　左持金剛幢
右手施無畏　化修羅靡幡
金剛悲地藏　左手持錫杖
右手引攝印　利傍生諸界
金剛寶地藏　左手持寶珠
右手甘露印　施餓鬼飽滿
金剛願地藏　左持閻魔幢
右手成辨印　入地獄救生

爾時乞叉底蘗波菩薩歡喜踴躍而起合掌前白佛言今從空佛聞此授記得未曾有若於未來當堪利益惡趣衆生不捨此身成大丈夫爾時世尊而告我言善哉如願善哉如願即時動地即天雨花忽然變成大丈夫僧即得大乘第三果位爾時世尊而告我言今無佛世能化堪忍於未來世有佛名爲釋迦牟尼佛處忉利天先知汝來滅後弟子皆悉付汝其娑婆國人多好惡實非汝願不見能化若入地獄授五八戒惡趣救生於此一事超過恒沙無數菩薩即我略說汝未來世善權方便功德偈言。

若有順母教　皆是地藏身
殷懃化悲母　願力自在故
若有念我名　每日稱百返
於四惡趣中　代苦與解脫
若有正王臣　爲帝釋擁護
若有邪王臣　爲閻魔罰之
極惡罪人海　無能渡導者
乘地藏願船　必定到彼岸

爾時空佛說是偈已忽然變化隱而不現我大丈夫聞佛記別即得善現色身三昧從其已來每日入定利益衆生無時暫息。

爾時大會閻魔王等諸羅剎娑聞乞義底孽婆菩薩宿世因緣深信因果無量功德皆爲眷屬扶助化導於善名處略說往古本願事竟。

第六變成王廳彌勒菩薩

依前二王秤鏡兩現若罪逼惡若福勸善爾時天尊說是偈言。

亡人六七滯冥途　切怕坐（生）人警意愚
日日只看功德力　天堂地獄在須臾

第七太山王廳藥師如來

依前三王處斷勘決兩舌之罪善因惡緣求於生緣爾時天尊說是偈言。

七七冥途中陰身　專求父母會情親
福業此時仍未定　更看男女造何因
亡人逼苦愁歎頌曰。

待七七個日　不飲食逼寒

男女以遺財　早造善扶我
設親禁入獄　子靜居家哉
何恐閻獄苦　頭燃猶非喻
第八平等王觀世音菩薩

内含慈悲外現怒相且施教化之且貪刑罰之爾時天尊説是偈言。

亡人百日更恓惶　身遭枷械被鞭傷
男女努力造功德　從玆妙善見天堂
第九都市王廳阿閦如來

哀亡人言於諸經中造法花經龍女出海無垢成道於諸佛中造阿彌陀佛光明遍照除熱寒苦緣人男女欲救亡人今日追善受八齊（齋）戒福力殊勝男女勿瞋能救亡苦爾時天尊説是偈言。

一年過此轉苦辛　男女修齊（齋）福業因
六道輪回仍未定　造經造佛出迷津
極惡極善不來處　微惡微善爲亡賓
依佛經力定二報　以追修福登金人
第十五道轉輪王廳阿彌陀佛
爾時天尊説是偈言。
後三所歷是關津　好惡唯憑福業因
不善尚憂千日内　胎生産死夭亡身
邪見放逸過　愚癡無智罪
猶如車輪回　常在三途獄

爾時十王諸羅刹娑冥官司候從座而起合掌向佛而白佛言世尊我等諸王或權或實如實類等受苦難忍何離苦宫歸無爲家爾時世尊告諸王言汝等先世見他惡苦悦爲自樂勸他造惡聞他善憎聞有得死以爲歡樂貪心惜財瞋恚失理如是等衆生得生閻魔國前分涅槃中如廣説佛性常住凡有心慮當具佛性悉皆當得無上菩提汝等有心當知佛性必定永離三熱大苦佛性偈曰。

諸行無常　是生滅法　生滅滅已　寂滅爲樂

我念過去無量劫中爾時我爲雪山童子始聞此義永離生死得涅槃道爾時諸王聞佛偈語深生歡喜味甘露膳即離熱惱得不退轉爾時大衆聞佛所説皆大歡喜皆悉作禮而去涅槃處還閻魔王國信受奉行。

佛説地藏菩薩發心因緣十王經

右本末記曰。嚴佛調三藏云。此經梵本非多羅文三昧之内真佛示現授此經。梵文從三昧起。先書竹帛。然後修習。從北天竺。到支那國。大聖文殊。於照耀殿。爲許流通。時天聖十年十一月也。小苾蒭原孚。普化衆信之緣。廣開消罪之路。因以入梓。永爲流通。伏願十號至尊。垂拔苦與樂之慈悲。十殿冥侯。惠記善録。惡之赦宥。地獄化爲淨刹。鑊湯變作清涼。

2. 經本 2，藏文《十王經》

由于情況複雜且有專著介紹，因而略譯著文與經文，具見附録 2。

經本附：錫伯文《十王經》

錫伯文的文字雖然得到承認，但其與滿族文字相差不大，或者説滿文幾同。現知此一《十王經》實際上更可能是《玉曆寶鈔》[1]。其十王已納入玉皇等等道教系統，但第八殿平等王、第九殿都市王仍保持原序次名稱。

〔1〕錫伯文本具見佟玉泉、佟克力《錫伯族民間散存清代滿文古典文獻》，新疆人民出版社，2008 年。彩圖 13—14，圖版 820—866。筆者論文《十王地藏信仰圖像源流演變》有提及，《中國社會科學院世界宗教研究所建所 50 年紀念文集（1964—2014）》，社會科學文獻出版社，2014 年，183—211 頁。

附录二

藏文《十王经》——兼及汉文化对藏地死后观念之影响

The Tibetan Version of the Scripture on the Ten Kings and the Quest for Chinese Influence on the Tibetan Perception of the Afterlife

[捷]丹尼尔·贝劳恩斯基（*Daniel Berounský*）

张总　钱光胜　译　李志明　校读

附：梵典宫本节译

本附录据对《藏文〈十王经〉——兼及汉文化对藏地死后观念之影响》（布拉格查尔斯大学艺术系，海神出版社，2012年）作简要翻译。节译了引言，第二章中德洛林萨却吉入冥故事，第四章中布拉格藏经本所在经集与此经本身情况，并其在藏区环境可能产生之影响。西藏文此经英译的回译为主要部分，其中部分采用汉文回译。参考文献与注解只译了有关章节所附部分，原脚注中省略的书名均依参考文献补入并译为中文。

目录

引言（节略）

呈现在读者前面的这本书，源于约七年之前的事。那时，我们两个——贝尔卡（Lubos Belka）和贝劳恩斯基（Daniel Berounský）正在讨论有关布拉格的纳普斯特克（Náprstek）博物馆之中国西藏和蒙古收集品的一个可能的研究项目。最初的冲动来自我们愧疚地认识到：我们对收藏在布拉格的中国西藏、蒙古艺术品所知甚少。我们把此项研究项目作为一个契机，是想搞明白纳普斯特克博物馆藏品中隐藏着什么。

在纳普斯特克博物馆藏品中，一件特殊物品直接激励着我们，是它最初推动了此书的写作。这件物品是一本厚厚（但是不完整）的木刻版印刷经书，来自蒙古，内中有多处对佛教地狱的描写，部分写成于蒙古，部分写成于中国西藏。

从事此项目三年后，我们决定重启考察工作，此时工作集中在布拉格美术馆的中国西藏和蒙古收集品上，我们很幸运地得到项目拨款，Zdenka Klimtová 和 Lenka Gyaltso 馆长的友好态度使这件事顺利推进。正是在布拉格国家美术馆，我们发现了此一写经，这直接促成了这本书的出版。

这就是汉语写本《十王经》的藏文译本，它作为宗教文本的《十王经》在中国和日本广为人知，并一直影响到现在。也许是因为经文的首页缺少了一些标题，依然不能确定其在国家美术馆中的清单卡片。综合信息表明这件写卷是目前不为人知的唯一十王写卷的藏语翻译品的抄本，据我们所知，迄今还没有一件它的西藏版本被报道过。

这一发现正是此书的起点，先前编译的材料和信息可以拿来重新使用，布拉格国家美术馆藏文经文之大部分残泐的翻译业已作出。在那之后，本书就成为了如今的样子。作为成果，经文等由丹尼尔·贝劳恩斯基（Daniel Berounský）来论写，鲁伯斯·贝尔卡（Lubos Belka）编制阐释写卷的索引。

此书分为四章。最后一章讨论《十王经》，前三章试图把读者带入西藏佛教地狱的宽广视域中去，最初将注意力集中在所存各种不同版本的文献上，因为文本常常只带有枯燥和简短的信息，所以希望用讨论藏文经文本中所选的几种释出之例来弥补这个缺陷，尽管翻译的结果总是生成一个新的版本。但是，原始文献中一些韵味，仍然会呈现在所译的他种语言当中。

由本文的主要内容可以得出推论：发现于捷克国家美术馆的是汉地疑伪经的藏文译本，即先前提到的《十王经》。蒙古和藏地此经的情况，一直存在有大量不确定性，因此，此经在布拉格的出现境况需要讨论，以及希望进一步研究这一话题的可能方向。

此经的来源依然不能确定，联系到德洛和目犍连的事例，有一种可能是藏地《十王经》虽然众所周知，但仍被受过教育的僧侣阶层所排斥，同时依然存留于藏地或蒙古的下层社会。这些特征在写卷的拼写错误或部分经文教义出现的错误来源中都可以看到。

从地狱归来

地狱的访问者：藏区德洛叙述和汉地志怪小说（略）

案：介绍了中土汉地的志怪小说（英文著作与论文等），藏地的还魂冥报故事。

德洛林萨却吉（Lingza Choekyi）的简略传记[1]

唵嘛尼叭咪吽
和六道众生一起
祈求庇护
伟大的上师
薄伽梵佛陀
神圣的佛法僧
祈求去除所有坏事的邪恶玷污
叙说地狱中功德利益和邪恶伤害
和阎罗法王发出的消息
将为了他人的利益而写下来

我，林萨却吉病了十六天了，占卜、吃药、作法事都没用，我想我要死了。我曾想成为一名尼姑，但我的父亲和亲戚不同意，在过去我仅接受过一次佛法的启蒙，除此再也没有了。我没有做很多身、语、意的功德。我曾给上师和老师一些食物，不会得到很多利益。我没有大功德心。在人间我漫无目的、错误而行。我很快要死了。我感到很遗憾，但是迟了。每年我杀二十到三十头牦牛和羊。鉴于此罪恶，我不会生于善地。我不知道我粗暴无信的丈夫和儿子是否为我做大功德[2]。那时我想告诉他们、必须告诉他们做些善事："丈夫和儿子，来这里。"他们来了。

"我的病不会好了。听我三句话，我过去没有做善事，我积累了很多恶。

〔1〕这里的翻译依据LCH-A版本。然而，这篇文字充满了错误，有时一半的句子被省略，使文句变得毫无意义。在这种情况下，我参考了其他版本，并在其帮助下补充了文本。尽管有不同的阅读材料，在许多情况下，缩写偶尔或表达稍微不同，意思仍然相当相似。特别是在许多不同的正字法情况下，发音相似的短语，指出了该作品口头传播的可能性。

〔2〕这一段指的是在葬仪上为死者作功德。

用我财富的三分之一，用掉绿松石和珊瑚的一半。一半给我的女儿、丈夫和孩子，要按教诲向好去做。否则，在死去的时候，你会感到遗憾。

最后，让两个儿子实践教诲。我要求你们祈祷和奉献美德。你，要避免罪恶，努力向善。答应我，你不会让儿子和女儿落入其他女人之手。”

他说：“如果我把财富的三分之一花掉，我和儿子拿什么生活？我们的女儿将接受每颗绿松石和珊瑚。如果我不娶妻子过家庭生活，这些小的没法生活。我不会为你做一点点功德而感到难受。除此之外，我不答应其他的。”

如果他娶一个老婆，悲惨生活将要降临到儿子和女儿身上。

我进入了地下，被抛入巨大海洋，那儿很冷，遭受崩裂气泡的折磨。地上都是火，我感到身体在火焰中燃烧，什么都不记得的极乐出现了，我不知道它持续了多长时间。我被扔到帐篷并到达那里。在我头顶，大梵天的背光中射出五色的光，每束色光的末端有不同的头和面孔，他们每位手拿武器，嘴里喊出“打打、杀杀”“哼哼、哈哈”之声。那时我想起一位上师对我说的话：“所有的光是你自己的光，所有的形是你的形，所有声音是你自己的声音，声音是你自己的思想。”我想到只此为真，它们并不存在。所有事物消失了，恐惧趋于平静。

看到我的睡觉处，有一条巨大、腐烂、贪婪的蛇尸，盖着我的衣服。看到了我女儿、儿子和好朋友，有些在帮忙，有些在拉手哭泣。在他们哭泣之时，立刻有千条雷声带着可怕和恐惧的咆哮，鸡蛋大的脓血般的冰雹落在我身上，引起无法忍受的痛苦。当亲人停止哭泣时，雷电和冰雹停止了，疼痛也停止了。

我的哥哥建议：“我们应该停止哭泣，请二十个上师、托钵僧和导师。她相信修行者图吉仁钦 Thugje，所以要请他来大声诵经。我们应当找一个会念《金刚经》的人。”

家族之主说要请苯波师，我哥哥说，她不信苯波。我没有意识到我已经死了。儿子请来图吉仁钦多杰，他开始诵念《金刚经》，当他念诵“皈依”和“发菩提心”的时候，我心中出现愉悦的感觉。

晚上来临，二十个上师和老师随着贡钦（大修行者）图吉仁钦来到，我礼拜上师请他祝福，他没有回答，看上去他生气了，我丈夫和儿子也生气了。贡钦大师把他的手放在蛇尸头上说：“现在，却吉，你已经死了，所以不要执着于你的儿子、财富或食物，把你的意识放在我的心中，随我到阿弥陀佛净土。”

当上师说话时，我想要走了，上师说道：“转换意识已经完成，肉体和灵魂已经分离。”

热茶和食物摆在了葬仪的筵席上，他们什么也没有给我。贡钦让我女儿给我肉，她把一片肉和一小块茶叶放在蛇尸前，说“妈妈，给你”。她什么也没给我，我感到恶心和绝望。当贡钦焚烧那些肉和茶叶时，我感到吃喝的感觉，我的饥渴感消失了。

上师在举行观音菩萨之葬仪，我的身体有点分神，不能呆在一个地方。我儿子和女儿喊道：“妈妈！”此时，脓血般的冰雹落在我身上，引起疼痛。我想呆在托钵僧边上会好些，于是我藏在他身后，但我的恐惧没有停止。我想到贡钦那边会好些，我到他那里，他并非外表冷漠内心肮脏，我见到他是一面四臂观音，他说“慈悲”，从他心中给了我平静，恐惧和骚动消失了，无法表达和度量的快乐在我心中升起，使我忘记了时间流逝。贡钦焚烧食物，我的饥渴得到满足。

过了一会，我听到门口有人叫：“却吉，到

这里来！”我过去看是谁，我想是我父亲，他说有东西要给我看，说“快点”。他们没有给我吃的，我又生气了，我想我应该跟着父亲。

突然间我到了一个山岭中灰色的路，向下看是一个平原，我想，一个骑手穿越它需要二十天。在它中间是一个巨大的河流，有一射程之宽，上面有一座巨大桥梁。平原边上、山的这边是一座巨大的城池。带我的人说：“我们到那儿，但是你需要返回。”我们到了那个城市后，向导说：“看看这里，是否有认识的人。”

这里的人因害怕而汗流如雨，我战栗着，想自己也很快会那样。在人群中来回走的人里有我的牧人曲贡（Choemgon），他盯着我说：“妹妹，你也到这里了？”

“是啊，你也来这里了？”我说。

“是啊，我也很不愉快。”他害怕的说。

我问他这个城市的名字、所有的人在等什么、桥对面是谁在发号施令等等。

有个人说“来这里”，我想我应该去那边。

他说：“此城决定人道，而路过这里的人，称之为中阴。有些人的寿命用完了，但是他们还是呆在这等待派遣，有些人的寿命尚未终止，他们等十五、二十、三十等年限过去，耗尽期限。有些等待的人是因为掉落下了。他们有足够食物不会挨饿，因他们在人道时敬重三宝，捐助穷人。

这些穿着破衣烂衫者是过去行为不端的人。他们的亲属也没有为他们作功德。

当寿命用完时，必须到桥的那一边去。阎罗法王和侍者在那里，他们计算善恶。过去做了善事的人，将被发送到天堂。没做善事的人，被烧煮经历无法相信的痛苦。我也在想自己将会遇到什么。我被告知呆在这里，寿命仍然没有耗尽。去见阎罗王，如果他说你的寿命没有用完，你应该等待，返回此处。”

我过去看桥，一个人倒在地上，四肢展开，背上压着经书，嘴里灌着融化的金属。

此人在世为人时，吃偷来的东西，但是他不承认。融化的金属灌口就是因他吃偷来的。这些压垮他的经书是因为他在经书前发过誓。这些惩罚结束后，他必须去地狱。

在对面是一座巨大的铁岭，里面是阎罗法王。他坐在巨大的金色宝座上，顶戴冠冕，身披黄色僧袍，周悬宝幛，环绕无数供品，手姿印相却平静。其右边是公牛头的阎魔卒拿着一面镜子，在左边是狐狸头的阎魔在读写。除此之外、数不清的是各种头面的阎魔狱卒和信使。他们张嘴露出牙齿，眼睛闪烁像日月，手中拿着无数各类武器，喊着“打打！杀杀！”挥舞武器，三百个站在他们前面的男女，看到这些害怕至极。

〔……阎罗根据善恶审判死去的人……〕

嗅嘛尼叭咪吽

又一次，以前一个穿蓝衣服的人被问过相似的问题[1]。

我父亲除了我没有别的儿子，他嘱我找一个好妻子。我真娶了一个贵家的贤良妻子，但我不能克制自己，引起了大争端。在纷争中，我失去了两百头牛和羊，这是我唯一的财产。我放火烧了妻家亲属的两间房，七十五头公牛、犏牛、山羊、绵羊和马在火灾中死去。当人们逃生时，我放箭射他们，死了一男一女。

后来，我深深觉得我所做的是邪恶，我的内心不安，思考着清除罪恶变得纯净的方法，为此和许多上师探讨。他们给了我不少建议与指

---

〔1〕这一部分在不同版本或有或无，对应详细情况略。

教。上师说必须接受种种启蒙教诲，而后默想才可得平静，有说要遵守禁食斋戒，并诵玛尼咒达一千万遍，才可得快乐。又有说须行“彻底清空地狱”、严执忏悔仪式才可。我思忖着，因为不知道他们所说这些方法中哪一种能单独清空罪恶，我不得不做所有这些方法中能做的一切。

没让别人知道，我装扮为一个乞丐，从定日县出发，行经噶陀到达强巴寺，我看见了圣地，见到佛像、佛经、佛塔等三所依，能赠福的有名上师们。我大声哭泣着说出：“我是个恶人！我承认，我坦白说出！”每到一地，我都要在绕行和磕长头中作忏悔。两年之后我才回到家乡。

大修行者指示我随修禅定，我冥想，心中建立起了色识不分和空性，我依此风格修禅习定。上师进而催促我斋戒禁食。一年中我遵守了一百次，在吉日持守斋戒达两百天之久。用心诵念玛尼咒，共达到了上亿次。我供上食品与礼物，请人用金粉写《金刚经》和《退失菩提心忏悔文》，念诵这些每个都达上千次。我请求练习“从底部清空地狱”的修行，请求怒神与和平神祇的循环抚慰，随宁玛派的大师，诵忏仪达122次。作为回报，我给他一匹好马、绿松石和犏牛，外加三匹丝绸。我还尽心尽力作功德修忏，无论除罪与否都不后悔。

阎罗法王说：“看看记录和业镜，这到底是真还是假。”

答言：“是真的，没有撒谎。”

阎罗王脸上露出微笑，“好吧！人们确实干坏事多，干好事少。你做事粗野但有勇气，尽已坦承恶业遵行功德。现已清除全部过恶而净洁，从现在开始练习身、语、意的苦行，你将从人道出生到人道，在你第四次出生结束后，你将成佛。想知道吗？这条黄色的路就是人道，继续前行吧！”

唵嘛尼叭咪吽

阎罗法王说着就站起来：“他来了。”我看见一位僧人穿着长裙戴着熊皮帽。他身后跟着三千男女，他们吟诵着唵嘛尼叭咪哄吽，走着我先前走过的路，来到对面的山顶。

他说：“嘿！我是嘛呢哇觉琼玛卫桑盖，这里是坏恶的重生之道，那些与我有关且配得上的人，才能跟我去纯净的天堂居所。”

地狱之门自动打开，武器从阎罗卒们手中坠落，他们失去了意识。与此同时数不清的男女跟在他后面说：“他是我的上师。”典狱长说：“你们之中没有业的人可以走。”他引导回到他们原来各自的位置。

当我问其原因的时候，阎罗法王告诉我：“这个僧人是觉琼玛卫桑盖。他信仰观音菩萨[1]，诵念心咒真言，他鼓励所有的人念玛尼咒。玛尼的力量和利益在于此，照此做的人少，欺骗自己的人多。践行佛法、吟诵玛尼的人少。”

唵嘛尼叭咪吽

区分有情众生（转生）道路的原因有很多，一旦作出区分，据说其将必须在一个没有出口的铁屋中待上一劫之久，有些众生被放进了火焰燃烧的铁屋子中。他们将受苦且永无从中逃脱之日。

那时，一个叫我的人出现在此了，我问他：“在辨别这些来由中，哪些导致众生被释放到一个更好的地方？当此不会发生时，一个人将要受苦的是什么地狱？”

他说：“辨别一个去往更高层次人的来由、

[1] 此处藏文略，梵文Mahākāruṇika，即观音大悲咒中的“大悲”。

比白天的星星还少。为了将来要记住两点，当处在短暂的生命瞬间时，当一个人追求食物、衣服或名誉时，当一个人由身、语和意沦落无德和邪恶地征服敌人、保护亲属和积累财富时，这些众生将会经受不可承受的痛苦，即使得释仍会再入地狱轮番无尽受苦。在描述地狱痛苦时，我不能叙述所有的吐血和死亡时刻，我没有时间去详述这些，快点前往阎罗那里吧。”

我到那里时，阎罗说：“你的寿命还没有耗尽，你被带到这里，是因为姓名错误的原因。现在，返回你睡觉的地方、残留躯体之处吧，”他说着并看了业镜和记录，“计量你的善恶不是一个非常快乐的时刻。回到你家里，要如此行事，当你以后再来这里时，想到你的善事时不会感到羞愧。你自己已经看到一点，功德带来的益处有多大，恶业带来的伤害有多大。不要忘记，把如下信息带给人道世界中的人们。”

把这个讯息送给所有缺少功德之人，那些尽管获得了完美人身却为自己的心欺骗之人，告诉他们：“我去过死亡之地，我见到了阎罗王，我看到了十八层地狱。轮回翰海中无数男女因为其恶行而发配时会痛感伤心。由存在此世之极地到地狱之外，人们在从此地到彼地时，除了黑白之外，没有别的路可以走，没有一个地方可说‘我将不去！’无处可藏，无处可避，也无甚可得释放之希望。这两条路的尽头，是我，阎罗的正义法庭。所有善恶业行都要由天生神魔用黑白鹅卵石来计算，它们的重量会称量的丝毫不差，用上升或下降来区别。坚持走的行善之路比针眼还要细，阎魔们的毒嘴比燃火还要热。

无德坏业受果报快如闪电，行善男女之愿望会得满足，他们会被派往天界，唱着天赐福歌！积累恶行的人，他们被赦放到通向佛法境界之路将会中断，将会被遣往现存恶地。难渡过的灰河深过洋底，在中阴阶段狭长路段的漫游中，将没有庇护，没有陪伴，没有随友。

男女众生们！不管你做什么，你只会上升或下降，不要欺骗你自己，做善事是好的！欢乐和痛苦是过去所作所为的结果。在中阴的狭窄小路上留一会吧，在阎罗正义的法庭上，我不会表达懊悔！在你仍然活着的时候，想想佛法！看看你死后将要去的那里！

有情众生依然在三界徘徊。你自己的罪恶由你自己来体验，自作自受！就像被火烧焦来自你自己，从火中分离不出什么。你自己的幻象来做了敌人！无知、错误地分别把我们投进了轮回之中。认识到轮回和涅槃在你心中，数一数你念过的玛尼心咒，你会看到其力量和利益的集聚。

不要忘记，好好叙述此信息给所有的人，男与女。他们中的有些人，会有利益来到。有些人就会朝向佛法。

现在，回到你的家吧。”阎罗说。

我刚一想先前所在之所，就很快来到了我的家，揭开了我睡觉处毡制的幔，以前那里是盖着我的旧衣服之蛇的尸体。我想我应该毫无畏惧的拉开覆盖蛇头的衣服，我用双手拉开，那一瞬间感觉到我的背和其他存在，仿佛我从睡眠中苏醒。我出声音了，我的大儿子注意到了并喊道：“阿妈！阿妈！”我答应了。他说：“阿妈回来了，每个人都过来！”邻近的都来了，我讲述了我的故事，他们都哭了，当想起地狱中的折磨时我流泪了。

一旦我从疾病中恢复，我对上师和导师（他们执行了我的葬礼）都做了供养。我向居住在我们山谷上面的修行者请教。我告诉他先前的故事和三十位老师记载此事的笔记。从那时起，我诵读了玛尼咒一万万遍。我去了当地所有寺院，为法会提供食物并以最好方式捐钱。我供给儿子们给养，以便他们修行时能接受其尊敬老师们的教诲。没有修习冥想入心的人永不会在中阴状态出现。因此，我努力练习冥想。我们，父亲和母亲俩人宣布放弃世上俗界事行，成为僧人和尼姑〔1〕。我做了香客去到各处朝圣，我见了每一个卓越的修行者，请求教诲并为其作功德贡献祈祝。我从不满足，我把阎罗王的讯息传遍了各国。

有情众生们，地狱真实存在。当你竭尽自己的努力向着诸善时就是有益的。最好是放弃此生俗世事务，并且引导自己的心灵。有情众生们，没有什么比此更重。中等道路是放弃罪恶，全力一心向着善德。没有什么较此更多。布施给底层者并对大家殷勤好客，公正、不追求利益和暴力。讲述这个地狱故事，给所有众生作为例子。请你发誓读它，放弃罪恶，完成善行。用眼来看死亡，用耳朵来听死亡。如此而思，你就不会虚度此生。你有人身不过此世，勿相顾虑，想想无常、死亡和中阴中的窄路。冥思不知死亡来至、不能确定再生之地的痛苦，努力做好事！这不是为阎罗法王，或是我林萨却吉的利益，思考于你的心中，记挂你将来的利益和损失。

如果把林萨却吉的圣徒传记全写在这里，要占掉十卷书。在这里，除了括及地狱和看到一些确定的后果外，没有更多的要写了。

林萨却吉在地狱漫游以及传递阎罗王指示讯息的故事，到此结束。

让美德和善良繁荣起来！

---

〔1〕有些版本是母亲与女儿成为尼姑。

汉语《十王经》经文（略）

布拉格所藏含西藏《十王经》手稿的文本

据我们所知，布拉格藏《十王经》是迄今为止、当代学者报道的第一个写本时代的藏文抄本。稍后将显示，纸质的抄本可能来自18或19世纪，但同时也有充分理由认为，它是由汉文译出的已存藏文本再被复制。然而，由于翻译的背景和文本的起源情况还远不清楚，在处理文本实际内容及描述其状况之前，需要先讲一个简要的故事。

探究布拉格国家美术馆这份抄本的兴趣、是由于先看到了其插图，其中某些在一篇简短论文中已经发表[1]，但其中既未识别出来原稿所属的文本、也没说及布拉格国家美术馆的库存卡（主要原因可能是其标题空白）。有段时间甚至都不清楚国家美术馆是否拥有经文的其余部分，即没有插图的页面。幸运的是后来发现了是该馆所属，但录入的收购号码不同于具图的折页部分。一旦整个文本按适当的顺序排列，抄本明显是完整的。然而还应指出，这份抄本是我们可归入的更多文集之一部分。

随后不难发现，这份抄本是1955年从拉迪斯拉夫・韦伯（Ladislav Weber）那里得到的。有记录证明，1955年12月6日国家美术馆花费了4000捷克斯洛伐克克朗，购买了一份18—19世纪之交的西藏抄本（AA2982/61—64），共150页，其中21页带图。尽管如此，一个关键处仍无答案：韦伯是众所周知的现代捷克绘画收藏家，因此自然产生了一个问题，即这部西藏抄本是如何碰巧出现在他手中的。幸运的是，由于国家美术馆馆长的努力，我们获知了国家美术馆档案中的又一暗示。韦伯在官方信件（AA2982/47）中解释说："西藏祈祷书，名为'经'，我从奇蒂尔（V. Chytil）教授那里购买，他在1933年9月左右直接从北京寄给我。他道歉说，此中绘画相当原始，因为在这些地区的绘画标准不高。购买价格为603捷克斯洛伐克克朗，我通过贸易银行汇出，经国家银行授权……"

〔1〕Jelinkova，《西藏艺术与捷克收藏家》1991。

由此，我们查到了1933年之前在亚洲获得抄本之人的名字：奇蒂尔（Vbjtěch Chytil 1896—1936）。

奇蒂尔是当时捷克斯洛伐克乃至全欧洲最著名的亚洲艺术品收藏家之一。他到中国的旅行似乎始于很年轻的1917年21岁时。从布拉格美术学院毕业后，他就成功访问了日本和中国。这与其1922年在北京的画展有关，之后不久他被聘为美术学院西方艺术系教授[1]。自此以后，他在中国和欧洲组织了许多展览，成为亚洲艺术的热情收藏家及其欧洲的著名传播者。他的中国及藏地和日本艺术藏品，除了捷克本土，还在奥地利、匈牙利、德国和英国展出[2]。

可以假定，他获得的大部分艺术品，包括藏文作品，都是在北京获得的。同时我们也知道他去了蒙古。关于西藏《十王经》起源的可能痕迹，本身不是很详细，是他给韦伯的信说卖给了后者。在他们的信件中只有不完整的信息，奇蒂尔于1934年2月20日写给韦伯的信中提到了这篇文献，他只简称此一文献为"经"。他对这些画的质量表示歉意，说"这些天在那些地区，绘画不是高水平的"。这句话表明他不认为这份手稿古老。然而，问题仍然是"这些地区"是指什么地方。只能通过韦伯对上面提及文本的注释来看，他说"西藏，18—19世纪"。虽然没有多少确定性，我们可以推测，这是他从奇蒂尔处得到的信息。

正如上文已及，藏文本的《十王经》出现在一个更大的手稿集合中。所有的笔迹都相当相似，而且潦草笔误也都常见。整个语料文本约含150页，大小相似（58.5厘米 ×16厘米），也使用类似的纸张，即表面光滑而相当轻的黏合纸。除了这些相似之外，所有手稿在每页都有用红色墨水画出的中线。因此，合理的假设是，整个文本材料是由一个抄写员，或一组抄写员写出的，可以被认为是一个单位。

然而，收集到的文本之本身还只是残件，其中相当多数量的文本仍然不完整。本书作者看出，这些藏语文本的构成是无序的文本集合。经过一番努力，才整理出了折页的正确顺序，观察到以下发现。

…………

这些文本可以为西藏文《十王经》前后的语境背景提供大量信息。除了《甘珠尔》(Kanjurs)版的标准佛经——几乎是i的全部和ii.i——之外，它包含的文本相当陌生，不见得可靠，然而却是最能说明问题的。在其中，表达了两次对父母的担忧（ii.ii和iii.i），事实上，在一例以投好胎为目的的祈祷中，只提及了母亲（iii.i），此文甚至是用第一人称写的。因此，假定这一整个文集是由某人为已故母亲之利益作功德而写的，一点不奇怪。

随后，集藏中（iv.i.）有一篇可疑的文本，其献辞主要是赞美二世噶玛巴法王，即噶玛巴希（Karma Pakshi，1204—1283）。因此，我们可以合理地假设，这位不知名的作者是藏传佛教噶举派的信徒。下个提示是以第一人称所写无标题文字的开头之句，那是西藏中部的一些大师，鼓励性地回复上文中对父母的仁慈（iii.i）[3]。这些句子含有潦草的错误，但若阅读无误，人们可以假

[1] 案：1918年北京美术学校创立，有中国画与西画科。1922年更名为北京美术专门学校，同时建阿博洛艺术研究会，主办西画展览等。1925年部分资源改为国立北平艺术专科学校。

[2] Král,《奇蒂尔收藏总合：中国、日本、中国西藏》1989、《奇蒂尔：北京的捷克画家》1991。Kesner,《布拉格国家美术馆的中国汉地与西藏收藏》1991。Pejčochová,《布拉格国家美术馆中的20世纪中国画：起源与形成》2008。Čapková,《奇蒂尔与福伊尔·施泰因之间的通信》2010。

[3] 案：上文略去的条例中，此处语句为乌斯藏都司（Ü-Tsang）的大师。乌斯藏为简称，明代设立的管理西藏的机构（洪武五年［1372］到万历四十六年［1618］，治所拉萨）。

设这些文字最初是在西藏中部写成。

调查这些文本得出的另一可能结论是，撰写这些文本的人（或受委托的抄写者）不是来自较高的社会阶层，而且绝非来自受过教育的僧侣圈子。这一点可以从经常出现的拼写错误，还有天真地收入赞扬噶玛巴的疑伪文字中得到证明。

悬而未决的问题是，整个文集字句中所留下的注释是否可以作为《十王经》译制背景的直接参照。没有明确的方法来验证其真实性，但有一定程度的可能性。

这些结论仍然是初步的。藏文《十王经》中没有关于其译自汉文或从另一份藏文手稿中复制的背景信息。翻译虽然远非完善，但仍然需要汉语文言的知识。我倾向于把藏文《十王经》的正文看作一份已存手稿之抄本。人们会认为，在由中文译出的案例中，花费了如此的努力，就会产生一种使用题记形式的偏好。一个更可能的解释似乎是，集藏的作者只是简单复制了已存的藏语文本，或是制作了一个对原文有些增出的副本。

布拉格藏文经本《十王经》

布拉格藏文稿本在此将与来自敦煌的“长本”进行比较，该长本由太史文英译[1]，其译文据一些现存手稿进行了校对，并附有简要解释。但是必须指出，藏文可能遵循了未知的晚期中文版本。同时，深入的调查清楚地表明，藏文不是仅仅对任何一种中文原件之翻译，好几个部分都具有表明藏传佛教信徒增加的迹象。尽管知此，对不知名藏译者的所据，还没有明确指向之原本。

藏文经本的标题页是留有空白的1a页。不过，后来的文本数次出现这些标题，但每次的措词都稍有不同。全文结尾所出现的即是上述之一。英译藏文版经本的标题，全列如下：

佛陀授记死主（阎罗）、施七七斋仪、重生佛道和天使示教[2]。

这与中文长版结尾处的标题只是略微地相类似：

佛说阎罗王授记四众预修生七斋往生净土经[3]。

由此，西藏标题省略了“净土”（在藏地通常没有汉地那么强调），增加了“天使”（即汉本经中缺少的部分）。其余部分具有相似含义，但表述略有不同。对标题进行这种比较，可以简要地说明两种文本之间不同的整体形态。

西藏文经本根本不能称之为忠实的翻译，即使与较长的中文版本相比，它的长度也是其两倍以上。

其经本以如此语句开头——“在梵文中”（rgya gar skad du），这也是藏文翻译印度经本的一个习惯。但此处没有给出以藏文转录的梵文标题，以证明译者预期它是印度经，只是没有找到任何印度题据。

前导颂赞（见于页1b）肯定由译者补入，其中说到了和平与愤怒之神灵，如持明者嘿鲁嘎（Herukas）等。事实上这是个很没有技巧的引文，将经文简短的《中阴状态根本颂》的开首偈文引入。实际上这是14世纪被称为（和平与愤怒的业力神明）组颂的构成部分之一，与《西藏生死书》或《度亡经》相关[4]。

紧接的部分就是经文作者的题署，说明赞颂

〔1〕太史文，《〈十王经〉与中国中世纪佛教冥界的形成》1994，96—219页。

〔2〕案：此注列藏文根据，略。

〔3〕太史文，《〈十王经〉与中国中世纪佛教冥界的形成》1994，7页，《佛说阎罗王授记四众预修生七往生经》。

〔4〕关于其英文译介，见Dorje，《西藏生死书：首次全译》2005，29—34页。

确是某僧（Tshou Chenpo Phashi）应请而作，他居于一个特定的中土寺庙：报恩寺。这个名称的佛寺带出了问题：中土有一大批寺庙都有相关之名。就实际位置而言，最有可能联系经文者可认为是在甘肃或四川的寺院。然而，即使在这些省份，也有许多这样的寺庙，没有别示引导我们做进一步的识别[1]。

有可能认为文本中给出的名字是个有希望的线索，但情况同样并非如此。这篇文字显然没有适当地释介中文名称。从后出的十个中文王名就会清楚：其中很少有可辨认的出处。这个名称似乎与太史文译中文长本内给出的“藏川”相去甚远，他即是敦煌一些汉语经本提及的僧人。但是，鉴于藏文本对特定王者名称的处理非常粗疏，我们也必须认真对待敦煌文献中的“藏川”成为陈楚（Tsho'u Chen）的可能性。

藏文经中余部也都有类似的疏忽，实际可分为两个基本层次。

第一层次关系到中文原本和译者的依据所出。从太史文所译敦煌汉文经本的一些部分，显然可以构成藏语经文之先导。这一发现几乎适用于中文原本的整个范围，而其他部分明显为逐渐加入。在大多数例子中，藏文出现的组构与汉语原本完全不同，虽然有少数接近原本的案例。尽管除了经首对开场情景的描述之外，人们几乎找不到可以对应的同样句子，但是，同时也可辨认藏语文本追随着这些部分预期的汉语原本之含义，只是仅在一个很普通的层次。经文远非流畅与优雅，从而见出不知名的译者在理解汉文和译其为藏的两方面都面对严重问题。此外，汉语偈赞并不总是译为藏文韵句，而散文却可对应，由下面的英译就可见出。

第二层次的疏忽出现在抄写工作之中。在藏文本中有许多地方听起来没有意义，而且人们在此往往只须猜测抄写之错发生在哪里。然而，当代的英语译者已经发现，在某些例子中作出如此猜测更为容易，即那些在太史文译长本中没有出现的部分。在这些部分抄写错误更容易识别，因为藏文的表达方式可以理解，所依据的经文相当清晰。这些痕迹有助于辨别有另一经本的译出，还有作者或译者的添加。

有根据证明，事实上作为整体的经文不仅仅是由中文翻译。尤其是如此之证据、有些地方劝诫背诵玛尼，即众所周知的咒语、西藏极为普及的六字明咒（Om mani Padme Hum）。还有出现在第四王厅上，对观音菩萨的赞美（页 19b）。这些部分不能见证于汉语经本，而是表明译者（或另一人）遵循了藏族宗教观念之创制。还有其他的类似标示，如“牦牛头监狱长”（页 27a）之例等。

由此能够推论出另一点，藏语经文是松散翻译汉语原本的结果，而且，现存文本存有相当自由的增补，可以归于说藏语的译者。而这两种情况之间的确切界限在某些例子中难以清晰建立。

在藏语经文的开首部分，佛陀向他的随从们宣布了有关阎罗地位之提升，即他将成为菩萨的新消息（页 5a—6b）。这些与汉语文本的含意没有多少差别。然而，随着阿难询问细节讯息的要求，当佛陀详示阎罗王们身份是谁时，藏文本此节更长也细致得多，其中一些在汉文本内甚至缺乏任何对应内容。阎罗们（从藏文 gshin rje 字面译为“死者之主”，也即十王）要么是菩萨，要么是先循正路，后来偏离的众生。三种情况得到详述（见死去善男信女、宫殿焚烧、暂时疾

[1] 在此所予名称是“Tsho'u chen po pha shi”。特别可疑即“chen po”一词，在藏文的意思是“大”或“伟大”。因此，似乎它可能是半个转录和半个翻译的名字。或是译者将汉语中略似的“chen”解读为藏文中常见“chen po”一词。

病)[1]，这激起了后者忆起过去贤德。经文有叙说，特别有趣的是一再说，通过他们过去的美德，“佛陀话语存在其肩体中”，所以他们不会被遇死后之火。这表达了佛陀话语有时物化在其追随者身体中。经文于是通过描述佛陀，劝诫读者尊敬死主（即阎罗，此指十王）。

下面强调抄写和阅读本经益处，比中文原本长（页 7b—10b），但讯息重复特点相似。结果讯息更丰富的一节是指导举办分别对应十王的斋会。除了描述更详外，还直接说及举办旨在为自己谋利益之斋会的可能性。本着迷恋功德之精神，精确地计算举办斋会生成的功德量：举办者将得其中的六份，而亡者只得七份中的一份。

下一节包含了死主阎罗向佛陀的祈祷，地藏菩萨之赞美和对阿弥陀佛的颂词（页 12a—15a）。这些部分仍然不太再对应中文原本而且更长。很明显，阿弥陀佛之偈赞是藏文经仅有的提及弥陀处。这种定位之缺席与中土经本形成了强烈的对比，在那里，我们可在许多实例处更多遇见弥陀，显然这是由于汉地比藏地存有更强多的阿弥陀佛崇拜。

正文主体（页 15b—32a）依序呈现了十个官厅中死主们（十王）之述说，并辅以旨在大声背诵的简短赞句。这些部分明显较中文本更长，但应该注意，它们很少传达重要的额外信息。

例外的是第五王，即阎罗王（Gshin rje rgyal po）自身官厅的描述说明（页 19b—27a），藏文在此转换成不同的清晰风格。它突然地容易理解（尽管抄写仍错），生动地描述了死者的恐惧。因此，这部分应该被认为是藏族译者的经文作品。

接下来就是所谓“五天使者”之经文所言，这是中文版完全缺失的一节。此节由阎罗王代诸天使质询组成——他们呈现为出生、衰老、疾病、惩罚和死亡。在汉语版中，天神所遣使者被描述为乘马的骑手[2]，他检查哀悼者是否在规定时日适当地执行斋仪，然后向冥官来报告其所见。我们在此处藏文版遇到的是，在一相当早期的佛教经本的帮助下，其将如此之信使观念内化了：虽然措辞不那么忠实，但其遵从了出自巴利经藏《中阿含》130［Majjhima Nikaya］130 之《天使经》（Devaduta Sutta）的内容[3]。是经可能写于 4 世纪，但其起源更早得多。这些使者不是巡查员——如同中文相当机械地描述，依规定指示而检查之所现。他们引导专心观察人类的生活，指出应该克服什么，遵循佛教观念而导向正确的行为。相当不合逻辑的是，源于高效管理观点的官僚思想在此面临着一种基于追求人类生活目标的问题而表达早期佛教思想的古老方法，我倾向于把这部分看作是藏文的增补，因为这种不合逻辑的观念混合，倒很符合藏文版经文的构成。确实，《天使经》的古经文提到天神使者，因此，藏语翻译者将其加入，他可能视其与汉文使者为同一类。然而应该注意，说其为西藏的加入，只不过是有根据的推测[4]。

———

〔1〕译案：这里内容对应于阎罗王宫与三天使等，实际对应于汉文译典。汉文含“阎罗王宫”有四种经。后秦佛陀耶舍与竺佛念《长阿含经·世记经·地狱品》T1121—127 页。隋阇那崛多译《起世经·地狱品》T1330—331 页。隋达摩笈多译《起世因本经·地狱品》T1385—386 页。此三经皆为三天使。具五天使与阎罗王宫者唯西晋法立共法炬《大楼炭经·泥犁品十》T1283—287 页。此处 T1 即《大正藏》第 1 册。

〔2〕《十王经》中使者更近于道教经典下界巡查之神祇，直接与《十斋日》类经本有关。与《五天使经》之天使全然不同。

〔3〕此经英译可见于菩提比丘（Ñāṇamoli、Bhikkhu Bodhi），《巴利文大藏经中部》1995，1029—1036 页。案：汉文有慧简译《阎罗王五天使者经》，《大正藏》第 1 册 828 页。经目中别译如《盐罗王五天使者经》，《出三藏记集》注为新集所得，《大正藏》55 册 32 页。《众经目录》注为《中阿含经》别品异译，《大正藏》55 册 130 页。

〔4〕案：这是根据梵文原典补充阎罗王情况。汉文《十王经》阎罗成王的两大原因，背后有些梵文原典支撑，但较薄弱，藏文译者于此补充梵文原典阎罗的情况。尽管文化程度或许不高，但具佛学经典素养。掺入真经可使伪经增加合法性。

在第五王厅相当长的处理之后，依先前几节讲先前数王的方式，文本来到了最后的第十王。

接下来的内容肯定是藏文的补充。它涉及“阐释轮回诸道”与诸道的分类，无疑集中于密宗教说（页 32b—35a）。很显然，正如英译中特定部分的脚注所及，这种分类与西藏权威阐说不太一致，这再可表明翻译和抄写者不是来自教养良好的西藏社会阶层。

对中文原本再施的一种增出，即简短地重复描述了会见十王，这部分是在两行“浓缩核心经”间提到的（页 36a—39b）。虽然内容上没有太大差异，十王的名字又出现在此“核心经”中。作为藏语经文译编者工作的释例，诸王之名的变化轮廓可在下面图表中展示：首先是中文名字，然后是藏语正文中的王者名字，很大程度上难以从中文中辨认出来。在其旁，是再次出现“核心经”文辞中的十王名称，除了一个例外，这些藏文名字再次呈现不同。因此，这张图表可能反映了处理中文原本的不同方式。

十王名称

中文（太史文 1994，p. 223）	藏文（页 15b—32a）	核心经（页 36a—39b）[1]
1. 秦广王	Khyung dbang wang	Khyung wang
2. 初江王	Hung wang	Hu wang
3. 宋帝王	Ju hung wang	Hung wang
4. 五官王	Khu gan wang	Kun wang
5. 阎罗王	Gshin rje rgyal po	Gshin rje rgyal po
6. 变成王	Phyin wang	Phyir wang
7. 泰山王	The'i shan wang	The'u shan wang
8. 平等王	Phyir ci wang	Ci wang
9. 都市王	Tho shing wang	Tho shing wang
10. 五道转轮王	Jo lun wang	Co ling wang

〔1〕案：藏文的王名或许与回鹘文《十王经》有一点联系。

文本最后以一个场景结束，所有在场者都要崇敬《十王经》，文本的重要性再得强调。

作为补充文本中出现最长的真言或陀罗尼，称为弥勒真言（the Pledge of Maitreya）。中文本仍无。写出的陀罗尼有大量错误，原来的拼写需要用其他来源完全重写。

最后思考整个文本，坦率地说判断仍基于有根据的推测。正如前已提及，整个材料的其他文本都指向：西藏中部为起源地，特别是噶玛噶举派（Karma Kagyu）的传承，以及用写经为一种手段于已故母亲作功德。然而不能排除的是，这份文本的此一特定副本亦制于蒙古，是复制各种来源手稿的结果。可以肯定地说，此文档不是来自受过教育者和社会较高阶层。

可以从随文而来的一些绘画获取更多信息。这些描绘的形象标准主要遵循汉地原件，除了有时出现藏传佛教特有的图案。要指出有线索的场景，人们应该提到第八王厅画作的右边缘（译案：图版 43 略），这是个一人拿着转经轮和念珠祈祷的场景，在他面前是藏传佛教僧侣，尺度要小得多。这个人可能是蒙古人或藏族（贵族出身）。有趣的是，僧侣中较小的人物要么有黄色帽子，要么有黑色帽子。传统的藏传佛教划分为红帽和黄帽教派，就像在蒙古那样，不适用于这里。然而，黑帽的存在可能指向有关噶玛噶举教派（Karma Kagyu）对整个文集的影响信息，因为噶玛巴（Karmapas）被称为戴黑帽者。

另一指示由两个场景提供，其中一个描述奇怪的恳求女士（译案：图版 36，38 略）。这位女士——正如我试图咨询的专家所言——可能穿着中式的衣服。使她与众不同的是其发饰，由一些扭曲的辫子在头部周围组成。

这一点对汉人来说并不典型。我的顾问将猜

测指向居住在与西藏居点接壤的云南或四川地区的部落人民。问题仍是，这是否可指出特定文本的起源，还是代表一个在现实中没见多少汉人的画家眼中的“汉人”。尽管如此，根据这些绘画生发的这两种意见、将降低作品来自蒙古的可能性。

论本经在藏地环境中的可能影响

在转我们注意力于本经的西藏呈现之前，将提及一些它可能关联西藏文化领域的宽泛评论。正如已见，介绍于此的藏语经本仍留神秘，但很清楚，布拉格的这一个经本年代不是太早，它很可能似就来自18或19世纪。尽管它很可能是从一份更早的手稿复制所出，但仍缺乏任何题记来显露其翻译或抄写境况。它的存在深深植根于西藏历史，是没有任何证据的理论假设。不像回鹘文译本残片的发现，到目前为止，似乎没有发现过藏文的翻译，令人确实震惊。尽管将文本设定为佛经，但藏传佛教学者们似乎立刻就充满了怀疑。它的中土特色从经中所用诸王名称开始就清楚地突显出来。

在本文撰写之时，唯一出版的档案虽然相当沉寂，却见证了西藏十王厅绘画的存在，它是一本德国书，内中复制了20幅私人持有的绘画，描绘了十王法庭的场景。这些绘画显然源出汉地，其每一幅都含有难以卒读的中文题记。但据出版该画的作者，这些绘画是从印度的西藏人处获得，可由此推断，它们以未知的方式在西藏出现〔1〕。

然而，应当记起目犍连故事的边缘传播模式，若依一些此经理论知识、假设未知的过去，就可能看到它对藏族实际丧葬仪式的影响。

然而，这里的问题是，尽管有价值的学术出版物和可用的西藏仪式文本都为数不少〔2〕，但葬礼仪式似乎未得很好的研究。主要的症结似乎有关实际埋葬死者方式的巨大差异〔3〕，产生于西藏精英宗教专家即僧侣们共识下的西藏仪式文本性质相当概要。

在西藏作功德仪式大多举办于49天的期间内（名为bdun tshigs，即“七七斋”），关于汉地传统对其影响的问题不会带来任何结果。因为这种功德仪式在佛教各种社会中相当频繁，不仅仅局限于西藏。一个更有趣的相关问题可被问及，即在西藏文化的大区常常于一年后举办哀悼斋会（’das mchod）。再说一遍，这条印迹似乎相当模糊。但最有希望的暗示似乎是西康（Kham）的某些特定地方每年举行一次的悼仪，最长可达三年，这与上述汉文《十王经》的传统相当相似。Duncan就此作了描述，他曾在西康地区旅行并且逗留。不幸的是，他详述习俗时未附具体地理信息。〔4〕

> 当最初的亡丧仪式结束后，它们可能会重复三年。每年在死亡周年忌日举办，但没有灵魂牌位。在这之后，就没有必要举行更多的仪式了。因为灵魂要么进入了天堂，要么得到了重生。

---

〔1〕因Olga Lomová指明并使我能用此书，我欠她人情。Haack，《地狱的折磨：中国古代神话中的场景》1986。

〔2〕关于西藏丧葬仪式文献摘要和列表，见Gouin，《西藏死亡仪式：佛教丧葬习俗》2010。

〔3〕如甘孜周围地区（Gardzê）埋葬死者的特定方式的巨大变化，可见Losel，《甘孜的丧葬习俗》1991。这一发现与西藏有关丧葬仪式的一般文献形成了鲜明对比。这些文献大多代表了受过教育僧侣的观点。

〔4〕Duncan，《西藏人的习俗和迷信》1998［1964］，117页。

与《十王经》的传统相似，三年的周期被认定为重生的时限。在相似意义上，地理上位于西康（Kham）和安多（Amdo）的边界、藏族称为女王河谷处（案：四川大小金川），近来又有篇 G.yu 'brug 和 Stuart 的文章说〔1〕：

> 'Das mchod（祭奠死者的仪式）是一个人死后三年举行的仪式。它与 Bdun（死后一周就要举办的仪式）和 Zhe Dgu（死后 49 天举行的仪式）相同，除了没有家人哭泣。Sgom pa（修行者）和 bla ma（上师）解释说，死者的灵魂正在寻求来生，而家人的悲伤可能会阻止死者进入下一个肉身。

再次，我们有人类学研究的参考，在藏语社会中存在着这样一种想法，即死者在轮回（saṃsāra）领域的最终目的是三年后决定的。这与在西藏流传的最普遍的传统相反，却与《十王经》中的说法一致。然而，这里应该注意到的是，在敦煌非佛教藏文中描述的王室葬礼（P. T. 1042，81—82 行）〔2〕，死者逝后的三年时也提到盛大的葬礼斋会，三年的哀悼期不仅限于中国的佛教传统。

可以肯定的是，这一特定汉地传统对他们之影响的证据，只能通过详细研究这类持续三年的斋会来提供，而这一研究尚未进行。尽管如此，研究它在西藏可能产生的影响、至少是未来研究的一个有趣的方向。这不仅在正式葬礼仪式手稿层面，而且在于世俗哀悼者表达对其看法的方式。为逝者作功德的活动在西藏是根深蒂固的，在许多情况下与汉地有一些共同的特点。

Gouin 在最近出版的一本书中提出了另一个理论问题，她总结了西方关于西藏丧葬仪式的二级文献，说道：

> ……必须注意的是，这个经即《十王经》比“西藏度亡经”早了五至七个世纪；因而必须要问，这一经本（和其他可能的中土佛教文本）在多大程度上影响了藏传佛教之中阴（Bar do）度亡思想的发展。〔3〕

如从这种意义而推论，乍一看，《西藏度亡经》所提到的“噶临喜绰”仪式周期则显得非常独特。

它是一个密宗的文本，内中详细地指明其是基于明显的密宗概念，它仍然相当不同于简单易懂和直接实用的汉地《十王经》。

同时，《十王经》确实是一部试图通过规定的斋会、关键的十王会晤，来引导死者并影响他们来世命运的经本。在藏族来自 14 世纪（无疑形成得更早）的“嘎临喜绰”丧葬仪式周期文本中，这种指导行事更为精确，尽管通常使用不同的工具。从藏民的角度来看，在一般层面上可能获得之启示，即死者需要明确规定的仪式。仍然值得探索的主要是关于这些藏文文本的形成时期，这是另一个有前景的研究方向。

〔1〕G.yu' brug、Stuart，《嘉绒藏族 *Rgyas bzang* 村的生活、语言和民俗》2013，104 页。

〔2〕案：可参见褚俊杰《吐蕃本教丧葬仪轨研究——敦煌古藏文写卷 P. T. 1042 解读》，《中国藏学》1989 年 3 期，15—35 页。

〔3〕Gouin，《西藏死亡仪式：佛教丧葬习俗》2010，198 页。

藏文版《十王经》的英译〔1〕

薄伽梵授记阎罗七七斋会往生天界与天使示教

（标题与段落为英译者所加。案：以下经文中回译延用原汉语本处多用宋体字，从英文译出者为仿宋体字。）

［1. 引偈与题署］

（1b）依梵文而言（……）

向嘿鲁嘎（Heruka）殊胜之法身〔2〕、和平和愤怒之仁王致敬！

讲授中阴六道本颂的教说〔3〕：

啊唉！在我由中阴将往上道重生时，

已离前世、未达下生之时，

我进入不可动摇之道路，

听、看并冥想！

离开前世之后，

记住所见之路，

净纯真证三身佛〔4〕，

可至再获人身时〔5〕。

下面这卷经称为：

授记从迷途至成佛之路、四众修

---

〔1〕文本的翻译试图忠实于藏文本。因此，即使是各个法庭的主宰也不说成是“王”，而是译为“死者之主”（gshin rje）。事实上，它是梵语“阎罗”的藏译表达，但通过译介为死亡之主，它试图在藏语读者面前，显出保持一般意义。稿本开首原无任何标题，但文中提及，译者因此添加。为方便读者，译者标出了章节标题（方括号内）。因原文极无组织性，所以试图通过补充原文，更清楚地为英语读者揭示其结构。译案：将此藏译英的文字回译为汉文问题很多。一般回译多是直接回到“汉语原文”，但藏文本有显著不同的增出、近同处的表达字数也更多，因而此节采用不同处理，或采英译，或省译而用原文。

〔2〕案：何为嘿噜嘎？梵语：Heruka。汉译为忿怒尊、饮血尊，别译为明王、金刚。八大嘿噜嘎，即是八大明王。

〔3〕藏语 bar do rnam pa drug 于此有可能暗示死亡和出生之间的中阴状态，死者在此被决定将入六道之何种（参见下译）。然而，通常六道中阴分类于此无甚意义，因其还包含“梦之中阴”等。通常六类中阴是：人已出生时（skye gnas bar do）、梦想（rmi lam bar do）、冥想中（bsam gtan bar do）、死亡时刻（chi kha bar do）、现实本身（chos nyid bar do）、形成中（Srid pa bar do）。关于各种类型中阴状态之发展，见 Cuevas，《西藏生死书秘史》2003，43—68 页。

〔4〕“三身”即法身（梵：dharmakāya，藏：chos sku），报身（梵：sambhogakāya，藏：longs.sku），应化身（梵：nirmāṇakāya，藏：sprul sku）。

〔5〕很明显，经前偈来某个未知版本的《中阴度亡经》。

七七斋[1]、往生净土、依五天使示教经[2]。

赞偈由汉地国王治下大报恩寺驻坐之“藏大法师”Tshou Chenpo Phashi（*tsho'u chen po pha shi*）应请而颂。[3]

［2. 佛授记和修斋会］

［经首场景］

赞曰：

如来临般涅槃时，广召天灵与地祇。

因为琰魔王授记，乃传生七预修仪。

如是我闻

一时佛在鸠尸那城阿维跋提河边娑罗双树间，临般涅槃时，举身放光，普照大众及诸菩萨摩诃萨、天龙神王、天王帝释、四天大王、大梵天王、阿修罗王、诸大国王，阎罗天子、太山府君、司命司录、五道大神、地狱官典，悉来聚集。礼敬世尊，合掌而立。

赞曰：

时佛舒光满大众，普臻龙鬼会人天。

释梵诸天冥密众，咸来稽首世尊前。

［佛陀授记阎罗（死主）］

佛告诸大众，阎罗天子于未来世当得作佛，名曰普贤王如来，十号具足，国土严净，百宝庄严。国名华严，菩萨充满。

赞曰：

世尊此日记阎罗，庄严宝国将成佛。

常无垢罪具功德，入菩萨道众甚多。

［佛答阿难关于死主之问］

尔时阿难闻此言已，极大惊讶，速从座起，来至佛前，五体投地，而作礼拜，右膝着地，合掌［恭敬］，作如是言：世尊！阎罗天子以何因缘，处断冥间，复于此会，便得授予当来果记？

佛言：于彼冥途为诸王者，有二因缘。

一是住不可思议解脱不动地菩萨，为欲摄化极苦众生，示现作彼琰魔王等。二为多生习善、为犯戒故，退落琰魔天中，作大魔王，管摄诸鬼，科断阎浮提内十恶五逆一切罪人，系闭牢狱，日夜受苦，轮转其中，随业报身，定生注死。今琰魔天子因缘已熟，是故我记来世宝国，证大菩提，汝等人天，不应疑惑。

他们其一是第八［地］的菩萨，有［从轮回中］释放有情之无限力，能成庇护众生处的保护者。只要有情仍在受苦，他们就留居［娑婆世界］，直到众生解脱之时。于彼如此允忍而奇迹般转为死主阎王。

他们其二是有情众生、曾多世轮回修求善根而未获者。就其状佛陀申说：“补救邪恶是美德。”然而无何后来出错，由破戒违德毁其转生善道。如此否得高品善功之众生，因而生在死主诞地，成为王者，获得掌控所有恶魔与鬼神的权力。

至第四个七七斋，五个天神使者、质询阎浮提的众生，于五非德与做十善之所为。对此五不善业，观看“业镜”；然后，据此恶业之重，［有情众生］被

[1]“四众”是指比丘、比尼丘，世俗男女信众。案：此著前文还将十斋说成四、英译为四倍修行七七斋，作者标题有些本是藏英译转问题。

[2] 从下文清楚可见，“五行法”含义即出生、衰老、疾病、惩罚和死亡期间的痛苦沉思（参见 21a—26b 页。案：原汉文标题内有“预修”或“逆修”，此中次序有乱，含意就含混了。）

[3] 藏文 drin lan bsags pa“积累感恩”或“回报善良”，对应中国汉地“报恩”寺名。译案：汉文寺名原为“圣慈”，非“报恩”。

投下狱。暴露［善业与恶行］数者、引日夜受折磨的有情众生，发派至相应去处。

因而，有情众生们黏附自身于其业力，成熟的业力直截了当地证明，没有任何一个能逃脱其显现。为什么这么说？毫无疑问，有情众生依随其业行。据死者之主宣出的判词，他们之重生全是根据自身死时的业行。

大家应知，得称阎王现死主者无关道德。在地下五百由旬处、用地上白宝石建造之宫里，死主观察那些早晨从南阎浮提被驱逐的大功德有情，见此受压摇动之人平静下来，这些破戒苦行僧、骨肉呈现圣道之语者，地狱之火不会焚烧。阎王死主由此生净信于功德沙门，始崇僧侣。

其次，白石宝宫每天都燃烧三次。无论死主为谁、见到自身不烧时，惊想：为何火不触我？彼时，他们忆起前世，意知由前世贤德善行，佛语仍留其血肉肩上。由此功德善力，火不触燃。刹那间于身中［佛言］生净信焉，崇敬浮心。

再次，死主阎王之体，日日午后麻风现焉。每自体中裂撕，却即合愈、因免遭痛苦。每当此时，他即后悔身为苦行僧时放弃道德，此悔心催熟业力，再崇僧侣。

如此，每天之三重境力［创造］了美德善根。［恶业］催熟之源将被耗尽。由此他且会在百宝庄严的世界成佛，此即授记。因此佛说：阿难！众神随从及人民，对死主阎王不应有疑。

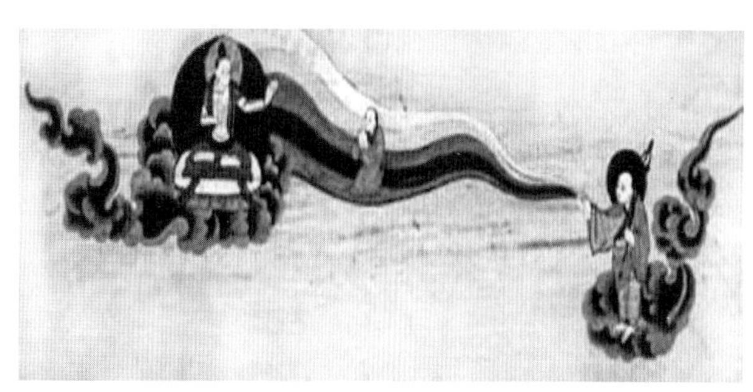

图版 20

携依菩萨的祝福导向新的重生之路（案：图版编号为原书所编。其前有布拉格所存相关资料的图版，本附录略）

赞曰：

悲增普化示威灵，六道轮回不暂停。

教化厌苦思安乐，故现阎罗天子形。

［论说抄经之利益］

若复有人造此经，授持读诵，舍命之后，不生三途，不入一切诸大地狱。

赞曰：

若人信法不思仪，书写经文听授持。

舍命顿超三恶道，此身长免入阿鼻。

如若在生之日，煞父害母，不尊重他们且以已无错，破斋又破戒，进尔煞死[1]牛、羊、鸡、狗、毒蛇，做一切重罪者，无疑应入地狱，立刻失去人身，在无底地狱、在寒热地狱中，不得不忍受十劫五劫。若人闻知佛陀授记于死主、地藏菩萨身，作地狱十王之教说；心生敬信写经兼画诸尊，此美德源必全映于大业镜。阎王于此境因喜获大乐，此投生无德地狱、受已熟黑白业力威胁者，将得赦出免遭痛苦，且生豪富之家。

---

〔1〕案：藏文此处无“猪”，回鹘文本（U3892、U3715 号）也没有“猪”。而其源头即《阎罗王授记经》此为“诸”而非“猪”。

赞曰：

毁塔煞生脱道德，业镜昭然业力熟。

若造此经兼画像，业消罪净阎王宣。

［示办斋会］

图版 21

恳求的女士和头面燃烧的死者。第二王者法厅中细节（布拉格 © 国家美术馆）

因此原因，想想看，你们这些尊贵家庭的儿女，比丘、比丘尼、优婆塞、优婆夷，四众之余人，讨论你们活着时的七七斋会。每个月的斋会要持续两天，哪两天呢？上弦之十五日，下弦之月首日[1]，在此两天期间内，十斋（的每一会）要全做完。

如果你想为有情亡者的缘故办七七斋会，以下的十斋必须完成，亡者离世后七七日斋会、百日的斋会，一年的斋会、三年的斋会。

又无论是为生者活人的自身利益，或是为逝去的父母双亲、兄弟姐妹、丈夫或妻妇中任何一人作十斋会，七七斋会时每一位王者之名都要念颂并作称扬。若是为自己的缘故而作斋，则要念诵自己的名字。若因为亡人而作，则须念诵他或她的名字。在七七斋会中，亡人持续至下一斋日之王处，此阎王要辨别此亡人所作的全部善恶。

若作七斋会时供养三宝，则生出无量福德。若作七斋会时，供养三宝，颂以十主之名与魂识之名，用此法就生出功德。如此产生的所有功德都会由称为“天曹地府”的狱吏录写，再将其交于名为“啰石苍吴哈天”的善恶童子。待魂识依次往幽冥官府，快到此处时注册于包括全部的“底稿”，到时则验名于此“底稿”而分别加以处理。以如此方式，无论魂识从何处来此，其人即可获释，立即解脱，生于安乐居处也。

在四十九天内，魂识留在死者的尸身里，祈祷儿女、夫妻、亲戚等人为自己作功德。一些夫妻、儿女，那些亲戚、失亲的甥舅想着为逝去的男人办七七斋。若违逾不作斋会，则彼人之魂识于彼阎王处流连受苦，不能超度解脱也。是故善男子，汝等需令此十斋会具足。

因此，你们这些尊贵家族之子孙，为什么会违背所释的内容呢？不要不全地完成斋会！如果你们中一些人不愿挣脱自己出［地狱］来，那就没有举行斋会的命运了。但如若解脱你自己的机会出现了，那就是不间断举办七七大斋会。在斋会的时刻，应该迎请佛陀像和具戒比丘到家里，画好赞请佛身后，应

〔1〕案：此句作者英译为“上弦第 15 日与下弦第 1 日”有误。藏语本为“下弦之尽日”与汉文本初一与十五相同（此点蒙李志明指出）。但汉语本意为只此两天办预修斋，并无办十次斋会的详说。更重要的是，藏文此段说明了其文本将《阎罗王授记经》与《佛说十王经》内容结合了起来。

献上鲜花并供香。在早上饮食供物都应放在盘子里，并用纸覆盖[1]。在宣念死者名字的七七斋时，食物应供在一旁。这样的时刻将成为好机会。

当死去的逝者始见大家为他做出了如此功德，非常高兴。他见到了佛身、听具戒比丘大声朗读佛经之声音，使他升起强烈的信心。他逝去之身将从地狱的痛苦中解脱出来，也不会遭受再干渴和饥饿。

若一些人于他们活着的在生之日作七七斋时，作斋会者的名字须要念及。如果这样作斋会的话，功德将增加七倍，还将获千万倍财富好运。然而，如果是亡者的儿女与亲人、兄弟姐妹、失去亲人的叔父或侄子、朋友、族人或门徒在其死后同办斋会，功德也再增七倍，但死者最多只能得到其中之一份，举办者则可得到其中六分功德。

为什么这么说？当耕种某地之时，烦苦并不来自耕事。那么痛苦之源在何呢？于此，除了农夫自己当时的行为之外，没有其他。其意义应如此而知。

赞曰：
四众修斋及有时，三旬两供是常仪。
莫使阙缘功德少，始交中阴滞冥司。

［尊重敬拜菩萨］

尔时地藏菩萨如此言曰：若善男子善女人，至此十阎王处时，因自利益，或因亡人斋会具足，则彼人得诸天敬奉。云何一凡夫得此殊胜诸天敬奉？则此世间人等能作善根，故殊胜诸天夜叉与行业主悟者阎王等八部亦欢喜，亲近彼人，起恭奉心，作广大福善者更不需说，自然应受敬奉。

尔时地藏菩萨、救苦观世音菩萨[2]、常悲菩萨、陀罗尼菩萨、金刚藏菩萨，弥勒菩萨各各还从本道光中，至如来所。尔时地藏菩萨如此宣说，言曰：奇哉佛陀，奇哉佛陀，五浊恶世无庇护者，是为庇护苦恼众生者，奇哉，依所说法，欢喜踊跃，我等五体投地，顶礼佛足。

图版 22
被菩萨胁侍的上师（布拉格 © 国家美术馆）

赞曰：
足膝脐胸口及眉，六光菩萨运深悲。
各各同声咸赞叹，悯勤化物莫生疲。

［死主宣说］

尔时一十八重地狱主，阎罗天子、六道冥官、礼拜发愿，若有四众比丘、比丘尼、优婆塞、优婆夷，若造此经，赞颂一偈，我当免其一切苦楚，送出地狱，往生天道，不令稽滞，隔宿受苦。

〔1〕案：汉文《阎罗王授记经》的经本中，有用烧供两盘纸钱来作预修供养文句。藏文本此处稍有对应，但文意不太相同。

〔2〕显然这是一种观音，尽管这个短语似乎不为藏文本所知。

赞曰：

冥官注记及阎王，诸佛弘经礼赞扬。

四众有能持一偈，我皆送出往天堂。

［向佛祷告］〔1〕

次行业王阎王因八寒地狱与八热地狱内众生受苦罚者，说偈白佛：

图版 23

天神使者。第十一图画面细节〔2〕

（布拉格 © 国家美术馆）

赞曰：

阎王向佛再陈情，伏愿慈悲作证明。

凡夫死后修功德，检斋听说十王名。

流传海中时上逼迫众生令空渡，无有垢污坏有故真性之恭敬礼。

诸有情之性为真实醒悟不能故，譬如流水依波涛涛飘流与同类。

真智风起获得希欲愿事我今众，四法轮之海中飘以当能无碍入。

因令世中显照光具足众者是时，向隅最中疾速行以尽皆令解脱。

罪过苦恼最中有情不留上救拔，魔与魔鬼众数中胜降伏择摄集。

四大天王行为国与家如皆绕时，汝之口内乃说此法广大乃兴增。

功德祈寻各自生者有情数实少，外者忘道以邪颠法欺违信者多。

此经受持者数地狱内者得解脱，写与写令者数咸盐河中无以苦。

超度解脱得时三世界中诸亲戚，永常不见罗刹鬼母数之身有见。

处地鸟以真实了毕地至时，富者是与敬应常乐寿限长得能。

此经之静信心以受持受持故，天王行为寿常宽放彼之恩报念。

诸人何当罪过无有因求欲数，邪法礼伏星占看数化虚言数中。

情有杀以食施烧施为作者，此情有数将定地狱执引是。

此经受持诸佛陀之名诵以，自之指示此诏令礼依行者。

金刚王锉剑手以受持与礼，将定切断绝当魔与魔鬼数。

诸明满者正等令心众者是，情有数者彼德功等众不能。

善为做因微尘等与实同类，罪过为因子者山之险峰同。

寿限无量等者何所得求数，若彼情有澄净心以此经写。

此经以地狱苦罚皆以令除，引持引以实真最终宫所投。

伏当诸碍施数彼之永守护，彼人不时亡夭与者不遭遇。

何所此经写之写令者等之，急速不觉以者诸业生起故。

天王者数行为手持导引以，菩提勇识等数迎受花散撒。

意随诸佛尊之世界内往能，萨耶

〔1〕虽然在中文原著中确实有韵句，但藏文只是不时地类似于韵句。因此，它在这里被翻译成散文。

〔2〕原图说明为第十一法庭。

八百千世生身续不断。

时长等持观念一了毕令时，手导引以金城邑内入能也。

以亡者名为作福善求寻诏，诸名以及十种斋会阎王名[1]。

［赞扬阿弥陀佛净土之偈颂］

此佛域净土本属阿弥陀佛，
较余净域更为殊胜，因称“极乐世界”（梵 Sukhāvatī，藏 bde ba can），
如手掌般平正伸展，
坐落于绿琉璃玉般大的底盆，
宛如一盘画成金色象棋图案。
疆域巨大宽敞且无边际，
内无粗糙痛苦悲惨事物[2]。
却有圆圈之形红色主调，
内可避无怒爱激情。
如若降诞彼佳胜境，
永离娑婆世界四生。
奇迹般化生莲花中，
为获此域安乐之时，
无需费力精进求取。
仅仅通过生在彼域，
就得高贵家世美貌佳体，
并具敏锐智慧光明有义。
生为男身且感官纯洁，
娑婆世界四大元素名亦不存[3]。
其质充溢原初智慧之风，
滋养只需食冥想聚注之物，
衣饰只需冥想集思的禅悦。

请勿疑此、法力无边的佛与菩萨，
如若获知愿往生西方净土者已与人祈求，
愿望就会被系念往生西方净土终将实现。

［3. 亡者十主］

［死者的第一主］

（第一主的画像）

第一七日，亡者来到死主处，主称名为秦广王（Khyung dbang wang）。

赞曰：

一七亡人中阴身，驱将队队数如尘。
且向初王斋点检功德，由来未渡毒雾奈河津。

图版 24

第一王（布拉格 © 国家美术馆）

在七七斋的第一天时，亡者们见到了秦广王。他于此时问道：“你，人子，哪些是你的美德和邪恶？”由［地狱］以外的嫡亲，如儿女、后代、伴侣、朋友，也可能是所有心爱的人，来举办斋会是非常重要的。由传承净纯的比丘来

[1] 因西夏文此处为 13 字、西藏文为 13 音节，汉文为五言七言交错，所以此长段参用西夏文回译，虽不够协调，好于回用汉本。参张九玲《疑伪经文本构成的复杂和奇特——以〈十王经〉为中心的考察》，《宝鸡文理学院学报（社会科学版）》2023 年第 1 期。

[2] 由于结尾部分的经本纸张朽坏，抄写中有着明显的遗漏误失，所以此处的英译只是尝试性的。

[3] 指“地、水、火、风”四大元素，为构成人之身体的“粗糙”物质。

背诵一些净法经典，在七七的斋日，上献神灵，下施魔怪。此位亡者可获上好天神位或中佳的人身之地位。如果未作功德，死者惟有受苦。这一功德非常重要、相信此话同样非常重要。

［死者的第二主］

（第二主的画像）

第二七日，亡者至死主处，将要见到名为初江王（Hung wang）之主。

图版 25

第二王（布拉格 © 国家美术馆）

赞曰：

二七亡人渡奈河，千群万队涉江波。

引路牛头肩挟棒，催行鬼卒手擎叉。

在那一天他们见到了称为初江王（Hung wang）的死主。牛头典狱手拿钟杖，以绳索套住死者脖子，领其走在前方，执戟马面紧随着迫其进入［水中］。这也是铁铸系挂在恶者头上之日。如果在第二七斋举办斋宴，且做佳好善功美德，那么其人就会从铁棍的重惩中解脱出来，将获得天道或人身之位。若对做善功美德没有任何努力，曾有劣迹者必遭痛苦折磨。拥有属于自己的善功美德非常重要、毫无疑问非常重要。

［死者的第三主］

（第三主的画像）

在第三七斋日，亡者将来到被称为宋帝王（Ju hung wang）的死主处。

赞曰：

亡人三七转恓惶，始觉冥途险路长。

各各点名知所在，群群驱送五官王。

图版 26

第三王（布拉格 © 国家美术馆）

在那一天，他们将遇到的死主是宋帝王（Ju hung wang），然后会被其狱卒领入朦胧黑暗中，所以不能互相识见，且那时将入者是近边地狱。斋会（去做）善德即需举办。如果这场斋会，向上（神灵）奉献一份好礼，向下（魔怪）施予一份佳物，邀请比丘四僧，为他们斋供食物并做唱颂大曼陀罗之仪式，念诵经文向善洁努力全得执行，他们就将会转生于天堂或余处。没有向善根的努力，惩罚就会降临缺乏者的身上。拥有心爱者的人们啊！向善努力是非常重要的。

［死者的第四主］

（第四主的画像）

至七七斋的第四日，亡者来到死主处，名称为五官王（Khu gan wang）。

赞曰：

五官业秤向空悬，左右双童业簿全。

轻重岂由情所愿，低昂自任昔因缘[1]。

图版 27

第四王（布拉格 © 国家美术馆）

在那天，黑白童子因分歧发生争吵。黑童子说："黑（恶）占上风。"白童说："白（善）占上风。"就在这时，死主以肩杠运秤，衡量死者的善恶轻重。如果没有找到一些［地狱］外某人以智德捐赠的玛尼（过去念颂的咒语）片断，那么，这正是他们自已去努力办七七斋会并［诵］玛尼［咒］的非常重要之时刻。如果他们尽量多吟诵玛尼咒，而且自身也努力向着观音，毫无疑问将会获取高位的天神和人道。如果没做，就决无可能。一般来说，如果努力作功德或向美德，亡者此后就会获得人身。避免邪恶很重要、向美德努力非常重要。

［第五死主和天使］

（第五死主的画像）

［审讯和业镜］

图版 28

第五王（布拉格 © 国家美术馆）

［五天使者］

到了七七斋的第五日，亡者们将至死主之王处。当他们到死王时，总是追赶和捉拿死者的恶魔（Srin），即刻对王说出下言："主啊，想想下一个！当此死者住娑婆世界时，他就以很多的背德方式行事。他不尊敬父母。不尊重出家人，他不走正道，没有追求价值。在其一生中，他追随肉体的欲乐，不怕在来生受到业报惩罚之苦。王啊！现在我们请求［您］，再一次质问他。"他们这样说到。

听此请求，死主王者如此发问："嘿，人子，当你曾处自境时，在美德和邪恶方面做了什么？直接说！"

然后死主王坐在了死主们中间。死者看到他可怕随从和令人惊怖的恶魔和一个个持有武器的狱主们，由于强烈恐惧害怕，他眼环四周身体畏缩。后来才用颤抖的声音谎称已做未做之善业，未做已做之恶业。他表现出礼貌，故弄玄

[1] 此处原件有残损。

虚，引人入坠。听闻此话，死王想起了三毒之力和轮回之苦，如出生、衰老、死亡等等，发出深深叹息，响亮的声音仿佛回声回荡，他指示随从恶魔："把这个人带到业镜前，让他看自己的行为！"当他们听闻此话，就把邪恶的死者带到业镜前，向他展示其行为。此后，这人在娑婆世界中所做的一切事情和时地，几乎无一例外地为人所知。一看到它，死者口中就因恐惧而干涸，他望着天空哭泣，后悔地痛击自己胸部，向四方祈祷。此时，恶魔们押护着他，拖回死王面前。

然后，死王问道："嘿，你这个人子，你做的什么事被揭露了？"死者如此害怕，以至于所站之处都随着其颤抖。他后悔地祈祷了成千上万次（他说）："如果你直接问我自己做了什么事，我后悔没有做任何好事。不知道功德之来源，我做事的心为无知蒙蔽如金刚"。

见死者如此行事，死王就说："嘿，你这个人子！你住在自己的国和城里，没有看见五天神的使者来到吗？当时你为什么不做好事？"他这样问。那个死人想着五个神的使者，但他一点也记不起来了。"王啊，我不认识众神的使者"，他说。

［第一天使］

然后死王问："当你的心灵和意识住身未离时，你看到了出生的"现象"吗？如此现象中，小婴儿出生时血和脓混合在一起。奶妈抱走［小婴儿］清洗，那时好与坏是分不开的。无论在何处，也有杂质在哪里，你没有看到那杂质吗？"于是他问道。

死者说："我看到了你所说的。"然后，死者之王又问："这样，在那个时候你能认识到这出生现象不是与你自身分离、也就是你自我吗？你没有能到（如此认识）这种现象，因此就没有认识到好坏之间的差别吗？它造成身体、心灵和言语的价值。为什么你没有这么想？"于是，他又问那个死人。

"天哪，我感知到了所有这一切，并且知道了我放肆的行事。"他确此回答。死亡之主说："由此，体验放肆的结果！父母、国王、大臣、神和僧众中没有人强迫你如此放肆行事！这些恶业委实都仅仅是你做的。无论是恼怒还是冷酷无情，都是你独自所行。体验你自己［的果实］吧！"

［第二天使］

如此说完，他又问，以揭示第二个天使："嘿，人子！你看见第二个天使临近吗？"死者说："我没见过。"死王紧接着问："你没有看到衰老吗？无论是谁，都得［经历］这种现象。当其来时，头发变白，身体精疲力竭，牙齿开始脱落，呼吸急促，心脏怦怦直跳；被轮回过程震撼和摇动，就像压出 Rudraksa［宝珠］后剩下的无价值废物。你没有看到这样的存在吗？"死者回答说："天啊，我看到了。"然后，死主接着说："如果这样，你当时（意识到）衰老现象也有你自身吗？那个自我不会变成与它不同的［样子］。因此，自我不会超越这种现象。在身体特征和力量耗尽之前，应该由身体、言语和心灵产生优点。你为什么没有想到这个？”由是他问。

然后死者答说：“天哪，依我所知，我的行为不道德。”他这样说，死主宣称：“如果是这样，那就得充分体验不道德的异熟果或果报！当你不守规矩之时，你的父母、主人、神、比丘和其他人，都没有强迫你这样做。这些都是你自己的行为。无论你向谁或对谁发怒、无同情心，你自己的这些恶业都要自己承受！”他如此而说。

［第三天使］

在结束其宣判说后，他问了以下几个问题，以引出第三天使：“嘿，人子，你看到第三个神使来了吗？”死者说：“天啊，我没看见他。”死主继续问道：“你见过疾病的诸种现象吗？受疾病折磨的无论是谁，都会改变肤色，骨骼负担过重，所有的关节中都有无法忍受的疼痛和发热，为口渴所折磨，因此他呼天抢地，不能停留在任何地方，也不能睡觉。你见过这样的痛苦吗？”那个死者说：“是的。”〔1〕死主接着说：“众生之一啊！既然如此，为什么你不认为这种疾病现象当时也存在于你自身中。你的自我将不会与此现象分开。因此，在这种现象出现之前，在身体的特质和力量耗尽之前，应该尽快地做出一些善事。你为什么不这么想？”于是他问道：“哪一种看法可以引导往生者走向解脱之路？”“你为什么不考虑呢？”死主［再次］问说。

此死者答说：“神啊，我一直追随我的认知，因此一直活在刚强我慢之心中，这就是我未能识见到此深刻洞见的原因吧。”死主对此宣说：“如果这样，人子啊！你就要经受这样我慢之熟果！不是你的父母，哥哥或姐姐，儿子或女儿，妻子，兄弟姐妹等亲戚教你，让你做出我慢刚强。这些都是你自己业力所为事，所以必须你自己经受［其结果］！”他就这样说。

［第五天使〔2〕］

在言此判说后，死主问了以下几点，以揭示出第五天使：“嘿，人子，你没有看到第五个天使来吗？”那个死人说：“我没看到这个神。”然后，死主询问如下：“当你生活在娑婆世界之时，你从未见到过罪罚之事吗？国王、领主、将军、狱卒和家长诸位各在地其地的惩罚行为吗？不管是谁，无论何时，凡是受到如此惩罚的人，都被拉在地上，用柳枝和长棍殴打，直到枝杖击坏为止。你没有看到类似的情景吗？”死者回复说道：“神啊，我见过。”同时他对死主所说补充道：“关于相似（就你所描述的）的事情，当我活着之时，是按照我慢的认知做了不道德的事。”他如此告诉了他。死主就此宣布说：“既然如此，没有任何的别人会强迫你这样行事。这些都是你自己的所作所为。你

〔1〕阎王复问：“子为人时，天使者次第到，宁能觉不？……汝自以愚痴作恶，非是父母君天、沙门道人过也。罪自由汝，岂得以不乐故止乎？今当受之。”是为阎王正教现第二天使。

〔2〕藏文修订。文中说“第五个”，但第四个应该合乎逻辑。案：藏文中第四、五天使次序颠倒。

不能抱怨别人。你将要体验你自己的业力［结果］!”他如此宣说。

［第四天使］

在结束演讲后，死主提出了以下问题，以揭示众神的第四个信使：“嘿，人子，你没有看到众神的第四个信使来吗?”死者回答说：“我没有。”再一次，死主问下列问题：“你从来没有看到过死亡的现象吗?凡因死亡而出现，被丢在坟地上，秃鹰和乌鸦聚集在那里，被狗，狐狸，狼吃掉或拖走，或扔在乱葬岗上被火焚烧。你没看见过吗?”死者说：“啊！我见过。”而死主又说：“如果是这样，你当时为什么不认为这种相同的死亡现象也会有你在其中，而且不可能从中避免。因此，在你随之达到这样的现象之前，你应该迅速地做出三种善德之事。[1]见过可怕的尸体，例如带着应受折磨的母牛之尸体，［你应该想到］它们死后会落入地狱屠夫的手中，苦罚就不用说了。如果心思敏捷紧随着［做］功德，就不会经历这种痛苦了。为什么你不这么想?”他如此问道。

“请记着，神啊！那时，我的肉体正在寻找着快乐。若未至粗慢的话，我就会分析何为好品质。但是我却不能这么想。因而，我对此产生了矛盾，成其为反面了”。

听了他的申述，死主继而宣说：“如果是这样的话，体验这种粗慢非诚的果实!”这不是你的父母、主人、国王、大臣、上神、护法或苦行僧迫使你在缺乏直接分析的状态下如此行事。这些都是你自己做的。你绝不能生气、减少、责怪别人。你自己得经受自己做事的业力，随着业力通过你自己的心智形成轮回（saṃskāra[2]）五道，当他仅仅这样说的时候，死主形成了［他的新］身体，并为移其到他最终所居之道、向着死者展示了出来。

［功德与价值回向的重要性］

因此，以同样方式、根据所作功德之数量，改变七七［斋］的第五关。如果念诵死者的名字，并将功德回向于死者，死主就会高兴。如此功德价值出现在业镜中，死主甚至会赦免和释放他。然后，他将会上生于神圣的居所——佛域。如果那人并没有做过功德，那日也没有举办斋筵，那么结果就是地狱的看守就会带他去经受苦难，他也得站在更多的死主面前。

但是，如果为了死者的缘故而做出了宝贵的美德，而且在念诵［死］主的名字的同时也念死者的名字，死者就会从此释放出来得解脱。如果没有念诵这些名字，地狱之主就会抓住死者，把他扔进大地狱。所有这些可怜的有情众生都是腿脚向上，头面朝下地被投进地狱。只要地狱之火一碰到他们之身，死者之体就会变成地狱的尸体。然后就很难从那里被释放而得解脱。

［1］布施、道德和冥想。

［2］saṃskāra 本为印度家祭或行祭，轮回为 samsara，在此仍属轮回五道之义。

地狱里的热苦之期是无法估量的。如果［死者］有丈夫或妻子，那些与他亲近的善良有情，陪伴离去的他之亲戚和朋友、他们为死者的原因于三年内、在十主的日子里举办斋会。凭借着回向的功德，他将被释放，从生于地狱遭受种种痛苦中释放与解脱出来。如此做成了功德回向，对那些在七七［天］时日里完成所有［斋宴］的人来说，积聚了善报。因此，那些有信仰和成熟（善业）知识的人，他们应该完全和彻底地学习此经的教导。无论是为了他们自身，还是为了其家庭成员，都应该纯心地实行。

这些指示是如来佛陀即将“超越苦难——涅槃”时的遗嘱。所以，将这些教导牢牢记在心里！

［简叙见第五位死王］

赞曰：

五七阎罗王息净声，罪人心恨未甘情。

策发仰头看业镜，始知先世事分明。

在见到第五位死王的那一天，黑白双童分歧争论。白童说：“善德胜。”黑童说：“邪行胜。”［随之死者］手执三叉戟的牦牛头典狱长将死者拖到死王面前，这天正是观察业镜之日。因此，做完善德根之斋会非常重要的，当心啊！

［死者的第六主］

（第六位死主的画像）

到了七七斋的第六日，他们来到了称为变成王（Phyin wang）的死主处。

图版 29

第六王（布拉格 © 国家美术馆）

赞曰：

亡人六七滞冥途，切怕生人执意愚。

日日只看功德力，天堂地狱在须臾。

那天当见到称为（变）成王（Chin Wang）时，狮头典狱长抓住死者、逐个捆住腰股。与生俱来的黑白双童，已记下了他们所做的美德和邪恶，并展示给死主看。第六位死主宣称了将死者从幽冥进一步放逐的判决。这是宣判的日子，通过［地狱］外面的至爱亲朋举办斋会非常重要。儿女，孙辈，母舅，密友，无论是谁，要向好师父献供品。如果这事没做，重要的是必须举办四众参加之斋会，由一位高行比丘为首来大声领唱仪式。

［第七位死主］

（第七主的画像）

到七七斋的第七天，来到名称为泰山王（Tha'i shan wang）的死主之处。

赞曰：

七七冥途中阴身，专求父母会情亲。

福业此时仍未定，更看男女造何因。

第七七日冥途魂识相问最后谁为已祈，若此些许罪业可不计入。所问子孙等为我造何许福业。

图版 30
第七王（布拉格 © 国家美术馆）

在七七斋的第七天，他们遇到泰山王（Tha'i shan wang）死主。仍在昏暗途中的死者互相诉说罪业和祈祷者、因他们所遭难苦由此而来。他们后悔，因为知道这是在娑婆世界时不行善的结果。因此，他们呼吁其子女造作美德。如果［地狱］外的儿女们做出了优胜功德，死者将在上天的领域重生。如果是中等功德，他就会得到诸天或人道地位。如果他们未作功德，那他就会进入恶趣中再生。

［第八位死主］

（第八主的画像）

到了七七斋的第八日，他们来到了称为平等王之处（Chirci Wang）。

赞曰：

百日亡人更恓惶，身遭枷杻被鞭伤。
男女努力修功德，免落地狱苦处长。

呼喊道：为我做了什么功德啊，放我出狱，免我受苦！

图版 31
第八王（布拉格 © 国家美术馆）

第八位死主平等王（Phyir ci wang）出场时，问了一个简短的问题："你做了什么美德、恶行？人子！"执斧的牛头狱卒抓住死者，把他放进了碓磨机里。在此中，水牛头监狱长碾碎了他的腿。死者呼唤着父母、子女、亲戚和亲人，哭泣着叫道："做作功德吧！"如果死者是个恶行人，那天就是他被碓磨压碎的日子，如果这天做出了佳善美德，他就可以摆脱惩罚，假如已被罚下地狱，得到肯定后将会被释放。

［第九位死主］

第九死主的画像

在七七斋的第九天，他们来到了名叫都市王（Tho shing wang）这位王者处。

赞曰：

一年过此转苦辛，男女修何福业因。
六道轮回仍未定，造经造像出迷津。

图版 32
第九王（布拉格 © 国家美术馆）

在第九斋日，死者遇到称都市王（Tho shing wang）之死主时，他说："你有罪，将被体罚。"邪恶人偷减重量，欺少体积，不尊敬主人、不孝顺父母，曲解一切三宝；两个牛头军将使他们这些人经受各种痛苦，如锯解，被热烤在釜里，舌头像田地一样被犁。他们呼吁自己的儿女："快造做一些美德啊！"如果在那天举办一场盛斋，他们将从惩罚中解脱出来。重要的是呼吁在一年期办斋会并吟诵［经本］文字。死者如果不能忍受［痛苦］，就无处可去。要记住啊，造立佛像、写出［佛］言、立起佛塔，如此等等，都是非常重要的。

［第十位死主］

（第十主的画像）

在七七斋的第十日，他们来到掌管六道轮回本源的死主处，这位王者名叫转轮王（Jo lun/lung wang）。

赞曰：

后三所历是关津，好恶唯凭福业因。
不善尚忧千日内，胎生产死拔亡身。

图版 33
第十王（布拉格 © 国家美术馆）

在七七斋节第十日，他们见到了主宰六道的法王——转轮王〔1〕。轮王随后问道："你，人子！当你居住在人世、娑婆世界时，你作出了什么功德？你有什么恶行？"那些履行美德的人多数都大声地说："我做了如此如此、这样那样的美德。"王就向他们展示出轮回中的上好之道，并说："去吧！"那些有着劣迹大恶之人无法正视死主、他们已近窒息，声音颤抖、什么也说不出来。他们自己做的恶业引起的害怕和恐惧迫近着。因此，在七七斋日去举办斋会非常重要。

［六道十地之展述］

（无名死主之画像）

现在关涉［菩萨］的阶地和诸道层级。

［菩萨］十地阶段，是从第一个欢喜地（梵：pramodā，藏：.rab tu dga' ba）开始。第十一阶是普贤，因此共有十一个阶段。这是根据大乘波罗蜜多（pāramitā）而分类的。

---

〔1〕案：汉文本说是"五道轮轮王"。藏文有所不同，且此处与同页之前的情况亦不同。

从第二层说，有两种道路趣地：世间道与出世间道。其中第一种是娑婆世界的道路，主要是有情众生依以出生的六种途径。关于投胎受生，现在阐示：当趣入黑色路时，就将出生往地狱（有菩萨伴随的大师画像，格鲁上师的画像在左边）。趣向烟色道路，此含识将生为饿鬼（preta）。趣进绿色路径，此有情出生后为动物。进入黄色道路，此一众生生而为人。进入蓝色道径，就会作为阿修罗而生。进入白色路，那个有情含识者将生在天神居所〔1〕。当堕入下三恶道之时，若获取了大福善功德，其所生就可逆转颠反。

关于第二种超越娑婆世界之路，内中实有两分：小乘之路和大乘之路。小乘之路径是声闻（梵：śrāvaka，藏：nyan thos）和缘觉（梵：pratyekabuddhas 藏：rang rgyal）的道路。这两者是从［菩萨］修行的第一阶段欢喜地开始、到第七阶段完成的，到达了此地，他们的路径就结束了。

第二层，大乘道路的路径是双重的：密咒乘与般若乘之路径。关于其中的第一个，密咒乘，它有十三个阶段，从第一个阶段到“持金刚”阶段。第二个，般若乘有十一个阶段，从菩萨第一阶欢喜地，直到普贤菩萨。

在大乘［之路］之中还有修学道和无学道。关于其一，它是从第一阶欢喜地，直到第十阶［菩萨阶段〔2〕］。其二是从第一阶欢喜地，直到第十一段，普贤菩萨阶段。在［学习之路］的任何一个［菩萨］阶段——上至预备之路的知识都在被唤醒。〔3〕

神奇显现的第八地菩萨，就是阎罗法王 Dharmar 即死王自己〔4〕。据说就是他派出了信使——一个穿着蓝色衣服、骑着黑马，手拿五颜六色彩旗，由猎鹰和狗引领，到处去察看含识有情所有众生、他们自己和亲人，是否能坚持不变地信仰善业，是否能关注和想象来世的生活，是否作出了功德，他们是否向上（神）献贡礼，向下（地上和地下的含识众生）布施。

在一个人心中永远都非常小心是很重要的。重要的是［思考］来世即下辈子，［知道］今生只是一瞬间。由此，避免邪恶和造作功德就是非常重要的。

（有多彩如虹般的路径之画）

---

〔1〕案：《正法念处经》：“何者是青？不善业摄地狱之人，入闇地狱，是青生死。比丘如是缘于相想。何者是黄？黄色业摄生饿鬼中，互相加恶，迭共破坏，如是饿鬼是黄生死。比丘如是缘于相想。何者是赤？赤业所摄生畜生中，迭相食血，于血生爱，是赤生死。比丘如是缘于相想。何者是白？白色业摄生于天中，彼人白业，善道宝价，买天人生；天欲退时……人中欲死……生于人中。如是天人是白生死。”此经所说皆收在比丘观行诸道地中，与此联系菩萨十地不同。《大正藏》17 册，19 页。清大义《法华集成》有引述，但加出了紫色修罗。《万续藏》32 册，396 页。对比可知，数说中诸色彩并不相同。

〔2〕这种陈述似不对。学习的“积累”（tshogs lam）和“预备”（sbyor lam）之五条路径在菩萨第一地之下。第一地菩萨至对应于“见”之第三路，菩萨第二地到第七地对应于“冥想”之路，第八地到菩萨第十地对应于“非学习”之道路。

〔3〕同样，这一措辞似乎是错误的，见上注。

〔4〕案：汉文本授记部分说阎罗王来自不可思议解脱不动地，“不动地”即菩萨第八地（即《华严经十地品》菩萨十地境界），“不可思议”解脱菩萨有时化身为魔王《维摩诘经》。

［4. 浓缩经要［1］］

我合掌在殊胜慈悲之主［观音菩萨］面前致敬！此《阎罗王经》是尊敬的［释迦］牟尼在他的身体即将证展“脱离悲苦”［2］方式时，在娑罗双树间为所有众生思虑后所宣布的遗说。他教导说，举办十斋是非常重要的，在众生逝去后的第七天首先举办七七斋第一会，然后是七七斋的第二会，再过七七斋的第三会、续七七斋的第四会，继七七斋的第五会，又七七斋的第六会，末为七七斋的第七会。然后经过一百天，一年的斋日，再加上逝去三年的第十次斋。如果举办斋会，没有依此正确顺序是不恰当的。

原因是，在七七斋的第一个关头，他们遇到了死主（秦广王 Khyung wang［3］），这是他讯问死者拥有什么恶行和美德的日子。如果为了加强功德，一个善主和洁行比丘在斋会布施了丰足和吟唱了深广经文，死者将会上升到达天道并将会被释放。如果没有在七七斋的第一个关口举办斋会，死者的惩罚将会被强加，而且不知他将入哪个三恶道中持续其悲惨状态。因此，努力办斋会是非常重要的。

在七七斋的第二个关口，他们见到死主（Hu wang［4］）来审讯他们的罪行。如果他们是厚积功德且举办斋会，他们将会进入到良好生存状态。如果没有在七七斋办法会，那天就有牛头狱守抓住死者并用铁锤砸其头。如果［死者］有一些挚爱亲友，重要的是在七七日办斋会并作功德。在七七斋的第三日，他们遇见了死主（Hung wang），讯问他们的邪恶行径。如果他们的功德占上风，且在七七斋内努力作功德、赠授深厚布施等等，死者就得释放并获益。如果恶业更盛，七七斋日没有如期办会，那天就会有两个狱守，一个牛头、一个狮面，手执三叉铁戟，在地狱中镬汤锅里沸煮死者。因此非常重要的是，无论亲近者中是父母、子侄、朋友和同伴，其中任何人都要努力为死者争取利益。

在七七斋的第四关，他们遇到了死主（Kun wang），他问及他们的罪行。这是美德和恶业都被放在天平上的日子。如果功德更盛，且此七七斋会办得好，那么这一死者将获得解放。如果恶业更重，且此斋日在七七关头没有举办，就仍不知他会去哪里。亲近的人该做什么？重要的是作功德、反复背诵玛尼咒来求取。

在七七斋的第五日，他们见到死主王之面。他讯问他们的罪行，这是照业镜的日子。两个业力童子，白黑各一，因分歧而争论。白童子说这人的功德多，黑童子说这人恶行多。他们都转向了死王，他面对水牛头典狱长说：“带此人和他的俱生神一起去看业镜！”牛头狱卒右手持三叉戟、左手拿系死者之腰的红色套索，带领他看镜中此人之事

［1］案：此处原文为“浓缩心经”，但意为浓缩此经若核心、与《般若心经》基本无关，只是开首用观音菩萨，第四王处有摩尼［六字］明咒内容。

［2］案：即“涅槃”。

［3］此节内藏文死主王名与汉名并不对应，也异于本经其余部分。参见上表。

［4］此经藏文中初江王的对译不太一致，下同不注。

迹。他的所有业行都映现其中，即死者居娑婆世界时的种种行为，如不信三宝，无视上师，粗对信仰，轻蔑回答父母，以及（其他恶业）如不信白黑之事，计量不实，用秤欺骗，偷窃、抢劫与殴打，挑拨僧侣之间不和，贪图僧侣财产，诽谤僧人，杀死许多动物，撒谎，恶意闲话，欺骗装货重量，架鹰走狗打猎，背离功德。所有这些可怕恶业都出现在此业镜中，[死者]再次被带到死王面前。他问："你个人子！从你住在娑婆世界时候算起，在业镜中出现了什么功德和恶行？"由于被王者的光辉慑服，并受到典狱长的极大惊吓，他无法说话。死王又说："嘿，人子啊！你居于娑婆世界之时，难道没有看见我的使者，穿着蓝色衣服，骑着一匹黑马，右手拿着五彩旗帜，跟着狗和猎鹰来到吗？"

他说："我活着时看到了。"

"那么，你难道没有看到先后相继派出第二到第五个使者吗？嗯，你没有看到娑婆世界中的出生、疾病、衰老、死亡和其他之苦吗？"

他答说："这些事我见到了。"

"那么，你自己做了什么，体验一下（它的后果）！当时，你居住在娑婆世界时，你没有看到王者判处的许多'黑人'受杀戮、切割、殴打、监禁[和其他]惩罚吗？"

"我看到了。但是，我有年轻贪壮的肉体和血液，我被娑婆五浊世界所淹没引导，没有认为它们真实。"

"那么，当你犯下如此不堪恶业时，父母、国王、大臣、神祇、比丘、亲戚和朋友没人强迫你做。这些是你自己做的事情，所以不要用愤怒和不快责怪别人；一个人的业行是自己做的，就得经受[其结果]!"当王说时，死者们立即被狱卒带走。其有些人被用杵捣，有些人被汤镬煮，有些人被铁锯解成碎片，有些人被镣铐铁丸，有些人被缚于剑刺树之干，其中有些舌头被犁，有些被杖打击。遭受苦辛气氛中，亡人悔恨地捶胸顿足，大呼其亲朋好友："赐我福善功德为礼吧！拯救我出离此恐怖中吧！"如果死者中有亲近人，在七七时很好地做办斋会，功德通过献给上[神]之礼品和施予下[灵]的物品而至，那些善德力最强的人会上升佛域，那些中等功德力的人会获得神或人道，功德最低者却仍然不知其将入三恶道之何一。因此，努力举办斋会非常重要。

在七七斋的第六关口，他们遇到了死主变成王（Phyir wang）。那是狮头典狱长把死去的人带到审判处之日。向着功德并努力[执办]斋会非常重要。

在第七七的第七斋，他们遇到了死主泰山王（The'u shan wang）。水牛头和牛头的看守把死者放在中间、用杖击打。这是审判的日子。重要的是在第七七日办斋会争作功德。

在斋日的第八个关头，他们遇到了平等王（Ci wang），由他来问罪行。那一天，两个牛头看守把他们挤进碓机。向功德而努力[执办]斋会是非常重要的。

在七七斋的第九个关头，他们遇见

了都市王（Tho shing wang），由他审问他们的罪行。那是两个牛头看守用锯解其为碎片之日。在七七［斋］的第九个关头，争取［执办］斋宴是非常重要的。

在七七日的第十斋，他们遇到了六道之主、死主转轮王（Co ling wang）。他问审他们罪行，然后他们进入善或恶之道。在此六种道中有一条白色之路、蓝色小路、黄色小路、绿色小路、烟雾弥漫小路和黑色小路。那些普遍具行功德的人们走上了白色的道路，并获得了天神等级。那些普行欲望的人走上了黄色道路，获得了人的地位。那些心怀仇恨的人走上了蓝色的道路，获得了阿修罗的地位。那些多为无知的人走在绿色的道路上，将在动物中出生。那些普行吝啬的人开始在烟雾弥漫的道路上，并将出生为饿鬼。那些普行恶业的人走上了黑暗的道路，将在地狱中出生。地狱中有八个热地狱，八个寒地狱，近边地狱和周围地狱，总共十八个。一个人必须努力使己不在那出生。如果一个人生在那里，就必须经历长期的痛苦。作为一种避免痛苦的手段，重要的是要造作佛像（即雕像和绘画），抄录佛经并吟唱，造［佛塔］。当出生在饿鬼道，就有许多痛苦饥饿和贫穷。作为一种逃避的手段，重要的是努力布施物质的财富，提供免于恐惧的庇难处所，给予法物布施等。在畜生中出生，就会有遭受更多迟钝和愚蠢的痛苦，那些更强大者杀死那些不那么强大者，弱肉强食的罪恶很多。作为一种避免的手段，充分遵守誓愿和放弃任何杀戮和伤害是很重要的。当出生在阿修罗道的时候，战斗和争端带来了不可思议的痛苦。作为避免陷于其中的手段，去思考爱、同情和容忍是很重要的。当出生在人类中，有来自出生、衰老和死亡的不可思议之痛苦。持续努力于六种完善是很重要的。当出生在众神中，有不可思议的堕落痛苦，即死后入（再生于较低轮回），五重亡迹及其他。作为补救办法，重要的是冥想厌离自己的身体，自己平和与安适地一心专注，追忆死亡和无常。〔1〕

心中记挂他以后的弟子

十号具足导师的佛陀，在他将临涅槃之时，对死主宣称了浓缩“心要”作为遗嘱。

当心智形成至人生至变之时，要努力追求四条基本准则〔2〕，在七七斋的各个关口，按照此经所载内容来举办，从第一到第十次斋。

不要在四项准则处挣扎，在即将去见死主的那一刻，除却三宝并无其他避难所。

如果一人具有其体贴者，通过信仰和依赖三宝，就会由衷地接受益于他的祈祷。

〔1〕从大乘观点来看，神与人两者都被认为是阿罗汉的低目标。

〔2〕依藏语此四条准则为：信赖、忏悔、不再犯错、解毒。

如若祈祷者为自身利益而预修，他定将会获得最高利益功德，而且无论暂时或最终，都将获得无病长寿之舒适。最终快入解脱之道路。为之奋斗和努力吧！聪慧的人子，庄严阎浮提的善美良德之燃升！

一旦宗教斋日完成，由死者带来十种功德在成熟、并从受苦中解脱出来，他将出生在天神住所。

为此缘故，儿子和女儿，或是父亲和母亲、丈夫给他的妻子、或妻子给她的丈夫，哥哥给弟弟，弟弟给他的哥哥，叔叔给其侄子，侄子给其叔叔，其中无论是谁，任何人对如此亲友都将思忖应该相互偿还对方恩德。当他们回向基本功德并做高一层美德时，根据这篇经文指明的内容，他们要绘画佛像，书写抄录此经卷全文，完全执办十个斋日。他们报偿这个承受人的恩德。

赞曰：

一身六道苦茫茫，十恶三途不易当。

努力修斋功德具，恒沙诸罪自销亡。

死主实时对其随从们宣说：

我会派去永久守卫这条十字路口的牦牛。

最后，我会保护那些深愿西方的人[1]。

赞曰：

阎王奉法愿弘扬，普告人天众道场。

我使药叉齐守护，不令陷没永流行。

［5. 结尾部分］

死主稽首世尊，狱中罪人，多是用三宝财物，喧闹受罪，识信之人，可自戒慎，勿犯三宝，业报难容。见此经者，应当修学。

赞曰：

欲求安乐住人天，必莫侵凌三宝钱。

一落冥间诸地狱，喧喧受苦不知年。

尔时琰魔法王，欢喜踊跃，顶礼佛足，退坐一面。佛言：此经名为《佛说阎罗王授记四众修七斋往生净土并五天使示教经》，汝当奉持，流传国界。依教奉行。

赞曰：

阎王退坐一心听，佛更悯勤嘱此经。

名曰预修生七教，汝兼四众广流行。

佛说阎罗王授记四众预修生七往生净土经，普劝有缘预修功德，发心归佛，愿息轮回。

赞二首：

赞曰：

一身危脆似风灯，二鼠侵欺啮井藤。

苦海不修船筏渡，欲凭何物得超升。

第二归佛修心赞：

赞曰：

船桥不造此人痴，险遭恓惶君始知。

若悟百年弹指过，修斋听法莫教迟。

［1］显然是指阿弥陀——西方的佛。

[6. 弥勒的真言陀罗尼[1]]

梵语曰：Aryamaitre apratidhananamadharani。

藏文：此真言为弥勒誓言

我致敬三宝。

我致敬释迦牟尼佛、成就世尊、如来和阿罗汉。

我致敬那赋予不可思议神圣的菩萨摩诃萨。然后，崇高的弥勒菩萨摩诃萨宣说如下陀罗尼，为大愿誓言之精核：

Namo ratna tayāya. Namo bhagavate sākyamunaye tathāgatāya arhate saṃyaksaṃbuddhāya. Om ajite aparajite ajitañja hara hara. Mitryavalokite kara kara. Mahāboddhi maṇḍavīje smara smara.

这是根本咒。

Ommohi mahamohi svaha.

这就是精心咒。

Om muni muni smara svaha.

这是粹咒。

美德！让所有众生从其深邃的法身状态中彻底平复一切邪恶，污蔑和倾向。让他们来到一切有利的环境和财富。善哉！吉祥！圆满！

[1] 陀罗尼文本有部分腐坏严重（改为：此处陀罗尼错讹极多）。因此是在其他文本的帮助下重构的，即 Gar gyi nyi ma，G. yang skyid，2001，15 页。

参考资料（节略）

西藏来源（略）

其他来源：

Cuevas, Bryan J., 2003, The Hidden History of the Tibetan Book of Dead《西藏生死书秘史》. New York: Oxford University Press.

Duncan, Marion H., 1998[1964], Customs and Superstitions of Tibetans《西藏人的习俗和迷信》. Delhi: Book Faith India.

G.yu'brug; Stuart, C. K., 2013, Rgyal Rong Tibetan Life, Language and Folklore in Rgyas bzang《嘉绒藏族 Rgyas bzang 村的生活、语言和民俗》. Asian Highland Perspectives.

Gouin, Margaret, 2010, Tibetan Rituals of Death: Buddhist funerary practices《西藏死亡仪式：佛教丧葬习俗》. London-New York: Routledge.

Dorje, Gyurme, transl., 2005, The Tibetan Book of the Dead: First Complete Translation《西藏生死书：首次全译》. London: Penguin Books.

Haack, Harald, 1986, Höllenqualen: Bilder zur altchinesischen Mythologie《地狱的折磨：中国古代神话中的场景》. Dortmund: Harenberg.

Halkias, Georgios, 2004, Tibetan Buddhism Registered: a catalogue from the imperial court of “Phang thang”《藏传佛教注册：一份来自皇家的“旁塘”佛经目录》. In: The Eastern Buddhist, 36/1—2, pp.46—105.

Jelinkova, Nora, 1991, Tibetské umění a čeští sběratelé (Tibetan art and Czech collectors)《西藏艺术与捷克收藏家》. In: Revolver Revue 17, pp.355–363. Nora.

Jones, John James, transl., 1949, The Mahāvastu Vol.I《大事经》卷一 . London: Luzac.

Král, Oldřich, 1989, Sbírka Vojtěcha Chytila (Čína, Japonsko, Tibet) (The Collection of Vojtech Chytil: China, Japan, Tibet)《奇蒂尔收藏总合：中国、日本、中国西藏》. Brno: Dům uměníměsta Brna.

Král, Oldřich, 1991, Vojtech Chyti-A Czech Painter in Beijing《奇蒂尔：北京的捷克画家》. In: Orientations, 22/8, pp.26—32.

Losel, Rinchen, 1991, Burial Customs in Gardzê

《甘孜的丧葬习俗》. In: Hu Tan, ed., Tibetology in China, Beijing: China Tibetology Publishing House, pp. 159—181.

Teiser, Stephen F., 1994, The Scripture on the Ten Kings and the Making of Purgatory in Medieval Chinese Buddhism《〈十王经〉与中国中世纪佛教冥界的形成》. Honolulu: University of Hawaii Press.

梵典宫本节译

此写本梵夹装[1]，56 厘米 ×18 厘米，共 20 叶，含 14 幅彩色线条勾勒而成的插图。用金银汁相间书写于蓝黑藏纸（mthing shog）。有序文无题跋，前十页有白笔校订痕迹。内容稍缺，但不仅可以对应汉语文偈本与图赞本，而且还有藏文与西夏文本中重要的序言。虽然源于汉本，但也有其特色。现知藏文《十王经》共有四件，即布拉格本、梵典宫本、甘肃岷州雍正本与道光本。布拉格本最长，梵典宫本与岷州雍正本长短相近，但有具有典型特征的序言[2]，因而据李志明译释序言附于此，以供参阅。

佛说阎罗王预修十王经序

大唐皇帝之西城安定坊，有一名曰“马行”[3]之仙人，生有一子，名曰“弘敬”。当其略能分辨东西之时，崇敬三宝，恒于饭时，先请众贤圣食。首先呼唤众贤圣、诸土地之名，予以召请，然后方食。天命景龙二年五月初一日，突然离世，三日之中，胸口发热，仆从人等未能焚烧。检校之人引至地狱，冥官问曰：“尔非西城安定坊马弘敬乎？”弘敬答曰“是”。“尔昔日做何功德？”“启禀阎王，此人虽为愚痴凡夫，但其心喜贤圣，每日黎明即起，念诵大悲观音名号百遍。”诸冥官曰：“阎王令将其放还。”阎王再问：“汝可否写《阎罗王经》一卷？”弘敬答言：“可也。若能放还，即使千卷吾亦愿写。”此后改名曰“此生”，寿至九十。[阎王]又令

〔1〕上海收藏家顾清先生从海外购回三千余册（件）古梵、藏文献，内含此藏文《十王经》写本。西热桑布《上海“梵典宫”所藏梵、藏文献文化价值初探》未能比定此经，见《亚洲佛教研究》第一辑，社会科学文献出版社，2020 年，第 132 页。2022 年 8 月经顾清先生委托，由笔者请北京大学萨尔吉、兰州大学李志明鉴定，通过与数件藏文此经的比较，确定为藏文《十王经》(据梵典宫文献管理处王宣力先生介绍，该经原藏蒙古国一座藏传佛寺，先由日本藏家拍得，后顾清先生辗转购得入藏)。

〔2〕李志明《在佛教中国化的历史中见证民族交融：藏文〈十王经〉初步研究》，《世界宗教文化》2023 年第 1 期。文中对布拉格本、梵典宫本，以及作者在甘肃南部岷州收集到的两种经本有详介。

〔3〕汉文本此处“马行仙”即姓马名行仙。藏文与西夏文本译作名马行之仙人。

使者，勿使亡魂迷路。亡魂返回后，阖家欢喜。《阎罗王经》自此盛行，声名远扬，传至京城、城乡各地。依经本抄写千卷，无人不敬。病者得愈，亡者再生，冤讼得离，盲者复明。将此经刻之于石，立大石碑，俾传布四方。

后略

插图目录

第一章图

第二章图

第三章图

第四章图

第五章图

第六章图

第七章图

附录二图

缩略语与约定名

P：Fonds Pelliot chinois，法国国家图书馆藏伯希和藏品汉文敦煌编号写本

S 或 SP：Stein painting 英国国家图书馆藏斯坦因藏品敦煌编号写本

BD：北敦，国家图书馆藏敦煌编号写本

国图：中国国家图书馆微缩胶卷编号

法国国图：法国国家图书馆编《法藏敦煌西域文献》

Ch 代 Cft（L）或 W：伦敦大英博物馆藏敦煌藏经洞（千佛洞 Ch'ien-fo-tung）编号绘画与物件，此前很多著作对 Cft 与 Ch 是混用的，或取前三字首字母，或取前两字母。而此编号是斯坦因最初的工作编号，由魏礼继续完成，前号藏于英国伦敦，后号藏于印度新德里国家博物馆

NM：印度新德里国家博物馆藏号

俄藏 Дx：俄罗斯科学院东方文献研究所藏敦煌 Дx 编号写本

EO：Extrême-Orient，法国远东学院，吉美博物馆藏编号绘画（原在罗浮宫）

MG：吉美博物馆藏编号绘画与物品

MIK：德国亚洲（原称为印度）艺术博物馆藏编号物品

《西域美术英藏卷》：Roderick Whitfield（韦陀），*The Art of Central Asia: the Stein Collection of British Museum*（《西域美术：大英博物馆藏斯坦因敦煌艺术品》）

《西域美术法藏卷》：Michel Soymié（苏远鸣），*Les arts de l'Asie centrale: La collection Pelliot du musée Guimet*（《西域美术：吉美博物馆藏伯希和敦煌艺术品》）

《大正藏》：高楠顺次郎、渡边海旭编《大正新修大藏经》

莫高窟：敦煌研究院所编敦煌莫高窟洞窟号码

散：王重民《敦煌遗书总目索引》内《敦煌遗书散录》编号

神德寺塔本：陕西耀州神德寺塔所出经本

灵石寺塔本：浙江台州黄岩灵石寺塔北宋图赞本

湖南民间绘画：左汉中主编《湖南民间美术

全集·民间绘画》

中村不折禹域集成：矶部彰《台东区立书道博物馆所藏中村不折旧藏禹域墨书集成》

文献整理约定：1、2、3……以自然数标行数。____ 下划线表示补入之字。( ) 补正。？对问号前一字存疑。异本不同之字校勘注解。

参考文献

一、古籍佛典工具书等

陈垣《二十史朔闰表——附西历回历》，中华书局，1962 年。

方诗铭编《中国历史纪年表》，上海辞书出版社，1980 年。

滨田笃三郎、米田无诤校《大日本校订训点大藏经》(《卍字大藏经》)，藏经书院，1902—1905年。

前田慧云、中野达慧等编《大日本续藏经》(《卍续藏经》)，藏经书院，1905—1912 年。

高楠顺次郎、小野玄妙等编《大正新修大藏经》，日本大正一切经刊行会，1924—1935 年。

宋敏求编《唐大诏令集》，商务印书馆，1959 年。

李昉等编《太平广记》，中华书局，1961 年。

司马光编著《资治通鉴》，中华书局点校本，1956 年。

吴承恩《西游记》，人民文学出版社，1980 年。

洪迈撰，何卓点校《夷坚志》，中华书局，1981 年。

段成式撰，方南生点校《酉阳杂俎》，中华书局，1981 年。

孟元老撰，邓之诚注《东京梦华录注》，中华书局，1982 年。

《二十四史》，中华书局点校本，1983 年。

董诰等编《全唐文》，中华书局，1983 年。

圆仁撰，顾承甫、何泉达点校《入唐求法巡礼行记》，上海古籍出版社，1986 年。

赞宁撰，范祥雍点校《宋高僧传》，中华书局，1987 年。

《正统道藏》，文物出版社、上海书店、天津古籍出版社，1988 年。

《绘图三教源流搜神大全（外二种）》，上海古籍出版社，1990 年。

僧慧皎撰，汤用彤校注，汤一玄整理《高僧传》，中华书局，1992 年。

唐临撰，方诗铭辑校《冥报记》，中华书局，1992 年。

戴孚撰，方诗铭辑校《广异记》，中华书局，1992 年。

李翱著，郝润华点校《李翱集》，甘肃人民

出版社，1992 年。

傅亮、张演、陆杲撰，孙昌武点校《观世音应验记三种》，中华书局，1994 年。

白化文等校注，周一良审阅《入唐求法巡礼行校注》，花山文艺出版社，1994 年。

李昉著，夏剑钦等校点《太平御览》，河北教育出版社，1994 年。

徐松辑《宋会要辑稿》，中华书局，1957 年。

《山西通志》，文渊阁四库全书，上海古籍出版社，1987—1989 年。

《四川通志》，文渊阁四库全书，上海古籍出版社，1987—1989 年。

李焘撰，上海师范大学古籍整理研究所、华东师范大学古籍研究所点校《续资治通鉴长编》，中华书局，1995 年。

陆游《老学庵笔记》，《宋元笔记小说大观》第 4 册，上海古籍出版社，2001 年。

白化文、李鼎霞校注《行历钞校注》，花山文艺出版社，2004 年。

郑之珍撰，朱万曙校点，俞为民审订《新编目连救母劝善戏文》，黄山书社，2005 年。

洪迈著，孔凡礼点校《容斋随笔》，中华书局，2005 年。

陈尚君辑校《全唐文补编》，中华书局，2005 年。

吴刚等编《全唐文补遗》，三秦出版社，1994—2007 年。

成寻著，王丽萍点校《新校参天台五台山记》，上海古籍出版社，2009 年。

杨衒之撰，周祖谟校释《洛阳伽蓝记校释》，中华书局，2010 年。

道宣，郭绍林点校《续高僧传》，中华书局，2014 年。

《重编群书类要事林广记》，长泽规矩也编《和刻本类书集成》第 1 辑，上海古籍出版社，1990 年。

中华电子佛典协会，CBETA《中华电子佛典集成》，2016 年版。

电子佛学辞典 Fodict（含《佛学大辞典》《佛光大辞典》《中华佛教百科全书》等 27 种辞典）。

二、大型丛套书、图册、总录简报等

大型丛套书

《天一阁藏明代方志选刊》，上海古籍书店，1961—1966 年。

《石刻史料新编》，新文丰出版公司，第 1 辑，1977 年；第 2 辑，1979 年；第 3 辑，1986 年；第 4 辑，2006 年。

张曼涛主编《现代佛教学术丛刊》，台湾大乘文化出版社，1976—1981 年。

黄永武《敦煌宝藏》，新文丰出版公司，1981—1986 年。

胡聘之《山右石刻丛编》，山西人民出版社，1988 年。

北京图书馆金石组、中国佛教图书文物馆石经组编《房山石经题记汇编》，书目文献出版社，1987 年。

《天一阁藏明代方志选刊续编》，上海书店，1990 年。

中国敦煌吐鲁番学会敦煌古文献编辑委员会、中国社会科学院历史研究所、英国国家图书馆、伦敦大学亚非学院编《英藏敦煌文献（汉文佛经以外部分）》，四川人民出版社，1990—1995 年。

荣新江《海外敦煌吐鲁番文献知见录》，江西人民出版社，1996 年。

陈燕珠《新编补正〈房山石经题记汇编〉》，

觉苑出版社，1995 年。

敦煌吐鲁番文献集成编委会《敦煌吐鲁番文献集成》，上海古籍出版社，1992—2007 年，内含：

《俄藏敦煌文献》，1992—2001 年；《法藏敦煌西域文献》，1995—2005 年；《上海博物馆藏敦煌吐鲁番文献》，1993 年；《上海图书馆藏敦煌吐鲁番文献》，1999 年；《天津市艺术博物馆藏敦煌文献》，1996—1998 年；《北京大学图书馆藏敦煌文献》，1995 年；《俄罗斯科学院东方研究所圣彼得堡分所藏敦煌汉文写卷叙录》，1995 年；《俄藏敦煌艺术品》，1997 年。

《中国宗教历史文献集成》，黄山书社，2005 年。

任继愈主编《国家图书馆藏敦煌遗书》，北京图书馆出版社，2005—2012 年。

《中国方志丛书》，成文出版社，1966—1974 年。

佟玉泉、佟克力编《锡伯族民间散存清代满文古典文献》，新疆人民出版社，2008 年。

荣新江、李肖、孟宪实主编《新获吐鲁番出土文献》，中华书局，2008 年。

黄征主编《陕西神德寺塔出土文献》，凤凰出版社，2012 年。

方广锠、［英］吴芳思（Frances Wood）主编《英国国家图书馆藏敦煌遗书》，广西师范大学出版社，2009—2011 年。

方广锠主编《中国国家图书馆藏敦煌遗书总目录：新旧编号对照卷》，中国人民大学出版社，2013 年。

戴晓云点校《天地冥阳水陆仪文校点》，中国社会科学出版社，2014 年。

吴梦麟、张永强编著《房山石经题记整理与研究》，文物出版社，2022 年。

图册

《中国石窟》，文物出版社、日本平凡社，1982—1987 年。

周锡保《中国古代服饰史》，中国戏剧出版社，1984 年。

山西省博物馆编《宝宁寺明代水陆画》，文物出版社，1985 年。

《中国美术全集》，人民美术出版社、文物出版社、上海书画出版社、建筑工业出版社，1984—1989 年。

《敦煌石窟全集》，香港商务印书馆，1994—2005 年。

左汉中主编《湖南民间美术全集·民间绘画》，湖南美术出版社，1994 年。

颜新元《湖湘民间绘画》，湖南美术出版社，2008 年。

张宝玺主编《甘肃石窟艺术·雕塑编》，甘肃人民美术出版社，1994 年。

张宝玺主编《甘肃石窟艺术·壁画编》，甘肃人民美术出版社，1997 年。

柴泽俊编著《山西寺观壁画》，文物出版社，1997 年

柴泽俊、贺大龙《山西佛寺壁画》，文物出版社，2006 年。

陈明华《韩国佛教美术》，艺术家出版社，1999 年；文物出版社，2009 年。

重庆大足石刻艺术博物馆、重庆市社会科学院大足石刻艺术研究所编《大足石刻铭文录》，重庆出版社，1999 年。

金维诺主编《中国寺观壁画典藏：山西繁峙公主寺壁画》，河北美术出版社，2001 年

金维诺主编《中国寺观壁画典藏：山西浑源永安寺壁画》，河北美术出版社，2001 年

金维诺主编《中国寺观壁画典藏：山西新绛

稷益寺壁画》，河北美术出版社，2001 年

《中国美术分类全集·中国石窟雕塑全集》，重庆出版社，2001—2003 年。

陕西省考古研究所编著《西安北周安伽墓》，文物出版社，2003 年。

山西省考古研究所、太原市文物考古研究所太原市晋源区文物旅游局编著《太原隋虞弘墓》，文物出版社，2005 年。

《中国佳县白云山白云观壁画》，文物出版社，2007 年。

河北省古代建筑保护研究所编《昭化寺》，文物出版社，2007 年。

《中国美术分类全集·中国寺观壁画全集》，广东教育出版社，2009—2011 年。

马炜、蒙中编著《西域绘画：敦煌藏经洞流失海外的绘画珍品》，重庆出版社，2010 年。

李信军主编《水陆神全：北京白云观藏历代道教水陆画》，西泠印社，2011 年。

张艺，易宇丹编《中外美术简史》，水利水电出版社，2013 年。

国家古籍保护中心、中国古籍保护协会编《册府千华——民间珍贵典籍收藏展图录》，国家图书馆出版社，2015 年。

［德］格伦威德尔著，管平译《高昌故城及其周边地区的考古工作报告（1902—1903 年冬季）》，文物出版社，2015 年。

张建林主编《陕西石窟内容总录·铜川卷》，陕西人民出版社，2017 年。

《高丽画全集·欧美藏品卷》，浙江大学出版社，2017 年。

总录简报

朱亮、余扶危《洛阳东汉光和二年王当墓发掘简报》，《文物》1980 年第 6 期。

敦煌文物研究所整理《敦煌莫高窟内容总录》，文物出版社，1982 年。

商务印书馆编《敦煌遗书总目索引》，中华书局，1983 年。

四川省社会科学院、大足县文物保管所、大足石刻研究学会编《大足石刻内容总录》，四川省社会科学院出版社，1985 年。

金祖明、台州地区文管会、黄岩市博物馆《浙江黄岩灵石寺塔文物清理报告》，《东南文化》1991 年第 5 期。

敦煌研究院编《敦煌石窟内容总录》，文物出版社，1996 年。

施萍婷《敦煌遗书总目索引新编》，中华书局，2000 年。

陕西省考古研究所《西安北郊北周安伽墓发掘简报》，《考古与文物》2000 年第 6 期。

山西省考古研究所、太原市考古研究所太原市晋源区文物旅游局《太原隋代虞弘墓清理简报》，《文物》2001 年第 1 期。

西安市文物保护考古所《西安市北周史君石椁墓》，《考古》2004 年第 7 期。

西安市文物保护考古所《西安北周凉州萨保史君墓发掘简报》，《文物》2005 年第 3 期。

雷玉华、程崇勋《巴中石窟内容总录》，巴蜀书社，2006 年。

西安市文物保护考古所《西安北周康业墓发掘简报》，《文物》2008 年第 6 期。

四川省文物管理局、成都文物考古研究所、北京大学中国考古学研究中心、广元市文物管理所编《广元石窟内容总录·皇泽寺卷》，巴蜀书社，2008 年。

西华师范大学历史文化学院、重庆工商大学计算机科学与信息工程学院、营山县文物管理所《四川营山县太蓬山摩崖题刻调查简报》，《华夏

考古》2012年第4期。

四川省文物管理局、成都文物考古研究所、北京大学中国考古学研究中心、广元市文物管理所编《广元石窟内容总录·千佛崖卷》，巴蜀书社，2014年。

三、主要著作

史金波《西夏佛教史略》，宁夏人民出版社，1988年。

汤用彤《汉魏两晋南北朝佛教史》，中华书局，1983年。

张锡厚校辑《王梵志诗校辑》，中华书局，1983年。

杜斗城《敦煌本〈佛说十王经〉校录研究》，甘肃教育出版社，1989年。

黄敏枝《宋代佛教社会经济史论集》，学生书局，1989年。

郑炳林《敦煌碑铭赞辑释》，甘肃教育出版社，1992年。

姜伯勤、项楚、荣新江《敦煌邈真赞校录并研究》，新文丰出版公司，1994年。

胡文和《四川道教、佛教石窟艺术》，四川人民出版社，1994年。

余英时《中国思想传统的现代诠释》，江苏人民出版社，1995年。

阎文儒、常青《龙门石窟研究》，书目文献出版社，1995年。

莲华生著，徐进夫译《西藏度亡经》，宗教文化出版社1995年。

吕建福《中国密教史》，中国社会科学出版社，1995年。

萧登福《道佛十王地狱说》，新文丰出版公司，1996年。

荣新江《归义军史研究——唐宋时代敦煌历史考索》，上海古籍出版社，1996年。

刘长久主编《安岳石窟艺术》，四川人民出版社，1997年。

杨际平、郭锋、张和平《五—十世纪敦煌的家庭与家族关系》，岳麓书社，1997年。

刘长久《中国西南石窟艺术》，四川人民出版社，1998年。

潘亮文《中国地藏菩萨像初探》，台南艺术学院，1999年。

黄陵渝《犹太教学》，当代世界出版社，2000年。

罗振玉《贞松堂集古遗文》，北京图书馆出版社，2003年。

圣凯《中国佛教忏法研究》，宗教文化出版社，2004年。

［美］华理士·布奇（Budge. E. A. W.）著，罗尘译《埃及亡灵书》，京华出版社，2006年。

王力平《中古杜氏家族的变迁》，商务印书馆，2006年。

王见川、林万传主编《明清民间宗教经卷文献》，新文丰出版公司，1999年。

［德］雷德侯著，张总等译《万物：中国艺术中的模件化和规模化生产》，生活·读书·新知三联书店，2005年。

沙武田《敦煌画稿研究》，中央编译出版社，2007年。

唐承义、王平中《普州揽胜》，中央文献出版社，2007年。

刘淑芬《灭罪与度亡——佛顶尊胜陀罗尼经幢之研究》，上海古籍出版社，2008年。

刘淑芬《中古的佛教与社会》，上海古籍出版社，2008年。

王三庆《敦煌佛教斋愿文本研究》，新文丰

出版公司，2009年。

邹昌林《中国礼文化》，社会科学文献出版社，2000年。

于春、王婷：《绵阳龛窟——四川绵阳古代造像调查研究报告集》，文物出版社，2010年。

［美］方闻著，李维琨译《超越再现：8世纪至14世纪中国书画》，浙江大学出版社，2011年。

李利安、张子开、张总、李海波《四大菩萨与民间信仰》，上海人民出版社，2011年。

陈明光《大足石刻档案（资料）》，重庆出版社，2012年。

李小强《崖壁上的世俗文化》，中国戏剧出版社，2012年。

史宏蕾《神祇众相——山西水陆寺观壁画中的艺术与科技价值》，中国社会科学出版社，2013年。

吴丽娱《终极之典——中古丧葬制度研究》，中华书局，2012年。

蔡元平《中国宗教水陆画研究》，中国文化交流出版社，2015年。

姜守诚《出土文献与早期道教》，中国社会科学出版社，2016年。

雷玉华《巴中石窟研究》，民族出版社，2011年。

李玉福《五台山寺庙壁画研究》，人民美术出版社，2017年。

侯冲《中国佛教仪式研究——以斋供仪式为中心》，上海古籍出版社，2018年。

四、主要论文

向达《斯坦因黑水城获古纪略》，《国立北平图书馆馆刊》第4卷第3号（西夏文专号），1932年。

聂斯克、石滨纯太郎著，周一良译《西夏语译大藏经考》，《国立北平图书馆馆刊》第4卷第3号（西夏文专号），1932年。

罗福苌《俄人黑水访古所得记》，《国立北平图书馆馆刊》第4卷第3号（西夏文专号），1932年。

何汉南《西安西郊清理出一批唐代造像》，《文物参考资料》1957年第6期。

高寿田《山西晋城古青莲寺塑像》，《文物》1963年第10期。

陈祚龙《中世敦煌与成都之间的交通路线——敦煌学散策之一》，台湾《敦煌学》第1辑，1974年。

胡适《伦敦大英博物馆藏的十一本〈阎罗王授记经〉》，《胡适手稿》第8集上册，台北胡适纪念馆，1970年。

吴荣曾《镇墓文中所见到的东汉道巫关系》，《文物》1981年第3期。

胡文和《论地狱变相图》，《四川文物》1988年第2期。

陈耀林《毗卢寺和毗卢寺壁画》，《美术研究》1982年第1期。

张锡厚《唐初民间诗人王梵志考略》，《王梵志诗校辑》，中华书局，1983年。

张献哲《山西临猗发现两幅五代绢画》，《文物》1984年第7期。

石守谦《有关地狱十王图与其东传日本的几个问题》，《史语所集刊》第56本第3分。

孙秉根《西安隋唐墓葬的形制》，《中国考古学研究》编委会《中国考古学研究——夏鼐先生考古五十年纪念论文集（二集）》，科学出版社，1986年。

黄征、吴伟《敦煌愿文集·前言》，岳麓书

社，1995 年。

舒学（白化文）《敦煌汉文遗书中雕版印刷资料综述》，中国敦煌吐鲁番学会语言文学分会编纂《敦煌语言文学研究》，1988 年。

萧登福《敦煌写卷〈佛说十王经〉的探讨——兼谈佛道两教地狱十殿阎王及狱中诸神》，《敦煌俗文学论丛》，台湾商务印书馆，1988 年。

萧登福《敦煌所见十九种〈阎罗王受记经（佛说十王经）〉之校勘》，《敦煌俗文学论丛》，台湾商务印书馆，1988 年。

丁明夷《四川石窟杂识》，《文物》1988 年第 8 期。

刘敏《太蓬山摩崖石刻题记》，《四川文物》1989 年第 1 期。

黄心川《隋唐时期中国与朝鲜佛教的交流——新罗来华佛教僧侣考》，隋唐佛教学术讨论会编著《隋唐佛教研究论文集》，三秦出版社，1990 年。

游彪《关于宋代寺院、僧尼的赋役问题》，《中国经济史研究》1990 年第 1 期。

［法］梅弘理（Paul Magnin），耿昇译《根据 P.2547 号写本对〈斋琬文〉的复原和断代》，《敦煌研究》1990 年第 2 期。

郝春文《敦煌写本斋文及其样式的分类与定名》，《北京师范学院学报（社会科学版）》1990 年第 3 期。

广元市文物管理所、中国社会科学院宗教所佛教室《广元千佛崖石窟调查记》，《文物》1990 年第 6 期。

丁明夷《川北石窟札记——从广元到巴中》，《文物》1990 年第 6 期。

文齐国《绵阳唐代佛教造像初探》，《四川文物》1991 年第 5 期。

胡文和《四川摩崖石刻造像调查及分期》，《考古学集刊》1991 年第 7 期。

黄征、吴伟《〈敦煌愿文集〉辑校中的一些问题》，《敦煌研究》1992 年第 2 期。

［法］苏远鸣（Michel Soymie）《敦煌写本中的地藏十斋日》，耿昇译《法国学者敦煌学论文选萃》，中华书局，1993 年。

温玉成《龙门所见两〈唐书〉中人物造像概说》，《中原文物》1993 年第 4 期。

常青《龙门石窟地藏菩萨及其有关问题》，《中原文物》1993 年第 4 期。

白万荣《青海乐都西来寺明水陆画析》，《文物》1993 年第 10 期。

张砚、王福民《陕西耀县药王山摩崖造像调查简报》，《中原文物》1994 年第 2 期。

宿白《西安地区的唐墓形制》，《文物》1995 年第 12 期。

江玉祥《中国地狱“十殿”信仰的起源》，《古代西南丝绸之路研究（第 2 辑）》，四川大学出版社，1995 年。

常青《杭州慈云岭资贤寺摩崖龛像》，《文物》1995 年第 10 期。

马德《敦煌绢画题记辑录》，《敦煌学辑刊》1996 年第 1 期。

郝春文《关于敦煌写本斋文的几个问题》，《首都师范大学学报（社会科学版）》1996 年第 2 期。

方广锠《关于〈净度三昧经〉的目录学考察》，［日］落合俊典编《七寺古逸经典研究丛书 第二卷：中国撰述经典》，大东出版社，1996 年。

樊锦诗、梅林《榆林窟第 19 窟目连变相考释》，敦煌研究院编《段文杰敦煌研究五十年纪念文集》，世界图书出版公司，1996 年。

［日］诹访春雄，岷雪译《“怀胎十月歌”在日本、朝鲜和中国的流传》，《民族艺术》1996

年第 4 期。

刘增贵《天堂与地狱：汉代的泰山信仰》，《大陆杂志》1997 年第 5 期。

湛如《论敦煌斋文与佛教行事》，《敦煌学辑刊》1997 年第 1 期。

罗世平《地藏十王图像的遗存及其信仰》，《唐研究》第 4 卷，北京大学出版社，1998 年。

侯冲整理《地藏慈悲救苦荐福利生道场仪》，《藏外佛教文献》第 6 辑，宗教文化出版社，1998 年。

侯冲《云南阿吒力教经典及其在中国佛教研究中的价值》，《藏外佛教文献》第 6 辑，宗教文化出版社，1998 年。

李丽、公维章、林太仁《丰都“鬼城”地狱十王信仰的考察》，《敦煌学辑刊》1999 年第 2 期。

王长启《礼泉寺遗址出土佛教造像》，《考古与文物》2000 年第 2 期。

李静杰《卢舍那法界图像研究简论》，《故宫博物院院刊》2000 年第 2 期。

高士荣、杨富学《汉传佛教对回鹘的影响》，《民族研究》2000 年第 5 期。

刘佳丽《绵阳北山院摩崖造像述略》，《四川文物》2000 年第 6 期。

［日］大内文雄、［日］齐藤隆信《〈净度三昧经〉题解》，《藏外佛教文献》第 7 辑，宗教文化出版社，2000 年。

王三庆《光道大师撰〈诸杂斋文〉下卷研究——兼论敦煌文献之整理问题》，郝春文主编《敦煌文献论集》，辽宁人民出版社，2001 年。

赖天兵《杭州周浦西山摩崖造像调查》，《南方文物》2002 年第 2 期。

白万荣《破解“神秘肉团”之谜——西来寺明代水陆画“太岁”考释》，《青海社会科学》2002 年第 5 期。

宫德杰《临朐县博物馆收藏的一批北朝造像》，《文物》2002 年第 9 期。

武汉强《敦煌祭文分类综述》，《河西学院学报》2003 年第 1 期。

李会智、高天《山西晋城青莲寺史考》，《文物世界》2003 年第 1 期。

王三庆《敦煌文献〈诸杂斋文〉一本研究》，台湾《敦煌学》第 24 辑，2003 年。

张纵、赵澄《流失海外的〈十王图〉之考释》，《艺术百家》2003 年第 4 期。

芮传明《摩尼教“平等王”与“轮回”考》，《史林》2003 年第 6 期。

王长启《古老的水陆画》，西安关中民俗艺术博物院编《关中民俗艺术论集（一）》，三秦出版社，2003 年。

［美］太史文（Stephen F. Teiser）《地方式和经典式：甘肃和四川生死轮回图》，胡素馨主编《佛教物质文化：寺院财富与世俗供养国际学术研讨会论文集》，上海书画出版社，2003 年。

叶渡《馆藏水陆画作品初探》，《首都博物馆丛刊》第 18 期，2004 年。

杜斗城《“七七斋”之源流及敦煌文献中有关资料的分析》，《敦煌研究》2004 年第 4 期。

党燕妮《晚唐五代敦煌的十王信仰》，郑炳林、花平宁主编《麦积山石窟艺术文化论文集——2002 年麦积山石窟艺术与丝绸之路佛教文化国际学术研讨会论文集》，兰州大学出版社，2004 年。

于向东《榆林窟第 19 窟目连变相与〈目连变文〉》，《敦煌学辑刊》2005 年第 1 期。

荣新江《北周史君墓石椁所见之粟特商队》，《文物》2005 年第 3 期。

王惠民《唐前期敦煌地藏图像考察》，《敦煌研究》2005年第3期。

黄晓蕙《略论佛山水陆画》,《佛山科学技术学院学报(社会科学版)》2007年第3期。

鲁西奇《汉代买地券的实质、渊源与意义》,《中国史研究》2006年第1期。

黄河《元明清水陆画浅说》上,《佛教文化》2006年第2期。

黄河《元明清水陆画浅说》中,《佛教文化》2006年第3期。

黄河《元明清水陆画浅说》下,《佛教文化》2006年第4期。

徐建中《怀安昭化寺大雄宝殿水陆画》,《文物春秋》2006年第4期。

释见徽(陈佩玟)《唐宋时期地藏菩萨像研究》,四川大学硕士论文,2006年。

[日]荒见泰史《关于地藏十王成立和演变的若干问题——以大足石窟地狱变龛为中心探讨》,敦煌研究院编《2004年石窟研究国际学术会议论文集》,上海古籍出版社,2006年。

陈明光《重庆大足石刻又发现十王殿石刻造像》,2007年5月2日新华网报道,佛教在线转载。

王惠民《中唐以后敦煌地藏图像考察》,《敦煌研究》2007年第1期。

尹富《十斋日补说》,《世界宗教研究》2007年第1期。

尹富《地藏菩萨诞日的产生时代及其相关宗教民俗活动论述》,《中华文史论丛》2007年第1辑。

韦凤娟《从“地府”到“地狱”——论魏晋南北朝鬼话中冥界观念的演变》,《文学遗产》2007年第1期。

[美]太史文(Stephen F. Teiser)撰,谢惠英译《为亡者愿——敦煌仪式文类定义初探》,李丰琳、廖肇亨主编《圣传与诗禅——中国文学与宗教论集》,台北“中央研究院”中国文哲研究所,2007年。

熊慧《沅湘地区乡土丧葬中的道教美术研究》,湖北美术学院硕士学位论文,2007年。

熊雯《山西繁峙县公主寺东西壁水陆画内容考释与构图分析》,北京大学硕士论文,2008年。

郑文、张方《地狱观念的本土化与早期的地狱经变图》,《新疆艺术学院学报》2008年第1期。

王翠《南北朝丧葬典礼考》,浙江大学硕士论文,2009年。

齐东方《唐代的丧葬观念习俗与礼仪制度》《考古学报》2006年第1期。

皮庆生《宋代民间信仰文献——〈祠山事要指掌集〉》,《中国地方志》2008年第6期。

马世长《大足北山佛湾176与177窟——一个奇特题材组合的案例》,重庆大足石刻艺术博物馆编《2005年重庆大足石刻国际学术研讨会论文集》,文物出版社,2007年。

邓玉秀《西来寺的明代水陆画〈菩萨天王赴会图〉》,《中国土族》2007年第2期。

张乃翥《龙门所见两〈唐书〉人物造像补正》,《洛阳师范学院学报》2007年第1期。

杨久盛《“建平十王会”调查报告》,《乐府新声(沈阳音乐学院学报)》2007年第4期。

游自勇《吐鲁番新出〈冥讼文书〉与中古前期的冥界观念》,《中华文史论丛》2007年第4期。

呼延胜《陕西现存世的几套水陆画的调查及初步研究》,西安美术学院硕士论文,2007年。

祁正平《武威水陆画研究》,西北师范大学硕士论文,2008年。

李淞《依据图像还是文字——以北魏雷氏造

像碑的断代为例》,《民族艺术》2008年第2期。

周炜《日本静嘉堂美术馆藏中世纪佛画〈十王图〉考释》,《收藏家》2008年第2期。

柳建新《泰山岱庙馆藏水陆画初探》,《民俗研究》2008年第3期。

黄建福《盘瑶神像画研究——以广西金秀县道江村古堡屯盘瑶神像画为例》,广西师范大学硕士论文,2008年。

冉万里、沈晓文、贾麦明《陕西西安西白庙村南出土一批唐代善业泥》,《考古与文物》2009年第1期。

王景荃、杨扬《中原佛教南传之路的重要遗存——方城佛沟造像的再考察》,"2009年中国重庆大足石刻国际学术研讨会暨大足石刻列入《世界遗产名录》十周年纪念会"会议论文,2009年。

王景荃《方城佛沟摩崖造像调查与研究》,《中原文物》2009年第1期。

陶思炎《南京高淳水陆画略论》,《江苏省社会主义学院学报》2009年第6期。

夏朗云《麦积山瑞应寺藏清代纸牌水陆画的初步整理》,《文物》2009年第7期。

蒋廷瑜《广西唐宋时期佛教遗迹述略》,《桂岭考古论文集》,科学出版社,2009年。

郭燕冰《"十王"图像流变述略——明清时期民间宗教绘画》,《中国美术研究》2013年第1期。

蒋晓春、邵磊《营山县太蓬山石窟初步研究》,《敦煌研究》2010年第4期。

李小强《大足北山石刻第254号造像题材探析——兼及大足五代十王造像的相关问题》,《敦煌研究》2011年第4期。

姚学谋、杨超杰《龙门石窟极南洞新考》,《石窟寺研究》第1辑,2010年。

伍小劼《〈大灌顶经〉研究——以〈灌顶拔除过罪生死得度经〉为中心》,上海师范大学博士论文,2010年。

乐卓莹《唐代丧葬典礼考述》,浙江大学硕士论文,2010年。

冀志刚《唐宋之际敦煌佛教信众的生死观》,程恭让主编《天问:传统文化与现代社会》,江苏人民出版社,2010年。

张超《秦汉时期的丧葬研究》,山东师范大学硕士论文,2010年。

张焰红《汉代丧葬礼俗探析》,青海师范大学硕士论文,2009年。

伊宝《诸神之位——山西水陆寺观壁画的图像式样田野考察研究》,《2010年三晋文化研讨会论文集》,2010年。

张慕华《论敦煌佛教亡文审美内涵的多元化》,《南昌大学学报(人文社会科学版)》2011年第2期。

何卯平《东传日本的宁波佛画〈十王图〉》,《敦煌学辑刊》2011年第3期。

郭俊叶《敦煌晚唐"地藏十王"图像补说》,《华夏考古》2011年第4期。

李翎《韩国佛教绘画中的地藏图式》,《法音》2011年第6期。

申小红、郭燕冰《南宋佛教水陆画及其商业化进程》,《文化学刊》2011年第6期。

孙晓岗《河南方城香山摩崖石刻内容及时代考》,《美术学刊》2011年第7期。

刘景云《西夏文〈十界心图注〉考》,《西夏学》第8辑,2011年。

郑阿财《从敦煌吐鲁番文书论五道将军信仰》,《郑阿财敦煌佛教文献与文学研究》,上海古籍出版社,2011年。

范文美《蒲县东岳庙"地狱变"之调查与研

究》，兰州大学硕士论文，2011年。

何卯平《东传日本的宋代宁波佛画〈十王图〉之研究——以奈良博物馆藏陆信忠笔〈十王图〉为中心》，兰州大学博士论文，2011年。

林悟殊《中古琐罗亚斯德教葬俗及在中亚的遗痕》，《林悟殊敦煌文书与夷教研究》，上海古籍出版社，2011年。

［韩］尹惠俊《韩国朝鲜时代“甘露帧”内容和风格之考察》，《湖南工业大学学报（社会科学版）》2012年第1期。

黄征、王雪梅《陕西神德寺塔出土文献编号简目》，《敦煌研究》2012年第1期。

伍小劼《〈大灌顶经〉的宗教理想》，《史学月刊》2012年第3期。

李信军《玄祖丹青—亘古绵延——北京白云观藏水陆画》，《中国宗教》2012年第6期。

蔡元平《明清水陆画的时代风格与收藏价值》，《收藏》2012年第7期。

呼延胜《陕北土地上的水陆画艺术》，西安美术学院博士论文，2012年。

陈丽洁《山西云林寺雕塑与水陆壁画研究》，太原理工大学硕士论文，2012年。

李维琨《〈十王经〉札记》，上海博物馆编《千年丹青——细读中日藏唐宋元绘画珍品》，北京大学出版社，2010年。

韩悦《宋代丧葬典礼考述》，浙江大学硕士论文，2012年。

侯冲《洪济之梵仪——宗赜〈水陆仪〉考》，黄夏年主编《辽金元佛教研究》，大象出版社，2012年。

侯冲《佛门行移》，范纯武主编《台湾佛教研究通讯》第10期，兰台出版社，2012年。

赵和平《S.5710〈金刚般若经序〉初步研究》，黄正建主编《中国社会科学院敦煌学研究回顾与前瞻学术研讨会论文集》，上海古籍出版社，2012年。

王惠民《敦煌所见早期披帽地藏图像新资料》，［美］巫鸿主编 *Tenth-Century China and Beyond: Art and Visual Culture in a Multi-centered Age*（《十世纪中国及其周边：多中心时代的艺术与视觉文化》），Center for the Art of East Asia Symposia, University of Chicago: Art Media Resources, 2012。

钱光胜《试论〈西藏度亡经〉与敦煌写本〈阎罗王授记（十王）经〉的关系》，《西藏大学学报（社会科学版）》2013年第1期。

何卯平《关于东传日本的宁波佛画〈十王图〉中有无地藏一图的再检讨》，《世界宗教研究》2013年第2期。

周文宝《论宋代福建人政治地位的转变》，《都市家教（上半月）》2013年第6期。

池雪丰《明代丧葬典礼考述》，浙江大学硕士论文，2013年。

陈志远《李翱与佛教的交涉——中唐新儒学兴起的一个侧面》，《中国佛学》2013年第1期。

［韩］尹惠俊《中韩水陆画比较研究》，南京艺术学院博士论文，2013年。

吴丽娱《“中祥”考——兼论中古丧制的祥忌遇闰与斋祭合一》，《敦煌吐鲁番研究》第13卷，2013年。

［日］荒见泰史《敦煌本〈佛说十王经〉与唱导——从十王经类的改写情况来探讨民间信仰的变迁》，《中国俗文化研究》第8辑，2014年。

朱凤玉《从仪式教化论敦煌十王经与十王图之运用》，台湾《敦煌学》第30辑，2013年。

钱光胜《唐五代宋初冥界观念及其信仰研究》，兰州大学博士论文，2013年。

杨松涛《灵石寺塔〈佛说预修十王生七经〉

简况》,《上海文博论丛》2014 年第 1 期。

张文广《平顺金灯寺》,《五台山研究》2014 年第 2 期。

尹文汉《救度众生与执掌幽冥——韩国地藏菩萨图像学研究》,《世界宗教研究》2014 年第 2 期。

侯慧明《繁峙公主寺水陆画神祇构图及考订》,《山西档案》2014 年第 2 期。

史宏蕾《阳高县云林寺大雄宝殿明代水陆壁画》,《山西档案》2014 年第 3 期。

王雪梅《四川营山〈大蓬秀立山普济寺众修十王生七斋记〉校录整理》,《西华师范大学学报(哲学社会科学版)》2014 年第 6 期。

吴端涛《“刺点”:重阳殿壁画中的地狱场景》,《美术》2014 年第 8 期。

范小鹏《晋南地域文化的视觉华章——新绛稷益庙壁画艺术研究》,太原理工大学硕士论文,2014 年。

公维军《河西水陆画研究——以民乐县馆藏明清水陆画为中心》,兰州大学硕士论文,2014 年。

高致宇《南京高淳现存明清时期道教神像画研究》,上海大学硕士论文,2014 年。

侯鹏飞《汨罗道场水陆画研究》,湖南工业大学硕士论文,2014 年。

王惠民《散藏敦煌绘画品知见录》,《艺术史研究》第 18 辑,2016 年。

杨松涛《灵石寺塔〈佛说预修十王生七经〉考释》,《佛教文化研究》第 1 辑,2015 年。

王汉《江都彰墅庙十王图壁画的调查与初步研究》,《扬州文化研究论丛》2015 年第 2 期。

刘文锁《曲什曼:古代新疆拜火教遗址的新发现》,《新疆师范大学学报(哲学社会科学版)》2015 年第 2 期。

戴晓云《甘肃清水县博物馆藏道教黄箓斋图介绍和甄别》,《美苑》2015 年第 4 期。

佟雪《清代丧葬典礼考述》,浙江大学硕士论文,2015 年。

李宁波《多元文化影响下土家族民间丧葬绘画研究》,重庆师范大学硕士论文,2016 年。

[韩]金知妍撰,敖英译《巫俗信仰反映的佛教十王》,《宗教研究》2016 年第 1 期。

伍小劼《何谓“逆修”——从其在佛经中的最早出处看》,《华东师范大学学报(哲学社会科学版)》2016 年第 1 期。

张乃中《大足石窟地藏十王龛像研究》,《美术大观》2016 年第 4 期。

戴晓云《昭化寺水陆殿南壁两尊将军形神祇考略》,《艺术设计研究》2016 年第 4 期。

齐庆媛《榆林悬空寺万佛洞明代壁画地藏十王地狱变相考察》,《故宫博物院院刊》2016 年第 5 期。

祖拜代·力瓦依丁《论新疆拜火教考古遗存的发现与研究》,《人间》2016 年第 30 期。

伍小劼《但取人情:〈大灌顶经〉的出世及其对批评者的回应》,方广锠主编《佛教文献研究》第 1 辑,广西师范大学出版社,2016 年。

王见川《近代中国地府研究之一:十王的流传、演变与定型》,《历史、艺术与台湾人文论丛(十二)》,博扬文化出版公司,2017 年。

王见川《关于敦煌发现的〈阎罗王授记经〉与〈佛说十王经〉》,《“地府与十王”工作坊数据集》,上海师范大学,2017 年。

孙健《〈十王经〉版本流传中转轮王形象转换的历史语境》,《三峡大学学报(人文社会科学版)》2017 年第 2 期。

刘伟《山西高平定林寺明代地狱十王图像考》,《美术》2017 年第 2 期。

江滔、张雪芬《9—13 世纪四川地藏十王造像研究》,《成都考古研究》,2016 年。

姜霄《地狱“三王”体系演变考》,《史志月刊》2017 年第 4 期。

郜同麟《〈天尊说随愿往生罪福报对次说预修科文妙经〉初探》,《敦煌研究》2017 年第 6 期。

张亮《四川安岳云峰寺新发现“地藏十王变”及相关问题》,《中国国家博物馆馆刊》2018 年第 1 期。

陈彬、伍研、师宏艳《清代江华瑶族神像画中十殿图图像研究》,《装饰》2018 年第 2 期。

姜生《汉代老子化胡及地狱图考》,《文史哲》2018 年第 2 期。

戴晓云《中韩佛教史上的水陆仪文》,《东亚宗教》2018 年第 4 期。

白丽均《阳高云林寺壁画探究》,《艺术评鉴》2019 年第 7 期。

马丽娜《论敦煌本〈佛说十王经〉图卷与目连变文、目连图卷之间的互文性》,《浙江学刊》2018 年第 5 期。

石建刚、杨军《延安宋金石窟地藏造像的考察与研究》,《敦煌研究》2018 年第 6 期。

董华锋《广西宜州会仙山白龙洞“地藏十王像”考辨》,《石窟艺术研究》第 3 辑,2018 年。

陈震《平遥镇国寺十王壁画的年代考证与图像配置研究》,湖北美术学院硕士论文,2018 年。

李静杰《陕北宋金石窟佛教图像的类型与组合分析》,《故宫学刊》2014 年第 1 期。

李梅香《繁峙公主寺南北壁水陆壁画考释》,华东师范大学硕士论文,2018 年。

张善庆、吕德廷《刘萨诃入冥图像与文本——以日本极乐寺本〈六道绘〉为中心》,杜斗城、丁得天主编《丝绸之路与永昌圣容寺国际学术研讨会论文集》,兰州大学出版社,2019 年。

张九玲《俄藏西夏本〈佛说十王经〉述略》,《首都师范大学学报(社会科学版)》2019 年第 2 期。

张九玲《定州佛像腹中所出西夏文〈十王经〉残片考》,《西夏学》2019 年第 2 期。

伍小劼《韩国藏〈十王经〉异本初探》,《文献》2019 年第 3 期。

戴晓云《昭化寺水陆壁画研究》,《艺术探索》2019 年第 4 期。

侯冲《中国宗教仪式文献中的斋意类文献——以佛教为核心》,《世界宗教文化》2019 年第 5 期。

刘翠《日本地藏信仰研究》,北京外国语大学博士论文,2020 年。

王娟《敦煌本〈十王经〉文本系统再考察——以经中长行为中心》,《世界宗教研究》2020 年第 1 期。

马小鹤、汪娟《回鹘文与汉文〈十王经〉图卷》,《敦煌学》第 38 辑,2022 年。

李志明《在佛教中国化的历史中见证民族交融:藏文〈十王经〉初步研究》,《世界宗教文化》2023 年第 3 期。

张九玲《荣宝斋征集西夏本〈十王经〉述略》,《世界宗教文化》2023 年第 3 期。

五、外文参考资料

西文图册著作

Albert Grünwedel(格伦威德尔). *Bericht über Archäologische Arbeiten in Idikutschari und Umgebung im Winter 1902–1903*(《高昌故城及其周边地区的考古工作报告:1902—1903 年间冬季》). München: Verlag der K.B. Akademie der

Wissenschaften. 1906.

A.von Le Coq（勒柯克）. *Chotscho: Facsimile-Wiedergaben der wichtigeren Funde der ersten Königlich preussischen Expedition nach Turfan in Ost-Turkistan*（《高昌：普鲁士王国第一次吐鲁番考察重大发现品图录》）.Berlin: Dietrich Reimer/Ernst Vohsen. 1913.

Paul Pelliot（伯希和）. *Les Grottesde Touen-houang*（《敦煌石窟图录》）. Paris: Librairie Paul Geuthner. 1920—1924.

A.von Le Coq（勒柯克）. *Die Buddhistische Spätantike in Mittelasien: Die Manichaeischen Miniaturen*（《中亚古典晚期佛教：摩尼教细密画》）. Berlin: Dietrich Reamer/Ernst Vohsen. 1923.

Jacques Lemoine（李穆安）. *Yao Ceremonial Paintings*（《瑶族仪式画》）. Bangkok: White Lotus Co. Ltd. 1982.

Thomas Lawton（罗　覃　）. Freer Gallery of Art Fiftieth Anniversary Exhibition: II-Chinese Figure Painting. Washington: D.C. Smithsonian Institution. 1973.

朴英淑（Pak Youngsook）. *The Cult of Ksitigarbha: An Aspect of Korean Buddhist Painting*（《地藏崇拜：朝鲜佛教绘画一瞥》）. Heidelberg: Heidelberg University. 1981.

Roderick Whitfield（韦陀）. *The Art of Central Asia: The Stein Collection in the British Museum*（《西域美术：大英博物馆藏斯坦因敦煌艺术品》）. Tokyo: Kodansha International Ltd. 1982—1985.

Peter Zieme（茨默）. *Buddhistische Stabreim-dichtungen der Uiguren*. Berlin: Akademie Verlag. 1985.

Peter Zieme（茨默）. *Die Stabreimtexte der Uiguren Von Turfan und Dunhuang. Studien zur alttürkischen Dichtung*. Budapest: Akadémiai Kiadó. 1991.

Stephen F. Teiser（太史文）. *The Scripure on the Ten Kings and the Making of Purgatory in Medieval Chinese Buddhism*. Honolulu: University of Hawaii Press. 1994.

Michel Soymié（苏远鸣）. *Les arts de l'Asie centrale: La collection Pelliot du musée Guimet*（《西域美术：吉美博物馆藏伯希和敦煌艺术品》）. Paris: Réunion des musées nationaux. 1995—1996.

Peter Zieme（茨默）. *Fragmenta Buddhica Uigurica: Ausgewählte Schriftenvon Peter Zieme*（《回鹘佛教残篇丛考：茨默论文选集》）. Berlin: Klaus Schwarz Verlag. 2009.

Lokesh Chandra, Nirmala Sharma（钱德拉，夏尔玛）. *Buddhist Paintings of Tun-Huang in the National Museum, New Delhi*（《印度新德里国家博物馆藏敦煌佛教绘画》）. New Delhi: Niyogi Books. 2012.

Daniel Berounský（贝劳恩斯基）. *The Tibetan Version of the Scripture on the Ten Kings and the Quest for Chinese Influence on the Tibetan Perception of the Afterlife*（《藏文本〈十王经〉——兼及汉文化对藏地死后观念之影响》）. Praha: Triton–Faculty of Arts, Charles University. 2012.

权志妍（Cheeyun Lilian Kwon）. *Efficacious Underworld: The Evolution of Ten Kings Paintings in Medieval China and Korea*（《灵验的冥界：中古时期中韩十王画的演变》）. Honolulu: University of Hawaii Press. 2019.

西文论文

Annemarie von Gabain（葛玛丽）. "The Purgatory

of the Buddhist Uighurs: Book Illustrations from Turfan." In *Mahayanist Art after A.D. 900: Colloquies on Art and Archeology in Asia No.2*, edited by W. Watson, London: SOAS University of London Percival David Foundation, 1972, pp. 25—35.

Annemarie von Gabain（葛玛丽）. "Kṣitigarbha-Kult in Zentralasien: Buchillustrationen aus den Turfan-Funden." In *Indologen-Tagung 1971: Verhandlungen der Indologischen Arbeitstagung im Museum für Indische Kunst Berlin 7.-9. Oktober 1971*, edited by H. Härtel, Wiesbaden: Franz Steiner, 1973, pp. 47—71.

Peter Zieme（茨默）. "Colophons of the Säkiz yükmäk yaruq." *Altorientalische Forschungen*, 10(1), 1983, pp.143—149.

Lothar Ledderose（雷德侯）. "A King of Hell." In *Suzuki Kei Sensei kanreki kinen: Chūgoku kaiga shi ronshū*（《铃木敬先生还历纪念：中国绘画史论集》）. Tōkyō: Yoshikawa Kōbunkan（吉川弘文馆）, 1981, pp.31—42.

Michel Strickmann（司马虚）. "The Consecration Sūtra: A Buddhist Book of Spells."（《大灌顶经：一部佛教咒书》）. In *Chinese Buddhist Apocrypha: The Mārga And Its Transformations In Buddhist Thought*. edited by Robert E. Buswell. Honolulu: University of Hawaii Press, 1990, pp.75—118.

Peter Zieme（茨默）. "Old Turkish Versions of the 'Scripture on the Ten Kings'. " In *Proceedings of the 38th Permanent International Altaistic Conference(PIAC), Kawasaki, Japan, August 7—12, 1995*. edited by G. Stary. Wiesbaden: Harrassowitz Verlag, 1996, pp. 401—425.

David Neil Schmid（史密德）. "Revisioning the Buddhist Cosmos: Shifting Paths of Rebirth in Medieval Chinese Buddhistm." *Cahiers d'Extrème-Asie*, 17, 2008, pp. 293—325.

Raschmann Simone-Christiane（拉施曼）. "The Old Turkish Fragments of The Scripture on the Ten Kings（Shiwang jing）in the Collection of the Institute of Oriental Manuscripts in St. Petersburg"（《圣彼得堡东方文献研究所所藏古代突厥语〈十王经〉残片》）. In *Dunhuang Studies: Prospects and Problems for the Coming Second Century of Research*（《敦煌学：第二个百年的研究视角与问题》）, edited by I. F. Popova（波波娃）, 刘屹, St. Petersburg: Slavia, 2012, pp. 209—216.

日文图册著作

松本荣一《燉煌畫の研究・図像篇》，东方文化学院东京研究所，1937 年。

岛津草子《成寻阿闍梨母集・参天台五台山記の研究》，大藏出版，1959 年。

西域文化研究会编《西域文化研究五・中亚佛教美术》，法藏馆，1962 年。

朝日新闻社编《天理参考館図録・中央アジア仏教美術》，朝日新闻社，1967 年。

铃木敬《明代绘画史研究・浙派》，木耳社，1968 年。

塚本善隆《塚本善隆著作集・第六卷・日中佛教交涉史研究》，大东出版社，1974 年。

塚本善隆《塚本善隆著作集・第七卷・净土宗史・美术篇》，大东出版社，1975 年。

藤田経世《校刊美術史料・寺院篇・下巻》，中央公论美术出版社，1976 年。

平林文雄《参天台五台山記校本並に研究》，风间书房，1978 年。

梅原猛监修《古寺巡礼・奈良》十六卷，淡交社，1979 至 1980 年初版，2010 年新版。

铃木敬《中国绘画总合图录》五卷，东京大学出版会，1982至1983年。

松本荣一《燉煌画の研究（附図）》，同朋舍，1985年。

池田温《中国古代写本识语集录》，大藏出版，1990年。

奈良国立博物馆《東アジアの仏たち》，奈良国立博物馆，1996年。

户田祯佑、小川裕充《中国绘画总合图录·续编》四卷，东京大学出版会，1998至2001年。

矶部彰《台东区立书道博物馆所藏中村不折旧藏禹域墨书集成》三卷，二玄社，2005年。

奈良国立博物馆编《聖地寧波：日本仏教1300年の源流》，奈良国立博物馆，2009年。

武田科学振兴财团杏雨书屋编《敦煌秘笈》，武田科学振兴财团，2009至2013年。

龙谷大学博物馆、每日新闻社、京都新闻社编《極楽へのいざない：練り供養をめぐる美術》，龙谷大学博物馆、每日新闻社、京都新闻社，2013年。

小川裕充、板仓圣哲《中国绘画总合图录·三编》六卷，东京大学出版会，2013至2020年。

松本荣一著，林保尧、赵声良等译《敦煌画研究》，浙江大学出版社，2019年。

日文论文

秃氏祐祥《十王經と十王圖》，《六条学报》100，1910年。

秃氏祐祥《古本十王經の發見》，《六条学报》110，1910年。

塚本善隆《引路菩薩信仰に就いて》，《东方学报》1，1931年。

松本荣一《地藏十王圖と引路菩薩》，《国华》515，1933年。

酒井忠夫《十王信仰に關する諸問題及ざ閻羅王授記經》，《斋藤先生古稀祝贺纪念论文集》，刀江书院，1937年。

仁井田陞《敦煌発見十王経図巻に見えたる刑法史料》，《东洋学报》25，1938年。

泉芳璟《十王経の研究》，《大谷学报》22-4，1941年。

松本荣一《敦煌本十王经图卷杂考》，《国华》621，1942年。

秃氏祐祥、小川贯弌《十王生七経讃図巻の構造》，《西域文化研究五·中央アジア仏教美術》，法藏馆，1962年。

泽田瑞穗《地獄变：中国の冥界説》，《アジアの宗教文化》，法藏馆，1968年

川胜政太郎《逆修信仰の史的研究》，《大手前女子大学论集》6，1972年。

塚本善隆《成寻の入宋旅行記に見る日本仏教の消長·天台山の巻》，《塚本善隆著作集·第六卷·日中佛教交涉史研究》，大东出版社，1974年。

梶谷亮治《日本における十王図の成立と展開》，《佛教艺术》97，1974年。

吉冈义丰《中国民間の地獄十王信仰について》，《佛教文化论集：川崎大师教学研究所研究纪要》第一卷，1975年。

西上实《十王图の展开》，《六道绘》，1982年。

百济康义《天理図書館蔵ウイグル語文献》，《ビブリア：天理图书馆报》86，1986年。

坂出祥伸《日本文化の中の道教》，《东洋学论集：中村璋八博士古稀纪念》，汲古书院，1996年。

小南一郎《〈十王經〉の形成と隋唐の民衆信仰》，《东方学报》74，2002年。

本井牧子《〈預修十王経〉の諸本》,《京都大学国文学论丛》11，2004年。

伊藤良久《中世日本禅宗の逆修とその思想背景》,《印度学佛教学研究》57（2），2009年。

马冰《二尊院蔵十王図中〈太山王図〉再考》,《日本语・日本文化研究》27，2017年。

附：作者已刊相关论文

《地藏菩萨十斋日》,《藏外佛教文献》第7辑，宗教文化出版社，2000年。

《初唐阎罗图像及刻经——以〈齐士员献陵造像碑〉拓本为中心》,《唐研究》第6卷，2000年；再刊楼宇烈主编《当代中国宗教研究精选丛书・佛教卷》，民族出版社，2008年。

《〈阎罗王授记经〉缀补研考》,《敦煌吐鲁番研究》第5卷，2001年。

《山东东平华严洞造像》，与吴绪刚合作，《文物》2001年第9期。

《风帽地藏的由来与演进》，雷德侯教授荣退纪念国际学术会，德国海德堡大学，2006年。

《四川安岳圣泉寺地藏十王龛像》，与廖顺勇合作,《敦煌学辑刊》2007年第2期。

《四川绵阳北山院地藏十王龛像》,《敦煌学辑刊》2008年第4期。

ZHANG Zong. Comment le bodhisattva Dizhang est Parvenu a gouverner les Dix Rois des Enfers. Volume édité par Lothar von Falkenhausen，美国加州大学教授罗泰主编 En Hommage à Lotrhar Leddeerose，雷德侯教授荣休纪念文集专刊 Studies in Chinese Art History, En Cahiers d'Etrême-Asie, 17, 2008，法文杂志《远东学术纪要》，法国远东学院京都分部，2010年。

《十王图》，上海博物馆编《翰墨荟萃——细读美国藏中国五代宋元书画珍品》，北京大学出版社，2012年。

《敦煌丧葬文献十王斋初探》，黄正建主编《中国社会科学院敦煌学研究回顾与前瞻学术研讨会论文集》，上海古籍出版社，2012年。

《大足石刻地狱——轮回图像丛考》，重庆大足石刻艺术博物馆编《2005年重庆大足石刻国际学术研讨会论文集》，文物出版社，2007年。

《九华地藏信仰起源之佛典"钩锁骨鸣"》,《池州学院学报》2012年第1期。

《十王地藏经图续说》，大足石刻研究院编《2009年中国重庆大足石刻国际学术研讨会论文集》，重庆出版社，2013年。

《轮回到彼岸——以川渝雕刻与敦煌绘画为主》，法国远东学院编《〈文明的记忆符号——文字与墓葬〉法国汉学》第15辑，2013年。

《十王地藏信仰图像源流演变》,《信仰、实践与文化调适——第四届国际汉学会议论文集》，台北"中央研究院"，2013年。

《川渝香坛寺等十王龛像》，大足石刻研究院编《2014年大足学国际学术研讨会论文集》，重庆出版社，2016年。

《四川安岳香坛寺地藏十王龛像》，与傅成金、廖顺勇合作,《美成在久》2015年第6期。

《〈十王经〉新材料与研考转迁》,《敦煌吐鲁番研究》第15卷，2015年。

《疑伪经中的摘抄与编撰例说》，方广锠主编《佛教文献研究》第1辑，广西师范大学出版社，2016年。

《地藏菩萨统领十殿冥王之过程——兼议艺术考古中之读图程序》,《艺术收藏与鉴赏》2021年第5期。

《〈十王经〉经本系统再谈——以新见耀州、台州经本并敦煌本而查观》,《宝鸡文理学院学报

（社会科学版）》2022 年第 3 期。

《新见〈十王经〉所示之拓展变化》,《佛学研究》2022 年第 1 期。

《西夏文与西藏文〈十王经〉关联新见》,《中国社会科学报》, 2022 年 5 月 20 日第 5 版。

《依敦煌本缀理耀州〈十王经〉新得——兼及相关文献整理方法》,《敦煌研究》2022 年第 5 期。

后记

本书写作长达数年，历经疫情等多种事情，现稍叙原委并作鸣谢。

进行地藏信仰及《十王经》经文与图像等研究，缘于周老周绍良家族敬慈基金会所委托的一套书之写作，我承担了其中的地藏信仰研究部分。此书于2003年由宗教文化出版社出版，由周老作序（收于2009年中华书局的《绍良书话》之中）。

我在写作此书的过程中，于整理敦煌资料方面有一些进展，即发现敦煌卷子的《十王经》图文，有多件可以缀合。我向荣新江先生说了这些情况，并展示了图文。荣先生当即告诉我，美国的太史文教授出过一本《十王经》的专著，但是书借给央美罗世平了，而罗世平先生又出差了。我知道后，又一时半会得不到书，还是有点紧张与焦虑，因为这种缀合工作，别人做过了，再做就没有意义和用处了。待拿到书翻阅一过，松了口气。因为太史文先生大著中，只是缀合了法（P.4523）英（W80）各藏一半、合为十王的那件无文字图卷，更重要的S.3961与前面松本荣一已缀的两小片（W78+W212）之间尚未缀接，还有S.7598+BD09248+S.2815号情况亦同。所以，我的缀合工作未全作废，后来成文发表于《敦煌吐鲁番研究》等刊物中。荣新江先生当时还告知，弗利尔美术馆藏有庐山开先寺流出的《十王经》。后来我托访美的郑岩先生取得这个图版，是大理国的写经。虽仅留前图与经首，但为敦煌以外的经本，并可见大理国信仰，仍很重要。

与此同时而作的，还有研究献陵齐士员造像碑及碑座阎罗王图像的文章。我从北大图书馆拓片中先得资料写出了初稿。后来与雷德侯教授、西本照真教授一起去陕西淳化看金川湾的三阶教刻经窟，回来的路上与荣新江通了电话得到提醒，去唐高祖献陵现场看齐士员造像碑。此两地相距不远，其实富平县的樊奴子造像碑也在此附近。

在《十王经》的研考之中，缀合工作起到了极为重要的作用。缀合本是敦煌学文献研究的基本方法之一，但在此经的梳理中，此方法显得特别突出、不可或缺，甚至溢出了敦煌材料之范围。在我《〈阎王授记经〉缀补研考》一文之后，党燕妮女史在《俄藏敦煌吐鲁番文献》发现了《十王经》残件，作出重要的缀合，呈现了重要的别本，撰成论文大作。其实这几件俄藏残件我也涉及二三，已发现俄藏别本，且剔出误题此经的《灌顶经》残片。但因要去德国海德堡大学讲学，重点在石刻佛经方面，注意力转移而工作未做得彻底。再后则有复旦大学张小艳女史特别重要的缀合，将大家习以为常的两件即北 8256 与 S.4530 号也作成了缀合。很多学者作过《十王经》诸本校录文，如杜斗城、萧登福，日本秃氏与小川等，且此两件都收录于杜先生的《敦煌本〈佛说十王经〉校录研究》中，我已翻过无数遍，而且还做过缀合工作，仍然漏去，没有从此角度来看此两经。见此成果，确感惭愧！不仅如此，张小艳还详缀了俄藏《十王经》中极繁多的残片，重整并校订了原有疏误。纵观张小艳的缀合成果，有其背后原因——这是浙江大学张涌泉团队的整体工作。对敦煌莫高窟藏经洞文献资料进行规模化整理，效果确实不一般。记得世纪之交时，荣新江教授曾说过敦煌学（含吐鲁番学）来到了转折点，就是资料基本上都出版了，且多为高清资料图集。所以，校录研究与整理工作不再是零敲碎打式，而应是全面深入式。就是说，无论某经某论，何书何志，都可从敦煌藏经洞所有的资料中获取，进行研究，更大的类别也是如此。张涌泉团队就是由此背景出发，开展了深入全面的整理工作。不过，敦煌学或敦煌吐鲁番学，还应与其他学科交融。虽无张涌泉团队的工作方式，但我从新发现的材料着手，譬如整理耀州神德寺塔出土的佛经，从《十王经》经本文献梳整来说，还是缀合工作起到了极为重要作用。耀州本《十王经》全无完整号件，残损严重，原整理者也毫无缀合。如此，依靠敦煌本的大量经本文献作基础，加上对经本系统相关的认识，才能于神德寺塔此经本缀合中取得突破，查明原创因素、过渡本的形态。由此完善此经的整体系统，是本书主要亮点。本书于经本文献研究的另一亮点是在《十王经》的西夏文与藏文经本等方面。说实话，此著中呈现的成果并不太多，原先主要是译介捷克学者的成果，但是在写作与校订过程之中，西夏文与藏文经本不断地有新的发现，这种工作就与缀合整理颇不相同了。即需尽力寻找发现其各种联系点，如西夏文本与藏文本内核的相似，还需文字之外的获取资料的能力，更要和通其语言文字的学者合作，如藏族青年学者李志明、西夏学研究者张九玲等都与我有合作。

十王信仰研究方面的另一大块是艺术图像，这其实涉及我的本业——美术史专业。它与考古、文博等学科交叉，尤其需要踏查与参观。其实经本文献也需要这种调查，当然仍需结合案头读书查文。浙江台州黄岩博物馆的宋馆长与杨松涛，陕西铜川耀州学者王赵民及石铜钢，耀州区博物馆的王建浩，都提供了资料或帮助。博涉文物史迹与水陆画作的黄河先生等友人亦有助力。

四川与重庆是摩崖石窟造像调查的重点所在，四川绵阳、内江、资中、安岳等多地，不少地方我都去过多次。在四川我早就认识了广元的马彦所长，再到王剑平、雷玉华、江滔、张雪芬等多有指点相助。安岳县文管局廖顺勇，曾带我去三仙洞，特别是圣泉寺，“顺便”带我去此处没发表过的龛像，我从而专写了报道。还有傅成金与我一起考察香坛寺十王龛像，学生王岩随同考察，还自去了朱家经堂等地。张宜春随我考察内江、资中多地。大足石刻研究院黎方银书记，陈明光等老先生，刘贤高、黄能迁、李小强等熟人也提供过帮助。米德昉回应供图。杭州佛学院赖天兵携我查访杭州西山十王龛像。

我在德国与美国的访学中，也多有参观博物

馆与收集资料等。如在美国芝加哥大学时，巫鸿教授与蒋人和女史接待安排，其间多次到富地（自然史）博物馆展室及库房参观，留学生施杰与高琳娜多有协助。巫鸿教授这次还特意为本书写了评介。我还曾到哈佛大学与普林斯顿大学演讲并收集相关资料。汪悦进、太史文安排相关事宜，并赠我新近出版的研究轮回的专著。我赴明尼苏达博物馆是与考古学家唐际根同去的。我还在康狄涅格学院宁强兄处，讲演过资中西岩十王像上面的内容。

我于海德堡大学担任客座教授时也讲过十王专题，并参加雷德侯教授的荣休祝寿学术会。我在加州大学罗泰组织编刊的《雷德侯教授荣休纪念文集专刊》上发过数篇相关论文。雷德侯教授也慷慨地为本书写了评介（原为英文，笔者翻译）。法国远东学院郭丽英女史，请我赴法国巴黎研学。其间我数赴吉美博物馆，观摩了十王铁像等，还去库房看了敦煌藏经洞藏品。我还多次参观德国柏林亚洲艺术博物馆（当时为其前身），并得安排参观库房，馆方还赠我相关回鹘文十王经残件图片。旅德的张少华、王廉明、张煊傈等人帮我查找到一些难获的外文资料。台北故宫博物院李玉民和数位友人多次帮助提供资料并互相探讨，特别是王钟承女士两次给予我很重要的信息。颜娟英研究员曾请我在第四届国际汉学会上发表关于《十王经》图文演进的论文，香港李美贤与崔中慧女史听过我那次演讲后，请我赴香港大学做关于《十王经》的讲座。远东学院北京分部吕敏教授曾邀请我做此方面专题报告《轮回到彼岸》。

中国社会科学院考古研究所李裕群先生联系山西博物院提供了两幅绢画地藏十王图的完整图片（为本书需用专摄）。历史研究所陈志远还在北大未毕业之时给予我耀州经本的相关资料。北京大学考古学系李崇峰教授提示了河南方城摩崖十王像的专家调查。我和中央美术学院雕塑系第六工作室张伟与学生一起考察过佛寺，交谈中，所得启发颇多。在中国美院开佛教美术专题课后，我和研究生卢涛、彭喆、宋哲等人一起考察南禅寺，观十王壁画并摄图。曹元琪提供了木木美术馆藏十斋日碑，并与我同撰论文，在大足学术会上特别作了演讲。中山大学姚崇新提供解释新疆文物的资料，吐鲁番研究院陈爱峰详答吐鲁番故城寺址等问题，当年我与李翎、刘进宝、赖文英等一起参观此故城情景还历历在目。此书与上海书店出版社解永健先生结缘还是因李翎的大作《鬼子母研究》一书。河北涉县镌十王的石幢是我与德国温狄娅（Clandia Wenzel）一起登山看明代黄花山石窟时于半山发现的，而涉县中皇山文物馆藏具十王之石刻，是与中国书法家协会张永强一同参观时所摄。

上海师范大学的地府十王工作坊发挥了特别作用，我与侯冲、王见川教授讨论交流，阅读了王娟的论文，虽然学术观点有不同处，但都很有启发作用。侯冲曾提供资料及图片，于此一并致谢。上海外国语大学王丁也有资料支持，译太史文大作的张煜与我有合作之谊。再就西夏文与藏文经本方面，我与北京大学萨尔吉教授、兰州大学李志明、山西师范大学张九玲、河北师范大学崔红芬有多次联系。附录2中西藏德洛林萨却吉入冥故事为北京社会管理职业学院钱光胜所译。盛世华典公司张恒提供了《中国版画全集》中西夏文资料。复旦大学胡晓丹副研究员、中国人民大学孙炳晗关于回鹘文经本与题记的研究，对我有很大的帮助。史睿与游自勇帮助提供了吐鲁番的汉文经尾图片，国家图书馆刘毅超与常荩心对我亦有相助。汪娟曾赠我其与马小鹤合作的关于回鹘文与汉文《十王经》图卷的大作。

在成书过程中，我的学生何莹、王敏庆、宋伊哲等提供了重要图片。山西李玉福将所收集的五台山南禅寺壁画资料无偿提供。中央美院赵伟邀约论文，魏广平帮助联系了日本京都大学仓本尚德教授，使我获取了京都博物馆资料。何利群提供了友人信息，陈婷婷的译著提供了质量较好的回鹘经本彩图，在韩国留学的郭磊提供了重要资料，美国亚利桑那大学陈怀宇联系了美方博物馆并代办手续。日本肥田路美教授、韩国金镇戊教授亦多帮助。还要特别感谢上海的梵典宫藏家顾清先生为专业学者提供珍贵藏文本《十王经》的资料。

上海书店出版社现属上海世纪出版集团，编辑解永健是启动此书的最先功臣，此书原想出论文集，经解编辑的努力出为专著。先后参与的几位编辑，有盛魁编辑、岳霄雪编辑、俞芝悦编辑、赵婧编辑、陆陈宇编辑，先后做了长时间的编排校订等工作。南京理工大学排版公司做了特别麻烦的版面处理工作。中国社会科学杂志社武雪彬、张云华也多有帮助。还要感谢兰州大学李志明、宁夏的蔡莉允我使用译释的西夏与藏文经内容。

在此必须特别感谢陕西师范大学人文社会科学高等研究院沙武田教授主办了资助事宜，使本书能以较好形式出版。还应说及我供职的中国社会科学院世界宗教研究所，我在此工作并退休已逾 30 年了。此书的写作经历数年，但关涉的调查与研究却有数十年。

后记写来忆及诸事过程，必挂一漏万，未及一些师友，希望谅解。并感谢我的家人，妻与子的多年支持，也怀念父母双亲对我从事专业的尊重精神。

张总

2023 年 2 月

图书在版编目(CIP)数据

《十王经》信仰:经本成变、图画像雕与东亚葬俗:全三册/张总著.—上海:上海书店出版社,2023.8

ISBN 978-7-5458-2314-1

Ⅰ.①十… Ⅱ.①张… Ⅲ.①敦煌学-佛经-研究 Ⅳ.①K870.6 ②B94

中国国家版本馆 CIP 数据核字(2023)第 149366 号

责任编辑 岳霄雪　赵　婧　陆陈宇　俞芝悦　解永健
特约编辑 华　丽　盛　魁
装帧设计 郦书径
封面设计 王　峰

《十王经》信仰:经本成变、图画像雕与东亚葬俗
张　总　著

出　　版 上海书店出版社
(201101　上海市闵行区号景路 159 弄 C 座)
发　　行 上海人民出版社发行中心
印　　刷 上海丽佳制版印刷有限公司
开　　本 889×1194　1/16
印　　张 61
字　　数 1,220,000
版　　次 2023 年 8 月第 1 版
印　　次 2023 年 8 月第 1 次印刷
ISBN 978-7-5458-2314-1/B·129
定　　价 880.00 元